गीतोपनिषद्

BHAGAVAD-GĪTĀ

TAKÁ, AKÁ JE

Knihy Šrí Šrímad
A. Č. Bhaktivédántu Svámího Prabhupádu

V slovenčine:

Bhagavad-gítá – taká, aká je
Dokonalé otázky – dokonalé odpovede
Vedecké poznanie duše
Cesta sebarealizácie

V češtine:

Bhagavad-gítá – taková, jaká je
Šrímad-Bhágavatam (1. až 10. spev)
Nauka o seberealizaci
Vědecké poznání duše
Krišna, Nejvyšší Osobnost Božství (2 diely)
Nektar pokynů
Šrí Íšopanišad
Rāja vidyā: královské poznání
Nektar oddanosti
Zlatý avatár
Učení královny Kuntí
Učení Šrí Kapily, syna Dévahúti

गीतोपनिषद्

BHAGAVAD-GĪTĀ

TAKÁ, AKÁ JE

Úplné vydanie
s pôvodnými sanskṛtskými textami,
s prepisom do latinky, so slovenskými synonymami,
s prekladmi a s podrobnými výkladmi

Śrī Śrīmad
A. C. Bhaktivedanta Swami Prabhupāda
zakladateľ-*ācārya* Medzinárodnej spoločnosti pre vedomie Kṛṣṇu

THE BHAKTIVEDANTA BOOK TRUST

Bhagavad-gītā — taká, aká je vyšla aj v týchto jazykoch: angličtina, nemčina, francúzština, ruština, španielčina, taliančina, maďarčina, čeština, arabčina, čínština, japončina, bengálčina, hindčina a ďalšie desiatky jazykov sveta.

Uvedené tituly si môžete objednať na adrese:

Nová Ekačakra
Abranovce 60, 082 52 p. Kokošovce

Bhaktiloka
Hornodvorská 1050/4, 900 25
Chorvátsky Grob-Čierna Voda

GÓVINDA
Vegetariánska reštaurácia
Obchodná 30, 821 06 Bratislava

GÓVINDA
Vegetariánska reštaurácia
Puškinova 8, 040 01 Košice

GÓVINDA
Vegetariánska reštaurácia
Hlavná 70, 080 01 Prešov

www.iskcon.sk
bbt@iskcon.sk

www.bbt.se
www.bbtmedia.com
www.bbt.org
www.krishna.com

ISBN 978-80-87336-16-8

Bhagavad-gītā As It Is (Slovak)

Vytlačené v roku 2017

Táto kniha je voľne dostupná
v elektronickej podobe na
www.bbtmedia.com
Kód: **EB16SK93526P**

Venované
Śrīlovi Baladevovi Vidyābhūṣaṇovi
ktorý tak pekne predložil
Govinda-bhāṣyu,
výklad vedāntskej filozofie

Obsah

Pred bitkou xi

Predslov xv

Úvod 1

KAPITOLA PRVÁ

Pozorovanie armád na Kuruovskom bojisku 29

Arjuna vidí v dvoch znepriatelených vojskách svojich príbuzných, učiteľov a priateľov pripravených bojovať a obetovať svoje životy. Rozhodne sa nebojovať, zachvátený ľútosťou a súcitom, bez sily a so zmätenou mysľou.

KAPITOLA DRUHÁ

Zhrnutie obsahu Bhagavad-gīty 65

Arjuna sa odovzdáva Kṛṣṇovi ako Jeho žiak a Kṛṣṇa ho začína učiť o základných rozdieloch medzi dočasným hmotným telom a večnou dušou. Śrī Kṛṣṇa vysvetľuje princíp sťahovania duše, povahu nesebeckej služby Najvyššiemu a príznaky sebarealizovanej osoby.

KAPITOLA TRETIA

Karma-yoga 147

Všetci v hmotnom svete musia byť zamestnaní nejakou činnosťou. Činnosti nás v hmotnom svete môžu buď pútať, alebo z neho oslobodzovať. Nesebecké činnosti určené pre potešenie Najvyššieho oslobodzujú zo zákona *karmy* (akcie a reakcie) a taký človek dosiahne transcendentálne poznanie o vlastnom ja a o Najvyššom.

KAPITOLA ŠTVRTÁ

Transcendentálne poznanie 193

Transcendentálne poznanie — duchovné poznanie duše, Boha

a ich vzájomného vzťahu — je očisťujúce a oslobodzujúce a je výsledkom nesebeckej oddanej služby. Śrī Kṛṣṇa vysvetľuje dávnu históriu *Bhagavad-gīty*, význam a zmysel Jeho príchodov do hmotného sveta a nutnosť prijatia realizovaného duchovného učiteľa, *gurua*.

KAPITOLA PIATA

Karma-yoga — konanie vo vedomí Kṛṣṇu 245

Múdri ľudia, ktorí vykonávajú rôzne druhy činností, ale vo vnútri sa zriekajú ich plodov, sú očistení ohňom transcendentálneho poznania a dosiahnu mier, odpútanosť, duchovný pohľad a blaženosť.

KAPITOLA ŠIESTA

Dhyāna-yoga 277

Aṣṭāṅga-yoga, mechanická meditatívna metóda, ovláda myseľ a zmysly a zameriava pozornosť na Paramātmu (Nadd\u0161u, podobu Pána umiestnenú v srdci). Vrcholí v *samādhi*, úplnej pohrúženosti v Najvyššom.

KAPITOLA SIEDMA

Poznanie o Absolútnom 329

Śrī Kṛṣṇa je Najvyššia Pravda, zvrchovaná príčina všetkých príčin a podporujúca sila ako hmotného, tak aj duchovného sveta. Povznesené duše sa Mu oddane odovzdávajú, zatiaľ čo bezbožné duše sa venujú inému druhu uctievania.

KAPITOLA ÔSMA

Dosiahnutie Najvyššieho 373

Myslením na Kṛṣṇu s oddanosťou počas celého života a hlavne v okamihu smrti môže človek dospieť do Jeho transcendentálneho sídla, ktoré je mimo tohto hmotného sveta.

KAPITOLA DEVIATA

Najdôvernejšie poznanie 403

Śrī Kṛṣṇa je Najvyššia Božská Osobnosť a najvyšší objekt uctievania. Duša je s Ním večne spojená transcendentálnou oddanou službou (*bhakti*). Znovuobnovením vlastnej čistej oddanosti sa človek vráti ku Kṛṣṇovi do duchovného kráľovstva.

KAPITOLA DESIATA

Majestát Absolútneho 451

Všetky úžasné ukážky sily, krásy, vznešenosti alebo zvrchovanosti v tomto alebo v duchovnom svete, sú len čiastočnými prejavmi Kṛṣṇových božských energií a majestátu. Kṛṣṇa je najvyšší objekt uctievania pre všetky živé bytosti, lebo je zvrchovaná príčina všetkých príčin a základ všetkého.

KAPITOLA JEDENÁSTA

Vesmírna podoba 495

Śrī Kṛṣṇa dáva Arjunovi božský zrak a zjavuje svoju úžasnú a neobmedzenú vesmírnu podobu, a ustanovuje tak svoje božské postavenie. Kṛṣṇa vysvetľuje, že Jeho úžasná ľudská podoba, ktorú je možné uzrieť jedine pomocou čistej oddanej služby, je pôvodná podoba Boha.

KAPITOLA DVANÁSTA

Oddaná služba 551

Bhakti-yoga, čistá oddaná služba Kṛṣṇovi, je najvyšší a najvhodnejší spôsob, ako dospieť k čistej láske ku Kṛṣṇovi, čo je najvyšší cieľ duchovnej existencie. Tí, ktorí následujú túto vznešenú cestu, vyvinú božské vlastnosti.

KAPITOLA TRINÁSTA

Príroda, požívateľ a vedomie 573

Ten, kto pozná rozdiel medzi telom, dušou a Naddušou, ktorá nad nimi stojí, dosiahne oslobodenie z tohoto hmotného sveta.

KAPITOLA ŠTRNÁSTA

Tri kvality hmotnej prírody 613

Všetky vtelené duše sú pod vládou troch kvalít hmotnej prírody — dobra, vášne a nevedomosti. Śrī Kṛṣṇa vysvetľuje, čo tieto kvality sú, aký na nás majú vplyv, ako je ich možné prekonať a príznaky toho, kto je na transcendentálnej úrovni.

KAPITOLA PÄTNÁSTA

Yoga Najvyššej Osoby 641

Konečný cieľ *vedskeho* poznania je odpútať sa od problémov hmotného sveta a poznať Kṛṣṇu ako Najvyššiu Božskú Osobnosť. Človek, ktorý pozná Kṛṣṇovu zvrchovanú totožnosť, sa Mu odovzdá a oddane Mu slúži.

KAPITOLA ŠESTNÁSTA

Božské a démonské povahy 667

Tí, ktorí sú posadnutí démonskými vlastnosťami, žijú neusporiadane a nedodržiavajú zásady písiem, sa narodia v nízkom postavení a získajú ďalšie hmotné putá. Ale tí, ktorí majú božské vlastnosti, žijú usporiadaným životom a dodržiavajú zásady písiem, postupne dospejú k duchovnej dokonalosti.

KAPITOLA SEDEMNÁSTA

Druhy viery 693

Vieru možno rozdeliť na tri druhy, podľa toho, z akej kvality hmotnej prírody pochádza. Činnosti konané ľuďmi, ktorých viera je ovplyvnená vášňou a nevedomosťou, prinášajú len dočasné hmotné výsledky, zatiaľ čo činy ovplyvnené kvalitou dobra a v súlade s príkazmi písiem očisťujú srdce a vedú k čistej viere a oddanosti ku Kṛṣṇovi.

KAPITOLA OSEMNÁSTA

Záver — dokonalosť odriekania 717

Kṛṣṇa vysvetľuje zmysel odriekania a vplyv troch kvalít hmotnej prírody na ľudské činnosti a vedomie. Vysvetľuje duchovné poznanie a slávu *Bhagavad-gīty*. Záver *Gīty* je ten, že najvyššia cesta náboženstva je absolútne, bezpodmienečné a láskyplné odovzdanie sa Śrī Kṛṣṇovi, čo oslobodzuje od všetkých hriechov, prináša úplné osvietenie a umožňuje návrat do Kṛṣṇovho duchovného sídla.

DODATKY

O autorovi 781

Citované písma 783

Výkladový slovník mien a vecných pojmov 784

Saṁskṛt a kľúč k výslovnosti 797

Register saṁskṛtských veršov 800

Register citovaných veršov 813

Všeobecný index 819

Pred bitkou

Aj keď sa *Bhagavad-gīta* väčšinou číta a publikuje ako samostatné dielo, pôvodne sa objavuje v rozsiahlom staroindickom epose *Mahābhārata*. Rozprávanie *Mahābhāraty* siaha až do súčasného veku Kali. Bolo to približne pred 5 000 rokmi, na počiatku veku Kali, keď Śrī Kṛṣṇa predniesol *Bhagavad-gītu* Svojmu oddanému priateľovi Arjunovi.

K ich rozhovoru — jednému z najväčších filozofických a náboženských dialógov — došlo vo chvíli, keď sa dve znepriatelené vojská dvoch spriaznených dynastií chystali stretnúť v boji. Na jednej strane stáli synovia Dhṛtarāṣṭrovi, Kuruovci, a na strane druhej ich bratanci, synovia Pāṇḍuovi, Pāṇḍuovci.

Dhṛtarāṣṭra a Pāṇḍu boli bratia. Obidvaja sa narodili v Kuruovskej dynastii pochádzajúcej od kráľa Bharatu, dávneho vládcu zeme, od mena ktorého pochádza aj názov *Mahābhārata*. Starší brat Dhṛtarāṣṭra sa narodil slepý, a tak bol trón, ktorý by mu inak patril, pridelený mladšiemu bratovi, Pāṇḍuovi.

Keď Pāṇḍu predčasne zomrel, jeho päť synov — Yudhiṣṭhira, Bhīma, Arjuna, Nakula a Sahadeva — prešlo pod ochranu Dhṛtarāṣṭrovu, ktorý sa tak dočasne ujal kráľovského žezla. Synovia Dhṛtarāṣṭrovi a Pāṇḍuovi vyrastali spoločne. Pod vedením Dronu prenikli do všetkých tajov bojového umenia a od praotca rodu, Bhīṣmu, získali duchovné vedenie.

Dhṛtarāṣṭrovi synovia, najmä najstarší Duryodhana, však Pāṇḍuovcov nenávideli a závideli im. Slepý a neprajnícky Dhṛtarāṣṭra chcel, aby trón zdedili jeho synovia, a Pāṇḍuovcom neprial.

A tak Duryodhana s Dhṛtarāṣṭrovým súhlasom pripravoval záhubu Pāṇḍuovcov. Iba vďaka láskyplnej ochrane Viduru a bratanca Kṛṣṇu sa Pāṇḍuovcom podarilo uniknúť všetkým nástrahám smrti.

Pán Kṛṣṇa nie je obyčajná ľudská bytosť, ale sám Najvyšší Pán, ktorý zostúpil na Zem a hral úlohu princa v kráľovskej dynastii. V tejto úlohe bol teda bratancom Pāṇḍuovej manželky Kuntī (Pṛthy), matky Pāṇḍuovcov. Stál na strane zbožných Pāṇḍuovcov a ako príbuzný i ako večný udržovateľ náboženstva im vždy poskytol ochranu.

Duryodhana nakoniec vyzval Pāṇḍuovcov k hre v kocky, aby ich mohol pripraviť o kráľovský trón. Počas tohoto osudného stretnutia sa Duryodhana so svojimi bratmi zmocnil Draupadī, cudnej a oddanej manželky Pāṇḍuovcov a pred celým zhromaždením princov a kráľov sa ju pokúsil vyzliecť donaha a tak verejne zneuctiť. Kṛṣṇa ju zázračným spôsobom pred zneuctením zachránil, avšak pravidlá prehry prikazovali Pāṇḍuovcom zrieknuť sa kráľovstva a odobrať sa na trinásť rokov do vyhnanstva.

Po návrate z exilu požadovali Pāṇḍuovci naspäť svoje kráľovstvo, avšak Duryodhana ich žiadosť zlostne odmietol. Keď Pāṇḍuovci zmenšili svoju požiadavku a prosili iba o päť dedín, aby mohli slúžiť ľudu (čo bolo ich *kṣatriyskou* povinnosťou) Duryodhana pyšne odvetil, že im nedá ani taký kúsok zeme, do ktorého by bolo možné zapichnúť hrot ihly.

Aj keď boli Pāṇḍuovci veľmi mierni a trpezliví, zdalo sa, že vojna je neodkladná. Vládcovia z celého sveta sa pripojili k jednej či druhej strane a Kṛṣṇa sa osobne ujal úlohy posla a odišiel za Duryodhanom, aby dohodol mier. Keď ani tento pokus nevyšiel, vojna bola istá.

Pāṇḍuovci, ľudia vysokých kvalít, vedeli, že Kṛṣṇa je Najvyššia Božská Osobnosť, zatiaľ čo bezbožní synovia Dhṛtarāṣṭrovy Jeho postavenie neuznávali. Kṛṣṇa však ponúkol pomoc v boji obidvom stranám. Kṛṣṇa ako Najvyšší Pán sľúbil, že sa boja osobne ako bojovník nezúčastní, ale že jedna strana môže použiť Jeho vojenskú silu a druhá môže využiť Jeho osobnú pomoc. Duryodhana, politický génius, sa rozhodol pre Kṛṣṇovu armádu a Pāṇḍuovci s rovnakým nadšením prijali Kṛṣṇovu osobnú pomoc.

Tak sa Kṛṣṇa stal Arjunovým vozatajom. *Bhagavad-gītā* začína v tomto okamihu — obidve znepriatelené vojská stoja proti sebe na bojisku a Dhṛtarāṣṭra sa nedočkavo pýta svojho tajomníka Sañjayu: „Čo robia?" Bitka začína.

Väčšina autorov predkladajúcich *Bhagavad-gītu* v angličtine má v obľube odviesť čitateľovu pozornosť od Kṛṣṇovej osobnosti a vytvoriť tak priestor pre svoje vlastné koncepcie a filozofie. História *Mahābhāraty* sa pokladá za mytológiu a Kṛṣṇa za osobu obdarenú poetickým duchom, schopnú vysloviť idey neznámeho génia, alebo prinajlepšom za významnú historickú osobnosť.

Avšak Kṛṣṇa nie je iba pôvodným autorom *Bhagavad-gīty*, ale súčasne jej cieľom a podstatou.

Tento preklad sa teda spolu s podrobnými komentármi snaží obrátiť pozornosť čitateľa ku Kṛṣṇovi, namiesto toho, aby Ho pred ním zakrýval. V tom je *Bhagavad-gītā — taká, aká je* jedinečná. Jej jedinečnosť spočíva tiež v celkovej dôslednosti a zrozumiteľnosti. Keďže rečníkom, ako aj konečným cieľom *Gīty* je Kṛṣṇa samotný, ide nepochybne o jediný preklad, ktorý toto veľké dielo predkladá v jeho pravom svetle.

-vydavatelia-

Predslov

Pôvodne som napísal *Bhagavad-gītu — takú, aká je* v tej podobe, ako ju vidíte pred sebou. Keď mala vyjsť táto kniha prvýkrát, musela byť nanešťastie skrátená o 400 strán a bola bez ilustrácií a výkladov k veršom. V mojich ostatných knihách — *Śrīmad-Bhāgavatame, Śrí Īśopaniṣade* atď. — som dodržiaval systém, ktorý najprv uvádzal pôvodný verš v devanāgarskom písme, prepis podľa medzinárodnej transliterácie, doslovný saṁskṛtsko-anglický preklad, vlastný preklad a význam. Tým sa knihy stali veľmi autentické a odborné a zmysel textu bol jasný. Nebol som preto veľmi nadšený, keď som musel svoj pôvodný rukopis skrátiť. Avšak neskôr, keď záujem o *Bhagavad-gītu — takú, aká je* značne stúpol, žiadali ma mnohí profesori a oddaní, aby som vydal knihu v neskrátenej podobe. Súčasné vydanie je teda pokusom predložiť pôvodný rukopis tejto veľkej knihy poznania s komentármi, ktoré plne súhlasia s učením veľkých duchovných učiteľov (*paramparā*), aby sa tak Hnutie pre vedomie Kṛṣṇu mohlo šíriť ľahšie a rýchlejšie.

Naše Hnutie pre vedomie Kṛṣṇu je pravé, historicky autorizované, prirodzené a transcendentálne vzhľadom na to, že sa zakladá na *Bhagavad-gīte — takej, aká je*. Postupne sa stáva najpopulárnejším hnutím na celom svete, najmä medzi mladými ľuďmi. Ale aj staršia generácia sa oňho začína zaujímať čoraz viac a viac, a to do takej miery, že otcovia a dedovia mojich žiakov nás povzbudzujú a stávajú sa patrónmi našej veľkej spoločnosti, Medzinárodnej spoločnosti pre vedomie Kṛṣṇu. Mnohí otcovia a matky mojich študentov v Los Angeles za mnou prichádzajú, aby mi poďakovali za to, že som založil toto hnutie a že sa ho snažím šíriť po celom svete. Avšak skutočným otcom tohoto hnutia je Pán Kṛṣṇa samotný, pretože začalo v dávnej minulosti a k nám sa dostáva prostredníctvom postupnosti duchovných učiteľov. Ak teda chceme v tejto súvislosti vyjadriť nejaké uznanie, potom musíme poďakovať môjmu večnému duchovnému učiteľovi, Jeho Božskej Milosti Oṁ Viṣṇupādovi Paramahaṁsovi Parivrājakācāryovi 108 Śrī Śrīmad Bhaktisiddhāntovi Sarasvatīmu Gosvāmīmu Mahārājovi Prabhupādovi.

Ak vôbec mám nejaké osobné zásluhy, tak len vďaka tomu, že som sa snažil predložiť *Bhagavad-gītu — takú, aká je*, bez akýchkoľvek úprav.

Skoro všetky anglické vydania *Bhagavad-gīty*, ktoré vyšli pred týmto vydaním, mali v úmysle vyzdvihnúť autorove osobné ambície. Náš pokus predložiť *Bhagavad-gītu — takú, aká je* si však kladie za cieľ predložiť posolstvo Najvyššej Božskej Osobnosti, Śrí Kṛṣṇu. Našou úlohou nie je predložiť Kṛṣṇovu vôľu tak, ako to robia svetskí špekulanti, politici, filozofi a vedci, ktorí toho o Kṛṣṇovi napriek svojej učenosti veľa nevedia. Keď Kṛṣṇa hovorí: *man-manā bhava mad-bhakto mad-yājī māṁ namaskuru...*, netvrdíme ako takzvaní učenci, že Kṛṣṇa a Jeho duchovné vnútro sa od seba líšia. Kṛṣṇa je absolútny, a preto nie je rozdiel medzi Kṛṣṇovým menom, Kṛṣṇovou podobou, Kṛṣṇovými vlastnosťami, Kṛṣṇovými zábavami atď. Človek, ktorý nie je Kṛṣṇov oddaný v systéme *paramparā* (učeníckej postupnosti), ťažko pochopí Kṛṣṇovo absolútne postavenie. Títo takzvaní učenci, politici, filozofi a *svāmīovia* nemajú dokonalé poznanie o Kṛṣṇovi a snažia sa Ho vo svojich komentároch k *Bhagavad-gīte* zavrhnúť alebo zabiť. Také neautorizované komentáre k *Bhagavad-gīte* sú známe ako *Māyāvāda-bhāṣya* a Pán Caitanya nás pred nimi varoval. Śrī Caitanya Mahāprabhu jasne povedal, že každý, kto sa pokúša porozumieť *Bhagavad-gīte* z *māyāvādskeho* hľadiska, sa dopúšťa chyby, následkom čoho bude zvedený z cesty duchovného života a nebude schopný vrátiť sa späť domov, späť k Bohu.

Jediný dôvod, prečo predkladáme *Bhagavad gītu — takú, aká je*, je viesť zmäteného čitateľa za rovnakým účelom, za akým Kṛṣṇa zostupuje na túto planétu raz v Brahmovom dni alebo raz za 8 600 000 000 rokov. Tento dôvod je presne opísaný v *Bhagavad-gīte* a ako taký ho prijímame. Aký význam by inak mala snaha pochopiť *Bhagavad-gītu* a jej rečníka, Kṛṣṇu? Pán Kṛṣṇa pôvodne predniesol *Bhagavad-gītu* bohu Slnka približne pred sto miliónmi rokmi. Túto skutočnosť musíme prijať a tak pochopiť historickú dôležitosť *Bhagavad-gīty* na základe Kṛṣṇovej výpovede a bez vlastných mylných výkladov. Vykladať *Bhagavad-gītu* bez ohľadu na Kṛṣṇovu vôľu je ten najväčší priestupok. Aby sme sa vyvarovali tejto chyby, musíme chápať Kṛṣṇu ako Najvyššiu Božskú Osobnosť tak, ako to urobil Arjuna, Kṛṣṇov prvý žiak. Také pochopenie *Bhagavad-gīty* je vskutku prospešné a vhodné pre rozvoj ľudskej spoločnosti a naplnenie životného zmyslu.

Hnutie pre vedomie Kṛṣṇu má pre ľudskú spoločnosť zásadný význam, pretože poskytuje najvyššiu životnú dokonalosť. Táto dokonalosť je jasne opísaná v *Bhagavad-gīte*. Svetskí špekulanti nanešťastie využili *Bhagavad-gītu* na vyzdvihnutie svojich démonských vlastností a odlákanie pozornosti ľudí od správneho pochopenia jednoduchých životných zásad. Každý by mal vedieť, aký nesmierne veľký je Boh alebo Kṛṣṇa, a aké je skutočné postavenie živých bytostí. Mali by sme vedieť, že sme večnými služobníkmi, a že ak neslúžime Kṛṣṇovi, musíme slúžiť ilúzii hmotnej prírody a následkom toho ustavične putovať v kolobehu rodenia sa a smrti. Dokonca aj takzvaní oslobodení *māyāvādski* špekulanti musia podstúpiť tento proces. Toto poznanie je veľká veda a mali by sme ju všetci vo vlastnom záujme študovať.

Ľudia všeobecne, a obzvlášť v tomto veku Kali, sú okúzlení Kṛṣṇovou vonkajšou energiou a preto si falošne myslia, že rozvoj hmotného pohodlia prinesie všetkým šťastie. Nevedia, že hmotná alebo vonkajšia príroda je veľmi mocná a každý je spútaný prísnymi zákonmi hmotnej prírody. Živá bytosť je v skutočnosti čiastočkou Pána a jej prirodzeným postavením je oddane slúžiť Pánovi. Pod vplyvom ilúzie sa rôznymi spôsobmi snažíme uspokojiť naše vlastné zmysly, a nájsť tak šťastie, no nevieme, že to nie je spôsob, ako sa stať šťastnými. Namiesto uspokojovania našich vlastných zmyslov by sme sa mali snažiť uspokojiť Pánove zmysly. To je najvyššia životná dokonalosť. To je to, čo Pán vyžaduje a chce. Každý by mal pochopiť tento ústredný bod *Bhagavad-gīty*. Naše Hnutie pre vedomie Kṛṣṇu sa snaží šíriť túto základnú myšlienku po celom svete, a keďže *Bhagavad-gītu* neznečisťujeme, každý, kto chce získať prospech zo štúdia *Bhagavad-gīty*, musí dostať pomoc od Hnutia pre vedomie Kṛṣṇu, aby mohol prakticky porozumieť *Bhagavad-gīte* pod priamym Kṛṣṇovým vedením. Dúfame, že ľudia získajú zo štúdia *Bhagavad-gīty — takej, aká je* najväčší možný prospech, a ak sa čo i len jeden človek stane čistým oddaným Pána, budeme našu snahu považovať za úspešnú.

A. C. Bhaktivedanta Swami

12 Máj 1971,
Sydney, Austrália

Postupnosť duchovných učiteľov

Evaṁ paramparā-prāptam imaṁ rājarṣayo viduḥ (Bg. 4.2)

Bhagavad-gītā — taká, aká je, k nám prichádza prostredníctvom tejto učeníckej postupnosti:

1. Kṛṣṇa
2. Brahmā
3. Nārada
4. Vyāsa
5. Madhva
6. Padmanābha
7. Nṛhari
8. Mādhava
9. Akṣobhya
10. Jaya Tīrtha
11. Jñānasindhu
12. Dayānidhi
13. Vidyānidhi
14. Rājendra
15. Jayadharma
16. Puruṣottama
17. Brahmaṇya Tīrtha
18. Vyāsa Tīrtha
19. Lakṣmīpati
20. Mādhavendra Purī
21. Īśvara Purī, (Nityānanda, Advaita)
22. Pán Caitanya
23. Rūpa, (Svarūpa, Sanātana)
24. Raghunātha, Jīva
25. Kṛṣṇadāsa
26. Narottama
27. Viśvanātha
28. (Baladeva), Jagannātha
29. Bhaktivinoda
30. Gaurakiśora
31. Bhaktisiddhānta Sarasvatī
32. A. C. Bhaktivedanta Swami Prabhupāda

Úvod

oṁ ajñāna-timirāndhasya jñānāñjana-śalākayā
cakṣur unmīlitaṁ yena tasmai śrī-gurave namaḥ

śrī-caitanya-mano-'bhīṣṭaṁ sthāpitaṁ yena bhū-tale
svayaṁ rūpaḥ kadā mahyaṁ dadāti sva-padāntikam

Narodil som sa v najtemnejšej nevedomosti a môj duchovný učiteľ mi otvoril oči pochodňou poznania. Vzdávam mu svoju hlbokú úctu.

Kedy mi Śrīla Rūpa Gosvāmī Prabhupāda, ktorý v tomto hmotnom svete založil misiu, aby tak splnil želanie Śrī Caitanyu Mahāprabhua, poskytne ochranu pri svojich lotosových nohách?

vande 'haṁ śrī-guroḥ śrī-yuta-pada-kamalaṁ śrī-gurūn vaiṣṇavāṁś ca
śrī-rūpaṁ sāgrajātaṁ saha-gaṇa-raghunāthānvitaṁ taṁ sa-jīvam
sādvaitaṁ sāvadhūtaṁ parijana-sahitaṁ kṛṣṇa-caitanya-devaṁ
śrī-rādhā-kṛṣṇa-pādān saha-gaṇa-lalitā-śrī-viśākhānvitāṁś ca

Klaniam sa v hlbokej úcte lotosovým nohám svojho duchovného učiteľa a všetkým *vaiṣṇavom.* Vzdávam svoju úctu lotosovým nohám Śrīlu Rūpu Gosvāmīho i jeho staršiemu bratovi Sanātanovi Gosvāmīmu, ďalej Raghunāthovi Dāsovi a Raghunātha Bhaṭṭovi, Gopālovi Bhaṭṭovi a Śrīlovi Jīvovi Gosvāmīmu. S hlbokou úctou sa klaniam Pánovi Kṛṣṇovi Caitanyovi a Pánovi Nityānandovi, ako aj Advaitovi Ācāryovi, Gadādharovi, Śrīvāsovi a ostatným Pánovým spoločníkom. S úctou sa klaniam Śrīmatī Rādhārāṇī a Śrī Kṛṣṇovi a ich družkám Śrī Lalite a Viśākhe.

he kṛṣṇa karuṇā-sindho dīna-bandho jagat-pate
gopeśa gopikā-kānta rādhā-kānta namo 'stu te

Ó, Kṛṣṇa, si priateľom trpiacich a pôvodom stvorenia. Si pánom *gopīī* a milencom Rādhārāṇī. Vzdávam Ti svoju hlbokú úctu.

tapta-kāñcana-gaurāṅgi rādhe vṛndāvaneśvari
vṛṣabhānu-sute devi praṇamāmi hari-priye

Vzdávam svoju hlbokú úctu Śrīmatī Rādhārāṇī, ktorej pleť je ako tekuté zlato, a ktorá je kráľovnou Vṛndāvanu. Si dcérou kráľa Vṛṣabhānua a si veľmi drahá Pánovi Kṛṣṇovi.

vāñchā-kalpatarubhyaś ca kṛpā-sindhubhya eva ca
patitānāṁ pāvanebhyo vaiṣṇavebhyo namo namaḥ

Vzdávam svoju hlbokú úctu všetkým Bohu oddaným *vaiṣṇavom*, ktorí podobne ako strom prianí dokážu splniť priania všetkých a sú plní súcitu k padlým dušiam.

śrī-kṛṣṇa-caitanya prabhu-nityānanda
śrī-advaita gadādhara śrīvāsādi-gaura-bhakta-vṛnda

Hlboko sa klaniam Śrī Kṛṣṇovi Caitanyovi, Prabhu Nityānandovi, Śrī Advaitovi, Gadādharovi, Śrīvāsovi a všetkým ostatným, ktorí nasledujú cestu oddanosti.

hare kṛṣṇa hare kṛṣṇa kṛṣṇa kṛṣṇa hare hare
hare rāma hare rāma rāma rāma hare hare

Bhagavad-gītā je známa tiež pod názvom *Gītopaniṣad*. Je jadrom *vedskeho* poznania a je jednou z najdôležitejších *Upaniṣad*. V súčasnosti existuje veľa komentárov k *Bhagavad-gīte*, a preto môže celkom prirodzene vzniknúť otázka, či je ďalší komentár opravdu nutný. Pokúsim sa celú vec objasniť. Nedávno ma jedna Američanka poprosila, aby som jej odporučil nejaký anglický preklad *Bhagavad-gīty*. Prirodzene, že existuje mnoho vydaní *Bhagavad-gīty*, no z tých, ktoré som videl, a to nielen tu v Amerike, ale aj v Indii, sa ani jedno nedá považovať za celkom vierohodné, pretože takmer do všetkých týchto komentárov vložili autori svoje vlastné názory, zabúdajúc na skutočný duchovný zmysel *Bhagavad-gīty*.

Duch *Bhagavad-gīty* je predložený v *Bhagavad-gīte* samotnej. Tu je názorný príklad: Ak chceme užívať určitý liek, musíme sa riadiť predpísaným receptom. Nemôžeme užívať liek podľa vlastného uváženia alebo podľa rád priateľov. Liek sa musí užívať podľa predpísaného receptu alebo podľa pokynov lekára. Podobne *Bhagavad-gītu* musíme prijať podľa pokynov, ktoré stanovil jej rečník. Rečníkom *Bhagavad-gīty* je Pán Śrī Kṛṣṇa. Na každej strane *Bhagavad-gīty* je Kṛṣṇa prijímaný ako Najvyššia Božská Osobnosť, Bhagavān. Slovom *bhagavān* sa niekedy označuje neobyčajne mocná osoba alebo poloboh, ale v tomto prípade *bhagavān* nepochybne znamená, že Pán Śrī Kṛṣṇa nie je iba významná osobnosť, ale zároveň Najvyšší Pán osobne, s čím súhlasia všetci veľkí *ācāryovia* (duchovní učitelia), ako napríklad Śaṅkarācārya, Rāmānujācārya, Madhvācārya, Nimbārka Svāmī, Śrī Caitanya Mahāprabhu a mnoho iných autorít *vedskeho* poznania v Indii. V *Bhagavad-gīte* Kṛṣṇa o Sebe hovorí, že je Najvyššia Božská Osobnosť, a ako takého Ho prijíma *Brahma-saṁhitā* i všetky *Purāṇy*, najmä *Śrīmad-Bhāgavatam*, ktorý je známy ako *Bhāgavata-Purāṇa* (*kṛṣṇas tu bhagavān svayam*). Preto by sme mali *Bhagavad-gītu* prijať tak, ako nám to odporúča Najvyššia Božská Osobnosť.

V štvrtej kapitole *Bhagavad-gīty* (4.1-3) Pán hovorí:

imaṁ vivasvate yogaṁ proktavān aham avyayam
vivasvān manave prāha manur ikṣvākave 'bravīt

evaṁ paramparā-prāptam imaṁ rājarṣayo viduḥ
sa kāleneha mahatā yogo naṣṭaḥ parantapa

sa evāyaṁ mayā te 'dya yogaḥ proktaḥ purātanaḥ
bhakto 'si me sakhā ceti rahasyaṁ hy etad uttamam

Śrī Kṛṣṇa vysvetľuje Arjunovi, že tento systém *yogy*, *Bhagavad-gītu*, pôvodne predniesol bohu Slnka, boh Slnka ho vyjavil Manuovi a Manu ho predniesol Ikṣvākuovi. Tak sa prostredníctvom učeníckej postupnosti tento *yogový* systém predával z učiteľa na žiaka. Postupom času sa však tento systém stratil, a tak ho Pán Kṛṣṇa predniesol znovu, tentokrát Arjunovi na Kuruovskom bojisku.

Kṛṣṇa vysvetlil Arjunovi, že mu vyjaví toto najvyššie tajomstvo, lebo je Jeho priateľ a oddaný. To znamená, že *Bhagavad-gītā* je určená predovšetkým Pánovým oddaným. Existujú tri skupiny transcendentalistov — *jñānīovia* (impersonalisti), *yogīni* (tí, ktorí meditujú) a *bhaktovia* (oddaní). Pán Arjunovi jasne hovorí, že ho menuje prvým príjemcom v novej *paramparе* (učeníckej postupnosti), pretože pôvodná postupnosť bola prerušená. Preto si Kṛṣṇa želal založiť novú *paramparu*, ktorá by sa riadila rovnakými zásadami, ako postupnosť pochádzajúca od boha Slnka. Ďalej si želal, aby Arjuna začal túto vedu znovu šíriť a stal sa autoritou v chápaní *Bhagavad-gīty*. Ako môžeme jasne vidieť, Kṛṣṇa predniesol Arjunovi *Bhagavad-gītu* najmä preto, že bol Jeho oddaným, priamym študentom a dôverným priateľom.

Bhagavad-gītu preto najlepšie pochopí ten, kto má podobné vlastnosti ako Arjuna, čiže oddaný s priamym vzťahom ku Kṛṣṇovi. Akonáhle sa niekto stane Pánovým oddaným, získa priamy vzťah s Pánom. Toto je, prirodzene, veľmi zložitá veda, ale v krátkosti môžeme povedať, že vzťah oddaného k Najvyššej Božskej Osobnosti možno zaradiť do jedného z nasledujúcich piatich druhov vzťahu:

1. Oddaný môže mať pasívny vzťah k Bohu.
2. Oddaný môže mať aktívny vzťah k Bohu.
3. Oddaný môže mať priateľský vzťah k Bohu.
4. Oddaný môže mať rodičovský vzťah k Bohu.
5. Oddaný môže mať milostný vzťah k Bohu.

Arjuna mal priateľský vzťah s Pánom. Medzi týmto priateľstvom a priateľstvom v hmotnom svete je samozrejme, veľký rozdiel. Toto priateľstvo je transcendentálne a ťažko dostupné. Každý máme určitý vzťah s Najvyšším Pánom a tento vzťah môžme prebudiť zdokonaľovaním oddanej služby. V našom súčasnom podmienenom stave sme zabudli nielen na Najvyššieho Pána, ale aj na náš večný vzťah s Pánom. Každá z miliónov živých bytostí má svoj špecifický vzťah k Bohu, ktorý je večný a ktorý sa odborne nazýva *svarūpa*. Človek môže oddanou službou prebudiť tento večný vzťah a dosiahnuť úroveň zvanú *svarūpa-siddhi*, prirodzené postavenie živej bytosti. Arjuna bol Pánovým oddaným a spájalo ho s Ním priateľstvo.

Za povšimnutie stojí, ako Arjuna prijal *Bhagavad-gītu*. Tento duch prijatia je opísaný v desiatej kapitole:

arjuna uvāca
paraṁ brahma paraṁ dhāma pavitraṁ paramaṁ bhavān
puruṣaṁ śāśvataṁ divyam ādi-devam ajaṁ vibhum

āhus tvām ṛṣayaḥ sarve devarṣir nāradas tathā
asito devalo vyāsaḥ svayaṁ caiva bravīṣi me

sarvam etad ṛtaṁ manye yan māṁ vadasi keśava
na hi te bhagavan vyaktiṁ vidur devā na dānavāḥ

Arjuna riekol: „Si Najvyššia Božská Osobnosť, si konečný cieľ a Absolútna Pravda. Si nezrodený, najvyšší a najčistejší. Si večná, transcendentálna a pôvodná osoba. Všetci veľkí svätci ako Nārada, Asita, Devala a Vyāsa to o Tebe hlásajú a teraz mi to hovoríš Ty sám. Ó, Kṛṣṇa, všetko, čo hovoríš, prijímam ako pravdu. Dokonca ani polobohovia či démoni nedokážu pochopiť Tvoju osobnosť."

Po vypočutí si *Bhagavad-gīty* od Najvyššej Božskej Osobnosti oslovil Arjuna Kṛṣṇu ako *paraṁ brahma*, Najvyšší Brahman. Každá živá bytosť je Brahman, avšak iba Najvyššia Bytosť alebo Najvyššia Božská Osobnosť je Najvyšší Brahman. *Paraṁ dhāma* znamená, že je najvyšším útočiskom a miestom spočinutia všetkého, *pavitram*, že je čistý, nepoškvrnený hmotou, *puruṣam*, že je najvyšší užívateľ, *śāśvatam*, že je pôvodný, *divyam* transcendentálny, *ādi-devam*, že je Najvyššia Božská Osobnosť, *ajam*, že je nezrodený, a *vibhum* najvyšší.

Teraz si niekto môže myslieť, že Arjuna chcel Kṛṣṇovi polichotiť, pretože bol jeho dobrým priateľom. Avšak už v nasledujúcom verši Arjuna rozohnal pochybnosti čitateľov poukázaním na verš, v ktorom sa hovorí, že nielen on, ale aj také autority ako Nārada, Asita, Devala a Vyāsadeva prijímajú Kṛṣṇu ako Najvyššiu Božskú Osobnosť. Tieto veľké osobnosti šíria *vedske* poznanie tak, ako ho prijímajú všetci *ācāryovia*. Preto Arjuna Kṛṣṇovi hovorí, že všetky jeho slová pokladá za dokonalé. *Sarvam etad ṛtaṁ manye*: „Všetko čo mi vravíš, prijímam ako pravdu." Arjuna povedal, že je veľmi ťažké pochopiť Kṛṣṇovu osobnosť; dokonca aj pre veľkých polobohov. To znamená, že Pána nemôžu pochopiť ani bytosti vyššie než ľudské. Ako by potom mohol pochopiť Pána obyčajný človek, ak sa pred tým nestal Jeho oddaným?

Bhagavad-gītu teda musíme prijať v duchu oddanosti. Nikto by si nemal myslieť, že sa vyrovná Kṛṣṇovi, alebo že Kṛṣṇa je iba obyčajná či veľmi mocná osobnosť. Pán Kṛṣṇa je Najvyššia Božská Osobnosť. Podľa tvrdenia *Bhagavad-gīty* alebo podľa Arjunovho svedectva by mal každý, kto sa snaží porozumieť *Bhagavad-gīte*, aspoň teoreticky prijať Kṛṣṇu za Najvyššiu Božskú Osobnosť a v tomto pokornom duchu môže porozumieť *Bhagavad-gīte*. Ak nečítame *Bhagavad-gītu* s pokorou, len veľmi ťažko jej budeme môcť porozumieť a zostane pre nás veľkou záhadou.

Čo je vlastne *Bhagavad-gītā*? Jej cieľom je oslobodiť ľudstvo z nevedomosti hmotnej existencie. Každý z nás sa nachádza v ťažkom postavení, tak ako sa v ňom nachádzal Arjuna, keď bol donútený bojovať na Kuruovskom bojisku. To, že sa Arjuna odovzdal Kṛṣṇovi, viedlo nakoniec k tomu, že Kṛṣṇa predniesol *Bhagavad-gītu*. Nielen Arjunu, ale každého z nás napĺňa úzkosť pochádzajúca z hmotnej existencie. Naše skutočné ja sa ocitlo v atmosfére iluzórneho bytia. Nežijeme preto, aby sme boli vystavení nástrahám iluzórneho bytia. Sme veční. Niekedy sa však dostaneme do situácie, ktorá je *asat*. *Asat* znamená to, čo je dočasné.

Z mnohých trpiacich ľudských bytostí je len málo tých, ktorí sa vážne zamýšľajú nad svojou situáciou a pýtajú sa na dôvod svojich ťažkostí a problémov. Dovtedy, kým sa človek nezačne pýtať na príčinu svojho utrpenia a neuvedomí si, že viac nechce trpieť, ale že sa chce zbaviť utrpenia, nemožno ho považovať za dokonalú ľudskú bytosť. Ľudský život začína tam, kde sa objavuje tento druh otázok. V *Brahma-saṁhite* sa tento druh otázok nazýva *brahma-jijñāsā*. *Athāto brahma-jijñāsā*. Všetky ľudské činnosti sa považujú za zbytočné, pokiaľ sa človek nezačne dotazovať na povahu Absolútneho. Pravým študentom *Bhagavad-gīty* je preto ten, kto si začína klásť dôležité otázky. Prečo trpím? Odkiaľ pochádzam? Čo sa so mnou stane po smrti? Taký úprimný študent by mal zároveň rešpektovať postavenie Najvyššej Božskej Osobnosti. A takým študentom bol Arjuna.

Pán Kṛṣṇa sa zjavil na Zemi najmä preto, aby znovu obnovil časom zabudnuté učenie o skutočnom zmysle života. Z mnoho miliónov ľudí možno jediný precitne a pochopí svoje skutočné postavenie, a práve preňho Kṛṣṇa predniesol *Bhagavad-gītu*. My všetci sme pohltení nevedomosťou, avšak Pán je veľmi milostivý k všetkým živým bytostiam a obzvlášť k ľudskému pokoleniu. Z toho dôvodu predniesol *Bhagavad-gītu* a prijal Arjunu za Svojho žiaka.

Arjuna bol spoločníkom Pána Kṛṣṇu a ako taký nebol ovplyvnený nevedomosťou. Na Kuruovskom bojisku ho však Pán uviedol do stavu nevedomosti, aby sa Ho Arjuna mohol pýtať na základné problémy života, a aby ich Pán mohol vysvetliť pre dobro budúcich generácií. Ľudia by sa tak mohli riadiť Pánovými pokynmi a postupne zdokonaliť svoje životy.

Bhagavad-gītā pojednáva o piatich základných pravdách. Najprv vysvetľuje vedu o Bohu a vedu o prirodzenom postavení živých bytostí (*jīva*). Jestvuje *īśvara*, Najvyšší Vládca a *jīva*, ovládané živé bytosti. Keď si živá bytosť myslí, že nie je ovládaná, ale že je slobodná, tak je v ilúzii. Živá bytosť je ovládaná neustále, v oslobodenom aj podmienenom stave. *Bhagavad-gītā* teda pojednáva o *īśvarovi*, Najvyššom Vládcovi, a *jīvach*, ovládaných živých bytostiach. Okrem toho pojednáva o *prakṛti* (hmotnej prírode), čase (celkovom trvaní existencie vesmíru alebo vesmírneho prejavu) a o *karme* (činnosti). Vesmírne stvorenie oplýva množstvom činností. Každá živá bytosť vykonáva určitú činnosť. Z *Bhagavad-gīty* sa môžeme naučiť, kto je Boh, kto sú živé bytosti, čo je *prakṛti*, čo je vesmírne prejavenie, ako je kontrolované časom a aké sú činnosti živých bytostí.

Z týchto piatich právd, opísaných v *Bhagavad-gīte*, je Najvyššia Božská Osobnosť, Śrī Kṛṣṇa, Najvyšší Vládca, Brahman alebo Paramātmā — môžete použiť ktorékoľvek označenie — najvyššia zo všetkých. Živé bytosti sú kvalitatívne totožné s Najvyššou Bytosťou. V ďalších kapitolách *Bhagavad-gīty* bude vysvetlené, že Najvyšší Pán dohliada na chod všetkých udalostí vo vesmíre. Hmotná príroda nie je nezávislá, ale koná pod vedením Najvyššieho Pána. Śrī Kṛṣṇa hovorí v *Bhagavad-gīte*: *mayādhyakṣeṇa prakṛtiḥ sūyate sa-carācaram.* „Táto hmotná príroda koná pod Mojím vedením." Keď vidíme, aké úžasné veci sa stávajú vo vesmíre, mali by sme si uvedomiť, že za celým kozmickým prejavením je niekto, kto ho riadi a ovláda. Nič by nemohlo jestvovať, keby nebolo stvoriteľa a vládcu. Je naivné tohoto vládcu popierať. Dieťa môže napríklad považovať auto za nadprirodzenú bytosť, pretože sa pohybuje bez toho, aby ho ťahal kôň alebo iné ťažné zviera. Avšak rozumný človek, ktorý pozná mechanizmus auta, vie, že za každým mechanizmom je vždy človek, ktorý ho riadi. Podobne sa všetko deje pod dohľadom Najvyššieho Pána. Ako sa dozvieme z ďalších kapitol, živé bytosti, *jīvy*, sú fragmentárnymi časťami Najvyššieho Pána. Aj zrnko zlata je zlato a kvapka morskej vody má rovnakú chuť ako more. Podobne i my, živé bytosti, vlastníme ako čiastočky Najvyššieho Vládcu, *īśvaru* alebo Bhagavāna, Pána Śrī Kṛṣṇu, všetky Jeho kvality, avšak iba v minimálnej miere, pretože sme iba malí, podriadení *īśvarovia*. Snažíme sa ovládnuť prírodu a v súčasnosti sa pokúšame o zdolanie vesmíru a planét. Tento sklon ovládať je v nás preto, lebo je aj v Kṛṣṇovi. Napriek tomuto silnému sklonu ovládať hmotnú prírodu by sme však mali pochopiť, že nie sme najvyššími vládcami. To všetko bude vysvetlené v *Bhagavad-gīte*.

Čo je hmotná príroda? *Bhagavad-gītā* ju označuje slovom *prakṛti*, nižšia energia. Živé bytosti sa nazývajú vyššia *prakṛti*. Vyššia i nižšia *prakṛti* sú vždy podriadené, a pretože *prakṛti* je ženského rodu, poslúcha Najvyššieho Pána práve tak, ako žena poslúcha svojho muža. *Prakṛti* je vždy podriadená Pánovi. Živé bytosti i hmotnú prírodu ovláda Najvyšší Pán. *Bhagavad-gītā* definuje živé bytosti ako *prakṛti*, a to aj napriek tomu, že sú časťami Najvyššieho Pána. Jasne to dokumentuje siedma kapitola *Bhaga-*

vad-gīty. *Apareyam itas tv anyāṁ prakṛtiṁ viddhi me parām, jīva-bhūtām*: „Táto hmotná príroda, *prakṛti*, je Moja nižšia energia, ale nad ňou je ešte iná *prakṛti* — *jīva-bhūtām*, živé bytosti."

Hmotná príroda pozostáva z troch kvalít: z kvality dobra, vášne a nevedomosti. Nad týmito kvalitami je večný čas. Kombináciou týchto troch kvalít prírody, ovládaných večným časom, vznikajú činnosti, ktoré sa odborne nazývajú *karma*. Tieto činnosti trvajú už od nepamäti a my buď trpíme, alebo sa tešíme z plodov našej práce. Predpokladajme napríklad, že som obchodník, ktorý veľmi ťažko pracoval a pomocou inteligencie nadobudol veľké bohatstvo. Potom si užívam a teším sa z neho. Ale môže sa stať, že všetko bohatstvo stratím. V takom prípade trpím. Analogicky to platí vo všetkých životných oblastiach: trpím alebo sa teším vzhľadom na následky svojho konania. To sa nazýva *karma*.

Īśvara (Najvyšší Pán), *jīva* (živé bytosti), *prakṛti* (príroda), *kāla* (večný čas) a *karma* (činnosti) sú všetky vysvetlené v *Bhagavad-gīte*. Z týchto piatich sú Najvyšší Pán, živé bytosti, hmotná príroda a čas večni. Prejavenie hmotnej prírody, *prakṛti*, môže byť dočasné, ale nie neskutočné. Niektorí filozofi tvrdia, že hmotné prejavenie je neskutočné, ale podľa filozofie *Bhagavad-gīty* alebo podľa *vaiṣṇavskej* filozofie tomu tak nie je. Prejavenie hmotného vesmíru nie je neskutočné; je skutočné, ale dočasné. Dá sa prirovnať k mrakom na oblohe, alebo k obdobiu dažďov, ktoré prináša vlahu obiliu. Len čo obdobie dažďov skončí a mraky sa rozplynú, všetka úroda, ktorú živil dážď, usýcha. Toto hmotné prejavenie takisto v určitý čas vzniká, určitú dobu trvá a nakoniec zaniká. Taká je činnosť *prakṛti*, hmotnej prírody, a tento kolobeh sa opakuje večne. *Prakṛti* je teda večná aj skutočná. Kṛṣṇa na ňu poukazuje slovami: „Moja *prakṛti*". Táto hmotná príroda je oddelená energia Najvyššieho Pána. Živé bytosti sú takisto energiou Najvyššieho, avšak s tým rozdielom, že nie sú od Neho oddelené, ale sú s Ním navždy spojené. Takže medzi Najvyšším Pánom, živými bytosťami, hmotnou prírodou a časom je vzájomná spojitosť a ich spoločným znakom je, že sú večni. Piaty princíp, *karma*, však večný nie je. Účinky *karmy* môžu byť veľmi dlhodobé. Od nepamäti trpíme alebo sa tešíme z výsledkov našich činností, ale tieto *karmické* výsledky alebo reakcie môžeme zmeniť, a táto zmena závisí od dokonalosti poznania. Neustále vykonávame rôzne činnosti a pritom nepochybne nevieme, aké činy máme vykonávať, aby sme sa oslobodili od ich následkov. To všetko sa môžeme dozvedieť z *Bhagavad-gīty*.

Īśvara, Najvyšší Pán, má najvyššie vedomie. *Jīvy*, živé bytosti, sú ako časti Najvyššieho Pána, takisto vedomé. Aj keď sa obidva princípy — živé bytosti i hmotná príroda — považujú za *prakṛti*, energiu Najvyššieho Pána, iba *jīva* má vedomie. Druhá *prakṛti* vedomie nemá. V tom je medzi nimi rozdiel. Živá bytosť sa nazýva vyššia *prakṛti*, pretože *jīva* má vedomie, podobne ako Pán. Pánovo vedomie je však absolútne, a nikto by si nemal myslieť, že *jīva*, živá bytosť, je takisto absolútne vedomá. Živá bytosť nemôže dosiahnuť absolútne vedomie na žiadnom stupni dokonalosti, a teória, ktorá tvrdí opak, je scestná. Živá bytosť má vedomie, no nikdy nie dokonalé alebo absolútne.

Rozdiel medzi *jīvou* a *īśvarom* vysvetľuje trinásta kapitola *Bhagavad-gīty*. Pán je vedomý (*kṣetra-jña*), podobne ako živá bytosť, no živá bytosť si je vedomá iba svojho vlastného tela, zatiaľ čo Najvyšší Pán si je vedomý všetkých tiel. Keďže sídli v srdci každej živej bytosti, je svedkom všetkých psychických pohnútok každej jednotlivej *jīvy*. Na to by sme nemali zabúdať. Ďalej sa píše, že Paramātmā, Najvyššia Božská Osobnosť, sídli v srdci každého ako *īśvara*, vládca, a dáva jej pokyny, ako má konať, aby uspokojila svoje túžby. Živá bytosť zabúda, ako má konať. Najprv sa rozhodne pre určitý druh činnosti a vzápätí sa zapletie do následkov svojej *karmy*. Po opustení tela prijme nové telo, ako keď si človek oblieka a vyzlieka šaty. Zatiaľ čo duša takto transmigruje, zažíva rôzne strasti, ktoré sú následkami jej minulých činov. Tieto reakcie môže zmeniť, ak sa umiestni v kvalite dobra, zmúdrie a pochopí, aký druh činností by si mala osvojiť. Konaním v tomto duchu môže zmeniť všetky následky svojich minulých činností. To znamená, že *karma* nie je večná. Z piatich princípov (*īśvara, jīva, prakṛti*, čas a *karma*) sú štyri večné, zatiaľ čo jeden (*karma*) je dočasný.

Podobnosť medzi vedomím *īśvaru* a vedomím živých bytostí spočíva v tom, že vedomie oboch je transcendentálne. Nie je pravda, že vedomie vzniklo pôsobením hmoty. Teóriu, že vedomie vzniklo za určitých podmienok kombináciou hmotných prvkov, *Bhagavad-gītā* neschvaľuje. Podobne, ako sa svetlo prenikajúce farebným sklom môže javiť ako farebné, môže aj vedomie skreslene odrážať hmotné okolnosti, ktoré naň pôsobia. Avšak vedomie Najvyššieho Pána nie je ovplyvnené hmotou. Pán Kṛṣṇa hovorí: *mayādhyakṣeṇa prakṛtiḥ*. Keď Pán zostupuje do hmotného vesmíru, Jeho vedomie nie je znečistené hmotou. Keby bolo, nebol by schopný hovoriť o transcendentálnych námetoch, ako napríklad v *Bhagavad-gīte*. Nikto nemôže hovoriť o transcendentálnom svete, ak je jeho vedomie znečistené hmotou. Takže Pán nie je hmotne podmienený. Naše vedomie je momentálne hmotne znečistené. *Bhagavad-gītā* nás vyzýva, aby sme toto hmotne znečistené vedomie očistili. Potom budú naše činy v súlade s vôľou *īśvaru* a tak budeme šťastní. Nemusíme prestať konať; skôr by sme mali naše činnosti očistiť. Také očistené konanie sa nazýva *bhakti*, alebo oddaná služba Bohu. Navonok sa nemusí odlišovať od obyčajných činností, ale nie je hmotne znečistené. Nevedomý človek si môže myslieť, že oddaný koná a pracuje ako obyčajný človek. Keďže nemá adekvátne poznanie, nevie, že skutky oddaného alebo Pána nie sú poškvrnené nečistým vedomím alebo hmotou. Ich činnosti sú transcendentálne voči trom kvalitám hmotnej prírody. Mali by sme vedieť, že ak nie sme na tejto úrovni, naše vedomie je hmotne znečistené.

Keď sme hmotne znečistení, sme podmienení. Falošné vedomie sa prejaví, keď sa považujeme za produkt hmotnej prírody. To sa nazýva falošné ego. Človek, ktorý je pohrúžený v telesnom poňatí života, nemôže pochopiť svoju situáciu. Cieľom *Bhagavad-gīty* je oslobodiť každého z telesného poňatia života, a Arjuna na seba vzal úlohu podmienenej bytosti, aby ho Kṛṣṇa mohol priamo poučiť. Musíme sa oslobodiť z telesného konceptu života; to je prvoradá úloha každého transcendentalistu. Každý, kto sa chce oslobodiť, musí v prvom rade pochopiť, že nie je toto hmotné telo. *Mukti* alebo vyslobodenie znamená zbaviť sa hmotného poňatia. *Śrīmad-Bhāgavatam* takisto definuje vyslobodenie. *Muktir hitvānyathā-rūpaṁ svarūpeṇa vyavasthitiḥ*: *mukti* znamená vyslobodenie sa od znečisteného vedomia tohoto hmotného sveta a umiestnenie sa v čistom vedomí. Všetky inštrukcie *Bhagavad-gīty* smerujú k prebudeniu tohoto čistého vedomia. Preto sa na konci *Bhagavad-gīty* Kṛṣṇa Arjunu spýtal, či už dospel na túto úroveň. Mať čisté vedomie, znamená konať podľa Pánových pokynov. To je celý význam a podstata čistého vedomia. Vedomie máme stále, pretože sme Pánovými časťami, no zároveň máme sklon podliehať hmotnej prírode. Avšak Pán nie je nikdy ovplyvnený hmotou. To je rozdiel medzi Najvyšším Pánom a malými individuálnymi dušami.

Čo je to vedomie? Vedomie znamená „ja som". Ale čo som? Ak je moje vedomie znečistené, potom toto „ja som" znamená, že „som pánom všetkého, čo vidím a všetko je určené k môjmu pôžitku". Svet je v neustálom pohybe, pretože každá bytosť si myslí, že ona je pánom a tvorcom hmotného sveta. Hmotné vedomie má dva psychické aspekty. Prvý, „som tvorca" a druhý, „som užívateľ". Ale v skutočnosti je tvorcom a užívateľom Najvyšší Pán. Živá bytosť je ako časť Najvyššieho iba spolupracovník. Je tvorená a užívaná. Napríklad časť stroja spolupracuje s celým strojom alebo časť tela s celým telom. Ruky, nohy, oči atď. sú rôzne telesné časti, ale nie sú užívateľmi. Užívateľom je žalúdok. Nohy podopierajú telo, ruky mu dodávajú potravu, zuby ju prežúvajú a všetky telesné časti sa zúčastňujú na uspokojovaní žalúdka, od ktorého závisí celé telo. Preto všetka potrava smeruje do žalúdka. Strom udržujeme pri živote tým, že zalievame korene a podobne udržujeme telo pri živote tým, že dodávame potravu do žalúdka. Ak chceme mať zdravé telo, musia všetky jeho časti spolupracovať, aby mu poskytli potravu. Podobne je Najvyšší Pán užívateľ a tvorca a my, podriadené živé bytosti, by sme s Ním mali spolupracovať a snažiť sa Ho uspokojiť. Táto spolupráca nás v skutočnosti uspokojí práve tak, ako zásobovanie žalúdka potravou uspokojí všetky telesné časti. Ak si prsty na ruke budú myslieť, že môžu užívať potravu nezávisle a nemusia ju dodávať do žalúdku, dočkajú sa trpkého sklamania. Ústrednou postavou stvorenia a pôžitku je Najvyšší Pán a živé bytosti sú Jeho pomocníci. V tomto postavení si môžu užívať. Vzťah medzi Pánom a živými bytosťami je ako vzťah medzi pánom a služobníkom. Ak je spokojný pán, je spokojný aj sluha. Musíme sa teda snažiť potešiť Pána, a to aj napriek tomu, že máme sklon hrať sa na pánov a tvorcov a užívať si v tomto hmotnom svete. Tento sklon je v živých bytostiach, pretože je aj v Najvyššom Pánovi, stvoriteľovi hmotného sveta.

Z *Bhagavad-gīty* sa dozvedáme, že úplný celok sa skladá z Najvyššieho vládcu, ovládaných živých bytostí, hmotnej prírody, večného času a *karmy* alebo činností. Všetky tieto princípy sú vysvetlené v texte a všetky dovedna tvoria úplný celok, ktorý sa nazýva Najvyššia Absolútna Pravda. Úplným celkom a Absolútnou Pravdou je Absolútna Božská Osobnosť, Śrī Kṛṣṇa. Všetko je prejavom Jeho rôznych energií. On je úplným celkom.

Bhagavad-gītā vysvetľuje, že aj neosobný Brahman je podriadený Absolútnej Osobe (*brahmaṇo hi pratiṣṭhāham*). *Brahma-sūtra* prirovnáva Brahman k slnečným lúčom. Neosobný Brahman je žiarou Najvyššej Božskej Osobnosti a ako taký je neúplnou realizáciou absolútneho celku. To isté platí o realizácii Paramātmy. V pätnástej kapitole sa píše, že Najvyššia Božská Osobnosť, Puruṣottama, stojí nad neosobným Brahmanom i čiastočnou realizáciou Paramātmy. Najvyššia Božská Osobnosť sa nazýva *sac-cid-ānanda-vigraha. Brahma-saṁhitā* začína slovami: *īśvaraḥ paramaḥ kṛṣṇaḥ sac-cid-ānanda-vigrahaḥ, anādir ādir govindaḥ sarva-kāraṇa-kāraṇam.* „Govinda, Kṛṣṇa, je príčinou všetkých príčin. Je prvotnou príčinou a absolútnou podobou večnosti, poznania a blaženosti."

Neosobná realizácia Brahmanu je realizáciou Jeho aspektu večnosti (*sat*). Realizácia Paramātmy je realizáciou aspektov *sat* a *cit* (večného poznania). Avšak realizácia Božskej Osobnosti, Kṛṣṇu, je realizáciou všetkých transcendentálnych vlastností: *sat, cit* a *ānanda* (večnosti, poznania i blaženosti) v dokonalej podobe (*vigraha*).

Menej inteligentní ľudia považujú Absolútnu Pravdu za neosobnú, avšak Najvyššia Pravda je transcendentálna osoba, čo potvrdzujú všetky *vedske* písma. *Nityo nityānāṁ cetanaś cetanānām* (*Kaṭha Upaniṣad* 2.2.13). My všetci sme individuálne živé bytosti s vlastnou osobnosťou, a podobne je osobou i Najvyššia Absolútna Pravda. Realizácia Božskej Osobnosti je realizáciou všetkých transcendentálnych vlastností v dokonalej miere. Úplný celok nie je beztvarý. Keby nemal podobu, alebo keby bol ukrátený o čokoľvek, čo existuje, nemohol by byť úplným celkom. Úplný celok musí obsahovať všetko, čo sa nachádza v medziach našej skúsenosti i všetko, čo je mimo nej; inak by nemohol byť úplný.

Úplný celok, Najvyššia Božská Osobnosť, vlastní neobmedzené energie (*parāsya śaktir vividhaiva śrūyate*). *Bhagavad-gītā* takisto opisuje, ako Kṛṣṇa disponuje Svojimi rozmanitými energiami. Tento javový alebo hmotný svet, v ktorom sa nachádzame, je sám o sebe úplný, pretože dvadsaťštyri prvkov, z ktorých sa podľa sāṅkhyovej filozofie dočasne prejavuje tento hmotný svet, je uspôsobených tak, aby mohli vytvárať všetko potrebné na existenciu a údržbu tohoto vesmíru. Nie je tu nič, čo by bolo zbytočné a ani tu nič nechýba. Toto vesmírne prejavenie má svoj vlastný limit, stanovený energiou úplného celku, a keď sa tento čas naplní, celý hmotný vesmír zanikne na základe dokonalého plánu úplného celku. Malé úplné jednotky, živé bytosti, majú všetky možnosti na to, aby realizovali úplný celok, a všetky formy nedokonalosti zažívajú len kvôli nedokonalému poznaniu úplného celku. *Bhagavad-gītā* teda obsahuje dokonalé poznanie *vedskej* múdrosti.

Vedske poznanie je dokonalé a neomylné a ako také ho Indovia prijímajú. Napríklad kravský trus je zvierací výkal, a podľa *smṛti, vedskych* pokynov, sa musí človek, ktorý sa dotkol trusu zvieraťa, okúpať aby sa očistil. Avšak vo *Vedach* sa píše, že kravský trus má očistné účinky. Niekto by mohol povedať, že tieto dva výroky si protirečia, ale napriek tomu ich ľudia prijímajú, pretože je to záver *Ved*; keď sa ním človek riadi, nemôže schybiť. Moderná veda časom zistila, že kravský trus má všetky antiseptické vlastnosti. *Vedske* poznanie je dokonalé, pretože je mimo rámec pochybností a omylov a *Bhagavad-gītā* je esenciou *vedskej* múdrosti.

Vedske poznanie nemožno podrobiť výskumom. Naše výskumy sú nedokonalé, pretože skúmame veci nedokonalými zmyslami. Poznanie musíme prijať zostupnou cestou, prostredníctvom *paramparý* (učeníckej postupnosti). Mali by sme prijímať poznanie z autorizovaného zdroja, od člena učeníckej postupnosti, ktorá začína najvyšším duchovným učiteľom, Pánom samotným, a pokračuje celým radom duchovných majstrov. Arjuna bol Kṛṣṇovým žiakom a prijal bez námietok všetko, čo mu Kṛṣṇa povedal. Nemali by sme prijímať iba určitú časť *Bhagavad-gīty* a inú odmietať. Nie. Musíme prijať *Bhagavad-gītu* bez interpretácií, bez úprav či zásahov do textu. Musíme ju prijať ako najucelenejší výklad *vedskeho* poznania. *Vedske* poznanie prichádza z transcendentálneho zdroja a prvé slovo vyslovil Pán samotný. Pánove slová sa nazývajú *apauruṣeya*, t.j. tie, ktoré nevyslovil žiadny pozemský tvor. Svetská osoba má štyri nedostatky: 1. nevyhnutne sa dopúšťa chýb, 2. prepadá ilúzii, 3. má sklon podvádzať ostatných a 4. má nedokonalé zmysly. Kvôli týmto štyrom nedostatkom nie sme schopní poskytnúť dokonalé informácie o všeobsahujúcom poznaní.

Vedske poznanie sa nezachovávalo prostredníctvom takýchto nedokonalých bytostí. Bolo vložené do srdca Brahmu, prvostvorenej živej bytosti a Brahmā ho v nezmenenej podobe odovzdal svojím synom a žiakom. Pán je *pūrṇam*, absolútne dokonalý a je vylúčené, aby podliehal zákonom hmotnej prírody. Každý človek by mal byť natoľko inteligentný, aby pochopil, že Najvyšší Pán je jediným vlastníkom všetkého vo vesmíre, a že On je prvotným tvorcom a stvoriteľom Brahmu. V jedenástej kapitole je Pán oslovený ako *prapitāmaha*, t.j. stvoriteľ Brahmu, alebo praotca (*pitāmaha*). Mali by sme preto prijímať iba tie nevyhnutné veci, ktoré nám Pán vyhradil ako náš podiel, a nepovažovať sa za vlastníkov.

Existuje veľa príkladov, ako používať veci, ktoré nám Pán pridelil; dokonca aj v *Bhagavad-gīte*. Tesne pred bitkou sa Arjuna rozhodol, že nebude bojovať. Bolo to jeho slobodné rozhodnutie. Arjuna Pánovi prezradil, že by sa nemohol tešiť z kráľovstva, keby zabil svojich príbuzných. Jeho rozhodnutie sa zakladalo na telesnom poňatí života, pretože stotožňoval vlastné ja s telom a myslel si, že jeho príbuzní — bratia, synovci, švagrovia, starí otcovia atď. — sú s jeho telom spriaznení. A tak chcel uspokojiť požiadavku svojej mysle. Pán predniesol Arjunovi *Bhagavad-gītu* s cieľom zmeniť jeho hmotné chápanie. Arjuna sa nakoniec rozhodol bojovať pod Kṛṣṇovým vedením, keď povedal: *kariṣye vacanaṁ tava*. „Budem bojovať podľa Tvojich slov."

Ľudský život nie je určený na to, aby sme dreli ako osli. Mali by sme byť natoľko inteligentní, aby sme pochopili dôležitosť ľudského života a mali by sme odmietnuť žiť ako zvieratá. Mali by sme poznať zmysel ľudského života. Celá *vedska* literatúra dáva odpoveď na túto otázku a v *Bhagavad-gīte* nájdeme podstatu. *Vedy* sú určené pre ľudí, nie pre zvieratá. Zviera môže zabiť iné zviera bez toho, aby sa dopustilo hriešnej činnosti, ale keď človek zabije zviera len preto, aby uspokojil svoje neovládnuté chuťové bunky, musí niesť plnú zodpovednosť za porušenie prírodných zákonov. *Bhagavad-gītā* vysvetľuje, že podľa troch kvalít hmotnej prírody existujú aj tri druhy činnosti: činnosti v kvalite dobra, vášne a nevedomosti. Podobne existujú i tri druhy potravy: potrava v kvalite dobra, v kvalite vášne a v kvalite nevedomosti. Všetky tieto veci sú tu podrobne vysvetlené, a ak sa budeme riadiť podľa pokynov *Bhagavad-gīty*, očistíme svoj život a nakoniec dosiahneme cieľ, ktorý leží za týmto hmotným svetom, a ktorý sa nazýva *sanātana-dhāma*, večný duchovný svet (*yad gatvā na nivartante tad dhāma paramaṁ mama*).

Môžeme vidieť, že v tomto hmotnom svete je všetko dočasné. Najprv nejaká vec vznikne, určitý čas trvá, rozmnoží sa, chradne a nakoniec zanikne. Taký je zákon hmotného sveta, a ten platí rovnakou mierou pre všetkých — pre ľudí, pre zvieratá, pre rastliny atď. Avšak za týmto hmotným svetom jestvuje ešte iný svet, o ktorom máme správy. Je odlišnej povahy než tento hmotný svet a nazýva sa *sanātana*, večný. *Jīva* (duša) a Najvyšší Pán sa v jedenástej kapitole takisto opisujú ako *sanātana*, večni. Medzi živými bytosťami a Pánom jestvuje dôverný vzťah a cieľom *Bhagavad-gīty* je prebudiť a obnoviť v nás tento zabudnutý vzťah, ktorý je naším večným poslaním, *sanātana-dharmou*, prirodzeným zamestnaním živej bytosti. Venujeme sa najrôznejším dočasným činnostiam, no tieto činnosti môžeme očistiť, ak sa preorientujeme od dočasných činností k tým, ktoré stanovil Pán. Tak dosiahneme úroveň pôvodnej čistej existencie.

Najvyšší Pán, Jeho transcendentálne sídlo a živé bytosti sú *sanātana*, večni. Dokonalosť ľudského života dosiahneme navrátením sa do sídla a spoločnosti Najvyššieho. Pán je veľmi milostivý k živým bytostiam, pretože sú Jeho synmi. V *Bhagavad-gīte* Pán Kṛṣṇa hovorí: *sarva-yoniṣu...ahaṁ bīja-pradaḥ pitā*. „Som otcom všetkých." Samozrejme, že jestvujú rôzne druhy živých bytostí vzhľadom na rôzne druhy *karmy*, ale Pán hovorí, že je otcom všetkých. Preto zostupuje do hmotného sveta, aby napravil tieto pokleslé, hmotou podmienené duše a zavolal ich späť do večného duchovného sveta; večným živým bytostiam tak umožní obnoviť svoje večné postavenie vo večnej spoločnosti Najvyššieho Pána. Aby napravil podmienené duše, prichádza buď osobne, alebo posiela Svojich dôverných služobníkov — synov, spoločníkov, veľkých *ācāryov* a pod.

Sanātana-dharma nepredstavuje nejakú sektársku vieru. Je večnou funkciou večnej živej bytosti vo vzťahu k Najvyššiemu. Ako sme už povedali, vzťahuje sa na večné postavenie živej bytosti. Śrīpāda Rāmānujācārya definuje slovo *sanātana* ako „to, čo nemá začiatok ani koniec". Na základe jeho výroku musíme prijať, že *sanātana-dharma* nemá počiatok ani koniec.

Slovenský pojem *náboženstvo* sa líši od *sanātana-dharmy*. Náboženstvo v nás vzbudzuje predstavu viery, ale viera sa môže zmeniť. Môžeme vyznávať určitú vieru a časom prestúpiť na inú. Avšak *sanātana-dharma* označuje činnosť, ktorú nemožno zmeniť. Voda nikdy neprestáva byť tekutá a oheň nikdy neprestáva hriať. Večnú vlastnosť živej bytosti nemôžeme zmeniť. *Sanātana-dharma* je večnou súčasťou živej bytosti a podľa Śrīpadu Rāmānujācāryu nemá počiatok ani koniec. To, čo nemá počiatok ani koniec však nemôže byť sektárske alebo obmedzené nejakými hranicami. Napriek tomu si vyznávači určitej viery myslia, že *sanātana-dharma* je takisto sektárska. Ak však celú vec preskúmame hlbšie a z hľadiska modernej vedy, zistíme, že *sanātana-dharma* je záležitosťou a funkciou nielen všetkých ľudí na svete, ale i všetkých živých bytostí vo vesmíre.

Rôzne náboženstvá môžu mať svoj historický počiatok, ale *sanātana-dharma* nijaký počiatok nemá, pretože je večnou súčasťou živej bytosti. O živých bytostiach sa v písmach hovorí, že nikdy nevznikli a nikdy nezaniknú. V *Bhagavad-gīte* sa píše, že živá bytosť sa nikdy nerodí a nikdy neumiera. Je večná, nezničiteľná a žije aj po zániku tohoto dočasného hmotného tela. Ak hovoríme o *sanātana-dharme*, mali by sme sa pokúsiť porozumieť pojem náboženstvo vo svetle saṁskṛtského slova *dharma*. *Dharma* označuje to, čo vždy sprevádza určitý predmet. Napríklad v prípade ohňa sú takýmito vlastnosťami teplo a svetlo. Bez tepla a svetla by slovo oheň nemalo význam. Podobne musíme nájsť základnú vlastnosť živej bytosti; vlastnosť, ktorá ju neustále sprevádza. Touto stálou vlastnosťou je jej večné náboženstvo.

Keď sa Sanātana Gosvāmī spýtal Śrī Caitanyu Mahāprabhua, aké je prirodzené postavenie (*svarūpa*) každej živej bytosti, Pán mu odvetil, že je to služba Najvyššej Božskej Osobnosti. Analýzou tohoto Pánovho výroku môžeme ľahko zistiť, že každá živá bytosť neustále slúži inej živej bytosti, a že táto služba jej prináša určité potešenie. Zvieratá slúžia ľuďom ako služobníci svojmu pánovi. A slúži pánovi B, B pánovi C, C slúži pánovi D atď. Priateľ preukazuje službu priateľovi, matka sa stará o syna, žena slúži manželovi, manžel žene atď. Ak budeme v tomto rozbore pokračovať, zistíme, že niet bytosti, ktorá by niekomu nejakým spôsobom neslúžila. Politik predkladá ľuďom svoj program, aby ich presvedčil o svojej schopnosti slúžiť im. Voliči mu dávajú svoje hlasy v nádeji, že vykoná pre spoločnosť hodnotnú službu. Predavač slúži zákazníkovi a remeselník kapitalistovi. Ten zasa slúži rodine a rodina štátu. Ako vidieť, každá živá bytosť slúži iným živým bytostiam, z čoho môžeme jasne usúdiť, že služba je stálym sprievodným znakom živej bytosti a teda aj jej večným náboženstvom.

Napriek tomu sa ľudia považujú za stúpencov určitej viery, obmedzenej časom a danými okolnosťami. Tvrdia, že sú hindovia, mohamedáni, kresťania, buddhisti alebo stúpenci iných siekt. Tieto označenia nie sú *sanātana-dharma*. Z hinda sa môže stať moslim a z moslima hind, kresťan môže konvertovať na inú vieru apod. Za žiadnych okolností však zmena náboženskej viery nemôže ovplyvniť večnú činnosť, t.j. službu iným. Hind, moslim či kresťan sú vždy niekoho služobníkmi. Takže vyznávať určitú vieru nie je *sanātana-dharma*. *Sanātana-dharma* znamená preukazovať službu.

V skutočnosti je to práve služba, ktorá nás spája s Najvyšším Pánom. Najvyšší Pán je zvrchovaný užívateľ a my, živé bytosti, sme Jeho služobníkmi. Naším poslaním je prinášať mu radosť, a ak budeme na tejto činnosti spolupracovať, budeme šťastní. Nejestvuje iný spôsob, ako byť šťastný. Nemôžeme byť šťastní nezávisle, podobne ako časť tela nemôže byť šťastná, ak nespolupracuje so žalúdkom. Živá bytosť nemôže byť šťastná, ak nevykonáva transcendentálnu láskyplnú službu Najvyššiemu Pánovi.

Bhagavad-gītā neschvaľuje uctievanie rôznych polobohov. To sa píše v dvadsiatom verši siedmej kapitoly:

kāmais tais tair hṛta-jñānāḥ prapadyante 'nya-devatāḥ
taṁ taṁ niyamam āsthāya prakṛtyā niyatāḥ svayā

„Tí, ktorí prišli o rozum pod vplyvom hmotných túžob, sa odovzdávajú polobohom a nasledujú určitý proces pravidiel a zásad uctievania, primeraný svojej povahe.“ V tomto verši sa jasne hovorí, že osoby ovládané žiadostivosťou uctievajú polobohov a nie Najvyššieho Pána, Kṛṣṇu.

Keď používame meno Kṛṣṇa, nemáme na mysli nejaké sektárske meno. Kṛṣṇa znamená najvyššia radosť. Aj písma potvrdzujú, že Najvyšší Pán je zdroj alebo prameň všetkej radosti. Všetci hľadáme šťastie. *Ānanda-mayo 'bhyāsāt* (*Vedānta-sūtra* 1.1.12). Živé bytosti majú, podobne ako Pán, plné vedomie a túžia po šťastí. Pán je večne šťastný a ak sa živá bytosť spojí s Pánom, spolupracuje s Ním a vyhľadáva Jeho spoločnosť, bude takisto šťastná.

Pán zostupuje do tohoto sveta smrteľníkov, aby vo Vṛndāvane vyjavil Svoje večné blažené zábavy. Počas Svojho pobytu vo Vṛndāvane sa stýkal s mnohými priateľmi — pastiermi kráv, pastierkami, vṛndāvanskými obyvateľmi a kravkami — a všetky Jeho činnosti boli plné blaženosti. Všetci obyvatelia Vṛndāvanu mysleli iba na Kṛṣṇu. V tom čase sa Pán Kṛṣṇa snažil odradiť Svojho otca, kráľa Nandu, od uctievania poloboha Indru, aby tak jasne ukázal, že ľudia nemusia uctievať nijakého poloboha. Jediné, čo je nutné, je uctievanie Najvyššieho Pána, pretože konečným životným cieľom je navrátiť sa k Nemu do Jeho sídla.

Popis tohoto sídla Pána Śrī Kṛṣṇu nájdeme v šiestom verši pätnástej kapitoly *Bhagavad-gīty*:

na tad bhāsayate sūryo na śaśāṅko na pāvakaḥ
yad gatvā na nivartante tad dhāma paramaṁ mama

„Moje zvrchované sídlo nie je ožiarené Slnkom ani Mesiacom, ohňom či elektrinou. Kto ho dosiahne, ten sa nikdy viac nevráti do tohoto hmotného sveta."

Tento verš opisuje duchovný svet. My máme, samozrejme, skúsenosť s hmotným svetom a preto uvažujeme v jeho reláciách: Slnko, Mesiac, hviezdy atď. Avšak v tomto verši Pán hovorí, že v duchovnom nebi nie sú potrebné Slnko, Mesiac, oheň či elektrina, pretože celým duchovným nebom preniká *brahmajyoti*, žiara emanujúca z Najvyššieho Pána. S veľkou námahou sa pokúšame doletieť na iné planéty a pritom je také jednoduché pochopiť sídlo Najvyššieho Pána. Toto sídlo je známe ako Goloka a v *Brahma-saṁhite* (5.37) môžeme nájsť jeho opis: *goloka eva nivasaty akhilātma-bhūtaḥ*. Pán sídli večne vo Svojom sídle Goloke. Možno Ho však dosiahnuť aj z tohoto hmotného sveta, a to tým, že osobne prichádza a zjavuje sa vo Svojej skutočnej podobe ako *sac-cid-ānanda-vigraha*. Aby nedochádzalo k zbytočným špekuláciám ohľadom Jeho podoby, prichádza a zjavuje sa taký, aký je, vo Svojej pôvodnej podobe Śyāmasundaru. Niektorí menej inteligentní ľudia sa Mu posmievajú keď prichádza a zabáva sa ako obyčajná ľudská bytosť. To však ešte neznamená, že by sme Ho mali považovať za jedného z nás. Len vďaka Jeho všemocnosti môžeme byť svedkami toho, že sa pred nami zjavuje vo Svojej pôvodnej podobe a predvádza zábavy, ktoré sú verným obrazom zábav odohrávajúcich sa v Jeho sídle.

V oslnivej žiare duchovného neba sa vznáša nespočetné množstvo planét. *Brahmajyoti* emanuje z najvyššieho sídla, Kṛṣṇaloky, a v tomto *brahmajyoti* sa vznáša nekonečne mnoho duchovných planét známych ako *ānanda-maya* alebo *cin-maya*. Pán hovorí: *na tad bhāsayate sūryo na śaśāṅko na pāvakaḥ, yad gatvā na nivartante tad dhāma paramaṁ mama.* Kto dosiahne tohoto sídla, nemusí sa viac vrátiť späť do hmotného sveta. Aj keď dospejeme na najvyššiu planétu hmotného vesmíru (Brahmaloku), o Mesiaci ani nehovoriac, nájdeme tam rovnaké utrpenie ako tu: rodenie sa, choroby, starnutie a smrť. Niet planéty v hmotnom vesmíre, ktorá by bola ušetrená od týchto štyroch princípov hmotnej existencie.

Živé bytosti môžu cestovať z jednej planéty na druhú, ale nie mechanickými prostriedkami. Ak chceme cestovať na iné planéty, mali by sme nasledovať predpísaný proces. *Yānti deva-vratā devān pitṝn yānti pitṛ-vratāḥ.* Mechanické prostriedky nie sú vhodné na medziplanetárne cestovanie. Inštrukcia *Bhagavad-gīty* znie: *yānti deva-vratā devān.* Mesiac, Slnko a vyššie planéty sú známe ako Svargaloka. Sú tri rôzne vesmírne oblasti: vyššie, stredné a nižšie planetárne systémy. Zem sa nachádza v stredných planetárnych systémoch. *Bhagavad-gītā* nás informuje, ako cestovať na vyššie planéty (Devaloku) veľmi jednoduchým spôsobom: *yānti deva-vratā devān.* Človek musí uctievať poloboha príslušnej planéty a tak môže dospieť na Mesiac, Slnko či iné vyššie planéty.

Bhagavad-gītā nám však neradí cestovať na žiadne planéty tohoto hmotného vesmíru, pretože aj keby sme dospeli na Brahmaloku, najvyššiu planétu, čo by nám mechanickými prostriedkami trvalo približne 40 000 rokov (kto žije tak dlho?), našli by sme tam opäť len hmotné utrpenie v podobe rodenia sa chorôb, staroby a smrti. Keď sa však rozhodneme odísť na najvyššiu planétu v duchovnom nebi, Kṛṣṇaloku, alebo akúkoľvek inú duchovnú planétu, nebudeme konfrontovaní s vyššie uvedenými hmotnými útrapami. Existuje nekonečné množstvo duchovných planét a najvyššou zo všetkých je Goloka Vṛndāvana, večné sídlo Najvyššej Božskej Osobnosti, Śrī Kṛṣṇu. Všetky tieto informácie môžeme nájsť v *Bha-*

gavad-gīte, ktorá nás učí, ako opustiť tento hmotný svet a začať skutočne radostne žiť v duchovnom svete.

V pätnástej kapitole *Bhagavad-gīty* môžeme nájsť skutočný obraz tohoto hmotného sveta:

ūrdhva-mūlam adhaḥ-śākham aśvatthaṁ prāhur avyayam
chandāṁsi yasya parṇāni yas taṁ veda sa veda-vit

V tomto verši sa hmotný svet prirovnáva k stromu, ktorého korene siahajú hore a vetvy dolu. Z vlastnej skúsenosti poznáme strom, ktorý má korene hore: keď stojíme na brehu rieky alebo vodnej nádrže, vidíme, že strom, ktorý sa odráža na vodnej hladine, je hore nohami. Korene siahajú hore a vetvy dolu. Podobne je tento hmotný svet odrazom duchovného sveta. Hmotný svet je iba tieňom skutočnosti. Tieň sám osebe nemá vlastnú podstatu alebo realitu, ale môžeme z neho usudzovať existenciu podstaty a reality. Na púšti nie je voda, ale fatamorgána vody napovedá, že čosi ako voda existuje. V tomto hmotnom svete nie je žiadna voda, žiadne šťastie, ale skutočná voda a pravé šťastie jestvujú v duchovnom svete.

Pán nám radí, aby sme sa do duchovného sveta premiestnili nasledujúcim spôsobom (Bg.15.5):

nirmāna-mohā jita-saṅga-doṣā
adhyātma-nityā vinivṛtta-kāmāḥ
dvandvair vimuktāḥ sukha-duḥkha-saṁjñair
gacchanty amūḍhāḥ padam avyayaṁ tat

Večné kráľovstvo (*padam avyayam*) môže dosiahnuť iba ten, kto je *nirmāna-moha*. Čo to znamená? Všetci si potrpíme na určité označenia. Chceme sa stať „dr." alebo „PhDr.", niekto iný chce byť prezidentom, boháčom, kráľom a pod. Dovtedy, kým nás priťahujú tieto označenia, lipneme na tele, pretože tieto označenia patria telu. Ale my nie sme tieto telá a realizovať to znamená urobiť prvý krok v duchovnej realizácii. Sme spútaní troma kvalitami hmotnej prírody, a preto sa musíme oslobodiť prostredníctvom oddanej služby Pánovi. Keď nás nepriťahuje oddaná služba Pánovi, nemôžu nás prestať priťahovať kvality hmotnej prírody. Označenia a hmotná pripútanosť majú svoj pôvod v žiadostivosti a túžbe vládnuť hmotnej prírode. Dovtedy, kým sa nezbavíme tejto túžby ovládať hmotnú prírodu, nemôžeme sa vrátiť do sídla Najvyššieho. Toto večné kráľovstvo (*sanātana-dhāma*) je nezničiteľné a môžu ho dosiahnuť iba tí, ktorí nie sú omámení falošným hmotným pôžitkom a oddane slúžia Najvyššiemu Pánovi. Človek s takýmito vlastnosťami môže ľahko dospieť do najvyššieho sídla.

V *Bhagavad-gīte* (8.21) sa píše:

avyakto 'kṣara ity uktas tam āhuḥ paramāṁ gatim
yaṁ prāpya na nivartante tad dhāma paramaṁ mama

Avyakta znamená neprejavený. Určitá časť hmotného stvorenia je neviditeľná pre naše oči. Naše zmysly sú také nedokonalé, že nemôžu vidieť ani všetky hviezdy v tomto vesmíre. Z *vedskych* písiem môžeme získať mnoho informácií o rôznych planétach, ktorým môžeme alebo nemusíme veriť. Vo *Vedach*, špeciálne v *Śrīmad-Bhāgavatame*, sú opísané všetky významné planéty. Duchovný svet, ktorý je za hranicami hmotného vesmíru, sa tu označuje ako *avyakta*, neprejavený. Mali by sme túžiť dospieť do duchovného sveta, pretože len čo tam dospejeme, nebudeme sa musieť vrátiť do tohoto hmotného sveta.

Môžeme si teraz položiť otázku, ako sa priblížiť k sídlu Najvyššieho Pána. Odpoveď nájdeme v ôsmej kapitole *Bhagavad-gīty*:

anta-kāle ca mām eva smaran muktvā kalevaram
yaḥ prayāti sa mad-bhāvaṁ yāti nāsty atra saṁśayaḥ

„Každý, kto v okamihu smrti opúšťa svoje telo a myslí pritom na Mňa, ihneď dosiahne Moje sídlo; o tom niet pochýb." (Bg.8.5) Človek, ktorý v okamihu smrti myslí na Kṛṣṇu, odíde ku Kṛṣṇovi. Musíme myslieť na Kṛṣṇovu podobu; ak opustíme telo, mysliac na túto podobu, dospejeme nepochybne do duchovného sveta. Slovo *mad-bhāvam* označuje zvrchovanú povahu Najvyššej Bytosti. Najvyššia Bytosť je *sac-cid-ānanda-vigraha* — večná podoba plná poznania a blaženosti. Naše súčasné telo nie je *sac-cid-ānanda*. Je *asat*, dočasné. Nie je *cit*, plné poznania, ale je plné nevedomosti. Nevieme nič o duchovnom svete a dokonca nemáme ani úplné poznanie tohoto hmotného sveta. Toľko vecí nám zostáva neznámych. Hmotné telo je teda *nirānanda*; namiesto blaženosti je plné utrpenia. Všetky útrapy v tomto svete zažívame kvôli telu, ale keď opustíme toto telo s mysľou upretou na Kṛṣṇu, Najvyššiu Božskú Osobnosť, získame duchovné telo, ktoré je *sac-cid-ānanda.*

Proces prijímania a opúšťania tela v tomto hmotnom svete sa deje podľa určitých pravidiel. Živá bytosť opustí telo a prijme nové po tom, čo vyššie autority rozhodnú, aký druh tela dostane v budúcom živote. Podľa činností, ktoré vykonávame v súčasnosti, sa buď povýšime alebo poklesneme. Tento život je prípravou na život budúci. Ak sme v tomto živote dostatočne pripravení na návrat späť domov, späť k Bohu, potom po opustení hmotného tela nepochybne získame duchovné telo podobné Pánovmu.

Ako sme už uviedli, sú rôzne druhy transcendentalistov — *brahma-vādī, paramātma-vādī* a oddaní. V *brahmajyoti* (duchovnom nebi) sa vznáša nespočetné množstvo duchovných planét, omnoho viac než v hmotnom vesmíre. Tento hmotný svet sa prirovnáva k jednej štvrtine celého stvorenia (*ekāṁśena sthito jagat*). Tento hmotný segment zahŕňa milióny a miliardy vesmírov s biliónmi planét, sĺnc, mesiacov a hviezd. Avšak celý hmotný prejav je iba fragmentom celého stvorenia. Väčšiu časť stvorenia predstavuje duchovný svet. Keď niekto túži splynúť s existenciou Najvyššieho Brahmanu, premiestni sa po opustení tela do *brahmajyoti* Najvyššieho Pána a tak dospeje do duchovného neba. Oddaný, ktorý túži po osobnej spoločnosti Najvyššieho Pána, dospeje na jednu z nespočetných vaikuṇṭhských planét, na ktorých vládne Najvyšší Pán vo Svojej úplnej štvorrukej expanzii ako Nārāyaṇa. Obyvatelia týchto planét Ho uctievajú pod rôznymi menami ako napr. Pradyumna, Aniruddha a Govinda a združujú sa s Ním. V okamihu smrti teda transcendentalista myslí buď na *brahmajyoti*, Paramātmu alebo Najvyššiu Božskú Osobnosť Śrī Kṛṣṇu. Niet pochýb o tom, že dospeje do duchovného sveta. Avšak iba oddaný alebo ten, koho s Pánom spája osobný vzťah, dosiahne vaikuṇṭhské planéty alebo Goloku Vṛndāvanu. Pán nás o tom uisťuje slovami „o tom niet pochýb". Mali by sme dôverovať týmto Pánovým slovám. Nemali by sme odmietať to, čo nekorešponduje s našimi predstavami. Vezmime si príklad z Arjunovho postoja: „Verím všetkému, čo vravíš." Preto keď Pán hovorí, že ten, kto v okamihu smrti myslí Naňho — či už ako na neosobný Brahman, Paramātmu alebo Najvyššiu Božskú Osobnosť — nepochybne dospeje do duchovného sveta, niet o tom pochýb. Otázka nedôvery je v tomto prípade nepodstatná.

Bhagavad-gītā teda vysvetľuje základné pravidlo, podľa ktorého možno dosiahnuť duchovný svet prostým myslením na Najvyššieho v okamihu smrti:

yaṁ yaṁ vāpi smaran bhāvaṁ tyajaty ante kalevaram
taṁ tam evaiti kaunteya sadā tad-bhāva-bhāvitaḥ

„Každá bytosť dospeje práve do toho stavu bytia, na ktorý myslí, keď opúšťa telo. O tom niet pochýb." Najprv musíme pochopiť, že hmotná príroda je jednou z energií Najvyššieho Pána. Vo *Viṣṇu Purāṇe* (6.7.6) sa uvádzajú všetky energie Najvyššieho Pána:

viṣṇu-śaktiḥ parā proktā kṣetra-jñākhyā tathā parā
avidyā-karma-saṁjñānyā tṛtīyā śaktir iṣyate

Najvyšší Pán vlastní rozmanité a nespočetné energie, ktoré sa vymykajú našim predstavám; napriek tomu ich veľkí svätci alebo oslobodené duše analyzovali a rozdelili do troch hlavných skupín. Všetky tieto energie sú *viṣṇu-śakti*, rôzne energie Pána Viṣṇua. Prvou z nich je *parā-śakti*, transcendentálna energia. Hovorili sme, že aj živé bytosti patria do tejto skupiny. Existuje však ešte iná, materiálna energia, ktorá je v kvalite nevedomosti. V okamihu smrti môžeme zostať buď v nižšej energii hmotného sveta, alebo sa premiestniť do energie duchovného sveta.

yaṁ yaṁ vāpi smaran bhāvaṁ tyajaty ante kalevaram
taṁ tam evaiti kaunteya sadā tad-bhāva-bhāvitaḥ

Každá živá bytosť dospeje do toho stavu bytia, na ktorý myslí, keď opúšťa telo." (Bg. 8.6) Obyčajne sa stotožňujeme buď s hmotnou alebo duchovnou energiou. Ako vlastne preorientovať naše myšlienky od hmoty k duši? Je toľko literatúry, ktorá napĺňa našu myseľ hmotnými námetmi — noviny, časopisy, novely atď. Naše myslenie je momentálne absorbované v hmotných námetoch a preto by sme ho mali preorientovať na *vedsku* literatúru. Z toho dôvodu napísali veľkí svätci v minulosti toľko *vedskych* písiem, ako napríklad *Purāṇy*. *Purāṇy* nie sú obrazotvorným dielom; sú to historické záznamy. V *Caitanya-caritāmṛte* (*Madhya* 20.122) sa píše:

māyā-mugdha jīvera nāhi svataḥ kṛṣṇa-jñāna
jīvere kṛpāya kailā kṛṣṇa veda-purāṇa

Zábudlivé živé bytosti sú podmienené duše, ktoré zabudli na svoj večný vzťah k Bohu a teraz sú pohrúžené v materialistických činnostiach. Kṛṣṇa-dvaipāyana Vyāsa predložil veľké množstvo *vedskych* kníh, aby obrátil ich myslenie k duchovnému svetu. Najprv rozdelil Vedy na štyri časti a potom ich vysvetlil v *Purāṇach* a pre menej inteligentných ľudí napísal *Mahābhāratu*. *Bhagavad-gītā* je pôvodne súčasťou *Mahābhāraty*. Potom zhrnul celú *vedsku* literatúru vo *Vedānta-sūtre*, ku ktorej napísal prirodzený komentár, známy pod názvom *Śrīmad-Bhāgavatam*. Neustále by sme mali zamestnávať myseľ štúdiom týchto *vedskych* písiem. Tak ako materialisti zamestnávajú svoju myseľ čítaním novín, časopisov a rôznych materialistických kníh, mali by sme aj my neustále študovať dielo, ktoré nám zanechal Vyāsadeva; len tak budeme schopní myslieť na Najvyššieho Pána v okamihu smrti. To je jediná cesta, ktorú nám Pán odporúča a za výsledok ktorej ručí: „O tom niet pochýb".

tasmāt sarveṣu kāleṣu   mām anusmara yudhya ca
mayy arpita-mano-buddhir   mām evaiṣyasy asaṁśayaḥ

„Preto na Mňa, ó, Arjuna, pri vykonávaní svojej povinnosti vždy mysli v Mojej podobe Kṛṣṇu a bojuj. Keď zasvätíš všetky činy Mne s mysľou a inteligenciou na Mňa upretou, určite ku Mne dôjdeš. O tom niet pochýb." (Bg. 8.7)

Śrī Kṛṣṇa neradí Arjunovi, aby sa zriekol svojich povinností a iba Naňho myslel. Nie. Pán dáva iba praktické rady. Aby sme v tomto hmotnom svete udržali pri živote svoje telo, musíme pracovať. Ľudia sa podľa svojich činností dajú zaradiť do štyroch spoločenských tried — *brāhmaṇov, kṣatriyov, vaiśyov* a *śūdrov*. *Brāhmaṇi* alebo inteligencia sa vyznačujú určitými činnosťami, *kṣatriyovia*, vodcovia, vykonávajú svoje špecifické činnosti a obchodníci a remeselníci nasledujú zasa svoje povinnosti. Každý člen ľudskej spoločnosti — robotník, kupec, úradník alebo farmár, či dokonca príslušník najvyššej triedy, ako napríklad spisovateľ, vedec alebo teológ — musí pracovať, aby zostal na žive. Z toho dôvodu Pán Arjunovi hovorí, že sa nemusí zriekať svojich povinností, ale Naňho pri ich vykonávaní myslel (*mām anusmara*). Ak sa nenaučí myslieť na Kṛṣṇu počas ťažkého zápasu o prežitie, nebude schopný na Neho myslieť ani v kritickom okamihu smrti. Śrī Caitanya Mahāprabhu s tým súhlasí a dodáva: *kīrtanīyaḥ sadā hariḥ*. „Každý by mal neustále ospevovať Pánovo sväté meno." Pánovo sväté meno a Pán samotný sa od Seba nelíšia. Preto

Kṛṣṇov pokyn Arjunovi „vždy na Mňa mysli“ a pokyn Pána Caitanyu „neustále spievaj sväté meno Pána Kṛṣṇu“ sú totožné. Nie je tu rozdiel, pretože medzi Kṛṣṇom a Kṛṣṇovým menom nie je žiadny rozdiel. Na absolútnej úrovni nie je rozdiel medzi menom a menovaným. Vedomiu Kṛṣṇu by sme sa mali venovať dvadsaťštyri hodín denne, tým, že neustále spievame Kṛṣṇove sväté mená a zariaďujeme si každodenné činnosti tak, aby sme na Neho mohli stále myslieť.

Ako to urobiť? *Ācāryovia* uvádzajú nasledujúci príklad. Keď sa vydatá žena zamiluje do iného muža, alebo keď sa ženatý muž zamiluje do inej ženy, potom je toto puto veľmi silné. Žena neustále myslí na svojho milého a muž na svoju milú. Žena rozjíma nad svojimi schôdzkami s tajným milencom a zároveň si plní svoje domáce povinnosti. V skutočnosti ich vykonáva omnoho dôkladnejšie, aby si muž nič nevšimol. Podobne by sme mali aj my myslieť na najvyššieho milenca, Śrī Kṛṣṇu, a zároveň si svedomite konať svoje povinnosti. Vyžaduje si to však silný pocit lásky. Ak máme silnú túžbu milovať Najvyššieho Pána, môžeme pokračovať v našich činnostiach a súčasne myslieť na Pána. Musíme však vyvinúť túto silnú túžbu milovať. Arjuna bol napríklad neustále pohrúžený v myšlienkach na Kṛṣṇu; bol jeho stálym spoločníkom a súčasne bol postavený do úlohy bojovníka. Kṛṣṇa mu neradil, aby sa vzdal boja a odišiel do lesa meditovať. Keď Kṛṣṇa oboznámil Arjunu so systémom *yogy*, Arjuna ho odmietol s odôvodnením, že je preňho veľmi ťažký.

arjuna uvāca
yo 'yaṁ yogas tvayā proktaḥ sāmyena madhusūdana
etasyāhaṁ na paśyāmi cañcalatvāt sthitiṁ sthirām

„Arjuna riekol: Ó, Madhusūdana, *yogový* systém, ktorý si mi opísal, mi pripadá nepraktický a príliš zložitý, pretože myseľ je nepokojná a vrtkavá.“ (Bg. 6.33)

Pán na to odpovedal:

yogīnām api sarveṣāṁ mad-gatenāntarātmanā
śraddhāvān bhajate yo māṁ sa me yuktatamo mataḥ

“Za najvyššieho zo všetkých *yogīnov* považujem toho, kto je so Mnou najdôvernejšie spojený prostredníctvom *yogy*, kto na Mňa neustále myslí a s veľkou vierou Mi oddane a láskyplne slúži. To je Môj názor.“ (Bg.6.47) Čiže ten, kto neustále myslí na Najvyššieho Pána, je najväčším *yogīnom*, filozofom a najväčším oddaným zároveň. Pán ďalej Arjunovi vysvetlil, že ako *kṣatriya* by nemal zanechať boja, ale že ak bude bojovať s mysľou upretou na Kṛṣṇu, bude Naňho schopný myslieť aj v okamihu smrti. To si však vyžaduje úplné odovzdanie sa transcendentálnej láskyplnej službe Pánovi.

V skutočnosti konáme pomocou mysle a inteligencie, nie telom. Ak sú myseľ a inteligencia neustále pohrúžené v myšlienkach na Najvyššieho Pána, zmysly ich budú prirodzene nasledovať. Na prvý pohľad sa môže zdať, že činnosti zmyslov sa nemenia; avšak vedomie sa mení. *Bhagavad-gītā* nás učí, ako zamestnať myseľ a inteligenciu myšlienkami na Pána. Tento proces nám nepochybne umožní premiestniť sa do Pánovho sídla. Ak myseľ slúži Kṛṣṇovi, zmysly ju v službe automaticky nasledujú. To je veľké umenie a jedno z tajomstiev *Bhagavad-gīty*: úplné sústredenie myšlienok na Kṛṣṇu.

Moderný človek sa zúfalo snaží doletieť na Mesiac, zato sa však vôbec nepokúša povýšiť duchovne. Ak niekomu zostáva ešte päťdesiat rokov života, mal by tento krátky čas využiť na kultiváciu vedomia Kṛṣṇu, oddanej služby:

śravaṇaṁ kīrtanaṁ viṣṇoḥ smaraṇaṁ pāda-sevanam
arcanaṁ vandanaṁ dāsyaṁ sakhyam ātma-nivedanam
(*Śrīmad-Bhāgavatam* 7.5.23)

Týchto deväť spôsobov oddanej služby, z ktorých *śravanaṁ*, načúvanie *Bhagavad-gīte* z úst sebarealizovanej osoby, je najjednoduchšie, obráti naše myšlienky k Najvyššej Bytosti. Tak budeme schopní neustále myslieť na Kṛṣṇu a po opustení tohoto tela získame duchovné telo, prostredníctvom ktorého sa budeme môcť združovať s Najvyšším Pánom.

Pán ďalej hovorí:

abhyāsa-yoga-yuktena cetasā nānya-gāminā
paramaṁ puruṣaṁ divyaṁ yāti pārthānucintayan

„Kto na Mňa neustále myslí ako na Najvyššiu Božskú Osobnosť, kto na Mňa spomína a koho myseľ neodbieha od cesty oddanej služby, ó, Arjuna, ten ku Mne určite dospeje.“ (Bg. 8.8)

Nie je to ťažký proces; musíme sa však učiť od realizovanej osoby. *Tad vijñānārthaṁ sa gurum evābhigacchet*: musíme vyhľadať osobu, ktorá má praktické skúsenosti. Myseľ ustavične odbieha tu a tam a preto by sme ju mali ovládnuť a upriamiť na podobu Najvyššieho Pána, Śrī Kṛṣṇu, alebo na Jeho zvukové zastúpenie v podobe svätého mena. Myseľ je prirodzene vrtkavá a nepokojná, ale možno ju upokojiť zvukovou vibráciou Kṛṣṇovho mena. Mali by sme teda meditovať nad *paramaṁ puruṣam*, Najvyššou Božskou Osobnosťou v duchovnom kráľovstve, v duchovnom svete, a tak k Nemu dospieť. Tento konečný cieľ a spôsob, ako ho dosiahnuť, je opísaný v *Bhagavad-gīte* a dvere sú otvorené pre každého. Každý má šancu. Člen každej sociálnej triedy sa môže priblížiť ku Kṛṣṇovi tým, že na Neho myslí a počúva o Ňom.

Pán ďalej hovorí:

māṁ hi pārtha vyapāśritya ye 'pi syuḥ pāpa-yonayaḥ
striyo vaiśyās tathā śūdrās te 'pi yānti parāṁ gatim

kiṁ punar brāhmaṇāḥ puṇyā bhaktā rājarṣayas tathā
anityam asukhaṁ lokam imaṁ prāpya bhajasva mām

Pán hovorí, že dokonca aj *vaiśyovia*, *śūdrovia*, pokleslé ženy alebo ľudia nízkeho pôvodu môžu dosiahnuť Najvyššieho. Nemusíme byť veľmi inteligentní. Dôležité je, že každý, kto prijíma zásady *bhakti-yogy* a Najvyššieho Pána ako *summum bonum*, ako najvyšší cieľ, môže dosiahnuť Najvyššieho Pána v duchovnom svete. Ak si osvojíme zásady predložené v *Bhagavad-gīte*, môžeme zdokonaliť naše životy a vyriešiť všetky životné problémy. To je zhrnutie a podstata celej *Bhagavad-gīty*.

Na záver môžeme povedať, že *Bhagavad-gītā* je transcendentálne dielo, ktoré vyžaduje pozorného čitateľa. *Gītā-śāstram idaṁ puṇyaṁ yaḥ paṭhet prayataḥ pumān*: kto úprimne nasleduje pokyny *Bhagavad-gīty*, môže ukončiť všetky životné ťažkosti a problémy. *Bhaya-śokādi-varjitaḥ*. Môže sa zbaviť strachu už v tomto živote a jeho budúci život bude duchovný. (*Gītā-māhātmya* 1)

Má to však ešte jednu výhodu:

gitādhyāyana-śīlasya prāṇāyama-parasya ca
naiva santi hi pāpāni pūrva-janma-kṛtāni ca

„Keď niekto číta *Bhagavad-gītu* veľmi pozorne a s úprimnosťou, Pánovou milosťou ho neovplyvnia reakcie za minulé hriešne činnosti." (*Gītā-māhātmya* 2) V poslednej kapitole *Bhagavad-gīty* (18.66) Pán dôrazne hovorí:

sarva-dharmān parityajya   mām ekaṁ śaraṇaṁ vraja
ahaṁ tvāṁ sarva-pāpebhyo   mokṣayiṣyāmi mā śucaḥ

„Zanechaj všetky druhy náboženstiev a jednoducho sa Mi odovzdaj. Ja ťa oslobodím od všetkých následkov za hriešne činnosti. Neboj sa." To znamená, že Pán osobne zaštíti každého, kto sa Mu odovzdá a ochráni ho pred všetkými reakciami za hriešne činnosti."

mala nirmocanaṁ puṁsāṁ   jala-snānaṁ dine dine
sakṛd gītāmṛta-snānaṁ   saṁsāra-mala-nāśanam

„Človek sa môže čistiť denným kúpeľom, ale ak sa čo len raz okúpe v posvätných vodách *Bhagavad-gīty*, očistí sa od všetkých nečistôt hmotného života." (*Gītā-māhātmya* 3)

gītā su-gītā kartavyā   kim anyiaḥ śāstra-vistaraiḥ
yā svayaṁ padmanābhasya   mukha-padmād viniḥsṛtā

Keďže *Bhagavad-gītu* predniesol samotný Najvyšší Pán, nemusíme čítať iné *vedske* písma. Stačí, keď budeme pravidelne a pozorne počúvať a čítať *Bhagavad-gītu*. V tomto veku sú ľudia natoľko pohrúžení v svetských činnostiach, že nie sú schopní študovať všetky *vedske* písma. To však nevadí. Táto jediná kniha, *Bhagavad-gītā*, celkom stačí, pretože je esenciou *Ved* a vyšla z úst Najvyššej Božskej Osobnosti. (*Gītā-māhātmya* 4)

bhāratāmṛta-sarvasvaṁ   viṣṇu-vaktrād viniḥsṛtam
gītā-gaṅgodakaṁ pītvā   punar janma na vidyate

„Každý, kto pije vodu z Gangy, sa oslobodí. Čo potom povedať o tom, kto pije nektár *Bhagavad-gīty*? *Bhagavad-gītā* je najlahodnejším nektárom *Mahābhāraty* a plynie z úst samotného Pána Kṛṣṇu, pôvodného Viṣṇua." (*Gītā-māhātmya* 5) *Bhagavad-gītā* vychádza z úst Najvyššej Božskej Osobnosti a o Gange sa hovorí, že pramení pri Pánových lotosových nohách. Medzi ústami a nohami Najvyššieho Pána nie je rozdiel, avšak pre naše postavenie je nektár *Bhagavad-gīty* omnoho dôležitejší než voda Gangy.

sarvopaniṣado gāvo   dogdhā gopāla-nandanaḥ
pārtho vatsaḥ su-dhīr bhoktā   dugdhaṁ gītāmṛtaṁ mahat

„Táto *Gītopaniṣad*, *Bhagavad-gītā*, je drahokamom všetkých *Upaniṣad* a je ako kravka, ktorú dojí známy pastierik Śrī Kṛṣṇa. Arjuna je ako teliatko a podobne ako veľkí učenci a oddaní aj on pije lahodné mlieko *Bhagavad-gīty*." (*Gītā-māhātmya* 6)

ekaṁ śāstraṁ devakī-putra-gītam eko devo devakī-putra eva
eko mantras tasya nāmāni yāni karmāpy ekaṁ tasya devasya sevā

V súčasnosti sa ľudia veľmi snažia, aby mali jediné písmo, jediného Boha, jedno náboženstvo a jednu činnosť. *Ekaṁ śāstraṁ devakī-putra-gītam.* Nech je teda *Bhagavad-gītā* spoločným písmom pre celý svet. *Eko devo devakī-putra eva.* Nech je Śrī Kṛṣṇa jediným Bohom. *Eko mantras tasya nāmāni.* Nech je spievanie Jeho mien – *Hare Kṛṣṇa, Hare Kṛṣṇa, Kṛṣṇa Kṛṣṇa, Hare Hare / Hare Rāma, Hare Rāma, Rāma Rāma, Hare Hare* – jedinou hymnou, jedinou *mantrou* a jedinou modlitbou. A nech je tu iba jediná činnosť – oddaná služba Najvyššej Božskej Osobnosti (*karmāpy ekaṁ tasya devasya sevā*).

KAPITOLA PRVÁ

Pozorovanie armád na Kuruovskom bojisku

VERŠ 1

धृतराष्ट्र उवाच
धर्मक्षेत्रे कुरुक्षेत्रे समवेता युयुत्सवः ।
मामकाः पाण्डवाश्चैव किमकुर्वत सञ्जय ॥ १ ॥

dhṛtarāṣṭra uvāca
dharma-kṣetre kuru-kṣetre samavetā yuyutsavaḥ
māmakāḥ pāṇḍavāś caiva kim akurvata sañjaya

dhṛtarāṣṭraḥ uvāca — kráľ Dhṛtarāṣṭra riekol; *dharma-kṣetre* — na pútnom mieste; *kuru-kṣetre* — nazývanom Kuru-kṣetra; *samavetāḥ* — zhromaždení; *yuyutsavaḥ* — túžiaci bojovať; *māmakāḥ* — moji synovia; *pāṇḍavāḥ* — Pāṇḍuovi synovia; *ca* — a; *eva* — istotne; *kim* — čo; *akurvata* — urobili; *sañjaya* — ó, Sañjaya.

Dhṛtarāṣṭra riekol: Ó, Sañjaya, čo urobili moji a Pāṇḍuovi synovia, keď sa v bojovnej nálade zhromaždili na pútnom mieste Kuruovcov?

VÝZNAM: Bhagavad-gītā je jedno z najčítanejších teistických diel, ktoré je zhrnuté v epose *Gītā-māhātmya* (Chválospev na *Gītu*). Dočítame sa v ňom, že *Bhagavad-gītā* musí byť študovaná veľmi dôkladne a pod vedením človeka oddaného Śrī Kṛṣṇovi. Musíme sa snažiť pochopiť *Bhagavad-gītu* bez akýchkoľvek subjektívnych výkladov. Príklad, ako správne porozumieť *Bhagavad-gīte*, nájdeme v diele samotnom: Arjuna prijal učenie *Bhagavad-gīty* priamo od Kṛṣṇu a hneď ho pochopil. Keď má niekto také šťastie, že spoznal *Bhagavad-gītu* prostredníctvom postupnosti duchovných učiteľov a vyhol sa subjektívne motivovaným výkladom, možno ho pokladať za človeka, ktorý preštudoval všetky *vedske* písma a zároveň aj všetky písma na svete. *Bhagavad-gītā* obsahuje nielen všetko, čo sa dá nájsť v iných knihách, ale aj veci úplne jedinečné. *Gītā* má osobitné postavenie. Je to dokonalá teistická veda, lebo je podaná priamo Najvyššou Božskou Osobnosťou, Śrī Kṛṣṇom.

Rozhovor medzi Dhṛtarāṣṭrom a Sañjayom, tak ako ho nájdeme v *Mahābhārate*, dáva základ tejto vznešenej filozofii. Túto filozofiu predniesol samotný Pán v čase, keď bol osobne prítomný na Zemi, aby viedol ľudstvo. Stalo sa tak na bojisku nazývanom Kuru-kṣetra, ktoré bolo už od nepamäti považované za posvätné miesto.

Slovo *dharma-kṣetra* (miesto, kde sa vykonávajú náboženské obrady) je významné, lebo Najvyšší Pán bol na Kuruovskom bojisku na Arjunovej strane. Dhṛtarāṣṭra, otec bratov Kuruovcov, veľmi pochyboval o tom, že jeho synovia vyjdú z tohto boja víťazne. Vo svojich pochybnostiach sa pýtal svojho tajomníka Sañjayu: „Čo urobili moji a čo Pāṇḍuovi synovia?" Dhṛtarāṣṭra bol presvedčený, že jeho synovia i synovia jeho mladšieho brata Pāṇḍua sa zišli na Kuruovskom poli, aby tu odhodlane bojovali. Napriek tomu je jeho otázka veľmi významná. Dhṛtarāṣṭra dohode bratov a bratancov neprial, ale želal si poznať osud svojich synov na bojisku. Bál sa, že posvätné miesto by mohlo mať rozhodujúci vplyv na výsledok boja. Kuru-kṣetra je totiž vo *Vedach* opísaná ako miesto, ktoré by mali uctievať aj nebeskí polobohovia. Dhṛtarāṣṭra si veľmi dobre uvedomoval, že by to prinieslo výhody Arjunovi a Pāṇḍuovcom, pretože všetci vynikali cnostnými vlastnosťami.

Sañjaya bol Vyāsovým žiakom a vďaka jeho milosti získal schopnosť vidieť na Kuruovské bojisko, aj keď sa nachádzal v Dhṛtarāṣṭrovej komnate. Preto sa ho Dhṛtarāṣṭra pýtal na situáciu na bojisku.

Pāṇḍuovci i Dhṛtarāṣṭrovi synovia pochádzali z jedného rodu — tu sú však odhalené Dhṛtarāṣṭrove myšlienky. Za Kuruovcov úmyselne považoval iba svojich synov, zatiaľ čo synov svojho brata Pāṇḍua vydedil. Chápeme teda Dhṛtarāṣṭrov zvláštny vzťah k synom svojho brata Pāṇḍua. Dá sa už od začiatku očakávať, že tak ako sa burina vytrháva z ryžového poľa, tak budú aj z posvätnej pôdy Kuru-kṣetry za prítomnosti otca náboženstva Śrī Kṛṣṇu vytrhané nežiadúce rastliny, ako napríklad Dhṛtarāṣṭrov syn Duryodhana a jemu podobní, a že úprimným zbožným ľuďom vedeným Yudhiṣṭhirom sa od Pána dostane zadosťučinenia. Taký je zmysel slov *dharma-kṣetre* a *kuru-kṣetre*, nehovoriac o ich historickom a *vedskom* význame.

VERŠ 2

सञ्जय उवाच
दृष्ट्वा तु पाण्डवानीकं व्यूढं दुर्योधनस्तदा ।
आचार्यमुपसङ्गम्य राजा वचनमब्रवीत् ॥ २ ॥

sañjaya uvāca
dṛṣṭvā tu pāṇḍavānīkaṁ vyūḍhaṁ duryodhanas tadā
ācāryam upasaṅgamya rājā vacanam abravīt

sañjayaḥ uvāca—Sañjaya riekol; *dṛṣṭvā*—po zhliadnutí; *tu*—ale; *pāṇḍava-anīkam*—Pāṇḍuovskí vojaci; *vyūḍham*—zoradení do vojenského šíku; *duryodhanaḥ*—kráľ Duryodhana; *tadā*—v tej chvíli; *ācāryam*—učiteľ; *upasaṅgamya*—pristúpil; *rājā*—kráľ; *vacanam*—slová; *abravīt*—povedal.

Sañjaya riekol: Ó, môj kráľ, po zhliadnutí vojska zoradeného do vojenského šíku bratmi Pāṇḍuovcami, pristúpil kráľ Duryodhana k svojmu učiteľovi a predniesol nasledujúce slová.

VÝZNAM: Dhṛtarāṣṭra bol od narodenia slepý. Bohužiaľ nemal ani duchovné vnímanie. Bol si dobre vedomý rovnakej slepoty svojich synov v otázke náboženstva, a preto bol presvedčený, že sa nikdy nedohodnú s Pāṇḍuovými synmi, už od narodenia zbožnými. Bál sa vplyvu, ktorý by pútne miesto mohlo mať. Sañjaya preto chápal zmysel otázky týkajúcej sa situácie na bojisku. Chcel povzbudiť sklesnutého kráľa a ubezpečil ho, že jeho synovia pod vplyvom posvätného miesta nepristúpia na žiadny kompromis. Sañjaya oznámil kráľovi, že jeho syn Duryodhana sa po zhliadnutí Pāṇḍuovských vojenských síl ihneď odobral za vrchným veliteľom Droṇācāryom, aby ho informoval o situácii. Aj keď bol Duryodhana nazývaný kráľom, musel sa vzhľadom k závažnosti situácie obrátiť na vrchného veliteľa. Bol teda dobrým politikom. Duryodhanova diplomatická maska však nemohla zakryť strach, ktorý pocítil, keď videl vojenské šíky bratov Pāṇḍuovcov.

VERŠ 3

पश्यैतां पाण्डुपुत्राणामाचार्य महतीं चमूम् ।
व्यूढां द्रुपदपुत्रेण तव शिष्येण धीमता ॥ ३ ॥

paśyaitāṁ pāṇḍu-putrāṇāṁ ācārya mahatīṁ camūm
vyūḍhāṁ drupada-putreṇa tava śiṣyeṇa dhīmatā

paśya — pozri; *etām* — toto; *pāṇḍu-putrāṇām* — Pāṇḍuových synov; *ācārya* — ó, učiteľ; *mahatīm* — veľké; *camūm* — vojsko; *vyūḍhām* — zoradené; *drupada-putreṇa* — Drupadov syn; *tava* — tvoj; *śiṣyeṇa* — žiak; *dhī-matā* — veľmi inteligentný.

Ó, môj učiteľ, pozri na mohutné vojsko synov Pāṇḍuových, ktoré tak znalecky zoradil tvoj múdry žiak, syn Drupadov.

VÝZNAM: Veľký diplomat Duryodhana chcel poukázať na nedostatky *brāhmaṇského* vrchného veliteľa Droṇu. Droṇācārya mal politický spor s kráľom Drupadom, otcom Draupadī, ktorá bola Arjunovou ženou. Kvôli tomuto sporu vykonal Drupada veľkú obeť, vďaka ktorej bol požehnaný synom, schopným zabiť Droṇācāryu. Droṇācārya to veľmi dobre vedel, no keď za ním Drupadov syn Dhṛṣṭadyumna prišiel, aby sa naučil vojenskému umeniu, neváhal Droṇācārya ako dobrý *brāhmaṇa* ani sekundu a zasvätil ho do všetkých vojenských tajomstiev, ktoré poznal. Na Kuruovskom bojisku stál Dhṛṣṭadyumna na strane Pāṇḍuovcov a bol veliteľom ich armády. Zoradil vojenské šíky tak, ako sa to naučil od Droṇācāryu. Duryodhana poukázal na túto Droṇācāryovu chybu, čím ho chcel prinútiť, aby bol v boji pevný a neúprosný. Pāṇḍuovci a predovšetkým Arjuna boli tiež jeho obľúbenými žiakmi a Duryodhana chcel dosiahnuť, aby sa Droṇācārya v boji správal neúprosne aj k nim, pretože akékoľvek zaváhanie by mohlo viesť k porážke.

VERŠ 4

अत्र शूरा महेष्वासा भीमार्जुनसमा युधि ।
युयुधानो विराटश्च द्रुपदश्च महारथः ॥ ४ ॥

atra śūrā maheṣv-āsā bhīmārjuna-samā yudhi
yuyudhāno virāṭaś ca drupadaś ca mahā-rathaḥ

atra — tu; *śūrāḥ* — hrdinovia; *mahā-iṣu-āsāḥ* — mocní lukostrelci; *bhīma-arjuna* — Bhīmovi a Arjunovi; *samāḥ* — rovní; *yudhi* — v boji; *yuyudhānaḥ* — Yuyudhāna; *virāṭaḥ* — Virāṭa; *ca* — aj; *drupadaḥ* — Drupada; *ca* — aj; *mahā-rathaḥ* — mocní bojovníci.

V tejto armáde je veľa hrdinských lukostrelcov, ktorí sa v boji vyrovnajú Bhīmovi a Arjunovi, a sú tu aj veľkí bojovníci, ako Yuyudhāna, Virāṭa a Drupada.

VÝZNAM: Aj keď Dhṛṣṭadyumnova vojenská sila nebola v porovnaní s Droṇācāryovou mohutnou vojenskou silou nijakou veľkou prekážkou, predsa tu bolo veľa takých, ktorí vzbudzovali obavy. Duryodhana poznal Bhīmovu a Arjunovu silu a obratnosť, a preto k nim prirovnával ostatných.

VERŠ 5

धृष्टकेतुश्चेकितानः काशिराजश्च वीर्यवान् ।
पुरुजित्कुन्तिभोजश्च शैब्यश्च नरपुङ्गवः ॥ ५ ॥

dhṛṣṭaketuś cekitānaḥ kāśirājaś ca vīryavān
purujit kuntibhojaś ca śaibyaś ca nara-puṅgavaḥ

dhṛṣṭaketuḥ — Dhṛṣṭaketu; *cekitānaḥ* — Cekitāna; *kāśirājaḥ* — Kāśirāja; *ca* — tiež; *vīrya-vān* — veľmi mocný; *purujit* — Purujit; *kuntibhojaḥ* — Kuntibhoja; *ca* — a; *śaibyaḥ* — Śaibya; *ca* — a; *nara-puṅgavaḥ* — hrdinovia medzi ľuďmi.

Sú tu tiež veľkí, hrdinskí a mocní bojovníci ako Dhṛṣṭaketu, Cekitāna, Kāśirāja, Purujit, Kuntibhoja a Śaibya.

VERŠ 6

युधामन्युश्च विक्रान्त उत्तमौजाश्च वीर्यवान् ।
सौभद्रो द्रौपदेयाश्च सर्व एव महारथाः ॥ ६ ॥

yudhāmanyuś ca vikrānta uttamaujāś ca vīryavān
saubhadro draupadeyāś ca sarva eva mahā-rathāḥ

yudhāmanyuḥ — Yudhāmanyu; *ca* — a; *vikrāntaḥ* — mocní; *uttamaujāḥ* — Uttamaujā; *ca* — a; *vīrya-vān* — veľmi mocný; *saubhadraḥ* — Subhadrin syn; *draupadeyāḥ* — synovia Draupadī; *ca* — a; *sarve* — všetci; *eva* — istotne; *mahā-rathāḥ* — velitelia vojenských vozov.

Je tu mocný Yudhāmanyu, silný Uttamaujā, Subhadrin syn i synovia Draupadī. Všetci sú to udatní bojovníci na vojenských vozoch.

VERŠ 7

अस्माकं तु विशिष्टा ये तान्निबोध द्विजोत्तम ।
नायका मम सैन्यस्य संज्ञार्थं तान्ब्रवीमि ते ॥ ७ ॥

asmākaṁ tu viśiṣṭā ye tān nibodha dvijottama
nāyakā mama sainyasya saṁjñārthaṁ tān bravīmi te

asmākam — naši; *viśiṣṭāḥ* — obzvlášť silní; *ye* — ktorí; *tān* — tých; *nibodha* — všimni si; *dvija-uttama* — ó, najlepší z *brāhmaṇov*; *nāyakāḥ* — velitelia; *mama* — moji; *sainyasya* — vojakov; *saṁjñā-artham* — pre tvoju informáciu; *tān* — ich; *bravīmi* — hovorím; *te* — tebe.

Ó, najlepší z brāhmaṇov, dovoľ mi, aby som ťa informoval o veliteľoch, ktorí sú obzvlášť schopní viesť moje vojsko.

VERŠ 8

भवान्भीष्मश्च कर्णश्च कृपश्च समितिंजयः ।
अश्वत्थामा विकर्णश्च सौमदत्तिस्तथैव च ॥ ८ ॥

bhavān bhīṣmaś ca karṇaś ca kṛpaś ca samitiṁ-jayaḥ
aśvatthāmā vikarṇaś ca saumadattis tathaiva ca

bhavān — ty sám; *bhīṣmaḥ* — praotec Bhīṣma; *ca* — tiež; *karṇaḥ* — Karṇa; *ca* — a; *kṛpaḥ* — Kṛpa; *ca* — a; *samitim-jayaḥ* — v bojoch vždy zvíťazia; *aśvatthāmā* — Aśvatthāmā, *vikarṇaḥ* — Vikarṇa; *ca* — a; *saumadattiḥ* — Somadattov syn; *tathā* — tak ako; *eva* — istotne; *ca* — tiež.

Okrem teba sú tu osobnosti ako Bhīṣma, Karṇa, Kṛpa, Aśvatthāmā, Vikarṇa a Somadattov syn nazývaný Bhūriśravā, ktorí vychádzajú z bojov vždy víťazne.

VÝZNAM: Duryodhana sa tu zmieňuje o neprekonateľných, vždy víťaziacich hrdinoch. Vikarṇa je Duryodhanov brat, Aśvatthāmā je Droṇācāryov syn a Saumadatti čiže Bhūriśravā je synom kráľa Bāhlīkov. Karṇa je nevlastný Arjunov brat, lebo sa narodil Kuntī ešte predtým, než sa vydala za kráľa Pāṇḍua. Droṇācārya sa oženil s dvojčenskou sestrou Kṛpācāryu.

VERŠ 9

अन्ये च बहवः शूरा मदर्थे त्यक्तजीविताः ।
नानाशस्त्रप्रहरणाः सर्वे युद्धविशारदाः ॥ ९ ॥

anye ca bahavā śūrā mad-arthe tyakta-jīvitāḥ
nānā-śastra-praharaṇāḥ sarve yuddha-viśāradāḥ

anye — ostatní; *ca* — tiež; *bahavaḥ* — vo veľkom počte; *śūrāḥ* — hrdinov; *mat-arthe* — za mňa; *tyakta-jīvitāḥ* — pripravení položiť životy; *nānā* — veľa; *śastra* — zbrane; *praharaṇāḥ* — ozbrojení; *sarve* — všetci; *yuddha-viśāradāḥ* — skúsení v bojovom umení.

Je tu veľa ďalších hrdinov, ktorí sú pripravení za mňa obetovať svoje životy. Všetci sú dobre ozbrojení najrôznejšími zbraňami a všetci sú to skúsení bojovníci.

VÝZNAM: Čo sa týka ostatných — Jayadratha, Kṛtavarmu a Śalyu — všetci boli odhodlaní za Duryodhanu položiť svoje životy. Inými slovami, je už rozhodnuté, že všetci zomrú v bitke na Kuruovskom poli, pretože sa pridali k hriešnemu Duryodhanovi. Duryodhana si však bol samozrejme istý víťazstvom vzhľadom na silu svojich vyššie zmienených priateľov.

VERŠ 10

अपर्याप्तं तदस्माकं बलं भीष्माभिरक्षितम् ।
पर्याप्तं त्विदमेतेषां बलं भीमाभिरक्षितम् ॥ १० ॥

aparyāptaṁ tad asmākaṁ balaṁ bhīṣmābhirakṣitam
paryāptaṁ tv idam eteṣāṁ balaṁ bhīmābhirakṣitam

aparyāptam — nezmerateľná; *tat* — tá; *asmākam* — naša; *balam* — sila; *bhīṣma* — praotec Bhīṣma; *abhirakṣitam* — dokonale ochraňovaní; *paryāptaṁ* — obmedzená; *tu* — ale; *idam* — tých; *eteṣām* — Pāṇḍuovcov; *balam* — sila; *bhīma* — Bhīmom; *abhirakṣitam* — svedomito chránená.

Naša vojenská sila je neobmedzená a dokonale chránená praotcom Bhīṣmom, zatiaľ čo sila bratov Pāṇḍuovcov, svedomito chránená Bhīmom, je obmedzená.

VÝZNAM: Duryodhana tu porovnáva obidve armády. Veril, že sila jeho vojska je neobmedzená, zvlášť preto, že bola pod ochranou najskúsenejšieho generála, praotca Bhīṣmu. Na druhej strane bola vojenská sila bratov Pāṇḍuovcov obmedzená, pretože ju ochraňoval menej skúsený generál Bhīma, ktorý bol v porovnaní s Bhīṣmom ako zrnko piesku. Duryodhana vždy cítil k Bhīmovi nenávisť, pretože dobre vedel, že ak v boji padne, zahynie jedine rukou Bhīmovou. Zároveň si však bol vďaka Bhīṣmovej prítomnosti istý víťazstvom, lebo Bhīṣma bol oveľa skúsenejším generálom.

VERŠ 11

अयनेषु च सर्वेषु यथाभागमवस्थिताः ।
भीष्ममेवाभिरक्षन्तु भवन्तः सर्व एव हि ॥ ११ ॥

ayaneṣu ca sarveṣu yathā-bhāgam avasthitāḥ
bhīṣmam evābhirakṣantu bhavantaḥ sarva eva hi

ayaneṣu — na strategických miestach; *ca* — tiež; *sarveṣu* — všade; *yathā-bhāgam* — rozmiestnení; *avasthitāḥ* — stojac; *bhīṣmam* — praotca Bhīṣmu; *eva* — istotne; *abhirakṣantu* — mali by ste podporiť; *bhavantaḥ* — vy; *sarve* — všetci; *eva hi* — istotne.

Teraz, keď tu takto stojíte rozostavení na svojich príslušných strategických miestach, musíte praotca Bhīṣmu podporiť zo všetkých síl.

VÝZNAM: Keď Duryodhana pochválil Bhīṣmovu vojenskú zručnosť, zišlo mu na um, že ostatní by sa mohli cítiť ukrivdene. Preto sa diplomaticky snažil napraviť dojem vyššie uvedenými slovami. Duryodhana podotkol, že Bhīṣmadeva je nepochybne najväčším hrdinom, ale je už starý, a preto ho musia všetci zo všetkých strán chrániť. Mohlo by sa stať, že sa bude plne sústrediť na boj z jednej strany a nepriatelia využijú situáciu a napadnú ho z druhej. Bolo teda potrebné, aby ostatní hrdinovia neopustili svoje strategické pozície a neumožnili tak nepriateľovi prelomiť ich rady. Duryodhana cítil, že víťazstvo bratov Kuruovcov závisí na Bhīṣmadevovej prítomnosti. Bol presvedčený, že Bhīṣmadeva a Droṇācārya ho v boji plne podporia, lebo dobre vedel, že ani slovom neprotestovali, keď chcel v ich prítomnosti na zhromaždení veľkých generálov vyzliecť Arjunovu ženu Draupadī donaha. Aj keď Duryodhana vedel, že obidvaja generáli prechovávajú voči bratom Pāṇḍuovcom istú náklonosť, dúfal, že teraz sa jej celkom zbavili, tak ako to aj urobili pri hazardných hrách.

VERŠ 12

तस्य सञ्जनयन्हर्षं कुरुवृद्धः पितामहः ।
सिंहनादं विनद्योच्चैः शङ्खं दध्मौ प्रतापवान् ॥ १२ ॥

tasya sañjanayan harṣaṁ kuru-vṛddhaḥ pitāmahaḥ
siṁha-nādaṁ vinadyoccaiḥ śaṅkhaṁ dadhmau pratāpavān

tasya — jeho; *sañjanayan* — zvýšenie; *harṣam* — radosť; *kuru-vṛddhaḥ* — predok Kuruovského rodu (Bhīṣma); *pitāmahaḥ* — praotec; *siṁha-nādam* — burácajúci zvuk podobný leviemu revu; *vidadya* — zaznel; *uccaiḥ* — veľmi nahlas; *śaṅkham* — lastúra; *dadhmau* — zadul; *pratāpa-vān* — mocný.

Potom Bhīṣma, mocný a statočný predok Kuruovského rodu, praotec bojovníkov, zadul mocne do svojej lastúry. Vydal zvuk podobný leviemu revu, pôsobiaci Duryodhanovi radosť.

VÝZNAM: Predok Kuruovského rodu pochopil, čo sa deje v mysli jeho vnuka Duryodhanu, a tak sa ho zo súcitu snažil povzbudiť tým, že veľmi nahlas zatrúbil na svoju lastúru ako lev. Bhīṣmovo silné zatrúbenie symbolicky oznamovalo vnukovi Duryodhanovi, že nemá možnosť zvíťaziť, keďže na protivníkovej strane stojí Najvyšší Pán Śrī Kṛṣṇa. Bhīṣmovou povinnosťou však bolo zúčastniť sa boja, a preto svojím mocným zatrúbením Duryodhanu ubezpečil, že bude bojovať zo všetkých síl.

VERŠ 13

ततः शङ्खाश्च भेर्यश्च पणवानकगोमुखाः ।
सहसैवाभ्यहन्यन्त स शब्दस्तुमुलोऽभवत् ॥ १३ ॥

tataḥ śaṅkhāś ca bheryaś ca paṇavānaka-gomukhāḥ
sahasaivābhyahanyanta sa śabdas tumulo 'bhavat

tataḥ — potom; *śaṅkhāḥ* — lastúry; *ca* — tiež; *bheryaḥ* — veľké bubny; *ca* — a; *panava-ānaka* — bubienky a kotly; *go-mukhāḥ* — rohy; *sahasā* — zrazu; *eva* — istotne; *abhyahanyanta* — spoločne sa rozozneli; *saḥ* — tento; *śabdaḥ* — zmiešaný zvuk; *tumulaḥ* — búrlivý; *abhavat* — bol.

Potom sa zrazu spoločne búrlivým zvukom rozozneli všetky lastúry, bubny, bubienky, kotly a rohy.

VERŠ 14

ततः श्वेतैर्हयैर्युक्ते महति स्यन्दने स्थितौ ।
माधवः पाण्डवश्चैव दिव्यौ शङ्खौ प्रदध्मतुः ॥ १४ ॥

tataḥ śvetair hayair yukte mahati syandane sthitau
mādhavaḥ pāṇḍavaś caiva divyau śaṅkhau pradadhmatuḥ

tataḥ — potom; *śvetaiḥ* — biele; *hayaiḥ* — kone; *yukte* — zapriahnuté; *mahati* — vo veľkom; *syandane* — voze; *sthitau* — sedeli; *mādhavaḥ* — Kṛṣṇa (manžel bohyne šťastia); *pāṇḍavaḥ* — Arjuna (Pāṇḍuov syn); *ca* — tiež; *eva* — istotne; *divyau* — transcendentálne; *śaṅkhau* — lastúry; *pradadhmatuḥ* — zaduli.

Na druhej strane Śrī Kṛṣṇa s Arjunom zaduli do svojich transcendentálnych lastúr, sediac na veľkom bojovom voze, v ktorom boli zapriahnuté biele tátoše.

VÝZNAM: Na rozdiel od Bhīṣmovej lastúry, boli lastúry v rukách Kṛṣṇu a Arjunu transcendentálne. Zvuk ich lastúr naznačil, že protivník nemá nádej zvíťaziť, pretože na strane Pāṇḍuovcov je Kṛṣṇa. *Jayas tu pāṇḍu-putrāṇāṁ yeṣāṁ pakṣe janārdanaḥ*. Víťazstvo je vždy na strane osôb ako sú synovia Pāṇḍua, pretože Pán Śrī Kṛṣṇa je ich spoločník. Vždy a všade tam, kde je prítomný Kṛṣṇa, je prítomná aj bohyňa šťastia, pretože ona nikdy neopúšťa svojho manžela. Arjunovo očakávané víťazstvo a šťastie bolo už naznačené transcendentálnym zvukom Viṣṇuovej, čiže Kṛṣṇovej lastúry. Okrem toho bojový voz, na ktorom obaja priatelia sedeli, daroval

Arjunovi boh ohňa Agni, čo znamená, že tento voz bol schopný odraziť akýkoľvek útok kdekoľvek v troch svetoch.

VERŠ 15

पाञ्चजन्यं हृषीकेशो देवदत्तं धनञ्जयः ।
पौण्ड्रं दध्मौ महाशङ्खं भीमकर्मा वृकोदरः ॥ १५ ॥

pāñcajanyaṁ hṛṣīkeśo devadattaṁ dhanañjayaḥ
pauṇḍraṁ dadhmau mahā-śaṅkhaṁ bhīma-karmā vṛkodaraḥ

pāñcajanyam — Pāñcajanya, meno Kṛṣṇovej lastúry; *hṛṣīka-īśaḥ* — Hṛṣīkeśa (Kṛṣṇa — Pán, ktorý ovláda zmysly Svojich oddaných); *devadattam* — Devadatta, meno Arjunovej lastúry; *dhanam-jayaḥ* — Dhanañjaya (Arjuna, dobyvateľ bohatstva); *pauṇḍram* — Pauṇḍra, meno Bhīmovej lastúry; *dadhmau* — zaduli; *mahā-śaṅkham* — strašlivá lastúra; *bhīma-karmā* — ten, kto vykonáva nadľudské činy; *vṛka-udaraḥ* — nenásytný jedák (Bhīma).

Śrī Kṛṣṇa zadul do Svojej lastúry nazývanej Pāñcajanya a Arjuna do svojej Devadatty. A Bhīma, nenásytný jedák schopný nadľudských skutkov, zadul do svojej strašlivej lastúry nazývanej Pauṇḍra.

VÝZNAM: V tomto verši je Śrī Kṛṣṇa označený ako Hṛṣīkeśa, pretože je vlastníkom všetkých zmyslov. Živé bytosti sú neoddeliteľnými čiastočkami Boha a zmysly živých bytostí sú tiež časťami Jeho zmyslov. Impersonalisti nevedia vysvetliť, prečo aj živé bytosti majú zmysly, a preto sa neustále snažia opisovať všetky živé bytosti tak, že sú bez zmyslov alebo neosobné — bez zmyslov a identity. Pán sídli v srdciach všetkých živých bytostí a riadi ich zmysly. Riadi ich podľa toho, ako sa Mu kto odovzdáva a zmysly Svojich čistých oddaných riadi priamo. Tu na Kuruovskom bojisku ovláda Arjunove transcendentálne zmysly priamo, a preto sa nazýva Hṛṣīkeśa. Podľa Svojich činností dostáva Kṛṣṇa rôzne mená, ako napríklad Madhusūdana, pretože zabil démona Madhua; Govinda, pretože prináša radosť kravám a teší zmysly; Vāsudeva, lebo sa zjavil ako Vasudevov syn; Devakī-nandana, lebo prijal Devakī za Svoju matku; Yaśodā-nandana, lebo umožnil Yaśode prežívať Jeho detské hry vo Vṛndāvane; Pārtha-sārathi, pretože slúžil ako vozataj Svojmu priateľovi Arjunovi. Podobne je Jeho meno Hṛṣīkeśa, pretože viedol Arjunu na Kuruovskom poli.

V tomto verši je Arjuna nazývaný Dhanañjaya, lebo svojmu staršiemu bratovi Yudhiṣṭhirovi pomohol získať bohatstvo, ktoré ako kráľ nevyhnutne potreboval na vykonávanie rôznych obetných obradov. Prezývku Vṛkodara si Bhīma zaslúžil pre svoju dravú chuť k jedlu, ktorá bola rovnako úžasná ako jeho herkulovské skutky, napríklad zabitie démona Hiḍimbu.

Pre bojovníkov na strane bratov Pāṇḍuovcov bolo veľmi povzbudzujúce počuť, ako Śrī Kṛṣṇa a ostatní velitelia trúbia na svoje podivuhodné lastúry. Nepriateľ tieto výhody nemal. Ani Krsna, najvyšší vládca, ani bohyňa šťastia nestáli na ich strane. Porážka v boji im teda bola predurčená a toto posolstvo bolo vyhlásené zvukom lastúr.

VERŠ 16-18

अनन्तविजयं राजा कुन्तीपुत्रो युधिष्ठिरः ।
नकुलः सहदेवश्च सुघोषमणिपुष्पकौ ॥ १६ ॥
काश्यश्च परमेष्वासः शिखण्डी च महारथः ।
धृष्टद्युम्नो विराटश्च सात्यकिश्चापराजितः ॥ १७ ॥
द्रुपदो द्रौपदेयाश्च सर्वशः पृथिवीपते ।
सौभद्रश्च महाबाहुः शङ्खान्दध्मुः पृथक्पृथक् ॥ १८ ॥

anantavijayaṁ rājā kuntī-putro yudhiṣṭhiraḥ
nakulaḥ sahadevaś ca sughoṣa-maṇipuṣpakau

kāśyaś ca parameṣv-āsaḥ śikhaṇḍī ca mahā-rathaḥ
dhṛṣṭadyumno virāṭaś ca sātyakiś cāparājitaḥ

drupado draupadeyāś ca sarvaśaḥ pṛthivī-pate
saubhadraś ca mahā-bāhuḥ śaṅkhān dadhmuḥ pṛthak pṛthak

ananta-vijayam — Anantavijaya, meno Yudhiṣṭhirovej lastúry; *rājā* — kráľ; *kuntī-putraḥ* — syn Kuntī; *yudhiṣṭhiraḥ* — Yudhiṣṭhira; *nakulaḥ* —

Nakula; *sahadevaḥ* — Sahadeva; *ca* — a; *sughoṣa-maṇipuṣpakau* — Sughoṣa a Maṇipuṣpaka, mená Nakulovej a Sahadevovej lastúry; *kāśyaḥ* — kráľ Kāśī (Vārāṇasī); *ca* — a; *parama-iṣu-āsaḥ* — mocný bojovník; *śikhaṇḍī* — Śikhaṇḍī; *ca* — tiež; *mahā-rathaḥ* — ten, kto je schopný bojovať proti tisícom; *dhṛṣṭadyumnaḥ* — Dhṛṣṭadyumna (syn kráľa Drupadu); *virāṭaḥ* — Virāṭa (princ, ktorý pomohol Pāṇḍuovcom, keď žili vo vyhnanstve); *ca* — tiež; *sātyakiḥ* — Sātyaki (alebo Yuyudhāna, Kṛṣṇov vozataj); *ca* — a; *aparājitaḥ* — ten, kto ešte nebol porazený; *drupadaḥ* — Drupada (Pañcālský kráľ); *draupadeyāḥ* — synovia Draupadī; *ca* — tiež; *sarvaśaḥ* — všetci; *pṛthivī-pate* — ó, kráľ; *saubhadraḥ* — Subhadrin syn (Abhimanyu); *ca* — tiež; *mahā-bāhuḥ* — mocných paží; *śaṅkhān* — do lastúry; *dadhmuḥ* — zaduli; *pṛthak pṛthak* — jednotlivo.

Kráľ Yudhiṣṭhira, syn Kuntī, zadul do svojej lastúry zvanej Anantavijaya, a Nakula a Sahadeva do svojej Sughoṣi a Maṇipuṣpaky. Vynikajúci lukostrelec kráľ Kāśī, mocný bojovník Śikhandī, Dhṛṣṭadyumna, Virāṭa, neporaziteľný Sātyaki, Drupada, synovia Draupadī, silne ozbrojený Subhadrin syn a ďalší, ó, môj kráľ, tí všetci duli do svojich lastúr.

VÝZNAM: Sañjaya taktne Dhṛtarāṣṭru upozornil, že jeho nerozumná politika podvádzania Pāṇḍuových synov, s cieľom dosadiť na kráľovský trón svojich vlastných synov, nie je veľmi chvályhodná. Určité znamenia jasne naznačovali, že v tomto veľkom boji nastane vyhladenie celej Kuruovskej dynastie, počínajúc praotcom Bhīṣmom až po vnukov ako Abhimanyu a ďalších kráľov mnohých krajín na svete. Všetci prítomní boli odsúdení k záhube. Zodpovednosť za celú túto katastrofu niesol kráľ Dhṛtarāṣṭra, pretože podporoval politiku svojich synov.

VERŠ 19

स घोषो धार्तराष्ट्राणां हृदयानि व्यदारयत् ।
नभश्च पृथिवीं चैव तुमुलोऽभ्यनुनादयन् ॥ १९ ॥

sa ghoṣo dhārtarāṣṭrāṇāṁ hṛdayāni vyadārayat
nabhaś ca pṛthivīṁ caiva tumulo 'bhyanunādayan

saḥ — táto; *ghoṣaḥ* — vibrácia; *dhārtarāṣṭrāṇām* — Dhṛtarāṣṭrových synov; *hṛdayāni* — srdcia; *vyadārayat* — otriasala; *nabhaḥ* — nebo; *ca* — tiež; *pṛthivīm* — zemou; *ca* — tiež; *eva* — istotne; *tumulaḥ* — strašný; *abhyanunādayan* — rozoznela.

Trúbenie všetkých týchto rôznych lastúr začalo byť ohlušujúce. Otriasalo oblohou i zemou a rozochvievalo srdcia Dhṛtarāṣṭrových synov.

VÝZNAM: Nikde nenájdeme zmienku o tom, že by Bhīṣmovo zadutie alebo zadutie niekoho iného na Duryodhanovej strane nejako otriaslo srdcami bratov Pāṇḍuovcov. V tomto verši sa však vraví, že mohutný hluk lastúr zo strany Pāṇḍuovcov rozochvieval srdcia Dhṛtarāṣṭrových synov. Bratia Pāṇḍuovci plne dôverovali Śrī Kṛṣṇovi. Kto hľadá útočisko u Najvyššieho Pána, nemusí sa ničoho obávať ani uprostred najväčšej pohromy.

VERŠ 20

अथ व्यवस्थितान्दृष्ट्वा धार्तराष्ट्रान्कपिध्वजः ।
प्रवृत्ते शस्त्रसम्पाते धनुरुद्यम्य पाण्डवः ।
हृषीकेशं तदा वाक्यमिदमाह महीपते ॥ २० ॥

atha vyavasthitān dṛṣṭvā dhārtarāṣṭrān kapi-dhvajaḥ
pravṛtte śastra-sampāte dhanur udyamya pāṇḍavaḥ
hṛṣīkeśaṁ tadā vākyam idam āha mahī-pate

atha — potom; *vyavasthitān* — umiestnený; *dṛṣṭvā* — hľadiac na; *dhārtarāṣṭrān* — Dhṛtarāṣṭrových synov; *kapi-dhvajaḥ* — ten, ktorého vlajka je označená znakom Hanumāna; *pravṛtte* — práve, keď sa chystal; *śastra-sampāte* — vystreliť šípy; *dhanuḥ* — luk; *udyamya* — pozdvihol; *pāṇḍavaḥ* — Pāṇḍuov syn (Arjuna); *hṛṣīkeśam* — Kṛṣṇu; *tadā* — v tejto chvíli; *vākyam* — slovami; *idam* — týmito; *āha* — oslovil; *mahī-pate* — ó, kráľ.

Ó, kráľ, Arjuna, syn Pāṇḍuov, na svojom bojovom voze nesúcom vlajku so znakom Hanumāna v tejto chvíli pozdvihol svoj luk, aby sa pripravil vystreliť šípy. Pozrel sa na Dhṛtarāṣṭrových synov zo-

radených vo vojenskom šíku a potom oslovil Śrī Kṛṣṇu nasledujúcimi slovami.

VÝZNAM: Boj sa mal práve začať. Z predchádzajúceho verša môžeme porozumieť, že Dhṛtarāṣṭrovi synovia boli viac-menej zhrození neočakávaným usporiadaním vojenských šíkov bratov Pāṇḍuovcov, ktorých na bojisku viedol samotný Pán. Znak Hanumāna na vlajke Arjunovho bojového vozu je ďalším znamením víťazstva, pretože Hanumān pomohol Najvyššiemu Pánovi, Śrī Rāmovi, v boji proti Rāvaṇovi, z ktorého vyšiel Rāmacandra víťazne. Teraz boli Rāma i Hanumān prítomní na Arjunovom voze, aby mu poskytli pomoc. Śrī Kṛṣṇa je samotný Rāmacandra a všade, kde je Rāma, tam je aj Jeho večná spoločníčka Sītā, bohyňa šťastia a Jeho večný spoločník Hanumān. Arjuna preto nemal žiadny dôvod, aby sa bál akéhokoľvek nepriateľa. Bol tu Pán zmyslov, Kṛṣṇa, aby ho osobne viedol. Tieto priaznivé podmienky, ktoré Kṛṣṇa pripravil pre svojho oddaného, zaručovali Arjunovi isté víťazstvo.

VERŠ 21-22

अर्जुन उवाच
सेनयोरुभयोर्मध्ये रथं स्थापय मेऽच्युत ।
यावदेतान्निरीक्षेऽहं योद्धुकामानवस्थितान् ॥ २१ ॥
कैर्मया सह योद्धव्यमस्मिन्रणसमुद्यमे ॥ २२ ॥

arjuna uvāca
senayor ubhayor madhye rathaṁ sthāpaya me 'cyuta
yāvad etān nirīkṣe 'haṁ yoddhu-kāmān avasthitān
kair mayā saha yoddhavyam asmin raṇa-samudyame

arjunaḥ uvāca — Arjuna riekol; *senayoḥ* — vojská; *ubhayoḥ* — obidve; *madhye* — medzi; *ratham* — bojový voz; *sthāpaya* — prosím, postav; *me* — môj; *acyuta* — ó, Neomylný; *yāvat* — na tak dlho; *etān* — všetky tieto; *nirīkṣe* — môžem vidieť; *aham* — ja; *yoddhu-kāmān* — bojachtiví; *avasthitān* — zoradení na bojisku; *kaiḥ* — s kým; *mayā* — mám; *saha* — s; *yoddhavyam* — bojovať; *asmin* — v tomto; *raṇa* — sváre; *samudyame* — v úsilí.

Arjuna riekol: Ó, Neomylný, postav prosím môj bojový voz medzi obe vojská tak, aby som mohol vidieť bojachtivých prítomných, s ktorými sa musím v tomto veľkom boji stretnúť.

VÝZNAM: Kṛṣṇa je Najvyššia Božská Osobnosť, no napriek tomu zo Svojej bezpríčinnej milosti slúžil Svojmu priateľovi Arjunovi. V tomto verši je oslovený ako Neomylný, pretože oddaných nikdy nesklame vo Svojej náklonnosti. Ako vozataj musel poslúchať Arjunove rozkazy, a keďže to neváhal robiť, je nazývaný Neomylným. Śrī Kṛṣṇa prijal úlohu vozataja Svojho oddaného, ale Jeho postavenie nebolo nikdy ohrozené. Za každých okolností zostáva Najvyššou Božskou Osobnosťou, Hṛṣīkeśom, Pánom všetkých zmyslov. Vzťah medzi Pánom a Jeho služobníkom je veľmi milý a transcendentálny. Služobník je vždy pripravený Pánovi slúžiť a Pán podobne stále vyhľadáva príležitosti na preukazovanie služby Svojmu oddanému. Kṛṣṇu viac teší prijímať pokyny od Svojich čistých oddaných, než ich sám vydávať. Keďže je zvrchovaným Pánom, každý Mu je podriadený a nikto nie je nad Ním, aby Mu mohol rozkazovať. Keď Mu však dá príkaz čistý oddaný, naplní Ho veľká transcendentálna radosť, aj keď za každých okolností zostáva neomylným Pánom.

Ako čistý Pánov oddaný nechcel Arjuna so svojimi príbuznými bojovať; prinútila ho k tomu Duryodhanova tvrdohlavosť, lebo Duryodhana nikdy nepristúpil na mierové riešenie. Arjunovi preto veľmi záležalo na tom, aby videl, ktorí vojvodcovia sú na bojisku. Mier sa nedal dohodnúť na bojisku, ale Arjuna chcel ešte raz vidieť, do akej miery sú odhodlaní zúčastniť sa tejto nevítanej vojny.

VERŠ 23

योत्स्यमानानवेक्षेऽहं य एतेऽत्र समागताः ।
धार्तराष्ट्रस्य दुर्बुद्धेर्युद्धे प्रियचिकीर्षवः ॥ २३ ॥

yotsyamānān avekṣe 'haṁ ya ete 'tra samāgatāḥ
dhārtarāṣṭrasya durbuddher yuddhe priya-cikīrṣavaḥ

yotsyamānān—tých, ktorí budú bojovať; *avekṣe*—dovoľ mi vidieť; *ahaṁ*—ja; *ye*—ktorí; *ete*—tí; *atra*—tu; *samāgatāḥ*—zhromaždení;

dhārtarāṣṭrasya — Dhṛtarāṣṭrovho syna; *durbuddheḥ* — zlomyseľný; *yuddhe* — v boji; *priya* — radosť; *cikīrṣavaḥ* — so želaním.

Dovoľ mi vidieť tých, ktorí sem prišli bojovať so želaním potešiť zlomyseľného Dhṛtarāṣṭrovho syna.

VÝZNAM: Bolo verejným tajomstvom, že Duryodhana spriadal spolu so svojím otcom Dhṛtarāṣṭrom nekalé plány, aby sa zmocnil kráľovstva Pāṇḍuovcov. Preto všetci, čo sa pridali k Duryodhanovi, museli zmýšľať rovnako, lebo „vrana k vrane sadá". Arjuna sa chcel pred bojom ešte raz pozrieť na zhromaždených bojovníkov, ale nemal v úmysle ponúknuť im mier. V skutočnosti ich chcel vidieť len kvôli tomu, aby mohol odhadnúť ich silu, aj keď si bol celkom istý víťazstvom, pretože Kṛṣṇa stál po jeho boku.

VERŠ 24

सञ्जय उवाच
एवमुक्तो हृषीकेशो गुडाकेशेन भारत ।
सेनयोरुभयोर्मध्ये स्थापयित्वा रथोत्तमम् ॥ २४ ॥

sañjaya uvāca
evam ukto hṛṣīkeśo guḍākeśena bhārata
senayor ubhayor madhye sthāpayitvā rathottamam

sañjayaḥ uvāca — Sañjaya riekol; *evam* — takto; *uktaḥ* — oslovený; *hṛṣīkeśaḥ* — Śrī Kṛṣṇa; *guḍākeśena* — Arjunom; *bhārata* — ó, potomok Bharatov; *senayoḥ* — vojská; *ubhayoḥ* — obidve; *madhye* — medzi; *sthāpayitvā* — umiestnil; *ratha-uttamam* — najlepší z vozov.

Sañjaya riekol: Ó, potomok Bharatov, takto oslovený Arjunom zašiel Śrī Kṛṣṇa s úžasným vozom medzi obe vojská.

VÝZNAM: V tomto verši je Arjuna oslovený ako Guḍākeśa. *Guḍākā* znamená „spánok" a ten, kto ovláda spánok, sa volá *guḍākeśa.* Spánok znamená tiež nevedomosť. Arjuna ovládal spánok i nevedomosť vďaka priateľstvu s Kṛṣṇom. Ako Kṛṣṇov veľký oddaný, nemohol Arjuna na Kṛṣṇu ani na chvíľu zabudnúť. Taká je čistá oddanosť. Či už v bdelom stave, alebo v spánku, oddaný neustále myslí na mená, podobu, vlastnosti a zábavy Najvyššej Božskej Osobnosti, Śrī Kṛṣṇu. Kto je takto odovzdaný, môže ovládnuť spánok i nevedomosť neustálym rozjímaním o Kṛṣṇovi a tento stav sa nazýva *samādhi* čiže neustále vedomie Kṛṣṇu. Kṛṣṇa je Hṛṣīkeśa — ten, kto ovláda zmysly a myseľ všetkých živých bytostí. Preto mohol porozumieť Arjunovmu zámeru umiestniť bojový voz medzi vojská. A tak povedal nasledujúce.

VERŠ 25

भीष्मद्रोणप्रमुखतः सर्वेषां च महीक्षिताम् ।
उवाच पार्थ पश्यैतान्समवेतान्कुरूनिति ॥ २५ ॥

bhīṣma-droṇa-pramukhataḥ sarveṣāṁ ca mahī-kṣitām
uvāca pārtha paśyaitān samavetān kurūn iti

bhīṣma — praotec Bhīṣma; *droṇa* — učiteľ Droṇa; *pramukhataḥ* — pred; *sarveṣām* — všetkými; *ca* — tiež; *mahī-kṣitām* — panovníci sveta; *uvāca* — povedal; *pārtha* — ó, syn Pṛthy; *paśya* — len sa pozri; *etān* — títo všetci; *samavetān* — zhromaždení; *kurūn* — členovia Kuruovskej dynastie; *iti* — takto.

V prítomnosti Bhīṣmu, Droṇu a ostatných panovníkov sveta Śrī Hṛṣīkeśa povedal: „Ó, Pārtha, len sa pozri na všetkých zhromaždených Kuruovcov.“

VÝZNAM: Keďže Kṛṣṇa je Naddušou všetkých živých bytostí, vedel čo sa deje v Arjunovej mysli. Použitím mena Hṛṣīkeśa v tejto súvislosti je naznačená Kṛṣṇova vševedúcnosť. Arjuna je v tomto verši oslovený ako Pārtha, syn Kuntī alebo Pṛthy. Kṛṣṇa chcel Arjunovi priateľsky oznámiť, že sa stane jeho vozatajom, lebo Arjuna je synom Pṛthy, sestry Jeho otca Vasudevu. Čo tým však Kṛṣṇa sledoval, keď Arjunovi povedal „...pozri sa na zhromaždených Kuruovcov“? Uvažoval snáď Arjuna o tom, že nebude bojovať? Niečo také od Svojho bratanca vôbec nečakal. Takto Kṛṣṇa vyjadril Arjunove myšlienky v priateľskom žartovnom tóne.

VERŠ 26

तत्रापश्यत्स्थितान्पार्थः पितॄनथ पितामहान् ।
आचार्यान्मातुलान्भ्रातॄन्पुत्रान्पौत्रान्सखींस्तथा ।
श्वशुरान्सुहृदश्चैव सेनयोरुभयोरपि ॥ २६ ॥

tatrāpaśyat sthitān pārthaḥ pitṝn atha pitāmahān
ācāryān mātulān bhrātṝn putrān pautrān sakhīṁs tathā
śvaśurān suhṛdaś caiva senayor ubhayor api

tatra — tam; *apaśyat* — zazrel; *sthitān* — stojac; *pārthaḥ* — Arjuna; *pitṝn* — otcov; *atha* — tiež; *pitāmahān* — dedov; *ācāryān* — učiteľov; *mātulān* — strýkov z matkinej strany; *bhrātṝn* — bratov; *putrān* — synov; *pautrān* — vnukov; *sakhīn* — priateľov; *tathā* — takisto; *śvaśurān* — svokrov; *suhṛdaḥ* — priaznivcov; *ca* — tiež; *eva* — istotne; *senayoḥ* — z vojsk; *ubhayoḥ* — z obidvoch strán; *api* — vrátane.

V radách oboch vojsk zazrel Arjuna svojich otcov, dedov, učiteľov, strýkov, bratov, synov, vnukov, priateľov a tiež svokrov a priaznivcov.

VÝZNAM: Na bojisku uvidel Arjuna mnohých svojich príbuzných. Videl Bhūriśravu, ktorý bol vrstovníkom jeho otca, praotcov Bhīṣmu a Somadattu, učiteľov Droṇācāryu a Kṛpācāryu, strýkov (z matkinej strany) Śalyu a Śakuniho, bratanca Duryodhanu, syna Lakṣmaṇa, priateľa Aśvatthāmu, priaznivca Kṛtavarmu. Videl tiež veľa svojich priateľov.

VERŠ 27

तान्समीक्ष्य स कौन्तेयः सर्वान्बन्धूनवस्थितान् ।
कृपया परयाविष्टो विषीदन्निदमब्रवीत् ॥ २७ ॥

tān samīkṣya sa kaunteyaḥ sarvān bandhūn avasthitān
kṛpayā parayāviṣṭo viṣīdann idam abravīt

tān — týchto všetkých; *samīkṣya* — po uzretí; *saḥ* — on; *kaunteyaḥ* — syn Kuntī; *sarvān* — všemožných; *bandhūn* — príbuzných; *avasthitān* — v rozpoložení; *kṛpayā* — so súcitom; *parayā* — veľmi; *āviṣṭaḥ* — zachvátený; *viṣīdan* — zatiaľ čo bedákal; *idam* — takto; *abravīt* — povedal.

Keď Arjuna, syn Kuntī, videl všetkých svojich priateľov a príbuzných, zmocnil sa ho hlboký súcit a povedal.

VERŠ 28

अर्जुन उवाच
दृष्ट्वेमं स्वजनं कृष्ण युयुत्सुं समुपस्थितम् ।
सीदन्ति मम गात्राणि मुखं च परिशुष्यति ॥ २८ ॥

arjuna uvāca
dṛṣṭvemaṁ sva-janaṁ kṛṣṇa yuyutsuṁ samupasthitam
sīdanti mama gātrāṇi mukhaṁ ca pariśuṣyati

arjunah uvāca — Arjuna riekol; *dṛṣṭvā* — po uzretí; *imam* — týchto všetkých; *sva-janam* — príbuzných; *kṛṣṇa* — ó, Kṛṣṇa; *yuyutsum* — všetci sú v bojovnej nálade; *samupasthitam* — všetci príbuzní; *sīdanti* — chvejú; *mama* — moje; *gātrāṇi* — telesné údy; *mukham* — ústa; *ca* — tiež; *pariśuṣyati* — vysychajú.

Arjuna riekol: Ó, Kṛṣṇa, keď pred sebou vidím svojich priateľov a príbuzných v takej bojovnej nálade, cítim, ako sa mi chvejú údy a vysychá mi v ústach.

VÝZNAM: Pravý oddaný má všetky vlastnosti polobohov, zatiaľ čo tomu, kto nie je odovzdaný Bohu, chýbajú zbožné vlastnosti, hoci môže byť hmotne pokročilý v kultúre, vo vzdelaní a pod. Keď Arjuna, Kṛṣṇov oddaný, pred sebou na bojisku uvidel svojich bojachtivých príbuzných a priateľov, pocítil s nimi súcit. Arjuna, prirodzene, už od začiatku súcitil so svojimi vojakmi, no súcit pociťoval aj k vojakom na opačnej strane, pretože predvídal ich záhubu. Zatiaľ čo takto uvažoval, chvel sa na celom tele a v ústach mu vyschlo. Arjunu prekvapila ich dychtivosť bojovať. Bojovať s ním prišli vlastne všetci jeho príbuzní. To ohromilo dobrosrdečného oddaného, akým je Arjuna. Aj keď tu o tom nie je ani zmienka, môžeme si ľahko predstaviť, že sa nielen chvel na celom tele a mal sucho v ústach, ale zo súcitu i plakal. To nie sú znaky Arjunovej slabosti; skôr to poukazuje na jeho dobré srdce, čo je charakteristický rys čistého oddaného. V *Śrīmad-Bhāgavatame* (5.18.12) sa preto uvádza:

yasyāsti bhaktir bhagavaty akiñcanā
sarvair guṇais tatra samāsate surāḥ
harāv abhaktasya kuto mahad-guṇā
mano-rathenāsati dhāvato bahiḥ

„Kto je neochvejne odovzdaný Božskej Osobnosti, má všetky dobré vlastnosti polobohov. No ten, kto nie je Bohu odovzdaný, má iba hmotné vlastnosti, ktoré majú nepatrnú hodnotu. Je to kvôli tomu, že jeho myšlienky sa nachádzajú na hmotnej úrovni, a preto ho iste fascinuje trblietajúca sa hmotná energia."

VERŠ 29

वेपथुश्च शरीरे मे रोमहर्षश्च जायते ।
गाण्डीवं स्रंसते हस्तात्त्वक्चैव परिदह्यते ॥ २९ ॥

vepathuś ca śarīre me roma-harṣaś ca jāyate
gāṇḍīvaṁ sraṁsate hastāt tvak caiva paridahyate

vepathuḥ — triasť sa; *ca* — tiež; *śarīre* — na tele; *me* — moje; *roma-harṣaḥ* — vlasy sa ježia; *ca* — tiež; *jāyate* — deje sa; *gāṇḍīvam* — meno Arjunovho luku; *sraṁsate* — padá; *hastāt* — z rúk; *tvak* — koža; *ca* — tiež; *eva* — istotne; *paridahyate* — páli.

Trasiem sa na celom tele a vlasy sa mi ježia. Luk Gāṇḍīva mi padá z rúk a koža ma páli.

VÝZNAM: Trasenie tela a ježenie vlasov môže nastať v dvoch rôznych situáciách: buď v stave duchovnej extázy, alebo v stave hmotného strachu. Na transcendentálnej alebo duchovnej úrovni niet žiadneho strachu. Arjunove príznaky hmotného strachu v tejto situácii majú pôvod v strachu zo smrti, čo dosvedčujú aj ostatné príznaky. Arjuna cítil takú úzkosť, že mu aj jeho luk Gāṇḍīva padal z rúk. A keďže horelo jeho srdce, mal rozpálenú kožu. Všetky tieto príznaky pochádzajú z materialistického poňatia života.

VERŠ 30

न च शक्नोम्यवस्थातुं भ्रमतीव च मे मनः ।
निमित्तानि च पश्यामि विपरीतानि केशव ॥ ३० ॥

na ca śaknomy avasthātuṁ bhramatīva ca me manaḥ
nimittāni ca paśyāmi viparītāni keśava

na—ani; *śaknomi*—som schopný; *avasthātum*—ostať; *bhramati*—zabúdam; *iva*—pretože; *ca*—a; *me*—moja; *manaḥ*—myseľ; *nimittāni*—znamená; *ca*—tiež; *paśyāmi*—predvídam; *viparītāni*—pravý opak; *keśava*—ó, hubiteľ démona Keśīho (Kṛṣṇa).

Nemôžem tu už dlhšie stáť, zabúdam sa a moja myseľ blúdi. Predvídam iba nešťastie, ó, Kṛṣṇa, hubiteľ démona Keśīho.

VÝZNAM: Arjuna už nemohol na bojisku dlhšie vydržať. Od slabosti zabúdal na svoje postavenie. Príliš silné putá k hmotným veciam privádzajú človeka do strachu a zmätku. Aj v *Śrīmad-Bhāgavatame* (11.2.37) je potvrdené, že bojazlivosť a strata psychickej rovnováhy sa prejavuje u ľudí, ktorí sú príliš ovplyvnení hmotnými okolnosťami (*bhayaṁ dvitīyābhini-veśataḥ syāt*). Arjuna predvídal iba nešťastie, a aj keby nad nepriateľom zvíťazil, nebol by šťastný. Slová *nimittāni* a *viparītāni* sú v tomto verši významné. Keď človek očakáva iba nešťastie, nech už robí čokoľvek, položí si otázku: „Prečo tu vlastne som?" Každý sa stará sám o seba, o svoje blaho, a nikto nejaví záujem o Najvyššiu Bytosť. Z Kṛṣṇovej vôle prejavil Arjuna známky nevedomosti ohľadne svojho pravého záujmu. Náš skutočný záujem spočíva vo Viṣṇuovi, v Kṛṣṇovi. Podmienené duše však na to zabúdajú, a preto trpia hmotnými bolesťami. Arjuna si myslel, že aj keby v boji zvíťazil, čakal by ho aj tak len zármutok.

VERŠ 31

न च श्रेयोऽनुपश्यामि हत्वा स्वजनमाहवे ।
न काङ्क्षे विजयं कृष्ण न च राज्यं सुखानि च ॥ ३१ ॥

na ca śreyo 'nupaśyāmi hatvā sva-janam āhave
na kāṅkṣe vijayaṁ kṛṣṇa na ca rājyaṁ sukhāni ca

na — ani; *ca* — tiež; *śreyaḥ* — dobre; *anupaśyāmi* — predvídam; *hatvā* — zabitím; *sva-janam* — vlastných príbuzných; *āhave* — v boji; *na* — ani; *kāṅkṣe* — túžim; *vijayam* — víťazstvo; *kṛṣṇa* — ó, Kṛṣṇa; *na* — ani; *ca* — tiež; *rājyam* — kráľovstvo; *sukhāni* — šťastný z toho; *ca* — tiež.

Neviem, ako môže niečo dobré vzísť z toho, keď v boji zabijem svojich vlastných príbuzných. Môj milý Kṛṣṇa, ani nemôžem túžiť po nejakom následnom víťazstve, kráľovstve alebo šťastí?

VÝZNAM: Keďže podmienené duše nevedia, že ich vlastný prospech je vo Viṣṇuovi (v Kṛṣṇovi), sú spútané hmotnými a telesnými vzťahmi a domnievajú sa, že v takom stave môžu byť šťastné. Vo svojej ilúzii zabúdajú, že Kṛṣṇa je príčinou aj hmotného šťastia. Zdá sa, že Arjuna zabudol i na mravné zásady, ktoré platia pre *kṣatriyov*. Sú dva druhy ľudí, ktorým je dovolené vstúpiť na mocné a žiarivé Slnko. Sú to *kṣatriyovia*, ktorí zahynú priamo na bojisku na Kṛṣṇov osobný pokyn a *sannyāsīni*, ktorí žili v odriekaní, plne odovzdaní duchovnému zdokonaľovaniu sa. Arjuna nechcel zabiť ani svojich nepriateľov a už vôbec nie svojich príbuzných. Myslel si, že keď ich zabije, nebude mať v živote už žiadnu radosť. Preto sa mu nechcelo bojovať, tak ako sa človeku, ktorý nie je hladný, nechce variť. Rozhodol sa teda odísť do lesa, aby tam sklamaný žil osamote. Ako *kṣatriya* však potreboval kráľovstvo, aby naplnil svoj život, lebo nie je možné, aby sa *kṣatriya* zamestnal inak. Arjuna však žiadne kráľovstvo nemal a jeho jedinou možnosťou bolo získať bojom proti svojím bratancom a bratom kráľovstvo, ktoré pôvodne zdedil po svojom otcovi. Keďže to však Arjuna nechcel urobiť, nezostávalo mu nič iné, než odísť do lesa a žiť ako pustovník.

VERŠ 32-35

किं नो राज्येन गोविन्द किं भोगैर्जीवितेन वा ।
येषामर्थे काङ्क्षितं नो राज्यं भोगाः सुखानि च ॥ ३२ ॥
त इमेऽवस्थिता युद्धे प्राणांस्त्यक्त्वा धनानि च ।
आचार्याः पितरः पुत्रास्तथैव च पितामहाः ॥ ३३ ॥
मातुलाः श्वशुराः पौत्राः श्यालाः सम्बन्धिनस्तथा ।
एतान्न हन्तुमिच्छामि घ्नतोऽपि मधुसूदन ॥ ३४ ॥
अपि त्रैलोक्यराज्यस्य हेतोः किं नु महीकृते ।
निहत्य धार्तराष्ट्रान्नः का प्रीतिः स्याज्जनार्दन ॥ ३५ ॥

kiṁ no rājyena govinda kiṁ bhogair jīvitena vā
yeṣām arthe kāṅkṣitaṁ no rājyaṁ bhogāḥ sukhāni ca

ta ime 'vasthitā yuddhe prāṇāṁs tyaktvā dhanāni ca
ācāryāḥ pitaraḥ putrās tathaiva ca pitāmahāḥ

mātulāḥ śvaśurāḥ pautrāḥ śyālāḥ sambandhinas tathā
etān na hantum icchāmi ghnato 'pi madhusūdana

api trailokya-rājyasya hetoḥ kiṁ nu mahī-kṛte
nihatya dhārtarāṣṭrān naḥ kā prītiḥ syāj janārdana

kim — načo; *naḥ* — nám; *rājyena* — kráľovstvo; *govinda* — ó, Govinda (Kṛṣṇa); *kim* — čo; *bhogaiḥ* — radosť; *jīvitena* — žiť; *vā* — alebo; *yeṣām* — pre koho; *arthe* — kvôli; *kāṅkṣitam* — vytúžené; *naḥ* — nami; *rājyam* — kráľovstvo; *bhogāḥ* — hmotný pôžitok; *sukhāni* — všetka radosť; *ca* — tiež; *te* — všetci; *ime* — títo; *avasthitāḥ* — rozostavení; *yuddhe* — na tomto bojisku; *prāṇān* — životy; *tyaktvā* — vydať; *dhanāni* — bohatstvo; *ca* — tiež; *ācāryāḥ* — učitelia; *pitaraḥ* — otcovia; *putrāḥ* — synovia; *tathā* — takisto aj; *eva* — istotne; *ca* — tiež; *pitāmahāḥ* — dedovia; *mātulāḥ* — strýkovia (z matkinej strany); *śvaśurāḥ* — svokrovia; *pautrāḥ* — vnuci; *śyālāḥ* — švagrovia; *sambandhinaḥ* — príbuzní; *tathā* — takisto aj; *etān* — títo všetci; *na* — nikdy; *hantum* — zabiť; *icchāmi* — želám si; *ghnataḥ* — byť zabitý; *api* — aj keď; *madhusūdana* — ó, hubiteľ démona Madhua (Kṛṣṇa); *api* — aj keď; *trai-lokya* — z troch svetov; *rājyasya* — kráľovstvo; *hetoḥ* — v zámene; *kim nu* — nehovoriac o; *mahī-kṛte* — tomto svete; *nihatya* —

zabitím; *dhārtarāṣṭrān* — Dhṛtarāṣṭrových synov; *naḥ* — naše; *kā* — aké; *prītiḥ* — potešenie; *syāt* — bude; *janārdana* — ó, Kṛṣṇa, udržovateľ všetkých živých bytostí.

Ó, Govinda, načo nám bude kráľovstvo, radosť, ba i samotný život, keď všetci, pre ktorých si to môžeme želať, sú teraz zoradení na tomto bojisku? Ó, Madhusūdana, keď tu učitelia, otcovia, synovia, dedovia, strýkovia, svokrovia, vnuci, švagrovia a ostatní príbuzní stoja predo mnou pripravení obetovať svoje životy a majetok, prečo by som si mal želať zabiť ich, hoci inak by oni mohli zabiť mňa? Ó, udržovateľ všetkých živých bytostí, nie som pripravený s nimi bojovať ani pre vládu nad tromi svetmi, nie to ešte nad týmto svetom. Aké potešenie z toho budeme mať, keď zabijeme Dhṛtarāṣṭrových synov?

VÝZNAM: Arjuna oslovuje Kṛṣṇu menom „Govinda", lebo jednou z Kṛṣṇových vlastností je, že prináša radosť kravám a zmyslom. Použitím tohto významného slova Arjuna naznačil, že iba Śrī Kṛṣṇa môže uspokojiť jeho zmysly. V skutočnosti však Govinda nie je určený na to, aby uspokojoval naše zmysly. Keď sa však my snažíme uspokojiť Jeho zmysly, potom sú automaticky uspokojené i naše zmysly. V hmotnom svete túžia všetci uspokojiť svoje zmysly a chcú, aby im Boh dodával všetko pre ich pôžitok. Ale Pán uspokojuje naše želania podľa našich zásluh a nie podľa našich žiadostí. Ak sa snažíme potešiť Govindu bez myšlienky na svoj osobný zmyslový pôžitok, vďaka Jeho milosti budú naše zmysly uspokojené. Skutočnosť, že Arjuna nechcel bojovať proti členom svojej rodiny, bola prejavom jeho súcitu a hlbokého puta k nim. Každý sa chce pochváliť svojím bohatstvom priateľom a príbuzným, a Arjuna mal strach, že všetci jeho príbuzní budú na bojisku zabití a on sa s nimi nebude môcť rozdeliť o víťazstvom získané bohatstvo. Toto je typické materialistické zmýšľanie. V duchovnom živote sa takto neuvažuje. Oddaný sa jednoducho snaží uspokojiť želanie Boha. Keď si Pán praje, oddaný prijme hocijaké bohatstvo, len aby Mu mohol slúžiť; keď si však Pán želá, aby bol chudobný, prijme to. Arjuna nechcel svojich príbuzných zabiť, ale ak bolo naozaj nutné zabiť ich, želal si, aby ich zabil Kṛṣṇa osobne. V tejto chvíli Arjuna nevedel, že Kṛṣṇa ich už vlastne zabil ešte skôr, než sa zhromaždili na bojisku a že on má byť pri tejto príležitosti iba Kṛṣṇovym nástrojom. Táto skutočnosť bude opísaná v ďalších kapitolách

Bhagavad-gīty. Arjuna, ako rodený oddaný Pána, sa netúžil pomstiť svojim naničhodným bratancom a bratom. Bola to však Kṛṣṇova vôľa, aby tu všetci zahynuli na bojisku. Pánov oddaný sa nemstí na previnilcoch, ale Pán nestrpí, aby nejaký hriešnik ubližoval oddanému. Boh môže odpustiť osobe, ktorá sa niečím previnila voči Nemu, ale nikdy neodpustí tomu, kto ublížil Jeho oddanému. Preto bol Śrī Kṛṣṇa pevne rozhodnutý hriešnikov zabiť, aj keď Arjuna im chcel odpustiť.

VERŠ 36

पापमेवाश्रयेदस्मान्हत्वैतानाततायिनः ।
तस्मान्नार्हा वयं हन्तुं धार्तराष्ट्रान्सबान्धवान् ।
स्वजनं हि कथं हत्वा सुखिनः स्याम माधव ॥ ३६ ॥

pāpam evāśrayed asmān hatvaitān ātatāyinaḥ
tasmān nārhā vayaṁ hantuṁ dhārtarāṣṭrān sa-bāndhavān
sva-janaṁ hi kathaṁ hatvā sukhinaḥ syāma mādhava

pāpam — neresti; *eva* — istotne; *āśrayet* — musíme vziať na; *asmān* — seba; *hatvā* — zabitím; *etān* — títo všetci; *ātatāyinaḥ* — zločinci; *tasmāt* — preto; *na* — nikdy; *arhāḥ* — zaslúžia si; *vayam* — my; *hantum* — zabiť; *dhārtarāṣṭrān* — Dhṛtarāṣṭrových synov; *sa-bāndhavān* — spolu s priateľmi; *sva-janam* — príbuznými; *hi* — istotne; *katham* — ako; *hatvā* — zabitím; *sukhinaḥ* — šťastní; *syāma* — stane sa; *mādhava* — ó, Kṛṣṇa, manžel bohyne šťastia.

Ak zabijeme týchto zločincov, upadneme do hriechu. Preto nie je od nás správne zabiť synov Dhṛtarāṣṭrových a našich priateľov. Čo by sme tým, ó, Kṛṣṇa, manžel bohyne šťastia, získali a ako môžeme byť šťastní, keď zabijeme svojich vlastných príbuzných?

VÝZNAM: Podľa *vedskych* písiem existuje šesť druhov zločincov: 1. ten, kto otrávi jedom; 2. ten, kto podpáli dom; 3. ten, kto zaútočí smrtonosnou zbraňou; 4. ten, kto plieni bohatstvo; 5. ten, kto okupuje cudziu krajinu a 6. ten, kto unesie vydatú ženu. Takých zločincov treba bezodkladne zabiť a ich zabitím sa nespácha hriech. Obyčajnému človeku sa môže zdať úplne prirodzené zabiť takých zločincov, lenže Arjuna nebol obyčajný človek. Mal povahu svätca, a preto chcel s nimi konať ako svätec a odpustiť im. Taká svätosť sa však pre *kṣatriyu* nehodí. Zodpovedný panovník by mal byť zbožný, ale to neznamená, že môže byť zbabelý. Napríklad Śrī Rāma bol taký zbožný, že si dokonca ešte aj teraz ľudia želajú žiť v Rāmovom kráľovstve (*rāma-rājya*). Ale Śrī Rāmacandra nikdy neprejavil žiadne príznaky zbabelosti. Démon Rāvaṇa bol zločinec, lebo uniesol Rāmovu manželku Sītu. Rāma mu dal také ponaučenie, aké v histórii sveta nemá obdobu. V Arjunovom prípade musíme zobrať do úvahy, že tu nešlo o obyčajných zločincov, ale o jeho príbuzných, učiteľov a priateľov. Arjuna preto usudzoval, že by sa s nimi nemalo konať ako s obyčajnými zločincami. Okrem toho má svätec odpúšťať. Nasledovanie týchto cnostných zásad bolo pre Arjunu prednejšie, než bojovať z nejakých politických dôvodov proti svojím príbuzným a priateľom. Nevidel žiadny zmysel v tom, aby zabíjal pre nejakú pominuteľnú telesnú radosť. Radosť, ktorú môže človeku také kráľovstvo priniesť, netrvá predsa príliš dlho. Prečo by teda mal riskovať svoj život a večnú spásu tým, že zabije svojich príbuzných? Arjunovo oslovenie Kṛṣṇu „Mādhava", čiže manžel bohyne šťastia tu má určitý význam. Arjuna sa totiž obával, aby ho Kṛṣṇa nepriviedol k niečomu, čo by mu nakoniec prinieslo nešťastie. Kṛṣṇa však nikdy nikomu nešťastie neprináša a obzvlášť nie Svojím oddaným.

VERŠ 37-38

यद्यप्येते न पश्यन्ति लोभोपहतचेतसः ।
कुलक्षयकृतं दोषं मित्रद्रोहे च पातकम् ॥ ३७ ॥
कथं न ज्ञेयमस्माभिः पापादस्मान्निवर्तितुम् ।
कुलक्षयकृतं दोषं प्रपश्यद्भिर्जनार्दन ॥ ३८ ॥

yady apy ete na paśyanti lobhopahata-cetasaḥ
kula-kṣaya-kṛtaṁ doṣaṁ mitra-drohe ca pātakam

kathaṁ na jñeyam asmābhiḥ pāpād asmān nivartitum
kula-kṣaya-kṛtaṁ doṣaṁ prapaśyadbhir janārdana

yadi — ak; *api* — dokonca; *ete* — oni; *na* — nie; *paśyanti* — vidia; *lobha* — žiadostivosť; *upahata* — premožení; *cetasaḥ* — ich srdcia; *kula-kṣaya* — v zabití rodiny; *kṛtam* — urobiť; *doṣam* — chybu; *mitra-drohe* — hádky s priateľmi; *ca* — tiež; *pātakam* — hriešne následky; *katham* — prečo; *na* — nebudeme; *jñeyam* — vedieť to; *asmābhiḥ* — my; *pāpāt* — od hriechu; *asmāt* — tieto; *nivartitum* — zastaviť; *kula-kṣaya* — vyhladenie rodu; *kṛtam* — takto konať; *doṣam* — zločin; *prapaśyadbhiḥ* — tými, ktorí vidia; *janārdana* — ó, Kṛṣṇa.

Ó, Janārdana, hoci títo muži, ktorých srdcia premohla žiadostivosť, nevidia nič zlého v zabíjaní príslušníkov svojej rodiny a v hádkach so svojimi priateľmi, prečo by sme my, ktorí v zničení rodu vidíme zločin, mali konať takto hriešne?

VÝZNAM: *Kṣatriya* nesmie odmietnuť bojovať, keď ho k tomu niekto vyzve. Nesmie dokonca odmietnuť, ani keď ho vyzvú k nejakej hre (v kocky a pod.). Arjuna teda nemohol boj odmietnuť, pretože ho vyzval Duryodhana. V tejto situácii však usudzoval, že Duryodhana bol zaslepený a nemohol predvídať následky svojej výzvy, zatiaľ čo Arjuna zlé následky takého činu predvídal, a preto výzvu prijať nechcel. Povinnosti sú záväzné iba vtedy, ak sú ich následky kladné, ináč nie. Po zvážení všetkých pre a proti sa Arjuna rozhodol, že bojovať nebude.

VERŠ 39

कुलक्षये प्रणश्यन्ति कुलधर्माः सनातनाः ।
धर्मे नष्टे कुलं कृत्स्नमधर्मोऽभिभवत्युत ॥ ३९ ॥

kula-kṣaye praṇaśyanti kula-dharmāḥ sanātanāḥ
dharme naṣṭe kulaṁ kṛtsnam adharmo 'bhibhavaty uta

kula-kṣaye — zničením rodu; *praṇaśyanti* — budú zničené; *kula-dharmāḥ* — rodové tradície; *sanātanāḥ* — večné; *dharme* — náboženstvo; *naṣṭe* — zanikne; *kulam* — rodina; *kṛtsnam* — celá; *adharmaḥ* — neznabožstvo; *abhibhavati* — premení; *uta* — vraví sa.

So zánikom rodu je zničená večná rodová tradícia a tak zvyšok rodiny upadá do neznabožstva.

VÝZNAM: Vo *varṇāśramskom* spoločenskom zriadení je veľa morálnych zásad určených na výchovu členov rodiny a na dosiahnutie duchovných hodnôt v živote. Starší príslušníci rodiny sú zodpovední za zachovanie očistných obradov, ktoré sa začínajú pred narodením a pokračujú aj po smrti. Ak sa však stane, že starší členovia rodiny zomrú, môžu sa očistné tradície prerušiť, následkom čoho si mladšia generácia osvojí bezbožné návyky a stratí tak možnosť duchovného oslobodenia. Preto nesmú byť starší príslušníci rodiny za žiadnych okolností zabití.

VERŠ 40

अधर्माभिभवात्कृष्ण प्रदुष्यन्ति कुलस्त्रियः ।
स्त्रीषु दुष्टासु वार्ष्णेय जायते वर्णसङ्करः ॥ ४० ॥

adharmābhibhavāt kṛṣṇa praduṣyanti kula-striyaḥ
strīṣu duṣṭāsu vārṣṇeya jāyate varṇa-saṅkaraḥ

adharma — bezbožnosť; *abhibhavāt* — prevláda; *kṛṣṇa* — ó, Kṛṣṇa; *praduṣyanti* — stanú sa nečistými; *kula-striyaḥ* — ženy v rodine; *strīṣu* — ženy; *duṣṭāsu* — takto znečistené; *vārṣṇeya* — ó, potomok Vṛṣṇiho; *jāyate* — tak sa stane; *varṇa-saṅkaraḥ* — nežiadúce potomstvo.

Keď v rodine prevládne bezbožnosť, ó, Kṛṣṇa, nastane mravný úpadok žien a keď poklesnú ženy, ó, potomok Vṛṣṇiho, príde nežiadúce potomstvo.

VÝZNAM: Dobré obyvateľstvo je základom mieru, prosperity a duchovného pokroku. Mravné zásady *varṇāśramského* náboženstva sú zostavené tak, aby viedli k dobrému potomstvu, a tým aj k duchovnému pokroku krajiny a spoločnosti. Ľudská spoločnosť závisí od cudnosti a vernosti žien. Tak, ako sa dajú ľahko zviesť na scestie deti, tak aj ženy majú blízko k pokleskom. Preto musia byť ženy a deti chránené staršími členmi rodiny. Podľa Cāṇakyu Paṇḍita všeobecne nie sú ženy príliš inteligentné, a preto sú nespoľahlivé. Ak sú však zamestnané v rôznych náboženských činnostiach podľa rodinných tradícií, nie sú zvádzané k cudzoložstvu a svojou cudnosťou a oddanosťou tak umožňujú narodenie dobrého potomstva, ktoré je schopné nasledovať *varṇāśramské* zásady. Keď ľudia od tohto zriadenia ustúpia, môžu sa ženy voľne stýkať s mužmi a tak dochádza k cudzoložstvu, výsledkom ktorého sú nechcené deti. Aj nezodpovední muži bývajú príčinou cudzoložstva a záplava nechcených detí tak vedie k vojnám a úpadku spoločnosti.

VERŠ 41

सङ्करो नरकायैव कुलघ्नानां कुलस्य च ।
पतन्ति पितरो ह्येषां लुप्तपिण्डोदकक्रियाः ॥ ४१ ॥

saṅkaro narakāyaiva kula-ghnānāṁ kulasya ca
patanti pitaro hy eṣāṁ lupta-piṇḍodaka-kriyāḥ

saṅkaraḥ — také nežiadúce deti; *narakāya* — spôsobia pekelný život; *eva* — istotne; *kula-ghnānām* — pre ničiteľov rodiny; *kulasya* — pre rodinu; *ca* — tiež; *patanti* — poklesnúť; *pitaraḥ* — predkovia; *hi* — istotne; *eṣām* — im; *lupta* — zastavené; *piṇḍa* — obete jedla; *udaka* — voda; *kriyāḥ* — vykonávanie.

Pribúdanie nežiadúceho obyvateľstva spôsobí pekelný život rodiny, ako aj tých, ktorí rodinné tradície ničia. Predkovia takto zničených rodín poklesnú tiež, lebo sa im prestane obetovať jedlo a voda.

VÝZNAM: Podľa predpísaných zásad pre plodonosné činnosti musí človek pravidelne obetovať vodu a jedlo rodinným predkom. Táto obeť sa vykonáva prostredníctvom uctievania Viṣṇua, pretože jedením zbytkov jedla obetovaného Viṣṇuovi je možné sa zbaviť všemožného hriešneho konania. Je možné, že predkovia trpia následkami za svoje niekdajšie hriechy, a niektorí z nich možno neboli obdarovaní ani hrubohmotným telom a musia žiť v subtílnych telách duchov. Keď im však potomkovia obetujú *prasādam*, teda jedlo, ktoré bolo obetované Viṣṇuovi, oslobodia sa z tiel duchov i z iných utrpení. Takáto pomoc predkom je rodinnou tradíciou a pre tých, ktorí nevykonávajú priamu oddanú službu Kṛṣṇovi, sú tieto obrady povinné. Človek, ktorý oddane slúži Bohu, nemusí tieto obrady vykonávať. Už jednoduchým vykonávaním oddanej služby môže človek oslobodiť tisíce predkov od všetkých druhov utrpenia. V *Śrīmad-Bhāgavatame* (11.5.41) je uvedené:

devarṣi-bhūtāpta-nṛṇāṁ pitṝṇāṁ
na kiṅkaro nāyam ṛṇī ca rājan

sarvātmanā yaḥ śaraṇaṁ śaraṇyaṁ
gato mukundaṁ parihṛtya kartam

„Ten, kto prijal útočisko pri lotosových nohách Mukundu, darcu oslobodenia, kto sa vzdal všetkých povinností a s vážnosťou sa vydal na cestu oddanej služby, nemá voči polobohom, mudrcom, členom rodiny, predkom, voči ľudstvu, ani voči ostatným tvorom žiadne povinnosti ani záväzky." Tieto záväzky sa automaticky splnia, keď človek vykonáva oddanú službu Najvyššej Božskej Osobnosti.

VERŠ 42

दोषैरेतैः कुलघ्नानां वर्णसङ्करकारकैः ।
उत्साद्यन्ते जातिधर्माः कुलधर्माश्च शाश्वताः ॥ ४२ ॥

doṣair etaiḥ kula-ghnānāṁ varṇa-saṅkara-kārakaiḥ
utsādyante jāti-dharmāḥ kula-dharmāś ca śāśvatāḥ

doṣaiḥ — vďaka týmto zlým skutkom; *etaiḥ* — všetci títo; *kula-ghnānām* — ničitelia rodiny; *varṇa-saṅkara* — nežiadúce deti; *kārakaiḥ* — spôsobujú; *utsādyante* — zánik; *jāti-dharmāḥ* — plán pre blaho spoločnosti; *kula-dharmāḥ* — rodinné tradície; *ca* — tiež; *śāśvatāḥ* — večné.

Následkom zlých skutkov ničiteľov rodových tradícií, ktoré spôsobujú narodenie nechcených detí, sa ničí odveký spoločenský poriadok a blaho rodiny.

VÝZNAM: Zásady *varṇāśrama-dharmy*, známej ako *sanātana-dharma*, usmerňujú rodinu a spoločnosť tak, aby mal každý jednotlivec možnosť dosiahnuť konečné oslobodenie. Ak nezodpovední vodcovia spoločnosti tieto tradície porušia, nastane v spoločnosti zmätok, následkom ktorého ľudia zabudnú, že cieľom života je Viṣṇu, Kṛṣṇa. Takí vodcovia sú slepí a svojich stúpencov vedú do záhuby.

VERŠ 43

उत्सन्नकुलधर्माणां मनुष्याणां जनार्दन ।
नरके नियतं वासो भवतीत्यनुशुश्रुम ॥ ४३ ॥

utsanna-kula-dharmāṇāṁ manuṣyāṇāṁ janārdana
narake niyataṁ vāso bhavatīty anuśuśruma

utsanna — zničené; *kula-dharmāṇām* — tí, ktorí majú rodinné tradície; *manuṣyāṇām* — z týchto ľudí; *janārdana* — ó, Kṛṣṇa; *narake* — v pekle; *niyatam* — navždy; *vāsaḥ* — sídlo; *bhavati* — stane sa tak; *iti* — takto; *anuśuśruma* — počul som od duchovných učiteľov.

Ó, Kṛṣṇa, udržovateľ ľudstva, počul som od duchovných učiteľov, že tí, ktorí zničia rodinné tradície, budú naveky prebývať v pekle.

VÝZNAM: Arjuna nezakladal svoje presvedčenie na svojich vlastných skúsenostiach, ale na tom, čo vypočul od autorít. To je jediný spôsob, ako získať pravé poznanie. Nemôžeme dosiahnuť ozajstné poznanie, ak nám nepomôže pravá osoba, ktorá už toto poznanie vlastní. Podľa *varṇāśramského* spoločenského zriadenia sa pred smrťou musí človek očistiť od následkov za hriešne činy. Táto očista sa nazýva *prāyaścitta* (odčinenie) a každý, kto koná hriešne, ju povinne musí využiť. Ak tak nespraví, určite sa za svoje hriechy dostane na pekelné planéty, kde bude žiť v utrpení.

VERŠ 44

अहो बत महत्पापं कर्तुं व्यवसिता वयम् ।
यद्राज्यसुखलोभेन हन्तुं स्वजनमुद्यताः ॥ ४४ ॥

aho bata mahat pāpaṁ kartuṁ vyavasitā vayam
yad rājya-sukha-lobhena hantuṁ sva-janam udyatāḥ

aho — ó, beda; *bata* — aké zvláštne je; *mahat* — veľké; *pāpam* — hriechy; *kartum* — spáchať; *vyavasitāḥ* — rozhodnúť; *vayam* — my; *yat* — pretože; *rājya-sukha-lobhena* — bažiaci po kráľovskom šťastí; *hantum* — zabiť; *sva-janam* — príbuzných; *udyatāḥ* — snažiť sa.

Ó, beda, aké zvláštne je, že sme odhodlaní spáchať veľké hriechy. Z túžby po kráľovskom šťastí sme schopní zabíjať aj vlastných príbuzných.

VÝZNAM: Človek poháňaný sebeckou motiváciou sa môže dopustiť aj takých hriechov, ako je zabitie vlastného brata, otca alebo matky. Dejiny poukazujú na veľa takých prípadov. No Arjuna si bol ako Pánov oddaný vždy vedomý mravných zásad, a preto sa chcel takým činom vyhnúť.

VERŠ 45

यदि मामप्रतीकारमशस्त्रं शस्त्रपाणयः ।
धार्तराष्ट्रा रणे हन्युस्तन्मे क्षेमतरं भवेत् ॥ ४५ ॥

yadi mām apratīkāram aśastraṁ śastra-pāṇayaḥ
dhārtarāṣṭrā raṇe hanyus tan me kṣemataraṁ bhavet

yadi — aj keď; *mām* — pre mňa; *apratīkāram* — bez odporu; *aśastram* — bez plnej zbroje; *śastra-pāṇayaḥ* — tí so zbraňou v ruke; *dhārtarāṣṭrāḥ* — Dhṛtarāṣṭrovi synovia; *raṇe* — na bojisku; *hanyuḥ* — môžu zabiť; *tat* — než; *me* — pre mňa; *kṣema-taram* — lepšie; *bhavet* — bolo by.

Bolo by pre mňa lepšie, keby som sa nebránil a bol bez zbrane v boji zabitý ozbrojenými synmi Dhṛtarāṣṭrovými.

VÝZNAM: Podľa vojenských zásad *kṣatriyov* sa na neozbrojeného nepriateľa alebo na toho, kto nechce bojovať, nemá útočiť. Arjuna sa vo svojej zmätenej situácii rozhodol, že nebude bojovať, aj keby ho nepriateľ napadol. V tejto chvíli ho nezaujímalo, ako veľmi sú jeho protivníci odhodlaní bojovať. Toto rozhodnutie je znakom dobrosrdečnosti, ktorá pramení z jeho veľkej oddanosti Kṛṣṇovi.

VERŠ 46

सञ्जय उवाच
एवमुक्त्वार्जुनः संख्ये रथोपस्थ उपाविशत् ।
विसृज्य सशरं चापं शोकसंविग्नमानसः ॥ ४६ ॥

sañjaya uvāca
evam uktvārjunaḥ saṅkhye rathopastha upāviśat
visṛjya sa-śaraṁ cāpaṁ śoka-saṁvigna-mānasaḥ

sañjayaḥ uvāca—Sañjaya riekol; *evam*—takto; *uktvā*—prehovoril; *arjunaḥ*—Arjuna; *saṅkhye*—na bojisku; *ratha*—bojovom voze; *upasthe*—posadil sa; *upāviśat*—znovu si sadol; *visṛjya*—odhodil; *sa-śaram*—spolu so šípmi; *cāpam*—luk; *śoka*—žiaľom; *saṁvigna*—skľúčený; *mānasaḥ*—v mysli.

Sañjaya riekol: Keď takto Arjuna prehovoril uprostred bojiska, odhodil luk a šípy a zachvátený žiaľom sa posadil do bojového voza.

VÝZNAM: Keď Arjuna pozoroval postavenie nepriateľa, postavil sa na svojom bojovom voze; bol však taký skľúčený, že sa znovu posadil a odložil luk a šípy. Taká vľúdna a dobrosrdečná osoba odovzdaná Bohu je hodna získať poznanie o vlastnom „ja“.

Takto končia Bhaktivedantove výklady k prvej kapitole *Śrīmad Bhagavad-gīty*, pojednávajúcej o pozorovaní armád na Kuruovskom bojisku.

KAPITOLA DRUHÁ

Zhrnutie obsahu Bhagavad-gīty

VERŠ 1

सञ्जय उवाच
तं तथा कृपयाविष्टमश्रुपूर्णाकुलेक्षणम् ।
विषीदन्तमिदं वाक्यमुवाच मधुसूदनः ॥ १ ॥

sañjaya uvāca
taṁ tathā kṛpayāviṣṭam aśru-pūrṇākulekṣaṇam
viṣīdantam idaṁ vākyam uvāca madhusūdanaḥ

sañjayaḥ uvāca — Sañjaya riekol; *tam* — Arjunovi; *tathā* — takto; *kṛpayā* — zo súcitu; *āviṣṭam* — premožený; *aśru-pūrṇa-ākula* — plné sĺz; *īkṣaṇam* — oči; *viṣīdantam* — bedáka; *idam* — tieto; *vākyam* — slová; *uvāca* — vyriekol; *madhu-sūdanaḥ* — Kṛṣṇa, hubiteľ démona Madhua.

Sañjaya riekol: Keď Madhusūdana, Kṛṣṇa, videl Arjunu takto premoženého súcitom, veľmi zarmúteného a s očami zaliatymi slzami, vyriekol nasledujúce slová.

VÝZNAM: Súcit s hmotným telom, nariekanie a slzy sú príznakom neznalosti pravej totožnosti alebo sebarealizácie. Naopak súcit s večnou dušou je príznakom uvedomenia si skutočnej totožnosti. Slovo Madhusūdana je v tomto verši dôležité, pretože Kṛṣṇa zabil démona Madhua a Arjuna si želal, aby teraz Kṛṣṇa zabil démona pochybnosti, ktorý ho ovládal. Zvyčajne nikto nevie, kde uplatniť svoj súcit. Ľutovať odev topiaceho sa človeka je nerozumné. Človek, ktorý spadol do oceánu nevedomosti, nemôže byť zachránený, ak zachraňujeme iba jeho vonkajší odev, teda hmotné telo. Nariekanie nad telom je príznačné pre *śūdru*; ten sa stále sťažuje. Lenže Arjuna bol *kṣatriya*, a preto bolo od neho takéto konanie neočakávané. Kṛṣṇa môže rozptýliť zármutok nevedomého, a preto tiež predniesol filozofiu *Bhagavad-gīty*. V druhej kapitole nás Kṛṣṇa, Najvyšší Pán, poučí o sebarealizácii prostredníctvom analytického štúdia hmotného tela a duše. Táto realizácia sa dá dosiahnuť, ak človek koná bez myšlienky na plody svojej práce, vedomý si svojho skutočného „ja“.

VERŠ 2

श्रीभगवानुवाच
कुतस्त्वा कश्मलमिदं विषमे समुपस्थितम् ।
अनार्यजुष्टमस्वर्ग्यमकीर्तिकरमर्जुन ॥ २ ॥

śrī-bhagavān uvāca
kutas tvā kaśmalam idaṁ viṣame samupasthitam
anārya-juṣṭam asvargyam akīrti-karam arjuna

śrī-bhagavān uvāca — Kṛṣṇa, Najvyššia Božská Osobnosť, riekol; *kutaḥ* — kde; *tvā* — v tebe; *kaśmalam* — nečistota; *idam* — toto nariekanie; *viṣame* — v tejto kritickej chvíli; *samupasthitam* — prišla; *anārya* — osoby, ktorá nepozná hodnotu života; *juṣṭam* — robené kým; *asvargyam* — čo nevedie k vyšším planétam; *akīrti* — potupu; *karam* — spôsobujúca; *arjuna* — ó, Arjuna.

Kṛṣṇa, Najvyššia Božská Osobnosť, riekol: Ó, Arjuna, kde sa v tebe vzala nečistota, ktorá nie je hodna človeka, poznajúceho vyššie hodnoty života, a ktorá nevedie k vyšším planétam, ale k potupe?

VÝZNAM: Śrī Kṛṣṇa je Najvyššia Božská Osobnosť. Preto je v celej *Bhagavad-gīte* nazývaný Bhagavān, konečný aspekt Absolútnej Pravdy. Absolútna Pravda je realizovaná v troch štádiách: Brahman, neosobný všeprestupujúci duch, Paramātmā, aspekt Najvyššieho, ktorý je umiestnený v srdciach všetkých živých bytostí, a Bhagavān, Najvyššia Božská Osobnosť, Śrī Kṛṣṇa. V *Śrīmad-Bhāgavatame* (1.2.11) sú tieto tri aspekty Absolútnej Pravdy vysvetlené takto:

vadanti tat tattva-vidas tattvaṁ yaj jñānam advayam
brahmeti paramātmeti bhagavān iti śabdyate

„Znalci Absolútnej Pravdy realizujú Absolútnu Pravdu v troch identických aspektoch, ktoré sa nazývajú Brahman, Paramātmā a Bhagavān."

Tieto tri božské aspekty sa dajú vysvetliť na príklade so Slnkom. Aj Slnko má tri aspekty: žiaru, povrch a samotnú planétu. Kto sa zaoberá štúdiom slnečnej žiary, študuje iba prvý aspekt Slnka. Pokročilejší je ten, kto spoznal povrch. A najdokonalejší je ten, kto vkročí na samotnú planétu. Obyčajným ľuďom stačí poznanie slnečnej žiary — jej všeprenikavosť a oslnivo žiarivá povaha — možno ich prirovnať k tým, ktorí z Absolútnej Pravdy nerealizujú nič viac než aspekt nazývaný Brahman. Pokročilejší ľudia pozorujú povrch Slnka, ktorý sa z pohľadu Absolútnej Pravdy prirovnáva k realizácii Paramātmy. A napokon človek, ktorý dokáže vstúpiť do samotného vnútra slnečnej planéty, sa dá prirovnať k tomu, kto zrealizoval osobný aspekt Najvyššej Absolútnej Pravdy, Bhagavāna. Všetci ľudia hľadajúci Absolútnu Pravdu sa zaoberajú tou istou vecou, no oddaní alebo transcendentalisti, teda tí, čo realizujú najvyšší aspekt Absolútnej Pravdy, Bhagavāna, sú najpokročilejší. Aj keď slnečná žiara, slnečný povrch a samotná planéta sú úzko spojené, tvoria tri rozdielne štúdijné prvky, tri rôzne štádia poznania.

Vyāsadevov otec Parāśara Muni, ktorý je uznávanou *vedskou* autoritou, vysvetlil význam saṁskṛtského slova *bhagavān*. Bhagavān je osoba neobyčajne krásna, bohatá, slávna, silná, múdra a schopná odriekania. Je veľa bohatých, mocných, krásnych, slávnych, učených a schopných odriekať si, no nikto z nich nemôže tvrdiť, že má všetky tieto atribúty naraz a v plnej miere. To môže povedať jedine Kṛṣṇa, pretože je Najvyššia Božská Osobnosť. Žiadna živá bytosť, vrátane Brahmu, Śivu či Nārāyaṇa, nemôže vlastniť tieto atribúty v plnej miere ako Kṛṣṇa. Preto v *Brahma-saṁhite* (5.1) Brahmā hovorí, že Śrī Kṛṣṇa je Najvyššia Božská Osobnosť. Nikto sa Mu nevyrovná a nikto Ho neprevyšuje; On je Bhagavān, prvotný Boh, nazývaný tiež Govinda, najvyššia príčina všetkých príčin.

īśvaraḥ paramaḥ kṛṣṇaḥ sac-cid-ānanda-vigrahaḥ
anādir ādir govindaḥ sarva-kāraṇa-kāraṇam

„Je veľa tých, ktorí majú vlastnosti ako Bhagavān, ale Kṛṣṇa je najvyšší, pretože Jeho nikto neprekoná. Je prvotným Pánom, Govindom, príčinou všetkých príčin a Jeho telo je večné, plné poznania a blaženosti."

V *Śrīmad-Bhāgavatame* (1.3.28) je zoznam mnohých inkarnácií Najvyššieho Pána. Ale Kṛṣṇa je tu opísaný ako pôvodná Najvyššia Božská Osobnosť, v ktorej majú všetky inkarnácie a božské zjavenia svoj pôvod.

ete cāṁśa-kalāḥ puṁsaḥ kṛṣṇas tu bhagavān svayam
indrāri-vyākulaṁ lokaṁ mṛḍayanti yuge yuge

„Všetky inkarnácie Boha sú buď úplnými expanziami alebo časťami úplných expanzií Najvyššieho Pána, ale iba Śrī Kṛṣṇa je Najvyššia Božská Osobnosť." Takže Kṛṣṇa je pôvodná Najvyššia Božská Osobnosť, Absolútna Pravda a zdroj Nadduše (Paramātmy) a neosobného Brahmanu.

Arjunovo nariekanie nad svojimi príbuznými bolo v prítomnosti Najvyššieho Pána naozaj nemiestne. Preto tu Kṛṣṇa vyjadril Svoje počudovanie slovom „kde" (*kutaḥ*). Také nečistoty boli u človeka, ktorý patril k civilizovanej skupine ľudí nazývaných Āryovia, prekvapujúce. Slovom *Āryovia* sa označujú tí, ktorí poznajú hodnotu života a ich spoločnosť sa zakladá na duchovnom poznaní. Ľudia, ktorí sa nechali zviesť materialistickým poňatím života, nevedia, že životným cieľom je realizácia Absolútnej Pravdy, Viṣṇua alebo Bhagavāna. Nazývajú sa ne-*āryovia*, lebo sú očarovaní vonkajšími rysmi hmotného sveta a nevedia, čo znamená vyslobodenie z hmotného otroctva. Arjuna zlyhal vo svojej *kṣatriyskej* povinnosti, keď odmietol bojovať. Takéto bojazlivé konanie sa pre Āryu nehodí. Ak chce človek pokročiť v duchovnom živote, neprospeje mu, keď sa vyhýba povinnostiam, a ani na tomto svete mu to neprinesie slávu. Kṛṣṇa teda neschvaľoval Arjunov takzvaný súcit s jeho blízkymi.

VERŠ 3

क्लैब्यं मा स्म गमः पार्थ नैतत्त्वय्युपपद्यते ।
क्षुद्रं हृदयदौर्बल्यं त्यक्त्वोत्तिष्ठ परन्तप ॥ ३ ॥

klaibyaṁ mā sma gamaḥ pārtha naitat tvayy upapadyate
kṣudraṁ hṛdaya-daurbalyaṁ tyaktvottiṣṭha parantapa

klaibyam — nemohúcnosť; *mā sma* — nie; *gamaḥ* — prijímaj; *pārtha* — ó, syn Pṛthy; *na* — nikdy; *etat* — takto; *tvayi* — tebe; *upadyate* — prislúcha; *kṣudram* — malicherný; *hṛdaya* — srdce; *daurbalyam* — slabosť; *tyaktvā* — zanechaj; *uttiṣṭha* — povstaň; *param-tapa* — ó, pokoriteľ nepriateľov.

Ó, syn Pṛthy, nepoddávaj sa tejto ponižujúcej nemohúcnosti, ktorá ti neprislúcha. Zanechaj tieto nízke slabosti srdca a povstaň, ó, pokoriteľ nepriateľov.

VÝZNAM: Arjuna je tu oslovený ako syn Pṛthy, lebo jeho matka Pṛthā bola sestrou Kṛṣṇovho otca Vasudevu a Arjuna bol teda s Kṛṣṇom pokrvne spriaznený.

Brāhmaṇov syn nie je *brāhmaṇom*, ak nie je cnostný; podobne *kṣatriyov* syn nie je *kṣatriyom*, ak odmieta bojovať. Takí *brāhmaṇi* a *kṣatriyovia* sú nehodnými synmi svojich otcov. Preto Kṛṣṇa nechcel, aby bol Arjuna nehodným synom *kṣatriyu*. Arjuna bol Kṛṣṇovym veľmi dôverným priateľom a Kṛṣṇa bol jeho poradcom na bojovom voze. Ak by Arjuna napriek týmto výhodám odmietol bojovať, spáchal by nečestný čin, a preto mu Kṛṣṇa povedal, že takýto postoj sa na *kṣatriyu* nehodí. Arjuna by nechuť k boju rád odôvodnil svojou veľkodušnosťou voči Bhīṣmovi a voči svojím blízkym príbuzným, no Kṛṣṇa ju pokladal za obyčajnú slabosť srdca. Falošná veľkodušnosť nie je v súlade s učením autorít. Preto mal Arjuna pod priamym vedením Śrī Kṛṣṇu túto veľkodušnosť alebo tzv. nenásilie zavrhnúť.

VERŠ 4

अर्जुन उवाच
कथं भीष्ममहं संख्ये द्रोणं च मधुसूदन ।
इषुभिः प्रतियोत्स्यामि पूजार्हावरिसूदन ॥ ४ ॥

arjuna uvāca
kathaṁ bhīṣmam ahaṁ saṅkhye droṇaṁ ca madhusūdana
iṣubhiḥ pratiyotsyāmi pūjārhāv ari-sūdana

arjunaḥ uvāca — Arjuna riekol; *katham* — ako; *bhīṣmam* — Bhīṣmovi; *aham* — ja; *saṅkhye* — v boji; *droṇam* — Droṇovi; *ca* — tiež; *madhu-sūdana* — ó, hubiteľ Madhua; *iṣubhiḥ* — so šípmi; *pratiyotsyāmi* — zaútočiť proti; *pūjā-arhau* — tí, čo sú hodní úcty; *ari-sūdana* — ó, hubiteľ nepriateľov.

Arjuna riekol: Ó, hubiteľ Madhua, ako mám v boji obrátiť šípy proti mužom ako Bhīṣma a Droṇa, ktorí sú hodní mojej úcty, ó, hubiteľ nepriateľov?

VÝZNAM: Nadriadené osobnosti ako praotec Bhīṣma a učiteľ Droṇācārya, sú vždy hodní úcty. Aj keď zaútočia, nie je vhodné odvetiť protiútokom. Podľa etických pravidiel sa nemá nadriadeným ani len odvrávať. Hoci sa niekedy chovajú hrubo, k nim by nikto nemal byť hrubý. Ako teda na nich mohol Arjuna zaútočiť? Dokázal by snáď Kṛṣṇa napadnúť svojho učiteľa Sāndīpani Muniho alebo svojho starého otca Ugrasenu? To boli niektoré z argumentov, ktoré Arjuna predložil Kṛṣṇovi.

VERŠ 5

गुरूनहत्वा हि महानुभावान्
श्रेयो भोक्तुं भैक्ष्यमपीह लोके ।
हत्वार्थकामांस्तु गुरूनिहैव
भुञ्जीय भोगान्रुधिरप्रदिग्धान् ॥ ५ ॥

gurūn ahatvā hi mahānubhāvān
śreyo bhoktuṁ bhaikṣyam apīha loke
hatvārtha-kāmāṁs tu gurūn ihaiva
bhuñjīya bhogān rudhira-pradigdhān

gurūn — nadriadení; *ahatvā* — nezabitím; *hi* — istotne; *mahā-anubhāvān* — veľké duše; *śreyaḥ* — je lepšie; *bhoktum* — užiť života; *bhaikṣyam* —

žobraním; *api*—aj; *iha*—v tomto živote; *loke*—na tomto svete; *hatvā*—zabíjanie; *artha*—zisk; *kāmān*—takto si želať; *tu*—ale; *gurūn*—nadriadení; *iha*—na tomto svete; *eva*—istotne; *bhuñjīya*—musieť sa tešiť; *bhogān*—predmety pôžitku; *rudhira*—krv; *pradigdhān*—poškvrnené.

Je lepšie živiť sa na tomto svete žobraním, než žiť za cenu životov vznešených duší, ktoré sú mojimi učiteľmi. Aj keď sú chamtiví, sú mi predsa nadriadení. Ak budú zabití, bude naša vojenská korisť poškvrnená krvou.

VÝZNAM: Podľa predpisov zjavených písiem treba opustiť učiteľa, ktorý sa dopúšťa hanebných činov a ktorý stratil súdnosť. Bhīṣma a Droṇa sa museli na základe Duryodhanovej finančnej podpory pridať na jeho stranu, aj keď by vlastne takéto postavenie nemali prijať. Za týchto okolností stratili úctu ako učitelia. Arjuna ich však aj naďalej pokladal za svojich nadriadených, a preto by sa užívanie hmotného zisku po ich smrti rovnalo užívaniu koristi poškvrnenej krvou.

VERŠ 6

न चैतद्विद्मः कतरन्नो गरीयो
यद्वा जयेम यदि वा नो जयेयुः ।
यानेव हत्वा न जिजीविषाम-
स्तेऽवस्थिताः प्रमुखे धार्तराष्ट्राः ॥ ६ ॥

na caitad vidmaḥ kataran no garīyo
yad vā jayema yadi vā no jayeyuḥ
yān eva hatvā na jijīviṣāmas
te 'vasthitāḥ pramukhe dhārtarāṣṭrāḥ

na—ani; *ca*—tiež; *etat*—to; *vidmaḥ*—vieme; *katarat*—ktoré; *naḥ*—nás; *garīyaḥ*—lepšie; *yat vā*—či; *jayema*—porazíme; *yadi*—ak však; *vā*—alebo; *naḥ*—nás; *jayeyuḥ*—porazia; *yān*—tí, ktorí; *eva*—istotne; *hatvā*—zabitím; *na*—nikdy; *jijīviṣāmaḥ*—chcieť žiť; *te*—všetci; *avasthitāḥ*—nachádzajú sa; *pramukhe*—pred; *dhārtarāṣṭrāḥ*—Dhṛtarāṣṭrových synov.

Ani nevieme, čo je lepšie — zvíťaziť, či podľahnúť. Keď zabijeme Dhṛtarāṣṭrových synov, ktorí tu stoja pred nami na bojisku, potom ani my sami nebudeme chcieť ďalej žiť.

VÝZNAM: Povinnosťou *kṣatriyu* je bojovať, no Arjuna napriek tomu nevedel, či sa má boja zúčastniť a riskovať zbytočné násilie, alebo od boja upustiť a živiť sa žobraním. Ak by nepriateľa v boji neporazil, bolo by žobranie jeho jediným zdrojom obživy. A víťazstvo preňho nebolo isté, pretože zvíťaziť mohla hociktorá strana. Aj keby zvíťazil (právo bolo na jeho strane) a Dhṛtarāṣṭrovi synovia by v boji zahynuli, bolo by veľmi ťažké žiť bez nich. Za týchto okolností by to preňho bol iba iný druh porážky. Všetky tieto úvahy plne dokazovali, že Arjuna nebol len veľký oddaný, ale aj veľmi osvietený človek, ktorý dokonale ovládal svoju myseľ a zmysly. Jeho odhodlanie žiť z almužien, hoci sa narodil v kráľovskej rodine, bolo ukážkou odriekania. Arjuna bol naozaj cnostný, čo koniec koncov vyplýva z jeho vlastností, vrátane jeho viery v pokyny svojho duchovného učiteľa Śrī Kṛṣṇu. Bol preto hoden vyslobodenia. Kým nie sú zmysly ovládnuté, nejestvuje žiadna možnosť povznesenia sa na úroveň poznania a bez poznania a oddanosti sa nedá dosiahnuť vyslobodenie z hmotnej existencie.

VERŠ 7

कार्पण्यदोषोपहतस्वभावः
पृच्छामि त्वां धर्मसम्मूढचेताः ।
यच्छ्रेयः स्यान्निश्चितं ब्रूहि तन्मे
शिष्यस्तेऽहं शाधि मां त्वां प्रपन्नम् ॥ ७ ॥

kārpaṇya-doṣopahata-svabhāvaḥ
pṛcchāmi tvāṁ dharma-sammūḍha-cetāḥ
yac chreyaḥ syān niścitaṁ brūhi tan me
śiṣyas te 'haṁ śādhi māṁ tvāṁ prapannam

kārpaṇya — biedou; *doṣa* — slabosťou; *upahata* — byť postihnutý; *sva-bhāvaḥ* — príznaky; *pṛcchāmi* — pýtam sa; *tvām* — Teba; *dharma* — náboženstvo; *sammūḍha* — zmätený; *cetāḥ* — v srdci; *yat* — čo; *śreyaḥ* — lepšie; *syāt* — môže byť; *niścitam* — dôverne; *brūhi* — povedz; *tat* — to; *me* — mi; *śiṣyaḥ* — žiak; *te* — Tvoj; *aham* — som; *śādhi* — pouč; *mām* — mňa; *tvām* — Tebe; *prapannam* — odovzdaný.

Teraz som zmätený a neviem, čo je mojou povinnosťou a od slabosti som stratil všetku rozvahu. V tejto situácii sa Ťa pýtam — povedz mi jasne, čo je pre mňa najlepšie. Teraz som Tvojím žiakom a Tebe odovzdanou dušou. Prosím, pouč ma.

VÝZNAM: Podľa prírodných zákonov je každá materialistická činnosť iba zdrojom zmätku. Na každom kroku vznikajú nové a nové otázky, a preto je pre každého dobré vyhľadať pravého duchovného učiteľa, ktorý mu pomôže splniť životné poslanie. Všetky *vedske* písma nás vyzývajú, aby sme vyhľadali pravého duchovného učiteľa a pod jeho vedením sa oslobodili od problémov, ktoré nás trápia proti našej vôli. Tak ako sa niekedy z ničoho nič rozpúta lesný požiar, tak vznikajú aj životné problémy bez toho, že by to niekto chcel. *Vedske* písma nám preto radia, aby sme vyhľadali duchovného učiteľa v učeníckej postupnosti, ak chceme vyriešiť svoje problémy, a ak chceme vede zaoberajúcej sa týmto riešením porozumieť. Človek, ktorý prijal duchovného učiteľa, získa dokonalé poznanie. Preto by nikto nemal zostávať zmätený v spleti problémov hmotnej existencie a mal by pre ich riešenie vyhľadať duchovného učiteľa. Taký je význam tohto verša.

Kto je zmätený človek? Je to človek, ktorý nechápe životné problémy. V *Bṛhad-āraṇyaka Upaniṣade* (3.8.10) sa taký človek opisuje nasledovne: *yo vā etad akṣaraṁ gārgy aviditvāsmāl lokāt praiti sa kṛpaṇaḥ.* „Poľutovaniahodný je ten, kto nevyrieši životné problémy ako človek a opustí tento svet ako pes alebo mačka bez toho, že by porozumel vede o sebarealizácii." Ľudské telo je najcennejším darom pre živú bytosť, ktorá túto výhodu môže využiť na vyriešenie životných problémov. Kto túto príležitosť dostatočne nevyužije, je poľutovaniahodný úbožiak. Oproti tomu *brāhmaṇa* je natoľko inteligentný, že svoje telo využíva na vyriešenie životných problémov. *Ya etad akṣaram gārgi viditvāsmāl lokāt praiti sa brāhmaṇaḥ.*

Kṛpaṇa alebo úbožiaci plytvajú svojím časom vďaka nadmernej pripútanosti k rodine, k spoločnosti, k národu atď. Zvyčajne sú títo ľudia pripútaní k rodine, predovšetkým k svojej žene, deťom a ostatným rodinným príslušníkom na základe „kožnej choroby". *Kṛpaṇa* si myslí, že sám dokáže ochrániť svoju rodinu pred smrťou, alebo že rodina či spoločnosť môže zachrániť pred smrťou jeho. Také pripútanie k rodine môžeme nájsť aj u nižších zvierat, ktoré sa tiež starajú o svoje mláďatá. Lenže Arjuna bol inteligentný a vedel pochopiť, že jeho láska k rodinným príslušníkom a želanie ochrániť ich pred smrťou sú príčinou jeho zmätenosti. Vedel, že je povinný bojovať, no pre svoju slabosť to nebol schopný urobiť. Preto požiadal najvyššieho duchovného učiteľa, Śrī Kṛṣṇu, o definitívne riešenie. Odovzdáva sa Kṛṣṇovi s prosbou stať sa Jeho žiakom. Chce prestať s priateľským rozhovorom. Rozhovory medzi učiteľom a žiakom sú dôležité, a preto chcel Arjuna hovoriť so svojím duchovným učiteľom naozaj vážne. Kṛṣṇa je teda pôvodný duchovný učiteľ vedy obsiahnutej v *Bhagavad-gīte*, a Arjuna je prvým žiakom, ktorý túto vedu pochopil. Ako Arjuna *Bhagavad-gītu* pochopil, vysvitá z *Gīty* samotnej. Napriek tomu však niektorí hlúpi svetskí učenci tvrdia, že človek sa nemusí odovzdať Kṛṣṇovi ako osobe; stačí sa odovzdať „tomu nezrodenému v Kṛṣṇovi“. Medzi Kṛṣṇovým vonkajškom a vnútrom však nie je rozdiel. Človek, ktorý sa snaží porozumieť *Bhagavad-gīte*, a pritom nepochopí túto vec, je najväčší hlupák.

VERŠ 8

न हि प्रपश्यामि ममापनुद्या-
द्यच्छोकमुच्छोषणमिन्द्रियाणाम् ।
अवाप्य भूमावसपत्नमृद्धं
राज्यं सुराणामपि चाधिपत्यम् ॥ ८ ॥

na hi prapaśyāmi mamāpanudyād
yac chokam ucchoṣaṇam indriyāṇām
avāpya bhūmāv asapatnam ṛddhaṁ
rājyaṁ surāṇām api cādhipatyam

na — ne; *hi* — istotne; *prapaśyāmi* — vidím; *mama* — môj; *apanudyāt* — mohlo zahnať; *yat* — tento; *śokam* — zármutok; *ucchoṣaṇam* — vysúša; *indriyāṇām* — zmysly; *avāpya* — získal; *bhūmau* — na zemi; *asapatnam* — bez súpera; *ṛddham* — prosperujúce; *rājyam* — kráľovstvo; *surāṇām* — polobohov; *api* — dokonca; *ca* — tiež; *ādhipatyam* — zvrchovanosť.

Nenachádzam nič, čo by mohlo zahnať zármutok, od ktorého mi vysychajú zmysly. Nemohol by som sa ho zbaviť, ani keby som získal prekvitajúce kráľovstvo na zemi a moc polobohov v nebi.

VÝZNAM: Napriek tomu, že Arjuna predložil množstvo dôkazov založených na poznaní náboženských a mravných zásad, je zrejmé, že sám bez pomoci duchovného učiteľa Śrī Kṛṣṇu, nebol schopný svoje skutočné problémy vyriešiť. Uvedomoval si, že jeho znalosti sú bezcenné, čo sa týka odstránenia problémov, ktoré vysúšali celú jeho existenciu. Bez pomoci duchovného učiteľa ako je Kṛṣṇa, nebol schopný tieto problémy vyriešiť. Akademické vedomosti, učenosť, vysoké postavenie atď. sú bezcenné pri riešení životných problémov. Pomoc môže poskytnúť jedine duchovný učiteľ, akým je Kṛṣṇa. Z toho tiež vyplýva, že duchovný učiteľ, ktorý si je stopercentne vedomý Kṛṣṇu, je pravým duchovným učiteľom, pretože môže vyriešiť životné problémy. Śrī Caitanya Mahāprabhu definoval pravého duchovného učiteľa týmito slovami:

kibā vipra, kibā nyāsī, śūdra kene naya
yei kṛṣṇa-tattva-vettā, sei 'guru' haya

„Ak človek ovláda vedu o Kṛṣṇovi, je dokonalým a pravým duchovným učiteľom bez ohľadu na to, či je skúsený vo *vedskej* múdrosti (*vipra*), či sa narodil v nižšej rodine alebo či žije v životnom štádiu odriekania (*sannyāsa*).“ (*Caitanya-caritāmṛta, Madhya* 8.128) Takže nikto nemôže predstierať, že je duchovný učiteľ, keď neovláda vedu o Kṛṣṇovi. Vo *vedskych* písmach je tiež uvedené:

ṣaṭ-karma-nipuṇo vipro mantra-tantra-viśāradaḥ
avaiṣṇavo gurur na syād vaiṣṇavaḥ śva-paco guruḥ

„Učený *brāhmaṇa*, ktorý pozná všetky odvetvia *vedskeho* poznania, nemôže byť duchovným učiteľom, ak nie je *vaiṣṇava*, tzn. ak nie je znalcom vedy o Kṛṣṇovi. Naopak ten, kto sa narodil v rodine nižšej spoločenskej skupiny, sa môže stať duchovným učiteľom, ak je *vaiṣṇava*, vedomý si Kṛṣṇu.“ (*Padma Purāṇa*)

Problémy hmotnej existencie ako narodenie, staroba, choroby a smrť, sa nedajú prekonať hromadením hmotného bohatstva. Je veľa bohatých a hospodársky rozvinutých krajín s bezpečnými životnými podmienkami, ale napriek tomu v nich aj naďalej jestvujú problémy hmotnej existencie. Rôznymi spôsobmi hľadajú pokoj a šťastie; ak však naozaj chcú dosiahnuť pravé šťastie, musia hľadať Kṛṣṇu a Jeho učenie — *Bhagavad-gītu* a *Śrīmad-Bhāgavatam* — prostredníctvom Jeho pravého zástupcu, človeka vedomého si Kṛṣṇu.

Keby hospodársky rozvoj a materiálne pohodlie mohli zahnať naše nariekanie nad rodinnými, spoločenskými, národnostnými alebo medzinárodnými problémami, potom by Arjuna nepovedal, že ani prekvitajúce kráľovstvo na tejto planéte, ani zvrchovaná moc polobohov na nebeských planétach nemôžu zahnať jeho zármutok. Arjuna preto hľadal útočisko u Kṛṣṇu, čo je pravá cesta k dosiahnutiu pokoja a harmónie. Jediný úder hmotnej prírody môže zastaviť hospodársky rozvoj a vládu nad svetom. Takisto pokusy dostať sa na vyššie planéty, napríklad na Mesiac, môžu byť zmarené jediným zásahom. Potvrdzuje to aj *Bhagavad-gītā: kṣīṇe puṇye martya-lokaṁ viśanti.* „Keď človek vyčerpá výsledky dobrých skutkov, klesne z vrcholu šťastia opäť do najnižšieho životného postavenia." Takto pokleslo veľa svetových politikov a spôsobilo im to ešte väčší zármutok. Ak chceme navždy utíšiť nárek, musíme sa podobne ako Arjuna, snažiť hľadať ochranu u Kṛṣṇu. Arjuna prosil Kṛṣṇu, aby definitívne vyriešil jeho problémy, a to je spôsob vedomia Kṛṣṇu.

VERŠ 9

सञ्जय उवाच
एवमुक्त्वा हृषीकेशं गुडाकेशः परन्तपः ।
न योत्स्य इति गोविन्दमुक्त्वा तूष्णीं बभूव ह ॥ ९ ॥

sañjaya uvāca
evam uktvā hṛṣīkeśaṁ guḍākeśaḥ parantapaḥ
na yotsya iti govindam uktvā tūṣṇīṁ babhūva ha

sañjayaḥ uvāca — Sañjaya riekol; *evam* — takto; *uktvā* — prehovoriac; *hṛṣīkeśam* — Kṛṣṇovi, Pánovi všetkých zmyslov; *guḍākeśaḥ* — Arjuna, majster, ktorý vie krotiť nevedomosť; *parantapaḥ* — ten, ktorý dokáže potrestať nepriateľov; *na yotsye* — nebudem bojovať; *iti* — takto; *govin-*

dam — Kṛṣṇovi, zdroju potešenia zmyslov; *uktvā* — povedal; *tūṣṇīm* — tichý; *babhūva* — stal sa; *ha* — istotne.

Sañjaya riekol: Po týchto slovách, povedal Arjuna, hubiteľ nepriateľov, Kṛṣṇovi: „Nebudem bojovať, ó, Govinda." a zmĺkol.

VÝZNAM: Dhṛtarāṣṭru muselo veľmi potešiť, keď počul, že Arjuna nemá v úmysle bojovať a chce opustiť bojisko, aby sa živil žobraním. Sañjaya ho však sklamal zmienkou o Arjunovej schopnosti hubiť nepriateľov (*parantapaḥ*). Aj keď Arjunu kvôli láskyplnému vzťahu k rodine na okamih premohol falošný zármutok, odovzdal sa Kṛṣṇovi, najvyššiemu duchovnému učiteľovi ako žiak. Toto jeho rozhodnutie naznačuje, že sa zanedlho oslobodí od falošného zármutku, ktorý má svoj pôvod v náklonnosti k rodine, a že bude osvietený dokonalým poznaním o Bohu, čiže stane sa vedomým si Kṛṣṇu. Dhṛtarāṣṭrove nádeje budú takto zmarené a Arjuna osvietený Kṛṣṇom bude bojovať až do konca.

VERŠ 10

तमुवाच हृषीकेशः प्रहसन्निव भारत ।
सेनयोरुभयोर्मध्ये विषीदन्तमिदं वचः ॥ १० ॥

tam uvāca hṛṣīkeśaḥ prahasann iva bhārata
senayor ubhayor madhye viṣīdantam idaṁ vacaḥ

tam — jemu; *uvāca* — povedal; *hṛṣīkeśaḥ* — Kṛṣṇa, Pán všetkých zmyslov; *prahasan* — usmievajúc sa; *iva* — takto; *bhārata* — ó, Dhṛtarāṣṭra, Bharatov potomok; *senayoḥ* — z vojsk; *ubhayoḥ* — z oboch strán; *madhye* — medzi; *viṣīdantam* — skľúčenému zármutkom; *idam* — nasledujúce; *vacaḥ* — slová.

Ó, potomok Bharatov, v tej chvíli, uprostred oboch vojsk, prehovoril usmievajúci sa Kṛṣṇa ku skľúčenému Arjunovi nasledujúce slová.

VÝZNAM: Rozhovor prebiehal medzi dvoma dobrými priateľmi, Hṛṣīkeśom a Guḍākeśom. Ako priatelia boli na rovnakej úrovni, ale jeden z nich sa dobrovoľne stal žiakom druhého. Kṛṣṇa sa usmieval, lebo jeho priateľ sa rozhodol stať Jeho žiakom. Śrī Kṛṣṇa ako Pán vždy zostáva v nadradenom postavení, a predsa sa z vlastnej vôle stane priateľom, synom alebo milencom oddaného, ktorý si Ho v tejto úlohe želá vidieť. Keď Arjuna prijal Kṛṣṇu za svojho duchovného učiteľa, Kṛṣṇa túto úlohu ihneď prijal a začal sa s ním zhovárať ako učiteľ so svojím žiakom, teda s vážnosťou, akú si situácia vyžadovala. Tento rozhovor bol otvorený a prebiehal v prítomnosti obidvoch vojsk, bol teda prospešný pre všetkých. Učenie *Bhagavad-gīty* nie je určené pre nejakú konkrétnu osobu, spoločnosť alebo skupinu ľudí, ale pre všetkých; takže priatelia i nepriatelia majú rovnaké právo počuť ju.

VERŠ 11

श्रीभगवानुवाच
अशोच्यानन्वशोचस्त्वं प्रज्ञावादांश्च भाषसे ।
गतासूनगतासूंश्च नानुशोचन्ति पण्डिताः ॥ ११ ॥

śrī-bhagavān uvāca
aśocyān anvaśocas tvaṁ prajñā-vādāṁś ca bhāṣase
gatāsūn agatāsūṁś ca nānuśocanti paṇḍitāḥ

śrī-bhagavān uvāca — Kṛṣṇa, Najvyššia Božská Osobnosť, riekol; *aśocyān* — nie je hodné zármutku; *anvaśocaḥ* — nariekaš; *tvam* — ty; *prajñā-vādān* — učený rozhovor; *ca* — tiež; *bhāṣase* — hovoríš; *gata* — stratený; *asūn* — život; *agata* — nestratený; *asūn* — život; *ca* — tiež; *na* — nikdy; *anuśocanti* — nariekajú; *paṇḍitāḥ* — učení.

Kṛṣṇa, Najvyššia Božská Osobnosť, riekol: Zatiaľ, čo prednášaš učené slová, nariekaš nad niečím, čo nie je hodné zármutku. Múdri nesmútia ani nad živými, ani nad mŕtvymi.

VÝZNAM: Śrī Kṛṣṇa ihneď prijal postavenie duchovného učiteľa a svojho žiaka pokáral, keď ho nepriamo oslovil ako nevedomca: „Rozprávaš ako učený človek, a pritom nevieš, že ten, kto je učený — kto pozná rozdiel medzi telom a dušou — nesmúti nad žiadnou premenou tela, či už živého, alebo mŕtveho." V ďalších kapitolách bude objasnené, že skutočné poznanie znamená poznať podstatu hmoty, duše a tiež toho, kto ich ovláda. Arjuna hájil svoju neochotu bojovať tým, že dával prednosť náboženským zásadám pred politikou a sociológiou, ale nevedel, že znalosť hmoty, duše a Najvyššieho je dôležitejšia než náboženské formality. Keďže mu toto poznanie chýbalo, nebolo od neho správne, že sa vydáva za veľmi učeného človeka. Následkom toho nariekal pre čosi, čo nebolo hodno zármutku. Telo sa narodí a dnes alebo zajtra je predurčené k zániku, preto nie je také dôležité ako duša. Kto pozná pominuteľnosť tela, je v skutočnosti učený a nenarieka nad tým, v akom stave sa telo nachádza.

VERŠ 12

नत्वेवाहं जातु नासं न त्वं नेमे जनाधिपाः ।
न चैव नभविष्यामः सर्वे वयमतः परम् ॥ १२ ॥

na tv evāhaṁ jātu nāsaṁ na tvaṁ neme janādhipāḥ
na caiva na bhaviṣyāmaḥ sarve vayam ataḥ param

na — nikdy; *tu* — ale; *eva* — istotne; *aham* — Ja; *jātu* — kedykoľvek; *na* — nikdy; *āsam* — bol; *na* — nie; *tvam* — ty; *na* — nie; *ime* — títo všetci; *jana-adhipāḥ* — králi; *na* — nie; *ca* — tiež; *eva* — istotne; *na* — nie; *bhaviṣyāmaḥ* — bude jestvovať; *sarve vayam* — my všetci; *ataḥ param* — v budúcnosti.

Nikdy sa veru nestalo, že by nebolo Mňa, teba či týchto kráľov; a ani v budúcnosti nikto z nás neprestane existovať.

VÝZNAM: Vo *Vedach*, presnejšie povedané, v *Kaṭha Upaniṣade* a vo *Śvetāśvatara Upaniṣade* sa uvádza, že Najvyššia Božská Osobnosť zaopatruje nespočetne veľa živých bytostí podľa ich rozličných postavení, ktoré získali vďaka svojím činom a ich následkom. Táto Najvyššia Božská Osobnosť je svojimi úplnými časťami taktiež prítomná v srdci každej živej bytosti. Iba svätci, ktorí vidia Najvyššieho Pána vo vnútri i mimo tela, môžu naozaj dosiahnuť dokonalý a večný mier.

nityo nityānāṁ cetanaś cetanānām
eko bahūnāṁ yo vidadhāti kāmān
tam ātma-sthaṁ ye 'nupaśyanti dhīrās
teṣāṁ śāntiḥ śāśvatī netareṣām
(*Kaṭha Upaniṣad* 2.2.13)

Pravda, ktorú Kṛṣṇa vyjavil Arjunovi, je určená pre všetky osoby na svete, ktoré sa vydávajú za veľmi učené, hoci v skutočnosti majú len minimálne znalosti. Jasne tu Arjunovi hovorí, že On, Arjuna i všetci králi prítomní na bojisku sú večnými individuálnymi bytosťami a že On je ich udržovateľom, či už sú podmienení hmotnou prírodou, alebo sú z nej vyslobodení. Kṛṣṇa, Najvyššia Božská Osobnosť, je najvyššia individuálna osoba, Arjuna je Jeho večným druhom a všetci tu zhromaždení králi sú tiež individuálne osoby. Ich individualita jestvovala v minulosti a bude bez prerušenia pokračovať i v budúcnosti. Nikto preto nemá dôvod nariekať.

Kṛṣṇa, najvyššia autorita, tu nepodporuje *Māyāvādsku* teóriu, podľa ktorej individuálna duša, teraz oddelená pokryvom zvaným *māyā* (ilúzia), po vyslobodení splynie s neosobným Brahmanom a stratí svoju individuálnu existenciu. Nepodporil ani teóriu, že o individualite sa dá hovoriť len v podmienenom stave. Śrī Kṛṣṇa jasne hovorí, že Jeho individualita i individualita ostatných je večná, čo potvrdzujú tiež *Upaniṣady*. Toto Kṛṣṇovo prehlásenie je autoritatívne, pretože Kṛṣṇa nemôže byť ovplyvnený ilúziou. Keby individualita každej bytosti nebola skutočnosťou, Kṛṣṇa by ju tak nezdôrazňoval i v súvislosti s budúcnosťou. Impersonalisti môžu odporovať a tvrdiť, že individualita, o ktorej tu Kṛṣṇa hovorí, nie je duchovná, ale hmotná. Aj keby tomu tak bolo a individualita by jestvovala iba počas hmotnej existencie, ako by bolo možné poznať Kṛṣṇovu individualitu? Kṛṣṇa dokázal Svoju individualitu mnohými spôsobmi a neosobný Brahman je Mu podriadený. Kṛṣṇa si Svoju individualitu zachováva stále. Keby bol obyčajnou podmienenou dušou, potom by Jeho *Bhagavad-gītā* nemala ako autoritatívne duchovné písmo žiadny význam. Obyčajný človek obmedzený štyrmi nedostatkami ľudskej povahy nie je schopný učiť niečo, čo je hodné počutia. *Gītā* stojí vysoko nad takou literatúrou a žiadna svetská kniha sa jej nevyrovná. Ak považujeme Kṛṣṇu za obyčajného človeka, stráca *Bhagavad-gītā* akúkoľvek hodnotu. *Māyāvādīni* môžu namietať, že individualita, o ktorej sa v tomto verši hovorí, sa vzťahuje iba na telo. Kṛṣṇa však už v predchádzajúcom verši zavrhol telesné poňatie života. Ako by teda teraz mohol tvrdiť niečo, čo už raz jednoznačne odmietol? Individualita preto spočíva na duchovných základoch, čo potvrdzujú aj veľkí *ācāryovia*, ako je Śrī Rāmānuja a iní.

Na mnohých miestach *Bhagavad-gīty* sa jasne hovorí, že duchovnú individualitu môžu pochopiť iba Kṛṣṇovi oddaní. Tí, ktorí Mu závidia Jeho postavenie Najvyššej Božskej Osobnosti, nemajú k tejto veľkej literatúre správny prístup. Spôsob, akým neoddaní pristupujú k *Bhagavad-gīte*, sa dá prirovnať k správaniu sa včiel, ktoré olizujú pohár s medom. Med sa jednoducho nedá ochutnať, kým človek neotvorí pohár. Práve tak môžu tajomstvu *Bhagavad-gīty* porozumieť len Kṛṣṇovi oddaní a nikto iný, čo je potvrdené v štrnástej kapitole. Osoby, ktoré závidia Bohu, nemôžu poslanie *Bhagavad-gīty* pochopiť. Preto je *māyāvādska* interpretácia *Bhagavad-gīty* veľmi klamným podaním celej pravdy. Śrī Caitanya Mahāprabhu nám zakázal čítať *māyāvādske* komentáre a varuje nás, že ten, kto prijíma túto filozofiu, stratí všetky schopnosti potrebné pre pochopenie skutočného tajomstva *Bhagavad-gīty*. Ak sa individualita vzťahuje na empirický vesmír, potom nie je Kṛṣṇove učenie potrebné. Individuálny rozdiel medzi Bohom a živými bytosťami je teda večnou skutočnosťou, ktorú, ako sme mohli vidieť, potvrdzujú *vedske* písma.

VERŠ 13

देहिनोऽस्मिन्यथा देहे कौमारं यौवनं जरा ।
तथा देहान्तरप्राप्तिर्धीरस्तत्र न मुह्यति ॥ १३ ॥

dehino 'smin yathā dehe kaumāraṁ yauvanaṁ jarā
tathā dehāntara-prāptir dhīras tatra na muhyati

dehinaḥ — vtelená; *asmin* — v tomto; *yathā* — ako; *dehe* — v tele; *kaumāram* — detstvo; *yauvanam* — mladosť; *jarā* — staroba; *tathā* — podobne; *deha-antara* — vymeniť telo; *prāptiḥ* — dosiahnuť; *dhīraḥ* — pokojný; *tatra* — následkom toho; *na* — nikdy; *muhyati* — zmätený.

Tak, ako vtelená duša súvisle prechádza v tomto tele z detstva do mladosti a do staroby, prechádza tiež duša v okamihu smrti do iného tela. Múdry človek sa touto zmenou nedá zmiasť.

VÝZNAM: Keďže každá živá bytosť je individuálna duša, mení svoje telo každým okamihom. Telo má niekedy podobu dieťaťa alebo mládenca, dospelého či starca. Napriek všetkým týmto telesným zmenám však duša ostáva nezmenená. Individuálna duša napokon telesnú schránku opustí a prejde do iného tela. Keďže v ďalšom živote dostane celkom iste nové telo, hmotné, alebo duchovné, nemal Arjuna žiadny dôvod bedákať nad Bhīṣmovým a Droṇovým osudom, ktorý mu tak ležal na srdci. Skôr ho mohlo potešiť, že obaja vymenia staré telá za nové a obnovia si svoju energiu. Pôžitky a rôzne utrpenia sa striedajú spolu s našimi telami, lebo sú to výsledky — odmeny a tresty — našich niekdajších činov. Šľachetné duše, ako Bhīṣma a Droṇa, dostanú v ďalšom živote celkom iste duchovné telá alebo aspoň telá polobohov, aby mohli užívať hmotnú existenciu na vyššej úrovni. V žiadnom prípade nemal Arjuna dôvod k žiaľu. Kto dokonale spoznal povahu individuálnej duše, Nadduše, hmotnej a duchovnej prírody, sa volá *dhīra* alebo vyrovnaný. Taký človek sa nikdy nedá zmiasť premenami tela.

Māyāvādska teória o jednotnosti individuálnych duší je neprijateľná, lebo individuálnu dušu nemožno rozdeliť na kúsky. Také rozdelenie by znamenalo, že aj Boh je deliteľný a premenlivý, čo je v rozpore s nemennosťou Najvyššej Duše. Ako potvrdzuje *Bhagavad-gītā*, živé bytosti sú večné (*sanātana*) fragmentárne časti Boha. Nazývajú sa *kṣara*, čo znamená, že majú tendenciu poklesnúť do hmotnej prírody. Tieto fragmentárne časti zostávajú fragmentárnymi i po dosiahnutí duchovného oslobodenia. Keď sa vyslobodia z hmotnej existencie, žijú tieto čisté, nepatrné čiastočky večný život plný blaženosti a poznania spolu s Božskou Osobnosťou.

Postavenie Nadduše, Paramātmy, ktorá sídli v tele každého tvora a ktorá sa od individuálnych bytostí odlišuje, môžeme znázorniť nasledovne. Keď sa obloha odráža vo vode, vidíme tam Slnko, Mesiac i ostatné hviezdy. Hviezdy sa dajú prirovnať k živým bytostiam a Slnko a Mesiac k Nadduši. Arjuna predstavuje fragmentárnu dušu a Najvyššia Duša je Božská Osobnosť, Śrī Kṛṣṇa. Skutočnosť, že nie sú na rovnakej úrovni, bude vysvetlená na začiatku štvrtej kapitoly. Keby bol Arjuna na rovnakej úrovni ako Kṛṣṇa, potom by ich vzťah učiteľa a žiaka nemal význam. Keby boli obaja pomýlení iluzórnou energiou, *māyou*, potom by nebolo potrebné, aby bol jeden učiteľom a druhý žiakom. Taká výuka by nemala zmysel, pretože ten, kto je spútaný iluzórnou energiou, nemôže byť spoľahlivým učiteľom. Kṛṣṇovo postavenie je však zrejmé; je Najvyšším Pánom nadradeným Arjunovi, ktorý je zábudlivou dušou oklamanou hmotnou energiou.

VERŠ 14

मात्रास्पर्शास्तु कौन्तेय शीतोष्णसुखदुःखदाः ।
आगमापायिनोऽनित्यास्तांस्तितिक्षस्व भारत ॥ १४ ॥

mātrā-sparśās tu kaunteya śītoṣṇa-sukha-duḥkha-dāḥ
āgamāpāyino 'nityās tāṁs titikṣasva bhārata

mātrā-sparśāḥ — zmyslové vnímanie; *tu* — iba; *kaunteya* — ó, syn Kuntī; *śīta* — zima; *uṣṇa* — leto; *sukha* — šťastie; *duḥkha* — bolesť; *dāḥ* — spôsobujúca; *āgama* — objavuje sa; *apāyinaḥ* — mizne; *anityāḥ* — dočasné; *tān* — všetky; *titikṣasva* — snaž sa znášať ich; *bhārata* — ó, potomok bharatovského rodu.

Ó, syn Kuntī, krátkodobé radosti a bolesti prichádzajú a odchádzajú ako leto a zima. Pochádzajú zo zmyslových vnemov, ó, potomok Bharatov, a človek sa musí naučiť znášať ich a nenechať sa nimi rozrušovať.

VÝZNAM: Aby sme si mohli správne plniť povinnosti, musíme sa naučiť znášať pominuteľné príchody radosti a bolesti. *Vedy* nám napríklad odporúčajú osprchovať sa skoro ráno, a to aj v zimných mesiacoch, v januári a vo februári (Māgha). V tomto období je veľmi chladno, no človek, ktorý dodržiava náboženské zásady, sa napriek tomu neváha ísť osprchovať. Takisto ani žena neváha v najteplejších letných mesiacoch, v máji a v júni, variť v kuchyni. Svoje povinnosti si musí človek plniť i napriek klimatickým ťažkostiam. Náboženskou zásadou *kṣatriyov* je bojovať, a preto aj keby musel *kṣatriya* bojovať proti svojmu priateľovi alebo príbuznému, nesmie zanechať svoje predpísané povinnosti. Človek sa musí riadiť predpísanými náboženskými pravidlami a zásadami, ak chce dosiahnuť úroveň poznania, pretože iba prostredníctvom poznania a odovzdanosti sa môže vyslobodiť zo zajatia *māyi* (ilúzie).

Dve mená, ktorými je tu Arjuna oslovený, sú tiež významné. Slovo *kaunteya* označuje jeho vysoký pôvod z matkinej strany a *bhārata* označuje jeho vznešenosť z otcovej strany. Toto dedičstvo z obidvoch strán ho zaväzovalo k svedomitému plneniu si svojich povinností. Preto sa boju nemohol vyhnúť.

VERŠ 15

यं हि न व्यथयन्त्येते पुरुषं पुरुषर्षभ ।
समदुःखसुखं धीरं सोऽमृतत्वाय कल्पते ॥ १५ ॥

yaṁ hi na vyathayanty ete puruṣaṁ puruṣarṣabha
sama-duḥkha-sukhaṁ dhīraṁ so 'mṛtatvāya kalpate

yam — ten; *hi* — istotne; *na* — nikdy; *vyathayanti* — budí úzkosť; *ete* — všetky tieto; *puruṣam* — človeku; *puruṣa-ṛṣabha* — je najlepší z mužov; *sama* — nezmenený; *duḥkha* — nešťastie; *sukham* — šťastie; *dhīram* — pokojný; *saḥ* — on; *amṛtatvāya* — pre oslobodenie; *kalpate* — je pokladaný za vhodného.

Ó, najlepší z mužov (Arjuna), ten, koho nerozruší ani radosť, ani nešťastie a v oboch stavoch zostáva pokojný, je nepochybne hodný oslobodenia.

VÝZNAM: Každý, kto je pevne odhodlaný dosiahnuť duchovnú realizáciu a dokáže rovnako znášať šťastie i nešťastie, je nepochybne hodný vyslobodenia. Vo *varṇāśramskej* spoločnosti sa od človeka v štvrtom životnom štádiu, teda v stave odriekania (*sannyāsa*), vyžadujú veľké obete. No ten, kto chce dosiahnuť životnú dokonalosť, prijme stav *sannyāsa* napriek všetkým ťažkostiam. Najväčšie problémy pochádzajú z odlúčenia od rodiny, z prerušenia stykov so ženou a s deťmi. Ak je však človek pripravený znášať tieto nepríjemnosti, jeho cesta k duchovnej realizácii je otvorená. Kṛṣṇa radil Arjunovi, aby vytrval vo svojich *kṣatriyských* povinnostiach, a aby napriek všetkým ťažkostiam bojoval proti rodinným príslušníkom a proti tým, ktorých miloval.

Śrī Caitanya Mahāprabhu mal dvadsaťštyri rokov, keď prijal *sannyāsa*, a Jeho mladá žena, ani Jeho stará matka nemali nikoho, kto by sa o ne postaral. No on to predsa urobil pre dosiahnutie vyššieho cieľa a bol neoblomný v plnení Svojej vyššej duchovnej povinnosti. Iba s takou pevnou odhodlanosťou sa človek môže vyslobodiť z pút, ktoré ho väznia v hmotnom svete.

VERŠ 16

नासतो विद्यते भावो नाभावो विद्यते सतः ।
उभयोरपि दृष्टोऽन्तस्त्वनयोस्तत्त्वदर्शिभिः ॥ १६ ॥

nāsato vidyate bhāvo nābhāvo vidyate sataḥ
ubhayor api dṛṣṭo 'ntas tv anayos tattva-darśibhiḥ

na—nikdy; *asataḥ*—nejestvujúce; *vidyate*—je; *bhāvaḥ*—trvanie; *na*—nie; *abhāvaḥ*—meniaca vlastnosť; *vidyate*—je; *sataḥ*—večné; *ubhayoḥ*—obidvoch; *api*—skutočne; *dṛṣṭaḥ*—pozorovať; *antaḥ*—záver; *tu*—istotne; *anayoḥ*—z nich; *tattva*—pravdu; *darśibhiḥ*—tí, ktorí vidia.

Tí, ktorí vidia pravdu, dospeli k záveru, že to, čo je nepravé (hmotné telo), je pominuteľné, a to, čo je večné (duša), sa nemení. K tomuto záveru dospeli, keď študovali povahu oboch.

VÝZNAM: Hmotné telo nemá trvalú existenciu. Aj moderná lekárska veda priznáva, že bunky v tele sa každým okamihom neprestajne menia a spôsobujú tak rast a zánik tela. Duša má však trvalú existenciu a zostáva rovnaká napriek všetkým premenám tela a mysle. To je rozdiel medzi hmotou a dušou. Telo sa stále mení, zatiaľ čo duša je večná. K tomuto záveru dospeli stúpenci osobnej i neosobnej filozofie. Táto skutočnosť je potvrdená tiež vo *Viṣṇu Purāṇe* (2.12.38) *jyotīṁṣi viṣṇur bhuvanāni viṣṇuḥ*. Uvádza sa, že v duchovnom svete majú Viṣṇu a Jeho planéty samožiariacu duchovnú existenciu. Slová jestvujúce a nejestvujúce sa vzťahujú iba na dušu a hmotu. Toto prehlasujú všetci, ktorí vidia pravdu.

Toto je začiatok Kṛṣṇovho učenia, ktoré je určené pre živé bytosti pomýlené vplyvom nevedomosti. Odstrániť nevedomosť znamená obnoviť večný vzťah medzi uctievateľom a objektom uctievania a tiež pochopiť rozdiel medzi Najvyšším Pánom a Jeho nepatrnými časťami, živými bytosťami. Povahe Najvyššieho môžeme porozumieť prostredníctvom dôkladného skúmania našej pravej podstaty, a tak dospejeme k poznaniu, že rozdiel medzi nami a Bohom je ako rozdiel medzi časťou a celkom. Vo *Vedānta-sūtre* a v *Śrīmad-Bhāgavatame* je Najvyšší Pán prijímaný ako zdroj všetkých nižších i vyšších energií. Aj keď medzi energiou a jej zdrojom nie je rozdiel, zdroj je vždy nadradený a energia podriadená. Živé bytosti sú preto Najvyššiemu Pánovi vždy podriadené, aj keď patria do vyššej energie. Tak je to napríklad v prípade pána a služobníka, alebo učiteľa a žiaka. Toto jasné poznanie nemožno pochopiť pod vplyvom nevedomosti — Pán predniesol *Bhagavad-gītu*, aby navždy osvietil všetky živé tvory a odstránil hmotnú nevedomosť.

VERŠ 17

अविनाशि तु तद्विद्धि येन सर्वमिदं ततम् ।
विनाशमव्ययस्यास्य न कश्चित्कर्तुमर्हति ॥ १७ ॥

avināśi tu tad viddhi yena sarvam idaṁ tatam
vināśam avyayasyāsya na kaścit kartum arhati

avināśi — nezničiteľné; *tu* — ale; *tat* — to; *viddhi* — vedz; *yena* — kým; *sarvam* — celé telo; *idam* — toto; *tatam* — prestupujúce; *vināśam* — zničenie; *avyayasya* — nehynúca; *asya* — toto; *na kaścit* — nikto; *kartum* — urobiť; *arhati* — schopný.

Vedz, že to, čo prestupuje celým telom, je nezničiteľné. Nikto nemôže zničiť nehynúcu dušu.

VÝZNAM: V tomto verši je ešte podrobnejšie vysvetlená skutočná povaha duše, sídliacej v tele každej živej bytosti. Každý môže pochopiť, že vedomie prestupuje celé telo. Každý si je vedomý bolestí a pôžitkov celého tela alebo niektorej jeho časti. Naše vedomie je však rozšírené iba v našom tele, a tak radosti a bolesti nášho tela nie sú iným známe. Každé telo je schránkou individuálnej duše a príznaky jej prítomnosti vnímame ako individuálne vedomie. Vo *Śvetāśvatara Upaniṣade* (5.9) sú rozmery duše prirovnané k desaťtisícine končeka vlasu:

bālāgra-śata-bhāgasya śatadhā kalpitasya ca
bhāgo jīvaḥ vijñeyaḥ sa cānantyāya kalpate

„Keď sa konček vlasu rozdelí na sto dielikov a každý z nich na ďalších sto, potom každý tento dielik predstavuje veľkosť duše." To isté je uvedené aj v inom verši:

keśāgra-śata-bhāgasya śatāṁśaḥ sādṛśātmakaḥ
jīvaḥ sūkṣma-svarūpo 'yaṁ saṅkhyātīto hi cit-kaṇaḥ

„Je nespočetne veľa duchovných atómov, ktoré svojou veľkosťou predstavujú desaťtisícinu končeka vlasu."

Individuálna duša je teda duchovný atóm, menší než hmotné atómy a ich počet je nesmierny. Táto veľmi malá duchovná iskra je základnou podstatou hmotného tela a jej vplyv sa šíri po celom tele, tak, ako sa po celom tele šíria účinky lieku. Existenciu duše pociťujeme vo forme vedomia a to je dôkaz toho, že duša je v tele. Každý laik vie, že hmotné telo je bez vedomia mŕtve a že toto vedomie sa nedá oživiť alebo obnoviť žiadnym hmotným zásahom. Preto vedomie nevzniká vzájomným pôsobením akýchsi hmotných zlúčenín, ale prítomnosťou duše. V *Muṇḍaka Upaniṣade* (3.1.9) sa tiež opisuje veľkosť nepatrnej duše:

eṣo 'ṇur ātmā cetasā veditavyo
yasmin prāṇaḥ pañcadhā saṁviveśa
prāṇaiś cittaṁ sarvam otaṁ prajānāṁ
yasmin viśuddhe vibhavaty eṣa ātmā

„Duša má rozmer atómu, ale môže byť postrehnutá dokonalou inteligenciou. Pohybuje sa v piatich druhoch vzduchu (*prāṇa, apāna, vyāna, samāna* a *udāna*). Duša je umiestnená v srdci a šíri svoju energiu po celom tele. Keď je od týchto piatich druhov hmotného vzduchu očistená, odhalí svoju duchovnú silu."

Účelom *haṭha-yogy* je pomocou rôznych pozícií tela ovládnuť päť druhov vzduchu, ktoré dušu obklopujú. Zmyslom týchto cvičení nie je hmotný zisk, ale vyslobodenie nepatrnej duše zo spleti hmotnej atmosféry. Povaha nepatrnej duše je opísaná vo všetkých *vedskych* písmach a jej prítomnosť môže na základe praktickej skúsenosti pocítiť každý rozumný človek. Iba hlúpy človek si môže myslieť, že táto nepatrná duša je všeprenikajúca *viṣṇu-tattva.*

Podľa *Muṇḍaka Upaniṣady* je nepatrná duša umiestnená v srdci každej živej bytosti a jej vplyv sa šíri po celom tele. No vzhľadom k tomu, že veľkosť nepatrnej duše sa vymyká vnímaniu materialistických vedcov, niektorí z nich naivne tvrdia, že duša nejestvuje. Nepatrná individuálna duša nesporne sídli v srdci každej živej bytosti spolu s Nadušou a vydáva odtiaľ všetku energiu, ktorú telo potrebuje. Krvinky, ktoré z pľúc rozvádzajú kyslík do celého tela, získavajú svoju energiu od duše. Keď duša opustí telo, krv prestane plniť svoju funkciu a jej kolobeh v tele sa zastaví. Moderná medicína síce pripisuje červeným krvinkám dôležitosť, ale nie je schopná dospieť k záveru, že zdrojom všetkej energie v tele je duša. Uznáva však, že srdce je sídlom všetkých energií v tele.

Tieto nepatrné častice duchovného celku sa prirovnávajú k molekulám slnečnej žiary. Slnečná žiara obsahuje nespočetne veľa molekúl. Podobne sú nepatrnými časticami Najvyššieho Pána duchovné iskry, ktoré tvoria Jeho žiaru. Volajú sa *prabhā*, lebo patria do vyššej Pánovej energie. Z hľadiska *vedskeho* poznania a ani z hľadiska modernej vedy teda nemožno vylúčiť existenciu duše v tele. Dokonalý opis vedy o duši však podáva samotný Boh v *Bhagavad-gīte*.

VERŠ 18

अन्तवन्त इमे देहा नित्यस्योक्ताः शरीरिणः ।
अनाशिनोऽप्रमेयस्य तस्माद्युध्यस्व भारत ॥ १८ ॥

antavanta ime dehā nityasyoktāḥ śarīriṇaḥ
anāśino 'prameyasya tasmād yudhyasva bhārata

anta-vantaḥ — pominuteľné; *ime* — tieto všetky; *dehāḥ* — hmotné telá; *nityasya* — večne existujúce; *uktāḥ* — vraví sa; *śarīriṇaḥ* — vtelené duše; *anāśinaḥ* — nezničiteľné; *aprameyasya* — nezmerateľné; *tasmāt* — preto; *yudhyasva* — bojuj; *bhārata* — ó, Bharatov potomok.

Hmotné telo tejto nezničiteľnej, nezmerateľnej a večnej živej bytosti istotne pominie, preto bojuj, ó, potomok Bharatov.

VÝZNAM: Hmotné telo je vo svojej povahe pominuteľné. Jeho zničenie môže nastať hneď alebo až o sto rokov. Je to len otázka času. Nie je možné navždy ho udržať pri živote. Duša je však taká malá, že ju nepriateľ nemôže ani zbadať, nieto ešte zabiť. Ako sme sa už zmienili v predchádzajúcom verši, je taká nepatrná, že si nikto nedokáže ani predstaviť, ako ju zmerať. Takže niet dôvodu k nariekaniu, pretože duša sa nedá zabiť, a ani jej hmotné telo sa nedá uchovať navždy. Nepatrná čiastočka duchovného celku získava toto hmotné telo podľa svojho jednania; preto má každý dodržiavať náboženské zásady. Vo *Vedānta-sūtre* je živá bytosť prirovnaná k svetlu, pretože je čiastočkou najvyššieho svetla. Tak ako slnečné svetlo udržiava celý vesmír, tak aj „svetlo" duše udržiava hmotné telo. Len čo duša opustí hmotné telo, začne sa telo rozkladať. Duša je tým, čo udržuje telo nažive. Telo samo osebe je bezvýznamné. Preto Kṛṣṇa Arjunovi radil, aby bojoval a neobetoval náboženstvo pre hmotné či telesné pohodlie.

VERŠ 19

य एनं वेत्ति हन्तारं यश्चैनं मन्यते हतम् ।
उभौ तौ न विजानीतो नायं हन्ति न हन्यते ॥ १९ ॥

ya enaṁ vetti hantāraṁ yaś cainaṁ manyate hatam
ubhau tau na vijānīto nāyaṁ hanti na hanyate

yaḥ — každý; *enam* — to; *vetti* — vie; *hantāram* — ten, kto zabíja; *yaḥ* — každý; *ca* — tiež; *enam* — to; *manyate* — myslí; *hatam* — zabiť; *ubhau* — obidva; *tau* — oni; *na* — nikdy; *vijānītaḥ* — v poznaní; *na* — nikdy; *ayam* — táto; *hanti* — zabíja; *na* — ani; *hanyate* — nie je zabitá.

Nevedomý je ten, kto si myslí, že živá bytosť môže zabiť alebo byť zabitá. Kto dosiahol poznanie, vie, že duša ani nezabíja, ani nemôže byť zabitá.

VÝZNAM: Keď nejaká smrtiaca zbraň poraní hmotné telo živej bytosti, rozumie sa tým, že živá bytosť v tele poranená nebola. Duša je totiž taká malá a nepatrná, že ju nemôže zabiť žiadna hmotná zbraň, ako vyplynie z nasledujúcich veršov. Okrem toho je živá bytosť duchovná a ako taká tiež nemôže byť zabitá. Iba telo sa dá zabiť alebo byť považované za zabité. Táto skutočnosť však nenabáda k zabíjaniu. *Vedske* predpisy hovoria: *mā hiṁsyāt sarvā bhūtāni.* „Nikdy nikomu neubližuj." Aj keď vieme, že živá bytosť sa nedá zabiť, neoprávňuje nás to k zabíjaniu zvierat. Zabitie niečieho tela je ohavné a trestuhodné podľa zákonov ľudskej spoločnosti i podľa Božieho zákona. Situácia, v ktorej sa Arjuna nachádzal, ho nútila vykonať svoju *kṣatriyskú* povinnosť, a ak musel zabíjať, bolo to pre zachovanie náboženských zásad, a nie z vlastného rozmaru.

VERŠ 20

न जायते म्रियते वा कदाचि-
न्नायं भूत्वा भविता वा न भूयः ।
अजो नित्यः शाश्वतोऽयं पुराणो
न हन्यते हन्यमाने शरीरे ॥ २० ॥

na jāyate mriyate vā kadācin
nāyaṁ bhūtvā bhavitā vā na bhūyaḥ
ajo nityaḥ śāśvato 'yaṁ purāṇo
na hanyate hanyamāne śarīre

na — nikdy; *jāyate* — narodí sa; *mriyate* — umiera; *vā* — ani; *kadācit* — hocikedy (v minulosti, v prítomnosti alebo v budúcnosti); *na* — nikdy; *ayam* — táto; *bhūtvā* — vznikla; *bhavitā* — vznik; *vā* — alebo; *na* — nie; *bhūyaḥ* — opäť vznikla; *ajaḥ* — nezrodená; *nityaḥ* — večná; *śāśvataḥ* — stála; *ayam* — tá; *purāṇaḥ* — najstaršia; *na* — nikdy; *hanyate* — je zabitá; *hanyamāne* — byť zabité; *śarīre* — telo.

Duša sa nikdy nerodí ani neumiera. Nikdy nevznikla, nikdy nevzniká a ani nikdy nevznikne. Je nezrodená, večná, trvalá a pôvodná. Nezahynie, keď je telo zabité.

VÝZNAM: Kvalitatívne je duša, nepatrná zlomková častica Najvyššej Duše, totožná s Najvyšším. Duša neprechádza premenami ako telo, a preto sa niekedy nazýva stála (*kūṭa-stha*). Telo prechádza šiestimi rôznymi premenami: narodí sa, istý čas pretrváva, rastie, splodí potomkov, zaniká a nakoniec upadne do zabudnutia. Duša týmto zmenám nepodlieha. Duša sa nerodí; keďže však prijíma hmotné telo, narodí sa telo. Preto sa duša nezrodí ani v okamihu, keď sa tvorí telo, a nezahynie ani vo chvíli, keď telo zanikne. Všetko, čo sa raz narodilo, musí aj zomrieť; pre dušu však zrod neexistuje, a preto nemá ani minulosť, prítomnosť alebo budúcnosť. Je večná a pôvodná, čo znamená, že nie je možné zistiť počiatok jej existencie. Duša na rozdiel od tela nikdy nestarne. Preto sa takzvaný starý človek cíti vo svojom vnútri rovnako ako za mlada. Premeny tela nemajú na dušu vplyv. Duša sa nerozpadá ako strom alebo ako nejaká hmotná vec a nemá ani žiadne vedľajšie produkty. Produkty tela, konkrétne deti, sú tiež individuálne duše, no kvôli telu sa javia ako deti určitého človeka. Telo sa vyvíja, pretože sa v ňom nachádza duša. Duša však nemá žiadnych potomkov, nemení sa a ani neprechádza šiestimi premenami ako telo.

V *Kaṭha Upaniṣade* (1.2.18) je jeden podobný verš, ktorý znie:

na jāyate mriyate vā vipaścin
nāyaṁ kutaścin na babhūva kaścit
ajo nityaḥ śāśvato 'yaṁ purāṇo
na hanyate hanyamāne śarīre

Jeho zmysel je rovnaký ako v *Bhagavad-gīte*; v tomto verši je však použité slovo *vipaścit*, ktoré znamená „učený" alebo „s poznaním".

Duša je vždy vedomá a plná poznania. Preto je vedomie príznakom duše. Aj keď nedokážeme postrehnúť dušu v srdci, kde sídli, predsa môžeme cítiť jej prítomnosť prítomnosťou vedomia. Niekedy sa stáva, že kvôli mrakom nevidíme cez deň Slnko, no slnečné svetlo tu napriek tomu je a vďaka tomu sme presvedčení, že je deň. Len čo sa ráno na obzore objavia ranné zore, vieme, že zakrátko vyjde Slnko. Podobne, keďže ľudské i zvieracie telá majú vedomie, musia v nich byť prítomné duše. Vedomie individuálnej duše sa však od vedomia Najvyššieho odlišuje, pretože najvyššie vedomie zahŕňa všetko poznanie — poznanie minulosti, prítomnosti i budúcnosti. Vedomie nepatrnej individuálnej duše má však na rozdiel od Boha sklon k zabúdaniu. Keď nepatrná individuálna duša zabudne na svoju pravú podstatu, poučí a osvieti ju Kṛṣṇa, ktorý túto slabosť nemá. Keby bol Kṛṣṇa zábudlivý ako nepatrná duša, potom by Jeho učenie *Bhagavad-gīty* bolo zbytočné.

V *Kaṭha Upaniṣade* (1.2.20) je dôkaz existencie dvoch druhov duší —

nepatrnej individuálnej duše (*aṇu-ātmā*) a Nadduše (*vibhu-ātmā*) — takýto:

aṇor aṇīyān mahato mahīyān
ātmāsya jantor nihito guhāyām
tam akratuḥ paśyati vīta-śoko
dhātuḥ prasādān mahimānam ātmanaḥ

„Nadduša (Paramātmā) i nepatrná duša (*jīvātma*) sídlia v srdci živej bytosti. Iba ten, kto sa zbavil všetkých hmotných túžob a nariekania, môže vďaka milosti Najvyššieho Pána rozumieť sláve duše." V ďalších kapitolách bude objasnená skutočnosť, že Kṛṣṇa je zdrojom Nadduše a že Arjuna predstavuje nepatrnú dušu, ktorá zabudla na svoju pravú povahu. Preto musí byť Arjuna osvietený Kṛṣṇom, alebo Jeho pravým predstaviteľom, duchovným učiteľom.

VERŠ 21

वेदाविनाशिनं नित्यं य एनमजमव्ययम् ।
कथं स पुरुषः पार्थ कं घातयति हन्ति कम् ॥ २१ ॥

vedāvināśinaṁ nityaṁ ya enam ajam avyayam
kathaṁ sa puruṣaḥ pārtha kaṁ ghātayati hanti kam

veda — vedieť; *avināśinam* — nezničiteľná; *nityam* — vždy jestvujúca; *yaḥ* — ten, kto; *enam* — táto (duša); *ajam* — nezrodená; *avyayam* — nemenná; *katham* — ako; *saḥ* — on; *puruṣaḥ* — osoba; *pārtha* — ó, Pārtha (Arjuna); *kam* — ktorý; *ghātayati* — spôsobuje bolesť; *hanti* — zabije; *kam* — ktorý.

Ó, Pārtha, ako môže človek, ktorý vie, že duša je nezničiteľná, nezrodená, večná a nemenná, niekoho zabiť alebo dať niekoho zabiť?

VÝZNAM: Všetko má svoje správne uplatnenie. Kto má dokonalé poznanie vie, kde a ako danú vec správne použiť. Násilie má tiež svoje uplatnenie a človek, ktorý má dokonalé poznanie vie, ako a kde ho použiť. Keď sudca odsúdi človeka, ktorý spáchal vraždu, k trestu smrti, nemožno mu to vyčítať, pretože násilie, ktoré tu použil, sa zhoduje s právnym zákonom. V *Manu-saṁhite*, zákonníku ľudskej spoločnosti, je napísané, že toho, kto sa dopustí vraždy, treba odsúdiť k trestu smrti, aby potom vo svojom ďalšom živote nemusel za svoj hriech trpieť. Preto je trest smrti za vraždu vlastne prospešný. Takisto, keď Kṛṣṇa vydá pokyn použiť násilie, je to v mene najvyššej spravodlivosti. Arjuna by preto mal tento pokyn nasledovať, pretože človeka, alebo lepšie povedané dušu, nemožno zabiť. Násilie použité v službe Kṛṣṇovi v skutočnosti nemôže byť nazývané násilím. Pre spravodlivosť je tzv. násilie dovolené. Cieľom chirurgickej operácie nie je pacienta zabiť, ale naopak, použitím „násilia" ho vyliečiť. Arjunova účasť v boji pod Kṛṣṇovym vedením a s plným vedomím teda nie je hriešna a Arjuna za to nemusí niesť žiadne následky.

VERŠ 22

वासांसि जीर्णानि यथा विहाय
नवानि गृह्णाति नरोऽपराणि ।
तथा शरीराणि विहाय जीर्णा-
न्यन्यानि संयाति नवानि देही ॥ २२ ॥

vāsāṁsi jīrṇāni yathā vihāya
navāni gṛhṇāti naro 'parāṇi
tathā śarīrāṇi vihāya jīrṇāny
anyāni saṁyāti navāni dehī

vāsāṁsi — šaty; *jīrṇāni* — staré a obnosené; *yathā* — práve tak; *vihāya* — odkladá; *navāni* — nové šaty; *gṛhṇāti* — prijíma; *naraḥ* — človek; *aparāṇi* — iné; *tathā* — tak; *śarīrāṇi* — telá; *vihāya* — odkladá; *jirṇāni* — staré a nepotrebné; *anyāni* — rôzne; *saṁyāti* — istotne prijme; *navāni* — nové; *dehī* — vtelená (duša).

Ako si človek oblieka nové šaty a odkladá staré, tak aj duša prijíma nové hmotné telá a odkladá staré a neužitočné.

VÝZNAM: To, že nepatrná individuálna duša mení telá, je holá skutočnosť. Aj moderní vedci, ktorí neveria v existenciu duše, ale pritom nevedia vysvetliť zdroj energie prichádzajúcej zo srdca, musia rešpektovať skutočnosť, že telo sa neustále mení — z detstva do mladosti, z dospelosti do staroby atď. Keď telo nakoniec dosiahne svoje posledné štádium, premiestni sa duša, ktorá v ňom sídlila, do iného tela. To už bolo vysvetlené v trinástom verši.

Prechod nepatrnej individuálnej duše do iného tela je umožnený milosťou Nadduše, ktorá tak plní želanie nepatrnej duše, tak ako priateľ plní želania priateľovi. Vo *Vedach*, v *Muṇḍaka Upaniṣade* a tiež vo *Śvetāśvatara Upaniṣade* sú duša a Nadduša prirovnané k dvom vtákom, ktoré sedia na jednom strome. Jeden vták (individuálna nepatrná duša) pojedá plody stromu a druhý (Kṛṣṇa) ho pri tom pozoruje. Jedného z týchto vtákov priťahujú plody hmotného stromu, zatiaľ čo druhý je iba svedkom činov svojho priateľa, aj keď obaja majú rovnakú povahu. Kṛṣṇa predstavuje vtáka-svedka a Arjuna pojedajúceho vtáka. Sú priatelia, no jeden z nich je pán a druhý služobník. Keď nepatrná duša (*jīva*) na tento vzťah k Nadduši zabudne, musí stále prelietať z jedného stromu na druhý, z jedného tela do druhého. *Jīva* veľmi ťažko bojuje na strome hmotného tela, ale keď sa rozhodne prijať druhého vtáka za svojho najvyššieho duchovného učiteľa — tak ako to urobil Arjuna, keď sa dobrovoľne podriadil Kṛṣṇovym pokynom — zaraz sa oslobodí od všetkého utrpenia. *Muṇḍaka Upaniṣad* (3.1.2) i *Śvetāśvatara Upaniṣad* (4.7) to potvrdzujú:

samāne vṛkṣe puruṣo nimagno
'nīśayā śocati muhyamānaḥ
juṣṭaṁ yadā paśyaty anyam īśam
asya mahimānam iti vīta-śokaḥ

„Obaja vtáci sedia na jednom strome, lenže zobajúci vták je plný úzkosti a mrzutosti, keď sa snaží užívať plody stromu. Ak sa však obráti na Boha, na svojho priateľa, a spozná Jeho slávu, ihneď prestane trpieť a zbaví sa všetkej úzkosti.“ Arjuna sa teraz obrátil na Kṛṣṇu, svojho večného priateľa, aby pod Jeho vedením porozumel *Bhagavad-gīte*. Vďaka načúvaniu Kṛṣṇovym slovám mohol porozumieť Jeho sláve a zbaviť sa utrpenia.

Śrī Kṛṣṇa tu Arjunovi radí, aby nenariekal nad tým, že jeho praotec a učiteľ vymenia svoje telá. Skôr by ho malo potešiť, že ich telá v spravodlivom boji zabije a očistí ich od všetkých následkov za ich činy. Kto svoj život položí na obetný oltár alebo v spravodlivom boji, ihneď sa očistí od následkov svojich hriešnych činov a povýši sa do vyššieho životného stavu. Arjuna preto nemal ani najmenší dôvod k nariekaniu.

VERŠ 23

नैनं छिन्दन्ति शस्त्राणि नैनं दहति पावकः ।
न चैनं क्लेदयन्त्यापो न शोषयति मारुतः ॥ २३ ॥

nainaṁ chindanti śastrāṇi nainaṁ dahati pāvakaḥ
na cainaṁ kledayanty āpo na śoṣayati mārutaḥ

na — nikdy; *enam* — túto dušu; *chindanti* — nemôže rozťať; *śastrāṇi* — zbrane; *na* — nikdy; *enam* — túto dušu; *dahati* — spáli; *pāvakaḥ* — oheň; *na* — nikdy; *ca* — tiež; *enam* — túto dušu; *kledayanti* — premočí; *āpaḥ* — voda; *na* — nikdy; *śoṣayati* — vysuší; *mārutaḥ* — vietor.

Dušu nikdy nemožno žiadnou zbraňou rozťať na kúsky, spáliť ohňom, premočiť vodou či vysušiť vetrom.

VÝZNAM: Žiadne zbrane — meče, ohňové zbrane, dažďové zbrane, tornádové zbrane a tak ďalej — nemôže zabiť dušu. Vypadá to, že vtedy okrem ohňových zbraní existovalo aj veľa iných druhov zbraní vyrobených zo zeme, vody, vzduchu, éteru a ďalších prvkov. Dnešné zbrane, vrátane nukleárnych, patria k ohňových zbraniam. Proti strelným zbraniam sa používali vodné zbrane, o ktorých dnešná veda nemá ani potuchy. Ďalej existovali zbrane v podobe veterných smrští, o ktorých toho takisto veľa nevieme. Žiadna z týchto smrtonosných zbraní, ani dnešné vynálezy ničivých zbraní však nemôžu duši uškodiť.

Māyāvādī nikdy nedokážu vysvetliť, ako by mohla individuálna duša vzniknúť jednoducho pôsobením nevedomosti a nasledovne byť pokrytá ilúzornou energiou. Rovnako tiež nikdy nebolo možné zrušiť vzťah individuálnych duší a pôvodnej Najvyššej Duše — v skutočnosti sú individuálne duše Jej večnými oddelenými časťami. Keďže sú večne (*sanātana*) nepatrné, majú sklon byť pokryté ilúzornou energiou, a tak byť oddelené od spoločnosti Najvyššieho Pána. Podobne ako iskry, ktoré sú mimo oheň, majú tendenciu zhasnúť, aj keď majú rovnakú kvalitu ako oheň samotný.

Varāha Purāṇa i *Bhagavad-gītā* potvrdzujú, že živé bytosti sú oddelenými čiastočkami Najvyššieho Pána. Vo Svojich pokynoch dáva Kṛṣṇa Arjunovi zreteľne najavo, že ani po vyslobodení z ilúzie nestráca duša svoju individualitu. Arjuna sa oslobodil prostredníctvom poznania, ktoré prijal od Kṛṣṇu, no nestal sa tak totožným s Kṛṣṇom.

VERŠ 24

अच्छेद्योऽयमदाह्योऽयमक्लेद्योऽशोष्य एव च ।
नित्यः सर्वगतः स्थाणुरचलोऽयं सनातनः ॥ २४ ॥

acchedyo 'yam adāhyo 'yam akledyo 'śoṣya eva ca
nityaḥ sarva-gataḥ sthāṇur acalo 'yaṁ sanātanaḥ

acchedyaḥ — nezničiteľná; *ayam* — táto duša; *adāhyaḥ* — nemôže byť spálená; *ayam* — táto duša; *akledyaḥ* — nerozpustná; *aśoṣyaḥ* — nemôže byť vysušená; *eva* — istotne; *ca* — a; *nityaḥ* — trvalá; *sarva-gataḥ* — všadeprítomná; *sthāṇuḥ* — nemenná; *acalaḥ* — nehybná; *ayam* — táto duša; *sanātanaḥ* — večne rovnaká.

Individuálna duša je nezničiteľná, nerozpustná a nemožno ju ani spáliť, ani vysušiť. Je trvalá, všadeprítomná, nemenná, nehybná a večne rovnaká.

VÝZNAM: Všetky vlastnosti nepatrnej individuálnej duše jednoznačne dokazujú, že individuálna duša je trvale nepatrnou čiastočkou duchovného celku a vždy ňou zostane, bez zmeny. Je veľmi ťažké aplikovať pri tejto príležitosti monistickú teóriu, pretože individuálna duša nemôže nikdy dosiahnuť homogénnu nerozlíšenosť. Po vyslobodení z hmotnej nečistoty môže nepatrná duša zotrvávať ako duchovná iskra v žiari, ktorá vychádza z Najvyššej Božskej Osobnosti, ale inteligentné duše vstúpia na niektorú z duchovných planét, aby žili v spoločnosti Božskej Osobnosti.

Slovo *sarva-gataḥ* (všadeprítomná) je veľmi dôležité, lebo živé bytosti sa nachádzajú v celom Božom stvorení. Žijú na suchu, vo vode, vo vzduchu, v zemi aj v ohni. Všeobecne sa verí, že oheň dokáže zničiť všetko; tento verš však dokazuje, že oheň nemôže spáliť dušu. Preto niet pochýb, že aj na Slnku žijú živé bytosti, ktoré majú telá prispôsobené tamojším podmienkam. Keby to nebola pravda, potom by slová *sarva-gataḥ* — žijúca všade — nemali žiadny význam.

VERŠ 25

अव्यक्तोऽयमचिन्त्योऽयमविकार्योऽयमुच्यते ।
तस्मादेवं विदित्वैनं नानुशोचितुमर्हसि ॥ २५ ॥

avyakto 'yam acintyo 'yam avikāryo 'yam ucyate
tasmād evaṁ viditvainaṁ nānuśocitum arhasi

avyaktaḥ — neviditeľná; *ayam* — táto duša; *acintyaḥ* — nepredstaviteľná; *ayam* — táto duša; *avikāryaḥ* — nemenná; *ayam* — táto duša; *ucyate* — vraví sa; *tasmāt* — preto; *evam* — ako to; *viditvā* — dobre vieš; *enam* — túto dušu; *na* — nie; *anuśocitum* — bedákať; *arhasi* — hodí sa.

Vraví sa, že duša je neviditeľná, nepredstaviteľná a nemenná. Keď to všetko vieš, nemal by si bedákať nad telom.

VÝZNAM: Ako už bolo povedané v predchádzajúcich veršoch, duša je taká maličká, že ju nemôžeme vidieť ani pomocou najsilnejšieho mikroskopu; je neviditeľná. Existencia duše sa nedá dokázať pomocou experimentov, ale prostredníctvom *vedskeho* poznania alebo *śruti.* Nezostáva nám nič iné, než túto pravdu prijať, pretože iný spôsob porozumenia existencii duše neexistuje, aj keď jej prítomnosť v tele je nepopierateľná. Je veľa vecí, ktoré musíme prijať len na základe vyššej autority. Nikto nemôže poprieť existenciu svojho otca, ktorú prijímame na základe autority svojej matky. Nikto nemôže poprieť matkinu výpoveď, keď nám povie, kedy sme sa narodili a kto je naším otcom, lebo okrem jej slov niet lepšieho dôkazu. Podobne neexistuje iný spôsob, ako porozumieť povahe duše, okrem štúdia *Ved.* Inými slovami, duša je nepochopiteľná pre toho, kto verí iba experimentálnemu poznaniu. *Vedy* učia, že duša je vedomie a tiež je vedomá a my to musíme prijať. Duša sa na rozdiel od tela nemení. Ako večne nemenná zostáva v porovnaní s Najvyššou Dušou vždy nepatrná. Najvyššia Duša je nekonečne veľká a atomická duša je nekonečne malá, preto sa nemôže rovnať Bohu. *Vedy* toto poňatie duše opakujú na mnohých miestach a mnohými spôsobmi, aby tak potvrdili jej postavenie. Opakovanie istej veci je nevyhnutné, ak ju chceme dokonale a bezchybne pochopiť.

VERŠ 26

अथ चैनं नित्यजातं नित्यं वा मन्यसे मृतम् ।
तथापि त्वं महाबाहो नैनं शोचितुमर्हसि ॥ २६ ॥

atha cainaṁ nitya-jātaṁ nityaṁ vā manyase mṛtam
tathāpi tvaṁ mahā-bāho nainaṁ śocitum arhasi

atha — ak ale; *ca* — tiež; *enam* — táto duša; *nitya-jātam* — stále sa rodí; *nityam* — navždy; *vā* — alebo; *manyase* — takto uvažuješ; *mṛtam* — mŕtva; *tathā api* — ani tak; *tvam* — ty; *mahā-bāho* — ó, bojovník s mocnými pažami; *na* — nikdy; *enam* — o duši; *śocitum* — žialiť; *arhasi* — hodí sa.

Ak si však myslíš, že duša (alebo príznaky života) sa zakaždým rodí a potom navždy umiera, ani tak nemáš žiadny dôvod žialiť, ó, bojovník mocných paží.

VÝZNAM: Vždy jestvuje určitý druh filozofov blízkych buddhistom, ktorí neveria v oddelenú existenciu duše mimo tela. Z Kṛṣṇovych slov sa dá poznať, že aj vtedy, keď prednášal *Bhagavad-gītu*, títo filozofi žili a boli známi ako *lokāyatikovia* a *vaibhāṣikovia*. Títo filozofi tvrdia, že duša alebo život vzniká, keď hmotné prvky dosiahnu určitý stupeň vývoja. Dnešní vedci a ateistickí filozofi uvažujú podobne. Podľa nich je telo zlúčeninou fyzických a chemických látok, ktorých vzájomným pôsobením vznikne život. Na tejto myšlienke je postavená antropológia. V súčasnosti sa k tejto filozofii — ako aj k nihilistickým buddhistickým sektám neoddaných — hlási tiež mnoho falošných náboženstiev, ktoré prichádzajú do módy v Amerike.

Aj keby Arjuna neveril v existenciu duše, tak ako v ňu neveria stúpenci *vaibhāṣickej* filozofie, ani tak by nemal dôvod k nariekaniu. Kto by žialil nad stratou nejakej zmesi chemických prvkov a prestal kvôli tomu vykonávať svoje povinnosti? Počas vojny predsa nikto nenarieka, keď sa na zničenie nepriateľa vyplytvajú tony chemikálií. *Vaibhāṣická* filozofia tvrdí, že *ātmā* alebo duša je zničená spolu s telom. Preto je jedno, či

Arjuna *vedsky* záver o existencii maličkej duše prijal, alebo nie; ani v jednom prípade nemal dôvod bedákať. Podľa teórie *vaibhāṣikov* sa z hmoty neprestajne v každom momente rodí veľa nových bytostí a rovnako veľa ich zaniká; preto niet dôvodu smútiť kvôli smrti. Podľa toho Arjunovi nehrozilo, že sa znovu narodí, a preto nemal ani dôvod báť sa následkov, ktoré by ho čakali, keby zabil svojho praotca a učiteľa. Kṛṣṇa však Arjunu uštipačne oslovil „bojovník mocných paží", lebo neprijímal teóriu *vaibhāṣikov*, ktorá úplne ignoruje *vedsku* múdrosť. Ako *kṣatriya* patril Arjuna do *vedskej* spoločnosti, a preto sa mal riadiť jej pokynmi.

VERŠ 27

जातस्य हि ध्रुवो मृत्युर्ध्रुवं जन्म मृतस्य च ।
तस्मादपरिहार्येऽर्थे न त्वं शोचितुमर्हसि ॥ २७ ॥

jātasya hi dhruvo mṛtyur dhruvaṁ janma mṛtasya ca
tasmād aparihārye 'rthe na tvaṁ śocitum arhasi

jātasya—ten, kto sa narodil; *hi*—istá; *dhruvaḥ*—skutočnosť; *mṛtyuḥ*—smrť; *dhruvam*—je tiež skutočnosťou; *janma*—narodenie; *mṛtasya*—zomretého; *ca*—tiež; *tasmāt*—preto; *aparihārye*—pre to, čomu sa nedá vyhnúť; *arthe*—pokiaľ ide o; *na*—nemal; *tvam*—ty; *śocitum*—bedákať; *arhasi*—je vhodné.

Pre toho, kto sa narodil, je smrť celkom istá a ten, kto zomrel, sa celkom iste narodí. Preto by si nemal bedákať pri plnení svojej nevyhnutnej povinnosti.

VÝZNAM: Každý musí zomrieť a znovu sa narodiť. Naše činy v tomto živote určujú podmienky nášho budúceho života. Takto neustále pokračuje kolobeh rodenia a umierania pre toho, kto nedosiahol vyslobodenie. Tento kolobeh rodenia a umierania však neschvaľuje zbytočné vraždenie, zabíjanie zvierat a vojny, aj keď niekedy je pre udržanie zákona a poriadku v ľudskej spoločnosti nutné použiť násilie.

Vojna na Kuruovskom poli bola celkom nevyhnutná, lebo si to želal Najvyšší, a povinnosťou *kṣatriyu* je bojovať za spravodlivú vec. Prečo by sa teda Arjuna, ktorý si iba plnil svoju povinnosť, mal báť alebo trápiť pri pomyslení na to, že boj môže jeho príbuzným priniesť smrť? Nebolo vhodné, aby porušil zákon *kṣatriyov* a vystavil sa tak hrozbe, že bude potrestaný za hriešne konanie, čoho sa obával i on sám. Zanedbaním svojich povinností by aj tak nemohol zabrániť smrti svojich príbuzných, skôr by sa sám vystavil poklesnutiu, pretože by si zvolil nesprávnu cestu.

VERŠ 28

अव्यक्तादीनि भूतानि व्यक्तमध्यानि भारत ।
अव्यक्तनिधनान्येव तत्र का परिदेवना ॥ २८ ॥

avyaktādīni bhūtāni vyakta-madhyāni bhārata
avyakta-nidhanāny eva tatra kā paridevanā

avyakta-ādīni — na počiatku neprejavené; *bhūtāni* — všetky, čo sú stvorené; *vyakta* — prejavené; *madhyāni* — uprostred; *bhārata* — ó, Bharatov potomok; *avyakta* — neprejavené; *nidhanāni* — po zničení; *eva* — je to tak; *tatra* — preto; *kā* — aké; *paridevanā* — nariekanie.

Všetky stvorené bytosti sú na počiatku neprejavené, v prechodnom štádiu sú prejavené a po zničení opäť neprejavené. Prečo teda nariekať, ó, potomok Bharatov?

VÝZNAM: Sú dva druhy filozofov: jedni veria v existenciu duše a druhí nie. Ani jedni však nemajú dôvod nariekať nad mŕtvym telom. Tí, čo nasledujú zásady *vedskeho* poznania, nazývajú tých, ktorí v existenciu duše neveria, ateistami. Aj keby sme kvôli debate prijali ateistickú filozofiu, ani vtedy by sme nemali dôvod žialiť. Pred stvorením vesmíru sú hmotné elementy neprejavené a duša zatiaľ jestvuje oddelene, nezávisle od nich. Zo subtílneho neprejaveného stavu hmoty sa manifestuje vesmír, podobne ako sa z éteru tvorí vzduch, zo vzduchu oheň, z ohňa voda a z vody zem. Zo zeme vzniká mnoho rozmanitých prejavov. Zoberme si napríklad mrakodrap, ktorý je postavený zo zložiek zeme. Keď ho zbúrajú, jeho prejavenie zanikne a opäť zostáva v podobe atómov. Zákon o zachovaní energie platí, rozdiel je len v tom, že veci sú niekedy prejavené, a inokedy nie. Ako teda môže byť prejavený, či neprejavený stav príčinou žiaľu? Skutočnosťou je, že v žiadnom prípade, teda ani v neprejavenom stave, nie je nič celkom stratené. Na počiatku i na konci je všetko neprejavené a len medzi týmito dvoma štádiami je všetko prejavené. Z materiálneho hľadiska tu nejde o nejaký podstatný rozdiel.

Keď prijmeme záver *vedskych* písiem, ako ho nájdeme v *Bhagavad-gīte*, že hmotné telá sú pominuteľné a časom zanikajú (*antavanta ime dehāḥ*), zatiaľ čo duša je večná (*nityayoktāḥ śarīriṇaḥ*), musíme pamätať na to, že telo je ako odev, a že nad zmenou odevu netreba nariekať. Pre večnú dušu je existencia tela ako sen. V spánku sa nám môže snívať, že sa vznášame vo vzduchu alebo sa vezieme ako kráľ v prepychovom kočiari. No len čo sa zobudíme, vidíme, že sa nevznášame vo vzduchu, ani nesedíme v žiadnom koči. *Vedska* múdrosť poukazuje na pominuteľnosť hmotného tela a na tomto základe odporúča prijať cestu duchovnej realizácie. Jednoducho, nech veríme v existenciu duše, alebo nie, nemáme žiadny dôvod nariekať nad stratou tela.

VERŠ 29

आश्चर्यवत्पश्यति कश्चिदेन-
माश्चर्यवद्वदति तथैव चान्यः ।
आश्चर्यवच्चैनमन्यः शृणोति
श्रुत्वाप्येनं वेद न चैव कश्चित् ॥ २९ ॥

āścarya-vat paśyati kaścid enam
āścarya-vad vadati tathaiva cānyaḥ
āścarya-vac cainam anyaḥ śṛṇoti
śrutvāpy enaṁ veda na caiva kaścit

āścarya-vat — zázračnú; *paśyati* — vidia; *kaścit* — niektorí; *enam* — túto dušu; *āścarya-vat* — zázračné; *vadati* — hovoria; *tathā* — tak; *eva* — istotne; *ca* — tiež; *anyaḥ* — iní; *āścarya-vat* — rovnako zázračné; *ca* — tiež; *enam* — tejto duši; *anyaḥ* — iní; *śṛṇoti* — počujú; *śrutvā* — počuli; *api* — aj keď; *enam* — tejto duši; *veda* — vedia; *na* — nikdy; *ca* — i; *eva* — istotne; *kaścit* — niekto.

Niektorí sa na dušu pozerajú ako na zázračnú, iní o nej hovoria ako o zázračnej a ďalší o nej počúvajú ako o zázračnej. Pritom niektorí, hoci o nej počuli, ju nedokážu pochopiť vôbec.

VÝZNAM: Keďže *Gītopaniṣad* sa z veľkej časti zakladá na zásadách *Upaniṣad*, nie je prekvapujúce, že sa podobný verš nachádza aj v *Kaṭha Upaniṣade* (1.2.7):

śravaṇayāpi bahubhir yo na labhyaḥ
śṛṇvanto 'pi bahavo yaṁ na vidyuḥ
āścaryo vaktā kuśalo 'sya labdhā
āścaryo 'sya jñātā kuśalānuśiṣṭaḥ

Je nesporne obdivuhodné, že nepatrná duša sa nachádza aj v tele obrovského zvieraťa alebo v mohutnom posvätnom banyanovníku, ako aj v mikróboch, ktoré sú také maličké, že sa ich na plochu jedného štvorcového centimetra zmestia miliardy. Ľudia, ktorí nežijú zdržanlivo, majú chabé vedomosti a nemôžu nikdy porozumieť obdivuhodnosti maličkej duše, aj keď to vysvetlila najvyššia autorita v poznaní, ktorá učila aj Brahmu, prvú stvorenú bytosť v našom vesmíre. Väčšina ľudí dnes pre prílišný materializmus nedokáže pochopiť, ako môže taká čiastočka prijať takú obrovskú, alebo na druhej strane takú nepatrnú podobu. Tí, čo poznajú povahu duše, usudzujú, že je obdivuhodná, a tí, ktorí o nej počuli rozprávať, si myslia to isté. Ľudia pomýlení hmotnou energiou sú tak hlboko pohrúžení v zmyslových pôžitkoch, že majú len veľmi málo času na duchovnú realizáciu. Skutočnosťou však je, že bez sebapoznania skončia napokon všetky naše snahy v boji o existenciu porážkou. Títo ľudia možno nevedia, že musia myslieť na dušu a nájsť tak konečné riešenie, ako skoncovať s hmotným utrpením.

Niektorí ľudia, ktorí chcú získať poznanie o duši, niekedy prídu na prednášky, ale vďaka svojej nevedomosti môžu Nadušu a nepatrnú dušu mylne považovať za totožné, bez rozlíšenia ich hodnoty. Je veľmi ťažké nájsť človeka, ktorý dokonale chápe postavenie duše a Nadduše, ktorý rozumie ich činnostiam a vzťahu, jedným slovom, všetkému, čo sa ich týka. A ešte ťažšie je nájsť človeka, ktorý získal naozaj plný úžitok z poznania duše a je schopný jej povahu vysvetliť. Keď je však človek schopný rozumieť otázkam týkajúcim sa duše, jeho život bude úspešný. Najjednoduchší spôsob, ako porozumieť tejto téme, je prijať výroky *Bhagavad-gīty*, ktoré vyslovila najvyššia autorita, Śrī Kṛṣṇa. Človek sa nemá nechať zviesť inými teóriami. Aby bol schopný prijať Kṛṣṇu ako Najvyššiu Božskú Osobnosť, musí sa podrobiť mnohým pokániam a obetám, či už v tomto alebo v predchádzajúcich životoch. To, že Kṛṣṇa je Najvyššia Božská Osobnosť môžeme pochopiť vďaka bezpríčinnej milosti čistého oddaného, inak nie.

VERŠ 30

देही नित्यमवध्योऽयं देहे सर्वस्य भारत ।
तस्मात्सर्वाणि भूतानि न त्वं शोचितुमर्हसि ॥ ३० ॥

dehī nityam avadhyo 'yaṁ dehe sarvasya bhārata
tasmāt sarvāṇi bhūtāni na tvaṁ śocitum arhasi

dehī — vlastníčka hmotného tela; *nityam* — večná; *avadhyaḥ* — nemôže byť zabitá; *ayam* — táto duša; *dehe* — v tele; *sarvasya* — každého; *bhārata* — ó, Bharatov potomok; *tasmāt* — preto; *sarvāṇi* — všetky; *bhūtāni* — živé bytosti (ktoré sú narodené); *na* — nikdy; *tvam* — ty; *śocitum* — smútiť; *arhasi* — hodí sa.

Ó, potomok Bharatov, duša, ktorá pretrváva v tele, je večná a nikdy nemôže byť zabitá. Preto za žiadnym tvorom nemusíš smútiť.

VÝZNAM: Týmto veršom zakončuje Kṛṣṇa časť, v ktorej opisuje nemennú dušu. Pri opise jej rozličných aspektov konštatoval, že duša je večná a telo pominuteľné. Preto by sa Arjuna ako *kṣatriya* nemal vyhýbať svojím povinnostiam zo strachu, že jeho praotec a učiteľ — Bhīṣma a Droṇa — môžu na bojisku zahynúť. Takisto aj my musíme na základe Kṛṣṇovho autoritatívneho postavenia bez najmenších pochýb prijať, že jestvuje duša, ktorá sa odlišuje od tela. Mali by sme odmietnuť názor, že duše niet alebo že život vzniká v určitom štádiu hmotnej evolúcie, ktorá sa zakladá na vzájomnom pôsobení chemických zlúčenín. Napriek tomu, že duša je nesmrteľná, nie je podporované násilie. Iba v čase vojny, keď ide o nevyhnutnú potrebu, sa môže násilie použiť, ale jedine vtedy, keď je schválené Bohom, a nie z vlastného rozmaru.

VERŠ 31

स्वधर्ममपि चावेक्ष्य न विकम्पितुमर्हसि ।
धर्म्याद्धि युद्धाच्छ्रेयोऽन्यत्क्षत्रियस्य न विद्यते ॥ ३१ ॥

sva-dharmam api cāvekṣya na vikampitum arhasi
dharmyād dhi yuddhāc chreyo 'nyat kṣatriyasya na vidyate

sva-dharmam — vlastné náboženské zásady; *api* — tiež; *ca* — skutočne; *avekṣya* — po zvážení; *na* — nikdy; *vikampitum* — váhať; *arhasi* — hodí sa; *dharmyāt* — z náboženských zásad; *hi* — skutočne; *yuddhāt* — bojovať; *śreyaḥ* — lepšie zamestnanie; *anyat* — hocičo iné; *kṣatriyasya* — pre kṣatriyov; *na* — nie; *vidyate* — jestvuje.

Po zvážení svojej kṣatriyskej povinnosti by si mal vedieť, že niet pre teba nič lepšieho, než bojovať podľa náboženských zásad; preto nemáš dôvod váhať.

VÝZNAM: Členovia druhej zo štyroch spoločenských tried majú na starosti vedenie štátu a ochranu všetkých obyvateľov krajiny. Volajú sa *kṣatriyovia*. Kṣat znamená ublíženie a *kṣatriya* je ten, kto ochraňuje pred ublížením (*trāyate* znamená chrániť). Kedysi sa *kṣatriyovia* cvičili v zabíjaní v lese; ozbrojení iba mečom bojovali s tigrom. Zabitému tigrovi potom poskytovali kráľovskú kremáciu. Tento zvyk dodržiavajú *kṣatriyovia* v Jaipure až dodnes. *Kṣatriyovia* sa učia byť majstrovskými bojovníkmi, lebo násilie je niekedy nevyhnutné pre ochranu náboženských zásad. Pre *kṣatriyu* sa nehodí, aby priamo prijal *sannyāsa* alebo stav odriekania. Politické nenásilie môže byť oprávnené, nesmie sa však stať zásadou. V náboženských zákonníkoch sa uvádza:

āhaveṣu mitho 'nyonyaṁ jighāṁsanto mahī-kṣitaḥ
yuddhamānāḥ paraṁ śaktyā svargaṁ yānty aparāṅ-mukhāḥ

yajñeṣu paśavo brahman hanyante satataṁ dvijaiḥ
saṁskṛtāḥ kila mantraiś ca te 'pi svargam avāpnuvan

„Tak ako sa *brāhmana* môže obetovaním zvierat v obetnom ohni povzniesť na nebeské planéty, tak aj kráľ alebo *kṣatriya* môže dosiahnuť nebeské planéty, keď bojuje proti závistivému nepriateľovi." Zabíjanie nepriateľov na bojisku a zabíjanie zvierat v obetnom ohni sa nemá považovať za násilné činy, ak sú vykonávané podľa náboženských zásad, lebo to prináša všetkým úžitok. Obetované zviera hneď dostane ľudské telo a nemusí transmigrovať z jedného životného druhu do druhého. *Brāhmani* vďaka týmto obetiam dosiahnu nebeské planéty, rovnako ako *kṣatriyovia*, ktorých zabijú v boji.

Sú dva druhy *sva-dharmy* alebo príslušných povinností. Pokiaľ človek nie je vyslobodený, musí v súlade s náboženských zásad konať povinnosti odpovedajúce jeho telu, aby k oslobodeniu dospel. Keď dosiahne oslobodenie, získa jeho *sva-dharma* duchovný charakter a už nie je viac na úrovni hmotného telesného poňatia. V telesnom chápaní života majú *brāhmani* a *kṣatriyovia* osobitné povinnosti, ktorým sa nedá vyhnúť. Rozdelenie povinností podľa povahy a sklonov človeka je stanovené Pánom a bližšie je opísané v štvrtej kapitole. Na telesnej úrovni sa *sva-dharma* nazýva *varṇāśrama-dharma* alebo pomocný prostriedok k dosiahnutiu duchovného poznania. Ľudská civilizácia sa začína zavedením *varṇāśrama-dharmy*, v štádiu osobitných povinností, ktoré boli človeku určené podľa kvality jeho hmotného tela. Plnením si povinností podľa pokynov vyšších autorít sa človek povyšuje na vyššiu životnú úroveň.

VERŠ 32

यदृच्छया चोपपन्नं स्वर्गद्वारमपावृतम् ।
सुखिनः क्षत्रियाः पार्थ लभन्ते युद्धमीदृशम् ॥ ३२ ॥

yadṛcchayā copapannaṁ svarga-dvāram apāvṛtam
sukhinaḥ kṣatriyāḥ pārtha labhante yuddham īdṛśam

yadṛcchayā — samo od seba; *ca* — tiež; *upapannam* — dospejú k; *svarga* — nebeským planétam; *dvāram* — dvere; *apāvṛtam* — dokorán otvorené; *sukhinaḥ* — veľmi šťastní; *kṣatriyāḥ* — príslušníci kráľovského rodu; *pārtha* — ó, syn Pṛthy; *labhante* — dosiahnuť; *yuddham* — vojnou; *īdṛśam* — takto.

Ó, syn Pṛthy, šťastní sú kṣatriyovia, ktorým sa naskytnú možnosti k boju, otvárajúce brány na nebeské planéty.

VÝZNAM: Ako najvyšší učiteľ na svete odsudzuje Kṛṣṇa postoj Arjunu, ktorý tvrdil, že tento boj nemôže priniesť nič dobrého a že práve naopak vedie k večnému životu v pekle. Tieto Arjunove úvahy pochádzajú z nevedomosti. Iba nevedomosť je dôvodom Arjunovho rozhodnutia nepoužiť násilie, hoci to bolo jeho povinnosťou. Je hlúpe byť *kṣatriya* a presadzovať na bojisku nenásilie. V *Parāśara-smṛti*, náboženských nariadeniach, ktoré ustanovil veľký mudrc a Vyāsadevov otec Parāśara, sa uvádza:

kṣatriyo hi prajā rakṣan śastra-pāṇiḥ pradaṇḍayan
nirjitya para-sainyādi kṣitiṁ dharmeṇa pālayet

„Povinnosťou *kṣatriyu* je chrániť občanov pred všetkými problémami, a preto musí niekedy pre zachovanie zákona a poriadku použiť násilie. Jeho povinnosťou je poraziť vojská nepriateľských kráľov a vládnuť tak svetu podľa náboženských zásad.“

Pri zvážení všetkých hľadísk, Arjuna nemal dôvod vzdávať boj. Keby svojich nepriateľov porazil, radoval by sa z kráľovstva, a keby v boji zomrel, povýšil by sa na nebeské planéty, ktorých brány by boli preňho otvorené dokorán. V oboch prípadoch by bolo preňho dobré bojovať.

VERŠ 33

अथ चेत्त्वमिमं धर्म्यं सङ्ग्रामं न करिष्यसि ।
ततः स्वधर्मं कीर्तिं च हित्वा पापमवाप्स्यसि ॥ ३३ ॥

atha cet tvam imaṁ dharmyaṁ saṅgrāmaṁ na kariṣyasi
tataḥ sva-dharmaṁ kīrtiṁ ca hitvā pāpam avāpsyasi

atha — preto; *cet* — ak; *tvam* — ty; *imam* — túto; *dharmyam* — náboženskú povinnosť; *saṅgrāmam* — boja; *na* — nie; *kariṣyasi* — vykonáš; *tataḥ* — potom; *sva-dharmam* — tvoja náboženská povinnosť; *kīrtim* — povesť; *ca* — tiež; *hitvā* — stratíš; *pāpam* — následok za hriech; *avāpsyasi* — získaš.

Ak sa však nezúčastníš tohto spravodlivého boja, prehrešíš sa zanedbaním svojich povinností a prídeš tak o svoju povesť bojovníka.

VÝZNAM: Arjuna bol slávny bojovník; svoju slávu získal, keď bojoval s mnohými veľkými polobohmi, vrátane samotného Śivu, ktorého porazil, keď sa Śiva prezliekol za lovca. Arjuna Śivu bojom potešil a dostal od neho za odmenu zbraň *pāśupata-astra.* O Arjunovi každý vedel, že je veľkým bojovníkom. I Droṇācārya mu dal požehnanie a venoval mu zvláštnu zbraň, s ktorou mohol zabiť aj svojho učiteľa. Veľa autorít, vrátane vlastného otca, nebeského kráľa Indru, udelilo Arjunovi množstvo vojenských vyznamenaní. Keby sa však vzdal boja, nielenže by zanedbal svoju *kṣatriyskú* povinnosť, ale prišiel by aj o svoju slávu a dobré meno, čím by si pripravil cestu do pekla. Inými slovami, nedegradoval by kvôli účasti v boji, ale preto, že sa chcel boja vzdať.

VERŠ 34

अकीर्तिं चापि भूतानि कथयिष्यन्ति तेऽव्ययाम् ।
सम्भावितस्य चाकीर्तिर्मरणादतिरिच्यते ॥ ३४ ॥

akīrtiṁ cāpi bhūtāni kathayiṣyanti te 'vyayām
sambhāvitasya cākīrtir maraṇād atiricyate

akīrtim — potupa; *ca* — tiež; *api* — okrem toho; *bhūtāni* — všetci ľudia; *kathayiṣyanti* — budú hovoriť; *te* — o tebe; *avyayām* — navždy; *sambhāvitasya* — pre váženého muža; *ca* — tiež; *akīrtiḥ* — zlá povesť; *maraṇāt* — než smrť; *atiricyate* — je viac.

Ľudia si navždy budú rozprávať o tvojej potupe a pre váženú osobu je potupa horšia než smrť.

VÝZNAM: Ako priateľ a Arjunov poradca, vyslovuje teraz Kṛṣṇa svoj konečný verdikt ohľadom Arjunovho odmietnutia bojovať. Pán vraví: „Ak odídeš z bojiska ešte pred začiatkom boja, budú ťa ľudia považovať za zbabelca. Ak si aj tak myslíš, že nezáleží na tom, čo budú o tebe hovoriť, hlavne, že si zachrániš život útekom z bojiska, potom ti radím, že by pre teba bolo lepšie zahynúť v boji. Pre ctihodného muža, ako si ty, je potupa horšia ako smrť. Preto by si nemal od strachu pred smrťou zutekať; lepšie je zomrieť na bojisku. To ťa zachráni pred hanbou, ktorú by si pocítil, keby si zneužil Môjho priateľstva a stratil svoje významné postavenie v spoločnosti." Kṛṣṇov konečný názor teda je, aby Arjuna v boji radšej zahynul, než aby nebojoval.

VERŠ 35

भयाद्रणादुपरतं मंस्यन्ते त्वां महारथाः ।
येषां च त्वं बहुमतो भूत्वा यास्यसि लाघवम् ॥ ३५ ॥

bhayād raṇād uparataṁ maṁsyante tvāṁ mahā-rathāḥ
yeṣāṁ ca tvaṁ bahu-mato bhūtvā yāsyasi lāghavam

bhayāt — zo strachu; *raṇāt* — z bojiska; *uparatam* — prestať; *maṁsyante* — budú považovať; *tvām* — teba; *mahā-rathāḥ* — veľkí generáli; *yeṣām* — tých, ktorí; *ca* — tiež; *tvam* — ty; *bahu-mataḥ* — veľká úcta; *bhūtvā* — stane sa; *yāsyasi* — pôjdeš; *lāghavam* — stratí na cene.

Veľkí generáli, ktorí si veľmi ctili tvoje meno a slávu, si budú myslieť, že si z bojiska odišiel iba zo strachu a budú ťa považovať za zbabelca.

VÝZNAM: Śrī Kṛṣṇa ďalej Arjunovi povedal: „Nemysli si, že veľkí generáli, ako Duryodhana, Karṇa a iní, budú uvažovať, že si bojisko opustil zo súcitu so svojimi bratmi a praotcom. Budú si myslieť, že si utiekol zo strachu o svoj život a ich vysoká mienka o tebe sa zmení."

VERŠ 36

अवाच्यवादांश्च बहून्वदिष्यन्ति तवाहिताः ।
निन्दन्तस्तव सामर्थ्यं ततो दुःखतरं नु किम् ॥ ३६ ॥

avācya-vādāṁś ca bahūn vadiṣyanti tavāhitāḥ
nindantas tava sāmarthyaṁ tato duḥkhataraṁ nu kim

avācya — nepekné; *vādān* — vymyslené slová; *ca* — tiež; *bahūn* — veľa; *vadiṣyanti* — budú hovoriť; *tava* — tvoji; *ahitāḥ* — nepriatelia; *nindantaḥ* — pri ohováraní; *tava* — tvoje; *sāmarthyam* — schopnosti; *tataḥ* — než to; *duḥkha-taram* — bolestnejšie; *nu* — samozrejme; *kim* — čo je.

Tvoji nepriatelia ťa budú ohovárať mnohými nepeknými slovami a hanobiť tvoje schopnosti. Či snáď môže byť pre teba niečo bolestivejšie?

VÝZNAM: Kṛṣṇa bol spočiatku prekvapený Arjunovým nemiestnym súcitom a vysvetlil mu, že taký falošný súcit sa pre Āryu nehodí. Teraz mnohými slovami opodstatnil svoje prehlásenie proti Arjunovmu takzvanému súcitu.

VERŠ 37

हतो वा प्राप्स्यसि स्वर्गं जित्वा वा भोक्ष्यसे महीम् ।
तस्मादुत्तिष्ठ कौन्तेय युद्धाय कृतनिश्चयः ॥ ३७ ॥

hato vā prāpsyasi svargaṁ jitvā vā bhokṣyase mahīm
tasmād uttiṣṭha kaunteya yuddhāya kṛta-niścayaḥ

hataḥ — byť zabitý; *vā* — buď; *prāpsyasi* — získaš; *svargam* — nebeské kráľovstvo; *jitvā* — porazením; *vā* — alebo; *bhokṣyase* — užiješ; *mahīm* — svet; *tasmāt* — preto; *uttiṣṭha* — povstaň; *kaunteya* — ó, syn Kuntī; *yuddhāya* — bojovať; *kṛta* — odhodlane; *niścayaḥ* — s istotou.

Ak ťa na bojisku zabijú, dosiahneš nebeské planéty; ak zvíťazíš, získaš pozemské kráľovstvo. Preto povstaň, ó, syn Kuntī, a odhodlane bojuj.

VÝZNAM: Hoci Arjuna nemal víťazstvo nijako zaručené, mal napriek tomu bojovať, lebo aj keby ho zabili, dostal by sa na nebeské planéty.

VERŠ 38

सुखदुःखे समे कृत्वा लाभालाभौ जयाजयौ ।
ततो युद्धाय युज्यस्व नैवं पापमवाप्स्यसि ॥ ३८ ॥

sukha-duḥkhe same kṛtvā lābhālābhau jayājayau
tato yuddhāya yujyasva naivaṁ pāpam avāpsyasi

sukha — šťastie; *duḥkhe* — a nešťastie; *same* — vyrovnanosť; *kṛtvā* — konať tak; *lābha-alābhau* — pri strate aj zisku; *jaya-ajayau* — v porážke aj vo víťazstve; *tataḥ* — potom; *yuddhāya* — v záujme boja; *yujyasva* — bojuj; *na* — nikdy; *evam* — takto; *pāpam* — hriešne následky; *avāpsyasi* — získaš.

Bojuj, lebo to je tvojou povinnosťou; bojuj bez ohľadu na šťastie alebo nešťastie, zisk alebo stratu, víťazstvo alebo porážku; tak na seba neuvalíš hriech.

VÝZNAM: Teraz Kṛṣṇa Arjunu priamo vyzýva, aby bojoval, pretože si to sám želá. Človek vedomý si Kṛṣṇu koná bez ohľadu na výsledky svojej činnosti, či už prinášajú šťastie alebo bolesť, zisk alebo stratu, víťazstvo alebo porážku. Keď dospeje k názoru, že všetko treba robiť pre Kṛṣṇu, má transcendentálne vedomie. Taká činnosť neprináša žiadne hmotné následky. Ten, kto koná pre svoj zmyslový pôžitok — je jedno, či pod vplyvom kvality dobra alebo kvality vášne — vystavuje sa buď dobrým, alebo zlým následkom. No ten, kto sa celkom odovzdá Kṛṣṇovi a všetko robí s týmto vedomím, s vedomím Kṛṣṇu, nemá voči nikomu žiadne povinnosti ani záväzky, ako to v normálnom živote zvyčajne býva. V *Śrīmad-Bhāgavatame* (11.5.41) sa hovorí:

devarṣi-bhūtāpta-nṛṇāṁ pitṝṇāṁ
na kiṅkaro nāyam ṛṇī ca rājan
sarvātmanā yaḥ śaraṇaṁ śaraṇyaṁ
gato mukundaṁ parihṛtya kartam

„Kto sa celkom odovzdal Kṛṣṇovi, Mukundovi a zriekol sa všetkých ostatných povinností, ten nemá voči nikomu žiadne záväzky — ani k polobohom, k mudrcom, k príbuzným, k predkom či k celému ľudstvu." Kṛṣṇa toto Arjunovi nepriamo naznačil a v nasledujúcich veršoch to bude vysvetlené podrobnejšie.

VERŠ 39

एषा तेऽभिहिता सांख्ये बुद्धिर्योगे त्विमां शृणु ।
बुद्ध्या युक्तो यया पार्थ कर्मबन्धं प्रहास्यसि ॥ ३९ ॥

eṣā te 'bhihitā sāṅkhye buddhir yoge tv imāṁ śṛṇu
buddhyā yukto yayā pārtha karma-bandhaṁ prahāsyasi

eṣā — toto všetko; *te* — tebe; *abhihitā* — vyložil; *sāṅkhye* — analytickým štúdiom; *buddhiḥ* — inteligencia; *yoge* — pracovať bez túžby po plodoch; *tu* — ale; *imām* — toto; *śṛṇu* — len vypočuj; *buddhyā* — inteligenciou; *yuktaḥ* — spojený; *yayā* — prostredníctvom ktorej; *pārtha* — ó, syn Pṛthy; *karma-bandham* — zajatie činov a odplaty; *prahāsyasi* — môžeš sa vyslobodiť z.

Až doposiaľ som ti vyložil toto poznanie podrobným rozborom. Teraz počúvaj, ako ti ho vysvetlím z hľadiska konania zbaveného svojich plodov. Ó, syn Pṛthy, ak budeš konať s týmto poznaním, môžeš sa vyslobodiť zo zajatia činov.

VÝZNAM: Podľa *vedskeho* slovníka *Nirukti* sa slovo *saṅkhyā* vzťahuje na to, čo podrobne opisuje veci, a *sāṅkhya* označuje filozofiu, ktorá vysvetľuje pravú povahu duše. *Yoga* znamená ovládanie zmyslov. Arjunova nechuť bojovať v skutočnosti pochádzala z hmotných záujmov. Zabúdal na svoju hlavnú povinnosť a chcel sa vzdať boja, lebo si myslel, že bude šťastnejší, keď svojich príbuzných nezabije, než keby sa mal radovať z kráľovstva po porážke svojich bratancov a bratov, Dhṛtarāṣṭrových synov. V obidvoch prípadoch ide o čistý zmyslový pôžitok. Šťastie, ktoré by ho čakalo po víťazstve nad príbuznými, i šťastie vidieť svojich príbuzných naživе bolo založené na uspokojení jeho zmyslov, pretože bol ochotný zanedbať poznanie a povinnosť. Preto chcel Kṛṣṇa Arjunovi vysvetliť, že keď zabije telo svojho praotca, nezabije samotnú dušu. Vysvetlil, že všetky individuálne osoby, vrátane Pána samotného, boli večnými jednotlivcami v minulosti, sú jednotlivcami v súčasnosti a zostanú nimi aj v budúcnosti, pretože všetci sme individuálne duše. Iba rôzne meníme svoje odevy v podobe tiel; individualitu si v skutočnosti zachovávame aj po vyslobodení sa z pút v podobe hmotných šiat. Śrī Kṛṣṇa teda Arjunovi podrobne vysvetlil povahu duše a tela. V slovníku *Nirukti* sa analytické štúdium duše a tela nazýva sāṅkhya. Saṅkhya však nemá nič spoločné so sāṅkhyovskou filozofiou ateistu Kapilu. Už dávno predtým, ako podvodník Kapila predložil svoju sāṅkhyovskú filozofiu, bola filozofia sāṅkhye vysvetlená v *Śrīmad-Bhāgavatame* pravým Kapilom, inkarnáciou Śrī Kṛṣṇu, ktorý túto filozofiu predniesol svojej matke Devahūti. Śrī Kapila veľmi jasne vysvetlil, že *puruṣa*, Najvyšší Pán, ktorý je aktívny, stvoril tento pominuteľný svet pohľadom na hmotnú prírodu (*prakṛti*). To je potvrdené v *Gīte* i vo *Vedach*. Opis vo *Vedach* udáva, že Pán pohľadom oplodnil *prakṛti* nepatrnými individuálnymi dušami. Všetky tieto individuálne duše pracujú v hmotnom svete pre svoj zmyslový pôžitok a očarované hmotnou energiou si myslia, že si užívajú. Táto mentalita ovplyvňuje živú bytosť aj vtedy, keď sa túži vyslobodiť z hmoty; v tomto štádiu má tendenciu stotožňovať sa s Bohom. To je posledná pasca iluzórnej energie alebo klam zmyslových pôžitkov. Len po mnohých a mnohých životoch v takej činnosti, vedenej túžbou po hmotných zmyslových pôžitkoch, sa veľké duše odovzdajú Vāsudevovi, Śrī Kṛṣṇovi, a dosiahnu svoj vytúžený cieľ, Absolútnu Pravdu.

Arjuna prijal Kṛṣṇu za svojho duchovného učiteľa, keď Mu povedal: *śiṣyas te 'haṁ śādhi māṁ tvāṁ prapannam*. Teraz mu Kṛṣṇa vyloží funkciu *buddhi-yogy* alebo *karma-yogy*, vysvetlí mu, ako vykonávať oddanú službu čisto pre potešenie Pánovych zmyslov. V desiatom verši desiatej kapitoly sa píše, že *buddhi-yoga* znamená priamu spoločnosť s Pánom, sídliacim v srdciach všetkých bytostí v podobe Paramātmy. Bez oddanej služby však tento vzťah nemôže jestvovať. Preto ten, kto je zapojený do transcendentálnej láskyplnej oddanej služby Bohu, kto si je vedomý Kṛṣṇu, dosiahne štádium *buddhi-yogy* vďaka zvláštnej Pánovej milosti. Śrī Kṛṣṇa preto vraví, že čistým poznaním oddanosti v absolútnej láske odmení iba tých, ktorí neustále vykonávajú oddanú službu z transcendentálnej lásky. Takto môže oddaný ľahko dosiahnuť Boha, Jeho večnú a blaženú ríšu.

Buddhi-yoga, o ktorej je reč v tomto verši, predstavuje oddanú službu. Slovom sāṅkhya tu nie je označená *sāṅkhya-yoga* nepravého Kapilu, preto ju nesmieme zameniť so *sāṅkhya-yogou*, o ktorej sa hovorí v tomto verši. V tom čase nemala filozofia ateistického Kapilu žiadny vplyv, a preto ani Kṛṣṇa nemal záujem zmieňovať sa tu o takej bezbožnej špekulatívnej filozofii. Pravú *sāṅkhyovú* filozofiu opísal v *Śrīmad-Bhāgavatame* pravý Kapila. Slovo sāṅkhya znamená analytický opis tela a duše. Kṛṣṇa opísal Arjunovi povahu duše, aby ho tak priviedol k *buddhi-yoge* alebo *bhakti-yoge*. Preto Kṛṣṇova sāṅkhya a sāṅkhya pravého Kapilu sú jedno a to isté: *bhakti-yoga*. Preto Kṛṣṇa hovorí v *Bhagavad-gīte*, že iba hlúpi ľudia robia rozdiely medzi *sāṅkhya-yogou* a *bhakti-yogou* (*sāṅkhya-yogau pṛthag bālāḥ pravadanti na paṇḍitāḥ*). Takže je jasné, že ateistická sāṅkhya nemá nič spoločné s *bhakti-yogou*, aj keď niektorí hlupáci tvrdia, že *Bhagavad-gītā* o nej pojednáva.

Malo by nám byť jasné, že *buddhi-yoga* znamená konať s mysľou upretou na Kṛṣṇu alebo oddane slúžiť Bohu v plnej blaženosti a s plným poznaním, ktoré táto služba prináša. Kto pracuje iba pre Pánovo potešenie a nehľadí na problémy, koná podľa zásad *buddhi-yogy* a nachádza sa ustavične v transcendentálnej blaženosti. Vďaka tejto duchovnej činnosti získava človek automaticky Pánovou milosťou transcendentálne poznanie. Takto dosiahne úplné vyslobodenie bez toho, že by na získanie poznania vynaložil nejaké zvláštne úsilie. Medzi činnosťou, pri ktorej si je človek vedomý Kṛṣṇu a činnosťou konanou s myšlienkou na odmenu v podobe rodinného alebo hmotného šťastia, je podstatný rozdiel. *Buddhi-yoga* je teda transcendentálna kvalita činnosti, ktorú vykonávame.

VERŠ 40

नेहाभिक्रमनाशोऽस्ति प्रत्यवायो न विद्यते ।
स्वल्पमप्यस्य धर्मस्य त्रायते महतो भयात् ॥ ४० ॥

nehābhikrama-nāśo 'sti pratyavāyo na vidyate
sv-alpam apy asya dharmasya trāyate mahato bhayāt

na—nie je; *iha*—v tejto *yoge*; *abhikrama*—snaha; *nāśaḥ*—strata; *asti*—je; *pratyavāyaḥ*—úbytok; *na*—nikdy; *vidyate*—je; *su-alpam*—malý; *api*—aj keď; *asya*—tohto; *dharmasya*—zamestnania; *trāyate*—oslobodzuje; *mahataḥ*—od veľkého; *bhayāt*—nebezpečenstva.

V tomto úsilí niet straty alebo úbytku a i malý pokrok na tejto ceste môže človeka ochrániť pred najväčším nebezpečenstvom.

VÝZNAM: Činnosť, pri ktorej sme si vedomí Kṛṣṇu, alebo konanie pre Kṛṣṇu bez očakávania zmyslových pôžitkov je najvyššou transcendentálnou činnosťou. I tá najmenšia snaha potešiť Kṛṣṇu nevyjde nikdy nazmar. Na hmotnej úrovni sú všetky činy, ktoré neboli celkom dokončené, neúspešné, zatiaľ čo na duchovnej úrovni i ten najmenší čin, hoci nedokončený, prináša trvalý úžitok. Preto človek, ktorý urobil niečo pre potešenie Kṛṣṇu, o nič neprichádza, aj keby svoju prácu nedokončil. I jediné percento činnosti vykonanej v tomto duchu umožní človeku, aby nabudúce začal od dvoch percent, zatiaľ čo hmotné činy, ak ich nedokončíme stopercentne, neprinášajú žiadne ovocie. Ajāmila si plnil svoje povinnosti s niekoľko percentným vedomím Kṛṣṇu, ale výsledok, ktorého sa dočkal, bol vďaka Kṛṣṇovej milosti stopercentný. V tejto súvislosti nájdeme pekný verš v *Śrīmad-Bhāgavatame* (1.5.17):

tyaktvā sva-dharmaṁ caraṇāmbujaṁ harer
bhajann apakvo 'tha patet tato yadi
yatra kva vābhadram abhūd amuṣya kiṁ
ko vārtha āpto 'bhajatāṁ sva-dharmataḥ

„Keď niekto zanechá svoje predpísané povinnosti, aby oddane slúžil Bohu, a poklesne, keďže službu nedokončil — o čo taký človek prichádza? Čo však získa ten, čo dokonale vykonával svoje hmotné povinnosti?" Alebo, ako vravia kresťania: „Na čo je človeku celý svet, keď stratil večnú dušu?"

Hmotné činy a ich výsledky zanikajú s telom. Práca konaná s vedomím Kṛṣṇu privádza dotyčného znova k vedomiu Kṛṣṇu, dokonca aj po opustení tela. Prinajmenšom je isté, že v ďalšom živote dostane ľudské telo, narodí sa v rodine múdreho *brāhmaṇa* alebo v bohatej a vzdelanej rodine, čo mu umožní ďalší pokrok na ceste za duchovným poznaním. Tak jedinečné vlastnosti má práca konaná vo vedomí Kṛṣṇu.

VERŠ 41

व्यवसायात्मिका बुद्धिरेकेह कुरुनन्दन ।
बहुशाखा ह्यनन्ताश्च बुद्धयोऽव्यवसायिनाम् ॥ ४१ ॥

vyavasāyātmikā buddhir ekeha kuru-nandana
bahu-śākhā hy anantāś ca buddhayo 'vyavasāyinām

vyavasāya-ātmikā — rozhodný v oddanej službe; *buddhiḥ* — inteligencia; *ekā* — jediná; *iha* — na tomto svete; *kuru-nandana* — ó, milované dieťa Kuruovcov; *bahu-śākhāḥ* — rozvetvená; *hi* — skutočne; *anantāḥ* — nekonečná; *ca* — tiež; *buddhayaḥ* — inteligencia; *avyavasāyinām* — tých, ktorí nemajú vedomie Kṛṣṇu.

Tí, ktorí kráčajú touto cestou, sú odhodlaní vo svojej snahe a majú jediný cieľ. Ó, milované dieťa Kuruovcov, inteligencia nerozhodných je rozvetvená.

VÝZNAM: Pevné presvedčenie, že človek dosiahne najvyššiu dokonalosť vedomím Kṛṣṇu, sa nazýva *vyavasāyātmikā* inteligencia. V *Caitanya-caritāmṛte* (*Madhya* 22.62) sa uvádza:

'śraddhā'-śabde — viśvāsa kahe sudṛḍha niścaya
kṛṣṇe bhakti kaile sarva-karma kṛta haya

Viera znamená neochvejnú dôveru v niečo vznešené. Človek vedomý si Kṛṣṇu nemusí pri plnení svojich povinností konať vo vzťahu k hmotnému svetu s jeho záväzkami k rodinným tradíciám, k národu alebo k ľudstvu. V prípade konania s vidinou jeho plodov sa napĺňujú reakcie za predchádzajúce dobré alebo zlé skutky. Ten, kto je prebudený k vedomiu Kṛṣṇu, sa už nemusí snažiť o to, aby jeho činy prinášali dobré výsledky. Všetky tieto činy sú na absolútnej úrovni, pretože už nie sú podriadené dualitám, ako je dobro a zlo. Najvyššou dokonalosťou človeka, ktorý si je vedomý Kṛṣṇu, je zrieknutie sa hmotného chápania života. Tento stav je možné automaticky dosiahnuť vďaka postupnému zameraniu mysle na Kṛṣṇu.

Rozhodnosť osoby vedomej si Kṛṣṇu sa zakladá na poznaní, že Vāsudeva alebo Kṛṣṇa je príčinou všetkých príčin (*vāsudevaḥ sarvam iti sa mahātmā su-durlabhaḥ;* Bg. 7.19). Keď zalejeme koreň stromu, voda sa automaticky rozšíri do konárov a listov. Podobne osoba slúžiaca Kṛṣṇovi preukazuje sebe, rodine, spoločnosti, krajine a ľudstvu tú najväčšiu službu. Ak je Kṛṣṇa s naším konaním spokojný, sú spokojné aj všetky ostatné bytosti.

Služba Kṛṣṇovi sa vykonáva najlepšie pod vedením pravého predstaviteľa Śrī Kṛṣṇu, duchovného učiteľa, ktorý pozná povahu svojho žiaka a môže ho zamestnať v činnostiach určených pre potešenie Kṛṣṇu. Keď sa človek chce odovzdať Kṛṣṇovi, musí Mu odhodlane slúžiť. Musí poslúchať duchovného učiteľa, Kṛṣṇovho predstaviteľa, a prijímať jeho pokyny ako svoje životné poslanie. Śrīla Viśvanātha Cakravartī Ṭhākura nás vo svojich modlitbách k duchovnému učiteľovi učí:

yasya prasādād bhagavat-prasādo
yasyāprasādān na gatiḥ kuto 'pi
dhyāyan stuvaṁs tasya yaśas tri-sandhyaṁ
vande guroḥ śrī-caraṇāravindam

„Keď je duchovný učiteľ spokojný, je spokojná aj Najvyššia Božská Osobnosť. A ak duchovný učiteľ nie je spokojný, nie je možné pokročiť v duchovnom živote. Preto by som mal o ňom rozjímať a prosiť ho o milosť. Najmenej trikrát denne by som mal svojmu duchovnému učiteľovi vzdať pokorné poklony."

Duchovná realizácia závisí od dokonalého poznania duše a jej odlišnosti od tela, a to nie teoreticky, ale prakticky. Toto poznanie umožňuje človeku prestať s konaním, ktoré vedie len k uspokojovaniu zmyslov a prejavuje sa v plodonosných činnostiach. Tí, ktorých myseľ nie je neochvejná, bývajú plodonosnými činmi zvedení s cesty.

VERŠ 42-43

यामिमां पुष्पितां वाचं प्रवदन्त्यविपश्चितः ।
वेदवादरताः पार्थ नान्यदस्तीति वादिनः ॥ ४२ ॥
कामात्मानः स्वर्गपरा जन्मकर्मफलप्रदाम् ।
क्रियाविशेषबहुलां भोगैश्वर्यगतिं प्रति ॥ ४३ ॥

yām imāṁ puṣpitāṁ vācaṁ pravadanty avipaścitaḥ
veda-vāda-ratāḥ pārtha nānyad astīti vādinaḥ

kāmātmānaḥ svarga-parā janma-karma-phala-pradām
kriyā-viśeṣa-bahulāṁ bhogaiśvarya-gatiṁ prati

yām imām — všetky tieto; *puṣpitām* — kvetnaté; *vācam* — slová; *pravadanti* — prednášajú; *avipaścitaḥ* — ľudia s chabým poznaním; *veda-vāda-ratāḥ* — takzvaní nasledovatelia *Ved*; *pārtha* — ó, syn Pṛthy; *na* — nikdy; *anyat* — nič iné; *asti* — jestvuje; *iti* — tak; *vādinaḥ* — záujemci; *kāma-ātmānaḥ* — túžiaci po zmyslovom pôžitku; *svarga-parāḥ* — usilujúci sa dosiahnuť nebeské planéty; *janma-karma-phala-pradām* — prinášajúci výhodné narodenie a iné výsledky; *kriyā-viśeṣa* — honosné obrady; *bahulām* — rozličné; *bhoga* — zmyslové pôžitky; *aiśvarya* — bohatstvo; *gatim* — pokrok; *prati* — smerujúci.

Ľudia s chabým poznaním lipnú na kvetnatých slovách Ved, odporúčajúcich vykonávanie rôznych plodonosných činností, ktorých cieľom je dosiahnutie nebeských planét, vznešeného pôvodu, moci a ďalších predností. Keďže túžia po zmyslových pôžitkoch a po živote v hojnosti, vravia, že nad to niet.

VÝZNAM: Ľudia všeobecne nie sú veľmi inteligentní a vďaka ich nevedomosti ich zo všetkého najviac priťahujú činnosti, ktoré sú odporúčané v *karma-kāṇḍskej* časti *Ved* pre tých, ktorí túžia dosiahnuť isté hmotné výhody. Ich jediným cieľom je pôžitok na nebeských planétach, kde je dostatok žien a vína a kde je hmotné bohatstvo bežné. Vo *Vedach* sú odporúčané mnohé obete a hlavne obete známe pod názvom *jyotiṣṭoma*, ktoré sú určené na povznesenie sa na nebeské planéty. Uvádza sa, že ten, kto sa chce povzniesť na nebeské planéty, musí vykonávať tieto obete. Ľudia s chabými vedomosťami ich však považujú za cieľ *vedskeho* poznania. Je pre nich veľmi ťažké odhodlať sa k činom, ktoré by potešili Kṛṣṇu. Nebeské planéty, ktoré ponúkajú rozmanité bohatstvo a pôžitok, sa dajú prirovnať k jedovatým kvetom, ktoré svojou vôňou očarujú nevedomého človeka a ten ani netuší nejaké nebezpečenstvo.

V *karma-kāṇḍskej* časti *Ved* je uvedené: *apāma somam amṛtā abhūma* a *akṣayyaṁ ha vai cāturmasya-yājinaḥ sukṛtaṁ bhavati.* Tým, ktorí vykonávajú štvormesačné odriekanie, je daná možnosť piť nápoj *soma-rasa* a dosiahnuť tak nesmrteľnosť a večné šťastie. Aj na našej planéte by niektorí ľudia veľmi radi pili *soma-rasu*, aby boli zdraví a silní a mohli si užívať svojich zmyslov. Títo ľudia neveria vo vyslobodenie sa z hmotnej existencie a priťahujú ich honosné *vedske* obetné obrady. Sú to prevažne zmyselní ľudia, ktorí netúžia po ničom inom, len po pôžitkoch na nebeských planétach. Na nich sú záhrady nazývané Nandana-kānana, kde sa človek môže stretnúť s anjelsky krásnymi ženami a kde je hojnosť vína (*soma-rasy*). Také telesné šťastie je nepochybne zmyslové. Preto sú tí, ktorí sa považujú za pánov hmotného sveta, očarení iba hmotným, pominuteľným šťastím.

VERŠ 44

भोगैश्वर्यप्रसक्तानां तयापहृतचेतसाम् ।
व्यवसायात्मिका बुद्धिः समाधौ न विधीयते ॥ ४४ ॥

bhogaiśvarya-prasaktānāṁ tayāpahṛta-cetasām
vyavasāyātmikā buddhiḥ samādhau na vidhīyate

bhoga — hmotný pôžitok; *aiśvarya* — a bohatstvo; *prasaktānām* — tí, ktorí lipnú; *tayā* — k týmto veciam; *apahṛta-cetasām* — zmätení v mysli; *vyavasāya-ātmikā* — pevní vo svojom odhodlaní; *buddhiḥ* — oddaná služba Pánovi; *samādhau* — v ovládnutej mysli; *na* — nikdy; *vidhīyate* — koná sa.

V mysli tých, ktorí príliš lipnú na zmyslových pôžitkoch a na hmotnom bohatstve a sú tým zmätení, sa nezrodí pevné odhodlanie oddane slúžiť Najvyššiemu Pánovi.

VÝZNAM: Slovo *samādhi* znamená „ustálená myseľ". Vo *vedskom* slovníku *Nirukti* sa hovorí: *samyag ādhīyate 'sminn ātma-tattva-yāthātmyam.* „Stav, v ktorom je myseľ zameraná na poznanie svojho skutočného „ja", sa nazýva *samādhi.*" Osoby, ktoré vyhľadávajú hmotný pôžitok, alebo osoby, ktoré sú omámené pominuteľnými vecami, sa do *samādhi* nikdy nedostanú. Títo ľudia sú odsúdení k tomu, aby ich ovládala hmotná energia.

VERŠ 45

त्रैगुण्यविषया वेदा निस्त्रैगुण्यो भवार्जुन ।
निर्द्वन्द्वो नित्यसत्त्वस्थो निर्योगक्षेम आत्मवान् ॥ ४५ ॥

trai-guṇya-viṣayā vedā nistrai-guṇyo bhavārjuna
nirdvandvo nitya-sattva-stho niryoga-kṣema ātmavān

trai-guṇya — patriace do troch kvalít hmotnej prírody; *viṣayāḥ* — o témach; *vedāḥ* — *vedske* písma; *nistrai-guṇyaḥ* — transcendentálny voči trom hmotným kvalitám; *bhava* — buď; *arjuna* — ó, Arjuna; *nirdvandvaḥ* — zbavený dualít; *nitya-sattva-sthaḥ* — vždy umiestnený v čistom stave duchovného bytia; *niryoga-kṣemaḥ* — zbavený všetkých myšlienok na zisk a ochranu; *ātma-vān* — pevne zakotvený v sebe.

Vedy sa prevažne zaoberajú témami spojenými s troma kvalitami hmotnej prírody. Ó, Arjuna, staň sa transcendentálny voči týmto kvalitám. Zostaň nedotknutý protikladmi, buď zbavený akejkoľvek úzkosti kvôli zisku a bezpečiu a zotrvávaj na úrovni svojho skutočného „ja".

VÝZNAM: Všetky hmotné aktivity spolu s ich následkami sú riadené tromi kvalitami hmotnej prírody. Ich účelom je prinášať výsledky, a preto sú príčinou nášho otroctva v hmotnom svete. Ak sa *Vedy* zaoberajú predovšetkým hmotnými činnosťami, je to preto, aby ľudstvo postupne povzniesli na duchovnú úroveň. Kṛṣṇa radí Svojmu priateľovi a žiakovi Arjunovi, aby svoje vedomie povzniesol na transcendentálnu úroveň

Vedānta-filozofie, ktorá sa začína dotazmi na najvyššiu transcendenciu (*brahma-jijñāsā*). Všetky živé bytosti v hmotnom svete veľmi ťažko zápasia o svoju existenciu. Po stvorení hmotného sveta im Pán dal *vedsku* múdrosť, v ktorej im radí ako žiť, aby sa vyslobodili z hmotného otroctva. Po *karma-kāṇḍskej* časti *Ved*, ktorá pojednáva o činoch smerujúcich k dosiahnutiu hmotného pôžitku, ponúkajú písma v podobe *Upaniṣad* možnosť dosiahnuť duchovnú realizáciu. *Upaniṣady* patriace k rôznym *Vedam*, ako aj *Bhagavad-gītā*, ktorá je súčasťou piatej *Vedy* — *Mahābhāraty* — znamenajú začiatok duchovného života.

Pokým jestvuje hmotné telo, jestvujú tiež akcie a reakcie troch kvalít hmotnej prírody. Človek sa musí naučiť znášať protiklady, ako šťastie a nešťastie, teplo a zima atď., a vyslobodiť sa tak z úzkosti, ktorú spôsobujú túžba po zisku a obava zo straty. Tento transcendentálny stav dosiahneme, ak sme si plne vedomí Kṛṣṇu a celkom závisíme od Jeho dobrej vôle.

VERŠ 46

यावानर्थ उदपाने सर्वतः सम्प्लुतोदके ।
तावान्सर्वेषु वेदेषु ब्राह्मणस्य विजानतः ॥ ४६ ॥

yāvān artha udapāne sarvataḥ samplutodake
tāvān sarveṣu vedeṣu brāhmaṇasya vijānataḥ

yāvān — všetko, čo; *arthaḥ* — je určené; *uda-pāne* — v studni; *sarvataḥ* — vo všetkých ohľadoch; *sampluta-udake* — vo veľkej vodnej nádrži; *tāvān* — podobne; *sarveṣu* — vo všetkých; *vedeṣu* — *vedskych* písmach; *brāhmaṇasya* — človek, ktorý pozná Najvyšší Brahman; *vijānataḥ* — ten, kto má dokonalé poznanie.

Všetky účely, ktoré plní malá studňa, splní v každom ohľade aj veľká vodná nádrž. Podobne môže všetky ciele Ved dosiahnuť ten, kto pozná ich konečný účel.

VÝZNAM: Účelom obradov a obetí, opísaných v *karma-kāṇḍskej* časti *vedskej* literatúry, je povzbudiť človeka k postupnému rozvíjaniu sebarealizácie. Cieľ sebarealizácie je jasne vysvetlený v pätnástej kapitole

Bhagavad-gīty (15.15): účelom štúdia *Ved* je poznať Kṛṣṇu, pôvodnú príčinu všetkého. Sebarealizácia teda znamená pochopiť Kṛṣṇu a pochopiť večný vzťah k Nemu. O vzťahu medzi živými bytosťami a Kṛṣṇom je zmienka tiež v pätnástej kapitole, v siedmom verši. Individuálne bytosti sú Kṛṣṇovými čiastočkami, a preto obnovenie ich pôvodného vedomia je najvyšším stupňom dokonalosti *vedskeho* poznania. To je potvrdené aj v *Śrīmad-Bhāgavatame* (3.33.7):

aho bata śva-paco 'to garīyān
yaj-jihvāgre vartate nāma tubhyam
tepus tapas te juhuvuḥ sasnur āryā
brahmānūcur nāma gṛṇanti ye te

„Ó, môj Pane, človek, ktorý prednáša Tvoje sväté mená, sa nachádza na najvyššej úrovni duchovnej realizácie, hoci môže pochádzať z nízkej rodiny *caṇḍālov* (pojedačov psov). Taký človek musel určite vykonať všetky možné pokánia a obete podľa *vedskych* predpisov, veľakrát preštudovať *Vedy* a zbaviť sa hriechov očistným kúpeľom na všetkých pútnych miestach. Taký človek je najlepší z Āryov."

Takže človek musí byť dostatočne inteligentný, aby pochopil zmysel *Ved*, a nemal iba záľubu v obradoch. Musí sa tiež vzdať túžby povýšiť sa na nebeské planéty za účelom väčšieho zmyslového pôžitku. V dnešnej dobe nie je pre obyčajného človeka možné riadiť sa všetkými pravidlami, ktoré sú potrebné pri vykonávaní *vedskych* obradov, nie je možné ani dôkladne preštudovať *Vedānta-sūtru* a všetky *Upaniṣady*. Vyžaduje to veľa času, energie, znalostí a iných prostriedkov, teda to, čoho v tomto veku nie je práve nazvyš. Ale predsa, spôsob, ako najlepšie poslúžiť poslaniu *vedskej* kultúry, je spievať sväté Božie mená, ako to odporúča Śrī Caitanya Mahāprabhu, záchranca všetkých pokleslých duší. Keď sa Ho veľký učenec a znalec *Ved* Prakāśānanda Sarasvatī spýtal, prečo namiesto študovania *Vedānty* spieva Božie mená ako nejaký sentimentalista, Śrī Caitanya Mahāprabhu mu odpovedal, že Jeho duchovný učiteľ Ho považoval za veľkého hlupáka, a preto Ho požiadal, aby spieval sväté mená Pána Śrī Kṛṣṇu. Keď to urobil, zaplavila Ho extáza. V tomto veku, Kali-yuge, sú ľudia väčšinou nevedomí a nedostatočne kvalifikovaní pre pochopenie *Ved*. Najlepší spôsob, ako poslúžiť poslaniu *Vedānty*, je bez priestupkov spievať alebo spevne recitovať sväté Božie mená. *Vedānta* je posledným slovom *vedskej* múdrosti a autorom a znalcom vedantskej filozofie je Śrī

Kṛṣṇa. Najväčším *vedāntistom* je tá veľká duša, ktorá nachádza potešenie v spievaní svätých Božích mien. A to je tiež vrchol *vedskeho* mysticizmu.

VERŠ 47

कर्मण्येवाधिकारस्ते मा फलेषु कदाचन ।
मा कर्मफलहेतुर्भूर्मा ते सङ्गोऽस्त्वकर्मणि ॥ ४७ ॥

karmaṇy evādhikāras te mā phaleṣu kadācana
mā karma-phala-hetur bhūr mā te saṅgo 'stv akarmaṇi

karmaṇi — predpísané povinnosti; *eva* — istotne; *adhikāraḥ* — právo; *te* — tvoje; *mā* — nikdy; *phaleṣu* — na plody; *kadācana* — kedykoľvek; *mā* — nikdy; *karma-phala* — k výsledkom práce; *hetuḥ* — príčina; *bhūḥ* — stane sa; *mā* — nikdy; *te* — tebou; *saṅgaḥ* — lipnutie; *astu* — malo by byť; *akarmaṇi* — neplnenie predpísaných povinností.

Máš právo vykonávať svoje predpísané povinnosti, no nemáš nárok na užívanie plodov svojich činov. Nikdy sa nepovažuj za príčinu výsledkov svojich činov a nikdy nelipni na tom, že by si nevykonával svoju povinnosť.

VÝZNAM: Na úvahu sú tu predložené tri faktory: predpísané povinnosti, nezávislá činnosť a nečinnosť. Predpísané povinnosti sú činy, ktoré človek robí podľa toho, v akej kvalite hmotnej prírody sa nachádza. Nezávislá činnosť znamená vykonávanie činov bez schválenia autoritou a nečinnosť znamená zanedbanie predpísaných povinností. Śrī Kṛṣṇa tu Arjunovi radí, aby nebol nečinný, ale aby konal svoju predpísanú povinnosť bez lipnutia na výsledkoch. Ten, kto lipne na výsledkoch svojich činov, je príčinou konania a je za svoje činy tiež zodpovedný; potom si buď užíva, alebo trpí ich následky.

Predpísané povinnosti možno rozdeliť na tri skupiny: obyčajné, naliehavé a žiadúce. Obyčajné povinnosti, ktoré sú vykonávané v súlade s pokynmi písiem, charakterizujú činnosť v kvalite dobra, lebo sú vykonávané bez túžby po plodoch. Činnosti vykonávané s túžbou po výsledkoch človeka zotročujú, a preto sú nepriaznivé. Každý má svoje predpísané povinnosti a každý by mal konať bez lipnutia na výsledkoch. Takéto plnenie si povinností bez sebeckého záujmu vedie nepochybne k vyslobodeniu.

Śrī Kṛṣṇa preto Arjunovi radil, aby bojoval z povinnosti, bez lipnutia na výsledku. Jeho neúčasť v boji by bola formou hmotnej pripútanosti, ktorá nikdy nevedie človeka k spáse. Akákoľvek pripútanosť, kladná či záporná, je vždy príčinou otroctva a žiadna nám nemôže pomôcť vyslobodiť sa z hmotného bytia; a nečinnosť je hriešna. Bojovať z povinnosti bolo teda pre Arjunu jedinou cestou k vyslobodeniu.

VERŠ 48

योगस्थः कुरु कर्माणि सङ्गं त्यक्त्वा धनञ्जय ।
सिद्ध्यसिद्ध्योः समो भूत्वा समत्वं योग उच्यते ॥ ४८ ॥

yoga-sthaḥ kuru karmāṇi saṅgaṁ tyaktvā dhanañjaya
siddhy-asiddhyoḥ samo bhūtvā samatvaṁ yoga ucyate

yoga-sthaḥ — vyrovnaný; *kuru* — konaj; *karmāṇi* — svoju povinnosť; *saṅgam* — pripútanosť; *tyaktvā* — zriekni sa; *dhanañjaya* — ó, Arjuna; *siddhi-asiddhyoḥ* — v úspechu či neúspechu; *samaḥ* — vyrovnaný; *bhūtvā* — stať sa; *samatvam* — vyrovnanosť mysle; *yogaḥ* — yoga; *ucyate* — nazýva sa.

Konaj si svoju povinnosť riadne, ó, Arjuna, zriekni sa pripútanosti a buď ľahostajný k úspechu či neúspechu. Taká vyrovnanosť sa nazýva yoga.

VÝZNAM: Śrī Kṛṣṇa radí Arjunovi, aby nasledoval cestu *yogy*. Čo je *yoga*? *Yoga* znamená sústredenie mysle na Najvyššieho ovládaním večne nepokojných zmyslov. A kto je Najvyšší? Najvyšší je Kṛṣṇa. A keďže On samotný vyzýva Arjunu k boju, nemá Arjuna s následkami boja nič spoločného. Víťazstvo alebo porážka závisia od Kṛṣṇu a Arjunovou povinnosťou je riadiť sa Jeho pokynmi. Vykonávať Kṛṣṇove pokyny je pravá *yoga* a jej praktické uplatnenie nájdeme v procese nazývanom *bhakti-yoga*. Jedine prostredníctvom činností, ktoré sú určené na uspokojenie Kṛṣṇu, sa človek môže zbaviť vlastníckeho pocitu. Správny spôsob, ako si plniť povinnosti *bhakti-yogy*, je stať sa služobníkom Kṛṣṇu alebo služobníkom Jeho služobníka. To je jediná cesta, ktorá môže každému pomôcť v *yoge*.

Arjuna patril do *varṇāśramského* spoločenského zriadenia ako *kṣatriya*. Vo *Viṣṇu Purāṇe* je uvedené, že cieľom tejto spoločnosti je uspokojiť Viṣṇua. Nikto by nemal — ako je v hmotnom svete pravidlom — uspokojovať samého seba, ale Kṛṣṇu. Preto, ak neuspokojíme Kṛṣṇu, nemôžeme dobre plniť zásady *varṇāśramskej* spoločnosti. Kṛṣṇa tu Arjunovi nepriamo radí, aby nasledoval Jeho pokyny.

VERŠ 49

दूरेण ह्यवरं कर्म बुद्धियोगाद्धनञ्जय ।
बुद्धौ शरणमन्विच्छ कृपणाः फलहेतवः ॥ ४९ ॥

dūreṇa hy avaraṁ karma buddhi-yogād dhanañjaya
buddhau śaraṇam anviccha kṛpaṇāḥ phala-hetavaḥ

dūreṇa — ďaleko odhodiť; *hi* — určite; *avaram* — hanebné; *karma* — činy; *buddhi-yogāt* — sila vedomia Kṛṣṇu; *dhanañjaya* — ó, Dhanaňjaya; *buddhau* — s týmto vedomím; *śaraṇam* — celkom podriadení; *anviccha* — skús; *kṛpaṇāḥ* — sebci; *phala-hetavaḥ* — tí, ktorí sa pachtia za plodmi činov.

Ó, Dhanañjaya, pomocou oddanej služby zanechaj ďaleko všetky ohavné činnosti a s týmto vedomím sa odovzdaj Pánovi. Tí, ktorí si chcú užívať plody svojej práce, sú lakomci.

VÝZNAM: Ten, kto plne zrealizoval svoju skutočnú povahu ako večný služobník Pána, prestane so všetkými činnosťami okrem tej, ktorú robí pre potešenie Kṛṣṇu. Ako už bolo vysvetlené, *buddhi-yoga* je láskyplná služba Bohu a taká oddaná služba je správnou činnosťou všetkých živých bytostí. Iba sebci vyhľadávajú pôžitok v plodoch svojej práce, ktorá ich stále viac a viac zaplieta do siete hmotnej existencie. Všetky činnosti, okrem tých, ktoré sú robené pre potešenie Kṛṣṇu, sú hanebné, pretože ich vykonávateľa natrvalo spútavajú v kolobehu rodenia a umierania. Preto sa človek nikdy nemá usilovať o to, aby bol príčinou svojho konania. Všetko treba robiť s mysľou zameranou na Kṛṣṇu a pre Jeho potešenie. Úbožiaci nevedia, ako využiť bohatstvo, ktoré získali vďaka šťastnému osudu alebo ťažkou prácou, a pretože sú sebeckí, nevyužívajú svoju ľudskú energiu v službe Najvyššiemu Pánovi. Človek by mal všetku svoju energiu vložiť do služby Bohu a úspešne tak zavŕšiť svoj život.

VERŠ 50

बुद्धियुक्तो जहातीह उभे सुकृतदुष्कृते ।
तस्माद्योगाय युज्यस्व योगः कर्मसु कौशलम् ॥ ५० ॥

buddhi-yukto jahātīha ubhe sukṛta-duṣkṛte
tasmād yogāya yujyasva yogaḥ karmasu kauśalam

buddhi-yuktaḥ — ten, kto oddane slúži; *jahāti* — môže sa zbaviť; *iha* — v tomto živote; *ubhe* — oboch; *sukṛta-duṣkṛte* — dobrých i zlých výsledkov; *tasmāt* — preto; *yogāya* — v záujme oddanej služby; *yujyasva* — buď takto zamestnaný; *yogaḥ* — vedomie Kṛṣṇu; *karmasu* — v každej činnosti; *kauśalam* — umenie.

Človek zapojený v oddanej službe sa zbavuje dobrých i zlých činov už v tomto živote. Preto sa usiluj vykonávať yogu, ktorá je vrcholom umenia všetkých činností.

VÝZNAM: Každá živá bytosť si už od nepamäti nahromadila mnoho reakcií za svoje dobré a zlé skutky, a preto si neuvedomuje svoje pravé a večné postavenie. Táto nevedomosť sa však dá odstrániť dodržiavaním pokynov *Bhagavad-gīty*, ktorá človeka učí, aby sa v každom smere odovzdal Śrī Kṛṣṇovi a vyslobodil sa tak z reťazového podliehania akciám a reakciám, život za životom. Arjuna preto dostal radu, aby konal s vedomím Kṛṣṇu, čo je proces očisťujúci výsledné skutky.

VERŠ 51

कर्मजं बुद्धियुक्ता हि फलं त्यक्त्वा मनीषिणः ।
जन्मबन्धविनिर्मुक्ताः पदं गच्छन्त्यनामयम् ॥ ५१ ॥

karma-jaṁ buddhi-yuktā hi phalaṁ tyaktvā manīṣiṇaḥ
janma-bandha-vinirmuktāḥ padaṁ gacchanty anāmayam

karma-jam — vďaka plodonosným činnostiam; *buddhi-yuktāḥ* — oddane slúžiť; *hi* — určite; *phalam* — výsledky; *tyaktvā* — vzdávajú sa; *manīṣiṇaḥ* — veľkí svätci alebo oddaní; *janma-bandha* — z otroctva rodenia a umierania; *vinirmuktāḥ* — vyslobodené; *padam* — stav; *gacchanti* — dospejú; *anāmayam* — bez utrpenia.

Vďaka tejto oddanej službe Pánovi sa veľkí svätci alebo oddaní zbavujú výsledkov činov v hmotnom svete. Tak sa vyslobodzujú z kolobehu rodenia a smrti a dosahujú stav mimo všetkých utrpení (návratom k Bohu).

VÝZNAM: Oslobodeným živým bytostiam patrí miesto, kde neexistuje žiadne hmotné súženie. *Śrīmad-Bhāgavatam* (10.14.58) hovorí:

samāṣritā ye pada-pallava-plavaṁ
mahat-padaṁ puṇya-yaśo murāreḥ
bhavāmbudhir vatsa-padaṁ paraṁ padaṁ
padaṁ padaṁ yad vipadāṁ ne teṣām

„Tomu, kto prijal ochranu pri lotosových nohách Pána, ktorý je útočiskom celého vesmírneho stvorenia a je známy ako Mukunda alebo darca *mukti*, sa oceán hmotného sveta zdá byť trochou vody, ktorá sa vojde do otlačku kopýtka teliatka. Jeho cieľom sú Vaikuṇṭhaloky, kde nejestvuje hmotné utrpenie, a nie miesta, na ktorých na každom kroku hrozí nebezpečenstvo."

Kvôli svojej nevedomosti človek nechápe, že hmotný svet je miestom utrpenia, kde nebezpečenstvo číha na každom kroku. Iba z nevedomosti sa menej inteligentní ľudia snažia riešiť problémy života vyhľadávaním pôžitku v plodoch svojich činov a myslia si, že tak môžu byť šťastní. Nevedia, že na tomto hmotnom svete nejestvuje hmotné telo, ktoré by zaručovalo život bez utrpenia. Životné problémy, teda narodenie, staroba, choroby a smrť, sú v hmotnom svete všadeprítomné. No ten, kto porozumie svojmu pravému postaveniu večného Božieho služobníka a zrealizuje postavenie Najvyššej Osobnosti, Śrī Kṛṣṇu, odovzdá sa transcendentálnej láskyplnej službe Jemu. Vďaka tomu získa všetky kvalifikácie potrebné pre vstup na vaikuṇṭhské planéty, kde niet ani strastiplného hmotného života, ani vplyvu času a smrti. Poznať svoju skutočnú podstatu znamená poznať aj Pánovo vznešené postavenie. Kto si chybne myslí, že individuálna duša a Boh sú na rovnakej úrovni, blúdi v temnote, a preto nie je schopný oddane slúžiť Pánovi. Namiesto toho sa sám snaží byť „pánom“ a pripravuje si tak cestu k nekonečnému rodeniu sa a umieraniu. Kto však pochopí, že jeho poslaním je slúžiť, zapojí sa do služby Pánovi a stane sa tak spôsobilý pre vstup na Vaikuṇṭhaloky. Služba obetovaná Pánovi sa nazýva *karma-yoga* alebo *buddhi-yoga*, či jednoducho oddaná služba.

VERŠ 52

यदा ते मोहकलिलं बुद्धिर्व्यतितरिष्यति ।
तदा गन्तासि निर्वेदं श्रोतव्यस्य श्रुतस्य च ॥ ५२ ॥

yadā te moha-kalilaṁ buddhir vyatitariṣyati
tadā gantāsi nirvedaṁ śrotavyasya śrutasya ca

yadā — keď; *te* — tvoja; *moha* — klam; *kalilam* — húština; *buddhiḥ* — transcendentálna služba s inteligenciou; *vyatitariṣyati* — prekoná; *tadā* — vtedy; *gantā asi* — dospeješ; *nirvedam* — ľahostajnosť; *śrotavyasya* — k všetkému, čo má byť vypočuté; *śrutasya* — k všetkému, čo už bolo vypočuté; *ca* — tiež.

Až tvoja inteligencia prekoná húštinu klamu, staneš sa ľahostajným ku všetkému, čo už bolo vypočuté, ako i ku všetkému, čo má byť vypočuté.

VÝZNAM: Medzi veľkými Pánovými oddanými môžeme nájsť veľa oddaných, ktorí sa stali ľahostajnými k *vedskym* rituálom vďaka tomu, že vykonávali oddanú službu. Aj skúsený *brahmaṇa* sa bez problémov stane celkom ľahostajným k obradným rituálom, ktorých cieľom je hmotný pôžitok, keď naozaj porozumie Kṛṣṇovi a jeho vzťahu s Ním. Śrī Mādhavendra Purī, veľký oddaný a *ācārya* v postupnosti duchovných učiteľov, hovorí:

sandhyā-vandana bhadram astu bhavato bhoḥ snāna tubhyaṁ namo
bho devāḥ pitaraś ca tarpaṇa-vidhau nāhaṁ kṣamaḥ kṣamyatām
yatra kvāpi niṣadya yādava-kulottamasya kaṁsa-dviṣaḥ
smāraṁ smāram aghaṁ harāmi tad alaṁ manye kim anyena me

„Ó, moje tri denné modlitby, prevolávam vám chválu. Ó, očistný kúpeľ, hlboko sa pred tebou klaniam. Ó, polobohovia! Ó, predkovia! Odpustite mi, prosím, moju neschopnosť uctievať vás. Všade, kde som, spomínam na mocného potomka yaduovskej dynastie, na Kṛṣṇu, Kaṁsovho nepriateľa, a tak sa vyslobodzujem z pút svojich hriechov. Myslím si, že mi to stačí.“

Vedske obrady, ktoré okrem iného obsahujú aj prednášanie rôznych modlitieb trikrát denne, kúpanie sa skoro ráno a vzdávanie úcty predkom, sú pre nováčikov povinné. No keď má človek plné vedomie Kṛṣṇu a je celkom odovzdaný transcendentálnej láskyplnej službe Jemu, zľahostajnie k všetkým týmto usmerňujúcim pravidlám, pretože už dosiahol dokonalosť. Keď človek prostredníctvom služby Najvyššiemu Pánovi, Śrī Kṛṣṇovi, dosiahne poznanie, nemusí už viac vykonávať rôzne druhy pokánia a obetí, ktoré sa odporúčajú v zjavených písmach. Rovnako je mrhaním času aj vykonávanie rôznych obradov bez pochopenia, že cieľom *Ved* je dospieť ku Kṛṣṇovi. Osoba vedomá si Kṛṣṇu transcenduje *śabda-brahma,* prekročí hranice *Ved* a *Upaniṣad.*

VERŠ 53

श्रुतिविप्रतिपन्ना ते यदा स्थास्यति निश्चला ।
समाधावचला बुद्धिस्तदा योगमवाप्स्यसि ॥ ५३ ॥

śruti-vipratipannā te yadā sthāsyati niścalā
samādhāv acalā buddhis tadā yogam avāpsyasi

śruti — *vedske* zjavenie; *vipratipannā* — neovplyvnený výsledkami práce; *te* — tvoja; *yadā* — keď; *sthāsyati* — zostáva; *niścalā* — nepohnutá; *samādhau* — v transcendentálnom vedomí; *acalā* — neochvejná; *buddhiḥ* — inteligencia; *tadā* — vtedy; *yogam* — duchovná realizácia; *avāpsyasi* — dosiahneš.

Keď tvoju myseľ už viac neznepokojuje kvetnatý jazyk Ved a zostáva pohrúžená v tranze sebarealizácie, vtedy dosiahneš božské vedomie.

VÝZNAM: Povedať o niekom, že sa nachádza v *samādhi*, je to isté, ako povedať, že tento človek si plne uvedomuje Kṛṣṇu. V dokonalom *samādhi* človek realizuje Brahman, Paramātmu a Bhagavāna. Najvyššou dokonalosťou sebarealizácie je pochopiť, že sme večnými Kṛṣṇovými služobníkmi a že našou jedinou úlohou je plniť si svoje povinnosti s mysľou uprenou Naňho. Človeka vedomého si Kṛṣṇu, neochvejného Pánovho oddaného, by nemala rozptyľovať kvetnatá reč *Ved* a nemal by robiť plodonosné činnosti so snahou povýšiť sa na nebeské planéty. Ten, kto si je vedomý Kṛṣṇu, je s ním v úzkom spojení a môže priamo porozumieť všetkým Jeho pokynom. Ak takto konáme, môžeme si byť istí, že dosiahneme poznanie a dokonalosť v duchovnom živote. Stačí sa len podrobiť Kṛṣṇovmu vedeniu alebo vedeniu Jeho zástupcu, duchovného učiteľa.

VERŠ 54

अर्जुन उवाच
स्थितप्रज्ञस्य का भाषा समाधिस्थस्य केशव ।
स्थितधीः किं प्रभाषेत किमासीत व्रजेत किम् ॥ ५४ ॥

arjuna uvāca
sthita-prajñasya kā bhāṣā samādhi-sthasya keśava
sthita-dhīḥ kiṁ prabhāṣeta kim āsīta vrajeta kim

arjunaḥ uvāca — Arjuna riekol; *sthita-prajñasya* — toho, kto je pohrúžený v myšlienkach na Kṛṣṇu; *kā* — aká; *bhāṣā* — reč; *samādhi-sthasya* — toho, kto je v tranze; *keśava* — ó, Kṛṣṇa; *sthita-dhīḥ* — ten, kto neustále myslí na Kṛṣṇu; *kim* — ako; *prabhāṣeta* — hovorí; *kim* — ako; *āsīta* — sedí; *vrajeta* — chodí; *kim* — ako.

Arjuna riekol: Ó, Keśava, ako možno spoznať človeka, ktorého vedomie zotrváva v transcendencii? Ako taký človek hovorí a aká je jeho reč? Ako sedí a ako chodí?

VÝZNAM: Ako možno každého človeka spoznať podľa jeho osobitného postavenia, tak aj človeka vedomého si Kṛṣṇu možno spoznať podľa toho, ako rozpráva, chodí, myslí, cíti atď. Tak ako bohatý človek prejavuje isté známky, podľa ktorých sa dá spoznať, že je bohatý, alebo chorý človek, že je chorý, a učený, že je učený, tak aj osoba s transcendentálnym vedomím má osobitné znaky, o ktorých sa môžeme dozvedieť z *Bhaga-*

vad-gīty. Najdôležitejší je spôsob, akým osoba vedomá si Kṛṣṇu rozpráva, pretože reč je najvýznamnejšou vlastnosťou každého človeka. Vraví sa, že hlupák sa neprezradí, kým neprehovorí. Pekne oblečeného hlupáka nemožno spoznať, kým neprehovorí, no len čo začne hovoriť, ihneď sa prezradí. Prvou vlastnosťou osoby vedomej si Kṛṣṇu je, že hovorí iba o Kṛṣṇovi a o veciach, ktoré s Ním súvisia. Ďalšie vlastnosti nasledujú automaticky a budú opísané v nasledujúcich veršoch.

VERŠ 55

श्रीभगवानुवाच
प्रजहाति यदा कामान्सर्वान्पार्थ मनोगतान् ।
आत्मन्येवात्मना तुष्टः स्थितप्रज्ञस्तदोच्यते ॥ ५५ ॥

śrī-bhagavān uvāca
prajahāti yadā kāmān sarvān pārtha mano-gatān
ātmany evātmanā tuṣṭaḥ sthita-prajñas tadocyate

śrī-bhagavān uvāca—Kṛṣṇa, Najvyššia Božská Osobnosť, riekol; *prajahāti*—zrieka; *yadā*—keď; *kāmān*—túžba po zmyslovom pôžitku; *sarvān*—všetkých možných druhov; *pārtha*—ó, syn Pṛthy; *manaḥ-gatān*—mentálne výmysly; *ātmani*—v čistom stave duše; *eva*—istotne; *ātmanā*—očistená myseľ; *tuṣṭaḥ*—spokojný; *sthita-prajñaḥ*—umiestnený na transcendentálnej úrovni; *tadā*—vtedy; *ucyate*—vraví sa.

Kṛṣṇa, Najvyššia Božská Osobnosť, riekol: Ó, Pārtha, keď sa človek zriekol všetkých druhov túžob po zmyslovom pôžitku, ktoré sú výplodom mysle, a keď jeho očistená myseľ nachádza uspokojenie vo vlastnom „ja“, hovorí sa, že sa nachádza v čistom transcendentálnom vedomí.

VÝZNAM: Śrīmad-Bhāgavatam potvrdzuje, že osoba, ktorá láskyplne a oddane slúži Kṛṣṇovi, má dobré vlastnosti veľkých svätcov, zatiaľ čo ten, kto nie je na tejto transcendentálnej úrovni, nemá v skutočnosti žiadne dobré vlastnosti, lebo je isté, že sa bude uchyľovať k svojím mentálnym špekuláciám. Tiež je tu správne podotknuté, že človek musí zavrhnúť všetky druhy túžby po hmotných pôžitkoch, ktoré majú pôvod vo vypočítavej mysli. Tieto hmotné túžby sa nedajú zastaviť umelo, ale môžu bez zvláštneho úsilia postupne zmiznúť, ak človek robí všetko so snahou uspokojiť Kṛṣṇu. Preto by mal každý bez váhania s láskou a oddanosťou slúžiť Kṛṣṇovi, pretože láskyplná oddaná služba človeka okamžite povznáša na úroveň transcendentálneho vedomia. Duchovne vyspelý človek je vždy spokojný, pretože v plnej miere zrealizoval, že je večným služobníkom Najvyššieho Pána. Takto transcendentálne situovaná osoba netúži po zmyslovom uspokojení, ktoré pochádza z bezvýznamného materializmu; radšej zotrváva vo svojej blaženej prirodzenej pozícii, vo večnej službe Najvyššiemu Pánovi.

VERŠ 56

दुःखेष्वनुद्विग्नमनाः सुखेषु विगतस्पृहः ।
वीतरागभयक्रोधः स्थितधीर्मुनिरुच्यते ॥ ५६ ॥

duḥkheṣv anudvigna-manāḥ sukheṣu vigata-spṛhaḥ
vīta-rāga-bhaya-krodhaḥ sthita-dhīr munir ucyate

duḥkheṣu — v trojakom utrpení; *anudvigna-manāḥ* — bez toho, že by mal rozrušenú myseľ; *sukheṣu* — v šťastí; *vigata-spṛhaḥ* — nezaujímajúc sa; *vīta* — zbavený; *rāga* — záľuby; *bhaya* — strachu; *krodhaḥ* — hnevu; *sthita-dhīḥ* — ten, ktorého myseľ je stála; *muniḥ* — mudrc; *ucyate* — nazýva sa.

Kto napriek trojakému utrpeniu zostáva pokojný, kto sa nedá strhnúť šťastím a zbavil sa záľub, strachu a hnevu, je svätcom vyrovnanej mysle.

VÝZNAM: Slovo *muni* označuje človeka, ktorý dokáže povzbudzovať svoju myseľ k mentálnej špekulácii bez toho, že by došiel k určitému záveru. Každý *muni* má svoj vlastný názor s akým sa pozerá na vec, a ak sa niektorý muni neodlišuje svojím názorom od iných, potom sa v pravom zmysle slova nemôže nazývať *munim* (*na cāsāv ṛṣir yasya mataṁ na bhinnam; Mahābhārata, Vana-parva* 313.117). Ale *sthita-dhīr muni*, o ktorom sa tu Kṛṣṇa zmieňuje, sa líši od obyčajného muniho tým, že je vždy pohrúžený v myšlienkach na Kṛṣṇu, lebo prekročil štádium intelektuálneho hĺbania a došiel k záveru, že Śrī Kṛṣṇa, Vāsudeva, je všetko (*vāsu-*

devaḥ sarvam iti sa mahātmā su-durlabhaḥ). Preto sa nazýva svätcom ustálenej mysle (*praśānta-niḥśeṣa-mano-rathāntara; Stotra-ratna* 43). Takého človeka, ktorého myseľ je celkom pohrúžená v myšlienkach na Kṛṣṇu, neznepokojujú tri druhy hmotného utrpenia, lebo ich prijíma ako Božiu milosť. Keďže si je vedomý svojich predchádzajúcich priestupkov, považuje sa za hodného väčších utrpení a chápe, že jeho utrpenie bolo Pánovou milosťou znížené na minimum. Podobne, keď je šťastný, nepovažuje sa za hodného takého šťastia, lebo si uvedomuje, že v tomto priaznivom postavení, ktoré mu umožňuje lepšie slúžiť Bohu, sa nachádza len vďaka Pánovej milosti. Vo svojej láskyplnej službe je vždy nebojácny, činorodý a nie je ovplyvnený pripútanosťou či nechuťou. Pripútanosťou sa rozumie prijímať veci pre vlastný zmyslový pôžitok a odpútanosť je stavom, kde toto zmyslové ulpievanie nie je. Ten však, kto neochvejne zotrváva na úrovni vedomia Kṛṣṇu, nie je pripútaný, ani odpútaný, pretože svoj život zasvätil službe Pánovi. Následkom toho sa nenahnevá, keď jeho snaha nie je úspešná; v úspechu či neúspechu, zostáva nezlomný vo svojom úsilí.

VERŠ 57

यः सर्वत्रानभिस्नेहस्तत्तत्प्राप्य शुभाशुभम् ।
नाभिनन्दति न द्वेष्टि तस्य प्रज्ञा प्रतिष्ठिता ॥ ५७ ॥

yaḥ sarvatrānabhisnehas tat tat prāpya śubhāśubham
nābhinandati na dveṣṭi tasya prajñā pratiṣṭhitā

yaḥ—ten, kto; *sarvatra*—hocikde; *anabhisnehaḥ*—bez lipnutia; *tat*—to; *tat*—to; *prāpya*—dosahovaný; *śubha*—dobrého; *aśubham*—zlého; *na*—nikdy; *abhinandati*—chváli; *na*—nikdy; *dveṣṭi*—nenávidí; *tasya*—jeho; *prajñā*—dokonalé poznanie; *pratiṣṭhitā*—upevnený.

Ten, kto v hmotnom svete nie je ovplyvnený dobrom či zlom, ktoré ho môže stretnúť, a nechváli ho a ani nim neopovrhuje, je pevne umiestnený v dokonalom poznaní.

VÝZNAM: V hmotnom svete neustále prichádzajú zmeny, či už dobré, alebo zlé. Toho, kto medituje o Kṛṣṇovi a o oddanej službe, tieto zmeny neovplyvňujú a neovplyvňuje ho ani dobro či zlo. Kým sa nachádzame v hmotnom svete, sme neustále vystavení dobru a zlu, pretože tento svet je plný dualít. No toho, kto je pohrúžený v myšlienkach na Kṛṣṇu, tieto duality neovplyvňujú, lebo je zameraný len na absolútne dobro — na Śrī Kṛṣṇu. Takéto rozjímanie o Kṛṣṇovi privádza človeka do dokonalého transcendentálneho stavu, odborne nazývaného *samādhi*.

VERŠ 58

यदा संहरते चायं कूर्मोऽङ्गानीव सर्वशः ।
इन्द्रियाणीन्द्रियार्थेभ्यस्तस्य प्रज्ञा प्रतिष्ठिता ॥ ५८ ॥

yadā saṁharate cāyaṁ kūrmo 'ṅgānīva sarvaśaḥ
indriyāṇīndriyārthebhyas tasya prajñā pratiṣṭhitā

yadā — keď; *saṁharate* — stiahne; *ca* — tiež; *ayam* — on; *kūrmaḥ* — korytnačka; *aṅgāni* — údy; *iva* — ako; *sarvaśaḥ* — celkom; *indriyāṇi* — zmysly; *indriya-arthebhyaḥ* — od zmyslových predmetov; *tasya* — jeho; *prajñā* — vedomie; *pratiṣṭhitā* — upevnené.

Skutočne upevnený v dokonalom vedomí je ten, kto dokáže svoje zmysly odpútať od zmyslových predmetov, podobne, ako keď korytnačka stiahne svoje údy pod pancier.

VÝZNAM: Toto je odpoveď na otázku, ktorá sa týkala postavenia *yogīna*. *Yogīn*, oddaný alebo sebarealizovaná duša sa dá spoznať podľa toho, že je schopný ovládať svoje zmysly. Väčšina ľudí však svojím zmyslom slúži a riadi sa ich rozkazmi. Zmysly sa dajú prirovnať k jedovatým hadom; chcú si robiť, čo sa im zachce, bez akéhokoľvek obmedzovania. *Yogīn* alebo oddaný však musí byť veľmi silný, aby ako zaklínač hadov mohol ovládať svoje zmysly podobné hadom. Nikdy im nedovolí robiť niečo nezávisle.

V zjavených písmach je veľa predpisov, ktoré vravia o tom, ako sa človek musí a nesmie chovať. Ak sa nedokáže riadiť týmito príkazmi a zákazmi a neobmedzí svoje zmyslové pôžitky, nemôže svoje myšlienky plne sústrediť na Kṛṣṇu. Najlepším príkladom, ktorý ilustruje túto myšlienku, je korytnačka. Znázorňuje, ako by mal človek svoje zmysly vždy používať v službe Pánovi. Korytnačka môže hocikedy stiahnuť svoje údy a opäť ich podľa potreby vysunúť. Podobne ľudia vedomí si Kṛṣṇu používajú svoje zmysly, len aby oddane slúžili Kṛṣṇovi, inak nie. Arjuna bol poučený, aby používal zmysly v službe Pánovi, nie pre vlastný zmyslový pôžitok.

VERŠ 59

विषया विनिवर्तन्ते निराहारस्य देहिनः ।
रसवर्जं रसोऽप्यस्य परं दृष्ट्वा निवर्तते ॥ ५९ ॥

viṣayā vinivartante nirāhārasya dehinaḥ
rasa-varjaṁ raso 'py asya paraṁ dṛṣṭvā nivartate

viṣayāḥ—predmety zmyslového pôžitku; *vinivartante*—cvičiť sa v zdržanlivosti; *nirāhārasya*—prostredníctvom záporných obmedzení; *dehinaḥ*—pre vtelenú dušu; *rasa-varjam*—strácanie chuti; *rasaḥ*—pocit pôžitku; *api*—aj keď jestvuje; *asya*—jeho; *param*—oveľa vyšší; *dṛṣṭvā*—okúsiť; *nivartate*—prestáva.

Vtelená duša môže byť obmedzená v zmyslovom užívaní, hoci túžba po zmyslových predmetoch zostáva. Keď však okúsi vyšší pôžitok, stratí chuť na zmyslové ukájanie a zotrváva v duchovnom vedomí.

VÝZNAM: Ak človek nie je na transcendentálnej úrovni, nemôže zanechať zmyslový pôžitok. Obmedzovať zmysly rôznymi pravidlami a príkazmi je ako zakazovať chorému niektoré jedlá. Pacient nielenže nemá tieto zákazy rád, ale mu na zakázané jedlo ani neprejde chuť. Podobne sa obmedzovanie zmyslov pomocou *yogy*, napr. *aṣṭāṅga-yogy*, ktorá zahŕňa rôzne fázy (*yama, niyama, āsana, prāṇāyāma, pratyāhāra, dhāraṇā, dhyāna* atď.), odporúča menej inteligentným ľuďom, ktorí nemajú znalosti o lepšej metóde. No toho, kto počas svojho láskyplného slúženia Kṛṣṇovi spoznal krásu Najvyššieho Pána, už viac nepriťahujú mŕtve hmotné veci. Obmedzenia v duchovnom živote sú určené pre nováčikov a sú dobré, dokým človek nezíska ozajstnú chuť pre vedomie Kṛṣṇu. Ak si je človek naozaj vedomý Kṛṣṇu, mdlé veci preňho automaticky strácajú príťažlivosť.

VERŠ 60

यततो ह्यपि कौन्तेय पुरुषस्य विपश्चितः ।
इन्द्रियाणि प्रमाथीनि हरन्ति प्रसभं मनः ॥ ६० ॥

yatato hy api kaunteya puruṣasya vipaścitaḥ
indriyāṇi pramāthīni haranti prasabhaṁ manaḥ

yatataḥ — zatiaľ čo sa snaží; *hi* — určite; *api* — napriek; *kaunteya* — ó, syn Kuntī; *puruṣasya* — u človeka; *vipaścitaḥ* — plný múdreho poznania; *indriyāṇi* — zmysly; *pramāthīni* — dráždené; *haranti* — vrhnú; *prasabham* — násilím; *manaḥ* — myseľ.

Zmysly sú také mocné a búrlivé, ó, Arjuna, že násilne unášajú aj myseľ múdreho človeka, ktorý sa ich snaží ovládnuť.

VÝZNAM: Je množstvo veľkých učencov, filozofov a transcendentalistov, ktorí skúšajú ovládnuť zmysly, no napriek svojej snahe môžu aj najpokročilejší z nich padnúť za obeť hmotnému zmyslovému pôžitku vďaka nestálej mysli. Napríklad Viśvāmitru, veľkého učenca a dokonalého *yogīna*, zviedla Menakā, aj keď sa snažil ovládať svoje zmysly *yogou* a prísnym odriekaním. V dejinách nájdeme prirodzene veľa podobných príkladov. Ovládanie mysle a zmyslov je veľmi ťažké, ak ich nezamestnáme oddanou láskyplnou službou Kṛṣṇovi. Pokým človek neuprie svoje myšlienky na Kṛṣṇu, nemôže zanechať svoje hmotné činnosti. Praktickým príkladom je Śrī Yamunācārya, veľký svätec a oddaný, ktorý povedal:

yad-avadhi mama cetaḥ kṛṣṇa-padāravinde
nava-nava-rasa-dhāmany udyataṁ rantum āsīt
tad-avadhi bata nāri-saṅgame smaryamāne
bhavati mukha-vikāraḥ suṣṭhu niṣṭhīvanaṁ ca

„Odvtedy, čo je moja myseľ zapojená v láskyplnej službe Śrī Kṛṣṇovi a ja sa teším zo stále nových transcendentálnych radostí, odvraciam svoju tvár, keď si spomeniem na pohlavný styk so ženou, a odpľujem si pri tejto myšlienke."

Služba a láska ku Kṛṣṇovi prináša takú veľkú duchovnú radosť, že hmotné pôžitky sa automaticky stávajú nechutnými. Je to, ako keď hladný človek utíši svoj hlad dostatočným množstvom výživnej potravy. Mahārāja Ambarīṣa premohol veľkého *yogína* Durvāsu Muniho tiež iba tým, že jeho myseľ bola zamestnaná vo vedomí Kṛṣṇu *(sa vai manaḥ kṛṣṇa-padāravindayor vacāṁsi vaikuṇṭha-guṇānuvarṇane).*

VERŠ 61

तानि सर्वाणि संयम्य युक्त आसीत मत्परः ।
वशे हि यस्येन्द्रियाणि तस्य प्रज्ञा प्रतिष्ठिता ॥ ६१ ॥

tāni sarvāṇi saṁyamya yukta āsīta mat-paraḥ
vaśe hi yasyendriyāṇi tasya prajñā pratiṣṭhitā

tāni — tieto zmysly; *sarvāṇi* — všetky; *saṁyamya* — ovládať; *yuktaḥ* — zaoberá sa; *āsīta* — mal by sa nachádzať; *mat-paraḥ* — vo vzťahu ku Mne; *vaśe* — úplne podrobený; *hi* — určite; *yasya* — ten, ktorého; *indriyāṇi* — zmysly; *tasya* — jeho; *prajñā* — vedomie; *pratiṣṭhitā* — upevnené.

Kto ovláda svoje zmysly a má ich vo svojej moci, kto upína svoje vedomie na Mňa, je známy ako človek stálej inteligencie.

VÝZNAM: Tento verš jasne dokazuje, že vedomie Kṛṣṇu je najvyššou formou *yogy*. Keď si človek nie je vedomý Kṛṣṇu, potom je preňho absolútne nemožné ovládať svoje zmysly. Veľký mudrc Durvāsa Muni si raz našiel zámienku pre hádku s kráľom Ambarīṣom. Z pýchy sa zbytočne rozhneval a nebol schopný ovládnuť svoje zmysly. Aj keď Mahārāja Ambarīṣa nebol taký mocný *yogīn* ako Durvāsa Muni, vyšiel napokon zo sporu víťazne, pretože bol Pánovým oddaným a mlčky znášal všetky mudrcove krivdy. Kráľ dokázal ovládnuť svoje zmysly vďaka vlastnostiam, ktoré sú opísané v *Śrīmad-Bhāgavatame* (9.4.18-20):

sa vai manaḥ kṛṣṇa-padāravindayor
vacāṁsi vaikuṇṭha-guṇānuvarṇane
karau harer mandira-mārjanādiṣu
śrutiṁ cakārācyuta-sat-kathodaye

mukunda-liṅgālaya-darśane dṛśau
tad-bhṛtya-gātra-sparśe 'ṅga-saṅgamam

ghrāṇaṁ ca tat-pāda-saroja-saurabhe
śrīmat-tulasyā rasanāṁ tad-arpite
pādau hareḥ kṣetra-padānusarpaṇe
śiro hṛṣīkeśa-padābhivandane
kāmaṁ ca dāsye na tu kāma-kāmyayā
yathottamaśloka-janāśrayā ratiḥ

„Kráľ Ambarīṣa vždy zamestnával svoju myseľ rozjímaním o lotosových nohách Śrī Kṛṣṇu, svoju reč používal na opisovanie Pánovho transcendentálneho sídla, svoje ruky na upratovanie Pánovej svätyne, svoje uši k načúvaniu príbehom o Pánových zábavách, svojimi očami vnímal Pánove transcendentálne podoby, svoj hmat zamestnával úctivým dotýkaním sa tiel oddaných, svoj nos ovoniavaním kvetov obetovaných Pánovým lotosovým nohám, svoj jazyk ochutnávaním lístkov posvätnej rastlinky tulasī, ktoré boli obetované Kṛṣṇovi, svoje nohy používal na navštevovanie posvätných miest a Pánových chrámov, svojou hlavou sa pokorne klaňal Pánovi a túžil plniť len Pánove túžby — všetky tieto vlastnosti ho urobili spôsobilým stať sa *mat-para* oddaným Pána."

Slovo *mat-para* tu má veľký význam. Príklad s Mahārājom Ambarīṣom dobre znázorňuje, ako sa stať *mat-para*, čistým oddaným. Śrīla Baladeva Vidyābhūṣaṇa, veľký učenec a *ācārya* v tradícii čistých oddaných, poznamenal: *mad-bhakti-prabhāvena sarvendriya-vijaya-pūrvikā svātma-dṛṣṭiḥ sulabheti bhāvaḥ*. „Zmysly možno dokonale ovládnuť iba silou oddanej služby Kṛṣṇovi." Dá sa použiť aj príklad s ohňom — ako plamene spália všetko, čo je v miestnosti, tak aj Śrī Viṣṇu, sídliaci v srdci, spáli všetky nečistoty. *Yoga-sūtra* odporúča meditovať o Viṣṇuovi, a nie o vzduchoprázdne. Takzvaní *yogīni*, ktorí nemeditujú o Viṣṇuovi, iba plytvajú časom vo svojom ničotnom hľadaní akýchsi vidín. Skutočným cieľom *yogy* je byť si vedomý Kṛṣṇu, byť oddaným Božskej Osobnosti.

VERŠ 62

ध्यायतो विषयान्पुंसः सङ्गस्तेषूपजायते ।
सङ्गात्सञ्जायते कामः कामात्क्रोधोऽभिजायते ॥ ६२ ॥

dhyāyato viṣayān puṁsaḥ saṅgas teṣūpajāyate
saṅgāt sañjāyate kāmaḥ kāmāt krodho 'bhijāyate

dhyāyataḥ—keď rozjíma; *viṣayān*—zmyslové predmety; *puṁsaḥ*—osoby; *saṅgaḥ*—pripútanosť; *teṣu*—k zmyslovým predmetom; *upajāyate*—povstáva; *saṅgāt*—z pripútanosti; *sañjāyate*—povstane; *kāmaḥ*—túžba; *kāmāt*—zo žiadostivosti; *krodhaḥ*—hnev; *abhijāyate*—prejaví sa.

Keď človek rozjíma o zmyslových objektoch, vyvinie k nim pripútanosť. Z tejto pripútanosti sa rodí žiadostivosť a zo žiadostivosti povstáva hnev.

VÝZNAM: Kto nemá vedomie Kṛṣṇu, podlieha hmotným túžbam, keď rozjíma nad zmyslovými predmetmi. Zmysly sú svojou povahou vždy činné, a preto ak nie sú zamestnané v transcendentálnej láskyplnej službe Kṛṣṇovi, musia byť zamestnané v službe materializmu. Každý v hmotnom svete, vrátane Śivu a Brahmu, o iných polobohoch na nebeských planétach ani nehovoriac, je vystavený vplyvu zmyslových predmetov. Jediný spôsob, ako sa dostať z labyrintu hmotnej existencie, je byť si vedomý Kṛṣṇu. Śiva raz hlboko meditoval; keď ho však krásna Pārvatī vyzvala k zmyslovému pôžitku, Śiva s jej ponukou súhlasil a z ich spojenia sa narodil Kārtikeya. Keď mladého oddaného Haridāsa Ṭhākura podobne zvádzala inkarnácia Māyādevī, ľahko v skúške obstál vďaka svojej rýdzej oddanosti Kṛṣṇovi. Ako vyplýva z verša Śrī Yamunācāryu, ozajstný Pánov oddaný zavrhuje všetok hmotný zmyslový pôžitok vďaka vyššiej chuti po duchovnom pôžitku, ktorý pochádza zo styku s Pánom. To je kľúč k úspechu. Preto ten, kto nemá vedomie Kṛṣṇu, nakoniec v snahe ovládnuť svoje zmysly neuspeje, aj keby bol akokoľvek šikovný pri ich ovládaní umelým potlačovaním. I tá najmenšia myšlienka na zmyslový pôžitok ho zvedie k uspokojovaniu svojej žiadostivosti.

VERŠ 63

क्रोधाद्भवति सम्मोहः सम्मोहात्स्मृतिविभ्रमः ।
स्मृतिभ्रंशाद्बुद्धिनाशो बुद्धिनाशात्प्रणश्यति ॥ ६३ ॥

krodhād bhavati sammohaḥ sammohāt smṛti-vibhramaḥ
smṛti-bhraṁśād buddhi-nāśo buddhi-nāśāt praṇaśyati

krodhāt—z hnevu; *bhavati*—vzniká; *sammohaḥ*—úplná ilúzia; *sammohāt*—z ilúzie; *smṛti*—pamäť; *vibhramaḥ*—zmätok; *smṛti-bhraṁśāt*—

po zmätení pamäte; *buddhi-nāśaḥ*—strata inteligencie; *buddhi-nāśāt*—a zo straty inteligencie; *praṇaśyati*—človek poklesne.

Z hnevu vzniká ilúzia a z ilúzie zmätená pamäť. Keď je pamäť zmätená, dochádza k strate inteligencie a so zánikom inteligencie človek opäť poklesne na hmotnú úroveň.

VÝZNAM: Śrīla Rūpa Gosvāmī nám hovorí:

prāpañcikatayā buddhyā hari-sambandhi-vastunaḥ
mumukṣubhiḥ parityāgo vairāgyaṁ phalgu kathyate
(*Bhakti-rasāmṛta-sindhu* 1.2.258)

Rozvíjaním nášho duchovného vedomia môžeme zrealizovať, že v oddanej službe má všetko svoje miesto. Tí, ktorí nič nevedia o vedomí Kṛṣṇu, sa umelo pokúšajú vyhýbať hmotným predmetom a napriek tomu, že túžia po vyslobodení z hmotného otroctva, dokonalosť odriekania nedosiahnu. Ich takzvané odriekanie sa volá *phalgu* — podradnejšie. Oproti tomu človek vedomý si Kṛṣṇu vie, ako všetko použiť v službe Pánovi, a nestane sa obeťou materializmu. Stúpenci neosobnej filozofie napríklad neuznávajú, že Boh alebo Absolútny môže jesť, pretože je neosobný. Zatiaľ čo sa stúpenec neosobnej filozofie vyhýba dobrému jedlu, oddaný vie, že všetko treba robiť pre Kṛṣṇov pôžitok, lebo si uvedomuje, že Kṛṣṇa zje všetko, čo Mu s láskou a oddanosťou obetuje. Po obetovaní jedla Kṛṣṇovi zje zvyšky nazývané *prasādam*. Takto všetko zduchovnie a oddanému nehrozí poklesnutie do hmotnej existencie. Prijíma *prasādam* s vedomím, že potešil Kṛṣṇu, zatiaľ čo neznaboh to odmieta a považuje *prasādam* za hmotné. Preto sa impersonalista nemôže kvôli svojmu umelému odriekaniu tešiť zo života a aj to najmenšie vzrušenie mysle ho opäť stiahne do víru hmotnej existencie. Vraví sa, že aj keď taká duša dosiahne vyslobodenie, napokon predsa poklesne, pretože nebola podporená oddanou službou.

VERŠ 64

रागद्वेषविमुक्तैस्तु विषयानिन्द्रियैश्चरन् ।
आत्मवश्यैर्विधेयात्मा प्रसादमधिगच्छति ॥ ६४ ॥

rāga-dveṣa-vimuktais tu viṣayān indriyaiś caran
ātma-vaśyair vidheyātmā prasādam adhigacchati

rāga — príťažlivosť; *dveṣa* — odpútanosť; *vimuktaiḥ* — ten, kto sa zbavil; *tu* — ale; *viṣayān* — zmyslové predmety; *indriyaiḥ* — prostredníctvom zmyslov; *caran* — konajúc; *ātma-vaśyaiḥ* — ten, kto ovláda; *vidheya-ātmā* — ten, kto sa riadi usmerňujúcimi zásadami slobody; *prasādam* — Pánova milosť; *adhigacchati* — získa.

No človek, ktorý je v styku so zmyslovými predmetmi bez toho, že by k nim bol pripútaný alebo ich nenávidel, a ovláda svoje zmysly dodržiavaním usmerňujúcich zásad slobody, môže dostať úplnú Pánovu milosť.

VÝZNAM: Ako už bolo povedané, človek síce môže prostredníctvom nejakej umelej metódy navonok ovládať svoje zmysly, no v skutočnosti platí, že kým ich nezamestná v transcendentálnej službe Pánovi, je tu vždy hrozba poklesnutia. Môže sa zdať, že oddaný, ktorý láskyplne slúži Kṛṣṇovi, je na hmotnej úrovni, ale v skutočnosti nie je pripútaný k zmyslovým činom, lebo si je vedomý Kṛṣṇu. Ide mu len o to, aby uspokojil Kṛṣṇu. Preto je transcendentálny voči čomukoľvek, čo mu je milé i nemilé. Na Kṛṣṇovo želanie sa oddaný zdrží určitých činností, ktoré by inak vykonal pre svoje osobné uspokojenie, a takisto urobí pre Jeho potešenie to, čo by za normálnych okolností nikdy nespravil. Preto je vždy pánom svojich činov, lebo sa riadi Kṛṣṇovymi pokynmi. Také vedomie môže oddaný získať vďaka bezpríčinnej milosti Pána, aj keď má sklon k zmyslovému pôžitku.

VERŠ 65

प्रसादे सर्वदुःखानां हानिरस्योपजायते ।
प्रसन्नचेतसो ह्याशु बुद्धिः पर्यवतिष्ठते ॥ ६५ ॥

prasāde sarva-duḥkhānāṁ hānir asyopajāyate
prasanna-cetaso hy āśu buddhiḥ paryavatiṣṭhate

prasāde — keď získal Pánovu bezpríčinnú milosť; *sarva* — všetky; *duḥkhānām* — hmotné utrpenia; *hāniḥ* — zaniknú; *asya* — jeho; *upajāyate* —

stane sa; *prasanna-cetasaḥ* — šťastného v mysli; *hi* — určite; *āśu* — veľmi skoro; *buddhiḥ* — inteligencia; *pari* — dostatočne; *avatiṣṭhate* — ustáli sa.

Pre toho, kto je takto spokojný (vo vedomí Kṛṣṇu), prestane jestvovať trojnásobné utrpenie hmotného života a v tomto šťastnom vedomí sa jeho inteligencia čoskoro ustáli.

VERŠ 66

नास्ति बुद्धिरयुक्तस्य न चायुक्तस्य भावना ।
न चाभावयतः शान्तिरशान्तस्य कुतः सुखम् ॥ ६६ ॥

nāsti buddhir ayuktasya na cāyuktasya bhāvanā
na cābhāvayataḥ śāntir aśāntasya kutaḥ sukham

na asti — nemôže byť; *buddhiḥ* — transcendentálna inteligencia; *ayuktasya* — toho, kto nie je spojený (vedomím Kṛṣṇu); *na* — nie; *ca* — a; *ayuktasya* — toho, komu chýba (vedomie Kṛṣṇu); *bhāvanā* — myseľ naplnená šťastím; *na* — nie; *ca* — a; *abhāvayataḥ* — ten, kto nie je upevnený; *śāntiḥ* — pokoj; *aśāntasya* — u nepokojného; *kutaḥ* — kde je; *sukham* — šťastie.

Človek, ktorý nie je s Najvyšším spojený vedomím Kṛṣṇu, nemôže mať ani transcendentálnu inteligenciu, ani stálu myseľ, bez ktorej nemožno dosiahnuť pokoj. A ak nemá pokoj, ako môže očakávať šťastie?

VÝZNAM: Dokiaľ človek nemá vedomie Kṛṣṇu, nemôže nájsť pokoj. To je potvrdené i v dvadsiatom deviatom verši piatej kapitoly: až keď človek pochopí, že jedine Kṛṣṇa sa môže radovať zo všetkých dobrých výsledkov vykonaných obetí a odriekania, že vlastní všetky vesmírne stvorenia a že je skutočným priateľom všetkých tvorov, potom môže získať ozajstný pokoj. Preto, ak si človek nie je vedomý Kṛṣṇu, nemôže mať jeho myseľ definitívny cieľ. Nepokoj pochádza z toho, že človek nemá konečný cieľ; keď si je však istý, že Kṛṣṇa je najvyšším užívateľom a priateľom všetkých a všetkého, potom môže s vyrovnanou mysľou nájsť pokoj. Preto je ten, kto koná bez vzťahu ku Kṛṣṇovi, stále znepokojený a chýba mu pokoj, aj keď predstiera vyrovnanosť a duchovný pokrok. Vedomie

Kṛṣṇu sa automaticky prejavuje pokojom, ktorý sa dá dosiahnuť iba vo vzťahu ku Kṛṣṇovi.

VERŠ 67

इन्द्रियाणां हि चरतां यन्मनोऽनुविधीयते ।
तदस्य हरति प्रज्ञां वायुर्नावमिवाम्भसि ॥ ६७ ॥

indriyāṇāṁ hi caratāṁ yan mano 'nuvidhīyate
tad asya harati prajñāṁ vāyur nāvam ivāmbhasi

indriyāṇām — zo zmyslov; *hi* — istotne; *caratām* — nepokojný; *yat* — táto; *manaḥ* — myseľ; *anuvidhīyate* — vždy zamestnaná; *tat* — táto; *asya* — jeho; *harati* — unáša; *prajñām* — inteligenciu; *vāyuḥ* — vietor; *nāvam* — loď; *iva* — tak ako; *ambhasi* — na vode.

Tak ako loď na vode odveje silný vietor, tak i jeden z neovládnutých zmyslov, na ktorý sa sústredila myseľ, môže odniesť rozum človeka.

VÝZNAM: Keď nie sú všetky zmysly zamestnané v službe Pánovi, hrozí, že i jeden z nich, ktorý vyhľadáva hmotný pôžitok, môže zviesť oddaného z cesty duchovnej sebarealizácie. Preto je veľmi dôležité, aby sme ako Mahārāja Ambarīṣa zamestnali všetky svoje zmysly v službe Kṛṣṇovi. To je najlepší spôsob, ako ovládnuť myseľ.

VERŠ 68

तस्माद्यस्य महाबाहो निगृहीतानि सर्वशः ।
इन्द्रियाणीन्द्रियार्थेभ्यस्तस्य प्रज्ञा प्रतिष्ठिता ॥ ६८ ॥

tasmād yasya mahā-bāho nigṛhītāni sarvaśaḥ
indriyāṇīndriyārthebhyas tasya prajñā pratiṣṭhitā

tasmāt — preto; *yasya* — u toho; *mahā-bāho* — ó, bojovník s mocnými pažami; *nigṛhītāni* — takto podmienené; *sarvaśaḥ* — zo všetkých strán; *indriyāṇi* — zmysly; *indriya-arthebhyaḥ* — pre zmyslové predmety; *tasya* — jeho; *prajñā* — inteligencia; *pratiṣṭhitā* — ustálená.

Ó, bojovník mocných paží, preto je ten, ktorého zmysly sú odvrátené od zmyslových predmetov, určite človekom stáleho rozumu.

VÝZNAM: Túžby po uspokojovaní vlastných zmyslov sa môžeme zbaviť iba tým, že ich zamestnáme v transcendentálnej láskyplnej službe Kṛṣṇovi. Tak ako možno nepriateľa premôcť silnejším protivníkom, aj zmysly možno podmaniť oddanou službu, a nie ľudským úsilím. Kto pochopil, že skutočná múdrosť znamená láskyplne slúžiť Kṛṣṇovi a že toto umenie treba rozvíjať pod vedením pravého duchovného učiteľa, ten sa nazýva *sādhaka* alebo osoba hodná vyslobodenia.

VERŠ 69

या निशा सर्वभूतानां तस्यां जागर्ति संयमी ।
यस्यां जाग्रति भूतानि सा निशा पश्यतो मुनेः ॥ ६९ ॥

yā niśā sarva-bhūtānāṁ tasyāṁ jāgarti saṁyamī
yasyāṁ jāgrati bhūtāni sā niśā paśyato muneḥ

yā — čo; *niśā* — je nocou; *sarva* — všetkých; *bhūtānām* — živých bytostí; *tasyām* — v tom; *jāgarti* — bdenie; *saṁyamī* — ten, kto sa ovláda; *yasyām* — v ktorom; *jāgrati* — bdejú; *bhūtāni* — všetky bytosti; *sā* — to je; *niśā* — nocou; *paśyataḥ* — pre hĺbajúceho; *muneḥ* — svätca.

Čo je pre všetky bytosti nocou, je dobou bdenia pre toho, kto sa ovláda, a čo je pre všetky bytosti časom bdenia, je nocou pre osvieteného svätca.

VÝZNAM: Sú dva druhy inteligentných ľudí. Jedni sú inteligentní v oblasti hmotných aktivít zaručujúcich zmyslový pôžitok a druhí sú jasnozriví a otvorení pre rozvíjanie duchovného poznania. Konanie osvieteného človeka je „nocou" pre toho, kto je zaneprázdnený po hmotnej stránke. Materialisti si nie sú vedomí svojej duchovnej totožnosti a zotrvávajú tak v nočnom spánku. Hĺbavý človek však zostáva počas „noci" materialistických ľudí bdelý. Tento človek pri svojom postupnom pokroku v duchovnom živote pociťuje transcendentálnu radosť, zatiaľ čo hmotne zaneprázdnený človek, ktorý o duchovnej realizácii nemá ani tušenia, sníva o rôznych zmyslových radostiach. Niekedy je vo svojom sne šťastný a niekedy nešťastný. Múdry človek je k materiálnemu šťastiu a nešťastiu vždy ľahostajný; pokračuje vo svojich duchovných činnostiach a nenechá sa vyrušovať hmotnými okolnosťami.

VERŠ 70

आपूर्यमाणमचलप्रतिष्ठं
समुद्रमापः प्रविशन्ति यद्वत् ।
तद्वत्कामा यं प्रविशन्ति सर्वे
स शान्तिमाप्नोति न कामकामी ॥ ७० ॥

āpūryamāṇam acala-pratiṣṭhaṁ
samudram āpaḥ praviśanti yadvat
tadvat kāmā yaṁ praviśanti sarve
sa śāntim āpnoti na kāma-kāmī

āpūryamāṇam — vždy naplnený; *acala-pratiṣṭham* — pevne umiestnený; *samudram* — oceán; *āpaḥ* — voda; *praviśanti* — vstúpi; *yadvat* — ako; *tadvat* — takto; *kāmāḥ* — túžby; *yam* — ku komu; *praviśanti* — vstúpi; *sarve* — všetky; *saḥ* — táto osoba; *śāntim* — mier; *āpnoti* — dosiahne; *na* — nie; *kāma-kāmī* — ten, kto túži uspokojovať svoje túžby.

Mier môže dosiahnuť iba ten, kto sa nenechá vyrušovať nepretržitými prúdmi žiadostivosti, vlievajúcimi sa ako rieky do oceánu, ktorý napriek tomu zostáva vo svojom základe nehybný — a nie ten, kto sa snaží uspokojovať svoje túžby.

VÝZNAM: Hoci sa do šírego oceánu vlieva veľa vody, predovšetkým v období dažďov, oceán zostáva rovnaký a nevystupuje zo svojich brehov. To sa dá povedať aj o osobe vedomej si Kṛṣṇu. Kým máme hmotné telá, túžby po zmyslovom pôžitku neutíchajú. Oddaný sa však nimi nedá rušiť vďaka svojej duchovnej dokonalosti. Človeku vedomému si Kṛṣṇu nič nechýba, lebo Kṛṣṇa mu dáva všetky hmotné potreby. Preto je ako oceán večne nemenný a spočíva sám v sebe. Túžby môžu doňho prúdiť ako rieky do oceánu, ale on zostáva vo svojom konaní pevný a túžby po zmyslovom pôžitku ho ani trochu neznepokojujú. Človeka vedomého si Kṛṣṇu môžeme spoznať podľa nezáujmu o hmotné zmyslové pôžitky, aj keď túžba po nich zostáva. Keďže je spokojný v transcendentálnej láskyplnej službe Kṛṣṇovi, je stály ako oceán a nachádza sa v úplnom pokoji. Tí, ktorí sa snažia uspokojovať svoje túžby hmotným pokrokom a niekedy aj spásou, nikdy nedosiahnu mier. Tí, čo pracujú pre plody svojej práce, tí, ktorí hľadajú spásu a tiež *yogīni*, ktorí sa usilujú získať mystické sily, sú nešťastní, lebo ich túžby zostanú nenaplnené. Ale človek vedomý si Kṛṣṇu je šťastný v službe Bohu, a preto nevyhľadáva uspokojovanie svojich túžob. V skutočnosti ani netúži po vyslobodení z takzvaného hmotného zajatia. Kṛṣṇov oddaný nemá žiadne hmotné túžby, a preto sa raduje z dokonalého pokoja a mieru.

VERŠ 71

विहाय कामान्यः सर्वान्पुमांश्चरति निःस्पृहः ।
निर्ममो निरहङ्कारः स शान्तिमधिगच्छति ॥ ७१ ॥

vihāya kāmān yaḥ sarvān pumāṁś carati niḥspṛhaḥ
nirmamo nirahaṅkāraḥ sa śāntim adhigacchati

vihāya — zanechanie; *kāmān* — hmotnej túžby po zmyslovom pôžitku; *yaḥ* — ten, kto; *sarvān* — všetky; *pumān* — človek; *carati* — žije; *niḥspṛhaḥ* — bez túžob; *nirmamaḥ* — bez vlastníckeho pocitu; *nirahaṅkāraḥ* — bez falošného ega; *saḥ* — on; *śāntim* — dokonalý mier; *adhigacchati* — dosiahne.

Človek, ktorý zanechal všetky túžby po zmyslovom pôžitku a žije bez žiadostí, ktorý sa zbavil vlastníckeho pocitu a falošného ega — iba ten dosiahne skutočný mier.

VÝZNAM: Zbaviť sa túžob znamená nežiadať nič pre svoje zmyslové uspokojenie. Inými slovami, túžba byť si vedomý Kṛṣṇu v skutočnosti znamená nemať žiadne hmotné túžby. Človek môže mať dokonalé vedomie Kṛṣṇu, keď chápe svoje skutočné postavenie večného Kṛṣṇovho služobníka, nestotožňuje sa s telom a neprivlastňuje si nič na tomto svete. Kto dosiahol túto dokonalosť vie, že keďže Kṛṣṇa je vlastníkom všetkého čo jestvuje, všetko treba použiť pre Jeho potešenie. Arjuna nechcel bojovať, lebo to odporovalo jeho zmyslovému uspokojeniu, a predsa bojoval, keď získal plné vedomie Kṛṣṇu, lebo si to Śrī Kṛṣṇa želal. Aj keď on sám bojovať nechcel, pre Kṛṣṇu bojoval ako najlepšie vedel. Túžba potešiť Kṛṣṇu v skutočnosti znamená nemať túžby; to nie je umelý pokus o odstránenie túžob. Žiadny človek nemôže odstrániť túžby alebo zmysly, musí však zmeniť ich kvalitu. Ten, kto nemá hmotné túžby, s istotou vie, že všetko patrí Kṛṣṇovi (*īśāvāsyam idaṁ sarvam*), a preto si na nič nenárokuje. Toto transcendentálne poznanie je založené na sebarealizácii, ktorá obsahuje dokonalé poznanie, že každá živá bytosť je duchovná a večná čiastočka Kṛṣṇu, a preto sa Mu nikdy nevyrovná, ani Ho nikdy neprekoná. Keď takto spoznáme Kṛṣṇu, dosiahneme skutočný mier.

VERŠ 72

एषा ब्राह्मी स्थितिः पार्थ नैनां प्राप्य विमुह्यति ।
स्थित्वास्यामन्तकालेऽपि ब्रह्मनिर्वाणमृच्छति ॥ ७२ ॥

eṣā brāhmī sthitiḥ pārtha naināṁ prāpya vimuhyati
sthitvāsyām anta-kāle 'pi brahma-nirvāṇam ṛcchati

eṣā — tento; *brāhmī* — duchovný; *sthitiḥ* — stav; *pārtha* — ó, syn Pṛthy; *na* — nie; *enām* — toto; *prāpya* — dosiahnuť; *vimuhyati* — pomýliť; *sthitvā* — v tomto stave; *asyām* — keď je tak; *anta-kāle* — na konci života; *api* — tiež; *brahma-nirvāṇam* — duchovné kráľovstvo Boha; *ṛcchati* — dosiahne.

Ó, syn Pṛthy, toto je cesta duchovného a zbožného života a kto po nej kráča, nepodlieha klamu. Ak sa človek nachádza v tomto stave i v okamihu smrti, môže vstúpiť do Božieho kráľovstva.

VÝZNAM: Vedomie Kṛṣṇu alebo duchovný život môže človek dosiahnuť za okamih — alebo ho nedosiahne ani za milióny rokov. Je to len otázka pochopenia a prijatia skutočnosti. Khaṭvāṅga Mahārāja dosiahol dokonalosť pár minút pred smrťou vďaka tomu, že sa odovzdal Kṛṣṇovi.

Nirvāṇa znamená koniec hmotného života. Podľa buddhistickej filozofie, ktorá sa odlišuje od učenia *Bhagavad-gīty*, nejestvuje po skončení hmotného bytia nič, len prázdnota. Skutočný život začína až po skončení hmotnej existencie. Zaťatému materialistovi stačí skutočnosť, že hmotný život raz skončí, ale duchovne pokročilé osoby veľmi dobre vedia, že po takzvanej smrti nasleduje ďalší život. Ak sa človeku ešte pred smrťou pošťastí získať vedomie Kṛṣṇu, ihneď dosiahne absolútnu úroveň *brahma-nirvāṇa.*

Medzi Božím kráľovstvom a oddanou službou Bohu nie je rozdiel. Keďže sú na absolútnej úrovni, človek zapojený v transcendentálnej láskyplnej službe dospeje do duchovného kráľovstva. Cieľom činov v hmotnom svete je zmyslový pôžitok, zatiaľ čo činy v duchovnom svete sú určené pre potešenie Kṛṣṇu. Vedomie Kṛṣṇu znamená okamžité dosiahnutie Brahmanu už v tomto živote a ten, kto si je vedomý Kṛṣṇu, už vstúpil do Božieho kráľovstva. Brahman je úplným protikladom hmoty. Preto *brāhmī sthiti* znamená „za hranicami hmotných činností." *Bhagavad-gītā* potvrdzuje, že ten, kto sa venuje oddanej službe Kṛṣṇovi, je vyslobodený z hmotného zajatia (*sa guṇām samatītyaitān brahma-bhūyāya kalpate;* Bg. 14.26). *Brāhmī sthiti* je teda vyslobodenie z hmotného otroctva.

Śrīla Bhaktivinoda Ṭhākura vysvetlil, že táto druhá kapitola *Bhagavad-gīty* je zhrnutím celého diela. Témy, ktoré *Bhagavad-gītā* preberá, sú *karma-yoga, jñāna-yoga* a *bhakti-yoga.* V druhej kapitole boli jasne opísané *karma-yoga* a *jñāna-yoga* a Kṛṣṇa v nej podal aj náznak *bhakti-yogy.*

Takto končia Bhaktivedantove výklady k druhej kapitole *Śrīmad Bhagavad-gīty*, pojednávajúcej o jej obsahu.

KAPITOLA TRETIA

Karma-yoga

VERŠ 1

अर्जुन उवाच
ज्यायसी चेत्कर्मणस्ते मता बुद्धिर्जनार्दन ।
तत्किं कर्मणि घोरे मां नियोजयसि केशव ॥ १ ॥

arjuna uvāca
jyāyasī cet karmaṇas te   matā buddhir janārdana
tat kiṁ karmaṇi ghore māṁ   niyojayasi keśava

arjunaḥ uvāca—Arjuna riekol; *jyāyasī*—lepšie; *cet*—ak; *karmaṇaḥ*—než plodonosné činnosti; *te*—Tvoj; *matā*—názor; *buddhiḥ*—inteligencia; *janārdana*—ó, Kṛṣṇa; *tat*—preto; *kim*—prečo; *karmaṇi*—v konaní; *ghore*—strašné; *mām*—mňa; *niyojayasi*—aby som sa zúčastnil; *keśava*—ó, Kṛṣṇa.

Arjuna riekol: Ó, Janārdana, ó, Keśava, keď usudzuješ, že inteligencia je lepšia než plodonosné činnosti, prečo ma teda tak naliehavo nabádaš, aby som sa zúčastnil tejto strašnej vojny?

VÝZNAM: V predchádzajúcej kapitole Śrī Kṛṣṇa, Najvyššia Božská Osobnosť, veľmi podrobne opísal povahu duše s úmyslom vyslobodiť svojho dôverného priateľa Arjunu z oceánu hmotného zármutku a pre sebarealizáciu mu odporučil cestu *buddhi-yogy*, transcendentálnej láskyplnej služby Kṛṣṇovi. Niektorí ľudia sa mylne domnievajú, že vedomie Kṛṣṇu znamená nečinnosť. Tí, čo to zle pochopili, sa často odoberajú na odľahlé miesta, aby sa tam plne pohrúžili do vedomia Kṛṣṇu prostredníctvom spevného prednášania alebo spievania Jeho svätých mien. Ak však nie sú dobre oboznámení s filozofiou oddanej služby Kṛṣṇovi, neodporúča sa im, aby to robili, lebo by mohli získať nanajvýš lacný obdiv nevinnej verejnosti. Arjuna si tiež myslel, že byť si vedomý Kṛṣṇu, alebo robiť *buddhi-yogu* (používať inteligenciu pri rozvoji duchovného poznania), je to isté, ako vzdať sa aktívneho života a na odľahlom mieste sa cvičiť v odriekaní a sebaovládaní. Inými slovami, chcel sa šikovne vyhnúť boju a láskyplná služba Kṛṣṇovi mu poslúžila ako výhovorka. Keďže bol svedomitým žiakom, zveril sa so svojím problémom svojmu učiteľovi Kṛṣṇovi a spýtal sa Ho, čo by bolo preňho najlepšie. V tejto tretej kapitole mu Kṛṣṇa podrobne vysvetlí *karma-yogu*, konanie s mysľou upřenou na Kṛṣṇu.

VERŠ 2

व्यामिश्रेणेव वाक्येन बुद्धिं मोहयसीव मे ।
तदेकं वद निश्चित्य येन श्रेयोऽहमाप्नुयाम् ॥ २ ॥

vyāmiśreṇeva vākyena buddhiṁ mohayasīva me
tad ekaṁ vada niścitya yena śreyo 'ham āpnuyām

vyāmiśreṇa — dvojzmyselnými; *iva* — istotne; *vākyena* — slovami; *buddhim* — inteligenciou; *mohayasi* — mýliš; *iva* — istotne; *me* — moje; *tat* — preto; *ekam* — to jediné; *vada* — prosím, povedz; *niścitya* — naisto; *yena* — z ktorého; *śreyaḥ* — skutočný prospech; *aham* — ja; *āpnuyām* — môžem mať.

Moja inteligencia je zmätená Tvojimi dvojzmyselnými pokynmi. Preto Ťa prosím, povedz mi jednoznačne, čo je pre mňa najlepšie.

VÝZNAM: V predchádzajúcej kapitole boli ako úvod k *Bhagavad-gīte* opísané rôzne spôsoby, ako sú *sāṇkhya-yoga* (analytické poznanie duše a tela), *buddhi-yoga* (ovládnutie zmyslov pomocou inteligencie) a *karma-*

-*yoga* (činnosť bez túžby po jej plodoch). Vysvetlené bolo aj postavenie začiatočníka. Všetko však bolo predložené pomerne nesúrodo. A pre pochopenie a konanie je nutný systematický prehľad. Preto chcel Arjuna tieto na prvý pohľad nejasné témy usporiadať tak, aby ich mohol každý obyčajný človek prijať a nevysvetľovať si ich nesprávne. Napriek tomu, že Kṛṣṇa nemal v úmysle miasť Arjunu slovnými hračkami, nemohol sa Arjuna zapojiť do vedomia Kṛṣṇu ani nečinne, ani aktívnou službou. Takže svojimi otázkami osvetľoval cestu vedúcu k poznaniu Śrī Kṛṣṇu všetkým žiakom, ktorí si naozaj želajú porozumieť tajomstvu *Bhagavad-gīty*.

VERŠ 3

श्रीभगवानुवाच
लोकेऽस्मिन्द्विविधा निष्ठा पुरा प्रोक्ता मयानघ ।
ज्ञानयोगेन सांख्यानां कर्मयोगेन योगिनाम् ॥ ३ ॥

śrī-bhagavān uvāca
loke 'smin dvi-vidhā niṣṭhā purā proktā mayānagha
jñāna-yogena sāṅkhyānāṁ karma-yogena yoginām

śrī-bhagavān uvāca — Kṛṣṇa, Najvyššia Božská Osobnosť, riekol; *loke* — na svete; *asmin* — tomto; *dvi-vidhā* — dva druhy; *niṣṭhā* — viery; *purā* — kedysi; *proktā* — bolo povedané; *mayā* — Mnou; *anagha* — ó, bezhriešny; *jñāna-yogena* — spojenie prostredníctvom poznania; *sāṅkhyānām* — empirických filozofov; *karma-yogena* — spojenie prostredníctvom oddanosti; *yoginām* — Pánovym oddaným.

Kṛṣṇa, Najvyššia Božská Osobnosť, riekol: Ó, bezhriešny Arjuna, už som ti vysvetlil, že sú dva druhy ľudí, ktorí sa snažia o sebarealizáciu. Niektorí sa ju snažia dosiahnuť empirickou filozofickou špekuláciou, zatiaľ čo iní konaním v duchu oddanej služby.

VÝZNAM: V tridsiatom deviatom verši druhej kapitoly predložil Kṛṣṇa dve cesty — *sāṇkhya-yogu* a *karma-yogu*, alebo *buddhi-yogu*. V tomto verši vysvetľuje to isté, ale jasnejšie. *Sāṇkhya-yoge* (analytickému štúdiu povahy ducha a hmoty) sa venujú ľudia, ktorí majú sklon špekulovať a chápať veci empirickým poznávaním a filozofiou. Druhá kategória ľudí pracuje s mysľou zameranou na Kṛṣṇu, čo vysvetľuje šesťdesiaty prvý verš druhej kapitoly. V tridsiatom deviatom verši Śrī Kṛṣṇa vysvetlil, že človek sa môže vyslobodiť zo zajatia svojich činov, keď bude konať podľa zásad *buddhi-yogy*. Zároveň ubezpečuje, že ide o metódu bez nedostatkov a akýchkoľvek chýb. V šesťdesiatom prvom verši predchádzajúcej kapitoly je ešte jasnejšie vysvetlené, že *buddhi-yoga* znamená byť závislý na Najvyššom (presnejšie na Kṛṣṇovi) a že takto môže človek veľmi jednoducho ovládať všetky zmysly. Obe formy *yogy* sú preto závislé jedna na druhej, tak ako náboženstvo a filozofia. Náboženstvo bez filozofie je sentimentalizmus, alebo dokonca fanatizmus, a filozofia bez náboženstva je mentálna špekulácia.

Konečným cieľom je Kṛṣṇa, preto filozofi, ktorí vážne hľadajú Absolútnu Pravdu, napokon dospejú k láskyplnej oddanej službe Kṛṣṇovi. *Bhagavad-gītā* to potvrdzuje. Celá metóda je založená na pochopení skutočného postavenia individuálnej duše vo vzťahu k Nadduši. Pomocou filozofickej špekulácie, teda nepriamej cesty, môže človek postupne dosiahnuť vedomie Kṛṣṇu; zatiaľ čo priama cesta, oddaná služba, znamená vidieť všetko vo vzťahu ku Kṛṣṇovi. Z týchto dvoch ciest je priama cesta lepšia, pretože nie je závislá od očisťovania zmyslov prostredníctvom filozofického hĺbania. Vedomie Kṛṣṇu je samo osebe očistnou metódou a priama oddaná služba je jednoduchá a vznešená zároveň.

VERŠ 4

न कर्मणामनारम्भान्नैष्कर्म्यं पुरुषोऽश्नुते ।
न च सन्न्यसनादेव सिद्धिं समधिगच्छति ॥ ४ ॥

na karmaṇām anārambhān naiṣkarmyaṁ puruṣo 'śnute
na ca sannyasanād eva siddhiṁ samadhigacchati

na — nie; *karmaṇām* — predpísaných povinností; *anārambhāt* — nerobením; *naiṣkarmyam* — oslobodenie od následkov; *puruṣaḥ* — človek; *aśnute* — získa; *na* — nie; *ca* — tiež; *sannyasanāt* — odriekaním; *eva* — jednoducho; *siddhim* — úspech; *samadhigacchati* — dosiahne.

Samotnou nečinnosťou sa človek nemôže vyslobodiť a iba odriekaním nemôže dosiahnuť dokonalosť.

VÝZNAM: Človek môže vstúpiť do životného štádia odriekania (*sannyāsa*), až keď sa očistí vykonávaním predpísaných povinností, ktorých účelom je očistiť srdcia materialistických ľudí. Nikto nemôže dosiahnuť úspech len preto, že odrazu vstúpil do štvrtého životného štádia, ak sa najskôr neočistil. Podľa empirických filozofov sa človek samotným prijatím stavu *sannyāsa* alebo zrieknutím sa plodonosných činov vyrovná Nārāyaṇovi. Śrī Kṛṣṇa však toto tvrdenie neuznáva. Ak *sannyāsī* nemá čisté srdce, iba narušuje spoločenský poriadok. Keď sa však niekto zapojí do transcendentálnej služby Pánovi, *buddhi-yogy*, Pán uzná všetky jeho pokroky, aj keby nesplnil svoje hmotné povinnosti. I to najmenšie dodržiavanie tejto zásady pomôže prekonať veľké problémy (*sv-alpam apy asya dharmasya trāyate mahato bhayāt*).

VERŠ 5

न हि कश्चित्क्षणमपि जातु तिष्ठत्यकर्मकृत् ।
कार्यते ह्यवशः कर्म सर्वः प्रकृतिजैर्गुणैः ॥ ५ ॥

na hi kaścit kṣaṇam api jātu tiṣṭhaty akarma-kṛt
kāryate hy avaśaḥ karma sarvaḥ prakṛti-jair guṇaiḥ

na—nie; *hi*—určite; *kaścit*—každý; *kṣaṇam*—ani na okamih; *api*—tiež; *jātu*—vždy; *tiṣṭhati*—zostáva; *akarma-kṛt*—bez toho, že by niečo robil; *kāryate*—nútený konať; *hi*—určite; *avaśaḥ*—bezmocne; *karma*—činnosť; *sarvaḥ*—každá; *prakṛti-jaiḥ*—zrodené z kvalít hmotnej prírody; *guṇaiḥ*—podľa kvalít.

Všetci sú bezmocne nútení konať podľa vlastností získaných z kvalít hmotnej prírody; nikto nemôže zostať ani na okamih nečinný.

VÝZNAM: Živá bytosť nie je aktívna len vo vtelenom stave. Duša má už vo svojej povahe určené byť stále aktívna. Bez prítomnosti duše sa telo nemôže pohybovať. Telo je len stroj vedený dušou, ktorá je neustále aktívna a ani na chvíľu sa nezastaví. Preto sa musí zapojiť do oddanej láskyplnej služby Kṛṣṇovi, lebo inak by sa zamestnávala činnosťami riadenými ilúzornou energiou. V styku s hmotnou energiou sa individuálna duša stáva podriadenou trom kvalitám hmotnej prírody, a aby sa očistila od hmotnej pripútanosti, musí vykonávať povinnosti, ktoré predpisujú *śāstry*. Ak sa však duša zamestná priamo v oddanej službe Kṛṣṇovi, čo je jej prirodzenou funkciou, potom všetko čo robí, jej prináša prospech. *Śrīmad-Bhāgavatam* (1.5.17) to potvrdzuje slovami:

tyaktvā sva-dharmaṁ caraṇāmbujaṁ harer
bhajann apakvo 'tha patet tato yadi
yatra kva vābhadram abhūd amuṣya kiṁ
ko vārtha āpto 'bhajatāṁ sva-dharmataḥ

„Kto oddane slúži Kṛṣṇovi, nič nestratí, aj keby si neplnil povinnosti predpísané v písmach, alebo by nevykonával oddanú službu dokonale, a dokonca ani keby poklesol. Aký prospech však človeku prinesie vykonávanie očistných obradov predpísaných v *śāstrach*, ak si nie je vedomý Kṛṣṇu?" Takže očista je nevyhnutná pre pokročenie na úroveň vedomia Kṛṣṇu. *Sannyāsa* a všetky očistné úkony sú tu preto, aby človeku pomohli dosiahnuť konečný cieľ — vedomie Kṛṣṇu, bez ktorého možno všetko považovať za neúspech.

VERŠ 6

कर्मेन्द्रियाणि संयम्य य आस्ते मनसा स्मरन् ।
इन्द्रियार्थान्विमूढात्मा मिथ्याचारः स उच्यते ॥ ६ ॥

karmendriyāṇi saṁyamya ya āste manasā smaran
indriyārthān vimūḍhātmā mithyācāraḥ sa ucyate

karma-indriyāṇi — päť činných zmyslov; *saṁyamya* — ovláda; *yaḥ* — ten, kto; *āste* — zostáva; *manasā* — myseľ; *smaran* — myslieť; *indriya-arthān* — zmyslové predmety; *vimūḍha* — hlúpy; *ātmā* — duša; *mithyā-ācāraḥ* — pokrytec; *saḥ* — on; *ucyate* — nazýva sa.

Ten, kto krotí svoje činné zmysly, ale jeho myseľ zotrváva pri zmyslových predmetoch, iste klame sám seba a je pokrytcom.

VÝZNAM: Je veľa pokrytcov, ktorí odmietajú konať s mysľou uprenou na Kṛṣṇu, ale tvária sa, že meditujú, zatiaľ čo myslia na zmyslové pôžitky. Takí pokrytci zavše predložia nejakú suchú filozofiu, aby oklamali sofistických prívržencov. Podľa tohto verša sú to tí najväčší podvodníci. Ak človek hľadá zmyslový pôžitok, môže to robiť v rámci sociálnej skupiny, v ktorej sa nachádza, a ak dodržiava zásady a predpisy, zodpovedajúce jeho postaveniu, môže svoju existenciu postupne očistiť. No toho, kto predstiera, že je *yogīn*, ale v skutočnosti iba hľadá predmety zmyslového pôžitku, treba považovať za najväčšieho podvodníka, aj keby občas prednášal filozofiu. Vedomosti takého hriešneho človeka nemajú žiadnu hodnotu, pretože plody jeho poznania miznú vplyvom Pánovej iluzórnej energie. Myseľ takého pokrytca je vždy nečistá, a preto i ukážka jeho *yogovej* meditácie je úplne bezcenná.

VERŠ 7

यस्त्विन्द्रियाणि मनसा नियम्यारभतेऽर्जुन ।
कर्मेन्द्रियैः कर्मयोगमसक्तः स विशिष्यते ॥ ७ ॥

yas tv indriyāṇi manasā niyamyārabhate 'rjuna
karmendriyaiḥ karma-yogam asaktaḥ sa viśiṣyate

yaḥ — ten, kto; *tu* — ale; *indriyāṇi* — zmysly; *manasā* — mysľou; *niyamya* — ovláda; *ārabhate* — začína; *arjuna* — ó, Arjuna; *karma-indriyaiḥ* — činné zmyslové orgány; *karma-yogam* — oddanosť; *asaktaḥ* — bez lipnutia; *saḥ* — on; *viśiṣyate* — oveľa lepšie.

Ó, Arjuna, oveľa vznešenejší je úprimný človek, ktorý sa pomocou mysle snaží ovládnuť činné zmysly a bez lipnutia začne s karma-yogou (vo vedomí Kṛṣṇu).

VÝZNAM: Je lepšie plniť si povinnosti a snažiť sa dosiahnuť životný cieľ — vymaniť sa z hmotného otroctva a vstúpiť do Božieho kráľovstva, než sa stať pseudotranscendentalistom za účelom ľahkomyseľného života plného pominuteľného pôžitku. Naším skutočným záujmom, *svārtha-gati*, je dospieť k Viṣṇuovi. Celé *varṇāśramské* zriadenie je určené na to, aby nám pomohlo dosiahnuť tento životný cieľ. Dosiahnuť ho môže aj ten, kto žije rodinným životom, ak sa zapojí do oddanej služby a dodržiava jej zásady. Ak chce pokročiť na ceste sebarealizácie, musí žiť usmernene, ako to predpisujú *śāstry* a bez lipnutia pokračovať v plnení svojich povinností. Úprimný človek, ktorý prijal túto cestu, je oveľa lepší než podvodník, ktorý vystavuje na obdiv svoju takzvanú duchovnosť, len aby oklamal nevinné masy. Zametač ulíc, ktorý robí svoju prácu poctivo, je oveľa lepší než falošný meditátor, ktorý medituje iba preto, aby si zarobil na živobytie.

VERŠ 8

नियतं कुरु कर्म त्वं कर्म ज्यायो ह्यकर्मणः ।
शरीरयात्रापि च ते न प्रसिद्ध्येदकर्मणः ॥ ८ ॥

niyataṁ kuru karma tvaṁ karma jyāyo hy akarmaṇaḥ
śarīra-yātrāpi ca te na prasiddhyed akarmaṇaḥ

niyatam—predpísané; *kuru*—rob; *karma*—povinnosti; *tvam*—ty; *karma*—čin; *jyāyaḥ*—lepšie; *hi*—určite; *akarmaṇaḥ*—než nečinnosť; *śarīra*—telo; *yātrā*—udržiavanie; *api*—i; *ca*—tiež; *te*—tvoje; *na*—nikdy; *prasiddhyet*—uskutočnené; *akarmaṇaḥ*—bez činu.

Konaj svoje predpísané povinnosti, lebo čin je lepší ako nečinnosť. Veď bez práce nemôžeš udržať naživе ani svoje telo.

VÝZNAM: Existuje veľa pseudomeditátorov, ktorí o sebe vyhlasujú, že pochádzajú zo vznešeného rodu a veľa profesionálnych *yogīnov*, ktorí sa vydávajú za tých, čo obetovali všetko pre rozvoj duchovného života. Kṛṣṇa nechcel, aby sa z Arjunu stal pokrytec, ale aby radšej vykonával predpísané povinnosti, ako sa na *kṣatriyu* patrí. Arjuna bol hospodár a vojvodca, a preto bolo preňho lepšie zostať v tomto postavení a plniť si povinnosti, ktoré mu prislúchali. Tieto činnosti postupne očisťujú toho, kto ich robí a zbavujú ho hmotnej nečistoty. Zriecť sa svojich povinností a živiť sa žobraním neschvaľuje ani Kṛṣṇa, ani žiadny náboženský spis. Človek musí byť tak či tak činorodý, aby udržal telo a dušu pohromade. Nemal by sa len pre nič za nič zriekať činov, kým sa neočistí od všetkých hmotných sklonov. V hmotnom svete všetkých ovláda nečistá túžba hrať sa na pánov hmotnej prírody. Inými slovami, túžia po zmyslovom pôžitku. Človek sa musí očistiť od týchto nečistých sklonov, a ak to neurobí plnením si predpísaných povinností, nemá sa pokúšať byť takzvaným transcendentalistom, zanedbávať svoju prácu a žiť na úkor ostatných.

VERŠ 9

यज्ञार्थात्कर्मणोऽन्यत्र लोकोऽयं कर्मबन्धनः ।
तदर्थं कर्म कौन्तेय मुक्तसङ्गः समाचर ॥ ९ ॥

yajñārthāt karmaṇo 'nyatra loko 'yaṁ karma-bandhanaḥ
tad-arthaṁ karma kaunteya mukta-saṅgaḥ samācara

yajña-arthāt — robiť iba pre Yajñu alebo Viṣṇua; *karmaṇaḥ* — vykonaný čin; *anyatra* — inak; *lokaḥ* — tento svet; *ayam* — tieto; *karma-bandhanaḥ* — činy pripútavajú; *tat* — Jeho; *artham* — kvôli; *karma* — čin; *kaunteya* — ó, syn Kuntī; *mukta-saṅgaḥ* — oslobodený od styku; *samācara* — rob to dokonale.

Každý musí vykonávať činy ako obeť Viṣṇuovi, inak ho pripútavajú k hmotnému svetu. Preto, ó, syn Kuntī, vykonávaj svoje povinnosti pre Jeho potešenie; tak sa oslobodíš.

VÝZNAM: Keďže človek musí pracovať, aby udržal telo naživе, predpísané povinnosti vzťahujúce sa na jeho dané spoločenské postavenie a na jeho vlastnosti sú usporiadané tak, aby bolo možné tento účel dosiahnuť. *Yajña* znamená Viṣṇu i obeť. Všetky obete sú určené k uspokojeniu Viṣṇua. Vo *Vedach* sa hovorí: *yajño vai viṣṇuḥ*, čo znamená, že keď človek vykonáva predpísané *yajñe*, poslúži tým rovnakému cieľu, ako keď priamo slúži Viṣṇuovi. Vedomie Kṛṣṇu a oddaná služba je teda *yajña*, ktorú predpisuje tento verš.

Ďalším cieľom *varṇāśramského* zriadenia je potešiť Viṣṇua: *varṇāśramācāravatā puruṣeṇa paraḥ pumān/ viṣṇur ārādhyate* (*Viṣṇu Purāṇa* 3.8.8). Preto musí každý konať tak, aby potešil Viṣṇua. Všetky ostatné činy, ktoré sú v tomto hmotnom svete vykonávané, sú príčinou otroctva, lebo dobré i zlé činy prinášajú odplatu a každá odplata zaväzuje toho, kto koná. Preto musí človek konať tak, aby potešil Kṛṣṇu alebo Viṣṇua a pri vykonávaní takých činov sa nachádza v oslobodenom stave. Takto konať je veľké umenie a na začiatku tohto procesu je potrebné vedenie skúsenou osobou. Preto by sme mali naozaj svedomito konať pod vedením Kṛṣṇovho oddaného alebo pod priamym vedením samotného Kṛṣṇu, ako sa pošťastilo Arjunovi. Všetko by sme mali robiť pre Kṛṣṇovo potešenie, a nie pre pominuteľný zmyslový pôžitok. Také konanie nás nielenže ochráni pred následkami činov, ale aj povýši k transcendentálnej láskyplnej službe Kṛṣṇovi, ktorá nám sama osebe umožní dosiahnuť Božie kráľovstvo.

VERŠ 10

सहयज्ञाः प्रजाः सृष्ट्वा पुरोवाच प्रजापतिः ।
अनेन प्रसविष्यध्वमेष वोऽस्त्विष्टकामधुक् ॥ १० ॥

saha-yajñāḥ prajāḥ sṛṣṭvā purovāca prajāpatiḥ
anena prasaviṣyadhvam eṣa vo 'stv iṣṭa-kāma-dhuk

saha — spolu s; *yajñāḥ* — obete; *prajāḥ* — generácie; *sṛṣṭvā* — stvorenie; *purā* — kedysi; *uvāca* — povedal; *prajā-patiḥ* — Pán tvorstva; *anena* — touto; *prasaviṣyadhvam* — prospievať stále viac; *eṣaḥ* — toto; *vaḥ* — vám; *astu* — nech je; *iṣṭa* — všetkým vytúženým; *kāma-dhuk* — ten, kto poskytuje.

Na počiatku stvorenia vyslal Pán tvorstva generácie ľudí a polobohov spolu s obeťami Viṣṇuovi a požehnal im, hovoriac: „Buďte šťastní konaním tejto yajñe (obete), lebo tak získate všetko, čo potrebujete pre šťastný život a dosiahnutie vyslobodenia.“

VÝZNAM: Hmotný vesmír, stvorený Pánom tvorstva (Viṣṇuom), dáva podmieneným dušiam možnosť vrátiť sa domov, naspäť k Bohu. Všetky živé bytosti v hmotnom stvorení sú podmienené hmotnou prírodou, pretože zabudli na svoj večný vzťah k Viṣṇuovi alebo Kṛṣṇovi, Najvyššej Božskej Osobnosti. V *Bhagavad-gīte* (15.15) je vysvetlené, že zmyslom *vedskeho* učenia je pomôcť nám pochopiť tento večný vzťah: *vedaiś ca sarvair aham eva vedyaḥ*. Kṛṣṇa potvrdzuje, že cieľom *Ved* je pochopiť Ho. Vo *vedskych* hymnoch sa hovorí, že Pánom všetkých živých bytostí je Viṣṇu, Najvyššia Božská Osobnosť: *patiṁ viśvasyātmeśvaram*. V *Śrīmad-Bhāgava-*

tame (2.4.20) opisuje Śrīla Śukadeva Gosvāmī Pána mnohými spôsobmi ako *pati*:

śriyaḥ patir yajña-patiḥ prajā-patir
dhiyāṁ patir loka-patir dharā-patiḥ
patir gatiś cāndhaka-vṛṣṇi-sātvatāṁ
prasīdatāṁ me bhagavān satāṁ patiḥ

Prajā-pati je Viṣṇu, ktorý je Pánom všetkého tvorstva, všetkých svetov, všetkých krás a ktorý je ochrancom všetkých. Pán stvoril tento hmotný svet, aby podmieneným dušiam umožnil naučiť sa vykonávať *yajñe* (obete) pre uspokojenie Viṣṇua, aby tak mohli žiť pohodlne a bez strachu počas svojho pobytu v hmotnom svete a aby mohli po opustení svojho hmotného tela vstúpiť do Božieho kráľovstva. Taký je program pre podmienené duše a to je všetko, o čo v tomto hmotnom svete ide. Podmienená duša získava vďaka obetiam vedomie Kṛṣṇu a všetky zbožné vlastnosti. Vo veku Kali odporúčajú *vedske* písma *saṇkīrtana-yajñu*, spievanie Božích mien. Túto transcendentálnu obeť zaviedol Śrī Caitanya Mahāprabhu, aby oslobodil všetkých ľudí tohto veku. *Saṇkīrtana-yajña* a vedomie Kṛṣṇu sa k sebe veľmi dobre hodia. V *Śrīmad-Bhāgavatame* (11.5.32) je zmienka o Kṛṣṇovi v Jeho podobe oddaného (Śrī Caitanya Mahāprabhu), a to práve v súvislosti so *saṇkīrtana-yajñou:*

kṛṣṇa-varṇaṁ tviṣākṛṣṇaṁ sāṅgopāṅgāstra-pārṣadam
yajñaiḥ saṅkīrtana-prāyair yajanti hi su-medhasaḥ

„Ľudia, ktorí sú vo veku Kali obdarení dostatočnou inteligenciou, budú vykonávaním *saṅkīrtana-yajñe* uctievať Pána, ktorého sprevádzajú Jeho spoločníci.“ Ostatné *yajñe*, ktoré sú predpísané vo *vedskej* literatúre, sa v tomto veku Kali nedajú vykonávať tak ľahko, no *saṇkīrtana-yajña* je vznešená a jednoduchá a hodí sa pre všetky účely. O tom sa píše v štrnástom verši deviatej kapitoly *Bhagavad-gīty*.

VERŠ 11

देवान्भावयतानेन ते देवा भावयन्तु वः ।
परस्परं भावयन्तः श्रेयः परमवाप्स्यथ ॥ ११ ॥

devān bhāvayatānena te devā bhāvayantu vaḥ
parasparaṁ bhāvayantaḥ śreyaḥ param avāpsyatha

devān — polobohovia; *bhāvayatā* — potešení; *anena* — touto obeťou; *te* — oni; *devāḥ* — polobohovia; *bhāvayantu* — potešia; *vaḥ* — vás; *parasparam* — vzájomne; *bhāvayantaḥ* — tešiac jeden druhého; *śreyaḥ* — požehnanie; *param* — najvyššie; *avāpsyatha* — dosiahnete.

Polobohovia potešení obeťami potešia aj vás a vďaka tejto vzájomnej spolupráci medzi ľuďmi a polobohmi zavládne hojnosť všetkého.

VÝZNAM: Polobohovia sú zmocnenými správcami hmotných záležitostí. Prísun vzduchu, svetla, vody a všetkých ostatných požehnaní, ktoré udržujú telá živých bytostí nažive, majú na starosti nespočetní polobohovia, ktorí pomáhajú v rôznych častiach tela Najvyššej Božskej Osobnosti. Ich spokojnosť alebo nespokojnosť závisí od toho, ako ľudia vykonávajú *yajñe*. Niektoré obete sú určené daným polobohom, no aj tak konečným príjemcom je vždy Viṣṇu. Kṛṣṇa to potvrdzuje v *Bhagavad-gīte* (5.29), kde hovorí, že On je skutočným príjemcom obetí: *bhoktāraṁ yajña-tapasām*. Preto všetky *yajñe* majú prvoradú úlohu uspokojiť Kṛṣṇu (*yajña-pati*). Ak sú *yajñe* vykonávané dokonale, polobohovia, ktorí sa starajú o uspokojovanie prirodzených ľudských potrieb, sú automaticky uspokojení a obdarujú ich všetkým nevyhnutným.

Vykonávanie *yajñí* prináša so sebou veľa vedľajších výhod, vedúce nakoniec k vyslobodeniu z pút hmoty. Vykonávaním *yajñí* sa očistia všetky naše činy, čo je vysvetlené vo *Vedach*: *āhāra-śuddhau sattva-śuddhiḥ sattva-śuddhau dhruvā smṛtiḥ smṛti-lambhe sarva-granthīnāṁ vipramokṣaḥ* (*Chāndogya Upaniṣad* 7.26.2). Konaním *yajñí* sa jedlo, ktoré obetujeme, posväcuje, a keď jeme posvätené jedlo, očisťujeme svoju existenciu. Očistením existencie sa posväcujú jemné vlákna centra pamäte. Keď je posvätená pamäť, môžeme myslieť na cestu k vyslobodeniu a všetko spoločne vedie k vedomiu Kṛṣṇu, ktoré dnešná spoločnosť potrebuje zo všetkého najviac.

VERŠ 12

इष्टान्भोगान्हि वो देवा दास्यन्ते यज्ञभाविताः ।
तैर्दत्तानप्रदायैभ्यो यो भुङ्क्ते स्तेन एव सः ॥ १२ ॥

iṣṭān bhogān hi vo devā dāsyante yajña-bhāvitāḥ
tair dattān apradāyaibhyo yo bhuṅkte stena eva saḥ

iṣṭān—žiadané; *bhogān*—životné potreby; *hi*—isto; *vaḥ*—vám; *devāḥ*—polobohovia; *dāsyante*—pririeknu; *yajña-bhāvitāḥ*—sú uspokojení vykonanými obeťami; *taiḥ*—nimi; *dattān*—darované veci; *apradāya*—bez toho, že by boli obetované; *ebhyaḥ*—polobohom; *yaḥ*—ten, kto; *bhuṅkte*—užíva; *stenaḥ*—zlodej; *eva*—isto; *saḥ*—on.

Ak sú polobohovia, ktorí majú na starosti rozličné životné potreby, uspokojení yajñou (obeťou), zásobia človeka všetkým potrebným. No ten, kto užíva tieto dary bez toho, aby ich obetoval, je isto-iste zlodej.

VÝZNAM: Najvyšší Pán, Viṣṇu, poveril polobohov tým, aby všetky bytosti zásobovali všetkým nevyhnutným. Preto ich musíme uspokojovať predpísanými obeťami. *Vedy* odporúčajú rôzne druhy *yajñí* pre jednotlivých polobohov, ale konečným príjemcom všetkých obetí je Śrī Kṛṣṇa, Najvyššia Božská Osobnosť. Tým, ktorí nepochopili, kto je Najvyššia Bytosť, sa odporúča vykonávať obete polobohom. Podľa rôznych hmotných vlastností ľudí sa vo *Vedach* odporúčajú rôzne druhy *yajñí.* Uctievanie polobohov je založené na rovnakom princípe. Napríklad pojedačom mäsa sa odporúča uctievať bohyňu Kālī, strašnú podobu hmotnej prírody; jej sa môžu obetovať aj zvieratá. Ľuďom, u ktorých prevláda kvalita dobra, sa odporúča transcendentálne uctievanie Viṣṇua. Konečným cieľom všetkých obetí je povýšiť sa na transcendentálnu úroveň. Obyčajní ľudia by mali robiť najmenej päť obetí.

Mali by sme vedieť, že všetky životné potreby, ktoré vyžaduje ľudská spoločnosť a ktoré nie sme schopní vytvoriť, nám prideľujú Pánovi zmocnenci, polobohovia. Napríklad potraviny v kvalite dobra, ako obilie, ovocie, zeleninu, mlieko, cukor atď., alebo v kvalite vášne a nevedomosti, ako mäso, vajcia a ryby, ľudia nikdy nedokážu stvoriť, a takisto ani teplo, svetlo, vodu a vzduch, ktoré sú rovnako nevyhnutné. Bez Najvyššieho Pána by nebolo slnečného ani mesačného svitu, dažďa, vetra atď., bez ktorých nemôže žiť nikto. Náš život očividne celkom závisí od Pánovej veľkorysosti. Naše priemyselné podniky tiež potrebujú množstvo surovín — kovy, síru, ortuť, mangán a veľa iných. Všetko nám dodávajú Pánovi zmocnenci, aby sme to použili na zachovanie svojho zdravia a sily, ktoré sú potrebné na dosiahnutie sebarealizácie, vedúcej ku konečnému životnému cieľu, k vyslobodeniu sa z hmotného bytia. K tomuto životnému cieľu možno dospieť vykonávaním *yajñí*. Ak zabudneme na zmysel ľudského života a prídely Božích zmocnencov používame na uspokojovanie svojich zmyslov, zaplietame sa stále viac a viac do hmotnej existencie, a to nie je účelom stvorenia. Stávajú sa z nás zlodeji a za to nás prírodné zákony potrestajú. Zlodejská spoločnosť nemôže byť nikdy šťastná, pretože nemá žiadny životný cieľ. Zlodeji sa zameriavajú iba na zmyslový pôžitok a nedbajú na vykonávanie obetí. Śrī Caitanya Mahāprabhu zaviedol najjednoduchšiu *yajñu* — *saṇkīrtana-yajñu*, ktorú môže vykonávať každý, kto prijíma učenie Śrī Kṛṣṇu.

VERŠ 13

यज्ञशिष्टाशिनः सन्तो मुच्यन्ते सर्वकिल्बिषैः ।
भुञ्जते ते त्वघं पापा ये पचन्त्यात्मकारणात् ॥ १३ ॥

yajña-śiṣṭāśinaḥ santo mucyante sarva-kilbiṣaiḥ
bhuñjate te tv aghaṁ pāpā ye pacanty ātma-kāraṇāt

yajña-śiṣṭa—jedlo, ktoré sa je po vykonaní obete; *aśinaḥ*—tí, ktorí jedia; *santaḥ*—oddaní; *mucyante*—sú oslobodení od; *sarva*—všetkých druhov; *kilbiṣaiḥ*—hriechov; *bhuñjate*—užívajú; *te*—oni; *tu*—ale; *agham*—ťažké hriechy; *pāpāḥ*—hriešnici; *ye*—oni; *pacanti*—pripravujú jedlo; *ātma-kāraṇāt*—pre zmyslový pôžitok.

Pánovi oddaní sú zbavení všetkých hriechov, pretože jedia jedlo, ktoré bolo najprv obetované. No tí, čo pripravujú jedlo pre svoj zmyslový pôžitok, jedia isto-iste iba hriech.

VÝZNAM: Oddaní Najvyššieho Pána alebo osoby vedomé si Kṛṣṇu, sa nazývajú *santovia* a milujú Pána, ako je potvrdené v *Brahma-saṁhite* (5.38): *premāñjana-cchurita-bhakti-vilocanena santaḥ adaiva hṛdayeṣu vilokayanti. Santovia* alebo tí, ktorých láska sa navždy spája s Najvyšším Pánom Govindom (zdrojom všetkých radostí), Mukundom (darcom oslobodenia) alebo Kṛṣṇom (najpríťažlivejšou osobou), neprijmú nič bez toho, že by Mu to najskôr neobetovali. Takí oddaní preto stále vykonávajú *yajñe* v rôznych aspektoch oddanej služby, ako sú *śravaṇam, kīrtanam, smaraṇam, arcanam* atď. Tieto *yajñe* ich vždy ochraňujú pred všetkými druhmi znečistenia, ktoré pochádzajú z hriešnej spoločnosti v hmotnom svete. Naopak tí, ktorí pripravujú jedlo iba pre svoje uspokojenie, sa nielenže správajú ako zlodeji, ale i v pravom slova zmysle jedia hriech. Ako môže byť niekto šťastný, keď kradne a pácha hriechy? To je nemožné. Aby mohli byť ľudia za každých okolností šťastní, musia sa naučiť vykonávať jednoduchú obeť s plným vedomím Kṛṣṇu, ktorá sa volá *saṅkīrtana-yajña*. Inak nemôže byť na svete mier ani šťastie.

VERŠ 14

अन्नाद्भवन्ति भूतानि पर्जन्यादन्नसम्भवः ।
यज्ञाद्भवति पर्जन्यो यज्ञः कर्मसमुद्भवः ॥ १४ ॥

annād bhavanti bhūtāni parjanyād anna-sambhavaḥ
yajñād bhavati parjanyo yajñaḥ karma-samudbhavaḥ

annāt—z obilia; *bhavanti*—rastú; *bhūtāni*—hmotné telá; *parjanyāt*—z dažďa; *anna*—z obilia; *sambhavaḥ*—je umožnené; *yajñāt*—obetovaním; *bhavati*—umožní; *parjanyaḥ*—dážď; *yajñaḥ*—vykonávaním yajñe; *karma*—predpísané povinnosti; *samudbhavaḥ*—zrodí sa.

Všetky živé telá sú živené obilím, ktoré je závislé od dažďa. Dážď vzniká vďaka yajñi (obeti) a yajña sa rodí z plnenia predpísaných povinností.

VÝZNAM: Śrīla Baladeva Vidyābhūṣaṇa, ktorý veľmi dobre vysvetlil *Bhagavad-gītu*, napísal: *ye indrādy-aṅgatayāvasthitaṁ yajñaṁ sarveśvaraṁ viṣṇum abhyarcya tac-cheṣam aśnanti tena tad deha-yātrāṁ sampādayanti, te santaḥ sarveśvarasya yajña-puruṣasya bhaktāḥ sarva-kilbiṣair anādi-kāla-vivṛddhair ātmānubhava-pratibandhakair nikhilaiḥ pāpair vimucyante.* Najvyšší Pán, ktorý je známy ako konečný príjemca všetkých obetí (*yajña-puruṣa*), je Pánom všetkých polobohov, ktorí Mu slúžia tak, ako rôzne údy slúžia celému telu. Polobohovia, ako Indra, Candra, Varuṇa a ďalší, majú na starosti záležitosti hmotného vesmíru. Obete predpísané vo *vedskych* písmach sú určené na uspokojenie týchto polobohov kvôli tomu, aby nám poskytovali vzduch, svetlo a vodu, ktoré sú nevyhnutné pre rast obilia. Keď uctievame Kṛṣṇu, automaticky uctievame aj polobohov, ktorí sú rôznymi časťami Jeho tela. Polobohov teda netreba uctievať. Preto obetujú oddaní jedlo Kṛṣṇovi a potom ho jedia, čím dodávajú telu duchovnú výživu. Tým nielenže odstránime následky predchádzajúcich činov, ale telo sa tiež stane imúnnym voči všetkým nečistotám hmotnej prírody. Tak, ako nás očkovanie chráni pred epidemickou nákazou, rovnako získame aj imunitu voči vplyvom hmotnej energie, keď jedlo obetujeme Viṣṇuovi a až potom ho jeme. Kto dodržiava tento proces, sa nazýva Pánov oddaný. Preto sa Kṛṣṇov oddaný, ktorý je iba jedlo obetované Kṛṣṇovi, môže oslobodiť od všetkých následkov svojho styku s hmotou, ktoré mu stavajú prekážky na ceste k sebarealizácii. Na druhej strane ten, kto takto nekoná, nepretržite zvyšuje počet svojich hriešnych činov a pripravuje si nové telo v podobe psa alebo prasaťa, v ktorom bude potom trpieť následky za svoje hriechy. Hmotný svet je plný nečistôt, ale ten, kto získal imunitu prijímaním Pánovho *prasādam* (jedla obetovaného Viṣṇuovi), je chránený pred nákazou, zatiaľ čo ostatní jej podliehajú.

Obilie a zelenina sú základom každej potravy. Potravu človeka tvoria rôzne vegetariánske potraviny — obilie, zelenina, ovocie; zvieratá žerú okrem zvyškov z týchto potravín trávu a niektoré ďalšie rastliny. Dokonca i ľudia, ktorí majú vo zvyku jesť mäso, sú závislí od rastlinnej stravy. Preto všetci krajne závisíme od výnosu polí, nie od výrobkov z obrovských tovární. Dobrá úroda zasa závisí od dažďa, ktorý ovláda Indra a tiež polobohovia Mesiaca, Slnka a ďalší, pričom všetci sú Pánovými služobníkmi. Biede sa teda vyhneme, ak potešíme Boha vykonávaním obetí; taký je zákon prírody. Preto musíme robiť *yajñe*, predovšetkým *saṅkīrtana-yajñu*, ktorá je predpísaná pre tento vek, aby sme sa zachránili aspoň pred nedostatkom jedla.

VERŠ 15

कर्म ब्रह्मोद्भवं विद्धि ब्रह्माक्षरसमुद्भवम् ।
तस्मात्सर्वगतं ब्रह्म नित्यं यज्ञे प्रतिष्ठितम् ॥ १५ ॥

karma brahmodbhavaṁ viddhi brahmākṣara-samudbhavam
tasmāt sarva-gataṁ brahma nityaṁ yajñe pratiṣṭhitam

karma — činnosť; *brahma* — z *Ved*; *udbhavam* — vznikajú; *viddhi* — mal by si vedieť; *brahma* — *Vedy*; *akṣara* — od Najvyššieho Brahmanu (Božskej Osobnosti); *samudbhavam* — priamo prejavené; *tasmāt* — preto; *sarva-gatam* — všadeprítomná; *brahma* — transcendencia; *nityam* — trvale; *yajñe* — v obeti; *pratiṣṭhitam* — spočíva.

Vedz, že predpísané povinnosti sú uložené vo Vedach, ktoré pochádzajú priamo od Najvyššej Božskej Osobnosti. Preto všadeprítomná Transcendencia trvale spočíva v obetných činoch.

VÝZNAM: V tomto verši je jasnejšie popísaná *yajñārtha-karma*, čiže nutnosť robiť všetko pre potešenie Kṛṣṇu. Keďže musíme konať tak, aby sme potešili *Yajña-puruṣu*, Viṣṇua, sme nútení hľadať návod na také konanie v transcendentálnych *vedskych* knihách. *Vedy* sú teda zákonníkmi činov. Všetko, čo bolo vykonané bez súhlasu *Ved*, sa nazýva *vikarma*, neoprávnený alebo hriešny čin. Preto sa vždy musíme riadiť podľa *Ved*, aby sme sa ochránili pred následkami činov. V bežnom živote sa musíme správať podľa pokynov štátu a podobne tak sa musíme správať aj podľa pokynov najvyššieho štátu, ktorého hlavou je Boh, Śrī Kṛṣṇa. Tieto pokyny vo *Vedach* sa manifestujú priamo z dychu Najvyššej Božskej Osobnosti. V *Bṛhad-āraṇyaka Upaniṣade* (4.5.11) sa hovorí: *asya mahato bhūtasya niśvasitam etad yad ṛg-vedo yajur-vedaḥ sāma-vedo 'tharvāṅgirasaḥ*. „Všetky štyri *Vedy* — *Ṛg Veda, Yajur Veda, Sāma Veda* a *Atharva Veda* — emanujú z dychu Najvyššej Osobnosti." Keďže Pán je všemohúci, môže hovoriť aj dýchaním vzduchu. Pretože On dokáže hociktorým zmyslom vykonávať funkcie všetkých ostatných zmyslov, čo potvrdzuje i *Brahma-saṁhitā*. Inými slovami, môže rozprávať dýchaním a oplodňovať očami. Vraví sa, že všetky živé bytosti splodil pohľadom na hmotnú prírodu. Po oplodnení lona hmotnej prírody podmienenými dušami, vložil do *vedskej* múdrosti pokyny, ako sa môžu vrátiť domov, naspäť k Bohu. Nesmieme zabúdať, že všetky podmienené duše v hmotnom svete bažia po hmotnom pôžitku. No *vedske* pokyny sú zostavené tak, aby človek mohol uspokojiť svoje nečisté žiadosti a po skončení svojho takzvaného pôžitku sa vrátiť k Bohu. Podmieneným dušiam takto ponúkajú možnosť dosiahnuť vyslobodenie. Podmienené duše sa preto musia snažiť nasledovať obetný proces tak, že sa stanú vedomými si Kṛṣṇu. Do oddanej služby Kṛṣṇovi sa môžu zapojiť aj tí, ktorí nedodržiavajú všetky *vedske* zásady; oddaná služba *vedske yajñe*, alebo karmy, nahradí.

VERŠ 16

एवं प्रवर्तितं चक्रं नानुवर्तयतीह यः ।
अघायुरिन्द्रियारामो मोघं पार्थ स जीवति ॥ १६ ॥

evaṁ pravartitaṁ cakraṁ nānuvartayatīha yaḥ
aghāyur indriyārāmo moghaṁ pārtha sa jīvati

evam — takto; *pravartitam* — stanovené *Vedami*; *cakram* — kolobeh; *na* — nie; *anuvartayati* — osvojí; *iha* — v tomto živote; *yaḥ* — ten, kto; *agha-āyuḥ* — život plný hriechov; *indriya-ārāmaḥ* — uspokojený zmyslovým pôžitkom; *mogham* — márne; *pārtha* — ó, syn Pṛthy (Arjuna); *saḥ* — on; *jīvati* — žije.

Môj milý Arjuna, človek, ktorý nevykonáva obete predpísané vo Vedach, vedie vskutku hriešny život, lebo ten, kto žije iba pre zmyslový pôžitok, žije márne.

VÝZNAM: V tomto verši Kṛṣṇa zavrhuje filozofiu mamonárov, ktorí vravia: „Ťažko pracuj a užívaj si." Pre toho, kto sa chce v tomto hmotnom svete radovať, je vykonávanie už spomínaného obetného procesu absolútne nevyhnutné. Kto sa neriadi týmito pokynmi, správa sa veľmi riskantne a stále viac upadá. Podľa prírodných zákonov je ľudský život určený predovšetkým na sebarealizáciu, a to prostredníctvom jednej z troch ciest — *karma-yogy*, *jñāna-yogy* alebo *bhakti-yogy*. Transcendentalisti, ktorí sa povzniesli nad neresti i nad cnosti, nemusia prísne vykonávať predpísané *yajñe*, ale tí, ktorí sú zaneprázdnení zmyslovými pôžitkami, sa musia očistiť prostredníctvom spomínaných obetí. Ľudia konajú všelijako. Tí, čo nemajú vedomie Kṛṣṇu, konajú s vedomím uspokojiť svoje zmysly, a preto musia robiť zbožné činy. Jednotlivé obrady sú prispôsobené tak, aby tieto osoby mohli uspokojiť svoje túžby bez toho, aby sa zaplietli do následkov. Prosperita sveta nezávisí od našej snahy, ale od plánu Najvyššieho Pána, ktorý priamo plnia polobohovia. Obete preto nie sú určené len danému polobohovi, ale zároveň sú nepriamou oddanou službou Kṛṣṇovi, pretože keď človek ovláda vykonávanie *yajñí*, určite získa vedomie Kṛṣṇu. Ak sa však nestane vedomým si Kṛṣṇu vykonávaním obetí, považujú sa tieto zásady za obyčajné morálne pravidlá.

Aby svoj pokrok neukončil na úrovni morálnych zásad, musí ich transcendovať a dosiahnuť tak láskyplnú oddanú službu Kṛṣṇovi.

VERŠ 17

यस्त्वात्मरतिरेव स्यादात्मतृप्तश्च मानवः ।
आत्मन्येव च सन्तुष्टस्तस्य कार्यं न विद्यते ॥ १७ ॥

yas tv ātma-ratir eva syād ātma-tṛptaś ca mānavaḥ
ātmany eva ca santuṣṭas tasya kāryaṁ na vidyate

yaḥ—ten, kto; *tu*—ale; *ātma-ratiḥ*—nachádza potešenie v sebe; *eva*—istotne; *syāt*—zostáva; *ātma-tṛptaḥ*—osvietený; *ca*—a; *mānavaḥ*—človek; *ātmani*—v sebe; *eva*—iba; *ca*—a; *santuṣṭaḥ*—dokonale spokojný; *tasya*—jeho; *kāryam*—povinnosť; *na*—nie; *vidyate*—jestvuje.

No ten, kto nachádza radosť vo vlastnom „ja", kto žije životom sebarealizácie a je sám v sebe dokonale spokojný, nemá žiadne povinnosti.

VÝZNAM: Človek, ktorý si je plne vedomý Kṛṣṇu a ktorý je úplne spokojný so svojimi činmi určenými pre potešenie Kṛṣṇu, nemá viac žiadne povinnosti. Jeho duchovné vedomie ho očisťuje od všetkej bezbožnosti, čo by inak vyžadovalo tisíce obetí. Tým, že očistí svoje vedomie, získa istotu vo svojom večnom postavení vo vzťahu k Najvyššiemu. Jeho povinnosti sa Kṛṣṇovou milosťou osvietia, a preto nemá žiadne záväzky voči *vedskym* predpisom. Takého človeka vedomého si Kṛṣṇu už nezaujímajú hmotné činnosti a netešia ho ani hmotné veci ako sú ženy, víno a podobné hlúposti.

VERŠ 18

नैव तस्य कृतेनार्थो नाकृतेनेह कश्चन ।
न चास्य सर्वभूतेषु कश्चिदर्थव्यपाश्रयः ॥ १८ ॥

naiva tasya kṛtenārtho nākṛteneha kaścana
na cāsya sarva-bhūteṣu kaścid artha-vyapāśrayaḥ

na — nikdy; *eva* — iste; *tasya* — jeho; *kṛtena* — vykonávanie povinností; *arthaḥ* — dôvod; *na* — ani; *akṛtena* — nevykonávanie povinností; *iha* — na tomto svete; *kaścana* — čokoľvek; *na* — nikdy; *ca* — a; *asya* — ním; *sarva-bhūteṣu* — medzi všetkými živými bytosťami; *kaścit* — hocikto; *artha* — účel; *vyapāśrayaḥ* — hľadať ochranu u.

Sebarealizovaný človek nemá prečo vykonávať predpísané povinnosti, a nemá ani dôvod ich nekonať. Nemusí byť závislý ani od inej živej bytosti.

VÝZNAM: Sebarealizovaný človek už nemusí vykonávať žiadne povinnosti okrem činností konaných s mysľou uprenou na Kṛṣṇu. V nasledujúcich veršoch však bude vysvetlené, že vedomie Kṛṣṇu neznamená nečinnosť. Človek vedomý si Kṛṣṇu nepotrebuje ochranu ani od človeka, ani od poloboha. Všetko, čo robí s mysľou uprenou na Kṛṣṇu, je postačujúce na to, aby si splnil svoju povinnosť.

VERŠ 19

तस्मादसक्तः सततं कार्यं कर्म समाचर ।
असक्तो ह्याचरन्कर्म परमाप्नोति पूरुषः ॥ १९ ॥

tasmād asaktaḥ satataṁ kāryaṁ karma samācara
asakto hy ācaran karma param āpnoti pūruṣaḥ

tasmāt — preto; *asaktaḥ* — bez pripútanosti; *satatam* — neustále; *kāryam* — ako povinnosť; *karma* — čin; *samācara* — vykonať; *asaktaḥ* — bez pripútanosti; *hi* — istotne; *ācaran* — konanie; *karma* — činy; *param* — Najvyššieho; *āpnoti* — dosiahne; *pūruṣaḥ* — človek.

Človek by mal teda konať z povinnosti a bez lipnutia na plodoch činov, lebo činmi zbavenými pripútanosti dosiahne Najvyššieho.

VÝZNAM: Najvyšším cieľom pre oddaných je Božská Osobnosť; pre impersonalistov je týmto Najvyšším oslobodenie. Človek, ktorý pod správnym vedením koná s mysľou uprenou na Kṛṣṇu preto, aby Ho potešil, a bez lipnutia na výsledkoch svojich činov, určite robí pokroky na ceste k najvyššiemu životnému cieľu. Śrī Kṛṣṇa vyzval Arjunu, aby sa zúčastnil boja na Kuruovskom poli, pretože chcel, aby bojoval pre Neho. Byť dobrým alebo nenásilným človekom je osobná ambícia, ale konať v záujme Najvyššieho znamená konať bez závislosti na výsledkoch. Kṛṣṇa, Najvyššia Božská Osobnosť, odporúča toto dokonalé konanie na najvyššej úrovni.

Vedske obrady, ako napríklad rôzne obete, sa robia pre očistu bezbožných činov, ktoré človek vykonal kvôli zmyslovému pôžitku. Činnosti určené pre potešenie Kṛṣṇu sú však transcendentálne a neprinášajú ani dobré, ani zlé následky. Človek vedomý si Kṛṣṇu nie je pripútaný k plodom svojich činov; všetko robí v Kṛṣṇovom záujme. Môže sa zaoberať rôznymi činnosťami, ale nikdy nie je k žiadnej pripútaný.

VERŠ 20

कर्मणैव हि संसिद्धिमास्थिता जनकादयः ।
लोकसङ्ग्रहमेवापि सम्पश्यन्कर्तुमर्हसि ॥ २० ॥

karmaṇaiva hi saṁsiddhim āsthitā janakādayaḥ
loka-saṅgraham evāpi sampaśyan kartum arhasi

karmaṇā — prácou; *eva* — dokonca; *hi* — určite; *saṁsiddhim* — v dokonalosti; *āsthitāḥ* — umiestnení; *janaka-ādayaḥ* — Janaka a iní králi; *loka-saṅgraham* — ľudia všeobecne; *eva api* — tiež; *sampaśyan* — s ohľadom na; *kartum* — konať; *arhasi* — mal by si.

Veď aj Janaka a iní králi dosiahli dokonalosť práve vďaka tomu, že vykonávali predpísané povinnosti. Už len preto, aby sa ľudia mohli z tvojho príkladu poučiť, mal by si konať rovnako.

VÝZNAM: Králi ako Janaka a iní boli sebarealizované duše, takže nemuseli vykonávať povinnosti predpísané vo *Vedach.* Napriek tomu ich všetky vykonávali, aby dali ľuďom dobrý príklad. Janaka bol Sītiným otcom a svokrom Śrī Rāmu, Najvyššej Božskej Osobnosti. Keďže bol Pánovým veľkým oddaným, nachádzal sa na transcendentálnej úrovni, ale keďže bol zároveň kráľom Mithily (časť Bihárskej provincie v Indii), musel učiť svojich poddaných, ako si plniť predpísané povinnosti. Śrī Kṛṣṇa a Jeho večný priateľ Arjuna nemuseli bojovať na Kuruovskom bojisku, a predsa bojovali, aby naučili ľudí, že násilie je občas potrebné v situáciách, keď dobré slovo nepomáha. Aj pred vojnou na Kuruovskom poli urobili všetko, aby jej zabránili, no druhá strana bola rozhodnutá bojovať. V takej situácii treba bojovať za spravodlivosť. Hoci Kṛṣṇov oddaný nemá na tomto svete žiadne záujmy, koná tak, aby naučil ostatných, ako žiť a čo robiť. Skúsené osoby vo vedomí Kṛṣṇu konajú tak, aby sa ostatní mohli riadiť ich príkladom. To vysvetľuje nasledujúci verš.

VERŠ 21

यद्यदाचरति श्रेष्ठस्तत्तदेवेतरो जनः ।
स यत्प्रमाणं कुरुते लोकस्तदनुवर्तते ॥ २१ ॥

yad yad ācarati śreṣṭhas tat tad evetaro janaḥ
sa yat pramāṇaṁ kurute lokas tad anuvartate

yat yat — čokoľvek; *ācarati* — robí; *śreṣṭhaḥ* — ctihodný vodca; *tat* — to; *tat* — a iba to; *eva* — istotne; *itaraḥ* — obyčajný; *janaḥ* — človek; *saḥ* — on; *yat* — akýkoľvek; *pramāṇam* — príklad; *kurute* — robí; *lokaḥ* — celý svet; *tat* — to; *anuvartate* — kráča v šľapajách.

Všetko, čo robí veľký človek, robia aj obyčajní ľudia. Celý svet nasleduje vzor, ktorý svojim príkladom stanoví.

VÝZNAM: Ľudia vždy potrebujú nejakého vodcu, ktorý by ich učil vlastným príkladom. Vodca nemôže chcieť, aby ľudia prestali fajčiť, ak je sám fajčiar. Śrī Caitanya Mahāprabhu povedal, že učiteľ by sa predtým, než začne učiť, sám mal správať správne. Kto tak robí, nazýva sa *ācārya* alebo ideálny učiteľ. Aby mohol učiť ľudí, musí sa riadiť zásadami *śāstier* (písiem). Nemôže vymýšľať pravidlá, ktoré nie sú v súlade so zásadami zjavených písiem. *Manu-saṁhitā* a ďalšie zjavené písma sa považujú za základné knihy, podľa ktorých by sa mala ľudská spoločnosť riadiť. Učení vodcovia spoločnosti sa preto musia riadiť podľa zásad základných písiem. Kto chce robiť pokroky, musí dodržiavať tieto základné pravidlá podľa vzoru veľkých učiteľov. V *Śrīmad-Bhāgavatame* je tiež potvrdené, že človek musí nasledovať príklad veľkých oddaných, ak chce pokročiť na ceste k duchovnej realizácii. Kráľ alebo hlava štátu, otec a učiteľ sú považovaní za prirodzených vodcov ľudstva, a preto majú veľkú zodpovednosť voči tým, ktorí sú od nich závislí. Z tohoto dôvodu musia dobre poznať morálne a duchovné zásady písiem.

VERŠ 22

न मे पार्थास्ति कर्तव्यं त्रिषु लोकेषु किञ्चन ।
नानवाप्तमवाप्तव्यं वर्त एव च कर्मणि ॥ २२ ॥

na me pārthāsti kartavyaṁ triṣu lokeṣu kiñcana
nānavāptam avāptavyaṁ varta eva ca karmaṇi

na — nie; *me* — Ja; *pārtha* — ó, syn Pṛthy; *asti* — je; *kartavyam* — predpísaná povinnosť; *triṣu* — v troch; *lokeṣu* — planetárnych sústavách; *kiñcana* — žiadna; *na* — nie; *anavāptam* — chcem; *avāptavyam* — dosiahnuť; *varte* — zamestnaný; *eva* — istotne; *ca* — tiež; *karmaṇi* — v predpísanej činnosti.

Ó, syn Pṛthy, vo všetkých troch svetoch niet ničoho, čo by som mal robiť, nič Mi nechýba a ani po ničom netúžim — a predsa vykonávam predpísané povinnosti.

VÝZNAM: Vo *vedskych* písmach je Najvyšší Pán, Božská Osobnosť, opísaný takto:

tam īśvarāṇāṁ paramaṁ maheśvaraṁ
taṁ devatānāṁ paramaṁ ca daivatam
patiṁ patīnāṁ paramaṁ parastād
vidāma devaṁ bhuvaneśam īḍyam

na tasya kāryaṁ karaṇaṁ ca vidyate
na tat-samaś cābhyadhikaś ca dṛśyate
parāsya śaktir vividhaiva śrūyate
svābhāvikī jñāna-bala-kriyā ca

„Najvyšší Pán vládne všetkým ostatným vládcom, vrátane tých, ktorí vládnu rôznym planétam. Všetci sú Mu podriadení. Iba Najvyšší Pán môže zveriť živým bytostiam istú moc; oni sami nikdy nie sú najvyššie.

Uctievajú Ho všetci polobohovia a je najvyšším vodcom všetkých vodcov. Preto vládne nad všetkými vodcami a vládcami a všetci Ho uctievajú. Nik nie je mocnejší než On a On je najvyššou príčinou všetkých príčin."

"Nemá hmotné telo ako obyčajná živá bytosť. Medzi Jeho telom a Jeho dušou niet rozdielu. Je absolútny. Všetky Jeho zmysly sú transcendentálne a každý z Jeho zmyslov môže plniť funkcie ostatných zmyslov. Preto nie je nikto mocnejší než On a nikto sa Mu nevyrovná. Jeho sily sú rozmanité a vďaka tomu sa Jeho činy dejú automaticky." (*Śvetāśvatara Upaniṣad* 6.7-8)

Keďže v Najvyššom Pánovi je všetko v plnej miere, nemusí nič robiť. Jedine ten, kto je závislý na výsledkoch svojich činov, musí vykonávať dané povinnosti, ale ten, pre koho v troch planetárnych sústavách niet ničoho po čom by túžil, nemá, samozrejme, žiadne záväzky a povinnosti. Napriek tomu sa Kṛṣṇa na čele *kṣatriyov* osobne zúčastnil boja na Kuruovskom poli, pretože je *kṣatriyskou* povinnosťou poskytnúť ochranu trpiacim. Aj keď Śrī Kṛṣṇa stojí nad zásadami zjavených písiem, nerobí nič, čo by im odporovalo.

VERŠ 23

यदि ह्यहं न वर्तेयं जातु कर्मण्यतन्द्रितः ।
मम वर्त्मानुवर्तन्ते मनुष्याः पार्थ सर्वशः ॥ २३ ॥

yadi hy ahaṁ na varteyaṁ jātu karmaṇy atandritaḥ
mama vartmānuvartante manuṣyāḥ pārtha sarvaśaḥ

yadi—keby som; *hi*—zaručene; *aham*—Ja; *na*—nie; *varteyam*—takto zamestnaný; *jātu*—vždy; *karmaṇi*—vo vykonávaní predpísaných povinností; *atandritaḥ*—veľmi dôkladne; *mama*—Moje; *vartma*—cesta; *anuvartante*—nasledovali by; *manuṣyāḥ*—všetci ľudia; *pārtha*—ó, Arjuna, syn Pṛthy; *sarvaśaḥ*—v každom ohľade.

Keby som totiž nevykonával poctivo predpísané povinnosti, ó, Pārtha, potom by všetci ľudia zaručene nasledovali Môj príklad.

VÝZNAM: Preto, aby mohol človek robiť pokroky v duchovnom živote, sú kvôli udržaniu stability v spoločnosti dané isté normy sociálneho a rodinného života, ktoré musia rešpektovať všetci civilizovaní ľudia. Tieto zásady a predpisy sú určené pre podmienené duše, nie pre Kṛṣṇu, ale On sa napriek tomu podľa nich riadil, lebo vždy prichádza preto, aby upevnil náboženské zásady. Keby sa nimi neriadil, ľudia by kráčali v Jeho šľapajách, pretože je najvyššou autoritou. Zo *Śrīmad-Bhāgavatamu* sa dozvedáme, že Najvyšší Pán, Śrī Kṛṣṇa, vykonával náboženské povinnosti doma i mimo domov, ako sa vyžaduje od hlavy rodiny.

VERŠ 24

उत्सीदेयुरिमे लोका न कुर्यां कर्म चेदहम् ।
सङ्करस्य च कर्ता स्यामुपहन्यामिमाः प्रजाः ॥ २४ ॥

utsīdeyur ime lokā na kuryāṁ karma ced aham
saṅkarasya ca kartā syām upahanyām imāḥ prajāḥ

utsīdeyuḥ — zanikli by; *ime* — všetky tieto; *lokāḥ* — svety; *na* — nie; *kuryām* — konám; *karma* — predpísané povinnosti; *cet* — keby som; *aham* — Ja; *saṅkarasya* — nežiadúceho obyvateľstva; *ca* — a; *kartā* — stvoriteľ; *syām* — by som; *upahanyām* — zničil; *imāḥ* — všetky tieto; *prajāḥ* — bytosti.

Keby som nevykonával predpísané povinnosti, všetky tieto svety by zanikli. Bol by som pôvodcom nežiadúceho obyvateľstva, a tým by som zničil mier všetkých bytostí.

VÝZNAM: Nežiadúce obyvateľstvo narúša súlad v spoločnosti. Aby sa dal tento sociálny nesúlad prekonať, ľudia sa musia riadiť určitými zásadami a predpismi, ktoré prinášajú spoločnosti mier a harmóniu a ktoré pomáhajú dosiahnuť duchovnú sebarealizáciu. Keď Kṛṣṇa zostúpi do hmotného vesmíru, podriadi sa týmto zásadám, aby zachoval ich význam a potrebu. Śrī Kṛṣṇa je otcom všetkých tvorov, a ak sú títo zvedení na scestie, padá zodpovednosť nepriamo Naňho. Preto vždy, keď sa nedodržiavajú predpísané zásady, osobne zostupuje, aby napravil spoločnosť. Mali by sme si však uvedomiť, že aj keď máme nasledovať Jeho príklad, nemôžeme Ho napodobňovať. Nasledovať Kṛṣṇov príklad neznamená napodobňovať Ho. Nemôžeme Śrī Kṛṣṇu napodobniť tým, že by sme zdvihli kopec Govardhana, ako to urobil vo Svojom detstve. Obyčajný človek to nedokáže. Musíme nasledovať Jeho pokyny, ale nikdy Ho nesmieme napodobňovať. *Śrīmad-Bhāgavatam* (10.33.30-31) to potvrdzuje slovami:

naitat samācarej jātu manasāpi hy anīśvaraḥ
vinaśyaty ācaran mauḍhyād yathā 'rudro 'bdhi-jaṁ viṣam

īśvarāṇāṁ vacaḥ satyaṁ tathaivācaritaṁ kvacit
teṣāṁ yat sva-vaco-yuktaṁ buddhimāṁs tat samācaret

„Človek sa musí riadiť pokynmi Pána a Jeho zmocnených predstaviteľov. Ich pokyny sú pre nás prospešné a každý inteligentný človek sa nimi riadi. Každý by si však mal dať pozor na to, aby nenapodobňoval ich činnosti. Nikto by sa nemal pokúšať vypiť oceán jedu napodobňujúc Pána Śivu!"

Musíme mať stále na pamäti, že *īśvarovia* alebo tí, čo ovládajú Slnko, Mesiac a iné planéty, sú našimi nadriadenými. Bez ich sily ich nemôžeme napodobniť, sú veľmi mocní. Śiva vypil oceán jedu, ale obyčajný človek by zomrel už po vypití malej kvapôčky. Je veľa takzvaných Śivových oddaných, ktorí fajčia *gañju* (marihuanu) a podobné omamné drogy, a pritom zabúdajú, že napodobňovaním Śivových činov sa približujú k smrti. Podobne jestvujú Kṛṣṇovi „oddaní", ktorí Ho chcú napodobňovať v Jeho *rāsa-līle*, láskyplnom tanci, ale pritom zabúdajú, že nedokážu zdvihnúť kopec Govardhan. Preto je najlepšie dodržiavať pokyny tých, ktorí sú silní, a nepokúšať sa napodobňovať ich alebo prevziať ich postavenie bez toho, aby sme mali na to kvalifikáciu. Je veľa pseudoinkarnácií Boha, ktorým však chýba moc Najvyššieho Pána.

VERŠ 25

सक्ताः कर्मण्यविद्वांसो यथा कुर्वन्ति भारत ।
कुर्याद्विद्वांस्तथासक्तश्चिकीर्षुर्लोकसङ्ग्रहम् ॥ २५ ॥

saktāḥ karmaṇy avidvāṁso yathā kurvanti bhārata
kuryād vidvāṁs tathāsaktaś cikīrṣur loka-saṅgraham

saktāḥ — lipnúť; *karmaṇi* — na predpísaných povinnostiach; *avidvāṁsaḥ* — nevedomí; *yathā* — tak, ako; *kurvanti* — konajú; *bhārata* — ó, potomok Bharatov; *kuryāt* — musí; *vidvān* — múdry; *tathā* — tak; *asaktaḥ* — bez lipnutia; *cikīrṣuḥ* — želajúc si viesť; *loka-saṅgraham* — ľudí.

Tak ako nevedomí vykonávajú svoje povinnosti s ohľadom na výsledky, tak môže, hoci bez lipnutia, konať i múdry, aby viedol ľud správnou cestou.

VÝZNAM: Človek vedomý si Kṛṣṇu sa odlišuje od ostatných tým, že má iné želania. Oddaný neurobí nič, čo by neprospievalo rozvoju vedomia Kṛṣṇu. Môže sa dokonca správať rovnako ako nevedomý človek, ktorý je pripútaný k hmotným činom; lenže zatiaľ čo nevedomý koná preto, aby uspokojil svoje zmysly, Kṛṣṇov oddaný robí všetko preto, aby potešil Kṛṣṇu. Ľudia teda musia nasledovať príklad osoby vedomej si Kṛṣṇu, aby sa naučili, čo majú robiť a ako majú výsledky svojich činov použiť v záujme vedomia Kṛṣṇu.

VERŠ 26

न बुद्धिभेदं जनयेदज्ञानां कर्मसङ्गिनाम् ।
जोषयेत्सर्वकर्माणि विद्वान्युक्तः समाचरन् ॥ २६ ॥

na buddhi-bhedaṁ janayed ajñānāṁ karma-saṅginām
joṣayet sarva-karmāṇi vidvān yuktaḥ samācaran

na — nikdy; *buddhi-bhedam* — rozvracať inteligenciu; *janayet* — spôsobiť; *ajñānām* — nevedomých; *karma-saṅginām* — lipnúcich na plodonosných činoch; *joṣayet* — mal by zapojiť; *sarva* — všetku; *karmāṇi* — činnosť; *vidvān* — učený človek; *yuktaḥ* — zamestnaný; *samācaran* — vykonávaním.

Múdry človek by nemal rozvracať myseľ nevedomých, ktorí lipnú na plodonosných činoch tým, že ich bude povzbudzovať k nečinnosti. Skôr by ich mal zamestnať rozličnými činnosťami v duchu oddanej služby (pre postupný pokrok v duchovnom živote).

VÝZNAM: Vedaiś ca sarvair aham eva vedyaḥ. To je cieľ všetkých *vedskych* obradov. Všetky obrady, obete a všetko, čo nájdeme vo *Vedach*, vrátane inštrukcií týkajúcich sa hmotných činov, slúži na spoznanie konečného životného cieľa — Śrī Kṛṣṇu. Keďže podmienené duše nepoznajú okrem zmyslového pôžitku nič iné, študujú *Vedy* za týmto účelom. Ale pomocou plodonosných činností a zmyslového uspokojenia, ktoré sú usmernené podľa *Ved*, môže človek rozvíjať svoje vedomie Kṛṣṇu. Preto by oddané duše nemali ostatných vyrušovať v ich činnostiach alebo v ich chápaní; mali by im však ukázať, ako možno výsledky každej činnosti zasvätiť službe Kṛṣṇovi. Múdry človek, ktorý si je vedomý Kṛṣṇu, by sa mal správať tak, aby sa nevedomý človek, pre ktorého je zmyslový pôžitok najdôležitejší, mohol naučiť správne konať. Nevedomý človek by nemal byť rušený vo svojich činnostiach, ale ten, kto má aspoň aké-také vedomie Kṛṣṇu, môže byť priamo zapojený do oddanej služby Kṛṣṇovi bez toho, že by musel prejsť ostatnými *vedskymi* obradmi. Takýto šťastný človek nemusí dodržiavať *vedske* obrady, pretože vďaka priamej oddanej službe Kṛṣṇovi dosiahne všetky potrebné výsledky, ktoré by inak získal iba správnym plnením si povinností.

VERŠ 27

प्रकृतेः क्रियमाणानि गुणैः कर्माणि सर्वशः ।
अहङ्कारविमूढात्मा कर्ताहमिति मन्यते ॥ २७ ॥

prakṛteḥ kriyamāṇāni guṇaiḥ karmāṇi sarvaśaḥ
ahaṅkāra-vimūḍhātmā kartāham iti manyate

prakṛteḥ — hmotnou prírodou; *kriyamāṇāni* — všetko konané; *guṇaiḥ* — kvalitami; *karmāṇi* — činy; *sarvaśaḥ* — všetky druhy; *ahaṅkāra-vimūḍha* — zmätený falošným egom; *ātmā* — duša; *kartā* — vykonávateľ; *aham* — ja; *iti* — tak; *manyate* — domnieva sa.

Duša zmätená vplyvom falošného ega sa považuje za vykonávateľa činov, ktoré v skutočnosti vykonávajú tri kvality hmotnej prírody.

VÝZNAM: Môže sa zdať, že dve osoby — jedna vedomá si Kṛṣṇu a druhá s materialistickým vedomím — konajú na rovnakej úrovni. Medzi ich postavením je však napriek tomu priepastný rozdiel. Človek s hmotným vedomím je vplyvom falošného ega presvedčený, že všetko, čo robí, závisí od neho. Nevie totiž, že mechanizmus tela je vytvorený hmotnou prírodou, ktorá pracuje pod dozorom Najvyššieho Pána. Materialisticky zameraný človek nevie, že je v konečnom dôsledku ovládaný Kṛṣṇom. Domnieva sa, že všetko robí nezávisle, a to je príznak nevedomosti. Nevie, že hmotná príroda stvorila jeho hrubohmotné a jemnohmotné telo podľa pokynov Najvyššieho Pána, Śrī Kṛṣṇu, a že telesné a mentálne aktivity treba zapojiť do služby Jemu. Keďže nevedomý človek tak dlho zneužíval svoje zmysly k hmotnému pôžitku, zabudol na to, že jedno z mien Najvyššej Božskej Osobnosti je Hṛṣīkeśa — Pán zmyslov. Zabudol na svoj vzťah ku Kṛṣṇovi, lebo ho falošné ego zviedlo na nesprávnu cestu.

VERŠ 28

तत्त्ववित्तु महाबाहो गुणकर्मविभागयोः ।
गुणा गुणेषु वर्तन्त इति मत्वा न सज्जते ॥ २८ ॥

tattva-vit tu mahā-bāho guṇa-karma-vibhāgayoḥ
guṇā guṇeṣu vartanta iti matvā na sajjate

tattva-vit — ten, kto pozná Absolútnu Pravdu; *tu* — ale; *mahā-bāho* — bojovník s mocnými pažami; *guṇa-karma* — koná pod vplyvom hmoty; *vibhāgayoḥ* — rozdiely; *guṇāḥ* — zmysly; *guṇeṣu* — v zmyslovom pôžitku; *vartante* — zamestnané; *iti* — takto; *matvā* — uvažuje; *na* — nikdy; *sajjate* — pútaný.

Ó, bojovník mocných paží, ten, kto pozná povahu Absolútnej Pravdy, neoddáva sa zmyslom a ich pôžitkom, lebo si je dobre vedomý rozdielu medzi činmi v duchu oddanosti a plodonosným konaním.

VÝZNAM: Ten, kto pozná Absolútnu Pravdu, môže zreteľne vidieť, že styk s hmotnou prírodou ho privádza do nepríjemného postavenia. Vie, že jeho pravé miesto nie je v hmotnom svete a že je neoddeliteľnou čiastočkou Najvyššieho Pána, Śrī Kṛṣṇu, ktorý je zdrojom večného poznania a blaženosti; rovnako chápe, že z nejakého dôvodu je spútaný hmotným poňatím života a že vo svojom prirodzenom postavení by mal svoje činy zasvätiť Najvyššej Božskej Osobnosti, Śrī Kṛṣṇovi, v oddanej službe. Preto Mu oddane a láskyplne slúži, a tak sa prirodzene odpútava od všetkých zmyslových činov, ktoré sú závislé od okolností a sú pominuteľné. Vie, že jeho životné podmienky sú pod zvrchovanou kontrolou Boha, a preto ho neznepokojujú rôzne hmotné udalosti, ktoré považuje za výraz Jeho milosrdenstva. Podľa *Śrīmad-Bhāgavatamu* sa ten, kto pozná Absolútnu Pravdu v Jej troch odlišných aspektoch — ktorými sú Brahman, Paramātmā a Bhagavān — sa nazýva *tattva-vit*, pretože pozná ozajstný vzťah k Najvyššiemu.

VERŠ 29

प्रकृतेर्गुणसम्मूढाः सज्जन्ते गुणकर्मसु ।
तानकृत्स्नविदो मन्दान्कृत्स्नविन्न विचालयेत् ॥ २९ ॥

prakṛter guṇa-sammūḍhāḥ sajjante guṇa-karmasu
tān akṛtsna-vido mandān kṛtsna-vin na vicālayet

prakṛteḥ — hmotnej prírody; *guṇa* — kvalitami; *sammūḍhāḥ* — oklamaní stotožňovaním sa s hmotou; *sajjante* — zamestnávajú sa; *guṇa-karmasu* — hmotnými činmi; *tān* — títo; *akṛtsna-vidaḥ* — ľudia s chabými vedomosťami; *mandān* — leniví v sebarealizácii; *kṛtsna-vit* — ten, kto nadobudol skutočné poznanie; *na* — nie; *vicālayet* — znepokojovať.

Nevedomí ľudia, pomýlení kvalitami hmotnej prírody, sa plne zamestnávajú hmotnými činnosťami a lipnú na nich. Múdry človek by ich však nemal znepokojovať napriek tomu, že ich konanie je pre nedostatok vedomostí nižšej povahy.

VÝZNAM: Nevedomí ľudia sa falošne stotožňujú s hrubým materialistickým vedomím, a preto je ich myseľ plná rozmanitých dočasných označení. Hmotné telo je dar prírody a ten, kto je príliš spútaný telesným vedomím, sa nazýva *manda* alebo lenivý človek bez poznania o duši. Nevedomí ľudia sa vyznačujú tým, že nerobia žiadny rozdiel medzi svojím telom a vlastným „ja", že sú pripútaní k tým, s ktorými ich spájajú rodinné zväzky, že krajinu, v ktorej sa narodili, považujú za uctievaniahodnú a formality náboženských obradov za samotné ciele. Spoločenská, národnostná a altruistická práca je jednou z činností takýchto materialisticky založených ľudí. Očarení týmito pojmami sú aktívni vždy na hmotnej úrovni. Duchovná realizácia je pre nich mýtom, a preto ich nezaujíma. Takéto nevedomé osoby niekedy dávajú prednosť základným morálnym zásadám, ako je nenásilie a iné druhy dobročinnosti. No tí, ktorí poznajú zásady duchovného života, by nemali znepokojovať tieto hmotne orientované osoby. Vtedy je lepšie v tichosti si plniť svoje duchovné povinnosti.

Nevedomí nedokážu oceniť aktivity určené pre potešenie Śrī Kṛṣṇu, a preto nám Kṛṣṇa radí, aby sme ich nerušili a nestrácali tak drahocenný čas. Pánovi oddaní sú však láskavejší než samotný Pán, pretože chápu Jeho úmysel. Vystavujú sa všemožnému nebezpečenstvu, keď sa obracajú na nevedomých ľudí, aby ich zamestnali v oddanej službe, ktorá je pre človeka absolútne nevyhnutná.

VERŠ 30

मयि सर्वाणि कर्माणि सन्न्यस्याध्यात्मचेतसा ।
निराशीर्निर्ममो भूत्वा युध्यस्व विगतज्वरः ॥ ३० ॥

mayi sarvāṇi karmāṇi sannyasyādhyātma-cetasā
nirāśīr nirmamo bhūtvā yudhyasva vigata-jvaraḥ

mayi — Mne; *sarvāṇi* — všetky druhy; *karmāṇi* — činnosti; *sannyasya* — celkom odovzdať; *adhyātma* — s úplným poznaním vlastného „ja"; *cetasā* — s vedomím; *nirāśīḥ* — bez túžby po zisku; *nirmamaḥ* — bez vlastníckeho pocitu; *bhūtvā* — tak súc; *yudhyasva* — bojuj; *vigata-jvaraḥ* — bez ľahostajnosti.

Ó, Arjuna, preto so všetkými svojimi činnosťami zasvätenými Mne, s úplným poznaním Mňa, bez túžby po zisku, bez vlastníckych nárokov na výsledky a bez letargie, bojuj.

VÝZNAM: Tento verš jasne naznačuje zámer *Bhagavad-gīty*. Śrī Kṛṣṇa nás vyzýva, aby sme si Ho boli plne vedomí a aby sme vykonávali svoje povinnosti s vojenskou disciplínou. Môže sa to zdať trochu ťažké, ale povinnosti treba vykonávať s mysľou uprenou na Kṛṣṇu, lebo to je prirodzeným postavením všetkých živých bytostí. Živá bytosť nemôže byť šťastná, ak nespolupracuje s Najvyšším Pánom, pretože jej večným prirodzeným postavením je byť podriadená Jeho vôli. Preto Kṛṣṇa prikázal Arjunovi, aby bojoval, akoby bol jeho vojenským veliteľom. Človek musí obetovať všetko dobrej vôli Najvyššieho Pána a zároveň plniť dané povinnosti bez toho, že by si robil nároky na vlastníctvo. Arjuna nemusel uvažovať nad Kṛṣṇovými pokynmi, mal ich len vykonávať. Najvyšší Pán je Duša všetkých duší, a preto sa ten, kto bez ohľadu na svoje záujmy celkom závisí od Najvyššej Duše, nazýva *adhyātma-cetas*, osoba vedomá si Kṛṣṇu. *Nirāśīḥ* znamená, že človek musí konať podľa Pánových pokynov a nemá očakávať pôžitok z plodov svojich činov. Pokladníkovi prejdú rukami milióny korún jeho zamestnávateľa, ale sám si nerobí nárok ani na halier. Podobne si musí človek uvedomiť, že všetko na svete patrí Najvyššiemu Pánovi a nikomu inému. To je pravý význam slova *mayi* — „Mne“. Keď človek koná s mysľou uprenou na Kṛṣṇu, prirodzene si nerobí nárok na žiadny majetok. Takéto vedomie sa volá *nirmana* — „nič mi nepatrí“. Keď človek cíti nevôľu k plneniu tohto prísneho nariadenia, ktoré neberie ohľad na takzvané hmotné rodinné zväzky, mal by sa tejto zdráhavosti zbaviť. Oslobodí sa tak od horúčkovitej mentality či letargie (*vigata-jvara*). Každý má vykonávať istý druh práce podľa svojich vlastností a postavenia, a ako už bolo povedané, všetky tieto povinnosti treba vykonávať s mysľou uprenou na Kṛṣṇu. To nás vyslobodí.

VERŠ 31

ये मे मतमिदं नित्यमनुतिष्ठन्ति मानवाः ।
श्रद्धावन्तोऽनसूयन्तो मुच्यन्ते तेऽपि कर्मभिः ॥ ३१ ॥

ye me matam idaṁ nityam anutiṣṭhanti mānavāḥ
śraddhāvanto 'nasūyanto mucyante te 'pi karmabhiḥ

ye — tí, ktorí; *me* — Moje; *matam* — predpisy; *idam* — tieto; *nityam* — večne; *anutiṣṭhanti* — pravidelne vykonávajú; *mānavāḥ* — ľudské bytosti; *śraddhā-vantaḥ* — s vierou a odovzdaním; *anasūyantaḥ* — bez závisti; *mucyante* — oslobodia sa; *te* — všetci; *api* — dokonca; *karmabhiḥ* — zo zajatia plodonosných činov.

Kto si plní povinnosti podľa Mojich pokynov a riadi sa Mojím učením vždy s vierou a bez závisti, ten sa vyslobodí zo zajatia plodonosných činov.

VÝZNAM: Nariadenie Śrī Kṛṣṇu, Najvyššej Božskej Osobnosti, je jadrom *vedskej* múdrosti a je večne pravdivé. Keďže *Vedy* sú večné, je večná aj pravda týkajúca sa náuky o Kṛṣṇovi. Človek by mal pevne veriť tomuto nariadeniu a nemal by Pánovi závidieť. Je veľa filozofov, ktorí komentujú *Bhagavad-gītu*, a pritom neveria v Kṛṣṇu. Tí sa nikdy nevymania zo zajatia plodonosných činov. Obyčajný človek, ktorý má nezlomnú vieru vo večné príkazy Pána, je oslobodený od pút *karmy*, aj keď nie je schopný vykonávať Jeho príkazy dokonale. Ten, kto je v počiatočnom štádiu vedomia Kṛṣṇu, možno nedokáže ihneď plniť Pánove pokyny, ale ak nemá negatívny postoj a úprimne sa snaží plniť ich bez toho, že by sa staral o neúspech či upadal do beznádeje, určite sa povýši na úroveň čistej oddanej lásky ku Kṛṣṇovi.

VERŠ 32

ये त्वेतदभ्यसूयन्तो नानुतिष्ठन्ति मे मतम् ।
सर्वज्ञानविमूढांस्तान्विद्धि नष्टानचेतसः ॥ ३२ ॥

ye tv etad abhyasūyanto nānutiṣṭhanti me matam
sarva-jñāna-vimūḍhāṁs tān viddhi naṣṭān acetasaḥ

ye — oni; *tu* — však; *etat* — toto; *abhyasūyantaḥ* — zo závisti; *na* — nie; *anutiṣṭhanti* — pravidelne vykonávajú; *me* — Moje; *matam* — predpisy; *sarva-jñāna* — všetky druhy poznania; *vimūḍhān* — dokonale oklamaní; *tān* — sú; *viddhi* — vedz; *naṣṭān* — stratení; *acetasaḥ* — bez vedomia Kṛṣṇu.

Vedz však, že tých, čo zo závisti toto Moje učenie nedodržiavajú, treba považovať za nevedomých, pomýlených a odsúdených k neúspechu vo svojej snahe dosiahnuť dokonalosť.

VÝZNAM: Tu sa jasne hovorí, aké nesprávne je nemať vedomie Kṛṣṇu. Ako človeka stihne trest, keď poruší zákony štátu, tak bude tiež potrestaný, keď sa neriadi podľa zákonov Najvyššieho Pána. Neposlušný človek, nech je akokoľvek mocný, si neuvedomuje ani svoje skutočné postavenie, ani Najvyšší Brahman, Paramātmu a Bhagavāna, Najvyššiu Božskú Osobnosť. Vzhľadom na svoje prázdne srdce nemá žiadnu nádej na dosiahnutie životnej dokonalosti.

VERŠ 33

सदृशं चेष्टते स्वस्याः प्रकृतेर्ज्ञानवानपि ।
प्रकृतिं यान्ति भूतानि निग्रहः किं करिष्यति ॥ ३३ ॥

sadṛśaṁ ceṣṭate svasyāḥ prakṛter jñānavān api
prakṛtiṁ yānti bhūtāni nigrahaḥ kiṁ kariṣyati

sadṛśam — podľa; *ceṣṭate* — pričiňuje sa; *svasyāḥ* — vlastní; *prakṛteḥ* — kvalít hmotnej prírody; *jñāna-vān* — múdry; *api* — aj keď; *prakṛtim* — povahy; *yānti* — podrobujú sa; *bhūtāni* — všetky živé bytosti; *nigrahaḥ* — potlačovanie; *kim* — čo; *kariṣyati* — zmôže.

Aj múdry človek koná podľa svojej prirodzenosti, lebo všetci sa riadia svojou povahou, ktorú získali vplyvom kvalít hmotnej prírody. Čo zmôže potlačovanie?

VÝZNAM: Pokým s láskou a oddanosťou neslúžime Śrī Kṛṣṇovi, nemôžeme sa zbaviť vplyvu kvalít hmotnej prírody; to potvrdzuje aj štrnásty verš siedmej kapitoly. Ani človek s vysokým hmotným vzdelaním sa nedokáže vymaniť zo zajatia hmotnej energie iba pomocou teoretických vedomostí o duši a o tele. Je veľa takzvaných spiritualistov, ktorí navonok predstierajú, že sú vzdelaní v tejto vede, ale v skutočnosti sú celkom ovplyvnení kvalitami hmotnej prírody, ktoré nie sú schopní prekonať. Človek môže mať akademické vzdelanie, ale pretože bol tak dlho v styku s hmotnou prírodou, je spútaný. Oddaná služba s mysľou upretou na Kṛṣṇu pomáha človeku vyslobodiť sa z hmotného zapletenia, aj keď vykonáva svoje predpísané povinnosti. Bez takého vedomia by nikto nemal zrazu zanechať svoje povinnosti a stať sa falošným *yogīnom* alebo pseudotranscendentalistom. Je lepšie zotrvať vo svojom terajšom postavení a snažiť sa oddane slúžiť Kṛṣṇovi pod vedením vyššej autority. Tak sa človek môže vyslobodiť z okov *māyi* — Kṛṣṇovej iluzórnej energie.

VERŠ 34

इन्द्रियस्येन्द्रियस्यार्थे रागद्वेषौ व्यवस्थितौ ।
तयोर्न वशमागच्छेत्तौ ह्यस्य परिपन्थिनौ ॥ ३४ ॥

indriyasyendriyasyārthe rāga-dveṣau vyavasthitau
tayor na vaśam āgacchet tau hy asya paripanthinau

indriyasya — zo zmyslov; *indriyasya arthe* — v zmyslových predmetoch; *rāga* — záľuba; *dveṣau* — a tiež nechuť; *vyavasthitau* — podriadiť sa pravidlám; *tayoḥ* — nimi; *na* — nikdy; *vaśam* — ovládať; *āgacchet* — mal by prísť; *tau* — oni; *hi* — určite; *asya* — jeho; *paripanthinau* — prekážkou.

Záľubu a odpor k zmyslovým predmetom treba usmerniť podľa daných zásad. Človek by nemal podľahnúť ich moci, lebo sú prekážkou na ceste k sebarealizácii.

VÝZNAM: Kto s láskou a oddanosťou slúži Śrī Kṛṣṇovi s vedomím potešiť Ho, prirodzene nie je ochotný oddávať sa hmotnému zmyslovému pôžitku. Ale tí, ktorí takéto vedomie nemajú, by sa mali riadiť podľa pravidiel a príkazov zjavených písiem. Neobmedzený zmyslový pôžitok je príčinou nášho zajatia v hmotnom svete, ale ten, kto sa riadi podľa zjavených písiem, sa nedá strhnúť zmyslovými predmetmi. Pre podmienenú dušu je napríklad pohlavný styk potrebný a tento pôžitok je povolený v manželstve. Písma mužovi zakazujú mať pohlavný styk s inou ženou než so svojou manželkou. Na všetky ostatné ženy sa má pozerať ako na svoje matky. Nehľadiac na tieto príkazy mávajú muži sexuálny pomer s inými ženami. Tento sklon treba potlačiť, lebo inak by mohol byť prekážkou na ceste k sebarealizácii. Keďže máme hmotné telo, je dovolené uspokojiť jeho potreby; treba to však robiť podľa pravidiel a príkazov. Nesmieme však pokladať za samozrejmosť, že nám tieto obmedzenia a príkazy budú automaticky pomáhať ovládať sa. Človek sa musí podľa nich riadiť, a nie byť k nim pripútaný, pretože aj keď ich dodržiava a obmedzuje svoj hmotný pôžitok, môže zísť z cesty — tak ako môže i na kráľovskej ceste dôjsť k nehode. Ani tie najbezpečnejšie, dobre udržiavané cesty nám nemôžu zaistiť, že nedôjde k havárii. Kvôli dlhodobému styku s hmotou je v nás hlboko zakorenená túžba po hmotných pôžitkoch. Aj keby sme sa riadili všetkými zásadami a predpismi, stále existuje možnosť poklesnutia. Takže je nevyhnutné zbaviť sa pripútanosti aj k usmerneným zmyslovým pôžitkom, ako je to najviac možné. Láskyplným vykonávaním oddanej služby Kṛṣṇovi nám však automaticky zľahostajnejú všetky zmyslové činy. Nikto by sa nemal snažiť odpútať sa od služby určenej pre potešenie Kṛṣṇu. Účelom odpútanosti od akejkoľvek náchylnosti k zmyslovému pôžitku je dostať sa napokon na úroveň vedomia Kṛṣṇu.

VERŠ 35

श्रेयान्स्वधर्मो विगुणः परधर्मात्स्वनुष्ठितात् ।
स्वधर्मे निधनं श्रेयः परधर्मो भयावहः ॥ ३५ ॥

śreyān sva-dharmo viguṇaḥ para-dharmāt sv-anuṣṭhitāt
sva-dharme nidhanaṁ śreyaḥ para-dharmo bhayāvahaḥ

śreyān — oveľa lepšie; *sva-dharmaḥ* — vlastné predpísané povinnosti; *viguṇaḥ* — aj keď nedokonale; *para-dharmāt* — než povinnosti určené iným; *su-anuṣṭhitāt* — dokonale vykonané; *sva-dharme* — vlastné predpísané povinnosti; *nidhanam* — zahynúť; *śreyaḥ* — lepšie; *para-dharmaḥ* — povinnosti iných; *bhaya-āvahaḥ* — nebezpečné.

Je oveľa lepšie vykonávať svoje predpísané povinnosti, aj keď nedokonale, než plniť dokonale povinnosti niekoho iného. Lepšie je zahynúť pri plnení vlastnej povinnosti, lebo dávať sa cestou druhých je nebezpečné.

VÝZNAM: Mali by sme radšej vykonávať svoje dané povinnosti s mysľou uprenou na Kṛṣṇu, než sa snažiť plniť povinnosti druhých. Predpísané hmotné činnosti sú činnosti konané podľa nášho psycho-fyzického postavenia pod vplyvom troch kvalít hmotnej prírody. Naše duchovné povinnosti nám dáva duchovný učiteľ, pod ktorého vedením môžeme transcendentálne slúžiť Kṛṣṇovi. Mali by sme vždy dbať na to, aby sme si radšej plnili vlastné povinnosti, či už duchovné alebo hmotné, aj keby nám hrozila smrť, než aby sme napodobňovali povinnosti niekoho iného. Duchovné povinnosti sa môžu odlišovať od povinností hmotných, ale tomu, kto ich vykonáva, prináša riadenie sa podľa autorizovaného vedenia vždy prospech. Ak je človek pod vplyvom kvalít hmotnej prírody, mal by si plniť povinnosti prislúchajúce jeho postaveniu; nemal by napodobňovať ostatných. *Brāhmaṇa*, ktorý je v kvalite dobra, nepoužíva násilie, ale *kṣatriya*, ktorý je v kvalite vášne, násilie používať smie. Pre *kṣatriyu*, ktorý sa riadi pravidlom násilia, je preto lepšie zahynúť, než napodobňovať *brāhmaṇa*, ktorý sa riadi zásadou nenásilia. Každý jednotlivec musí svoje srdce očistiť postupne, nie odrazu. Keď človek transcenduje kvality hmotnej prírody a je si plne vedomý Kṛṣṇu, môže potom pod vedením pravého duchovného učiteľa robiť hocičo. S týmto dokonalým transcendentálnym vedomím sa môže *kṣatriya* správať ako *brāhmaṇa* a *brāhmaṇa* ako *kṣatriya*. Na duchovnej úrovni neplatia duality hmotného sveta. Napríklad Viśvāmitra bol pôvodne *kṣatriyom*, ale neskôr sa správal ako *brāhmaṇa*, a Paraśurāma bol *brāhmaṇa* a neskôr konal ako *kṣatriya*. Boli na transcendentálnej úrovni; preto mohli takto konať. Kým sa však človek nachádza na hmotnej úrovni, musí si plniť svoje povinnosti v súlade s hmotnými vlastnosťami, ktoré mu prislúchajú. Zároveň musí byť plne oboznámený so zásadami láskyplnej oddanej služby Kṛṣṇovi.

VERŠ 36

अर्जुन उवाच
अथ केन प्रयुक्तोऽयं पापं चरति पूरुषः ।
अनिच्छन्नपि वार्ष्णेय बलादिव नियोजितः ॥ ३६ ॥

arjuna uvāca
atha kena prayukto 'yaṁ pāpaṁ carati pūruṣaḥ
anicchann api vārṣṇeya balād iva niyojitaḥ

arjunaḥ uvāca — Arjuna riekol; *atha* — vlastne; *kena* — čo to; *prayuktaḥ* — ženie; *ayam* — toho; *pāpam* — hriechy; *carati* — robí; *pūruṣaḥ* — človek; *anicchan* — bez toho, že by sám chcel; *api* — aj keď; *vārṣṇeya* — ó, potomok Vṛṣṇi; *balāt* — silou; *iva* — akoby; *niyojitaḥ* — hnaný.

Arjuna riekol: Ó, potomok Vṛṣṇi, čo vlastne človeka vedie k tomu, aby konal hriešne, akoby poháňaný silou bez toho, že by sám chcel?

VÝZNAM: Živá bytosť je ako čiastočka Najvyššieho vo svojej podstate duchovná, čistá a zbavená všetkého hmotného znečistenia. Preto nie je v jej povahe podriadiť sa hriechom hmotného sveta. Keď však príde do styku s hmotnou prírodou, bez váhania sa dopúšťa mnohých hriešnych činov, často aj proti svojej vôli. Preto má Arjunova otázka, týkajúca sa zvrátenej povahy živých bytostí, osobitný význam. Aj keď sa človek niekedy nechce dopustiť hriechu, niečo ho k tomu prinúti. Popudy k hriešnemu konaniu však nepochádzajú od Nadduše umiestnenej v srdci. Majú celkom inú príčinu, ktorú vysvetlí Śrī Kṛṣṇa v ďalšom verši.

VERŠ 37

श्रीभगवानुवाच
काम एष क्रोध एष रजोगुणसमुद्भवः ।
महाशनो महापाप्मा विद्ध्येनमिह वैरिणम् ॥ ३७ ॥

śrī-bhagavān uvāca
kāma eṣa krodha eṣa rajo-guṇa-samudbhavaḥ
mahāśano mahā-pāpmā viddhy enam iha vairiṇam

śri-bhagavān uvāca — Kṛṣṇa, Najvyššia Božská Osobnosť, riekol; *kāmaḥ* — žiadostivosť; *eṣaḥ* — tento; *krodhaḥ* — hnev; *eṣaḥ* — tento; *rajaḥ-guṇa* — kvalita vášne; *samudbhavaḥ* — zrodená z; *mahā-aśanaḥ* — ktorá všetko pohlcuje; *mahā-pāpmā* — veľmi hriešny; *viddhi* — vedz; *enam* — to; *iha* — v hmotnom svete; *vairiṇam* — najväčší nepriateľ.

Kṛṣṇa, Najvyššia Božská Osobnosť, riekol: Je to iba žiadostivosť, ó, Arjuna, ktorá sa rodí zo styku s hmotnou kvalitou vášne a neskôr sa mení na hnev a ktorá je v tomto svete všepohlcujúcim hriešnym nepriateľom.

VÝZNAM: Len čo sa živá bytosť dostane do styku s hmotným stvorením, pod vplyvom kvality vášne sa zmení jej večná láska ku Kṛṣṇovi na žiadostivosť. Inými slovami, láska k Bohu sa zmení na žiadostivosť tak, ako sa mlieko zmení na jogurt pri styku s kyslým tamarindom. Keď žiadostivosť nie je uspokojená, zmení sa na hnev, hnev prechádza do ilúzie a ilúzia spôsobuje, že zostávame v zajatí hmotnej existencie. Preto je žiadostivosť najväčším nepriateľom živej bytosti a je to práve žiadostivosť, ktorá čistú dušu zvádza k tomu, aby zostala v zajatí hmotného sveta.

Hnev a jeho následky sú prejavom kvality nevedomosti. Ak sa teda namiesto degradovania do kvality nevedomosti povýšime z kvality vášne do kvality dobra tým, že sa budeme riadiť určitými životnými zásadami, potom môžeme dosiahnuť duchovnú čistotu, ktorá nás ochráni pred úpadkom pochádzajúcim z hnevu.

Najvyšší Pán, Osobnosť Božstva, sa expandoval do mnohých bytostí, aby zväčšil svoju večne narastajúcu duchovnú blaženosť. Všetky bytosti sú neoddeliteľnou súčasťou tejto duchovnej blaženosti. Majú čiastočnú samostatnosť, ale keďže ju zneužili, zmenili svoju oddanosť na túžbu po hmotnom pôžitku a dostali sa do moci žiadostivosti. Pán stvoril tento svet, aby podmieneným dušiam umožnil uspokojiť ich túžbu po zmyslových pôžitkoch, a keď sú po dlhej dobe márnych pokusov sklamané, začnú sa pýtať, aké je ich pravé postavenie.

Vedānta-sūtra začína slovami *athāto brahma-jijñāsā*. „Človek si musí klásť otázky týkajúce sa Najvyššieho." V *Śrīmad-Bhāgavatame* je Najvyšší definovaný takto: *janmādy asya yato 'nvayād itarataś ca*. „Najvyšší Brahman je pôvodom všetkého." Takže aj žiadostivosť pochádza z Najvyššieho. Ak sa žiadostivosť zmení na lásku k Najvyššiemu, k Śrī Kṛṣṇovi, čiže keď človek koná tak, aby potešil Kṛṣṇu, zduchovnie žiadostivosť i hnev. Hanumān, mocný služobník Śrī Rāmacandru, použil hnev, keď zapálil zlaté mesto démona Rāvaṇu, vďaka čomu sa z neho stal najväčší Pánov oddaný. Tu v *Bhagavad-gīte* Pán Kṛṣṇa tiež nabáda Arjunu, aby použil svoj hnev proti nepriateľom, a tak Pána uspokojil. Keď použijeme žiadostivosť a hnev v službe Bohu, stanú sa našimi priateľmi, a nie nepriateľmi.

VERŠ 38

धूमेनाव्रियते वह्निर्यथादर्शो मलेन च ।
यथोल्बेनावृतो गर्भस्तथा तेनेदमावृतम् ॥ ३८ ॥

dhūmenāvriyate vahnir yathādarśo malena ca
yatholbenāvṛto garbhas tathā tenedam āvṛtam

dhūmena — dymom; *āvriyate* — zahalený; *vahniḥ* — oheň; *yathā* — tak ako; *ādarśaḥ* — zrkadlo; *malena* — prachom; *ca* — tiež; *yathā* — tak ako; *ulbena* — lono; *āvṛtaḥ* — skrýva; *garbhaḥ* — zárodok; *tathā* — tak; *tena* — táto žiadostivosť; *idam* — toto; *āvṛtam* — pokrýva.

Tak ako dym zahaľuje oheň a prach zrkadlo, tak ako lono skrýva zárodok, podobne aj rôzne stupne žiadostivosti pokrývajú živú bytosť.

VÝZNAM: Tri stupne pokrytia môžu zahaľovať čisté vedomie živej bytosti. Toto pokrytie nie je nič iné ako žiadostivosť, ktorá sa prejavuje v rozličných podobách. Niekedy sa prirovnáva k dymu, ktorý zahaľuje oheň, inokedy k prachu, ktorý pokrýva zrkadlo, a niekedy k materskému lonu, ktoré obklopuje zárodok. Keď je žiadostivosť prirovnaná k dymu, rozumie sa tým, že oheň prirovnaný k živej bytosti sa dá trochu vidieť. Inak povedané, keď živá bytosť prejaví aspoň aké-také príznaky svojho duchovného vedomia, možno ju prirovnať k ohňu, ktorý je zahalený dymom. Kde je dym, tam musí byť aj oheň, ktorý spočiatku nemusí byť vidieť. Toto štádium je ako počiatok vedomia Kṛṣṇu. Príklad so zrkadlom sa používa k znázorneniu zrkadla mysle, ktoré je treba očistiť vykonávaním duchovných cvičení, a z ktorých najlepšie je spevné prednášanie alebo ospevovanie svätých Božích mien. Zárodok, ktorý je skrytý v materskom lone, je taký bezmocný, že sa nemôže ani hýbať. Tento životný stav sa dá prirovnať k životu stromov. Aj stromy sú živé bytosti, ale kvôli tomu, že prejavili priveľkú žiadostivosť, dostali telá, ktoré nemajú takmer žiadne vedomie. Zrkadlo pokryté prachom znázorňuje vedomie vtákov a zvierat a dym zahaľujúci oheň znázorňuje vedomie ľudských bytostí. V ľudskej podobe si živá bytosť môže znovu uvedomiť Śrī Kṛṣṇu, a ak využije túto príležitosť, oheň duchovného života sa opäť rozhorí. Keď s ohňom, ktorý je zahalený dymom, zaobchádzame opatrne, môžeme ho prinútiť, aby sa rozhorel. Takže ľudské telo umožňuje živej bytosti vyslobodiť sa zo zajatia hmotného bytia. V ľudskej podobe môžeme rozvíjaním vedomia Kṛṣṇu pod schopným vedením premôcť svojho nepriateľa, žiadostivosť.

VERŠ 39

आवृतं ज्ञानमेतेन ज्ञानिनो नित्यवैरिणा ।
कामरूपेण कौन्तेय दुष्पूरेणानलेन च ॥ ३९ ॥

āvṛtaṁ jñānam etena jñānino nitya-vairiṇā
kāma-rūpeṇa kaunteya duṣpūreṇānalena ca

āvṛtam — zahalené; *jñānam* — čisté vedomie; *etena* — týmto; *jñāninaḥ* — múdreho; *nitya-vairiṇā* — večný nepriateľ; *kāma-rūpeṇa* — v podobe žiadostivosti; *kaunteya* — ó, syn Kuntī; *duṣpūreṇa* — nikdy sa nedá uspokojiť; *analena* — ako oheň; *ca* — tiež.

Ó, syn Kuntī, čisté vedomie živej bytosti sa tak zahaľuje jeho večným nepriateľom v podobe žiadostivosti, ktorá sa nedá nikdy ukojiť a páli ako oheň.

VÝZNAM: V *Manu-smṛti* sa uvádza, že žiadostivosť sa nedá uspokojiť ani tým najväčším množstvom zmyslových pôžitkov, tak ako nikdy nemôžeme uhasiť oheň pridávaním paliva. V hmotnom svete je sex stredobodom všetkého, a preto je hmotný svet nazývaný *maithunya-āgāra*, „putá sexuálneho života". Zločinci sú uvrhnutí do väzenia a držaní za mrežami; takisto sú tí, čo porušujú Pánove zákony, držaní za mrežami sexuálneho života. Pokrok materialistickej civilizácie založený na zmyslovom pôžitku znamená pre živú bytosť predĺženie jej hmotnej existencie. Žiadostivosť je preto symbolom nevedomosti, ktorá živú bytosť drží v hmotnom svete. Pri zmyslovom pôžitku môžeme síce prežívať akýsi pocit šťastia, ale tento takzvaný pocit radosti je v konečnom dôsledku najväčším nepriateľom pôžitkára.

VERŠ 40

इन्द्रियाणि मनो बुद्धिरस्याधिष्ठानमुच्यते ।
एतैर्विमोहयत्येष ज्ञानमावृत्य देहिनम् ॥ ४० ॥

indriyāṇi mano buddhir asyādhiṣṭhānam ucyate
etair vimohayaty eṣa jñānam āvṛtya dehinam

indriyāṇi — zmysly; *manaḥ* — myseľ; *buddhiḥ* — inteligencia; *asya* — tejto žiadostivosti; *adhiṣṭhānam* — sídlom; *ucyate* — nazývajú sa; *etaiḥ* — týmito všetkými; *vimohayati* — mätie; *eṣaḥ* — táto žiadostivosť; *jñānam* — poznanie; *āvṛtya* — zahaľuje; *dehinam* — vtelené bytosti.

Zmysly, myseľ a inteligencia sú sídlom žiadostivosti, ktorá nimi zatemňuje skutočné poznanie živej bytosti a mätie ju.

VÝZNAM: Nepriateľ zaujal v tele podmienenej duše strategické pozície a Śrī Kṛṣṇa nám dáva najavo, kde ho môžeme nájsť, keď ho chceme poraziť. Myseľ je centrom zmyslových aktivít, a keď počúvame o zmyslových činnostiach, stáva sa zdrojom všetkých nápadov vedúcim k hmotným pôžitkom. Následkom toho sú myseľ a zmysly sídlom žiadostivosti a inteligencia je hlavným sídlom týchto zmyslových sklonov. Inteligencia je najbližší sused duše. Chlipná inteligencia môže ovplyvniť dušu, aby získala falošné ego a stotožňovala sa s hmotou, teda aj s mysľou a so zmyslami. Duša si postupne zvyká na pôžitok, ktorý jej poskytujú hmotné zmysly, a domnieva sa, že v tom spočíva pravé šťastie. Táto falošná identita duše je veľmi dobre vysvetlená v *Śrīmad-Bhāgavatame* (10.84.13):

yasyātma-buddhiḥ kuṇape tri-dhātuke
sva-dhīḥ kalatrādiṣu bhauma ijya-dhīḥ
yat-tīrtha-buddhiḥ salile na karhicij
janeṣv abhijñeṣu sa eva go-kharaḥ

„Človek, ktorý stotožňuje svoje telo zložené z troch látok s vlastným „ja", potomkov považuje za svojich príbuzných, svoje rodisko pokladá za miesto hodné úcty a na pútne miesta sa vydáva len preto, aby sa tam okúpal, namiesto toho, aby sa stretol s duchovne osvietenými ľuďmi — taký človek by mal byť pokladaný za osla alebo kravu."

VERŠ 41

तस्मात्त्वमिन्द्रियाण्यादौ नियम्य भरतर्षभ ।
पाप्मानं प्रजहि ह्येनं ज्ञानविज्ञाननाशनम् ॥ ४१ ॥

tasmāt tvam indriyāṇy ādau niyamya bharatarṣabha
pāpmānaṁ prajahi hy enaṁ jñāna-vijñāna-nāśanam

tasmāt — preto; *tvam* — ty; *indriyāṇi* — zmysly; *ādau* — od počiatku; *niyamya* — usmerňovaním; *bharata-ṛṣabha* — ó, Arjuna, najlepší z Bharatovcov; *pāpmānam* — ploditeľ hriechu; *prajahi* — skroť; *hi* — iste; *enam* — toto; *jñāna* — poznanie; *vijñāna* — vedecké poznanie čistej duše; *nāśanam* — ničiteľ.

Ó, Arjuna, najlepší z Bharatovcov, preto ovládaním zmyslov od samotného počiatku skroť tento veľký symbol hriechu — žiadostivosť, a zabi tohto ničiteľa poznania a sebarealizácie.

VÝZNAM: Śrī Kṛṣṇa poradil Arjunovi, aby od samého začiatku krotil svoje zmysly, aby premohol najväčšieho hriešneho nepriateľa — žiadostivosť, ktorá ničí túžbu po duchovnom poznaní a po poznaní pravého „ja". Slovom *jñāna* sa myslí poznanie svojho pravého „ja" alebo náuka o rozdiele medzi dušou a hmotným telom. *Vijñāna* je špecifické poznanie prirodzeného postavenia duše a jej večného vzťahu k Najvyššej Duši. V *Śrīmad-Bhāgavatame* (2.9.31) je to vysvetlené takto:

jñānaṁ parama-guhyaṁ me yad vijñāna-samanvitam
sa-rahasyaṁ tad-aṅgaṁ ca gṛhāṇa gaditaṁ mayā

„Poznanie duše a Najvyššej Duše je veľmi dôverné a tajomné, ale toto poznanie a jeho realizácia sa dá pochopiť, keď ju z rôznych pohľadov vysvetlí samotný Pán." *Bhagavad-gītā* nám dáva poznanie o duchovnom „ja". Živé bytosti sú Pánovými čiastočkami a sú určené jedine na to, aby Mu slúžili. Takéto vedomie sa nazýva vedomie Kṛṣṇu. Od samého počiatku života sa teda musíme učiť zameriavať myseľ na Kṛṣṇu, byť si tak plne vedomí Kṛṣṇu a konať podľa toho.

Žiadostivosť je zvráteným obrazom lásky k Bohu, ktorá je prirodzenosťou každého živého tvora. Ak je človek už od samého začiatku života vychovávaný vo vedomí Kṛṣṇu, nemôže jeho prirodzená láska k Bohu degradovať na žiadostivosť. Ak necháme lásku k Bohu poklesnúť na úroveň žiadostivosti, je nesmierne ťažké vrátiť sa znovu do prirodzeného stavu. Oddaná služba Kṛṣṇovi je taká silná, že aj ten, kto začal neskoro, môže začať milovať Boha, keď sa bude riadiť zásadami oddanej služby. Takže človek môže začať ovládať svoje zmysly láskyplnou službou Kṛṣṇovi v hociktorom životnom štádiu alebo od okamihu, keď si uvedomí závažnosť celej veci. Takto môže premeniť žiadostivosť na najvyššiu dokonalosť ľudského života, na lásku k Bohu.

VERŠ 42

इन्द्रियाणि पराण्याहुरिन्द्रियेभ्यः परं मनः ।
मनसस्तु परा बुद्धिर्यो बुद्धेः परतस्तु सः ॥ ४२ ॥

indriyāṇi parāṇy āhur indriyebhyaḥ paraṁ manaḥ
manasas tu parā buddhir yo buddheḥ paratas tu saḥ

indriyāṇi — zmysly; *parāṇi* — vyššie; *āhuḥ* — vraví sa; *indriyebhyaḥ* — viac než zmysly; *param* — vyššie; *manaḥ* — myseľ; *manasaḥ* — viac než myseľ; *tu* — tiež; *parā* — vyššie; *buddhiḥ* — inteligencia; *yaḥ* — ten, kto; *buddheḥ* — viac než inteligencia; *parataḥ* — vyššie; *tu* — ale; *saḥ* — ona (duša).

Činné zmysly sú nadradené neživej hmote a vyššie než zmysly je myseľ. Ešte vyššie než myseľ je inteligencia a zo všetkého najvyššia je duša.

VÝZNAM: Zmysly slúžia ako rôzne „ventily" pre činnosti žiadostivosti. Žiadostivosť je nahromadená v tele a vychádza z neho zmyslovými orgánmi. Preto sú zmysly nadradené telu ako celku. Tieto „ventily" pri vyššom vedomí alebo pri vedomí Kṛṣṇu nie sú používané. Duša vedomá si Kṛṣṇu je v priamom kontakte s Najvyššou Božskou Osobnosťou; preto je hierarchia telesných funkcií, ktorá je tu popísaná, zoradená tak, že končí Najvyššou Dušou. Telesnými činnosťami sa myslia činnosti zmyslov. Keď sa zastavia činnosti zmyslov, zastavia sa všetky činnosti tela. Keďže myseľ je stále aktívna, je v činnosti, aj keď je telo v pokoji — napríklad, keď spí. Nad mysľou však stojí rozhodovanie inteligencie a nad ňou samotná duša. Keď je duša v priamom styku s Najvyšším, sú s Ním automaticky v styku aj inteligencia, myseľ a zmysly. V *Kaṭha Upaniṣade* sa na jednom mieste uvádza, že predmety zmyslového pôžitku sú nadradené zmyslom a nad zmyslovými predmetmi stojí myseľ. Ak je teda myseľ neustále zamestnaná v transcendentálnej službe Bohu, nemôžu byť zmysly zaujaté ničím iným. Ako už bolo vysvetlené, tento postoj ochráni človeka pred nízkymi sklonmi (*paraṁ dṛṣṭvā nivartate*). V *Kaṭha Upaniṣade* sa duša opisuje ako mocná (*mahān*), pretože je nadradená zmyslom, zmyslovým predmetom, mysli a inteligencii. Najlepším riešením je teda priamo poznať pravú povahu duše.

Pomocou inteligencie musíme porozumieť pravej povahe večnej duše a potom upriamiť myseľ na Śrī Kṛṣṇu. Keď to urobíme, vyriešime tak všetky problémy. Začiatočníkom v duchovnom živote sa obyčajne radí, aby sa vyhýbali zmyslovým predmetom a spevnili svoju myseľ inteligenciou. Ak človek pomocou inteligencie zapojí svoju myseľ do vedomia

Kṛṣṇu a celkom sa odovzdá Najvyššej Božskej Osobnosti, jeho myseľ sa automaticky posilní. Napriek tomu, že zmysly sú silné a nebezpečné ako jedovaté hady, stanú sa neškodnými, ako keď hadom vylámete jedovaté zuby. Aj keď je duša pánom inteligencie, mysle a zmyslov, ak sa neposilní stykom s Kṛṣṇom v oddanej službe, stále bude v ohrození poklesnutia pod vplyvom nepokojnej mysle.

VERŠ 43

एवं बुद्धेः परं बुद्ध्वा संस्तभ्यात्मानमात्मना ।
जहि शत्रुं महाबाहो कामरूपं दुरासदम् ॥ ४३ ॥

evaṁ buddheḥ paraṁ buddhvā saṁstabhyātmānam ātmanā
jahi śatruṁ mahā-bāho kāma-rūpaṁ durāsadam

evam — takto; *buddheḥ* — inteligencia; *param* — vyššia; *buddhvā* — keď vieš; *saṁstabhya* — ustálením; *ātmānam* — mysle; *ātmanā* — dôkladne zváženou inteligenciou; *jahi* — poraz; *śatrum* — nepriateľa; *mahā-bāho* — ó, bojovník mocných paží; *kāma-rūpam* — v podobe žiadostivosti; *durāsadam* — ktorá sa dá ťažko prekonať.

Ó, Arjuna, bojovník mocných paží, keď si takto spoznal, že si transcendentálny voči hmotným zmyslom, mysli a inteligencii, mal by si pomocou rozvážnej duchovnej inteligencie (vedomím Kṛṣṇu) ovládnuť svoju myseľ, a takto duchovnou silou premôcť nenásytného nepriateľa, zvaného žiadostivosť.

VÝZNAM: Táto kapitola *Bhagavad-gīty* nás jednoznačne vedie k vedomiu Kṛṣṇu; učí nás, že sme večnými služobníkmi Najvyššej Božskej Osobnosti a že neosobnú prázdnotu nemáme považovať za konečný cieľ. V hmotnom živote sme nepochybne ovplyvňovaní žiadostivosťou a túžbou ovládať zdroje hmotnej prírody. Hmotný pôžitok a túžba panovať sú najväčším nepriateľom podmienenej duše. Vďaka sile oddanej a láskyplnej služby Kṛṣṇovi však môžeme ovládnuť svoje zmysly, myseľ aj inteligenciu. Nemusíme zanechať svoje povinnosti a odrazu prestať konať. Naopak, svojou pevnou inteligenciou zameranou k svojej čistej identite môžeme postupne prehlbovať svoje vedomie Kṛṣṇu, aby nás neovplyvňovali hmotné zmysly a myseľ. To je podstata tejto kapitoly. V hmotnej existencii nám filozofické špekulácie alebo umelé pokusy ovládať zmysly takzvanými *yogovými* cvičeniami nikdy nepomôžu v rozvoji duchovného života. Pomocou vyššej inteligencie musíme rozvíjať lásku a oddanosť ku Kṛṣṇovi.

Takto končia Bhaktivedantove výklady k tretej kapitole *Śrīmad Bhagavad-gīty*, pojednávajúcej o *karma-yoge* alebo vykonávaní vlastných predpísaných povinností s vedomím Kṛṣṇu.

KAPITOLA ŠTVRTÁ

Transcendentálne poznanie

VERŠ 1

श्रीभगवानुवाच
इमं विवस्वते योगं प्रोक्तवानहमव्ययम् ।
विवस्वान्मनवे प्राह मनुरिक्ष्वाकवेऽब्रवीत् ॥ १ ॥

śrī-bhagavān uvāca
imaṁ vivasvate yogaṁ proktavān aham avyayam
vivasvān manave prāha manur ikṣvākave 'bravīt

śrī-bhagavān uvāca — Kṛṣṇa, Najvyššia Božská Osobnosť, riekol; *imam* — túto; *vivasvate* — bohu Slnka; *yogam* — vedu o vzťahu k Najvyššiemu; *proktavān* — vyjavil; *aham* — Ja; *avyayam* — nehynúcu; *vivasvān* — Vivasvān (meno boha Slnka); *manave* — otcovi ľudského pokolenia, ktorý sa volá Vaivasvata; *prāha* — povedal; *manuḥ* — otcovi ľudského pokolenia; *ikṣvākave* — kráľovi Ikṣvākuovi; *abravīt* — povedal.

Kṛṣṇa, Najvyššia Božská Osobnosť, riekol: Vyjavil som túto nehynúcu vedu o yoge bohu Slnka Vivasvānovi a Vivasvān ju zveril Ma-

nuovi, otcovi ľudského pokolenia, ktorý ju potom predniesol Ikṣvākuovi.

VÝZNAM: Tu vidíme, že história *Bhagavad-gīty* má svoj počiatok v dávnej dobe, keď bola *Bhagavad-gītā* prednesená kráľom všetkých planét, počnúc vládcom Slnka. Hlavnou úlohou všetkých kráľov je chrániť obyvateľstvo, a preto musia panovníci porozumieť náuke *Bhagavad-gīty*, aby mohli ľudu vládnuť a ochraňovať ho pred zajatím hmotnej žiadostivosti. Ľudský život je určený na rozvíjanie duchovného poznania o našom večnom vzťahu k Najvyššej Božskej Osobnosti a vodcovia všetkých štátov a planét sú povinní odovzdať toto učenie svojím občanom v podobe vzdelania, kultúry a oddanosti. Inými slovami, je v ich rukách šíriť vedu o vedomí Kṛṣṇu, aby ľudia mohli využiť výhody tejto veľkej náuky a dosiahli úspech využitím príležitosti, ktorú ľudský život ponúka.

V súčasnej dobe je boh Slnka známy ako Vivasvān, kráľ Slnka, v ktorom majú svoj pôvod všetky planéty slnečnej sústavy. V *Brahma-saṁhite* (5.52) Brahmā hovorí:

yac-cakṣur eṣa savitā sakala-grahāṇāṁ
rājā samasta-sura-mūrtir aśeṣa-tejāḥ
yasyājñayā bhramati sambhṛta-kāla-cakro
govindam ādi-puruṣaṁ tam ahaṁ bhajāmi

„Uctievam Najvyššiu Božskú Osobnosť, Govindu (Kṛṣṇu), ktorý je pôvodnou osobou a na príkaz ktorého prijíma Slnko, kráľ všetkých planét, nesmiernu silu a žiaru. Slnko predstavuje Pánovo oko a na Jeho pokyn putuje po svojej obežnej dráhe."

Slnko je kráľom všetkých planét a boh Slnka (v súčasnosti sa volá Vivasvān) vládne slnečnej planéte, ktorá ovláda všetky ostatné planéty dodávaním tepla a svetla. Otáča sa na príkaz Kṛṣṇových pokynov. Pán Kṛṣṇa si Vivasvāna vybral za Svojho prvého žiaka, aby porozumel vede *Bhagavad-gīty*. *Bhagavad-gītā* preto nie je zbierkou špekulácií pre bezvýznamných svetských učencov, ale autoritatívnou knihou poznania zostupujúceho už od nepamäti.

V *Mahābhārate* (*Śānti-parva* 348.51-52) je história *Gīty* načrtnutá takto:

tretā-yugādau ca tato vivasvān manave dadau
manuś ca loka-bhṛty-arthaṁ sutāyekṣvākave dadau

ikṣvākuṇā ca kathito vyāpya lokān avasthitaḥ

„Na začiatku Tretā-yugy predniesol Vivasvān túto vedu o vzťahu k Najvyššiemu otcovi ľudského pokolenia Manuovi. Manu ju potom odovzdal svojmu synovi Ikṣvākuovi, kráľovi Zeme a praotcovi raghuovskej dynastie, v ktorej sa zjavil Śrī Rāmacandra.“ Preto ľudstvo pozná *Bhagavad-gītu* už od dôb Mahārāja Ikṣvākua.

Teraz žijeme vo veku, zvanom Kali-yuga, ktorý trvá 432 000 rokov a z ktorého už 5 000 rokov uplynulo. Tomuto veku predchádzali Dvāpara-yuga, trvajúca 864 000 rokov, Treta-yuga (1 296 000 rokov) a Satya-yuga (1 728 000 rokov). Manu prijal poznanie *Bhagavad-gīty* na začiatku Treta-yugy a vyložil ju svojmu synovi a žiakovi Mahārājovi Ikṣvākuovi, kráľovi Zeme, približne pred 2 165 000 rokmi (1 296 000 a 864 000 a 5 000). Éra jedného Manua trvá približne 305 300 000 rokov, z ktorých 120 400 000 už uplynulo. Keďže Śrī Kṛṣṇa predniesol *Bhagavad-gītu* Svojmu žiakovi, bohu Slnka Vivasvānovi, už pred Manuovým narodením, môžeme odhadnúť, že *Bhagavad-gītā* bola vyslovená minimálne pred 120 400 000 rokmi a v ľudskej spoločnosti je známa dva milióny rokov. Kṛṣṇa ju znovu predniesol Arjunovi asi pred päťtisíc rokmi. To je hrubý náčrt dejín *Bhagavad-gīty* podľa nej samotnej a podľa jej hovorcu Śrī Kṛṣṇu. Vivasvān bol zvolený, aby prijal túto múdrosť, pretože on je tiež *kṣatriyom*, a je praotcom všetkých *kṣatriyov*, ktorí sú potomkami boha Slnka, takzvaní *sūrya-vaṁśa kṣatriyovia. Bhagavad-gītā* je rovnako autentická ako *Vedy*, a keďže ju vyslovil samotný Pán, Najvyššia Božská Osobnosť, toto poznanie sa nazýva *apauruṣeya* (nadľudské). Preto musíme ju aj *Vedy* prijať bez svetského tlmočenia. Svetskí polemici môžu špekulovať nad *Gītou*, ako sa im zachce, lenže potom to už nie je pôvodná *Bhagavad-gītā. Bhagavad-gītu* treba prijať takú, aká je, a to v učeníckej postupnosti — Śrī Kṛṣṇa ju predniesol bohu Slnka, ten svojmu synovi Manuovi a on ju predložil Ikṣvākuovi.

VERŠ 2

एवं परम्पराप्राप्तमिमं राजर्षयो विदुः ।
स कालेनेह महता योगो नष्टः परन्तप ॥ २ ॥

evaṁ paramparā-prāptam imaṁ rājarṣayo viduḥ
sa kāleneha mahatā yogo naṣṭaḥ parantapa

evam — takto; *paramparā* — žiackou postupnosťou; *prāptam* — odovzdávala sa; *imam* — táto veda; *rāja-ṛṣayaḥ* — svätí králi; *viduḥ* — porozumeli; *saḥ* — tomuto poznaniu; *kālena* — v priebehu času; *iha* — v tomto svete; *mahatā* — veľký; *yogaḥ* — veda o vzťahu k Najvyššiemu; *naṣṭaḥ* — stratená; *parantapa* — ó, Arjuna, premožiteľ nepriateľov.

Takto bola táto najvyššia veda odovzdávaná postupnosťou duchovných učiteľov a takto ju prijali svätí králi. V priebehu času sa však postupnosť prerušila, a preto sa zdá, že pôvodná veda je stratená.

VÝZNAM: Z tohto verša jasne vyplýva, že *Bhagavad-gītā* bola určená hlavne svätým kráľom, ktorí mali za povinnosť uplatňovať jej zásady pri svojom vládnutí občanom. *Bhagavad-gītā* nebola nikdy určená démonským ľuďom, ktorí k neprospechu všetkých ničia jej hodnotu a tlmočia ju všelijako podľa svojich vrtochov. Keď sa vďaka sebeckým a nesvedomitým komentátorom stratil jej pôvodný zmysel, vznikla potreba založiť novú postupnosť duchovných učiteľov. Pred 5 000 rokmi Kṛṣṇa zistil, že sa duchovná postupnosť prerušila, a preto povedal, že zámer *Bhagavad-gīty* sa zdá byť stratený. Dnes existuje veľa vydaní *Bhagavad-gīty*, no skoro žiadne nezodpovedá meradlám autorizovanej postupnosti. Existuje nespočetné množstvo interpretácií od rôznych svetských učencov, ale takmer nikto z nich neprijíma Kṛṣṇu ako Najvyššiu Božskú Osobnosť napriek tomu, že s Kṛṣṇovými slovami dobre obchodujú. To je démonské, lebo démoni neveria v Boha, iba zneužívajú Jeho majetok. Preto je veľmi potrebné vydať *Bhagavad-gītu*, ktorá by bola v súlade so zásadami postupnosti duchovných učiteľov, a my sa teraz snažíme tejto potrebe vyhovieť. *Bhagavad-gītā* — prijatá taká, aká je — je veľkým darom pre ľudstvo. Keď ju však niekto prijíma ako zbierku filozofických špekulácií, iba zbytočne stráca čas.

VERŠ 3

स एवायं मया तेऽद्य योगः प्रोक्तः पुरातनः ।
भक्तोऽसि मे सखा चेति रहस्यं ह्येतदुत्तमम् ॥ ३ ॥

sa evāyaṁ mayā te 'dya yogaḥ proktaḥ purātanaḥ
bhakto 'si me sakhā ceti rahasyaṁ hy etad uttamam

saḥ — rovnaká; *eva* — istotne; *ayam* — túto; *mayā* — Mnou; *te* — tebe; *adya* — dnes; *yogaḥ* — veda o *yoge*; *proktaḥ* — rozprávaná; *purātanaḥ* — veľmi stará; *bhaktaḥ* — oddaný; *asi* — si; *me* — Môj; *sakhā* — priateľ; *ca* — tiež; *iti* — preto; *rahasyam* — mystérium; *hi* — určite; *etat* — toto; *uttamam* — transcendentálne.

Tú istú starodávnu vedu o vzťahu k Najvyššiemu ti teraz vyjavujem Ja, lebo si nielen Mojím oddaným, ale i priateľom, a preto môžeš porozumieť jej transcendentálnemu tajomstvu.

VÝZNAM: Sú dva druhy ľudí — oddaní a démoni. Śrī Kṛṣṇa si zvolil Arjunu za Svojho žiaka tejto náuky, lebo Arjuna mohol vďaka svojej oddanosti preniknúť do tajomstva poznania, ktoré mu chcel Kṛṣṇa vyjaviť. Pre človeka s démonskou mentalitou to nie je možné. Existuje veľmi veľa vydaní *Bhagavad-gīty*. Niektoré z nich vysvetľujú oddaní a iné démoni. Komentáre oddaných sú pravé, zatiaľ čo výklady démonov sú bezcenné. Arjuna prijímal Śrī Kṛṣṇu ako Najvyššiu Božskú Osobnosť a každý komentár k *Bhagavad-gīte*, ktorý sa riadi jeho príkladom, slúži k prospechu tohto veľkého učenia. Démoni neprijímajú Kṛṣṇu takého, aký je. Namiesto toho si o Ňom stále niečo vymýšľajú a zvádzajú obyčajných čitateľov z cesty Kṛṣṇových pokynov. Mali by sme si dať pozor na také nesprávne cesty. Oddaný by mal nasledovať žiacku postupnosť začínajúcu Arjunom a získať tak prospech z veľkej vedy *Śrīmad Bhagavad-gīty*.

VERŠ 4

अर्जुन उवाच
अपरं भवतो जन्म परं जन्म विवस्वतः ।
कथमेतद्विजानीयां त्वमादौ प्रोक्तवानिति ॥ ४ ॥

arjuna uvāca
aparaṁ bhavato janma paraṁ janma vivasvataḥ
katham etad vijānīyāṁ tvam ādau proktavān iti

arjunaḥ uvāca — Arjuna riekol; *aparam* — mladší; *bhavataḥ* — Tvoje; *janma* — narodenie; *param* — starší; *janma* — narodenie; *vivasvataḥ* — boh Slnka; *katham* — ako; *etat* — toto; *vijānīyām* — mám pochopiť; *tvam* — Ty; *ādau* — na počiatku; *proktavān* — vyjavil; *iti* — tak.

Arjuna riekol: Veď si sa narodil oveľa neskôr než boh Slnka Vivasvān. Ako mám teda chápať, že si mu túto vedu na počiatku vyjavil Ty?

VÝZNAM: Arjuna je Kṛṣṇov čistý oddaný. Ako je teda možné, že neveril Kṛṣṇovým slovám? V skutočnosti sa na to Arjuna nepýta kvôli sebe, ale kvôli tým, ktorí neveria v Boha, kvôli démonom, ktorí neuznávajú, že Kṛṣṇa je Najvyššia Božská Osobnosť. Len kvôli nim kladie Arjuna tieto otázky, akoby nevedel o Kṛṣṇovom najvyššom postavení. Ako sa dozvieme v desiatej kapitole, Arjuna vedel veľmi dobre, že Kṛṣṇa je Najvyššia Božská Osobnosť, zdroj všetkého a konečný cieľ duchovnej realizácie. Kṛṣṇa sa zjavil na Zemi ako syn Devakī. Obyčajný človek veľmi ťažko chápe, že Kṛṣṇa vždy zostáva tou istou Najvyššou Božskou Osobnosťou a večnou pôvodnou osobou. Arjuna Kṛṣṇu požiadal, aby mu objasnil toto tajomstvo. Kṛṣṇa sa na celom svete považuje za najvyššiu autoritu už od pradávna, len démoni Ho popierajú. Arjuna sa Kṛṣṇu pýtal ako uznávanej autority, aby mohol počuť priamo od Neho, ako opisuje sám Seba. Chcel sa tak vyhnúť opisom démonov, ktorí sa Ho vždy snažia opísať čo najskreslenejšie, aby Ho oni a ich stúpenci boli schopní pochopiť. Je nevyhnutné, aby každý vo svojom vlastnom záujme spoznal vedu o Kṛṣṇovi. Preto, keď Kṛṣṇa hovorí sám o Sebe, prináša to prospech celému svetu. Démonom sa Kṛṣṇovo vysvetlenie Seba samého môže zdať čudné, pretože oni sa Ho vždy snažia pochopiť zo svojho hľadiska; ale oddaní veľmi radi prijímajú Kṛṣṇove slová, ktoré sa týkajú Jeho samotného. Oddaní večne uctievajú pravé Kṛṣṇove slová, pretože sa o Ňom túžia dozvedieť čo najviac. Ateisti, ktorí považujú Kṛṣṇu za obyčajného človeka, tak môžu spoznať, že Kṛṣṇa nie je jedným z obyčajných ľudí, ale že je *sac-cid-ānanda-vigraha*, teda že má večnú podobu plnú blaženosti a poznania, že je transcendentálny a neovládajú Ho kvality hmotnej prírody, priestor a čas. Kṛṣṇov oddaný, ako napríklad Arjuna, je prirodzene mimo všetkých nedorozumení, týkajúcich sa Kṛṣṇovho transcendentálneho postavenia. Túto otázku položil, aby poprel ateistický názor, podľa ktorého je Kṛṣṇa obyčajným človekom, podmieneným hmotnej prírode.

VERŠ 5

श्रीभगवानुवाच
बहूनि मे व्यतीतानि जन्मानि तव चार्जुन ।
तान्यहं वेद सर्वाणि न त्वं वेत्थ परन्तप ॥ ५ ॥

śrī-bhagavān uvāca
bahūni me vyatītāni janmāni tava cārjuna
tāny ahaṁ veda sarvāṇi na tvaṁ vettha parantapa

śrī-bhagavān uvāca — Kṛṣṇa, Najvyššia Božská Osobnosť, riekol; *bahūni* — veľa; *me* — Mojich; *vyatītāni* — prešlo; *janmāni* — narodení; *tava* — tvojich; *ca* — tiež; *arjuna* — ó, Arjuna; *tāni* — ty; *aham* — Ja; *veda* — viem; *sarvāṇi* — všetky; *na* — nie; *tvam* — ty; *vettha* — nevieš; *parantapa* — ó, hubiteľ nepriateľov.

Vznešený riekol: Obaja sme prešli mnohými zrodeniami, ó, Arjuna. Ja si môžem pamätať všetky, ale ty nie, ó, hubiteľ nepriateľov!

VÝZNAM: V *Brahma-saṁhite* (5.33) nájdeme informácie o mnohých Pánových inkarnáciách:

advaitam acyutam anādim ananta-rūpam
ādyaṁ purāṇa-puruṣaṁ nava-yauvanaṁ ca
vedeṣu durlabham adurlabham ātma-bhaktau
govindam ādi-puruṣaṁ tam ahaṁ bhajāmi

„Uctievam Najvyššieho Pána, Govindu (Kṛṣṇu), ktorý je absolútnou, pôvodnou a neomylnou osobou, a ktorý je bez počiatku. Aj keď sa zjavuje v nekonečnom množstve podôb, zostáva stále rovnakou, pôvodnou a najstaršou osobou, ktorá si naveky zachováva krásu večnej mladosti. Týmto večným, blaženým a vševedúcim Pánovym podobám zvyčajne s ťažkosťami rozumejú tí najväčší znalci *Ved*, ale čistým oddaným sú vždy zrejmé."

V inom verši *Brahma-saṁhity* (5.39) sa hovorí:

rāmādi-mūrtiṣu kalā-niyamena tiṣṭhan
nānāvatāram akarod bhuvaneṣu kintu

kṛṣṇaḥ svayaṁ samabhavat paramaḥ pumān yo
govindam ādi-puruṣaṁ tam ahaṁ bhajāmi

„Uctievam Najvyššieho Pána, Govindu (Kṛṣṇu), ktorý sa zjavuje v rôznych inkarnáciách ako Rāma, Nṛsiṁha a veľa ďalších. Je však pôvodnou Božskou Osobnosťou, ktorá sa prejavuje osobne ako Kṛṣṇa."

Vo *Vedach* sa tiež uvádza, že aj keď sa Boh zjavuje v nespočetných podobách, je jediný a s nikým a s ničím neporovnateľný. Je ako kameň *vaidurya,* ktorý mení svoje farby, a predsa zostáva tým istým kameňom. Všetkým týmto mnohonásobným podobám môžu porozumieť čistí oddaní, nie však iba prostredníctvom štúdia *Ved* (*vedeṣu durlabham adurlabham ātma-bhaktau*). Oddaní ako Arjuna sú večnými Kṛṣṇovými spoločníkmi a vždy, keď Kṛṣṇa zostúpi do tohto vesmíru, zostupujú aj oni a prijímajú rôzne role, aby Mu takto slúžili podľa svojich možností a schopností. Arjuna je jedným z nich a z tohto verša môžeme pochopiť, že keď Kṛṣṇa pred miliónmi rokov predniesol *Bhagavad-gītu* bohu Slnka Vivasvānovi, bol pri tom aj Arjuna, aj keď vtedy zohrával inú úlohu. Medzi Kṛṣṇom a Arjunom je však rozdiel, a to ten, že Kṛṣṇa si túto udalosť pamätal a Arjuna nie. To je rozdiel medzi Najvyšším Pánom a nepatrnou živou bytosťou. Arjuna je tu oslovený ako mocný hrdina, ktorý dokázal poraziť nepriateľov, no napriek tomu si nepamätal, čo sa prihodilo počas jeho predchádzajúcich životov. Preto sa živá bytosť nemôže nikdy vyrovnať Najvyššiemu Pánovi, aj keby bola po hmotnej stránke akokoľvek mocná. Nemôžu sa Mu dokonca vyrovnať ani Jeho stáli spoločníci, a to sú oslobodené duše. Pán je v *Brahma-saṁhite* opísaný ako *acyuta* (ten, kto nikdy nepoklesne), čo znamená, že On nikdy nezabudne na Svoju totožnosť, ani keď príde do styku s hmotou. Preto Pána zo žiadneho hľadiska nemožno porovnávať so živou bytosťou, hoci by bola na rovnakej duchovnej úrovni ako Arjuna. Arjuna je Kṛṣṇov oddaný, a napriek tomu niekedy zabúda na Jeho skutočnú povahu. Oddaný však môže vďaka Pánovej milosti znovu získať vedomie o Jeho neomylnosti, zatiaľ čo ateista nikdy nedokáže pochopiť Jeho transcendentálnu povahu. Démonský rozum nikdy neprenikne do zmyslu *Bhagavad-gīty*. Kṛṣṇa si pamätá činy, ktoré vykonal pred miliónmi rokov, ale Arjuna si ich nepamätal, aj keď je v skutočnosti večný tak ako Kṛṣṇa. V tejto súvislosti si môžeme všimnúť, že živá bytosť všetko zabúda, pretože mení telá, ale Kṛṣṇa si pamätá všetko, lebo Jeho telo je *sac-cid-ānanda* a nikdy sa nemení. Je *advaita,* čo znamená, že medzi Ním samotným a Jeho telom nie je rozdiel. Všetko vo vzťahu s Ním je duchovné — zatiaľ čo podmienená duša sa od svojho hmotného tela líši. Keďže Pánovo telo a On sú jedno, Jeho postavenie je vždy iné ako postavenie živej bytosti, i keď zostúpi do hmotného vesmíru. Démoni však nie sú schopní porozumieť Pánovej transcendentálnej povahe, ktorú sám vysvetľuje v nasledujúcom verši.

VERŠ 6

अजोऽपि सन्नव्ययात्मा भूतानामीश्वरोऽपि सन् ।
प्रकृतिं स्वामधिष्ठाय सम्भवाम्यात्ममायया ॥ ६ ॥

ajo 'pi sann avyayātmā bhūtānām īśvaro 'pi san
prakṛtiṁ svām adhiṣṭhāya sambhavāmy ātma-māyayā

ajaḥ — nezrodený; *api* — hoci; *san* — takto jestvujúci; *avyaya* — bez rozpadu; *ātmā* — telo; *bhūtānām* — zrodených; *īśvaraḥ* — Najvyšším Pánom; *api* — aj keď; *san* — som; *prakṛtim* — transcendentálny; *svām* — Mnou; *adhiṣṭhāya* — takto umiestnený; *sambhavāmi* — zjavujem sa; *ātma-māyayā* — Mojou vnútornou energiou.

Hoci som nezrodený a Moje transcendentálne telo nikdy nezaniká, a hoci som Pánom všetkého tvorstva, zjavujem sa v každom tisícročí vo Svojej pôvodnej transcendentálnej podobe.

VÝZNAM: V predchádzajúcom verši hovoril Kṛṣṇa o neobyčajnosti Svojho narodenia — môže sa zjaviť ako obyčajný tvor a pritom si pamätať všetky Svoje niekdajšie „narodenia", zatiaľ čo obyčajný človek si nepamätá ani to, čo robil pred pár hodinami. Keď sa niekoho opýtame, čo robil včera o tomto čase, len veľmi ťažko nám ihneď odpovie. Musel by určite svoju pamäť dobre ponamáhať, aby si spomenul, čo robil včera v danej chvíli. Napriek tomu sa niekto odvažuje tvrdiť, že je Boh alebo Kṛṣṇa. Nemali by sme sa však nechať pomýliť týmto nezmyselným tvrdením.

Śrī Kṛṣṇa opäť vysvetľuje Svoju podobu (*prakṛti*). *Prakṛti* znamená príroda a tiež vlastná skutočná podoba, označovaná ako *svarūpa*. Pán hovorí, že prichádza na tento svet vo Svojom vlastnom tele; nemení Svoje telo ako obyčajné bytosti, ktoré prechádzajú z jedného tela do druhého. Všetky hmotne podmienené duše majú v tomto živote určité telo, ale v ďalšom živote dostanú iné. Kṛṣṇa, Najvyšší Pán, nie je podriadený tomuto zákonu, keď zostúpi do hmotného sveta vo Svojej pôvodnej večnej podobe s dvoma rukami, v ktorých drží flautu. Jeho večné telo nie je znečistené stykom s hmotným svetom. Aj keď sa zjavuje vo Svojom transcendentálnom tele a je Pánom vesmíru, zdá sa, že sa narodil ako hociktorý iný smrteľník. Hoci Jeho telo nezaniká, zdá sa, že dospieva z dieťaťa na chlapca a z chlapca na mládenca. Nikdy neprekročí mládenecký vek. To je Jeho zvláštna vlastnosť. V čase bitky na Kurukṣetre mal už veľa vnukov a podľa našej časomiery bol už pomerne starý. Napriek tomu však vyzeral ako mladý muž okolo dvadsiatich, dvadsiatich piatich rokov. Kṛṣṇu nikdy neuvidíme ako starca, pretože nikdy nezostarne ako my, aj keď je najstaršou osobou v celom stvorení. Jeho telo alebo inteligencia nezanikajú a ani sa nemenia. Śrī Kṛṣṇa má stále rovnakú nezrodenú a večnú podobu, plnú blaženosti a poznania, aj keď sa nachádza v hmotnom svete. Zjavuje a stráca sa pred naším zrakom ako Slnko, ktoré vychádza a vzápätí sa objaví pred našimi očami, aby pomaly opäť zmizlo z nášho dohľadu. Zdá sa nám, že Slnko „zapadlo", pretože je mimo nášho zorného poľa, a že vyšlo, pretože sa objavilo pred naším zrakom, ale v skutočnosti Slnko neopúšťa svoje miesto na oblohe. Toto zdanie spôsobuje nedokonalosť našich obmedzených zmyslov. Keďže sa Kṛṣṇove zjavenia a odchody tak líšia od zjavení a odchodov obyčajnej živej bytosti, je jasné, že Śrī Kṛṣṇa je svojou vnútornou energiou večný, plný poznania a blaženosti a že Ho hmotná príroda nikdy neovplyvní. *Vedy* tiež potvrdzujú, že Najvyššia Božská Osobnosť, Kṛṣṇa, je nezrodený, hoci sa stále akoby rodí v mnohých podobách. Aj *vedska* doplnková literatúra potvrdzuje, že Pánovo telo sa nikdy nemení, aj keď sa zdá, že sa Pán rodí. *Śrīmad-Bhāgavatam* opisuje, ako sa Kṛṣṇa zjavil Svojej matke ako Nārāyaṇa so štyrmi rukami a šiestimi vznešenými vlastnosťami. Jeho zjavenie v pôvodnej večnej podobe je Jeho bezpríčinnou milosťou, ktorú dáva živým bytostiam, aby sa mohli sústrediť na Najvyššieho Pána takého, aký je, a nie na mentálne výmysly či imaginácie, ktoré impersonalisti mylne považujú za Jeho podoby. Podľa slovníka *Viśva-kośa* sa bezpríčinná milosť Boha označuje slovami *māyā* alebo *ātma-māyā*. Pán si je vedomý všetkých Svojich niekdajších zjavení a odchodov, ale obyčajná živá bytosť zabudne všetko o svojom predchádzajúcom tele, len čo získa nové. Kṛṣṇa zostáva vždy Pánom všetkého tvorstva a tu na Zemi robí podivuhodné a nadľudské činy. Preto vždy zostáva tou istou Absolútnou Pravdou a Jeho vlastnosti, Jeho telo alebo Jeho podoba a On samotný sa od seba nikdy nelíšia. Môžeme sa spýtať, prečo sa Pán zjavuje v tomto hmotnom svete a opäť ho opúšťa. To Kṛṣṇa vysvetlí v nasledujúcom verši.

VERŠ 7

यदा यदा हि धर्मस्य ग्लानिर्भवति भारत ।
अभ्युत्थानमधर्मस्य तदात्मानं सृजाम्यहम् ॥ ७ ॥

yadā yadā hi dharmasya glānir bhavati bhārata
abhyutthānam adharmasya tadātmānaṁ sṛjāmy aham

yadā yadā — kedykoľvek a kdekoľvek; *hi* — istotne; *dharmasya* — náboženstvo; *glāniḥ* — úpadok; *bhavati* — prejavuje sa; *bhārata* — ó, potomok Bharatov; *abhyutthānam* — prevláda; *adharmasya* — bezbožnosť; *tadā* — vtedy; *ātmānam* — osobne; *sṛjāmi* — prejavím; *aham* — Ja.

Kedykoľvek a kdekoľvek nastáva úpadok náboženstva a narastá bezbožnosť, ó, potomok Bharatov, vtedy Osobne zostúpim.

VÝZNAM: Slovo *sṛjāmi* má v tomto verši veľký význam. *Sṛjāmi* sa nemôže použiť v zmysle stvorenia, pretože podľa predchádzajúcho verša nie je Kṛṣṇova podoba alebo telo stvorené, lebo všetky Jeho podoby sú večné. Slovo *sṛjāmi* preto znamená, že Boh sa zjavuje vo Svojej skutočnej podobe. Aj keď zostupuje v určitom období, v jednom Brahmovom dni, za vlády siedmeho Manua, v dvadsiatej ôsmej Mahā-yuge, na konci Dvāpara-yugy, predsa nie je týmto pravidlom viazaný, pretože má úplnú slobodu konať, ako sám chce. Prichádza z vlastnej vôle vždy, keď prevláda bezbožnosť a pravé náboženstvo upadá. Náboženské zásady sú zapísané vo *Vedach*, a ak sa človek odchýli od týchto pokynov, stane sa bezbožným. V *Śrīmad-Bhāgavatame* sa uvádza, že tieto zásady sú stanovené Bohom. Iba Boh môže ustanoviť náboženské zásady. Je to On, kto pôvodne vložil *Vedy* do srdca Brahmu, prvej stvorenej bytosti. Preto sú zásady dharmy, zásady pravého náboženstva, priamymi pokynmi Najvyššej Božskej Osobnosti (*dharmaṁ tu sākṣād bhagavat-praṇītam*). Tieto zásady sú jasne vyjadrené v celej *Bhagavad-gīte*. Zmyslom *Ved* je ustanoviť ich podľa pokynov Najvyššieho Pána a Kṛṣṇa na konci *Bhagavad-gīty* priamo vysvetľuje, že najvyššou zásadou náboženstva nie je nič iné, než sa Mu odovzdať. *Vedske* zásady vedú k úplnému odovzdaniu sa Najvyššiemu Pánovi a vždy, keď ich ľudia démonskej povahy porušujú, Śrī Kṛṣṇa Osobne zostúpi. Napríklad zo *Śrīmad-Bhāgavatamu* sa dozvieme, že Budha je Kṛṣṇovou inkarnáciou a prišiel v čase, keď prevládal materializmus a ateisti predstierali, že sa riadia podľa *Ved*, aby tak ospravedlnili svoje zvrátené činy. V mene obetí zabíjali nevinné zvieratá bez ohľadu na prísne obmedzenia týkajúce sa zvieracích obetí, ktoré *Vedy* prikazujú. Budha sa zjavil, aby zastavil toto zbytočné zabíjanie a aby ustanovil *vedsku* zásadu nenásilia. Každý *avatār* alebo Božia inkarnácia má osobitné poslanie, ktoré je opísané vo svätých písmach. Nikto by nemal nikoho považovať za *avatāra*, ak naňho nie je poukázané v písmach.

Niektorí ľudia tvrdia, že Pán sa zjavuje len v Indii; to však v žiadnom prípade nie je podmienkou. Môže zostúpiť hocikde a hocikedy podľa Svojho želania. V každom Svojom vtelení dáva ľuďom len toľko duchovného poznania, koľko môžu pochopiť podľa miesta a okolností, v ktorých sa nachádzajú. Poslanie všetkých avatārov ale zostáva rovnaké — viesť ľudí k vedomiu Boha a priviesť ich k tomu, aby sa riadili náboženskými zásadami. Boh niekedy zostúpi Osobne a niekedy posiela Svojho predstaviteľa, napríklad syna, služobníka, alebo príde sám v skrytej podobe.

Kṛṣṇa vysvetlil zásady *Bhagavad-gīty* Arjunovi, pretože bol duchovne pokročilejší než väčšina jeho súčasníkov, a tieto zásady sú určené všetkým ľuďom s rozvinutým duchovným vedomím. Dve a dve sú štyri — to je matematická zásada, ktorá platí ako pre začiatočníkov, tak pre študentov vyššej matematiky. No i tak sa výklad matematiky odlišuje stupňom obtiažnosti podľa vyspelosti poslucháčov. Podobne sú zásady, ktoré učia rôzne inkarnácie Pána, vždy rovnaké; podľa okolností sú však podávané v zjednodušenej alebo v zložitejšej forme. Ako uvidíme neskôr, človek nemôže pristúpiť k vyšším duchovným zásadám, pokiaľ nedodržiava zásady *varṇāśrama-dharmy*. Poslaním *avatārov* je prebudiť znovu vo všetkých vedomie Kṛṣṇu, ktoré môže byť prejavené alebo neprejavené — podľa rôznych okolností.

VERŠ 8

परित्राणाय साधूनां विनाशाय च दुष्कृताम् ।
धर्मसंस्थापनार्थाय सम्भवामि युगे युगे ॥ ८ ॥

paritrāṇāya sādhūnāṁ vināśāya ca duṣkṛtām
dharma-saṁsthāpanārthāya sambhavāmi yuge yuge

paritrāṇāya — pre oslobodenie; *sādhūnām* — oddaných; *vināśāya* — pre odstránenie; *ca* — tiež; *duṣkṛtām* — ničomníkov; *dharma* — náboženské zásady; *saṁsthāpana-arthāya* — znovu nastoliť; *sambhavāmi* — prichádzam; *yuge* — vek; *yuge* — za vekom.

Aby som oslobodil zbožných a odstránil ničomníkov a aby som znovu nastolil náboženské zásady, zjavujem sa vek po veku.

VÝZNAM: *Bhagavad-gītā* definuje *sādhua*, svätca, ako človeka vedomého si Kṛṣṇu. Niekto môže vyzerať ako neznaboh, ale ak má všetky vlastnosti človeka vedomého si Kṛṣṇu, mali by sme pochopiť, že je *sādhu*. Naopak, *duṣkṛtā* je ten, kto o vedomie Kṛṣṇu nejaví záujem. Takíto naničhodníci, *duṣkṛtovia*, sú opísaní ako najhlúpejšie a najnižšie bytosti ľudského pokolenia, a to aj keby získali hoci najvyššie svetské vzdelanie. Na druhej strane ten, kto dokonale a s láskou a oddanosťou slúži Kṛṣṇovi, je *sādhu*, aj keď nie je vzdelaný alebo kultúrne vyspelý.

Pokiaľ ide o ateistov, nie je potrebné, aby ich prišiel zahubiť Najvyšší Pán osobne, ako to urobil s démonmi Rāvaṇom a Kaṁsom. Má veľa dokonalých prostriedkov, ktoré sú vhodné na zničenie démonov. Pán však prichádza hlavne kvôli tomu, aby upokojil Svojich čistých oddaných, ktorých démoni stále obťažujú. Démoni sú schopní oddaných obťažovať, aj keby patrili do ich vlastnej rodiny. Prahlād Mahārāja bol synom Hiraṇyakaśipua, ale ten s ním aj tak zaobchádzal veľmi kruto. Rovnako Kṛṣṇových rodičov, Vasudevu a Devakī, trápil Devakīin brat Kaṁsa, pretože sa im mal narodiť Kṛṣṇa. Śrī Kṛṣṇa sa zjavil skôr preto, aby oslobodil Devakī, než aby zabil Kaṁsu. Obidva činy však vykonal naraz. Preto sa v tomto verši hovorí, že Pán zostupuje v rôznych podobách ako *avatār*, aby oslobodil oddaných a vyhubil démonských ničomníkov.

V *Caitanya-caritāmṛte* (*Madhya* 20.263-264) Kṛṣṇadāsa Kavirāja zhŕňa základné vlastnosti inkarnácií:

sṛṣṭi-hetu yei mūrti prapañce avatare
sei īśvara-mūrti 'avatāra' nāma dhare

māyātīta paravyome sabāra avasthāna
viśve avatari' dhare 'avatāra' nāma

„Boh zostupuje do tohto hmotného sveta v rôznych podobách, ktoré sa nazývajú *avatāri* alebo inkarnácie. Tieto Božie inkarnácie v skutočnosti sídlia v duchovnom svete, v Božom kráľovstve, ale keď zostúpia do hmotného stvorenia, nazývajú sa *avatāri*."

Sú rôzne druhy *avatārov*, napríklad *puruṣāvatāra, guṇāvatāra, līlāvatāra, śakty-āveśa avatāra, manvantara-avatāra* a *yugāvatāra*, ktorí v danej dobe zostupujú v ľubovoľnej časti vesmíru. Kṛṣṇa je však pôvodný Pán a zdroj všetkých *avatārov*. Do tohto hmotného sveta zostupuje, aby splnil nesmiernu túžbu Svojich oddaných, ktorí Ho veľmi chcú vidieť pri Jeho neobyčajných zábavách vo Vṛndāvane. Preto hlavným účelom Kṛṣṇovho príchodu ako *avatāra* je potešiť Svojich čistých oddaných.

Kṛṣṇa hovorí, že prichádza v každom veku. To znamená, že prichádza aj vo veku Kali. V *Śrīmad-Bhāgavatame* sa uvádza, že vo veku Kali zostúpi ako Śrī Caitanya Mahāprabhu, aby šíril uctievanie Kṛṣṇu prostredníctvom *saṅkīrtaṇového* hnutia, teda spoločného spievania svätých Božích mien, a aby toto hnutie, o ktorom predpovedal, že sa rozšíri po celom svete, od mesta k mestu, od dediny k dedine, rozšíril po celej Indii. V *Upaniṣadach*, v *Mahābhārate*, v *Śrīmad-Bhāgavatame* a v iných *vedskych* písmach nie je Śrī Caitanya Mahāprabhu opísaný priamo ako Kṛṣṇova inkarnácia, ale ako skrytý *avatāra*. Kṛṣṇových oddaných veľmi priťahuje Caitanyovo *saṇkīrtanové* hnutie. Tento *avatāra* bezbožných nezabíja, ale ich Svojou bezpríčinnou milosťou vyslobodzuje.

VERŠ 9

जन्म कर्म च मे दिव्यमेवं यो वेत्ति तत्त्वतः ।
त्यक्त्वा देहं पुनर्जन्म नैति मामेति सोऽर्जुन ॥ ९ ॥

janma karma ca me divyam evaṁ yo vetti tattvataḥ
tyaktvā dehaṁ punar janma naiti mām eti so 'rjuna

janma — narodenie; *karma* — činy; *ca* — tiež; *me* — Moje; *divyam* — transcendentálne; *evam* — takto; *yaḥ* — ten, kto; *vetti* — pozná; *tattvataḥ* — v skutočnosti; *tyaktvā* — opustí; *deham* — toto telo; *punaḥ* — znovu; *janma* — narodenie; *na* — nikdy; *eti* — dosiahne; *mām* — ku Mne; *eti* — dosiahne; *saḥ* — on; *arjuna* — ó, Arjuna.

Kto pozná transcendentálnu povahu Môjho zjavenia a Mojich činov, keď opúšťa svoje telo, ten sa znovu nenarodí v tomto hmotnom svete, ale dosiahne Moje večné sídlo, ó, Arjuna.

VÝZNAM: Spôsob, akým Boh zostupuje zo Svojho transcendentálneho sídla, bol vysvetlený už v šiestom verši. Kto dokáže pochopiť pravdu o Jeho zjavení, je v skutočnosti vyslobodený z hmotného otroctva a navráti sa do Božieho kráľovstva hneď po opustení hmotného tela. Oslobodiť sa od hmotného otroctva nie je ľahké. Impersonalisti a *yogīni* dosiahnu vyslobodenie až po mnohoživotnom úsilí. A dokonca aj potom je vyslobodenie, ktoré dosiahnu (splynutie s neosobným *brahmajyoti* Pána), iba čiastočné, pretože im hrozí, že sa budú musieť opäť vrátiť do hmotného sveta. Oddaný však po opustení tela dosiahne Pánovo sídlo jednoducho vďaka tomu, že pochopí transcendentálnu povahu Pánovho tela a činov a nevystavuje sa tak nebezpečenstvu, že sa bude musieť vrátiť do hmotného sveta.

V *Brahma-saṁhite* (5.33) sa píše, že Pán má mnoho podôb a inkarnácií, *advaitam acyutam anādim ananta-rūpam.* Napriek tomu, že existuje veľa transcendentálnych podôb Pána, všetky zostávajú stále rovnakou Najvyššou Božskou Osobnosťou. Človek musí byť presvedčený o tejto skutočnosti, aj keď svetskí učenci a empirickí filozofi to nikdy nepochopia. Vo *Vedach* (*Puruṣa-bodhinī Upaniṣade*) sa uvádza:

eko devo nitya-līlānurakto bhakta-vyāpī hṛdy antar-ātmā

„Jediný Najvyšší Pán sa vo Svojich nespočetných transcendentálnych podobách večne zamestnáva láskyplnou výmenou vzťahov so Svojimi čistými oddanými." Śrī Kṛṣṇa v tomto verši *Bhagavad-gīty* Osobne potvrdzuje toto *vedske* tvrdenie. Kto prijme túto pravdu podloženú *Vedami* a autoritou Najvyššieho Pána a kto nemárni čas filozofickými špekuláciami, dosiahne najvyšší, dokonalý stupeň vyslobodenia. Nepochybne dosiahne vyslobodenie vďaka jednoduchému prijatiu tejto pravdy s vierou. *Vedske* tvrdenie *tat tvam asi* tu nachádza svoje pravdivé uplatnenie. Každý, kto považuje Kṛṣṇu za Najvyššieho a osloví Ho: „Ty si Najvyšší Brahman, Božská Osobnosť", sa isto-iste okamžite vyslobodí a zaručí si tak vstup do Kṛṣṇovej transcendentálnej spoločnosti. Inými slovami, takýto verný oddaný dosiahne dokonalosť, čo potvrdzuje *Śvetāśvatara Upaniṣad* (3.8):

tam eva viditvāti mṛtyum eti nānyaḥ panthā vidyate 'yanāya

„Živá bytosť môže dosiahnuť dokonalý stav vyslobodenia sa z kolobehu rodenia a smrti iba vďaka tomu, že pozná Pána, Najvyššiu Božskú Osobnosť. Niet iného spôsobu, ako dosiahnuť túto dokonalosť." To znamená, že ten, kto nepochopil, že Śrī Kṛṣṇa je Najvyššia Božská Osobnosť, je celkom iste v nevedomosti. Preto nikto nemôže dosiahnuť vyslobodenie, keď, ako sa hovorí, líže pohár s medom zvonku, čiže keď tlmočí *Bhagavad-gītu* zo svetského hľadiska. Je možné, že takí empirickí filozofi zohrávajú dôležitú úlohu v hmotnom svete, ale nemusia byť hodní vyslobodenia. Títo namyslení svetskí učenci si musia počkať na bezpríčinnú milosť oddaného Pána. Preto by sme si mali byť plne vedomí Kṛṣṇu s vierou a poznaním, a tak dosiahnuť dokonalosť.

VERŠ 10

वीतरागभयक्रोधा मन्मया मामुपाश्रिताः ।
बहवो ज्ञानतपसा पूता मद्भावमागताः ॥ १० ॥

vīta-rāga-bhaya-krodhā man-mayā mām upāśritāḥ
bahavo jñāna-tapasā pūtā mad-bhāvam āgatāḥ

vīta — oslobodený od; *rāga* — lipnutia; *bhaya* — strachu; *krodhāḥ* — hnevu; *mat-mayā* — naplnený Mnou; *mām* — pri Mne; *upāśritāḥ* — celkom umiestnení; *bahavaḥ* — veľa; *jñāna* — poznaním; *tapasā* — pokáním; *pūtāḥ* — očistili sa; *mat-bhāvam* — transcendentálnu lásku ku Mne; *āgatāḥ* — dosiahli.

V minulosti sa mnohí a mnohí — oslobodení od lipnutia, strachu a hnevu, celkom naplnení Mnou a uchyľujúci sa pod Moju ochranu — očistili poznaním o Mne, a tak dosiahli transcendentálnu lásku ku Mne.

VÝZNAM: Ako už bolo povedané, pre toho, kto je príliš ovplyvnený hmotou, je veľmi ťažké porozumieť osobnej povahe Najvyššej Absolútnej Pravdy. Ľudia, ktorí sú pripútaní k telesnému poňatiu života, bývajú zvyčajne tak pohltení materializmom, že ani nedokážu pochopiť, ako môže jestvovať Najvyššia Osoba. Nedokážu si ani len vo sne predstaviť, že jestvuje transcendentálne telo, ktoré je nepominuteľné, plné poznania a večnej blaženosti. Z hmotného hľadiska je telo pominuteľné, plné nevedomosti a utrpenia. Na to tiež ľudia myslia, keď počujú o osobnej podobe Boha. Pre takých materialisticky založených ľudí je gigantický vesmírny výtvor najvyšší. Následkom toho sa domnievajú, že Najvyšší je neosobný. Keďže sú príliš zapletení do hmoty, boja sa myšlienky, že ich identita sa zachováva i po vyslobodení z hmotnej existencie. Keď ich poučíte o tom, že aj duchovný život je individuálny a osobný, boja sa, že sa stanú znovu osobami, a preto dávajú prirodzene prednosť vstupu do akejsi neosobnej prázdnoty. Títo ľudia zvyčajne prirovnávajú živé bytosti k morským bublinám, ktoré s morom splývajú v jedno. Toto je najvyššia dokonalosť duchovného bytia, akú možno dosiahnuť bez individuálnej osobnosti. Je to istý druh úzkosti, keď človek nemá dokonalé vedomosti o duchovnom bytí. Mnohí vôbec nedokážu pochopiť duchovnú existenciu. Keďže sú pomýlení rozličnými teóriami a rozpormi medzi rôznymi filozofickými špekuláciami, bývajú sklamaní a hnevliví a vo svojej naivite dochádzajú k záveru, že žiadna najvyššia príčina nejestvuje a že všetko je prázdnota. Takí ľudia sú vlastne chorí.

Niektorí ľudia sú príliš spútaní hmotou, a preto sa o duchovný život nezaujímajú. Iní chcú splynúť s najvyššou duchovnou príčinou a ďalší, keďže už z beznádeje namierili svoj hnev proti všetkým duchovným špekuláciám, neveria ničomu. Táto posledná skupina ľudí hľadá útočisko v rôznych omamných látkach a svoje zmyslové halucinácie niekedy považuje za duchovné vízie. Človek sa musí zbaviť troch druhov pripútanosti k hmotnému svetu: 1. zanedbávania duchovného života, 2. strachu z osobnej duchovnej totožnosti a 3. prázdnoty, ktorá pochádza zo sklamania zo života. Aby sme sa zbavili týchto troch druhov hmotného poňatia života, musíme hľadať ochranu u Pána pod vedením pravého duchovného učiteľa a riadiť sa usmerňujúcimi zásadami oddanej služby. Posledný stupeň duchovného života sa nazýva *bhāva*, čo znamená transcendentálna láska k Bohu.

V *Bhakti-rasāmṛta-sindhu* (1.4.15-16), knihe opisujúcej vedu oddanej služby, sa píše:

ādau śraddhā tataḥ sādhu- saṅgo 'tha bhajana-kriyā
tato 'nartha-nivṛttiḥ syāt tato niṣṭhā rucis tataḥ

athāsaktis tato bhāvas tataḥ premābhyudañcati
sādhakānām ayaṁ premṇaḥ prādurbhāve bhavet kramaḥ

„Na začiatku musí mať človek predbežnú túžbu po sebarealizácii. To ho privedie do štádia, keď sa snaží združovať sa s duchovne pokročilejšími osobami. Potom ho zasväti pravý duchovný učiteľ a pod jeho vedením začína robiť oddanú službu, čím sa zbavuje všetkých hmotných pút, dosahuje stabilitu na ceste k duchovnej realizácii a postupne získava chuť načúvať o Absolútnej Božskej Osobnosti, Śrī Kṛṣṇovi. Táto chuť sa časom zmení na hlbokú obľubu oddanej služby, ktorá dospeje do *bhāvy* alebo do predbežného štádia transcendentálnej lásky k Bohu. Pravá láska k Bohu sa nazýva *prema* a je najvyššou životnou dokonalosťou." V tomto štádiu je človek neprestajne pohrúžený v transcendentálnej láskyplnej službe Kṛṣṇovi. Touto postupnou metódou oddanej služby môže pod vedením pravého duchovného učiteľa dosiahnuť najvyššie štádium a zbaviť sa všetkých hmotných pút, strachu zo svojej individuálnej duchovnej osobnosti a sklamania, ktoré vedú k filozofii prázdnoty. Potom môže človek konečne dosiahnuť večné sídlo Najvyššieho Pána.

VERŠ 11

ये यथा मां प्रपद्यन्ते तांस्तथैव भजाम्यहम् ।
मम वर्त्मानुवर्तन्ते मनुष्याः पार्थ सर्वशः ॥ ११ ॥

ye yathā māṁ prapadyante tāṁs tathaiva bhajāmy aham
mama vartmānuvartante manuṣyāḥ pārtha sarvaśaḥ

ye — všetci, ktorí; *yathā* — ako; *mām* — Mne; *prapadyante* — odovzdávajú; *tān* — im; *tathā* — tak; *eva* — istotne; *bhajāmi* — oplácam; *aham* — Ja; *mama* — Mojou; *vartma* — cestou; *anuvartante* — kráčajú; *manuṣyāḥ* — všetci ľudia; *pārtha* — ó, syn Pṛthy; *sarvaśaḥ* — v každom ohľade.

Každého odmeňujem podľa toho, ako sa Mi odovzdáva. Ó, syn Pṛthy, všetci v každom ohľade kráčajú Mojou cestou.

VÝZNAM: Všetci hľadajú Kṛṣṇu v rôznych podobách Jeho stvorenia. Kṛṣṇu, Najvyššiu Božskú Osobnosť, môžeme čiastočne zrealizovať v Jeho neosobnej žiare, v *brahmajyoti*, a ako všeprenikajúcu Naddušu, ktorá sídli vo všetkom, aj v atómoch. Úplne však Śrī Kṛṣṇu zrealizujú iba Jeho čistí oddaní. Takže Kṛṣṇa je predmetom realizácie pre všetkých a každý je uspokojený podľa svojho želania získať Kṛṣṇu. Aj v duchovnom svete opláca Kṛṣṇa lásku Svojmu oddanému v transcendentálnom duchu, podľa želania oddaného. Jeden oddaný si napríklad želá mať Kṛṣṇu za svojho Najvyššieho Pána, iný Ho považuje za svojho osobného priateľa a ďalší za syna alebo milenca. Kṛṣṇa odmieňa všetkých oddaných rovnako, podľa sily lásky, ktorú k Nemu cítia. Rovnaká výmena citov prebieha aj v hmotnom svete a Pán si ich so všetkými, ktorí Ho uctievajú, vymieňa podľa toho, ako sa Mu odovzdajú. Čistí oddaní, tu i v duchovnom svete, sa s Ním stýkajú osobne a majú možnosť slúžiť Mu priamo a pociťovať tak transcendentálnu blaženosť z láskyplnej služby. Impersonalistom, ktorí chcú spáchať duchovnú samovraždu zničením svojej individuálnej existencie, Kṛṣṇa pomôže tak, že ich pohltí do žiary vychádzajúcej z Jeho tela. Impersonalisti nemôžu prijať večnú, blaženú Božskú Osobnosť, a keďže zničili svoju individualitu, nemôžu okúsiť blaženosť z transcendentálnej osobnej služby Bohu. Niektorí z nich, ktorí nedospeli ani k neosobnej existencii, sa vracajú do hmotného sveta, aby prejavili svoju spiacu túžbu konať. Nemajú dovolené vstúpiť na duchovné planéty, ale dostanú ďalšiu možnosť konať na hmotných planétach. Pán všetkých obetí, *yajñeśvara*, poskytuje vytúžené výsledky tým, ktorí pracujú pre plody svojej práce. *Yogīnom* poskytne mystické sily, po ktorých túžia. Inými slovami, úspech každého jednotlivca závisí iba od Pánovej milosti a rôzne duchovné metódy nie sú nič iné ako rôzne stupne úspechu na jednej ceste. Ak človek nedosiahne najvyššiu dokonalosť vo vedomí Kṛṣṇu, všetky jeho pokusy budú nedokonalé. Potvrdzuje to *Śrīmad-Bhāgavatam* (2.3.10):

akāmaḥ sarva-kāmo vā mokṣa-kāma udāra-dhīḥ
tīvreṇa bhakti-yogena yajeta puruṣaṁ param

„Či už človek netúži po ničom (ako napríklad oddaní) alebo túži po plodoch svojej práce, či hľadá vyslobodenie, mal by sa všemožne snažiť uctievať Najvyššiu Božskú Osobnosť, aby dosiahol úplnú dokonalosť, ktorá vrcholí vo vedomí Kṛṣṇu."

VERŠ 12

काङ्क्षन्तः कर्मणां सिद्धिं यजन्त इह देवताः ।
क्षिप्रं हि मानुषे लोके सिद्धिर्भवति कर्मजा ॥ १२ ॥

kāṅkṣantaḥ karmaṇāṁ siddhiṁ yajanta iha devatāḥ
kṣipraṁ hi mānuṣe loke siddhir bhavati karma-jā

kāṅkṣantaḥ — túžiaci; *karmaṇām* — plodonosných činov; *siddhim* — dokonalosť; *yajante* — uctievajú obeťami; *iha* — v hmotnom svete; *devatāḥ* — polobohovia; *kṣipram* — veľmi rýchlo; *hi* — určite; *mānuṣe* — v ľudskej spoločnosti; *loke* — v tomto svete; *siddhiḥ* — úspech; *bhavati* — stane sa; *karma-jā* — z plodonosných činov.

Ľudia na tomto svete túžia dosiahnuť úspech vo svojich plodonosných činnostiach, a preto uctievajú polobohov, lebo v tomto svete sa úspech pochádzajúci z plodonosných činov dostaví veľmi rýchlo.

VÝZNAM: V hmotnom svete vládne veľké nedorozumenie ohľadne bohov či polobohov a hlupáci, ktorí sa vydávajú za veľmi vzdelaných, pokladajú týchto polobohov za rôzne podoby Najvyššieho Pána. Polobohovia však nie sú v skutočnosti rôznymi podobami Boha, ale Jeho rôznymi časťami. Boh je jeden, ale častí je veľa. *Vedy* hovoria: *nityo nityānām.* Boh je jeden. *Īśvaraḥ paramaḥ kṛṣṇaḥ.* Najvyšší Boh je jeden — Kṛṣṇa — a polobohovia sú poverení úlohou riadiť tento hmotný svet. Všetci títo polobohovia sú živé bytosti (*nityānam*) s rôznymi druhmi hmotnej sily. Nemôžu sa vyrovnať Najvyššiemu Bohu, Kṛṣṇovi, Nārāyaṇovi alebo Viṣṇuovi. Kto si myslí, že polobohovia sú na tej istej úrovni ako Boh, je ateista alebo *pāṣaṇḍī.* Ani mocných polobohov, ako sú Brahmā a Śiva, nemožno porovnávať s Najvyšším Pánom. V skutočnosti títo polobohovia uctievajú Śrī Kṛṣṇu (*śiva-viriñcinutam*). Je zaujímavé, že napriek tomu existuje veľa vodcov, ktorých uctievajú hlupáci s pomýlenými ideami antropomorfizmu alebo zoomorfizmu. Slová *iha devatāḥ* označujú mocného človeka alebo poloboha v hmotnom svete. Nārāyaṇa, Viṣṇu alebo Kṛṣṇa, Najvyššia Božská Osobnosť, však nie je z tohto sveta. Boh je nadradený alebo transcendentálny hmotnému stvoreniu. Aj Śrīpada Śaṅkarācarya, vodca impersonalistov, zdôrazňoval, že Nārāyaṇa alebo Kṛṣṇa je mimo hmotného stvorenia.

Hlúpi ľudia (*hṛta-jñāna*) však uctievajú polobohov, lebo chcú okamžité výsledky. Svoje výsledky dosiahnu, no nevedia, že takto získané výsledky sú dočasné a určené pre hlupákov. Inteligentní ľudia oddane slúžia Kṛṣṇovi a nemusia uctievať nepatrných polobohov kvôli nejakému okamžitému dočasnému zisku. Polobohovia a ich uctievači zaniknú so zánikom tohto hmotného sveta, a pretože dary polobohov sú materiálne, sú tiež pominuteľné. Hmotné vesmíry a ich obyvatelia, vrátane polobohov a tých, ktorí ich uctievajú, sú obyčajné bublinky v kozmickom oceáne. A predsa ľudia v tomto svete šalejú po dočasných veciach, po hmotnom bohatstve v podobe pôdy, života v dobre situovanej rodine, nehnuteľností a komerčného spotrebného tovaru. Aby získali tieto dočasné veci, uctievajú polobohov alebo mocných mužov ľudskej spoločnosti. Človek, ktorý získal ministerské kreslo vo vláde vďaka tomu, že uctieval politického vodcu, sa domnieva, že bol obdarovaný veľkou priazňou. Preto sa všetci plazia pred takzvanými vodcami alebo „veľkými zvieratami", aby získali dočasné výhody, a ich snaha vskutku nebýva márna. Títo hlupáci sa nezaujímajú o vedomie Kṛṣṇu, ktorým by vyriešili raz a navždy všetky súženia hmotného bytia. Všetci sa pachtia za zmyslovým pôžitkom a kvôli malej príležitosti k zmyslovému pôžitku sú ochotní uctievať splnomocnené živé bytosti, polobohov. Tento verš naznačuje, že ľudia sa zriedkakedy zaujímajú o láskyplnú oddanú službu Kṛṣṇovi. Najviac ich zaujíma zmyslový pôžitok, a preto uctievajú nejakú mocnú bytosť.

VERŠ 13

चातुर्वर्ण्यं मया सृष्टं गुणकर्मविभागशः ।
तस्य कर्तारमपि मां विद्ध्यकर्तारमव्ययम् ॥ १३ ॥

cātur-varṇyaṁ mayā sṛṣṭaṁ guṇa-karma-vibhāgaśaḥ
tasya kartāram api māṁ viddhy akartāram avyayam

cātuḥ-varṇyam — štyri triedy ľudskej spoločnosti; *mayā* — Mnou; *sṛṣṭam* — boli stvorené; *guṇa* — kvalita; *karma* — práce; *vibhāgaśaḥ* — podľa rozdelenia; *tasya* — toho; *kartāram* — stvoriteľ; *api* — hoci; *mām* — Ja; *viddhi* — vedz; *akartāram* — nečinný; *avyayam* — nepominuteľný.

Podľa troch kvalít hmotnej prírody a podľa činností im určených som stvoril v ľudskej spoločnosti štyri triedy. Hoci som stvoriteľom tohto zriadenia, mal by si vedieť, že som nečinný a nemenný.

VÝZNAM: Śrī Kṛṣṇa je stvoriteľom všetkého, čo jestvuje. Všetko sa rodí z Neho, všetko je Ním udržované a po zániku v Ňom všetko spočinie.

Je stvoriteľom štyroch spoločenských tried, z ktorých prvou je inteligencia — *brāhmaṇi* — keďže sa nachádzajú v kvalite dobra. Po nich nasledujú vládci, odborne zvaní *kśatriyovia*, pretože sú ovplyvnení kvalitou vášne. Obchodníci a remeselníci sa nazývajú *vaiśyovia* a sú ovplyvnení zmäsou kvalít vášne a nevedomosti, a pracujúca trieda alebo *śūdrovia* sú pod vplyvom kvality nevedomosti. Aj keď Śrī Kṛṣṇa stvoril štyri ľudské triedy, sám do žiadnej z nich nepatrí, pretože nie je podmienenou dušou, žijúcou v ľudskej spoločnosti. Ľudská spoločnosť sa podobá na akúkoľvek zvieraciu spoločnosť, ale aby Pán povýšil človeka nad zvieraciu úroveň, stvoril vyššie vymenované skupiny, aby ľudia mohli systematicky rozvíjať vedomie Kṛṣṇu.

Sklon človeka k vykonávaniu istej činnosti je určovaný hmotnými kvalitami, ktoré získal. Tieto životné príznaky určené kvalitami hmotnej prírody sú opísané v osemnástej kapitole tejto knihy. Človek vedomý si Kṛṣṇu však stojí nad *brāhmaṇmi*. O *brahmaṇoch* sa podľa kvality dobra predpokladá, že poznajú Najvyššiu Absolútnu Pravdu, ale väčšina z nich sa aj tak obracia len ku Kṛṣṇovmu neosobnému prejavu v podobe Brahmanu. No ten, kto sa povznesie nad také obmedzené *brāhmaṇské* poznanie a dosiahne poznanie o Najvyššej Božskej Osobnosti, Śrī Kṛṣṇovi, stane sa vedomým si Kṛṣṇu alebo *vaiṣṇavom*. Realizácia Kṛṣṇu zahŕňa vedomosti o všetkých Jeho rozličných neobmedzených podobách, ako Rāma, Nṛsiṁha, Varāha atď. Ako je Kṛṣṇa transcendentálny voči triednemu rozdeleniu ľudskej spoločnosti, tak je aj človek vedomý si Kṛṣṇu transcendentálny voči sociálnemu rozvrstveniu ľudskej spoločnosti, či už ide o obce, národy alebo rasy.

VERŠ 14

न मां कर्माणि लिम्पन्ति न मे कर्मफले स्पृहा ।
इति मां योऽभिजानाति कर्मभिर्न स बध्यते ॥ १४ ॥

na māṁ karmāṇi limpanti na me karma-phale spṛhā
iti māṁ yo 'bhijānāti karmabhir na sa badhyate

na — nikdy; *mām* — Mňa; *karmāṇi* — všetky druhy činností; *limpanti* — pôsobia; *na* — ani; *me* — Moje; *karma-phale* — plodonosné činy; *spṛhā* — túžim; *iti* — takto; *mām* — Mňa; *yaḥ* — ten, kto; *abhijānāti* — pozná; *kar-*

mabhiḥ—následky takej činnosti; *na*—nikdy; *saḥ*—on; *badhyate*—bude zapletený.

Činy Ma neovplyvňujú a netúžim ani po ich plodoch. A ten, kto chápe túto pravdu o Mne, sa tiež nezapletie do následkov činov.

VÝZNAM: Tak ako sú v hmotnom svete zákony, ktoré vravia, že kráľ nemôže konať nesprávne, respektíve, že naňho sa zákony nevzťahujú, tak aj Kṛṣṇa, hoci stvoril tento hmotný svet, nepodlieha vplyvu hmotných činností. Tvorí a zostáva nad stvorením povznesený, zatiaľ čo živé bytosti sú zapletené do následkov hmotných činov, pretože majú sklon ovládať materiálne zdroje. Majiteľ podniku nie je zodpovedný za správne či nesprávne správanie sa robotníkov; tí zodpovedajú sami za seba. Živé bytosti sa venujú rôznym činnostiam pre uspokojenie zmyslov, a toto ich konanie nie je stanovené Pánom. Zaoberajú sa svetskou činnosťou, aby zvýšili svoj zmyslový pôžitok, a po smrti sa snažia dosiahnuť nebeské šťastie, ale Boh, ktorý je úplný sám v Sebe, netúži po takzvanom nebeskom šťastí. Polobohovia sú iba Jeho služobníkmi a On celkom iste netúži po pôžitkoch, ktoré lákajú Jeho služobníkov. Pán je povznesený nad hmotné činy a ich následky. Napríklad dážď nie je nikdy zodpovedný za rozličné druhy vegetácie na Zemi, aj keď bez neho by nič nemohlo rásť. *Vedske* písma, *smṛti*, potvrdzujú túto skutočnosť slovami:

nimitta-mātram evāsau sṛjyānāṁ sarga-karmaṇi
pradhāna-kāraṇī-bhūtā yato vai sṛjya-śaktayaḥ

„Pán je najvyššou príčinou všetkého, čo sa nachádza v hmotnom vesmíre. Bezprostrednou príčinou je hmotná príroda, prostredníctvom ktorej sa vesmírne stvorenie stáva viditeľným.“ Všetky stvorené bytosti, ako polobohovia, ľudia a zvieratá, sú podriadené reakciám svojich predchádzajúcich dobrých a zlých činov. Pán im len dáva vhodné podmienky k činnostiam podľa kvalít hmotnej prírody, ale nenesie nikdy zodpovednosť za ich niekdajšie alebo súčasné činy. Táto Pánova nestrannosť je potvrdená vo *Vedānta-sūtre* (2.1.34): *vaiṣamya-nairghṛṇye na sāpekṣatvāt*. Živá bytosť je sama zodpovedná za svoje činy. Pán jej iba dáva možnosť konať prostredníctvom Svojej vonkajšej energie, hmotnej prírody. Toho, kto pozná všetky tajomstvá tohto zákona *karmy*, zákona o odplate činov, neovplyvňujú následky jeho činov. Inými slovami, ten, kto pozná Kṛṣṇovu transcendentálnu povahu a s láskou a oddanosťou Mu slúži, je pokročilý v duchovnom živote a nikdy nepodlieha zákonu *karmy*. Kto nepozná Kṛṣṇovu transcendentálnu povahu a myslí si, že Śrī Kṛṣṇa sa Svojím konaním usiluje o výsledky ako obyčajná živá bytosť, ten sa iste zapletie do následkov svojich hmotných činov. No ten, kto pozná Absolútnu Pravdu, je oslobodenou dušou, upevnenou vo vedomí Kṛṣṇu.

VERŠ 15

एवं ज्ञात्वा कृतं कर्म पूर्वैरपि मुमुक्षुभिः ।
कुरु कर्मैव तस्मात्त्वं पूर्वैः पूर्वतरं कृतम् ॥ १५ ॥

evaṁ jñātvā kṛtaṁ karma pūrvair api mumukṣubhiḥ
kuru karmaiva tasmāt tvaṁ pūrvaiḥ pūrvataraṁ kṛtam

evam — takto; *jñātvā* — dobre oboznámení; *kṛtam* — konali; *karma* — čin; *pūrvaiḥ* — dávne autority; *api* — vskutku; *mumukṣubhiḥ* — ktorí dosiahli vyslobodenie; *kuru* — len konaj; *karma* — predpísanú povinnosť; *eva* — istotne; *tasmāt* — preto; *tvam* — ty; *pūrvaiḥ* — predkovia; *pūrva-taram* — v dávnych dobách; *kṛtam* — ako ich konali.

S týmto vedomím o Mojej transcendentálnej prirodzenosti konali v dávnych dobách všetky oslobodené duše. Preto by si mal splniť svoju povinnosť, nasledujúc ich príklad.

VÝZNAM: Ľudia sa delia na dve skupiny. Jednu tvoria tí, ktorých srdcia sú plné nečistých hmotných vecí a druhú tí, ktorí sú od hmoty oslobodení. Vedomie Kṛṣṇu je prospešné pre obe skupiny. Tí, čo sú plní nečistých vecí, sa môžu očistiť nasledovaním usmerňujúcich zásad oddanej služby. Tí, čo sú už zbavení všetkej nečistoty, môžu pokračovať v oddanej službe Kṛṣṇovi, aby aj ostatní mohli nasledovať ich príklad. Hlúpi ľudia alebo začiatočníci vo vedomí Kṛṣṇu sa niekedy chcú vzdať všetkých činov bez toho, že by dosiahli poznanie vedy o Kṛṣṇovi. Pán nesúhlasil s Arjunovým prianím zanechať činnosť na bojisku. Je však treba vedieť, ako postupovať. Je oveľa lepšie láskyplne slúžiť Śrī Kṛṣṇovi, než vyhýbať sa oddanej službe a predstierať dokonalosť v duchovnom živote. Arjuna dostal radu, aby konal s mysľou upretou na Kṛṣṇu a kráčal v šľapajách Pánových žiakov, ako napríklad boha Slnka Vivasvāna, o ktorom sme sa už zmienili. Najvyšší Pán pozná všetky Svoje predchádzajúce činy a pozná aj činy tých, ktorí Mu oddane slúžili. Preto odporúča nasledovať príklad boha Slnka, ktorý sa tomuto umeniu naučil od Śrī Kṛṣṇu už pred niekoľkými miliónmi rokov. Všetci títo žiaci sú tu nazvaní „dávno oslobodenými dušami" a plnia si povinnosti, ktorými ich poveril Kṛṣṇa.

VERŠ 16

किं कर्म किमकर्मेति कवयोऽप्यत्र मोहिताः ।
तत्ते कर्म प्रवक्ष्यामि यज्ज्ञात्वा मोक्ष्यसेऽशुभात् ॥ १६ ॥

kiṁ karma kim akarmeti kavayo 'py atra mohitāḥ
tat te karma pravakṣyāmi yaj jñātvā mokṣyase 'śubhāt

kim — čo je; *karma* — čin; *kim* — čo je; *akarma* — nečin; *iti* — takto; *kavayaḥ* — inteligentný; *api* — tiež; *atra* — týmto; *mohitāḥ* — zmätení; *tat* — to; *te* — tebe; *karma* — čin; *pravakṣyāmi* — vysvetlím ti; *yat* — až to; *jñātvā* — pochopíš; *mokṣyase* — budeš oslobodený; *aśubhāt* — od zlého.

Dokonca aj múdri sú zmätení, keď majú rozhodnúť, čo je čin a čo nečin. Vysvetlím ti teraz, čo je čin, a až to pochopíš, budeš oslobodený od všetkého nešťastia.

VÝZNAM: Činy určené pre potešenie Kṛṣṇu treba vykonávať podľa vzoru veľkých oddaných; to sa odporúča v pätnástom verši. Prečo také činy nemajú byť nezávislé, bude vysvetlené v nasledujúcich veršoch.

Aby sme mohli konať s mysľou uprenou na Kṛṣṇu, musíme sa riadiť radami autorít, ktoré patria do učeníckej postupnosti, ako už bolo vysvetlené na začiatku tejto kapitoly. Náuka o vedomí Kṛṣṇu bola zjavená najskôr bohu Slnka a boh Slnka ju vysvetlil svojmu synovi Manuovi. Manu ju odovzdal svojmu synovi Ikṣvākuovi a tento systém sa od tých čias zachoval na Zemi až dodnes. Preto sa človek musí riadiť predchádzajúcimi autoritami, ktoré patria do postupnosti duchovných učiteľov. Bez ich pomoci by ani tí najmúdrejší ľudia nevedeli, ako si správne počínať vo vedomí Kṛṣṇu. Z tohto dôvodu sa Kṛṣṇa rozhodol, že Arjunu osobne poučí o oddanej službe. A keďže Arjuna dostal pokyny priamo od Kṛṣṇu, nemôže sa zmýliť nik, kto kráča v Jeho šľapajách.

Vraví sa, že človek nemôže pochopiť podstatu náboženstva pomocou nedokonalých experimentálnych poznatkov. Náboženské zásady môže v skutočnosti ustanoviť jedine samotný Boh. *Dharmaṁ tu sākṣād bhagavat-praṇītam* (*Śrīmad-Bhāgavatam* 6.3.19). Nik nemôže ustanoviť tieto zásady prostredníctvom obyčajnej špekulácie. Človek musí kráčať v šľapajách veľkých autorít, ako sú Brahmā, Śiva, Nārada, Manu, Kumārovia, Kapila, Prahlāda, Bhīṣma, Śukadeva Gosvāmī, Yamarāja, Janaka a Bali Mahārāja. Mentálnou špekuláciou sa nedá zistiť, čo je náboženstvo alebo sebarealizácia. Preto Kṛṣṇa samotný zo Svojej bezpríčinnej milosti k Svojím oddaným vysvetľuje Arjunovi, čo je čin a čo je nečin. Iba čin vykonaný s láskou a oddanosťou pre potešenie Kṛṣṇu môže človeka vyslobodiť zo zajatia hmotnej existencie.

VERŠ 17

कर्मणो ह्यपि बोद्धव्यं बोद्धव्यं च विकर्मणः ।
अकर्मणश्च बोद्धव्यं गहना कर्मणो गतिः ॥ १७ ॥

karmaṇo hy api boddhavyaṁ boddhavyaṁ ca vikarmaṇaḥ
akarmaṇaś ca boddhavyaṁ gahanā karmaṇo gatiḥ

karmaṇaḥ — činu; *hi* — istotne; *api* — tiež; *boddhavyam* — treba porozumieť; *boddhavyam* — byť porozumené; *ca* — tiež; *vikarmaṇaḥ* — zakázaný čin; *akarmaṇaḥ* — nečin; *ca* — tiež; *boddhavyam* — treba porozumieť; *gahanā* — veľmi ťažké; *karmaṇaḥ* — činu; *gatiḥ* — vstúpiť do.

Je veľmi ťažké porozumieť zložitosti činu. Preto treba dobre vedieť, čo je čin, čo je zakázaný čin a čo je nečin.

VÝZNAM: Ak sa chce človek naozaj vyslobodiť z hmotného otroctva, musí pochopiť rozdiel medzi činom, nečinom a prečinom (neautorizovaným činom). Pochopenie tohto rozdielu vyžaduje veľa pozornosti. Človek musí poznať svoj vzťah k Najvyššiemu, aby mohol rozoznať čin určený pre Kṛṣṇovo potešenie od činu vykonaného pod vplyvom troch kvalít hmotnej prírody. Kto sa toto naučil, vie dobre, že každá živá bytosť je Kṛṣṇovým večným služobníkom, takže si musí počínať tak, aby Ho potešila. Celá *Bhagavad-gīta* smeruje k tomuto záveru. Každý čin, ktorý je v úplnom protiklade k tomuto vedomiu, je *vikarma* alebo zakázaný čin. Aby sme tomu porozumeli, musíme sa stýkať s osobami plne si vedomými Kṛṣṇu a od nich sa naučiť chápať toto tajomstvo. Je to rovnako dobré, ako naučiť sa to priamo od Pána. Inak bude aj najmúdrejší človek zmätený.

VERŠ 18

कर्मण्यकर्म यः पश्येदकर्मणि च कर्म यः ।
स बुद्धिमान्मनुष्येषु स युक्तः कृत्स्नकर्मकृत् ॥ १८ ॥

karmaṇy akarma yaḥ paśyed akarmaṇi ca karma yaḥ
sa buddhimān manuṣyeṣu sa yuktaḥ kṛtsna-karma-kṛt

karmaṇi — v čine; *akarma* — nečin; *yaḥ* — ten, kto; *paśyet* — vidí; *akarmaṇi* — v nečine; *ca* — tiež; *karma* — plodný čin; *yaḥ* — ten, kto; *saḥ* — on; *buddhi-mān* — je inteligentný; *manuṣyeṣu* — v ľudskej spoločnosti; *saḥ* — on; *yuktaḥ* — nachádza sa v transcendentálnom postavení; *kṛtsna-karma-kṛt* — hoci vykonáva rôzne činy.

Ten, kto vidí nečin v čine a čin v nečine, je múdry medzi ľuďmi, a hoci vykonáva rôzne činy, nachádza sa v transcendentálnom postavení.

VÝZNAM: Človek konajúci s mysľou uprenou na Kṛṣṇu je automaticky vyslobodený z pút *karmy*. Všetky činy robí pre Kṛṣṇu, a preto neužíva ich výsledky, ani kvôli nim netrpí. Preto je múdry, aj keď je zapojený do všemožných činností určených pre Kṛṣṇu. Jeho činy sa nazývajú *akarma*, čo znamená, že neprinášajú žiadne hmotné následky. Impersonalisti sa zriekajú všetkých plodonosných činov zo strachu pred následkami, ktoré by mohli byť prekážkou v ich duchovnom pokroku. Personalista však pozná svoje skutočné postavenie večného služobníka Najvyššieho Pána, a preto Mu neváha oddane a s láskou slúžiť. Keďže všetko robí pre Kṛṣṇovo potešenie, prežíva pri vykonávaní oddanej služby transcendentálnu radosť.

Takí oddaní netúžia po osobnom zmyslovom pôžitku. Keď človek koná s vedomím, že je večným služobníkom Śrī Kṛṣṇu, je ochránený pred všetkými hmotnými následkami svojej práce.

VERŠ 19

यस्य सर्वे समारम्भाः कामसङ्कल्पवर्जिताः ।
ज्ञानाग्निदग्धकर्माणं तमाहुः पण्डितं बुधाः ॥ १९ ॥

yasya sarve samārambhāḥ kāma-saṅkalpa-varjitāḥ
jñānāgni-dagdha-karmāṇaṁ tam āhuḥ paṇḍitaṁ budhāḥ

yasya — ten, ktorého; *sarve* — všetko; *samārambhāḥ* — podnikanie; *kāma* — založené na zmyslovom pôžitku; *saṅkalpa* — odhodlanie; *varjitāḥ* — zbavené; *jñāna* — dokonalé poznanie; *agni* — oheň; *dagdha* — spálil; *karmāṇam* — ten, ktorého činy; *tam* — ho; *āhuḥ* — vravia; *paṇḍitam* — učení; *budhāḥ* — tí, ktorí vedia.

Človek, ktorého všetko úsilie je zbavené túžby po zmyslovom pôžitku, vlastní dokonalé poznanie. Učení vravia, že jeho plodonosnú činnosť spálil oheň dokonalého poznania.

VÝZNAM: Jedine človek s dokonalým poznaním môže pochopiť konanie človeka vedomého si Kṛṣṇu. Keďže človek vedomý si Kṛṣṇu je zbavený akéhokoľvek sklonu k zmyslovému pôžitku, musíme to chápať tak, že spálil následky svojich činov dokonalým poznaním o svojom postavení večného služobníka Najvyššej Božskej Osobnosti. Iba ten, kto dosiahol toto dokonalé poznanie, je naozaj múdry. Rozvoj poznania, že človek je večným služobníkom Pána, sa tu prirovnáva k ohňu, ktorý môže spáliť všetky následky predchádzajúcich činov.

VERŠ 20

त्यक्त्वा कर्मफलासङ्गं नित्यतृप्तो निराश्रयः ।
कर्मण्यभिप्रवृत्तोऽपि नैव किञ्चित्करोति सः ॥ २० ॥

tyaktvā karma-phalāsaṅgaṁ nitya-tṛpto nirāśrayaḥ
karmaṇy abhipravṛtto 'pi naiva kiñcit karoti saḥ

tyaktvā — zriekajúci sa; *karma-phala-āsaṅgam* — závislosť na plodoch činov; *nitya* — trvale; *tṛptaḥ* — je spokojný; *nirāśrayaḥ* — bez nejakého útočiska; *karmaṇi* — v čine; *abhipravṛttaḥ* — byť plne zamestnaný; *api* — aj keď; *na* — nie; *eva* — istotne; *kiñcit* — čokoľvek; *karoti* — robí; *saḥ* — on.

Taký človek sa zrieka všetkej pripútanosti k výsledkom svojich činov, je trvale spokojný a na nikom nezávisí, nekoná žiadnu plodonosnú prácu, aj keď je zamestnaný najrôznejšími projektami.

VÝZNAM: Oslobodiť sa od následkov činov sa dá len vtedy, keď človek robí všetko pre potešenie Kṛṣṇu. Človek vedomý si Kṛṣṇu koná z čistej lásky k Najvyššej Božskej Osobnosti, a preto ho nelákajú výsledky jeho činností. Nestará sa ani o svoju obživu, lebo všetko necháva na Kṛṣṇovi. Za ničím sa nenaháňa a nelipne na svojom majetku. Plní si svoje povinnosti, ako najlepšie vie, a ostatné necháva na Kṛṣṇovi. Taký človek je vždy zbavený všetkých dobrých i zlých následkov svojho konania. Je to ako keby nič nekonal. To sú príznaky *akarmy* alebo konania zbaveného jeho plodov. Hocijaký iný čin, vykonaný bez túžby potešiť Kṛṣṇu, konajúceho spútava, a to sa nazýva *vikarma*, ako už bolo predtým vysvetlené.

VERŠ 21

निराशीर्यतचित्तात्मा त्यक्तसर्वपरिग्रहः ।
शारीरं केवलं कर्म कुर्वन्नाप्नोति किल्बिषम् ॥ २१ ॥

nirāśīr yata-cittātmā tyakta-sarva-parigrahaḥ
śārīraṁ kevalaṁ karma kurvan nāpnoti kilbiṣam

nirāśīḥ — bez túžby po plodoch; *yata* — ovládnutou; *citta-ātmā* — mysľou a inteligenciou; *tyakta* — vzdať sa; *sarva* — všetkého; *parigrahaḥ* — vlastníckeho pocitu; *śārīram* — udržať telo a dušu pohromade; *kevalam* — len; *karma* — činnosť; *kurvan* — robí tak; *na* — nikdy; *āpnoti* — nadobudne; *kilbiṣam* — hriešne následky.

Taký rozumný človek koná s dokonale ovládnutou mysľou a inteligenciou, vzdáva sa každého vlastníckeho pocitu k svojmu majetku a pracuje len pre najnutnejšie životné potreby. Vďaka takému počínaniu ho neovplyvňujú následky za hriešnu činnosť.

VÝZNAM: Človek vedomý si Kṛṣṇu neočakáva za svoje činy dobré ani zlé výsledky. Jeho myseľ a inteligencia sú celkom pod kontrolou. Vie, že je neodlučiteľnou čiastočkou Najvyššieho Pána, a preto jeho úloha, ktorú ako neodlučiteľná časť celku hrá, nie je jeho vlastnou činnosťou, ale že to prostredníctvom neho koná Najvyšší. Všetko, čo sa deje, riadi Pán, tak ako sa ruka nepohne sama od seba, ale len v spolupráci s celým telom. Čistý oddaný je vždy spojený s najvyššou vôľou Pána, pretože netúži po uspokojovaní svojich zmyslov. Počína si ako časť stroja. Tak ako časť stroja treba udržiavať mazaním a čistením, tak aj človek vedomý si Kṛṣṇu udržiava vlastné telo, a to jedine kvôli tomu, aby mohol láskyplne slúžiť Kṛṣṇovi. Preto je imúnny voči všetkým reakciám za svoju snahu. Dokonca ani svoje telo nepovažuje za svoj majetok, podobne ako zviera, ktoré nemá ozajstnú nezávislosť a neprotestuje, keď sa ho jeho krutý majiteľ rozhodne zabiť. Človek vedomý si Kṛṣṇu, ktorý je plne zamestnaný sebarealizáciou, má málo času na to, aby presadzoval nejaké falošné vlastnícke nároky na určitý hmotný predmet. Aby udržal dušu a telo pohromade, nemusí konať nečestne kvôli získaniu peňazí. Preto nie je znečistený takými hmotnými hriechmi a je oslobodený od všetkých následkov svojich činov.

VERŠ 22

यदृच्छालाभसन्तुष्टो द्वन्द्वातीतो विमत्सरः ।
समः सिद्धावसिद्धौ च कृत्वापि न निबध्यते ॥ २२ ॥

yadṛcchā-lābha-santuṣṭo dvandvātīto vimatsaraḥ
samaḥ siddhāv asiddhau ca kṛtvāpi na nibadhyate

yadṛcchā — samo od seba; *lābha* — so ziskom; *santuṣṭaḥ* — spokojný; *dvandva* — duality; *atītaḥ* — prekonal; *vimatsaraḥ* — zbavený závisti; *samaḥ* — nemenný; *siddhau* — pri úspechu; *asiddhau* — neúspechu; *ca* — tiež; *kṛtvā* — koná; *api* — aj keď; *na* — nikdy; *nibadhyate* — pútaný.

Uspokojí sa so všetkým, čo príde samo od seba, je zbavený dualít, nikomu nezávidí a je rovnako pokojný pri úspechu i nezdare. Preto nie je nikdy zapletený, aj keď koná činy.

VÝZNAM: Človek vedomý si Kṛṣṇu sa príliš nenamáha s udržovaním tela pri živote. Je spokojný s tým, čo príde samo od seba. Nežobre, ani si nepožičiava, ale poctivo pracuje, ako najlepšie vie, a je spokojný so všetkým, čo získa svojou poctivou prácou. Preto nie je závislý, pokiaľ ide o obživu. Nepríjme službu nijakému človeku, ktorá by bránila jeho vlastnej službe, rozvíjania vedomia Kṛṣṇu. V službe Kṛṣṇovi môže robiť hocičo, a pritom nebyť ovplyvnený dualitami hmotného sveta. Tie môžeme vnímať v podobe tepla a zimy alebo šťastia a nešťastia. Človek vedomý si Kṛṣṇu, je nad tieto protiklady povznesený, lebo nikdy neváha urobiť čokoľvek, len aby potešil Kṛṣṇu. Preto sa nemení ani pri úspechu, ani pri neúspechu. Tieto príznaky sú zreteľné na človeku, ktorý dosiahol úplné transcendentálne poznanie.

VERŠ 23

गतसङ्गस्य मुक्तस्य ज्ञानावस्थितचेतसः ।
यज्ञायाचरतः कर्म समग्रं प्रविलीयते ॥ २३ ॥

gata-saṅgasya muktasya jñānāvasthita-cetasaḥ
yajñāyācarataḥ karma samagraṁ pravilīyate

gata-saṅgasya — toho, kto nie je spútaný kvalitami hmotnej prírody; *muktasya* — oslobodený; *jñāna-avasthita* — umiestnený v transcendencii; *cetasaḥ* — ktorého múdrosť; *yajñāya* — pre Yajñu (Kṛṣṇu); *ācarataḥ* — koná; *karma* — činnosť; *samagram* — úplne; *pravilīyate* — celkom sa rozplynú.

Činy človeka, ktorý nie je spútaný kvalitami hmotnej prírody a ktorého myslenie plne spočíva v transcendentálnom poznaní, sa celkom rozplynú v transcendencii.

VÝZNAM: Keď si je človek plne vedomý Kṛṣṇu, je zbavený všetkých dualít, vďaka čomu sa vyslobodzuje zo znečistenia tromi kvalitami hmotnej prírody. Môže sa vyslobodiť, pretože pozná svoje večné postavenie vo vzťahu ku Kṛṣṇovi a jeho myseľ sa od tohto vedomia nemôže odchýliť. Všetko, čo robí, robí pre Kṛṣṇu, ktorý je pôvodným Viṣṇuom. Všetky jeho činy sú teda obeťou, lebo obeť je určená na uspokojenie Najvyššej Osobnosti, Viṣṇua, Śrī Kṛṣṇu. Výsledky každej takej činnosti sa istotne rozplynú v transcendencii a človeka viac netrápia hmotné následky.

VERŠ 24

ब्रह्मार्पणं ब्रह्म हविर्ब्रह्माग्नौ ब्रह्मणा हुतम् ।
ब्रह्मैव तेन गन्तव्यं ब्रह्मकर्मसमाधिना ॥ २४ ॥

brahmārpaṇaṁ brahma havir brahmāgnau brahmaṇā hutam
brahmaiva tena gantavyaṁ brahma-karma-samādhinā

brahma — duchovná povaha; *arpaṇam* — príspevok; *brahma* — Najvyšší; *haviḥ* — maslo; *brahma* — duchovný; *agnau* — v obetnom ohni; *brahmaṇā* — dušou; *hutam* — obetované; *brahma* — duchovné kráľovstvo; *eva* — iste; *tena* — ním; *gantavyam* — dosiahnuté; *brahma* — duchovné; *karma* — aktivity; *samādhinā* — úplným pohrúžením.

Človek, ktorý je úplne pohrúžený vo vedomí Kṛṣṇu, iste dosiahne duchovné kráľovstvo, lebo sa dokonale podieľa na duchovných činnostiach, v ktorých obeť a obetný dar majú rovnakú absolútnu duchovnú povahu.

VÝZNAM: Tu je opísané, ako môžu činnosti konané s mysľou uprenou na Kṛṣṇu viesť k duchovnému cieľu. Je veľa rôznych činností určených na uspokojenie Kṛṣṇu a všetky budú opísané v ďalších veršoch. V tomto verši je opísaná zásada vedomia Kṛṣṇu. Podmienená duša znečistená hmotou musí konať v hmotnom prostredí a zároveň sa musí z tohto prostredia vyslobodiť. Oddaná služba Kṛṣṇovi je metóda, pomocou ktorej sa podmienená duša môže dostať z hmotnej atmosféry. Človek trpiaci žalúdočnými ťažkosťami, ktoré mu spôsobilo nadmerné požívanie mliečnych výrobkov, sa vylieči iným mliečnym výrobkom, tvarohom. Podmienená duša, upútaná hmotou, sa môže podobne vyliečiť vedomím Kṛṣṇu, tak ako je to vysvetlené tu v *Gīte*. Táto metóda sa nazýva *yajña*, činy (obete) konané pre uspokojenie Viṣṇua alebo Kṛṣṇu. Čím viac činov vykonáme v hmotnom svete pre Kṛṣṇovo potešenie, tým viac celá atmosféra zduchovnie.

Slovo *brahma* znamená duchovný. Pán je duchovný, tak ako žiara emanujúca z Jeho transcendentálneho tela, nazývaná *brahmajyoti.* Všetko, čo jestvuje, sa nachádza v *brahmajyoti.* Keď je *jyoti* pokryté ilúziou, *māyou* alebo zmyslovým pôžitkom, nazýva sa to hmota. Tento hmotný závoj sa dá okamžite odstrániť oddanou službou pre potešenie Kṛṣṇu. Takže obeť v záujme vedomia Kṛṣṇu, obetovanie, príjemca obete, kňaz konajúci obeť a výsledok obete sú všetko spoločne Brahman alebo Absolútna Pravda. Absolútna Pravda pokrytá *māyou* sa volá hmota. Ak sa však hmota použije v službe Absolútnej Pravde, získa znovu svoju duchovnú kvalitu. Vedomie Kṛṣṇu je proces, prostredníctvom ktorého sa naše terajšie vedomie zahalené ilúziou obráti k Brahmanu alebo k Najvyššiemu. Keď je myseľ plne pohrúžená v myšlienkach na Kṛṣṇu, vraví sa, že je v *samādhi* alebo v tranze. Všetko, čo je robené s takýmto transcendentálnym vedomím, sa nazýva *yajña* alebo obeť Absolútnemu. V tomto stave duchovného vedomia sa ten, kto prináša obeť, samotná obeť, príjemca obete, ten, kto obeť vykonáva a výsledok alebo konečný zisk stotožňujú s Absolútnym Najvyšším Brahmanom. To je spôsob, ako si byť vedomý Kṛṣṇu.

VERŠ 25

दैवमेवापरे यज्ञं योगिनः पर्युपासते ।
ब्रह्माग्नावपरे यज्ञं यज्ञेनैवोपजुह्वति ॥ २५ ॥

daivam evāpare yajñaṁ yoginaḥ paryupāsate
brahmāgnāv apare yajñaṁ yajñenaivopajuhvati

daivam — uctievaním polobohov; *eva* — takto; *apare* — niektorí; *yajñam* — obete; *yoginaḥ* — yogīni; *paryupāsate* — dokonale uctievajú; *brahma* — Absolútnu Pravdu; *agnau* — v ohni; *apare* — iní; *yajñam* — obeť; *yajñena* — obete; *eva* — takto; *upajuhvati* — obetujú.

Niektorí yogīni dokonale uctievajú polobohov prinášaním rôznych obetí a iní prinášajú obete v ohni Najvyššieho Brahmanu.

VÝZNAM: Ako už bolo povedané, človek, ktorý vykonáva povinnosti pre potešenie Kṛṣṇu, je dokonalým *yogīnom* a prvotriednym mystikom.

Sú však aj takí, ktorí vykonávajú podobné obete pri uctievaní polobohov, a ďalší, ktorí prinášajú obete Najvyššiemu Brahmanu alebo neosobnému aspektu Najvyššieho Pána. Rozličné druhy obetí sa odlišujú podľa toho, komu sa obeta prináša. Ozajstná obeť však znamená uspokojiť Najvyššieho Pána, Viṣṇua, ktorý sa tiež volá Yajña. Všetky obete možno rozdeliť do dvoch hlavných skupín: obete kvôli získaniu hmotného majetku a obete určené na dosiahnutie transcendentálneho poznania. Ľudia vedomí si Kṛṣṇu, obetujú celé hmotné vlastníctvo pre potešenie Najvyššieho Pána, zatiaľ čo tí, ktorí túžia po dočasnom hmotnom šťastí, obetujú svoj hmotný majetok, aby uspokojili polobohov, ako Indra, Vivasvān atď. Impersonalisti obetujú svoju totožnosť tým, že splynú s existenciou neosobného Brahmanu. Polobohovia sú mocné bytosti, ktoré Najvyšší Pán poveril kontrolou a udržiavaním všetkých hmotných činností vesmíru, napríklad zásobovaním teplom, vodou a svetlom. Ľudia, ktorí bažia po hmotnom úspechu, uctievajú polobohov rôznymi obeťami podľa pokynov *Ved*. Taký človek sa volá *bahv-īśvara-vādī,* čo znamená, že verí v množstvo bohov. Ale tí, ktorí uctievajú neosobný aspekt Absolútnej Pravdy a považujú podobu polobohov za dočasnú, obetujú svoju individualitu v ohni Najvyššieho Brahmanu, a tak ukončia svoje individuálne bytie splynutím s Najvyšším. Impersonalisti obetujú svoj čas filozofickej špekulácii, aby porozumeli transcendentálnej povahe Najvyššieho. Jednoducho povedané človek, ktorý dychtí po plodoch svojej práce, obetuje hmotný majetok, aby zvýšil svoj hmotný pôžitok, zatiaľ čo impersonalista obetuje svoju hmotnú identitu za účelom splynutia s existenciou Najvyššieho. Obetný oheň je pre impersonalistov Najvyšším Brahmanom a obeťou je ich individualita, ktorú pohltí oheň Brahmanu. Človek vedomý si Kṛṣṇu, napríklad Arjuna, obetuje svoj majetok i seba samého, aby potešil Kṛṣṇu; nikdy však nestratí svoju individualitu. Taký človek je najdokonalejším *yogīnom*.

VERŠ 26

श्रोत्रादीनीन्द्रियाण्यन्ये संयमाग्निषु जुह्वति ।
शब्दादीन्विषयानन्य इन्द्रियाग्निषु जुह्वति ॥ २६ ॥

śrotrādīnīndriyāṇy anye saṁyamāgniṣu juhvati
śabdādīn viṣayān anya indriyāgniṣu juhvati

śrotra-ādīni — proces načúvania; *indriyāṇi* — zmysly; *anye* — iní; *saṁyama* — zdržanlivosťou; *agniṣu* — v ohni; *juhvati* — obetujú; *śabda-ādīn* — zvukovú vibráciu; *viṣayān* — predmety zmyslového pôžitku; *anye* — iní; *indriya* — zmyslových orgánov; *agniṣu* — v ohni; *juhvati* — obetujú.

Niektorí (čistí brahmacārīni) obetujú sluch a zmysly v ohni ovládnutej mysle a iní (usmernení hospodári) obetujú zmyslové predmety v ohni zmyslov.

VÝZNAM: Štyri štádiá ľudského života — *brahmacārī, gṛhastha, vānaprastha* a *sannyāsī* — sú na to, aby pomohli ľuďom stať sa dokonalými *yogīnmi* alebo transcendentalistami. Zmyslom ľudského života je dosiahnuť duchovnú dokonalosť, nie vyhľadávať zmyslový pôžitok, ako to robia zvieratá. Preto je ľudský život rozdelený na štyri štádiá tak, aby mu pomohli na ceste k dokonalosti duchovného života.

Brahmacārī alebo žiak pod ochranou duchovného učiteľa ovláda svoju myseľ tak, že sa zrieka zmyslového pôžitku. *Brahmacārī* počúva iba reč, ktorá pojednáva o Śrī Kṛṣṇovi. Načúvanie je základom porozumenia, a preto sa čistý *brahmacārī* venuje iba ospevovaniu a načúvaniu slov o Pánovej vznešenosti: *harer nāmānukīrtanam.* Vyhýba sa všetkým hmotným zvukovým vibráciám a je zaujatý spievaním transcendentálnej vibrácie *Hare Kṛṣṇa, Hare Kṛṣṇa.*

Hospodári, ktorým je do určitej miery dovolené uspokojovať zmysly, tak zasa činia s veľkou zdržanlivosťou. Sklony k sexu, k oddávaniu sa omamným látkam a k požívaniu mäsa sú v ľudskej spoločnosti bežné, ale *gṛhastha* žijúci regulovaným životom sa neoddáva neobmedzenému pohlavnému styku a iným zmyslovým pôžitkom. Preto jestvuje manželstvo založené na náboženských zásadách vo všetkých civilizovaných ľudských spoločnostiach, lebo to je spôsob, ako obmedziť pohlavný život. Obmedzený sexuálny život je tiež určitým druhom *yajñe*, pretože *gṛhastha* obetuje svoj sklon k zmyslovému pôžitku pre pokrok v duchovnom živote.

VERŠ 27

सर्वाणीन्द्रियकर्माणि प्राणकर्माणि चापरे ।
आत्मसंयमयोगाग्नौ जुह्वति ज्ञानदीपिते ॥ २७ ॥

sarvāṇīndriya-karmāṇi prāṇa-karmāṇi cāpare
ātma-saṁyama-yogāgnau juhvati jñāna-dīpite

sarvāṇi — všetky; *indriya* — zmysly; *karmāṇi* — činnosti; *prāṇa-karmāṇi* — činnosti životného dychu; *ca* — tiež; *apare* — iní; *ātma-saṁyama* — ovládanie mysle; *yoga* — spôsob spojenia; *agnau* — v ohni; *juhvati* — obetujú; *jñāna-dīpite* — v túžbe po sebarealizácii.

Ďalší, ktorí sa usilujú o sebarealizáciu ovládaním mysle a zmyslov, obetujú činy všetkých svojich zmyslov a životného dychu v ohni ovládnutej mysle.

VÝZNAM: Tu je zmienka o systéme *yogy*, ktorý založil Patañjali. V jeho *Yoga-sūtre* je duša označená ako *pratyag-ātmā* a *parāg-ātmā*. Dovtedy, kým je duša pripútaná k zmyslovému pôžitku, volá sa *parāg-ātmā*; len čo sa však zbaví túžby po hmotnom pôžitku, nazýva sa *pratyag-ātmā*. Na dušu, nachádzajúcu sa v hmotnom tele, pôsobí desať druhov vzduchu, ktoré sa dajú ovplyvniť dychovými cvičeniami. Patañjali učí, ako možno činnosť vzduchu v tele technicky ovládať, aby sa všetky jeho funkcie napokon dali použiť na očistenie duše od hmotných pút. Podľa tohto systému *yogy* je *pratyag-ātmā* konečným cieľom alebo koncom všetkých hmotných činností. Funkciou jedného z týchto desiatich druhov vzduchu, presnejšie *prāṇa-vāyu*, je interakcia zmyslov a zmyslových predmetov. *Prāṇa-vāyu* umožňuje uchu počuť, oku vidieť, nosu čuchať, jazyku ochutnávať a ruke cítiť dotyk a všetky tieto zmysly sa angažujú v činoch mimo vlastného „ja". *Apāna-vāyu* prúdi dole, *vyāna-vāyu* pôsobí na zmenšovanie a zväčšovanie, *samāna-vāyu* reguluje rovnováhu a *udāna-vāyu* prúdi hore. Keď je človek osvietený poznaním, všetky ich zapojí do hľadania duchovnej realizácie.

VERŠ 28

द्रव्ययज्ञास्तपोयज्ञा योगयज्ञास्तथापरे ।
स्वाध्यायज्ञानयज्ञाश्च यतयः संशितव्रताः ॥ २८ ॥

dravya-yajñās tapo-yajñā yoga-yajñās tathāpare
svādhyāya-jñāna-yajñāś ca yatayaḥ saṁśita-vratāḥ

dravya-yajñāḥ—obetovanie svojho majetku; *tapaḥ-yajñāḥ*—obeť odriekaním; *yoga-yajñāḥ*—obeť osemstupňovou *yogou*; *tathā*—tak; *apare*—iní; *svādhyāya*—obeť štúdovaním *Ved*; *jñāna-yajñāḥ*—obeť rozvíjaním transcendentálneho poznania; *ca*—tiež; *yatayaḥ*—osvietení ľudia; *saṁśita-vratāḥ*—zložili prísne sľuby.

Niektorí sú osvietení obetovaním svojho hmotného majetku, skladajúc prísne sľuby, a iní podstupujú ťažké odriekanie dodržiavaním osemstupňovej yogy alebo štúdiom Ved, aby dosiahli transcendentálne poznanie.

VÝZNAM: Obete môžeme rozdeliť do rôznych skupín. Niektorí ľudia obetujú svoj majetok v podobe rôznych dobročinných skutkov. V Indii zakladajú bohatí obchodníci a princovia dobročinné ústavy, ako *dharma-śālā, anna-kṣetra, atithi-śālā, anāthālaya* a *vidyā-pīṭha.* Aj v iných krajinách sa zriaďuje veľa nemocníc, domovov pre dôchodcov a podobných dobročinných zariadení, ktoré chudobným ponúkajú jedlo, vzdelanie a lekársku starostlivosť zadarmo. Všetky takéto dobročinné skutky sa nazývajú *dravyamaya-yajña.* Sú aj takí, ktorí sa dobrovoľne podrobujú rôznym druhom sebadisciplíny, ako *candrāyaṇa* a *cāturmāsya*, aby zlepšili svoje životné podmienky alebo aby sa povýšili na vyššie planéty vo vesmíre. Tieto procesy obsahujú posvätný sľub žiť podľa určitých prísnych pravidiel. Kto chce dodržiavať zásady *cāturmāsye*, nesmie sa napríklad štyri mesiace holiť (od júla do októbra), jesť niektoré jedlá, jesť viac než raz denne a nesmie opustiť domov. Obeť, pri ktorej sa obetuje životné pohodlie, sa volá *tapomaya-yajña.* Sú aj takí, ktorí sa zaoberajú rôznymi druhmi mystickej *yogy*, ako je napríklad Patañjaliho systém, ktorého cieľom je splynúť s Absolútnym alebo získať nadprirodzené sily (*haṭha-yoga, aṣṭāṅga-yoga*). Niektorí cestujú na posvätné pútne miesta. Všetky tieto činnosti sa nazývajú *yoga-yajña*, obete zamerané na dosiahnutie istého druhu dokonalosti v hmotnom svete. Ďalší sa zas zamestnávajú štúdiom védskych písiem, hlavne *Upaniṣad* a *Vedānta-sūtier* alebo filozofie sāṅkhye. To sa volá *svādhyāya-yajña* alebo obeta štúdiom. Všetci títo *yogīni* vykonávajú rôzne druhy obetí, aby dosiahli vyššiu životnú úroveň. No oddaný, ktorý sa venuje *bhakti-yoge*, všetkých prekoná, lebo slúži Śrī Kṛṣṇovi. Vedomie Kṛṣṇu sa nedá dosiahnuť prostredníctvom žiadneho z menovaných obetných postupov, ale iba milosťou Pána alebo Jeho čistého oddaného. Preto je vedomie Kṛṣṇu transcendentálne.

VERŠ 29

अपाने जुह्वति प्राणं प्राणेऽपानं तथापरे ।
प्राणापानगती रुद्ध्वा प्राणायामपरायणाः ।
अपरे नियताहाराः प्राणान्प्राणेषु जुह्वति ॥ २९ ॥

apāne juhvati prāṇaṁ prāṇe 'pānaṁ tathāpare
prāṇāpāna-gatī ruddhvā prāṇāyāma-parāyaṇāḥ

apāne — vzduch, ktorý pôsobí smerom dole; *juhvati* — obetujú; *prāṇam* — vzduch, ktorý pôsobí smerom von; *prāṇe* — vo vzduchu, ktorý prúdi von; *apānam* — vzduch, ktorý prúdi dole; *tathā* — ako tiež; *apare* — iní; *prāṇa* — vzduch, ktorý prúdi von; *apāna* — vzduch, ktorý prúdi dole; *gatī* — pohyb; *ruddhvā* — zastaviť; *prāṇa-āyāma* — tranz spôsobený úplným zastavením dýchania; *parāyaṇāḥ* — oddávajúc sa; *apare* — iní; *niyata* — ovládli; *āhārāḥ* — jedenie; *prāṇān* — vychádzajúci vzduch; *prāṇeṣu* — vo vychádzajúcom vzduchu; *juhvati* — obetujú.

Sú aj takí, ktorí sa oddávajú kontrole dýchania a obetujú výdych vdychu a vdych výdychu, aby tak napokon úplne zastavili dýchanie a zotrvali vo vnútornom tranze. A iní obmedzujú potravu a obetujú samotný výdych ako obeť.

VÝZNAM: Tento spôsob *yogy*, ktorého cieľom je ovládnutie dychu, sa volá *prāṇāyāma* a spočiatku sa robí v *haṭha-yoge* v rôznych polohách tela. Všetky tieto *yogové* cvičenia sa používajú na ovládanie zmyslov a pre pokrok na ceste k duchovnej realizácii. Vďaka nim dokáže človek ovládať vzduchové prúdy v tele tak, že obráti ich smer prúdenia. Napríklad *apāna* prúdi dole a vzduch *prāṇa* hore. *Prāṇāyāma-yogīn* cvičí dýchanie v opačnom smere, kým sa prúdy vzduchu neutralizujú do stavu rovnováhy — *pūraka*. Obetovanie výdychu v nádychu sa nazýva *recaka*. Keď sa prúdenie celkom zastaví, nazýva sa to *kumbhaka-yoga*. Vykonávaním *kumbhaka-yogy* si *yogīn* predlžuje život o mnoho rokov, aby dosiahol dokonalosť duchovnej realizácie. Inteligentný *yogīn* sa snaží dosiahnuť dokonalosť v jednom živote a nečaká na ďalší.

Človek vedomý si Kṛṣṇu sa však automaticky stáva pánom svojich zmyslov, pretože sa neprestajne odovzdáva láskyplnej transcendentálnej službe Pánovi. Keďže jeho zmysly sú vždy zamestnané v službe Kṛṣṇovi, nemajú možnosť zaoberať sa niečím iným. Takže oddaný sa na konci života prirodzene premiestni do duchovného sveta, do Kṛṣṇovej spoločnosti, a preto sa nesnaží predĺžiť si život. Okamžite sa dostane na úroveň vyslobodenia, ako sa hovorí v *Bhagavad-gīte* (14.26):

māṁ ca yo 'vyabhicāreṇa bhakti-yogena sevate
sa guṇān samatītyaitān brahma-bhūyāya kalpate

„Človek, ktorý s čistou oddanosťou slúži Pánovi, transcenduje kvality hmotnej prírody a ihneď sa povznesie na duchovnú úroveň." Oddaný koná už od začiatku na transcendentálnej úrovni a s týmto vedomím si plní predpísané povinnosti. Preto nikdy nezhreší a nakoniec nepochybne vstúpi do Kṛṣṇovho sídla.

V tomto verši sa tiež píše o dôležitosti obmedzovania potravy, ktoré prebieha automaticky, keď človek prijíma iba *kṛṣṇa-prasādam*, posvätné jedlo, ktoré bolo obetované Kṛṣṇovi. Obmedzenie jedenia pomáha pri ovládaní zmyslov. Ak človek neovláda svoje zmysly, nemá možnosť dostať sa z hmotného zapletenia.

VERŠ 30

सर्वेऽप्येते यज्ञविदो यज्ञक्षपितकल्मषाः ।
यज्ञशिष्टामृतभुजो यान्ति ब्रह्म सनातनम् ॥ ३० ॥

sarve 'py ete yajña-vido yajña-kṣapita-kalmaṣāḥ
yajña-śiṣṭāmṛta-bhujo yānti brahma sanātanam

sarve — všetci; *api* — aj keď na prvý pohľad rozličné; *ete* — títo; *yajña-vidaḥ* — poznajúci účel vykonávania obetí; *yajña-kṣapita* — očisťujú sa následkami takých činov; *kalmaṣāḥ* — za hriešne činy; *yajña-śiṣṭa* — ako následok takého vykonávania obetí; *amṛta-bhujaḥ* — tí, čo okúsili taký nektár; *yānti* — dosiahnu; *brahma* — najvyššie; *sanātanam* — večná atmosféra.

Všetci tí, čo poznajú účel obetí, sa očistia od následkov hriešnych činov, a keď ochutnajú nektár z výsledkov obetí, povýšia sa do zvrchovanej, večnej existencie.

VÝZNAM: Z predchádzajúceho opisu rozličných druhov obetí, akými sú obetovanie majetku, štúdium *Ved* alebo rôznych filozofických doktrín a vykonávanie *yogy*, vidíme, že ich spoločným cieľom je ovládnuť zmysly. Keďže horlivá túžba po užívaní zmyslov je hlavnou príčinou našej hmotnej existencie, nemôžeme dosiahnuť večný život plný poznania a blaženosti, kým sa jej nezbavíme. Táto úroveň sa nachádza vo večnej existencii — atmosfére Brahmanu. Všetky vyššie zmienené obete nám pomáhajú očistiť sa od následkov hriešneho konania. Vďaka takému počínaniu sa človek už v tomto živote stane šťastným a bohatým, a navyše na konci života vstúpi do večného Božieho kráľovstva ako dôverný spoločník Najvyššej Božskej Osobnosti, alebo splynie s neosobným Brahmanom.

VERŠ 31

नायं लोकोऽस्त्ययज्ञस्य कुतोऽन्यः कुरुसत्तम ॥ ३१ ॥

nāyaṁ loko 'sty ayajñasya kuto 'nyaḥ kuru-sattama

na — nikdy; *ayam* — táto; *lokaḥ* — planéta; *asti* — je; *ayajñasya* — kto neobetuje; *kutaḥ* — kde je; *anyaḥ* — iný; *kuru-sat-tama* — ó, najlepší z Kuruovcov.

Ó, najlepší z Kuruovcov, bez obety nemôže nikto žiť šťastne ani na tejto planéte alebo v tomto živote, nieto ešte v ďalšom.

VÝZNAM: Nech už sa človek nachádza v akýchkoľvek podmienkach hmotnej existencie, nikdy nepozná svoje skutočné postavenie. Inými slovami, následky našich hriešnych životov sú príčinou našej existencie v hmotnom svete. Nevedomosť je príčinou hriešneho života a hriešny život spôsobuje pokračovanie hmotného bytia. Ľudské telo je jediným prostriedkom, ktorým sa možno dostať z hmotného otroctva. *Vedy* nás preto učia, ako uniknúť z hmotného zajatia, a predkladajú nám rôzne cesty náboženstva, ekonomického zabezpečenia, usmerneného zmyslového pôžitku a napokon i spôsob, ako sa celkom dostať z tejto úbohej situácie. Cesta náboženstva, vykonávanie rôznych, vyššie spomenutých obetí, rieši naše ekonomické problémy automaticky. Vykonávaním *yajñe* si zabezpečíme dostatok potravy nevyhnutnej pre život (mlieko, obilniny, ovocie, zeleninu atď.), a to aj napriek takzvanému preľudneniu. Keď sa nasýti žalúdok, celkom prirodzene nasleduje túžba uspokojiť zmysly. Pre usmernenie zmyslového pôžitku *Vedy* predpisujú posvätné manželstvo. Takto sa človek postupne vyslobodzuje z hmotného otroctva a najvyššou dokonalosťou oslobodeného človeka je vrátiť sa do večnej spoločnosti Najvyššieho Pána.

Dokonalosť sa teda dosahuje vykonávaním *yajñe* (obete). Keď človek nemá sklon vykonávať *yajñu* podľa *Ved*, ako môže očakávať šťastný život v tomto tele, nieto ešte v inom, či na inej planéte? Sú rozličné stupne hmotného blahobytu na rôznych nebeských planétach a tých, ktorí robia obete, čaká nesmierne šťastie. No najvyššie šťastie, aké možno dosiahnuť, je povýšiť sa na duchovné planéty vďaka láskyplnej oddanej službe Kṛṣṇovi. Keď je stredobodom našich činností Kṛṣṇa, vyriešia sa všetky problémy hmotného bytia.

VERŠ 32

एवं बहुविधा यज्ञा वितता ब्रह्मणो मुखे ।
कर्मजान्विद्धि तान्सर्वानेवं ज्ञात्वा विमोक्ष्यसे ॥ ३२ ॥

evaṁ bahu-vidhā yajñā vitatā brahmaṇo mukhe
karma-jān viddhi tān sarvān evaṁ jñātvā vimokṣyase

evam — takto; *bahu-vidhāḥ* — rôzne druhy; *yajñāḥ* — obetí; *vitatāḥ* — šírené; *brahmaṇaḥ* — *Vedami*; *mukhe* — ústami; *karma-jān* — zrodené z činov; *viddhi* — vedz; *tān* — ich; *sarvān* — všetky; *evam* — takto; *jñātvā* — spoznáš; *vimokṣyase* — budeš oslobodený.

Všetky tieto rôzne druhy obetí schvaľujú Vedy a všetky sa zrodili z rôznych činov. Keď im takto porozumieš, vyslobodíš sa.

VÝZNAM: Ako sme už povedali, *Vedy* odporúčajú rôzne obete pre rozličných ľudí. Keďže ľudia sú pohrúžení do telesného poňatia života, tieto obete sú prispôsobené tak, aby ich človek mohol vykonávať telom, mysľou alebo inteligenciou. Konečným cieľom všetkých obetí je vyslobodiť človeka z telesného zajatia. Śrī Kṛṣṇa to potvrdzuje vlastnými slovami.

VERŠ 33

श्रेयान्द्रव्यमयाद्यज्ञाज्ज्ञानयज्ञः परन्तप ।
सर्वं कर्माखिलं पार्थ ज्ञाने परिसमाप्यते ॥ ३३ ॥

śreyān dravya-mayād yajñāj jñāna-yajñaḥ parantapa
sarvaṁ karmākhilaṁ pārtha jñāne parisamāpyate

śreyān — lepšie; *dravya-mayāt* — hmotného majetku; *yajñāt* — než obeť; *jñāna-yajñaḥ* — obeť s poznaním; *parantapa* — ó, hubiteľ nepriateľov; *sarvam* — všetky; *karma* — činy; *akhilam* — všetky; *pārtha* — ó, syn Pṛthy; *jñāne* — v poznaní; *parisamāpyate* — vrcholia.

Ó, hubiteľ nepriateľov, obeť konaná s poznaním je lepšia než obeť hmotného majetku, pretože všetky činy, ó, syn Pṛthy, i tak napokon vrcholia v transcendentálnom poznaní.

VÝZNAM: Účelom všetkých obetí je dosiahnuť stav dokonalého poznania, vymaniť sa z hmotného utrpenia a nakoniec sa zapojiť do transcendentálnej láskyplnej služby Śrī Kṛṣṇovi. Za obeťami sa však skrýva isté tajomstvo, ktoré by mal človek poznať. Obete sa niekedy prejavujú v rôznych podobách, a to podľa viery obetujúceho. Obetujúceho, ktorého viera dosiahla štádium transcendentálneho poznania, treba považovať za pokročilejšieho než toho, kto obetuje iba hmotný majetok a nemá také poznanie. Kým človek nedosiahol poznanie, obete zostávajú na hmotnej úrovni a neprinášajú žiadny duchovný úžitok. Skutočné poznanie vrcholí vo vedomí Kṛṣṇu; to je najvyššie štádium transcendentálneho poznania, bez ktorého sú obete len hmotnými činnosťami. Len čo sa však taká činnosť povýši na úroveň transcendentálneho poznania, stane sa transcendentálnou. Podľa stavu vedomia obetujúceho sa obetné činy nazývajú *karma-kāṇḍa* (plodonosné činnosti) alebo *jñāna-kāṇḍa* (činnosti konané s túžbou poznať pravdu). Obete vykonané za účelom poznania sú lepšie než všetky ostatné.

VERŠ 34

तद्विद्धि प्रणिपातेन परिप्रश्नेन सेवया ।
उपदेक्ष्यन्ति ते ज्ञानं ज्ञानिनस्तत्त्वदर्शिनः ॥ ३४ ॥

tad viddhi praṇipātena paripraśnena sevayā
upadekṣyanti te jñānaṁ jñāninas tattva-darśinaḥ

tat—táto (znalosť rôznych obetí); *viddhi*—snaž sa pochopiť; *praṇipātena*—tým, že sa obrátiš na duchovného učiteľa; *paripraśnena*—pokorným pýtaním sa; *sevayā*—preukazovaním služby; *upadekṣyanti*—vnukne; *te*—tebe; *jñānam*—poznanie; *jñāninaḥ*—sebarealizovaná duša; *tattva*—pravdu; *darśinaḥ*—tí, ktorí uzreli.

Obráť sa na duchovného učiteľa a uč sa od neho pravde. Pýtaj sa ho so všetkou pokorou a verne mu slúž. Sebarealizované duše ti môžu dať poznanie, lebo ony uzreli pravdu.

VÝZNAM: Cesta k duchovnej realizácii je nepochybne ťažká. Śrī Kṛṣṇa nám preto radí, aby sme sa obrátili na pravého duchovného učiteľa, ktorý patrí do postupnosti duchovných učiteľov, začínajúcej samotným Kṛṣṇom. Nikto sa nemôže stať pravým duchovným učiteľom, ak nepatrí do učeníckej postupnosti. Śrī Kṛṣṇa je pôvodný duchovný učiteľ a iba človek z učeníckej postupnosti môže odovzdať nezmenené posolstvo Najvyššieho Pána svojmu žiakovi. Nikto nemôže dosiahnuť duchovnú realizáciu podľa vlastnej metódy, ako to majú v móde dnešní hlúpi pokrytci. V *Śrīmad-Bhāgavatame* (6.3.19) sa hovorí: *dharmaṁ tu sākṣād bhagavat-praṇītam.* „Cestu náboženstva zvestuje priamo Pán.“ Preto nám intelektuálne špekulácie, suché argumenty, ani nezávislé štúdium písiem nepomôžu k pokroku v duchovnom živote. Musíme sa obrátiť na pravého duchovného učiteľa, aby sme získali poznanie. Duchovného učiteľa by sme mali prijať s úplnou pokorou a mali by sme mu skromne a bez pýchy slúžiť ako prostí služobníci. Tajomstvo úspechu v duchovnom živote spočíva v uspokojení sebarealizovaného duchovného učiteľa. Kladenie otázok a pokora tvoria pravú kombináciu, ktorá vedie k duchovnému poznaniu. Ak človek nie je pokorný a úslužný, nebudú mať jeho otázky položené duchovnému učiteľovi žiadny účinok. Žiak musí byť pripravený zvládnuť skúšky duchovného učiteľa, ktorý ho automaticky požehná čistým duchovným poznaním, keď uvidí jeho vážny záujem. Tento verš zavrhuje slepé nasledovanie a tiež absurdné otázky. Nesmieme duchovného učiteľa len pozorne počúvať, ale učiť sa od neho aj pokornými otázkami a službou. Pravý duchovný učiteľ je k svojmu žiakovi prirodzene veľmi milý, a ak je žiak pokorný a vždy pripravený slúžiť, výmena otázok a odpovedí bude dokonalá.

VERŠ 35

यज्ज्ञात्वा न पुनर्मोहमेवं यास्यसि पाण्डव ।
येन भूतान्यशेषाणि द्रक्ष्यस्यात्मन्यथो मयि ॥ ३५ ॥

yaj jñātvā na punar moham evaṁ yāsyasi pāṇḍava
yena bhūtāny aśeṣāṇi drakṣyasy ātmany atho mayi

yat — ktoré; *jñātvā* — spoznáš; *na* — nikdy; *punaḥ* — znovu; *moham* — do ilúzie; *evam* — takto; *yāsyasi* — upadneš; *pāṇḍava* — ó, syn Pāṇḍuov; *yena* — prostredníctvom; *bhūtāni* — živé bytosti; *aśeṣāṇi* — všetky; *drakṣyasi* — uvidíš; *ātmani* — v Najvyššej Duši; *atha u* — alebo inými slovami; *mayi* — vo Mne.

A keď takto spoznáš pravdu, neupadneš znovu do klamu. Pomocou tohoto poznania zistíš, že všetky živé bytosti nie sú ničím iným než časťami Najvyššieho, alebo inými slovami, že sú Moje.

VÝZNAM: Výsledkom poznania získaného od sebarealizovanej duše, teda od toho, kto pozná veci také, aké naozaj sú, je, že sa človek naučí, že všetky živé bytosti nie sú ničím iným než čiastočkami Najvyššej Božskej Osobnosti, Śrī Kṛṣṇu. Podstata existencie oddelenej od Kṛṣṇu sa volá *māyā* (*mā* — nie, *yā* — tento). Niektorí ľudia si myslia, že nemáme s Kṛṣṇom nič spoločné, že Kṛṣṇa bol iba veľkou historickou osobnosťou a že neosobný Brahman je Absolútna Pravda. V skutočnosti je neosobný Brahman opísaný v *Bhagavad-gīte* ako žiara vychádzajúca z Kṛṣṇovho tela. Kṛṣṇa je ako Najvyššia Božská Osobnosť príčinou všetkého. V *Brahma-saṁhite* sa jasne píše, že Kṛṣṇa je Najvyššou Božskou Osobnosťou, príčinou všetkých príčin. Aj milióny Jeho inkarnácií sú len Jeho rôznymi expanziami. Živé bytosti sú tiež Jeho expanziou. *Māyāvādski* filozofi si nesprávne myslia, že Kṛṣṇa vo Svojich expanziách stráca Svoju nezávislosť. Tento názor je v podstate materialistický. Z hmotného sveta máme skúsenosť, že keď vec rozdelíme, stratí svoju pôvodnú celistvosť. *Māyāvādski* filozofi nechápu, že na absolútnej úrovni sa jedna a jedna rovná jednej a že jedna bez jednej je tiež jedna. Tak je tomu v absolútnom svete.

Pre nedostatok vedomostí o absolútnej vede sme teraz pokrytí ilúziou, a preto si myslíme, že sme od Kṛṣṇu oddelení. Hoci sme Kṛṣṇovými oddelenými časťami, neodlišujeme sa od Neho. Telesné rozdiely medzi živými bytosťami sú *māyā* alebo to, čo nie je skutočné. Všetci sme určení na to, aby sme uspokojovali Śrī Kṛṣṇu. Arjuna len pod vplyvom ilúzie veril, že pominuteľné telesné vzťahy k jeho príbuzným sú dôležitejšie než jeho večný duchovný vzťah ku Kṛṣṇovi. Konečným záverom celého učenia *Bhagavad-gīty* je to, že živá bytosť je večným Kṛṣṇovým služobníkom, že sa od Neho nemôže oddeliť a že pocit, že je čiastočkou oddelenou od Kṛṣṇu, sa nazýva *māyā*. Živé bytosti majú ako samostatné časti Najvyššieho Pána istý účel. Keďže na tento účel zabudli, nachádzajú sa už od nepamäti v rôznych telách ako ľudia, zvieratá, polobohovia atď. Všetky tieto telá vznikli následkom zabudnutia na transcendentálnu službu Pánovi. Len čo sa však človek zapojí do transcendentálnej oddanej služby s mysľou uprenou na Kṛṣṇu, okamžite sa z tejto ilúzie vyslobodí. Toto čisté poznanie však môžeme získať jedine od pravého duchovného učiteľa. Tak sa vyhneme ilúzii, že sme rovní Kṛṣṇovi. Dokonalé poznanie znamená, že Najvyššia Duša, Kṛṣṇa, je najvyšším útočiskom všetkých živých bytostí, ktoré sú zmätené hmotnou energiou, keď opustia Jeho útočisko a nazdávajú sa, že majú oddelenú identitu. A tak v rôznych hmotných telách zabúdajú na Kṛṣṇu. Ak si tieto zblúdené duše opäť začnú uvedomovať Kṛṣṇu, treba považovať za samozrejmosť, že sú na ceste k vyslobodeniu, čo potvrdzuje aj *Śrīmad-Bhagavatam* (2.10.6): *muktir hitvānyathā-rūpaṁ svarūpeṇa vyavasthitiḥ.* Vyslobodiť sa znamená nachádzať sa vo svojom prirodzenom postavení ako večný služobník Śrī Kṛṣṇu (vedomie Kṛṣṇu).

VERŠ 36

अपि चेदसि पापेभ्यः सर्वेभ्यः पापकृत्तमः ।
सर्वं ज्ञानप्लवेनैव वृजिनं सन्तरिष्यसि ॥ ३६ ॥

api ced asi pāpebhyaḥ sarvebhyaḥ pāpa-kṛt-tamaḥ
sarvaṁ jñāna-plavenaiva vṛjinaṁ santariṣyasi

api — dokonca; *cet* — keby; *asi* — si; *pāpebhyaḥ* — z hriešnikov; *sarvebhyaḥ* — všetkých; *pāpa-kṛt-tamaḥ* — najväčším hriešnikom; *sarvam* — všetky také hriešne reakcie; *jñāna-plavena* — na lodi transcendentálneho poznania; *eva* — určite; *vṛjinam* — oceán utrpenia; *santariṣyasi* — celkom prekonáš.

Aj keby si bol pokladaný za najhriešnejšieho z hriešnikov, na lodi transcendentálneho poznania prekonáš oceán utrpenia.

VÝZNAM: Dokonalé porozumenie prirodzenému vzťahu ku Kṛṣṇovi je také vznešené, že človeka ihneď vyzdvihne z boja o existenciu, ktorý sa odohráva v oceáne nevedomosti. Tento hmotný svet sa niekedy pokladá za oceán nevedomosti a niekedy za horiaci les. Aj pre vynikajúceho plavca je boj o prežitie v oceáne veľmi ťažký. Keď však niekto vytiahne zápasiaceho plavca z oceánu nevedomosti, je tým najväčším záchrancom. Dokonalé poznanie získané od Najvyššej Božskej Osobnosti je cestou k vyslobodeniu. Loď vedomia Kṛṣṇu je veľmi jednoduchá, no zároveň najvznešenejšia.

VERŠ 37

यथैधांसि समिद्धोऽग्निर्भस्मसात्कुरुतेऽर्जुन ।
ज्ञानाग्निः सर्वकर्माणि भस्मसात्कुरुते तथा ॥ ३७ ॥

yathaidhāṁsi samiddho 'gnir bhasma-sāt kurute 'rjuna
jñānāgniḥ sarva-karmāṇi bhasma-sāt kurute tathā

yathā — rovnako ako; *edhāṁsi* — palivo; *samiddhaḥ* — planúci; *agniḥ* — oheň; *bhasma-sāt* — popol; *kurute* — zmení; *arjuna* — ó, Arjuna; *jñāna-agniḥ* — oheň poznania; *sarva-karmāṇi* — všetky následky hmotných činností; *bhasma-sāt* — na popol; *kurute* — zmení; *tathā* — tak.

Tak ako planúci oheň mení na popol všetko palivo, ó, Arjuna, tak aj oheň poznania spáli na popol všetky následky hmotných činov.

VÝZNAM: Dokonalé poznanie vlastného „ja", Najvyššej Bytosti a ich vzájomného vzťahu sa tu prirovnáva k ohňu. Tento oheň nielenže spaľuje všetky následky hriešnych činov, ale dokonca premení na popol i následky zbožných činov. Existuje niekoľko štádií odplaty za vykonané činy: odplata, ktorá sa tvorí, odplata nesúca ovocie, odplata už získaná a odplata *a priori*. Keď človek vlastní dokonalé poznanie o prirodzenom postavení živej bytosti, všetky reakcie sa spália. Vo *Vedach* sa píše: *ubhe uhaivaiṣa ete taraty amṛtaḥ sādhv-asādhūnī*. „Človek môže prekonať následky zbožných i hriešnych činov." (*Bṛhad-āraṇyaka Upaniṣad* 4.4.22)

VERŠ 38

न हि ज्ञानेन सदृशं पवित्रमिह विद्यते ।
तत्स्वयं योगसंसिद्धः कालेनात्मनि विन्दति ॥ ३८ ॥

na hi jñānena sadṛśaṁ pavitram iha vidyate
tat svayaṁ yoga-saṁsiddhaḥ kālenātmani vindati

na — nič; *hi* — istotne; *jñānena* — s poznaním; *sadṛśam* — v porovnaní; *pavitram* — posvätené; *iha* — na tomto svete; *vidyate* — jestvuje; *tat* — tak; *svayam* — sám; *yoga* — oddanosťou; *saṁsiddhaḥ* — zrelosť; *kālena* — časom; *ātmani* — v sebe; *vindati* — teší sa.

Na tomto svete nie je nič také vznešené a čisté ako transcendentálne poznanie. Toto poznanie je zrelým ovocím všetkého mysticizmu a ten, kto dosiahol dokonalosť v oddanej službe, sa z tohoto poznania časom teší sám v sebe.

VÝZNAM: Keď hovoríme o transcendentálnom poznaní, máme na mysli duchovné porozumenie. Niet ničoho, čo by bolo vznešenejšie a čistejšie než transcendentálne poznanie. Nevedomosť nás väzní v hmotnom svete a poznanie, ktoré je zrelým plodom oddanej služby, nás z neho vyslobodzuje. Ten, kto má transcendentálne poznanie, nemusí hľadať pokoj, lebo sa teší z pokoja v sebe samom. Inými slovami, toto poznanie a mier vrcholí vo vedomí Kṛṣṇu; to sú konečné slová *Bhagavad-gīty*.

VERŠ 39

श्रद्धावाँल्लभते ज्ञानं तत्परः संयतेन्द्रियः ।
ज्ञानं लब्ध्वा परां शान्तिमचिरेणाधिगच्छति ॥ ३९ ॥

śraddhāvāl labhate jñānaṁ tat-paraḥ saṁyatendriyaḥ
jñānaṁ labdhvā parāṁ śāntim acireṇādhigacchati

śraddhā-vān — veriaci človek; *labhate* — dosiahne; *jñānam* — poznanie; *tat-paraḥ* — veľmi pripútaný k tomu; *saṁyata* — ovládnuté; *indriyaḥ* — zmysly; *jñānam* — poznanie; *labdhvā* — dosiahol; *parām* — transcendentálny; *śāntim* — mier; *acireṇa* — veľmi rýchlo; *adhigacchati* — dosiahne.

Veriaci človek oddaný transcendentálnemu poznaniu a ovládajúci svoje zmysly, je spôsobilý toto poznanie dosiahnuť, a keď ho dosiahne, rychle získa najvyšší duchovný mier.

VÝZNAM: Človek, ktorý má neochvejnú vieru v Kṛṣṇu, môže získať najvyššie poznanie. Kto je presvedčený, že môže dosiahnuť najvyššiu dokonalosť jednoducho oddanou službou Kṛṣṇovi s mysľou uprenou na Neho, sa nazýva veriaci. Vieru človek získa, keď oddane slúži a spieva *Hare Kṛṣṇa, Hare Kṛṣṇa, Kṛṣṇa Kṛṣṇa, Hare Hare/ Hare Rāma, Hare Rāma, Rāma Rāma, Hare Hare*, čo očisťuje srdce od všetkej hmotnej nečistoty. Okrem toho musí človek ovládať zmysly. Ten, kto je naplnený vierou v Kṛṣṇu a ovláda svoje zmysly, môže okamžite a ľahko dosiahnuť dokonalosť vo vedomí Kṛṣṇu.

VERŠ 40

अज्ञश्चाश्रद्दधानश्च संशयात्मा विनश्यति ।
नायं लोकोऽस्ति न परो न सुखं संशयात्मनः ॥ ४० ॥

ajñaś cāśraddadhānaś ca saṁśayātmā vinaśyati
nāyaṁ loko 'sti na paro na sukhaṁ saṁśayātmanaḥ

ajñaḥ — hlupák, čo nepozná písma; *ca* — a; *aśraddadhānaḥ* — bez viery v zjavené písma; *ca* — tiež; *saṁśaya* — pochybnosti; *ātmā* — osoba; *vina-*

śyati — klesne naspäť; *na* — nikdy; *ayam* — tento; *lokaḥ* — svet; *asti* — je; *na* — ani; *paraḥ* — v ďalšom živote; *na* — nie; *sukham* — šťastie; *saṁśaya* — pochybujúca; *ātmanaḥ* — osoba.

Ale nevedomí a neveriaci, ktorí pochybujú o zjavených písmach, si existenciu Boha neuvedomujú a poklesávajú. Pre pochybovačov niet šťastia ani v tomto svete, ani v budúcom.

VÝZNAM: Medzi mnohými autorizovanými zjavenými písmami stojí *Bhagavad-gītā* na najvyššom mieste. Osoby, ktoré sú na úrovni zvierat, nemajú žiadne poznanie zjavených písiem, a ani v ne neveria. Niektorí majú aké-také vedomosti a dokážu citovať niektoré časti písiem, ale v skutočnosti týmto slovám neveria. Sú aj takí, čo veria v *Bhagavad-gītu*, ale neveria v Najvyššieho Pána, Śrī Kṛṣṇu, a ani Ho neuctievajú. Také osoby nemôžu uspieť vo vedomí Kṛṣṇu a nakoniec poklesnú naspäť do hmotného života. Zo spomínaných osôb nerobia nijaký duchovný pokrok tí, ktorí nemajú žiadnu vieru a stále pochybujú. Tí, čo neveria v Boha a v Jeho zjavené písma, nenachádzajú nič dobrého v tomto, ani v ďalšom živote. V žiadnom prípade pre nich nejestvuje ozajstné šťastie. Preto by sa človek mal riadiť zásadami písiem a povzniesť sa tak na úroveň poznania. Jedine toto poznanie nám pomôže povýšiť sa na transcendentálnu úroveň duchovného porozumenia. Pochybujúci ľudia nikdy neurobia žiadny pokrok v duchovnom živote. Preto by sme mali kráčať v šľapajách veľkých *ācāryov* v učeníckej postupnosti, a tak dosiahnuť úspech.

VERŠ 41

योगसन्न्यस्तकर्माणं ज्ञानसञ्छिन्नसंशयम् ।
आत्मवन्तं न कर्माणि निबध्नन्ति धनञ्जय ॥ ४१ ॥

yoga-sannyasta-karmāṇaṁ jñāna-sañchinna-saṁśayam
ātmavantaṁ na karmāṇi nibadhnanti dhanañjaya

yoga — oddanou službou podľa zásad *karma-yogy*; *sannyasta* — ten, kto sa vzdal; *karmāṇam* — výsledkov práce; *jñāna* — poznaním; *sañchinna* — uťal; *saṁśayam* — pochybnosti; *ātma-vantam* — umiestnený v „ja“; *na* — nikdy; *karmāṇi* — činy; *nibadhnanti* — pútajú; *dhanañjaya* — ó, dobyvateľ bohatstva.

Človek, ktorý oddane slúži, zriekajúc sa plodov svojich činov, a ktorý svoje pochybnosti zničil transcendentálnym poznaním, je pevne umiestnený vo vlastnom „ja". Preto nie je spútaný svojimi činmi, ó, dobyvateľ bohatstva.

VÝZNAM: Ten, kto sa riadi pokynmi *Bhagavad-gīty* tak, ako ich vyriekol samotný Śrī Kṛṣṇa osobne, sa milosťou transcendentálneho poznania oslobodí od všetkých pochybností. Keď je človek ako Pánova čiastočka celkom pohrúžený v myšlienkach na Kṛṣṇu, potom sa ustálil v sebarealizácii a ako taký sa nepochybne vymaní z pút činov.

VERŠ 42

तस्मादज्ञानसम्भूतं हृत्स्थं ज्ञानासिनात्मनः ।
छित्त्वैनं संशयं योगमातिष्ठोत्तिष्ठ भारत ॥ ४२ ॥

tasmād ajñāna-sambhūtaṁ hṛt-sthaṁ jñānāsinātmanaḥ
chittvainaṁ saṁśayaṁ yogam ātiṣṭhottiṣṭha bhārata

tasmāt — preto; *ajñāna-sambhūtam* — zrodenú z nevedomosti; *hṛt-stham* — sídliacu v srdci; *jñāna* — poznanie; *asinā* — so zbraňou; *ātmanaḥ* — vlastného „ja"; *chittvā* — utni; *enam* — túto; *saṁśayam* — pochybnosť; *yogam* — v *yoge*; *ātiṣṭha* — buď umiestnený; *uttiṣṭha* — povstaň k boju; *bhārata* — ó, Bharatovec.

Preto mečom poznania utni svoje pochybnosti, ktoré sa z nevedomosti zrodili v tvojom srdci, a ozbrojený yogou povstaň k boju, ó, Bharatovec.

VÝZNAM: Yoga, ktorá bola vysvetlená v tejto kapitole, sa nazýva *sanātana-yoga*, večná činnosť živých bytostí, a obsahuje dva druhy obetí: jednou je obetovanie hmotného majetku a druhou čistá duchovná činnosť spočívajúca v poznaní vlastného „ja". Keď nie je obetovanie hmotného majetku spojené s duchovnou realizáciou, stáva sa taká obeť obyčajnou hmotnou činnosťou. Oproti tomu ten, kto koná také obete s duchovným cieľom alebo ako oddanú službu, koná dokonalú obeť. Keď si povšimneme duchovné aktivity, zistíme, že aj tie sa rozdeľujú na dva druhy: poznanie vlastného „ja" (čiže našej skutočnej povahy) a poznanie pravdy, týkajúce sa Najvyššej Božskej Osobnosti. Kto sa vydá na pravú cestu *Bhagavad-gīty takej, aká je,* veľmi ľahko porozumie týmto dvom dôležitým druhom transcendentálneho poznania. Bez problémov dosiahne dokonalé poznanie, že duša je čiastočkou Boha, a ľahko porozumie transcendentálnej povahe Pánových činov. Na začiatku tejto kapitoly rozprával Śrī Kṛṣṇa osobne o Svojich transcendentálnych činnostiach. Kto nechápe pokyny *Gīty*, je falošný a zneužíva čiastočnú nezávislosť, ktorú mu Pán pridelil. Ak niekto nechápe pravú, večnú, blaženú a vševedúcu povahu Božskej Osobnosti napriek všetkým informáciám, je to určite prvotriedny hlupák. Nevedomosť možno odstrániť, ak postupne prijmeme zásady oddanej služby vykonávanej pre uspokojenie Kṛṣṇu a riadime sa podľa nich. Vedomie Kṛṣṇu sa prebúdza vďaka rozličným obetiam polobohom, Najvyššiemu Brahmanu, vďaka celibátu, v manželstve vďaka ovládaniu zmyslov, vďaka vykonávaniu mystickej *yogy*, odriekaniu, obetovaniu hmotného majetku, štúdiu *Ved* a vďaka spoločenskému zriadeniu nazývanému *varṇāśrama-dharma*. Všetky tieto činnosti sa nazývajú obeťami a sú založené na usmernenej činnosti. Ich najdôležitejším faktorom je však sebarealizácia. Pre ozajstného stúpenca *Bhagavad-gīty* je sebarealizácia najvyšším cieľom, ale ten, kto pochybuje o Kṛṣṇovej autorite, poklesne. Preto dostávame radu, aby sme pokorne študovali *Bhagavad-gītu* a ostatné písma pod vedením pravého duchovného učiteľa a pokorne mu slúžili. Pravý duchovný učiteľ patrí do večnej učeníckej postupnosti a neodkláňa sa od pokynov Najvyššieho Pána, ktoré pred miliónmi rokov predniesol bohu Slnka. Od neho sa *Bhagavad-gītā* dostala na Zem k ľuďom. Človek by mal dodržiavať zásady *Bhagavad-gīty* tak, ako sú v nej opísané, a dávať si pozor na sebcov, ktorí túžia po sebapovýšení a zvádzajú ostatných z pravej cesty. Śrī Kṛṣṇa je nepochybne Najvyššia Osobnosť a Jeho činnosti sú transcendentálne. Kto tomu rozumie, je od samého začiatku svojho štúdia *Bhagavad-gīty* oslobodenou dušou.

Takto končia Bhaktivedantove výklady k štvrtej kapitole *Śrīmad Bhagavad-gīty*, pojednávajúcej o transcendentálnom poznaní.

KAPITOLA PIATA

Karma-yoga — konanie vo vedomí Kṛṣṇu

VERŠ 1

अर्जुन उवाच
सन्न्यासं कर्मणां कृष्ण पुनर्योगं च शंससि ।
यच्छ्रेय एतयोरेकं तन्मे ब्रूहि सुनिश्चितम् ॥ १ ॥

arjuna uvāca
sannyāsaṁ karmaṇāṁ kṛṣṇa punar yogaṁ ca śaṁsasi
yac chreya etayor ekaṁ tan me brūhi su-niścitam

arjunaḥ uvāca — Arjuna riekol; *sannyāsam* — odriekanie; *karmaṇām* — všetkých činov; *kṛṣṇa* — ó, Kṛṣṇa; *punaḥ* — zasa; *yogam* — oddaná služba; *ca* — tiež; *śaṁsasi* — Ty velebíš; *yat* — ktorá; *śreyaḥ* — je prospešnejšia; *etayoḥ* — z týchto dvoch; *ekam* — jeden; *tat* — to; *me* — mne; *brūhi* — prosím, povedz; *su-niścitam* — naisto.

Arjuna riekol: Ó, Kṛṣṇa, najprv ma žiadaš, aby som sa zriekol činov, a potom mi zasa odporúčaš činnosť v duchu oddanosti. Prosím Ťa, povedz mi naisto, čo z toho je lepšie?

VÝZNAM: V tejto kapitole *Bhagavad-gīty* Śrī Kṛṣṇa hovorí, že oddaná činnosť je lepšia než suchá mentálna špekulácia. Oddaná služba je tiež jednoduchšia, pretože vďaka svojej transcendentálnej povahe zbavuje človeka následkov jeho činov. Druhá kapitola podáva predbežné poznanie o duši a o jej uväznení v hmotnom tele. Vysvetľuje tiež, ako sa dostať z hmotného zajatia pomocou *buddhi-yogy* alebo oddanej služby. V tretej kapitole bolo povedané, že človek, ktorý koná s duchovným vedomím, nemusí vykonávať žiadne povinnosti. A v štvrtej kapitole povedal Kṛṣṇa Arjunovi, že všetky obetné činy vrcholia v poznaní. Na konci štvrtej kapitoly mu však radí, aby precitol a bojoval s dokonalým poznaním. Kṛṣṇa zdôraznil dôležitosť oddanej činnosti, no zároveň i nečinnosti v poznaní, čím Arjunu zmiatol v jeho odhodlaní. Arjuna pochopil, že odriekanie založené na poznaní znamená zastavenie všetkých činností určených na uspokojenie zmyslov. Ak však oddane slúžime, ako môžeme byť nečinní? Inými slovami, Arjuna si myslel, že *sannyāsa*, odriekanie založené na poznaní, musí byť zbavené všetkých činností, pretože usudzoval, že činnosť a odriekanie nemožno zlúčiť. Zdá sa, že nepochopil, že čin konaný s úplným poznaním nenesie žiadne následky, a preto je to vlastne nečin. Pýta sa teda, či má zanechať všetky činnosti, alebo má konať s úplným poznaním.

VERŠ 2

श्रीभगवानुवाच
सन्न्यासः कर्मयोगश्च निःश्रेयसकरावुभौ ।
तयोस्तु कर्मसन्न्यासात्कर्मयोगो विशिष्यते ॥ २ ॥

śrī-bhagavān uvāca
sannyāsaḥ karma-yogaś ca niḥśreyasa-karāv ubhau
tayos tu karma-sannyāsāt karma-yogo viśiṣyate

śrī-bhagavān uvāca — Kṛṣṇa, Najvyššia Božská Osobnosť, riekol; *sannyāsaḥ* — zrieknutie sa činov; *karma-yogaḥ* — činnosť s oddanosťou; *ca* — aj; *niḥśreyasa-karau* — vedú k ceste oslobodenia; *ubhau* — obidve; *tayoḥ* — z týchto dvoch; *tu* — však; *karma-sannyāsāt* — v porovnaní s odriekaním plodonosných činností; *karma-yogaḥ*—činnosť s oddanosťou; *viśiṣyate*—je lepšia.

Kṛṣṇa, Najvyššia Božská Osobnosť, riekol: Zrieknutie sa činnosti i činnosť s oddanosťou vedú k vyslobodeniu. Z týchto dvoch je však oddaná služba lepšia než zrieknutie sa činnosti.

VÝZNAM: Plodonosné činnosti, ktorých cieľom je zmyslový pôžitok, sú príčinou hmotného otroctva. Pokým sa človek zaoberá činnosťami, ktoré sú určené na zväčšenie telesného pohodlia, bude sa určite prevteľovať z tela do tela, a tak neustále žiť v hmotnom zajatí. To je potvrdené v *Śrīmad-Bhāgavatame* (5.5.4-6):

nūnaṁ pramattaḥ kurute vikarma
yad indriya-prītaya āpṛṇoti
na sādhu manye yata ātmano 'yam
asann api kleśa-da āsa dehaḥ

parābhavas tāvad abodha-jāto
yāvan na jijñāsata ātma-tattvam
yāvat kriyās tāvad idaṁ mano vai
karmātmakaṁ yena śarīra-bandhaḥ

evaṁ manaḥ karma-vaśaṁ prayuṅkte
avidyayātmany upadhīyamāne
prītir na yāvan mayi vāsudeve
na mucyate deha-yogena tāvat

„Ľudia bažia po zmyslovom pôžitku a vôbec nevedia, že terajšie telo, ktoré je plné utrpenia, je výsledkom ich niekdajších ploduchtivých činností. Hoci je toto telo dočasné a pominuteľné, je príčinou mnohého utrpenia. Preto nie je dobré konať pre zmyslový pôžitok. Ak sa človek nezačne zaujímať o svoju pravú totožnosť, jeho život treba považovať za neúspešný. Kým neporozumie svojej skutočnej totožnosti, musí pracovať pre plody svojich činov a uspokojovať zmysly, a kým jeho vedomie lipne na zmyslovom pôžitku, musí prechádzať z jedného tela do druhého. Človek musí vyvinúť lásku a oddane slúžiť Vāsudevovi, Kṛṣṇovi, aj keď je jeho myseľ pripútaná k plodonosným činnostiam a ovplyvnená nevedomosťou. Jedine potom má možnosť vymaniť sa z otroctva hmotnej existencie."

Preto *jñāna* (znalosť toho, že človek nie je hmotné telo, ale duša) nestačí na vyslobodenie. Človek musí *konať* ako duša, lebo inak nemôže uniknúť z hmotného zajatia. Konanie s cieľom uspokojiť Kṛṣṇu však nie je na úrovni plodonosných činností. Keď človek koná s plným poznaním, posilňuje to jeho pokrok v pravom poznaní. Samotné zrieknutie sa plodonosných činností bez vedomia Kṛṣṇu v skutočnosti neočisťuje srdce podmienenej duše. Kým srdce človeka nie je očistené, musí konať s myšlienkou na odmenu. No čin určený pre Kṛṣṇovo potešenie nás automaticky oslobodí od následkov plodonosných činností, takže už nemusíme poklesnúť na hmotnú úroveň. Preto sú činnosti určené na uspokojenie Kṛṣṇu vždy vyššie než odriekanie, ktoré je vždy sprevádzané nebezpečenstvom poklesnutia. Odriekanie bez vedomia Kṛṣṇu je neúplné, čo potvrdzuje Śrīla Rūpa Gosvāmī vo svojom diele *Bhakti-rasāmṛta-sindhu* (1.2.258):

prāpañcikatayā buddhyā hari-sambandhi-vastunaḥ
mumukṣubhiḥ parityāgo vairāgyaṁ phalgu kathyate

„Keď sa ľudia túžiaci po vyslobodení zriekajú vecí spojených s Najvyššou Božskou Osobnosťou, považujúc ich za hmotné, nazýva sa ich odriekanie neúplným." Odriekanie je úplné, keď sa koná s vedomím, že všetko, čo jestvuje, patrí Bohu a nikto by sa nemal považovať za majiteľa čohokoľvek. Musíme pochopiť, že v skutočnosti nič nevlastníme. Ako teda môžeme hovoriť o zrieknutí sa? Ten, kto vie, že všetko je Kṛṣṇovym majetkom, si skutočne odrieka. A keďže všetko patrí Kṛṣṇovi, malo by sa všetko použiť v službe Jemu. Tento dokonalý spôsob konania s mysľou uprenou na Kṛṣṇu je oveľa lepší než akákoľvek forma vyumelkovaného odriekania, ktoré podstupujú *māyāvādski sannyāsīni.*

VERŠ 3

ज्ञेयः स नित्यसन्न्यासी यो न द्वेष्टि न काङ्‌क्षति ।
निर्द्वन्द्वो हि महाबाहो सुखं बन्धात्प्रमुच्यते ॥ ३ ॥

jñeyaḥ sa nitya-sannyāsī yo na dveṣṭi na kāṅkṣati
nirdvandvo hi mahā-bāho sukhaṁ bandhāt pramucyate

jñeyaḥ—má byť pokladaný; *saḥ*—on; *nitya*—vždy; *sannyāsī*—človek, ktorý si odrieka; *yaḥ*—ktorý; *na*—nikdy; *dveṣṭi*—nenávidí; *na*—ani; *kāṅkṣati*—túži; *nirdvandvaḥ*—zbavený dualít; *hi*—istotne; *mahā-bāho*—ó, bojovník mocných paží; *sukham*—šťastne; *bandhāt*—z otroctva; *pramucyate*—celkom vyslobodený.

Človek, ktorý netúži po výsledkoch svojich činov a ani k nim nechová nenávisť, si naozaj odrieka. Taký človek, zbavený všetkých dualít, sa ľahko vymaní z hmotného otroctva a je celkom oslobodený, ó, bojovník mocných paží.

VÝZNAM: Ten, kto si je plne vedomý Kṛṣṇu, si vždy odrieka, pretože nepociťuje k plodom svojich činov nenávisť ani túžbu. Taký človek, ktorý sa celkom oddáva transcendentálnej láskyplnej službe Pánovi, má dokonalé poznanie, lebo pozná svoje večné postavenie vo vzťahu ku Kṛṣṇovi. Dobre vie, že Kṛṣṇa je celok a on je Jeho čiastočkou. Takéto poznanie je úplné, lebo je kvalitatívne i kvantitatívne správne. Predstava rovnocennosti s Kṛṣṇom je nesprávna, pretože časť sa nemôže rovnať celku. Poznanie, že človek je kvalitatívne rovnaký ako Kṛṣṇa, ale že kvantitatívne sa od Neho líši, je správne transcendentálne poznanie, ktoré vedie k tomu, že človek sa stáva úplným sám v sebe a niet ničoho, po čom by túžil, alebo čoho by naopak ľutoval. V jeho mysli niet dualít, lebo všetka jeho práca je určená pre Kṛṣṇovo potešenie. Keď sa takto človek zbaví všetkých dualít, je oslobodený už v tomto svete.

VERŠ 4

सांख्ययोगौ पृथग्बालाः प्रवदन्ति न पण्डिताः ।
एकमप्यास्थितः सम्यगुभयोर्विन्दते फलम् ॥ ४ ॥

sāṅkhya-yogau pṛthag bālāḥ pravadanti na paṇḍitāḥ
ekam apy āsthitaḥ samyag ubhayor vindate phalam

sāṅkhya—analytické štúdium hmotného sveta; *yogau*—činnosť v oddanej službe; *pṛthak*—odlišuje sa; *bālāḥ*—menej inteligentní; *pravadanti*—hovoria; *na*—nikdy; *paṇḍitāḥ*—učení; *ekam*—v jednom; *api*—aj keď; *āsthitaḥ*—je umiestnený; *samyak*—úplne; *ubhayoḥ*—obidvoch; *vindate*—teší sa; *phalam*—výsledok.

Iba nevedomí tvrdia, že oddaná služba (karma-yoga) sa odlišuje od analytického štúdia hmotného sveta (sāṅkhye). No naozaj učení hovoria, že správnym nasledovaním jednej z týchto ciest sa dosiahne výsledok oboch.

VÝZNAM: Cieľom analytického štúdia hmotného sveta je nájsť dušu bytia. Dušou hmotného vesmíru je Viṣṇu alebo Nadduša. Kto oddane slúži Pánovi, slúži zároveň Nadduši. Najskôr musíme nájsť koreň stromu a potom ho polievať. Svedomitý študent filozofie *sāṅkhye* najprv nájde koreň hmotného sveta, Viṣṇua, a potom sa s dokonalým poznaním odovzdá službe Pánovi. V podstate niet rozdielu medzi *karma-yogou* a *sāṅkhyou*, lebo cieľom oboch je Viṣṇu. Kto nepozná konečný cieľ, vraví, že obidve metódy sa od seba odlišujú, ale múdry pozná spoločný cieľ týchto rôznych ciest.

VERŠ 5

यत्सांख्यैः प्राप्यते स्थानं तद्योगैरपि गम्यते ।
एकं सांख्यं च योगं च यः पश्यति स पश्यति ॥ ५ ॥

yat sāṅkhyaiḥ prāpyate sthānaṁ tad yogair api gamyate
ekaṁ sāṅkhyaṁ ca yogaṁ ca yaḥ paśyati sa paśyati

yat — čo; *sāṅkhyaiḥ* — prostredníctvom filozofie sāṅkhye; *prāpyate* — sa dosiahne; *sthānam* — postavenie; *tat* — to; *yogaiḥ* — oddanou službou; *api* — tiež; *gamyate* — človek môže dosiahnuť; *ekam* — jedno; *sāṅkhyam* — analytické štúdium; *ca* — a; *yogam* — čin v oddanosti; *ca* — a; *yaḥ* — ten, kto; *paśyati* — vidí; *saḥ* — on; *paśyati* — popravde vidí.

Vpravde vidí ten, kto vie, že stav dosiahnutý analytickým štúdiom možno dosiahnuť aj oddanou službou a že analytické štúdium a oddaná služba sú na rovnakej úrovni.

VÝZNAM: Pravým účelom filozofického bádania je nájsť konečný životný cieľ. Keďže konečným cieľom je sebarealizácia, nie je medzi závermi vyššie zmienených metód žiadny rozdiel. Záver *sāṅkhyového* filozofického bádania je, že individuálna bytosť nie je súčasťou hmotného sveta, ale najvyššieho duchovného celku, a preto musí konať vo vzťahu k Najvyššiemu. Keď duša koná s mysľou uprenou na Kṛṣṇu, nachádza sa vo svojom prirodzenom postavení. Prvou zásadou *sāṅkhye* je odpútať sa od hmoty. V *yoge* oddanosti sa zas musia vykonávať činy, ktorých účelom je potešiť Kṛṣṇu. V skutočnosti sú obe metódy rovnaké, aj keď na prvý pohľad sa zdá, že jedna z nich vedie k odpútaniu a druhá k pripútanosti. Odpútanie sa od hmoty a pripútanosť ku Kṛṣṇovi je však jedno a to isté. Kto tomu rozumie, vidí veci také, aké naozaj sú.

VERŠ 6

सन्न्यासस्तु महाबाहो दुःखमाप्तुमयोगतः ।
योगयुक्तो मुनिर्ब्रह्म नचिरेणाधिगच्छति ॥ ६ ॥

sannyāsas tu mahā-bāho duḥkham āptum ayogataḥ
yoga-yukto munir brahma na cireṇādhigacchati

sannyāsaḥ — životné štádium odriekania; *tu* — však; *mahā-bāho* — ó, bojovník mocných paží; *duḥkham* — utrpenie; *āptum* — ovplyvní; *ayogataḥ* — bez oddanej služby; *yoga-yuktaḥ* — kto oddane slúži; *muniḥ* — múdry; *brahma* — Najvyšší; *na cireṇa* — bezodkladne; *adhigacchati* — dosiahne.

Samotné zrieknutie sa všetkých činností bez oddanej služby Pánovi nemôže nikoho urobiť šťastným. No múdry človek zamestnaný v oddanej službe môže okamžite dosiahnuť Najvyššieho.

VÝZNAM: Existujú dva druhy *sannyāsīnov*, osôb v životnom stave odriekania. *Māyāvādski sannyāsīni* sa venujú štúdiu *sāṅkhyovej* filozofie, zatiaľ čo *vaiṣṇavskí sannyāsīni* študujú filozofiu obsiahnutú v *Śrīmad-Bhāgavatame*, ktorý je priamym komentárom *Vedānta-sūtry*. *Māyāvādski sannyāsīni* tiež študujú *Vedānta-sūtru*, ale používajú Śankarācāryov komentár, *Śārīraka-bhāṣyu*. Stúpenci *Bhāgavatskej* školy oddane slúžia Pánovi v súlade s *pāñcarātrovými* predpismi. *Vaiṣṇavskí sannyāsīni* nemajú nič spoločné s hmotnými činnosťami, napriek tomu sú vždy veľmi zaneprázdnení činnosťami v oddanej službe Pánovi. *Māyāvādski sannyāsīni*, zaoberajúci sa špekuláciou a štúdiom filozofie *sāṅkhye* a *Vedānty*, sa nemôžu tešiť z transcendentálnej služby Bohu. Keďže ich študovanie je nezáživné, špekulovanie o Brahmane sa im zunuje a uchyľujú sa k *Śrīmad-Bhāgavatamu*, ibaže bez správneho pochopenia. Napokon ich unaví aj toto štúdium. Suché špekulovanie a neosobné interpretácie *māyāvādskych sannyāsīov* nič neprinesie. *Vaiṣṇavskí sannyāsīni*, ktorí sa venujú oddanej službe, sú šťastní, keď si plnia svoje duchovné povinnosti a okrem toho majú zaručený vstup do Božieho kráľovstva. *Māyāvādski sannyāsīni* občas poklesnú z cesty sebarealizácie a začnú sa znovu zaoberať svetskými činmi dobročinného a ľudomilného rázu, ktoré nie sú ničím iným než hmotnými aktivitami. Z toho vyplýva, že *vaiṣṇavovia* zapojení do oddanej služby Kṛṣṇovi majú lepšie postavenie než sannyāsīni, ktorí sa zaoberajú špekuláciami o tom, čo je a čo nie je Brahman, hoci oni tiež, po mnohých zrodeniach, dospejú k vedomiu Kṛṣṇu.

VERŠ 7

योगयुक्तो विशुद्धात्मा विजितात्मा जितेन्द्रियः ।
सर्वभूतात्मभूतात्मा कुर्वन्नपि न लिप्यते ॥ ७ ॥

yoga-yukto viśuddhātmā vijitātmā jitendriyaḥ
sarva-bhūtātma-bhūtātmā kurvann api na lipyate

yoga-yuktaḥ — zamestnaný oddanou službou; *viśuddha-ātmā* — očistená duša; *vijita-ātmā* — kto sa ovláda; *jita-indriyaḥ* — pokoril svoje zmysly; *sarva-bhūta* — k všetkým živým bytostiam; *ātma-bhūta-ātmā* — súcitný; *kurvan api* — hoci koná; *na* — nikdy; *lipyate* — nie je zapletený.

Človek konajúci s čistou oddanosťou, ktorý je čistou dušou a ktorý ovláda myseľ a zmysly, je milý všetkým a všetci sú milí jemu. Hoci je vždy činný, nikdy sa nezapletie do následkov svojich činov.

VÝZNAM: Kto kráča cestou vyslobodenia prostredníctvom oddanej služby, je milý všetkým živým bytostiam a všetky tvory sú milé jemu. Je to vďaka tomu, že si je vedomý Kṛṣṇu. Taký človek si nevie ani len predstaviť, že by nejaká živá bytosť mohla byť odlúčená od Kṛṣṇu, tak ako lístie a konáre nemôžu byť odlúčené od stromu. Plne si uvedomuje, že keď poleje koreň stromu, voda sa rozšíri do všetkých listov a konárov, alebo že keď dodá potravu žalúdku, energia sa automaticky roznesie do celého tela. Keď človek slúži Kṛṣṇovi, je služobníkom všetkých a všetci ho majú radi. Keďže sú všetci s jeho prácou spokojní, jeho vedomie je čisté. A pretože je jeho vedomie čisté, jeho myseľ je dokonale ovládnutá. A keďže je jeho myseľ ovládnutá, sú pod kontrolou aj jeho zmysly a neprichádza do úvahy, že by ich zamestnal niečím iným než službou Kṛṣṇovi. Jeho myseľ je stále pripútaná ku Kṛṣṇovi, a preto nie je možné, aby sa od Kṛṣṇu odlúčil. Nerád počúva rozhovory, ktoré sa netýkajú Kṛṣṇu, nikdy nezje jedlo, ktoré nebolo obetované Kṛṣṇovi a netúži ani navštevovať miesta, ktoré nemajú nič spoločné s Kṛṣṇom. Preto sú jeho zmysly vždy ovládnuté. Človek ovládajúci svoje zmysly nedokáže nikoho ohrozovať. Môžeme sa spýtať: „Prečo bol teda Arjuna v boji agresívny? Nebol si vedomý Kṛṣṇu?" Arjuna bol agresívny iba zdanlivo, pretože všetky osoby zhromaždené na bojisku pokračujú v žití ako jednotlivci; dušu predsa nemožno zabiť (ako už bolo vysvetlené v druhej kapitole). Takže z duchovného hľadiska na Kuruovskom bojisku nikto nezahynul. Všetci len vymenili svoje odevy na prianie Śrī Kṛṣṇu, ktorý bol na bojisku osobne prítomný. Preto Arjuna v skutočnosti vôbec nebojoval; iba vykonával Kṛṣṇove pokyny s mysľou uprenou na Neho. Takto sa človek nemôže nikdy zapliesť do následkov svojich činov.

VERŠ 8-9

नैव किञ्चित्करोमीति युक्तो मन्येत तत्त्ववित् ।
पश्यञ्शृण्वन्स्पृशञ्जिघ्रन्नश्नन्गच्छन्स्वपन्श्वसन् ॥ ८ ॥
प्रलपन्विसृजन्गृह्णन्नुन्मिषन्निमिषन्नपि ।
इन्द्रियाणीन्द्रियार्थेषु वर्तन्त इति धारयन् ॥ ९ ॥

naiva kiñcit karomīti yukto manyeta tattva-vit
paśyañ śṛṇvan spṛśañ jighrann aśnan gacchan svapan śvasan

pralapan visṛjan gṛhṇann unmiṣan nimiṣann api
indriyāṇīndriyārtheṣu vartanta iti dhārayan

na — nikdy; *eva* — určite; *kiñcit* — čokoľvek; *karomi* — robí; *iti* — tak; *yuktaḥ* — v božskom vedomí; *manyeta* — uvažujúc; *tattva-vit* — ten, kto pozná pravdu; *paśyan* — pozerá; *śṛṇvan* — počúva; *spṛśan* — hmatá;

jighran — čuchá; *aśnan* — je; *gacchan* — pohybuje sa; *svapan* — spí; *śvasan* — dýcha; *pralapan* — hovorí; *visṛjan* — vylučuje; *gṛhṇan* — prijíma; *unmiṣan* — otvára; *nimiṣan* — zatvára; *api* — hoci; *indriyāṇi* — zmysly; *indriya-artheṣu* — zmyslovým pôžitkom; *vartante* — nech sú zamestnané; *iti* — takto; *dhārayan* — uvedomuje si.

Človek s božským vedomím vždy dobre vie, že vlastne nič nerobí, aj napriek tomu, že sa pozerá, počúva, hmatá, čuchá, je, pohybuje sa, spí, dýcha, hovorí, vylučuje, prijíma a otvára alebo zatvára oči. Uvedomuje si pritom, že sú to len hmotné zmysly, ktoré sa zaoberajú zmyslovými predmetmi, a že on je nad ne povznesený.

VÝZNAM: Život človeka odovzdaného Kṛṣṇovi je čistý, a preto nerobí žiadnu činnosť, ktorá je závislá od piatich bezprostredných a vzdialených faktorov, a to na vykonávateľovi, mieste, činnosti, snahe a šťastí. Je to kvôli tomu, že oddane a s láskou slúži Kṛṣṇovi. Aj keď sa zdá, že jeho zmysly a telo sú aktívne, je si vždy vedomý svojho pravého postavenia, čiže je duchovne činný. Človek s materialistickým vedomím používa zmysly pre vlastné potešenie, no človek s duchovným vedomím nepoužíva svoje zmysly na nič iné, než na potešenie Kṛṣṇových zmyslov. Preto Kṛṣṇov oddaný v skutočnosti nie je pripútaný, hoci sa môže zdať, že pri svojich činnostiach zmysly používa. Zmysly, ako je zrak a sluch, sú určené na získavanie poznania, zatiaľ čo reč, vylučovanie atď. sú zmysly určené na vykonávanie istej činnosti. Človeka vedomého si Kṛṣṇu nikdy neovplyvňujú činnosti zmyslov, a keďže vie, že je večným služobníkom Boha, nerobí nikdy nič, čo by netešilo Śrī Kṛṣṇu.

VERŠ 10

ब्रह्मण्याधाय कर्माणि सङ्गं त्यक्त्वा करोति यः ।
लिप्यते न स पापेन पद्मपत्रमिवाम्भसा ॥ १० ॥

brahmaṇy ādhāya karmāṇi saṅgaṁ tyaktvā karoti yaḥ
lipyate na sa pāpena padma-patram ivāmbhasā

brahmaṇi — Najvyššia Božská Osobnosť; *ādhāya* — prenechá; *karmāṇi* — všetky činy; *saṅgam* — pripútanosť; *tyaktvā* — zanechá; *karoti* — koná;

yaḥ — kto; *lipyate* — ovplyvnený; *na* — nikdy; *saḥ* — on; *pāpena* — hriech; *padma-patram* — list lotosu; *iva* — ako; *ambhasā* — voda.

Kto si koná svoju povinnosť bez lipnutia a plody svojej práce prenecháva Najvyššiemu Pánovi, toho sa nedotkne hriech, tak ako sa voda nedotkne lotosového listu.

VÝZNAM: Slovo *brahmaṇi* znamená „s vedomím Kṛṣṇu". Hmotný vesmír je totálnym prejavom troch kvalitatívnych zložiek hmotnej prírody, ktorý sa odborne nazýva *pradhāna*. *Vedske* hymny *sarvaṁ hy etad brahma* (*Māṇḍūkya Upaniṣad* 2), *tasmād etad brahma nāma-rūpam annaṁ ca jāyate* (*Muṇḍaka Upaniṣad* 1.2.10) a *mama yonir mahad brahma* (*Bhagavad-gītā* 14.3) naznačujú, že všetko v hmotnom svete je prejavom Brahmanu, a napriek tomu, že rôzne účinky sa prejavujú rozlične, neodlišujú sa od príčiny. V *Śrī Īśopaniṣade* sa hovorí, že všetko súvisí s Najvyšším Brahmanom alebo s Kṛṣṇom, a preto všetko patrí Jemu. Kto si dokonale uvedomuje, že všetko treba použiť v službe Śrī Kṛṣṇovi, pretože On je zvrchovaným vlastníkom a všetko patrí Jemu, nemá nič spoločné s následkami svojich činov, či už sú čestné alebo hriešne. Aj hmotné telo sa dá zapojiť do služby Pánovi, pretože je Božím darom určeným na rôzne činnosti. Kṛṣṇa v *Bhagavad-gīte* (3.30) hovorí: *mayi sarvāṇi karmāṇi sannyasya.* „Všetky svoje činy obetuj Mne." Z toho vyplýva, že človek, ktorý si nie je vedomý Kṛṣṇu, koná s pocitom, že on je hmotným telom a zmyslami, zatiaľ čo ten, kto má vedomie Kṛṣṇu, koná v súlade s poznaním, že telo je Kṛṣṇovym majetkom, a preto by malo byť použité v službe Jemu. Takého človeka nikdy neznečistia hriešne činy tak, ako sa list lotosu nenamočí, aj keď sa nachádza vo vode.

VERŠ 11

कायेन मनसा बुद्ध्या केवलैरिन्द्रियैरपि ।
योगिनः कर्म कुर्वन्ति सङ्गं त्यक्त्वात्मशुद्धये ॥ ११ ॥

kāyena manasā buddhyā kevalair indriyair api
yoginaḥ karma kurvanti saṅgaṁ tyaktvātma-śuddhaye

kāyena — telom; *manasā* — mysľou; *buddhyā* — inteligenciou; *kevalaiḥ* — očistené; *indriyaiḥ* — zmysly; *api* — aj; *yoginaḥ* — osoby vedomé si Kṛṣṇu;

karma — činy; *kurvanti* — konajú; *saṅgam* — pripútanosť; *tyaktvā* — zanechajú; *ātma* — seba; *śuddhaye* — aby sa očistili.

Yogīni, ktorí zanechali všetkej pripútanosti, konajú svoje činy telom, mysľou, inteligenciou a zmyslami len za účelom očisty.

VÝZNAM: Oddanou a láskyplnou službou, ktorej účelom je uspokojiť Kṛṣṇove zmysly, sa každá činnosť očisťuje od všetkých hmotných nečistôt, či už ju robíme telom, mysľou, inteligenciou alebo zmyslami. Činy človeka vedomého si Kṛṣṇu neprinášajú žiadne hmotné následky. Preto očistné činnosti, ktoré sa obyčajne nazývajú *sad-ācāra*, môžu byť jednoducho vykonávané činnosťami vo vedomí Kṛṣṇu. Śrīla Rūpa Gosvāmī to v *Bhakti-rasāmṛta-sindhu* (1.2.187) opisuje takto:

īhā yasya harer dāsye karmaṇā manasā girā
nikhilāsv apy avasthāsu jīvan-muktaḥ sa ucyate

„Človek používajúci svoje telo, myseľ, inteligenciu a reč v službe Kṛṣṇovi je oslobodený už v tomto hmotnom svete, aj keď sa jeho činy zdajú byť hmotnými." Je zbavený falošného ega, lebo sa nestotožňuje s hmotným telom a ani si nemyslí, že toto telo vlastní. Dobre vie, že on samotný patrí Kṛṣṇovi a že i jeho telo patrí Kṛṣṇovi. Vďaka tomu, že používa telo, myseľ, inteligenciu, reč, život, majetok a vlastne všetko v službe Kṛṣṇovi, sa s Ním ihneď spojí. Zbaví sa falošného ega, ktorého vplyvom si človek myslí, že je hmotným telom. To je dokonalosť vedomia Kṛṣṇu.

VERŠ 12

युक्तः कर्मफलं त्यक्त्वा शान्तिमाप्नोति नैष्ठिकीम् ।
अयुक्तः कामकारेण फले सक्तो निबध्यते ॥ १२ ॥

yuktaḥ karma-phalaṁ tyaktvā śāntim āpnoti naiṣṭhikīm
ayuktaḥ kāma-kāreṇa phale sakto nibadhyate

yuktaḥ — ten, kto oddane slúži; *karma-phalam* — plody všetkých činov; *tyaktvā* — zrieka sa; *śāntim* — dokonalý mier; *āpnoti* — dosiahne; *naiṣṭhikīm* — neochvejného; *ayuktaḥ* — ten, kto si nie je vedomý Kṛṣṇu; *kāma-kāreṇa* — pre pôžitok z výsledkov činov; *phale* — po plodoch; *saktaḥ* — lipne; *nibadhyate* — je pripútaný.

Duša pevne zakotvená v oddanosti dosiahne trvalý mier, lebo Mi obetuje plody svojich činov, zatiaľ čo človek, ktorý nie je spojený s Božstvom a je chamtivý po plodoch svojich činov, sa zapletie.

VÝZNAM: Rozdiel medzi človekom vedomým si Kṛṣṇu a človekom pohrúženým v telesnom vedomí je ten, že prvý z nich je pripútaný ku Kṛṣṇovi, zatiaľ čo druhý je pripútaný k plodom svojich činov. Kto je pripútaný ku Kṛṣṇovi a všetko robí pre Jeho potešenie, je zaiste oslobodený a netúži po plodoch svojich činov. V *Śrīmad-Bhāgavatame* sa vysvetľuje, že obavy z výsledkov našich činností sú spôsobené konaním pod dojmom duality, teda bez poznania Absolútnej Pravdy, Kṛṣṇu, Najvyššej Božskej Osobnosti. V duchovnom živote však nejestvujú žiadne protiklady. Všetko je výtvorom Kṛṣṇovej energie a Kṛṣṇa je absolútne dobrý. Preto všetky činnosti spojené s Kṛṣṇom majú absolútnu povahu, sú transcendentálne a neprinášajú nijaké hmotné následky; a ten, kto ich vykonáva, je naplnený mierom. Naopak človek zapletený vo vypočítávaní zisku pre zmyslový pôžitok nikdy pokoj nedosiahne. To je tajomstvo vedomia Kṛṣṇu — poznanie, že nič neexistuje okrem Kṛṣṇu je základom mieru a nebojácnosti.

VERŠ 13

सर्वकर्माणि मनसा सन्न्यस्यास्ते सुखं वशी ।
नवद्वारे पुरे देही नैव कुर्वन्न कारयन् ॥ १३ ॥

sarva-karmāṇi manasā sannyasyāste sukhaṁ vaśī
nava-dvāre pure dehī naiva kurvan na kārayan

sarva — všetkých; *karmāṇi* — činov; *manasā* — v mysli; *sannyasya* — vzdať sa; *āste* — zostáva; *sukham* — v šťastí; *vaśī* — tá, ktorá sa ovláda; *nava-dvāre* — na mieste s deviatimi bránami; *pure* — v meste; *dehī* — vtelená duša; *na* — nikdy; *eva* — istotne; *kurvan* — koná; *na* — nie; *kārayan* — podnecuje.

Vtelená bytosť, ktorá ovláda svoju povahu a v mysli sa vzdáva všetkých činov, šťastne prebýva v meste s deviatimi bránami (v hmotnom tele), nič nekoná a ani k činom nepobáda.

VÝZNAM: Vtelená duša sídli v meste s deviatimi bránami. Činnosti tela sú automaticky riadené tromi kvalitami hmotnej prírody. Aj keď je duša podriadená podmienkam tela, môže sa vlastnou vôľou dostať mimo tieto podmienky, pokiaľ si to praje. Trpí len preto, že zabudla na svoju vyššiu povahu a stotožňuje sa s hmotným telom. Obnovením vedomia Kṛṣṇu môže znovu nadobudnúť svoje pôvodné postavenie a dostať sa tak zo svojej telesnej schránky. Od chvíle, keď človek začne oddane slúžiť Kṛṣṇovi s mysľou na Neho uprenou, sa okamžite povyšuje nad všetky telesné činnosti. Kto si takto usporiada svoj život a zmení spôsob svojho počínania, žije šťastne v meste s deviatimi bránami, ktoré sú vo *Śvetāśvatara Upaniṣade* (3.18) opísané takto:

nava-dvāre pure dehī haṁso lelāyate bahiḥ
vaśī sarvasya lokasya sthāvarasya carasya ca

„Najvyššia Božská Osobnosť, sídliaca v tele každej živej bytosti, ovláda všetky živé bytosti v celom vesmíre. Telo má deväť brán (dve oči, dve nosné dierky, dve uši, ústa, konečník a pohlavný orgán). Živá bytosť sa v podmienenom stave stotožňuje s telom, ale ak sa stotožňuje s Pánom sídliacim vo svojom vnútri, bude už v tomto tele slobodná, rovnako ako Pán.“ Takže človeka vedomého si Kṛṣṇu neovplyvňujú činnosti tela — vnútorné, ani vonkajšie.

VERŠ 14

न कर्तृत्वं न कर्माणि लोकस्य सृजति प्रभुः ।
न कर्मफलसंयोगं स्वभावस्तु प्रवर्तते ॥ १४ ॥

na kartṛtvaṁ na karmāṇi lokasya sṛjati prabhuḥ
na karma-phala-saṁyogaṁ svabhāvas tu pravartate

na — nikdy; *kartṛtvam* — vlastníctvo; *na* — ani; *karmāṇi* — činy; *lokasya* — ľudia; *sṛjati* — tvorí; *prabhuḥ* — pán tela; *na* — ani; *karma-phala* — následky činov; *saṁyogam* — spojenie; *svabhāvaḥ* — tri kvality hmotnej prírody; *tu* — ale; *pravartate* — koná.

Vtelená duša ovládajúca telo nevytvára činy ani ich plody a ani k činom nikoho nepobáda. To všetko spôsobujú tri kvality hmotnej prírody.

VÝZNAM: Živá bytosť má rovnakú povahu ako Boh, ale odlišuje sa od hmoty, Pánovej nižšej energie, čo bude vysvetlené v siedmej kapitole. Živá bytosť, ktorá je vyššej povahy, je z nejakej príčiny už odnepamäti v styku s hmotnou prírodou. Dočasné telo alebo hmotný príbytok, ktorý dostala, je výsledkom jej rôznych činov a ich následkov. Živá bytosť trpí následkami činností tela, pretože sa kvôli svojej nevedomosti s telom stotožňuje; v takej podmienenej atmosfére žije už odnepamäti. Len čo sa však povznesie nad činnosti tela, oslobodí sa od ich následkov. Kým sa nachádza v telesnej schránke, ktorá je prirovnávaná k mestu, zdá sa, že je jej pánom, ale v skutočnosti nie je ani jej majiteľom, ani neovláda jej činy a ich následky. Živá bytosť sa nachádza uprostred hmotného oceánu a zápasí o svoju existenciu. Vlny ňou pohadzujú a ona ich nie je schopná ovládnuť. Najlepším riešením, ako sa dostať z tohto rozbúreného mora, je transcendentálne vedomie Kṛṣṇu. Ono jediné nás ochráni pred celým tým zmätkom.

VERŠ 15

नादत्ते कस्यचित्पापं न चैव सुकृतं विभुः ।
अज्ञानेनावृतं ज्ञानं तेन मुह्यन्ति जन्तवः ॥ १५ ॥

nādatte kasyacit pāpaṁ na caiva sukṛtaṁ vibhuḥ
ajñānenāvṛtaṁ jñānaṁ tena muhyanti jantavaḥ

na — nikdy; *ādatte* — prijíma; *kasyacit* — niekoho; *pāpam* — hriech; *na* — ani; *ca* — tiež; *eva* — určite; *su-kṛtam* — zbožné činy; *vibhuḥ* — Najvyšší Pán; *ajñānena* — nevedomosťou; *āvṛtam* — zakryté; *jñānam* — poznanie; *tena* — tým; *muhyanti* — sú zmätené; *jantavaḥ* — živé bytosti.

Ani Najvyšší Pán sa nezúčastňuje zbožných či hriešnych činov, nech ich vykonal hocikto. Vtelené bytosti sú však zmätené nevedomosťou, ktorá zakrýva ich pravé poznanie.

VÝZNAM: Sanskṛtské slovo *vibhu* sa vzťahuje na Najvyššieho Pána, ktorý má neobmedzené vedomosti, bohatstvo, silu, slávu, krásu a odriekanie. Je vždy spokojný sám v Sebe a nikdy Ho neovplyvňujú hriešne či zbožné činnosti. Nevytvára nijaké osobitné situácie pre žiadnu živú bytosť. Živá bytosť pomýlená nevedomosťou si však praje žiť v určitých životných podmienkach, čo tvorí počiatok reťazca činov a ich následkov. Živá bytosť má duchovnú povahu a dokonalé poznanie. Napriek tomu však môže podľahnúť nevedomosti, lebo jej moc je obmedzená. Pán je všemocný, no živá bytosť všemocná nie je. Najvyšší Pán je vševedúci (*vibhu*), zatiaľ čo živá bytosť je nepatrná (*aṇu*). A keďže je to živá duša, má slobodu túžiť. Jej žiadosti môže splniť všemohúci Pán. Keď má živá bytosť zmätené túžby, Pán jej umožní, aby sa jej želania splnili, pričom On sám nenesie žiadnu zodpovednosť za činy a následky, ktoré sa v takýchto prípadoch dostavia. Vtelená duša sa kvôli svojej nevedomosti stotožňuje s dočasným hmotným telom a je podmienená pominuteľným radostiam a strastiam života. Pán je v podobe Paramātmy alebo Nadduše večným sprievodcom živej bytosti, a preto rozumie želaniam jednotlivých duší tak, ako môžeme cítiť vôňu kvetu, keď sme blízko neho. Túžba je jemnou podobou podmienenosti živej bytosti a Pán plní jej túžby podľa zásluhy. Príslovie hovorí: „Človek mieni a Boh mení." Individuálna duša teda nie je všemocná v plnení svojich túžob. Boh však môže splniť všetky želania, a pretože je nestranný, nemieša sa do želaní minimálne nezávislých živých bytostí. Keď človek túži po Kṛṣṇovi, venuje mu Pán osobitnú pozornosť a povzbudzuje jeho túžbu tak, aby Ho mohol dosiahnuť a bol navždy šťastný. *Vedske* hymny hovoria: *eṣa u hy eva sādhu karma kārayati taṁ yam ebhyo lokebhya unninīṣate eṣa u evāsādhu karma kārayati yam adho ninīṣate.* „Pán dovoľuje živým bytostiam vykonávať zbožné činy, aby sa mohli povzniesť. A takisto je to On, kto im dovolí konať hriešne, aby sa mohli dostať do pekla." (*Kauṣītakī Upaniṣad* 3.8)

ajño jantur anīśo 'yam   ātmanaḥ sukha-duḥkhayoḥ
īśvara-prerito gacchet   svargaṁ vāśv abhram eva ca

„Živá bytosť je úplne závislá, čo sa týka jej šťastia a nešťastia. Vôľou Najvyššieho sa môže dostať do neba alebo do pekla tak, ako vietor poháňa oblaky."

Vtelená duša si kvôli svojmu dávnemu želaniu, vyhnúť sa vedomiu Kṛṣṇu, sama spôsobuje nevedomosť. Hoci je vo svojej povahe večná, blažená a plná poznania, pre svoju nepatrnosť zabúda na svoje prirodzené postavenie, na to, že má slúžiť Pánovi, a tak sa nechá viesť nevedomosťou. Z nevedomosti potom vyhlasuje, že Boh je zodpovedný za jej podmienenú existenciu. Vo *Vedānta-sūtre* (2.1.34) je to potvrdené slovami: *vaiṣamya-nairghṛṇye na sāpekṣatvāt tathā hi darśayati.* „Pán k nikomu nechová nenávisť ani obľubu, hoci sa to niekedy môže zdať."

VERŠ 16

ज्ञानेन तु तदज्ञानं येषां नाशितमात्मनः ।
तेषामादित्यवज्ज्ञानं प्रकाशयति तत्परम् ॥ १६ ॥

jñānena tu tad ajñānaṁ yeṣāṁ nāśitam ātmanaḥ
teṣām āditya-vaj jñānaṁ prakāśayati tat param

jñānena — poznanie; *tu* — však; *tat* — táto; *ajñānam* — nevedomosť; *yeṣām* — ktorá; *nāśitam* — je rozptýlená; *ātmanaḥ* — živej bytosti; *teṣām* — ním; *āditya-vat* — ako vychádzajúce slnko; *jñānam* — poznanie; *prakāśayati* — zjavuje sa; *tat param* — vedomie Kṛṣṇu.

Keď je však človek osvietený poznaním, ktoré rozptýlilo nevedomosť, potom toto poznanie odhalí všetko tak, ako je za bieleho dňa všetko ožiarené slnkom.

VÝZNAM: Tí, čo zabudli na Kṛṣṇu, žijú zaiste v ilúzii, no tí, ktorí majú vedomie Kṛṣṇu, do ilúzie nikdy neupadnú. To je potvrdené na niekoľkých miestach v *Bhagavad-gīte* (4.36-38): *sarvaṁ jñāna-plavena, jñānāgniḥ sarva-karmāṇi* a *na hi jñānena sadṛśam.* Poznanie je vždy hodnotené vysoko. Čo je vlastne poznanie? Dokonalé poznanie môžeme dosiahnuť iba vtedy, keď sa odovzdáme Kṛṣṇovi, ako je popísané v 19. verši v siedmej kapitole *Bhagavad-gīty*: *bahūnāṁ janmanām ante jñānavān māṁ prapadyate.* Keď sa človek po mnohých zrodeniach s dokonalým poznaním odovzdá Kṛṣṇovi, čiže keď si uvedomí Kṛṣṇu, všetko sa mu odhalí tak, ako vo dne všetko odhaľuje Slnko. Živá bytosť je pomýlená rôznymi spôsobmi. Keď si myslí, že ona sama je Boh, upadla vlastne do poslednej nástrahy nevedomosti. Ak je živá bytosť Bohom, ako sa mohla nechať omámiť nevedomosťou? Môže byť Boh omámený nevedomosťou? Ak áno, potom by nevedomosť alebo Satan, bola silnejšia než Boh. Pravé poznanie možno získať od osoby, ktorá má dokonalé vedomie Kṛṣṇu. Preto musíme vyhľadať pravého duchovného učiteľa a pod jeho vedením sa učiť slúžiť s láskou a oddanosťou Śrī Kṛṣṇovi. Duchovný učiteľ dokáže zahnať všetku nevedomosť tak, ako Slnko zaháňa tmu.

Človek si môže byť dokonale vedomý toho, že nie je toto telo a že je voči nemu transcendentálny, no napriek tomu si nemusí uvedomovať rozdiel medzi dušou a Naddušou. Môže sa ale naučiť poznať Boha a svoj vzťah k Nemu, keď vyhľadá útočisko u pravého duchovného učiteľa, ktorý si je vedomý Kṛṣṇu. Vzťah ku Kṛṣṇovi môžeme spoznať jedine s pomocou Jeho predstaviteľa. Predstaviteľ Boha o sebe nikdy netvrdí, že je Boh, i keď mu kvôli jeho znalostiam o Bohu vzdávame rovnakú úctu ako samotnému Bohu. Musíme sa teda naučiť, aký je rozdiel medzi Bohom a živou bytosťou. V druhej kapitole, v dvanástom verši Kṛṣṇa vysvetľuje, že každá živá bytosť je jednotlivec tak ako Pán. Všetci boli v minulosti jednotlivcami, sú nimi teraz a zostanú nimi aj v budúcnosti po vyslobodení. V nočnej tme vidíme všetko rovnako, ale vo dne, keď vyjde slnko, vidíme všetko v skutočnej podobe. Porozumieť individuálnej totožnosti v duchovnom živote je pravé poznanie.

VERŠ 17

तद्बुद्धयस्तदात्मानस्तन्निष्ठास्तत्परायणाः ।
गच्छन्त्यपुनरावृत्तिं ज्ञाननिर्धूतकल्मषाः ॥ १७ ॥

tad-buddhayas tad-ātmānas tan-niṣṭhās tat-parāyaṇāḥ
gacchanty apunar-āvṛttiṁ jñāna-nirdhūta-kalmaṣāḥ

tat-buddhayaḥ — tí, ktorých inteligencia je spätá s Najvyšším; *tat-ātmānaḥ* — tí, ktorých myseľ je spätá s Najvyšším; *tat-niṣṭhāḥ* — tí, ktorých viera patrí len Najvyššiemu; *tat-parāyaṇāḥ* — tí, čo majú najvyššie útočisko u Najvyššieho; *gacchanti* — idú; *apunaḥ-āvṛttim* — k vyslobodeniu; *jñāna* — poznanie; *nirdhūta* — očisťuje; *kalmaṣāḥ* — pochybnosti.

Tí, ktorých myseľ, viera a inteligencia sú uprené na Najvyššieho a ktorí hľadajú u Neho útočisko, sa dokonalým poznaním celkom očistia od všetkých pochybností, a takto kráčajú cestou oslobodenia.

VÝZNAM: Najvyššia Transcendentálna Pravda je Śrī Kṛṣṇa. Celá *Bhagavad-gītā* smeruje k tomu, aby potvrdila, že Śrī Kṛṣṇa je Najvyššia Božská Osobnosť. Tento záver nájdeme vo všetkých *vedskych* knihách. Slovo *para-tattva* znamená Najvyššia Skutočnosť, ktorú znalci Najvyššieho nazývajú Brahman, Paramātmā a Bhagavān. Bhagavān alebo Najvyššia Božská Osobnosť je najvyšším aspektom Absolútnej Pravdy. Nič Ho neprevyšuje. Kṛṣṇa hovorí: *mattaḥ parataraṁ nānyat kiñcid asti dhanañjaya* (*Bhagavad-gītā* 7.7). Takisto neosobný Brahman je podriadený Kṛṣṇovi, ako je potvrdené v *Bhagavad-gīte* (14.27): *brahmaṇo hi pratiṣṭhāham.* Preto je Kṛṣṇa v každom ohľade najvyššou skutočnosťou. Ten, ktorého myseľ, viera, inteligencia a útočisko sú vždy pri Kṛṣṇovi, inými slovami ten, kto si je plne vedomý Kṛṣṇu, je zaiste očistený od všetkých pochybností a má dokonalé vedomosti o všetkom, čo sa týka transcendencie. Taký Kṛṣṇu si vedomý človek vie, že je totožný s Kṛṣṇom, a zároveň sa od Neho odlišuje. S takýmto transcendentálnym poznaním môže robiť stály pokrok na ceste k oslobodeniu.

VERŠ 18

विद्याविनयसम्पन्ने ब्राह्मणे गवि हस्तिनि ।
शुनि चैव श्वपाके च पण्डिताः समदर्शिनः ॥ १८ ॥

vidyā-vinaya-sampanne brāhmaṇe gavi hastini
śuni caiva śva-pāke ca paṇḍitāḥ sama-darśinaḥ

vidyā—učený; *vinaya*—pokorný; *sampanne*—plne obdarovaný; *brāhmaṇe*—v *brāhmaṇovi; gavi*—v krave; *hastini*—v slonovi; *śuni*—v psovi; *ca*—a; *eva*—istotne; *śva-pāke*—v pojedačovi psov (bezkastovný); *ca*—dokonca aj v; *paṇḍitāḥ*—tí, ktorí sú múdri; *sama-darśinaḥ*—vidia jedno a to isté.

Vďaka správnemu poznaniu vidia múdri v učenom a pokornom brāhmaṇovi, v krave, v slonovi, v psovi a v pojedačovi psov jedno a to isté.

VÝZNAM: Človek vedomý si Kṛṣṇu nerobí žiadne rozdiely medzi kastami a živočíšnymi druhmi. *Brāhmaṇa* a bezkastovný sa môžu zo sociálneho hľadiska odlišovať a aj pes, krava a slon patria do odlišných živočíšnych druhov, ale tieto telesné rozdiely sú pre múdreho transcendentalistu bezvýznamné. Vidí, že všetky živé bytosti majú vzťah k Najvyššiemu, lebo Najvyšší Pán je prítomný v srdciach všetkých v podobe Paramātmy. Toto je pravé poznanie. Aj keď sa telá živých bytostí odlišujú, Pán sa k nim chová láskavo a priateľsky. Hoci sa živé bytosti nachádzajú v rôznych životných podmienkach, Pán sa k nim stavia vždy ako Paramātmā a je prítomný v srdci bezkastovného i v srdci *brāhmaṇa*, aj keď ich telá nie sú rovnaké. Hmotné telá sú výtvorom rôznych kvalít hmotnej prírody, ale duša a Nadduša majú rovnakú duchovnú povahu. Rovnaké sú však iba v kvalite, nie v kvantite. Individuálna duša je prítomná len v jednom určitom tele, jej vedomie sa obmedzuje len na jej telo, zatiaľ čo Paramātmā je prítomná vo všetkých telách a je si vedomá všetkých tiel bez výnimky. Človek vedomý si Kṛṣṇu toto všetko dokonale vie, a preto je naozaj učený a na všetky tvory hľadí rovnako. Podobnosť povahy duše a Nadduše spočíva v tom, že obidve sú vedomé, večné a blažené. Rozdiel je však v tom, že individuálna duša je vedomá v ohraničenej oblasti jedného tela, zatiaľ čo Nadduša si je vedomá všetkých tiel. Nadduša je prítomná vo všetkých telách bez rozdielu.

VERŠ 19

इहैव तैर्जितः सर्गो येषां साम्ये स्थितं मनः ।
निर्दोषं हि समं ब्रह्म तस्माद्ब्रह्मणि ते स्थिताः ॥ १९ ॥

ihaiva tair jitaḥ sargo yeṣāṁ sāmye sthitaṁ manaḥ
nirdoṣaṁ hi samaṁ brahma tasmād brahmaṇi te sthitāḥ

iha — v tomto živote; *eva* — istotne; *taiḥ* — tí; *jitaḥ* — prekonali; *sargaḥ* — narodenie a smrť; *yeṣām* — ktorých; *sāmye* — v jednote; *sthitam* — zotrváva; *manaḥ* — myseľ; *nirdoṣam* — zbavení chýb; *hi* — určite; *samam* — v jednote; *brahma* — ako Najvyšší; *tasmāt* — preto; *brahmaṇi* — v Najvyššom; *te* — oni; *sthitāḥ* — zotrvávajú.

Tí, ktorých myseľ zotrváva v rovnováhe a v harmónii, prekonali už zrodenie a smrť. Sú bezchybní ako Brahman, a preto už zotrvávajú v Brahmane.

VÝZNAM: Vyrovnaná myseľ je znamením sebarealizácie. To už bolo povedané vyššie. Tých, čo naozaj dosiahli toto štádium, treba považovať za osoby, ktoré prekonali hmotné podmienky, predovšetkým narodenie a smrť. Kým sa človek stotožňuje s telom, je pokladaný za podmienenú dušu. Len čo sa však povýši realizovaním svojho „ja" na úroveň vyrovnanosti, vyslobodí sa z podmieneného života. Inými slovami, taký človek sa nemusí opäť narodiť v hmotnom svete, ale po smrti vstúpi do duchovného sveta. Pán nemá žiadnu chybu, pretože je zbavený pripútanosti a nenávisti. Takisto bude aj živá bytosť bez chyby a hodná vstupu do duchovného sveta, len čo sa zbaví lipnutia a nenávisti. Také osoby treba pokladať za oslobodené a ich vlastnosti sú opísané v ďalšom verši.

VERŠ 20

न प्रहृष्येत्प्रियं प्राप्य नोद्विजेत्प्राप्य चाप्रियम् ।
स्थिरबुद्धिरसम्मूढो ब्रह्मविद्ब्रह्मणि स्थितः ॥ २० ॥

na prahṛṣyet priyaṁ prāpya nodvijet prāpya cāpriyam
sthira-buddhir asammūḍho brahma-vid brahmaṇi sthitaḥ

na — nikdy; *prahṛṣyet* — raduje sa; *priyam* — príjemné; *prāpya* — keď dosiahne; *na* — nie je; *udvijet* — rozrušený; *prāpya* — získaním; *ca* — tiež; *apriyam* — nepríjemné; *sthira-buddhiḥ* — s neochvejnou inteligenciou; *asammūḍhaḥ* — nie je pomýlený; *brahma-vit* — ten, kto má dokonalé poznanie o Najvyššom; *brahmaṇi* — v transcendencii; *sthitaḥ* — zotrváva.

Človek, ktorý sa neraduje, keď dosiahne niečo príjemné, a ani ho nerozruší, keď ho zastihne niečo nepríjemné, ktorý má neochvejnú inteligenciu, nie je pomýlený a pozná vedu o Bohu, už zotrváva v transcendencii.

VÝZNAM: Tu sú opísané vlastnosti sebarealizovaného človeka. Prvou vlastnosťou je, že taký človek nestotožňuje svoje telo s pravým „ja". Dobre vie, že nie je telo, ale čiastočka Najvyššej Božskej Osobnosti. Preto sa neraduje, keď dosiahne niečo príjemné, a ani nežiali, keď stratí niečo, čo sa vzťahuje k jeho telu. Takáto vyrovnanosť mysle sa volá *sthira-buddhi* alebo neochvejná inteligencia. Preto nikdy mylne nestotožňuje dušu s hmotným telom, ktoré nepovažuje za večné a vždy berie do úvahy existenciu duše. Toto poznanie ho povyšuje na úroveň poznania celej náuky o Absolútnej Pravde, teda Brahmane, Paramātmy a Bhagavāna. A tak veľmi dobre vie, aké je jeho prirodzené postavenie a nesnaží sa vyrovnať Bohu v každom ohľade. To sa nazýva realizácia Brahmanu alebo sebarealizácia. A takéto pevné vedomie sa nazýva vedomie Kṛṣṇu.

VERŠ 21

बाह्यस्पर्शेष्वसक्तात्मा विन्दत्यात्मनि यत्सुखम् ।
स ब्रह्मयोगयुक्तात्मा सुखमक्षयमश्नुते ॥ २१ ॥

bāhya-sparśeṣv asaktātmā vindaty ātmani yat sukham
sa brahma-yoga-yuktātmā sukham akṣayam aśnute

bāhya-sparśeṣu — vonkajší zmyslový pôžitok; *asakta-ātmā* — kto nie je priťahovaný; *vindati* — teší sa; *ātmani* — v „ja“; *yat* — ktorého; *sukham* — šťastie; *saḥ* — on; *brahma-yoga* — sústredený na Najvyššieho; *yukta-ātmā* — spojený s „ja“; *sukham* — blaženosť; *akṣayam* — bezmedzne; *aśnute* — teší sa.

Takýto oslobodený človek nie je priťahovaný k hmotnému zmyslovému pôžitku, ale je vždy v tranze, zažívajúc radosť vo svojom vnútri. Takto sa raduje z bezmedznej blaženosti, pretože je sústredený na Najvyššieho.

VÝZNAM: Veľký oddaný Śrī Yamunācārya povedal:

yad-avadhi mama cetaḥ kṛṣṇa-padāravinde
nava-nava-rasa-dhāmany udyataṁ rantum āsīt
tad-avadhi bata nārī-saṅgame smaryamāne
bhavati mukha-vikāraḥ suṣṭhu niṣṭhīvanaṁ ca

„Od tej chvíle, čo som začal s láskou a oddanosťou slúžiť Kṛṣṇovi, prežívam s Ním nové a nové radosti a vždy, keď si spomeniem na sexuálny pôžitok, odpľujem si nad touto myšlienkou a moje ústa sa skrivia znechutením.“ Človek, ktorý sa venuje *brahma-yoge* — vedomiu Kṛṣṇu, je taký zaujatý láskyplnou službou Pánovi, že úplne stráca záujem o zmyslový pôžitok. Pohlavný pôžitok je najvyšším hmotným pôžitkom, ktorého magickým vplyvom sa hýbe celý svet, a materialista nedokáže pracovať bez tejto motivácie. No človek oddane slúžiaci Kṛṣṇovi môže pracovať s väčšou energiou bez sexuálneho pôžitku, ktorému sa vyhýba. To je skúška duchovnej realizácie. Duchovný život a sexuálny pôžitok nejdú dohromady. Vyslobodenú dušu, osobu vedomú si Kṛṣṇu, neláka žiadny zmyslový pôžitok.

VERŠ 22

ये हि संस्पर्शजा भोगा दुःखयोनय एव ते ।
आद्यन्तवन्तः कौन्तेय न तेषु रमते बुधः ॥ २२ ॥

ye hi saṁsparśa-jā bhogā duḥkha-yonaya eva te
ādy-antavantaḥ kaunteya na teṣu ramate budhaḥ

ye — oni; *hi* — nepochybne; *saṁsparśa-jāḥ* — stykom s hmotnými zmyslami; *bhogāḥ* — pôžitok; *duḥkha* — strasti; *yonayaḥ* — zdrojom; *eva* — istotne; *te* — sú; *ādi* — počiatok; *anta* — koniec; *vantaḥ* — podliehajú; *kaunteya* — ó, syn Kuntī; *na* — nikdy; *teṣu* — v nich; *ramate* — nachádza potešenie; *budhaḥ* — múdry.

Inteligentný človek sa nepodieľa na zdrojoch strastí, ktoré sú vďaka styku s hmotnými zmyslami. Také pôžitky majú počiatok i koniec, ó, syn Kuntī, a múdry v nich nenachádza potešenie.

VÝZNAM: Hmotné zmyslové pôžitky prichádzajú kvôli styku dočasných hmotných zmyslov s dočasnými zmyslovými predmetmi. Oslobodené duše sa však nezaujímajú o to, čo nie je večné. Ako by sa mohli oddávať falošnej radosti, keď dobre poznajú radosť z transcendentálneho života? V *Padma Purāṇe* sa uvádza:

ramante yogino 'nante satyānande cid-ātmani
iti rāma-padenāsau paraṁ brahmābhidhīyate

„Transcendentalisti prežívajú neobmedzenú duchovnú radosť z Absolútnej Pravdy, a preto je Absolútna Pravda, Najvyššia Božská Osobnosť, známa aj pod menom Rāma."

Aj v *Śrīmad-Bhāgavatame* (5.5.1) sa píše:

nāyaṁ deho deha-bhājāṁ nṛ-loke
kaṣṭān kāmān arhate viḍ-bhujāṁ ye
tapo divyaṁ putrakā yena sattvaṁ
śuddhyed yasmād brahma-saukhyaṁ tv anantam

„Moji milí synovia, človek nemusí ťažko pracovať, len aby uspokojil zmysly, pretože zmyslový pôžitok je dostupný aj sviniam, ktoré jedia výkaly. V tomto živote by ste mali činiť pokánie, aby ste očistili svoju existenciu a dosiahli tak večný a blažený život."

Pravých *yogīnov* alebo učených transcendentalistov nepriťahujú zmyslové pôžitky, lebo sú príčinou pokračovania hmotného bytia. Čím viac sa človek oddáva hmotným pôžitkom, tým viac sa zaplieta do strastí hmotného sveta.

VERŠ 23

शक्नोतीहैव यः सोढुं प्राक्शरीरविमोक्षणात् ।
कामक्रोधोद्भवं वेगं स युक्तः स सुखी नरः ॥ २३ ॥

śaknotīhaiva yaḥ soḍhuṁ prāk śarīra-vimokṣaṇāt
kāma-krodhodbhavaṁ vegaṁ sa yuktaḥ sa sukhī naraḥ

śaknoti — dokáže; *iha eva* — v tomto tele; *yaḥ* — ten, kto; *soḍhum* — čeliť; *prāk* — skôr; *śarīra* — telo; *vimokṣaṇāt* — opustí; *kāma* — túžby; *krodha* — hnev; *udbhavam* — pochádza z; *vegam* — popud; *saḥ* — on; *yuktaḥ* — v tranze; *saḥ* — on; *sukhī* — šťastný; *naraḥ* — človek.

Kto dokáže čeliť popudom hmotných zmyslov a odolávať náporom túžob a hnevu skôr, než opustí telo, je v tomto svete správne umiestnený a šťastný.

VÝZNAM: Ak chce človek pevne a s istotou postupovať na ceste sebarealizácie, musí sa snažiť ovládať nátlak hmotných zmyslov. Ten, kto dokáže ovládať reč, hnev, myseľ, žalúdok, genitálie a jazyk, sa nazýva *gosvāmī* alebo *svāmī*. Takéto osobnosti vedú zdržanlivý život a plne ovládajú popudy zmyslov. Z neuspokojenia hmotných žiadostí pochádza hnev, čo dráždi myseľ, oči a hruď. Preto sa ich človek musí naučiť ovládať skôr, než opustí toto telo. Ten, kto to dokáže, je považovaný za sebarealizovaného a je v tomto stave šťastný. Povinnosťou transcendentalistu je snažiť sa neustále ovládať žiadosti a hnev.

VERŠ 24

योऽन्तःसुखोऽन्तरारामस्तथान्तर्ज्योतिरेव यः ।
स योगी ब्रह्मनिर्वाणं ब्रह्मभूतोऽधिगच्छति ॥ २४ ॥

yo 'ntaḥ-sukho 'ntar-ārāmas tathāntar-jyotir eva yaḥ
sa yogī brahma-nirvāṇaṁ brahma-bhūto 'dhigacchati

yaḥ — ten, kto; *antaḥ-sukhaḥ* — šťastný vo svojom vnútri; *antaḥ-ārāmaḥ* — aktívny a radostný vo svojom vnútri; *tathā* — ako aj; *antaḥ-jyotiḥ* — upriamený do vnútra; *eva* — určite; *yaḥ* — hocikto; *saḥ* — on; *yogī* — mystik; *brahma-nirvāṇam* — oslobodenie na úrovni Najvyššieho; *brahma-bhūtaḥ* — sebarealizovaný; *adhigacchati* — dosiahne.

Ten, kto je vo svojom vnútri blažený, kto je aktívny a radostný vo svojom vnútri a kto je upriamený do svojho vnútra, je skutočne dokonalým mystikom. Je oslobodený na úrovni Najvyššieho a nakoniec dosiahne Najvyššieho.

VÝZNAM: Dokým človek nedokáže vychutnávať šťastie vo svojom vnútri, nemôže prestať vyhľadávať vonkajší povrchný pôžitok. Oslobodený človek prežíva skutočné šťastie. Preto môže sedieť hocikde a tešiť sa z činností života vo svojom vnútri. Takýto oslobodený človek prestal túžiť po vonkajšom hmotnom šťastí. Tento stav sa volá *brahma-bhūta* a len čo ho človek dosiahne, vráti sa späť domov, späť k Bohu.

VERŠ 25

लभन्ते ब्रह्मनिर्वाणमृषयः क्षीणकल्मषाः ।
छिन्नद्वैधा यतात्मानः सर्वभूतहिते रताः ॥ २५ ॥

labhante brahma-nirvāṇam ṛṣayaḥ kṣīṇa-kalmaṣāḥ
chinna-dvaidhā yatātmānaḥ sarva-bhūta-hite ratāḥ

labhante — dosiahnuť; *brahma-nirvāṇam* — vyslobodenie na úrovni Najvyššieho; *ṛṣayaḥ* — tí, ktorí sú činní vo svojom vnútri; *kṣīṇa-kalmaṣāḥ* — ktorí sú zbavení všetkých hriechov; *chinna* — rozťali; *dvaidhāḥ* — dualita; *yata-ātmānaḥ* — zapojení do sebarealizácie; *sarva-bhūta* — pre všetky živé bytosti; *hite* — pre blaho; *ratāḥ* — zapojený.

Vyslobodenie na úrovni Najvyššieho dosiahnu tí, ktorí sú mimo dualít prameniacich z pochybností, ktorí sú zbavení hriechu, vždy konajú pre blaho všetkých bytostí a ktorých myseľ je obrátená dovnútra.

VÝZNAM: Iba o človeku, ktorý si je plne vedomý Kṛṣṇu, sa dá povedať, že koná pre blaho všetkých bytostí. Kto naozaj vie, že Kṛṣṇa je zdrojom všetkého, a podľa toho aj koná, pracuje pre všetkých. Strasti ľudstva majú svoj pôvod v zabudnutí na Śrī Kṛṣṇu; zabúdame, že všetko tu je pre Jeho potešenie, že všetko patrí Jemu a že On je najlepším priateľom všetkých. Prebúdzať toto vedomie v celej ľudskej spoločnosti je tá najprospešnejšia činnosť. Nemôžeme sa však zapojiť do tejto najdôležitejšej blahodárnej práce, ak sme ešte nedosiahli vyslobodenie na úrovni Najvyššieho. Jedine človek vedomý si Kṛṣṇu nepochybuje o Jeho zvrchovanosti, lebo je úplne zbavený všetkých hriechov. To je stav božskej lásky.

Kto usiluje iba o hmotný blahobyt ľudskej spoločnosti, v skutočnosti nikomu nepomôže. Dočasné zmiernenie utrpenia tela a mysle nestačí. Skutočnou príčinou našich problémov v ťažkom zápase o existenciu je zabudnutie na náš vzťah k Najvyššiemu Pánovi. Len čo si človek plne uvedomí svoj vzťah ku Kṛṣṇovi, je v skutočnosti oslobodenou dušou, hoci sa nachádza v hmotnej schránke.

VERŠ 26

कामक्रोधविमुक्तानां यतीनां यतचेतसाम् ।
अभितो ब्रह्मनिर्वाणं वर्तते विदितात्मनाम् ॥ २६ ॥

kāma-krodha-vimuktānāṁ yatīnāṁ yata-cetasām
abhito brahma-nirvāṇaṁ vartate viditātmanām

kāma — od túžob; *krodha* — a hnevu; *vimuktānām* — tí, ktorí sú vyslobodení; *yatīnām* — svätci; *yata-cetasām* — ktorí celkom ovládajú svoju myseľ; *abhitaḥ* — majú v blízkej budúcnosti zaistené; *brahma-nirvāṇam* — vyslobodenie na úrovni Najvyššieho; *vartate* — je; *vidita-ātmanām* — u sebarealizovaných.

Vyslobodenie na úrovni Najvyššieho majú na dosah tí, ktorí sa zbavili všetkých hmotných túžob a hnevu, ktorí sú sebarealizovaní, dokážu sa ovládať a neustále sa snažia dosiahnuť dokonalosť.

VÝZNAM: Zo všetkých svätcov, ktorí sa snažia dosiahnuť vyslobodenie, je najlepší Kṛṣṇov oddaný. *Śrīmad-Bhāgavatam* (4.22.39) to potvrdzuje nasledovne:

yat-pāda-paṅkaja-palāśa-vilāsa-bhaktyā
karmāśayaṁ grathitam udgrathayanti santaḥ
tadvan na rikta-matayo yatayo 'pi ruddha-
sroto-gaṇās tam araṇaṁ bhaja vāsudevam

„Ani veľkí mudrci nedokážu odolávať nátlakom zmyslov tak účinne ako tí, ktorí s transcendentálnou blaženosťou slúžia Pánovym lotosovým nohám, ničiac tak hlboko zakorenené túžby po plodonosných činnostiach. Preto oddanou službou uctievaj Vāsudevu, Najvyššiu Božskú Osobnosť."

Túžby podmienených duší po plodoch svojich činov majú také hlboké korene, že aj veľkí mudrci ich ovládajú iba s ťažkosťami. Avšak Pánov oddaný, ktorý je stále zapojený v láskyplnej službe Kṛṣṇovi a ktorý dokonale pozná svoju duchovnú identitu, veľmi rýchlo dosiahne Najvyššieho. Vďaka svojej dokonalej sebarealizácii neustále spočíva v tranze (*samādhi*). Nasledujúci príklad toto výstižne ilustruje:

darśana-dhyāna-saṁsparśair matsya-kūrma-vihaṅgamāḥ
svāny apatyāni puṣṇanti tathāham api padma-ja

„Pohľadom, rozjímaním a dotykom vychováva ryba, korytnačka a vták svojich potomkov. A podobne konám i ja, ó, Padmaja!" (*Hari-bhakti-vilāsa* 10.161)

Ryby vychovávajú svoje potomstvo pohľadom. Korytnačka sa o svoje mláďatá stará rozjímaním; nakladie vajcia do zeme, a keď je vo vode, rozjíma o nich. Kṛṣṇov oddaný, aj keď je ďaleko od Kṛṣṇovho sídla, môže dosiahnuť Jeho kráľovstvo, keď neustále myslí na Kṛṣṇu a s láskou a oddanosťou Mu slúži. A keďže je stále pohrúžený v myšlienkach na Najvyššieho, neovplyvňujú ho viac hmotné strasti. Tento životný stav sa nazýva *brahma-nirvāṇa.*

VERŠ 27-28

स्पर्शान्कृत्वा बहिर्बाह्यांश्चक्षुश्चैवान्तरे भ्रुवोः ।
प्राणापानौ समौ कृत्वा नासाभ्यन्तरचारिणौ ॥ २७ ॥
यतेन्द्रियमनोबुद्धिर्मुनिर्मोक्षपरायणः ।
विगतेच्छाभयक्रोधो यः सदा मुक्त एव सः ॥ २८ ॥

sparśān kṛtvā bahir bāhyāṁś cakṣuś caivāntare bhruvoḥ
prāṇāpānau samau kṛtvā nāsābhyantara-cāriṇau

yatendriya-mano-buddhir munir mokṣa-parāyaṇaḥ
vigatecchā-bhaya-krodho yaḥ sadā mukta eva saḥ

sparśān — zmyslové predmety, napríklad zvuk; *kṛtvā* — udržujúci; *bahiḥ* — vonkajší; *bāhyān* — zbytočný; *cakṣuḥ* — oči; *ca* — tiež; *eva* — istotne; *antare* — medzi; *bhruvoḥ* — obočie; *prāṇa-apānau* — stúpajúci a klesajúci vzduch; *samau* — zastaví; *kṛtvā* — drží; *nāsa-abhyantara* — v nosných dierkach; *cāriṇau* — prúdenie; *yata* — ovládne; *indriya* — zmysly; *manaḥ* — myseľ; *buddhiḥ* — inteligencia; *muniḥ* — transcendentalista; *mokṣa* — pre vyslobodenie; *parāyaṇaḥ* — určený; *vigata* — odmieta; *icchā* — želanie; *bhaya* — strach; *krodhaḥ* — hnev; *yaḥ* — ten, kto; *sadā* — vždy; *muktaḥ* — oslobodený; *eva* — istotne; *saḥ* — on je.

Keď sa transcendentalista, túžiaci po vyslobodení, odpúta od vonkajších zmyslových predmetov, keď uprie pohľad medzi obočie, zastaví prúdenie vdychov a výdychov v nosných dierkach a ovládne tak zmysly, myseľ a inteligenciu, zbaví sa túžob, strachu a hnevu. Kto sa vždy nachádza v tomto stave, je zaiste vyslobodený.

VÝZNAM: Ak oddane a láskyplne slúžime Kṛṣṇovi, môžeme ihneď pochopiť svoju duchovnú totožnosť a postupne získať poznanie o Najvyššom Pánovi. Vďaka úprimnej oddanej službe dosiahneme transcendentálne štádium a pocítime prítomnosť Boha vo všetkých svojich činnostiach. Tento stav sa nazýva vyslobodenie na úrovni Najvyššieho.

Kṛṣṇa poučuje Arjunu, ako môže dosiahnuť tento stav prostredníctvom *aṣṭaṅga-yogy*, ktorú tvorí osem stupňov: *yama, niyama, āsana, prāṇāyāma, pratyāhāra, dhāraṇā, dhyāna a samādhi*. Podrobné vysvetlenie tejto *yogy* nájdeme v šiestej kapitole *Gīty*. Piata kapitola podáva len predbežné vysvetlenie. Odvrátiť zmysly od zmyslových predmetov, ako sú napríklad zvuk, dotyk, tvar, chuť a vôňa, možno pomocou *pratyāhāry*; potom môže človek uprieť pohľad medzi obočie a s privretými očami sa sústrediť na špičku nosa. Neodporúča sa zavrieť oči úplne, lebo človek môže zaspať. Naopak, ak má oči celkom otvorené, hrozí mu nebezpečenstvo, že ho budú priťahovať zmyslové predmety. Dýchanie sa zastaví v nosných dierkach neutralizovaním stúpajúceho a zostupujúceho vzduchu v tele. Tento systém *yogy* učí, ako ovládať zmysly a odvracať ich od hmotných predmetov, ako sa zbaviť strachu a hnevu a pripraviť sa na vyslobodenie na úrovni Najvyššieho. Pomáha tiež pri prebudení duchovného vedomia a umožňuje človeku, aby v tomto transcendentálnom stave mohol vnímať prítomnosť Nadduše.

V ďalšej kapitole bude podrobnejšie vysvetlené, že vedomie Kṛṣṇu, *bhakti-yoga*, je z *yogových* systémov najjednoduchšia. Kṛṣṇu si vedomý človek neriskuje, že jeho zmysly budú pripútané k nejakej inej činnosti, pretože je vždy zamestnaný transcendentálnou oddanou službou. Je to lepší a účinnejší spôsob ovládania zmyslov, než aký ponúka *aṣṭāṅga-yoga*.

VERŠ 29

भोक्तारं यज्ञतपसां सर्वलोकमहेश्वरम् ।
सुहृदं सर्वभूतानां ज्ञात्वा मां शान्तिमृच्छति ॥ २९ ॥

bhoktāraṁ yajña-tapasāṁ sarva-loka-maheśvaram
suhṛdaṁ sarva-bhūtānāṁ jñātvā māṁ śāntim ṛcchati

bhoktāram — príjemcom; *yajña* — obetí; *tapasām* — pokánia a odriekania; *sarva-loka* — všetkých planét a polobohov; *mahā-īśvaram* — Najvyšším Pánom; *su-hṛdam* — priaznivcom; *sarva* — všetkých; *bhūtānām* — bytostí; *jñātvā* — takto pozná; *mām* — Mňa, Kṛṣṇu; *śāntim* — oslobodenie od hmotných strastí; *ṛcchati* — dosiahne.

Múdry človek, ktorý si Ma plne uvedomuje a vie, že Ja som konečným príjemcom všetkých obetí a pokání, Najvyšším Pánom všetkých planét a polobohov, dobrodincom a priaznivcom všetkých bytostí, sa oslobodí od hmotných strastí a dosiahne mier.

VÝZNAM: Všetky podmienené duše, ktoré sa nachádzajú v zajatí ilužórnej energie, sa snažia dosiahnuť v hmotnom svete mier. Nevedia však ako. *Bhagavad-gītā* vysvetľuje toto tajomstvo: Śrī Kṛṣṇa je príjemcom všetkých ľudských činností. Ľudia by mali všetko obetovať v transcendentálnej službe Pánovi, pretože On je vlastníkom a vládcom všetkých planét a polobohov. Nik nie je mocnejší než On. Podľa *Ved* je mocnejší než najmocnejší z polobohov, ako Śiva a Brahmā — *tam īśvarāṇāṁ paramaṁ maheśvaram* (*Śvetāśvatara Upaniṣad* 6.7). Živé bytosti sa pod vplyvom ilúzie snažia byť pánmi všetkého, čo ich obklopuje, ale v skutočnosti sú sami ovládané Pánovou hmotnou energiou. Boh je Pánom hmotnej prírody a podmienené duše sú podriadené jej zákonom. Kým nepochopíme tieto jasné fakty, nemôžeme dosiahnuť mier, ani individuálne, ani kolektívne. Taký je význam vedomia Kṛṣṇu — Śrī Kṛṣṇa je najvyšší vládca a všetky živé bytosti, vrátane mocných polobohov, sú Mu podriadené. Mier môžeme dosiahnuť, až keď si to dokonale uvedomíme.

V tejto kapitole je prakticky vysvetlené vedomie Kṛṣṇu, známe tiež ako *karma-yoga*. Okrem toho tu nájdeme odpoveď na špekulatívnu otázku, či je možné vyslobodenie pomocou *karma-yogy*. Konať s mysľou upretou na Kṛṣṇu znamená byť si plne vedomý toho, že On je najvyšším vládcom. Takéto činnosti sú totožné s transcendentálnym poznaním. Skutočnosťou je, že *jñāna-yoga* je cesta, ktorá vedie k *bhakti-yoge*, a *bhakti-yoga* znamená priame vedomie Kṛṣṇu. Vedomie Kṛṣṇu znamená byť si vo svojich činnostiach vedomý svojho vzťahu k Najvyššiemu Pánovi a dokonalosťou tohto vedomia je úplné poznanie Śrī Kṛṣṇu, Najvyššej Božskej Osobnosti. Čistá duša je nepatrnou čiastočkou Boha a je Jeho večným služobníkom. Jej túžba vládnuť, ju však priviedla do styku s *māyou* (ilúziou), a to jej spôsobuje mnohé utrpenia. Dokiaľ je v styku s hmotou, musí konať podľa hmotných potrieb. Napriek tomu, že sa nachádzame v hmotnom svete, môžeme prebudiť naše duchovné vedomie a opäť získať svoju čistú duchovnú existenciu; stačí sa aktívne venovať vedomiu Kṛṣṇu. Čím väčší pokrok človek robí na tejto ceste, tým viac sa vyslobodzuje z pút hmoty. Śrī Kṛṣṇa je spravodlivý voči všetkým; všetko závisí od toho, akú snahu vynaložíme pri vykonávaní svojich povinností a do akej miery dokážeme ovládať svoje zmysly a pokoriť vplyv žiadosti a hnevu. Kto dôkladne nasleduje vedomie Kṛṣṇu, ovládajúc vyššie zmienené náruživosti, v skutku zotrváva na transcendentálnej úrovni zvanej *brahma-nirvāṇa*. Osemstupňová mystická *yoga* je automaticky zahrnutá vo vedomí Kṛṣṇu, pretože konečný cieľ je dosiahnutý. Je isté, že človek sa môže postupne povzniesť pomocou *yamy, niyamy, āsany, prāṇāyāmy, pratyahāry, dharaṇy, dhyāny* a *samādhi*, no týchto osem stupňov je len úvodom k dokonalosti v oddanej službe, ktorá jediná môže človeka obdarovať mierom. To je najvyššia dokonalosť života.

Takto končia Bhaktivedantove výklady k piatej kapitole *Śrīmad Bhagavad-gīty*, pojednávajúcej o *karma-yoge* — konaní vo vedomí Kṛṣṇu.

KAPITOLA ŠIESTA

Dhyāna-yoga

VERŠ 1

श्रीभगवानुवाच
अनाश्रितः कर्मफलं कार्यं कर्म करोति यः ।
स सन्न्यासी च योगी च न निरग्निर्न चाक्रियः ॥ १ ॥

śrī-bhagavān uvāca
anāśritaḥ karma-phalaṁ kāryaṁ karma karoti yaḥ
sa sannyāsī ca yogī ca na niragnir na cākriyaḥ

śrī-bhagavān uvāca — Kṛṣṇa, Najvyššia Božská Osobnosť, riekol; *anāśritaḥ* — nezávisí; *karma-phalam* — na plodoch svojej práce; *kāryam* — povinné; *karma* — činy; *karoti* — robí; *yaḥ* — kto; *saḥ* — on; *sannyāsī* — sannyāsīn; *ca* — tiež; *yogī* — yogīn; *ca* — tiež; *na* — nie; *niḥ* — bez; *agniḥ* — oheň; *na* — ani; *ca* — tiež; *akriyaḥ* — nerobí.

Kṛṣṇa, Najvyššia Božská Osobnosť, riekol: Pravý sannyāsīn a mystik je ten, kto nelipne na plodoch svojej práce a jedná tak ako má, a nie ten, kto nezapáli oheň a nevykonáva žiadnu povinnosť.

VÝZNAM: V tejto kapitole Śrī Kṛṣṇa vysvetľuje, že osemstupňová *yoga* je prostriedkom na ovládnutie mysle a zmyslov. Lenže pre obyčajných ľudí súčasného veku Kali je veľmi ťažké venovať sa tejto *yoge*. Napriek tomu, že táto kapitola osemstupňový systém *yogy* odporúča, Kṛṣṇa zdôrazňuje, že činnosti konané s mysľou uprenou Naňho, *karma-yoga*, sú lepšie. Všetci na tomto svete pracujú, aby uživili rodinu a ochránili svoj majetok. Nik nepracuje bez sebeckej motivácie, či už osobnej alebo rozšírenej. Najvyššia dokonalosť znamená konať s vedomím Kṛṣṇu, a nie kvôli pôžitku z plodov práce. Takto konať vo vedomí Kṛṣṇu je povinnosťou každej bytosti, lebo každá je čiastočkou Boha. Telesné orgány pracujú, aby uspokojili celé telo. Telesné údy nepracujú pre vlastné uspokojenie, ale pre uspokojenie tela ako celku. Podobne aj živá bytosť, ktorá koná pre uspokojenie najvyššieho celku, a nie pre osobné uspokojenie, je dokonalým *sannyāsīnom*, dokonalým *yogīnom*.

Niekedy si *sannyāsīn* môže myslieť, že sa oslobodil od všetkých hmotných povinností, a preto prestane vykonávať *agnihotra-yajñe* (ohňové obete), ale v skutočnosti tak koná zo sebectva, lebo jeho cieľom je splynúť s neosobným Brahmanom. Také želanie je síce na vyššej úrovni než hmotné želanie, ale aj ono je motivované sebecky. Podobne aj mystický *yogīn*, ktorý vykonáva *aṣṭānga-yogu* s privretými očami a ktorý zanechal všetky hmotné činnosti, túži po osobnom uspokojení. Naopak *bhakti-yogīn* má jediný cieľ: uspokojiť najvyšší celok bez akejkoľvek sebeckosti. Meradlom jeho úspechu je Kṛṣṇova spokojnosť, a preto je dokonalým *sannyāsīnom* alebo dokonalým *yogīnom*. Śrī Caitanya Mahāprabhu nám vo Svojich modlitbách dáva dokonalý príklad odriekania:

na dhanaṁ na janaṁ na sundarīṁ
kavitāṁ vā jagad-īśa kāmaye
mama janmani janmanīśvare
bhavatād bhaktir ahaitukī tvayi

„Ó, všemocný Pane, netúžim po bohatstve a prekrásnych ženách, nechcem mať ani žiadnych stúpencov. Túžim jedine po bezpríčinnej oddanej službe Tebe, zrodenie za zrodením.“

VERŠ 2

यं सन्न्यासमिति प्राहुर्योगं तं विद्धि पाण्डव ।
न ह्यसन्न्यस्तसङ्कल्पो योगी भवति कश्चन ॥ २ ॥

yaṁ sannyāsam iti prāhur yogaṁ taṁ viddhi pāṇḍava
na hy asannyasta-saṅkalpo yogī bhavati kaścana

yam — čo; *sannyāsam* — odriekanie; *iti* — tak; *prāhuḥ* — vravia; *yogam* — spojenie s Najvyšším; *tam* — to; *viddhi* — vedz; *pāṇḍava* — ó, Pāṇḍuovec; *na* — nie; *hi* — zaiste; *asannyasta* — bez odriekania; *saṅkalpaḥ* — túžba po osobnom pôžitku; *yogī* — transcendentalista; *bhavati* — stane sa; *kaśca-na* — nikto.

Vedz, že to, čo sa nazýva odriekaním, je to isté čo yoga, čiže spojenie s Najvyšším, ó, Pāṇḍuovec, pretože nik sa nemôže stať yogīnom, kým sa nezriekne túžby po zmyslovom pôžitku.

VÝZNAM: Vykonávať *sannyāsa-yogu* alebo *bhakti* znamená poznať svoju prirodzené postavenie ako živá bytosť a konať podľa toho. Individuálne bytosti patria do okrajovej energie Boha a nemajú oddelenú, nezávislú totožnosť. Keď sú v zajatí hmotnej energie, sú podmienené. Keď sa však stanú vedomými si Kṛṣṇu a duchovnej energie, dostanú sa do skutočného a prirodzeného životného postavenia. Až keď opäť nadobudnú úplné poznanie, zrieknu sa všetkých hmotných zmyslových pôžitkov a všetkých plodonosných činností. Takéto odriekanie podstupujú *yogīni*, ktorí odpútavajú svoje zmysly od zmyslových predmetov. Človek vedomý si Kṛṣṇu je však dokonalým *sannyāsīnom* i *yogīnom*, pretože nemá príležitosť zamestnať zmysly niečím iným, než tým, čo by potešilo Kṛṣṇu. Preto poznanie, ktoré možno dosiahnuť *jñāna-yogou* a schopnosť ovládať zmysly, ktorú možno získať procesom *yogy*, automaticky dosiahneme vedomím Kṛṣṇu. Ak však človek nie je schopný vzdať sa sebeckých činov, potom vykonávanie *jñāny* alebo *yogy* nemá žiadny zmysel. Skutočným cieľom každej živej bytosti je vzdať sa všetkých egoistických záujmov a byť pripravený uspokojiť Najvyššieho Pána. Človek, ktorý si je vedomý Kṛṣṇu, netúži po osobnom pôžitku, ale vždy koná tak, aby potešil Najvyššieho Pána. Ten, kto o Ňom nič nevie, sa snaží o sebauspokojenie, lebo nikto nemôže zostať nečinný. Vedomie Kṛṣṇu teda spĺňa účel všetkých ostatných *yog*.

VERŠ 3

आरुरुक्षोर्मुनेर्योगं कर्म कारणमुच्यते ।
योगारूढस्य तस्यैव शमः कारणमुच्यते ॥ ३ ॥

ārurukṣor muner yogaṁ karma kāraṇam ucyate
yogārūḍhasya tasyaiva śamaḥ kāraṇam ucyate

ārurukṣoḥ — začiatočník v *yoge*; *muneḥ* — pre múdrych; *yogam* — osemstupňová *yoga*; *karma* — činy; *kāraṇam* — prostriedok; *ucyate* — hovorí sa; *yoga* — osemstupňovou *yogou*; *ārūḍhasya* — kto zavŕšil; *tasya* — jeho; *eva* — zaiste; *śamaḥ* — zastavenie všetkých hmotných činností; *kāraṇam* — prostriedkom; *ucyate* — hovorí sa.

Hovorí sa, že činy sú prostriedkom pre začiatočníka v osemstupňovej yoge a zanechanie všetkých hmotných činností je prostriedkom pre toho, kto je v yoge pokročilý.

VÝZNAM: Metóda, pomocou ktorej sa človek môže spojiť s Najvyšším Pánom sa nazýva *yoga* a dá sa prirovnať k rebríku, po ktorom môžeme dosiahnuť najvyššiu duchovnú realizáciu. Tento rebrík začína v najnižšom hmotnom stave živej bytosti a pokračuje k úplnej sebarealizácii čistého duchovného života. Priečky tohto rebríka predstavujú rôzne metódy *yogy*, ktoré možno rozdeliť na tri skupiny: *jñāna-yogu*, *dhyāna-yogu* a *bhakti-yogu*; spodná priečka sa nazýva *yogārurukṣu* a najvyššia *yogārūḍha*.

Ten, kto sa venuje *aṣṭāṅga-yoge*, sa musí spočiatku riadiť podľa istých predpísaných pravidiel a osvojiť si rôzne pozície (ide viac-menej o telesné cvičenia); až potom môže prejsť na meditáciu. Toto všetko vedie k dosiahnutiu dokonalej duševnej rovnováhy a k schopnosti ovládať zmysly. Keď urobí pokrok v meditácii, oslobodí sa od všetkých rušivých psychických činností. Tieto *yogové* cvičenia a zásady sú však považované za hmotné činnosti s vidinou ich plodov. Kṛṣṇov oddaný nemusí prejsť týmito úrovňami, pretože je pohrúžený v myšlienkach na Kṛṣṇu, takže už od samého začiatku je pohrúžený do meditácie. Keďže neprestajne slúži Kṛṣṇovi, je oslobodený od všetkých hmotných činností.

VERŠ 4

यदा हि नेन्द्रियार्थेषु न कर्मस्वनुषज्जते ।
सर्वसङ्कल्पसन्न्यासी योगारूढस्तदोच्यते ॥ ४ ॥

yadā hi nendriyārtheṣu na karmasv anuṣajjate
sarva-saṅkalpa-sannyāsī yogārūḍhas tadocyate

yadā — keď; *hi* — určite; *na* — nie; *indriya-artheṣu* — v zmyslovom pôžitku; *na* — nikdy; *karmasu* — v plodonosných činnostiach; *anuṣajjate* — nemusí byť zamestnaný; *sarva-saṅkalpa* — všetky hmotné túžby; *sannyāsī* — kto sa vzdal; *yoga-ārūḍhaḥ* — pokročilý v yoge; *tadā* — vtedy; *ucyate* — hovorí sa.

O človeku, ktorý sa vzdal všetkých hmotných túžob, ktorý nekoná pre zmyslový pôžitok a nezaoberá sa plodonosnými činnosťami sa hovorí, že je pokročilý v yoge.

VÝZNAM: Ak je človek plne zamestnaný v transcendentálnej láskyplnej službe Pánovi, je spokojný sám v sebe a netúži už viacej po žiadnom zmyslovom pôžitku a plodonosných činnostiach. Kým sa človek celkom neodovzdá službe Pánovi, vyhľadáva zmyslové pôžitky, pretože nikto nemôže zostať nečinný. Bez vedomia Kṛṣṇu je človek vždy nútený správať sa sebecky a egoisticky. No oddaný robí všetko s úmyslom potešiť Kṛṣṇu a vďaka tomu sa úplne odpútava od hmotných pôžitkov. Kto nie je na tejto úrovni, musí sa oslobodiť od hmotných túžob najprv mechanickou cestou, ak sa chce povýšiť na najvyššiu priečku *yogového* rebríka.

VERŠ 5

उद्धरेदात्मनात्मानं नात्मानमवसादयेत् ।
आत्मैव ह्यात्मनो बन्धुरात्मैव रिपुरात्मनः ॥ ५ ॥

uddhared ātmanātmānaṁ nātmānam avasādayet
ātmaiva hy ātmano bandhur ātmaiva ripur ātmanaḥ

uddharet — človek sa snaží povzniesť; *ātmanā* — prostredníctvom mysle; *ātmānam* — podmienenú dušu; *na* — nikdy; *ātmānam* — podmienenú dušu; *avasādayet* — nechať poklesnúť; *ātmā* — myseľ; *eva* — zaiste; *hi* — naozaj; *ātmanaḥ* — podmienenej duše; *bandhuḥ* — priateľom; *ātmā* — myseľ; *eva* — určite; *ripuḥ* — nepriateľom; *ātmanaḥ* — podmienenej duše.

Človek sa musí pomocou svojej mysle oslobodiť, nie degradovať. Myseľ je ako priateľom, tak aj nepriateľom podmienenej duše.

VÝZNAM: Podľa rozličných okolností označuje slovo *ātmā* telo, myseľ alebo dušu. V *yoge* majú myseľ a duša veľký význam. Keďže myseľ je pri praktikovaní *yogy* najdôležitejšia, znamená *ātmā* v tomto verši myseľ. Účelom *yogy* je ovládnuť myseľ a odviesť ju od pripútanosti k zmyslovým predmetom. Je tu zdôraznené, že myseľ sa musí cvičiť tak, aby mohla vyslobodiť podmienenú dušu z bahna nevedomosti. V hmotnom bytí je každý otrokom svojej mysle a svojich zmyslov. Myseľ chce pod vplyvom falošného ega ovládať svet a v skutočnosti spôsobuje, že čistá duša je uväznená v hmotnom svete. Preto treba myseľ cvičiť tak, aby sa nenechala priťahovať leskom hmotnej prírody. Takto sa duša môže vyslobodiť zo svojej podmienenosti. Nikto by nemal dopustiť poklesnutie pochádzajúce z pripútanosti k zmyslovým predmetom. Čím viac nás priťahujú zmyslové predmety, tým viac sa zaplietame do hmotnej existencie. Najlepší spôsob ako sa oslobodiť, je neustále zamestnávať svoju myseľ vo vedomí Kṛṣṇu. Na zdôraznenie tejto skutočnosti je tu použité slovo *hi*, čo znamená, že človek tak *musí* konať. Potvrdzuje to aj *Amṛita-bindu Upaniṣad* (2):

mana eva manuṣyāṇāṁ kāraṇaṁ bandha-mokṣayoḥ
bandhāya viṣayāsaṅgo muktyai nirviṣayaṁ manaḥ

„Pomocou mysle sa človek môže vyslobodiť, alebo zapliesť do hmotnej existencie. Keď myseľ priťahujú zmyslové predmety, vedie k otroctvu, a keď je od zmyslových predmetov odpútaná, vedie k vyslobodeniu." Preto myseľ, ktorá je stále pohrúžená v myšlienkach na Kṛṣṇu, vedie k najvyššiemu vyslobodeniu.

VERŠ 6

बन्धुरात्मात्मनस्तस्य येनात्मैवात्मना जितः ।
अनात्मनस्तु शत्रुत्वे वर्तेतात्मैव शत्रुवत् ॥ ६ ॥

bandhur ātmātmanas tasya yenātmaivātmanā jitaḥ
anātmanas tu śatrutve vartetātmaiva śatru-vat

bandhuḥ — priateľom; *ātmā* — myseľ; *ātmanaḥ* — živej bytosti; *tasya* — jeho; *yena* — ktorú; *ātmā* — myseľ; *eva* — určite; *ātmanā* — živú bytosť; *jitaḥ* — podmanená; *anātmanaḥ* — pre toho, kto neovládol myseľ; *tu* — ale; *śatrutve* — pre nepriateľstvo; *varteta* — ostáva; *ātmā eva* — samotná myseľ; *śatru-vat* — ako nepriateľ.

Pre toho, kto si podmanil svoju myseľ, je táto najlepším priateľom, no pre toho, kto ju neovládol, je myseľ najväčším nepriateľom.

VÝZNAM: Účelom *aṣṭāṅga-yogy* je ovládnuť myseľ tak, aby sa stala priateľom, ktorý nám pomôže splniť poslanie ľudského života. Venovať sa *yoge* len tak pre zábavu, a nie kvôli ovládnutiu mysle je zbytočná strata času. Ten, kto nedokáže ovládať svoju myseľ, žije s tým najväčším nepriateľom, čo zmarí celý jeho život i s poslaním. Prirodzenou pozíciou živej bytosti je plniť pokyny vyššie postaveného. Dovtedy, kým naša myseľ zostane nepodmaneným nepriateľom, musíme slúžiť žiadostivosti, hnevu, lakomstvu, ilúzii atď. Len čo však svoju myseľ ovládneme, zatúžime sami slúžiť Najvyššej Božskej Osobnosti, nachádzajúcej sa v srdciach všetkých ako Paramātmā. Vykonávať pravú *yogu* znamená nájsť Paramātmu v srdci a konať pod Jej vedením. Avšak ten, kto vykonáva oddanú službu s mysľou uprenou na Kṛṣṇu, sa celkom prirodzene a bezvýhradne odovzdá vôli Najvyššieho Pána.

VERŠ 7

जितात्मनः प्रशान्तस्य परमात्मा समाहितः ।
शीतोष्णसुखदुःखेषु तथा मानापमानयोः ॥ ७ ॥

jitātmanaḥ praśāntasya paramātmā samāhitaḥ
śītoṣṇa-sukha-duḥkheṣu tathā mānāpamānayoḥ

jita-ātmanaḥ — kto ovládol svoju myseľ; *praśāntasya* — kto dosiahol pokoj ovládnutím mysle; *parama-ātmā* — Nadduša; *samāhitaḥ* — plne dosiahnutá; *śīta* — v chlade; *uṣṇa* — horúčave; *sukha* — radosti; *duḥkheṣu* — v trápení; *tathā* — ako aj; *māna* — v pocte; *apamānayoḥ* — a opovrhnutí.

Človek, ktorý ovládol svoju myseľ a našiel tak pokoj, dosiahol už Naddušu a neovplyvňujú ho radosti ani trápenia, chlad ani horúčava, pocta ani opovrhnutie.

VÝZNAM: V skutočnosti sú všetky živé bytosti určené na to, aby sa podriadili pokynom Najvyššej Božskej Osobnosti, sídliacej v srdciach všetkých ako Paramātmā. Len čo vonkajšia iluzórna energia zvedie myseľ na scestie, zapletie sa človek do hmotných činností. Takže sa dá povedať, že keď človek pomocou niektorej z *yog* ovládne svoju myseľ, dosiahol už cieľ. Skutočnosťou je, že sa musíme podriadiť vyšším pokynom. Ak je naša myseľ upriamená na vyššiu duchovnú podstatu, nemáme inej možnosti, než riadiť sa podľa pokynov Paramātmy alebo Nadduše. Tento transcendentálny stav však okamžite dosiahne ten, kto má vedomie Kṛṣṇu, a preto oddaného Pána neovplyvňujú protiklady hmotnej existencie, ako sú šťastie a nešťastie, chlad a teplo atď. Tento stav je praktickým *samādhim*, úplné pohrúženie sa do myšlienok na Najvyššieho.

VERŠ 8

ज्ञानविज्ञानतृप्तात्मा कूटस्थो विजितेन्द्रियः ।
युक्त इत्युच्यते योगी समलोष्ट्राश्मकाञ्चनः ॥ ८ ॥

jñāna-vijñāna-tṛptātmā kūṭa-stho vijitendriyaḥ
yukta ity ucyate yogī sama-loṣṭrāśma-kāñcanaḥ

jñāna — získaným poznaním; *vijñāna* — uskutočneným poznaním; *tṛpta* — spokojný; *ātmā* — živá bytosť; *kūṭa-sthaḥ* — umiestnený na duchovnej úrovni; *vijita-indriyaḥ* — ovládajúci zmysly; *yuktaḥ* — spôsobilý pre duchovnú realizáciu; *iti*—potom; *ucyate*—hovorí sa; *yogī*—*yogīn*; *sama*—rovnaký; *loṣṭra*—hrudu; *aśma*—kameň; *kāñcanaḥ*—zlato.

Hovorí sa, že človek, ktorého plne uspokojuje získané a uskutočnené poznanie, sa nazýva yogīn (alebo mystik) a že trvale vníma svoje vlastné ja. Taký človek už dosiahol transcendentálnu úroveň a dospel k sebaovládaniu. Na všetko — na hrudu, kameň či zlato — hľadí rovnako.

VÝZNAM: Vedomosti získané z kníh sú bez realizácie Najvyššej Pravdy zbytočné. V *Bhakti-rasāmṛta-sindhu* (1.2.234) je to vyjadrené takto:

ataḥ śrī-kṛṣṇa-nāmādi na bhaved grāhyam indriyaiḥ
sevonmukhe hi jihvādau svayam eva sphuraty adaḥ

„Nikto nemôže pochopiť transcendentálnu povahu Kṛṣṇovych mien, podôb, vlastností a zábav prostredníctvom svojich hmotne znečistených zmyslov. Jedine človeku duchovne naplnenému transcendentálnou službou Pánovi môžu byť vyjavené všetky tieto stránky Pánovej transcendentálnej povahy."

Bhagavad-gītā je náuka o Bohu, o vedomí Kṛṣṇu, ktoré nemožno dosiahnuť pomocou svetského vzdelania. Človek musí mať veľké šťastie, aby sa stretol s osobou, ktorá má čisté vedomie. Človek vedomý si Kṛṣṇu môže realizovať poznanie vďaka Kṛṣṇovej milosti, pretože je spokojný s čistou oddanou službou. Realizáciou poznania sa stáva dokonalým. Duchovné poznanie upevňuje naše presvedčenie, zatiaľ čo akademické znalosti nás nechávajú zmätenými nad zdanlivými protikladmi tohto sveta. Iba realizovaná duša, ktorá sa odovzdala Kṛṣṇovi, naozaj dospela k sebaovládaniu. Nachádza sa na transcendentálnej úrovni, keďže nemá nič spoločné so svetskou učenosťou. Hoci pre ostatných môže mať svetské poznanie a mentálna špekulácia cenu zlata, pre transcendentalistu nemá väčšiu hodnotu než hruda či kameň.

VERŠ 9

सुहृन्मित्रार्युदासीनमध्यस्थद्वेष्यबन्धुषु ।
साधुष्वपि च पापेषु समबुद्धिर्विशिष्यते ॥ ९ ॥

suhṛn-mitrāry-udāsīna- madhyastha-dveṣya-bandhuṣu
sādhuṣv api ca pāpeṣu sama-buddhir viśiṣyate

su-hṛt — priateľov; *mitra* — druhov; *ari* — nepriateľov; *udāsīna* — ľahostajných; *madhya-stha* — nestranných; *dveṣya* — závistlivca; *bandhuṣu* — príbuzných; *sādhuṣu* — zbožných; *api* — či; *ca* — a; *pāpeṣu* — hriešnikov; *sama-buddhiḥ* — s vyrovnanou inteligenciou; *viśiṣyate* — je ešte pokročilejší.

Pokročilejší je ten, kto sa pozerá rovnako na priateľov, nepriateľov, druhov, na ľudí nestranných, závistlivcov, príbuzných, zbožných či hriešnikov.

VERŠ 10

योगी युञ्जीत सततमात्मानं रहसि स्थितः ।
एकाकी यतचित्तात्मा निराशीरपरिग्रहः ॥ १० ॥

yogī yuñjīta satatam ātmānaṁ rahasi sthitaḥ
ekākī yata-cittātmā nirāśīr aparigrahaḥ

yogī — transcendentalista; *yuñjīta* — musí svoju myseľ sústrediť na Kṛṣṇu; *satatam* — neustále; *ātmānam* — on sám (telom, mysľou a vlastným „ja"); *rahasi* — v ústraní; *sthitaḥ* — zotrváva; *ekākī* — sám; *yata-citta-ātmā* — vždy pozorne ovláda svoju myseľ; *nirāśīḥ* — ničím nepriťahovaný; *aparigrahaḥ* — bez túžby vlastniť.

Transcendentalista by mal neustále zamestnávať svoje telo, myseľ a svoje „ja" vo vzťahu k Najvyššiemu, žiť osamote v ústraní a vždy pozorne ovládať svoju myseľ. Mal by sa zbaviť vlastníckych túžob a pocitov.

VÝZNAM: Sú rôzne stupne realizácie Kṛṣṇu, a to Brahman, Paramātmā a Najvyššia Božská Osobnosť. Stručne povedané, vedomie Kṛṣṇu znamená neprestajne slúžiť s láskou a oddanosťou Kṛṣṇovi. Tí, čo sú pripútaní k neosobnému Brahmanu, alebo k lokalizovanej Nadduši, sú si tiež čiastočne vedomí Kṛṣṇu, lebo neosobný Brahman je žiara vychádzajúca z Kṛṣṇovho tela a Nadduša je Kṛṣṇova všeprenikajúca expanzia. Lenže človek vedomý si Kṛṣṇu vie, čo je Brahman a kto je Paramātmā, lebo pozná Absolútnu Pravdu dokonale. Je najvyšším transcendentalistom, zatiaľ čo impersonalista alebo *yogīn* si je vedomý Kṛṣṇu len nedokonale.

Všetkým transcendentalistom sa odporúča, aby sa vytrvalo pridŕžali svojej vytýčenej cesty, aby skôr či neskôr dosiahli najvyššiu dokonalosť. Prvou povinnosťou transcendentalistu je vždy upriamovať svoju myseľ na Kṛṣṇu. Človek by mal stále myslieť na Kṛṣṇu a nezabudnúť Naňho ani na okamih. Sústredenie mysle na Najvyššieho sa nazýva *samādhi* alebo vnútorné vytrženie. Aby sme mohli sústrediť svoju myseľ, mali by sme sa zdržiavať v ústraní a vyhýbať sa tak rušivému vplyvu vonkajších predmetov. Mali by sme si pozorne vyberať medzi prospešnými a neprospešnými podmienkami, ktoré môžu ovplyvniť našu duchovnú realizáciu. Musíme byť celkom rozhodní a netúžiť po zbytočných hmotných veciach, ktoré by v nás vzbudili túžbu po majetku.

Ak si je človek bezprostredne vedomý Kṛṣṇu, sú všetky predbežné kroky a získanie dokonalosti prirodzene splnené, lebo vedomie Kṛṣṇu znamená úplné sebaodriekanie, ktoré takmer vylučuje možnosť túžby po hmotnom majetku. Śrīla Rūpa Gosvāmī charakterizuje vedomie Kṛṣṇu takto:

anāsaktasya viṣayān yathārham upayuñjataḥ
nirbandhaḥ kṛṣṇa-sambandhe yuktaṁ vairāgyam ucyate

prāpañcikatayā buddhyā hari-sambandhi-vastunaḥ
mumukṣubhiḥ parityāgo vairāgyaṁ phalgu kathyate

„Človek, ktorý na ničom nelipne a zároveň všetko používa v službe Kṛṣṇovi, sa v skutočnosti zbavil vlastníckeho pocitu. Na druhej strane ten, kto sa všetkého zrieka bez toho, že by vedel, aký to má vzťah ku Kṛṣṇovi, nie je vo svojom odriekaní taký dokonalý.“ (*Bhakti-rasāmṛta--sindhu* 2.255-256)

Človek vedomý si Kṛṣṇu dobre vie, že všetko patrí Kṛṣṇovi, a preto netúži po osobnom majetku a nechce nič vlastniť. Vie prijímať všetko, čo je vhodné pre jeho pokrok vo vedomí Kṛṣṇu a odmietať to, čo tomuto pokroku bráni. Keďže je stále na čistej duchovnej úrovni, transcenduje hmotu a žije vždy sám, pretože s ľuďmi, ktorí si nie sú vedomí Kṛṣṇu, nemá nič spoločné. Preto je Kṛṣṇu si vedomý človek dokonalým *yogīnom*.

VERŠ 11-12

शुचौ देशे प्रतिष्ठाप्य स्थिरमासनमात्मनः ।
नात्युच्छ्रितं नातिनीचं चैलाजिनकुशोत्तरम् ॥ ११ ॥
तत्रैकाग्रं मनः कृत्वा यतचित्तेन्द्रियक्रियः ।
उपविश्यासने युञ्ज्याद्योगमात्मविशुद्धये ॥ १२ ॥

śucau deśe pratiṣṭhāpya sthiram āsanam ātmanaḥ
nāty-ucchritaṁ nāti-nīcaṁ cailājina-kuśottaram

tatraikāgraṁ manaḥ kṛtvā yata-cittendriya-kriyaḥ
upaviśyāsane yuñjyād yogam ātma-viśuddhaye

śucau — na posvätnom; *deśe* — mieste; *pratiṣṭhāpya* — umiestni; *sthiram* — pevné; *āsanam* — sedadlo; *ātmanaḥ* — sám; *na* — nie; *ati* — príliš; *ucchritam* — vysoké; *na* — ani; *ati* — príliš; *nīcam* — nízke; *caila-ajina* — z mäkkej látky a jelenej kože; *kuśa* — trávu kuša; *uttaram* — pokryje; *tatra* — na ňom; *eka-agram* — sústredí na jediný bod; *manaḥ* — myseľ; *kṛtvā* — robiť; *yata-citta* — ovládajúc myseľ; *indriya* — zmysly; *kriyaḥ* — činnosti; *upaviśya* — sediac; *āsane* — na sedadle; *yuñjyāt* — koná; *yogam* — *yogu*; *ātma* — srdce; *viśuddhaye* — aby očistil.

Kvôli yoge nech sa yogīn odoberie na osamelé miesto. Tam nech na zemi rozprestrie trávu kuśa a prikryje ju jeleňou kožou a mäkkým plátnom. Sedadlo nemá byť ani privysoké, ani príliš nízke a malo by sa nachádzať na posvätnom mieste. Yogīn má na ňom sedieť stabilne a cvičiť yogu ovládaním mysle, zmyslov a činností, sústredením mysle na jediný bod, aby očistil srdce.

VÝZNAM: „Posvätným miestom" sa v tomto verši myslí pútne miesto. V Indii opúšťajú *yogīni*, oddaní a iní transcendentalisti svoje domovy a žijú na posvätných miestach ako Prayāg, Mathurā, Vṛndāvan, Hṛṣīkeś a Hardvar, kde na brehoch posvätných riek Yamuny a Gangy cvičia osamote *yogu*. To však nie je vždy možné, obzvlášť pre obyvateľov západného sveta. Skoro vo všetkých veľkomestách sú organizácie zaoberajúce sa takzvanou *yogou*, ktoré môžu byť úspešné, pokiaľ ide o získavanie peňazí, ale neumožňujú skutočné vykonávanie *yogy*. Človek, ktorý sa nedokáže ovládať a ktorého myseľ nie je pokojná, nemôže meditovať. Preto sa v *Bṛhan-nāradīya Purāṇe* píše, že v súčasnom veku, v Kali-yuge, keď ľudia robia duchovný pokrok pomaly, žijú veľmi krátko a neprestajne ich rozrušujú rozličné úzkosti, je najlepšou cestou k duchovnej realizácii spievanie svätých mien Boha.

harer nāma harer nāma harer nāmaiva kevalam
kalau nāsty eva nāsty eva nāsty eva gatir anyathā

„Spievajte sväté mená Pána, lebo v tomto veku hádok a pokrytectva niet na dosiahnutie oslobodenia inej cesty, niet inej cesty, niet inej cesty."

VERŠ 13-14

समं कायशिरोग्रीवं धारयन्नचलं स्थिरः ।
सम्प्रेक्ष्य नासिकाग्रं स्वं दिशश्चानवलोकयन् ॥ १३ ॥
प्रशान्तात्मा विगतभीर्ब्रह्मचारिव्रते स्थितः ।
मनः संयम्य मच्चित्तो युक्त आसीत मत्परः ॥ १४ ॥

samaṁ kāya-śiro-grīvaṁ dhārayann acalaṁ sthiraḥ
samprekṣya nāsikāgraṁ svaṁ diśaś cānavalokayan

praśāntātmā vigata-bhīr brahmacāri-vrate sthitaḥ
manaḥ saṁyamya mac-citto yukta āsīta mat-paraḥ

samam — priamo; *kāya* — telo; *śiraḥ* — hlavu; *grīvam* — krk; *dhārayan* — drží; *acalam* — nehybne; *sthiraḥ* — pevne; *samprekṣya* — pozerá sa; *nāsikā* — nosa; *agram* — na špičku; *svam* — svojho; *diśaḥ* — okolo; *ca* — tiež; *anavalokayan* — nerozhliada sa; *praśānta* — nerušenou; *ātmā* — mysľou; *vigata-bhīḥ* — zbavený strachu; *brahmacāri-vrate* — pod prísahou celibátu; *sthitaḥ* — zotrvávajúci; *manaḥ* — myseľ; *saṁyamya* — celkom ovládnutou; *mat* — na Mňa (Kṛṣṇu); *cittaḥ* — uprie myseľ; *yuktaḥ* — pravý *yogīn*; *āsīta* — mal by; *mat* — Mňa; *paraḥ* — konečným cieľom.

Nech drží telo, hlavu a krk vzpriamené a nehybne uprie pohľad na špičku nosa. S mysľou ovládnutou a nerušenou, zbavený strachu a zotrvávajúci v sľube celibátu nech takto uprie svoje myšlienky na Mňa vo svojom srdci a učiní Ma konečným životným cieľom.

VÝZNAM: Cieľom života je spoznať Kṛṣṇu, ktorý sídli v srdciach všetkých živých bytostí ako Paramātmā alebo štvorruký Viṣṇu. Zmyslom *yogy* nie je nič iné, než zrealizovať túto podobu Najvyššieho Pána, zvanú tiež *viṣṇu-mūrti*. Ľudia, ktorí sa venujú *yoge* za iným účelom, márnia čas. Kṛṣṇa je konečným životným cieľom a *viṣṇu-mūrti* umiestnené v srdci je cieľom *yogy*. Ak chceme zrealizovať Viṣṇuovu podobu v našom srdci, musíme sa úplne zriecť pohlavného života. Preto je nutné, aby človek opustil svoj domov, žil osamote na odľahlom mieste a meditoval v pozícii, ktorú opisuje tento verš. Nemožno sa oddávať sexuálnemu pôžitku, doma či inde, a o pár hodín sa na večernom kurze zmeniť na *yogīna*. Je nemysliteľné, aby sa *yogīnom* stal niekto, kto sa nesnaží ovládať svoju myseľ a nezrieka sa všetkých zmyslových pôžitkov, z ktorých pohlavné uspokojovanie je najhlavnejšie. Veľký učenec Yājñavalkya napísal o pravidlách celibátu:

karmaṇā manasā vācā sarvāvasthāsu sarvadā
sarvatra maithuna-tyāgo brahmacaryaṁ pracakṣate

„Sľub *brahmacarya* má za úlohu pomôcť každému celkom sa vzdať sexuality v činoch, slovách i myšlienkach — vždy, všade a za každých okolností." Kto sa oddáva sexuálnemu pôžitku, nemôže robiť skutočnú *yogu*. Zásady *brahmacaryi* sa preto človek učí už v detstve, kým nemá žiadne sexuálne skúsenosti. Deti sa posielajú v piatich rokoch do *guru-kuly*, na miesto, kde žije duchovný učiteľ a pod jeho vedením sa mladí chlapci učia prísnej disciplíne *brahmacārīnskeho* života, pretože bez takého cvičenia nemôže nik pokročiť v žiadnej *yoge*, či už ide o *dhyānu*, *jñānu* alebo *bhakti*.

Kto sa však správa podľa *vedskych* zásad manželského života a stýka sa pohlavne iba so svojou ženou (a aj to podľa určitých pravidiel), nazýva sa tiež *brahmacārīn*. Takýto ženatý *brahmacārīn* môže byť prijatý do školy *bhakti*, ale nikdy nie do školy *dhyāny* a *jñāny*, lebo tie vyžadujú úplnú a nekompromisnú zdržanlivosť. Jedine *bhakti* dovoľuje ženatému *brahmacārīnovi* zdržanlivý pohlavný život, lebo človek naplnený vyššou duchovnou radosťou zo služby Kṛṣṇovi automaticky stráca zmyslovú žiadostivosť. V *Bhagavad-gīte* (2.59) sa uvádza:

viṣayā vinivartante nirāhārasya dehinaḥ
rasa-varjaṁ raso 'py asya paraṁ dṛṣṭvā nivartate

„Vtelená duša môže byť obmedzená v zmyslovom užívaní, hoci túžba po zmyslových predmetoch zostáva. Keď však zakúsi vyšší pôžitok, stratí chuť na zmyslové uspokojovanie a zotrváva v duchovnom vedomí.“ Zatiaľ čo iní transcendentalisti musia vynakladať nesmierne úsilie na to, aby sa dokázali zrieknuť hmotných pôžitkov, oddaný to robí automaticky, lebo zakúša vyšší pôžitok, o akom nik iný nemá ani potuchy.

Okrem celibátu sa tento verš zmieňuje aj o ďalšom pravidle, ktoré musí *yogīn* dodržať: zbaviť sa strachu (*vigata-bhīḥ*). Takýto stav nemôže dosiahnuť ten, kto nemá vedomie Kṛṣṇu. Podmienená duša sa bojí, pretože zabudla na svoj večný vzťah ku Kṛṣṇovi. Aj *Śrīmad-Bhāgavatam* (11.2.37) učí: *bhayaṁ dvitīyābhiniveśataḥ syād iśād apetasya viparyayo 'smṛtiḥ*. Strachu sa môžeme zbaviť len vtedy, ak máme vedomie Kṛṣṇu. Preto *yogu* vykonáva najdokonalejšie ten, kto si je vedomý Kṛṣṇu. Oddaný stojí v skutočnosti nad všetkými ostatnými *yogīnmi*, pretože už dosiahol najvyšší stupeň *yogy* a vidí Pána vo svojom srdci. Takže ako môžeme vidieť, tieto zásady *yogy* sa odlišujú od módnych spôsobov takzvaných telovýchovných *yogových* spolkov.

VERŠ 15

युञ्जन्नेवं सदात्मानं योगी नियतमानसः ।
शान्तिं निर्वाणपरमां मत्संस्थामधिगच्छति ॥ १५ ॥

yuñjann evaṁ sadātmānaṁ yogī niyata-mānasaḥ
śāntiṁ nirvāṇa-paramāṁ mat-saṁsthām adhigacchati

yuñjan — ovládaním; *evam* — ako bolo povedané vyššie; *sadā* — stálym; *ātmānam* — telo, myseľ a duša; *yogī* — transcendentalista; *niyata-mānasaḥ* — usmerňuje myseľ; *śāntim* — mier; *nirvāṇa-paramām* — prerušenie hmotnej existencie; *mat-saṁsthām* — duchovné nebo (Božie kráľovstvo); *adhigacchati* — dosiahne.

Takýmto stálym ovládaním tela, mysle a svojho jednania, mystik ukončí s ovládnutou mysľou hmotnú existenciu a dosiahne Božie kráľovstvo (Kṛṣṇove sídlo).

VÝZNAM: Tu je jasne vysvetlený konečný cieľ *yogy*. *Yogové* cvičenia nie sú určené na získanie hmotných výhod, ale na to, aby sa človek mohol vyslobodiť z hmotného bytia. Kto sa venuje *yoge*, aby si zlepšil zdravie, alebo sa snaží o hmotnú dokonalosť, nie je podľa *Bhagavad-gīty* žiadnym *yogīnom*. Koniec hmotnej existencie tiež neznamená, ža živá bytosť vstúpi do „prázdnoty"; to je obyčajný výmysel, lebo vzduchoprázdno sa nikde v stvorení Pána nevyskytuje. Človek však môže po ukončení svojej hmotnej existencie vstúpiť do duchovného neba, do Kṛṣṇovho sídla, ktoré *Bhagavad-gītā* opisuje ako miesto, kde nie je potrebný Mesiac, Slnko ani elektrina. Všetky planéty v duchovnom kráľovstve žiaria, podobne ako žiari Slnko v našom hmotnom nebi. Môžeme síce povedať, že Božie kráľovstvo je všade, ale duchovné nebo s nespočetnými planétami, o ktorom sa tu hovorí, sa nazýva *paraṁ dhāma*, najvyššie sídlo.

Sebarealizovaný *yogīn*, ktorý má dokonalé poznanie o Kṛṣṇovi, prežíva skutočný mier spôsobom, aký bol opísaný v týchto veršoch (*mat-cittaḥ, mat-paraḥ, mat-sthānam*), a nakoniec dosiahne najvyššie duchovné sídlo, Kṛṣṇaloku, ktorá je známa ako Goloka Vṛndāvana. V *Brahma-saṁhite* (5.37) sa jasne píše, že Śrī Kṛṣṇa je vďaka Svojím duchovným energiám všeprenikajúci Brahman a zároveň lokalizovaná Paramātmā, a to aj napriek tomu, že nikdy neopúšťa svoje sídlo — Goloku Vṛndāvanu (*goloka eva nivasaty akhilātma-bhūtaḥ*). Nikto nemôže vkročiť do duchovného neba (Vaikuṇṭhy) alebo do Kṛṣṇovho večného sídla (Goloky Vṛndāvanu), pokiaľ nemá náležité poznanie o Kṛṣṇovi a o Jeho úplnej emanácii — Viṣṇuovi. Preto je človek vedomý si Kṛṣṇu dokonalým *yogīnom*, lebo neprestajne myslí na Kṛṣṇove činnosti (*sa vai manaḥ kṛṣṇa-padāravindayoḥ*). *Vedy* to potvrdzujú nasledovne: *tam eva viditvāti mṛtyum eti* (*Śvetāśvatara Upaniṣad* 3.8). „Jediný spôsob, ako sa vymaniť z kolobehu rodenia a smrti, je pochopiť Najvyššiu Božskú Osobnosť, Śrī Kṛṣṇu." *Yoga* teda neznamená akési fakírstvo alebo akrobatické cviky na oklamanie nevinných ľudí. Jej účelom je pomôcť človeku vyslobodiť sa z hmotnej existencie.

VERŠ 16

नात्यश्नतस्तु योगोऽस्ति न चैकान्तमनश्नतः ।
न चातिस्वप्नशीलस्य जाग्रतो नैव चार्जुन ॥ १६ ॥

nāty-aśnatas tu yogo 'sti na caikāntam anaśnataḥ
na cāti-svapna-śīlasya jāgrato naiva cārjuna

na—nikdy; *ati*—príliš; *aśnataḥ*—pre toho, kto je; *tu*—však; *yogaḥ*—spojenie s Najvyšším; *asti*—je; *na*—ani; *ca*—tiež; *ekāntam*—príliš; *anaśnataḥ*—pre toho, kto neje; *na*—ani; *ca*—aj; *ati*—priveľa; *svapna-śīlasya*—kto spí; *jāgrataḥ*—pre toho, kto priveľa bdie; *na*—nie; *eva*—vôbec; *ca*—a; *arjuna*—ó, Arjuna.

Yogīnom sa nemôže stať ten, kto sa prejedá, ani ten, kto je príliš málo, kto spí viac, než je treba, alebo spí málo, ó, Arjuna.

VÝZNAM: *Yogīnom* sa tu odporúča, aby usmernili jedenie a spanie. Prejedať sa znamená jesť viac, než je nutné k udržaniu tela a duše pohromade. Človek nemusí jesť zvieratá, keď má hojnosť obilnín, strukovín, zeleniny, ovocia a mlieka. Podľa *Bhagavad-gīty* je takáto jednoduchá strava v kvalite dobra. Mäso zvierat je pre tých, u ktorých prevláda kvalita nevedomosti. Preto ľudia, ktorí pijú alkohol, fajčia a jedia mäso alebo jedlo, ktoré nebolo najprv obetované Kṛṣṇovi, budú vystavení hriešnym následkom, lebo požívajú samé nečisté veci. Každý, kto pripravuje jedlo bez toho, že by ho obetoval Kṛṣṇovi, alebo je len preto, aby uspokojil svoje zmysly, je iba hriech. *Bhuñjate te tv aghaṁ pāpā ye pacanty ātma-kāraṇāt.* Ten, kto je hriech, alebo je viac než potrebuje jeho telo, sa nemôže riadne venovať *yoge*. Najlepšie je jesť iba jedlo obetované Kṛṣṇovi. Kṛṣṇov oddaný nikdy nezje nič, čo nebolo obetované Kṛṣṇovi. Preto môže dokonalosť v *yoge* dosiahnuť iba človek vedomý si Kṛṣṇu. Ani ten, kto sa umelo zrieka jedla a vytvára si vlastné pravidlá pre držanie pôstu, nerobí *yogu*. Oddaný Najvyššieho Pána zachováva pôst podľa príkazov písiem. Nepostí sa, ani neje viac než treba, a preto je spôsobilý robiť *yogu*. Tomu, kto je viac než potrebuje, sa často sníva, a preto musí spať dlhšie, než je nutné. Nemali by sme spať dlhšie ako šesť hodín denne. Kto prespí viac než šesť z dvadsiatich štyroch hodín denne, je pod vplyvom nevedomosti. Taký človek, ktorý priveľa spí, je lenivý, a preto sa nemôže venovať *yoge*.

VERŠ 17

युक्ताहारविहारस्य युक्तचेष्टस्य कर्मसु ।
युक्तस्वप्नावबोधस्य योगो भवति दुःखहा ॥ १७ ॥

yuktāhāra-vihārasya yukta-ceṣṭasya karmasu
yukta-svapnāvabodhasya yogo bhavati duḥkha-hā

yukta — striedmy; *āhāra* — v jedle; *vihārasya* — odpočinku; *yukta* — primeraný; *ceṣṭasya* — toho, kto koná pre sebazáchovu; *karmasu* — pri plnení povinností; *yukta* — striedmy; *svapna-avabodhasya* — v spánku i bdení; *yogaḥ* — vykonávanie yogy; *bhavati* — bude; *duḥkha-hā* — zahubí svoje trápenia.

Iba ten, kto je striedmy v jedle, odpočinku, práci, spánku i v bdení, môže vykonávaním yogy zmierniť všetky svoje trápenia.

VÝZNAM: Výstrednosti v telesných potrebách, ako sú jedenie, spanie, bránenie sa a pohlavný styk, môžu prekážať úspešnému vykonávaniu *yogy*. Jedenie možno ovládnuť len vtedy, ak sa človek naučil jesť posvätené jedlo, *prasādam*. Podľa *Bhagavad-gīty* (9.26) sa Kṛṣṇovi obetuje ovocie, zelenina, obilniny, strukoviny, mlieko atď. Takto sa oddaný naučí jesť len to, čo je v kvalite dobra a je vhodné ako ľudská potrava. Pokiaľ ide o spánok, oddaný vedomý si Kṛṣṇu sa vždy snaží dôkladne si plniť svoje povinnosti, aby potešil Kṛṣṇu, a preto každú chvíľku premeškanú zbytočným spaním považuje za veľkú stratu času. *Avyartha-kālatvam:* oddaný nedokáže stráviť ani minútu svojho života bez toho, aby láskyplne neslúžil Kṛṣṇovi. Z tohto dôvodu obmedzuje spánok na minimum. Berie si v tom príklad od Śrīlu Rūpu Gosvāmīho, ktorý bol taký pohrúžený v službe Pánovi, že nikdy nespal viac než dve hodiny denne a niekedy aj menej. Haridās Ṭhākura nezjedol ani trošku *prasādam* a ani oči nezažmúril, kým nedokončil svoju dennú *japu*, kým na svojom ruženci nezopakoval Božie mená tristotisíckrát. Pokiaľ ide o činnosti, oddaný nerobí nič, čo by nebolo v Kṛṣṇovom záujme, a preto sú jeho činy vždy usmernené a nepoškvrnené túžbou po zmyslovom pôžitku. Uspokojovanie zmyslov neprichádza do úvahy, a preto oddaný nemá hmotný voľný čas. Vo všetkých činnostiach, v každej práci, v reči, spaní, i keď bdie a podobne, je usmernený, a preto preňho nejestvuje nijaké hmotné trápenie.

VERŠ 18

यदा विनियतं चित्तमात्मन्येवावतिष्ठते ।
निस्पृहः सर्वकामेभ्यो युक्त इत्युच्यते तदा ॥ १८ ॥

yadā viniyataṁ cittam ātmany evāvatiṣṭhate
nispṛhaḥ sarva-kāmebhyo yukta ity ucyate tadā

yadā — keď; *viniyatam* — usmernený; *cittam* — myseľ a jej činnosť; *ātmani* — v transcendencii; *eva* — určite; *avatiṣṭhate* — spočinie; *nispṛhaḥ* — zbavený túžob; *sarva* — po všetkých; *kāmebhyaḥ* — zmyslových pôžitkoch; *yuktaḥ* — pevne zotrvávajúci v yoge; *iti* — tak; *ucyate* — hovorí sa; *tadā* — vtedy.

O yogīnovi, ktorý pomocou vykonávania yogy usmerní činnosť svojej mysle a ktorý odvrátený od všetkých hmotných túžob spočíva v transcendencii, sa hovorí, že pevne zotrváva v yoge.

VÝZNAM: Konanie *yogīna* sa od konania obyčajného človeka odlišuje tým, že *yogīn* sa celkom zbavil hmotných túžob, z ktorých najsilnejší je pohlavný pud. Myseľ dokonalého *yogīna* je taká ovládnutá, že ho žiadna hmotná túžba nemôže rozrušiť. Na túto dokonalú úroveň sa automaticky dostanú ľudia vedomí si Kṛṣṇu, čo potvrdzuje *Śrīmad-Bhāgavatam* (9.4.18-20):

sa vai manaḥ kṛṣṇa-padāravindayor
vacāṁsi vaikuṇṭha-guṇānuvarṇane
karau harer mandira-mārjanādiṣu
śrutiṁ cakārācyuta-sat-kathodaye

mukunda-liṅgālaya-darśane dṛśau
tad-bhṛtya-gātra-sparśe 'ṅga-saṅgamam
ghrāṇaṁ ca tat-pāda-saroja-saurabhe
śrīmat-tulasyā rasanāṁ tad-arpite

pādau hareḥ kṣetra-padānusarpaṇe
śiro hṛṣīkeśa-padābhivandane
kāmaṁ ca dāsye na tu kāma-kāmyayā
yathottama-śloka-janāśrayā ratiḥ

„Kráľ Ambarīṣa vždy zamestnával svoju myseľ rozjímaním o Pánovych lotosových nohách, svoju reč používal na opisovanie Jeho transcendentálnych vlastností, rukami upratoval Pánov chrám, ušami počúval príbehy o Pánovych činoch, očami sa pozeral na Pánovu transcendentálnu podobu, svojim telom sa úctivo dotýkal tiel oddaných, nosom ovoniaval kvety obetované Pánovym lotosovým nohám, svojim jazykom ochutnával lístky *tulasī* obetované Pánovi, nohy používal pri navštevovaní posvätných miest a Pánovych chrámov, svoju hlavu skláňal v úcte pred Pánom a všetkými svojimi želaniami slúžil Pánovi — všetky tieto vlastnosti môže mať jedine Pánov čistý oddaný.“

Toto transcendentálne štádium je možno nepredstaviteľné pre stúpencov neosobnej filozofie, ale pre človeka vedomého si Kṛṣṇu je veľmi jednoduché a praktické, ako jasne vyplýva z opisu činností Mahārāju Ambarīṣa. Ak nie je myseľ neustále pripútaná k Pánovym lotosovým nohám, nie je takéto transcendentálne konanie vôbec možné. V oddanej službe sa všetky tieto predpísané činnosti nazývajú *arcana*, čo znamená, že všetky zmysly sú zapojené v službe Pánovi. Zmysly i myseľ vyžadujú nejaké zamestnanie, preto je veľmi nepraktické snažiť sa ich nejakým umelým spôsobom obmedziť. Pre všetkých ľudí a obzvlášť pre tých, ktorí nie sú v životnom štádiu odriekania, je vyššie uvedené transcendentálne zamestnanie zmyslov a mysle dokonalým procesom, ktorý vedie k transcendentálnemu úspechu, a ktorý sa v *Bhagavad-gīte* nazýva *yukta*.

VERŠ 19

यथा दीपो निवातस्थो नेङ्गते सोपमा स्मृता ।
योगिनो यतचित्तस्य युञ्जतो योगमात्मनः ॥ १९ ॥

yathā dīpo nivāta-stho neṅgate sopamā smṛtā
yogino yata-cittasya yuñjato yogam ātmanaḥ

yathā — tak ako; *dīpaḥ* — lampa; *nivāta-sthaḥ* — v závetrí; *na* — nie; *iṅgate* — chveje sa; *sā* — toto; *upamā* — prirovnáva; *smṛtā* — považuje sa; *yoginaḥ* — yogīn; *yata-cittasya* — ktorého myseľ je ovládnutá; *yuñjataḥ* — neprestajne pohrúžený; *yogam* — v meditácii; *ātmanaḥ* — o transcendencii.

Tak ako sa plamienok lampy nechveje, keď je v závetrí, tak i transcendentalista, ktorého myseľ je ovládnutá, zotrváva vždy v meditácii o transcendentálnom „ja“.

VÝZNAM: Ten, kto má skutočné vedomie Kṛṣṇu, kto je neprestajne pohrúžený do transcendencie a vždy medituje o Najvyššom Pánovi, je stály ako plameň v závetrí.

VERŠ 20–23

यत्रोपरमते चित्तं निरुद्धं योगसेवया ।
यत्र चैवात्मनात्मानं पश्यन्नात्मनि तुष्यति ॥ २० ॥
सुखमात्यन्तिकं यत्तद्बुद्धिग्राह्यमतीन्द्रियम् ।
वेत्ति यत्र न चैवायं स्थितश्चलति तत्त्वतः ॥ २१ ॥
यं लब्ध्वा चापरं लाभं मन्यते नाधिकं ततः ।
यस्मिन्स्थितो न दुःखेन गुरुणापि विचाल्यते ॥ २२ ॥
तं विद्याद्दुःखसंयोगवियोगं योगसंज्ञितम् ॥ २३ ॥

yatroparamate cittaṁ niruddhaṁ yoga-sevayā
yatra caivātmanātmānaṁ paśyann ātmani tuṣyati

sukham ātyantikaṁ yat tad buddhi-grāhyam atīndriyam
vetti yatra na caivāyaṁ sthitaś calati tattvataḥ

yaṁ labdhvā cāparaṁ lābhaṁ manyate nādhikaṁ tataḥ
yasmin sthito na duḥkhena guruṇāpi vicālyate

taṁ vidyād duḥkha-saṁyoga- viyogaṁ yoga-saṁjñitam

yatra — v tomto stave; *uparamate* — keď človek zažíva transcendentálne šťastie; *cittam* — duševné činnosti; *niruddham* — oddelené od hmoty; *yoga-sevayā* — vďaka vykonávaniu yogy; *yatra* — v ktorom; *ca* — aj; *eva* — určite; *ātmanā* — čistou mysľou; *ātmānam* — svojím „ja"; *paśyan* — realizuje postavenie; *ātmani* — vo svojom „ja"; *tuṣyati* — je spokojný; *sukham* — šťastie; *ātyantikam* — najvyššie; *yat* — ktoré; *tat* — to; *buddhi* — inteligenciou; *grāhyam* — prijímateľné; *atīndriyam* — nadzmyslové; *vetti* — pozná; *yatra* — zatiaľ čo; *na* — nikdy; *ca* — tiež; *eva* — určite; *ayam* — on; *sthitaḥ* — spočíva; *calati* — vzďaľuje sa; *tattvataḥ* — od pravdy; *yam* — to, čo; *labdhvā* — dosiahnutím; *ca* — tiež; *aparam* — akýkoľvek; *lābham* — zisk; *manyate* — považuje; *na* — nikdy; *adhikam* — viac; *tataḥ* —

než toto; *yasmin* — v ktorom; *sthitaḥ* — spočíva; *na* — nikdy; *duḥkhena* — utrpenie; *guruṇā api* — hoci veľmi ťažké; *vicālyate* — ním nepohne; *tam* — to; *vidyāt* — treba vedieť; *duḥkha-saṁyoga* — utrpenie pochádzajúce zo styku s hmotou; *viyogam* — vyhľadenie; *yoga-saṁjñitam* — yogové vytrženie.

V stave dokonalosti, nazývanom samādhi alebo vnútorné vytrženie, je myseľ vďaka cvičeniu yogy celkom odpútaná od všetkých hmotných mentálnych činností. Túto dokonalosť charakterizuje schopnosť nazerať na svoje „ja" prostredníctvom čistej mysle a žiť a tešiť sa vo vlastnom „ja". V tomto radostnom stave prežíva človek neobmedzené transcendentálne šťastie poznané transcendentálnymi zmyslami. Keď človek dosiahne túto úroveň, nevzdiali sa už nikdy od pravdy a nemyslí si, že by mohol získať niečo cennejšie. V tomto stave ním nepohnú ani tie najväčšie ťažkosti. To je vskutku ozajstné oslobodenie sa od všetkých trápení pochádzajúcich zo styku s hmotou.

VÝZNAM: Vykonávaním *yogy* sa človek postupne zbavuje hmotného poňatia života. To je hlavný charakteristický znak *yogového* procesu. *Yogīn* pomocou svojej čistej transcendentálnej mysle a inteligencie zrealizuje Naddušu bez toho, že by nesprávne stotožňoval svoje „ja" s Najvyššou Dušou, a tak spočinie v *samādhi*, vnútornom vytržení. *Yoga* je založená viac-menej na zásadách systému, ktorý zostavil Patañjali. Niektorí neautorizovaní komentátori sa snažia stotožniť individuálnu dušu s Naddušou a monisti usudzujú, že ide o vyslobodenie, pričom nepoznajú pravý cieľ Patañjaliho *yogového* systému. Neuznávajú rozdiel medzi poznaním a tým, kto dosiahol poznanie. Nesúhlasia s týmto veršom, ktorý potvrdzuje existenciu transcendentálnej radosti dosiahnuteľnej prostredníctvom transcendentálnych zmyslov. Pritom Patañjaliho systém uznáva existenciu tejto transcendentálnej radosti, ktorú monisti zavrhujú zo strachu, aby svoju teóriu zjednotenia nevystavili nebezpečenstvu. Veľký a slávny učenec Patañjali Muni sám vyhlasuje vo svojich *Yoga-sūtrach* (3.34): *puruṣārtha-śūnyānāṁ guṇānāṁ pratiprasavaḥ kaivalyaṁ svarūpa-pratiṣṭhā vā citi-śaktir iti.*

Táto *citi-śakti,* vnútorná sila, je transcendentálna. Slovo *puruṣārtha* označuje materialistické náboženstvo, hospodársky rozvoj, zmyslový pôžitok a nakoniec pokus stotožniť sa s Bohom a splynúť s Ním. Monisti toto „zjednotenie s Najvyšším" nazývajú *kaivalyam*. Podľa Patañjaliho sa však *kaivalyam* vzťahuje na vnútornú transcendentálnu silu, pomocou ktorej si živá bytosť uvedomuje svoje základné postavenie. Śrī Caitanya Mahāprabhu nazýva tento stav vedomia *ceto-darpaṇa-mārjanam*, čiže „očisťovanie znečisteného zrkadla mysle". Toto očisťovanie je skutočným vyslobodením sa z hmotného bytia (*bhava-mahā-dāvāgni-nirvāpaṇam*). Táto zásada zodpovedá teórii *nirvāṇy* v jej počiatočnom štádiu. Po dosiahnutí *nirvāṇy*, čiže po skončení hmotnej existencie, začínajú duchovné činnosti, oddaná služba určená pre potešenie Kṛṣṇu, ktorá je známa ako vedomie Kṛṣṇu. *Śrīmad-Bhāgavatam* (2.10.6) definuje tento stav slovami *svarūpeṇa vyavasthitiḥ*, „skutočný život živej bytosti". *Māyā* — ilúzia je stav, keď je duchovný život znečistený hmotnou nákazou. Vyslobodenie z tohto nečistého styku s hmotou však neznamená, že by živá bytosť zničila svoju pôvodnú a večnú individualitu. Patañjali to potvrdzuje slovami: *kaivalyam svarūpa-pratiṣṭhā vā citi-śaktir iti*. Táto *citi-śakti* alebo transcendentálna radosť je skutočnou existenciou. To je potvrdené vo *Vedānta-sūtre* (1.1.12) ako *ānanda-mayo 'bhyāsāt*. Je vrcholným cieľom *yogy* a možno ju ľahko dosiahnuť vykonávaním oddanej služby, *bhakti-yogou*, ktorá je podrobne opísaná v siedmej kapitole *Bhagavad-gīty*.

Yoga, o ktorej sa píše v tejto kapitole, zahŕňa dva druhy *samādhi*. Jedno sa volá *samprajñāta-samādhi* a druhé *asamprajñāta-samādhi*. Transcendentálny stav, ktorý človek dosiahne pomocou filozofického hĺbania, sa nazýva *samprajñāta-samādhi*. V *asamprajñāta-samādhi* je už človek ľahostajný voči svetským radostiam, lebo je transcendentálny voči všetkým pôžitkom, ktoré môže získať prostredníctvom zmyslov. Len čo sa *yogīn* dostane na transcendentálnu úroveň, jeho postavenie už nemôže nič ohroziť. Ak *yogīn* tento stav nedosiahne, je všetka jeho snaha zbytočná. Dnešné takzvané kurzy *yogy* podporujú zmyslové pôžitky, a tak celkom porušujú pravú tradíciu *yogy*. *Yogīn*, ktorý sa oddáva sexu a omamným látkam, je obyčajnou napodobeninou. Ani tí *yogīni*, ktorých lákajú nadprirodzené sily (*siddhi*), nie sú dokonalí. Keď *yogīna* lákajú vedľajšie produkty *yogy*, nemôže dosiahnuť štádium dokonalosti, ako sa píše v tomto verši. Tí, čo sa vydávajú za *yogīnov* predvádzaním rozličných gymnastických kúskov, a askéti snažiaci sa o získanie nadprirodzených síl, by preto mali vedieť, že skutočný cieľ *yogy* je pre nich stratený.

V našej dobe je najjednoduchšou a najúčinnejšou *yogou* — *bhakti-yoga* alebo vedomie Kṛṣṇu. Človek vedomý si Kṛṣṇu je pri vykonávaní oddanej služby taký šťastný, že po inej radosti ani netúži. Oproti tomu *haṭha-yoga*, *dhyāna-yoga* a *jñāna-yoga* sú v našom veku spojené s mnohými prekážkami a ťažkosťami, ktoré nie sú v *bhakti-yoge* či *karma-yoge*. Kým máme hmotné telo, musíme uspokojovať jeho požiadavky, ako jedenie, spanie, párenie sa a obrana. No osoba na úrovni čistej *bhakti-yogy* alebo vo vedomí Kṛṣṇu, pri uspokojovaní telesných potrieb nepovzbudzuje svoje zmysly. Vzhľadom na to, že má hmotné telo, prijíma len to, čo je nevyhnutne potrebné pre život, a tak prežíva transcendentálne šťastie vo vedomí Kṛṣṇu. Neovplyvňujú ho neočakávané udalosti v živote, ako sú nehody, choroby, alebo dokonca smrť blízkeho príbuzného, a s rozhodnosťou a nadšením si plní povinnosti oddanej služby, *bhakti-yogy*. Nič ho nemôže prinútiť k tomu, aby zanedbal svoje povinnosti, ako je potvrdené v *Bhagavad-gīte* (2.14): *āgamāpāyino 'nityās tāṁs titikṣasva bhārata*. Vie, že tieto bolesti prichádzajú a odchádzajú a nemôžu ovplyvniť jeho povinnosti. Takto docieli najvyššiu dokonalosť v *yoge*.

VERŠ 24

स निश्चयेन योक्तव्यो योगोऽनिर्विण्णचेतसा ।
सङ्कल्पप्रभवान्कामांस्त्यक्त्वा सर्वानशेषतः ।
मनसैवेन्द्रियग्रामं विनियम्य समन्ततः ॥ २४ ॥

sa niścayena yoktavyo yogo 'nirviṇṇa-cetasā
saṅkalpa-prabhavān kāmāṁs tyaktvā sarvān aśeṣataḥ
manasaivendriya-grāmaṁ viniyamya samantataḥ

saḥ — táto; *niścayena* — s pevnou rozhodnosťou; *yoktavyaḥ* — je treba vykonávať; *yogaḥ* — yogu; *anirviṇṇa-cetasā* — neklesať na mysli; *saṅkalpa* — mentálna špekulácia; *prabhavān* — vznikajúca z; *kāmān* — hmotné túžby; *tyaktvā* — zanechá; *sarvān* — všetky; *aśeṣataḥ* — úplne; *manasā* — mysľou; *eva* — určite; *indriya-grāmam* — všetky zmysly; *viniyamya* — usmerňuje; *samantataḥ* — zo všetkých strán.

Yogī má vykonávať yogu s neochvejnou rozhodnosťou a vierou a nenechať sa z tejto cesty odchýliť. Yogī musí úplne odvrhnúť všetky hmotné túžby, ktoré vznikajú z mentálnej špekulácie a samotnou mysľou ovládnuť všetky zmysly na všetkých stranách.

VÝZNAM: Človek venujúci sa *yoge* musí byť odhodlaný a trpezlivý a nesmie nikdy klesať na mysli, keď sa úspech nedostaví ihneď. Musí byť vytrvalý a presvedčený, že napokon dosiahne cieľ. Predpokladom k dosiahnutiu úspechu je prísne sebaovládanie a nekompromisné vykonávanie povinností. Rūpa Gosvāmī hovorí o *bhakti-yoge* vo svojej *Upadeśāmṛte* (3):

utsāhān niścayād dhairyāt tat-tat-karma-pravartanāt
saṅga-tyāgāt sato vṛtteḥ ṣaḍbhir bhaktiḥ prasidhyati

„*Bhakti-yogu* môže úspešne vykonávať ten, kto koná v kvalite dobra, stýka sa s oddanými a plní si predpísané povinnosti z celého srdca, s nadšením, vytrvalosťou a odhodlaním."

Pokiaľ ide o odhodlanie, mali by sme si vziať príklad z vtáčika, ktorý stratil svoje vajíčka vo vlnách oceánu. Raz zniesol vrabec na morský breh vajcia a vlny mu ich spláchli. Veľmi ho to rozhnevalo a požiadal more, aby mu vajcia vrátilo. More však jeho prosbu nevypočulo. Vtáčik sa preto rozhodol, že oceán vysuší. Začal odnášať vodu vo svojom zobáčiku a všetci sa jeho odhodlaniu urobiť neuskutočniteľné smiali. Správa o ňom sa rýchlo rozniesla, až sa dostala ku Garuḍovi, obrovskému vtákovi, ktorý slúži ako Viṣṇuov dopravný prostriedok. Garuḍovi bolo ľúto malého príbuzného, a preto ihneď odletel, aby sa s vtáčikom stretol. Keď videl vrabčekovo odhodlanie, potešilo ho to a sľúbil, že mu pomôže. Rozkázal moru, aby ihneď vrátilo všetky vajcia, inak že ho vysuší. More sa zľaklo jeho slov a okamžite všetky vajcia vrátilo. Tak vrabec dosiahol šťastie vďaka Garuḍovej milosti.

Yoga a hlavne *bhakti-yoga* sa môže zdať ťažká; ak sa však riadime podľa zásad s veľkým odhodlaním, Śrī Kṛṣṇa nám celkom iste pomôže, lebo Boh pomáha tým, ktorí si pomáhajú sami.

VERŠ 25

शनैः शनैरुपरमेद्बुद्ध्या धृतिगृहीतया ।
आत्मसंस्थं मनः कृत्वा न किञ्चिदपि चिन्तयेत् ॥ २५ ॥

śanaiḥ śanair uparamed buddhyā dhṛti-gṛhītayā
ātma-saṁsthaṁ manaḥ kṛtvā na kiñcid api cintayet

śanaiḥ — postupne; *śanaiḥ* — krok za krokom; *uparamet* — mal by pevne uchopiť; *buddhyā* — inteligenciou; *dhṛti-gṛhītayā* — s pevným presvedčením; *ātma-saṁstham* — spočinúť v transcendencii; *manaḥ* — myseľ; *kṛtvā* — konajúc; *na* — nie; *kiñcit* — nič iné; *api* — nech; *cintayet* — myslieť na.

Mal by postupne, krok za krokom, spočinúť v tranze pomocou inteligencie a s plným presvedčením. Takto môže upriamiť myseľ na vlastné „ja" a nemyslieť na nič iné.

VÝZNAM: Pomocou správneho presvedčenia a inteligencie môže človek skoncovať so zmyslovými činnosťami. To sa nazýva *pratyāhāra*. Keď *yogīn* zastaví všetky činnosti zmyslov a ovláda svoju myseľ, môže potom v meditácii spočinúť v *samādhi* alebo vnútornom vytržení. Na tejto úrovni mu už nehrozí nebezpečenstvo, že by opäť poklesol do materialistického spôsobu života. Inými slovami, nemali by sme myslieť na zmyslové pôžitky, aj keď sme kvôli našim hmotným telám nútení byť v styku s hmotou. Jediný pôžitok, o ktorom môžeme rozjímať je, ako potešiť Najvyššie Ja. Tento stav môžeme ľahko dosiahnuť priamym vykonávaním vedomia Kṛṣṇu.

VERŠ 26

यतो यतो निश्चलति मनश्चञ्चलमस्थिरम् ।
ततस्ततो नियम्यैतदात्मन्येव वशं नयेत् ॥ २६ ॥

yato yato niścalati manaś cañcalam asthiram
tatas tato niyamyaitad ātmany eva vaśaṁ nayet

yataḥ yataḥ — hocikam; *niścalati* — znepokojnie; *manaḥ* — myseľ; *cañcalam* — vrtošivá; *asthiram* — nestála; *tataḥ tataḥ* — odtiaľ; *niyamya* — usmerniť; *etat* — ju; *ātmani* — v „ja"; *eva* — určite; *vaśam* — pod vládu; *nayet* — musí priviesť.

Nech už sa jeho myseľ pre svoju vrtošivú a nestálu povahu zatúla kamkoľvek, musí ju odtiaľ odpútať a priviesť naspäť pod vládu svojho „ja".

VÝZNAM: Myseľ má vrtošivú a nestálu povahu. Sebarealizovaný *yogīn* však musí ovládať svoju myseľ; myseľ nesmie ovládať jeho. Ten, kto ovláda svoju myseľ (a teda aj zmysly), sa nazýva *gosvāmī* alebo *svāmī* a ten, kto je ovládaný svojou mysľou je *go-dāsa* alebo služobník zmyslov. *Gosvāmī* pozná povahu zmyslového šťastia. Vie, že pravé šťastie, transcendentálne šťastie sa dostaví, keď sú zmysly zamestnané v službe Hṛṣīkeśovi, Kṛṣṇovi, teda v službe zvrchovaného vlastníka zmyslov. Služba Kṛṣṇovi očistenými zmyslami sa nazýva vedomie Kṛṣṇu. Takto môže človek plne ovládnuť svoje zmysly. Ba čo viac — takáto úroveň je najvyššou dokonalosťou *yogy*.

VERŠ 27

प्रशान्तमनसं ह्येनं योगिनं सुखमुत्तमम् ।
उपैति शान्तरजसं ब्रह्मभूतमकल्मषम् ॥ २७ ॥

praśānta-manasaṁ hy enaṁ yoginaṁ sukham uttamam
upaiti śānta-rajasaṁ brahma-bhūtam akalmaṣam

praśānta — upokojená, pripútaná ku Kṛṣṇovym lotosovým nohám; *manasam* — ktorého myseľ; *hi* — určite; *enam* — tomu; *yoginam* — yogīn; *sukham* — šťastie; *uttamam* — najvyššie; *upaiti* — dosiahne; *śānta-rajasam* — utíšená vášeň; *brahma-bhūtam* — vyslobodenie stotožnením sa s Najvyšším; *akalmaṣam* — zbavený všetkých následkov minulých hriešnych činov.

Yogīn, ktorého myseľ je pripútaná ku Mne, iste dosiahne najvyššiu dokonalosť transcendentálnej blaženosti. Je nad kvalitou vášne, lebo realizuje svoju kvalitatívnu totožnosť s Najvyšším, a preto je oslobodený od všetkých reakcií za svoje predchádzajúce činy.

VÝZNAM: *Brahma-bhūta* je stav, keď sa človek zbavil všetkej hmotnej nečistoty a zapojil sa do transcendentálnej služby Pánovi — *mad bhaktiṁ labhate parām* (Bg. 18.54). Človek nemôže zostať na úrovni absolútneho Brahmanu, ak jeho myseľ nie je pripútaná k Pánovym lotosovým nohám (*sa vai manaḥ kṛṣṇa-padāravindayoḥ*). Slúžiť s vrúcnou a neochvejnou láskou Kṛṣṇovi a neprestajne Naňho myslieť znamená byť oslobodený od pút kvality vášne a byť očistený od všetkej hmotnej nečistoty.

VERŠ 28

युञ्जन्नेवं सदात्मानं योगी विगतकल्मषः ।
सुखेन ब्रह्मसंस्पर्शमत्यन्तं सुखमश्नुते ॥ २८ ॥

yuñjann evaṁ sadātmānaṁ yogī vigata-kalmaṣaḥ
sukhena brahma-saṁsparśam atyantaṁ sukham aśnute

yuñjan — vykonávajúci yogu; *evam* — takto; *sadā* — neustále; *ātmānam* — vlastné „ja“; *yogī* — ten, kto je spojený s Najvyššou Dušou; *vigata* — oslobodený od; *kalmaṣaḥ* — všetkých hmotných nečistôt; *sukhena* — v transcendentálnom šťastí; *brahma-saṁsparśam* — v nepretržitom spojení s Najvyšším; *atyantam* — najvyššie; *sukham* — šťastie; *aśnute* — dosiahne.

Sebaovládnutý yogīn, ktorý sa takto neustále venuje yoge, sa oslobodí od všetkých hmotných nečistôt a dosiahne najvyššiu dokonalú blaženosť v trancendentálnej láskyplnej službe Pánovi.

VÝZNAM: Sebarealizácia znamená poznať svoje skutočné a večné postavenie vo vzťahu k Najvyššiemu. Individuálna duša je časťou najvyššieho celku a jej postavenie spočíva v preukazovaní transcendentálnej služby Najvyššiemu Pánovi. Toto transcendentálne spojenie s Najvyšším sa nazýva *brahma-saṁsparśa*.

VERŠ 29

सर्वभूतस्थमात्मानं सर्वभूतानि चात्मनि ।
ईक्षते योगयुक्तात्मा सर्वत्र समदर्शनः ॥ २९ ॥

sarva-bhūta-stham ātmānaṁ sarva-bhūtāni cātmani
īkṣate yoga-yuktātmā sarvatra sama-darśanaḥ

sarva-bhūta-stham — sídliaci vo všetkých bytostiach; *ātmānam* — Nadduša; *sarva* — všetky; *bhūtāni* — bytosti; *ca* — tiež; *ātmani* — v Ja; *īkṣate* —

vidí; *yoga-yukta-ātmā*—ten, kto si je vedomý Kṛṣṇu; *sarvatra*—všade; *sama-darśanaḥ*—vidí to isté.

Pravý yogīn Ma vidí vo všetkých bytostiach a všetky bytosti vidí vo Mne. Sebarealizovaný človek Mňa, Najvyššieho Pána, vidí všade.

VÝZNAM: Yogīn vedomý si Kṛṣṇu je dokonalý pozorovateľ, pretože vidí Kṛṣṇu ako Naddušu, Paramātmu v srdci každej živej bytosti — *īśvaraḥ-sarva-bhūtānāṁ hṛd-deśe 'rjuna tiṣṭhati*. Paramātma sídli v srdci psa i v srdci *brāhmaṇa*. Dokonalý *yogīn* vie, že Pán je večne transcendentálny a nie je ovplyvnený hmotou, ani keď sa nachádza v tele psa či *brāhmaṇa*. Taká je Pánova zvrchovaná nestrannosť. Aj individuálna duša sídli v srdci, no nesídli vo všetkých srdciach. Tým sa individuálne duše odlišujú od Najvyššej Duše. Ten, kto presne nevykonáva *yogu*, nemôže vidieť veci tak jasne. Človek vedomý si Kṛṣṇu však vidí Kṛṣṇu všade, v srdciach veriacich i neveriacich. *Smṛti* to potvrdzujú slovami: *ātatatvāc ca mātṛtvāc ca ātmā hi paramo hariḥ*. Pán, pôvodca všetkých tvorov, je matkou i udržiavateľom. Ako je matka nestranná ku všetkým svojím deťom, tak je aj Najvyšší Otec (alebo Matka) nestranný ku všetkým, a preto sídli v každej živej bytosti v podobe Paramātmy, Najvyššej Duše. Nielenže žije vo všetkom, ale všetko súčasne žije v Ňom, lebo všetko spočíva v Jeho energii. Ako bude vysvetlené v siedmej kapitole, Pán má dve hlavné energie: duchovnú (vyššiu) a hmotnú (nižšiu). Napriek tomu, že individuálna bytosť je časťou vyššej energie, je podmienená nižšou energiou, a tak či už je podmienená alebo vyslobodená, vždy spadá do poľa pôsobnosti jednej z Pánových energií. Preto sa *yogīn* pozerá na všetko rovnako, lebo vidí, že všetky bytosti zostávajú stále Božími služobníkmi, aj keď sa nachádzajú v rozličných situáciách, ktoré zodpovedajú následkom ich niekdajších plodonosných činov. Keď sú uväznené v hmotnej energii, slúžia hmotným zmyslom, a keď sa vrátia do duchovnej energie, slúžia priamo Najvyššiemu Pánovi. Preto sú stále Božími služobníkmi, priamo či nepriamo. Takýto dokonalý pohľad na vec má iba Kṛṣṇu si vedomý človek.

VERŠ 30

यो मां पश्यति सर्वत्र सर्वं च मयि पश्यति ।
तस्याहं न प्रणश्यामि स च मे न प्रणश्यति ॥ ३० ॥

yo māṁ paśyati sarvatra sarvaṁ ca mayi paśyati
tasyāhaṁ na praṇaśyāmi sa ca me na praṇaśyati

yaḥ — kto; *mām* — Mňa; *paśyati* — vidí; *sarvatra* — všade; *sarvam* — všetko; *ca* — a; *mayi* — vo Mne; *paśyati* — vidí; *tasya* — jemu; *aham* — Ja; *na* — nie; *praṇaśyāmi* — stratím; *saḥ* — on; *ca* — aj; *me* — Mne; *na* — nie; *praṇaśyati* — stratí.

Kto Ma vidí všade a všetko vidí vo Mne, tomu sa nikdy nestratím a on sa nikdy nestratí Mne.

VÝZNAM: Človek vedomý si Kṛṣṇu vidí Kṛṣṇu všade a všetko vidí v Kṛṣṇovi. Na prvý pohľad sa môže zdať, že vidí hmotnú prírodu ako rôzne individuálne prejavy, no v skutočnosti má vedomie Kṛṣṇu a vie, že všetko, čo sa nachádza v hmotnom vesmíre, je prejavom Kṛṣṇovej energie. Nič nemôže jestvovať bez Kṛṣṇu a Kṛṣṇa je Pánom všetkého — to je základný princíp vedomia Kṛṣṇu. Vedomie Kṛṣṇu rozvíja lásku ku Kṛṣṇovi — pozíciu, ktorá je transcendentálna dokonca aj k hmotnému oslobodeniu. V tomto štádiu vedomia Kṛṣṇu, ktoré prevyšuje úroveň sebarealizácie, oddaný pociťuje jednotu s Kṛṣṇom v tom zmysle, že je naplnený láskou ku Kṛṣṇovi a Kṛṣṇa sa stáva preňho všetkým. Dôverný vzťah medzi oddaným a Pánom už teda jestvuje. V tomto stave nemôže byť živá bytosť zničená. Ani Božská Osobnosť sa nikdy nestratí zraku oddaného. Oddaný sa nevystavuje nebezpečenstvu duchovnej samovraždy tým, že by sa pokúšal splynúť s Kṛṣṇom. V *Brahma-saṁhite* (5.38) sa uvádza:

premāñjana-cchurita-bhakti-vilocanena
santaḥ sadaiva hṛdayeṣu vilokayanti
yaṁ śyāmasundaram acintya-guṇa-svarūpaṁ
govindam ādi-puruṣaṁ tam ahaṁ bhajāmi

„Uctievam Govindu, pôvodného Pána, ktorého oddaný vždy vidí očami pomazanými balzamom lásky v Jeho večnej podobe Śyāmasundaru umiestneného v srdci oddaného."

Kṛṣṇa priťahovaný touto čistou láskou sa nikdy neskrýva pred zrakom Svojho oddaného a rovnako i oddaný Ho má neprestajne pred očami. To platí aj o *yogīnovi*, ktorý vidí Pána v podobe Paramātmy. Taký *yogīn* sa stane čistým oddaným a nemohol by žiť, keby hoci len na okamih nevidel Pána vo svojom srdci.

VERŠ 31

सर्वभूतस्थितं यो मां भजत्येकत्वमास्थितः ।
सर्वथा वर्तमानोऽपि स योगी मयि वर्तते ॥ ३१ ॥

sarva-bhūta-sthitaṁ yo māṁ bhajaty ekatvam āsthitaḥ
sarvathā vartamāno 'pi sa yogī mayi vartate

sarva-bhūta-sthitam — sídliaci vo všetkých srdciach; *yaḥ* — ten, kto; *mām* — Mne; *bhajati* — oddane slúži; *ekatvam* — jednota; *āsthitaḥ* — takto zotrváva; *sarvathā* — za všetkých okolností; *varta-mānaḥ* — sídli; *api* — napriek tomu; *saḥ* — on; *yogī* — *yogīn*, transcendentalista; *mayi* — vo Mne; *vartate* — zostáva.

Yogīn, ktorý oddane slúži Nadduši s poznaním, že Ja a Nadduša sídliaca vo všetkých tvoroch sme jedno, zotrváva vo Mne za všetkých okolností.

VÝZNAM: Yogīn, ktorý medituje o Nadduši, vidí vo svojom srdci úplný Kṛṣṇov aspekt, štvorrukého Viṣṇua, držiaceho v rukách lastúru, disk, kyj a lotosový kvet. *Yogīn* by mal vedieť, že Viṣṇu a Kṛṣṇa sú totožní a že Kṛṣṇa sídli v podobe Paramātmy v srdciach všetkých živých tvorov. Medzi nespočetnými Naddušami prítomnými v srdciach nespočetných živých bytostí niet rozdielu. Takisto niet rozdielu medzi dokonalým *yogīnom* pohrúženým v meditácii o Nadduši a oddaným, ktorý láskyplne slúži Kṛṣṇovi. Hoci sa Kṛṣṇov oddaný stále zamestnáva rôznymi činnosťami, nikdy sa ani na chvíľku nevzdiali od Kṛṣṇu, čo potvrdzuje Śrīla Rūpa Gosvāmī v *Bhakti-rasāmṛta-sindhu* (1.2.187): *nikhilāsv apy avasthāsu jīvan-muktaḥ sa ucyate*. Oddaný, ktorý robí všetko pre potešenie Kṛṣṇu, sa automaticky oslobodí. *Nārada-pañcarātra* to potvrdzuje nasledujúcimi slovami:

dik-kālādy-anavacchinne kṛṣṇe ceto vidhāya ca
tan-mayo bhavati kṣipraṁ jīvo brahmaṇi yojayet

„Upriamením pozornosti na Kṛṣṇovu transcendentálnu podobu, ktorá je všeprenikajúca a mimo času a priestoru, sa človek pohrúži do myšlienok na Kṛṣṇu a dosiahne najvyššiu blaženosť v Jeho transcendentálnej spoločnosti."

Vedomie Kṛṣṇu je najvyšší stav vnútorného tranzu, aký môže *yogīn* dosiahnuť. Ak *yogīn* vie, že Kṛṣṇa je prítomný vo všetkých tvoroch v podobe Paramātmy, je oslobodený od všetkých omylov. Vo *Vedach* je Pánova nepredstaviteľná všadeprítomnosť potvrdená takto: *eko 'pi san bahudhā yo 'vabhāti.* (*Gopāla-tāpanī Upaniṣad* 1.21) „Napriek tomu, že Boh je len jeden, je prítomný vo všetkých srdciach." Podobne učí aj *smṛti-śāstra:*

eka eva paro viṣṇuḥ sarva-vyāpī na saṁśayaḥ
aiśvaryād rūpam ekaṁ ca sūrya-vat bahudheyate

„Viṣṇu je jeden, a napriek tomu je nepochybne všadeprítomný. Má jedinú podobu, no pomocou Svojej nepochopiteľnej sily sa zjavuje na mnohých miestach súčasne, podobne ako Slnko."

VERŠ 32

आत्मौपम्येन सर्वत्र समं पश्यति योऽर्जुन ।
सुखं वा यदि वा दुःखं स योगी परमो मतः ॥ ३२ ॥

ātmaupamyena sarvatra samaṁ paśyati yo 'rjuna
sukhaṁ vā yadi vā duḥkhaṁ sa yogī paramo mataḥ

ātma—s vlastným „ja"; *aupamyena*—v porovnaní; *sarvatra*—všade; *samam*—rovnako; *paśyati*—vidí; *yaḥ*—ten, kto; *arjuna*—ó, Arjuna; *sukham*—šťastie; *vā*—či; *yadi*—nech; *vā*—či; *duḥkham*—nešťastie; *saḥ*—taký; *yogī*—transcendentalista; *paramaḥ*—dokonalý; *mataḥ*—sa považuje.

Dokonalý yogīn je ten, kto v porovnaní s vlastným „ja" vidí skutočnú rovnocennosť všetkých tvorov, či už v ich šťastí, alebo v nešťastí, ó, Arjuna.

VÝZNAM: Človek vedomý si Kṛṣṇu je dokonalý *yogīn* a uvedomuje si šťastie i nešťastie každého jednotlivca vďaka vlastnej skúsenosti. Príčinou nešťastia živej bytosti je, že zabudla na svoj vzťah s Bohom. A príčinou jej šťastia je poznanie, že Kṛṣṇa, je najvyšším požívateľom plodov ľudskej činnosti, majiteľom všetkých krajín a planét a najúprimnejším priateľom všetkých živých bytostí. Dokonalý *yogīn* vie, že podmienená živá bytosť je pod vplyvom troch kvalít hmotnej prírody a že je vystavená trojakému hmotnému utrpeniu, lebo zabudla na svoj vzťah ku Kṛṣṇovi. Oddaný sa všade snaží šíriť poznanie o Kṛṣṇovi, pretože vie, že vedomie Kṛṣṇu robí človeka šťastným. A keďže sa taký dokonalý *yogīn* snaží šíriť poznanie o tom, aké dôležité je mať vedomie Kṛṣṇu, je najlepším priateľom ľudí a najdrahším Pánovym služobníkom — *na ca tasmān manuṣyeṣu kaścin me priya-kṛttamaḥ* (Bg. 18.69). Inými slovami, oddaný sa zaujíma o blaho všetkých živých bytostí, a preto je skutočným priateľom všetkých. Je najdokonalejším *yogīnom*, pretože sa nesnaží dosiahnuť len svoju osobnú dokonalosť, ale snaží sa pomôcť aj ostatným a nikdy nezávidí blížnym. V tomto sa Kṛṣṇov čistý oddaný odlišuje od *yogīna*, ktorý sa stará iba o svoje vlastné povznesenie sa a odchádza na odľahlé miesto, aby tam mohol pokojne meditovať. Čistý oddaný je dokonalejší, pretože sa úprimne snaží, aby sa všetci ľudia zapojili do láskyplnej oddanej služby Kṛṣṇovi.

VERŠ 33

अर्जुन उवाच
योऽयं योगस्त्वया प्रोक्तः साम्येन मधुसूदन ।
एतस्याहं न पश्यामि चञ्चलत्वात्स्थितिं स्थिराम् ॥ ३३ ॥

arjuna uvāca
yo 'yaṁ yogas tvayā proktaḥ sāmyena madhusūdana
etasyāhaṁ na paśyāmi cañcalatvāt sthitiṁ sthirām

arjunaḥ uvāca — Arjuna riekol; *yaḥ ayam* — tento systém; *yogaḥ* — yoga; *tvayā* — Tebou; *proktaḥ* — opísaný; *sāmyena* — všeobecne; *madhu-sūdana* — ó, hubiteľ démona Madhua; *etasya* — v nej; *aham* — ja; *na* — nie; *paśyāmi* — vidím; *cañcalatvāt* — pre nepokoj; *sthitim* — umiestnená; *sthirām* — pevne.

Arjuna riekol: Ó, Madhusūdana, yoga, ktorú si opísal, sa mi zdá byť nepraktická a neznesiteľná, pretože myseľ je vrtkavá a nestála.

VÝZNAM: Yogu, ktorú Kṛṣṇa opísal Arjunovi, počnúc slovami *śucau deśe* a končiac *yogī paramaḥ*, tu Arjuna odmieta, lebo si myslí, že ju nie je schopný vykonávať. Vo veku Kali nie je pre obyčajného človeka možné opustiť domov a vydať sa do hôr alebo do džungle a tam sa osamote venovať *yoge*. Dnešný človek musí urputne bojovať o svoj život, ktorý je bez tak krátky. Hoci sa mu ponúka jednoduchá metóda na dosiahnutie duchovnej realizácie, väčšinou nie je schopný prijať ani tú. Čo potom povedať o takej ťažkej *yoge*, ktorá vyžaduje prísne usmernenie života — nájsť odľahlé miesto, zaujať špeciálnu polohu a odpútať myseľ od všetkého hmotného. Arjunovi sa z praktických dôvodov zdalo byť nemožné venovať sa tejto *yoge*, hoci mal na to veľa dobrých predpokladov: pochádzal z kráľovského rodu, bol mocný bojovník, žil oveľa dlhšie než my a predovšetkým bol dôverným priateľom Kṛṣṇu, Najvyššej Božskej Osobnosti. Pred päťtisíc rokmi mal Arjuna na túto *yogu* oveľa lepšie podmienky, než máme my dnes, a predsa ju odmietol. Nenájdeme žiadny historický záznam o tom, že by sa niekedy týmto *yogovým* procesom zaoberal. Ak teda bola taká ťažká pred päťtisíc rokmi, aká ťažká asi môže byť v našom veku Kali? Je možné, že pár výnimočných ľudí sa tejto *yoge* môže venovať, ale pre obyčajného človeka je to nemožné. Tí, čo napodobňujú túto *yogu* v takzvaných *yogových* školách alebo spoločnostiach, naozaj iba márnia čas, aj keď sa cítia byť spokojní sami so sebou. Nepoznajú pravý cieľ *yogy*.

VERŠ 34

चञ्चलं हि मनः कृष्ण प्रमाथि बलवद्दृढम् ।
तस्याहं निग्रहं मन्ये वायोरिव सुदुष्करम् ॥ ३४ ॥

cañcalaṁ hi manaḥ kṛṣṇa pramāthi balavad dṛḍham
tasyāhaṁ nigrahaṁ manye vāyor iva su-duṣkaram

cañcalam — vrtkavá; *hi* — určite; *manaḥ* — myseľ; *kṛṣṇa* — ó, Kṛṣṇa; *pramāthi* — nepokojná; *bala-vat* — silná; *dṛḍham* — spurná; *tasya* — ju; *aham* — ja; *nigraham* — skrotiť; *manye* — myslím si; *vāyoḥ* — vietor; *iva* — ako; *su-duṣkaram* — ťažké.

Ó, Kṛṣṇa, myseľ je nestála, búrlivá, spurná a veľmi silná. Myslím si, že skrotiť ju je tažšie ako si podmaniť vietor.

VÝZNAM: Myseľ je taká silná a spurná, že niekedy premôže aj inteligenciu, hoci v skutočnosti je jej podriadená. Pre človeka, ktorý sa v praktickom živote stretáva s mnohými prekážkami, je určite veľmi ťažké ovládať myseľ. Môže sa pokúsiť hľadieť rovnako na priateľa i nepriateľa, no v skutočnosti žiadny materialista nedokáže uvažovať takto navždy, lebo je to ťažšie než ovládnuť búrlivý vietor. *Kaṭha Upaniṣad* (1.3.3-4) udáva nasledujúci príklad:

ātmānaṁ rathinaṁ viddhi śarīraṁ ratham eva ca
buddhiṁ tu sārathiṁ viddhi manaḥ pragraham eva ca

indriyāṇi hayān āhur viṣayāṁs teṣu go-carān
ātmendriya-mano-yuktaṁ bhoktety āhur manīṣiṇaḥ

„Duša je cestujúcim v koči hmotného tela a inteligencia je kočišom. Myseľ predstavuje opraty a zmysly sú kone. Duša je teda tým, kto si užíva alebo trpí v styku s mysľou a zmyslami. Takto to vidia veľkí myslitelia."

Inteligencia má viesť myseľ, ale myseľ je niekedy taká silná a spurná, že inteligenciu často premôže, tak ako môže infekcia premôcť účinky lieku. Takúto silnú myseľ možno ovládnuť iba pomocou *yogy*, ktorá však bola pre svetského človeka ako Arjuna nepraktická, o dnešnom modernom človeku ani nehovoriac. Príklad, ktorý tu Arjuna použil, je naozaj výstižný: nikto nemôže rozkázať vetru. A ešte ťažšie je ovládnuť búrlivú myseľ. Najľahší spôsob ovládnutia mysle odporúča Śrī Caitanya Mahāprabhu: pokorne spievať alebo prednášať "Hare Kṛṣṇa", veľkú oslobodzujúcu *mantru. Sa vai manaḥ kṛṣṇa-padāravindayoḥ:* „Človek musí svoju myseľ plne sústrediť na Kṛṣṇu. Jedine tak už nebude nič, čo by ju mohlo rozrušiť."

VERŠ 35

श्रीभगवानुवाच
असंशयं महाबाहो मनो दुर्निग्रहं चलम् ।
अभ्यासेन तु कौन्तेय वैराग्येण च गृह्यते ॥ ३५ ॥

śrī-bhagavān uvāca
asaṁśayaṁ mahā-bāho mano durnigrahaṁ calam
abhyāsena tu kaunteya vairāgyeṇa ca gṛhyate

śrī-bhagavān uvāca — Kṛṣṇa, Najvyššia Božská Osobnosť, riekol; *asaṁśayam* — bez pochybností o tom; *mahā-bāho* — ó, bojovník mocných paží; *manaḥ* — myseľ; *durnigraham* — ťažko ovládnuteľná; *calam* — prelietavá; *abhyāsena* — neustálym cvičením; *tu* — ale; *kaunteya* — ó, syn Kuntī; *vairāgyeṇa* — odpútanosťou; *ca* — tiež; *gṛhyate* — možno ovládnuť.

Pán Śrī Kṛṣṇa riekol: Ó, bojovník mocných paží, ó, syn Kuntī, nepochybne je veľmi ťažké ovládnuť prelietavú myseľ, ale možno to dokázať vhodným cvičením a odpútanosťou.

VÝZNAM: Śrī Kṛṣṇa súhlasil s Arjunom, že je veľmi ťažké ovládnuť prelietavú myseľ. Zároveň však povedal, že sa to dá dokázať pomocou vhodného cvičenia a nepripútanosti. Z čoho pozostáva toto cvičenie? V dnešnej dobe sa nikto nedokáže riadiť podľa prísnych pravidiel a predpisov *yogy*, čiže žiť sám na posvätnom mieste, krotiť myseľ a zmysly, upnúť myseľ na Najvyššiu Dušu, žiť v celibáte a tak ďalej. Zato však človek môže oddane slúžiť Pánovi deviatimi rôznymi spôsobmi a byť si tak vedomý Kṛṣṇu. Prvým a najdôležitejším z nich je načúvať o Kṛṣṇovi. To je veľmi účinná transcendentálna metóda na očistenie mysle od všetkej hmotnej nečistoty. Čím viac načúvame rozprávaniam o Kṛṣṇovi, tým viac sme osvietení a zanechávame všetko, čo odvádza naše myšlienky od Kṛṣṇu. Pri odvrátení mysle od činností, ktorých cieľom nie je potešiť Pána, si môžeme ľahko osvojiť *vairāgyu*, čo je stav, keď je myseľ odpútaná od hmoty a zapojená do duchovných aktivít. Odpútať myseľ od hmoty spôsobom, ktorý odporúčajú stúpenci neosobnej filozofie, je nepochybne omnoho ťažšie, než pripútať myseľ ku Kṛṣṇovi. To je oveľa praktickejšie, lebo vďaka počúvaniu o Kṛṣṇovi sa človek automaticky prestane zaujímať o hmotu a pripútava sa k Najvyššiemu. Táto pripútanosť sa nazýva *pareśānubhava* alebo duchovná spokojnosť. Podobá sa spokojnosti, ktorú cíti hladný človek pri každom súste jedla, ktoré prehltne. Čím viac hladný človek je, tým sa cíti byť silnejší a spokojnejší. Aj pri vykonávaní oddanej služby cíti človek transcendentálne uspokojenie, keďže jeho myseľ nelipne na hmotných predmetoch. Je to čosi podobné ako liečiť chorobu odbornou liečbou a špeciálnou diétou. Načúvanie o Kṛṣṇovych transcendentálnych zábavách sa prirovnáva k odbornej liečbe šialenej mysle a jedlo obetované Kṛṣṇovi je pravou diétou pre trpiaceho pacienta. Táto liečebná metóda sa nazýva *bhakti-yoga* alebo vedomie Kṛṣṇu.

VERŠ 36

असंयतात्मना योगो दुष्प्राप इति मे मतिः ।
वश्यात्मना तु यतता शक्योऽवाप्तुमुपायतः ॥ ३६ ॥

asaṁyatātmanā yogo duṣprāpa iti me matiḥ
vaśyātmanā tu yatatā śakyo 'vāptum upāyataḥ

asaṁyata—neovládnutou; *ātmanā*—mysľou; *yogaḥ*—sebarealizáciu; *duṣprāpaḥ*—obtiažne dosiahnuť; *iti*—taký; *me*—Môj; *matiḥ*—názor; *vaśya*—v moci; *ātmanā*—myseľ; *tu*—však; *yatatā*—úsilie; *śakyaḥ*—vynakladajúc; *avāptum*—aby dosiahol; *upāyataḥ*—správnym spôsobom.

Sebarealizácia je obtiažna pre toho, kto neovláda svoju myseľ. Uspeje však ten, kto má myseľ vo svojej moci a úsilie vynakladá správnym spôsobom. To je môj názor.

VÝZNAM: Śrī Kṛṣṇa tu hovorí, že ten, kto odmieta prijať správny spôsob odpútania mysle od hmoty, môže sebarealizáciu dosiahnuť len veľmi ťažko. Venovať sa *yoge* a súčasne zamestnávať myseľ hmotnými pôžitkami je čosi podobné, ako keby sme sa pokúšali rozdúchať oheň a zároveň ho polievali vodou. Preto cvičiť *yogu* bez snahy ovládnuť myseľ je zbytočnou stratou času. Takáto *yoga* síce môže priniesť hmotné plody, ale čo sa týka duchovného pokroku, je celkom bezcenná. Preto musíme ovládať myseľ tak, že ju stále zamestnávame transcendentálnou láskyplnou službou Pánovi. Ak nie je človek zamestnaný vo vedomí Kṛṣṇu, nemôže skutočne ustáliť myseľ. Človek oddaný Kṛṣṇovi ľahko dosiahne plody *yogy* bez úmyselnej snahy o ich získanie, zatiaľ čo *yogīni* sú bez vedomia Kṛṣṇu neúspešní.

VERŠ 37

अर्जुन उवाच
अयतिः श्रद्धयोपेतो योगाच्चलितमानसः ।
अप्राप्य योगसंसिद्धिं कां गतिं कृष्ण गच्छति ॥ ३७ ॥

arjuna uvāca
ayatiḥ śraddhayopeto yogāc calita-mānasaḥ
aprāpya yoga-saṁsiddhiṁ kāṁ gatiṁ kṛṣṇa gacchati

arjunaḥ uvāca — Arjuna riekol; *ayatiḥ* — neúspešný transcendentalista; *śraddhayā* — s vierou; *upetaḥ* — zamestnaný; *yogāt* — od yogy; *calita* — odvrátil; *mānasaḥ* — myseľ; *aprāpya* — nedosiahol; *yoga-saṁsiddhim* — najvyššiu dokonalosť v *yoge*; *kām* — aký; *gatim* — cieľ; *kṛṣṇa* — ó, Kṛṣṇa; *gacchati* — dosiahne.

Arjuna riekol: Ó, Kṛṣṇa, aký osud očakáva neúspešného transcendentalistu, ktorý sa vydal cestou sebarealizácie s vierou, no kvôli svojej svetskej povahe sa od nej odvrátil bez dosiahnutia dokonalosti v yoge?

VÝZNAM: Cestu sebarealizácie opisuje *Bhagavad-gītā*. Základnou zásadou duchovnej realizácie je poznanie, že živá bytosť nie je totožná s hmotným telom, ale že vo svojej skutočnej podstate je večná, plná blaženosti a poznania a transcendentálna voči telu a mysli. K sebarealizácii vedú tri cesty: cesta poznania (*jñāna-yoga*), cesta osemstupňovej *yogy* a cesta oddanej služby (*bhakti-yoga*). Všetky tieto spôsoby vychádzajú z rovnakých zásad: zrealizovať základné postavenie živej bytosti a jej vzťah k Bohu, znovu tak nadviazať prerušené spojenie s Bohom a takto dosiahnuť najvyššiu dokonalosť vo vedomí Kṛṣṇu. Dodržiavaním zásad jednej z týchto troch metód dosiahneme skôr či neskôr najvyšší cieľ. V tom nás Kṛṣṇa ubezpečil už v druhej kapitole — aj tie najmenšie pokroky na transcendentálnej ceste dávajú veľkú nádej na vyslobodenie. Z týchto troch metód je *bhakti-yoga* vhodná pre dnešný vek, lebo je to najpriamejšia cesta k realizácii Boha. Arjuna si chcel byť celkom istý, a preto požiadal Kṛṣṇu, aby mu svoj predchádzajúci výrok znovu potvrdil. V dnešnej dobe je veľmi ťažké nasledovať cestu osemstupňovej *yogy* či *jñāna-yogy*. Preto sa môže stať, že človek z rozličných dôvodov neuspeje, hoci vynakladá značné úsilie. Predovšetkým je na mieste otázka, ako vážne človek nasleduje daný proces. Vydať sa na transcendentálnu cestu *yogy* znamená vyhlásiť vojnu iluzórnej energii. Keď sa niekto snaží vymknúť sa zo zajatia iluzórnej energie, pokúsi sa ho *māyā* premôcť a bude mu predkladať najrozličnejšie pokušenia. Podmienená duša je už okúzlená kvalitami hmotnej prírody, a aj keď sa venuje transcendentálnej disciplíne, je stále v nebezpečí, že bude okúzlená znovu. Toto odvrátenie sa od transcendentálnej cesty sa nazýva *yogāc calita-mānasaḥ*. Arjuna sa teda zaujíma o ďalší osud toho, kto odpadol z cesty sebarealizácie.

VERŠ 38

कच्चिन्नोभयविभ्रष्टश्छिन्नाभ्रमिव नश्यति ।
अप्रतिष्ठो महाबाहो विमूढो ब्रह्मणः पथि ॥ ३८ ॥

kaccin nobhaya-vibhraṣṭaś chinnābhram iva naśyati
apratiṣṭho mahā-bāho vimūḍho brahmaṇaḥ pathi

kaccit — či; *na* — nie; *ubhaya* — oboch; *vibhraṣṭaḥ* — odchýlený od; *chinna* — rozorvaný; *abhram* — mrak; *iva* — ako; *naśyati* — zahynie; *apratiṣṭhaḥ* — zbavený opory; *mahā-bāho* — ó, Kṛṣṇa, bojovník mocných paží; *vimūḍhaḥ* — zmätený; *brahmaṇaḥ* — transcendencia; *pathi* — na ceste.

Ó, Kṛṣṇa, bojovník mocných paží, nepríde ten, kto je zvedený z cesty transcendencie, o duchovný i hmotný úspech a nezanikne ako rozorvaný mrak, bez akéhokoľvek istého postavenia?

VÝZNAM: Existujú dva druhy pokroku — hmotný a duchovný. Materialisti nemajú záujem o transcendenciu alebo o duchovný život. Zaujímajú sa len o hospodársky rozvoj, zmyslový pôžitok a o povýšenie na vyššie nebeské planéty. Keď sa však človek vydá na duchovnú cestu, musí sa vzdať všetkých hmotných činností a zriecť sa všetkého takzvaného hmotného šťastia. Ak transcendentalista neuspeje vo svojej snahe, zdá sa, že bude ako rozorvaný mrak, ktorý nenachádza nikde oporu. Inými slovami, nemôže sa radovať ani z hmotného šťastia, ani z duchovného pokroku. Niekedy sa na oblohe odtrhne z malého mraku kúsok a pripojí sa k väčšiemu. Ale ak sa k veľkému mraku nepripojí, rozfúka ho vietor a stratí sa na šírej oblohe.

Slová *brahmaṇaḥ pathi* v tomto verši označujú cestu duchovnej realizácie, pre ktorú sa človek rozhodne, keď si uvedomí svoju pravú povahu ako čiastočka Boha, ktorý sa prejavuje v troch aspektoch ako Brahman, Paramātmā a Bhagavān. Śrī Kṛṣṇa, Bhagavān, je najúplnejší prejav Absolútnej Pravdy a ten, kto sa Mu odovzdá, je úspešný transcendentalista. Na dosiahnutie tohoto životného cieľa prostredníctvom realizácie Brahmanu a Parmātmy je potreba veľa zrodení (*bahūnāṁ janmanām ante*; Bg. 7.19). Preto najvznešenejšou cestou transcendentálnej realizácie je *bhakti-yoga* alebo vedomie Kṛṣṇu, ktorá je najpriamejšou metódou.

VERŠ 39

एतन्मे संशयं कृष्ण छेत्तुमर्हस्यशेषतः ।
त्वदन्यः संशयस्यास्य छेत्ता न ह्युपपद्यते ॥ ३९ ॥

etan me saṁśayaṁ kṛṣṇa chettum arhasy aśeṣataḥ
tvad-anyaḥ saṁśayasyāsya chettā na hy upapadyate

etat — to je; *me* — moja; *saṁśayam* — pochybnosť; *kṛṣṇa* — ó, Kṛṣṇa; *chettum* — rozptýľ; *arhasi* — prosím; *aśeṣataḥ* — celkom; *tvat* — Teba; *anyaḥ* — okrem; *saṁśayasya* — z pochybnosti; *asya* — túto; *chettā* — rozptýľ; *na* — nie; *hi* — veď; *upapadyate* — nájsť.

To je moja pochybnosť, ó, Kṛṣṇa a prosím Ťa, aby si ju celkom rozptýlil. Veď okrem Teba niet nikoho, kto by ju mohol odstrániť.

VÝZNAM: Kṛṣṇa pozná dokonale minulosť, prítomnosť i budúcnosť. Na začiatku *Bhagavad-gīty* hovorí, že živé bytosti jestvovali ako individuálni jedinci v minulosti, že tak jestvujú v prítomnosti a že si svoju individualitu zachovajú aj v budúcnosti, a to aj po vyslobodení sa z hmotných pút. Takto teda vysvetlil otázku budúcnosti individuálnej živej bytosti. Arjuna chce teraz poznať budúcnosť neúspešného transcendentalistu. Kṛṣṇu nikto neprekoná a rozhodne sa Mu nemôžu vyrovnať takzvaní veľkí mudrci a filozofi, ktorí sú podmienení hmotnou prírodou. Kṛṣṇove slová sú preto konečnou a úplnou odpoveďou na všetky pochybnosti, lebo jedine On pozná dokonale minulosť, prítomnosť aj budúcnosť — Jeho však nespozná nikto. Iba Kṛṣṇa a Jeho oddaní môžu vidieť všetko v pravom svetle.

VERŠ 40

श्रीभगवानुवाच
पार्थ नैवेह नामुत्र विनाशस्तस्य विद्यते ।
न हि कल्याणकृत्कश्चिद्दुर्गतिं तात गच्छति ॥ ४० ॥

śrī-bhagavān uvāca
pārtha naiveha nāmutra vināśas tasya vidyate
na hi kalyāṇa-kṛt kaścid durgatiṁ tāta gacchati

śrī-bhagavān uvāca — Kṛṣṇa, Najvyššia Božská Osobnosť, riekol; *pārtha* — ó, syn Pṛthy; *na eva* — nikdy; *iha* — v tomto svete; *na* — ani; *amutra* — v ďalšom živote; *vināśaḥ* — skaza; *tasya* — jeho; *vidyate* — jestvuje; *na* — nie; *hi* — určite; *kalyāṇa-kṛt* — kto koná cnostne; *kaścit* — každý; *durgatim* — úpadok; *tāta* — Môj priateľ; *gacchati* — kráča.

Najvyšší Pán riekol: Ó, syn Pṛthy, transcendentalistu, ktorý sa venuje cnostným činnostiam, nečaká skaza ani v tomto, ani v duchovnom svete, pretože kto činí dobro, Môj priateľ, toho zlo nikdy nepremôže.

VÝZNAM: V *Śrīmad-Bhāgavatame* (1.5.17) poučuje Śrī Nārada Muni Vyāsadevu:

tyaktvā sva-dharmaṁ caraṇāmbujaṁ harer
bhajann apakvo 'tha patet tato yadi
yatra kva vābhadram abhūd amuṣya kiṁ
ko vārtha āpto 'bhajatāṁ sva-dharmataḥ

„Kto zanechá všetky hmotné činnosti a celkom sa odovzdá Najvyššej Božskej Osobnosti, nikdy o nič nepríde a ani mu nehrozí nebezpečenstvo úpadku. Oproti tomu ten, kto sa neodovzdal Pánovi, nikdy nič nezíska, hoci si svedomito plní všetky povinnosti." Pre hmotný zisk jestvuje veľa činností, či už podľa písiem, alebo obyčajných. Aby si transcendentalista zabezpečil pokrok v duchovnom živote, vo vedomí Kṛṣṇu, musí podľa písiem zanechať všetky hmotné činnosti. Niekto by mohol namietnuť, že vďaka vedomiu Kṛṣṇu síce môže človek, ktorý doviedol svoju snahu až do konca, dosiahnuť dokonalosť, ale ak ju nedosiahne, stráca po stránke hmotnej i duchovnej. V písmach sa uvádza, že zanedbávanie hmotných povinností prináša človeku utrpenie — takže to znamená, že človeka, ktorý nedosiahol úspech v transcendentálnych činnostiach, tiež postihnú tieto následky. *Śrīmad-Bhāgavatam* nás ubezpečuje, že transcendentalista, ktorý neuspel, sa nemá čoho báť. Hoci sa musí podrobiť následkom, ak nedokončil svoje predpísané povinnosti, nestráca nič, lebo vedomie Kṛṣṇu, ktoré je priaznivé, nie je nikdy zabudnuté a ten, kto jedná na tejto úrovni, v tom bude pokračovať, aj keby sa v ďalšom živote narodil v nízkej rodine. Zato človek, ktorý sa nesnaží o vedomie Kṛṣṇu, ešte nemusí dosiahnuť priaznivé výsledky, ani keby sa striktne držal predpísaných povinností.

Význam je nasledujúci. Ľudstvo možno rozdeliť na dve časti — na ľudí usmernených a neusmernených. Ľudia z druhej skupiny žijú pre zmyslový pôžitok na úrovni zvierat; nevedia, že po tomto živote príde nový život a nevedia ani to, že človek by sa mal snažiť dosiahnuť duchovnú realizáciu. Títo ľudia majú veľa zvieracích sklonov, nech už sú civilizovaní alebo nie, vzdelaní či nevzdelaní, silní či slabí. Ich činnosti nikdy neprinášajú šťastie, pretože takíto ľudia sa riadia len zvieracími pudmi — jedením, spaním, obranou a pohlavným stykom; preto zostávajú v strastiplnom hmotnom svete. Do prvej skupiny patria tí, ktorí sa riadia zásadami a povinnosťami, ktoré stanovujú písma. Dosahujú životné úspechy, pretože robia pokrok vo vedomí Kṛṣṇu.

Ľudí, čo sa vydali po priaznivej ceste, možno rozdeliť do troch skupín: 1. tí, ktorí sa riadia podľa pravidiel a zásad písiem za účelom hmotného blahobytu, 2. tí, ktorí sa chcú vyslobodiť z hmotnej existencie a 3. oddaní, ktorí oddane slúžia Kṛṣṇovi. Ľudí, ktorí sa riadia pravidlami a zásadami písiem, ktoré vedú k hmotnému šťastiu, možno ďalej rozdeliť do dvoch podskupín: tí, ktorí túžia po plodoch svojich činov a tí, ktorí po žiadnych plodoch zmyslového pôžitku netúžia. Tí, ktorí konajú s myšlienkou na odmenu v podobe zmyslového pôžitku, sa môžu nasledovaním istých zásad povýšiť na vyššiu životnú úroveň alebo aj na vyššie planéty, ale keďže sa nezbavili hmotných túžob, nenasledujú pravú priaznivú cestu. Jediné priaznivé činy sú tie, ktoré vedú k vyslobodeniu. Činy, ktoré nevedú k sebarealizácii či vyslobodeniu z hmotného telesného poňatia života, nie sú vôbec priaznivé. Jedinú nádej nám dávajú činy určené pre potešenie Kṛṣṇu, a tí, ktorí sa dobrovoľne podriaďujú prísnemu sebaovládaniu, aby urobili pokrok na ceste vedomia Kṛṣṇu, sú dokonalými transcendentalistami. Vzhľadom na to, že osemstupňový systém *yogy* vedie ku konečnému cieľu, k vedomiu Kṛṣṇu, je aj táto metóda považovaná za priaznivú a nikto sa nemusí obávať poklesnutia, ak sa ju snaží vykonávať úprimne.

VERŠ 41

प्राप्य पुण्यकृतां लोकानुषित्वा शाश्वतीः समाः ।
शुचीनां श्रीमतां गेहे योगभ्रष्टोऽभिजायते ॥ ४१ ॥

prāpya puṇya-kṛtāṁ lokān uṣitvā śāśvatīḥ samāḥ
śucīnāṁ śrīmatāṁ gehe yoga-bhraṣṭo 'bhijāyate

prāpya — po dosiahnutí; *puṇya-kṛtām* — tí, čo vykonali zbožné činy; *lokān* — planéty; *uṣitvā* — potom, čo žili; *śāśvatīḥ* — mnoho; *samāḥ* — rokov; *śucīnām* — zbožných; *śrī-matām* — vznešených; *gehe* — v dome; *yoga-bhraṣṭaḥ* — ten, kto odpadol z cesty sebarealizácie; *abhijāyate* — narodí sa.

Potom, čo sa neúspešný yogīn mnoho a mnoho rokov radoval na planétach zbožných bytostí, narodí sa v rodine spravodlivých ľudí alebo bohatých aristokratov.

VÝZNAM: *Yogīni*, ktorí neuspeli, sa dajú rozdeliť na tých, ktorí odpadli po krátkom čase a urobili len malý pokrok, a na tých, ktorí sa venovali *yoge* dlhšiu dobu a odpadli. *Yogīn*, ktorý odpadol po krátkom čase, sa po smrti dostane na vyššie planéty, kde sídlia zbožní. Keď tam strávi mnoho rokov, vráti sa na túto planétu, aby sa narodil v rodine spravodlivých *vaiṣṇavských brāhmaṇov* alebo v bohatej rodine obchodníkov.

Pravým cieľom *yogy* je dosiahnuť najvyššiu dokonalosť — vedomie Kṛṣṇu, ako už bolo popísané v predchádzajúcich veršoch. Tí, ktorí nemajú dostatočné odhodlanie, aby ho dosiahli a pre hmotné pokušenia neuspejú, môžu vďaka Pánovej milosti uspokojiť svoje hmotné sklony a žiť v blahobyte. Napokon dostanú príležitosť priaznivého života v zbožných alebo vznešených rodinách. Tí, ktorí sa narodia v takýchto rodinách, môžu využiť možnosti, ktoré sa im núkajú a znovu sa pokúsiť dosiahnuť dokonalosť vo vedomí Kṛṣṇu.

VERŠ 42

अथवा योगिनामेव कुले भवति धीमताम् ।
एतद्धि दुर्लभतरं लोके जन्म यदीदृशम् ॥ ४२ ॥

atha vā yogināṁ eva kule bhavati dhīmatām
etad dhi durlabhataraṁ loke janma yad īdṛśam

atha vā — alebo; *yogināṁ* — učených transcendentalistov; *eva* — určite; *kule* — v rodine; *bhavati* — narodí sa; *dhī-matām* — u tých, ktorí sú obdarení veľkou múdrosťou; *etat* — také; *hi* — však; *durlabha-taram* — veľmi zriedkavo; *loke* — v tomto svete; *janma* — narodenie; *yat* — ten, kto; *īdṛśam* — taký.

Alebo (ak je neúspešný po dlhodobom vykonávaní yogy) sa narodí v rodine transcendentalistov, ktorí sú prirodzene veľmi múdri. V tomto svete však možno dosiahnuť také narodenie len veľmi zriedkavo.

VÝZNAM: V tomto verši Śrī Kṛṣṇa oceňuje výhody narodenia v rodine *yogīnov*, transcendentalistov alebo veľmi múdrych ľudí, pretože človek môže získať duchovnú inšpiráciu už ako dieťa, obzvlášť v rodinách *ācāryov* a *gosvāmīov*. Tieto rodiny sú veľmi učené, ich členovia sú tradične oddanými Boha a sú schopní stať sa po náležitom výcviku duchovnými učiteľmi. V Indii je veľa takých rodín, no v súčasnosti úroveň duchovného vzdelania veľmi poklesla a spôsobila ich postupný úpadok. Vďaka Pánovej milosti však ešte sú rodiny, ktoré generáciu po generácii vychovávajú duchovne vysoko nadaných ľudí. Človek sa musí považovať za veľmi šťastného, keď sa narodí v takej rodine. Náš duchovný učiteľ, Oṁ Viṣṇupāda Śrī Śrīmad Bhaktisiddhānta Sarasvatī Gosvāmī Mahārāja aj moja pokorná bytosť sme mali vďaka Kṛṣṇovej milosti možnosť narodiť sa v takých rodinách a obidvom nám bolo umožnené osvojovať si zásady oddanej služby Bohu od začiatku nášho života. Transcendentálny poriadok neskôr spojil naše cesty.

VERŠ 43

तत्र तं बुद्धिसंयोगं लभते पौर्वदेहिकम् ।
यतते च ततो भूयः संसिद्धौ कुरुनन्दन ॥ ४३ ॥

tatra taṁ buddhi-saṁyogaṁ labhate paurva-dehikam
yatate ca tato bhūyaḥ saṁsiddhau kuru-nandana

tatra — potom; *tam* — to; *buddhi-saṁyogam* — takto znovuoživené vedomie; *labhate* — získa; *paurva-dehikam* — z predchádzajúceho vtelenia; *yatate* — snaží sa; *ca* — aj; *tataḥ* — potom; *bhūyaḥ* — znovu; *saṁsiddhau* — o zdokonalenie; *kuru-nandana* — ó, syn Kuruovcov.

Po takomto narodení opäť nadobudne božské vedomie zo svojho predchádzajúceho života, a potom sa znovu usiluje o ďalší pokrok, aby dosiahol dokonalého úspechu, ó, potomok Kuruovcov.

VÝZNAM: Kráľ Bharata je výborným príkladom človeka, ktorý odpadol z duchovnej cesty a potom sa v jednom z nasledujúcich životov narodil v dobrej *brāhmaṇskej* rodine, aby mohol opäť získať transcendentálne vedomie. Kráľ Bharata vládol celému svetu a od doby jeho panovania volajú polobohovia túto planétu, ktorá sa kedysi volala Ilāvṛta-varṣa, Bhārata-varṣa. Ako mládenec sa zriekol kráľovstva, opustil palác a svoju rodinu, aby hľadal duchovnú dokonalosť, no nedosiahol ju. Vo svojom treťom živote sa narodil v dobrej *brāhmaṇskej* rodine, známy ako Jaḍa Bharata, lebo sa vždy vyhýbal ľuďom a nikdy sa s nikým nerozprával. Neskôr v ňom kráľ Rahūgaṇa spoznal veľkého transcendentalistu. Z tohto príkladu sa dá pochopiť, že duchovné vedomie, ktoré človek dosiahol pomocou *yogy*, nikdy nevýjde nazmar. Pánovou milosťou dostáva transcendentalista opakované príležitosti, aby dosiahol úplnú duchovnú dokonalosť vo vedomí Kṛṣṇu.

VERŠ 44

पूर्वाभ्यासेन तेनैव ह्रियते ह्यवशोऽपि सः ।
जिज्ञासुरपि योगस्य शब्दब्रह्मातिवर्तते ॥ ४४ ॥

pūrvābhyāsena tenaiva hriyate hy avaśo 'pi saḥ
jijñāsur api yogasya śabda-brahmātivartate

pūrva — niekdajším; *abhyāsena* — cvičením; *tena* — tým; *eva* — určite; *hriyate* — ho priťahuje; *hi* — iste; *avaśaḥ* — automaticky; *api* — aj; *saḥ* — on; *jijñāsuḥ* — túžiaci poznať; *api* — dokonca; *yogasya* — o *yoge*; *śabda-brahma* — rituálne zásady písiem; *ativartate* — transcenduje.

Lebo práve sila božského vedomia z jeho predchádzajúceho života spôsobuje, že ho automaticky priťahujú zásady yogy bez toho, aby ich hľadal. Taký transcendentalista túžiaci poznať yogu je vždy povznesený nad rituálne zásady písiem.

VÝZNAM: Pokročilých *yogīnov* príliš nepriťahujú rituálne zásady písiem, ale automaticky ich priťahujú princípy *yogy*, ktoré ich môžu povzniesť k úplnému vedomiu Kṛṣṇu, k najvyššej dokonalosti *yogy*. V *Śrīmad-Bhāgavatame* (3.33.7) sa o pokročilých transcendentalistoch, ktorých nezaujímajú *vedske* rituály, píše:

aho bata śva-paco 'to garīyān
yaj-jihvāgre vartate nāma tubhyam
tepus tapas te juhuvuḥ sasnur āryā
brahmānūcur nāma gṛṇanti ye te

„Ó, môj Pane! Ľudia, ktorí spievajú Tvoje sväté mená, sú duchovne veľmi pokročilí, aj keby pochádzali z rodín pojedačov psov. Títo ľudia už nepochybne vykonali všetky druhy obetí a sebaodriekania, vykonali očistné kúpele na všetkých svätých miestach a preštudovali všetky písma."

Slávny príklad dal v tejto súvislosti Pán Caitanya, ktorý prijímal Ṭhākuru Haridāsu za jedného zo svojich najvýznačnejších žiakov. Napriek tomu, že sa Ṭhākura Haridāsa zhodou okolností narodil v mohamedánskej rodine, mu Śrī Caitanya dal titul *nāmācārya*, lebo prísne dodržiaval svätý sľub, že bude denne tristotisíckrát opakovať Pánovo sväté meno: *Hare Kṛṣṇa, Hare Kṛṣṇa, Kṛṣṇa Kṛṣṇa, Hare Hare/ Hare Rāma, Hare Rāma, Rāma Rāma, Hare Hare*. Môžeme teda ľahko pochopiť, že v minulom živote musel prejsť všetkými *vedskymi* rituálmi (*śabda-brahma*), lebo mohol bez prestania opakovať Pánove sväté mená. Ak človek nie je očistený, nemôže dodržiavať zásady vedomia Kṛṣṇu a nemôže ani spievať sväté Božie mená, Hare Kṛṣṇa.

VERŠ 45

प्रयत्नाद्यतमानस्तु योगी संशुद्धकिल्बिषः ।
अनेकजन्मसंसिद्धस्ततो याति परां गतिम् ॥ ४५ ॥

prayatnād yatamānas tu yogī saṁśuddha-kilbiṣaḥ
aneka-janma-saṁsiddhas tato yāti parāṁ gatim

prayatnāt — prísnym cvičením; *yatamānaḥ* — snažiaci sa; *tu* — ale; *yogī* — taký transcendentalista; *saṁśuddha* — očistený; *kilbiṣaḥ* — od všetkých hriechov; *aneka* — po mnohých; *janma* — narodeniach; *saṁsiddhaḥ* — zdokonalil; *tataḥ* — potom; *yāti* — dosiahne; *parām* — najvyšší; *gatim* — cieľ.

A yogīn, ktorý sa usilovne snaží o ďalší pokrok a ktorý sa po mnohých a mnohých narodeniach zdokonalil, je očistený od všetkej poškvrny a napokon dosiahne najvyšší cieľ.

VÝZNAM: Človek, ktorý sa narodí v cnostnej, vznešenej alebo v oddanej rodine, si uvedomuje svoje osobitne výhodné podmienky pre vykonávanie *yogy*. S odhodlaním sa opäť pustí do svojej nedokončenej úlohy, a tak sa úplne očistí od všetkej nečistoty. Keď sa jej nakoniec zbaví, dosiahne najvyššiu dokonalosť — vedomie Kṛṣṇu. Vedomie Kṛṣṇu je dokonalý stav oslobodený od všetkej nečistoty. To je potvrdené aj v siedmej kapitole, dvadsiatom ôsmom verši:

yeṣāṁ tv anta-gataṁ pāpaṁ janānāṁ puṇya-karmaṇām
te dvandva-moha-nirmuktā bhajante māṁ dṛḍha-vratāḥ

„Po mnohých a mnohých životoch vykonávania zbožných činností, keď je človek úplne zbavený od všetkého znečistenia a nedotknutý dvojnosťami ilúzie, začne preukazovať transcendentálnu láskyplnú služby Pánovi."

VERŠ 46

तपस्विभ्योऽधिको योगी ज्ञानिभ्योऽपि मतोऽधिकः ।
कर्मिभ्यश्चाधिको योगी तस्माद्योगी भवार्जुन ॥ ४६ ॥

tapasvibhyo 'dhiko yogī jñānibhyo 'pi mato 'dhikaḥ
karmibhyaś cādhiko yogī tasmād yogī bhavārjuna

tapasvibhyaḥ — ako askéta; *adhikaḥ* — väčší; *yogī* — yogīn; *jñānibhyaḥ* — než múdry; *api* — aj; *mataḥ* — pokladaný; *adhikaḥ* — väčší; *karmibhyaḥ* — než ten, kto pracuje pre plody; *ca* — tiež; *adhikaḥ* — väčší; *yogī* — yogīn; *tasmāt* — preto; *yogī* — yogīn; *bhava* — staň sa; *arjuna* — ó, Arjuna.

Yogīn je väčší než askéta, väčší než empirik a väčší než ten, kto pracuje pre plody svojej práce. Preto sa za každých okolností staň yogīnom, ó, Arjuna.

VÝZNAM: Keď hovoríme o *yoge*, máme na mysli spojenie nášho vedomia s Najvyššou Absolútnou Pravdou. Existujú rôzne spôsoby a každý má svoj názov. Spôsob, v ktorom prevládajú plodonosné činy, sa nazýva *karma-yoga*; keď sa kladie dôraz na empirickú filozofiu, nazýva sa *jñāna-yoga*; a ak prevažuje oddaný vzťah k Najvyššiemu Pánovi, jedná sa o *bhakti-yogu*. Konečným cieľom všetkých *yog* je *bhakti-yoga*, vedomie Kṛṣṇu, čo bude vysvetlené v nasledujúcom verši. Pán tu potvrdzuje nadradenosť *yogy* nad inými spôsobmi, no netvrdí, že je lepšia než *bhakti-yoga*. *Bhakti-yoga* znamená čisté duchovné poznanie, a preto ju nemôže nič prekonať. Pokánie bez poznania vlastného „ja" je nedokonalé. To isté platí o empirickom poznaní, ak sa človek neodovzdá Najvyššej Božskej Osobnosti. A plodonosné činy, ktoré nie sú určené pre potešenie Kṛṣṇu, sú iba stratou času. Preto najlepším zo všetkých menovaných systémov *yogy* je *bhakti-yoga*, čo je jasne vysvetlené v nasledujúcom verši.

VERŠ 47

योगिनामपि सर्वेषां मद्गतेनान्तरात्मना ।
श्रद्धावान्भजते यो मां स मे युक्ततमो मतः ॥ ४७ ॥

yoginām api sarveṣāṁ mad-gatenāntar-ātmanā
śraddhāvān bhajate yo māṁ sa me yuktatamo mataḥ

yoginām — z yogīnov; *api* — tiež; *sarveṣām* — zo všetkých; *mat-gatena* — pripútava sa ku Mne, neprestajne na Mňa myslí; *antaḥ-ātmanā* — v sebe;

śraddhā-vān — s úplnou vierou; *bhajate* — robí transcendentálnu láskyplnú službu; *yaḥ* — ten, kto; *mām* — Mne (Najvyššiemu Pánovi); *saḥ* — on; *me* — Mňou; *yukta-tamaḥ* — najväčší *yogīn*; *mataḥ* — pokladaný.

Zo všetkých yogīnov je ten, ktorý sa ku Mňe neustále upiera s veľkou vierou a vo vnútri na Mňa myslí a preukazuje mi transcendentálnu službu, so Mnou najdôvernejšie spojený yogou a stojí zo všetkých najvyššie. To je môj názor.

VÝZNAM: Slovo *bhajate* je tu veľmi dôležité. *Bhajate* má svoj koreň v slovese *bhaj*, ktoré sa používa v spojení so službou. Slovenské slovo „uctievať" nemá ten istý význam ako *bhaj*. Uctievať znamená velebiť alebo preukazovať niekomu úctu. Ale služba vykonávaná z lásky a naplnená vierou je osobitne určená Najvyššej Božskej Osobnosti. Toho, kto neuctieva úctyhodného človeka alebo poloboha, možno označiť za nezdvorilého, ale keď niekto odmietne slúžiť Najvyššiemu Pánovi, je stratený. Každá živá bytosť je čiastočkou Najvyššej Božskej Osobnosti, a preto je vo svojej podstate určená k tomu, aby slúžila Najvyššiemu. Keď to nerobí, poklesne. *Śrīmad-Bhāgavatam* (11.5.3) to potvrdzuje:

ya eṣāṁ puruṣaṁ sākṣād ātma-prabhavam īśvaram
na bhajanty avajānanti sthānād bhraṣṭāḥ patanty adhaḥ

„Človek, ktorý zanedbáva svoju povinnosť a opomína službu prvotnému Pánovi, ktorý je zdrojom všetkých živých bytostí, isto-iste poklesne zo svojej večnej, prirodzenej a pôvodnej pozície."

V tomto verši je použité slovo *bhajanti*. Toto slovo sa používa vo vzťahu k Najvyššiemu Pánovi, zatiaľ čo slovo „uctievať" sa môže použiť v spojení s polobohmi alebo ľuďmi. Slovo *avajānanti* použité v tomto verši nájdeme aj v *Bhagavad-gīte* (9.11): *avajānanti māṁ mūḍhāḥ*. „Iba hlupáci a ničomníci hania Śrī Kṛṣṇu, Najvyššiu Božskú Osobnosť." Títo hlupáci píšu niekedy komentáre k *Bhagavad-gīte*, a pritom nemajú ani štipku oddanosti ku Kṛṣṇovi. Preto nemôžu vidieť rozdiel medzi slovami *bhajanti* a uctievať.

Všetky *yogy* vrcholia v *bhakti-yoge*. Ostatné *yogy* sú viac-menej spôsobmi, ako dosiahnuť *bhakti-yogu*. *Yoga* vlastne znamená *bhakti-yoga*. Od začiatku *karma-yogy* až po vrchol *bhakti-yogy* vedie dlhá cesta k sebarealizácii. *Karma-yoga*, činnosť bez túžby po plodoch práce, je začiatkom tejto cesty. Len čo *karma-yogīn* získa poznanie a naučí sa odriekaniu, prejde k *jñāna-yoge*, a keď prostredníctvom *jñāna-yogy* dosiahne štádium, v ktorom pomocou rôznych telesných a psychických metód medituje o Najvyššej Duši a zameriava na Ňu svoju myseľ, dospeje k *aṣṭāṅga-yoge*. A ak sa človek rozvíjaním svojej oddanosti a lásky dostane k Najvyššej Božskej Osobnosti, potom dosiahol vrchol, *bhakti-yogu*.

Bhakti-yoga je vskutku najvyšším cieľom, ale ak ju chceme podrobne analyzovať, musíme porozumieť ostatným *yogam*. *Yogīn*, ktorý neustále napreduje, kráča pravou cestou, vedúcou k večnému šťastiu. Kto sa zastaví na určitom stupni a nerobí žiadny pokrok, je nazývaný menom označujúcim stupeň, ktorý dosiahol: *karma-yogīn*, *jñāna-yogīn*, *rāja-yogīn*, *haṭha-yogīn* a podobne. O človeku, ktorému sa pošťastilo natoľko, že dosiahol *bhakti-yogu*, môžeme povedať, že prekonal všetky ostatné *yogy*. Vedomie Kṛṣṇu je preto najvyšším štádiom *yogy*, podobne ako sú Himālaye najvyššie pohorie sveta a Mount Everest najvyššou horou.

Keď si je niekto vďaka *bhakti-yoge* vedomý Kṛṣṇu, dostáva sa mu ozajstného šťasia. Dokonalý *yogīn* upína svoju myseľ na Kṛṣṇu, Śyāmasundaru, ktorého pleť má nádhernú farbu búrkového mraku, ktorého tvár podobná lotosu žiari ako Slnko, ktorého odev sa leskne drahými kameňmi a ktorého telo je ovenčené kvetmi. Na všetky strany z Neho vychádza nádherná žiara, zvaná *brahmajyoti*. Inkarnuje v rôznych podobách ako Rāma, Nṛsiṁha, Vāraha a vo Svojej pôvodnej podobe Najvyššej Božskej Osobnosti ako Kṛṣṇa. Do tohto sveta zostupuje v ľudskej podobe ako syn matky Yaśody a je známy ako Kṛṣṇa, Govinda alebo Vāsudeva. Je dokonalým dieťaťom, priateľom, pánom a milencom a má všetky atribúty a transcendentálne vlastnosti. Keď si človek neprestajne uvedomuje tieto vlastnosti Boha, je dokonalým *yogīnom*.

K tejto najvyššej dokonalosti *yogy* môžeme dospieť jedine prostredníctvom *bhakti-yogy*, čo potvrdzujú všetky *vedske* písma. Vo *Śvetāśvatara Upaniṣade* (6.23) sa uvádza:

yasya deve parā bhaktir yathā deve tathā gurau
tasyaite kathitā hy arthāḥ prakāśante mahātmanaḥ

„Všetok zmysel *vedskeho* poznania sa vyjaví len tým veľkým dušiam, ktoré majú úplnú vieru v Pána a v duchovného učiteľa."

V *Gopāla-tāpanī Upaniṣade* (1.15) sa hovorí: *bhaktir asya bhajanaṁ tad ihāmutropādhi-nairāsyenāmuṣmin manaḥ-kalpanam, etad eva naiṣkarmyam.* „*Bhakti* je oddaná služba Bohu, zbavená túžby po hmotnom zisku v tomto i v budúcom živote. Keď sa človek oslobodí od týchto egoistických sklonov, mal by svoju myseľ celkom pripútať k Najvyššiemu. To je význam slova *naiṣkarmya*."

Toto je niekoľko aspektov *bhakti-yogy* alebo vedomia Kṛṣṇu — najdokonalejšej z *yog*.

Takto končia Bhaktivedantove výklady k šiestej kapitole *Śrīmad Bhagavad-gīty*, pojednávajúcej o *dhyāna-yoge*.

KAPITOLA SIEDMA

Poznanie o Absolútnom

VERŠ 1

श्रीभगवानुवाच
मय्यासक्तमनाः पार्थ योगं युञ्जन्मदाश्रयः ।
असंशयं समग्रं मां यथा ज्ञास्यसि तच्छृणु ॥ १ ॥

śrī-bhagavān uvāca
mayy āsakta-manāḥ pārtha yogaṁ yuñjan mad-āśrayaḥ
asaṁśayaṁ samagraṁ māṁ yathā jñāsyasi tac chṛṇu

śrī-bhagavān uvāca — Najvyšší Pán riekol; *mayi* — na Mňa; *āsakta-manāḥ* — upni svoju myseľ; *pārtha* — ó, syn Pṛthy; *yogam* — sebarealizácia; *yuñjan* — rob; *mat-āśrayaḥ* — upni na Mňa svoju myseľ; *asaṁśayam* — bez pochýb; *samagram* — úplne; *mām* — na Mňa; *yathā* — ako; *jñāsyasi* — môžeš spoznať; *tat* — to; *śṛṇu* — počuj.

Kṛṣṇa, Najvyššia Božská Osobnosť, riekol: Počuj, ó, syn Pṛthy, ako Ma môžeš plne spoznať, ak budeš vykonávať yogu plne si Ma vedomý, s mysľou na Mňa uprenou a zbavený akýchkoľvek pochybností.

VÝZNAM: V siedmej kapitole *Bhagavad-gīty* je úplne opísaná povaha vedomia Kṛṣṇu. Kṛṣṇa má všetky vznešené atribúty a v tejto kapitole je opísané, ako ich prejavuje. Ďalej sa tu píše o štyroch druhoch šťastných ľudí, ktorých Kṛṣṇa priťahuje, a štyroch druhoch ľudí nešťastných, ktorí sa Mu nikdy neodovzdávajú.

V prvých šiestich kapitolách *Bhagavad-gīty* je živá bytosť opísaná ako nehmotná duša, ktorá má schopnosť realizovať svoju pravú identitu prostredníctvom rozličných druhov *yog*. Na konci šiestej kapitoly sa jasne hovorí, že sústavné sústredenie mysle na Kṛṣṇu, alebo inými slovami vedomie Kṛṣṇu, je najvyšším druhom *yogy*. Absolútnu Pravdu nemôžeme celkom spoznať, ak všetky svoje myšlienky nesústredíme na Kṛṣṇu. Realizácie neosobného *brahmajyoti* a lokalizovanej Paramātmy sú neúplné, lebo poskytujú iba čiastočné poznanie Absolútnej Pravdy. Úplné a vedecké poznanie je Kṛṣṇa a človeku vedomému si Kṛṣṇu sa všetko vyjaví. Ak má človek úplné vedomie Kṛṣṇu, nepochybuje o tom, že Kṛṣṇa je najvyššie poznanie. Rôzne *yogy* sú len stupňami na ceste k vedomiu Kṛṣṇu. Ten, kto sa zapojí priamo do *bhakti-yogy*, získa automaticky úplné poznanie o všetkom: o *brahmajyoti*, Paramātme, Absolútnej Pravde, o živých bytostiach, hmotnej prírode i o jej rozličných prejavoch.

Yogu by sme mali vykonávať podľa pokynov posledného verša šiestej kapitoly — sústredením mysle na Kṛṣṇu, čo je možné deviatimi spôsobmi, z ktorých *śravanam* je prvým a najdôležitejším. Kṛṣṇa preto hovorí Arjunovi: *tac chṛṇu*. „Vypočuj Ma." Śrī Kṛṣṇa je najvyššia autorita, a ak počúvame Jeho slová, získavame najlepšiu príležitosť pre pokrok na ceste oddanosti. Preto sa musíme učiť priamo od Kṛṣṇu alebo Jeho čistého oddaného, a nie od človeka, ktorý nie je odovzdaný Bohu, lebo spyšnel kvôli svojmu akademickému vzdelaniu.

V *Śrīmad-Bhāgavatame* (1.2.17-21) je bližšie opísané, ako môžeme pochopiť Kṛṣṇu, Najvyššiu Božskú Osobnosť, Absolútnu Pravdu:

śṛṇvatāṁ sva-kathāḥ kṛṣṇaḥ puṇya-śravaṇa-kīrtanaḥ
hṛdy antaḥ-stho hy abhadrāṇi vidhunoti suhṛt satām

naṣṭa-prāyeṣv abhadreṣu nityaṁ bhāgavata-sevayā
bhagavaty uttama-śloke bhaktir bhavati naiṣṭhikī

tadā rajas-tamo-bhāvāḥ kāma-lobhādayaś ca ye
ceta etair anāviddhaṁ sthitaṁ sattve prasīdati

evaṁ prasanna-manaso bhagavad-bhakti-yogataḥ
bhagavat-tattva-vijñānaṁ mukta-saṅgasya jāyate

bhidyate hṛdaya-granthiś chidyante sarva-saṁśayāḥ
kṣīyante cāsya karmāṇi dṛṣṭa evātmanīśvare

„Načúvať rozprávaniu o Kṛṣṇovi, tak ako je zaznamenané vo *vedskych* písmach, alebo počúvať priamo Jeho slová z *Bhagavad-gīty*, je samo o sebe cnostné jednanie. Śrī Kṛṣṇa, sídliaci v srdciach všetkých, sa chová ako najlepší priateľ a očisťuje oddaného, ktorý o Ňom stále načúva. Takto oddaný prirodzene prebúdza svoje driemajúce transcendentálne poznanie. Čím viac počúva o Kṛṣṇovi zo *Śrīmad-Bhāgavatamu* a od oddaných, tým je odhodlanejší slúžiť Pánovi. Rozvojom oddanej služby sa dostáva spod vplyvu vášne a nevedomosti, a tým slabne aj jeho hmotná žiadostivosť a chamtivosť. Len čo sa odstránia tieto nečistoty, spočinie oddaný v čistej kvalite dobra a oživený oddanou službou plne pochopí náuku o Bohu. Tak *bhakti-yoga* rozotne hrubé uzly hmotných pút a umožní človeku okamžite dosiahnuť štádium poznania Najvyššej Absolútnej Pravdy, Božskej Osobnosti, *asaṁśayaṁ samagram*."

Vede o Kṛṣṇovi môžeme teda porozumieť iba prostredníctvom načúvania od samotného Kṛṣṇu alebo Jeho oddaného.

VERŠ 2

ज्ञानं तेऽहं सविज्ञानमिदं वक्ष्याम्यशेषतः ।
यज्ज्ञात्वा नेह भूयोऽन्यज्ज्ञातव्यमवशिष्यते ॥ २ ॥

jñānaṁ te 'haṁ sa-vijñānam idaṁ vakṣyāmy aśeṣataḥ
yaj jñātvā neha bhūyo 'nyaj jñātavyam avaśiṣyate

jñānam—poznanie o hmotnom svete; *te*—tebe; *aham*—Ja; *sa*—s; *vijñānam*—duchovné poznanie; *idam*—toto; *vakṣyāmi*—vyjavím; *aśeṣataḥ*—bezo zvyšku; *yat*—ktoré; *jñātvā*—poznáš; *na*—nie; *iha*—v tomto svete; *bhūyaḥ*—ďalej; *anyat*—nič viac; *jñātavyam*—poznateľné; *avaśiṣyate*—zostáva.

Teraz ti bezo zvyšku vyjavím hmotné i duchovné poznanie, a keď si ho osvojíš, nebude už nič, čo by si mal poznať.

VÝZNAM: Dokonalé poznanie znamená poznať hmotný i duchovný svet a ich zdroj. To je transcendentálne poznanie. Keďže Arjuna je Kṛṣṇov dôverný oddaný a priateľ, chce mu Kṛṣṇa vyjaviť toto poznanie. Na začiatku štvrtej kapitoly vysvetlil Śrī Kṛṣṇa to, čo tu opäť potvrdzuje: dokonalé poznanie možno získať jedine od Jeho čistého oddaného v priamej učeníckej postupnosti, začínajúcej samotným Kṛṣṇom. Preto musíme byť dostatočne múdri na to, aby sme spoznali prameň všetkého poznania, ktorý je príčinou všetkých príčin a jediným predmetom meditácie všetkých *yogových* systémov. Keď človek spozná príčinu všetkých príčin, dozvie sa o všetkom poznateľnom a nič mu nezostane neznáme. *Vedy* to potvrdzujú takto: *kasmin bhagavo vijñāte sarvam idaṁ vijñātaṁ bhavati* (*Muṇḍaka Upaniṣad* 1.3).

VERŠ 3

मनुष्याणां सहस्रेषु कश्चिद्यतति सिद्धये ।
यततामपि सिद्धानां कश्चिन्मां वेत्ति तत्त्वतः ॥ ३ ॥

manuṣyāṇāṁ sahasreṣu kaścid yatati siddhaye
yatatām api siddhānāṁ kaścin māṁ vetti tattvataḥ

manuṣyāṇām — medzi ľuďmi; *sahasreṣu* — z mnohých tisícov; *kaścit* — kto; *yatati* — sa snaží; *siddhaye* — o dokonalosť; *yatatām* — z tých, kto sa tak snažia; *api* — vskutku; *siddhānām* — z tých, ktorí dosiahli dokonalosť; *kaścit* — málo; *mām* — Mňa; *vetti* — pozná; *tattvataḥ* — pravdivo.

Z mnohých tisícov ľudí snáď len jeden usiluje o dokonalosť a z tých, ktorí ju dosiahli, Ma možno jediný pozná pravdivo.

VÝZNAM: Sú rôzne druhy ľudí a medzi tisícami sa nájde možno jeden, ktorý sa naozaj zaujíma o duchovný život, aby prehĺbil svoje poznanie o tele, duši a Absolútnej Pravde. Zvyčajne sa ľudia zamestnávajú zvieracimi činnosťami — jedením, spaním, párením a bránením sa; málokto sa však zaujíma o transcendentálne poznanie. Prvých šesť kapitol *Bhagavad-gīty* je určených pre tých, ktorí sa zaujímajú o transcendentálne poznanie, objasňujúce povahu individuálnej duše a Najvyššej Duše a opisujúce rozličné metódy duchovnej realizácie, ako *jñāna-yogu*, *dhyāna-yogu* a rozlišovanie medzi dušou a hmotou. Kṛṣṇu môžu poznať len ľudia, ktorí sa Mu odovzdali. Ostatní transcendentalisti môžu realizovať neosobný Brahman, pretože to je jednoduchšie než pochopiť Kṛṣṇu. Kṛṣṇa je Najvyššia Osoba a stojí nad poznaním neosobného Brahmanu a lokalizovanej Paramātmy. *Yogīni* a *jñānīovia* bývajú zmätení pri svojich pokusoch pochopiť Kṛṣṇu, hoci najväčší z neosobných filozofov, Śrīpāda Śaṅkarācārya, uznal vo svojom komentári k *Bhagavad-gīte*, že Kṛṣṇa je Najvyššia Božská Osobnosť. Jeho stúpenci však neprijímajú Kṛṣṇu v tomto duchu, pretože poznať Kṛṣṇu je veľmi ťažké dokonca aj pre tých, ktorí zrealizovali neosobný Brahman.

Kṛṣṇa je Najvyššia Božská Osobnosť, príčina všetkých príčin, pôvodný Pán Govinda. *Īśvaraḥ paramaḥ kṛṣṇaḥ sac-cid-ānanda-vigrahaḥ / anādir ādir govindaḥ sarva-kāraṇa-kāraṇam.* Pre neoddaného je veľmi ťažké Ho spoznať. Aj keď neoddaní tvrdia, že cesta *bhakti* je veľmi jednoduchá, sami sa jej nedokážu venovať. Ak je cesta *bhakti* taká ľahká, prečo používajú ťažšie metódy? V skutočnosti nie je cesta *bhakti* taká jednoduchá. Takzvaná *bhakti-yoga*, ktorou sa zaoberajú neoprávnení ľudia bez poznania skutočnej *bhakti*, je možno ľahká, ale špekulatívni učenci a filozofi odpadnú, keď majú dodržiavať zásady a pravidlá ozajstnej *bhakti-yogy*. Śrīla Rūpa Gosvāmī hovorí v *Bhakti-rasāmṛta-sindhu* (1.2.101):

śruti-smṛti-purāṇādi- pañcarātra-vidhiṁ vinā
aikāntikī harer bhaktir utpātāyaiva kalpate

„Oddaná služba Bohu, ktorá obchádza autorizované *vedske* písma, ako *Upaniṣady*, *Purāṇy* a *Nārada-pañcarātru*, je len zbytočným rušivým prvkom v spoločnosti."

Ani človek, ktorý zrealizoval Brahman, ba ani *yogīn*, ktorý zrealizoval Paramātmu, nemôžu pochopiť, ako sa Śrī Kṛṣṇa, Najvyššia Božská Osobnosť, môže narodiť ako syn matky Yaśody, alebo vystupovať ako Arjunov vozataj. Dokonca aj mocných polobohov niekedy pomýli Kṛṣṇova osobnosť (*muhyanti yat sūrayaḥ*), čo potvrdzuje vlastnými slovami: *māṁ tu veda na kaścana.* „Nikto Ma v skutočnosti nepozná takého, aký som." O tých, ktorí Ho trochu poznajú, hovorí: *sa mahātmā sudurlabhaḥ.* „Taká veľká duša je veľmi vzácna." Nikto, ani ten najväčší učenec alebo filozof, nemôže bez oddanej služby poznať Kṛṣṇu takého, aký je (*tattvataḥ*). Iba čistí oddaní môžu postihnúť niečo z Kṛṣṇovych zvrchovaných a nepochopiteľných vlastností, krásy, bohatstva, slávy, sily, vedomostí a odriekania, lebo Kṛṣṇa je priateľsky naklonený všetkým Svojim oddaným.

Je posledným stupňom realizácie Brahmanu a jedine oddaní Ho poznajú takého, aký je. To je potvrdené tiež v *Bhakti-rasāmṛta-sindhu* (1.2.234):

ataḥ śrī-kṛṣṇa-nāmādi na bhaved grāhyam indriyaiḥ
sevonmukhe hi jihvādau svayam eva sphuraty adaḥ

„Nikto nemôže pochopiť Kṛṣṇu takého, aký naozaj je, pomocou otupených hmotných zmyslov. Zjavuje sa však Svojim oddaným, pretože je spokojný s ich transcendentálnou láskyplnou službou."

VERŠ 4

भूमिरापोऽनलो वायुः खं मनो बुद्धिरेव च ।
अहङ्कार इतीयं मे भिन्ना प्रकृतिरष्टधा ॥ ४ ॥

bhūmir āpo 'nalo vāyuḥ khaṁ mano buddhir eva ca
ahaṅkāra itīyaṁ me bhinnā prakṛtir aṣṭadhā

bhūmiḥ — zem; *āpaḥ* — voda; *analaḥ* — oheň; *vāyuḥ* — vzduch; *kham* — éter; *manaḥ* — myseľ; *buddhiḥ* — inteligencia; *eva* — určite; *ca* — a; *ahaṅkāraḥ* — falošné ego; *iti* — tak; *iyam* — tieto; *me* — Moje; *bhinnā* — oddelené; *prakṛtiḥ* — energie; *aṣṭadhā* — osem.

Zem, voda, oheň, vzduch, éter, myseľ, inteligencia a falošné ego — týchto osem prvkov tvorí Moje oddelené hmotné energie.

VÝZNAM: Veda o Bohu sa zaoberá podrobným štúdiom postavenia Boha a Jeho najrozličnejších energií. To, čo Kṛṣṇa prejavuje prostredníctvom *puruṣā* inkarnácií (expanzií), sa nazýva hmotná podstata, *prakṛti.* V *Sātvata-tantre* je to opísané takto:

viṣṇos tu trīṇi rūpāṇi puruṣākhyāny atho viduḥ
ekaṁ tu mahataḥ sraṣṭṛ dvitīyaṁ tv aṇḍa-saṁsthitam
tṛtīyaṁ sarva-bhūta-sthaṁ tāni jñātvā vimucyate

„Za účelom stvorenia hmotného vesmíru prijíma úplná expanzia Pána Kṛṣṇu podobu troch Viṣṇuov. Prvý, Mahā-Viṣṇu, vytvára všetku hmotnú energiu, ktorá sa nazýva *mahat-tattva*. Druhý, Garbhodakaśāyī Viṣṇu, vstupuje do všetkých vesmírov, aby v každom z nich stvoril rozmanitosti. Tretí, Kṣīrodakaśāyī Viṣṇu, sa nachádza vo všetkých vesmíroch ako všeprenikajúca Nadduša a je známy pod menom Paramātma. Nachádza sa dokonca aj v atómoch. Ten, kto pozná týchto troch Viṣṇuov, môže byť vyslobodený z hmotného otroctva."

Hmotný vesmír je dočasný prejav jednej z Pánovych energií. Tri vyššie zmienené Kṛṣṇove expanzie riadia všetky činnosti v hmotnom svete. Títo *puruṣovia* sa nazývajú inkarnácie. Kto nepozná vedu o Bohu, o Kṛṣṇovi, sa zvyčajne domnieva, že hmotný svet je stvorený pre pôžitok živých bytostí a že živé bytosti sú *puruṣa* — príčinou, užívateľmi a kontrolórmi. Podľa *Bhagavad-gīty* je tento ateistický názor nesprávny. V tomto verši sa uvádza, že Kṛṣṇa je pôvodnou príčinou hmotného prejavenia, čo potvrdzuje aj *Śrīmad-Bhāgavatam*. Rôzne zložky hmotného prejavu sú Pánove oddelené energie. Aj *brahmajyoti*, najvyšší cieľ impersonalistov, je Pánova duchovná energia prejavená v duchovnom nebi. Na rozdiel od vaikuṇṭhských planét nie sú v *brahmajyoti* žiadne rozmanitosti. Paramātmā je dočasný všeprenikajúci aspekt Kśīrodakaśāyī Viṣṇua. Nie je večným prejavom ako podoby v duchovnom svete. Preto skutočná Absolútna Pravda je Najvyšší Pán, Osobnosť Božstva, Kṛṣṇa. On je zdrojom a Pánom všetkých oddelených a vnútorných energií.

Hmotná energia má podľa tohto verša osem základných prvkov, z ktorých prvých päť — zem, voda, oheň, vzduch a obloha, sú obrovské hrubohmotné výtvory, v ktorých je zahrnutých päť zmyslových predmetov. Sú to prejavenia hmotného zvuku, dotyku, tvaru, chuti a pachu. Hmotná veda sa zaoberá len týmito desiatimi zložkami a ničím iným. Ostatné tri — myseľ, inteligencia a falošné ego — materialisti obchádzajú. Ani filozofi, ktorí sa zaoberajú mentálnymi stavmi, nemajú dokonalé vedomosti, lebo nepoznajú konečný zdroj, Kṛṣṇu. Falošné ego „ja som" a „to je moje", ktoré je základným princípom hmotnej existencie, zahŕňa desať zmyslových orgánov použiteľných na hmotné činnosti. Inteligencia sa vzťahuje k totálnemu hmotnému stvoreniu, *mahat-tattve*. V hmotnom svete tak vzniká z ôsmich oddelených energií Boha dvadsaťštyri základných prvkov a touto náukou sa zaoberá ateistická filozofia sāṅkhya. Ateistickí filozofi sāṅkhyového učenia však vzhľadom na svoje obmedzené znalosti nevedia, že Kṛṣṇa je zdrojom všetkých prvkov a príčinou všetkých príčin. Predmetom ich štúdia je teda podľa *Bhagavad-gīty* iba vonkajšia Pánova energia.

VERŠ 5

अपरेयमितस्त्वन्यां प्रकृतिं विद्धि मे पराम् ।
जीवभूतां महाबाहो ययेदं धार्यते जगत् ॥ ५ ॥

apareyam itas tv anyāṁ prakṛtiṁ viddhi me parām
jīva-bhūtāṁ mahā-bāho yayedaṁ dhāryate jagat

aparā — nižšia; *iyam* — táto; *itaḥ* — okrem tejto; *tu* — však; *anyām* — inú; *prakṛtim* — energiu; *viddhi* — snaž sa pochopiť; *me* — Moja; *parām* — vyššia; *jīva-bhūtām* — živé bytosti; *mahā-bāho* — ó, bojovník mocných paží, Arjuna; *yayā* — touto; *idam* — tento; *dhāryate* — užívajú alebo vykorisťujú; *jagat* — hmotný svet.

Ale vedz, ó, bojovník mocných paží, že okrem tejto nižšej energie mám ešte inú, vyššiu energiu, zahŕňajúcu živé bytosti, ktoré vykorisťujú zdroje hmotnej, nižšej prírody.

VÝZNAM: V tomto verši sa jasne hovorí, že živé bytosti patria do vyššej podstaty alebo energie Najvyššieho Pána. Nižšia energia je hmota prejavujúca sa v rôznych prvkoch, ako je zem, voda, oheň, vzduch, éter, myseľ, inteligencia a falošné ego. Hrubohmotné i jemnohmotné prejavenia hmotnej prírody sú produktami nižšej energie. Živé bytosti, ktoré rôzne využívajú nižšiu energiu, patria do vyššej Pánovej energie a práve vďaka tejto vyššej energii je svet v činnosti. Vesmírny výtvor nemôže byť aktívny, kým ho neuvedie do pohybu vyššia energia, živá bytosť. Každú energiu vždy ovláda energetický zdroj, a živým bytostiam teda vždy vládne Pán — nie sú nezávislé. Nie sú nikdy rovnako mocné ako Pán, ako si myslia niektorí hlúpi ľudia. V *Śrīmad-Bhāgavatame* (10.87.30) sa opisuje rozdiel medzi individuálnymi bytosťami a Pánom takto:

aparimitā dhruvās tanu-bhṛto yadi sarva-gatās
tarhi na śāsyateti niyamo dhruva netarathā
ajani ca yan-mayaṁ tad avimucya niyantṛ bhavet
samam anujānatāṁ yad amataṁ mata-duṣṭatayā

„Ó, Najväčší Večný! Keby vtelené živé bytosti boli večné a všadeprítomné ako Ty, neboli by pod Tvojou nadvládou. Keďže sú však nepatrnými zlomkami Tvojej energie, sú podriadené Tvojej zvrchovanej moci. Ozajstné vyslobodenie teda znamená, že živé bytosti sa odovzdajú do Tvojich rúk, a to im prinesie veľké šťastie. Len v tomto prirodzenom postavení sa môžu stať vládcami. Ľudia s obmedzenými znalosťami, ktorí obhajujú monistickú teóriu, že Boh a živé bytosti sú si po všetkých stránkach rovní, sú v skutočnosti pod vplyvom zlého a nečistého názoru."

Zvrchovaný Pán, Śrī Kṛṣṇa, je jediným vládcom a všetky živé bytosti sú Mu podriadené. Tieto živé bytosti patria do Jeho vyššej energie, lebo kvalitatívne sa vyrovnajú Najvyššiemu, no nikdy sa Mu nevyrovnajú kvantitatívne. Zatiaľ čo vyššia energia (živá bytosť) využíva hrubohmotné a jemnohmotné nižšie energie (hmotu), zabúda na svoju pravú duchovnú myseľ a inteligenciu. Toto zabudnutie sa dá prisúdiť vplyvu hmoty na živú bytosť, no keď sa vyslobodí spod vplyvu iluzórnej energie, dosiahne *mukti* alebo vyslobodenie. Pod vplyvom hmotnej ilúzie si falošné ego myslí: „Ja som hmota a hmotné zisky patria mne." Skutočná povaha živej bytosti sa ukáže až vtedy, keď sa oslobodí od všetkých falošných predstáv, vrátane myšlienky úplného splynutia s Bohom. Môžeme teda pochopiť, že *Bhagavad-gītā* opisuje živú bytosť ako jednu z mnohých Pánových energií, a keď sa táto energia zbaví hmotného znečistenia, získa plné vedomie Kṛṣṇu alebo oslobodenie.

VERŠ 6

एतद्योनीनि भूतानि सर्वाणीत्युपधारय ।
अहं कृत्स्नस्य जगतः प्रभवः प्रलयस्तथा ॥ ६ ॥

etad-yonīni bhūtāni sarvāṇīty upadhāraya
ahaṁ kṛtsnasya jagataḥ prabhavaḥ pralayas tathā

etat—v týchto dvoch energiách; *yonīni*—zdroj pôvodu; *bhūtāni*—všetko stvorené; *sarvāṇi*—všetko; *iti*—tak; *upadhāraya*—vedz; *aham*—Ja; *kṛtsnasya*—zahŕňam všetko; *jagataḥ*—vo svete; *prabhavaḥ*—prapôvodom výtvoru; *pralayaḥ*—zánikom; *tathā*—práve tak.

Vedz, že všetko stvorené má svoj pôvod v týchto dvoch podstatách. Ja som pôvodom i zánikom všetkého hmotného i duchovného v tomto svete.

VÝZNAM: Všetko čo jestvuje je produktom hmoty a duše. Duša je základom stvorenia. Nevzniká v určitom štádiu hmotného vývoja. Naopak, hmotný svet sa manifestuje na základe duchovnej energie. Hmotné telo sa rozvíja len vďaka tomu, že v ňom sídli duša. Keďže sa v tele nachádza táto vyššia energia, hmotné telo sa rozvíja a mení sa z detstva do mladosti a do staroby. Podobne sa mení celý obrovský vesmír vďaka prítomnosti Nadduše, Viṣṇua.

Duša a hmota, ktoré spolu tvoria tento obrovský vesmír, sú dve pôvodné energie Boha. Śrī Kṛṣṇa je teda pôvodným zdrojom všetkého. Živá bytosť je maličká čiastočka Pána, ktorá môže manipuláciou s hmotnou energiou postaviť mrakodrap, továreň alebo mesto, ale nedokáže stvoriť vesmír. Jedine veľká duša alebo Nadduša dokáže stvoriť vesmír. Kṛṣṇa je pôvodom veľkých i malých duší, a preto je príčinou všetkých príčin. To potvrdzuje aj *Kaṭha Upaniṣad* (2.2.13): *nityo nityānāṁ cetanaś cetanānām.*

VERŠ 7

मत्तः परतरं नान्यत्किञ्चिदस्ति धनञ्जय ।
मयि सर्वमिदं प्रोतं सूत्रे मणिगणा इव ॥ ७ ॥

mattaḥ parataraṁ nānyat kiñcid asti dhanañjaya
mayi sarvam idaṁ protaṁ sūtre maṇi-gaṇā iva

mattaḥ — nado Mnou; *para-taram* — vyššie; *na* — nie; *anyat kiñcit* — hocičo; *asti* — je; *dhanañjaya* — ó, dobyvateľ bohatstva; *mayi* — na Mne; *sarvam* — všetko, čo jestvuje; *idam* — toto; *protam* — navlečené; *sūtre* — na šnúre; *maṇi-gaṇāḥ* — perly; *iva* — ako.

Ó, Dhanañjaya, niet nič vyššieho nado Mnou. Všetko na Mne spočíva ako perly navlečené na šnúre.

VÝZNAM: Spor, či je Najvyššia Absolútna Pravda osobná či neosobná, je bežný. *Bhagavad-gītā* však nezvratne dokazuje, že Absolútna Pravda je Śrī Kṛṣṇa, Najvyššia Božská Osobnosť. Túto skutočnosť potvrdzujú mnohé verše. Predovšetkým je tu zdôraznené, že Absolútna Pravda je osoba. Potvrdzuje to aj *Brahma-saṁhitā* (5.1): *īśvaraḥ paramaḥ kṛṣṇa sac-cid-ānanda-vigrahaḥ.* „Najvyššia Absolútna Pravda je Najvyšší Pán, Śrī

Kṛṣṇa, Govinda, ktorý je prvotným Pánom a zdrojom všetkých radostí. Jeho podoba je večná, plná poznania a blaženosti." Tieto autoritatívne výroky nemôžu nechať nikoho v pochybnostiach o tom, že Absolútna Pravda je Najvyššia Osoba, príčina všetkých príčin. Impersonalisti obyčajne stavajú svoje argumenty na *vedskom* výroku, ktorý je vyjadrený vo *Śvetāśvatara Upaniṣade* (3.10): *tato yad uttarataraṁ tad arūpam anāmayam/ ya etad vidur amṛtās te bhavanti athetare duḥkham evāpiyanti.* „Prvou bytosťou hmotného vesmíru je Brahmā, najvyšší zo všetkých polobohov, ľudí a zvierat. Nad Brahmom je však Transcendencia, ktorá nemá žiadnu hmotnú podobu a je bez akéhokoľvek hmotného znečistenia. Kto túto Transcendenciu spozná, stane sa tiež transcendentálnym. No kto Ju nezrealizuje, bude sa i naďalej trápiť v hmotnom svete."

V tomto verši kladú impersonalisti veľký dôraz na slovo *arūpam*. Toto *arūpam* však neznamená neosobný. Poukazuje na transcendentálnu podobu charakterizovanú večnosťou, blaženosťou a poznaním, ktorú popisuje citovaná *Brahma-saṁhitā*. Potvrdzujú to aj ďalšie verše vo *Śvetāśvatara Upaniṣade* (3.8-9):

vedāham etaṁ puruṣaṁ mahāntam
āditya-varṇaṁ tamasaḥ parastāt
tam eva vidvān ati mṛtyum eti
nānyaḥ panthā vidyate 'yanāya

yasmāt paraṁ nāparam asti kiñcid
yasmān nāṇīyo no jyāyo 'sti kiñcit
vṛkṣa iva stabdho divi tiṣṭhaty ekas
tenedaṁ pūrṇaṁ puruṣeṇa sarvam

„Poznám Najvyššiu Božskú Osobnosť, ktorá je povznesená nad všetku temnotu. Iba ten, kto Ju pozná, sa môže vymaniť z kolobehu rodenia sa a smrti a dosiahnuť vyslobodenie vďaka poznaniu Najvyššej Božskej Osobnosti. Žiadna pravda neprekoná Najvyššieho Pána, lebo On je absolútny. Je menší než najmenší a väčší než najväčší. Týči sa ako tichý strom a osvetľuje duchovný svet. Tak ako má strom rozkonárené svoje korene, tak aj On rozprestiera Svoje nespočetné energie."

Z týchto dvoch veršov môžeme pochopiť, že Najvyššia Absolútna Pravda je Najvyššia Božská Osobnosť, ktorá je všadeprítomná vo Svojich mnohonásobných hmotných a duchovných energiách.

VERŠ 8

रसोऽहमप्सु कौन्तेय प्रभास्मि शशिसूर्ययोः ।
प्रणवः सर्ववेदेषु शब्दः खे पौरुषं नृषु ॥ ८ ॥

raso 'ham apsu kaunteya prabhāsmi śaśi-sūryayoḥ
praṇavaḥ sarva-vedeṣu śabdaḥ khe pauruṣaṁ nṛṣu

rasaḥ — chuť; *aham* — Ja; *apsu* — vody; *kaunteya* — ó, syn Kuntī; *prabhā* — svetlo; *asmi* — som; *śaśi-sūryayoḥ* — Mesiaca a Slnka; *praṇavaḥ* — tri písmená *a-u-m; sarva* — vo všetkých; *vedeṣu* — *Vedach*; *śabdaḥ* — zvukom; *khe* — v éteri; *pauruṣam* — schopnosťou; *nṛṣu* — v ľuďoch.

Som chuťou vody, ó, syn Kuntī, som svetlom Slnka a Mesiaca, slabikou oṁ vo vedskych mantrách, som zvukom v éteri a schopnosťou v ľuďoch.

VÝZNAM: Tento verš vysvetľuje, ako je Śrī Kṛṣṇa všeprenikajúci prostredníctvom Svojich hmotných a duchovných energií. Na začiatku duchovnej cesty Ho môžeme vnímať prostredníctvom Jeho rôznych energií, a tak zrealizovať Jeho neosobný aspekt. Poloboh Slnka je osoba, ktorú vnímame prostredníctvom jeho všeprenikajúcej energie, slnečnej žiary. Hoci Śrī Kṛṣṇa zotrváva vo Svojom sídle, môžeme Ho podobne vnímať v Jeho mnohonásobných energiách. Napríklad jednou z vlastností vody je jej typická chuť. Nikto nepije rád morskú vodu, pretože je v nej čistá chuť vody zmiešaná so soľou. Vodu si vážime pre jej čistú chuť, a táto čistá chuť je jedna z Kṛṣṇovych energií. Boh a Jeho energie však môžeme vnímať rozlične. Impersonalisti napríklad vnímajú prítomnosť Najvyššieho Pána v chuti vody, zatiaľ čo oddaní nezabúdajú velebiť Kṛṣṇu za to, že im láskavo poskytuje vodu na zahasenie smädu. V skutočnosti nejestvuje konflikt medzi osobnou a neosobnou filozofiou. Kto pozná Boha vie, že Jeho osobné a neosobné poňatie je súčasne prítomné vo všetkom a že tu nie je žiadny rozpor. Preto Śrī Caitanya Mahāprabhu založil vznešené učenie o nepochopiteľnej súčasnej jednote a odlišnosti (*acintya-bhedābheda-tattva*).

Jas Slnka i Mesiaca pôvodne pochádza z *brahmajyoti*, Kṛṣṇovej neosobnej žiary. Transcendentálna zvuková vibrácia *praṇava* alebo *oṁkāra*, ktorá sa uvádza vždy na začiatku všetkých *vedskych* hymien vzývajúcich Najvyššieho Pána, je tiež emanáciou Boha. Impersonalisti sa boja osloviť Najvyššieho Pána Jeho nespočetnými menami, a preto dávajú prednosť transcendentálnej zvukovej vibrácii *oṁ*. Nevedia však, že táto vibrácia je zvukovou reprezentáciou Kṛṣṇu. Vedomie Kṛṣṇu zahŕňa všetko a ten, kto to vie, je požehnaný a oslobodený, zatiaľ čo ten, kto to nevie, zostáva v ilúzii a v otroctve hmoty.

VERŠ 9

पुण्यो गन्धः पृथिव्यां च तेजश्चास्मि विभावसौ ।
जीवनं सर्वभूतेषु तपश्चास्मि तपस्विषु ॥ ९ ॥

puṇyo gandhaḥ pṛthivyāṁ ca tejaś cāsmi vibhāvasau
jīvanaṁ sarva-bhūteṣu tapaś cāsmi tapasviṣu

puṇyaḥ — pôvodná; *gandhaḥ* — vôňa; *pṛthivyām* — zeme; *ca* — aj; *tejaḥ* — žiara; *ca* — aj; *asmi* — som; *vibhāvasau* — v ohni; *jīvanam* — život; *sarva* — všetkých; *bhūteṣu* — bytostí; *tapaḥ* — pokánie; *ca* — aj; *asmi* — som; *tapasviṣu* — askétov.

Som pôvodnou vôňou zeme, som žiarou ohňa, som životom všetkých živých tvorov a odriekaním všetkých askétov.

VÝZNAM: Puṇya znamená to, čo sa nedá rozložiť; *puṇya* je pôvodný. Všetko v hmotnom svete má svoju chuť a vôňu — kvet, zem, voda, oheň, vzduch a tak ďalej. Neznečistená, pôvodná chuť prestupujúca všetkým je Kṛṣṇa. Všetko má svoju pôvodnú chuť, vôňu, ktorú nemožno zmeniť zmesou chemikálií. Všetko pôvodné má teda nejaký zápach, vôňu a nejakú chuť. Slovo *vibhāvasu* znamená oheň. Bez ohňa nemôžu pracovať továrne, nedá sa bez neho uvariť jedlo a tak ďalej. A tento oheň je Kṛṣṇa. Podľa *vedskej* lekárskej vedy je prinízka teplota v žalúdku príčinou zlého trávenia. Oheň je potrebný aj pri trávení. Kto má vedomie Kṛṣṇu vie, že zem, voda, oheň, vzduch a všetky ostatné prvky pochádzajú z Kṛṣṇu. Aj dĺžka ľudského života závisí od milosti Kṛṣṇu, ktorý môže náš život predĺžiť alebo skrátiť. Vedomie Kṛṣṇu zasahuje do všetkých oblastí.

VERŠ 10

बीजं मां सर्वभूतानां विद्धि पार्थ सनातनम् ।
बुद्धिर्बुद्धिमतामस्मि तेजस्तेजस्विनामहम् ॥ १० ॥

bījaṁ māṁ sarva-bhūtānāṁ viddhi pārtha sanātanam
buddhir buddhimatām asmi tejas tejasvinām aham

bījam — semeno; *mām* — Ja; *sarva-bhūtānām* — všetkých bytostí; *viddhi* — snaž sa pochopiť; *pārtha* — ó, syn Pṛthy; *sanātanam* — pôvodný, večný; *buddhiḥ* — inteligencia; *buddhi-matām* — inteligentných; *asmi* — som; *tejaḥ* — zdatnosť; *tejasvinām* — mocných; *aham* — som.

Ó, syn Pṛthy, vedz, že som pôvodným semienkom všetkého bytia, inteligenciou inteligentných a zdatnosť všetkých mocných ľudí.

VÝZNAM: Bījam znamená semeno; Kṛṣṇa je zárodkom všetkého. Živé bytosti sa môžu rozdeliť na pohybujúce sa a nehybné. Zvieratá, ľudia a mnohé iné živé tvory patria do prvej skupiny, zatiaľ čo stromy a rastliny patria k bytostiam, ktoré sa pohybovať nemôžu. Medzi 8 400 000 existujúcich životných druhov patria všetky pohyblivé i nehybné bytosti a Kṛṣṇa je zárodkom života vo všetkých. *Vedske* písma potvrdzujú, že všetko pochádza z Najvyššej Absolútnej Pravdy. Kṛṣṇa je Parabrahman, Najvyšší Brahman. Brahman je neosobný aspekt, zatiaľ čo Parabrahman je osobný a zahŕňa i neosobný Brahman. To je učenie *Bhagavad-gīty*. Preto je Kṛṣṇa pôvodnou príčinou celého bytia. On je koreňom. Tak ako koreň dodáva živiny celému stromu, tak aj Kṛṣṇa, pôvodný koreň všetkého, živí celú túto hmotnú manifestáciu. Potvrdzujú to aj *vedske* písma (*Kaṭha Upaniṣad* 2.2.13):

nityo nityānāṁ cetanaś cetanānām
eko bahūnāṁ yo vidadhāti kāmān

Śrī Kṛṣṇa je najprednejší večný medzi všetkými večnými. Medzi všetkými živými bytosťami je zvrchovanou živou bytosťou a sám udržuje všetok život. Bez inteligencie, nemôžeme nič urobiť a Kṛṣṇa hovorí, že On je pôvodom všetkej inteligencie. Ak človek nie je inteligentný, nemôže nikdy pochopiť Kṛṣṇu, Najvyššiu Božskú Osobnosť.

VERŠ 11

बलं बलवतां चाहं कामरागविवर्जितम् ।
धर्माविरुद्धो भूतेषु कामोऽस्मि भरतर्षभ ॥ ११ ॥

balaṁ balavatāṁ cāhaṁ kāma-rāga-vivarjitam
dharmāviruddho bhūteṣu kāmo 'smi bharatarṣabha

balam — sila; *bala-vatām* — silných; *ca* — a; *aham* — som; *kāma* — vášeň; *rāga* — pripútanosť; *vivarjitam* — zbavená; *dharma-aviruddhaḥ* — ktorý nie je v rozpore s náboženskými zásadami; *bhūteṣu* — u všetkých tvorov; *kāmaḥ* — pohlavný život; *asmi* — som; *bharata-ṛṣabha* — ó, najlepší medzi Bharatovcami.

Som sila silných zbavená vášne a túžby. Som pohlavný život, ktorý nie je v rozpore s náboženskými zásadami, ó, najlepší z Bharatovcov.

VÝZNAM: Silu silných treba používať na ochranu slabých, a nie na ohrozovanie ostatných. Takisto je pohlavný styk podľa náboženských zásad (*dharmy*) určený na plodenie detí. Povinnosťou rodičov je potom viesť svoje deti k vedomiu Kṛṣṇu.

VERŠ 12

ये चैव सात्त्विका भावा राजसास्तामसाश्च ये ।
मत्त एवेति तान्विद्धि न त्वहं तेषु ते मयि ॥ १२ ॥

ye caiva sāttvikā bhāvā rājasās tāmasāś ca ye
matta eveti tān viddhi na tv ahaṁ teṣu te mayi

ye — všetky tieto; *ca* — a; *eva* — určite; *sāttvikāḥ* — kvalita dobra; *bhāvāḥ* — stavy bytia; *rājasāḥ* — kvalita vášne; *tāmasāḥ* — kvalita nevedomosti; *ca* — tiež; *ye* — ktoré; *mattaḥ* — odo Mňa; *eva* — iste; *iti* — tak; *tān* — oni; *viddhi* — vedz; *na* — nie; *tu* — ale; *aham* — Ja; *teṣu* — v nich; *te* — oni; *mayi* — vo Mne.

Vedz tiež, že všetky stavy bytia či už v kvalite dobra, vášne alebo nevedomosti, sú prejavom Mojej energie. Som všetkým, z jedného pohľadu, no nezávisím na ničom. Nie som podriadený kvalitám hmotnej prírody, lebo oni sú vo Mne.

VÝZNAM: Všetky hmotné činnosti sú riadené tromi kvalitami hmotnej prírody. Tieto kvality sú emanáciami Najvyššieho Pána, Śrī Kṛṣṇu, ale On sám im nie je podriadený. Keď porušíme zákony štátu, budeme potrestaní, no hlava štátu, zákonodarca, týmto zákonom nepodlieha. Podobne všetky kvality prírody — dobro, vášeň a nevedomosť — emanujú z Najvyššieho Pána. Kṛṣṇa však nepodlieha zákonom hmotnej prírody, lebo je ich zdrojom. Preto je označovaný ako *nirguṇa*, čo znamená, že nie je pod vplyvom *guṇ*, kvalít, hoci z Neho pochádzajú. Toto je jedna zo zvláštnych vlastností Bhagavāna alebo Najvyššej Božskej Osobnosti, Śrī Kṛṣṇu.

VERŠ 13

त्रिभिर्गुणमयैर्भावैरेभिः सर्वमिदं जगत् ।
मोहितं नाभिजानाति मामेभ्यः परमव्ययम् ॥ १३ ॥

tribhir guṇa-mayair bhāvair ebhiḥ sarvam idaṁ jagat
mohitaṁ nābhijānāti mām ebhyaḥ param avyayam

tribhiḥ — tromi; *guṇa-mayaiḥ* — kvalitami; *bhāvaiḥ* — stavy bytia; *ebhiḥ* — týmito; *sarvam* — celý; *idam* — tento; *jagat* — svet; *mohitam* — očarovaný; *na abhijānāti* — nepozná; *mām* — Mňa; *ebhyaḥ* — nad nimi; *param* — najvyšší; *avyayam* — nevyčerpateľnej podstaty.

Celý svet je očarovaný tromi kvalitami hmotnej prírody (dobrom, vášňou a nevedomosťou) a nepozná Mňa, nechradnúceho, ktorý stojím nad nimi.

VÝZNAM: Celý svet je očarovaný tromi kvalitami hmotnej prírody. Ľudia oklamaní tromi kvalitami nemôžu pochopiť, že Najvyšší Pán, Kṛṣṇa, je transcendentálny hmotnej prírode.

Každá živá bytosť získala pod vplyvom hmotnej prírody istý druh tela, ktorému prísluší istý druh psychologických a biologických činností. V ľudskej spoločnosti nájdeme štyri triedy ľudí, ktoré konajú podľa troch kvalít hmotnej prírody. Tí, u ktorých prevláda kvalita dobra, sa nazývajú *brāhmaṇi*. Ľudia v kvalite vášne sa nazývajú *kṣatriyovia*. Kvalita vášne a nevedomosti je príznačná pre *vaiśyov*, a napokon ľudia celkom pohltení kvalitou nevedomosti sú *śūdrovia*. Pod týmito štyrmi skupinami sú zvieratá alebo ľudia žijúci ako zvieratá. Tieto označenia sú však dočasné, rovnako ako telo. Môžem byť *brāhmaṇa*, *kṣatriya*, *vaiśya* alebo ktokoľvek iný, ale to všetko je pominuteľné. Aj keď je hmotné telo dočasné a my nevieme, aké telo dostaneme v ďalšom živote, stotožňujeme sa s telom a pod vplyvom iluzórnej energie sa považujeme za Slováka, Inda, Rusa, *brāhmaṇa*, hinduistu, mohamedána, kresťana a podobne. Oklamaní tromi kvalitami hmotnej prírody zabúdame, že hmotnú energiu riadi Boh. Śrī Kṛṣṇa nám teda v tomto verši hovorí, že ľudia, oklamaní kvalitami hmotnej prírody nechápu, že On stojí v skutočnosti nad hmotnou energiou.

Všetky živé bytosti — polobohovia, ľudia, zvieratá atď., ktoré podliehajú vplyvu hmotnej energie, zabudli na transcendentálnu Božskú Osobnosť. Tí, čo sa nachádzajú v kvalite vášne a nevedomosti, ba dokonca aj tí, ktorí sú v kvalite dobra, nie sú schopní prekročiť neosobný aspekt Absolútnej Pravdy — neosobný Brahman. osobné rysy Najvyššieho Pána, Jeho mnohoraká krása, bohatstvo, poznanie, sila, sláva a odriekanie ich veľmi mýli. Keď ani tí, ktorí sú v kvalite dobra, nemôžu spoznať Śrī Kṛṣṇu, čo potom povedať o tých, u ktorých prevláda kvalita vášne alebo nevedomosti? Vedomie Kṛṣṇu transcenduje tieto tri kvality hmotnej prírody a tí, ktorí naozaj žijú s týmto vedomím, už dosiahli oslobodenie.

VERŠ 14

दैवी ह्येषा गुणमयी मम माया दुरत्यया ।
मामेव ये प्रपद्यन्ते मायामेतां तरन्ति ते ॥ १४ ॥

daivī hy eṣā guṇa-mayī mama māyā duratyayā
mām eva ye prapadyante māyām etāṁ taranti te

daivī — transcendentálna; *hi* — zaiste; *eṣā* — táto; *guṇa-mayī* — pozostávajúca; *mama* — Moja; *māyā* — energia; *duratyayā* — dá sa ťažko prekonať; *mām*—Mne; *eva*—určite; *ye*—oni; *prapadyante*—odovzdať; *māyām etām*—túto iluzórnu energiu; *taranti*—prekročia; *te*—tí.

Táto Moja božská energia, pozostávajúca z troch kvalít hmotnej prírody, sa dá ťažko prekonať. No tí, ktorí sa Mi odovzdajú, ju ľahko prekročia.

VÝZNAM: Najvyšší Pán má nespočetne mnoho energií a všetky sú božské a večné. Živé bytosti sú jednou z Jeho božských energií, no len čo prídu do styku s hmotnou energiou, nemajú možnosť vymaniť sa z jej vplyvu. Keďže hmotná i duchovná energia sú emanáciami Najvyššieho Pána, obe sú večné. Živé bytosti patria do Pánovej večnej vyššej energie, ale pretože boli znečistené nižšou energiou alebo hmotou už odnepamäti, je večná aj ich ilúzia. Preto sa nazývajú večne podmienené (*nitya-baddha*). Nikto nedokáže zistiť počiatok svojho podmienenia hmotnou prírodou. Aj keď je hmotná príroda nižšia energia, je pre dušu veľmi ťažké vyslobodiť sa z jej pút, lebo hmotnú energiu ovláda najvyššia vôľa, ktorú živá bytosť nie je schopná prekonať sama. Nižšia hmotná podstata sa tu definuje ako božská, pretože pochádza od Pána a koná výlučne podľa Jeho vôle. Hoci má nižšiu povahu, pri vzniku a zničení vesmírneho prejavu robí obdivuhodné veci. *Vedy* to potvrdzujú slovami: *māyāṁ tu prakṛtiṁ vidyān māyinaṁ tu maheśvaram.* „*Māyā* (ilúzia) je nepravá či dočasná, ale v jej pozadí stojí zvrchovaný kúzelník, Osobnosť Božstva menom Maheśvara, Najvyšší Vládca." (*Śvetāśvatara Upaniṣad* 4.10)

Ďalší význam slova *guṇa* je povraz. Toto slovo tu znázorňuje podmienenosť duše, ktorá je pevne spútaná povrazmi ilúzie. Kto má spútané ruky i nohy, nemôže sa sám vyslobodiť; musí mu pomôcť niekto slobodný. Spútanému nemôže pomôcť spútaný; osloboditeľ musí byť voľný. A preto môže podmienenú dušu vyslobodiť iba Kṛṣṇa a Jeho predstaviteľ, duchovný učiteľ. Bez takejto vyššej pomoci sa človek nemôže dostať zo zajatia hmoty. Oddaná služba alebo vedomie Kṛṣṇu môže človeku pomôcť dosiahnuť vyslobodenie. Śrī Kṛṣṇa, vládca iluzórnej energie, môže z bezpríčinnej milosti a zo súcitu k živej bytosti, ktorá je pôvodne Jeho milovaným synom, prikázať tejto neprekonateľnej energii, aby podmienenú dušu prepustila. Preto jediný spôsob, ako sa vymaniť zo silných pút hmotnej prírody, je odovzdať sa Kṛṣṇovi.

Slovo *mām* je v tomto verši takisto významné. Vzťahuje sa len na

Kṛṣṇu, Viṣṇua, a nie na Brahmu alebo Śivu. Aj keď sú Brahmā a Śiva veľmi vznešené duše, takmer na rovnakej úrovni ako Viṣṇu, nemôžu tieto inkarnácie, ovládajúce kvalitu vášne a kvalitu nevedomosti, vyslobodiť podmienenú dušu z pút hmotnej energie, pretože oni sami sú pod jej vplyvom. Jedine Viṣṇu je vládcom *māye* a preto môže podmienené duše oslobodiť. *Vedy* to potvrdzujú takto: *tam eva viditvā*. „Oslobodenie je možné len pre toho, kto pochopí Kṛṣṇu." (*Śvetāśvatara Upaniṣad* 3.8) Aj Śiva potvrdzuje, že vyslobodenie možno dosiahnuť iba vďaka Viṣṇuovej milosti: *mukti-pradātā sarveṣāṁ viṣṇur eva na saṁśayaḥ*. „Viṣṇu môže vyslobodiť každého, o tom niet pochýb."

VERŠ 15

न मां दुष्कृतिनो मूढाः प्रपद्यन्ते नराधमाः ।
माययापहृतज्ञाना आसुरं भावमाश्रिताः ॥ १५ ॥

na māṁ duṣkṛtino mūḍhāḥ prapadyante narādhamāḥ
māyayāpahṛta-jñānā āsuraṁ bhāvam āśritāḥ

na — nie; *mām* — Mne; *duṣkṛtinaḥ* — ničomníci; *mūḍhāḥ* — hlúpi; *prapadyante* — odovzdávajú; *nara-adhamāḥ* — najnižší z ľudí; *māyayā* — ilúzórna energia; *apahṛta* — zbavený; *jñānāḥ* — poznanie; *āsuram* — démonské; *bhāvam* — povaha; *āśritāḥ* — prijímajú.

Ničomníci, ktorí sú úplne hlúpi, najnižší z ľudí, tí, ktorých o poznanie pripravila ilúzia, a tí, ktorí prijímajú ateistickú povahu démonov, sa Mi nikdy neodovzdávajú.

VÝZNAM: V *Bhagavad-gīte* sa hovorí, že človek môže prekonať prísne zákony hmotnej prírody jednoducho tak, že sa odovzdá lotosovým nohám Śrī Kṛṣṇu, Najvyššej Božskej Osobnosti. Môžeme sa teda spýtať, ako je možné, že sa učení filozofi, vedci, obchodníci, vládni činitelia a ostatní vodcovia spoločnosti neodovzdajú lotosovým nohám Śrī Kṛṣṇu, všemocnej Božskej Osoby? Títo ľudia sa rôznymi spôsobmi snažia dosiahnuť *mukti*, vyslobodenie zo zákonov hmotnej prírody. Stroja veľké plány a veľa rokov a životov sa veľmi vytrvalo snažia. No ak je možné dosiahnuť vyslobodenie jednoduchým odovzdaním sa Kṛṣṇovi, prečo potom títo inteligentní, ťažko pracujúci vodcovia neprijmú túto jednoduchú metódu? *Bhagavad-gītā* na to odpovedá veľmi jasne. Skutočne učení vodcovia spoločnosti ako sú Brahmā, Śiva, Kapila, Kumārovia, Manu, Vyāsa, Devala, Asita, Janaka, Prahlāda, Bali a neskôr Madhvācārya, Rāmānujācārya, Śrī Caitanya Mahāprabhu a mnohí ďalší, ktorí sú skutočnými filozofmi, vedcami, politikmi, učencami a administrátormi, sa odovzdajú lotosovým nohám Najvyššej Osoby, všemocnej autority. Tí však, ktorí sa vydávajú za filozofov, vedcov, politikov, vzdelancov a tak ďalej, aby si vylepšili svoje hmotné pomery, sa nikdy nevydajú na cestu Najvyššieho Pána, ani nekonajú podľa Jeho plánu. Keďže títo ľudia nemajú ani poňatie o Bohu, jednoducho stroja svetské plány a prehlbujú tak problémy hmotného sveta v snahe riešiť ich. Hmotná energia (príroda) je však taká mocná, že sa môže spriečiť neoprávneným plánom ateistov a zničiť úsilie „plánovacích komisií".

Týchto ateistických „plánovačov" opisuje Kṛṣṇa slovom *duṣkṛtinaḥ*, ničomníci, t.j. opak tých, ktorí vykonávajú záslužnú prácu (*kṛtī* — záslužná činnosť). Ateistický plánovač je niekedy veľmi inteligentný a obdivuhodný, lebo na všetky veľké plány, dobré i zlé, je potrebná inteligencia. Keďže však svoju inteligenciu používa nevhodne, teda proti vôli Najvyššieho Pána, volá sa *duṣkṛtī,* čo naznačuje, že svoju inteligenciu a snahu používa nesprávne.

V *Bhagavad-gīte* sa jasne hovorí, že hmotná energia koná všetko podľa pokynov Najvyššieho Pána. Nemá žiadnu nezávislú silu; je ako tieň, ktorý sa pohybuje podľa pohybu predmetu, ktorý ho vrhá. Napriek tomu je hmotná príroda veľmi mocná a ateista pre svoju bezbožnosť nemôže pochopiť ako pracuje a nepozná ani božský plán Najvyššieho Pána. Keďže je v zajatí ilúzie a ovplyvňujú ho kvality vášne a nevedomosti, všetky jeho plány sú odsúdené k zániku. Tak to bolo aj s Hiraṇyakaśipuom a Rāvaṇom. Hoci boli obaja veľkí vedci, filozofi, politici a vzdelanci, ich plány boly zmarené. Títo neveriaci ľudia sa rozdeľujú na štyri skupiny:

1. Slovom *mūḍha* sa označujú ľudia očividne hlúpi, podobní ťažko pracujúcim oslom. Sami si chcú užívať plody svojej práce a nechcú ich obetovať Najvyššiemu. Typické ťažné zviera je osol, ktorého pán núti ťažko pracovať vo dne v noci. Osol je spokojný, keď môže naplniť svoj žalúdok trochou trávy, chvíľku si zdriemnuť so strachom, že od pána dostane bičom, a svoj pohlavný pud ukája s rizikom, že ho oslica kopne. Niekedy vyspevuje svoju poéziu či filozofiu, ale jeho hýkanie iba vyrušuje ostat-

ných. V tejto situácii sa nachádza ten, kto pracuje kvôli plodom a nevie, pre koho by mal v skutočnosti pracovať. Nevie, že *karma* (čin) je určená pre *yajñu* (obeť).

Ľudia, ktorí vo dne v noci ťažko pracujú, aby si splnili povinnosti, ktoré sami vymysleli, často tvrdia, že nemajú čas počúvať o nesmrteľnosti živej bytosti. Hoci sa títo hlúpi ľudia môžu tešiť iba z malého zlomku svojho ťažko získaného výsledku, považujú pominuteľné hmotné pôžitky za to najdôležitejšie v živote. Niekedy pracujú pre hmotný zisk bez prestávky, a aj keď majú žalúdočné vredy, ťažkosti s trávením a sotva čas na jedlo, pracujú vo dne v noci, len aby uspokojili svoje iluzórne plány. Neuvedomujú si, kto je ich skutočným pánom a strácajú svoj drahocenný čas slúžením mamonu. Nanešťastie sa nikdy neodovzdajú Najvyššiemu Pánovi všetkých pánov a nikdy si neurobia čas, aby mohli o ňom načúvať zo správnych zdrojov. Tak ako prasa dáva prednosť výkalom pred sladkosťami z cukru a ghí, dáva aj hlúpy materialista prednosť rôznym, pre zmysly príťažlivým, pominuteľným senzáciám svetského charakteru. No len veľmi zriedka si nájde čas počúvať o večnej živej sile, ktorá hýbe hmotným svetom.

2. Druhá skupina ničomníkov sa volá *narādhama,* čo znamená „najnižší z ľudí". *Nara* znamená človek a *adhama* najnižší. Z 8 400 000 druhov živých tvorov je ľudských druhov 400 000. Medzi nimi je veľa nižších foriem ľudského života, ktoré sú vlastne necivilizované. K civilizovaným ľuďom patria tí, ktorí sa chovajú podľa predpísaných zásad spoločenského, politického a náboženského života. Do tejto skupiny patria sociálne a politicky uvedomelí ľudia, ktorí však nemajú žiadne duchovné zásady. Také náboženstvo neuznávajúce osobného Boha nie je náboženstvom, pretože zmyslom náboženstva je spoznať Absolútnu Pravdu a vzťah k Nej. Śrī Kṛṣṇa jasne hovorí v *Bhagavad-gīte,* že niet vyššej autority než je On a že On je Absolútna Pravda. Civilizovaný ľudský život je určený na to, aby umožnil človeku prebudiť stratené vedomie o jeho večnom vzťahu k všemocnej Absolútnej Pravde, Božskej Osobnosti, Śrī Kṛṣṇovi. Kto na túto možnosť zabúda, je označovaný ako *narādhama.*

Zo zjavených písiem sa dozvedáme, že kým je dieťa v matkinom lone (čo je dosť nepríjemná situácia), prosí Boha o vyslobodenie a sľubuje, že bude uctievať iba Jeho, len čo sa dostane von. Pre každú živú bytosť je celkom prirodzené modliť sa k Bohu, keď sa nachádza v ťažkej situácii, lebo všetky bytosti sú s Ním večne späté. Pod vplyvom *māye,* iluzórnej energie, však dieťa po pôrode zabudne na ťažkosti narodenia a na svojho vysloboditeľa. Potom je povinnosťou rodičov, aby v deťoch zobudili spiace vedomie Boha. V *Manu-smṛti*, ktoré je vodítkom náboženského života, sa uvádza desať očisťovacích spôsobov určených na prebudenie vedomia Boha vo *varṇāśramskej* spoločnosti. Dnes sa však nikto prísne neriadi podľa týchto zásad, a preto sú takmer všetci ľudia (99,9 percent) na veľmi nízkej úrovni. Keď sa z celej spoločnosti stanú *narādhamovia*, prirodzene sa ich takzvané vzdelanie a veda stanú vplyvom všemocnej hmotnej energie bezcenné. Podľa *Bhagavad-gīty* je učený ten, kto na múdreho *brāhmaṇa*, psa, kravu, slona či pojedača psov hľadí rovnako. Taký pohľad má skutočný oddaný.

Śrī Nityānanda Prabhu, ktorý je inkarnáciou Boha v podobe dokonalého učiteľa, oslobodil dvoch typických *narādhamov*, bratov Jagāya a Mādhāya, a tak ukázal, ako môže byť pravý oddaný milosrdný k najnižším z ľudských tvorov. Takže aj najnižší z ľudí, ktorého zavrhol samotný Pán, môže obnoviť svoje duchovné vedomie vďaka milosti oddaného. Śrī Caitanya Mahāprabhu odporúčal ľuďom pri kázaní láskyplnej oddanej služby (*bhāgavata-dharma*), aby pozorne načúvali posolstvu Najvyššieho Pána. *Bhagavad-gītā* tvorí jadro tohto posolstva. Aj najnižší z ľudí môžu dosiahnuť vyslobodenie pokorným načúvaním. Nanešťastie však odmietajú počúvať tieto pokyny, nehovoriac o odovzdaní sa Pánovej vôli. *Narādhamovia* úplne zanedbávajú túto najdôležitejšiu povinnosť človeka.

3. Tretia skupina neveriacich sa nazýva *māyayāpahṛta-jñānaḥ*, teda ľudia, ktorých obsiahle poznanie vyšlo nazmar vplyvom iluzórnej hmotnej energie. Títo ľudia bývajú zvyčajne veľmi učení filozofi, básnici, spisovatelia, vedci a podobne, no iluzórna energia ich zviedla na scestie, a preto konajú proti vôli Najvyššieho Pána.

V dnešnej dobe je ich veľa, dokonca aj medzi „znalcami" *Bhagavad-gīty*. Śrī Kṛṣṇa v *Bhagavad-gīte* jasne a zrozumiteľne hovorí, že On je Najvyššia Božská Osobnosť, že sa Mu nikto nevyrovná a že nikto nie je mocnejší než On. On je tiež otcom Brahmu, praotca ľudského pokolenia. V skutočnosti sa o Kṛṣṇovi hovorí, že nie je len Brahmovým otcom, ale aj otcom všetkých životných druhov. Je príčinou neosobného Brahmanu i lokalizovanej Paramātmy, ktorá sídli v srdciach všetkých bytostí ako Nadduša. Najvyšší Pán, Śrī Kṛṣṇa, je pôvodný zdroj všetkého a všetkým odporúča, aby sa odovzdali Jeho lotosovým nohám. Napriek všetkým týmto jasným výrokom hanobia ľudia z tejto skupiny Najvyššieho Pána a považujú Ho za obyčajného človeka. Nevedia, že ľudské telo, táto výsadná podoba, je stvorené podľa večnej a transcendentálnej podoby Najvyššieho Pána. Okrem toho sa pokúšajú o neoprávnené výklady *Bhagavad-gīty*, ktoré sú chybné, lebo nie sú v postupnosti duchovných učiteľov, a sú teda iba prekážkou na ceste k duchovnému poznaniu. Títo zblúdilí komentátori sa neodovzdajú Kṛṣṇovi a ani ostatných neučia riadiť sa touto základnou zásadou.

4. Posledná skupina neznabohov sa nazýva *āsuraṁ bhāvam āśritaḥ*, čiže ľudia s démonskou mentalitou. Tento druh ľudí je doslova ateistický. Niektorí z nich tvrdia, že Najvyšší Pán nemôže nikdy zostúpiť do hmotného sveta, ale nemôžu podať jediný dôkaz, prečo by to nebolo možné. Iní zas tvrdia, že Boh, Najvyššia Absolútna Pravda, je podrobený neosobnému rysu, hoci *Bhagavad-gītā* tvrdí pravý opak. Títo ateisti závidia Najvyššej Božskej Osobnosti, a preto predkladajú falošné „inkarnácie", ktoré sú výtvorom ich mozgu. Ľudia, ktorých životnou zásadou je zosmiešňovať Božskú Osobnosť, sa nikdy nemôžu odovzdať lotosovým nohám Śrī Kṛṣṇu.

Śrī Yāmunācārya Albandaru z južnej Indie sa modlil: „Môj Pane! Ľudia, ktorých priťahujú ateistické zásady, Ťa nespoznajú napriek tomu, že máš neobyčajné vlastnosti, podoby a činnosti, napriek tomu, že je Tvoja existencia potvrdená vo všetkých zjavených písmach v kvalite dobra a napriek tomu, že Ťa uznávajú slávne osobnosti, ktoré sú známe svojimi duchovnými znalosťami v transcendentálnej vede a zbožnými vlastnosťami."

Preto sa (1) ľudia očividne hlúpi, (2) najnižší z ľudí, (3) oklamaní špekulanti a (4) zarytí ateisti, napriek radám písiem a autorít, nikdy neodovzdajú lotosovým nohám Najvyššieho Pána.

VERŠ 16

चतुर्विधा भजन्ते मां जनाः सुकृतिनोऽर्जुन ।
आर्तो जिज्ञासुरर्थार्थी ज्ञानी च भरतर्षभ ॥ १६ ॥

catur-vidhā bhajante māṁ janāḥ sukṛtino 'rjuna
ārto jijñāsur arthārthī jñānī ca bharatarṣabha

catuḥ-vidhāḥ—štyri druhy; *bhajante*—slúžia; *mām*—Mne; *janāḥ*—ľudí; *su-kṛtinaḥ*—zbožných; *arjuna*—ó, Arjuna; *ārtaḥ*—ten, kto sa súži; *jijñāsuḥ*—ten, kto je zvedavý; *artha-arthī*—ten, kto túži po hmotnom zisku; *jñānī* — ten, kto je obdarený poznaním; *ca* — a; *bharata-ṛṣabha* — ó, najlepší z Bharatovcov.

Ó, Arjuna, najlepší z Bharatovcov, štyri druhy zbožných ľudí Mi začnú oddane slúžiť: trpiaci, túžiaci po bohatstve, zvedaví a hľadajúci Absolútnu Pravdu.

VÝZNAM: Zbožní ľudia sa na rozdiel od neveriacich riadia pokynmi písiem a označujú sa preto ako *sukṛtinaḥ*, teda tí, čo sa správajú podľa spoločenských a morálnych zásad a sú viac-menej odovzdaní Najvyššiemu Pánovi. Títo ľudia sú rozdelení do štyroch skupín: 1. trpiaci, 2. túžiaci po zisku, 3. zvedaví a 4. hľadajúci Absolútnu Pravdu, ale nie sú čistými oddanými, lebo za ich službou sa skrýva osobný motív. Čistá oddaná služba sa vykonáva bez motívu a bez túžby po hmotnom zisku. *Bhakti-rasāmṛta-sindhu* (1.1.11) definuje čistú oddanú službu takto:

anyābhilāṣitā-śūnyaṁ jñāna-karmādy-anāvṛtam
ānukūlyena kṛṣṇānu- śīlanaṁ bhaktir uttamā

„Človek by mal slúžiť Najvyššiemu Pánovi, Śrī Kṛṣṇovi, s oddanosťou a bez túžby po hmotnom prospechu či zisku, ktoré by chcel získať plodonosnými činnosťami alebo filozofickou špekuláciou. To je čistá oddaná služba."

Keď sa tieto štyri druhy zbožných ľudí obrátia k Najvyššiemu Pánovi, aby Mu slúžili, očistia sa stykom s čistými oddanými a sami sa stanú čistými oddanými. Pre neveriacich je však ťažké slúžiť Pánovi, pretože žijú sebeckým, neusporiadaným životom bez duchovného cieľa. Napriek tomu sa z mnohých stanú čistí oddaní, keď prídu do styku s čistými oddanými.

Ľudia, ktorí sú vždy zaneprázdnení egoistickou činnosťou, sa niekedy v hmotnej tiesni obracajú k Bohu a začnú sa stýkať s čistými oddanými, vďaka čomu sa tiež stanú oddanými. Aj tí, ktorí sú všetkým sklamaní, niekedy vyhľadajú čistých oddaných a začnú sa zaujímať o otázky týkajúce sa Boha. Zavše sa i suchí filozofi, sklamaní všetkými oblasťami poznania, chcú naučiť poznať Boha. Potom prichádzajú k Najvyššiemu Pánovi, aby Mu slúžili, a tým transcendujú poznanie o neosobnom Brahmane a lokalizovanej Paramātme a vďaka Pánovej milosti alebo milosti Jeho predstaviteľa môžu dosiahnuť osobné chápanie Boha. Všeobecne platí, že trpiaci, zvedaví, túžiaci po zisku a hľadajúci Absolútnu Pravdu sa stanú čistými oddanými, len čo sa zbavia všetkých hmotných túžob a dokonale pochopia, že hmotný zisk nemá nič spoločné s duchovným pokrokom. Dovtedy, kým oddaní nedosiahnu v transcendentálnej oddanej službe toto štádium, zostávajú znečistení hmotnými činmi a hľadajú svetské vedomosti a podobne. Človek musí teda najskôr všetko toto prekonať, a potom sa môže dostať na úroveň čistej oddanej služby.

VERŠ 17

तेषां ज्ञानी नित्ययुक्त एकभक्तिर्विशिष्यते ।
प्रियो हि ज्ञानिनोऽत्यर्थमहं स च मम प्रियः ॥ १७ ॥

teṣāṁ jñānī nitya-yukta eka-bhaktir viśiṣyate
priyo hi jñānino 'tyartham ahaṁ sa ca mama priyaḥ

teṣām — z nich; *jñānī* — ten, kto má úplné poznanie; *nitya-yuktaḥ* — vždy zamestnaný; *eka* — jedine; *bhaktiḥ* — oddanou službou; *viśiṣyate* — obzvlášť; *priyaḥ* — veľmi drahý; *hi* — určite; *jñāninaḥ* — človeku obdarenému poznaním; *atyartham* — nado všetko; *aham* — Ja; *saḥ* — on; *ca* — tiež; *mama* — Mne; *priyaḥ* — drahý.

Ten, kto má úplné poznanie a neustále sa venuje čistej oddanej službe, je z nich najlepší — som mu veľmi drahý a on je tiež drahý Mne.

VÝZNAM: Keď sa trpiaci, zvedaví, chudobní a hľadajúci najvyššie poznanie oslobodia od hmotných túžob, môžu sa stať čistými oddanými. No ten, kto pristupuje k Pánovi s túžbou poznať Absolútnu Pravdu a nemá hmotné túžby, sa skutočne stane čistým oddaným. Ako tu Pán hovorí, najlepší z týchto štyroch je oddaný, ktorý dosiahol dokonalé poznanie a zapojil sa do oddanej služby. Prehlbovanie poznania ho najskôr privedie k poznatku, že vlastné ja sa odlišuje od hmotného tela. Keď pokročí, dospeje k poznaniu o neosobnom Brahmane a o Paramātme. Len čo sa človek úplne očistí, uvedomí si, že jeho pravou povinnosťou je večne slúžiť Bohu. Stykom s čistými oddanými sa očistia trpiaci, zvedaví, hľadajúci hmotný zisk aj tí, ktorí sú obdarení poznaním. No ten, kto už na začiatku pristupuje k Bohu s plným poznaním a zároveň Mu oddane slúži, je Kṛṣṇovi veľmi drahý. Kto dosiahol čisté poznanie o transcendentálnej povahe Najvyššej Božskej Osobnosti, je vo svojej oddanej službe natoľko chránený, že ho hmotné znečistenie nemôže ovplyvniť.

VERŠ 18

उदाराः सर्व एवैते ज्ञानी त्वात्मैव मे मतम् ।
आस्थितः स हि युक्तात्मा मामेवानुत्तमां गतिम् ॥ १८ ॥

udārāḥ sarva evaite jñānī tv ātmaiva me matam
āsthitaḥ sa hi yuktātmā mām evānuttamāṁ gatim

udārāḥ—ušľachtilí; *sarve*—všetci; *eva*—zaiste; *ete*—títo; *jñānī*—ten, kto dosiahol poznanie; *tu*—ale; *ātmā eva*—tak ako Ja; *me*—Môj; *matam*—názor; *āsthitaḥ*—zotrváva; *saḥ*—on; *hi*—vskutku; *yukta-ātmā*—zapojený do oddanej služby; *mām*—Mne; *eva*—určite; *anuttamām*—najvyšší; *gatim*—konečný cieľ.

Všetci títo oddaní sú nepochybne ušľachtilé duše, ale toho, kto dosiahol poznanie o Mne, považujem za Seba samotného. Preukazuje Mi transcendentálnu službu, a tak zaručene dosiahne najvyšší a najdokonalejší cieľ, Mňa samotného.

VÝZNAM: Nesmieme si myslieť, že Pán nemá rád oddaných, ktorí ešte nedosiahli úplné poznanie. Najvyšší Pán vraví, že všetci sú ušľachtilí, pretože všetci, ktorí sa k Nemu obracajú s akoukoľvek motiváciou, sú veľké duše čiže *mahātmovia.* Oddaných, ktorí niečo požadujú za svoju službu, Pán prijme tiež, lebo medzi nimi v každom prípade dochádza k výmene vzťahu. Z náklonnosti prosia Pána o hmotné výhody, a keď im ich prosbu splní, uspokoja sa tak, že urobia pokrok v oddanej službe. Ale ten, kto slúži Najvyššiemu Pánovi s dokonalým poznaním, je Kṛṣṇovi veľmi drahý, lebo jeho jediným cieľom je slúžiť Kṛṣṇovi s láskou a oddanosťou. Taký oddaný by nemohol žiť ani chvíľočku bez styku s Najvyšším Pánom, alebo bez láskyplnej služby. Śrī Kṛṣṇa má teda oddaného veľmi rád a nemôže sa od neho odlúčiť, čo sám potvrdzuje v *Śrīmad-Bhāgavatame* (9.4.68):

sādhavo hṛdayaṁ mahyaṁ sādhūnāṁ hṛdayaṁ tv aham
mad-anyat te na jānanti nāhaṁ tebhyo manāg api

„Oddaní sú vždy v Mojom srdci a Ja som vždy v srdci oddaných. Nejestvuje pre nich nič okrem Mňa a ani Ja nemôžem zabudnúť na oddaných. Medzi Mnou a čistými oddanými je vždy veľmi dôverný vzťah. Čistí oddaní, ktorí sú obdarení dokonalým poznaním, nikdy nestratia duchovné spojenie, a preto sú Mi veľmi drahí."

VERŠ 19

बहूनां जन्मनामन्ते ज्ञानवान्मां प्रपद्यते ।
वासुदेवः सर्वमिति स महात्मा सुदुर्लभः ॥ १९ ॥

bahūnāṁ janmanām ante jñānavān māṁ prapadyate
vāsudevaḥ sarvam iti sa mahātmā su-durlabhaḥ

bahūnām — mnohých; *janmanām* — narodeniach a smrtiach; *ante* — po; *jñāna-vān* — obdarený poznaním; *mām* — Mne; *prapadyate* — odovzdá; *vāsudevaḥ* — Božská Osobnosť, Śrī Kṛṣṇa; *sarvam* — všetko; *iti* — tak; *saḥ* — taká; *mahā-ātmā* — veľká duša; *su-durlabhaḥ* — veľmi vzácna.

Po mnohých narodeniach a smrtiach sa človek, ktorý je v pravde obdarený poznaním, odovzdá Mne, vediac, že Ja som príčinou všetkých príčin a všetkého, čo jestvuje. Taká duša je veľmi vzácna.

VÝZNAM: Človek, ktorý po veľa životov vykonával oddanú službu alebo rôzne transcendentálne obrady, môže dosiahnuť čisté poznanie o tom, že Najvyššia Božská Osobnosť je konečným cieľom duchovnej realizácie. Keď sa začiatočník pokúša zbaviť pút, ktoré ho viažu k hmotnému svetu, máva sklony k impersonalizmu. S postupným pokrokom neskôr pochopí, že aj v duchovnom živote sú činnosti a že oddanú službu tvoria práve tieto činy. Keď to pochopí, prilipne k Najvyššiemu Pánovi a odovzdá sa Mu. Vtedy spozná, že všetko spočíva na Kṛṣṇovej milosti, že On je príčinou všetkých príčin a že tento hmotný vesmír nie je od Neho nezávislý. Uvedomí si, že hmotný svet je iba prevráteným obrazom duchovnej rozmanitosti a že všetko má vzťah k Najvyššiemu Pánovi, Śrī Kṛṣṇovi. Vidí všetko vo vzťahu k Vāsudevovi alebo Kṛṣṇovi. Takéto nazeranie vedie človeka ku konečnému cieľu, úplnému odovzdaniu sa Najvyššiemu Pánovi, Śrī Kṛṣṇovi. Takáto odovzdaná duša je veľmi vzácna.

Tento verš je veľmi pekne vysvetlený v tretej kapitole *Śvetāśvatara Upaniṣady* (verše 14 a 15):

sahasra-śīrṣā puruṣaḥ sahasrākṣaḥ sahasra-pāt
sa bhūmiṁ viśvato vṛtvā- tyātiṣṭhad daśāṅgulam

puruṣa evedaṁ sarvaṁ yad bhūtaṁ yac ca bhavyam
utāmṛtatvasyeśāno yad annenātirohati

V *Chāndogya Upaniṣade* (5.1.15) sa hovorí: *na vai vāco na cakṣūṁṣi na śrotrāṇi na manāṁsīty ācakṣateprāṇo hy evaitāni sarvāṇi bhavanti.* „V tele živej bytosti nie je hlavným činiteľom ani schopnosť hovoriť, ani schopnosť vidieť, ani schopnosť počuť, ani schopnosť myslieť; je to život, ktorý je stredobodom všetkých činností." Podobne je Vāsudeva alebo Božská Osobnosť, Śrī Kṛṣṇa, pôvodnou bytosťou vo všetkom. Telo je schopné hovoriť, vidieť, počuť, myslieť, cítiť a tak ďalej. Tieto schopnosti sú však bezcenné, ak ich nepoužívame vo vzťahu k Najvyššiemu Pánovi. A keďže Vāsudeva je všeprenikajúci a všetko je Vāsudeva, oddaný sa Mu odovzdáva s plným vedomím (porovnaj *Bhagavad-gītā* 7.17 a 11.40).

VERŠ 20

कामैस्तैस्तैर्हृतज्ञानाः प्रपद्यन्तेऽन्यदेवताः ।
तं तं नियममास्थाय प्रकृत्या नियताः स्वया ॥ २० ॥

kāmais tais tair hṛta-jñānāḥ prapadyante 'nya-devatāḥ
taṁ taṁ niyamam āsthāya prakṛtyā niyatāḥ svayā

kāmaiḥ — žiadosťami; *taiḥ taiḥ* — rôznymi; *hṛta* — unesené; *jñānāḥ* — poznanie; *prapadyante* — odovzdávajú; *anya* — iným; *devatāḥ* — polobohom; *tam tam* — zodpovedajúce; *niyamam* — pravidlá; *āsthāya* — nasledujú; *prakṛtyā* — povahou; *niyatāḥ* — ovládaní; *svayā* — svojou.

Tí, ktorých poznanie uniesli hmotné žiadosti, sa uchyľujú k polobohom a uctievajú ich podľa pravidiel a predpisov, zodpovedajúcich ich povahám.

VÝZNAM: Tí, čo sa zbavili všetkej hmotnej nečistoty, sa odovzdávajú Najvyššiemu Pánovi a s oddanosťou Mu slúžia. Kým sa človek úplne neočistí, má povahu neoddaného. No tých, ktorí sa napriek svojím túžbam uchýlia k Najvyššiemu Pánovi, nepriťahuje vonkajšia energia tak veľmi. Zvolili si pravú cestu a čoskoro sa oslobodia od hmotnej žiadostivosti. V *Śrīmad-Bhāgavatame* (2.3.10) sa odporúča, aby sa človek za každých okolností odovzdal Vāsudevovi a uctieval Ho, či už má alebo nemá hmotné túžby, či túži po oslobodení sa z hmotných pút, alebo je čistým oddaným, ktorý po hmotnom zmyslovom pôžitku netúži:

akāmaḥ sarva-kāmo vā mokṣa-kāma udāra-dhīḥ
tīvreṇa bhakti-yogena yajeta puruṣaṁ param

Menej inteligentní ľudia, ktorí stratili duchovný zmysel, sa obracajú na polobohov, aby ihneď uspokojili svoje hmotné želania. Obyčajne sa takí ľudia neuchyľujú k Najvyššej Božskej Osobnosti, pretože sú podmienení niektorou z nižších kvalít hmotnej prírody (nevedomosťou a vášňou), a preto uctievajú rôznych polobohov. Riadia sa podľa pravidiel a zásad uctievania a cítia sa spokojne. Uctievačov polobohov poháňajú drobné hmotné túžby a nevedia, ako dosiahnuť najvyšší cieľ. Ľuďom, ktorí túžia po získaní rôznych hmotných výhod a pôžitkov, *Vedy* odporúčajú uctievanie polobohov (napríklad chorý by mal uctievať Slnko). Títo ľudia si preto myslia, že je lepšie uctievať polobohov než Najvyššieho Pána. Čistý oddaný sa tým však nedá pomýliť, lebo vie, že Kṛṣṇa je Pánom všetkých polobohov aj ľudí. V *Caitanya-caritāmṛte* (*Ādi* 5.142) je Śrī Kṛṣṇa, Najvyššia Božská Osobnosť, opísaný ako Najvyšší Pán a všetky ostatné bytosti ako Jeho služobníci (*ekale īśvara kṛṣṇa, āra saba bhṛtya*). Preto sa čistý oddaný so splnením svojich potrieb nikdy neobracia na polobohov; je celkom závislý na Najvyššom Pánovi a stačí mu to, čo od Neho dostane.

VERŠ 21

यो यो यां यां तनुं भक्तः श्रद्धयार्चितुमिच्छति ।
तस्य तस्याचलां श्रद्धां तामेव विदधाम्यहम् ॥ २१ ॥

yo yo yāṁ yāṁ tanuṁ bhaktaḥ śraddhayārcitum icchati
tasya tasyācalāṁ śraddhāṁ tām eva vidadhāmy aham

yaḥ yaḥ — každý; *yām yām* — ktorúkoľvek; *tanum* — podobu poloboha; *bhaktaḥ* — oddaný; *śraddhayā* — s vierou; *arcitum* — uctievať; *icchati* — túži; *tasya tasya* — jeho; *acalām* — pevnou; *śraddhām* — vierou; *tām* — v to; *eva* — iste; *vidadhāmi* — obdarujem; *aham* — Ja.

Ak niekto túži uctievať niektorého poloboha, Ja ho v tejto viere — ako Nadduša sídliaca v srdciach všetkých — utvrdím, aby sa mohol oddať určitému božstvu.

VÝZNAM: Boh dal všetkým tvorom istú mieru nezávislosti. Preto, ak si niekto vrúcne želá hmotné pôžitky a túži, aby mu ich polobohovia splnili, potom mu Kṛṣṇa, ktorý je prítomný v srdciach všetkých ako Nadduša, umožní jeho prianie splniť. Śrī Kṛṣṇa je najvyšším otcom všetkých bytostí a ako taký neobmedzuje ich nezávislosť. Naopak dáva im všetky možnosti na uspokojenie ich hmotných túžob. Môžeme sa opýtať, prečo všemocný Boh dáva živým bytostiam možnosť užívať si hmotného sveta a necháva ich tak padnúť do pasce iluzórnej energie. Keby im však Najvyšší Pán ako Nadduša túto možnosť neposkytol, nemala by nezávislosť zmysel. Preto Pán dáva všetkým určitú nezávislosť — každý môže konať po svojom. Konečný Pánov pokyn však nájdeme v *Bhagavad-gīte*: „Zanechaj všetky ostatné činnosti a celkom sa Mi odovzdaj." To urobí človeka šťastným.

Ľudia, polobohovia a všetky ostatné tvory sú podriadené vôli Najvyššej Božskej Osobnosti. Preto nikto nemôže z vlastnej vôle uctievať polobohov a polobohovia nemôžu nikomu udeliť požehnanie bez Pánovho súhlasu. Vraví sa, že bez Jeho vôle sa ani steblo trávy nepohne. Ľudia, ktorí trpia v hmotnom svete, sa zvyčajne obracajú na polobohov, čo im odporúčajú aj *vedske* písma. Človek, ktorý túži po nejakej veci, môže uctievať príslušného poloboha. Napríklad chorý by mal uctievať boha Slnka; kto túži po vzdelaní, by mal uctievať bohyňu múdrosti, Sarasvatī; kto hľadá krásnu ženu, by mal uctievať bohyňu Umu, Śivovu manželku. Takto *vedske* písma, *śāstry*, opisujú uctievanie rôznych polobohov. Tomu, kto túži získať nejaké osobitné hmotné výhody, dá Pán silnú túžbu uctievať príslušného poloboha, ktorý mu potom splní jeho želanie. Pán sa postará aj o to, aby vyznávač uctieval poloboha príslušným spôsobom. Jedine Kṛṣṇa, sídliaci v podobe Najvyššej Duše v srdciach všetkých, sám povzbudí k uctievaniu určitých polobohov. Samotný polobohovia sú v skutočnosti časťami Pánovho vesmírneho tela, a preto nie sú nezávislí. Vo *vedskej* literatúre sa môžme dočítať: „Najvyššia Božská Osobnosť sídli ako

Nadduša v srdciach všetkých polobohov a prostredníctvom nich plní ľuďom ich želania. Ani polobohovia, ani ľudia nie sú nezávislí. Vždy závisia na najvyššej vôli."

VERŠ 22

स तया श्रद्धया युक्तस्तस्याराधनमीहते ।
लभते च ततः कामान्मयैव विहितान्हितान् ॥ २२ ॥

sa tayā śraddhayā yuktas tasyārādhanam īhate
labhate ca tataḥ kāmān mayaiva vihitān hi tān

saḥ — on; *tayā* — touto; *śraddhayā* — vierou; *yuktaḥ* — vybavený; *tasya* — daného poloboha; *ārādhanam* — uctievať; *īhate* — hľadá; *labhate* — získa; *ca* — a; *tataḥ* — od toho; *kāmān* — túžby; *mayā* — Mnou; *eva* — tak; *vihitān* — stanovené; *hi* — zaiste; *tān* — tieto.

Vybavený touto vierou uctieva určitého poloboha a on mu potom splní jeho túžby. V skutočnosti som to však iba Ja, kto poskytuje tieto dary.

VÝZNAM: Polobohovia nemôžu dať svojím uctievačom požehnanie bez súhlasu Najvyššieho Pána. Na rozdiel od človeka nezabúdajú, že všetko je majetkom Najvyššieho Pána. Keď človek uctieva polobohov a jeho želanie sa splní, nie je to zásluhou polobohov, ale milosťou Najvyššej Božskej Osobnosti. Hlúpi ľudia, ktorí nevedia o Pánovej zvrchovanosti, sa naivne obracajú k polobohom, aby im splnili ich túžby. Naopak čistý oddaný ponecháva uspokojenie svojich potrieb celkom na Pánovi, a nikdy ho neprosí o nič hmotné. Prosba o niečo hmotné nie je známkou čistého oddaného. Živé bytosti sa väčšinou obracajú na polobohov, lebo sa dychtivo snažia uspokojiť svoju žiadostivosť. Stáva sa to v prípadoch, keď si živá bytosť želala niečo nevhodné a Najvyšší Pán jej túžbu nesplnil. V *Caitanya-caritāmṛte* sa hovorí, že ten, kto uctieva Najvyššieho Pána, a zároveň túži po hmotnom pôžitku, má navzájom si odporujúce priania. Oddaná služba a uctievanie polobohov nemôžu byť na rovnakej úrovni, lebo uctievanie polobohov je hmotná činnosť, zatiaľ čo oddaná služba Najvyššiemu je celkom duchovná.

Pre toho, kto si želá vrátiť sa k Bohu, sú hmotné túžby prekážkou. Śrī Kṛṣṇa preto neobdarúva čistého oddaného hmotnými výhodami, po ktorých túžia menej inteligentní ľudia, ktorí radšej uctievajú polobohov hmotného vesmíru, než aby sa zapojili do oddanej služby Najvyššiemu Pánovi.

VERŠ 23

अन्तवत्तु फलं तेषां तद्भवत्यल्पमेधसाम् ।
देवान्देवयजो यान्ति मद्भक्ता यान्ति मामपि ॥ २३ ॥

antavat tu phalaṁ teṣāṁ tad bhavaty alpa-medhasām
devān deva-yajo yānti mad-bhaktā yānti mām api

anta-vat — pominuteľné; *tu* — ale; *phalam* — plody; *teṣām* — ich; *tat* — ktoré; *bhavati* — vznikajú; *alpa-medhasām* — menej inteligentní; *devān* — k polobohom; *deva-yajaḥ* — uctievači polobohov; *yānti* — idú; *mat* — Moji; *bhaktāḥ* — oddaní; *yānti* — idú; *mām* — ku Mne; *api* — tiež.

Ľudia s nízkou inteligenciou uctievajú polobohov, no plody, ktoré získajú, sú obmedzené a pominuteľné. Tí, čo uctievajú polobohov, idú na planéty polobohov, zatiaľ čo Moji oddaní dosiahnu Moju zvrchovanú planétu.

VÝZNAM: Niektorí komentátori *Bhagavad-gīty* tvrdia, že aj tí, ktorí uctievajú polobohov, môžu dosiahnuť Najvyššieho Pána, no v tomto verši sa jasne hovorí, že tí, ktorí uctievajú polobohov, sa dostanú na ich planéty. Kto uctieva boha Slnka, dospeje na Slnko, kto uctieva boha Mesiaca, dôjde na Mesiac, a kto uctieva Indru, dosiahne Indrovu planétu. Takže je nesprávne myslieť si, že uctievaním niektorého poloboha človek príde k Najvyššej Božskej Osobnosti. Tento verš jednoznačne potvrdzuje, že uctievači polobohov dosiahnu rôzne planéty v hmotnom vesmíre. No Pánovi oddaní prídu priamo na planétu Božskej Osobnosti v duchovnom svete.

Niekto by mohol namietnuť, že ak polobohovia tvoria rôzne časti tela Najvyššieho Pána, potom by mal človek dosiahnuť rovnaký cieľ uctievaním polobohov. Uctievači polobohov však nie sú príliš inteligentní, lebo nevedia, do ktorej časti tela treba dodávať potravu. Tvrdenie, že potravu možno dať hociktorej časti tela a akýmkoľvek spôsobom, je hlúpe. Je to celkom vylúčené. Bolo by beznádejné dodávať potravu do uší alebo do očí. Títo ľudia nechápu, že polobohovia sú časťami vesmírneho tela Najvyššieho Pána a vo svojej nevedomosti si myslia, že každý poloboh je samotný Boh, ktorý je schopný súťažiť s Najvyšším Pánom.

Nielen polobohovia, ale aj obyčajné živé bytosti sú časťami tela Najvyššieho Pána. V *Śrīmad-Bhāgavatame* sa uvádza, že *brāhmaṇi* tvoria hlavu Najvyššieho Pána, *kṣatriyovia* Jeho paže, *vaiśyovia* Jeho brucho a *śūdrovia* Jeho nohy a že každá skupina plní inú funkciu. Kto si plne uvedomuje, že všetky bytosti, vrátane ľudí a polobohov, sú čiastočkami Najvyššieho Pána, má dokonalé poznanie. Ak zabudne na túto základnú skutočnosť a oddá sa uctievaniu polobohov, dostane sa na ich planéty, čo nie je ten istý cieľ, aký dosiahnu Kṛṣṇovi oddaní.

Výsledky získané uctievaním polobohov sú pominuteľné, lebo v hmotnom svete sú planéty, polobohovia aj ich uctievači pominuteľní. V tomto verši sa preto veľmi jasne píše, že všetky výsledky dosiahnuté uctievaním polobohov sú pominuteľné a takému uctievaniu sa venujú len menej inteligentní ľudia. Keďže čistý oddaný láskyplne slúži Kṛṣṇovi s mysľou naňho upretou, dosiahne večnú blaženú existenciu, plnú poznania, a jeho výsledky sa odlišujú od výsledkov, ktoré dosiahnu obyčajní uctievači polobohov. Najvyšší Pán je neobmedzený a rovnako neobmedzená je aj Jeho priazeň a milosť. Milosť, ktorá sa dostáva Pánovym oddaným, je preto neobmedzená.

VERŠ 24

अव्यक्तं व्यक्तिमापन्नं मन्यन्ते मामबुद्धयः ।
परं भावमजानन्तो ममाव्ययमनुत्तमम् ॥ २४ ॥

avyaktaṁ vyaktim āpannaṁ manyante mām abuddhayaḥ
paraṁ bhāvam ajānanto mamāvyayam anuttamam

avyaktam — neprejavený; *vyaktim* — osobnosť; *āpannam* — dosiahol; *manyante* — domnievajú sa; *mām* — Ja; *abuddhayaḥ* — menej inteligentní ľudia; *param* — najvyšší; *bhāvam* — stav bytia; *ajānantaḥ* — nepoznajú; *mama* — Moju; *avyayam* — nepominuteľnú; *anuttamam* — najvyššiu.

Hlúpi ľudia, ktorí Ma dokonale nepoznajú, si myslia, že som bol najskôr neosobný a až teraz som prijal túto osobnú podobu. Následkom ich malého poznania, nechápu Moju vyššiu prirodzenosť, ktorá je nepominuteľná a najvyššia.

VÝZNAM: Uctievači polobohov boli opísaní ako menej inteligentní ľudia a v tomto verši sa podobného prívlastku dostáva aj impersonalistom. Śrī Kṛṣṇa sa tu osobne rozpráva s Arjunom; napriek tomu však impersonalisti z nevedomosti tvrdia, že Najvyšší Pán beztak nemá žiadny tvar. Yāmunācārya, veľký oddaný z učeníckej postupnosti Rāmānujācāryu, o tom napísal:

tvāṁ śīla-rūpa-caritaiḥ parama-prakṛṣṭaiḥ
sattvena sāttvikatayā prabalaiś ca śāstraiḥ
prakhyāta-daiva-paramārtha-vidāṁ mataiś ca
naivāsura-prakṛtayaḥ prabhavanti boddhum

„Môj drahý Pane, oddaní ako Vyāsadeva a Nārada Ťa poznajú a vedia, že si Osobnosť Božstva. Pochopením rôznych *vedskych* písiem sa človek môže naučiť poznať Tvoje vlastnosti, Tvoju podobu a Tvoje činnosti a môže pochopiť, že si Najvyššia Božská Osobnosť. No tí, ktorých ovplyvňuje kvalita vášne a nevedomosti, teda démoni a ateisti, Ťa nemôžu pochopiť. Nie sú schopní Ťa pochopiť. Hoci môžu byť veľkými znalcami *Vedānty*, *Upaniṣad* a iných *vedskych* písiem, nemôžu Ťa pochopiť ako Najvyššiu Božskú Osobnosť." (*Stotra-ratna* 12)

V *Brahmā-saṁhite* sa uvádza, že človek nemôže pochopiť Božskú Osobnosť iba štúdiom *Vedānty*. Jeho osobnosť môžeme spoznať len vďaka Jeho milosti. Preto sa v tomto verši jasne hovorí, že hlúpi nie sú iba uctievači polobohov, ale aj neoddaní a impersonalisti, ktorí trávia svoj čas štúdiom *Vedānty* a špekulovaním nad *Vedami*, bez najmenšej stopy po oddanosti Śrī Kṛṣṇovi. Nikdy nemôžu pochopiť osobnú povahu Boha. Ľudia, ktorí považujú Absolútnu Pravdu za neosobnú, a teda nepoznajú najvyšší aspekt Absolútnej Pravdy, sa označujú slovom *abuddhayaḥ*. V *Śrīmad-Bhāgavatame* sa uvádza, že Najvyšší sa realizuje v troch štádiách: prvým je neosobný Brahman, ďalším lokalizovaný aspekt Najvyššieho — Nadduša — a posledným je najvyšší aspekt Absolútnej Pravdy — Božská Osobnosť. Dnešní impersonalisti sú ešte obmedzenejší, pretože nenasledujú ani svojho veľkého predchodcu Śaṅkarācāryu, ktorý výslovne povedal, že Kṛṣṇa je Najvyššia Božská Osobnosť. Impersonalisti, ktorí nemajú dostatočné poznanie o Absolútnej Pravde, sa domnievajú, že Kṛṣṇa bol len synom Devakī a Vasudevu, prípadne nejakým princom či mocným človekom. V *Bhagavad-gīte* (9.11) Kṛṣṇa tieto názory odsudzuje: *avajānanti māṁ mūḍhā mānuṣīṁ tanum āśritam.* „Iba hlupáci Ma považujú za obyčajnú bytosť."

Takže je isté, že bez vykonávania oddanej služby a vedomia Kṛṣṇu nemôže Kṛṣṇu nikto pochopiť, čo potvrdzuje aj *Śrīmad-Bhāgavatam* (10.14.29):

athāpi te deva padāmbuja-dvaya-
prasāda-leśānugṛhīta eva hi
jānāti tattvaṁ bhagavan mahimno
na cānya eko 'pi ciraṁ vicinvan

„Môj Pane, ak je niekto poctený hoci len nepatrným náznakom milosti Tvojich lotosových nôh, môže porozumieť veľkosti Tvojej osobnosti. Ale tí, ktorí špekulujú, aby pochopili Najvyššiu Božskú Osobnosť, Ťa nemôžu spoznať, aj keby študovali *Vedy* celé roky."

Podoby, mená a vlastnosti Najvyššej Božskej Osobnosti, Śrī Kṛṣṇu, nemôžeme pochopiť obyčajnými intelektuálnymi špekuláciami alebo diskusiami o *vedskej* náuke. Toto poznanie sa dá získať iba oddanou službou. Človek môže pochopiť Najvyššiu Božskú Osobnosť jedine vtedy, ak je plne zapojený do oddanej služby a spieva *mahā-mantru: Hare Kṛṣṇa, Hare Kṛṣṇa, Kṛṣṇa Kṛṣṇa, Hare Hare/ Hare Rāma, Hare Rāma, Rāma Rāma, Hare Hare.* Neoddaní si myslia, že Kṛṣṇovo telo je hmotné a že všetky Jeho činnosti, mená, podoby a tak ďalej, sú výplodom ilúzie, *māye.* Títo impersonalisti sú známi ako *māyāvādīni* a nepoznajú konečnú pravdu.

V dvadsiatom verši bolo jasne povedané: *kāmais tais tair hṛta-jñānāḥ prapadyante 'nya-devatāḥ.* „Tí, ktorí sú zaslepení túžbami, sa odovzdávajú rôznym polobohom." V dvadsiatom treťom verši sme sa mohli dočítať, že okrem Najvyššieho Pána, ktorý má Svoju vlastnú duchovnú planétu, jestvujú aj polobohovia, ktorí majú svoje planéty v hmotnom vesmíre — *devān deva-yajo yānti mad-bhaktā yānti mām api.* Uctievači polobohov prídu na ich planéty a tí, ktorí uctievajú Kṛṣṇu, prídu na najvyššiu planétu, Kṛṣṇaloku. Aj keď sa tu jednoznačne hovorí, že Śrī Kṛṣṇa a Jeho podoby sú skutočné, hlúpi impersonalisti tvrdia pravý opak. Vzbudzuje snáď učenie *Bhagavad-gīty* dojem, že polobohovia a ich sídla sú neosobné? Z textu jasne vyplýva, že polobohovia i Kṛṣṇa nie sú neosobní. Všetci sú osoby. Kṛṣṇa je Najvyšší Osobnosť Božstva, má svoju planétu a polobohovia majú zasa svoje.

Takže monistické tvrdenia, že Najvyššia Absolútna Pravda je beztvará a že Jej podoba je neskutočná, pri bližšom skúmaní neobstoja. Z textu *Bhagavad-gīty* jasne vidíme, že podoby polobohov a podoba Najvyššieho Pána existujú súčasne a že Śrī Kṛṣṇa je plný večného poznania a blaženosti (*sac-cid-ānanda*). *Vedy* tiež potvrdzujú, že Najvyššia Absolútna Pravda je plná blaženej radosti a je zdrojom neobmedzených priaznivých vlastností (*ānanda-mayo 'bhyāsāt*). Na iných miestach *Bhagavad-gīty* Śrī Kṛṣṇa hovorí, že sa zjavuje napriek tomu, že je nezrodený (*aja*). To sú fakty uvedené v *Bhagavad-gīte* a my sa musíme snažiť porozumieť im. Ako môže byť Boh, Najvyššia Osobnosť, neosobný? Keď vychádzame z výpovede *Bhagavad-gīty*, je monistická teória neosobných filozofov vykonštruovaná a chybná. Z *Bhagavad-gīty* zreteľne vyplýva, že Najvyššia Absolútna Pravda, Kṛṣṇa, má podobu i osobnosť.

VERŠ 25

नाहं प्रकाशः सर्वस्य योगमायासमावृतः ।
मूढोऽयं नाभिजानाति लोको मामजमव्ययम् ॥ २५ ॥

nāhaṁ prakāśaḥ sarvasya yoga-māyā-samāvṛtaḥ
mūḍho 'yaṁ nābhijānāti loko mām ajam avyayam

na — nie; *aham* — Ja; *prakāśaḥ* — zjaviť sa; *sarvasya* — každému; *yoga-māyā* — vnútornou silou; *samāvṛtaḥ* — zahalený; *mūḍhaḥ* — hlupáci; *ayam* — títo; *na* — nie; *abhijānāti* — môžu rozumieť; *lokaḥ* — osoby; *mām* — Mne; *ajam* — nezrodený; *avyayam* — nevyčerpateľnej povahy.

Nikdy sa nezjavujem pochabým a hlúpym ľuďom. Pre nich som zahalený svojou vnútornou silou a preto nechápu, že som nezrodený a nevyčerpateľný.

VÝZNAM: Mohli by sme sa spýtať, prečo sa Kṛṣṇa nezjaví teraz, keď sa mohol zjaviť na Zemi pred 5 000 rokmi? Nie všetci Ho však videli, aj keď bol prítomný osobne. Keď sa zjavil na Zemi, len veľmi málo ľudí Ho poznalo ako Najvyššiu Božskú Osobnosť. Napríklad Śiśupāla mal výhrady proti povýšeniu Kṛṣṇu na panovníka Kuruovcov. Bhīṣma mu však oponoval a vyhlásil, že Śrī Kṛṣṇa je Najvyšší Boh. Iba bratia Pāṇḍuovci a pár ďalších vedelo, že Kṛṣṇa je Najvyšší, lebo Svoju pravú podobu neukázal všetkým, a hlavne nie tým, ktorí Mu neboli oddaní. Preto Kṛṣṇa hovorí v *Bhagavad-gīte*, že okrem Jeho čistých oddaných Ho všetci považujú za obyčajného smrteľníka. Len Svojim oddaným sa javí ako prameň všetkej radosti; pre ostatných je zahalený svojou vnútornou silou.

V *Śrīmad-Bhāgavatame* (1.8.19) sa v modlitbách kráľovnej Kuntī hovorí, že Śrī Kṛṣṇa je zahalený závojom, *yoga-māyou*, ktorý spôsobuje, že Ho obyčajní ľudia nemôžu pochopiť. V pätnástej *mantre Śrī Īśopaniṣady* sa takisto hovorí o tomto iluzórnom závoji:

hiraṇmayena pātreṇa satyasyāpihitaṁ mukham
tat tvaṁ pūṣann apāvṛṇu satya-dharmāya dṛṣṭaye

„Môj Pane, si udržovateľom celého vesmíru a najvyššou náboženskou zásadou je oddane Ti slúžiť. Preto Ťa prosím, buď mi oporou. Tvoja transcendentálna podoba je zahalená závojom, *yoga-māyou*. *Brahmajyoti* je obal vnútornej energie. Prosím Ťa, odstráň túto oslnivú žiaru, ktorá mi bráni vidieť Tvoju večnú podobu plnú blaženosti a poznania (*sac-cid--ānanda-vigraha*)."

Transcendentálna podoba Najvyššej Božskej Osobnosti, plná poznania a blaženosti, je zahalená vnútornou silou *brahmajyoti*, a preto nevedomí impersonalisti nemôžu vidieť Najvyššieho Pána.

Nasledujúcu Brahmovu modlitbu nájdeme v *Śrīmad-Bhāgavatame* (10.14.7): „Ó, Najvyššia Božská Osobnosť, Paramātmā, Pán všetkých tajomstiev, kto na tomto svete môže poznať Tvoju silu a chápať Tvoje zábavy? Neustále rozpínaš Svoju vnútornú energiu, a preto nikto nemôže pochopiť, kto si. Vedci a iní učenci môžu skúmať planéty a atómové zloženie hmotného sveta, ale aj keď sa pred nich postavíš, nedokážu zmerať Tvoju energiu a moc." Śrī Kṛṣṇa, Najvyššia Božská Osobnosť, je nielen nezrodený, ale i nevyčerpateľný (*avyaya*). Jeho večná podoba je plná poznania a blaženosti a všetky Jeho energie sú nevyčerpateľné.

VERŠ 26

वेदाहं समतीतानि वर्तमानानि चार्जुन ।
भविष्याणि च भूतानि मां तु वेद न कश्चन ॥ २६ ॥

vedāhaṁ samatītāni vartamānāni cārjuna
bhaviṣyāṇi ca bhūtāni māṁ tu veda na kaścana

veda — viem; *aham* — Ja; *samatītāni* — v minulosti; *vartamānāni* — v prítomnosti; *ca* — a; *arjuna* — ó, Arjuna; *bhaviṣyāṇi* — v budúcnosti; *ca* — tiež; *bhūtāni* — živé bytosti; *mām* — Mňa; *tu* — však; *veda* — pozná; *na* — nie; *kaścana* — nikto.

Ó, Arjuna, ako Najvyššia Božská Osobnosť viem o všetkom, čo sa stalo v minulosti, čo sa deje v prítomnosti i o tom, čo sa ešte len stane. Poznám tiež všetky živé bytosti; Mňa však nepozná nikto.

VÝZNAM: Tu je jasná odpoveď na otázku, či je Najvyšší Pán osobný alebo neosobný. Keby bola podoba Kṛṣṇu, Najvyššej Božskej Osobnosti, *māyou*, alebo keby bolo Jeho telo hmotné, ako tvrdia impersonalisti, potom by aj On, rovnako ako všetky ostatné bytosti, menil telá a zabudol by na všetko, čo sa prihodilo v Jeho minulých životoch. Nikto, kto má hmotné telo, si nepamätá nič z minulého života, nevie nič o súčasnom živote a nemôže nič predvídať ani o živote nasledujúcom. Inými slovami, nik nemôže povedať, že pozná minulosť, prítomnosť a budúcnosť, kým sa nevyslobodí z hmotného znečistenia.

Kṛṣṇa jasne hovorí, že na rozdiel od obyčajnej ľudskej bytosti má dokonalé poznanie o tom, čo sa prihodilo v minulosti, čo sa deje teraz a čo sa ešte len stane. V štvrtej kapitole sme napríklad čítali, že Kṛṣṇa si spomína, ako pred miliónmi rokov dával pokyny bohu Slnka Vivasvānovi. Kṛṣṇa pozná všetky živé bytosti, pretože sa ako Nadduša nachádza v ich srdciach. No napriek tomu, že je prítomný vo všetkých telách ako Nadduša a že je osobne prítomný ako Najvyššia Božská Osobnosť, nemôžu obmedzení ľudia pochopiť, že Śrī Kṛṣṇa je Najvyššia Božská Osobnosť a že Jeho transcendentálne telo je nehynúce, hoci dosiahli realizáciu neosobného Brahmanu. Kṛṣṇa je ako Slnko a *māyā* ako mrak. V hmotnom svete môže mrak dočasne zakryť Slnko, Mesiac a hviezdy, ale v skutočnosti je zakrytý iba náš nedokonalý zrak, a nie Slnko alebo Mesiac. Podobne nemôže ani *māya* zakryť Najvyššieho Pána. Je to Jeho vnútorná sila, *yoga-māyā*, ktorá spôsobuje, že sa nezjaví menej inteligentným ľuďom. V treťom verši tejto kapitoly sa hovorí, že z miliónov ľudí sa len málokto pokúša zdokonaliť svoju ľudskú existenciu a z tisíca takých ľudí málokto pochopí, kto je Kṛṣṇa. Aj keď človek dosiahol dokonalosť poznaním neosobného Brahmanu alebo lokalizovanej Paramātmy, nemôže pochopiť Śrī Kṛṣṇu, Najvyššiu Božskú Osobnosť, ak Mu oddane neslúži s mysľou Naňho uprenou.

VERŠ 27

इच्छाद्वेषसमुत्थेन द्वन्द्वमोहेन भारत ।
सर्वभूतानि सम्मोहं सर्गे यान्ति परन्तप ॥ २७ ॥

icchā-dveṣa-samutthena dvandva-mohena bhārata
sarva-bhūtāni sammohaṁ sarge yānti parantapa

icchā — prianie; *dveṣa* — a nenávisť; *samutthena* — vzniká; *dvandva* — dualita; *mohena* — klam; *bhārata* — ó, potomok Bharatov; *sarva* — všetky; *bhūtāni* — živé bytosti; *sammoham* — v klame; *sarge* — pri narodení; *yānti* — idú; *parantapa* — ó, hubiteľ nepriateľov.

Ó, Bharatovec, hubiteľ nepriateľov, všetky živé bytosti sa rodia do sveta klamu a sú zmätené dualitou, ktorá vzniká z túžby a nenávisti.

VÝZNAM: Skutočným postavením živej bytosti je podriadiť sa Najvyššiemu Pánovi, ktorý je čistým poznaním. Keď sa človek odvráti od čistého poznania, ovládne ho iluzórna energia, následkom čoho nemôže pochopiť Najvyššiu Božskú Osobnosť. Iluzórna energia sa prejavuje v dualitách, ako napríklad túžba a nenávisť, ktoré spôsobujú, že nevedomý človek sa chce stotožniť s Najvyšším Pánom a závidí Kṛṣṇovi Jeho zvrchované postavenie. Čistí oddaní, ktorí nie sú oklamaní či znečistení túžbami a nenávisťou, chápu, že Śrī Kṛṣṇa sa zjavuje prostredníctvom Svojich vnútorných síl, zatiaľ čo ľudia oklamaní nevedomosťou a dualitami hmotného sveta si myslia, že Najvyššia Božská Osobnosť je stvorená hmotnými energiami. To je ich nešťastie. Pre takto oklamaných ľudí je typické, že ich ovplyvňujú pocty a poníženie, utrpenie a šťastie, mužskosť a ženskosť, dobro a zlo, radosť a bolesť atď. Myslia si: „To je moja žena, to je môj dom, som pánom tohto domu, som mužom tejto ženy." Takto pôsobí ilúzia duality a tí, ktorí sa ňou dajú oklamať, sú veľmi hlúpi a nedokážu pochopiť Najvyššiu Božskú Osobnosť.

VERŠ 28

येषां त्वन्तगतं पापं जनानां पुण्यकर्मणाम् ।
ते द्वन्द्वमोहनिर्मुक्ता भजन्ते मां दृढव्रताः ॥ २८ ॥

yeṣāṁ tv anta-gataṁ pāpaṁ janānāṁ puṇya-karmaṇām
te dvandva-moha-nirmuktā bhajante māṁ dṛḍha-vratāḥ

yeṣām—ktorých; *tu*—ale; *anta-gatam*—úplne vyhladený; *pāpam*—hriech; *janānām*—ľudí; *puṇya*—zbožné; *karmaṇām*—niekdajšie činy; *te*—oni; *dvandva*—duality; *moha*—blud; *nirmuktāḥ*—zbavení; *bhajante*—oddane slúžia; *mām*—Mne; *dṛḍha-vratāḥ*—s pevnou odhodlanosťou.

No ľudia, ktorí v tomto i skorších životoch konali zbožne a ktorých hriešne činy sú celkom vyhladené, nie sú dotknutí dualitami, s ktorých pozostáva ilúzia a s pevným odhodlaním Mi slúžia.

VÝZNAM: Tento verš sa zmieňuje o ľuďoch, ktorí môžu dosiahnuť transcendentálnu úroveň. Pre hriešnych, bezbožných, hlúpych a nečestných ľudí je veľmi ťažké povzniesť sa nad túžbu a nenávisť. Iba tí, ktorí žili podľa ustanovených náboženských zásad, konali zbožne a ktorí premohli následky svojich hriešnych činov, sa môžu zapojiť do oddanej služby, a tak postupne získať čisté poznanie o Najvyššom Pánovi a v extáze o Ňom meditovať. Toto je spôsob ako sa môžeme povýšiť na duchovnú úroveň prostredníctvom oddanej služby Kṛṣṇovi v spoločnosti čistých oddaných, ktorí nás môžu oslobodiť od klamu.

V *Śrīmad-Bhāgavatame* (5.5.2) sa píše, že ak niekto naozaj usiluje o vyslobodenie, musí slúžiť oddaným (*mahat-sevāṁ dvāraṁ āhur vimukteḥ*). Tí však, ktorí sa stýkajú s materialisticky založenými ľuďmi, kráčajú po ceste vedúcej do najtemnejších končín existencie (*tamodvāraṁ yoṣitāṁ saṅgi-saṅgam*). Všetci oddaní Najvyššieho Pána putujú po svete za jediným účelom — prebudiť spiace duše z ich podmieneného stavu. Impersonalisti nevedia, že páchajú najhorší priestupok proti Božiemu zákonu, keď zabúdajú na svoje pravé postavenie, na svoju podriadenosť Bohu. Pokiaľ sa živá bytosť nevráti do svojho prirodzeného postavenia, nemôže pochopiť Najvyššiu Osobnosť, a ani sa s rozhodnosťou plne zapojiť do transcendentálnej láskyplnej služby Jemu.

VERŠ 29

जरामरणमोक्षाय मामाश्रित्य यतन्ति ये ।
ते ब्रह्म तद्विदुः कृत्स्नमध्यात्मं कर्म चाखिलम् ॥ २९ ॥

jarā-maraṇa-mokṣāya mām āśritya yatanti ye
te brahma tad viduḥ kṛtsnam adhyātmaṁ karma cākhilam

jarā — od staroby; *maraṇa* — a smrti; *mokṣāya* — za účelom vyslobodenia; *mām* — ku Mne; *āśritya* — sa uchýlia; *yatanti* — usilujúci; *ye* — všetci, ktorí; *te* — oni; *brahma* — Brahman; *tat* — takisto; *viduḥ* — poznajú; *kṛtsnam* — všetko; *adhyātmam* — transcendentálne; *karma* — činy; *ca* — a; *akhilam* — úplne.

Inteligentní ľudia, ktorí sa snažia vyslobodiť zo staroby a smrti, sa prostredníctvom oddanej služby uchyľujú ku Mne. Sú vskutku Brahmanom, lebo vedia všetko o transcendentálnych činoch.

VÝZNAM: Narodenie, choroby, staroba a smrť sa týkajú iba hmotného tela, nie tela duchovného. Pre duchovné telo žiadne narodenie, choroby, staroby či smrť nejestvujú. Preto ten, kto oddane slúži Kṛṣṇovi, dostane duchovné telo, stane sa jedným z Jeho spoločníkov a dosiahne tak skutočné oslobodenie. *Ahaṁ brahmāsmi* — som duchovnej povahy. Písma učia, že človek musí pochopiť, že je Brahman — duša. V tomto verši je vysvetlené, že toto poňatie je zahrnuté v *bhakti-yoge*, oddanej službe. Čistí oddaní sa nachádzajú na transcendentálnej úrovni Brahmanu, lebo vedia všetko o transcendentálnych činoch.

Ako už bolo povedané, štyri druhy oddaných sa zapoja do oddanej služby Pánovi s rôznymi úmyslami a dosiahnu vytúženého cieľa. Len čo sa stanú plne si vedomými Kṛṣṇu, môžu sa tešiť z Kṛṣṇovej spoločnosti vďaka Jeho milosti. No tí, ktorí uctievajú polobohov, sa nikdy nedostanú na planétu Najvyššieho Pána. Ani menej inteligentné osoby, ktoré zrealizovali neosobný Brahman, nedosiahnu Goloku Vṛndāvanu, Kṛṣṇovu najvyššiu planétu. Len tí, ktorí sa uchyľujú ku Kṛṣṇovi (*mām āśritya*) a slúžia Mu, môžu byť právom nazývaní Brahmanom, lebo nemajú žiadne pochybnosti o Kṛṣṇovej zvrchovanosti a naozaj usilujú o dosiahnutie Jeho planéty.

Tí, ktorí uctievajú Pánovu podobu (*arcā*) či o Pánovi meditujú, aby sa vymanili z hmotného otroctva, poznajú vďaka Pánovej milosti zmysel slov Brahman, *adhibhūta* a tak ďalej, čo Kṛṣṇa vysvetlí v ďalšej kapitole.

VERŠ 30

साधिभूताधिदैवं मां साधियज्ञं च ये विदुः ।
प्रयाणकालेऽपि च मां ते विदुर्युक्तचेतसः ॥ ३० ॥

sādhibhūtādhidaivaṁ māṁ sādhiyajñaṁ ca ye viduḥ
prayāṇa-kāle 'pi ca māṁ te vidur yukta-cetasaḥ

sa-adhibhūta—princíp vládnuci hmotnému prejavu; *adhidaivam*—vládnuci všetkým polobohom; *mām*—Mňa; *sa-adhiyajñam*—a vládnuci všetkým obetiam; *ca*—tiež; *ye*—tí, ktorí; *viduḥ*—poznajú; *prayāṇa*—smrti; *kāle*—v okamihu; *api*—dokonca; *ca*—a; *mām*—Mňa; *te*—tí; *viduḥ*—poznajú; *yukta-cetasaḥ*—ich myseľ zameraná na Mňa.

Tí, ktorí sú si Ma plne vedomí a poznajú Ma, Najvyššieho Pána, ako princíp vládnuci hmotnému stvoreniu, polobohom a všetkým spôsobom obetí, Ma môžu, Najvyššiu Božskú Osobnosť, poznať aj v okamihu smrti.

VÝZNAM: Ľudia, ktorí oddane slúžia Kṛṣṇovi, sa nedajú nikdy zviesť z cesty, ktorá vedie k úplnému pochopeniu Najvyššej Božskej Osobnosti. V transcendentálnej spoločnosti vedomia Kṛṣṇu môže človek pochopiť, ako Najvyšší Pán vládne hmotnému stvoreniu a všetkým polobohom. V tejto transcendentálnej spoločnosti sa človek postupne utvrdzuje vo viere v Najvyššiu Božskú Osobnosť, a taký Kṛṣṇu si vedomý človek potom nikdy na Kṛṣṇu nezabudne, ani v okamihu smrti, a bez problémov dosiahne planétu Najvyššieho Pána, Goloku Vṛndāvanu.

Táto siedma kapitola vysvetľuje, ako sa človek môže stať plne vedomým si Kṛṣṇu. Prvým krokom je stýkať sa s ľuďmi, vedomými si Kṛṣṇu. Takáto spoločnosť je duchovná a každému umožní kontakt s Najvyšším Pánom. Jeho milosťou môžme pochopiť, že Śrī Kṛṣṇa je Najvyššia Božská Osobnosť. Spoznáme aj základné postavenie živej bytosti a porozumieme, ako živá bytosť zabudla na Kṛṣṇu a ako sa zaplietla do hmotných činností. Vďaka postupnému získavaniu vedomia Kṛṣṇu v spoločnosti oddaných pochopíme, že sme podmienení zákonmi hmotnej prírody iba kvôli tomu, že sme zabudli na Kṛṣṇu. Pochopíme, že ľudská podoba nám umožňuje znovu si uvedomiť Kṛṣṇu a že tento ľudský život máme využiť na to, aby sme získali bezpríčinnú milosť Najvyššieho Pána.

V tejto kapitole sa diskutovalo o mnohých otázkach: o štyroch druhoch ľudí, ktorí sa uchyľujú ku Kṛṣṇovi, o poznaní Brahmanu, o poznaní Paramātmy, o oslobodení sa od narodenia a smrti a o uctievaní Najvyššieho Pána. Ten, kto je naozaj odovzdaný Kṛṣṇovi, sa o iné spôsoby nezaujíma. Oddane Mu slúži, vďaka čomu sa znovu vráti do svojho prirodzeného postavenia služobníka Śrī Kṛṣṇu. Potom nachádza veľké potešenie v čistej oddanej službe Pánovi, v načúvaní a v oslavovaní Najvyššieho Pána. Je pevne presvedčený o tom, že ak pôjde touto cestou, splnia sa mu všetky želania. Táto pevná viera sa nazýva *dṛḍha-vrata* a predstavuje počiatok *bhakti-yogy*, čiže transcendentálnej láskyplnej služby. Toto je záver všetkých posvätných písiem a siedma kapitola *Bhagavad-gīty* tvorí jadro tohto presvedčenia.

Takto končia Bhaktivedantove výklady k siedmej kapitole *Śrīmad Bhagavad-gīty*, pojednávajúcej o poznaní o Absolútnom.

KAPITOLA ÔSMA

Dosiahnutie Najvyššieho

VERŠ 1

अर्जुन उवाच
किं तद्ब्रह्म किमध्यात्मं किं कर्म पुरुषोत्तम ।
अधिभूतं च किं प्रोक्तमधिदैवं किमुच्यते ॥ १ ॥

arjuna uvāca
kiṁ tad brahma kim adhyātmaṁ kiṁ karma puruṣottama
adhibhūtaṁ ca kiṁ proktam adhidaivaṁ kim ucyate

arjunaḥ uvāca — Arjuna riekol; *kim* — čo je; *tat* — ono; *brahma* — Brahman; *kim* — čo; *adhyātmam* — vlastné ja; *kim* — čo; *karma* — plodonosné činnosti; *puruṣa-uttama* — ó, Najvyššia Osoba; *adhibhūtam* — hmotné stvorenie; *ca* — a; *kim* — čo; *proktam* — je nazývané; *adhidaivam* — polobohovia; *kim* — čo; *ucyate* — nazýva sa.

Arjuna sa spýtal: Ó, môj Pane, ó, Najvyššia Osoba, prosím Ťa, povedz mi, čo je Brahman? Čo je vlastné ja? Čo sú činnosti konané s túžbou po ich plodoch? Čo je hmotné stvorenie a kto sú polobohovia?

VÝZNAM: V tejto kapitole Kṛṣṇa odpovedá na všetky Arjunove otázky, z nich prvá znie: „Čo je Brahman?“ Kṛṣṇa tiež vysvetľuje, čo je *karma* (plodonosné činnosti), oddaná služba, zásady *yogy* a čistá oddaná služba. V *Śrīmad-Bhāgavatame* sa vysvetľuje, že Najvyššia Absolútna Pravda je známa ako Brahman, Paramātmā a Bhagavān. Aj živá bytosť, individuálna duša, sa tiež niekedy nazýva Brahman. Arjuna sa pýta, čo je *ātmā*, čím sa môže rozumieť telo, duša a myseľ. Podľa *vedskeho* slovníka sa slovom *ātmā* označuje myseľ, duša, telo a niekedy aj zmysly.

Arjuna oslovil Najvyššieho Pána ako „Puruṣottama“, Najvyššia Osoba, čo znamená, že sa Ho nepýtal ako svojho priateľa, ale ako Najvyššej Osoby, lebo vedel, že Śrī Kṛṣṇa je najvyššia autorita, ktorá môže dať konečné odpovede.

VERŠ 2

अधियज्ञः कथं कोऽत्र देहेऽस्मिन्मधुसूदन ।
प्रयाणकाले च कथं ज्ञेयोऽसि नियतात्मभिः ॥ २ ॥

adhiyajñaḥ kathaṁ ko 'tra dehe 'smin madhusūdana
prayāṇa-kāle ca kathaṁ jñeyo 'si niyatātmabhiḥ

adhiyajñaḥ — pán obetí; *katham* — ako; *kaḥ* — kto; *atra* — tu; *dehe* — v tele; *asmin* — tomto; *madhusūdana* — ó, Madhusūdana; *prayāṇa-kāle* — v momente smrti; *ca* — a; *katham* — ako; *jñeyaḥ asi* — môžu Ťa spoznať; *niyata-ātmabhiḥ* — tí, ktorí sa ovládajú.

Kto je pánom obetí a ako žije v tele, ó, Madhusūdana? A ako Ťa v okamihu smrti môžu spoznať tí, ktorí Ti oddane slúžia?

VÝZNAM: „Pánom obetí“ sa môže myslieť buď Indra, alebo Viṣṇu. Viṣṇu je vodcom dôležitých polobohov, vrátane Brahmu a Śivu. Indra je vodcom polobohov, ktorí majú na starosti prírodné živly. Indra i Viṣṇu sú uctievaní vykonávaním *yajñī*, obetí. No tu sa Arjuna pýta, kto je v skutočnosti pánom *yajñī* a ako prebýva v tele živých bytostí.

Arjuna oslovil Kṛṣṇu „ó, Madhusūdana“, pretože Kṛṣṇa raz zabil démona zvaného Madhu. Arjunove otázky ukazujú, že mal pochybnosti, ktoré by v skutočnosti vlastne mať nemal, lebo bol oddaný vedomý si

Kṛṣṇu. Pochybnosti tohto druhu sú ako démoni. Zabíjať démonov je pre Kṛṣṇu maličkosťou, a preto Ho Arjuna oslovil ako Madhusūdanu, lebo vedel, že Kṛṣṇa dokáže zabiť démonské pochybnosti, ktoré povstali v jeho mysli.

Slová *prayāṇa-kāle* majú v tomto verši veľký význam, pretože v momente smrti bude vyskúšané, čo sme konali v tomto živote. Arjuna chcel vedieť, čo sa v tejto kritickej chvíli stane s tými, ktorí sa neprestajne zamestnávajú oddanou službou. V okamihu smrti prestávajú pracovať telesné orgány a myseľ je rozrušená. V takýchto nepriaznivých podmienkach nie je ľahké myslieť na Najvyššieho Pána. Veľký oddaný, Mahārāja Kulaśekhara, sa preto modlí: „Môj milý Pane, bude lepšie ak zomriem teraz, keď som úplne zdravý, aby labuť mojej mysle mohla vstúpiť do stvolu Tvojich lotosových nôh." Mahārāja Kulaśekhara použil toto prirovnanie, pretože labute sa radi hrajú medzi stvolmi lotosov. Maharāja Kulaśekhara ďalej hovorí: „Teraz som zdravý a moja myseľ nie je rozrušená. Pokiaľ zomriem teraz, keď je moja myseľ upretá na Tvoje lotosové nohy, verím, že dosiahnem dokonalosti v oddanej službe Tebe. No ak mám čakať na prirodzenú smrť, neviem akú mám nádej na úspech. V momente smrti prestanú pracovať telesné orgány a moje hrdlo bude zovreté úzkosťou. Neviem ako budem schopný vysloviť sväté mená. Preto si želám zomrieť ihneď." Arjuna sa teda pýta, ako v takejto situácii pripútať myseľ ku Kṛṣṇovym lotosovým nohám.

VERŠ 3

श्रीभगवानुवाच
अक्षरं ब्रह्म परमं स्वभावोऽध्यात्ममुच्यते ।
भूतभावोद्भवकरो विसर्गः कर्मसंज्ञितः ॥ ३ ॥

śrī-bhagavān uvāca
akṣaraṁ brahma paramaṁ svabhāvo 'dhyātmam ucyate
bhūta-bhāvodbhava-karo visargaḥ karma-saṁjñitaḥ

śrī-bhagavān uvāca — Kṛṣṇa, Najvyšší Pán, riekol; *akṣaram* — nezničiteľná; *brahma* — Brahman; *paramam* — transcendentálna; *svabhāvaḥ* — večná podstata; *adhyātmam* — vlastné ja; *ucyate* — nazýva sa; *bhūta-bhāva-*

-udbhava-karaḥ—vytvárajúca hmotné telá živých bytostí; *visargaḥ*—stvorenie; *karma*—činnosť konaná pre zisk; *saṁjñitaḥ*—nazýva sa.

Kṛṣṇa, Najvyšší Pán, riekol: Nezničiteľná, transcendentálna živá bytosť sa nazýva Brahman a jej večná podstata sa nazýva adhyātma, vlastné ja. Činnosť, ktorá prispieva k vytváraniu hmotných tiel živých bytostí sa nazýva karma, plodonosná činnosť.

VÝZNAM: Brahman je nezničiteľný, nepominuteľný a vo svojej povahe nemenný. Nad Brahmanom je však Parabrahman. Brahman označuje živé bytosti a Parabrahman je Najvyššia Božská Osobnosť. Pôvodné postavenie živej bytosti sa líši od pozície, ktorú zaujíma v hmotnom svete. Keď je jej vedomie hmotné, snaží sa ovládať hmotu, ale keď má duchovné vedomie, vedomie Kṛṣṇu, slúži Najvyššiemu. Pokiaľ má hmotné vedomie musí prijímať rôzne telá v hmotnom svete. To sa nazýva *karma* alebo rozmanité tvorenie vynútené silou hmotného vedomia.

Vo *vedskej* literatúre sa živé bytosti nazývajú *jīvātmā* alebo Brahman, ale nikde sa o nich nehovorí ako o Parabrahmane. Živá bytosť (*jīvātmā*) prežíva rôzne situácie — niekedy vstúpi do temného hmotného sveta a stotožňuje sa s hmotou a inokedy sa stotožňuje s vyššou duchovnou podstatou. Preto sa nazýva okrajovou energiou Najvyššieho Pána. Podľa toho, či sa stotožňuje s hmotnou alebo s duchovnou podstatou, získava hmotné alebo duchovné telo. V hmotnom svete môže živá bytosť získať akékoľvek z 8 400 000 druhov tiel, napríklad telo človeka, poloboha alebo zvieraťa, podľa svojej *karmy*, no v duchovnom svete má len jedno telo. V hmotnom svete niekedy koná obete, aby sa dostala na nebeské planéty a užívala si ich bohatstva, no keď sa výsledky dobrých skutkov vyčerpajú, vtelí sa späť na túto planétu do ľudského tela. To sa volá *karma*.

V *Chāndogya Upaniṣade* sa opisuje obeť, pri ktorej sa na obetnom oltári obetuje päť druhov obetín do piatich ohňov. Päť ohňov predstavuje nebeské planéty, mraky, zem, muža a ženu a piatimi druhmi obetín sú viera, užívateľ na Mesiaci, dážď, obilie a semeno.

Živá bytosť sa môže dostať na rôzne nebeské planéty podľa toho, aké obete vykonáva. Keď výsledok obetí skončí, zostúpi na Zem v podobe dažďa, vezme na seba podobu obilia, ktoré zje muž a tak sa premiestni do spermie, ktorá oplodní ženu. Takto získa živá bytosť znovu ľudské telo, začne konať nové obete a celý kolotoč sa opakuje. Tak sa živá bytosť od nepamäti trmáca po hmotnej ceste. Človek vedomý si Kṛṣṇu sa však takým obetiam vyhýba. Pripravuje sa na návrat k Bohu tak, že priamo oddane slúži Kṛṣṇovi.

Neosobný komentátori *Bhagavad-gīty* sa bezdôvodne domnievajú, že Brahman v hmotnom svete reprezentuje *jīvu*, a aby to podložili, odkazujú na siedmy verš z pätnástej kapitoly *Gīty*. V tomto verši sa však Kṛṣṇa zmieňuje o živých bytostiach ako o „Mojich večných čiastočkách". Čiastočka Boha, živá bytosť, môže poklesnúť do hmotného sveta, ale Najvyšší Pán — Acyuta, nikdy nepoklesne. Domnienka, že Najvyšší Brahman získava podobu *jīvy*, je neprijateľná. Treba si zapamätať, že vo *vedskej* literatúre sa rozlišuje medzi Brahmanom (živou bytosťou) a Parabrahmanom (Najvyšším Pánom).

VERŠ 4

अधिभूतं क्षरो भावः पुरुषश्चाधिदैवतम् ।
अधियज्ञोऽहमेवात्र देहे देहभृतां वर ॥ ४ ॥

adhibhūtaṁ kṣaro bhāvaḥ puruṣaś cādhidaivatam
adhiyajño 'ham evātra dehe deha-bhṛtāṁ vara

adhibhūtam — hmotné stvorenie; *kṣaraḥ* — neprestajne sa meniace; *bhāvaḥ* — príroda; *puruṣaḥ* — vesmírna podoba vrátane všetkých polobohov ako napríklad polobohov Slnka a Mesiaca; *ca* — a; *adhidaivatam* — nazývaná *adhidaiva*; *adhiyajñaḥ* — Nadduša; *aham* — Ja (Kṛṣṇa); *eva* — určite; *atra* — v tomto; *dehe* — tele; *deha-bhṛtām* — z vtelených; *vara* — ó, najlepší.

Ó, najlepší z vtelených bytostí, hmotná príroda, ktorá sa neprestajne mení, sa nazýva adhibhūta (hmotný prejav). Vesmírna podoba Pána, zahŕňajúca všetkých polobohov, ako sú bohovia Slnka a Mesiaca, sa nazýva adhidaiva. A Ja, Najvyšší Pán, zastúpený Naddušou v srdci každej vtelenej bytosti, som adhiyajña (Pán obetí).

VÝZNAM: Hmotná príroda sa neprestajne mení. Hmotné telá prechádzajú šiestimi zmenami: narodia sa, rastú, nejaký čas zotrvávajú, splodia potomkov, zanikajú a nakoniec úplne zmiznú. Hmotná príroda je v určitom okamihu stvorená a v určitom zasa zničená. Chápanie vesmírnej podoby Najvyššieho Pána vrátane všetkých polobohov a ich planét sa nazýva *adhidaivata*. V tele spolu s dušou sídli aj Nadduša — úplná reprezentácia Śrī Kṛṣṇu. Nazýva sa Paramātmā alebo *adhiyajña* a je umiestnená v srdciach všetkých živých bytostí. Slovo *eva* má v tejto súvislosti veľký význam. Śrī Kṛṣṇa ním zdôrazňuje, že Paramātmā sa od Neho nelíši. Individuálna duša, *jīva*, sídli v tele. Nadduša, Najvyššia Božská Osobnosť, ktorá sa nachádza vedľa individuálnej duše, je svedkom jej konania a je zdrojom rôznych druhov jej vedomia. Nadduša dáva duši možnosť správať sa podľa svojej vôle, pričom pozoruje jej chovanie.

Čistý oddaný, ktorý oddane slúži Kṛṣṇovi s mysľou upriamenou na Neho, automaticky pochopí, aký význam majú všetky tieto podoby Najvyššieho Pána. O Pánovej gigantickej vesmírnej podobe (*adhidaivata*), ktorá sa tiež nazýva *virāṭ-puruṣa*, meditujú začiatočníci, ktorí nemôžu pochopiť Najvyššieho Pána v Jeho podobe Nadduše. Nižšie planéty predstavujú nohy vesmírnej podoby, Slnko a Mesiac predstavujú jej oči a hlavou je vyššia planetárna sústava. Začiatočníkom sa odporúča meditovať o Pánovej vesmírnej podobe.

VERŠ 5

अन्तकाले च मामेव स्मरन्मुक्त्वा कलेवरम् ।
यः प्रयाति स मद्भावं याति नास्त्यत्र संशयः ॥ ५ ॥

anta-kāle ca mām eva smaran muktvā kalevaram
yaḥ prayāti sa mad-bhāvaṁ yāti nāsty atra saṁśayaḥ

anta-kāle — na konci života; *ca* — tiež; *mām* — na Mňa; *eva* — určite; *smaran* — myslí; *muktvā* — keď opúšťa; *kalevaram* — telo; *yaḥ* — ten, kto; *prayāti* — odchádza; *saḥ* — on; *mat-bhāvam* — Môjho stavu bytia; *yāti* — dosiahne; *na* — nie; *asti* — o tom; *atra* — tu; *saṁśayaḥ* — pochýb.

A ten, kto v okamihu smrti opúšťa svoje telo a myslí len na Mňa, ihneď dosiahne Môjho stavu bytia. O tom niet pochýb.

VÝZNAM: Tento verš zdôrazňuje dôležitosť vedomia Kṛṣṇu. Každý, kto opustí svoje telo s mysľou upriamenou na Kṛṣṇu, sa okamžite premiestni do transcendentálneho sídla Najvyššieho Pána. Najvyšší Pán je najčistejší z najčistejších a preto aj ten, kto stále myslí na Kṛṣṇu, je najčistejší z najčistejších. Slovo *smaran* (pamätanie, spomínanie) je veľmi dôležité. Nečisté duše, ktoré sa necvičia vo vedomí Kṛṣṇu oddanou službou, si sotva dokážu zachovať Kṛṣṇu v pamäti. Už v mladosti by sme sa mali naučiť ovládať myseľ a upriamiť ju na Kṛṣṇu. Ak chceme byť na sklonku života úspešní, musíme myslieť iba na Kṛṣṇu. Preto by sme mali neustále spievať *mahā-mantru — Hare Kṛṣṇa, Hare Kṛṣṇa, Kṛṣṇa Kṛṣṇa, Hare Hare/ Hare Rāma, Hare Rāma, Rāma Rāma, Hare Hare*. Śrī Caitanya Mahāprabhu nám ďalej odporučil, aby sme boli tolerantnejší než strom (*taror api sahiṣṇunā*), pokornejší než tráva a aby sme vždy vzdávali úctu ostatným a nečakali úctu od nikoho. Človeku, ktorý spieva *mahā-mantru*, sa môžu postaviť do cesty najrôznejšie prekážky, ale všetky by sme mali trpezlivo znášať a pokračovať v spievaní *Hare Kṛṣṇa, Hare Kṛṣṇa, Kṛṣṇa Kṛṣṇa, Hare Hare/ Hare Rāma, Hare Rāma, Rāma Rāma, Hare Hare*, aby sme na konci života mohli úspešne zavŕšiť vedomie Kṛṣṇu.

VERŠ 6

यं यं वापि स्मरन्भावं त्यजत्यन्ते कलेवरम् ।
तं तमेवैति कौन्तेय सदा तद्भावभावितः ॥ ६ ॥

yaṁ yaṁ vāpi smaran bhāvaṁ tyajaty ante kalevaram
taṁ tam evaiti kaunteya sadā tad-bhāva-bhāvitaḥ

yam yam — na ktorý; *vā api* — práve; *smaran* — myslí; *bhāvam* — stav bytia; *tyajati* — opúšťa; *ante* — na konci; *kalevaram* — svoje telo; *tam tam* — podobne; *eva* — určite; *eti* — dostane; *kaunteya* — ó, syn Kuntī; *sadā* — vždy; *tat* — ten; *bhāva* — stav bytia; *bhāvitaḥ* — myslí.

Každý dosiahne práve ten stav bytia, na ktorý myslí, keď opúšťa svoje telo, ó, syn Kuntī.

VÝZNAM: Tento verš vysvetľuje zmenu stavu bytia v kritickom okamihu smrti. Človek, ktorý na konci svojho života opustí telo a myslí pritom na Kṛṣṇu, sa dostane do transcendentálneho sídla Najvyššieho Pána, no nedá sa povedať, že by človek, ktorý myslí na niečo iné, než na Kṛṣṇu, dosiahol rovnakú úroveň. Toto je veľmi dôležité a mali by sme tomu venovať zvýšenú pozornosť. Ako môže človek zomrieť s mysľou v dokonalom rozpoložení? Mahārāja Bharata, hoci bol veľký oddaný, myslel v okamihu smrti na srnca a v ďalšom živote sa narodil ako srnec. Mal však také šťastie, že si pamätal činy z predchádzajúceho života. Súhrnný výsledok všetkých myšlienok a konania v tomto živote ovplyvňuje myšlienky v momente smrti; preto činnosti v tomto živote rozhodujú o budúcom vtelení. Ak človek teraz žije v kvalite dobra a stále myslí na Kṛṣṇu, umožní mu to myslieť na Kṛṣṇu aj v okamihu smrti, čo mu pomôže dosiahnuť transcendentálnu úroveň. Keď je človek transcendentálne pohrúžený v službe Kṛṣṇovi, jeho ďalšie telo bude duchovné, nie hmotné. Preto je spievanie *Hare Kṛṣṇa, Hare Kṛṣṇa, Kṛṣṇa Kṛṣṇa, Hare Hare/ Hare Rāma, Hare Rāma, Rāma Rāma, Hare Hare* najlepším spôsobom, ako na konci života úspešne zmeniť svoj stav bytia.

VERŠ 7

तस्मात्सर्वेषु कालेषु मामनुस्मर युध्य च ।
मय्यर्पितमनोबुद्धिर्मामेवैष्यस्यसंशयः ॥ ७ ॥

tasmāt sarveṣu kāleṣu mām anusmara yudhya ca
mayy arpita-mano-buddhir mām evaiṣyasy asaṁśayaḥ

tasmāt — preto; *sarveṣu* — v každom; *kāleṣu* — čase; *mām* — na Mňa; *anusmara* — mysli; *yudhya* — bojuj; *ca* — tiež; *mayi* — Mne; *arpita* — odovzdávajúci; *manaḥ* — myseľ; *buddhiḥ* — inteligenciu; *mām* — ku Mne; *eva* — isto-iste; *eṣyasi* — dospeješ; *asaṁśayaḥ* — nepochybne.

Preto by si mal, Arjuna, neustále myslieť na Mňa v Mojej podobe Kṛṣṇu a zároveň vykonávať svoju predpísanú povinnosť — bojovať. Ak Mi zasvätíš svoje činnosti a sústredíš na Mňa svoju myseľ a inteligenciu, bez pochyby ku Mne dospeješ.

VÝZNAM: Toto poučenie je dôležité nielen pre Arjunu, ale aj pre všetkých ľudí, zaneprázdnených materialistickými činnosťami. Śrī Kṛṣṇa neodporúča zanechať predpísané povinnosti či prácu. Môžeme v nich pokračovať, a zároveň myslieť na Kṛṣṇu spievaním Hare Kṛṣṇa. To nás oslobodí z hmotného znečistenia a zamestná našu myseľ a inteligenciu myšlienkami na Kṛṣṇu. Prostredníctvom spievania Kṛṣṇovych mien, sa nepochybne premiestnime na najvyššiu planétu, Kṛṣṇaloku.

VERŠ 8

अभ्यासयोगयुक्तेन चेतसा नान्यगामिना ।
परमं पुरुषं दिव्यं याति पार्थानुचिन्तयन् ॥ ८ ॥

abhyāsa-yoga-yuktena cetasā nānya-gāminā
paramaṁ puruṣaṁ divyaṁ yāti pārthānucintayan

abhyāsa-yoga — vykonávaním; *yuktena* — meditácie; *cetasā* — mysľou a inteligenciou; *na anya-gāminā* — a neodbieha; *paramam* — k Najvyššej; *puruṣam* — Božskej Osobnosti; *divyam* — transcendentálny; *yāti* — príde; *pārtha* — ó, syn Pṛthy; *anucintayan* — neustále myslí.

Ten, kto o Mne rozjíma ako o Najvyššej Božskej Osobnosti, koho myseľ neodbieha a je neustále zamestnaná spomínaním na Mňa, príde, ó, syn Pṛthy, bezpochyby ku Mne.

VÝZNAM: V tomto verši Śrī Kṛṣṇa zdôrazňuje dôležitosť rozjímania o Jeho osobe. Spievaním Hare Kṛṣṇa *mahā-mantry* sa obnovuje stratené duchovné vedomie. Spievaním tejto zvukovej vibrácie Najvyššieho Pána a jej počúvaním sa zapoja do činnosti uši, jazyk a myseľ. Táto vznešená meditácia je veľmi jednoduchá a človeku pomôže dospieť k Najvyššiemu Pánovi.

Puruṣam znamená užívateľ. Napriek tomu, že živé bytosti patria do okrajovej energie Najvyššieho Pána, môžu sa hmotne znečistiť tým, že sa považujú za najvyšších užívateľov, ktorými nie sú. Je tu jasne povedané, že najvyšším „užívateľom" je Najvyšší Pán vo Svojich rôznych podobách a úplných expanziách ako Nārāyaṇa, Vāsudeva a podobne.

Spievaním Hare Kṛṣṇa *mahā-mantry* si oddaní neustále pripomínajú svojho úctyhodného Pána v ktorejkoľvek z Jeho podôb, ako Nārāyaṇa, Kṛṣṇa, Rāma a v ďalších. Pomocou tohto spievania, ktoré ich očisťuje, sa na konci svojho života premiestnia do Božieho kráľovstva. *Yoga* je sústredenie myšlienok na Naddušu umiestnenú v srdci. Podobne sa spievaním Hare Kṛṣṇa myseľ pripúta k Najvyššiemu Pánovi. Myseľ je nestála, a preto je nevyhnutné prinútiť ju myslieť na Kṛṣṇu. Napríklad, keď húsenica premýšľa o tom, že sa stane motýľom, premení sa na motýľa už v tomto živote. Ak budeme neprestajne myslieť na Kṛṣṇu, je isté, že na konci života budeme mať telo rovnakej povahy ako Kṛṣṇa.

VERŠ 9

कविं पुराणमनुशासितार-
मणोरणीयांसमनुस्मरेद्यः ।
सर्वस्य धातारमचिन्त्यरूप-
मादित्यवर्णं तमसः परस्तात् ॥ ९ ॥

kaviṁ purāṇam anuśāsitāram
aṇor aṇīyāṁsam anusmared yaḥ
sarvasya dhātāram acintya-rūpam
āditya-varṇaṁ tamasaḥ parastāt

kavim — vševedúci; *purāṇam* — najstarší; *anuśāsitāram* — vládca; *aṇoḥ* — než atóm; *aṇīyāṁsam* — menší; *anusmaret* — vždy myslieť; *yaḥ* — ten, kto; *sarvasya* — všetkého; *dhātāram* — udržiavateľ; *acintya* — nepostihnuteľný; *rūpam* — ktorého podoba; *āditya-varṇam* — žiari ako Slnko; *tamasaḥ* — temnota; *parastāt* — transcendentálny.

Človek by mal meditovať o Najvyššej Osobe ako o tom, kto je vševedúci, najstarší, vládca vesmíru, menší než tá najmenšia vec, udržovateľ všetkého, kto je mimo hmotné chápanie, nepostihnuteľný, vždy osobnej podoby, kto žiari ako Slnko a je transcendentálny, za hranicami hmotnej prírody.

VÝZNAM: V tomto verši sa spomína, ako myslieť na Najvyššieho. Najdôležitejšie je, že nie je neosobný alebo vzduchoprázdno. Nik nemôže meditovať o niečom neosobnom alebo prázdnom. To je veľmi ťažké. Myslieť na Kṛṣṇu je však veľmi jednoduché a tu je to opísané. Najvyšší Pán je osoba (*puruṣa*) a môžeme Naňho myslieť v Jeho podobe Rāmu alebo Kṛṣṇu. V tomto verši je opísaný ako *kavi*, teda ten, kto pozná všetko — minulosť, prítomnosť i budúcnosť. Je najstarší, pretože z Neho všetko pochádza a On je príčinou všetkého. Je tiež Najvyšším Vládcom vesmíru, udržovateľom a radcom ľudstva. Je menší než tá najmenšia vec. Živá bytosť má veľkosť jednej tisíciny končeka vlasu, no Najvyšší Pán je taký nepredstaviteľne malý, že vojde aj do srdca tejto čiastočky. Preto je najmenší z najmenších. Ako Najvyšší môže vstúpiť do atómu a do srdca živej bytosti a kontrolovať ju ako Nadduša. Aj keď je taký malý, preniká všetkým a všetko udržuje. Je oporou všetkých planetárnych sústav. Často sa čudujeme, ako sa môžu obrovské planéty vznášať v priestore. Tu sa vysvetľuje, že tieto obrovské planéty a hviezdne sústavy udržiavajú nepochopiteľné energie Najvyššieho Pána. Slovo *acintya* (nepochopiteľný, nepostihnuteľný), je v tejto súvislosti významné. Božie energie sú mimo nášho chápania, a preto sa nazývajú *acintya*, nepochopiteľné. Kto to môže vyvrátiť? Pán preniká celým hmotným stvorením, a aj tak je mimo neho. Nedokážeme porozumieť ani hmotnému svetu, ktorý je nepatrný v porovnaní so svetom duchovným. Ako teda môžeme pochopiť to, čo je za jeho hranicami? *Acintya* znamená to, čo je za hranicami hmotného sveta, čo naše dôkazy, logika a filozofické špekulácie nemôžu postihnúť a čo je nepredstaviteľné. Preto by sa inteligentní ľudia mali vyhnúť bezvýznamným diskusiám a špekuláciám, mali by prijať tvrdenie písiem, *Ved*, *Bhagavad-gīty*, *Śrīmad-Bhāgavatamu*, a dodržiavať ich zásady. Jedine tak môžeme získať pravé poznanie.

VERŠ 10

प्रयाणकाले मनसाचलेन
भक्त्या युक्तो योगबलेन चैव ।
भ्रुवोर्मध्ये प्राणमावेश्य सम्य-
क्स तं परं पुरुषमुपैति दिव्यम् ॥ १० ॥

prayāṇa-kāle manasācalena
bhaktyā yukto yoga-balena caiva
bhruvor madhye prāṇam āveśya samyak
sa taṁ paraṁ puruṣam upaiti divyam

prayāṇa-kāle — v okamihu smrti; *manasā* — myseľ; *acalena* — neochvejne; *bhaktyā* — s oddanosťou; *yuktaḥ* — uprie; *yoga-balena* — silou *yogy*; *ca* — aj; *eva* — určite; *bhruvoḥ* — obočie; *madhye* — medzi; *prāṇam* — životný dych; *āveśya* — ustanoví; *samyak* — úplne; *saḥ* — on; *tam* — tu; *param* — transcendentálna; *puruṣam* — Božská Osobnosť; *upaiti* — dosiahne; *divyam* — duchovné kráľovstvo.

Ten, kto v okamihu smrti stiahne životný dych silou yogy medzi obočie a s oddanosťou uprie neochvejne myseľ na Najvyššieho Pána, určite dospeje k Najvyššej Božskej Osobnosti.

VÝZNAM: V tomto verši je jasne povedané, že myseľ musí byť v okamihu smrti uprená na Najvyššieho Pána s oddanosťou. Tým, ktorí sa venujú *yoge*, sa odporúča, aby sústredili životný dych medzi obočie (*ājñā-cakra*). Odporúča sa tu *ṣaṭ-cakra-yoga*, meditácia na šiestich *cakrách*. Čistý oddaný však netrávi čas takýmito cvičeniami. Vďaka svojmu neochvejnému vedomiu Kṛṣṇu a vďaka Pánovej milosti, môže v okamihu smrti myslieť na Najvyššieho Pána. To bude vysvetlené v štrnástom verši.

Slovo *yoga-balena* má v tomto verši zvláštny význam. Nikto nemôže mať vo chvíli smrti transcendentálne vedomie bez toho, že by robil *yogu* — či už *ṣaṭ-cakra-yogu* alebo *bhakti-yogu*. Žiadny človek na smrteľnej posteli nemôže len tak znenazdajky myslieť na Kṛṣṇu bez toho, že by robil *yogu*, predovšetkým *bhakti-yogu*. Preto musíme cvičiť myseľ pomocou *yogy* už počas života, aby v okamihu smrti nebola rozrušená.

VERŠ 11

यदक्षरं वेदविदो वदन्ति
विशन्ति यद्यतयो वीतरागाः ।
यदिच्छन्तो ब्रह्मचर्यं चरन्ति
तत्ते पदं सङ्ग्रहेण प्रवक्ष्ये ॥ ११ ॥

yad akṣaraṁ veda-vido vadanti
viśanti yad yatayo vīta-rāgāḥ
yad icchanto brahmacaryaṁ caranti
tat te padaṁ saṅgraheṇa pravakṣye

yat — to; *akṣaram* — slabiku *oṁ*; *veda-vidaḥ* — znalci *Ved*; *vadanti* — prednášajú; *viśanti* — vstúpia; *yat* — ktorí; *yatayaḥ* — veľkí svätci; *vīta-rāgāḥ* — v životnom štádiu odriekania; *yat* — to; *icchantaḥ* — túžia; *brahmacaryam* — celibát; *caranti* — vykonávajú; *tat* — to; *te* — tebe; *padam* — spôsob; *saṅgraheṇa* — v krátkosti; *pravakṣye* — vysvetlím.

Do Brahmanu vstupujú znalci Ved, ktorí prednášajú oṁkāru a sú v životnom štádiu odriekania. Ľudia túžiaci po tejto dokonalosti dodržiavajú sľub celibátu. Teraz ti v krátkosti vysvetlím, ako možno dosiahnuť oslobodenie.

VÝZNAM: Śrī Kṛṣṇa odporučil Arjunovi *ṣaṭ-cakra-yogu*, pri ktorej *yogīn* sústreďuje životný dych medzi obočie. Pán predpokladal, že Arjuna nemusí poznať proces *ṣaṭ-cakra-yogy*, a preto ho vysvetľuje v nasledujúcich veršoch. Kṛṣṇa hovorí, že aj keď Brahman je jeden, má rôzne prejavenia a podoby. Pre impersonalistov je *akṣara* alebo *oṁkāra*, slabika *oṁ*, totožná s Brahmanom. Kṛṣṇa tu hovorí o neosobnom Brahmane, do ktorého vstupujú mudrci v stave odriekania.

Podľa *vedskeho* systému sa adepti *yogy* učia od začiatku prednášať *oṁ*. Pod vedením duchovného učiteľa sa v úplnom celibáte učia o Absolútnom Brahmane. Tak môžu spoznať dva rysy Brahmanu. Takéto cvičenie je veľmi dôležité pre toho, kto chce robiť pokroky v duchovnom živote, ale v súčasnosti taký život *brahmacārīna* (slobodného chlapca zachovávajúceho celibát) nie je vôbec možný. Spoločenská štruktúra sa na svete zmenila v takej miere, že je nemožné žiť od začiatku študentského života v pohlavnej zdržanlivosti. Na celom svete je množstvo inštitúcií pre rôzne vedné odbory, ale žiadna z nich nevychováva študentov podľa zásad *brahmacaryi*. Robiť pokroky v duchovnom živote je veľmi ťažké, ak človek nežije v celibáte. Preto Śrī Caitanya Mahāprabhu vyhlásil v súlade so zjavenými písmami, že vo veku Kali niet iného spôsobu poznania Najvyššieho než spievanie svätých mien Śrī Kṛṣṇu: *Hare Kṛṣṇa, Hare Kṛṣṇa, Kṛṣṇa Kṛṣṇa, Hare Hare/ Hare Rāma, Hare Rāma, Rāma Rāma, Hare Hare.*

VERŠ 12

सर्वद्वाराणि संयम्य मनो हृदि निरुध्य च ।
मूर्ध्न्याधायात्मनः प्राणमास्थितो योगधारणाम् ॥ १२ ॥

sarva-dvārāṇi saṁyamya mano hṛdi nirudhya ca
mūrdhny ādhāyātmanaḥ prāṇam āsthito yoga-dhāraṇām

sarva-dvārāṇi — všetky brány tela; *saṁyamya* — ovládané; *manaḥ* — myseľ; *hṛdi* — na srdce; *nirudhya* — upriami; *ca* — tiež; *mūrdhni* — do hlavy; *ādhāya* — umiestni; *ātmanaḥ* — dušu; *prāṇam* — životný dych; *āsthitaḥ* — zotrváva; *yoga-dhāraṇām* — v yoge.

Yoga znamená odpútať sa od všetkých zmyslových pôžitkov. Kto uzavrie všetky brány zmyslov, uprie myseľ na srdce a dych života umiestni na vrchol hlavy, ten zotrváva v yoge.

VÝZNAM: Aby mohol niekto vykonávať *yogu*, ako je tu doporučené, musí najprv uzavrieť brány k všetkému zmyslovému pôžitku. To sa nazýva *pratyāhāra* alebo odtiahnutie zmyslov od zmyslových predmetov. Zmyslové orgány pre získavanie poznania — oči, uši, nos, jazyk a pokožka — je treba ovládať a nedovoliť im, aby sa oddávali zmyslovým pôžitkom. Potom môže človek upriamiť svoju myseľ na Nadddušu v srdci a sústrediť životný dych na vrchol hlavy. Ale ako už bolo povedané, toto cvičenie, podrobne opísané v šiestej kapitole, dnes nie je prakticky možné. Najlepší spôsob sebarealizácie je vedomie Kṛṣṇu. Keď človek dokáže prostredníctvom oddanej služby uprieť svoju myseľ na Kṛṣṇu, môže veľmi ľahko zotrvať v transcendentálnom tranze, v *samādhi*.

VERŠ 13

ॐ इत्येकाक्षरं ब्रह्म व्याहरन्मामनुस्मरन् ।
यः प्रयाति त्यजन्देहं स याति परमां गतिम् ॥ १३ ॥

oṁ ity ekākṣaraṁ brahma vyāharan mām anusmaran
yaḥ prayāti tyajan dehaṁ sa yāti paramāṁ gatim

oṁ — kombinácia písmen *oṁ* (*oṁkāra*); *iti* — tak; *eka-akṣaram* — jednoslabičné; *brahma* — absolútny; *vyāharan* — prednáša; *mām* — na Mňa (Kṛṣṇu); *anusmaran* — myslí; *yaḥ* — ten, kto; *prayāti* — odíde; *tyajan* — opúšťa; *deham* — toto telo; *saḥ* — on; *yāti* — dospeje; *paramām* — k najvyššiemu; *gatim* — cieľu.

Kto takto zotrváva v yoge a prednáša posvätnú slabiku oṁ, najvyššiu kombináciu písmen, a mysliac na Mňa, Najvyššiu Božskú Osobnosť, opúšťa telo, určite dospeje na duchovné planéty.

VÝZNAM: Tu sa jasne hovorí, že *oṁ*, Brahman a Kṛṣṇa sa od seba nelíšia. *Oṁ* je neosobná zvuková vibrácia Kṛṣṇu, ale Hare Kṛṣṇa *mantra* obsahuje *oṁ*. Pre tento vek sa jednoznačne odporúča spievanie Hare Kṛṣṇa *mahā-mantry*. Keď na konci života spievame pri opúšťaní tela *Hare Kṛṣṇa, Hare Kṛṣṇa, Kṛṣṇa Kṛṣṇa, Hare Hare/ Hare Rāma, Hare Rāma, Rāma Rāma, Hare Hare*, určite sa dostaneme na jednu z duchovných planét, podľa nálady, ktorú sme vyvinuli. Kṛṣṇovi oddaní prídu na Kṛṣṇovu planétu Goloku Vṛndāvan, ostatní personalisti na jednu z nespočítateľných planét duchovného neba, ktoré sa volajú Vaikuṇṭhy, zatiaľ čo impersonalisti zostanú v *brahmajyoti*.

VERŠ 14

अनन्यचेताः सततं यो मां स्मरति नित्यशः ।
तस्याहं सुलभः पार्थ नित्ययुक्तस्य योगिनः ॥ १४ ॥

ananya-cetāḥ satataṁ yo māṁ smarati nityaśaḥ
tasyāhaṁ sulabhaḥ pārtha nitya-yuktasya yoginaḥ

ananya-cetāḥ — s neochvejnou mysľou; *satatam* — stále; *yaḥ* — každý; *mām* — na Mňa; *smarati* — myslí; *nityaśaḥ* — vždy; *tasya* — jemu; *aham* — som; *su-labhaḥ* — ľahko dostupný; *pārtha* — ó, syn Pṛthy; *nitya* — vždy; *yuktasya* — slúži; *yoginaḥ* — pre oddaného.

Pre toho, kto na Mňa neustále s oddanosťou myslí, som ľahko dostupný, ó, syn Pṛthy, lebo mi neprestajne oddane slúži.

VÝZNAM: V tomto verši sa opisuje cieľ, kam napokon prídu čistí oddaní Najvyššej Božskej Osobnosti, zamestnaní *bhakti-yogou*. V predchádzajúcej kapitole boli opísané štyri druhy oddaných (trpiaci, túžiaci po hmotnom bohatstve, zvedaví a špekulatívni filozofi) a rôzne cesty k vyslobodeniu: (*karma-yoga*, *jñāna-yoga* a *haṭha-yoga*). V týchto systémoch nájdeme isté prvky *bhakti*, ale v tomto verši sa Śrī Kṛṣṇa zmieňuje o čistej *bhakti-yo-*

ge bez prvkov *jñāny*, *karmy* alebo *haṭhy*. Slová *ananya-cetāḥ* naznačujú, že oddaní venujúci sa *bhakti-yoge* túžia iba po Kṛṣṇovi. Čistý oddaný sa netúži dostať na nebeské planéty, nehľadá spásu či vyslobodenie z hmotného zapletenia a ani nechce splynúť s *brahmajyoti*. Čistý oddaný netúži po ničom. V *Caitanya-caritāmṛte* je čistý oddaný nazvaný *niṣkāma*, čo znamená, že nemá osobné záujmy. Následkom toho je dokonale vyrovnaný na rozdiel od ľudí, ktorí usilujú o osobný zisk. *Jñāna-yogīni*, *karma-yogīni* a *haṭha-yogīni* usilujú o svoje osobné záujmy, ale čistý oddaný chce potešiť len Najvyššieho Pána. Kṛṣṇa hovorí, že Ho ľahko dosiahnu tí, ktorí Mu neprestajne slúžia. Kṛṣṇa má veľa rôznych expanzií a inkarnácií ako sú Rāma a Nṛsiṁha. Oddaný môže slúžiť ktorejkoľvek z týchto transcendentálnych podôb Najvyššieho Pána a nestretne sa pritom s ťažkosťami, ktoré trápia adeptov iných *yog*. Vykonávať *bhakti-yogu* je veľmi jednoduché, čisté a ľahké. Môžeme jednoducho začať spievaním Hare Kṛṣṇa *mantry*. Śrī Kṛṣṇa je veľmi milostivý ku všetkým, ale ako sme už vysvetlili, obzvlášť je naklonený tým, ktorí Mu oddane a láskyplne slúžia. Pán takým oddaným rôznymi spôsobmi pomáha. Ako sa uvádza vo *Vedach* (*Kaṭha Upaniṣad* 1.2.23): *yam evaiṣa vṛṇute tena labhyas/ tasyaiṣa ātmā vivṛṇute tanuṁ svām* — ten, kto je úplne odovzdaný Najvyššiemu Pánovi a oddane Mu slúži, Ho môže poznať takého, aký je. A v *Bhagavad-gīte* (10.10.): *dadāmi buddhi-yogaṁ tam* — tento oddaný od Pána získa dostatočnú inteligenciu, aby Ho mohol nakoniec dosiahnuť v Jeho duchovnom kráľovstve.

Zvláštnou vlastnosťou čistého oddaného je, že vždy myslí na Kṛṣṇu bez ohľadu na miesto a čas. Nič by mu v tom nemalo brániť. Mal by byť schopný vykonávať oddanú službu vždy a všade. Niekedy sa hovorí, že oddaný by mal žiť na posvätných miestach ako je Vṛndāvana alebo iné sväté miesta, kde žil Kṛṣṇa, no čistý oddaný môže žiť kdekoľvek a vytvoriť tam vṛndāvanskú atmosféru svojou oddanou službou. Preto Śrī Advaita povedal Caitanyovi Mahāprabhuovi: „Všade, kde si, ó, Pane — tam je Vṛndāvana."

Čistý oddaný stále myslí na Kṛṣṇu a medituje o Kṛṣṇovi, čo naznačujú slová *satatam* a *nityaśaḥ* (vždy, neustále, každý deň). Pre oddaného s takými vlastnosťami je Śrī Kṛṣṇa dostupný veľmi ľahko. *Bhagavad-gītā* vyzdvihuje *bhakti-yogu* nad všetky ostatné *yogy*. *Bhakti-yogīni* zvyčajne slúžia piatimi spôsobmi: 1. neutrálnou oddanou službou Bohu (*śānta-bhakta*), 2. slúžia Bohu ako služobník (*dāsya-bhakta*), 3. slúžia Bohu ako priateľ (*sākhya-bhakta*), 4. slúžia Bohu ako rodič (*vātsalya-bhakta*) a 5.

slúžia Bohu ako milenec (*mādhurya-bhakta*). Čistý oddaný vždy oddane slúži Najvyššiemu Pánovi v akomkoľvek z týchto transcendentálnych láskyplných vzťahov; nemôže Naňho nikdy zabudnúť, a preto sa k Nemu ľahko navráti. Tak ako oddaný nemôže ani na chvíľu zabudnúť na Najvyššieho Pána, tak ani Pán nemôže zabudnúť na Svojho oddaného. Takké veľké šťastie prináša vedomie Kṛṣṇu alebo spievanie Hare Kṛṣṇa *mahā-mantry: Hare Kṛṣṇa, Hare Kṛṣṇa, Kṛṣṇa Kṛṣṇa, Hare Hare/ Hare Rāma, Hare Rāma, Rāma Rāma, Hare Hare.*

VERŠ 15

मामुपेत्य पुनर्जन्म दुःखालयमशाश्वतम् ।
नाप्नुवन्ति महात्मानः संसिद्धिं परमां गताः ॥ १५ ॥

mām upetya punar janma duḥkhālayam aśāśvatam
nāpnuvanti mahātmānaḥ saṁsiddhiṁ paramāṁ gatāḥ

mām — ku Mne; *upetya* — dospeli; *punaḥ* — opäť; *janma* — narodenie; *duḥkha-ālayam* — miesto plné utrpenia; *aśāśvatam* — pominuteľného; *na* — nie; *āpnuvanti* — vráti; *mahā-ātmānaḥ* — veľké duše; *saṁsiddhim* — dokonalosť; *paramām* — najvyššiu; *gatāḥ* — dosiahli.

Tie veľké duše, oddaní yogīni, ktorí ku Mne dospeli, sa nikdy nevrátia do tohto pominuteľného strastiplného sveta, lebo dosiahli najvyššiu dokonalosť.

VÝZNAM: Je pochopiteľné, že ten, kto dosiahol Najvyššiu dokonalosť a dostal sa na najvyššiu planétu, Kṛṣṇaloku alebo Goloku Vṛndāvan, sa nechce vrátiť do tohto pominuteľného hmotného sveta, ktorý je plný utrpenia v podobe rodenia sa, chorôb, staroby a smrti. Goloka Vṛndāvana je podľa *vedskych* písiem *avyakta*, *akṣara* a *paramā gati*; teda je mimo dosah nášho hmotného zraku a pre nás nevysvetliteľná, ale je najvyšším cieľom, miestom určenia *mahātmov* (veľkých duší). *Mahātmovia* získavajú transcendentálne posolstvo od realizovaných oddaných, a tak sa postupne zapoja do oddanej služby pre uspokojenie Śrī Kṛṣṇu, do ktorej sa pohrúžia natoľko, že nielenže sa netúžia povzniesť na nebeské planéty, ale netúžia ani dospieť do duchovného sveta. Nechcú nič, len Śrī Kṛṣṇu a Jeho spoločnosť. To je najvyššia životná dokonalosť. Tento verš špecificky poukazuje na osobných oddaných Najvyššieho Pána, Kṛṣṇu. Títo Kṛṣṇu si vedomí oddaní dosiahnu najvyššiu dokonalosť života. Sú to najväčšie duše.

VERŠ 16

आब्रह्मभुवनाल्लोकाः पुनरावर्तिनोऽर्जुन ।
मामुपेत्य तु कौन्तेय पुनर्जन्म न विद्यते ॥ १६ ॥

ā-brahma-bhuvanāl lokāḥ punar āvartino 'rjuna
mām upetya tu kaunteya punar janma na vidyate

ā-brahma-bhuvanāt — až po Brahmovu planétu; *lokāḥ* — planetárne systémy; *punaḥ* — opäť; *āvartinaḥ* — návrat; *arjuna* — ó, Arjuna; *mām* — Mňa; *upetya* — dosiahne; *tu* — ale; *kaunteya* — ó, syn Kuntī; *punaḥ janma* — znovu sa narodí; *na* — nie; *vidyate* — stane sa.

Všetky planéty v tomto hmotnom svete, od tej najvyššej až po tú najnižšie ležiacu, sú miesta, kde dochádza k opakovanému rodeniu a umieraniu. Ten však, kto dosiahne Moje sídlo, ó, syn Kuntī, sa už nikdy znova nenarodí.

VÝZNAM: Všetci *yogīni* (*karma*, *jñāna*, *haṭha* atď.) musia získať dokonalú oddanosť *bhakti-yogou* alebo vedomím Kṛṣṇu predtým, než môžu vstúpiť do Kṛṣṇovho transcendentálneho sídla, odkiaľ sa už nevrátia do hmotného sveta. Aj tí, ktorí dosiahnu najvyššie hmotné planéty, planéty polobohov, sú podriadení kolobehu rodenia sa a smrti. Tak, ako sa ľudia zo Zeme povýšia na vyššie planéty, bytosti z vyšších planét, z Brahmaloky, Candra-loky alebo z Indraloky, klesajú na Zem. *Chāndogya Upaniṣad* odporúča vykonávať obeť *pañcāgni-vidyā*, ktorá umožňuje dosiahnuť Brahmaloku. No ak tam človek nerozvíja ďalej svoje vedomie Kṛṣṇu, musí sa vrátiť späť na Zem. Tí, ktorí sa na vyšších planétach zdokonaľujú vo vedomí Kṛṣṇu, sa postupne povýšia na vyššie a vyššie planéty a na konci vesmírneho zničenia sa premiestnia do večného duchovného kráľovstva. Vo svojom komentári k *Bhagavad-gīte* cituje Śrīdhara Svāmī tento verš:

brahmaṇā saha te sarve samprāpte pratisañcare
parasyānte kṛtātmānaḥ praviśanti paraṁ padam

„V čase zničenia tohto hmotného vesmíru sa Brahmā a jeho oddaní, neprestajne zapojení vo vedomí Kṛṣṇu, premiestnia do duchovného vesmíru a na príslušné duchovné planéty podľa svojich túžob."

VERŠ 17

सहस्रयुगपर्यन्तमहर्यद्ब्रह्मणो विदुः ।
रात्रिं युगसहस्रान्तां तेऽहोरात्रविदो जनाः ॥ १७ ॥

sahasra-yuga-paryantam ahar yad brahmaṇo viduḥ
rātriṁ yuga-sahasrāntāṁ te 'ho-rātra-vido janāḥ

sahasra — tisíc; *yuga* — vekov; *paryantam* — vrátane; *ahaḥ* — deň; *yat* — ten; *brahmaṇaḥ* — Brahmu; *viduḥ* — oni poznajú; *rātrim* — noc; *yuga* — vekov; *sahasra-antām* — podobne na konci tisíca; *te* — oni; *ahaḥ-rātra* — deň a noc; *vidaḥ* — ktorí poznajú; *janāḥ* — ľudia.

Tisíc vekov podľa ľudských počtov je jeden Brahmov deň a rovnako dlho trvá aj jeho noc.

VÝZNAM: Existencia hmotného vesmíru je obmedzená a prejavuje sa v obdobiach — *kalpách. Kalpa* je jeden Brahmov deň a tvorí ho tisíc *mahā-yug* — veľkých vekov. Každá *mahā-yuga* sa skladá zo štyroch vekov — *yug*: Satya, Tretā, Dvāpara a Kali. Počestnosť, múdrosť a náboženstvo sú charakteristické pre Satya-yugu, ktorá trvá 1 728 000 rokov. Neresti a nevedomosť v tejto dobe prakticky nejestvujú. V Tretā-yuge, ktorá trvá 1 296 000 rokov, sa začínajú objavovať neresti. Vo Dvāpara-yuge, trvajúcej 864 000 rokov, poklesávajú cnosť a náboženstvo ešte viac a ohavnosti pribúdajú. A nakoniec Kali-yuga, ktorá začala pred päťtisíc rokmi, prináša so sebou veľa hádok, nevzdelanosti, neznabožstva a hriechu. Táto *yuga* trvá 432 000 rokov a pravej cnosti v nej takmer niet. V Kali-yuge dosahujú neresti takú mieru, že na jej konci zostúpi Najvyšší Pán ako Kalki *avatāra*, zničí démonov, zachráni oddaných a započne novú Satya-yugu. Potom začína nový vývojový cyklus. Tisíc týchto cyklov skladajúcich sa zo štyroch *yug* tvorí jeden deň a rovnako dlhá je aj noc tvorcu sveta, Brahmu. Brahmā sa dožíva sto takých „rokov" a potom umiera. Týchto „sto rokov" je 311 triliónov 40 biliónov pozemských rokov. Podľa týchto výpočtov sa Brahmov vek zdá byť fantastický a nekonečný, ale z hľadiska večnosti je kratučký ako záblesk. V Oceáne príčin sa rodia a umierajú tisícky Brahmov ako bublinky v Atlantickom oceáne. Brahmā a jeho vesmír sú časťou hmotného stvorenia, a preto sa neustále menia.

Ani Brahmā v tomto hmotnom svete neunikne rodeniu sa, chorobám, starobe a smrti. Brahmā však priamo slúži Najvyššiemu Pánovi ako stvoriteľ tohto vesmíru, a preto okamžite dosiahne vyslobodenie. Duchovne pokročilí *sannyāsīni* sa povýšia na Brahmovu planétu, Brahma-loku, ktorá je najvyššou planétou v hmotnom vesmíre a ktorá prežije všetky nebeské planéty vyššej hviezdnej sústavy. No postupom času zanikne Brahmā aj všetci obyvatelia Brahmaloky, podľa zákonov hmotnej prírody.

VERŠ 18

अव्यक्ताद्व्यक्तयः सर्वाः प्रभवन्त्यहरागमे ।
रात्र्यागमे प्रलीयन्ते तत्रैवाव्यक्तसंज्ञके ॥ १८ ॥

avyaktād vyaktayaḥ sarvāḥ prabhavanty ahar-āgame
rātry-āgame pralīyante tatraivāvyakta-saṁjñake

avyaktāt — z neprejaveného; *vyaktayaḥ* — živé bytosti; *sarvāḥ* — všetky; *prabhavanti* — vznikajú; *ahaḥ-āgame* — na začiatku dňa; *rātri-āgame* — s príchodom noci; *pralīyante* — sú zničené; *tatra* — v to; *eva* — isto-iste; *avyakta* — neprejavené; *saṁjñake* — čo je nazývané.

Na začiatku Brahmovho dňa sa všetky živé bytosti prejavia z neprejaveného stavu a s príchodom noci opäť splynú s neprejaveným.

VERŠ 19

भूतग्रामः स एवायं भूत्वा भूत्वा प्रलीयते ।
रात्र्यागमेऽवशः पार्थ प्रभवत्यहरागमे ॥ १९ ॥

bhūta-grāmaḥ sa evāyaṁ bhūtvā bhūtvā pralīyate
rātry-āgame 'vaśaḥ pārtha prabhavaty ahar-āgame

bhūta-grāmaḥ — všetky živé bytosti; *saḥ* — tieto; *eva* — zaiste; *ayam* — túto; *bhūtvā bhūtvā* — znovu a znovu narodené; *pralīyate* — sú zničené; *rātri* — v noci; *āgame* — s príchodom; *avaśaḥ* — bezmocne; *pārtha* — ó, syn Pṛthy; *prabhavati* — prejavujú sa; *ahaḥ* — dňa; *āgame* — s príchodom.

Znovu a znovu, s príchodom Brahmovho dňa všetky živé bytosti vznikajú a s príchodom Brahmovej noci sú bezmocne zničené.

VÝZNAM: Menej inteligentní ľudia, ktorí sa snažia zostať v tomto hmotnom svete, sa môžu povzniesť na vyššie planéty, no nakoniec musia znova zostúpiť na túto planétu Zem. Počas Brahmovho dňa konajú a obdržia rôzne druhy tiel vhodných pre hmotné činnosti na vyšších alebo nižších planétach, ale s príchodom noci zanikajú a ich telá sú zničené. Individuálne duše sa zhromaždia vo Viṣṇuovom tele a opäť sa prejavia s príchodom Brahmovho dňa. *Bhūtvā bhūtvā pralīyate*: počas dňa sa prejavia a v noci sú opäť zničené. Na konci Brahmovho života sú všetky zničené a ostávajú neprejavené počas mnohých miliónov rokov. Keď sa Brahmā znovu narodí, prejavia sa znovu aj živé bytosti. Takto sú živé bytosti spútané hmotným svetom. Inteligentnejšie bytosti, ktoré zaujme náuka o vedomí Kṛṣṇu, využijú ľudskú podobu a začnú oddane slúžiť Kṛṣṇovi a spievať *Hare Kṛṣṇa, Hare Kṛṣṇa, Kṛṣṇa Kṛṣṇa, Hare Hare/ Hare Rāma, Hare Rāma, Rāma Rāma, Hare Hare.* Tak sa môžu premiestniť na Kṛṣṇovu duchovnú planétu už v tomto živote a stať sa večne blaženými a oslobodenými z kolobehu znovuzrodenia.

VERŠ 20

परस्तस्मात्तु भावोऽन्योऽव्यक्तोऽव्यक्तात्सनातनः ।
यः स सर्वेषु भूतेषु नश्यत्सु न विनश्यति ॥ २० ॥

paras tasmāt tu bhāvo 'nyo 'vyakto 'vyaktāt sanātanaḥ
yaḥ sa sarveṣu bhūteṣu naśyatsu na vinaśyati

paraḥ — transcendentálna; *tasmāt* — voči tomu; *tu* — ale; *bhāvaḥ* — prírode; *anyaḥ* — iné; *avyaktaḥ* — neprejavené; *avyaktāt* — neprejavenému; *sanātanaḥ* — večná; *yaḥ saḥ* — tá, ktorá; *sarveṣu* — celý; *bhūteṣu* — svet; *naśyatsu* — zaniká; *na* — nie; *vinaśyati* — zničený.

Jestvuje však iná neprejavená príroda, ktorá je večná a transcendentálna voči prejavenej a neprejavenej hmote. Je najvyššia a nezničiteľná. Nezaniká, ani keď tento svet zanikne.

VÝZNAM: Kṛṣṇova vyššia duchovná energia je transcendentálna a večná. Nepodlieha zmenám ako hmotný svet, ktorý vzniká a zaniká počas Brahmovho života. Vlastnosti vyššej Kṛṣṇovej energie sú pravým opakom vlastností hmotného sveta. Vyššie a nižšie stavy bytia boli vysvetlené v siedmej kapitole.

VERŠ 21

अव्यक्तोऽक्षर इत्युक्तस्तमाहुः परमां गतिम् ।
यं प्राप्य न निवर्तन्ते तद्धाम परमं मम ॥ २१ ॥

avyakto 'kṣara ity uktas tam āhuḥ paramāṁ gatim
yaṁ prāpya na nivartante tad dhāma paramaṁ mama

avyaktaḥ — neprejavenou; *akṣaraḥ* — nemennou; *iti* — tak; *uktaḥ* — nazývajú; *tam* — tu; *āhuḥ* — známa; *paramām* — najvyšší; *gatim* — cieľ; *yam* — ktorý; *prāpya* — dosiahnutý; *na* — nikdy; *nivartante* — vrátia sa; *tat* — to; *dhāma* — sídlo; *paramam* — najvyššie; *mama* — Moje.

Vedāntisti ju opisujú ako neprejavenú a nemennú. Je známa ako najvyšší cieľ a kto ju dosiahne, ten sa už nikdy nevráti — to je Moje zvrchované sídlo.

VÝZNAM: Najvyššie sídlo Božskej Osobnosti, Śrī Kṛṣṇu, je v *Brahma-saṁhite* opísané ako miesto, kde sa splnia všetky želania (*cintāmaṇi-dhāma*). Na Goloke Vṛndāvane, najvyššom sídle Śrī Kṛṣṇu, je veľa palácov postavených z kameňa *cintāmani*, ktorý premení na zlato všetko, čo s ním príde do styku. Sú tam tiež stromy plniace všetky želania (*kalpa-vṛkṣa*), ktoré môžu na požiadanie poskytnúť hocijaký druh potravy. Sú tam aj kravy (*surabhi*), ktoré môžu nadojiť nekonečné množstvo mlieka. Stovky a tisíce bohýň šťastia (Lakṣmī) tam slúži prvotnému Pánovi, ktorý Je príčinou všetkých príčin a volá sa Govinda. Veľmi často hrá na flautu (*veṇuṁ kvaṇantam*) a Jeho transcendentálna podoba je najpríťažlivejšia vo všetkých svetoch. Jeho oči sú ako okvetné lístky lotosu, Jeho pokožka má farbu búrkového mraku a je taký príťažlivý, že Jeho krása prekoná krásu tisícov bohov lásky. Nosí šafránový odev, je ozdobený kvetinovými girlandami a vo vlasoch má pávie pero. V *Bhagavad-gīte* sa Kṛṣṇa zmieňuje o Svojom sídle, Goloke Vṛndāvane, len povrchne, ale podrobný opis podáva *Brahma-saṁhitā*. Vo *vedskych* knihách sa píše, že sídlo Najvyššieho Pána, ktoré je konečným cieľom, nič neprevyšuje (*puruṣān na paraṁ kiñcit sā kāṣṭhā paramā gatiḥ*; *Kaṭha Upaniṣad* 1.3.11). Ten, kto sa tam dostane, sa nikdy nevráti späť do hmotného sveta. Kṛṣṇovo sídlo a Kṛṣṇa samotný sa od seba kvalitatívne nelíšia. Vṛndāvana, ktorá leží 150 kilometrov juhovýchodne od Dillí, je verným obrazom Goloky Vṛndāvany z duchovného sveta. Keď Kṛṣṇa pred päťtisíc rokmi zostúpil na Zem, oddával sa zábavám práve tu, vo Vṛndāvane, v oblasti Mathury v Indii.

VERŠ 22

पुरुषः स परः पार्थ भक्त्या लभ्यस्त्वनन्यया ।
यस्यान्तःस्थानि भूतानि येन सर्वमिदं ततम् ॥ २२ ॥

puruṣaḥ sa paraḥ pārtha bhaktyā labhyas tv ananyayā
yasyāntaḥ-sthāni bhūtāni yena sarvam idaṁ tatam

puruṣaḥ — Najvyšší Pán; *saḥ* — On; *paraḥ* — Najvyšší (ten, ktorého nik neprevýši); *pārtha* — ó, syn Pṛthy; *bhaktyā* — oddanou službou; *labhyaḥ* — možno dosiahnuť; *tu* — ale; *ananyayā* — čistý; *yasya* — ktorý; *antaḥ-sthāni* — v; *bhūtāni* — celé toto hmotné stvorenie; *yena* — ktorý; *sarvam* — všetko; *idam* — čo môžeme vidieť; *tatam* — spočíva.

Najvyššiu Božskú Osobnosť, Zvrchovaného Pána všetkých, možno dosiahnuť čistou oddanosťou. Hoci zotrváva vo Svojom sídle, je všadeprítomný a všetko v Ňom spočíva.

VÝZNAM: Tu sa jasne hovorí, že najvyšší cieľ, odkiaľ sa nemusíme vrátiť do hmotného sveta, je sídlo Najvyššej Osoby, Śrī Kṛṣṇu. *Brahma-saṁ-*

hitā opisuje toto najvyššie sídlo ako miesto plné duchovnej blaženosti (*ānanda-cinmaya-rasa*). Nič tam nie je materiálne a všetky rôznorodosti sú prejavené ako duchovné expanzie samotnej Božskej Osobnosti. To už bolo vysvetlené v siedmej kapitole. V hmotnom svete je Pán všadeprítomný vďaka Svojej hmotnej energii, napriek tomu, že je neustále vo Svojom najvyššom sídle. Vďaka Svojím duchovným a hmotným energiám, je prítomný v duchovnom svete i v materiálnych vesmíroch. *Yasyāntaḥ-sthāni* znamená, že v Ňom spočívajú duchovné i materiálne energie.

Do Kṛṣṇovho najvyššieho sídla alebo na nespočetné vaikuṇṭhské planéty možno vstúpiť jedine pomocou *bhakti*, oddanej služby, ako tu jasne naznačuje slovo *bhaktyā*. Žiadny iný spôsob nám nemôže pomôcť dosiahnuť najvyššie sídlo. *Vedy* (*Gopāla-tāpanī Upaniṣāda* 3.2) tiež opisujú najvyššie sídlo a Najvyššiu Božskú Osobnosť. *Eko vaśī sarva-gaḥ kṛṣṇaḥ*. V tomto sídle je len jedna Najvyššia Božská Osobnosť, Kṛṣṇa. On je najmilostivejším Božstvom a hoci tu je ako jeden, expanduje sa do miliónov a miliónov úplných expanzií. *Vedy* prirovnávajú Pána k stromu, ktorý stále stojí napriek tomu, že rodí veľa plodov, kvetov a mení listy. Úplné Pánove expanzie, ktoré vládnu na vaikuṇṭhských planétach, majú štyri ruky a sú známe pod rôznymi menami — Puruṣottama, Trivikrama, Keśava, Mādhava, Aniruddha, Hṛṣīkeśa, Saṅkarṣaṇa, Pradyumna, Śrīdhara, Vāsudeva, Dāmodara, Janārdana, Nārāyaṇa, Vāmana, Padmanābha a tak ďalej.

Brahma-saṁhitā (5.37) potvrdzuje, že hoci je Pán stále v najvyššom sídle, Goloke Vṛndāvane, je všeprestupujúci, takže všetko ide hladko (*goloka eva nivasaty akhilātma-bhūtaḥ*). Ako uvádzajú *Vedy* (*Śvetāśvatara Upaniṣad* 6.8): *parāsya śaktir vividhaiva śrūyate/svābhāvikī jñāna-bala-kriyā ca* — Jeho energie sú také obsiahle, že bezchybne a systematicky riadia všetko vo vesmírnom stvorení, aj keď Najvyšší Pán je nesmierne vzdialený.

VERŠ 23

यत्र काले त्वनावृत्तिमावृत्तिं चैव योगिनः ।
प्रयाता यान्ति तं कालं वक्ष्यामि भरतर्षभ ॥ २३ ॥

yatra kāle tv anāvṛttim āvṛttiṁ caiva yoginaḥ
prayātā yānti taṁ kālaṁ vakṣyāmi bharatarṣabha

yatra — v ktorom; *kāle* — čase; *tu* — a; *anāvṛttim* — nevrátia; *āvṛttim* — vrátia; *ca* — tiež; *eva* — určite; *yoginaḥ* — rôzne druhy *yogīnov*; *prayātāḥ* — opúšťajú; *yānti* — dosiahnu; *tam* — to; *kālam* — čase; *vakṣyāmi* — opíšem; *bharata-ṛṣabha* — ó, najlepší z Bharatovcov.

Ó, najlepší z Bharatovcov, teraz ti vysvetlím rôzne doby, v ktorých sa yogīni pri opustení tohto sveta vracajú, alebo nevracajú späť.

VÝZNAM: Čistí oddaní Najvyššieho Pána, ktorí sa Mu celkom odovzdali, sa nestarajú, ako a kedy opustia svoje telá. Nechávajú to na Kṛṣṇovi, a tak sa šťastne a jednoducho vrátia k Bohu. Ale tí, ktorí nie sú čistými oddanými a závisia na rôznych duchovných cestách, ako je napríklad *karma-yoga*, *jñāna-yoga*, a *haṭha-yoga*, musia opustiť telo vo vhodnej chvíli, aby sa ubezpečili, že sa už nevrátia do tohto sveta rodenia sa a smrti.

Sanskṛtské slovo *kāla*, použité v tomto verši, označuje podľa ācāryu Baladevu Vidyābhūṣanu boha času. Dokonalý *yogīn* si dokáže vybrať vhodnú dobu a miesto pre opustenie hmotného sveta, no ak nie je dokonalý, musí to ponechať na vôľu prírody. V ďalšom verši vysvetlí Kṛṣṇa najvhodnejšiu dobu na opustenie tela.

VERŠ 24

अग्निर्ज्योतिरहः शुक्लः षण्मासा उत्तरायणम् ।
तत्र प्रयाता गच्छन्ति ब्रह्म ब्रह्मविदो जनाः ॥ २४ ॥

agnir jyotir ahaḥ śuklaḥ ṣaṇ-māsā uttarāyaṇam
tatra prayātā gacchanti brahma brahma-vido janāḥ

agniḥ — oheň; *jyotiḥ* — svetlo; *ahaḥ* — vo dne; *śuklaḥ* — počas svetlých štrnástich dní; *ṣaṭ-māsāḥ* — v šiestich mesiacoch; *uttara-ayanam* — keď Slnko putuje na severnej strane; *tatra* — tam; *prayātāḥ* — tí, ktorí odchádzajú; *gacchanti* — idú; *brahma* — do absolútna; *brahma-vidaḥ* — tí, ktorí poznajú absolútno; *janāḥ* — osoby.

Tí, ktorí poznajú Najvyšší Brahman, Ho dosahujú tak, že odchádzajú zo sveta v dobe ovplyvnenej bohom ohňa, za svetla, v priazni-

vom okamihu dňa, počas štrnástich dní dorastania Mesiaca a šiestich mesiacov, keď Slnko putuje na severe.

VÝZNAM: V tomto verši je zmienka o ohni, svetle, dni a Mesiaci. Mali by sme vedieť, že tieto elementy ovládajú jednotliví polobohovia, ktorí umožňujú putovanie duše. V momente smrti sa *jīva* s pomocou mysle premiestni na miesto jej ďalšieho života. Či už neúmyselne alebo plánovane opustí telo v horeuvedenom čase, môže prísť do neosobného *brahmajyoti*. Mystici, ktorí sú pokročilí v *yoge*, si môžu vybrať vhodný čas a miesto na opustenie tela. Späť do kolobehu životov sa nevrátia ani tí, ktorí túto schopnosť nemajú, ale zomrú náhodou v priaznivom okamihu. Inak je takmer isté, že sa budú musieť vrátiť. Čistí oddaní vedomí si Kṛṣṇu sa však nemusia obávať, že by sa museli vrátiť do hmotného sveta, aj keď opustia telo v nepriaznivej chvíli, zhodou okolností alebo podľa plánu.

VERŠ 25

धूमो रात्रिस्तथा कृष्णः षण्मासा दक्षिणायनम् ।
तत्र चान्द्रमसं ज्योतिर्योगी प्राप्य निवर्तते ॥ २५ ॥

dhūmo rātris tathā kṛṣṇaḥ ṣaṇ-māsā dakṣiṇāyanam
tatra cāndramasaṁ jyotir yogī prāpya nivartate

dhūmaḥ — dym; *rātriḥ* — v noci; *tathā* — aj; *kṛṣṇaḥ* — počas štrnástich dní tmavého Mesiaca; *ṣaṭ-māsāḥ* — v šiestich mesiacoch; *dakṣiṇa-ayanam* — keď Slnko putuje na južnej strane; *tatra* — tam; *cāndra-masam* — Mesiac; *jyotiḥ* — svetlo; *yogī* — yogīn; *prāpya* — dosiahne; *nivartate* — vráti sa.

Mystik, ktorý opúšťa tento svet v čase dymu, v noci, počas štrnástich dní ubúdania Mesiaca alebo v dobe šiestich mesiacov, keď Slnko putuje k juhu, dostane sa na Mesiac, ale znovu sa vráti.

VÝZNAM: V treťom speve *Śrīmad-Bhāgavatamu* Kapila Muni hovorí, že ľudia, ktorí sa vyznajú v plodonosných činnostiach a obetných spôsoboch, sa dostanú po smrti na Mesiac. Tam môžu žiť asi desaťtisíc nebeských rokov, radovať sa zo života a popíjať *soma-rasu*. Ale napokon sa musia vrátiť na Zem. To znamená, že na Mesiaci žijú vyššie druhy živých bytostí, ktoré však nemôžme postrehnúť hrubými zmyslami.

VERŠ 26

शुक्लकृष्णे गती ह्येते जगतः शाश्वते मते ।
एकया यात्यनावृत्तिमन्ययावर्तते पुनः ॥ २६ ॥

śukla-kṛṣṇe gatī hy ete jagataḥ śāśvate mate
ekayā yāty anāvṛttim anyayāvartate punaḥ

śukla—svetlá; *kṛṣṇe*—a temná; *gatī*—cesty odchodu; *hi*—isto; *ete*—tieto dve; *jagataḥ*—z hmotného sveta; *śāśvate*—podľa *Ved*; *mate*—názoru; *ekayā*—prvý; *yāti*—ide; *anāvṛttim*—nevráti sa; *anyayā*—druhou; *āvartate*—vráti; *punaḥ*—opäť.

Tieto dve cesty — svetlá a temná — sú podľa Ved dvomi spôsobmi, ako opustiť tento svet. Kto odíde cestou svetla, nevráti sa; kto ide temnou, vráti sa späť.

VÝZNAM: Ācārya Baladeva Vidyābhūṣaṇa cituje rovnaký opis týchto dvoch spôsobov opustenia sveta z *Chāndogya Upaniṣady* (5.10.3-5). Takto už odnepamäti prichádzajú a odchádzajú ľudia túžiaci po plodoch svojich činov a rôzni filozofi, ktorí nemôžu dosiahnuť konečnú spásu, pretože sa neodovzdali Kṛṣṇovi.

VERŠ 27

नैते सृती पार्थ जानन्योगी मुह्यति कश्चन ।
तस्मात्सर्वेषु कालेषु योगयुक्तो भवार्जुन ॥ २७ ॥

naite sṛtī pārtha jānan yogī muhyati kaścana
tasmāt sarveṣu kāleṣu yoga-yukto bhavārjuna

na—nikdy; *ete*—tieto dve; *sṛtī*—rôzne cesty; *pārtha*—ó, syn Pṛthy; *jānan*—hoci pozná; *yogī*—Pánov oddaný; *muhyati*—zmätený; *kaśca-*

na — kedykoľvek; *tasmāt* — preto; *sarveṣu kāleṣu* — vždy; *yoga-yuktaḥ* — zamestnaný vo vedomí Kṛṣṇu; *bhava* — staň sa; *arjuna* — ó, Arjuna.

I keď oddaní poznajú obe tieto cesty, ó, Arjuna, nikdy nie sú zmätení. Preto buď vždy neochvejný v oddanosti.

VÝZNAM: Kṛṣṇa tu Arjunovi radí, aby sa nestaral o rôzne cesty, ktorými sa môže duša po smrti vydať. Oddaný Najvyššieho Pána sa nemusí strachovať o to, či opustí telo plánovane či nepredvídane. Oddaný by mal neustále myslieť na Kṛṣṇu a spievať Hare Kṛṣṇa; mal by totiž vedieť, že záujem o tieto dve cesty prináša ťažkosti. Najlepší spôsob, ako byť pohrúžený v myšlienkach na Kṛṣṇu, je oddane Mu slúžiť. A takto sa isto-iste dostane priamo a bezpečne do duchovného kráľovstva.

Slová *yoga-yukta* majú v tomto verši zvláštny význam. Ten, kto je vytrvalý v *yoge*, neprestajne zamestnáva všetky svoje činnosti vo vedomí Kṛṣṇu. Śrī Rūpa Gosvāmī nám radí, aby sme neboli pripútaní k hmotným záležitostiam a všetky činnosti zamerali na uspokojenie Śrī Kṛṣṇu: *anāsaktasya viṣayān yathārham upayuñjataḥ*. Týmto spôsobom zvaným *yukta-vairāgya*, môžeme dosiahnuť dokonalosť. Oddaní preto nie sú rozrušení podobnými opismi, lebo vedia, že cestu do najvyššieho sídla zaručuje oddaná služba.

VERŠ 28

वेदेषु यज्ञेषु तपःसु चैव
दानेषु यत्पुण्यफलं प्रदिष्टम् ।
अत्येति तत्सर्वमिदं विदित्वा
योगी परं स्थानमुपैति चाद्यम् ॥ २८ ॥

vedeṣu yajñeṣu tapaḥsu caiva
dāneṣu yat puṇya-phalaṁ pradiṣṭam
atyeti tat sarvam idaṁ viditvā
yogī paraṁ sthānam upaiti cādyam

vedeṣu — štúdiom *Ved*; *yajñeṣu* — vykonávaním obetí; *tapaḥsu* — pokáním; *ca* — tiež; *eva* — zaiste; *dāneṣu* — dávaním milodarov; *yat* — to, čo;

puṇya-phalam — výsledky zbožných činov; *pradiṣṭam* — naznačené; *atyeti* — prekoná; *tat sarvam* — všetky; *idam* — toto; *viditvā* — vie; *yogī* — oddaný; *param* — najvyššie; *sthānam* — sídlo; *upaiti* — dosiahne; *ca* — tiež; *ādyam* — pôvodná.

Ten, kto sa vydá cestou oddanej služby, neprichádza o výsledky štúdia Ved, konania obetí, pokánia, dávania milodarov, filozofického zamerania či práce konanej s túžbou po jej plodoch. Samotnou oddanou službou to všetko získava a nakoniec dospeje do najvyššieho večného sídla.

VÝZNAM: V tomto verši je zhrnutý obsah siedmej a ôsmej kapitoly, ktoré pojednávajú o vedomí Kṛṣṇu a o oddanej službe. Človek by mal študovať *Vedy* pod vedením duchovného učiteľa a pod jeho dohľadom vykonávať odriekanie a sebaovládanie. *Brahmacārī* by mal žiť v dome duchovného učiteľa ako jeho sluha, a ak vyžobre nejaké almužny, mal by mu ich odovzdať. Jedlo by mal prijať len na pokyn duchovného učiteľa a nejesť, kým ho učiteľ nepozve ku stolu. To sú niektoré z *vedskych* zásad, ktoré musí *brahmacārī* dodržiavať.

Vo veku od piatich do dvadsiatich rokov, keď študuje *Vedy* pod vedením duchovného učiteľa, si môže *brahmacārī* utvoriť pevný charakter. Štúdium *Ved* je určené na vytvorenie dobrej povahy, a nie na rekreáciu vypočítavých špekulantov. Po tomto štúdiu sa *brahmacārī* môže oženiť a ako hospodár, *gṛhastha*, musí tiež vykonávať obete a snažiť sa o ďalšie osvietenie. Musí preukazovať dobročinnosť podľa miesta, času a príjemcu a musí rozlišovať, kedy ide o dobročinnosť v kvalite dobra, vášne, či nevedomosti tak, ako je opísané v *Bhagavad-gīte*. Potom zanechá rodinný život, vstúpi do životného štádia *vānaprastha* a cvičí sa v odriekaní tým, že napríklad žije v lese, v odeve z kôry stromov, neholí sa a podobne. Dodržovaním predpisov určených pre jednotlivé štádia (*brahmacārī, gṛhastha, vānaprastha* a *sannyāsa*) sa človek povyšuje na dokonalú životnú úroveň. Niektorí sa povýšia na nebeské planéty a tí, ktorí urobia ďalší pokrok, sa môžu dostať do duchovného sveta a vstúpiť buď do neosobnej *brahmajyoti*, alebo na vaikuṇṭhské planéty či na Kṛṣṇaloku. Toto je cesta naznačená vo *vedskej* literatúre. Krása vedomia Kṛṣṇu spočíva v tom, že jednoduchým odovzdaním sa láskyplnej službe človek prekoná všetky obrady rôznych životných štádií.

Slová *idaṁ viditvā* naznačujú, že by sme mali porozumieť pokynom

Śrī Kṛṣṇu v tejto a siedmej kapitole *Bhagavad-gīty*. Obsah týchto kapitol by sme mali pochopiť v spoločnosti oddaných, a nie mentálnou špekuláciou či vedeckým bádaním. Podstata *Gīty* začína siedmou kapitolou a končí dvanástou. Prvých šesť a posledných šesť kapitol sú ako obaly, chrániace prostredných šesť kapitol, ktoré sú pod osobitnou Kṛṣṇovou ochranou. Život človeka, ktorý pochopí *Bhagavad-gītu*, hlavne prostredných šesť kapitol, v spoločnosti oddaných, bude okamžite dokonalejší, než aký by bol po pokání všetkého druhu, obetiach, dávaní milodarov, špekuláciách a podobne, lebo výsledky všetkých týchto činov získa vykonávaním oddanej služby Kṛṣṇovi. Človek, ktorý získal trochu dôvery k *Bhagavad-gīte*, by sa ju mal učiť od oddaného, lebo na začiatku štvrtej kapitoly bolo povedané, že obsahu *Gīty* môžu dokonale porozumieť iba oddaní. Načúvanie posolstvu *Bhagavad-gīty* od oddaných, a nie od mentálnych špekulantov, je znakom viery. Keď človek začne hľadať oddaných a konečne s nimi príde do styku, začína jeho skutočné štúdium a pochopenie *Bhagavad-gīty*. V spoločnosti oddaných sa človek zapojí do oddanej služby a zbaví sa tak pochybností o Kṛṣṇovi, porozumie Jeho činnostiam, podobám, zábavám, menu a ostatným rysom. Štúdium *Bhagavad-gīty* sa stane potešením pre toho, kto sa zbaví všetkých pochybností, a potom môže vyvinúť záľubu vo vedomí Kṛṣṇu. Veľmi pokročilí oddaní sú úplne zamilovaní do Kṛṣṇu, a to je počiatok stavu najvyššej životnej dokonalosti, keď sa oddaný pripravuje na odchod do Kṛṣṇovho sídla, na Goloku Vṛndāvanu v duchovnom svete, kde sa môže večne radovať.

Takto končia Bhaktivedantove výklady k ôsmej kapitole *Śrīmad Bhagavad-gīty*, pojednávajúcej o dosiahnutí Najvyššieho.

KAPITOLA DEVIATA

Najdôvernejšie poznanie

VERŠ 1

श्रीभगवानुवाच
इदं तु ते गुह्यतमं प्रवक्ष्याम्यनसूयवे ।
ज्ञानं विज्ञानसहितं यज्ज्ञात्वा मोक्ष्यसेऽशुभात् ॥ १ ॥

śrī-bhagavān uvāca
idaṁ tu te guhyatamaṁ pravakṣyāmy anasūyave
jñānaṁ vijñāna-sahitaṁ yaj jñātvā mokṣyase 'śubhāt

śrī-bhagavān uvāca — Kṛṣṇa, Najvyššia Božská Osobnosť, riekol; *idam* — túto; *tu* — ale; *te* — tebe; *guhya-tamam* — najdôvernejšiu; *pravakṣyāmi* — vyjavím; *anasūyave* — nezávidíš; *jñānam* — poznanie; *vijñāna* — zrealizované poznanie; *sahitam* — s; *yat* — čím; *jñātvā* — spoznáš; *mokṣyase* — vyslobodíš sa; *aśubhāt* — z tejto strastiplnej existencie.

Kṛṣṇa, Najvyššia Božská Osobnosť, riekol: Môj milý Arjuna, pretože Mi nikdy nezávidíš, vyjavím ti najdôvernejšiu múdrosť a poznanie. Až sa ju dozvieš, oslobodíš sa od strastí hmotného bytia.

VÝZNAM: Čím viac oddaný počúva o Najvyššom Pánovi, tým viac je osvietený. Tento proces načúvania odporúča aj *Śrīmad-Bhāgavatam:* „Posolstvá Najvyššej Božskej Osobnosti sú veľmi presvedčivé a možno ich realizovať v spoločnosti oddaných, ktorí si medzi sebou rozprávajú príbehy o Najvyššom Pánovi. Nemožno ich pochopiť v spoločnosti mentálnych špekulantov alebo akademických vzdelancov. Toto je poznanie, ktoré má byť realizované."

Oddaní neustále slúžia Najvyššiemu Pánovi. Śrī Kṛṣṇa rozumie mentalite a úprimnosti živých bytostí vedomých si Kṛṣṇu a dáva im inteligenciu, aby porozumeli náuke o Ňom v spoločnosti oddaných. Rozhovory o Kṛṣṇovi sú veľmi dôležité a človek, ktorý má to šťastie a v spoločnosti oddaných získa náležité poznanie, určite pokročí v duchovnej realizácii. V deviatej kapitole vyjaví Kṛṣṇa ešte dôvernejšie veci, aké nikdy predtým nevyjavil, aby motivoval Arjunu k ešte väčšej oddanosti.

Prvá kapitola je úvodom k celej knihe. Druhá a tretia kapitola opisujú dôverné duchovné poznanie. Obsah siedmej a ôsmej kapitoly sa vzťahuje najmä na oddanú službu, a pretože tieto kapitoly objasňujú vedomie Kṛṣṇu, sú dôvernejšie. Deviata kapitola pojednáva o rýdzej, čistej oddanej službe, a preto je najdôvernejšia. Ten, kto má najdôvernejšie poznanie o Kṛṣṇovi, je prirodzene transcendentálny, a aj keď žije v hmotnom svete, neovplyvňuje ho hmotné utrpenie. V knihe nazvanej *Bhakti-rasāmṛta-sindhu* sa hovorí, že za oslobodeného by mal byť považovaný ten, kto má úprimnú túžbu slúžiť Najvyššiemu Pánovi, aj keď je v podmienenom stave hmotného bytia. To je potvrdené v *Bhagavad-gīte* v desiatej kapitole, kde sa hovorí, že každý, kto s láskou a oddanosťou slúži Kṛṣṇovi, je oslobodená osoba.

Tento prvý verš má zvláštny význam. Slová *idaṁ jñānam* (toto poznanie) poukazujú na čistú oddanú službu, ktorá sa dá vykonávať deviatimi rôznymi spôsobmi: načúvaním, spievaním, spomínaním, slúžením, uctievaním, modlením sa, poslušnosťou, priateľstvom a odovzdaním všetkého. Vykonávaním oddanej služby týmito deviatimi spôsobmi sa môžeme dostať na úroveň duchovného vedomia, vedomia Kṛṣṇu. Keď sa naše srdce očistí od hmotných nečistôt, môžeme pochopiť vedu o Kṛṣṇovi. Samotné poznanie, že živá bytosť nemá hmotnú povahu, nestačí; to je iba začiatok duchovnej realizácie. Mali by sme vidieť rozdiel medzi činnosťami tela a duchovnými činnosťami, a tak pochopiť, že nie sme toto telo.

Siedma kapitola pojednáva o vznešenosti Najvyššieho Pána, o Jeho rôznych energiách, vyššej a nižšej prírode a o všetkých hmotných stvoreniach. V tejto deviatej kapitole bude opísaná Pánova sláva.

Sanskṛtské slovo *anasūyave* má v tomto verši veľký význam. Väčšina komentátorov závidí Kṛṣṇovi, Najvyššej Božskej Osobnosti, aj napriek svojmu vysokému vzdelaniu. Dokonca aj najväčší učenci vykladajú *Bhagavad-gītu* nesprávne. Ich komentáre sú bezvýznamné, pretože závidia Kṛṣṇovi. Zato výklady Pánových oddaných sú pravé. Nikto nemôže vysvetliť *Bhagavad-gītu* alebo predložiť správne poznanie o Kṛṣṇovi, ak je závistivý. Kto kritizuje Kṛṣṇu, a pritom Ho vôbec nepozná, je blázon a výklady takých ľudí treba prísne odmietnuť. Človeku, ktorý rozumie, že Kṛṣṇa je čistá transcendentálna Najvyššia Božská Osobnosť, prinesú tieto kapitoly veľký úžitok.

VERŠ 2

राजविद्या राजगुह्यं पवित्रमिदमुत्तमम् ।
प्रत्यक्षावगमं धर्म्यं सुसुखं कर्तुमव्ययम् ॥ २ ॥

rāja-vidyā rāja-guhyaṁ pavitram idam uttamam
pratyakṣāvagamaṁ dharmyaṁ su-sukhaṁ kartum avyayam

rāja-vidyā — kráľovské poznanie; *rāja-guhyam* — kráľovské dôverné poznanie; *pavitram* — najčistejšia; *idam* — táto; *uttamam* — transcendentálna; *pratyakṣa* — priamou realizáciou; *avagamam* — pochopené; *dharmyam* — náboženské zásady; *su-sukham* — radostné; *kartum* — vykonáva sa; *avyayam* — nepominuteľné.

Táto múdrosť je kráľovským poznaním a najväčším zo všetkých tajomstiev. Je to najčistejšia múdrosť, a keďže umožňuje priamo vnímať vlastné ja, je dokonalosťou náboženstva. Vykonáva sa s radostnou náladou a nikdy nekončí.

VÝZNAM: Táto kapitola *Bhagavad-gīty* sa nazýva kráľovské poznanie, pretože podáva esenciu všetkých už vysvetlených doktrín a filozofických smerov. V Indii je sedem popredných filozofov: Gautama, Kaṇāda, Kapila, Yajñavalkya, Śāṇḍilya, Vaiśvānara a Vyāsadeva, autor *Vedānta-sūtry*. Takže o poznanie rázu duchovného alebo filozofického nie je núdza. Teraz Pán Kṛṣṇa hovorí, že zo všetkého takého poznania je deviata kapitola kráľovské poznanie; je esenciou všetkého vedenia, ktoré možno získať štúdiom *Ved* a rôznych druhov filozofie. Je najdôvernejšie, lebo dôverné, čiže transcendentálne poznanie zahrňuje pochopenie rozdielu medzi dušou a telom a vrcholí v oddanej službe.

Väčšina ľudí sa však nevzdeláva v tomto dôvernom poznaní, pretože sa vzdeláva vo vonkajších záležitostiach. Obyčajné poznanie tvorí mnoho oblastí: politika, sociológia, fyzika, chémia, matematika, astronómia, strojníctvo atď. Na celom svete je veľa vzdelávacích inštitúcií a veľkých univerzít, no ani jedna z nich sa nezaoberá náukou o duši, hoci duša je najdôležitejšou časťou tela — ak v tele nie je prítomná duša, nemá žiadnu cenu. Napriek tomu kladú ľudia väčší dôraz na požiadavky tela a nezaujímajú sa o životnú silu, dušu.

Počnúc druhou kapitolou zdôrazňuje *Bhagavad-gītā* dôležitosť duše. Od samého začiatku Śrī Kṛṣṇa hovorí, že toto telo je na rozdiel od duše dočasné (*antavanta ime dehā nityasyoktāḥ śarīriṇaḥ*). Vedieť, že duša sa líši od tela a že je vo svojej povahe nemenná, nezničiteľná a večná, je dôvernou časťou poznania, no nedáva pozitívnu informáciu o duši. Ľudia, ktorí pochopili túto zásadu, si niekedy myslia, že keď telo umrie, alebo keď sa človek vyslobodí z hmotnej existencie, duša sa rozplynie v prázdnote, alebo sa stane neosobnou. No v skutočnosti tomu tak nie je. Ako môže byť duša nečinná po vyslobodení, keď je taká činná v tele? Duša je vždy činná. Ak je večná, tak je večne činná a jej činnosti v duchovnom svete tvoria najdôvernejšiu časť duchovného poznania a preto tu sú označené ako kráľovská múdrosť.

Vedske písma vysvetľujú, že toto poznanie vedie k najčistejšej podobe všetkých činností. *Padma Purāṇa* rozoberá hriešne činy človeka a vysvetľuje, že sú výsledkom minulých pokleskov. Ľudia, ktorí konajú s myšlienkou na odmenu, sú zapletení do rozličných foriem hriešnych reakcií na rôznych úrovniach. Napríklad, keď zasadíme semienko stromu, trvá istú dobu, než začne rásť. Spočiatku je to malá rastlinka, ktorá sa postupne premení na strom. Ten časom rozkvitne a prinesie ovocie. Až potom môžeme užívať ovocie stromu, ktorý sme zasadili. S hriešnymi skutkami človeka je to podobné; môže trvať nejaký čas, než získa ovocie za svoje hriešne konanie. Inokedy zas môže s hriešnou činnosťou prestať, ale aj naďalej užíva plody týchto činov, ktoré majú niekoľko stupňov: hriešne činnosti vo forme semienka, čiže klíčiace, prípadne činnosti prinášajúce ovocie, ktoré si užívame ako radosti a strasti.

Ako už bolo vysvetlené v dvadsiatom ôsmom verši siedmej kapitoly, človek, ktorý naďalej nekoná hriešne, zaoberá sa zbožnými činnosťami a je mimo dualít hmotného sveta, sa môže odovzdať láskyplnej službe Najvyššej Božskej Osobnosti, Kṛṣṇovi. Inými slovami, tí, ktorí oddane slúžia Najvyššiemu Pánovi, sa už zbavili všetkých následkov. Potvrdzuje to *Padma Purāṇa:*

aprārabdha-phalaṁ pāpaṁ kūṭaṁ bījaṁ phalonmukham
krameṇaiva pralīyeta viṣṇu-bhakti-ratātmanām

Tí, ktorí oddane slúžia Najvyššiemu Pánovi, sa nemusia obávať žiadnych následkov, lebo všetky reakcie za hriešne činnosti — nesúce plody, dozrievajúce či v podobe semienka — postupne pominú. Očistná sila oddanej služby je teda nesmierna a preto sa nazýva *pavitram uttamam* — najčistejšia. *Uttama* znamená transcendentálny. *Tamas* značí tento hmotný svet alebo temnotu a slovom *uttama* sa označuje to, čo je transcendentálne voči hmotným činnostiam. Oddaná služba by nikdy nemala byť považovaná za hmotnú činnosť, aj keď sa niekedy zdá, že oddaní pracujú ako obyčajní ľudia. Ten, kto pozná oddanú službu vie, že to nie je hmotná činnosť. Je to duchovné a láskyplné konanie, neznečistené kvalitami hmotnej prírody.

Hovorí sa, že vykonávanie oddanej služby je také dokonalé, že prináša okamžité výsledky, ktoré možno vnímať priamo. Prakticky sme sa presvedčili, že každý, kto spieva sväté mená Śrī Kṛṣṇu (*Hare Kṛṣṇa, Hare Kṛṣṇa, Kṛṣṇa Kṛṣṇa, Hare Hare/ Hare Rāma, Hare Rāma, Rāma Rāma, Hare Hare*) bez priestupkov, pocíti transcendentálnu radosť a veľmi rýchlo sa očistí od hmotného znečistenia. Keď okrem načúvania tiež pomôže v šírení posolstva o oddanej službe, alebo sa priamo zapojí do takej činnosti, cíti, že robí pokroky v duchovnom živote. Tieto pokroky nezávisia na predchádzajúcom vzdelaní alebo kvalifikáciách. Táto metóda je sama osebe taká čistá, že každý, kto sa jej zúčastní, sa očistí.

Vedānta-sūtra (3.2.26) to opisuje slovami: *prakāśaś ca karmaṇy abhāsāt.* „Oddaná služba je taká mocná, že prostým slúžením Bohu človek nepochybne dosiahne osvietenie." Praktický príklad môžeme vidieť v predošlom živote Nārady Muniho. Nārada Muni bol vo svojom predchádzajúcom živote synom slúžky, nemal vysoké vzdelanie ani vysoký pôvod. Jeho matka však slúžila čistým oddaným, a tak zavše, keď matka nebola doma mohol im Nārada tiež osobne slúžiť. Samotný Nārada hovorí:

ucchiṣṭa-lepān anumodito dvijaiḥ
sakṛt sma bhuñje tad-apāsta-kilbiṣaḥ

evaṁ pravṛttasya viśuddha-cetasas
tad-dharma evātma-ruciḥ prajāyate

V tomto verši *Śrīmad-Bhāgavatamu* (1.5.25) Nārada rozpráva svojmu žiakovi Vyāsadevovi, ako vo svojom minulom živote slúžil čistým oddaným počas štyroch mesiacov a mal s nimi blízky vzťah. Niekedy títo svätí muži nechali jedlo vo svojich miskách. Nārada umýval ich misky a chcel zvyšky ochutnať. Spýtal sa ich teda, či môže zvyšky dojesť a oni súhlasili. Keďže s touto činnosťou neprestával, bolo jeho srdce po nejakej dobe rovnako čisté ako srdce týchto svätcov. Veľkí svätci sa tešili z ustavičnej oddanej služby Pánovi, ako je načúvanie a ospevovanie a Nārada vyvinul rovnakú túžbu. V ďalšom verši Nārada ďalej hovorí:

tatrānvahaṁ kṛṣṇa-kathāḥ pragāyatām
anugraheṇāśṛṇavaṁ manoharāḥ
tāḥ śraddhayā me 'nupadaṁ viśṛṇvataḥ
priyaśravasy aṅga mamābhavad ruciḥ

V spoločnosti svätcov získal Nārada rovnakú chuť ospevovať Pána a počúvať príbehy o Jeho sláve a vyvinul veľkú túžbu oddane slúžiť. Preto sa vo *Vedānta-sūtre* hovorí: *prakāśaś ca karmaṇy abhyāsāt*. Človeku, ktorý oddane slúži, sa všetko automaticky vyjaví a všetkému porozumie. To sa nazýva *pratyakṣa*, priame vnímanie.

Slovo *dharmyam* znamená cesta náboženstva. Nārada bol v skutočnosti synom slúžky a nemal možnosť chodiť do školy. Mohol iba pomáhať svojej matke, ktorá našťastie slúžila oddaným. Nārada dostal v detstve rovnakú príležitosť a v ich spoločnosti dosiahol najvyšší cieľ všetkých náboženstiev, oddanej služby, ako je potvrdené v *Śrīmad-Bhāgavatame: sa vai puṁsāṁ paro dharmo yato bhaktir adhokṣaje*. Zbožní ľudia väčšinou nevedia, že najvyššou dokonalosťou náboženstva je dosiahnuť oddanú službu. V poslednom verši ôsmej kapitoly sme uviedli: *vedeṣu yajñeṣu tapaḥsu caiva*. Na sebarealizáciu je potrebné *vedske* poznanie. No v tomto prípade, hoci Nārada nemal taký základ, docielil najväčších výsledkov, akých možno dosiahnuť štúdiom *Ved*. Oddaná služba Pánovi je taká mocná, že môže povzniesť človeka k najvyššej dokonalosti, a pritom nemusí vykonávať pravidelné náboženské obrady. Ako je to možné? To je takisto vysvetlené vo *vedskych* písmach: *ācāryavān puruṣo veda*. Aj ten, kto nie je vzdelaný a neštudoval *Vedy*, sa môže zoznámiť s celým poznaním potrebným na sebarealizáciu, keď sa zdržiava v spoločnosti veľkých *ācāryov*.

Cesta oddanej služby je veľmi radostná (*su-sukham*). Prečo? Oddaná služba sa skladá predovšetkým zo *śravaṇaṁ kīrtanaṁ viṣṇoḥ*, takže človek môže jednoducho načúvať ospevovaniu Pánovej nádhery, alebo sa zúčastniť filozofických prednášok uznávaných *ācāryov*, ktorí prednášajú o transcendentálnom poznaní. Môže sa učiť prostým načúvaním a potom môže jesť veľmi chutné jedlá obetované Bohu. Oddaná služba je radostná za akýchkoľvek podmienok. Môže ju robiť dokonca i ten najchudobnejší človek. Śrī Kṛṣṇa hovorí: *patraṁ puṣpaṁ phalaṁ toyam*. Je pripravený prijať od Svojich oddaných hocijakú obeť. Dokonca aj lístok, kvietok, kúsok ovocia alebo trochu vody prijme, ak Mu ich obetujeme s láskou. Tieto veci sa dajú zohnať všade na svete a môže ich obetovať ktokoľvek, bez ohľadu na spoločenské postavenie. Z histórie poznáme mnoho príkladov. Aj z veľkých svätcov, ako sú *Sanat-kumārovia*, sa stali veľkí oddaní, keď ucítili vôňu lístkov *tulasī*, obetované Pánovym lotosovým nohám. Oddaná služba je teda veľmi pekná a môže byť vykonávaná s radostnou mysľou. Boh prijíma iba lásku, s ktorou Mu tú-ktorú vec obetujeme.

Povedali sme, že oddaná služba je večná. *Māyāvādski* filozofi s tým nesúhlasia. Niekedy robia takzvanú oddanú službu, kým sa nevyslobodia, no nakoniec po vyslobodení z hmotného sveta „splynú s Bohom". Takáto dočasná oddaná služba sa nedá považovať za čistú oddanú službu. Ozajstná oddaná služba pokračuje i po vyslobodení. Keď oddaný odíde na duchovné planéty do Božieho kráľovstva, neprestane slúžiť Najvyššiemu Pánovi, ani sa s Ním nesnaží splynúť.

Z *Bhagavad-gīty* pochopíme, že pravá oddaná služba začína po oslobodení. Keď sa človek oslobodí a dostane na úroveň Brahmanu (*brahma-bhūta*), oddaná služba začína (*samaḥ sarveṣu bhūteṣu mad-bhaktiṁ labhate parām*). Nikto nemôže porozumieť, kto je Najvyššia Božská Osobnosť, vykonávaním *karma-yogy*, *jñāna-yogy*, *aṣṭāṅga-yogy* alebo hocijakej inej *yogy* bez ohľadu na *bhakti* alebo oddanú službu. Pomocou *yogových* metód môže človek pokročiť k *bhakti-yoge*; ak však nedospeje na úroveň oddanej služby, nemôže pochopiť, kto je Božská Osobnosť. *Śrīmad-Bhāgavatam* tiež potvrdzuje, že keď sa človek očistí vykonávaním oddanej služby, obzvlášť počúvaním *Śrīmad-Bhāgavatamu* a *Bhagavad-gīty* od realizovaných duší, môže porozumieť vede o Kṛṣṇovi, vede o Bohu. *Evaṁ prasanna-manaso bhagavad-bhakti-yogataḥ*. Keď očistíme svoje srdce od nezmyslov, pochopíme, kto je Boh. Preto je oddaná služba, vedomie Kṛṣṇu, najvyššou múdrosťou a dôverným kráľovským poznaním. Je to náboženstvo v najčistejšej podobe a dá sa vykonávať s radosťou a bez problémov. Preto by ho mal každý prijať.

VERŠ 3

अश्रद्दधानाः पुरुषा धर्मस्यास्य परन्तप ।
अप्राप्य मां निवर्तन्ते मृत्युसंसारवर्त्मनि ॥ ३ ॥

aśraddadhānāḥ puruṣā dharmasyāsya parantapa
aprāpya māṁ nivartante mṛtyu-saṁsāra-vartmani

aśraddadhānāḥ — neveriacim; *puruṣāḥ* — osobám; *dharmasya* — v náboženstve; *asya* — toto; *parantapa* — ó, hubiteľ nepriateľov; *aprāpya* — nedosiahnu; *mām* — Mňa; *nivartante* — vrátia sa; *mṛtyu* — smrť; *saṁsāra* — v hmotnom bytí; *vartmani* — na cestu.

Tí, ktorí nemajú vieru v oddanú službu, Ma nedosiahnu, ó, hubiteľ nepriateľov a preto sa vracajú na cestu rodenia sa a smrti v hmotnom svete.

VÝZNAM: Tento verš hovorí, že neveriaci nemôžu vykonávať oddanú službu. Viera sa dá získať v spoločnosti oddaných. Niektorí ľudia nanešťastie v Boha neveria, hoci mali možnosť počuť dôkazy *vedskych* písiem od veľkých autorít. Zdráhajú sa vykonávať oddanú službu z celého srdca. Viera je teda najdôležitejší prvok pre pokrok v duchovnom živote. V *Caitanya-caritāmṛte* sa píše, že viera je stopercentné presvedčenie, že človek môže dosiahnuť najvyššiu dokonalosť jednoduchým slúžením Najvyššiemu Pánovi, Śrī Kṛṣṇovi. To je ozajstná viera. V *Śrīmad-Bhāgavatame* (4.31.14) sa uvádza:

yathā taror mūla-niṣecanena
tṛpyanti tat-skandha-bhujopaśākhāḥ
prāṇopahārāc ca yathendriyāṇāṁ
tathaiva sarvārhaṇam acyutejyā

„Zalievaním koreňa stromu budú uspokojené všetky jeho konáre, vetvičky a lístky a dodávaním potravy žalúdku budú uspokojené všetky telesné zmysly. Podobne transcendentálnou službou Najvyššiemu Pánovi uspokojíme všetkých polobohov a všetky živé bytosti." Po pozornom prečítaní *Bhagavad-gīty* by sme mali dospieť k okamžitému záveru: mali by sme zanechať všetky zbytočné činnosti a prijať oddanú službu Najvyššiemu Pánovi, Kṛṣṇovi, Božskej Osobnosti. Keď sme presvedčení o tejto životnej filozofii, nazýva sa to viera.

Vedomie Kṛṣṇu je rozvíjaním tejto viery. Ľudia vedomí si Kṛṣṇu sa dajú rozdeliť na tri skupiny. Do tretej skupiny patria tí, ktorí nemajú vieru a oddanú službu vykonávajú len povrchne. Na najvyššiu dokonalú úroveň sa nikdy nemôžu dostať a je veľmi pravdepodobné, že po nejakom čase oddanú službu zanechajú, pretože bez úplného presvedčenia a viery je pre nich veľmi ťažké pokračovať vo vedomí Kṛṣṇu, aj keď nejakú službu vykonávajú. Z praktických skúseností vidíme, že niektorí ľudia prišli do hnutia Hare Kṛṣṇa s nejakými postrannými úmyslami, a len čo si ekonomicky polepšili, zanechali oddanú službu a vrátili sa k predchádzajúcemu spôsobu života. Pokrok vo vedomí Kṛṣṇu môže urobiť iba človek s vierou. Do prvej skupiny patria tí, ktorí majú pevnú vieru a sú dokonale oboznámení s literatúrou pojednávajúcou o oddanej službe. Tí, čo príliš nerozumejú svätým písmam, ale s dobrou vôľou prijali službu Kṛṣṇovi, čiže *kṛṣṇa-bhakti* s pevnou vierou, že to je najlepšia cesta, patria do druhej skupiny. Sú teda nad treťou skupinou ľudí, ktorí nemajú ani vieru ani znalosti písiem, ale ktorí sa snažia nasledovať oddaných a byť v ich spoločnosti. Týmto ľuďom sa môže stať, že odpadnú, ale ak sa dostanú na druhý stupeň, zostanú pri oddanej službe. Pre oddaného prvého stupňa nejestvuje možnosť poklesnutia. Prvotriedny oddaný zaiste urobí taký pokrok, že napokon dosiahne dokonalosť. Ľudia v tretej skupine veria, že oddaná služba je veľmi dobrá, hoci nemajú vedomosti o Kṛṣṇovi sprostredkované písmami, ako je *Śrīmad-Bhāgavatam* a *Bhagavad-gītā*. Niekedy týchto oddaných nepriaznivo ovplyvní *karma-yoga* a *jñāna-yoga*, no len čo tieto sklony odstránia, stanú sa z nich druho alebo prvotriedni Kṛṣṇovi oddaní. V jedenástom speve *Śrīmad-Bhāgavatamu* sú opísané tri vývojové stupne viery v Kṛṣṇu a puto ku Kṛṣṇovi prvej, druhej a tretej triedy. Niekedy sa môže stať, že ľudia, ktorí vykonávajú oddanú službu bez vnútorného zapálenia, zistia, že táto cesta je veľmi ťažká, pretože nemajú vieru, ani keď počuli o Kṛṣṇovi a prednostiach oddanej služby. Myslia si, že je to len vychvaľovanie. Takí ľudia majú veľmi malú nádej, že dosiahnu dokonalosť. Viera je preto veľmi dôležitá pri vykonávaní oddanej služby.

VERŠ 4

मया ततमिदं सर्वं जगदव्यक्तमूर्तिना ।
मत्स्थानि सर्वभूतानि न चाहं तेष्ववस्थितः ॥ ४ ॥

mayā tatam idaṁ sarvaṁ jagad avyakta-mūrtinā
mat-sthāni sarva-bhūtāni na cāhaṁ teṣv avasthitaḥ

mayā — Mnou; *tatam* — preniknutý; *idam* — tento; *sarvam* — celý; *jagat* — vesmír; *avyakta-mūrtinā* — v neprejavenej podobe; *mat-sthāni* — vo Mne; *sarva-bhūtāni* — všetky živé bytosti; *na* — nie; *ca* — aj; *aham* — Ja; *teṣu* — v nich; *avasthitaḥ* — umiestnený.

Vo Svojej neprejavenej podobe prenikám celým vesmírom. Všetky bytosti sú vo Mne, ale Ja nie som v nich.

VÝZNAM: Najvyššia Božská Osobnosť nie je postihnuteľná hrubými hmotnými zmyslami.

ataḥ śrī-kṛṣṇa-nāmādi na bhaved grāhyam indriyaiḥ
sevonmukhe hi jihvādau svayam eva sphuraty adaḥ
(*Bhakti-rasāmṛta-sindhu* 1.2.234)

Kṛṣṇovo meno, slávu, zábavy atď. nemôžeme pochopiť pomocou hmotných zmyslov. Zjavia sa iba tým, ktorí Mu oddane slúžia pod vedením pravého duchovného učiteľa. V *Brahma-saṁhite* (5.38) sa uvádza: *premāñjana-cchurita-bhakti-vilocanena santaḥ sadaiva hṛdayeṣu vilokayanti*. Každý môže vidieť Govindu, Najvyššiu Božskú Osobnosť v sebe i mimo seba, ak k Nemu vyvinul transcendentálny láskyplný vzťah. Takže pre väčšinu ľudí zostáva neviditeľný. V tomto verši Śrī Kṛṣṇa hovorí, že hoci je všadeprítomný, je nepostihnuteľný hmotnými zmyslami. Naznačuje to slovami *avyakta-mūrtinā*. Aj keď Ho nemôžeme vidieť, všetko v Ňom spočíva. Ako sme sa mohli dočítať v siedmej kapitole, celý hmotný svet je len kombináciou dvoch rôznych energií Boha — vyššej duchovnej energie a nižšej hmotnej energie. Všetko závisí od Jeho energií, ktoré sa šíria hmotným stvorením, tak ako slnečné lúče vesmírom.

Napriek tomu by sme nemali dospieť k záveru, že stratil Svoju osobnú existenciu, pretože je všadeprítomný. Aby Kṛṣṇa vyvrátil tento argument, hovorí: „Som všade a všetko je vo Mne, a predsa som nad všetkým." Môžeme uviesť príklad: kráľ vedie vládu, ktorá nie je ničím iným než manifestáciou jeho energie. Jednotlivé časti vlády predstavujú rôzne časti kráľovej energie a každé oddelenie závisí od jeho moci. Jednako však nikto nepredpokladá, že bude osobne prítomný vo všetkých vládnych zložkách. Je to síce trochu nešikovný príklad, ale v hmotnom svete, ktorý vidíme, to funguje podobne. Všetko, čo jestvuje v hmotnom alebo v duchovnom svete, spočíva v energii Najvyššieho Pána. Stvorenie začína rozšírením Jeho rôznych energií, a ako sa uvádza v *Bhagavad-gīte*, *viṣṭabhyāham idaṁ kṛtsnam:* je všadeprítomný prostredníctvom Svojho osobného zastúpenia v podobe rozmanitých energií.

VERŠ 5

न च मत्स्थानि भूतानि पश्य मे योगमैश्वरम् ।
भूतभृन्न च भूतस्थो ममात्मा भूतभावनः ॥ ५ ॥

na ca mat-sthāni bhūtāni paśya me yogam aiśvaram
bhūta-bhṛn na ca bhūta-stho mamātmā bhūta-bhāvanaḥ

na — nikdy; *ca* — tiež; *mat-sthāni* — umiestnené vo Mne; *bhūtāni* — celé stvorenie; *paśya* — pozri; *me* — Moju; *yogam aiśvaram* — nepochopiteľnú mystickú moc; *bhūta-bhṛt* — udržovateľ všetkých živých bytostí; *na* — nikdy; *ca* — tiež; *bhūta-sthaḥ* — vo vesmírnom stvorení; *mama* — Moje; *ātmā* — Ja; *bhūta-bhāvanaḥ* — zdrojov všetkých stvorení.

A predsa vo Mne nespočíva všetko, čo je stvorené. Pohľaď na Moju mystickú moc! Aj keď som udržovateľom všetkých živých tvorov a zároveň som všade, nie som časťou tohoto vesmírneho stvorenia, pretože Moje Ja je jeho zdrojom.

VÝZNAM: Śrī Kṛṣṇa hovorí, že všetko spočíva v Ňom (*mat-sthāni sarva-bhūtāni*). Musíme byť opatrní, aby sme to správne pochopili. Kṛṣṇa nemá nič spoločného s priamym udržiavaním a podporovaním hmotného stvorenia. Zaiste sme všetci videli obrázok s obrom Atlasom, ktorý drží na svojich ramenách zemeguľu a zdá sa, že ho podopieranie planéty namáha. Keď Kṛṣṇa hovorí, že podopiera celý vesmír, nesmieme si predstavovať, že má rovnaké ťažkosti ako Atlas. Aj keď na Ňom všetko spočíva, je nad všetko povznesený. Rôzne hviezdne sústavy sa nachádzajú vo vesmírnom priestore a ten je energiou Najvyššieho Pána. No Pán sa od tohto priestoru líši. Má iné postavenie. Preto Kṛṣṇa hovorí, že je nad všetko povznesený ako Najvyššia Božská Osobnosť, hoci všetko spočíva na Jeho nepochopiteľnej energii. Taká neuveriteľná je Pánova moc.

Vo *vedskom* náučnom slovníku *Nirukti* sa môžeme dočítať: *yujyate 'nena durghaṭeṣu kāryeṣu.* „Najvyšší Pán ukazuje Svoju moc v neuveriteľne krásnych zábavách." Má množstvo rozličných energií a samotná Jeho túžba je skutočnosťou. Takto môžeme pochopiť Božskú Osobnosť. Niekedy túžime niečo urobiť, ale vzhľadom na mnohé prekážky sa nám to nepodarí vykonať podľa našich predstáv. Keď však chce niečo urobiť Kṛṣṇa, všetko sa stane už len vďaka Jeho túžbe, a to tak dokonale, že nikto z nás nedokáže pochopiť, ako je to možné. Kṛṣṇa to vysvetľuje tak, že hoci udržuje a podopiera hmotné stvorenie, nemá s hmotným svetom styk. Všetko je stvorené, udržiavané a ničené jednoducho Jeho vôľou. Medzi mysľou Najvyššieho Pána a Ním samotným niet rozdielu, lebo je absolútne duchovný (čo sa však nedá povedať o nás a našej mysli). Obyčajný človek nemôže pochopiť, ako môže byť Najvyšší Pán všadeprítomný a zároveň mať osobnú podobu. Od hmotnej prírody sa odlišuje, a predsa v Ňom všetko spočíva. V tomto verši je to opísané slovami *yogam aiśvaram*, mystická sila Najvyššej Božskej Osobnosti.

VERŠ 6

यथाकाशस्थितो नित्यं वायुः सर्वत्रगो महान् ।
तथा सर्वाणि भूतानि मत्स्थानीत्युपधारय ॥ ६ ॥

yathākāśa-sthito nityaṁ vāyuḥ sarvatra-go mahān
tathā sarvāṇi bhūtāni mat-sthānīty upadhāraya

yathā — tak ako; *ākāśa-sthitaḥ* — sídli v priestore; *nityam* — vždy; *vāyuḥ* — vietor; *sarvatra-gaḥ* — fúka všade; *mahān* — mocný; *tathā* — podobne; *sarvāṇi bhūtāni*—všetky stvorené bytosti; *mat-sthāni*—umiestnené vo Mne; *iti*—tak; *upadhāraya*—snaž sa pochopiť.

Vedz, že tak, ako mocný vietor, ktorý vanie všade, stále spočíva v nebi, spočívajú vo Mne všetky stvorené bytosti.

VÝZNAM: Pre obyčajného človeka je takmer nemožné pochopiť, aké obrovské je hmotné stvorenie, ktoré spočíva na Kṛṣṇovi. Aby sme tomu porozumeli, dáva nám príklad. Priestor je najväčší výtvor, aký si dokážeme predstaviť. V priestore sa pohybuje vietor čiže vzduch, ktorý ovplyvňuje pohyb všetkého. No hoci je vzduch (vietor) taký veľký, nachádza sa v priestore, hranice ktorého nikdy neprekročí. Podobne jestvujú všetky vesmíry z najvyššej vôle Boha a sú pod Jeho mocou. Hovorí sa, že bez Božej vôle sa ani steblo trávy nepohne. Pri stvorení, udržiavaní a ničení sa všetko hýbe vďaka Jeho vôli, a napriek tomu je nad všetko povznesený, podobne ako je priestor nedotknutý činnosťou ovzdušia.

V *Upaniṣadach* (*Taittirīya Upaniṣad* 2.8.1) sa uvádza: *yad-bhīṣā vātaḥ pavate.* „Vietor fúka zo strachu pred Najvyšším Pánom." V *Bṛhad-āraṇyaka Upaniṣade* (3.8.9) sa hovorí: *etasya vā akṣarasya praśāsane gārgi sūrya-candramasau vidhṛtau tiṣṭhata etasya vā akṣarasya praśāsane gārgi dyāv-āpṛthivyau vidhṛtau tiṣṭhataḥ.* „Mesiac, Slnko a ostatné veľké planéty sa pohybujú pod dohľadom Najvyššieho Pána a na Jeho príkaz." V *Brahma-saṁhite* (5.52) sa tiež hovorí:

yac-cakṣur eṣa savitā sakala-grahāṇāṁ
rājā samasta-sura-mūrtir aśeṣa-tejāḥ
yasyājñayā bhramati sambhṛta-kāla-cakro
govindam ādi-puruṣaṁ tam ahaṁ bhajāmi

To je popis pohybu Slnka. Uvádza sa v ňom, že Slnko, ktoré má nesmiernu schopnosť šíriť svetlo a teplo, je považované za jedno z očí Najvyššieho Pána a pohybuje sa po svojej obežnej dráhe na rozkaz Govindy a vďaka Jeho vznešenej vôli. Vo *vedskych* písmach teda môžeme nájsť veľa dôkazov o tom, že hmotné stvorenie, ktoré sa nám javí tak úžasne obrovské, je pod úplným dohľadom Najvyššej Božskej Osobnosti. To bude podrobnejšie objasnené v nasledujúcich veršoch tejto kapitoly.

VERŠ 7

सर्वभूतानि कौन्तेय प्रकृतिं यान्ति मामिकाम् ।
कल्पक्षये पुनस्तानि कल्पादौ विसृजाम्यहम् ॥ ७ ॥

sarva-bhūtāni kaunteya prakṛtiṁ yānti māmikām
kalpa-kṣaye punas tāni kalpādau visṛjāmy aham

sarva-bhūtāni — všetky stvorené bytosti; *kaunteya* — ó, syn Kuntī; *prakṛtim* — príroda; *yānti* — vstúpi do; *māmikām* — Mojej; *kalpa-kṣaye* — na konci veku; *punaḥ* — opäť; *tāni* — všetky; *kalpa-ādau* — na počiatku; *visṛjāmi* — stvorím; *aham* — Ja.

Na konci veku vstúpujú všetky hmotné prejavy do Mojej prirodzenosti, ó, syn Kuntī, a na počiatku nového veku ich svojou silou opäť stvorím.

VÝZNAM: Stvorenie, udržiavanie a ničenie tohto hmotného sveta závisí celkom od najvyššej vôle Božskej Osobnosti. „Na konci veku" znamená na konci Brahmovho života. Jeden Brahmov deň trvá 4 300 000 000 pozemských rokov a rovnako dlho trvá jeho noc. Tridsať dní a nocí tvorí jeden mesiac a dvanásť mesiacov je jeho jeden rok. Brahmā sa dožíva sto rokov. Po sto takých rokoch, keď Brahmā zomrie, nastane úplná skaza a zničenie — energia, ktorá emanovala z Najvyššieho Pána, do Neho opäť vstúpi. Keď dôjde k novému stvoreniu hmotného vesmíru, stane sa tak vôľou Najvyššieho Pána. *Vedsky* aforizmus znie: *bahu syām*. „Aj keď Som jeden, zmnohonásobím sa." (*Chāndogya Upaniṣad* 6.2.3) Expanduje sa v hmotnej energii a celé vesmírne prejavenie je opäť stvorené.

VERŠ 8

प्रकृतिं स्वामवष्टभ्य विसृजामि पुनः पुनः ।
भूतग्राममिमं कृत्स्नमवशं प्रकृतेर्वशात् ॥ ८ ॥

prakṛtiṁ svām avaṣṭabhya visṛjāmi punaḥ punaḥ
bhūta-grāmam imaṁ kṛtsnam avaśaṁ prakṛter vaśāt

prakṛtim—hmotná príroda; *svām*—Mne; *avaṣṭabhya*—vstupuje; *visṛjāmi*—tvorím; *punaḥ punaḥ*—znovu a znovu; *bhūta-grāmam*—všetky vesmírne prejavy; *imam*—tieto; *kṛtsnam*—všetku; *avaśam*—automaticky; *prakṛteḥ*—sila prírody; *vaśāt*—podliehajú.

Celý vesmírny poriadok podlieha mojej vláde. Podľa Mojej vôle sa všetko samočinne znovu a znovu prejavuje a podľa Mojej vôle je to na konci zase zničené.

VÝZNAM: Ako sme už niekoľkokrát vysvetlili, hmotný svet je prejavom nižšej energie Najvyššej Božskej Osobnosti. Na počiatku stvorenia je hmotná energia uvoľnená ako *mahat-tattva*, do ktorej vstúpi Najvyšší Pán ako prvá Puruṣa-inkarnácia vo Svojom vtelení Mahā-Viṣṇua. Leží v Oceáne príčin a vydychuje nesčíselné množstvo vesmírov. Tak sú stvorené všetky vesmíry a On do každého z nich vstúpi ako Garbhodakaśāyī Viṣṇu. Vo Svojej ďalšej podobe, ako Kṣīrodakaśāyī Viṣṇu, potom vstúpi do všetkého, dokonca aj do nepatrného atómu.

Živé bytosti sú rozptýlené do hmotnej prírody a zaujmú rôzne postavenia podľa výsledkov minulých činov. Takto začínajú činnosti hmotného sveta. Rôzne živočíšne druhy sú stvorené súčasne s vesmírom a začínajú od samého začiatku stvorenia konať. O nejakom vývoji sa nedá hovoriť. Všetky živé tvory — ľudia, cicavci, vtáci, ryby atď. — sú stvorené súčasne s vesmírom, pretože všetky túžby, ktoré mali v minulom stvorení, sa opäť prejavia. Slovom *avaśam* sa naznačuje, že tento vývoj nezávisí od živých bytostí. Stav bytia z ich minulého života, z predchádzajúceho stvorenia, sa znovu prejaví, a to jedine vďaka vôli Najvyššieho Pána. To je nepochopiteľná energia Najvyššej Božskej Osobnosti. Po stvorení rôznych živočíšnych druhov s nimi viac nemá spojenie. Hmotný svet umožňuje živým bytostiam splniť ich najrozličnejšie želania, no s tým nemá Śrī Kṛṣṇa nič spoločného.

VERŠ 9

न च मां तानि कर्माणि निबध्नन्ति धनञ्जय ।
उदासीनवदासीनमसक्तं तेषु कर्मसु ॥ ९ ॥

na ca māṁ tāni karmāṇi nibadhnanti dhanañjaya
udāsīna-vad āsīnam asaktaṁ teṣu karmasu

na — nikdy; *ca* — tiež; *mām* — Mňa; *tāni* — tieto; *karmāṇi* — činnosti; *nibadhnanti* — pútajú; *dhanañjaya* — ó, dobyvateľ víťazstva; *udāsīna-vat* — neutrálny; *āsīnam* — umiestnený; *asaktam* — odpútaný; *teṣu* — k týmto; *karmasu* — činnostiam.

Ó, Dhanañjaya, táto práca Ma nijako nezväzuje. Som od všetkých týchto hmotných činností trvale odpútaný; spočívam akoby nezaujatý.

VÝZNAM: Nemali by sme z týchto slov vyvodiť záver, že Śrī Kṛṣṇa, Najvyššia Božská Osobnosť, nič nerobí. V duchovnom svete je vždy činný. V *Brahma-saṁhite* (5.6) sa hovorí: *ātmārāmasya tasyāsti prakṛtyā na samāgamaḥ.* „Śrī Kṛṣṇa sa oddáva večným, blaženým duchovným zábavám, ale s činnosťami hmotného sveta nemá nič spoločného.“ Hmotné činnosti vykonávajú Jeho rôzne energie. Tento verš sa zmieňuje o neutralite Najvyššieho Pána voči hmotným činnostiam. Naznačujú to slová *udāsīna-vat*. Napriek tomu, že ovláda každú maličkosť stvoreného sveta, spočíva akoby nestranne. Napríklad sudca je nestranný, aj keď nad niekým vynesie trest smrti obesením, iného odsúdi do väzenia a niekomu zas pridelí veľký majetok. Nemá nič spoločného so ziskom alebo stratou. Podobne neutrálny je Śrī Kṛṣṇa, aj keď ovplyvňuje činnosti na akejkoľvek úrovni. Vo *Vedānta-sūtre* (2.1.34) sa hovorí: *vaiṣamya-nairghṛṇye na*. Nenachádza sa v dualitách hmotného sveta, ale je transcendentálny a nelipne na stvorení a zničení tohoto hmotného sveta. Živé bytosti na seba berú rôzne životné podoby podľa svojich minulých činov, ale Śrī Kṛṣṇa s tým nemá nič spoločné.

VERŠ 10

मयाध्यक्षेण प्रकृतिः सूयते सचराचरम् ।
हेतुनानेन कौन्तेय जगद्विपरिवर्तते ॥ १० ॥

mayādhyakṣeṇa prakṛtiḥ sūyate sa-carācaram
hetunānena kaunteya jagad viparivartate

mayā — pod Mojím; *adhyakṣeṇa* — dohľadom; *prakṛtiḥ* — hmotná príroda; *sūyate* — prejavuje; *sa* — oboje; *cara-acaram* — pohyblivé i nehybné;

hetunā — z tejto príčiny; *anena* — tento; *kaunteya* — ó, syn Kuntī; *jagat* — svet; *viparivartate* — pracuje.

Táto hmotná príroda, ktorá je jednou z Mojich energií, jedná pod Mojím dohľadom a vydáva všetko pohyblivé i nehybné. Jej pôsobením, ó, syn Kuntī, je tento prejav znovu a znovu tvorený a ničený.

VÝZNAM: V tomto verši Śrī Kṛṣṇa jasne vysvetľuje, že zostáva Najvyšším Vládcom, pretože sa nachádza nad činnosťami hmotného sveta. Najvyšší Pán je najvyššou vôľou a základom všetkého stvorenia, no činnosti riadi hmotná príroda. Śrī Kṛṣṇa tiež v *Bhagavad-gīte* hovorí, že je otcom všetkých živých bytostí. Tak ako otec oplodní vajíčko v maternici, tak Najvyšší Pán oplodní hmotnú prírodu živými bytosťami. Pán iba pohliadne na hmotnú prírodu a živé bytosti získajú telá podľa svojich minulých činností a túžob. Aj keď sa narodili z Pánovho pohľadu, o ich terajších telách rozhodujú ich niekdajšie túžby a činy. Pohliadnutím na hmotnú prírodu uvedie Najvyšší Pán do činnosti hmotnú prírodu a všetko je ihneď stvorené. Takto sa nepochybne zúčastňuje činností v hmotnom svete, ale priamo s hmotným stvorením nemá nič spoločné. Nasledujúci príklad pochádza z *vedskych smṛti*. Keď privoniame ku kvetu, dotkne sa jeho vôňa nášho čuchového orgánu. Kvet a čuchový orgán však k sebe pútané nie sú. Podobný vzťah je medzi hmotným svetom a Najvyššou Božskou Osobnosťou. V skutočnosti s týmto svetom nemá nič spoločné, a napriek tomu tvorí a vládne Svojím pohľadom. Na záver teda môžeme povedať, že bez vedenia Najvyššej Božskej Osobnosti by hmotná príroda nemohla byť činná. Najvyšší Pán však napriek tomu nie je pútaný k hmotným činnostiam.

VERŠ 11

अवजानन्ति मां मूढा मानुषीं तनुमाश्रितम् ।
परं भावमजानन्तो मम भूतमहेश्वरम् ॥ ११ ॥

avajānanti māṁ mūḍhā mānuṣīṁ tanum āśritam
paraṁ bhāvam ajānanto mama bhūta-maheśvaram

avajānanti — vysmievajú sa; *mām* — Mne; *mūḍhāḥ* — hlupáci; *mānuṣīm* — v ľudskej podobe; *tanum* — telo; *āśritam* — beriem; *param* — transcendentálnu; *bhāvam* — povahu; *ajānantaḥ* — nepoznajú; *mama* — Moju; *bhūta* — nad všetkým; *maha-īśvaram* — najvyšší vlastník.

Hlupáci sa Mi vysmievajú, keď zostúpim v ľudskej podobe, pretože nepoznajú Moju transcendentálnu povahu zvrchovaného Pána nad všetkým, čo jestvuje.

VÝZNAM: Predchádzajúce verše tejto kapitoly dávajú jasne najavo, že Najvyššia Božská Osobnosť nie je obyčajná osoba, aj keď vyzerá ako človek. Božská Osobnosť, ktorá ovláda vznik, udržiavanie a zničenie celého vesmírneho prejavu, nemôže byť obyčajný človek. Napriek tomu veľa bláznov tvrdí, že Śrī Kṛṣṇa je iba obyčajný mocný človek. Kṛṣṇa je ale v skutočnosti pôvodná Najvyššia Osobnosť, čo potvrdzuje aj *Brahma-saṁhita* (*īśvaraḥ paramaḥ kṛṣṇaḥ*); Śrī Kṛṣṇa je Najvyšší Pán.

Existuje mnoho *īśvarov*, vládcov, a každý z nich môže byť mocnejší než druhý. V bežnom riadení záležitostí hmotného sveta sa stretávame s nejakým úradníkom či vedúcim, nad ním stojí tajomník, nad tajomníkom je minister a nad ním prezident. Každý z nich je vládca, a predsa je pod kontrolou niekoho iného. V *Brahma-saṁhite* sa hovorí, že Śrī Kṛṣṇa je Najvyšší Vládca. V hmotnom i v duchovnom svete je nepochybne veľa vládcov, ale Kṛṣṇa je Najvyšší Vládca, *īśvaraḥ paramaḥ kṛṣṇaḥ*, a Jeho telo je duchovné, *sac-cid-ānanda*.

Hmotné telá sa nemôžu chovať tak úžasne, ako je opísané v predchádzajúcich veršoch. Kṛṣṇovo telo je večné, blažené a plné poznania. Aj keď nie je jedným z nás, hlupáci sa Mu posmievajú a považujú Ho za obyčajného človeka. Slovo *mānuṣīm* v tomto verši znamená, že koná ako človek, ako Arjunov priateľ alebo politik zapletený do boja na Kurukṣetre. Śrī Kṛṣṇa sa choval ako obyčajný človek, ale Jeho telo je v skutočnosti *sac-cid-ānanda-vigraha*, večné, absolútne blažené a plné poznania. To je potvrdené aj v iných *vedskych* písmach: *sac-cid-ānanda-rūpāya kṛṣṇāya*. „Úctivo sa klaniam Najvyššej Božskej Osobnosti, Kṛṣṇovi, ktorý je večný, plný poznania a blaženosti." (*Gopāla-tāpanī Upaniṣad* 1.1) *Tam ekaṁ govindam:* „Ty si Govinda — prinášaš potešenie zmyslom a kravám." *Sac-cid-ānanda-vigraham:* „Tvoja podoba je transcendentálna, večná, plná poznania a blaženosti." (*Gopāla-tāpanī Upaniṣad* 1.35)

Aj keď Kṛṣṇovo telo má veľa transcendentálnych vlastností, jestvuje mnoho takzvaných učencov a komentátorov *Bhagavad-gīty*, ktorí Kṛṣṇu považujú za obyčajného človeka. Títo učenci možno získali zvláštne nadanie vďaka svojim minulým dobrým činom, ale toto nepochopenie Kṛṣṇu je založené na nedokonalých vedomostiach. Preto sa nazývajú *mūḍhovia*. Len hlupáci považujú Kṛṣṇu za obyčajnú ľudskú bytosť, pretože nevedia nič o Jeho rôznych energiách a dôverných zábavách. Nevedia, že Kṛṣṇovo telo predstavuje úplné poznanie a blaženosť, že je vlastníkom všetkého, čo jestvuje a môže kohokoľvek obdarovať vyslobodením. Keďže *mūḍhovia* nevedia, že Kṛṣṇa má toľko transcendentálnych vlastností, posmievajú sa Mu.

Nevedia, že zjavenia Najvyššieho Pána sa dejú na úrovni jeho vnútornej energie. Śrī Kṛṣṇa je vládcom hmotnej energie. Ako sme už viackrát vysvetlili (*mama māyā duratyayā*), Kṛṣṇa prehlasuje, že hoci je hmotná energia veľmi silná, je v Jeho moci, a ten, kto sa Mu odovzdá, sa môže dostať spod vplyvu hmotnej energie. Keď sa duša odovzdá Kṛṣṇovi, môže sa dostať spod nadvlády hmoty. Ako potom môže mať Najvyšší Pán, ktorý riadi stvorenie, udržiavanie a ničenie celej vesmírnej manifestácie, hmotné telo ako my? Prijímať Kṛṣṇu v takom poňatí je celkom hlúpe. Hlúpi ľudia si však nedokážu predstaviť, ako sa Kṛṣṇa, Najvyššia Božská Osobnosť, môže zjaviť ako obyčajný človek, a pritom ovládať nielen atómy, ale aj obrovské vesmíry. O najväčšom a najmenšom nemajú ani poňatie, preto si nedokážu predstaviť, že by niekto v ľudskej podobe mohol ovládať to, čo je nekonečné, i to, čo je nepostrehnuteľné. Aj keď Kṛṣṇa ovláda nekonečné i konečné, je od tohto stvorenia oddelený. Čo sa týka *yogam aiśvaram*, Jeho nepochopiteľných transcendentálnych energií, hovorí sa, že môže súčasne ovládať veci nekonečne veľké i nekonečne malé a že tým nie je vôbec ovplyvnený. Hlupáci si nevedia predstaviť ako Kṛṣṇa, ktorý sa zjaví v ľudskej podobe, môže ovládať nekonečno i konečno. Čistí oddaní to však prijímajú, lebo vedia, že Śrī Kṛṣṇa je Najvyššia Božská Osobnosť. Preto sa Mu úplne odovzdávajú a oddane Mu slúžia s mysľou na Neho uprenou.

O zjavení Śrī Kṛṣṇu v ľudskej podobe jestvuje medzi impersonalistami a personalistami množstvo rozporov, no keď sa pozrieme do *Bhagavad-gīty* a *Śrīmad-Bhāgavatamu*, autoritatívnych písiem pojednávajúcich o náuke o Kṛṣṇovi, zistíme, že Śrī Kṛṣṇa je Najvyššia Božská Osobnosť. Nie je to obyčajný človek, hoci sa tak na Zemi zjavil. V prvej kapitole prvého dielu *Śrīmad-Bhāgavatamu* sa svätí muži vedení Śaunakom pýtajú na Kṛṣṇove činnosti a dostávajú odpoveď:

kṛtavān kila karmāṇi saha rāmeṇa keśavaḥ
ati-martyāni bhagavān gūḍhaḥ kapaṭa-māṇuṣaḥ

„Śrī Kṛṣṇa, Najvyššia Božská Osobnosť, sa hral s Balarāmom ako ľudská bytosť a takto prestrojený vykonal mnoho nadľudských činov." (*Śrīmad--Bhāgavatam* 1.1.20) Kṛṣṇov príchod v ľudskej podobe mätie hlupákov. Keď bol Kṛṣṇa osobne prítomný na Zemi, vykonával také úžasné činy, aké by žiadny človek nedokázal napodobniť. Keď sa narodil, zjavil sa pred Svojím otcom Vasudevom a Svojou matkou Devakī vo Svojej štvorrukej podobe, no na naliehanie Svojich rodičov sa premenil na obyčajné dieťatko. V *Śrīmad Bhāgavatame* (10.3.46) sa píše: *babhūva prākṛtaḥ śiśuḥ*. Vyzeral ako obyčajné dieťa, ako obyčajný človek. Jeho zjavenie v ľudskej podobe je jednou z vlastností Jeho transcendentálneho tela, čo je potvrdené tiež v jedenástej kapitole *Bhagavad-gīty*. Po zhliadnutí Kṛṣṇovej vesmírnej podoby prosí Arjuna Kṛṣṇu, aby mu ukázal Svoju štvorrukú podobu (*tenaiva rūpeṇa catur-bhujena*) a potom mu Kṛṣṇa zjavil Svoju skutočnú podobu (*mānuṣaṁ rūpam*). Tieto rôzne rysy Najvyššieho Pána sa zaiste nepodobajú rysom obyčajného človeka.

Ľudia, ktorí ponižujú Kṛṣṇu a ktorí sú nakazení *māyāvādskou* filozofiou, chcú presadiť, že Kṛṣṇa je iba obyčajný človek, a preto citujú nasledujúci verš zo *Śrīmad-Bhāgavatamu* (3.29.21): *ahaṁ sarveṣu bhūteṣu bhūtātmāvasthitaḥ sadā*. „Najvyšší je prítomný vo všetkých živých bytostiach." Mali by sme si však všimnúť skôr výklad *vaiṣṇavských* ācāryov, ako sú napríklad Jīva Gosvāmī a Viśvanātha Cakravartī Ṭhākura, než nasledovať výklady neoprávnených ľudí, ktorí Kṛṣṇu ponižujú. Podľa Jīvu Gosvāmīho pojednáva tento verš o úplnej Kṛṣṇovej expanzii, ktorá sa nazýva Paramātmā a sídli ako Nadduša v srdciach pohybujúcich sa i nehybných živých bytostí. Z troch druhov oddaných je na najnižšej úrovni ten, ktorý upriamuje svoju pozornosť na *arcā-mūrti*, podobu Najvyššieho Pána v chráme a nehľadí s úctou na ostatné živé bytosti. Takéto uctievanie Pánovej podoby v chrámoch je zbytočné. Sú tri druhy oddaných a začiatočník je na najnižšej úrovni. Viac než oddaných si všíma Božstvo v chráme a preto Viśvanātha Cakravartī Ṭhākura upozorňuje, že takú mentalitu treba napraviť. Oddaný by si mal uvedomiť, že Kṛṣṇa je prítomný v srdciach všetkých ako Paramātmā a preto sú všetky telá chrámom Boha. Tak ako vzdávame úctu Pánovmu chrámu, mali by sme si ctiť vhodným spôsobom všetky telá, v ktorých sídli Paramātmā a nemali by sme zabúdať na nikoho.

Mnohí impersonalisti znevažujú chrámové obrady. Hovoria, že vzhľadom k tomu, že Boh je všade, nemali by sme sa obmedzovať na uctievanie Boha v chrámoch. Ale ak je Boh všade, nie je vari aj v chrámoch alebo v Božstvách? Spor medzi personalistami a impersonalistami bude stále pokračovať. Dokonalý Kṛṣṇov oddaný však vie, že Kṛṣṇa je všadeprítomný Najvyšší Pán, čo potvrdzuje aj *Brahma-saṁhita.* Napriek tomu, že Kṛṣṇa nikdy neopustí Svoje sídlo, Goloku Vṛndāvanu, je prítomný v každej časti hmotného a duchovného stvorenia vďaka Svojim rôznym energiám a vteleniam.

VERŠ 12

मोघाशा मोघकर्माणो मोघज्ञाना विचेतसः ।
राक्षसीमासुरीं चैव प्रकृतिं मोहिनीं श्रिताः ॥ १२ ॥

moghāśā mogha-karmāṇo mogha-jñānā vicetasaḥ
rākṣasīm āsurīṁ caiva prakṛtiṁ mohinīṁ śritāḥ

mogha-āśāḥ — tí, ktorých nádeje sú zmarené; *mogha-karmāṇaḥ* — tí, ktorých plodonosné činnosti sä zmarené; *mogha-jñānāḥ* — a tí, ktorých poznanie je zbytočné; *vicetasaḥ* — zmätení; *rākṣasīm* — démonským; *āsurīm* — ateistickým; *ca* — a; *eva* — určite; *prakṛtim* — povahy; *mohinīm* — zmätení; *śritāḥ* — prijímajú útočisko.

Takto zmätených jedincov priťahujú démonské a ateistické princípy. Keď sú týmto spôsobom oklamaní, ich nádej na oslobodenie, práca s vidinou plodov a rozvoj poznania sú zmarené.

VÝZNAM: Existuje veľa ľudí, ktorí sa považujú za Kṛṣṇovych oddaných, ale v skutočnosti neprijímajú Kṛṣṇu, Najvyššiu Božskú Osobnosť, ako Absolútnu Pravdu. Nanešťastie nikdy neochutnajú ovocie oddanej služby — návrat k Bohu. Ani tí, ktorí sa venujú zbožným činnostiam za účelom oslobodenia sa z hmotného zapletenia, nikdy neuspejú vo svojich snahách, pretože sa vysmievajú Kṛṣṇovi, Najvyššej Božskej Osobnosti. Inými slovami, osoby, ktoré závidia a ohovárajú Śrī Kṛṣṇu by mali byť považované za démonské a ateistické. Ako sa píše v siedmej kapitole *Bhagavad-gīty*, takí démonskí naničhodníci sa Kṛṣṇovi nikdy neodovzdávajú. Ich snaha dospieť k Absolútnej Pravde mentálnou špekuláciou ich preto privedie k nesprávnym záverom, že obyčajná živá bytosť je totožná s Kṛṣṇom. Pod vplyvom tohto falošného presvedčenia si myslia, že hmotné telo momentálne zakrýva živú bytosť a že po oslobodení sa z hmotného tela je s Bohom totožná. Tento klamný pokus o stotožnenie sa s Kṛṣṇom však bude zmarený a akékoľvek ateistické a démonské formy kultivovania duchovného vedomia sú vždy bezcenné. To je naznačené v tomto verši. Práve tak neuspejú, keď chcú získať poznanie z *vedskej* literatúry, ako je *Vedānta-sūtra* a *Upaniṣady*.

Považovať Kṛṣṇu, Najvyššiu Božskú Osobnosť, za obyčajného človeka je veľký priestupok. Tí, ktorí sa ho dopúšťajú, sú zaiste oklamaní, pretože nedokážu pochopiť Kṛṣṇovu večnú podobu. V *Bṛhad-viṣṇu-smṛti* sa jasne uvádza:

yo vetti bhautikaṁ dehaṁ kṛṣṇasya paramātmanaḥ
sa sarvasmād bahiṣ-kāryaḥ śrauta-smārta-vidhānataḥ
mukhaṁ tasyāvalokyāpi sa-celaṁ snānam ācaret

„Človek, ktorý považuje Kṛṣṇovo telo za hmotné, by mal mať zakázané vykonávať obrady a činnosti odporučené v *śruti* a *smṛti*. A ak niekto nešťastnou náhodou uzrie tvár takého človeka, mal by sa ihneď okúpať v Gange, aby sa očistil." Ľuďom, ktorí zosmiešňujú Kṛṣṇu, závidiac Mu Jeho postavenie, je zaiste súdené rodiť sa neustále v ateistických alebo v démonských telách. Ich poznanie zostane navždy zakryté a postupne budú klesať do najtemnejších končín vesmíru.

VERŠ 13

महात्मानस्तु मां पार्थ दैवीं प्रकृतिमाश्रिताः ।
भजन्त्यनन्यमनसो ज्ञात्वा भूतादिमव्ययम् ॥ १३ ॥

mahātmānas tu māṁ pārtha daivīṁ prakṛtim āśritāḥ
bhajanty ananya-manaso jñātvā bhūtādim avyayam

mahā-ātmānaḥ — veľké duše; *tu* — ale; *mām* — vo Mne; *pārtha* — ó, syn Pṛthy; *daivīm* — božskej; *prakṛtim* — prirodzenosti; *āśritāḥ* — pod ochranou; *bhajanti* — slúžia; *ananya-manasaḥ* — s neochvejnou mysľou; *jñātvā* — vediac; *bhūta* — stvorenie; *ādim* — pôvod; *avyayam* — nevyčerpateľnej povahy.

No veľké duše, ktoré nie sú poblúznené, ó, syn Pṛthy, sú pod ochranou božskej prirodzenosti. Plne sa zamestnávajú v oddanej službe,

pretože Ma poznajú ako pôvodnú Najvyššiu Božskú Osobnosť s nevyčerpateľnou existenciou.

VÝZNAM: V tomto verši je jasná definícia *mahātmu*. Prvým znakom *mahātmu* je to, že sa už nachádza na úrovni božskej prirodzenosti. Neovplyvňuje ho hmotná príroda. Ako je to možné? To je vysvetlené v siedmej kapitole. Človek, ktorý sa odovzdá Kṛṣṇovi, Najvyššej Božskej Osobnosti, sa okamžite vymaní spod nadvlády hmotnej prírody. Odovzdať sa Najvyššej Božskej Osobnosti je teda prvým krokom potrebným k tomu, aby sa duša oslobodila spod vplyvu hmotnej prírody. Vzhľadom na to, že živá bytosť patrí do okrajovej energie, dostane sa po vyslobodení pod ochranu duchovnej prirodzenosti (*daivī prakṛti*). Keď sa človek odovzdá Najvyššej Božskej Osobnosti, povýši sa na duchovnú úroveň a stane sa z neho *mahātma*, veľká duša.

Mahātma nemyslí na nič iné než na Kṛṣṇu, pretože vôbec nepochybuje o tom, že Kṛṣṇa je pôvodná Najvyššia Osoba, príčina všetkých príčin. Svoje hlboké presvedčenie získal v spoločnosti druhých *mahātmov* alebo čistých oddaných. Čistých oddaných dokonca nepriťahujú ani ostatné Kṛṣṇove podoby, ako napríklad štvorruká podoba Mahāviṣṇua. V myšlienkach sa oddávajú iba Kṛṣṇovi v Jeho dvojrukej podobe a nezaujímajú sa ani o polobohov, či ľudské bytosti. Rozjímajú iba o Śrī Kṛṣṇovi. Neustále sú zapojení do láskyplnej služby Pánovi, plne absorbovaní vo vedomí Kṛṣṇu.

VERŠ 14

सततं कीर्तयन्तो मां यतन्तश्च दृढव्रताः ।
नमस्यन्तश्च मां भक्त्या नित्ययुक्ता उपासते ॥ १४ ॥

satataṁ kīrtayanto māṁ yatantaś ca dṛḍha-vratāḥ
namasyantaś ca māṁ bhaktyā nitya-yuktā upāsate

satatam — neustále; *kīrtayantaḥ* — velebia; *mām* — Mňa; *yatantaḥ* — snažia sa; *ca* — tiež; *dṛḍha-vratāḥ* — odhodlane; *namasyantaḥ* — klaňajú sa; *ca* — a; *mām* — Mňa; *bhaktyā* — s oddanosťou; *nitya-yuktāḥ* — vždy zamestnaní; *upāsate* — uctievaním.

Tieto veľké duše vždy s veľkou odhodlanosťou neustále ospevujú Moju slávu, vzdávajú Mi svoje poklony a bez ustania Ma oddane uctievajú.

VÝZNAM: Mahātma sa nedá vyrobiť tak, že sa tento titul pridelí obyčajnému človeku. Jeho vlastnosti sú opísané v tomto verši. *Mahātma* sa vždy oddáva ospevovaniu slávy Śrī Kṛṣṇu, Najvyššej Božskej Osobnosti. Jedinou jeho činnosťou je velebenie Najvyššieho Pána. Inými slovami *mahātma* nie je impersonalista. Znamená to, že musíme ospevovať Pánovo sväté meno, Jeho večnú podobu, Jeho transcendentálne vlastnosti a Jeho neobvyklé zábavy. *Mahātma* uctieva všetky tieto veci, a preto je pripútaný k Najvyššej Božskej Osobnosti.

Človek, uctievajúci neosobný rys Najvyššieho Pána — *brahmajyoti*, nie je v *Bhagavad-gīte* opísaný ako *mahātma*. Popis *mahātmu* sa od neho v nasledujúcom verši líši. *Mahātma* je neustále zamestnaný v činnostiach oddanej služby, o ktorých sa hovorí v *Śrīmad-Bhāgavatame:* v načúvaní, velebení a rozjímaní o Viṣṇuovi, a nie o polobohu alebo o človeku. To sa nazýva oddanosť: *śravanaṁ kīrtanaṁ viṣṇoḥ* a *smaraṇam*, spomínanie na Neho. Taký *mahātma* sa odhodlane snaží dosiahnuť spoločnosť Najvyššieho Pána v ktoromkoľvek z piatich transcendentálnych vzťahov (*rasa*). Aby tento úspech dosiahol, zamestnáva všetko — hlas, telo i myseľ — v službe Śrī Kṛṣṇovi, Najvyššiemu Pánovi. To sa nazýva plné vedomie Kṛṣṇu.

V oddanej službe sú isté predpísané činnosti, ako napr. držanie pôstu jedenásty deň po splne a nove (Ekādaśī) a počas osláv Pánovho zjavenia. Veľkí *ācāryovia* ponúkajú tieto pravidlá a zásady všetkým, ktorí sa chcú vskutku uchádzať o spoločnosť Najvyššej Božskej Osobnosti v transcendentálnom svete. *Mahātmovia*, veľké duše, sú pevní vo svojich predsavzatiach dodržiavať tieto pravidlá a zásady, a preto nepochybne dosiahnu vytúžený cieľ.

Vykonávanie oddanej služby je podľa druhého verša tejto kapitoly nielen jednoduché, ale aj radostné. Nemusíme podstupovať prísnu askézu a pokánie. Pod vedením kvalifikovaného duchovného učiteľa môžeme žiť v akýchkoľvek životných podmienkach a oddane slúžiť Kṛṣṇovi ako *brahmacārī*, hospodár či *sannyāsī*. Hocikde na svete môžeme oddane slúžiť Najvyššej Božskej Osobnosti a stať sa skutočnými *mahātmami* — veľkými dušami.

VERŠ 15

ज्ञानयज्ञेन चाप्यन्ये यजन्तो मामुपासते ।
एकत्वेन पृथक्त्वेन बहुधा विश्वतोमुखम् ॥ १५ ॥

jñāna-yajñena cāpy anye yajanto mām upāsate
ekatvena pṛthaktvena bahudhā viśvato-mukham

jñāna-yajñena — rozvíjaním poznania; *ca* — tiež; *api* — zaiste; *anye* — iní; *yajantaḥ* — obetujú; *mām* — Mňa; *upāsate* — uctievajú; *ekatvena* — v jednote; *pṛthaktvena* — v dvojnosti; *bahudhā* — v rozmanitosti; *viśvataḥ-mukham* — a vo vesmírnej podobe.

A iní, ktorí prinášajú obeť kultiváciou poznania, uctievajú Mňa, Najvyššieho Pána, ako jednotu, rozmanitosť v mnohých alebo vesmírnu podobu.

VÝZNAM: Tento verš je zhrnutím predchádzajúcich veršov. Śrī Kṛṣṇa povedal Arjunovi, že tí, ktorí majú plné vedomie Kṛṣṇu a nemyslia na nič iné, sa nazývajú *mahātmovia*. Existujú tiež ľudia, ktorí nie sú priamo na úrovni *mahātmu*, no rôznymi spôsobmi tiež uctievajú Kṛṣṇu. Niektorí z nich už boli opísaní ako trpiaci, túžiaci po bohatstve, zvedaví a rozvíjajúci poznanie. Pod nimi sú však ďalšie tri druhy ľudí: 1. tí, ktorí uctievajú sami seba, ako by boli totožní s Najvyšším Pánom; 2. tí, ktorí si vymýšľajú rôzne podoby Najvyššieho Pána a uctievajú ich; 3. tí, ktorí prijímajú vesmírnu podobu (*viśvarūpa*) Najvyššej Božskej Osobnosti a uctievajú ju. Z týchto troch sú najnižšími a najpočetnejšími monisti, čiže tí, ktorí uctievajú sami seba, akoby oni sami boli Najvyšším Pánom. Takí ľudia sa považujú za Najvyššieho Pána a s touto mentalitou sa uctievajú. Aj to je určitý druh uctievania Boha, pretože aspoň pochopili, že nie sú hmotné telá, ale že sú v skutočnosti živé duchovné bytosti. To je obvyklý spôsob, akým impersonalisti uctievajú Najvyššieho Pána. Do druhej skupiny patria uctievači polobohov a tí, ktorí považujú akúkoľvek fantáziou vytvorenú podobu za podobu Najvyššieho Pána. A tretiu skupinu tvoria ľudia, ktorí nemôžu vnímať nič vyššieho než hmotný vesmír. To je tiež podoba Najvyššieho Pána. Považujú vesmír za najvyšší organizmus a uctievajú ho.

VERŠ 16

अहं क्रतुरहं यज्ञः स्वधाहमहमौषधम् ।
मन्त्रोऽहमहमेवाज्यमहमग्निरहं हुतम् ॥ १६ ॥

ahaṁ kratur ahaṁ yajñaḥ svadhāham aham auṣadham
mantro 'ham aham evājyam aham agnir ahaṁ hutam

aham — Ja; *kratuḥ* — *vedsky* obrad; *aham* — Ja; *yajñaḥ* — obeť podľa *smṛti; svadhā* — obetina; *aham* — Ja; *aham* — Ja; *auṣadham* — liečivá bylina; *mantraḥ* — transcendentálna modlitba; *aham* — Ja; *aham* — Ja; *eva* — zaiste; *ājyam* — rozpustené maslo; *aham* — Ja; *agniḥ* — oheň; *aham* — Ja; *hutam* — obetovanie.

Ja som obrad, obeť, obetný podiel predkom, liečivá rastlina a transcendentálna modlitba. Ja som maslo, oheň a obetovanie.

VÝZNAM: Vedska obeť známa ako *jyotiṣṭoma* je Kṛṣṇa a On je aj *mahā-yajña,* spomenutá v *smṛti.* Obetiny určené na uspokojovanie predkov na Pitṛloke, ktoré sú považované za istý druh liečiva v podobe prepusteného másla, sú taktiež Kṛṣṇa. Mantry spievané v tejto súvislosti sú tiež Kṛṣṇa. A veľa mliečnych výrobkov nutných na vykonávanie obetí je takisto Kṛṣṇa. Aj oheň je Kṛṣṇa, pretože patrí k piatim hmotným prvkom, a preto je oddelenou Kṛṣṇovou energiou. Inými slovami, všetky *vedske* obete, ktoré sú odporučené v *karma-kāṇḍskej* časti *Ved,* sú tiež Kṛṣṇa. Znamená to, že tí, ktorí oddane slúžia Kṛṣṇovi, vykonali už všetky obete predpísané vo *Vedach.*

VERŠ 17

पिताहमस्य जगतो माता धाता पितामहः ।
वेद्यं पवित्रम् ॐकार ऋक् साम यजुरेव च ॥ १७ ॥

pitāham asya jagato mātā dhātā pitāmahaḥ
vedyaṁ pavitram oṁkāra ṛk sāma yajur eva ca

pitā — otec; *aham* — Ja; *asya* — tohoto; *jagataḥ* — vesmír; *mātā* — matka; *dhātā* — udržovateľ; *pitāmahaḥ* — praotec; *vedyam* — čo treba vedieť; *pavitram* — čo očisťuje; *oṁ-kāra* — slabika *oṁ*; *ṛk* — *Ṛg Veda*; *sāma* — *Sāma Veda*; *yajuḥ* — *Yajur Veda*; *eva* — tiež; *ca* — a.

Ja som otcom tohoto vesmíru, matkou, udržovateľom a praotcom. Som tým, čo má byť poznané, čo očisťuje a som slabikou oṁ. Ja som tiež Ṛg Veda, Sāma Veda a Yajur Veda.

VÝZNAM: Celé vesmírne stvorenie — pohyblivé či nehybné — je prejavením rôznych Kṛṣṇovych energií. V hmotnom svete sa vytvárajú vzťahy medzi rôznymi živými bytosťami, Kṛṣṇovymi čiastočkami, ktoré patria do Jeho vnútornej energie, no pod vplyvom *prakṛti* sa nám niektoré z nich javia ako náš otec, matka, starý otec, stvoriteľ atď. Tak či onak, živé bytosti, ktoré sa nám javia ako otec či matka, nie sú v skutočnosti nik iný ako Kṛṣṇa. Slovo *dhātā* v tomto verši znamená „stvoriteľ". Nielen náš otec či matka sú Kṛṣṇovymi čiastočkami, ale aj ich „stvoritelia" — starý otec a stará mama atď., sú Kṛṣṇa. Každá živá bytosť je neoddeliteľnou súčasťou Kṛṣṇu, a ako taká je teda Kṛṣṇa.

Cieľom všetkých *Ved* je Kṛṣṇa. Všetko, čo sa chceme naučiť z *Ved*, je spôsob, ako postupne pochopiť Kṛṣṇu. Kṛṣṇa je v prvom rade tým, kto nám pomôže očistiť naše pôvodné postavenie. Živá bytosť, ktorá túži po osvojení si všetkých *vedskych* zásad, je neoddeliteľnou súčasťou Kṛṣṇu, a ako taká je tiež Kṛṣṇa. Aj transcendentálna zvuková vibrácia *oṁ*, ktorá je známa ako *praṇava* a ktorá je obsiahnutá vo všetkých *vedskych mantrách*, je Kṛṣṇa. Keďže *praṇava* alebo *oṁkāra* má dôležité miesto vo chválospevoch *vedskych* písiem (*Sāma, Yajur, Ṛg* a *Atharva*), je zrejmé, že predstavuje Kṛṣṇu.

VERŠ 18

गतिर्भर्ता प्रभुः साक्षी निवासः शरणं सुहृत् ।
प्रभवः प्रलयः स्थानं निधानं बीजमव्ययम् ॥ १८ ॥

gatir bhartā prabhuḥ sākṣī nivāsaḥ śaraṇaṁ suhṛt
prabhavaḥ pralayaḥ sthānaṁ nidhānaṁ bījam avyayam

gatiḥ — cieľ; *bhartā* — udržovateľ; *prabhuḥ* — pán; *sākṣī* — svedok; *nivāsaḥ* — príbytok; *śaraṇam* — útočisko; *su-hṛt* — najdrahší priateľ; *prabhavaḥ* — stvorenie; *pralayaḥ* — zánik; *sthānam* — základ; *nidhānam* — miesto spočinutia; *bījam* — semeno; *avyayam* — nepominuteľné.

Ja som cieľ, udržovateľ, pán, svedok, príbytok, útočisko a najdrahší priateľ. Som vznik a zánik, základ všetkého, miesto spočinutia a večné semeno.

VÝZNAM: Gati znamená miesto, ku ktorému chceme dôjsť. Ľudia však nevedia, že konečným cieľom je Kṛṣṇa. Človek nepoznajúci Kṛṣṇu je z duchovnej cesty zvedený buď úplne, alebo čiastočne. Veľa ľudí si myslí, že cieľom rozličných asketických cvičení sú polobohovia a snažia sa dospieť na ich planéty, ako napríklad Candraloku, Sūryaloku, Indraloku, Maharloku atď. Keďže tieto planéty stvoril Kṛṣṇa, súčasne sú aj nie sú Kṛṣṇa. V skutočnosti sú manifestáciou Kṛṣṇovej energie, a ako také sú Kṛṣṇa. Slúžia však ako prestupné stanice v realizácii Kṛṣṇu. Približovať sa ku Kṛṣṇovi prostredníctvom Jeho rôznych energií znamená približovať sa k Nemu nepriamym spôsobom. Ku Kṛṣṇovi by sme sa mali približovať priamo, aby sme ušetrili čas a energiu. Napríklad, ak sa môžeme na najvyššie poschodie dostať výťahom, prečo by sme mali používať schody? Všetko spočíva na Kṛṣṇovej energii a bez Kṛṣṇu nemôže nič jestvovať. Kṛṣṇa je najvyšší vládca, lebo Mu všetko patrí a všetko závisí na Jeho energiách. Kṛṣṇa je najvyšší svedok, pretože sídli v srdciach všetkých. Domy, krajiny a planéty, na ktorých žijeme, sú tiež Kṛṣṇa. Kṛṣṇa je konečným cieľom a útočiskom, a preto by sme sa na Neho mali obrátiť, aby nám poskytol ochranu a zbavil nás zármutku. A kedykoľvek sa na niekoho musíme obrátiť s prosbou o pomoc, mali by sme vedieť, že nám ju môže poskytnúť jedine živá sila. Kṛṣṇa je najvyššia živá bytosť. A keďže je pôvodcom nášho pokolenia, teda najvyšším otcom, nemôže byť nik lepším priateľom alebo ochrancom než Kṛṣṇa. Kṛṣṇa je prvotný zdroj celého stvorenia a konečné miesto spočinutia po zničení. Preto je Kṛṣṇa večnou príčinou všetkých príčin.

VERŠ 19

तपाम्यहमहं वर्षं निगृह्णाम्युत्सृजामि च ।
अमृतं चैव मृत्युश्च सदसच्चाहमर्जुन ॥ १९ ॥

Śrī Śrīmad A.C. Bhaktivedanta Swami Prabhupāda
zakladateľ-*ācārya* Medzinárodnej spoločnosti pre vedomie Kṛṣṇu

Śrīla Bhaktisiddhānta Sarasvatī Ṭhākura, duchovný učiteľ A. C. Bhaktivedantu Swamiho Prabhupādu

Śrīla Gaurakiśora dāsa Bābājī, duchovný učiteľ Bhaktisiddhāntu Sarasvatīho

Śrīla Bhaktivinoda Ṭhākura bol prvý, kto začal šíriť učenie Śrī Caitanyu v západnom svete.

Śrīla Rūpa Gosvāmī a Śrīla Sanātana Gosvāmī, najprednejší nasledovníci Śrī Caitanyu Mahāprabhua

Śrī Pañca-tattva
Śrī Caitanya Mahāprabhu a Jeho
najbližší spoločníci

Kráľ Dhṛtarāṣṭra sa pýta Sañjayu, čo sa deje na bojisku. (1.1)

Śrī Kṛṣṇa s Arjunom zaduli do svojich transcendentálnych lastúr. (1.14)

Duša zmätená vplyvom falošného ega sa považuje za vykonávateľa činov, ktoré v skutočnosti vykonávajú tri kvality hmotnej prírody. (3.27)

Duša je cestovateľom v koči hmotného tela a inteligencia je kočišom. Myseľ predstavuje opraty a zmysly sú kone. Duša je teda tým, kto si užíva alebo trpí v styku s mysľou a zmyslami. (6.34)

Tak, ako vtelená duša súvisle prechádza v tomto tele z detstva do mladosti a do staroby, prechádza tiež duša v okamihu smrti do iného tela. Múdry človek sa touto zmenou nedá zmiasť. (2.13)

Tí, ktorí vidia pravdu, dospeli k záveru, že to, čo je nepravé (hmotné telo), je pominuteľné, a to, čo je večné (duša), sa nemení. K tomuto záveru dospeli, keď študovali povahu oboch. (2.16)

Yogī, ktorý nie je oddaný Kṛṣṇovi, musí vykonávať prísne pokánie, aby si mohol vybrať vhodný okamih, kedy opustí telo. (8.24)

Pán prejavil svoju vesmírnu podobu, v ktorej Arjuna uvidel nekonečne mnoho úžasných výjavov. Všetko bolo podivuhodné, žiariace, neobmedzené a rozpínalo sa do všetkých strán. (11.10–11)

Mahā-Viṣṇu, do ktorého vchádzajú všetky vesmíry a opäť z Neho vychádzajú jednoducho iba Jeho dýchaním, je úplnou expanziou Pána Kṛṣṇu. (11.54)

Nadduša je pôvodným zdrojom všetkých zmyslov, avšak sama zmysly nemá. Nie je ničím pútaná, aj keď udržiava všetky živé bytosti. Je transcendentálna voči kvalitám hmotnej prírody a zároveň je ich pánom. (13.15)

V hmotnom svete prenáša živá bytosť svoje rôzne poňatia života z jedného tela do druhého, rovnako ako vietor prenáša vône. Takto prijíma jeden druh tela a znovu ho opúšťa, aby prijala ďalší. (15.8)

Vedomie, ktoré si živá bytosť vytvorí, ju vo chvíli smrti prenesie do tela ďalšieho druhu. Ten, kto si znečistí vedomie vlastnosťami zvierat, dostane v budúcom živote tomu zodpovedajúce telo. (15.9)

Vždy na Mňa mysli a staň sa Mojím oddaným, uctievaj Ma a vzdávaj Mi svoje poklony. Takto ku Mne určite dospeješ. Sľubujem ti to, pretože si Môj veľmi drahý priateľ. (18.65)

tapāmy aham ahaṁ varṣaṁ nigṛhṇāmy utsṛjāmi ca
amṛtaṁ caiva mṛtyuś ca sad asac cāham arjuna

tapāmi — vydávam teplo; *aham* — Ja; *aham* — Ja; *varṣam* — dážď; *nigṛhṇāmi* — zadržujem; *utsṛjāmi* — zosielam; *ca* — a; *amṛtam* — nesmrteľnosť; *ca* — a; *eva* — určite; *mṛtyuḥ* — smrť; *ca* — a; *sat* — duchovno; *asat* — hmota; *ca* — a; *aham* — Ja; *arjuna* — ó, Arjuna.

Vydávam teplo, zadržujem a zosielam dážď. Som nesmrteľnosť a som tiež zosobnená smrť. Ako hmota, tak aj duchovno sú vo Mne, ó, Arjuna.

VÝZNAM: Kṛṣṇa šíri teplo a svetlo pomocou Svojich energií, ako sú napríklad elektrina a slnečná žiara. V letnom období zadržuje dážď a v zimnom období zosiela prívaly dažďa. Sila, ktorá nás drží pri živote, je tiež Kṛṣṇa a na konci života sa stretneme s Kṛṣṇom v podobe smrti. Štúdiom týchto rôznych Kṛṣṇových energií dospejeme k záveru, že Kṛṣṇa nerozlišuje medzi hmotou a duchovnom, čiže je hmotou i duchovnom. Preto človek na vysokej duchovnej úrovni tiež nerobí takéto rozdiely. Vidí Kṛṣṇu vo všetkom.

Keďže Kṛṣṇa je hmota i duchovno, je i obrovskou vesmírnou podobou pojímajúca všetky hmotné prejavy. A Jeho zábavy vo Vṛndāvane v podobe dvojrukého Śyāmasundaru, hrajúceho na flautu, sú zábavami tej istej Najvyššej Božskej Osobnosti.

VERŠ 20

त्रैविद्या मां सोमपाः पूतपापा
यज्ञैरिष्ट्वा स्वर्गतिं प्रार्थयन्ते ।
ते पुण्यमासाद्य सुरेन्द्रलोक-
मश्नन्ति दिव्यान्दिवि देवभोगान् ॥ २० ॥

trai-vidyā māṁ soma-pāḥ pūta-pāpā
yajñair iṣṭvā svar-gatiṁ prārthayante
te puṇyam āsādya surendra-lokam
aśnanti divyān divi deva-bhogān

trai-vidyāḥ — znalci troch *Ved*; *mām* — Mňa; *soma-pāḥ* — pijú šťavu *soma*; *pūta* — očistení; *pāpāḥ* — od hriechov; *yajñaiḥ* — obeťami; *iṣṭvā* — uctievajú; *svaḥ-gatim* — prídu do neba; *prārthayante* — modlia sa; *te* — oni; *puṇyam* — zbožní; *āsādya* — dosiahnu; *sura-indra* — Indru; *lokam* — svet; *aśnanti* — tešiť sa; *divyān* — nebeským; *divi* — v nebi; *deva-bhogān* — pôžitkom polobohov.

Znalci Ved, ktorí pijú šťavu soma a túžia po živote na nebeských planétach, Ma uctievajú nepriamo. Po očistení sa od následkov za hriešne činnosti sa narodia medzi zbožnými na nebeskej planéte kráľa Indru, kde sa tešia božským pôžitkom.

VÝZNAM: Slová *trai-vidyāḥ* označujú tri *Vedy: Sāma*, *Yajur* a *Ṛg*. *Brāhmaṇa*, ktorý študoval tri *Vedy*, sa nazýva *tri-vedī*. Spoločnosť má v úcte tých, ktorí sa snažia získať poznanie z týchto troch *Ved*. Nanešťastie je veľa znalcov *Ved*, ktorí nepoznajú ich konečný zmysel. Kṛṣṇa preto hovorí, že je konečným cieľom pre *tri-vedī*. Tí, čo naozaj poznajú *Vedy*, hľadajú útočisko pri lotosových nohách Śrī Kṛṣṇu a oddane Mu slúžia, aby Ho uspokojili. Oddaná služba začína spievaním Hare Kṛṣṇa *mantry*. Zároveň sa človek musí snažiť porozumieť, kto Kṛṣṇa v skutočnosti je. Nanešťastie sa tí, ktorí študujú *Vedy* formálne, zaujímajú viac o obete určené rôznym polobohom ako sú Indra, Candra atď. Takto sa uctievači polobohov zaiste očisťujú od nečistôt pochádzajúcich z nižších kvalít hmotnej prírody a povýšia sa na vyššie hviezdne sústavy, čiže na planéty ako Maharloka, Janoloka, Tapoloka atď. Možnosť uspokojovať zmysly je na týchto planétach stotisíckrát lepšia ako na tejto planéte.

VERŠ 21

ते तं भुक्त्वा स्वर्गलोकं विशालं
क्षीणे पुण्ये मर्त्यलोकं विशन्ति ।
एवं त्रयीधर्ममनुप्रपन्ना
गतागतं कामकामा लभन्ते ॥ २१ ॥

te taṁ bhuktvā svarga-lokaṁ viśālaṁ
kṣīṇe puṇye martya-lokaṁ viśanti

evaṁ trayī-dharmam anuprapannā
gatāgataṁ kāma-kāmā labhante

te—oni; *tam*—to; *bhuktvā*—užijú; *svarga-lokam*—nebeského; *viśālam*—nesmierneho; *kṣīṇe*—vyčerpajú; *puṇye*—výsledky svojich zbožných činností; *martya-lokam*—do sveta smrteľníkov; *viśanti*—poklesnú; *evam*—takto; *trayī*—troch *Ved*; *dharmam*—zásad; *anuprapannāḥ*—dodržiavaním; *gata-āgatam*—smrť a narodenie; *kāma-kāmāḥ*—túžia po zmyslových pôžitkoch; *labhante*—dospejú.

Keď okúsia chuť nebeských zmyslových pôžitkov a vyčerpajú výsledky svojich zbožných činností, vrátia sa opäť na túto planétu smrti. Ľudia túžiaci po ukojení svojich žiadostí dodržiavaním zásad troch Ved, tak získajú iba opätovné rodenie sa a smrť.

VÝZNAM: Tí, ktorí sa dostanú na nebeské planéty, sa tešia z dlhšieho života a lepších možností na zmyslový pôžitok, a predsa im nie je dovolené zostať tam navždy. Po vypršaní dobrých výsledkov, získaných zbožnými činnosťami, sa musia opäť vrátiť na túto planétu. Človek, ktorý nezískal dokonalé poznanie, opísané vo *Vedānta-sūtre* ako *janmādy asya yataḥ*, inými slovami ten, kto nepochopil Kṛṣṇu ako príčinu všetkých príčin, nevyužil možnosť dosiahnuť konečný cieľ života. Musí sa podriadiť kolobehu, povýšiť sa na nebeské planéty a znovu zostúpiť dolu, akoby cestoval na ruskom kole. To znamená, že sa znovu zapletie do kolobehu rodenia sa a smrti v nižších a vyšších planetárnych sústavách, namiesto toho, aby dosiahol duchovného sveta, kde je život večný, plný blaženosti a poznania a odkiaľ sa už nikdy nemusí vrátiť do strastiplnej hmotnej existencie.

VERŠ 22

अनन्याश्चिन्तयन्तो मां ये जनाः पर्युपासते ।
तेषां नित्याभियुक्तानां योगक्षेमं वहाम्यहम् ॥ २२ ॥

ananyāś cintayanto māṁ ye janāḥ paryupāsate
teṣāṁ nityābhiyuktānāṁ yoga-kṣemaṁ vahāmy aham

ananyāḥ — nemajúc iný predmet; *cintayantaḥ* — rozjímania; *mām* — o Mne; *ye* — tí, ktorí; *janāḥ* — osoby; *paryupāsate* — uctievajú; *teṣām* — tým; *nitya* — vždy; *abhiyuktānām* — trvale oddaní; *yoga* — potrebnú; *kṣemam* — ochranu; *vahāmi* — prinášam; *aham* — Ja.

No tým, ktorí Ma neustále uctievajú s čistou oddanosťou a rozjímajú o Mojej transcendentálnej podobe, prinášam to, čo im chýba a zachovávam to, čo majú.

VÝZNAM: Človek, ktorý ani na okamih nemôže žiť bez vedomia Kṛṣṇu, nemyslí dvadsaťštyri hodín na nič iné než na Kṛṣṇu, pretože načúva, velebí a spomína na Jeho činnosti, modlí sa k Nemu, uctieva Ho, slúži Jeho lotosovým nohám, slúži Mu inými spôsobmi, priatelí sa s Ním a plne sa Mu odovzdáva. Také činnosti sú veľmi priaznivé a plné duchovných síl, pomocou ktorých sa oddaný môže zdokonaliť v duchovnej realizácii, takže jeho jedinou túžbou je dostať sa do spoločnosti Najvyššej Božskej Osobnosti. Taký oddaný sa zaiste približuje k Najvyššiemu Pánovi bez problémov a vďaka Kṛṣṇovej milosti sa nikdy nevráti do hmotného sveta. To sa nazýva *yoga*. *Kṣema* znamená Pánova milostivá ochrana. *Yogou* pomáha Pán oddaným dosiahnuť vedomia Kṛṣṇu, a keď ho takto dosiahnu v plnej miere, Pán ich ochráni pred poklesnutím do strastiplného podmieneného života.

VERŠ 23

येऽप्यन्यदेवताभक्ता यजन्ते श्रद्धयान्विताः ।
तेऽपि मामेव कौन्तेय यजन्त्यविधिपूर्वकम् ॥ २३ ॥

ye 'py anya-devatā-bhaktā yajante śraddhayānvitāḥ
te 'pi mām eva kaunteya yajanty avidhi-pūrvakam

ye — tí, ktorí; *api* — tiež; *anya* — iných; *devatā* — polobohov; *bhaktāḥ* — oddaní; *yajante* — uctievajú; *śraddhayā anvitāḥ* — s vierou; *te* — oni; *api* — tiež; *mām* — Mňa; *eva* — len; *kaunteya* — ó, syn Kuntī; *yajanti* — uctievajú; *avidhi-pūrvakam* — nesprávnym spôsobom.

Tí, ktorí sú oddaní rôznym polobohom a uctievajú ich s vierou, uctievajú v skutočnosti iba Mňa, ó, syn Kuntī, no nesprávne.

VÝZNAM: Śrī Kṛṣṇa hovorí: „Ľudia, ktorí uctievajú polobohov, nepatria k najmúdrejším, aj keď také uctievanie je nepriamo určené Mne." Keď napríklad polievame listy a konáre stromu a nezavlažujeme koreň, opomíname základné pravidlá a chováme sa hlúpo. Podobne dodávame živiny žalúdku, a nie iným častiam tela. Dá sa povedať, že polobohovia sú hlavnými predstaviteľmi vlády Najvyššieho Pána. To znamená, že by sme mali uctievať len Najvyššieho Pána, čo automaticky uspokojí všetkých zástupcov a predstaviteľov vlády. Predstavitelia vlády sú jej reprezentantmi, no ich podplácanie je protizákonné. V tomto verši je to potvrdené slovami *avidhi-pūrvakam*. Śrī Kṛṣṇa teda neschvaľuje zbytočné uctievanie polobohov.

VERŠ 24

अहं हि सर्वयज्ञानां भोक्ता च प्रभुरेव च ।
न तु मामभिजानन्ति तत्त्वेनातश्च्यवन्ति ते ॥ २४ ॥

ahaṁ hi sarva-yajñānāṁ bhoktā ca prabhur eva ca
na tu mām abhijānanti tattvenātaś cyavanti te

aham — Ja; *hi* — zaiste; *sarva* — všetkých; *yajñānām* — obetí; *bhoktā* — užívateľ; *ca* — a; *prabhuḥ* — Pán; *eva* — tiež; *ca* — a; *na* — nie; *tu* — ale; *mām* — Moju; *abhijānanti* — poznajú; *tattvena* — v skutočnosti; *ataḥ* — preto; *cyavanti* — poklesnú; *te* — oni.

Ja som jediným poživateľom a Pánom všetkých obetí. Preto poklesnú tí, ktorí nepoznajú Moju pravú, transcendentálnu povahu.

VÝZNAM: Tu sa jasne hovorí, že *vedske* písma odporúčajú veľa druhov obetí, ktoré sú však v skutočnosti určené na uspokojenie Najvyššieho Pána. Yajña znamená Viṣṇu. V druhej kapitole *Bhagavad-gīty* bolo jasne vysvetlené, že človek by mal pracovať len pre uspokojenie Yajñu alebo Viṣṇua. Za týmto účelom je ustanovené najdokonalejšie spoločenské zriadenie, nazývané *varṇāśrama-dharma*. Preto Śrī Kṛṣṇa v tomto verši hovorí, že je poživateľom všetkých obetí, lebo On je Najvyšší Pán. No hlupáci to nevedia a uctievajú polobohov kvôli pominuteľným ziskom. Poklesnú do hmotného bytia a nedosiahnu vytúženého životného cieľa. Ak má však niekto hmotné želania, je lepšie požiadať o ich naplnenie

Najvyššieho Pána, aj keď to nie je čistá oddanosť. Takto dosiahne vytúženého výsledku.

VERŠ 25

यान्ति देवव्रता देवान्पितॄन्यान्ति पितृव्रताः ।
भूतानि यान्ति भूतेज्या यान्ति मद्याजिनोऽपि माम् ॥ २५ ॥

yānti deva-vratā devān pitṝn yānti pitṛ-vratāḥ
bhūtāni yānti bhūtejyā yānti mad-yājino 'pi mām

yānti — idú; *deva-vratāḥ* — uctievači polobohov; *devān* — k polobohom; *pitṝn* — k predkom; *yānti* — idú; *pitṛ-vratāḥ* — uctievači predkov; *bhūtāni* — k duchom; *yānti* — idú; *bhūta-ijyāḥ* — uctievači duchov; *yānti* — idú; *mat* — Moji; *yājinaḥ* — oddaní; *api* — ale; *mām* — ku Mne.

Tí, ktorí uctievajú polobohov, sa narodia medzi polobohmi, k predkom spejú tí, ktorí uctievajú predkov. Tí, čo uctievajú duchov, sa narodia medzi takými bytosťami a tí, ktorí uctievajú Mňa, budú žiť so Mnou.

VÝZNAM: Keď sa niekto túži dostať na Mesiac, Slnko alebo inú planétu, môže sa tam dostať dodržiavaním osobitných *vedskych* predpisov určených pre tento cieľ. V jednej časti *Ved*, pojednávajúcej o plodonosných činnostiach, sú tieto metódy podrobne opísané pod odborným názvom *darśa-paurṇamāsī* a odporúčajú uctievanie polobohov sídliacich na daných planétach. Podobne sa môžeme dostať na planétu predkov vykonávaním určitej obete. Alebo sa môžeme dostať na planéty duchov a môže sa z nás stať Yakṣa, Rakṣa alebo Piśāca. Uctievanie Piśācov sa nazýva čierne umenie alebo čierna mágia a mnohí ľudia, ktorí sa ním zaoberajú, si myslia, že to má niečo spoločné s duchovným životom. V skutočnosti sú však tieto činnosti čisto materialistické. Naopak, čistý oddaný, ktorý uctieva Najvyššiu Božskú Osobnosť, dôjde nepochybne na vaikuṇṭhské planéty alebo na Kṛṣṇaloku. Je veľmi jednoduché pochopiť význam tohoto dôležitého verša. Prečo by sa čistí oddaní nemohli dostať na Kṛṣṇove alebo Viṣṇuove planéty, keď uctievaním polobohov sa môže človek dostať na nebeské planéty, uctievaním predkov na ich planéty a prostredníctvom „čiernej mágie“ na planéty duchov? Nanešťastie nemá väčšina ľudí ani potuchy o vznešených planétach, kde žije Kṛṣṇa a Viṣṇu, a následkom toho sú podmienené životom v hmotnom svete. Dokonca aj impersonalisti môžu poklesnúť z *brahmajyoti*. Hnutie pre vedomie Kṛṣṇu rozširuje pre dobro celej ľudskej spoločnosti vznešenú informáciu, že jednoduchým spievaním Hare Kṛṣṇa *mantry* sa človek môže vrátiť späť domov, späť k Bohu.

VERŠ 26

पत्रं पुष्पं फलं तोयं यो मे भक्त्या प्रयच्छति ।
तदहं भक्त्युपहृतमश्नामि प्रयतात्मनः ॥ २६ ॥

patraṁ puṣpaṁ phalaṁ toyaṁ yo me bhaktyā prayacchati
tad ahaṁ bhakty-upahṛtam aśnāmi prayatātmanaḥ

patram — lístok; *puṣpam* — kvet; *phalam* — ovocie; *toyam* — vodu; *yaḥ* — ktokoľvek; *me* — Mne; *bhaktyā* — s oddanosťou; *prayacchati* — obetuje; *tat* — to; *aham* — Ja; *bhakti-upahṛtam* — obetované s oddanosťou; *aśnāmi* — prijmem; *prayata-ātmanaḥ* — od toho s čistým vedomím.

Keď Mi niekto obetuje s láskou a oddanosťou lístok, kvet, ovocie alebo vodu, prijmem to.

VÝZNAM: Každý inteligentný človek by si mal uvedomiť dôležitosť vedomia Kṛṣṇu a transcendentálnej láskyplnej služby, aby mohol dospieť do večného zvrchovaného sídla, plného neutíchajúcej radosti. Spôsob, akým sa tam dostať, je veľmi jednoduchý a môže sa oň pokúsiť aj ten najchudobnejší človek, ktorý nemá žiadne kvalifikácie. Jediné, čo sa v tejto súvislosti vyžaduje, je stať sa Pánovym čistým oddaným. Nezáleží na tom, kým alebo čím človek je. Je to také jednoduché, že dokonca aj obyčajný lístok, vodu alebo ovocie možno obetovať Najvyššiemu Pánovi s čistou láskou a Jeho to poteší a prijme to. Takže vedomie Kṛṣṇu je také jednoduché a univerzálne, že nikomu nemôže byť odopreté. Kto by bol taký hlúpy a odmietol túto jednoduchú metódu na dosiahnutie najvyššej životnej dokonalosti? Śrī Kṛṣṇa chce iba láskyplnú službu, nič viac. Kṛṣṇa prijme aj malý kvet od Svojho čistého oddaného. Nechce však nijakú obetinu od neoddaného. V skutočnosti nič nepotrebuje, pretože je sebestačný, a predsa prijme dar Svojho oddaného ako dôkaz Jeho lásky a náklonnosti. Vyvinúť lásku ku Kṛṣṇovi je najvyššou životnou dokonalosťou. V tomto verši používa Kṛṣṇa slovo *bhakti* dvakrát, aby zdôraznil, že *bhakti*, čiže oddaná služba, je jediný spôsob ako sa k Nemu priblížiť. Nič iné, ako napríklad to, že sa človek stane *brāhmaṇom*, učeným vedcom, bohatým mužom alebo veľkým filozofom, nemôže prinútiť Kṛṣṇu k tomu, aby prijal našu obeť. Je to iba *bhakti*, vďaka ktorej Kṛṣṇa prejaví záujem a prijme čokoľvek od kohokoľvek. *Bhakti* nemá príčinu. Je to večný proces a priama činnosť v službe absolútnemu celku.

Pán Kṛṣṇa už vysvetlil, že je jediným užívateľom, prvotným Bohom a skutočným príjemcom obetí a v tomto verši objasňuje, akému druhu obetí dáva prednosť. Ak si želáme oddane slúžiť Najvyššiemu Pánovi, aby sme sa očistili a dosiahli najvyššieho cieľa — transcendentálnej láskyplnej služby Bohu — potom musíme zistiť, čo od nás vyžaduje. Ten, kto Kṛṣṇu ľúbi, Mu dá čokoľvek, čo si zaželá, a neponúkne Mu nič, čo nechce. Preto nemôžeme obetovať Kṛṣṇovi mäso, ryby alebo vajcia. Keby po týchto veciach túžil, určite by nás o ne požiadal. Namiesto toho však jasne žiada, aby sme Mu ponúkali lístok, kvet, ovocie a vodu — a že takú obeť prijme. Z toho môžeme usúdiť, že neprijme mäso, ryby alebo vajcia. Zelenina, obilie, ovocie, mlieko a voda predstavujú vhodnú ľudskú potravu, predpísanú samotným Kṛṣṇom. Ak jeme niečo iné, nemôžeme Mu to obetovať, pretože to neprijme. Keď obetujeme Kṛṣṇovi nevhodné jedlo, nemôžeme povedať, že Mu slúžime s láskou a oddanosťou.

V tretej kapitole, trinástom verši, Śrī Kṛṣṇa vysvetľuje, že iba zvyšky po obeti sú očistené a vhodné ako pokrm pre tých, ktorí túžia po duchovnom živote a vyslobodení sa z hmotného zapletenia. V tom istom verši hovorí, že tí, ktorí neobetujú svoje jedlo, jedia iba hriech. Inými slovami, každým sústom sa ešte viac zaplietajú do labyrintu hmotnej existencie. Oddaný však pripravuje chutné a jednoduché vegetariánske jedlo, ktoré obetuje pred obrázkom alebo Božstvom Kṛṣṇu s pokornými poklonami a modlí sa, aby Śrī Kṛṣṇa túto skromnú obetinu prijal. Týmto spôsobom robí postupný pokrok v duchovnom živote, očisťuje svoje telo a vytvára jemnejšie mozgové tkanivo, čo mu pomôže jasne myslieť. Najdôležitejšie však je, aby obetovanie vykonával s láskou. Kṛṣṇa nepotrebuje jedlo, pretože beztak všetko vlastní, ale prijme obetovanie, ak Ho niekto túži týmto spôsobom potešiť. Dôležitou prísadou pri varení, slúžení a obetovaní je láska ku Kṛṣṇovi.

Neosobní filozofi, ktorí tvrdia, že Absolútna pravda nemá zmysly, nemôžu pochopiť tento verš *Bhagavad-gīty*. Buď to prijmú ako metaforu, alebo ako dôkaz svetskej povahy Kṛṣṇu, ktorý predniesol *Bhagavad-gītu*. V skutočnosti však Śrī Kṛṣṇa, Najvyššia Božská Osobnosť zmysly má, a Jeho zmysly sú tiež zameniteľné, čo znamená, že jeden zmysel môže vykonávať úkony iných zmyslov. Toto je jedna z vlastností, na ktorú býva poukazované, keď sa hovorí o Kṛṣṇovej absolútnosti. Keby nemal zmysly, sotva by sme Ho mohli považovať za dokonalého. V siedmej kapitole Kṛṣṇa vysvetľuje, že oplodní hmotnú prírodu živými bytosťami prostým pohľadom. Kṛṣṇovo načúvanie láskyplným slovám oddaného pri obetovaní jedla je úplne totožné s Jeho jedením a v skutočnosti jedlo i ochutnáva. Toto treba obzvlášť zdôrazniť. Keďže Kṛṣṇa je absolútny, Jeho načúvanie je totožné s jedením alebo ochutnávaním. Iba oddaný, ktorý bez interpretácií prijíma Kṛṣṇu tak, ako sa sám popisuje, môže pochopiť, že Najvyššia Absolútna Pravda môže jesť a pochutnávať si na jedle.

VERŠ 27

यत्करोषि यदश्नासि यज्जुहोषि ददासि यत् ।
यत्तपस्यसि कौन्तेय तत्कुरुष्व मदर्पणम् ॥ २७ ॥

yat karoṣi yad aśnāsi yaj juhoṣi dadāsi yat
yat tapasyasi kaunteya tat kuruṣva mad-arpaṇam

yat — nech; *karoṣi* — robíš; *yat* — čokoľvek; *aśnāsi* — ješ; *yat* — čokoľvek; *juhoṣi* — obetuješ; *dadāsi* — daruješ; *yat* — čokoľvek; *yat* — akékoľvek; *tapasyasi* — podstupuješ pokánie; *kaunteya* — ó, syn Kuntī; *tat* — to; *kuruṣva* — rob; *mat* — Mne; *arpaṇam* — ako obeť.

Nech konáš čokoľvek, nech ješ čokoľvek, nech obetuješ alebo daruješ čokoľvek a nech vykonávaš akékoľvek pokánia, ó, syn Kuntī, vždy to konaj ako obeť Mne.

VÝZNAM: Povinnosťou každého je zariadiť si život tak, aby nikdy za žiadnych okolností nezabudol na Kṛṣṇu. Všetci musíme pracovať, aby sme udržali dušu a telo pohromade a v tomto verši nám Kṛṣṇa radí, aby sme pracovali pre Neho. Musíme jesť, aby sme udržali telo pri živote, a preto by sme mali prijímať len zvyšky jedla obetovaného Kṛṣṇovi. Každý civilizovaný človek by mal vykonávať nejaké náboženské obrady. Preto Kṛṣṇa hovorí, aby sme ich vykonávali pre Neho, a to sa nazýva *arcanā*. Podobne máme sklony k dobročinnosti; Kṛṣṇa teda hovorí, aby sme ju venovali Jemu, čo znamená, že nadbytok ušetrených peňazí by sme mali použiť k šíreniu hnutia pre vedomie Kṛṣṇu. V dnešnej dobe majú ľudia záujem o meditácie, ktoré sú v tomto veku nepraktické — ak však niekto medituje o Kṛṣṇovi dvadsaťštyri hodín denne tým, že polohlasne odriekava alebo spieva Hare Kṛṣṇa *mantru* na ruženci, môže si byť istý, že je tým najväčším meditátorom a *yogīnom*. To je potvrdené aj v šiestej kapitole *Bhagavad-gīty*.

VERŠ 28

शुभाशुभफलैरेवं मोक्ष्यसे कर्मबन्धनैः ।
सन्न्यासयोगयुक्तात्मा विमुक्तो मामुपैष्यसि ॥ २८ ॥

śubhāśubha-phalair evaṁ mokṣyase karma-bandhanaiḥ
sannyāsa-yoga-yuktātmā vimukto mām upaiṣyasi

śubha — priaznivé; *aśubha* — nepriznivé; *phalaiḥ* — výsledky; *evam* — tak; *mokṣyase* — oslobodíš sa; *karma* — činov; *bandhanaiḥ* — zo zajatia; *sannyāsa* — odriekanie; *yoga* — yogou; *yukta-ātmā* — s mysľou upretou na; *vimuktaḥ* — oslobodíš sa; *mām* — Mňa; *upaiṣyasi* — dospeješ.

Takto nebudeš spútaný prácou a jej priaznivými a nepriaznivými výsledkami. S mysľou upretou na Mňa a v tejto nálade odriekania sa oslobodíš a dospeješ ku Mne.

VÝZNAM: Človek, ktorý jedná vo vedomí Kṛṣṇu pod vedením autority, sa nazýva *yukta*. Odborný výraz je *yukta-vairāgya*. Podrobnejšie to vysvetľuje Rūpa Gosvāmī:

anāsaktasya viṣayān yathārham upayuñjataḥ
nirbandhaḥ kṛṣṇa-sambandhe yuktaṁ vairāgyam ucyate
(*Bhakti-rasāmṛta-sindhu* 2.255)

Rūpa Gosvāmī hovorí, že dokým sme v tomto hmotnom svete, musíme konať; nemôžeme byť nečinný. Ak teda konáme nejakú prácu a jej výsledky odovzdávame Kṛṣṇovi, nazýva sa to *yukta-vairāgya*. Takéto činnosti, ktoré sú v skutočnosti na úrovni odriekania, čistia zrkadlo mysle. A tým, ako ich niekto vykonáva, dosahuje postupne pokrok v duchovnej realizácii a celkom sa odovzdá Najvyššej Božskej Osobnosti. Preto sa napokon oslobodí a toto oslobodenie je tiež presne opísané. Nejde o splynutie s *brahmajyoti*, ale o vstup na planéty Najvyššieho Pána. Śrī Kṛṣṇa tu jasne hovorí *mām upaiṣyasi:* „Prídeš ku Mne," späť domov, späť k Bohu. Existuje päť druhov oslobodenia a tu je opísaný ten, v ktorom sa oddaný po opustení tela vráti naspäť k Bohu a slúži priamo v Jeho spoločnosti, pretože počas svojho života žil pod vedením Najvyššieho Pána.

Skutočný *sannyāsī* je ten, kto nemá iné záujmy než obetovať svoj život službe Śrī Kṛṣṇovi. Taký človek sa považuje za večného služobníka, závislého na zvrchovanej vôli Najvyššieho Pána, a preto všetko vykonáva pre Jeho potešenie. Čokoľvek koná, koná ako službu Bohu. Nejaví veľký záujem o plodonosné činnosti a predpísané povinnosti, opísané vo *Vedach*, ktoré musia vykonávať obyčajní ľudia. Niekedy sa môže stať, že oddaný, ktorý oddane slúži Najvyššiemu Pánovi, koná proti predpísaným *vedskym* povinnostiam, ale v skutočnosti tomu tak nie je. *Vaiṣṇavské* autority preto hovoria, že ani ten najinteligentnejší človek nemôže pochopiť plány a skutky čistých oddaných: *tāṅra vākya, kriyā, mudrā vijñeha nā bujhaya* (*Caitanya-caritāmṛta, Madhya-līlā 23.39*). Človeka, ktorý je zapojený do oddanej služby Pánovi, alebo neustále rozmýšľa a plánuje, ako Mu slúžiť, treba považovať za celkom vyslobodeného už v prítomnosti a v budúcnosti má zaručený návrat domov, späť k Bohu. Je veľmi nevhodné kritizovať takého oddaného, podobne ako je nevhodné kritizovať Kṛṣṇu.

VERŠ 29

समोऽहं सर्वभूतेषु न मे द्वेष्योऽस्ति न प्रियः ।
ये भजन्ति तु मां भक्त्या मयि ते तेषु चाप्यहम् ॥ २९ ॥

samo 'haṁ sarva-bhūteṣu   na me dveṣyo 'sti na priyaḥ
ye bhajanti tu māṁ bhaktyā   mayi te teṣu cāpy aham

samaḥ—rovnaký; *aham*—Ja; *sarva-bhūteṣu*—ku všetkým živým bytostiam; *na*—nikto; *me*—Mne; *dveṣyaḥ*—závistivý; *asti*—je; *na*—nie; *priyaḥ*—milý; *ye*—tí, ktorí; *bhajanti*—transcendentálne slúžia; *tu*—

ale; *mām* — Mne; *bhaktyā* — oddane; *mayi* — sú vo Mne; *te* — oni; *teṣu* — v nich; *ca* — tiež; *api* — zaiste; *aham* — Ja.

Nikomu nezávidím a nikomu nenadŕžam. Som rovnako naklonený ku všetkým. No ten, kto Mi slúži s oddanosťou, je priateľ, je pri Mne a aj Ja som priateľom jemu.

VÝZNAM: Mohli by sme sa spýtať, prečo sa Śrī Kṛṣṇa zaujíma najmä o Svojich oddaných, ktorí Mu neustále transcendentálne slúžia, keď je rovnaký ku všetkým a nikto nie je Jeho zvláštnym priateľom. Toto sa však nedá nazvať rozlišovaním; je to prirodzené. Hocijaký človek na tomto svete môže chcieť rozdávať svoje imanie, a jednako má najväčší záujem o svoje vlastné deti. Śrī Kṛṣṇa hovorí, že všetky živé bytosti sú jeho synmi a nezáleží na tom, aké majú telo. Dodáva im všetko, čo potrebujú k životu. Je ako mrak, ktorý prináša dážď všetkým, nezávisle na tom, či padne na úrodnú pôdu, skalu alebo do mora. No Svojim oddaným venuje zvláštnu pozornosť. Oddaní na Kṛṣṇu neustále myslia a sú podľa tohto verša transcendentálne umiestnení v Kṛṣṇovi. Už samotný pojem „vedomie Kṛṣṇu" naznačuje, že ľudia s týmto vedomím sú transcendentalisti spočívajúci v Kṛṣṇovi. Śrī Kṛṣṇa tu jasne hovorí: *mayi te.* „Sú vo Mne." Preto je prirodzené, že aj Kṛṣṇa je v nich. Tento vzťah je vzájomný a to je vysvetlené slovami *ye yathā māṁ prapadyante tāṁs tathaiva bhajāmy aham.* „Postarám sa o nich tak, ako sa Mi odovzdajú." (*Bhagavad-gītā* 4.11) Tento transcendentálny vzájomný vzťah jestvuje, pretože Kṛṣṇa i Jeho oddaný sú vedomé bytosti. Diamant v zlatom prsteni vyzerá veľmi pekne. Zlato je ozdobené diamantom a diamant zlatom. Najvyšší Pán je prirovnaný k diamantu, takže kombinácia je veľmi pekná. Živé bytosti sa vo svojom čistom stave nazývajú oddaní. Najvyšší Pán sa odovzdáva Svojim oddaným. Osobná filozofia by nejestvovala, keby neexistoval vzájomný vzťah medzi oddanými a Pánom. Zástancovia neosobnej filozofie tvrdia, že tento vzťah nejestvuje, ale pre personalistov je skutočnosťou.

Často sa uvádza príklad, že Śrī Kṛṣṇa je ako strom spĺňajúci všetky želania; čokoľvek od neho žiadame, milostivo nám to dodá. Tu je to vysvetlené podrobnejšie. Śrī Kṛṣṇa v tomto verši hovorí, že je naklonený Svojim oddaným; to je prejav Jeho zvláštnej milosti k oddaným. Nesmieme si však myslieť, že Kṛṣṇov opätovný vzťah je pod zákonom *karmy*. Je to transcendentálny vzťah medzi Kṛṣṇom a Jeho oddanými. Oddaná služba Kṛṣṇovi nie je činnosťou pochádzajúcou z tohoto hmotného sveta —

je to duchovná činnosť duchovného sveta, v ktorom vládne večnosť, poznanie a blaženosť.

VERŠ 30

अपि चेत्सुदुराचारो भजते मामनन्यभाक् ।
साधुरेव स मन्तव्यः सम्यग्व्यवसितो हि सः ॥ ३० ॥

api cet su-durācāro bhajate mām ananya-bhāk
sādhur eva sa mantavyaḥ samyag vyavasito hi saḥ

api — dokonca; *cet* — ak; *su-durācāraḥ* — kto sa dopustil najohavnejších činov; *bhajate* — oddane slúži; *mām* — Mne; *ananya-bhāk* — bez odchýlenia; *sādhuḥ* — svätec; *eva* — zaiste; *saḥ* — on; *mantavyaḥ* — má byť považovaný; *samyak* — úplne; *vyavasitaḥ* — rozhodný; *hi* — určite; *saḥ* — on.

Dokonca aj človek, ktorý sa dopustil najohavnejšieho činu, by mal byť považovaný za svätého, ak Mi oddane slúži, pretože jeho rozhodnosť je správna.

VÝZNAM: Slovo *su-durācāraḥ*, ktoré Kṛṣṇa použil v tomto verši, je veľmi dôležité a mali by sme správne porozumieť jeho významu. Živá bytosť sa vo svojom podmienenom stave zamestnáva dvoma druhmi činností: podmienenými a nepodmienenými (prirodzenými). Podmienené činnosti sú také, ktoré musia vykonávať všetci, dokonca aj oddaní, aby ochránili telo alebo neporušovali spoločenské či štátne ustanovenia. Okrem činností tohto druhu, ktorých je v súvislosti s podmieneným životom určite nemálo, sú tu tiež činnosti transcendentálne, ktorým sa venujú bytosti, plne si vedomé svojej duchovnej podstaty a neustále zamestnané vo vedomí Kṛṣṇu. Takéto činnosti sa nazývajú oddaná služba Najvyššiemu Pánovi a sú celkom prirodzené. V podmienenom živote idú oddaná služba a podmienené činnosti, týkajúce sa tohoto tela, niekedy súčasne vedľa seba, inokedy sa naopak môžu stretávať. Oddaný sa veľmi snaží, aby neurobil nič, čo by mohlo narušiť celú situáciu. Vie, že dokonalosť v jeho činnostiach závisí od rozvoja jeho duchovného vedomia. Niekedy sa však môže stať, že uvidíme oddaného konať spôsobom, ktorý je z politického alebo spoločenského hľadiska považovaný za veľmi nevhodný, no taký priestupok ho nevylučuje z oddanej služby. V *Śrīmad-Bhāgavatame* sa hovorí, že keď je človek z celého srdca zamestnaný v transcendentálnej službe Najvyššiemu Pánovi, ale vplyvom okolností poklesne, Pán mu poklesnutie odpustí a očistí ho zvnútra, z jeho srdca. Vplyv hmotnej prírody je taký silný, že dokonca i *yogīn* sa niekedy môže nechať zviesť napriek tomu, že slúži Najvyššiemu Pánovi. Vedomie Kṛṣṇu je také mocné, že príležitostné priestupky sa okamžite napravia. Oddaná služba preto končí vždy úspechom. Nikto by sa nemal posmievať oddanému kvôli nejakému náhodnému poklesnutiu zo vznešenej cesty, pretože ako bude vysvetlené v ďalšom verši, také náhodné poklesky skončia a oddaný sa plne pohrúži do oddanej služby Kṛṣṇovi. Je to len otázka času.

Preto človek, ktorý oddane slúži Kṛṣṇovi s mysľou na Neho upretou a ktorý s presvedčením spieva *Hare Kṛṣṇa, Hare Kṛṣṇa, Kṛṣṇa Kṛṣṇa, Hare Hare/ Hare Rāma, Hare Rāma, Rāma Rāma, Hare Hare*, sa nachádza na transcendentálnej úrovni, aj keď niekedy náhodou poklesne. Dôraz sa kladie aj na slová *sādhur eva*, „je svätý“, ktoré varujú neoddaných, aby nekritizovali oddaných kvôli príležitostnému priestupku. Oddaný by mal byť považovaný za svätého, aj keď sa dopustil nechceného priestupku. Na slovo *mantavyaḥ* sa kladie osobitný dôraz. Ak sa niekto neriadi podľa tohto pravidla a zosmiešňuje oddaných pre ich náhodné priestupky, dopúšťa sa sám priestupku tým, že nedodržiava príkazy Najvyššieho Pána. Jedinou vlastnosťou oddaného je to, že sa venuje výhradne oddanej láskyplnej službe.

V *Nṛsiṁha Purāṇe* sa uvádza:

bhagavati ca harāv ananya-cetā
bhṛśa-malino 'pi virājate manuṣyaḥ
na hi śaśa-kaluṣa-cchabiḥ kadācit
timira-parābhavatām upaiti candraḥ

Ak je človek plne zapojený v oddanej službe Pánovi a príležitostne sa dopustí ohavných činov, mali by sme sa na tieto činy pozerať ako na tmavé škvrny na Mesiaci. Tmavé škvrny na Mesiaci nijako neovplyvňujú mesačné svetlo. Podobne tak náhodné priestupky neznemožňujú oddanému postup na ceste utvárajúcej svätý charakter.

Na druhej strane si však nesmieme myslieť, že oddaný môže robiť hocičo nepekné. Tento verš poukazuje len na náhodné priestupky vzhľadom k silnému spojeniu s hmotou. Oddane slúžiť znamená vyhlásiť vojnu iluzórnej energii. Ak oddaný nie je natoľko silný, aby s ňou mohol bojovať, môže sa stať, že niekedy poklesne. Ak je však odhodlaný bojovať, už nikdy nepoklesne. To sme už vysvetlili. Nikto by nemal zneužívať tento verš a robiť nezmysly a myslieť si, že je stále oddaným. Ak nenapraví svoj charakter vykonávaním oddanej služby, potom je celkom jasné, že nie je najpokročilejší.

VERŠ 31

क्षिप्रं भवति धर्मात्मा शश्वच्छान्तिं निगच्छति ।
कौन्तेय प्रतिजानीहि न मे भक्तः प्रणश्यति ॥ ३१ ॥

kṣipraṁ bhavati dharmātmā śaśvac-chāntiṁ nigacchati
kaunteya pratijānīhi na me bhaktaḥ praṇaśyati

kṣipram — veľmi skoro; *bhavati* — sa stane; *dharma-ātmā* — riadny; *śaśvat-śāntim* — večného mieru; *nigacchati* — dosiahne; *kaunteya* — ó, syn Kuntī; *pratijānīhi* — vyhlás; *na* — nikdy nie; *me* — Môj; *bhaktaḥ* — oddaný; *praṇaśyati* — zanikne.

Veľmi rýchlo sa napraví a dosiahne večného mieru. Ó, syn Kuntī, smelo vyhlás, že Moji oddaní nikdy nezaniknú.

VÝZNAM: Tieto slová si nesmieme vykladať nesprávne. V siedmej kapitole Śrī Kṛṣṇa povedal, že ten, kto sa dopúšťa ohavných činností, sa nemôže stať Jeho oddaným. Kto nieje oddaný Najvyššiemu Pánovi, nemá žiadne dobré kvalifikácie. Neveriaci, ktorí nikdy nezačnú s oddanou službou, nemajú žiadne dobré vlastnosti; to potvrdzuje nielen *Bhagavad-gītā*, ale aj *Śrīmad-Bhāgavatam*. Niekto by sa mohol spýtať, ako sa môže stať čistým oddaným človek, ktorý robí ohavné činy, či už úmyselne, alebo neúmyselne. Oddaní zvyčajne láskyplne slúžia deviatimi rôznymi spôsobmi a očisťujú tak svoje srdce od hmotných nečistôt. Vložia Najvyššiu Božskú Osobnosť do svojho srdca a všetky hriešne znečistenia sa automaticky odstránia. Neustále rozjímanie o Najvyššej Božskej Osobnosti očistí ich povahu. *Vedy* predpisujú určitý obrad pre očistu tých, ktorí poklesli zo svojho vznešeného postavenia, ale oddaný sa nemusí podrobovať takýmto rituálom, pretože očistný proces už prebieha v jeho srdci vplyvom ustavičného spomínania na Najvyššiu Božskú Osobnosť. Preto by spievanie *Hare Kṛṣṇa, Hare Kṛṣṇa, Kṛṣṇa Kṛṣṇa, Hare Hare/ Hare Rāma, Hare Rāma, Rāma Rāma, Hare Hare* nemalo nikdy ustať. To ochráni oddaného pred náhodným poklesnutím a umožní mu navždy zostať oslobodený od hmotného znečistenia.

VERŠ 32

मां हि पार्थ व्यपाश्रित्य येऽपि स्युः पापयोनयः ।
स्त्रियो वैश्यास्तथा शूद्रास्तेऽपि यान्ति परां गतिम् ॥ ३२ ॥

māṁ hi pārtha vyapāśritya ye 'pi syuḥ pāpa-yonayaḥ
striyo vaiśyās tathā śūdrās te 'pi yānti parāṁ gatim

mām — ku Mne; *hi* — zaiste; *pārtha* — ó, syn Pṛthy; *vyapāśritya* — uchýlia sa; *ye* — tí, ktorí; *api* — tiež; *syuḥ* — sú; *pāpa-yonayaḥ* — nízkeho rodu; *striyaḥ* — ženy; *vaiśyāḥ* — obchodníci; *tathā* — aj; *śūdrāḥ* — ľudia nižšej triedy; *te api* — aj oni; *yānti* — prídu; *parām* — k najvyššiemu; *gatim* — cieľu.

Ó, syn Pṛthy, každý, kto sa ku Mne uchýli, hoci aj nižšieho rodu — ženy, vaiśyovia (obchodníci) a śūdrovia (robotníci) — môže dosiahnuť najvyššieho cieľa.

VÝZNAM: Śrī Kṛṣṇa tu jasne hovorí, že v oddanej službe niet rozdielu medzi nižšími a vyššími spoločenskými triedami. Toto rozdelenie jestvuje v hmotnom poňatí života, ale pre človeka, vykonávajúceho transcendentálnu oddanú službu, nemá zmysel. Všetci majú možnosť dospieť k najvyššiemu cieľu. V *Śrīmad-Bhāgavatame* (2.4.18) je vysvetlené, že i najnižšie stojaci ľudia nazývaní *caṇḍālovia* (pojedači psov) sa môžu očistiť vďaka spoločnosti s čistým oddaným. Oddaná služba a vedenie čistého oddaného sú také mocné, že každý môže začať slúžiť Śrī Kṛṣṇovi; nemusí dochádzať k nejakej diskriminácii medzi nižšími alebo vyššími triedami. Aj najobyčajnejší človek sa môže očistiť pod správnym vedením čistého oddaného. Ľudia sa podľa rôznych kvalít hmotnej prírody delia na *brāhmaṇov*, ktorí sú v kvalite dobra, *kṣatriyov*, na úrovni kvality vášne, *vaiśyov*, pod vplyvom zmiešaných kvalít vášne a nevedomosti, a *śūdrov* umiestnených v kvalite nevedomosti. Ešte nižšie sú *caṇḍālovia*, ktorí sa narodili v hriešnych rodinách. Obvykle sa vyššie triedy nestýkajú s ľuďmi narodenými v hriešnych rodinách, no oddaná služba a Pánov čistý oddaný majú takú očistnú silu, že vďaka ich milosti môžu aj nižšie triedy dosiahnuť najvyššiu životnú dokonalosť. To je možné iba vtedy, ak sa uchýlime ku Kṛṣṇovi, ako je naznačené v tomto verši slovom *vyapāśritya* — je treba celkom prijať útočisko u Kṛṣṇu. Vďaka tomu sa môžeme stať duchovne vyspelejší než *jñānīovia* alebo *yogīni*.

VERŠ 33

किं पुनर्ब्राह्मणाः पुण्या भक्ता राजर्षयस्तथा ।
अनित्यमसुखं लोकमिमं प्राप्य भजस्व माम् ॥ ३३ ॥

kiṁ punar brāhmaṇāḥ puṇyā bhaktā rājarṣayas tathā
anityam asukhaṁ lokam imaṁ prāpya bhajasva mām

kim — tým skôr; *punaḥ* — opäť; *brāhmaṇāḥ* — *brāhmaṇi*; *puṇyāḥ* — spravodliví; *bhaktāḥ* — oddaní; *rāja-ṛṣayaḥ* — svätí králi; *tathā* — tiež; *anityam* — pominuteľný; *asukham* — plný utrpenia; *lokam* — svet; *imam* — tento; *prāpya* — prišiel; *bhajasva* — láskyplne slúž; *mām* — Mne.

Tým skôr cnostní brāhmaṇi, oddaní a svätí králi. Keď si už teda prišiel na tento dočasný svet, plný utrpenia, láskyplne Mi slúž.

VÝZNAM: Ľudia sa v tomto hmotnom svete delia na rôzne skupiny, ale jednako tu žiadna z nich nie je šťastná. Slová *anityam asukhaṁ lokam* jasne hovoria, že tento svet je pominuteľný, plný nešťastia a nedôstojný života džentlmenov. Sám Najvyšší Pán hovorí, že tento pominuteľný svet je plný utrpenia. Niektorí filozofi, najmä *māyāvādski*, tvrdia, že tento svet je neskutočný. Z *Bhagavad-gīty* sa však môžeme poučiť, že tento svet nie je neskutočný, ale že je dočasný. Tieto dve slová sa významovo odlišujú. Tento svet je dočasný, no jestvuje aj iný svet, ktorý je večný a blažený.

Śrī Kṛṣṇa povedal Arjunovi, ktorý sa narodil v rodine svätého kráľa: „Oddane Mi slúž a rýchlo sa vráť späť domov, späť k Bohu." Nikto by nemal zostávať v tomto pominuteľnom svete, plnom utrpenia. Každý by mal hľadať útočisko u Najvyššej Božskej Osobnosti, aby bol navždy šťastný. Oddaná služba je jediný spôsob, ako vyriešiť problémy všetkých ľudských skupín. Preto by všetci ľudia mali oddane slúžiť Śrī Kṛṣṇovi a priviesť svoje životy k dokonalosti.

VERŠ 34

मन्मना भव मद्भक्तो मद्याजी मां नमस्कुरु ।
मामेवैष्यसि युक्त्वैवमात्मानं मत्परायणः ॥ ३४ ॥

man-manā bhava mad-bhakto mad-yājī māṁ namaskuru
mām evaiṣyasi yuktvaivam ātmānaṁ mat-parāyaṇaḥ

mat-manāḥ—vždy na Mňa mysli; *bhava*—staň sa; *mat*—Môj; *bhaktaḥ*—oddaný; *mat*—Mňa; *yājī*—uctievaj; *mām*—Mne; *namaskuru*—klaňaj sa; *mām*—Mne; *eva*—iba; *eṣyasi*—prídeš; *yuktvā*—plne pohrúžený; *evam*—takto; *ātmānam*—tvoja duša; *mat-parāyaṇaḥ*—oddaná Mne.

Vždy na Mňa mysli, staň sa Mojím oddaným, vzdávaj Mi svoje poklony a uctievaj Ma. Úplne upútaný Mnou určite ku Mne dospeješ.

VÝZNAM: Tento verš jasne naznačuje, že vedomie Kṛṣṇu je jediný spôsob, ako sa vymaniť z väzenia tohto znečisteného hmotného sveta. Niektorí bezohľadní komentátori *Bhagavad-gīty* prekrúcajú význam tohto verša — to, že oddaná služba by sa mala robiť pre Kṛṣṇu, Najvyššiu Božskú Osobnosť. Odvedú totiž čitateľovu pozornosť na niečo úplne nezmyselné. Títo vykladači nevedia, že medzi Kṛṣṇovou mysľou a Kṛṣṇom samotným niet rozdielu. Śrī Kṛṣṇa nie je obyčajná ľudská bytosť. On je Absolútna Pravda. Jeho telo, myseľ a On samotný majú rovnaký absolútny charakter. Vo svojom komentári, nazvanom *Anubhāṣya*, cituje Bhaktisiddhānta Sarasvatī Gosvāmī k veršom 41-48, piatej kapitoly, prvého dielu *Caitanya-caritāmṛty* nasledujúci verš z *Kūrma Purāṇy: deha-dehi-vibhedo 'yaṁ neśvare vidyate kvacit* — medzi Kṛṣṇom samotným a Jeho telom niet rozdielu. No keďže títo komentátori nepoznajú vedu o Kṛṣṇovi, pokúšajú sa Kṛṣṇu schovať a oddeliť Jeho osobnosť od Jeho mysle a Jeho tela. Aj keď je to absolútne nepochopenie vedy o Kṛṣṇovi, niektorí jedinci takto dokážu zarábať peniaze na podvedených ľuďoch.

Iný druh ľudí tiež myslí na Kṛṣṇu, ale so závisťou; to sú démoni. Kṛṣṇov strýc Kaṁsa bol jedným z nich. Stále myslel na Kṛṣṇu a domnieval sa, že Kṛṣṇa je jeho nepriateľ. Bol neustále plný úzkosti, kedy Kṛṣṇa príde a zabije ho. Takéto myslenie nás nezachráni. Na Kṛṣṇu by sme mali myslieť s láskou a oddanosťou. To sa nazýva *bhakti*. Poznanie o Kṛṣṇovi by sme mali rozvíjať postupne a vhodným spôsobom. To znamená, že poznanie musíme prijať od pravého učiteľa. Už niekoľkokrát sme vysvetlili, že Kṛṣṇa je Najvyššia Božská Osobnosť a že Jeho telo nie je hmotné, ale večné, plné poznania a blaženosti. Keď takto hovoríme o Kṛṣṇovi, pomôže nám to stať sa Jeho oddanými. Snažiť sa pochopiť Kṛṣṇu pomocou poznania z nepravých zdrojov bude bezvýsledné.

Mali by sme teda upriamiť našu myseľ na večnú a prvotnú podobu Śrī Kṛṣṇu a uctievať Ho s hlbokým presvedčením v srdci, že On je Najvyššia Absolútna Pravda. V Indii sú stovky a tisíce chrámov a svätýň určených na uctievanie Kṛṣṇu, v ktorých sa vykonáva oddaná služba. V praxi to znamená, že vzdávame Božstvu úctu, hlboko sa pokloníme a odovzdáme Mu všetko — myseľ, telo i činnosti. To nám pomôže byť si plne vedomí Kṛṣṇu a premiestniť sa na Kṛṣṇaloku. Nemali by sme sa nechať ovplyvniť nesvedomitými komentátormi, ale radšej sa zapojiť deviatimi spôsobmi do oddanej služby, počnúc načúvaním a ospevovaním Kṛṣṇu. Čistá oddaná služba je to najvyššie, čoho môže ľudská spoločnosť dosiahnuť.

Siedma a ôsma kapitola *Bhagavad-gīty* pojednáva o čistej oddanej službe, ktorá je zbavená špekulatívneho poznania, mystickej *yogy* a plodonosných činností. Tých, čo nie sú celkom očistení, môžu priťahovať rôzne rysy Najvyššieho Pána, ako neosobná *brahmajyoti* a lokalizovaná Paramātmā, no čistý oddaný sa priamo zapojí do oddanej služby Najvyššiemu Pánovi.

V jednej prekrásnej piesni o Kṛṣṇovi sa spieva, že ľudia, ktorí uctievajú polobohov, sú veľmi hlúpi a nikdy nezískajú najväčší darček — Kṛṣṇu. Oddaný sa spočiatku môže dopúšťať priestupkov, no napriek tomu ho treba považovať za pokročilejšieho než sú všetci filozofi a *yogīni*. Ten, kto je neustále pohrúžený v myšlienkach na Kṛṣṇu, je najdokonalejší spomedzi svätých ľudí. Jeho náhodné činy, nesúvisiace s oddanou službou, postupne vymiznú a on sa nepochybne čoskoro umiestni v dokonalosti. Vzhľadom na to, že sa Najvyšší Pán osobne stará o Svojich čistých oddaných, je prakticky nemožné, aby poklesli. Preto by sa mal každý rozumný človek zapojiť do oddanej služby vo vedomí Kṛṣṇu, žiť šťastne v hmotnom svete a napokon získať tú najvyššiu odmenu — Kṛṣṇu.

Takto končia Bhaktivedantove výklady k deviatej kapitole *Śrīmad Bhagavad-gīty*, pojednávajúcej o najdôvernejšom poznaní.

KAPITOLA DESIATA

Majestát Absolútneho

VERŠ 1

श्रीभगवानुवाच
भूय एव महाबाहो शृणु मे परमं वचः ।
यत्तेऽहं प्रीयमाणाय वक्ष्यामि हितकाम्यया ॥ १ ॥

śrī-bhagavān uvāca
bhūya eva mahā-bāho śṛṇu me paramaṁ vacaḥ
yat te 'haṁ prīyamāṇāya vakṣyāmi hita-kāmyayā

śrī-bhagavān uvāca – Kṛṣṇa, Najvyššia Božská Osobnosť, riekol; *bhūyaḥ* – opäť; *eva* – zaiste; *mahā-bāho* – ó, bojovník mocných paží; *śṛṇu* – čuj len; *me* – Moje; *paramam* – najvyššie; *vacaḥ* – poučenie; *yat* – to, čo; *te* – tebe; *aham* – Ja; *prīyamāṇāya* – Mi drahý; *vakṣyāmi* – hovorím; *hita-kāmyayā* – pre tvoj prospech.

Kṛṣṇa, Najvyššia Božská Osobnosť, riekol: Ó, Arjuna, bojovník mocných paží, počúvaj ďalej Moje slová. Si Môj drahý priateľ, a preto ti k tvojmu prospechu zverím ešte úplnejšie poznanie, než to, ktoré som ti doposiaľ vysvetlil.

VÝZNAM: Parāśara Muni vysvetľuje slovo Bhagavān takto; ten kto vlastní šesť druhov majestátov v plnej miere — kto je najsilnejší, najslávnejší, najbohatší, najučenejší, najkrajší a dokáže si najviac odriekať, je Bhagavān, Najvyššia Božská Osobnosť. Keď bol Kṛṣṇa na Zemi, vyjavil všetkých týchto šesť vlastností. Preto všetci mudrci, ako napríklad Parāśara Muni, prijali Kṛṣṇu za Najvyššiu Božskú Osobnosť. A teraz zvestuje Kṛṣṇa Arjunovi dôverné poznanie o Svojej vznešenosti a o Svojich činnostiach. Na začiatku siedmej kapitoly Kṛṣṇa vysvetlil Svoje rozmanité energie a ich vplyv. V tejto kapitole poúča Arjunu o Svojich vznešených atribútoch. V predchádzajúcej kapitole jasne vysvetlil Svoje rozmanité energie, aby dal základ k oddanosti s pevným presvedčením. V tejto kapitole znovu objasní Svoje rôzne podoby a vlastnosti.

Čím viac človek načúva o Najvyššom Bohu, tým viac je odhodlaný oddane Mu slúžiť. Mali by sme o Ňom načúvať iba v spoločnosti oddaných, pretože tým sa obohatí naša oddaná služba. Iba tí, ktorí sa skutočne usilujú o vedomie Kṛṣṇu, sa môžu zúčastniť prednášok a rozhovorov v spoločnosti oddaných. Ostatní sa týchto prednášok zúčastniť nemôžu. Kṛṣṇa Arjunovi jasne hovorí, že má prístup k tomuto učeniu, pretože je Jeho milý priateľ, a že toto učenie mu bude veľmi osožné.

VERŠ 2

न मे विदुः सुरगणाः प्रभवं न महर्षयः ।
अहमादिर्हि देवानां महर्षीणां च सर्वशः ॥ २ ॥

na me viduḥ sura-gaṇāḥ prabhavaṁ na maharṣayaḥ
aham ādir hi devānāṁ maharṣīṇāṁ ca sarvaśaḥ

na – nikdy; *me* – Môj; *viduḥ* – poznajú; *sura-gaṇāḥ* – polobohovia; *prabhavam* – pôvod, majestát; *na* – nikdy; *mahā-ṛṣayaḥ* – veľkí mudrci; *aham* – Ja som; *ādiḥ* – pôvod; *hi* – zaiste; *devānām* – polobohov; *mahā-ṛṣīṇām* – veľkých mudrcov; *ca* – tiež; *sarvaśaḥ* – v každom ohľade.

Ani davy polobohov, ani veľkí mudrci nepoznajú Môj pôvod či majestát. Ja som v každom ohľade zdrojom polobohov a veľkých mudrcov.

VÝZNAM: V *Brahma-saṁhite* sa jasne hovorí, že Kṛṣṇa je Najvyšší Pán. Nikto Ho neprevýši a je príčinou všetkých príčin. Kṛṣṇa tu osobne tvrdí, že je pôvodcom polobohov a mudrcov. Ani polobohovia, ba ani mudrci nemôžu pochopiť Kṛṣṇu, Jeho meno alebo Jeho osobnosť. Čo by sme teda za takýchto okolností mohli očakávať od takzvaných učencov tejto úbohej planéty? Nikto nemôže pochopiť, prečo Najvyšší Boh zostupuje na Zem ako obyčajná ľudská bytosť a koná neobyčajné a úžasné skutky. Preto si musíme uvedomiť, že akademické vzdelanie nie je kvalifikáciou nutnou na pochopenie Kṛṣṇu. Dokonca aj polobohovia a mudrci sa pokúsili pochopiť Kṛṣṇu mentálnou špekuláciou, no neuspeli. V *Śrīmad-Bhāgavatame* sa jasne hovorí, že ani veľkí polobohovia nemôžu pochopiť Najvyššiu Božskú Osobnosť. Môžu špekulovať tak veľmi, ako im ich nedokonalé zmysly dovolia, ale dôjdu iba k mylnému záveru, že Boh je niečo neosobné, niečo, čo je prejavené troma kvalitami hmotnej prírody. Môžu dospieť aj k iným nesprávnym záverom, no v žiadnom prípade nemôžu pochopiť Kṛṣṇu mentálnou špekuláciou.

Tým, ktorí chcú poznať Absolútnu Pravdu, Śrī Kṛṣṇa nepriamo radí: „Som tu prítomný ako Najvyššia Božská Osobnosť. Ja som Najvyšší." To by mal vedieť každý. To, že nemôžeme porozumieť bytiu nepochopiteľného Boha, nemení nič na skutočnosti, že naozaj jestvuje. Môžeme však pochopiť Kṛṣṇu, ktorý je večný, plný blaženosti a poznania, jednoducho štúdiom Jeho slov z *Bhagavad-gīty* a *Śrīmad-Bhāgavatamu*. Ľudia, ktorí sa nachádzajú v nižšej energii Pána, môžu dospieť k názoru, že Boh je nejaká vládnuca sila alebo neosobný Brahman, no Najvyššiu Božskú Osobnosť nemôžeme vnímať dovtedy, kým sa nenachádzame na transcendentálnej úrovni.

Keďže väčšina ľudí nemôže pochopiť, kto Kṛṣṇa v skutočnosti je, Kṛṣṇa zostupuje zo Svojej bezpríčinnej milosti, aby preukázal láskavosť špekulantom, ktorí si napriek všetkým Jeho úžasným činnostiam myslia, že neosobný Brahman je Najvyšší, čím iba dokazujú, že sú znečistení hmotnou energiou. Iba oddaní, ktorí sa Najvyššiemu Pánovi úplne odovzdali, môžu vďaka Jeho milosti pochopiť, že Najvyšší je Kṛṣṇa. Oddaní Pána sa nezaujímajú o neosobný Brahman. Vďaka svojej viere a oddanosti sa ihneď odovzdajú Kṛṣṇovi a vďaka Jeho milosti Mu porozumejú. Nikto iný Ho pochopiť nemôže. Veľkí mudrci sa teda zhodujú v tom, že je rozdiel medzi dušou a Najvyšším a že ľudia by mali uctievať iba Najvyššieho.

VERŠ 3

यो मामजमनादिं च वेत्ति लोकमहेश्वरम् ।
असम्मूढः स मर्त्येषु सर्वपापैः प्रमुच्यते ॥ ३ ॥

yo mām ajam anādiṁ ca vetti loka-maheśvaram
asammūḍhaḥ sa martyeṣu sarva-pāpaiḥ pramucyate

yaḥ – kto; *mām* – Mňa; *ajam* – nezrodený; *anādim* – bez počiatku; *ca* – tiež; *vetti* – pozná; *loka* – planéty; *mahā-īśvaram* – Najvyšší Pán; *asammūḍhaḥ* – neoklamaný; *saḥ* – on; *martyeṣu* – medzi smrteľníkmi; *sarva-pāpaiḥ* – od všetkých reakcií za hriešne činnosti; *pramucyate* – oslobodený.

Iba ten, kto Ma pozná ako nezrodeného, bez počiatku a ako zvrchovaného Pána všetkých svetov, nepodlieha ilúzii a je zbavený všetkých následkov hriechu.

VÝZNAM: Ako sa uvádza v treťom verši siedmej kapitoly, *manuṣyāṇāṁ sahasreṣu kaścid yatati siddhaye*: osoby, ktoré sa snažia povýšiť na úroveň duchovnej realizácie, nie sú obyčajnými ľuďmi. Stoja nad miliónmi a miliónmi bežných ľudí, ktorí nemajú ani potuchy o duchovnej realizácii. Z tých, ktorí sa skutočne snažia poznať svoju duchovnú identitu, je duchovne vyspelý ten, kto vie, že Kṛṣṇa je vlastníkom všetkého a že je nezrodená Najvyššia Božská Osobnosť. Iba na tejto úrovni, keď človek dokonale poznal Kṛṣṇov majestát, môže byť úplne oslobodený od všetkých následkov za hriešne činnosti.

Kṛṣṇa je tu označený slovom *aja*, čo znamená nezrodený. V druhej kapitole boli slovom *aja* označené aj živé bytosti, no medzi nimi a Kṛṣṇom je rozdiel. Kṛṣṇa sa líši od živých bytostí, ktoré sa rodia a umierajú následkom lipnutia na hmote. Podmienené duše menia svoje telá, no Kṛṣṇovo telo sa nemení. Aj keď sa Kṛṣṇa zjaví v tomto svete, nenarodí sa, a preto sa v štvrtej kapitole hovorí, že vďaka Svojej vnútornej energii nepodlieha nadvláde nižšej hmotnej energie, ale zostáva vždy vo vyššej energii.

Slová *vetti loka maheśvaram* v tomto verši naznačujú, že Kṛṣṇa je najvyšší majiteľ hviezdnych sústav vo vesmíre. Existoval pred stvorením a od Svojho stvorenia sa líši. Všetci polobohovia v tomto svete boli stvorení, ale čo sa týka Kṛṣṇu, hovorí sa, že stvorený nebol. Preto je rozdiel medzi Kṛṣṇom a takými veľkými polobohmi, ako je Brahmā alebo Śiva. Keďže Kṛṣṇa je stvoriteľom dokonca i Brahmu a Śivu a všetkých ostatných polobohov, je Najvyššou Osobou všetkých planét.

Śrī Kṛṣṇa sa teda líši od toho, čo bolo stvorené, a kto ho takto pozná, bude ihneď oslobodený od všetkých následkov za hriešne činnosti. Človek musí zanechať hriešnych činností, aby mohol pochopiť Najvyššieho Pána, ktorý nemôže byť pochopený nijakým iným spôsobom, než oddanou službou, čo potvrdzuje aj *Bhagavad-gītā*.

Nesmieme považovať Kṛṣṇu za obyčajného človeka. Už sme hovorili o tom, že iba hlupáci Ho považujú za človeka. Tá istá vec je tu vysvetlená iným spôsobom. Človek, ktorý nestratil rozum a je natoľko inteligentný, aby pochopil pravú podstatu Boha, je vždy zbavený následkov za hriešne činnosti.

Ak je Devakī Kṛṣṇova matka, ako je potom možné, že Kṛṣṇa je nezrodený? To je vysvetlené v *Śrīmad-Bhāgavatame*. Keď sa Kṛṣṇa zjavil pred Devakī a Vasudevom, nenarodil sa ako obyčajné dieťa. Zjavil sa vo Svojej pôvodnej podobe a potom sa premenil na obyčajné batoľa.

Všetko, čo sa deje pod Kṛṣṇovým vedením, je transcendentálne a nemôže byť znečistené hmotnými reakciami, ktoré môžu byť buď dobré, alebo zlé. Myslieť si, že v hmotnom svete jestvujú dobré a zlé veci, je viac-menej výmysel, pretože v hmotnom svete nejestvuje nič dobré. Všetko je nepriaznivé, pretože samotná povaha hmotného sveta je nepriaznivá. My si jednoducho len predstavujeme, že jestvuje niečo priaznivé. Skutočné šťastie spočíva výlučne v činnostiach pre potešenie Kṛṣṇu v duchu služby s plnou oddanosťou. Ak chceme byť šťastní, musíme konať pod vedením Najvyššieho Pána, ktoré môžeme nájsť v autoritatívnych písmach, ako je *Śrīmad-Bhāgavatam* a *Bhagavad-gītā*, alebo ho môžme získať od pravého duchovného učiteľa. Nakoľko duchovný učiteľ je predstaviteľom Najvyššieho Pána, jeho pokyny sa nelíšia od pokynov Najvyššieho Pána. Duchovný učiteľ, svätci a písma hlásajú tú istú cestu a nikdy si neprotirečia. Na rozdiel od dobrých a zlých skutkov hmotného sveta nemajú skutky pod takým vedením nijaké hmotné následky. Transcendentálny postoj oddaného je skutočným odriekaním a to sa nazýva *sannyāsa*. V prvom verši šiestej kapitoly *Bhagavad-gīty* bolo povedané, že ten, kto jedná z povinnosti na príkaz Najvyššieho Pána, a kto nevyhľadáva plody svojej práce (*anāśritaḥ karma-phalam*), si skutočne odrieka. Kto vykonáva skutky pod vedením Najvyššieho Pána, je skutočný *sannyāsīn* a *yogīn*, a nie ten, kto sa tak iba oblieka.

VERŠ 4–5

बुद्धिर्ज्ञानमसम्मोहः क्षमा सत्यं दमः शमः ।
सुखं दुःखं भवोऽभावो भयं चाभयमेव च ॥ ४ ॥
अहिंसा समता तुष्टिस्तपो दानं यशोऽयशः ।
भवन्ति भावा भूतानां मत्त एव पृथग्विधाः ॥ ५ ॥

buddhir jñānam asammohaḥ kṣamā satyaṁ damaḥ śamaḥ
sukhaṁ duḥkhaṁ bhavo 'bhāvo bhayaṁ cābhayam eva ca

ahiṁsā samatā tuṣṭis tapo dānaṁ yaśo 'yaśaḥ
bhavanti bhāvā bhūtānāṁ matta eva pṛthag-vidhāḥ

buddhiḥ — inteligencia; *jñānam* — poznanie; *asammohaḥ* — bez pochybnosti; *kṣamā* — schopnosť odpúšťať; *satyam* — pravdivosť; *damaḥ* — ovládanie zmyslov; śamaḥ — ovládanie mysle; *sukham* — šťastie; *duḥkham* — zármutok; *bhavaḥ* — zrodenie; *abhāvaḥ* — smrť; *bhayam* — strach; ca — tiež; *abhayam* — nebojácnosť; *eva* — tiež; *ca* — a; *ahiṁsā* — nenásilie; *samatā* — vyrovnanosť; *tuṣṭiḥ* — uspokojenie; *tapaḥ* — pokánie; *dānam* — dobročinnosť; *yaśaḥ* — sláva; *ayaśaḥ* — potupa; *bhavanti* — bude; *bhāvāḥ* — povahy; *bhūtānām* — živých bytostí; *mattaḥ* — odo Mňa; *eva* — zaiste; *pṛthak-vidhāḥ* — rôzne upravené.

Inteligencia, poznanie, zbavenosť od pochybnosti a klamu, schopnosť odpúšťať, pravdivosť, ovládanie zmyslov, ovládanie mysle, šťastie, zármutok, zrodenie, smrť, strach, nebojácnosť, nenásilie, vyrovnanosť, uspokojenie, pokánie, štedrosť, pocta i potupa — tieto rôzne charakteristiky živých bytostí nestvoril nikto iný než Ja sám.

VÝZNAM: Všetky dobré i zlé vlastnosti živých bytostí, ktoré sú tu vymenované, pochádzajú od Kṛṣṇu.

Buddhi — inteligencia je schopnosť analyzovať veci zo správneho hľadiska.

Jñānam — poznanie znamená pochopiť, čo je duchovné a čo je hmotné. Bežné vedomosti, ktoré môžeme získať na vysokej škole, sa týkajú hmoty, no také vedomosti tu nie sú nazývané poznaním. Poznanie znamená vedieť, aký je rozdiel medzi duchovnom a hmotou. V modernom vzdelaní, ktoré sa zaujíma čisto o hmotné predmety a telesné potreby, nijaké poznanie o duchovných skutočnostiach nejestvuje. Preto je akademické vzdelanie neúplné.

Asammoha — pochybnosti a ilúzie sa môže zbaviť ten, kto nie je nerozhodný a chápe transcendentálnu filozofiu. Pomaly, ale iste sa tak zbaví zmätenosti. Nič však nesmieme prijímať slepo, ale opatrne a pozorne.

Kṣamā — schopnosť odpúšťať sa musí rozvíjať. Musíme sa vždy snažiť byť znášanliví a ospravedlniť malé priestupky druhých.

Satyam — pravdivosť znamená, že fakty sa majú predkladať také, aké sú — teda bez prekrúcania, aby prospeli ostatným. Obecne je zvykom hovoriť pravdu len vtedy, keď to druhého poteší. To však nie je pravdovravnosť. Pravda sa musí povedať priamo a jasne, aby druhí pochopili, ako sa veci majú. Ak je niekto zlodej a ak sú pred ním ľudia varovaní, je to pravda, a hoci je občas trpká, nesmieme ju zamlčovať. Pravdivosť vyžaduje, aby sa predkladali skutočné fakty, ktoré sú druhým k ich vlastnému prospechu. Taká je definícia pravdivosti.

Damaḥ — sebaovládanie znamená, že zmysly nemajú slúžiť na zbytočné sebauspokojovanie. Nie je zakázané uspokojiť nutné zmyslové potreby, no zbytočný zmyslový pôžitok škodí duchovnému pokroku. Preto by sme nemali zmysly používať zbytočne. Práve tak sa myseľ nemá oddávať zbytočným myšlienkam. Toto štádium sa nazýva *śama*. Nikto by nemal tráviť svoj čas premýšľaním, ako zarábať peniaze. To je zneužívanie schopnosti myslieť. Myseľ by sme mali používať na to, aby sme porozumeli hlavnej potrebe ľudskej bytosti, a toto by malo byť podané autoritatívne. Schopnosť myslieť sa má rozvíjať v spoločnosti osôb znalých písiem, svätcov, duchovných učiteľov a osôb s vyspelým myslením.

Sukham — radosť alebo šťastie spočíva v tom, čo je priaznivé pre rozvoj duchovného poznania, vedomia Kṛṣṇu. Čo neprospieva rozvoju vedomia Kṛṣṇu, je to, čo spôsobuje biedu alebo bolesť (*duḥkham*). Čokoľvek prospieva vedomiu Kṛṣṇu by sme mali prijať, a to čo neprospieva musíme zamietnuť.

Bhava — zrodenie sa vzťahuje na telo. Pre dušu nejestvuje zrodenie ani smrť, o čom sa pojednáva na začiatku *Bhagavad-gīty*. Zrodenie a smrť sa vzťahujú na naše vtelenie v hmotnom svete.

Bhayam — strach povstáva zo starosti o budúcnosť. No ten, kto si je vedomý Kṛṣṇu, nemá strach, pretože si svojimi činmi zaisťuje návrat do duchovného sveta — späť domov, späť k Bohu. Preto je jeho budúcnosť veľmi jasná. Ostatní však nevedia, čo ich čaká, nevedia, aký bude ich budúci život, a preto sú neustále znepokojení. Pre toho, kto sa chce zbaviť úzkosti, je najlepším východiskom poznať Kṛṣṇu a umiestniť sa vo vedomí Kṛṣṇu. Tak sa zbavíme všetkých starostí. V *Śrīmad-Bhāgavatame* (11.2.37) sa uvádza *bhayaṁ dvitīyābhini-veśataḥ syāt*: príčinou strachu je naše pohrúženie v iluzórnej energii. No tí, ktorí sa z iluzórnej energie vyslobodili a sú presvedčení, že nie sú hmotné telá, ale duchovné čiastočky Najvyššieho Pána, a preto Mu oddane slúžia, sa nemajú čoho báť. Ich budúcnosť je veľmi jasná. Strach sa vyskytuje u ľudí, ktorí si nie sú vedomí Kṛṣṇu. Nebojácni (*abhayam)* sú iba tí, ktorí sú si vedomí Kṛṣṇu.

Ahiṁsā — nenásilie znamená, že človek nemá konať nič, čo by spôsobilo druhým ťažkosti, nepríjemnosti alebo zmätok. Hmotné plány, ktoré rozvíjajú mnohí politici, sociológovia, filantropi a iní, neprinášajú nijaké dobré výsledky, pretože títo ľudia nemajú transcendentálny pohľad. Nevedia, čo spoločnosti skutočne prospieva. Nenásilie znamená, že ľudia majú byť vychovávaní takým spôsobom, aby plne využili ľudské telo. Ľudské telo je určené na duchovnú realizáciu a každé hnutie alebo spolok, ktoré nepodporuje tento cieľ, sa dopúšťa násilia na ľudskom tele. To, čo napomáha budúcemu duchovnému šťastiu, sa nazýva nenásilie.

Samatā — vyrovnanosť poukazuje na stav, keď sa človek zbaví pripútanosti a odporu. Mať niečo príliš rád, alebo cítiť k niečomu veľký odpor nie je dobré. Hmotný svet musíme prijímať bez lásky a odporu. Všetko, čo prospieva vedomiu Kṛṣṇu, sa má prijať, a všetko čo neprospieva, treba zavrhnúť. To sa nazýva *samatā*, vyrovnanosť. Človek vedomý si Kṛṣṇu nemá, čo by zavrhol alebo prijal, pokiaľ sa to netýka oddanej služby Kṛṣṇovi.

Tuṣṭi — uspokojenie znamená, že človek by nemal zhromažďovať hmotné statky zbytočnou prácou. Mal by byť spokojný s tým, čoho sa mu dostane Božou milosťou. Tomu sa hovorí spokojnosť.

Tapas — znamená odriekanie alebo pokánie. Vo *Vedach* je ohľadom toho mnoho pravidiel a zásad. Píše sa tam, že človek má vstávať skoro ráno a vykúpať sa. Niekedy je veľmi ťažké vstať skoro ráno, no každá nepríjemnosť, ktorej sa človek podrobí, sa nazýva pokánie. Existujú tiež príkazy týkajúce sa pôstu v určitých dňoch v mesiaci. Niekedy sa nám nechce držať pôst, ale ak sme odhodlaní robiť pokroky v duchovnej vede, vo vedomí Kṛṣṇu, musíme sa podrobiť odporúčaným telesným ťažkostiam. Na druhej strane by sme sa ale nemali postiť zbytočne alebo v rozpore s *vedskými* predpismi. Nikto by nemal držať pôst z nejakých politických dôvodov, pretože také konanie patrí podľa *Bhagavad-gīty* do kvality nevedomosti a činnosti konané v kvalite nevedomosti alebo vášne nevedú k duchovnému rozvoju. Práca vykonávaná v kvalite dobra prospieva pokroku a pôst podľa *vedskych* predpisov obohacuje človeka o duchovné poznanie.

Čo sa týka dobročinnosti (*dānam*), každý by mal venovať polovicu svojho príjmu na dobrý účel. A čo je dobrý účel? Dobrý účel je čokoľvek, čo je spojené s vedomím Kṛṣṇu. Také činnosti však nie sú iba dobré, sú najlepšie. Śrī Kṛṣṇa je dobrý a činnosti určené pre Jeho potešenie sú takisto dobré. Preto by mala byť každá dobročinnosť určená ľudom, ktorí oddane slúžia Kṛṣṇovi. Vo *vedskej* literatúre sa hovorí, že dary sa majú dávať *brāhmaṇom*. Tento *vedsky* zvyk sa do istej miery dodržiava dodnes. Pravidlom teda je, že milodary sa majú dávať *brāhmaṇom*. Prečo? Pretože zasvätili svoj život kultivácii duchovného poznania. O *brāhmaṇovi* sa predpokladá, že venuje celý svoj čas tomu, aby poznal Brahman. *Brahma jānātīti brāhmaṇaḥ*: Ten, kto pozná Brahman, sa nazýva *brāhmaṇa*. *Brāhmaṇov* treba obdarovávať, pretože sa venujú výlučne vyššej duchovnej službe a nemajú čas zarábať si na živobytie. Vo *vedskej* literatúre sa ďalej píše, že almužny sa majú dávať *sannyāsīnom* t.j. tým, ktorí sa zriekli svetského života. *Sannyāsīn* nechodí žobrať z domu do domu kvôli peniazom, ale za misijnými účelmi. Hospodári sú zamestnaní v rodinných záležitostiach a zabúdajú, že zmyslom života je slúžiť Kṛṣṇovi. Preto ich *sannyāsīn* navštevuje pod rúškou žobráka a prebúdza k duchovnému životu. Vo *vedskych* písmach sa píše, že človek sa musí zobudiť a snažiť sa dosiahnuť najvyššie duchovné ciele v ľudskej podobe. *Sannyāsīni* rozširujú toto poznanie, a preto sú dary určené im a *brāhmaṇom*, a nie na nejaké vrtošivé účely.

Yaśas — znamená slávu. Podľa Śrī Caitanyu Mahāprabhua je slávny ten, kto je známy ako Pánov veľký oddaný. To je pravá sláva. Ak sa niekto preslávil ako Kṛṣṇov veľký oddaný, potom je skutočne slávny. Ten, kto nie je slávny ako oddaný, v skutočnosti slávny nie je.

Všetky tieto vlastnosti sa vyskytujú v celom vesmíre, ako v ľudskej spoločnosti, tak aj v spoločnosti polobohov. Život v ľudskej podobe jestvuje i na iných planétach a tieto vlastnosti môžeme nájsť i tam. Kṛṣṇa stvoril všetky dobré vlastnosti pre tých, ktorí chcú rozvíjať svoje duchovné vedomie, vedomie Kṛṣṇu. Záleží však na nás, či ich vo svojom vnútri rozvinieme. Najvyšší Pán zariadi, aby človek, ktorý je zapojený do Jeho oddanej služby, získal všetky dobré vlastnosti. Od Kṛṣṇu pochádza všetko dobré i zlé. V hmotnom svete sa nemôže objaviť nič, čo nie je v Kṛṣṇovi. To je skutočné poznanie. Hoci vieme, že veci majú rôzne hodnoty a funkcie, musíme si uvedomiť, že všetky pochádzajú z Kṛṣṇu.

VERŠ 6

महर्षयः सप्त पूर्वे चत्वारो मनवस्तथा ।
मद्भावा मानसा जाता येषां लोक इमाः प्रजाः ॥ ६ ॥

maharṣayaḥ sapta pūrve catvāro manavas tathā
mad-bhāvā mānasā jātā yeṣāṁ loka imāḥ prajāḥ

mahā-ṛṣayaḥ — veľkí mudrci; *sapta* — sedem; *pūrve* — pred; *catvāraḥ* — štyria; *manavaḥ* — Manuovia; *tathā* — tiež; *mat-bhāvāḥ* — zrodení zo Mňa; *mānasāḥ* — z mysle; *jātāḥ* — zrodení; *yeṣām* — z nich; *loke* — na svete; *imāḥ* — to všetko; *prajāḥ* — pokolenie.

Okrem štyroch svätcov zo Mňa povstali, zrodení z Mojej mysle, siedmi veľkí mudrci a Manuovia (praotcovia ľudstva) a z nich pochádzajú všetky živé bytosti obývajúce rôzne planéty.

VÝZNAM: Śrī Kṛṣṇa na tomto mieste podáva genealogický prehľad zaľudnenia vesmíru. Brahmā je prapôvodnou bytosťou a narodil sa z energie Najvyššieho Pána, známeho ako Hiraṇyagarbha. Z Brahmu pochádzajú štyria svätci zvaní Sanaka, Sananda, Sanātana a Sanat-kumāra, sedem veľkých mudrcov a štrnásť Manuov. Títo veľkí svätci sú známi ako praotcovia všetkých živých bytostí v celom vesmíre. Existuje nespočetné množstvo vesmírov a v každom z nich je nespočetne mnoho planét. Na každej planéte existujú rôzne živočíšne druhy, ktoré sú zrodené z týchto dvadsiatich piatich patriarchov. Brahmā činil pokánie tisíc nebeských rokov predtým, než vďaka Kṛṣṇovej milosti pochopil, ako tvoriť. Potom z Brahmu vzišiel Sanaka, Sanandana, Sanātana a Sanat-kumāra, potom Rudra a sedem mudrcov. Tak boli všetci *brāhmaṇi* a *kṣatriyovia* stvorení energiou Najvyššej Božskej Osobnosti. Brahmā je známy ako praotec *pitāmaha* a Kṛṣṇa je v jedenástej kapitole *Bhagavad-gīty* oslovený ako *prapitāmaha*, otec praotca.

VERŠ 7

एतां विभूतिं योगं च मम यो वेत्ति तत्त्वतः ।
सोऽविकल्पेन योगेन युज्यते नात्र संशयः ॥ ७ ॥

etāṁ vibhūtiṁ yogaṁ ca mama yo vetti tattvataḥ
so 'vikalpena yogena yujyate nātra saṁśayaḥ

etām — to všetko; *vibhūtim* — majestát; *yogam* — mystickú silu; *ca* — tiež; *mama* — Môj; *yaḥ* — ten, kto; *vetti* — pozná; *tattvataḥ* — pravdivo; *saḥ* — ten; *avikalpena* — výlučne; *yogena* — v oddanej službe; *yujyate* — je zamestnaný; *na* — nikdy; *atra* — tu; *saṁśayaḥ* — pochybnosti.

Ten, kto je skutočne presvedčený o Mojom majestáte a mystickej moci, sa zapojí do čistej oddanej služby. O tom niet pochýb.

VÝZNAM: Vrcholom duchovnej dokonalosti je poznať Najvyššiu Božskú Osobnosť. Ak nie je človek pevne presvedčený o vznešenosti Najvyššieho Pána, nemôže sa zapojiť do oddanej služby. Ľudia väčšinou vedia, že Boh je veľký, no nevedia, aký veľký v skutočnosti je. Tu je to vysvetlené. Ak človek skutočne pozná majestát Boha, ihneď sa Mu odovzdá a zapojí sa do Jeho oddanej služby. Tomu, kto pozná krásu Najvyššieho Pána, nezostáva nič iné, ako sa Mu odovzdať. Toto pravé poznanie môžeme získať zo stránok *Śrīmad-Bhāgavatamu*, *Bhagavad-gīty* a podobnej literatúry.

V správe tohoto vesmíru je mnoho polobohov rozmiestnených na rôznych planetárnych sústavách a najvyššími z nich sú Brahmā, Śiva, štyria Kumārovia a ďalší patriarchovia. Všetkých praotcov celého vesmíru stvoril Kṛṣṇa, Najvyššia Božská Osobnosť. Śrī Kṛṣṇa je pôvodným praotcom všetkých praotcov.

To je niekoľko vznešených atribútov Najvyššieho Pána. Ak je o nich človek pevne presvedčený, prijme Kṛṣṇu s vierou a bez pochybností sa zapojí do oddanej služby. Všetky tieto poznatky sú nutné na zvýšenie nášho záujmu s láskou a oddanosťou slúžiť Bohu. Nemali by sme opomínať poznanie Kṛṣṇovho majestátu, pretože dokonalé poznanie Jeho slávy nám pomôže ustáliť sa v úprimnej oddanej službe.

VERŠ 8

अहं सर्वस्य प्रभवो मत्तः सर्वं प्रवर्तते ।
इति मत्वा भजन्ते मां बुधा भावसमन्विताः ॥ ८ ॥

ahaṁ sarvasya prabhavo mattaḥ sarvaṁ pravartate
iti matvā bhajante māṁ budhā bhāva-samanvitāḥ

aham — Ja; *sarvasya* — všetkého; *prabhavaḥ* — zdrojom stvorenia; *mattaḥ* — odo Mňa; *sarvam* — všetko; *pravartate* — pochádza; *iti* — toto; *matvā* — vediac; *bhajante* — stanú sa oddanými; *mām* — Mi; *budhāḥ* — učenie; *bhāva-samanvitāḥ* — s veľkou pozornosťou.

Som zdrojom všetkých duchovných i hmotných svetov. Všetko pochádza zo Mňa. Múdri, ktorí to dokonale vedia, Mi oddane slúžia a uctievajú Ma z celého srdca.

VÝZNAM: Učenec, ktorý dokonale preštudoval *Vedy*, ktorý získal poznanie od autorít, ako je Śrī Caitanya Mahāprabhu, a vie, ako toto učenie uplatniť v praxi, môže pochopiť, že Kṛṣṇa je pôvodcom všetkého v duchovnom i hmotnom svete. Keďže má dokonalé poznanie, odhodlane s láskou a oddanosťou slúži Najvyššiemu Pánovi. Nijakí hlupáci ani bláznivé komentáre ho nemôžu prinútiť, aby sa zo svojho postavenia odchýlil. Všetky *vedske* písma sa zhodujú v tom, že Kṛṣṇa je pôvodcom Brahmu, Śivu i ostatných polobohov. V *Atharva Vede* (*Gopāla-tāpanī Upaniṣade* 1.24) sa píše: *yo brahmānaṁ vidadhāti pūrvaṁ yo vai vedāṁś ca gāpayati sma kṛṣṇaḥ*: „Bol to Kṛṣṇa, kto na počiatku učil Brahmu *vedskemu* poznaniu, a bol to On, kto za pradávnych čias toto učenie rozšíril ďalej." V *Nārāyaṇa Upaniṣade* (1) je podobný verš: *atha puruṣo ha vai nārāyaṇo 'kāmayata prajāḥ sṛjeyeti*: „Nārāyaṇa, Najvyššia Božská Osobnosť, si potom želal stvoriť živé bytosti." *Upaniṣada* ďalej pokračuje, *nārāyaṇād brahmā jāyate, nārāyaṇād prajāpatiḥ prajāyate, nārāyaṇād indro jāyate, nārāyaṇād aṣṭau vasavo jāyante, nārāyaṇād ekādaśa rudrā jāyante, nārāyaṇād dvādaśādityāḥ*: „Z Nārāyaṇa sa zrodil Brahma a z Nārāyaṇa sa zrodili i patriarchovia. Z Nārāyaṇa sa zrodil Indra a z Nārāyaṇa sa zrodilo sedem Vasuov. Z Nārāyaṇa sa zrodilo jedenásť Rudrov a z Nārāyaṇa sa zrodilo i dvanásť Ādityov." Nārāyaṇa je Kṛṣṇovou expanziou.

V *Nārāyaṇa Upaniṣade* se ďalej píše: *brahmaṇyo devakī-putraḥ*: „Devakin syn Kṛṣṇa je Najvyššia Osobnosť." V *Mahā-Upaniṣade* (1) sa ďalej hovorí: *eko vai nārāyaṇa āsīn na brahmā na īśāno nāpo nāgni-samau neme dyāv-āpṛthivī na nakṣatrāṇi na sūryaḥ*: „Na počiatku stvorenia existoval iba Nārāyaṇa, Najvyššia Osobnosť. Brahmā, Śiva, oheň ani Mesiac, hviezdy na nebi ani Slnko nejestvovali." V *Mahā Upaniṣade* sa ďalej hovorí, že Śiva sa zrodil z čela Najvyššieho Pána. *Vedske* písma teda potvrdzujú uctievanie Najvyššieho Pána, stvoriteľa Brahmu a Śivu.

V *Mokṣa-dharme* Kṛṣṇa hovorí:

prajāpatiṁ ca rudraṁ cāpy aham eva sṛjāmi vai
tau hi māṁ na vijānīto mama māyā-vimohitau

„Stvoril som Śivu, praotcov i ostatných, no keďže sú zmätení Mojou iluzórnou energiou, nevedia, že som ich stvoril."

nārāyaṇaḥ paro devas tasmāj jātaś caturmukhaḥ
tasmād rudro 'bhavad devaḥ sa ca sarva-jñatāṁ gataḥ

„Nārāyaṇa je Najvyššia Božská Osobnosť, z Neho sa narodil Brahmā, z ktorého sa zrodil Śiva."

Kṛṣṇa je pôvodcom všetkých pokolení a býva nazývaný najbezprostrednejšou príčinou všetkého jestvujúceho. Śrī Kṛṣṇa hovorí: „Keďže som všetko stvoril, som najpôvodnejším zdrojom všetkého. Všetko je Mi podriadené a nikto nie je vyšší ako Ja." Okrem Kṛṣṇu niet iného zvrchovaného vládcu. Kto od pravého duchovného učiteľa, ktorý sa odvoláva na *vedsku* literatúru, takto Kṛṣṇu pochopí, použije všetku svoju energiu vo vedomí Kṛṣṇu a stane sa veľkým mudrcom. V porovnaní s ním sú ľudia, ktorí nevedia, kto je Kṛṣṇa, úplnými hlupákmi. Iba blázon môže považovať Kṛṣṇu za obyčajného človeka. Kṛṣṇov oddaný by sa nemal nechať zmiasť hlupákmi a mal by sa vyhýbať všetkým neautorizovaným komentárom a interpretáciam *Bhagavad-gīty.* S takou stálosťou a odhodlaním môže pokračovať vo vedomí Kṛṣṇu.

VERŠ 9

मच्चित्ता मद्गतप्राणा बोधयन्तः परस्परम् ।
कथयन्तश्च मां नित्यं तुष्यन्ति च रमन्ति च ॥ ९ ॥

mac-cittā mad-gata-prāṇā bodhayantaḥ parasparam
kathayantaś ca māṁ nityaṁ tuṣyanti ca ramanti ca

mat-cittāḥ — ich myseľ plne pohrúžená vo Mne; *mat-gata-prāṇāḥ* — ich životy oddané Mne; *bodhayantaḥ* — kážu; *parasparam* — medzi sebou; *kathayantaḥ* — hovoria; *ca* — tiež; *mām* — o Mne; *nityam* — neustále; *tuṣyanti* — ich poteší; *ca* — tiež; *ramanti* — tešia sa z transcendentálneho šťastia; *ca* — tiež.

Myšlienky mojich čistých oddaných prebývajú vždy vo Mne, svoje životy naplno zasväcujú službe Mne a nachádzajú veľké uspokojenie a blaženosť v tom, že sa neustále navzájom poučujú a rozprávajú o Mne.

VÝZNAM: Čistí oddaní, vlastnosti ktorých tu boli naznačené, sa úplne oddávajú transcendentálnej láskyplnej službe Pánovi. Ich myseľ sa nemôže odpútať od Kṛṣṇových lotosových nôh. Ich rozhovory sa týkajú výlučne transcendentálnych námetov. V tomto verši sú pekne popísané povahové rysy čistých oddaných. Oddaní Najvyššieho Pána velebia Jeho vlastnosti a zábavy dvadsaťštyri hodín denne. Ich srdcia a duše sú neustále pohrúžené v Kṛṣṇovi a veľmi radi o Ňom hovoria s ostatnými oddanými.

Oddaní sa v počiatočnom štádiu oddanej služby tešia z transcendentálnej blaženosti samotnej služby a v pokročilom štádiu sú umiestnení v láske k Bohu. Akonáhle dosiahnu túto transcendentálnu úroveň, môžu požívať najvyššiu dokonalosť, ktorú Śrī Kṛṣṇa zjavuje vo Svojom sídle. Śrī Caitanya Mahāprabhu prirovnáva transcendentálnu oddanú službu k zasadeniu semienka v srdci živej bytosti. Vo vesmíre jestvuje nespočetné množstvo živých bytostí, ktoré cestujú z planéty na planétu, a len máloktorej z nich sa pošťastí stretnúť sa s čistým oddaným a dostať tak možnosť pochopiť, čo je oddaná služba. Oddaná služba je ako semienko, a ak je zasadená do srdca živej bytosti, ktorá potom načúva a spieva *Hare Kṛṣṇa, Hare Kṛṣṇa, Kṛṣṇa Kṛṣṇa, Hare Hare/ Hare Rāma, Hare Rāma, Rāma Rāma, Hare Hare*, semienko vyklíči práve tak, ako vyklíči semeno stromu, ak sa pravidelne zalieva. Duchovná rastlinka oddanej služby neustále rastie, až nakoniec prerazí obaly hmotného vesmíru a vnikne do neosobnej žiary *brahmajyoti* v duchovnom nebi. Tu táto rastlinka ďalej rastie a rastie, až dospeje k najvyššej planéte, zvanej Goloka Vṛndāvana, k najvyššej Kṛṣṇovej planéte. Nakoniec sa uchýli k lotosovým nohám Kṛṣṇu a tam zostane. Práve tak ako obyčajné rastliny nesú plody, prináša plody aj rastlinka oddanej služby, ak ju zalievame spievaním a počúvaním Hare Kṛṣṇa *mahā-mantry*. Táto rastlinka oddanej služby je dokonale popísaná v *Caitanya-caritāmṛte* (*Madhya-līlā* kap.19). Píše sa tam, že akonáhle sa celá rastlinka uchýli ku Kṛṣṇovým lotosovým nohám, oddaný sa pohrúži do lásky k Bohu. Potom je nemožné žiť čo len na okamih bez styku s Najvyšším Pánom, tak ako ryba nemôže žiť bez vody. V tomto stave získava oddaný transcendentálne vlastnosti v spoločnosti Najvyššieho Pána.

Śrīmad-Bhāgavatam je plný príbehov o vzťahu medzi Najvyšším Pánom a Jeho oddanými, a preto je *Śrīmad Bhāgavatam* oddaným veľmi drahý, ako to potvrdzuje i dielo samotné: *Śrīmad-bhāgavataṁ purāṇam amalaṁ yad vaiṣṇavānāṁ priyam* (*Śrīmad-Bhāgavatam* 12.13.18). Príbehy zo *Śrīmad Bhāgavatamu* nepojednávajú o hmotných činnostiach, ekonomickom rozvoji, zmyslových pôžitkoch či spáse. Je to jediné písmo, v ktorom je dokonale popísaná transcendentálna povaha Najvyššieho Pána a Jeho oddaných. Realizovaná duša sa neustále teší z načúvania takejto transcendentálnej literatúry, práve tak, ako sa mladý chlapec teší zo spoločnosti mladého dievčaťa.

VERŠ 10

तेषां सततयुक्तानां भजतां प्रीतिपूर्वकम् ।
ददामि बुद्धियोगं तं येन मामुपयान्ति ते ॥ १० ॥

teṣāṁ satata-yuktānāṁ bhajatāṁ prīti-pūrvakam
dadāmi buddhi-yogaṁ taṁ yena māṁ upayānti te

teṣām — tým; *satata-yuktānām* — neustále zamestnaní; *bhajatām* — v oddanej službe; *prīti-pūrvakam* — v láskyplnej extáze; *dadāmi* — dám; *buddhi-yogam* — skutočnú inteligenciu; *tam* — to; *yena* — ktorú; *mām* — Mňa; *upayānti* — prídu; *te* — oni.

Tým, ktorí sú Mi neustále oddaní a s láskou Ma uctievajú, dávam poznanie, s pomocou ktorého ku Mne dospejú.

VÝZNAM: Slová *buddhi-yogam* majú v tomto verši veľký význam. Možno si spomenieme, ako v druhej kapitole poučoval Kṛṣṇa Arjunu o rôznych veciach a povedal mu, že by ho chcel poučiť o *buddhi-yoge*. Čo je *buddhi-yoga*, je vysvetlené v tomto verši. Samotná *buddhi-yoga* je činnosť konaná vo vedomí Kṛṣṇu; to je najvyššia inteligencia. *Buddhi* znamená inteligencia a *yoga* mystické činy alebo mystické povýšenie. Keď sa človek snaží vrátiť domov, späť k Bohu, prostredníctvom vedomia Kṛṣṇu a oddanej služby, potom sa jeho konanie nazýva *buddhi-yoga*. Je to, inými slovami, spôsob, pomocou ktorého sa človek vymaní z pút hmotného sveta. Najvyšším cieľom pokroku je Kṛṣṇa. Ľudia to nevedia, a preto je dôležité, aby sa stýkali s oddanými a s pravým duchovným učiteľom. Človek môže poznať, že Kṛṣṇa je cieľ, a keď si tento cieľ stanoví, jeho cesta k Nemu bude pomaly ale iste završená a dosiahne Absolútny cieľ.

O človeku, ktorý pozná zmysel života, ale je pripútaný k výsledkom svojej práce, sa hovorí, že vykonáva *karma-yogu*. Keď vie, že cieľom je Kṛṣṇa, no pritom nachádza potešenie v špekulovaní, pomocou ktorého chce pochopiť Kṛṣṇu, vykonáva *jñāna-yogu*. Keď pozná cieľ a hľadá Kṛṣṇu pomocou oddanej služby, je zamestnaný v *bhakti-yoge* alebo *buddhi-yoge*, čo je úplná *yoga*, predstavujúca najdokonalejšiu úroveň života.

Niekto môže mať pravého duchovného učiteľa a môže byť členom duchovného hnutia. Ak však nie je dostatočne inteligentný na to, aby robil pokroky, Kṛṣṇa ho zvnútra osobne poučí, aby k Nemu mohol nakoniec dospieť. Je však potrebné, aby na Kṛṣṇu neustále myslel a s láskou a oddanosťou Mu všemožne slúžil. Každý by mal vykonávať nejakú prácu pre Kṛṣṇu, a mal by ju vykonávať s láskou. Ak oddaný nie je dostatočne inteligentný na to, aby robil pokroky na ceste k sebarealizácii, ale je úprimný a vykonáva svoju službu s láskou a oddanosťou, Pán mu dá príležitosť, aby urobil pokrok a nakoniec sa k Nemu vrátil.

VERŠ 11

तेषामेवानुकम्पार्थमहमज्ञानजं तमः ।
नाशयाम्यात्मभावस्थो ज्ञानदीपेन भास्वता ॥ ११ ॥

teṣām evānukampārtham aham ajñāna-jaṁ tamaḥ
nāśayāmy ātma-bhāva-stho jñāna-dīpena bhāsvatā

teṣām — tým; *eva* — zaiste; *anukampā-artham* — preukazujem zvláštnu milosť; *aham* — Ja; *ajñāna-jam* — z nevedomosti; *tamaḥ* — temnota; *nāśayāmi* — rozptýliť; *ātma-bhāva* — v ich srdciach; *sthaḥ* — umiestnený; *jñāna* — poznanie; *dīpena* — lampa; *bhāsvatā* — žiariaca.

Prebývam v ich srdciach, a aby som im prejavil zvláštnu milosť, žiariacou lampou poznania rozptyľujem temnotu zrodenú z nevedomosti.

VÝZNAM: Keď bol Śrī Caitanya Mahāprabhu v Benarese, aby propagoval spievanie *Hare Kṛṣṇa, Hare Kṛṣṇa, Kṛṣṇa Kṛṣṇa, Hare Hare/ Hare Rāma, Hare Rāma, Rāma Rāma, Hare Hare*, nasledovali Ho tisíce ľudí. Veľký a vplyvný učenec Benáresu Prakāśānanda Sarasvatī hanobil Caitanyu a nazval Ho sentimentalistom. Istí filozofi niekedy kritizujú oddaných, domnievajúc sa, že oddaní sú v temnote nevedomosti, že sú filozoficky naivní a sentimentálni. V skutočnosti to však nie je pravda. Jestvuje veľa známych učencov, ktorí predložili filozofiu oddanosti, no i v prípade, že oddaný nevyužije ich literatúry alebo svojho duchovného učiteľa, Kṛṣṇa mu osobne pomôže zvnútra, ak vykonáva úprimne oddanú službu. Úprimný oddaný, láskyplne slúžiaci Kṛṣṇovi, sa teda nikdy nemusí sťažovať na nedostatok poznania. Jeho jedinou kvalifikáciou je oddaná služba vo vedomí Kṛṣṇu.

Moderní filozofi sa domnievajú, že nikto nemôže dospieť k čistému poznaniu bez analyzovania. Z tohto verša však vyplýva, že Najvyšší Pán pomôže tým, ktorí Mu oddane a láskyplne slúžia, aj keď nemajú dostatočné vzdelanie alebo nepoznajú *vedske* zásady.

Śrī Kṛṣṇa hovorí Arjunovi, že je prakticky nemožné pochopiť Najvyššiu Absolútnu Pravdu, Najvyššiu Božskú Osobnosť, suchým špekulovaním, pretože Najvyššia Pravda je taká veľká, že nemôže byť pochopená alebo dosiahnutá nijakým intelektuálnym úsilím. Človek môže špekulovať milióny rokov, no ak nie je oddaný a nemiluje Najvyššiu Pravdu, nikdy Kṛṣṇu, Najvyššiu Pravdu, nepochopí. Jedine oddaná služba uspokojí Najvyššiu Pravdu, Kṛṣṇu, ktorý sa vďaka Svojej nepochopiteľnej energii, môže zjaviť v srdci čistého oddaného. Čistý oddaný nosí Kṛṣṇu neustále vo svojom srdci a Jeho prítomnosť sa podobá Slnku, ktoré rozptyľuje temnotu nevedomosti. To je milosť, ktorou Kṛṣṇa obdarúva Svojich oddaných.

Vzhľadom na to, že sme boli znečistení stykom s hmotou po mnoho miliónov životov, naše srdcia pokrýva prach materializmu, no ak sme zamestnaní v oddanej službe a neustále spievame Hare Kṛṣṇa, prach veľmi rýchlo zmizne a my sa dostaneme na úroveň čistého poznania. Iba takým spievaním a oddanou službou môžeme dospieť k najvyššiemu cieľu, Viṣṇuovi, a nie neustálym špekulovaním či polemikou. Čistý oddaný sa nemusí starať o svoje životné potreby, pretože akonáhle odstráni nevedomosť zo svojho srdca, Najvyšší Pán, spokojný s jeho oddanou, láskyplnou službou, mu dá všetko, čo potrebuje. To je jadro učenia *Bhagavad-gīty*. Štúdiom *Bhagavad-gīty* sa môže stať každý dušou oddanou Najvyššiemu Pánovi a zapojiť sa do čistej oddanej služby. Človek sa automaticky zbaví všetkých materialistických snáh, len čo si ho Najvyšší Pán vezme pod ochranu.

VERŠ 12–13

अर्जुन उवाच
परं ब्रह्म परं धाम पवित्रं परमं भवान् ।
पुरुषं शाश्वतं दिव्यमादिदेवमजं विभुम् ॥ १२ ॥
आहुस्त्वामृषयः सर्वे देवर्षिर्नारदस्तथा ।
असितो देवलो व्यासः स्वयं चैव ब्रवीषि मे ॥ १३ ॥

arjuna uvāca
paraṁ brahma paraṁ dhāma pavitraṁ paramaṁ bhavān
puruṣaṁ śāśvataṁ divyam ādi-devam ajaṁ vibhum

āhus tvām ṛṣayaḥ sarve devarṣir nāradas tathā
asito devalo vyāsaḥ svayaṁ caiva bravīṣi me

arjunaḥ uvāca — Arjuna riekol; *param* — najvyšší; *brahma* — pravda; *param* — najvyšší; *dhāma* — podpora; *pavitram* — čistý; *paramam* — najvyšší; *bhavān* — Ty; *puruṣam* — osobnosť; *śāśvatam* — pôvodný; *divyam* — transcendentálny; *ādi-devam* — Pôvodný Pán; *ajam* — nezrodený; *vibhum* — najväčší; *āhuḥ* — hovorí; *tvām* — o Tebe; *ṛṣayaḥ* — mudrci; *sarve* — všetci; *deva-ṛṣiḥ* — svätec medzi polobohmi; *nāradaḥ* — Nārada; *tathā* — tiež; *asitaḥ* — Asita; *devalaḥ* — Devala; *vyāsaḥ* — Vyāsa; *svayam* — osobne; *ca* — aj; *eva* — zaiste; *bravīṣi* — vysvetľuje; *me* — mne.

Arjuna riekol: Si Najvyššia Božská Osobnosť, si konečné útočisko, si neobmedzený a najčistejší, si Absolútna Pravda. Si prvotná, večná, transcendentálna, nezrodená, zvrchovaná a pôvodná osoba. Všetci veľkí svätci — Nārada, Asita, Devala a Vyāsa to o Tebe hlásajú a teraz mi to hovoríš Ty sám.

VÝZNAM: V týchto dvoch veršoch dáva Najvyšší Pán šancu moderným filozofom — môžu v nich jasne vidieť, že Najvyšší sa líši od individuálnej duše. Po tom, čo si Arjuna v tejto kapitole vypočul štyri najdôležitejšie verše *Bhagavad-gīty*, zbavil sa všetkých pochybností a prijal Kṛṣṇu za Najvyššiu Božskú Osobnosť. Smele vyhlásil: „Ty si *paraṁ brahma*, Najvyššia Božská Osobnosť." Kṛṣṇa už vysvetlil, že je pôvodcom všetkého a všetkých. Všetci polobohovia a všetci ľudia sú od Neho závislí. Pod vplyvom nevedomosti si však myslia, že sú absolútni a že nezávisia od Najvyššej Božskej Osobnosti. Táto nevedomosť pominie vykonávaním oddanej služby. Kṛṣṇa to vysvetlil v predchádzajúcom verši. Vďaka Jeho milosti a v súlade s *vedskymi* pokynmi Ho teraz Arjuna prijíma ako Najvyššiu Pravdu. Nesmieme si však myslieť, že Arjuna chcel Kṛṣṇovi zalichotiť ako dôvernému priateľovi, keď Ho nazval Najvyššou Božskou Osobou, Absolútnou Pravdou. Všetko, čo Arjuna v týchto dvoch veršoch hovorí, je pravda, ktorá je v súlade s autoritou *Ved*. *Vedske* písma potvrdzujú, že Najvyššieho Pána môže pochopiť iba ten, kto Mu oddane slúži. Každé slovo, ktoré Arjuna v tomto verši vyslovil, je podložené *Vedami*.

V *Kena Upaniṣade* sa píše, že Najvyšší Brahman je miestom spočinutia všetkého jestvujúceho a Kṛṣṇa už vysvetlil, že všetko spočíva v Ňom. *Muṇḍaka Upaniṣad* potvrdzuje, že Najvyššieho Pána, v ktorom všetko spočíva, môžu poznať iba tí, ktorí na Neho neustále myslia. Toto neustále myslenie na Kṛṣṇu sa nazýva *smaraṇam* a je to jeden zo spôsobov oddanej služby. Jedine prostredníctvom oddanej služby Kṛṣṇovi môžeme pochopiť svoju situáciu a zbaviť sa hmotného tela.

Vo *Vedach* je Najvyšší Pán považovaný za najčistejšieho z najčistejších. Kto chápe, že Kṛṣṇa je najčistejší, môže byť sám očistený od všetkých hriešnych činností. Nikto nemôže zanechať hriešnych činností, ak sa neodovzdal Najvyššiemu Pánovi. Arjunovo uznanie Kṛṣṇu ako najčistejšieho súhlasí s *vedskou* literatúrou a je potvrdené i *vedskymi* osobnosťami, z ktorých najhlavnejšou je Nārada.

Kṛṣṇa je Najvyššia Božská Osobnosť a my by sme mali o Ňom neustále rozjímať a tešiť sa zo svojho transcendentálneho vzťahu k Nemu. On je najvyššou bytosťou a nepodlieha ani potrebám tela ani zrodeniu a smrti. Potvrdzuje to nielen Arjuna, ale aj celá *vedska* literatúra, *Purāṇy* a historické záznamy. Takto je Kṛṣṇa popísaný vo všetkých *Vedach* a v štvrtej kapitole *Bhagavad-gīty* to tvrdí sám o Sebe: „Hoci som nezrodený, zjavujem sa na Zemi, aby som ustanovil náboženské zásady." Je zvrchovaným zdrojom, príčinou všetkých príčin a všetko emanuje z Neho. Toto dokonalé poznanie môžeme získať iba milosťou Najvyššieho Pána.

Na tomto mieste sa Arjuna vyjadril vďaka Kṛṣṇovej milosti. Ak chceme porozumieť *Bhagavad-gīte*, musíme prijať výroky uložené v týchto dvoch veršoch. Tomuto systému sa hovorí *paramparā* alebo prijímanie učeníckej postupnosti. Ak nie je človek v tejto postupnosti, nemôže porozumieť *Bhagavad-gīte*. Nepomôže mu ani takzvané akademické vzdelanie. Napriek všetkým dôkazom, uvedeným vo *vedskej* literatúre, budú tí, ktorí sa honosia svojím akademickým vzdelaním zanovito tvrdiť, že Kṛṣṇa je obyčajný človek.

VERŠ 14

सर्वमेतदृतं मन्ये यन्मां वदसि केशव ।
न हि ते भगवन्व्यक्तिं विदुर्देवा न दानवाः ॥ १४ ॥

sarvam etad ṛtaṁ manye yan māṁ vadasi keśava
na hi te bhagavan vyaktiṁ vidur devā na dānavāḥ

sarvam — všetkú; *etat* — túto; *ṛtam* — pravdu; *manye* — prijímam; *yat* — čo; *mām* — mi; *vadasi* — hovoríš; *keśava* — ó Kṛṣṇa; *na* — nikdy; *hi* — istotne; *te* — Tvoja; *bhagavan* — ó, Božská Osobnosť; *vyaktim* — zjavenie; *viduḥ* — môžu poznať; *devāḥ* — polobohovia; *na* — ani; *dānavāḥ* — démoni.

Ó, Kṛṣṇa, všetko, čo mi hovoríš, prijímam bezozvyšku ako pravdu. Ani polobohovia, ani démoni, ó Pane, nepoznajú Tvoju Osobnosť.

VÝZNAM: V tomto verši Arjuna potvrdzuje, že bezbožní a démonskí ľudia nemôžu pochopiť Kṛṣṇu. Nepoznajú Ho ani polobohovia, čo potom takzvaní učenci tohoto moderného sveta. Milosťou Najvyššieho Pána

Arjuna pochopil, že Najvyššia Pravda je Kṛṣṇa, a že je sám v Sebe dokonalý. Mali by sme teda nasledovať Arjunov príklad, pretože on je uznávanou autoritou na *Bhagavad-gītu*. Ako bolo uvedené v štvrtej kapitole, *paramparā* — učenícka postupnosť poznania *Bhagavad-gīty*, bola prerušená, a preto Kṛṣṇa opäť založil učenícku postupnosť, začínajúcu Arjunom, pretože Arjuna bol Jeho blízky priateľ a veľký oddaný. *Bhagavad-gītu* teda môžeme pochopiť iba prostredníctvom postupnosti duchovných učiteľov; o tom sme hovorili už v úvode. Keď *paramparā* zanikla, bolo Arjunovou úlohou obnoviť ju. Prijal všetko, čo Kṛṣṇa povedal a z Jeho postoja by sme si mali vziať príklad, pretože to je jediný spôsob, ako preniknúť do tajomstva *Bhagavad-gīty*. Len tak pochopíme, že Kṛṣṇa je Najvyššia Božská Osobnosť.

VERŠ 15

स्वयमेवात्मनात्मानं वेत्थ त्वं पुरुषोत्तम ।
भूतभावन भूतेश देवदेव जगत्पते ॥ १५ ॥

svayam evātmanātmānaṁ vettha tvaṁ puruṣottama
bhūta-bhāvana bhūteśa deva-deva jagat-pate

svayam — osobne; *eva* — zaiste; *ātmanā* — Ty; *ātmānam* — Ty samotný; *vettha* — vieš; *tvam* — Ty; *puruṣa-uttama* — ó, Najvyššia Osoba; *bhūta-bhāvana* — ó, prapôvodca všetkého; *bhūta-īśa* — ó, Pane všetkého; *deva-deva* — ó, Pane polobohov; *jagat-pate* — ó, Pane vesmíru.

Len Ty poznáš sám Seba Svojou vnútornou silou, ó, Najvyššia Osoba, zdroj všetkého, Pane všetkých tvorov, Bože bohov, Pane vesmíru.

VÝZNAM: Tí, ktorí prostredníctvom oddanej služby vyvinuli vzťah ku Kṛṣṇovi, ako napríklad Arjuna a jeho nasledovníci, môžu Kṛṣṇu poznať, zatiaľ čo démoni a bezbožní ľudia Ho nikdy poznať nemôžu. Mentálne špekulovanie, ktoré odvádza od Najvyššieho Pána, je ťažký hriech a bez poznania Kṛṣṇu by sme sa nemali pokúšať vykladať *Bhagavad-gītu*. *Bhagavad-gītā* sú Kṛṣṇove slová, a pretože je to veda predložená Kṛṣṇom, mali by sme sa ju naučiť od Neho, tak ako to urobil Arjuna. Nemali by sme počúvať ateistické výklady.

V *Śrīmad Bhāgavatame* (1.2.11.) sa hovorí:

vadanti tat tattva-vidas tattvaṁ yaj jñānam advayam
brahmeti paramātmeti bhagavān iti śabdyate

Najvyššiu Pravdu môžno realizovať v troch aspektoch: ako neosobný Brahman, lokalizovanú Paramātmu a Najvyššiu Božskú Osobnosť. Obyčajný alebo aj oslobodený človek, ktorý poznal neosobný Brahman alebo lokalizovanú Paramātmu, nemusí ešte rozumieť osobnosti Boha. Takí ľudia sa preto môžu snažiť porozumieť Najvyššej Osobe z veršov *Bhagavad-gīty*, zo slov samotnej Najvyššej Osobnosti, Kṛṣṇu. Impersonalisti niekedy prijímajú Kṛṣṇu ako Bhagavāna a uznávajú Jeho autoritu. Napriek tomu však mnohé oslobodené duše nemôžu pochopiť Kṛṣṇu ako Puruṣottamu, Najvyššiu Osobu. Preto Ho Arjuna oslovil „Puruṣottama". Niekto však napriek tomu nemusí chápať, že Kṛṣṇa je tiež otcom všetkých živých tvorov. Preto Ho Arjuna oslovuje „Bhūta-bhāvana". Aj keď človek poznal Kṛṣṇu ako otca všetkých živých bytostí, nie je isté, či Ho považuje aj za najvyššieho vládcu. Preto je oslovený slovom „Bhūteśa", najvyšší vládca všetkých. A aj keď si je vedomý toho, že Kṛṣṇa je najvyšší vládca všetkých živých tvorov, ešte stále nie je isté, či si je vedomý Kṛṣṇu ako pôvodcu všetkých polobohov. Preto je tu nazvaný menom „Devadeva", Boh hodný úcty polobohov. Môžeme Ho poznať ako Boha bohov a pritom nevedieť, že je najvyšším vlastníkom všetkého. Preto je tu oslovený menom „Jagatpati". Tento verš teda predkladá základ pravdy o Kṛṣṇovi tak, ako ju poznal Arjuna, a my by sme mali kráčať v jeho šľapajách, aby sme pochopili Kṛṣṇu takého, aký je.

VERŠ 16

वक्तुमर्हस्यशेषेण दिव्या ह्यात्मविभूतयः ।
याभिर्विभूतिभिर्लोकानिमांस्त्वं व्याप्य तिष्ठसि ॥ १६ ॥

vaktum arhasy aśeṣeṇa divyā hy ātma-vibhūtayaḥ
yābhir vibhūtibhir lokān imāṁs tvaṁ vyāpya tiṣṭhasi

vaktum — povedať; *arhasi* — zaslúžiš si; *aśeṣeṇa* — podrobne; *divyāḥ* — božský; *hi* — zaiste; *ātma* — Tvoje vlastné; *vibhūtayaḥ* — vznešené atribúty; *yābhiḥ* — ktorými; *vibhūtibhiḥ* — vznešené vlastnosti; *lokān* — všetky; *imān* — tieto; *tvam* — Ty; *vyāpya* — prenikáš; *tiṣṭhasi* — zostane.

Rozprávaj mi, prosím, podrobne o Svojich božských silách, ktorými prestupuješ všetky svety.

VÝZNAM: Z tohoto verša vyplýva, že Arjuna pochopil postavenie Kṛṣṇu, Najvyššej Božskej Osobnosti. Vďaka Kṛṣṇovej milosti získal osobné skúsenosti, inteligenciu, poznanie a všetko, čo môže človek prostredníctvom týchto vlastností získať. Pochopil tiež, že Śrī Kṛṣṇa je Najvyššia Božská Osobnosť. Nemal nijaké pochybnosti, no napriek tomu poprosil Kṛṣṇu, aby mu vysvetlil Svoju všeprenikajúcu povahu. Obyčajní ľudia všeobecne a hlavne impersonalisti sa väčšinou zaujímajú o všeprenikajúci aspekt Najvyššieho; preto sa Arjuna dotazoval, ako sa Kṛṣṇa prostredníctvom svojich rôznych energií prejavuje vo svojom všeprestupujúcom aspekte. Musíme si uvedomiť, že Arjuna sa pýtal preto, aby sa mohli poučiť i obyčajní ľudia.

VERŠ 17

कथं विद्यामहं योगिंस्त्वां सदा परिचिन्तयन् ।
केषु केषु च भावेषु चिन्त्योऽसि भगवन्मया ॥ १७ ॥

kathaṁ vidyām ahaṁ yogiṁs tvāṁ sadā paricintayan
keṣu keṣu ca bhāveṣu cintyo 'si bhagavan mayā

katham — ako; *vidyām aham* — mám poznať; *yogin* — ó, zvrchovaný; *tvām* — Teba; *sadā* — vždy; *paricintayan* — myslieť na; *keṣu* — v ktorej; *keṣu* — v ktorej; *ca* — aj; *bhāveṣu* — podoby; *cintyaḥ asi* — tkvieš v pamäti; *bhagavan* — ó, Najvyšší; *mayā* — mnou.

Ó, Kṛṣṇa, ó, najvyšší mystik, ako mám na Teba neustále myslieť a ako Ťa môžem poznať? V akých podobách si Ťa mám pripomínať, ó, Najvyššia Božská Osobnosť?

VÝZNAM: V predchádzajúcej kapitole bolo povedané, že Najvyšší Pán je zahalený Svojou vnútornou energiou, zvanou *yoga-māyā*. Iba odovzdané duše a oddaní Ho môžu vidieť. Arjuna je už presvedčený, že Jeho priateľ

Kṛṣṇa je Najvyššia Božská Osobnosť, no rád by poznal spôsob, akým by mohli obyčajní ľudia pochopiť povahu všadeprítomného Pána. Obyčajní ľudia, vrátane ateistov a démonov, nemôžu poznať Kṛṣṇu, pretože je zahalený *yoga-māyou.* A len kvôli nim kladie Arjuna takéto otázky. Vysoko pokročilý oddaný nemyslí iba na svoj vlastný pokrok, ale tiež na zdokonalenie sa celého ľudského pokolenia. Arjuna je *vaiṣṇava*, oddaný, a svojím milosrdným postojom umožňuje obyčajným ľuďom pochopiť Pánovu všeprestupujúcu podobu. Arjuna oslovil Kṛṣṇu slovom *yogin,* pretože Kṛṣṇa je Pánom vnútornej energie, ktorá Ho niekedy odhaľuje a inokedy, pred zrakom nezasvätených, zahaľuje. Bežní ľudia, ktorí Kṛṣṇu nemilujú, Naňho nemôžu neustále myslieť. Preto musia myslieť na niečo materiálne. Arjuna bral ohľad na spôsob myslenia materialistických ľudí dnešného sveta. Slová *keṣu keṣu ca bhāvaṣu* poukazujú na hmotnú povahu (slovo *bhāva* znamená „hmotné veci"). Keďže materialisti nemôžu pochopiť Kṛṣṇu v duchovnom zmysle, odporúča sa im sústrediť myseľ na hmotné objekty a snažiť sa porozumieť, ako sa Kṛṣṇa prejavuje v ich zastúpení.

VERŠ 18

विस्तरेणात्मनो योगं विभूतिं च जनार्दन ।
भूयः कथय तृप्तिर्हि शृण्वतो नास्ति मेऽमृतम् ॥ १८ ॥

vistareṇātmano yogaṁ vibhūtiṁ ca janārdana
bhūyaḥ kathaya tṛptir hi śṛṇvato nāsti me 'mṛtam

vistareṇa — podrobne; *ātmanaḥ* — Ty; *yogam* — mystická sila; *vibhūtim* — vznešený atribút; *ca* — aj; *jana-ardana* — ó, hubiteľ ateistov; *bhūyaḥ* — opäť; *kathaya* — popísať; *tṛptiḥ* — uspokojenie; *hi* — zaiste; *śṛṇvataḥ* — načúvanie; *na asti* — niet ničoho; *me* — môj; *amṛtam* — nektár.

Ó Janārdana, prosím, porozprávaj mi ešte raz podrobne o mystickej sile Tvojich vznešených vlastností. Nikdy nie som nasýtený počúvaním o Tebe, pretože čím viac načúvam, tým viac chcem vychutnávať nektár Tvojich slov.

VÝZNAM: Podobné slová predniesli *ṛṣiovia* v *Naimiṣāraṇyi*, vedení Śaunakou, keď Sūtovi Gosvāmīmu riekli:

vayaṁ tu na vitṛpyāma uttama-śloka-vikrame
yac chṛṇvatāṁ rasa-jñānāṁ svādu svādu pade pade

„Nikdy sa nikomu nemôže zunovať načúvanie transcendentálnych príbehov o Kṛṣṇových zábavách. Tí, ktorí vstúpili do transcendentálneho vzťahu s Kṛṣṇom, velebeným prekrásnymi modlitbami, sa neustále tešia z každého rozprávania o zábavách Pána." (*Śrīmad-Bhāgavatam* 1.1.19.). Preto má Arjuna záujem načúvať o Kṛṣṇovi a obzvlášť o tom, ako zostáva všadeprítomným Najvyšším Pánom.

Čo sa týka slova *amṛtam* (nektár), každé rozprávanie, každý príbeh o Kṛṣṇovi, je ako nektár. Tento nektár môžeme ochutnať praktickou realizáciou. Moderné príbehy, romány a poviedky sa od Kṛṣṇových transcendentálnych zábav líšia tým, že svetské romány sa človeku zunujú, zatiaľ čo príbehy o Kṛṣṇovi ho nikdy neunavia. Je tomu tak preto, že dejiny vesmíru sú plné zábav Božích inkarnácií. Tieto opisy zábav Božích inkarnácií, popísaných v *Purāṇach* — historických záznamoch, zostávajú navždy svieže, napriek ich opakovanému čítaniu.

VERŠ 19

श्रीभगवानुवाच
हन्त ते कथयिष्यामि दिव्या ह्यात्मविभूतयः ।
प्राधान्यतः कुरुश्रेष्ठ नास्त्यन्तो विस्तरस्य मे ॥ १९ ॥

śrī-bhagavān uvāca
hanta te kathayiṣyāmi divyā hy ātma-vibhūtayaḥ
prādhānyataḥ kuru-śreṣṭha nāsty anto vistarasya me

śrī-bhagavān uvāca — Kṛṣṇa, Najvyššia Božská Osobnosť, riekol; *hanta* — áno; *te* — tebe; *kathayiṣyāmi* — poviem; *divyāḥ* — božský; *hi* — zaiste; *ātma-vibhūtayaḥ* — osobné vznešené vlastnosti; *prādhānyataḥ* — ktoré sú významné; *kuru-śreṣṭha* — ó, najlepší z Kuruovcov; *na asti* — niet; *antaḥ* — konca; *vistarasya* — rozsahu; *me* — Môjho.

Kṛṣṇa, Najvyššia Božská Osobnosť, riekol: Áno, poviem ti o Svojich úžasných prejavoch, ale len o tých, ktoré sú významné, ó, Arjuna. Moja vznešenosť nemá konca.

VÝZNAM: Nie je možné pochopiť Kṛṣṇovu veľkosť a vznešenosť. Zmysly individuálnej duše sú obmedzené a nedovolia jej, aby dokonale pochopila Kṛṣṇove činy. Napriek tomu sa oddaní pokúšajú pochopiť Kṛṣṇu — nie však s vedomím, že Ho jedného dňa pochopia úplne, ale skôr preto, že samotné rozprávanie o Kṛṣṇovi je také pútavé, že ho vychutnávajú ako nektár. Oddaní v ňom nachádzajú potešenie. Pri rozhovoroch o Kṛṣṇovej vznešenosti alebo Jeho rozmanitých energiách prežívajú čistí oddaní transcendentálnu blaženosť. Preto im túžia načúvať a rozprávať sa o nich. Kṛṣṇa vie, že živé bytosti nechápu rozsah Jeho vznešenosti a preto súhlasí s tým, že im povie o Svojich najdôležitejších prejavených podobách. Slovo *prādhānyataḥ* (významné) je veľmi dôležité, nakoľko sme schopní pochopiť len niekoľko podstatných detailov z nekonečných vlastností Najvyššieho Pána. Nemôžeme pochopiť všetky. Slovo *vibhūti*, použité v tomto verši, poukazuje na moc, ktorou Kṛṣṇa ovláda celé vesmírne stvorenie. V slovníku zvanom *Amara-kośa* sa píše, že *vibhūti* značí neobyčajnú moc alebo schopnosť.

Impersonalisti a panteisti nemôžu pochopiť výnimočnú vznešenosť Najvyššieho Pána, ani prejavom Jeho božských energií. Ako v hmotnom, tak i v duchovnom svete sú Jeho energie rozšírené v každej časti stvorenia. Teraz Kṛṣṇa popíše určitú časť Svojich rozmanitých energií, vnímateľných i okom obyčajného človeka.

VERŠ 20

अहमात्मा गुडाकेश सर्वभूताशयस्थितः ।
अहमादिश्च मध्यं च भूतानामन्त एव च ॥ २० ॥

aham ātmā guḍākeśa sarva-bhūtāśaya-sthitaḥ
aham ādiś ca madhyaṁ ca bhūtānām anta eva ca

aham — Ja; *ātmā* — duša; *guḍākeśa* — ó, Arjuna; *sarva-bhūta* — všetkých živých bytostí; *āśaya-sthitaḥ* — umiestnený v srdci; *aham* — Ja som; *ādiḥ* — počiatok; *ca* — tiež; *madhyam* — stred; *ca* — tiež; *bhūtānām* — všetkých živých bytostí; *antaḥ* — koniec; *eva* — zaiste; *ca* — a.

Ó, Arjuna, som Naddušou sídliacou v srdciach všetkých živých bytostí. Som počiatkom, stredom i koncom všetkých tvorov.

VÝZNAM: V tomto verši je Arjuna oslovený slovom „Guḍākeśa“, čo znamená „ten, kto zvíťazil nad temnotou spánku.“ Tí, ktorí spia v temnote nevedomosti, nemôžu pochopiť, ako sa Najvyššia Božská Osobnosť rôznymi spôsobmi prejavuje v hmotných i duchovných svetoch. Preto má toto oslovenie Arjunu veľký význam, a pretože Arjuna je povznesený nad temnotu nevedomosti, Śrī Kṛṣṇa súhlasí a opíše Svoje rôzne bohatstvá.

Najprv Arjunovi povie, že prostredníctvom Svojej prvotnej expanzie je Dušou celého vesmírneho stvorenia. Pred hmotným stvorením má všetko svoj počiatok v Najvyššom Pánovi, ktorý sa prejavuje najskôr v podobe *puruṣa-avatārov.* On je *ātmā,* duša *mahat-tattvy,* alebo duša vesmírnych prvkov. Príčinou stvorenia nie je totálna hmotná energia; do *mahat-tattvy,* úplnej hmotnej energie, v skutočnosti vstupuje Mahā-Viṣṇu. On je dušou. Keď Mahā-Viṣṇu vstúpi do prejavených vesmírov, opäť sa manifestuje ako Nadduša všetkých živých tvorov. Zo skúsenosti vieme, že telo je živé len vtedy, ak je v ňom prítomná duchovná iskra. Bez nej by sa nemohlo rozvíjať. Podobne by sa nemohlo rozvíjať ani hmotné prejavenie, keby do neho nevstúpila Najvyššia Duša, Kṛṣṇa. V *Subala Upaniṣade* je to potvrdené slovami: *prakṛty-ādi-sarva-bhūtāntar-yāmī sarva-śeṣī ca nārāyaṇaḥ:* „Najvyššia Božská Osobnosť jestvuje ako Nadduša vo všetkých prejavených vesmíroch.“

Troch *puruṣa-avatārov* opisuje nielen *Śrīmad-Bhāgavatam,* no aj *Sātvata-tantra: viṣṇos tu trīṇi rūpāṇi puruṣākhyāny atho viduḥ*: „Najvyššia Božská Osobnosť sa v tomto hmotnom stvorení manifestuje v troch podobách: ako Kāraṇodakaśāyī Viṣṇu, Garbhodakaśāyī Viṣṇu a Kṣīrodakaśāyī Viṣṇu.“ Mahā-Viṣṇu alebo Kāraṇodakāśāyī Viṣṇu je opísaný v Brahma-saṁhite (5.47): *yaḥ kāraṇārṇava-jale bhajati sma yoga-nidrām:* „Najvyšší Pán, Kṛṣṇa, príčina všetkých príčin, leží v kozmickom oceáne ako Mahā-Viṣṇu.“ Najvyššia Božská Osobnosť je teda počiatkom vesmíru, udržovateľom vesmírneho stvorenia a koncom všetkých energií.

VERŠ 21

आदित्यानामहं विष्णुर्ज्योतिषां रविरंशुमान् ।
मरीचिर्मरुतामस्मि नक्षत्राणामहं शशी ॥ २१ ॥

ādityānām ahaṁ viṣṇur jyotiṣāṁ ravir aṁśumān
marīcir marutām asmi nakṣatrāṇām ahaṁ śaśī

ādityānām — z Ādityov; *aham* — som; *viṣṇuḥ* — Najvyšší Pán; *jyotiṣām* — zo svetelných zdrojov; *raviḥ* — Slnko; *aṁśu-mān* — žiarivý; *marīciḥ* — Marīci; *marutām* — z Marutov; *asmi* — som; *nakṣatrāṇām* — z hviezd; *aham* — som; *śaśī* — Mesiac.

Medzi Ādityami som Viṣṇu, zo svetelných zdrojov som žiarivým Slnkom, medzi Marutami som Marīci a som Mesiac medzi hviezdami.

VÝZNAM: Kṛṣṇa je najvýznamnejší z dvanástich Ādityov. Zo svetelných zdrojov žiariacich na oblohe je najdôležitejšie Slnko a v *Brahma-saṁhite* sa píše, že Slnko je oko Najvyššieho Pána. Vo vesmíre veje päťdesiat rôznych druhov vetra, ktorým vládne Kṛṣṇov predstaviteľ, poloboh Marīci.

Mesiac je spomedzi hviezd najjasnejší, a preto predstavuje Kṛṣṇu. Z tohoto verša vyplýva, že aj Mesiac je hviezda. Hviezdy, ktoré sa ligocú na oblohe, odrážajú svetlo Slnka. Slnko je len jedno a Mesiac a ostatné planéty svietia odrazeným svetlom Slnka. Vzhľadom na to, že sa v tomto verši *Bhagavad-gīty* naznačuje, že Mesiac je jednou z hviezd, ligotajúce sa hviezdy nie sú slnká, ale sú podobné Mesiacu.

VERŠ 22

वेदानां सामवेदोऽस्मि देवानामस्मि वासवः ।
इन्द्रियाणां मनश्चास्मि भूतानामस्मि चेतना ॥ २२ ॥

vedānāṁ sāma-vedo 'smi devānām asmi vāsavaḥ
indriyāṇāṁ manaś cāsmi bhūtānām asmi cetanā

vedānām — zo všetkých *Ved*; *sāma-vedaḥ* — *Sāma Veda*; *asmi* — som; *devānām* — zo všetkých polobohov; *asmi* — som; *vāsavaḥ* — nebeský kráľ; *indriyāṇām* — zo všetkých zmyslov; *manaḥ* — myseľ; *ca* — aj; *asmi* — som; *bhūtānām* — zo všetkých živých bytostí; *asmi* — som; *cetanā* — silou života.

Medzi Vedami som Sāma Veda, medzi polobohmi som Indra, kráľ nebies, medzi zmyslami som myseľ a v živých bytostiach som silou života (vedomím).

VÝZNAM: Rozdiel medzi hmotou a duchom spočíva v tom, že hmota nemá na rozdiel od živých bytostí vedomie. Vedomie je teda nadradené a večné a nemôže vzniknúť kombináciou hmoty.

VERŠ 23

रुद्राणां शङ्करश्चास्मि वित्तेशो यक्षरक्षसाम् ।
वसूनां पावकश्चास्मि मेरुः शिखरिणामहम् ॥ २३ ॥

rudrāṇāṁ śaṅkaraś cāsmi vitteśo yakṣa-rakṣasām
vasūnāṁ pāvakaś cāsmi meruḥ śikhariṇām aham

rudrāṇām — zo všetkých Rudrov; *śaṅkaraḥ* — Śiva; *ca* — aj; *asmi* — som; *vitta-īśaḥ* — vládca pokladov polobohov; *yakṣa-rakṣasām* — z Yakṣov a Rākṣasov; *vasūnām* — z Vasuov; *pāvakaḥ* — oheň; *ca* — tiež; *asmi* — som; *meruḥ* — Meru; *śikhariṇām* — z hôr; *aham* — som.

Medzi Rudrami som Śiva, medzi Yakṣasmi a Rākṣasmi som pánom bohatstva (Kuvera), medzi Vasuami som oheň (Agni) a z hôr som hora Meru.

VÝZNAM: Z jedenástich Rudrov je Śaṇkara, Śiva, najvýznamnejší. Je inkarnáciou Kṛṣṇu a má na starosti kvalitu nevedomosti. Vodcom *Yakṣov* a *Rākṣasov* je Kuvera, ktorý vládne nebeským pokladom a reprezentuje Najvyššieho Pána. Hora Meru je povestná svojím veľkým prírodným bohatstvom.

VERŠ 24

पुरोधसां च मुख्यं मां विद्धि पार्थ बृहस्पतिम् ।
सेनानीनामहं स्कन्दः सरसामस्मि सागरः ॥ २४ ॥

purodhasāṁ ca mukhyaṁ māṁ viddhi pārtha bṛhaspatim
senānīnām ahaṁ skandaḥ sarasām asmi sāgaraḥ

purodhasām — z kňazov; *ca* — tiež; *mukhyam* — vodca; *mām* — Ja; *viddhi* — vedz; *pārtha* — syn Pṛthy; *bṛhaspatim* — Bṛhaspati; *senānīnām* —

medzi vojvodcami; *aham* — som; *skandaḥ* — Kārtikeja; *sarasām* — z vodných nádrží; *asmi* — som; *sāgaraḥ* — oceán.

Vedz, ó, Arjuna, že spomedzi kňazov som veľkňaz Bṛhaspati, medzi vojvodcami som Kārtikeya a z vodných nádrží som oceán.

VÝZNAM: Indra je najvyšší poloboh na nebeských planétach a je známy ako kráľ nebies. Planéta, na ktorej vládne, sa nazýva Indraloka. Bṛhaspati je Indrov kňaz, a keďže Indra je najväčší z kráľov, Bṛhaspati je najväčší z kňazov. Tak, ako je Indra najväčší z kráľov, tak je Skanda alebo Kārtikeja, syn Pārvatī a Śivu, najväčší spomedzi vojvodcov. Oceán je najväčší zo všetkých vodných nádrží. Tieto Kṛṣṇove reprezentácie sú iba náznakom Jeho majestátu.

VERŠ 25

महर्षीणां भृगुरहं गिरामस्म्येकमक्षरम् ।
यज्ञानां जपयज्ञोऽस्मि स्थावराणां हिमालयः ॥ २५ ॥

maharṣīṇāṁ bhṛgur ahaṁ girām asmy ekam akṣaram
yajñānāṁ japa-yajño 'smi sthāvarāṇāṁ himālayaḥ

mahā-ṛṣīṇām — medzi veľkými mudrcmi; *bhṛguḥ* — Bhṛgu; *aham* — som; *girām* — medzi vibráciami; *asmi* — som; *ekam akṣaram* — praṇava; *yajñānām* — z obetí; *japa-yajñaḥ* — opakovanie svätých mien; *asmi* — som; *sthāvarāṇām* — z nehybných vecí; *himālayaḥ* — Himālaye.

Medzi veľkými mudrcami som Bhṛgu, medzi vibráciami som transcendentálne oṁ. Z obetí som spievanie svätých mien (japa) a z nehybných vecí som Himālaye.

VÝZNAM: Brahmā, prvá živá bytosť vo vesmíre, splodil mnoho synov, aby pomohli zvýšiť počet živočíšnych druhov. Najznámejší z nich je Bhṛgu. Zo všetkých transcendentálnych vibrácií reprezentuje *oṁ (oṁkāra)* Kṛṣṇu. Zo všetkých obetí je spievanie *Hare Kṛṣṇa, Hare Kṛṣṇa, Kṛṣṇa Kṛṣṇa, Hare Hare/Hare Rāma, Hare Rāma, Rāma Rāma, Hare Hare* najčistejším zastúpením Kṛṣṇu. Niekedy sa odporúčajú zvieracie obete, ale pri tejto obeti, spievaní Hare Kṛṣṇa, Hare Kṛṣṇa, nedochádza k nijakému násiliu. Je to najjednoduchšia a najčistejšia obeť. Všetko vznešené a veľkolepé predstavuje Kṛṣṇu. Preto Ho predstavujú i Himālaye, najväčšie hory na svete. V predchádzajúcom verši sa hovorilo o hore Meru, ktorá sa niekedy môže pohybovať, no Himālaye sú nehybné a sú teda mohutnejšie než hora Meru.

VERŠ 26

अश्वत्थः सर्ववृक्षाणां देवर्षीणां च नारदः ।
गन्धर्वाणां चित्ररथः सिद्धानां कपिलो मुनिः ॥ २६ ॥

aśvatthaḥ sarva-vṛkṣāṇāṁ devarṣīṇāṁ ca nāradaḥ
gandharvāṇāṁ citrarathaḥ siddhānāṁ kapilo muniḥ

aśvatthaḥ — banyanovník; *sarva-vṛkṣāṇām* — zo všetkých stromov; *deva-ṛṣīṇām* — zo všetkých svätcov medzi polobohmi; *ca* — a; *nāradaḥ* — Nārada; *gandharvāṇām* — obyvatelia planéty Gandharva; *citrarathaḥ* — Citraratha; *siddhānām* — zo všetkých dokonalých bytostí; *kapilaḥ muniḥ* — Kapila.

Spomedzi všetkých stromov som banyanovníkom, spomedzi všetkých svätcov medzi polobohmi som Nārada. Z Gandharvov som Citraratha a medzi dokonalými som svätec Kapila.

VÝZNAM: Banyanovník (*aśvattha*) patrí k najkrajším a najvyšším stromom a často ho mnohí Indovia denne uctievajú ako súčasť ranného obradu. Z polobohov uctievajú i Nāradu, ktorý je považovaný za najväčšieho oddaného vo vesmíre a ktorý ako oddaný zastupuje Kṛṣṇu. Na planéte Gandharva žijú bytosti, ktoré vedia prekrásne spievať a najlepšou z nich je Citraratha. Z dokonalých živých bytostí je Devahūtin syn, Kapila, pokladaný za inkarnáciu Kṛṣṇu. O Jeho filozofii sa píše v *Śrīmad-Bhāgavatame*. Neskôr sa preslávil iný Kapila, no jeho filozofia bola ateistická. Medzi nimi je teda veľký rozdiel.

VERŠ 27

उच्चैःश्रवसमश्वानां विद्धि माममृतोद्भवम् ।
ऐरावतं गजेन्द्राणां नराणां च नराधिपम् ॥ २७ ॥

uccaiḥśravasam aśvānāṁ viddhi mām amṛtodbhavam
airāvataṁ gajendrāṇāṁ narāṇāṁ ca narādhipam

uccaiḥśravasam — Uccaiḥśravā; *aśvānām* — spomedzi koní; *viddhi* — vedz; *mām* — som; *amṛta-udbhavam* — stvorený pri stĺkaní oceánu; *airāvatam* — Airāvata; *gaja-indrāṇām* — medzi ušľachtilými slonmi; *narāṇām* — medzi ľuďmi; *ca* — a; *nara-adhipam* — kráľ.

Vedz, že spomedzi koní som Uccaiḥśravā, ktorý povstal pri stĺkaní oceánu, ktoré malo priniesť nektár. Z ušľachtilých slonov som Airāvata a z ľudí som kráľ.

VÝZNAM: Oddaní polobohovia a démoni (*asurovia*) raz stĺkali oceán, aby získali nápoj nesmrteľnosti. Okrem nektáru vznikol stĺkaním i jed, ktorý vypil Śiva. Z oceánu vzišlo veľa iných bytostí, a medzi nimi aj kôň zvaný Uccaiḥśravā a slon Airāvata. Obe tieto zvieratá majú zvláštny význam, pretože boli zrodené z nektáru a obe predstavujú Kṛṣṇu.

V ľudskej spoločnosti je kráľ predstaviteľom Kṛṣṇu. Králi, ktorých dosadzujú na trón pre ich božské vlastnosti, sú udržovateľmi kráľovstva, podobne ako je Kṛṣṇa udržiavateľom vesmíru. Králi ako Mahārāja Yudhiṣṭhira, Mahārāja Parīkṣit a Śrī Rāmacandra boli veľmi spravodlivými panovníkmi, ktorí mysleli iba na blaho svojich občanov. *Vedy* považujú kráľa za predstaviteľa Boha. V dnešnej dobe však so zánikom náboženských zásad upadá i kráľovské zriadenie a schyľuje sa k jeho zániku. Mali by sme si však uvedomiť, že kedysi boli ľudia pod vedením spravodlivých kráľov oveľa šťastnejší.

VERŠ 28

आयुधानामहं वज्रं धेनूनामस्मि कामधुक् ।
प्रजनश्चास्मि कन्दर्पः सर्पाणामस्मि वासुकिः ॥ २८ ॥

āyudhānām ahaṁ vajraṁ dhenūnām asmi kāmadhuk
prajanaś cāsmi kandarpaḥ sarpāṇām asmi vāsukiḥ

āyudhānām — spomedzi zbraní; *aham* — som; *vajram* — blesk a hrom; *dhenūnām* — medzi kravami; *asmi* — som; *kāma-dhuk* — krava zvaná *su-*

rabhi; prajanaḥ — dôvod k plodeniu detí; *ca* — a; *asmi* — som; *kandarpaḥ* — Amor, boh lásky; *sarpāṇām* — medzi hadmi; *asmi* — som; *vāsukiḥ* — Vāsuki.

Spomedzi zbraní som blesk, medzi kravami som surabhi, z ploditeľov som Kandarpa, boh lásky a z hadov som Vāsuki.

VÝZNAM: Blesk je zaiste mocná zbraň a reprezentuje Kṛṣṇovu moc. Na Kṛṣṇaloke v duchovnom svete žijú kravy, ktoré možno dojiť neustále, lebo oplývajú bezmedznou hojnosťou mlieka. Také kravy samozrejme nejestvujú v hmotnom svete, no je opísané, že žijú na Kṛṣṇaloke. Śrī Kṛṣṇa má veľa takých kráv, ktorým sa hovorí *surabhi* a ktoré osobne vodí na pašu. Kandarpa je pohlavná túžba, nutná na plodenie dobrých synov, a preto reprezentuje Kṛṣṇu. Niekedy sa pohlavný styk využíva len za účelom zmyslového pôžitku, no taký pohlavný život nezastupuje Kṛṣṇu. Pohlavný styk za účelom plodenia dobrých detí sa nazýva Kandarpa a zastupuje Kṛṣṇu.

VERŠ 29

अनन्तश्चास्मि नागानां वरुणो यादसामहम् ।
पितॄणामर्यमा चास्मि यमः संयमतामहम् ॥ २९ ॥

anantaś cāsmi nāgānāṁ varuṇo yādasām aham
pitṝṇām aryamā cāsmi yamaḥ saṁyamatām aham

anantaḥ — Ananta; *ca* — tiež; *asmi* — som; *nāgānām* — medzi hadmi s mnohými hlavami; *varuṇaḥ* — poloboh vládnuci vodám; *yādasām* — z bytostí žijúcich vo vode; *aham* — som; *pitṝṇām* — z predkov; *aryamā* — Aryamā; *ca* — tiež; *asmi* — som; *yamaḥ* — vládca smrti; *saṁyamatām* — zo všetkých osôb, ktoré usmerňujú; *aham* — som.

Medzi mnohohlavými Nāgmi som Ananta, z bytostí žijúcich vo vode som poloboh Varuṇa, zo zosnulých predkov som Aryamā a z vykonávateľov spravodlivosti som Yama, pán smrti.

VÝZNAM: Ananta je najväčší spomedzi mnohohlavých hadov, ktorí sa nazývajú Nāgovia. Poloboh Varuṇa je najdôležitejším z vodných tvorov.

Obaja predstavujú Kṛṣṇu. Na jednej planéte žijú predkovia a na nej vládne Aryamā, ktorý takisto reprezentuje Kṛṣṇu. Je mnoho živých bytostí, ktoré udeľujú tresty zlým ľuďom a spomedzi nich je najvyšší Yama. Yama sídli na planéte, ktorá sa nachádza blízko Zeme. Po smrti sa tam dostanú veľkí hriešnici a Yama každému udelí príslušný trest.

VERŠ 30

प्रह्लादश्चास्मि दैत्यानां कालः कलयतामहम् ।
मृगाणां च मृगेन्द्रोऽहं वैनतेयश्च पक्षिणाम् ॥ ३० ॥

prahlādaś cāsmi daityānāṁ kālaḥ kalayatām aham
mṛgāṇāṁ ca mṛgendro 'haṁ vainateyaś ca pakṣiṇām

prahlādaḥ — Prahlāda; *ca* — tiež; *asmi* — som; *daityānām* — medzi démonmi; *kālaḥ* — čas; *kalayatām* — medzi podmaniteľmi; *aham* — som; *mṛgāṇām* — zo zvierat; *ca* — a; *mṛga-indraḥ* — lev; *aham* — som; *vainateyaḥ* — Garuḍa; *ca* — tiež; *pakṣiṇām* — z vtákov.

Medzi démonskými Daityami som čistý oddaný Prahlāda, medzi podmaniteľmi som čas, medzi zvieratami lev a medzi vtákmi som Garuḍa.

VÝZNAM: Aditi a Diti sú dve sestry a ich synovia sa nazývajú Ādityovia a Daityovia. Všetci Ādityovia sú oddanými Pána a všetci Daityovia sú ateisti. Hoci sa Prahlāda narodil v rodine Daityov, bol už od narodenia veľkým oddaným. Pre svoju oddanú službu a zbožnú povahu je považovaný za Kṛṣṇovho predstaviteľa.

Jestvuje mnoho činiteľov, ktoré podmaňujú, no nikto a nič sa nemôže v hmotnom svete ubrániť vplyvu času. Čas preto reprezentuje Kṛṣṇu. Lev je najsilnejšie a najdivokejšie zo všetkých zvierat a z milióna druhov vtákov je Garuḍa, dopravný prostriedok Pána Viṣṇua, najväčší.

VERŠ 31

पवनः पवतामस्मि रामः शस्त्रभृतामहम् ।
झषाणां मकरश्चास्मि स्रोतसामस्मि जाह्नवी ॥ ३१ ॥

pavanaḥ pavatām asmi rāmaḥ śastra-bhṛtām aham
jhaṣāṇāṁ makaraś cāsmi srotasām asmi jāhnavī

pavanaḥ — vietor; *pavatām* — zo všetkého čo očisťuje; *asmi* — som; *rāmaḥ* — Rāma; *śastra-bhṛtām* — z bojovníkov; *aham* — som; *jhaṣāṇām* — z rýb; *makaraḥ* — žralok; *ca* — tiež; *asmi* — som; *srotasām* — z tečúcich riek; *asmi* — som; *jāhnavī* — Ganga.

Zo všetkého, čo očisťuje, som vietor, z bojovníkov som Rāma, z rýb som žralok a z tečúcich riek som Ganga.

VÝZNAM: Zo všetkých vodných tvorov je žralok jedným z najväčších a pre človeka je rozhodne veľmi nebezpečný. Preto predstavuje Kṛṣṇu.

VERŠ 32

सर्गाणामादिरन्तश्च मध्यं चैवाहमर्जुन ।
अध्यात्मविद्या विद्यानां वादः प्रवदतामहम् ॥ ३२ ॥

sargāṇām ādir antaś ca madhyaṁ caivāham arjuna
adhyātma-vidyā vidyānāṁ vādaḥ pravadatām aham

sargāṇām — celého stvorenia; *ādiḥ* — počiatok; *antaḥ* — koniec; *ca* — a; *madhyam* — stred; *ca* — tiež; *eva* — zaiste; *aham* — som; *arjuna* — ó, Arjuna; *adhyātma-vidyā* — duchovné poznanie; *vidyānām* — z náuk; *vādaḥ* — prirodzený záver; *pravadatām* — z argumentov; *aham* — som.

Ó, Arjuna, som počiatok, stred i koniec všetkých stvorení. Medzi všetkými vedami som duchovnou vedou o vlastnom ja a pre logikov som konečná pravda.

VÝZNAM: Stvorením všetkých hmotných prvkov začína stvorenie celej existencie. Ako už bolo vysvetlené — Mahāviṣṇu, Garbhodakaśāyī Viṣṇu a Kṣīrodakaśāyī Viṣṇu tvoria a udržiavajú vesmír, ktorý nakoniec Śiva zničí. Brahmā je druhotný stvoriteľ. Všetky tieto osobnosti, ktoré sa zúčastňujú na stvorení, udržiavaní a zničení, sú inkarnáciami Najvyššieho Pána, ktorý je preto počiatkom, stredom i koncom všetkých stvorení.

Štyri *Vedy* a ich šesť doplnkov, *Vedānta-sūtra*, knihy o logike, knihy o náboženstve a *Purāṇy* tvoria dovedna štrnásť druhov učebníc určených k vyššiemu vzdelaniu. Z týchto kníh pojednáva predovšetkým *Vedānta-sūtra* o duchovnom poznaní (*adhyātma-vidyā*), a preto predstavuje Kṛṣṇu.

Logici používajú rôzne druhy argumentov. Odôvodniť svoje stanovisko argumentom, ktorý podporuje i protivníkovu stranu, sa nazýva *jalpa*. Snažiť sa vyvrátiť dôkazy druhej strany sa nazýva *vitaṇḍā*. No konečný záver sa nazýva *vāda*. Táto konečná pravda reprezentuje Kṛṣṇu.

VERŠ 33

अक्षराणामकारोऽस्मि द्वन्द्वः सामासिकस्य च ।
अहमेवाक्षयः कालो धाताहं विश्वतोमुखः ॥ ३३ ॥

akṣarāṇām a-kāro 'smi dvandvaḥ sāmāsikasya ca
aham evākṣayaḥ kālo dhātāhaṁ viśvato-mukhaḥ

akṣarāṇām — z písmen; *a-kāraḥ* — prvé písmeno; *asmi* — som; *dvandvaḥ* — párové; *sāmāsikasya* — zloženiny; *ca* — a; *aham* — som; *eva* — zaiste; *akṣayaḥ* — večný; *kālaḥ* — čas; *dhātā* — stvoriteľ; *aham* — som; *viśvataḥ-mukhaḥ* — Brahmā.

Z písmen som písmeno A, zo zložených slov som párové kompozitum. Som nevyčerpateľný čas a z tvoriteľov som Brahmā.

VÝZNAM: A-kāra, prvé písmeno saṁskṛtskej abecedy, je počiatkom *vedskej* literatúry, bez ktorého nie je možné nič vysloviť, a je teda počiatkom zvuku. V saṁskṛte je mnoho zložením, z ktorých párové slová, ako napríklad *rāma-kṛṣṇa*, sa nazývajú *dvandva*. Slová *rāma* a *kṛṣṇa* majú rovnakú formu, a preto sa táto kompozícia nazýva párová.

Spomedzi všetkých ničiacich síl je čas najväčší, pretože zničí všetko. Čas reprezentuje Kṛṣṇu, pretože postupne bude všetko zničené veľkým ohňom času.

Spomedzi živých bytostí, ktoré dokážu tvoriť, je štvorhlavý Brahmā najmocnejší, a preto zastupuje Najvyššieho Pána, Kṛṣṇu.

VERŠ 34

मृत्युः सर्वहरश्चाहमुद्भवश्च भविष्यताम् ।
कीर्तिः श्रीर्वाक्च नारीणां स्मृतिर्मेधा धृतिः क्षमा ॥ ३४ ॥

mṛtyuḥ sarva-haraś cāham udbhavaś ca bhaviṣyatām
kīrtiḥ śrīr vāk ca nārīṇāṁ smṛtir medhā dhṛtiḥ kṣamā

mṛtyuḥ — smrť; *sarva-haraḥ* — všepohlcujúca; *ca* — tiež; *aham* — som; *udbhavaḥ* — pôvod; *ca* — tiež; *bhaviṣyatām* — budúcich prejavení; *kīrtiḥ* — sláva; *śrīḥ* — bohatstvo alebo krása; *vāk* — spanilá reč; *ca* — tiež; *nārīṇām* — medzi ženami; *smṛtiḥ* — pamäť; *medhā* — inteligencia; *dhṛtiḥ* — vytrvalosť; *kṣamā* — trpezlivosť.

Som všepohlcujúca smrť, som prvotný princíp všetkého, čo sa kedy stane. Medzi ženami som sláva, šťastena, spanilá reč, pamäť, inteligencia, vytrvalosť a trpezlivosť.

VÝZNAM: Len čo sa človek narodí, začína neodvratne umierať. Smrť pohlcuje živú bytosť v každom okamihu, hoci samotnou smrťou nazývame väčšinou až posledný výdych. Smrť reprezentuje Kṛṣṇu. Čo sa týka budúcnosti, bytosti prechádzajú šiestimi základnými premenami: rodia sa, rastú, zotrvávajú, množia sa, chradnú a zanikajú. Prvou z týchto zmien je narodenie sa z matkinho lona, a tým je Kṛṣṇa. Prvá generácia dáva základ budúcim činnostiam.

Sláva, šťastena, spanilá reč, inteligencia, vytrvalosť a trpezlivosť sú ženského rodu. Ak má niekto všetky alebo niektoré z týchto vlastností, stane sa slávnym. Ak má niekto povesť spravodlivého človeka, preslávi sa. Saṁskṛt je dokonalý jazyk, a preto je veľmi slávny. Ak si človek dokáže zapamätať obsah svojich štúdií, je obdarený dobrou pamäťou (*smṛti*). Schopnosť čítať veľa kníh, pojednávajúcich o rôznych námetoch ako aj rozumieť im a vedieť ich použiť, keď je treba, je ďalšou vznešenou vlastnosťou — inteligenciou (*medhā*). Schopnosť prekonať labilitu sa nazýva vytrvalosť alebo stálosť (*dhṛti*). Človek, ktorý je vysoko kvalifikovaný, a napriek tomu zostáva skromný a jemný a dokáže zachovať pokoj ako v zármutku, tak i v radosti, má vlastnosť, ktorá sa nazýva trpezlivosť (*kṣamā*).

VERŠ 35

बृहत्साम तथा साम्नां गायत्री छन्दसामहम् ।
मासानां मार्गशीर्षोऽहमृतूनां कुसुमाकरः ॥ ३५ ॥

bṛhat-sāma tathā sāmnāṁ gāyatrī chandasām aham
māsānāṁ mārga-śīrṣo 'ham ṛtūnāṁ kusumākaraḥ

bṛhat-sāma — Bṛhat-sāma; *tathā* — tiež; *sāmnām* — z piesní *Sāma-vedy; gāyatrī* — Gāyatrī; *chandasām* — z poézie; *aham* — som; *māsānām* — z mesiacov; *mārga-śīrṣaḥ* — mesiac november a december; *aham* — som; *ṛtūnām* — z ročných období; *kusuma-ākaraḥ* — jar.

Medzi hymnami Sāma Vedy som Bṛhat-sāma, z poézie som Gāyatrī. Z mesiacov som Mārgaśīrṣa (november-december) a z ročných období kvitnúca jar.

VÝZNAM: Kṛṣṇa už spomenul, že zo všetkých *Ved* je práve *Sāma-Vedou. Sāma-Veda* je bohatá na krásne piesne, ktoré sú spievané rôznymi polobohmi. Jednou z týchto piesní je *Bṛhat-sāma,* ktorá má neobyčajne krásnu melódiu a spieva sa o polnoci.

V saṁskṛte sa rým a rytmus riadi určitými pravidlami na rozdiel od náhodných pravidiel modernej poézie. Gāyatrī *mantra,* denne odriekavaná každým kvalifikovaným *brāhmaṇom,* je z takejto poézie najvýznamnejšia a spomína sa aj v *Śrīmad-Bhāgavatame.* Keďže Gāyatrī *mantra* má človeku pomôcť práve v poznaní Boha, reprezentuje Najvyššieho Pána. Táto *mantra* je určená duchovne pokročilým ľudom, a akonáhle sa človek zdokonalí v jej spievaní, môže vstúpiť do Pánovho transcendentálneho sveta. Aby sme mohli spievať Gāyatrī *mantru,* musíme sa nachádzať v kvalite dobra. Vo *vedskej* civilizácii je Gāyatrī *mantra* veľmi dôležitá a je považovaná za zvukovú inkarnáciu Brahmanu. Brahmā bol prvý, kto ju obdržal, a od neho bola ďalej predávaná postupnosťou duchovných učiteľov.

Mesiace november a december sú považované za najlepšie, pretože v Indii sú to mesiace zberu úrody a ľudia sú veľmi šťastní. Jar je pochopiteľne obdobím veľmi obľúbeným, pretože nie je ani príliš teplo, ani príliš zima a kvitnú kvety. Okrem toho sa na jar konajú rôzne slávnosti oslavujúce Kṛṣṇove zábavy. Jar sa preto považuje za najveselšiu a preto reprezentuje Najvyššieho Pána, Kṛṣṇu.

VERŠ 36

द्यूतं छलयतामस्मि तेजस्तेजस्विनामहम् ।
जयोऽस्मि व्यवसायोऽस्मि सत्त्वं सत्त्ववतामहम् ॥ ३६ ॥

dyūtaṁ chalayatām asmi tejas tejasvinām aham
jayo 'smi vyavasāyo 'smi sattvaṁ sattvavatām aham

dyūtam — hazardná hra; *chalayatām* — všetkých podvodníkov; *asmi* — som; *tejaḥ* — skvost; *tejasvinām* — všetkého nádherného; *aham* — som; *jayaḥ* — víťazstvo; *asmi* — som; *vyavasāyaḥ* — podnikavosť; *asmi* — som; *sattvam* — sila; *sattva-vatām* — medzi silnými; *aham* — som.

Som tiež hazardovanie medzi podvodmi a skvost všetkého nádherného. Som víťazstvo, podnikavosť a sila silných.

VÝZNAM: V celom vesmíre je mnoho rôznych druhov podvodníkov. Zo všetkých podvodov sa hazardná hra radí na prvé miesto, a preto reprezentuje Kṛṣṇu. Keďže Kṛṣṇa je Najvyšší, dokáže podvádzať lepšie ako hociktorý človek. Ak chce niekoho podviesť, nikto sa Mu v prefíkanosti nevyrovná. Jeho veľkoleposť nie je jednostranná, ale všestranná.

Kṛṣṇa je víťazstvom víťazov a skvost všetkého nádherného. Medzi podnikajúcimi a pracovitými je najpodnikavejší a najpracovitejší. Je najsilnejší zo silných. Keď bol Kṛṣṇa na Zemi, nikto sa Mu v sile nemohol vyrovnať. Vo svojom detstve zdvihol kopec Govardhana. Nik Ho nemôže prekonať v podvádzaní či v kráse, nik nad Ním nemôže zvíťaziť a nik nie je podnikavejší alebo silnejší ako Kṛṣṇa.

VERŠ 37

वृष्णीनां वासुदेवोऽस्मि पाण्डवानां धनञ्जयः ।
मुनीनामप्यहं व्यासः कवीनामुशना कविः ॥ ३७ ॥

vṛṣṇīnāṁ vāsudevo 'smi pāṇḍavānāṁ dhanañjayaḥ
munīnām apy ahaṁ vyāsaḥ kavīnām uśanā kaviḥ

vṛṣṇīnām — z Vṛṣṇiovcov; *vāsudevaḥ* — Kṛṣṇa v Dvārake; *asmi* — som; *pāṇḍavānām* — z Pāṇḍuovcov; *dhanañjayaḥ* — Arjuna; *munīnām* — medzi svätcami; *api* — tiež; *aham* — som; *vyāsaḥ* — Vyāsa, autor *vedskych* písiem; *kavīnām* — medzi veľkými mysliteľmi; *uśanā* — Uśanā; *kaviḥ* — mysliteľ.

Z Vṛṣṇiovcov som Vāsudeva a z Pāṇḍuovcov Arjuna. Medzi svätcami som Vyāsa a z veľkých mysliteľov som Uśanā.

VÝZNAM: Śrī Kṛṣṇa je pôvodná Najvyššia Božská Osobnosť a Baladeva je Kṛṣṇova priama expanzia. Kṛṣṇa i Baladeva sa narodili ako Vasudevovi synovia a preto sa obaja volajú Vāsudeva. Keďže Kṛṣṇa nikdy neopúšťa Vṛndāvanu, všetky podoby, ktoré sa objavia na inom mieste, sú Jeho bezprostrednými expanziami. Vāsudeva je Kṛṣṇova expanzia a od Kṛṣṇu sa nelíši. Mali by sme však vedieť, že Vāsudeva, o ktorom je reč v tomto verši *Bhagavad-gīty*, je Baladeva, alebo Balarāma, pretože On je pôvodným zdrojom všetkých inkarnácií a jediným zdrojom Vāsudevu. Priame expanzie Pána sa nazývajú *svāṁśa* (osobné expanzie) a ostatné expanzie sa nazývajú *vibhinnāṁśa* (oddelené expanzie).

Medzi Pāṇḍuovými synmi sa Arjuna preslávil ako Dhanañjaya. Je najlepším mužom, a preto reprezentuje Kṛṣṇu. Medzi učencami (*muni*) znalými *vedskych* písiem je najvýznamnejší Vyāsa, pretože vysvetlil *vedsku* múdrosť mnohorakými spôsobmi, aby jej mohli porozumieť i obyčajní ľudia v tomto veku Kali. Vyāsa je tiež známy ako Kṛṣṇova inkarnácia, preto reprezentuje Kṛṣṇu. *Kavi* je ten, kto sa dokáže pozorne zamyslieť nad akoukoľvek otázkou. Uśanā, Śukrācārya patril k takým mysliteľom a bol duchovným učiteľom démonov. Bol neobyčajne inteligentný a politicky prezieravý. Preto je Śukrācārya ďalším predstaviteľom Kṛṣṇovej vznešenosti.

VERŠ 38

दण्डो दमयतामस्मि नीतिरस्मि जिगीषताम् ।
मौनं चैवास्मि गुह्यानां ज्ञानं ज्ञानवतामहम् ॥ ३८ ॥

daṇḍo damayatām asmi nītir asmi jigīṣatām
maunaṁ caivāsmi guhyānāṁ jñānaṁ jñānavatām aham

daṇḍaḥ — trest; *damayatām* — z rôznych druhov ovládania; *asmi* — som; *nītiḥ* — morálka; *asmi* — som; *jigīṣatām* — medzi tými, ktorí túžia zvíťaziť; *maunam* — mlčanie; *ca* — a; *eva* — tiež; *asmi* — som; *guhyānām* — z tajomstiev; *jñānam* — poznané; *jñāna-vatām* — pre učených; *aham* — som.

Zo všetkých spôsobov potlačovania nezákonnosti som trest, pre tých, ktorí túžia zvíťaziť, som morálnym chovaním, z tajomstiev som mlčaním a pre múdrych som múdrosťou.

VÝZNAM: Jestvuje mnoho spôsobov, ako potlačiť nezákonnosť, no najdôležitejšie sú tie, ktoré skrotia previnilcov. Trest, ktorý si títo darebáci odpykávajú, predstavuje Kṛṣṇu. Pre tých, ktorí chcú uspieť v určitej činnosti, je najdôležitejšie mravné chovanie. Z dôverných činností, ako sú načúvanie, premýšľanie a meditovanie, je mlčanie najdôležitejšie, pretože vďaka nemu môže človek rýchlo dosiahnuť úspech. Múdry je ten, kto dokáže odlíšiť hmotu od duchovna, vyššiu povahu Boha od nižšej. Také poznanie je samotný Kṛṣṇa.

VERŠ 39

यच्चापि सर्वभूतानां बीजं तदहमर्जुन ।
न तदस्ति विना यत्स्यान्मया भूतं चराचरम् ॥ ३९ ॥

yac cāpi sarva-bhūtānāṁ bījaṁ tad aham arjuna
na tad asti vinā yat syān mayā bhūtaṁ carācaram

yat — čokoľvek; *ca* — tiež; *api* — môže byť; *sarva-bhūtānām* — celej existencie; *bījam* — semeno; *tat* — to; *aham* — som; *arjuna* — ó, Arjuna; *na* — nie; *tat* — to; *asti* — je; *vinā* — bez; *yat* — ktoré; *syāt* — jestvuje; *mayā* — Mňa; *bhūtam* — bytosť; *cara-acaram* — pohyblivé i nehybné.

Ďalej som, ó, Arjuna, semenom všetkého jestvujúceho. Niet bytosti, či už pohyblivej alebo nehybnej, ktorá by mohla jestvovať bezo Mňa.

VÝZNAM: Všetko má svoju príčinu a táto príčina či semeno všetkej existencie je Kṛṣṇa. Nič nemôže existovať bez Kṛṣṇovej energie, a preto sa nazýva „všemocný". Bez Jeho sily nemôže jestvovať nič pohyblivé ani nehybné. Bytie, ktoré sa nezakladá na Kṛṣṇovej energii sa nazýva *māyā*, to, čo nie je.

VERŠ 40

नान्तोऽस्ति मम दिव्यानां विभूतीनां परन्तप ।
एष तूद्देशतः प्रोक्तो विभूतेर्विस्तरो मया ॥ ४० ॥

nānto 'sti mama divyānāṁ vibhūtīnāṁ parantapa
eṣa tūddeśataḥ prokto vibhūter vistaro mayā

na — ani to; *antaḥ* — hranica; *asti* — je; *mama* — Mojich; *divyānām* — božských; *vibhūtīnām* — vznešeností; *parantapa* — ó, hubiteľ nepriateľov; *eṣaḥ* — to všetko; *tu* — ale; *uddeśataḥ* — príklad; *proktaḥ* — vyjavil; *vibhūteḥ* — vlastnosti; *vistaraḥ* — prejavené; *mayā* — Mnou.

Ó, mocný hubiteľ nepriateľov, Moje božské prejavenia nemajú konca. To, čo som ti vyjavil, je iba malý náznak Môjho nekonečného majestátu.

VÝZNAM: Vo *Vedach* sa píše, že hoci vlastnosti a energie Najvyššieho Pána možno pochopiť rôznymi spôsobmi, Jeho vznešené atribúty nemajú konca, a preto ich nemožno všetky vysvetliť. Śrī Kṛṣṇa predložil iba niekoľko príkladov, aby uspokojil Arjunovu zvedavosť.

VERŠ 41

यद्यद्विभूतिमत्सत्त्वं श्रीमदूर्जितमेव वा ।
तत्तदेवावगच्छ त्वं मम तेजोऽंशसम्भवम् ॥ ४१ ॥

yad yad vibhūtimat sattvaṁ śrīmad ūrjitam eva vā
tat tad evāvagaccha tvaṁ mama tejo-'ṁśa-sambhavam

yat yat — akékoľvek; *vibhūti* — vznešenosti; *mat* — majúce; *sattvam* — existencia; *śrī-mat* — krásne; *ūrjitam* — slávne; *eva* — zaiste; *vā* — alebo; *tat tat* — všetky tieto; *eva* — zaiste; *avagaccha* — medzi; *tvam* — ty; *mama* — Moja; *tejaḥ* — nádhera; *aṁśa* — časť; *sambhavam* — zrodené z.

Vedz, že všetky bohaté, krásne a slávne výtvory povstali iba z malého zlomku Mojej nádhery.

VÝZNAM: Celá nádhera alebo krása, či už v duchovnom alebo v hmotnom svete, nie je ničím iným, než čiastočnou ukážkou Kṛṣṇovej vznešenosti. Ak je niečo mimoriadne krásne, malo by nám to pripomínať Kṛṣṇov majestát.

VERŠ 42

अथवा बहुनैतेन किं ज्ञातेन तवार्जुन ।
विष्टभ्याहमिदं कृत्स्नमेकांशेन स्थितो जगत् ॥ ४२ ॥

atha vā bahunaitena kiṁ jñātena tavārjuna
viṣṭabhyāham idaṁ kṛtsnam ekāṁśena sthito jagat

atha vā — alebo; *bahunā* — mnoho; *etena* — tohoto druhu; *kim* — čo; *jñātena* — poznanie; *tava* — tebe; *arjuna* — ó, Arjuna; *viṣṭabhya* — prenikám; *aham* — Ja; *idam* — tento; *kṛtsnam* — celý; *eka* — jedinou; *aṁśena* — časťou; *sthitaḥ* — udržiavam; *jagat* — vesmír.

Načo ti je však celé toto podrobné poznanie, ó Arjuna? Jedinou Svojou čiastočkou prestupujem celý vesmír a udržiavam ho.

VÝZNAM: Najvyšší Pán je v celom hmotnom stvorení zastúpený prostredníctvom všeprenikajúcej Nadduše. Śrī Kṛṣṇa hovorí Arjunovi, že netreba vedieť, ako veci existujú vo svojich oddelených krásach a bohatstve. Mal by skôr vedieť, že všetky veci jestvujú len preto, že do nich On vstúpil ako Nadduša. Všetci — od najvyššej stvorenej bytosti Brahmu, až po najmenšieho mravca — existujú len preto, že do nich vstúpil Pán a udržiava ich.

Istá skupina ľudí tvrdí, že uctievanie akéhokoľvek poloboha pomáha v ceste k Najvyššej Božskej Osobnosti, k najvyššiemu cieľu. No uctievanie polobohov je tu definitívne odmietnuté, pretože aj najvyšší polobohovia, ako Brahmā a Śiva, predstavujú iba malú čiastočku majestátu Najvyššieho Pána. On je pôvodcom všetkých živých tvorov a nik Ho neprevýši. Najvyšší Pán je *asamaurdhva*, čo znamená, že nie je nikomu podriadený a nik sa Mu nevyrovná. V *Padma Purāṇe* sa píše, že ten, kto radí Najvyššieho Pána Kṛṣṇu do tej istej kategórie ako polobohov — aj keby sa konalo o Brahmu alebo Śivu — je vlastne ateista. Ak však študujeme rôzne popisy Kṛṣṇovho majestátu a aspekty Jeho energií, môžeme bez problémov porozumieť Jeho postaveniu a bez pochybností Ho uctievať s mysľou naňho upretou. Pán je všeprestupujúci vo Svojej čiastočnej podobe Nadduše, ktorá vstupuje do celej existencie. Čistí oddaní sústreďujú svoju myseľ výlučne na oddanú službu Kṛṣṇovi, a preto sa vždy nachádzajú na transcendentálnej úrovni. V tejto kapitole sú oddaná služba a uctievanie Kṛṣṇu veľmi jasne popísané vo veršoch osem až jedenásť. To je čistá oddaná služba. V tejto kapitole je teda podrobne vysvetlené, ako môžeme dospieť k najvyššej dokonalosti v oddanosti alebo v styku s Najvyššou Božskou Osobnosťou. Śrīla Baladeva Vidyābhūṣaṇa, veľký *ācārya* z postupnosti duchovných učiteľov pochádzajúcej od Kṛṣṇu, uzatvára svoj výklad tejto kapitoly slovami:

yac-chakti-leśāt suryādyā bhavanty aty-ugra-tejasaḥ
yad-aṁśena dhṛtaṁ viśvaṁ sa kṛṣṇo daśame 'rcyate

Dokonca aj mocné Slnko získava svoju energiu od Kṛṣṇu, ktorého čiastočnou expanziou je udržiavaný celý svet. Preto je Najvyšší Pán, Śrī Kṛṣṇa, hodný uctievania.

Takto končia Bhaktivedantove výklady k desiatej kapitole *Śrīmad Bhagavad-gīty*, pojednávajúcej o majestáte Absolútneho.

KAPITOLA JEDENÁSTA

Vesmírna podoba

VERŠ 1

अर्जुन उवाच
मदनुग्रहाय परमं गुह्यमध्यात्मसंज्ञितम् ।
यत्त्वयोक्तं वचस्तेन मोहोऽयं विगतो मम ॥ १ ॥

arjuna uvāca
mad-anugrahāya paramaṁ guhyam adhyātma-saṁjñitam
yat tvayoktaṁ vacas tena moho 'yaṁ vigato mama

arjunaḥ uvāca — Arjuna riekol; *mat-anugrahāya* — len z náklonnosti; *paramam* — najvyšší; *guhyam* — dôverné záležitosti; *adhyātma* — duchovné; *saṁjñitam* — čo sa týka; *yat* — čo; *tvayā* — Tebou; *uktam* — povedané; *vacaḥ* — slová; *tena* — z tejto; *mohaḥ* — ilúzia; *ayam* — toto; *vigataḥ* — je odstránené; *mama* — môj.

Arjuna riekol: Vypočul som si Tvoje pokyny týkajúce sa týchto najdôvernejších duchovných záležitostí, o ktorých si ma tak láskavo poučil a moja ilúzia sa rozptýlila.

VÝZNAM: V tejto kapitole je Kṛṣṇa označený ako príčina všetkých príčin. Kṛṣṇa je príčinou Mahāviṣṇua, z ktorého pochádzajú všetky hmotné vesmíry. Nie je obyčajná inkarnácia, je zdrojom všetkých inkarnácií. To bolo jasne vysvetlené v predchádzajúcej kapitole.

Arjuna teraz hovorí, že jeho ilúzia sa rozptýlila. To znamená, že Arjuna viac nezmýšľa o Kṛṣṇovi ako o obyčajnej ľudskej bytosti a o svojom priateľovi, ale ako o zdroji všetkého. Arjuna je veľmi inteligentný a je šťastný, že má takého priateľa, akým je Kṛṣṇa; teraz si však myslí, že hoci on sám môže prijať Kṛṣṇu ako zdroj všetkého jestvujúceho, ostatní Ho tak prijať nemôžu. Z tohoto dôvodu chce ustanoviť Kṛṣṇovu božskú povahu pre všetkých, a preto Ho v tejto kapitole žiada, aby mu vyjavil Svoju vesmírnu podobu. Ak niekto uzrie Kṛṣṇovu vesmírnu podobu, preľakne sa ako Arjuna, ale Kṛṣṇa je taký láskavý, že opäť prijme Svoju pôvodnú podobu. Arjuna súhlasí so všetkým, čo Kṛṣṇa už niekoľkokrát povedal: Kṛṣṇa sa mu prihovára len pre jeho vlastné dobro. Arjuna si uvedomuje, že všetko sa odohráva len vďaka Kṛṣṇovej milosti. Teraz je presvedčený, že Kṛṣṇa je príčinou všetkých príčin a že v podobe Nadduše sídli v srdciach všetkých živých tvorov.

VERŠ 2

भवाप्ययौ हि भूतानां श्रुतौ विस्तरशो मया ।
त्वत्तः कमलपत्राक्ष माहात्म्यमपि चाव्ययम् ॥ २ ॥

bhavāpyayau hi bhūtānāṁ śrutau vistaraśo mayā
tvattaḥ kamala-patrākṣa māhātmyam api cāvyayam

bhava — vznik; *apyayau* — zánik; *hi* — zaiste; *bhūtānām* — všetkých živých bytostí; *śrutau* — počul; *vistaraśaḥ* — podrobnosti; *mayā* — mnou; *tvattaḥ* — od Teba; *kamala-patra-akṣa* — s lotosovými očami; *māhātmyam* — sláva; *api* — tiež; *ca* — a; *avyayam* — nevyčerpateľná.

Ó, Pane s lotosovými očami, od Teba som sa podrobne dozvedel o vzniku a zániku všetkých živých tvorov a uvedomil som si Tvoju nekonečnú slávu.

VÝZNAM: Arjuna vo svojej radosti oslovuje Kṛṣṇu slovami: „Ó, Pane s lotosovými očami" (Kṛṣṇove oči sa podobajú na okvetné lístky lotosu), pretože Kṛṣṇa ho v predchádzajúcich kapitolách uisťuje: *ahaṁ kṛtsnasya jagataḥ prabhavaḥ pralayas tathā.* „Som zdrojom vzniku a zániku celého hmotného stvorenia." (Bg. 7.6.). Kṛṣṇa to Arjunovi podrobne vysvetlil. Arjuna vie aj to, že aj keď je Kṛṣṇa pôvodom všetkého vzniku a zániku, sám nimi nie je ovplyvnený. V deviatej kapitole sme čítali ako Pán povedal, že prestupuje všetkým, a aj tak nie je všade osobne prítomný. To je Kṛṣṇova neuveriteľná výsada a Arjuna potvrdzuje,, že jej dokonale porozumel.

VERŠ 3

एवमेतद्यथात्थ त्वमात्मानं परमेश्वर ।
द्रष्टुमिच्छामि ते रूपमैश्वरं पुरुषोत्तम ॥ ३ ॥

evam etad yathāttha tvam ātmānaṁ parameśvara
draṣṭum icchāmi te rūpam aiśvaraṁ puruṣottama

evam — takto; *etat* — toto; *yathā* — tak, ako je; *āttha* — povedal; *tvam* — Ty; *ātmānam* — osobne; *parama-īśvara* — ó, Najvyšší Pane; *draṣṭum* — vidieť; *icchāmi* — túžim; *te* — Tvoju; *rūpam* — podobu; *aiśvaram* — božskú; *puruṣa-uttama* — ó, najmocnejšia osoba.

Ó, najmocnejší zo všetkých osobností, Zvrchovaná Osoba, hoci Ťa tu teraz pred sebou vidím v Tvojom skutočnom postavení tak, ako popisuješ sám Seba, chcel by som vidieť, ako vstupuješ do tohoto vesmírneho prejavu. Túžim uzrieť túto Tvoju podobu.

VÝZNAM: Śrī Kṛṣṇa povedal, že vesmírny prejav vznikol a zotrváva preto, že doňho vstúpil vo Svojom osobnom zastúpení. Arjuna bol inšpirovaný Kṛṣṇovým tvrdením, aby však presvedčil aj ostatných, ktorý by si snáď v budúcnosti mohli myslieť, že Kṛṣṇa je obyčajný človek, praje si uzrieť Kṛṣṇu v Jeho vesmírnej podobe. Chcel vedieť i to, ako Kṛṣṇa zasahuje do chodu vesmíru, hoci je zároveň mimo neho. Skutočnosť, že oslovil Kṛṣṇu slovom *puruṣottama*, je význačná. Keďže Kṛṣṇa je Najvyššia Božská Osobnosť, je prítomný v Arjunovom srdci a pozná teda jeho priania, vie aj to, že Arjuna nijak obzvlášť netúži po tom, aby Ho mohol vidieť v Jeho vesmírnej podobe, pretože je úplne spokojný, keď Ho vidí v Jeho osobnej podobe Kṛṣṇu. Kṛṣṇa vedel, že Arjuna nijaké dôkazy nepotrebuje, ale že vesmírnu podobu chce vidieť preto, aby presvedčil ostatných. Kṛṣṇa chápal i to, že Arjuna si praje uzrieť túto podobu, aby stanovil normu, pretože v budúcnosti by sa inak veľa podvodníkov mohlo vydávať za inkarnácie Boha. Ľudia by mali byť preto obozretní. Ten, kto sa prehlási za Kṛṣṇu, musí byť pripravený ukázať svoju vesmírnu podobu a dokázať tak ľuďom svoje tvrdenie.

VERŠ 4

मन्यसे यदि तच्छक्यं मया द्रष्टुमिति प्रभो ।
योगेश्वर ततो मे त्वं दर्शयात्मानमव्ययम् ॥ ४ ॥

manyase yadi tac chakyaṁ mayā draṣṭum iti prabho
yogeśvara tato me tvaṁ darśayātmānam avyayam

manyase — myslíš; *yadi* — ak; *tat* — že; *śakyam* — mohol; *mayā* — ja; *draṣṭum* — vidieť; *iti* — tak; *prabho* — ó, Pane; *yoga-īśvara* — Pán všetkých mystických síl; *tataḥ* — potom; *me* — mne; *tvam* — Ty; *darśaya* — ukáž; *ātmānam* — svoje Ja; *avyayam* — večné.

Ó, môj Pane, vládca všetkých mystických síl, ak si myslíš, že som schopný uzrieť Tvoju vesmírnu podobu, odhaľ mi láskavo Svoje neobmedzené vesmírne Ja.

VÝZNAM: Hovorí sa, že človek nie je schopný svojimi hmotnými zmyslami vidieť, počuť, chápať či vôbec vnímať Najvyššieho Pána, Śrī Kṛṣṇu. Ak sa však zapojí do láskyplnej oddanej služby, Kṛṣṇa sa mu zjaví. Živá bytosť je iba duchovná iskra a preto nemôže Najvyššieho Pána ani uvidieť, ani poznať. Keďže Arjuna bol oddaný, nezávisel na svojej špekulatívnej schopnosti. Ako živá bytosť si uvedomoval svoju nedokonalosť a zároveň priznával Kṛṣṇovi Jeho neoceniteľné postavenie. Arjuna vedel, že obyčajný živý tvor nemôže pochopiť bezhraničné nekonečno. Ak sa však Nekonečný osobne zjaví, môžeme Jeho milosťou porozumieť Jeho povahe. Slovo *yogeśvara* je v tomto verši tiež veľmi dôležité, pretože Kṛṣṇa má nesmierne schopnosti. Ak chce, môže sa milostivo zjaviť, a to aj navzdory Svojej nekonečnosti. Preto Arjuna prosí o Kṛṣṇovu nepochopiteľnú milosť, no neprikazuje Mu to. Kṛṣṇa sa nemusí nikomu zjaviť, ale ukazuje sa tým, ktorí sa Mu celkom odovzdajú a oddane Mu slúžia. Preto ľudia, ktorí sa spoliehajú len na svoje intelektuálne špekulatívne schopnosti, nemôžu Kṛṣṇu nikdy uzrieť.

VERŠ 5

श्रीभगवानुवाच
पश्य मे पार्थ रूपाणि शतशोऽथ सहस्रशः ।
नानाविधानि दिव्यानि नानावर्णाकृतीनि च ॥ ५ ॥

śrī-bhagavān uvāca
paśya me pārtha rūpāṇi śataśo 'tha sahasraśaḥ
nānā-vidhāni divyāni nānā-varṇākṛtīni ca

śrī-bhagavān uvāca — Kṛṣṇa, Najvyššia Božská Osobnosť, riekol; *paśya* — hľaď; *me* — Moje; *pārtha* — ó, syn Pṛthy; *rūpāṇi* — podoby; *śataśaḥ* — stá; *atha* — tiež; *sahasraśaḥ* — tisíce; *nānā-vidhāni* — rôznorodé; *divyāni* — božské; *nānā* — mnohotvaré; *varṇa* — farbisté; *ākṛtīni* — tvary; *ca* — tiež.

Kṛṣṇa, Najvyššia Božská Osobnosť, riekol: Môj milý Arjuna, ó, syn Pṛthy, pohľaď na Moju vznešenosť, ktorá má státisíce rôznorodých a rôznofarebných božských tvarov.

VÝZNAM: Arjuna si prial vidieť Kṛṣṇu v Jeho vesmírnej podobe, ktorá je síce transcendentálna, no keďže jestvuje len v hmotnom svete, je podmienená časovému faktoru. Tak ako je hmotná príroda niekedy prejavená a niekedy neprejavená, tak je aj Kṛṣṇova vesmírna podoba raz prejavená a raz nie. Na rozdiel od iných Kṛṣṇovych podôb nie je večne prejavená v duchovnom svete. Oddanému tak veľmi nezáleží na tom, aby uvidel vesmírnu podobu, no keďže si Arjuna toľko prial vidieť Kṛṣṇu v tejto podobe, Kṛṣṇa mu ju vyjavil. Obyčajný človek túto vesmírnu podobu nemôže uzrieť. Aby ju vôbec mohol uzrieť, Kṛṣṇa mu najprv musí dať silu.

VERŠ 6

पश्यादित्यान्वसून्रुद्रानश्विनौ मरुतस्तथा ।
बहून्यदृष्टपूर्वाणि पश्याश्चर्याणि भारत ॥ ६ ॥

paśyādityān vasūn rudrān aśvinau marutas tathā
bahūny adṛṣṭa-pūrvāṇi paśyāścaryāṇi bhārata

paśya — hľaď; *ādityān* — dvanásť synov Aditinych; *vasūn* — osem Vasuov; *rudrān* — jedenásť Rudrov; *aśvinau* — obaja Aśvinovia; *marutaḥ* — štyridsaťdeväť Marutov (polobohovia vládnuci vetru); *tathā* — tiež; *bahūni* — mnohí; *adṛṣṭa* — ktoré si ani nevidel; *pūrvāṇi* — prv, ako; *paśya* — pohľaď; *āścaryāṇi* — všetky úžasné; *bhārata* — ó, najlepší z Bharatovcov.

Ó, najlepší z Bharatovcov, pohľaď na rôzne prejavy Ādityov, Vasuov, Rudrov, Aśvinī-kumārov a všetkých ďalších polobohov. Pohľaď na tieto obdivuhodné rozmanitosti, ktoré ešte nikto nikdy neuzrel a ani o nich nepočul.

VÝZNAM: Aj keď Arjuna bol Kṛṣṇov osobný priateľ a bol veľmi učený, ani on nemohol vedieť o Kṛṣṇovi všetko. Tu sa píše, že ešte nikto nikdy neuzrel všetky tieto podoby a manifestácie a ani o nich nepočul. Teraz Kṛṣṇa tieto úžasné podoby postupne vyjaví.

VERŠ 7

इहैकस्थं जगत्कृत्स्नं पश्याद्य सचराचरम् ।
मम देहे गुडाकेश यच्चान्यद्द्रष्टुमिच्छसि ॥ ७ ॥

ihaika-sthaṁ jagat kṛtsnaṁ paśyādya sa-carācaram
mama dehe guḍākeśa yac cānyad draṣṭum icchasi

iha — v tomto; *eka-stham* — na jednom mieste; *jagat* — vesmír; *kṛtsnam* — úplne; *paśya* — pohľaď; *adya* — bezprostredne; *sa* — s; *cara* — pohyblivý; *acaram* — nehybný; *mama* — Mojom; *dehe* — v tomto tele; *guḍākeśa* — ó, Arjuna; *yat* — to, ktoré; *ca* — tiež; *anyat* — neho; *draṣṭum* — uzrieť; *icchasi* — praješ si.

Ó, Arjuna, všetko čo si želáš uzrieť, môžeš teraz zhliadnuť v Mojom tele! Táto vesmírna podoba ti môže zjaviť všetko, čo si želáš uzrieť teraz, ako aj to, čo by si si mohol želať uzrieť v budúcnosti. Všetko — pohyblivé i nehybné — je tu teraz na jednom mieste.

VÝZNAM: Nikto nemôže z jedného miesta zhliadnuť celý vesmír. Ani najpokročilejší vedec nemôže vidieť, čo sa deje v ostatných častiach vesmíru. No oddaný ako Arjuna mohol vidieť všetko v ktorejkoľvek časti vesmíru. Kṛṣṇa mu dal schopnosť vidieť všetko po čom kedy túžil — v minulosti, v prítomnosti aj v budúcnosti. Tak môže Arjuna Kṛṣṇovou milosťou vidieť všetko.

VERŠ 8

न तु मां शक्यसे द्रष्टुमनेनैव स्वचक्षुषा ।
दिव्यं ददामि ते चक्षुः पश्य मे योगमैश्वरम् ॥ ८ ॥

na tu māṁ śakyase draṣṭum anenaiva sva-cakṣuṣā
divyaṁ dadāmi te cakṣuḥ paśya me yogam aiśvaram

na — nikdy; *tu* — ale; *mām* — Mne; *śakyase* — schopné; *draṣṭum* — vidieť; *anena* — s týmito; *eva* — celkom iste; *sva-cakṣuṣā* — vlastnými očami; *divyam* — božské; *dadāmi* — dávam; *te* — ti; *cakṣuḥ* — oči; *paśya* — vidieť; *me* — Moju; *yogam aiśvaram* — nepostihnuteľnú mystickú moc.

Nemôžeš Ma však vidieť očami, ktoré máš teraz. Dám ti preto božský zrak. Pohľaď na Môj mystický majestát.

VÝZNAM: Čistý oddaný vidí Kṛṣṇu najradšej v Jeho dvojrukej podobe; Kṛṣṇovu vesmírnu podobu môže uzrieť len vďaka Jeho milosti. Nie mysľou, ale duchovným zrakom. Arjunovi bolo povedané, že ak chce uzrieť Kṛṣṇovu vesmírnu podobu, musí zmeniť svoj zrak, nie svoju myseľ. Kṛṣṇova vesmírna podoba nie je až taká dôležitá, to bude vysvetlené v nasledujúcich veršoch. Napriek tomu Kṛṣṇa obdaril Arjunu zvláštnym zrakom, aby mohol uzrieť vesmírnu podobu, ktorú si želal vidieť.

Oddaných, ktorí majú správny transcendentálny vzťah ku Kṛṣṇovi, priťahujú Jeho pôvabné vlastnosti, a nie bezduchá ukážka majestátu. Kṛṣṇovi spoločníci, Kṛṣṇovi priatelia a Kṛṣṇovi rodičia nikdy netúžia po tom, aby im Kṛṣṇa ukázal svoju majestátnosť. Sú takí pohrúžení v čistej láske, že si ani neuvedomujú, že Kṛṣṇa je Najvyššia Božská Osobnosť. Počas svojich láskyplných zábav zabúdajú, že Kṛṣṇa je Najvyšší Pán.

V *Śrīmad-Bhāgavatame* sa uvádza, že chlapci, ktorí sa hrajú s Kṛṣṇom, sú veľmi zbožné duše a po mnohých narodeniach dostali možnosť hrať sa s Ním, pretože vo svojich minulých životoch vykonali mnoho zbožných skutkov. Títo chlapci nevedia, že Kṛṣṇa je Najvyššia Božská Osobnosť. Považujú Ho za svojho osobného priateľa. Preto Śukadeva Gosvāmī zložil nasledujúci verš:

itthaṁ satāṁ brahma-sukhānubhūtyā
dāsyaṁ gatānāṁ para-daivatena
māyāśritānāṁ nara-dārakeṇa
sākaṁ vijahruḥ kṛta-puṇya-puñjāḥ

„Tu je Najvyššia Osoba, ktorú veľkí mudrci pokladajú za neosobný Brahman, oddaní za Najvyššiu Božskú Osobnosť a obyčajní ľudia za výtvor hmotnej prírody. Títo chlapci, ktorí vo svojich minulých životoch vykonali mnoho zbožných skutkov, sa teraz hrajú v spoločnosti Najvyššieho Pána." (*Śrīmad-Bhāgavatam* 10.12.11.)

Oddaný nemá záujem vidieť vesmírnu podobu. Arjuna ju však chcel uzrieť, aby potvrdil Kṛṣṇove slová a aby ľudia v budúcnosti uverili, že Kṛṣṇa sa nepredstavil ako Najvyšší len teoreticky, ale že Ním skutočne je. Arjuna to musí potvrdiť, pretože je počiatkom *paramparY*. Tí, ktorí chcú vážne pochopiť Kṛṣṇu, Najvyššiu Božskú Osobnosť, a nasledujú Arjunov príklad, by mali vedieť, že Kṛṣṇa sa nepredstavil ako Najvyšší iba teoreticky, ale že sa ako Najvyšší skutočne zjavil. Śrī Kṛṣṇa dal Arjunovi schopnosť nevyhnutne potrebnú na uzretie vesmírnej podoby, hoci vedel, že Arjuna si to nijak obzvlášť nepraje.

VERŠ 9

सञ्जय उवाच
एवमुक्त्वा ततो राजन्महायोगेश्वरो हरिः ।
दर्शयामास पार्थाय परमं रूपमैश्वरम् ॥ ९ ॥

sañjaya uvāca
evam uktvā tato rājan mahā-yogeśvaro hariḥ
darśayām āsa pārthāya paramaṁ rūpam aiśvaram

sañjayaḥ uvāca — Sañjaya riekol; *evam* — tak; *uktvā* — povediac; *tataḥ* — potom; *rājan* — ó, kráľ; *mahā-yoga-īśvaraḥ* — najmocnejší z mystikov; *hariḥ* — Najvyššia Božská Osobnosť, Kṛṣṇa; *darśayām āsa* — ukázal; *pārthāya* — Arjunovi; *paramam* — božskú; *rūpam aiśvaram* — vesmírnu podobu.

Sañjaya riekol: Ó, kráľ, Najvyšší Pán všetkých mystických síl, Božská Osobnosť, po týchto slovách ukázal Arjunovi Svoju vesmírnu podobu.

VERŠ 10-11

अनेकवक्त्रनयनमनेकाद्भुतदर्शनम् ।
अनेकदिव्याभरणं दिव्यानेकोद्यतायुधम् ॥ १० ॥
दिव्यमाल्याम्बरधरं दिव्यगन्धानुलेपनम् ।
सर्वाश्चर्यमयं देवमनन्तं विश्वतोमुखम् ॥ ११ ॥

aneka-vaktra-nayanam anekādbhuta-darśanam
aneka-divyābharaṇaṁ divyānekodyatāyudham

divya-mālyāmbara-dharaṁ divya-gandhānulepanam
sarvāścarya-mayaṁ devam anantaṁ viśvato-mukham

aneka — nespočetne mnoho; *vaktra* — úst; *nayanam* — očí; *aneka* — nespočetne mnoho; *adbhuta* — úžasné; *darśanam* — pohľady; *aneka* — mnoho; *divya* — božské; *ābharaṇam* — ozdoby; *divya* — božské; *aneka* — množstvo; *udyata* — pozdvihnuté; *āyudham* — zbrane; *divya* — božské; *mālya* — vence; *ambara* — odevy; *dharam* — zahalený; *divya* — božské; *gandha* — vône; *anulepanam* — potretý; *sarva* — všetko; *āścarya-mayam* — úžasné; *devam* — žiarivý; *anantam* — neobmedzené; *viśvataḥ-mukham* — všeprestupujúci.

V tejto vesmírnej podobe videl Arjuna nespočetne mnoho úst, nespočetne mnoho očí a nespočetne mnoho úžasných javov. Bola ozdobená mnohorakými nebeskými ornamentami a držala mnoho pozdvihnutých božských zbraní. Bola prekrásne ozdobená nebeskými girlandami, zahalená do božského šatu a pomazaná božskými von-

ných olejami. Všetko bolo očarujúce, žiarivé, neobmedzené a rozpínalo sa do všetkých strán.

VÝZNAM: V týchto dvoch veršoch sa opätovným použitím slova *aneka* naznačuje, že Arjuna mohol vidieť nekonečne veľa rúk, úst, nôh a iných prejavov. Tieto manifestácie zaberali celý vesmír a hoci Arjuna sedel na bojovom voze, mohol ich vďaka Kṛṣṇovej milosti, vďaka Jeho neuveriteľnej moci všetky uzrieť.

VERŠ 12

दिवि सूर्यसहस्रस्य भवेद्युगपदुत्थिता ।
यदि भाः सदृशी सा स्याद्भासस्तस्य महात्मनः ॥ १२ ॥

divi sūrya-sahasrasya bhaved yugapad utthitā
yadi bhāḥ sadṛśī sā syād bhāsas tasya mahātmanaḥ

divi — na oblohe; *sūrya* — Slnko; *sahasrasya* — tisíce; *bhavet* — bolo; *yugapat* — súčasne; *utthitā* — prítomné; *yadi* — keby; *bhāḥ* — svetlo; *sadṛśī* — tomu podobné; *sā* — to; *syāt* — bolo by; *bhāsaḥ* — žiara; *tasya* — Jeho; *mahā-ātmanaḥ* — veľkého Pána.

Keby na oblohe naraz vzplanulo státisíce slnc, sotva by sa ich žiara dala prirovnať k žiare vesmírnej podoby Najvyššieho Pána.

VÝZNAM: To, čo Arjuna videl, bolo neopísateľné, a napriek tomu sa Sañjaya pokúša Dhṛtarāṣṭrovi znázorniť toto veľkolepé zjavenie. Ani Sañjaya, ani Dhṛtarāṣṭra na bojisku neboli, no vďaka Vyāsovej milosti mohol Sañjaya vidieť všetko, čo sa tam deje. Preto teraz celú situáciu — nakoľko je ju možné pochopiť — prirovnáva k predstaviteľnému javu (k tisícom slnc).

VERŠ 13

तत्रैकस्थं जगत्कृत्स्नं प्रविभक्तमनेकधा ।
अपश्यद्देवदेवस्य शरीरे पाण्डवस्तदा ॥ १३ ॥

tatraika-sthaṁ jagat kṛtsnaṁ pravibhaktam anekadhā
apaśyad deva-devasya śarīre pāṇḍavas tadā

tatra—tam; *eka-stham*—na jednom mieste; *jagat*—vesmír; *kṛtsnam*—celkom; *pravibhaktam*—rozdelený; *anekadhā*—na mnoho; *apaśyat*—mohol vidieť; *deva-devasya*—Najvyššiu Božskú Osobnosť; *śarīre*—vo vesmírnej podobe; *pāṇḍavaḥ*—Arjuna; *tadā*—vtedy.

V tej chvíli mohol Arjuna vo vesmírnej podobe Pána vidieť nekonečné vesmírne expanzie sústredené na jednom mieste a predsa rozdelené na mnoho tisíc.

VÝZNAM: Slovo *tatra* (tam) je v tomto verši veľmi významné. Poukazuje na to, že Kṛṣṇa i Arjuna sedeli na voze, keď Arjuna uzrel vesmírnu podobu. Ostatní, ktorí boli na bojisku, túto podobu uzrieť nemohli, pretože Kṛṣṇa dal božský zrak iba Arjunovi. Arjuna mohol vidieť v Kṛṣṇovom tele tisíce planét. Z *vedskych* písiem sa môžeme dozvedieť o existencii rôznych vesmírov a planét. Niektoré sú z hliny, iné zo zlata alebo drahokamov. Niektoré sú gigantické, a iné nie sú až také veľké. Arjuna mohol celú túto scenériu vidieť priamo zo svojho bojového voza. Nik iný si však nemohol všimnúť, čo sa odohrávalo medzi Kṛṣṇom a Arjunom.

VERŠ 14

ततः स विस्मयाविष्टो हृष्टरोमा धनञ्जयः ।
प्रणम्य शिरसा देवं कृताञ्जलिरभाषत ॥ १४ ॥

tataḥ sa vismayāviṣṭo hṛṣṭa-romā dhanañjayaḥ
praṇamya śirasā devaṁ kṛtāñjalir abhāṣata

tataḥ—potom; *saḥ*—on; *vismaya-āviṣṭaḥ*—naplnený úžasom; *hṛṣṭa-romā*—s vlasmi zježenými silnou extázou; *dhanañjayaḥ*—Arjuna; *praṇamya*—preukazuje úctu; *śirasā*—hlavou; *devam*—k Najvyššej Božskej Osobnosti; *kṛta-añjaliḥ*—so zopnutými rukami; *abhāṣata*—začal reč.

Potom naplnený úžasom a so zježenými vlasmi sklonil Arjuna hlavu na prejav úcty a so zopnutými rukami sa začal modliť k Najvyššiemu Pánovi.

VÝZNAM: Len čo Arjuna získal božský zrak, ihneď sa zmenil jeho postoj ku Kṛṣṇovi. Predtým sa ich vzťah zakladal na priateľstve, no teraz, po uzretí vesmírnej podoby, sa Arjuna Kṛṣṇovi s veľkou úctou klaňal a modlil sa k Nemu so zopnutými rukami. Arjunov vzťah sa zmenil z priateľstva v úžas a začal velebiť vesmírnu podobu. Veľkí oddaní vidia Kṛṣṇu ako zdroj všetkých vzťahov. V písmach sa uvádza dvanásť základných druhov vzťahu a všetky sú prejavené v Kṛṣṇovi. Hovorí sa, že Kṛṣṇa je oceánom všetkých druhov vzťahov jestvujúcich medzi dvoma živými bytosťami, medzi bohmi alebo medzi Najvyšším Pánom a Jeho oddanými.

Arjuna bol inšpirovaný vzťahom úžasu a hoci mal rozvážnu, pokojnú a tichú povahu, tento úžas ho priviedol do tranzu a so zježenými vlasmi a zopnutými rukami sa Najvyššiemu Pánovi s hlbokou úctou poklonil. Prirodzene, že sa nebál. Bol ohromený zázrakom Najvyššieho Pána. Bezprostrednou reakciou bol úžas, ktorý prevažoval nad jeho prirodzeným láskyplným priateľstvom, a preto takto reagoval.

VERŠ 15

अर्जुन उवाच
पश्यामि देवांस्तव देव देहे
सर्वांस्तथा भूतविशेषसङ्घान् ।
ब्रह्माणमीशं कमलासनस्थ-
मृषींश्च सर्वानुरगांश्च दिव्यान् ॥ १५ ॥

arjuna uvāca
paśyāmi devāṁs tava deva dehe
sarvāṁs tathā bhūta-viśeṣa-saṅghān
brahmāṇam īśaṁ kamalāsana-stham
ṛṣīṁś ca sarvān uragāṁś ca divyān

arjunaḥ uvāca — Arjuna riekol; *paśyāmi* — vidím; *devān* — všetkých polobohov; *tava* — Tvojom; *deva* — ó, Pane; *dehe* — v tele; *sarvān* — všetky; *tathā* — tiež; *bhūta* — živé bytosti; *viśeṣa-saṅghān* — zvlášť zhromaždení; *brahmāṇam* — Brahmā; *īśam* — Śiva; *kamala-āsana-stham* — sediaci na lotosovom kvete; *ṛṣīn* — veľkí mudrci; *ca* — tiež; *sarvān* — všetky; *uragān* — hady; *ca* — aj; *divyān* — božské.

Arjuna riekol: Môj drahý Kṛṣṇa, v Tvojom tele vidím všetkých polobohov a mnoho rôznych živých bytostí. Vidím Brahmu sediaceho na lotosovom kvete, Śivu a všetkých mudrcov a božských hadov.

VÝZNAM: Arjuna vidí celý vesmír, vidí Brahmu, prvú stvorenú bytosť tohoto vesmíru a nebeského hada Vāsukiho, na ktorom v nižších oblastiach vesmíru spočíva Garbhodakaśāyī Viṣṇu. Aj iné hady sa nazývajú Vāsuki. Od Garbhodakaśāyī Viṣṇua môže Arjuna dovidieť až na najvyššiu časť vesmíru, k lotosovej planéte, kde sídli Brahmā, prvá bytosť tohoto vesmíru. To znamená, že Arjuna, ktorý sedel vo svojom bojovom voze, mohol vidieť všetko, od jedného konca po druhý. To bolo možné len milosťou Najvyššieho Pána, Kṛṣṇu.

VERŠ 16

अनेकबाहूदरवक्त्रनेत्रं
पश्यामि त्वां सर्वतोऽनन्तरूपम् ।
नान्तं न मध्यं न पुनस्तवादिं
पश्यामि विश्वेश्वर विश्वरूप ॥ १६ ॥

aneka-bāhūdara-vaktra-netraṁ
paśyāmi tvāṁ sarvato 'nanta-rūpam
nāntaṁ na madhyaṁ na punas tavādiṁ
paśyāmi viśveśvara viśva-rūpa

aneka — mnohé; *bāhu* — ramená; *udara* — bruchá; *vaktra* — ústa; *netram* — oči; *paśyāmi* — vidím; *tvām* — Tvoje; *sarvataḥ* — na všetky strany; *ananta-rūpam* — nespočetné tvary; *na antam* — bez konca; *na madhyam* — bez stredu; *na punaḥ* — ani znovu; *tava* — Tvoj; *ādim* — počiatok; *paśyāmi* — vidím; *viśva-īśvara* — ó, Pane vesmíru; *viśva-rūpa* — vo vesmírnej podobe.

Ó, Pane vesmíru, ó, vesmírna podoba, v Tvojom tele vidím nespočetné množstvo rúk, brúch, úst a očí rozpínajúcich sa bezmedzne do všetkých strán. Nenachádzam v Tebe konca, stredu ani počiatku.

VÝZNAM: Kṛṣṇa je Najvyššia Božská Osobnosť, a preto je neobmedzený. Prostredníctvom Neho môžeme vidieť všetko.

VERŠ 17

किरीटिनं गदिनं चक्रिणं च
तेजोराशिं सर्वतो दीप्तिमन्तम् ।
पश्यामि त्वां दुर्निरीक्ष्यं समन्ता-
द्दीप्तानलार्कद्युतिमप्रमेयम् ॥ १७ ॥

kirīṭinaṁ gadinaṁ cakriṇaṁ ca
tejo-rāśiṁ sarvato dīptimantam
paśyāmi tvāṁ durnirīkṣyaṁ samantād
dīptānalārka-dyutim aprameyam

kirīṭinam — s helmicami; *gadinam* — s kyjom; *cakriṇam* — s diskami; *ca* — a; *tejaḥ-rāśim* — žiara; *sarvataḥ* — na všetky strany; *dīpti-mantam* — planúci; *paśyāmi* — vidím; *tvām* — Ťa; *durnirīkṣyam* — ťažko vidieť; *samantāt* — všade; *dīpta-anala* — planúci oheň; *arka* — Slnko; *dyutim* — slnečná žiara; *aprameyam* — nezmerateľná.

Tvoju podobu, ozdobenú helmicami, kyjmi a diskami, možno sotva uzrieť, pretože na všetky strany šíri oslnivú svetelnú záplavu, pripomínajúcu planúci oheň alebo nezmerateľnú žiaru Slnka.

VERŠ 18

त्वमक्षरं परमं वेदितव्यं
त्वमस्य विश्वस्य परं निधानम् ।
त्वमव्ययः शाश्वतधर्मगोप्ता
सनातनस्त्वं पुरुषो मतो मे ॥ १८ ॥

tvam akṣaraṁ paramaṁ veditavyaṁ
tvam asya viśvasya paraṁ nidhānam

tvam avyayaḥ śāśvata-dharma-goptā
sanātanas tvaṁ puruṣo mato me

tvam — Ty; *akṣaram* — nehynúci; *paramam* — zvrchovaný; *veditavyam* — čo je potrebné vedieť; *tvam* — Ty; *asya* — z toho; *viśvasya* — vesmíru; *param* — najvyšší; *nidhānam* — opora; *tvam* — Ty; *avyayaḥ* — nezanikajúci; *śāśvata-dharma-goptā* — udržovateľ odvekého náboženstva; *sanātanaḥ* — večný; *tvam* — Ty; *puruṣaḥ* — Najvyššia Osobnosť; *mataḥ me* — podľa môjho názoru.

Si pôvodný najvyšší cieľ poznania. Si konečné miesto spočinutia celého vesmíru. Si nevyčerpateľný a najstarší. Si Božská Osobnosť, udržovateľ odvekého náboženstva. To je môj názor.

VERŠ 19

अनादिमध्यान्तमनन्तवीर्य-
मनन्तबाहुं शशिसूर्यनेत्रम् ।
पश्यामि त्वां दीप्तहुताशवक्त्रं
स्वतेजसा विश्वमिदं तपन्तम् ॥ १९ ॥

anādi-madhyāntam ananta-vīryam
ananta-bāhuṁ śaśi-sūrya-netram
paśyāmi tvāṁ dīpta-hutāśa-vaktraṁ
sva-tejasā viśvam idaṁ tapantam

anādi — bez počiatku; *madhya* — bez stredu; *antam* — alebo konca; *ananta* — nekonečný; *vīryam* — nádhera; *ananta* — nekonečné; *bāhum* — ramená; *śaśi* — Mesiac; *sūrya* — Slnko; *netram* — oči; *paśyāmi* — vidím; *tvām* — Ťa; *dīpta* — planúci; *hutāśa-vaktram* — oheň vychádzajúci z Tvojich úst; *sva-tejasā* — Tvoju žiaru; *viśvam* — vesmír; *idam* — tento; *tapantam* — spaľuješ.

Si bez počiatku, stredu či konca. Tvoja sláva je nekonečná. Máš nespočetne mnoho rúk, a Slnko a Mesiac sú Tvoje oči. Vidím Ťa s planúcim ohňom vychádzajúcim z Tvojich úst, spaľujúceho celý tento vesmír Tvojím vlastným jasom.

VÝZNAM: Šesť vznešených vlastností Najvyššej Božskej Osobnosti nemá konca. Tu, ako aj na mnohých ďalších miestach, sa niektoré veci znovu opakujú, no opätovné ospevovanie Kṛṣṇovej nádhery a slávy sa podľa písiem nepokladá za literárny poklesok. Hovorí sa, že človek sa znovu a znovu opakuje vtedy, keď je zmätený, v úžase alebo v hlbokej extáze. To však nie je chyba.

VERŠ 20

द्यावापृथिव्योरिदमन्तरं हि
व्याप्तं त्वयैकेन दिशश्च सर्वाः ।
दृष्ट्वाद्भुतं रूपमुग्रं तवेदं
लोकत्रयं प्रव्यथितं महात्मन् ॥ २० ॥

dyāv ā-pṛthivyor idam antaraṁ hi
vyāptaṁ tvayaikena diśaś ca sarvāḥ
dṛṣṭvādbhutaṁ rūpam ugraṁ tavedaṁ
loka-trayaṁ pravyathitaṁ mahātman

dyau — z priestoru; *ā-pṛthivyoḥ* — na zemi; *idam* — toto; *antaram* — medzi; *hi* — zaiste; *vyāptam* — preniknuté; *tvayā* — Tebou; *ekena* — jediný; *diśaḥ* — smery; *ca* — a; *sarvāḥ* — všetky; *dṛṣṭvā* — videním; *adbhutam* — úžasná; *rūpam* — podoba; *ugram* — hroznú; *tava* — Tvoju; *idam* — tento; *loka* — planetárne sústavy; *trayam* — tri; *pravyathitam* — rozrušený; *mahā-ātman* — ó, Vznešený.

Hoci si jediný, prestupuješ nebo a planéty i celý priestor medzi nimi. Ó, Vznešený, všetky planetárne systémy sú znepokojené pri pohľade na Tvoju úžasnú a hrozivú podobu.

VÝZNAM: Slová *dyāv ā-pṛthivyoḥ* („priestor medzi nebom a zemou") a *lokatrayam* („tri svety") sú v tomto verši významné. Zdá sa, že nielen Arjuna, ale i ostatné bytosti na iných planétach videli túto Pánovu vesmírnu podobu. Arjunov pohľad na túto podobu nebol snom. Všetci, ktorých Kṛṣṇa obdaril božským zrakom, mohli na bojisku vidieť túto vesmírnu podobu.

VERŠ 21

अमी हि त्वां सुरसङ्घा विशन्ति
केचिद्भीताः प्राञ्जलयो गृणन्ति ।
स्वस्तीत्युक्त्वा महर्षिसिद्धसङ्घाः
स्तुवन्ति त्वां स्तुतिभिः पुष्कलाभिः ॥ २१ ॥

amī hi tvāṁ sura-saṅghā viśanti
kecid bhītāḥ prāñjalayo gṛṇanti
svastīty uktvā maharṣi-siddha-saṅghāḥ
stuvanti tvāṁ stutibhiḥ puṣkalābhiḥ

amī — tí všetci; *hi* — zaiste; *tvām* — Tebe; *sura-saṅghāḥ* — zástupy polobohov; *viśanti* — vstupujú; *kecit* — niektorí z nich; *bhītāḥ* — zo strachu; *prāñjalayaḥ* — so zopnutými rukami; *gṛṇanti* — prednášajú modlitby; *svasti* — buď pozdravený; *iti* — tak; *uktvā* — vraviac; *mahā-ṛṣi* — veľkí svätci; *siddha-saṅghāḥ* — dokonalé bytosti; *stuvanti* — spievajú hymny; *tvām* — Tebe; *stutibhiḥ* — modlitbami; *puṣkalābhiḥ* — *vedske* hymny.

Zástupy polobohov sa Ti odovzdávajú a vstupujú do Teba. Niektorí z nich sa ustrašene a so zopnutými rukami modlia. Zástupy veľkých svätcov a dokonalých bytostí sa k Tebe modlia a prevolávajú Ti na slávu vedskymi hymnami.

VÝZNAM: Polobohovia na všetkých planetárnych sústavách sa báli ohromnej vesmírnej podoby a jej spaľujúcej žiary, a preto sa modlili o ochranu.

VERŠ 22

रुद्रादित्या वसवो ये च साध्या
विश्वेऽश्विनौ मरुतश्चोष्मपाश्च ।
गन्धर्वयक्षासुरसिद्धसङ्घा
वीक्षन्ते त्वां विस्मिताश्चैव सर्वे ॥ २२ ॥

rudrādityā vasavo ye ca sādhyā
viśve 'śvinau marutaś coṣmapāś ca
gandharva-yakṣāsura-siddha-saṅghā
vīkṣante tvāṁ vismitāś caiva sarve

rudra — prejavy Pána Śivu; *ādityāḥ* — Ādityovia; *vasavaḥ* — Vasuovia; *ye* — tí všetci; *ca* — a; *sādhyāḥ* — Sādhyovia; *viśve* — Viśvedevovia; *aśvinau* — Aśvīni-kumārovia; *marutaḥ* — Marutovia; *ca* — a; *uṣma-pāḥ* — prapredkovia; *ca* — a; *gandharva* — Gandharvovia; *yakṣa* — Yakṣovia; *asura* — démoni; *siddha* — dokonalí polobohovia; *saṅghāḥ* — zástupy; *vīkṣante* — vidím; *tvām* — Ťa; *vismitāḥ* — v úžase; *ca* — tiež; *eva* — vskutku; *sarve* — všetci.

Rudrovia, Ādityovia, Vasuovia, Sādhyovia, Viśvedevovia a obaja Aśvīnovia, Marutovia, prapredkovia, Gandharvovia, Yakṣovia, Asurovia a dokonalí polobohovia — tí všetci na Teba hľadia s úžasom.

VERŠ 23

रूपं महत्ते बहुवक्त्रनेत्रं
महाबाहो बहुबाहूरुपादम् ।
बहूदरं बहुदंष्ट्राकरालं
दृष्ट्वा लोकाः प्रव्यथितास्तथाहम् ॥ २३ ॥

rūpaṁ mahat te bahu-vaktra-netraṁ
mahā-bāho bahu-bāhūru-pādam
bahūdaraṁ bahu-daṁṣṭrā-karālaṁ
dṛṣṭvā lokāḥ pravyathitās tathāham

rūpam — podoba; *mahat* — obrovská; *te* — Tvoje; *bahu* — mnohé; *vaktra* — tváre; *netram* — oči; *mahā-bāho* — ó, Pane mocných paží; *bahu* — mnohé; *bāhu* — paže; *ūru* — stehná; *pādam* — nohy; *bahu-udaram* — mnoho brúch; *bahu-daṁṣṭrā* — mnoho zubov; *karālam* — hrozné; *dṛṣṭvā* — vidí; *lokāḥ* — všetky planéty; *pravyathitāḥ* — zmätený; *tathā* — práve tak; *aham* — ja.

Ó, Pane mocných paží, všetky planéty a ich polobohovia sa chvejú pri pohľade na Tvoju úžasnú podobu s mnohými tvárami, očami, rukami, stehnami, nohami, bruchami a mnohými hrozivými zubmi, a tak ako oni som zmätený aj ja.

VERŠ 24

नभःस्पृशं दीप्तमनेकवर्णं
व्यात्ताननं दीप्तविशालनेत्रम् ।
दृष्ट्वा हि त्वां प्रव्यथितान्तरात्मा
धृतिं न विन्दामि शमं च विष्णो ॥ २४ ॥

nabhaḥ-spṛśaṁ dīptam aneka-varṇaṁ
vyāttānanaṁ dīpta-viśāla-netram
dṛṣṭvā hi tvāṁ pravyathitāntar-ātmā
dhṛtiṁ na vindāmi śamaṁ ca viṣṇo

nabhaḥ-spṛśam — dotýkajúcich sa nebies; *dīptam* — svietiaci; *aneka* — mnoho; *varṇam* — farieb; *vyātta* — otvorené; *ānanam* — ústa; *dīpta* — žeravý; *viśāla* — obrovské; *netram* — oči; *dṛṣṭvā* — vidím; *hi* — zaiste; *tvām* — Tebe; *pravyathita* — roztrasený; *antaḥ* — v; *ātmā* — duši; *dhṛtim* — spokojnosť; *na* — nie; *vindāmi* — ja mám; *śamam* — duševnú rovnováhu; *ca* — a; *viṣṇo* — ó, Viṣṇu.

Ó, všeprestupujúci Viṣṇu, keď vidím, ako sa Svojimi mnohorakými žiarivými farbami dotýkaš nebies, keď vidím Tvoje otvorené ústa a obrovské planúce oči, moja myseľ je rozrušená strachom. Nedokážem viac zachovať svoju vyrovnanosť a mentálny kľud.

VERŠ 25

दंष्ट्राकरालानि च ते मुखानि
दृष्ट्वैव कालानलसन्निभानि ।
दिशो न जाने न लभे च शर्म
प्रसीद देवेश जगन्निवास ॥ २५ ॥

daṁṣṭrā-karālāni ca te mukhāni
dṛṣṭvaiva kālānala-sannibhāni
diśo na jāne na labhe ca śarma
prasīda deveśa jagan-nivāsa

daṁṣṭrā — zuby; *karālāni* — hrozivé; *ca* — tiež; *te* — Tvoje; *mukhāni* — tváre; *dṛṣṭvā* — vidím; *eva* — tak; *kāla-anala* — oheň smrti; *sannibhāni* — ako keby; *diśaḥ* — smery; *na* — nie; *jāne* — viem; *na* — nie; *labhe* — nenachádzam; *ca* — a; *śarma* — milosť; *prasīda* — zmiluj sa; *deva-īśa* — ó, Pane všetkých polobohov; *jagat-nivāsa* — útočisko svetov.

Ó, Pane pánov, ó, útočisko svetov, prosím, zmiluj sa nado mnou. Nenachádzam pokoj, keď vidím Tvoje žeravé, smrti podobné tváre a hrozivé zuby. Som načisto zmätený.

VERŠ 26-27

अमी च त्वां धृतराष्ट्रस्य पुत्राः
सर्वे सहैवावनिपालसङ्घैः ।
भीष्मो द्रोणः सूतपुत्रस्तथासौ
सहास्मदीयैरपि योधमुख्यैः ॥ २६ ॥
वक्त्राणि ते त्वरमाणा विशन्ति
दंष्ट्राकरालानि भयानकानि ।
केचिद्विलग्ना दशनान्तरेषु
सन्दृश्यन्ते चूर्णितैरुत्तमाङ्गैः ॥ २७ ॥

amī ca tvāṁ dhṛtarāṣṭrasya putrāḥ
sarve sahaivāvani-pāla-saṅghaiḥ
bhīṣmo droṇaḥ sūta-putras tathāsau
sahāsmadīyair api yodha-mukhyaiḥ

vaktrāṇi te tvaramāṇā viśanti
daṁṣṭrā-karālāni bhayānakāni
kecid vilagnā daśanāntareṣu
sandṛśyante cūrṇitair uttamāṅgaiḥ

amī—tí; *ca*—a; *tvām*—Tebe; *dhṛtarāṣṭrasya*—Dhṛtarāṣṭrovi; *putrāḥ*—synovia; *sarve*—všetci; *saha*—s; *eva*—vskutku; *avani-pāla*—bojujúci králi; *saṅghaiḥ*—zástupy; *bhīṣmaḥ*—Bhīṣmadeva; *droṇaḥ*—Droṇācārya; *sūta-putraḥ*—Karṇa; *tathā*—aj; *asau*—ktorí; *saha*—s; *asmadīyaiḥ*—naši; *api*—tiež; *yodha-mukhyaiḥ*—najväčší z bojovníkov; *vaktrāṇi*—ústa; *te*—Tvoje; *tvaramāṇāḥ*—rýchlo; *viśanti*—vstúpi do; *daṁṣṭrā*—zuby; *karālāni*—strašné; *bhayānakāni*—hrozné; *kecit*—niektorí z nich; *vilagnāḥ*—viaznu; *daśana-antareṣu*—v zuboch; *sandṛśyante*—vidieť; *cūrṇitaiḥ*—s rozbitými; *uttama-aṅgaiḥ*—hlavami.

Všetci Dhṛtarāṣṭrovi synovia spolu so svojimi spojeneckými kráľmi, ako aj Bhīṣma, Droṇa a Karṇa a tiež naši vojvodcovia sa rútia do Tvojich hrôzostrašných úst. Niektorých z nich vidím zovretých v Tvojich zuboch, s rozbitými hlavami.

VÝZNAM: Na začiatku tejto kapitoly Śrī Kṛṣṇa Arjunovi sľúbil, že mu ukáže veci, ktoré by tak rád videl. Teraz Arjuna môže vidieť, ako sú bojovníci a vojvodcovia nepriateľskej strany (Bhīṣma, Droṇa, Karṇa a Dhṛtarāṣṭrovi synovia) spolu s jeho vlastnými bojovníkmi načisto vyhladení. To znamená, že po zabití takmer všetkých osôb prítomných na Kuruovskom poli sa Arjuna stane víťazom. Hovorí sa tu, že aj Bhīṣma, ktorý bol považovaný za nepremožiteľného, bude porazený. Karṇu stihne podobný osud. Zahynú nielen veľkí bojovníci na strane protivníka, ako napríklad Bhīṣma, ale aj bojovníci na Arjunovej strane.

VERŠ 28

यथा नदीनां बहवोऽम्बुवेगाः
समुद्रमेवाभिमुखा द्रवन्ति ।
तथा तवामी नरलोकवीरा
विशन्ति वक्त्राण्यभिविज्वलन्ति ॥ २८ ॥

yathā nadīnāṁ bahavo 'mbu-vegāḥ
samudram evābhimukhā dravanti
tathā tavāmī nara-loka-vīrā
viśanti vaktrāṇy abhivijvalanti

yathā — ako; *nadīnām* — rieky; *bahavaḥ* — mnohé; *ambu-vegāḥ* — prúdy vôd; *samudram* — oceán; *eva* — zaiste; *abhimukhāḥ* — k; *dravanti* — vlievajú sa; *tathā* — podobne; *tava* — Tvoj; *amī* — všetci; *nara-loka-vīrāḥ* — králi v ľudskej spoločnosti; *viśanti* — rútia sa; *vaktrāṇi* — do úst; *abhivijvalanti* — žeravých.

Tak ako sa prúdy riek vlievajú do mora, tak sa aj všetci títo veľkí bojovníci rútia do Tvojich žeravých úst.

VERŠ 29

यथा प्रदीप्तं ज्वलनं पतङ्गा
विशन्ति नाशाय समृद्धवेगाः ।
तथैव नाशाय विशन्ति लोका-
स्तवापि वक्त्राणि समृद्धवेगाः ॥ २९ ॥

yathā pradīptaṁ jvalanaṁ pataṅgā
viśanti nāśāya samṛddha-vegāḥ
tathaiva nāśāya viśanti lokās
tavāpi vaktrāṇi samṛddha-vegāḥ

yathā — ako; *pradīptam* — planúce; *jvalanam* — oheň; *pataṅgāḥ* — mory; *viśanti* — ženú sa; *nāśāya* — zánik; *samṛddha* — s plnou; *vegāḥ* — rýchlosťou; *tathā eva* — podobne; *nāśāya* — k zániku; *viśanti* — spejú; *lokāḥ* — všetci ľudia; *tava* — Tvojich; *api* — tiež; *vaktrāṇi* — do úst; *samṛddha-vegāḥ* — v plnej rýchlosti.

Vidím, ako sa všetci ľudia rútia do Tvojich úst ako mory, ktoré sa bezhlavo vrhajú do planúceho ohňa.

VERŠ 30

लेलिह्यसे ग्रसमानः समन्ता-
ल्लोकान्समग्रान्वदनैर्ज्वलद्भिः ।
तेजोभिरापूर्य जगत्समग्रं
भासस्तवोग्राः प्रतपन्ति विष्णो ॥ ३० ॥

lelihyase grasamānaḥ samantāl
lokān samagrān vadanair jvaladbhiḥ
tejobhir āpūrya jagat samagraṁ
bhāsas tavogrāḥ pratapanti viṣṇo

lelihyase — olizuješ; *grasamānaḥ* — pohlcuješ; *samantāt* — zo všetkých strán; *lokān* — ľudí; *samagrān* — všetkých; *vadanaiḥ* — ústami; *jvaladbhiḥ* — plamenný; *tejobhiḥ* — žiaru; *āpūrya* — zakrýva; *jagat* — vesmír; *samagram* — všetkých; *bhāsaḥ* — lúče; *tava* — Tvoja; *ugrāḥ* — hrozivá; *pratapanti* — spaľujúci; *viṣṇo* — ó, všeprestupujúci Pane.

Ó, Viṣṇu, vidím, ako na všetkých stranách pohlcuješ ľudstvo a olizuješ ho plameňmi Svojich úst. Tvoje lúče pokrývajú celý vesmír, ktorý spaľuješ Svojou hrozivou žiarou.

VERŠ 31

आख्याहि मे को भवानुग्ररूपो
नमोऽस्तु ते देववर प्रसीद ।
विज्ञातुमिच्छामि भवन्तमाद्यं
न हि प्रजानामि तव प्रवृत्तिम् ॥ ३१ ॥

ākhyāhi me ko bhavān ugra-rūpo
namo 'stu te deva-vara prasīda
vijñātum icchāmi bhavantam ādyaṁ
na hi prajānāmi tava pravṛttim

ākhyāhi — vysvetli, prosím; *me* — mi; *kaḥ* — kto; *bhavān* — si; *ugra-rūpaḥ* — desivá podoba; *namaḥ astu* — prejavy úcty; *te* — Ti; *deva-vara* — ó, vznešený Pane medzi polobohmi; *prasīda* — zmiluj sa; *vijñātum* — aby som vedel; *icchāmi* — túžim; *bhavantam* — Ty; *ādyam* — pôvodný; *na* — nie; *hi* — zaiste; *prajānāmi* — poznať; *tava* — Tvoje; *pravṛttim* — poslanie.

Ó, Pane všetkých polobohov, prosím, povedz mi, kto si v tejto hrozivej podobe? Znovu a znovu sa Ti klaniam, prosím, zmiluj sa nado mnou. Si prvotný Pán. Chcel by som Ťa poznať, pretože nechápem Tvoje poslanie.

VERŠ 32

श्रीभगवानुवाच
कालोऽस्मि लोकक्षयकृत्प्रवृद्धो
लोकान्समाहर्तुमिह प्रवृत्तः ।
ऋतेऽपि त्वां न भविष्यन्ति सर्वे
येऽवस्थिताः प्रत्यनीकेषु योधाः ॥ ३२ ॥

śrī-bhagavān uvāca
kālo 'smi loka-kṣaya-kṛt pravṛddho
lokān samāhartum iha pravṛttaḥ
ṛte 'pi tvāṁ na bhaviṣyanti sarve
ye 'vasthitāḥ pratyanīkeṣu yodhāḥ

śrī-bhagavān uvāca — Kṛṣṇa, Najvyššia Božská Osobnosť, riekol; *kālaḥ* — čas; *asmi* — som; *loka* — svety; *kṣaya-kṛt* — ničiteľ; *pravṛddhaḥ* — veľký; *lokān* — všetkých ľudí; *samāhartum* — pustošenie; *iha* — v tomto svete; *pravṛttaḥ* — zamestnal; *ṛte* — okrem; *api* — tiež; *tvām* — vás; *na* — nikdy; *bhaviṣyanti* — bude; *sarve* — všetci; *ye* — kto; *avasthitāḥ* — umiestnení; *prati-anīkeṣu* — na obidvoch stranách; *yodhāḥ* — bojovníci.

Kṛṣṇa, Najvyššia Božská Osobnosť, riekol: Som čas, veľký ničiteľ svetov a prišiel som, aby som pohltil všetkých ľudí. S výnimkou vás (Pāṇḍuovcov), budú všetci bojovníci na obidvoch stranách zabití.

VÝZNAM: Arjuna bol zmätený z mnohorakých podôb, ktoré mu Kṛṣṇa vyjavil, hoci vedel, že Kṛṣṇa je jeho priateľ a Najvyššia Božská Osobnosť. Preto ho i naďalej zaujímalo, čo chce Kṛṣṇa dosiahnuť touto pustošivou silou. Vo *Vedach* sa píše, že Najvyššia Pravda privodí zánik všetkého, dokonca aj *brāhmaṇov*. To je potvrdené v *Kaṭha-Upaniṣade* (1.2.25) slovami:

yasya brahma ca kṣatraṁ ca ubhe bhavata odanaḥ
mṛtyur yasyopasecanaṁ ka itthā veda yatra saḥ

Najvyšší nakoniec pohltí všetkých *brāhmaṇov*, *kṣatriyov* a ostatných ako obyčajné jedlo. Touto podobou Najvyššieho Pána je všepohlcujúci obor.

Kṛṣṇa sa tu predstavuje Arjunovi ako všepohlcujúci čas. S výnimkou niekoľkých Pāṇḍuovcov zničí všetkých vojakov na bojisku.

Arjuna s vojnou nesúhlasil. Veril, že je lepšie nebojovať a tak sa vyhnúť sklamaniu. Kṛṣṇa mu však odvetil, že aj keby nebojoval, boli by všetci zahynuli, pretože taký bol Jeho plán. Keby Arjuna nebojoval, zahynuli by iným spôsobom. V skutočnosti už boli všetci mŕtvi. Čas znamená zánik a všetky prejavy budú podľa vôle Najvyššieho Pána opäť zničené. Taký je zákon prírody.

VERŠ 33

तस्मात्त्वमुत्तिष्ठ यशो लभस्व
जित्वा शत्रून्भुंक्ष्व राज्यं समृद्धम् ।
मयैवैते निहताः पूर्वमेव
निमित्तमात्रं भव सव्यसाचिन् ॥ ३३ ॥

tasmāt tvam uttiṣṭha yaśo labhasva
jitvā śatrūn bhuṅkṣva rājyaṁ samṛddham
mayaivaite nihatāḥ pūrvam eva
nimitta-mātraṁ bhava savya-sācin

tasmāt — preto; *tvam* — ty; *uttiṣṭha* — povstaň; *yaśaḥ* — sláva; *labhasva* — získaj; *jitvā* — porazením; *śatrūn* — nepriateľa; *bhuṅkṣva* — užívaj; *rājyam* — kráľovstvo; *samṛddham* — prekvitajúci; *mayā* — Mnou; *eva* — zaiste; *ete* — všetky; *nihatāḥ* — zabitie; *pūrvam eva* — určené vopred; *nimitta-mātram* — obyčajná príčina; *bhava* — budeš; *savya-sācin* — ó, Savyasācī.

Preto povstaň. Priprav sa na boj a získaj slávu. Premôž svojich nepriateľov a užívaj si prekvitajúceho kráľovstva. Sám som ich už beztak zahubil, takže ty, ó, Savyasācīn, môžeš byť iba nástrojom v tomto boji.

VÝZNAM: Slová *Savya-sācin* označujú človeka, ktorý je veľmi šikovný v streľbe z luku. Arjuna bol teda oslovený ako skúsený bojovník, schopný zabiť svojimi šípmi všetkých nepriateľov. Rovnako významné sú tu slová *nimitta-mātram* — „buď jednoducho nástrojom". Všetko sa deje podľa plánu Najvyššej Božskej Osobnosti. Hlupáci, ktorí nemajú dostatočné poznanie, si myslia, že príroda jedná chaoticky, bez plánu a že všetky výtvory vznikajú čírou náhodou. Veľa takzvaných vedcov hovorí, veci sa majú tak alebo onak. No my sa nemôžeme uspokojiť s odpoveďami typu „snáď" alebo „možno". Hmotná príroda koná podľa určitého plánu. Aký je to plán? Tento kozmický výtvor umožňuje podmieneným dušiam vrátiť sa späť domov — späť k Bohu. Dovtedy, kým máme panovačnú mentalitu, vyúsťujúcu v snahu ovládať prírodu, sme podmienení. Naopak najinteligentnejší je ten, kto dokáže porozumieť plánu Najvyššieho Pána a rozvíja vedomie Kṛṣṇu. Tento vesmír bol stvorený z Božej vôle a z Božej vôle aj zanikne. Bol to teda Boží plán, aby došlo k bitke na Kurukṣetre. Arjuna odmietal bojovať, no bolo mu poradené, aby bojoval podľa prianí Najvyššieho Pána, pretože to mu zaručí úspech. Ten, kto si je plne vedomý Kṛṣṇu a zasvätil svoj život transcendentálnej službe Pánovi, je dokonalý človek.

VERŠ 34

द्रोणं च भीष्मं च जयद्रथं च
कर्णं तथान्यानपि योधवीरान् ।
मया हतांस्त्वं जहि माव्यथिष्ठा
युध्यस्व जेतासि रणे सपत्नान् ॥ ३४ ॥

droṇaṁ ca bhīṣmaṁ ca jayadrathaṁ ca
karṇaṁ tathānyān api yodha-vīrān
mayā hatāṁs tvaṁ jahi mā vyathiṣṭhā
yudhyasva jetāsi raṇe sapatnān

droṇam ca — aj Droṇa; *bhīṣmam ca* — aj Bhīṣma; *jayadratham ca* — aj Jayadratha; *karṇam* — Karṇa; *tathā* — tiež; *anyān* — iní; *api* — zaiste; *yodha-vīrān* — mocní bojovníci; *mayā* — Mnou; *hatān* — už zabití; *tvam* — ty; *jahi* — znič; *mā* — nikdy; *vyathiṣṭhāḥ* — bez obáv; *yudhyasva* — bojuj; *jetā asi* — porazíš; *raṇe* — v boji; *sapatnān* — nepriateľov.

Droṇu, Bhīṣmu, Jayadrathu, Karṇu a iných veľkých bojovníkov som už zahubil. Preto ich bez obáv zabi. Jednoducho bojuj a v boji protivníka porazíš.

VÝZNAM: Všetko je plán Najvyššej Božskej Osobnosti, no Kṛṣṇa je taký láskavý a milostivý k Svojím oddaným, že im prenecháva pocty, ak v súlade s Jeho prianím plnia Jeho vôľu. Preto by sme si mali zariadiť život tak, aby sme konali pre uspokojenie Kṛṣṇu a spoznali Najvyššiu Božskú Osobnosť prostredníctvom duchovného učiteľa. Milosťou Najvyššieho Pána môžeme porozumieť Jeho plánom. Plány oddaných sú rovnako dobré ako Pánove plány. Každý by mal konať podľa týchto plánov, aby zvíťazil v boji o existenciu.

VERŠ 35

सञ्जय उवाच
एतच्छ्रुत्वा वचनं केशवस्य
कृताञ्जलिर्वेपमानः किरीटी ।
नमस्कृत्वा भूय एवाह कृष्णं
सगद्गदं भीतभीतः प्रणम्य ॥ ३५ ॥

sañjaya uvāca
etac chrutvā vacanaṁ keśavasya
kṛtāñjalir vepamānaḥ kirītī
namaskṛtvā bhūya evāha kṛṣṇaṁ
sa-gadgadaṁ bhīta-bhītaḥ praṇamya

sañjayaḥ uvāca — Sañjaya riekol; *etat* — tak; *śrutvā* — vypočul; *vacanam* — reč; *keśavasya* — Kṛṣṇu; *kṛta-añjaliḥ* — so zopnutými rukami; *vepamānaḥ* — trasúci sa; *kirītī* — Arjuna; *namaskṛtvā* — klaňal sa; *bhūyaḥ* — znovu; *eva* — tiež; *āha* — riekol; *kṛṣṇam* — Kṛṣṇovi; *sa-gadgadam* — s chvejúcim sa hlasom; *bhīta-bhītaḥ* — s bázňou; *praṇamya* — vzdávajúc úctu.

Sañjaya riekol Dhṛtarāṣṭrovi: Ó, kráľ, keď si trasúci sa Arjuna vypočul tieto slová Najvyššej Božskej Osobnosti, opätovne sa klaňal so zopnutými rukami. S chvejúcim sa hlasom k Pánovi Kṛṣṇovi prehovoril.

VÝZNAM: Už sme vysvetlili, že pri uzretí vesmírnej podoby Najvyššej Božskej Osobnosti bol Arjuna zmätený, a tak sa Kṛṣṇovi znovu klaňal a s rozochveným hlasom sa začal modliť, nie ako priateľ, ale ako užasnutý oddaný.

VERŠ 36

अर्जुन उवाच
स्थाने हृषीकेश तव प्रकीर्त्या
जगत्प्रहृष्यत्यनुरज्यते च ।
रक्षांसि भीतानि दिशो द्रवन्ति
सर्वे नमस्यन्ति च सिद्धसङ्घाः ॥ ३६ ॥

arjuna uvāca
sthāne hṛṣīkeśa tava prakīrtyā
jagat prahṛṣyaty anurajyate ca
rakṣāṁsi bhītāni diśo dravanti
sarve namasyanti ca siddha-saṅghāḥ

arjunaḥ uvāca — Arjuna riekol; *sthāne* — správne; *hṛṣīka-īśa* — ó, Pane všetkých zmyslov; *tava* — Tvoja; *prakīrtyā* — sláva; *jagat* — celý svet; *prahṛṣyati* — teší sa; *anurajyate* — začína byť pútaný; *ca* — a; *rakṣāṁsi* — démoni; *bhītāni* — zo strachu; *diśaḥ* — smery; *dravanti* — utekajú; *sarve* — všetky; *namasyanti* — preukazujú úctu; *ca* — a; *siddha-saṅghāḥ* — dokonalé bytosti.

Arjuna riekol: Ó, Pane všetkých zmyslov, svet sa naplní radosťou, keď začuje Tvoje meno, a tak k Tebe každý začne byť pútaný. Dokonalé bytosti Ti prejavujú úctu, zatiaľ čo démoni sa zo strachu pred Tebou rozpŕchnu na všetky strany. Všetko je ako má byť.

VÝZNAM: Arjuna sa stal osvieteným človekom, keď mu Kṛṣṇa prezradil ako sa boj na Kuruovskom poli skončí, a ako veľký oddaný a priateľ Najvyššej Božskej Osobnosti uznal, že všetky Kṛṣṇove činnosti sú dokonalé. Arjuna potvrdil, že Kṛṣṇa je udržovateľom a predmetom uctievania oddaných, a že je ničiteľom všetkého nežiadúceho. Jeho činy prinášajú dobro všetkým. Arjuna pochopil, že bitka na Kurukṣetre sa udiala pred zrakom mnohých polobohov, *siddhov* a iných inteligentných bytostí z vyšších planét, pretože sa jej osobne zúčastnil Kṛṣṇa. Keď Arjuna pozoroval Kṛṣṇovu vesmírnu podobu, polobohovia sa z nej radovali, zatiaľ čo démoni a ateisti nemohli velebenie Pána strpieť. Rozpŕchli sa na všetky strany, pretože mali prirodzený strach z Kṛṣṇovej pustošivej podoby. Arjuna velebil spôsob, akým Kṛṣṇa jedná so Svojimi oddanými a s ateistami. Oddaní velebia Pána za každých okolností, pretože vedia, že čokoľvek Boh vykoná, je pre dobro všetkých.

VERŠ 37

कस्माच्च ते न नमेरन्महात्मन्
गरीयसे ब्रह्मणोऽप्यादिकर्त्रे ।
अनन्त देवेश जगन्निवास
त्वमक्षरं सदसत्तत्परं यत् ॥ ३७ ॥

kasmāc ca te na nameran mahātman
garīyase brahmaṇo 'py ādi-kartre
ananta deveśa jagan-nivāsa
tvam akṣaraṁ sad-asat tat paraṁ yat

kasmāt — prečo; *ca* — tiež; *te* — k Tebe; *na* — nie; *nameran* — mali by preukazovať; *mahā-ātman* — ó, Všemocný; *garīyase* — ktorí sú lepší; *brahmaṇaḥ* — než Brahmā; *api* — čokoľvek; *ādi-kartre* — najvyšší stvoriteľ; *ananta* — ó, neobmedzený; *deva-īśa* — ó, Bože bohov; *jagat-nivāsa* — ó, útočisko vesmíru; *tvam* — si; *akṣaram* — nezanikajúci; *sat-asat* — príčina a následok; *tat param* — transcendentálny; *yat* — pretože.

Ó, Všemocný, ktorý prevyšuješ i Brahmu, si pôvodný stvoriteľ. Niet dôvodu, prečo by Ťa neuctievali. Ó, neobmedzený, Bože bohov, útočisko vesmíru! Si neporušiteľný zdroj, príčinnou všetkých príčin, transcendentálny voči tomuto hmotnému stvoreniu.

VÝZNAM: Týmto preukazovaním úcty Arjuna naznačuje, že Kṛṣṇu by mali uctievať všetci. Je všadeprítomný a je Dušou všetkých duší. Arjuna oslovil Kṛṣṇu *mahātmā*, čo znamená „najušľachtilejší a nekonečný". *Ananta* značí, že nejestvuje nič, čo by nespadalo pod vplyv energií Najvyššieho Pána. Slovo *deveśa* značí, že prevyšuje a ovláda všetkých polobohov. Je útočiskom vesmíru. Arjuna tiež uvažoval, že je správne, aby všetky dokonalé živé bytosti a mocní polobohovia preukazovali Kṛṣṇovi hlbokú úctu, pretože nik nie je mocnejší ako On. Upozornil najmä na to, že Kṛṣṇa prevyšuje aj Brahmu, pretože ho stvoril. Brahmā sa narodil z lotosového kvetu, ktorý vyrastá z pupku Garbhodakaśāyī Viṣṇua. Garbhodakaśāyī Viṣṇu je Kṛṣṇovou plnou expanziou, a preto musia ako Brahmā, tak i Śiva zrodený z Brahmu, ako aj všetci polobohovia, pokorne uctievať Kṛṣṇu. V *Śrīmad-Bhāgavatame* sa uvádza, že Śiva, Brahmā a ostatní polobohovia uctievajú Najvyššieho Pána. Slovo *akṣaram* je veľmi dôležité, pretože tento hmotný svet je podmienený zániku, ale Pán stojí nad ním. Je príčina všetkých príčin, a ako taký je v nadriadenom postavení voči všetkým podmieneným dušiam v hmotnej prírode i voči samotnému hmotnému vesmírnemu prejavu. Je teda zvrchovaný.

VERŠ 38

त्वमादिदेवः पुरुषः पुराण-
स्त्वमस्य विश्वस्य परं निधानम् ।
वेत्तासि वेद्यं च परं च धाम
त्वया ततं विश्वमनन्तरूप ॥ ३८ ॥

tvam ādi-devaḥ puruṣaḥ purāṇas
tvam asya viśvasya paraṁ nidhānam
vettāsi vedyaṁ ca paraṁ ca dhāma
tvayā tataṁ viśvam ananta-rūpa

tvam — Ty; *ādi-devaḥ* — pôvodný Najvyšší Boh; *puruṣaḥ* — osobnosť; *purāṇaḥ* — starý; *tvam* — Ty; *asya* — to; *viśvasya* — vesmír; *param* — transcendentálny; *nidhānam* — útočisko; *vettā* — znalec; *asi* — Ty si; *vedyam* — poznateľné; *ca* — a; *param* — transcendentálny; *ca* — a; *dhāma* — útočisko; *tvayā* — Tebou; *tatam* — prestúpený; *viśvam* — vesmír; *ananta-rūpa* — ó, nekonečná podoba.

Si pôvodná Božská Osobnosť, Si najstarší, zvrchované miesto spočinutia tohoto vesmírneho stvorenia. Si znalcom všetkého a si všetkým, čo je možné poznať. Si najvyšším útočiskom nad hmotnými

kvalitami. Ó, nekonečná podoba! Celé toto vesmírne stvorenie je prestúpené Tebou.

VÝZNAM: Všetko spočíva v Najvyššej Božskej Osobnosti, a preto je Boh konečným útočiskom. *Nidhānam* znamená, že všetko, dokonca aj neosobná žiara Brahmanu, má svoj pôvod v Kṛṣṇovi, Najvyššej Božskej Osobnosti. Kṛṣṇa vie o všetkom, čo sa deje v tomto svete, a ak môže mať poznanie nejaký koniec, je ním On. Je koncom všetkého poznania. Preto je tým, čo je známe, i tým, čo je možné poznať. Je predmetom poznania, pretože je všeprestupujúci. A keďže je príčinou duchovného sveta, je transcendentálny. Je Najvyššou Osobnosťou transcendentálneho sveta.

VERŠ 39

वायुर्यमोऽग्निर्वरुणः शशाङ्कः
प्रजापतिस्त्वं प्रपितामहश्च ।
नमो नमस्तेऽस्तु सहस्रकृत्वः
पुनश्च भूयोऽपि नमो नमस्ते ॥ ३९ ॥

vāyur yamo 'gnir varuṇaḥ śaśāṅkaḥ
prajāpatis tvaṁ prapitāmahaś ca
namo namas te 'stu sahasra-kṛtvaḥ
punaś ca bhūyo 'pi namo namas te

vāyuḥ — vzduch; *yamaḥ* — vládca; *agniḥ* — oheň; *varuṇaḥ* — voda; *śaśa-aṅkaḥ* — Mesiac; *prajāpatiḥ* — Brahmā; *tvam* — Ty; *prapitāmahaḥ* — praotec; *ca* — a; *namaḥ* — moju úctu; *namaḥ* — znovu preukazujem úctu; *te* — Tebe; *astu* — nech; *sahasra-kṛtvaḥ* — tisíckrát; *punaḥ ca* — a znovu; *bhūyaḥ* — opäť; *api* — tiež; *namaḥ* — vzdávam svoju úctu; *namaḥ te* — vzdávam Ti svoju úctu.

Si vzduch a zvrchovaný vládca! Si oheň, voda a si Mesiac! Si Brahmā, prvá živá bytosť, a si praotec všetkých tvorov. Preto sa Ti znovu a znovu tisíckrát úctivo klaniam!

VÝZNAM: Na Kṛṣṇu je tu poukazované ako na vzduch, pretože všadeprítomný vzduch je najdôležitejším zastúpením všetkých polobohov. Arjuna tiež nazýva Kṛṣṇu pradedom, pretože Kṛṣṇa je otcom Brahmu, prvej živej bytosti vo vesmíre.

VERŠ 40

नमः पुरस्तादथ पृष्ठतस्ते
नमोऽस्तु ते सर्वत एव सर्व ।
अनन्तवीर्यामितविक्रमस्त्वं
सर्वं समाप्नोषि ततोऽसि सर्वः ॥ ४० ॥

namaḥ purastād atha pṛṣṭhatas te
namo 'stu te sarvata eva sarva
ananta-vīryāmita-vikramas tvaṁ
sarvaṁ samāpnoṣi tato 'si sarvaḥ

namaḥ — klaniam sa; *purastāt* — spredu; *atha* — i; *pṛṣṭhataḥ* — zozadu; *te* — Tebe; *namaḥ astu* — vzdávam svoju úctu; *te* — Tebe; *sarvataḥ* — zo všetkých strán; *eva* — vskutku; *sarva* — pretože si všetkým; *ananta-vīrya* — nekonečná moc; *amita-vikramaḥ* — a nekonečná energia; *tvam* — Ty; *sarvam* — všetko; *samāpnoṣi* — pokrývaš; *tataḥ* — preto; *asi* — si; *sarvaḥ* — všetko.

Klaniam sa Ti spredu, zozadu a zo všetkých strán! Ó, bezmedzná moc, si Pánom všetkých nekonečných síl. Si všeprenikajúci, a preto si všetkým.

VÝZNAM: V láskyplnej extáze vo vzťahu ku Kṛṣṇovi sa Arjuna, Jeho priateľ, klania Kṛṣṇovi zo všetkých strán. Prijíma Kṛṣṇu ako Pána všetkých síl, stojaceho vysoko nad všetkými mocnými bojovníkmi zhromaždenými na bojisku. Vo *Viṣṇu Purāṇe* (1.9.69) sa píše:

yo 'yaṁ tavāgato deva samīpaṁ devatā-gaṇaḥ
sa tvam eva jagat-sraṣṭā yataḥ sarva-gato bhavān

„Každý, kto pred Teba predstúpi, hoci aj poloboh, je Tvojím výtvorom, ó, Najvyššia Božská Osobnosť".

VERŠ 41-42

सखेति मत्वा प्रसभं यदुक्तं
हे कृष्ण हे यादव हे सखेति ।
अजानता महिमानं तवेदं
मया प्रमादात्प्रणयेन वापि ॥ ४१ ॥
यच्चावहासार्थमसत्कृतोऽसि
विहारशय्यासनभोजनेषु ।
एकोऽथवाप्यच्युत तत्समक्षं
तत्क्षामये त्वामहमप्रमेयम् ॥ ४२ ॥

sakheti matvā prasabhaṁ yad uktaṁ
he kṛṣṇa he yādava he sakheti
ajānatā mahimānaṁ tavedaṁ
mayā pramādāt praṇayena vāpi

yac cāvahāsārtham asat-kṛto 'si
vihāra-śayyāsana-bhojaneṣu
eko 'tha vāpy acyuta tat-samakṣaṁ
tat kṣāmaye tvām aham aprameyam

sakhā — priateľ; *iti* — tak; *matvā* — mysliaci; *prasabham* — trúfalo; *yat* — čokoľvek; *uktam* — riekol; *he kṛṣṇa* — ó, Kṛṣṇa; *he yādava* — ó, Yādava; *he sakhe* — ó, drahý priateľ; *iti* — tak; *ajānatā* — nevdojak; *mahimānam* — nádhera; *tava* — Tvoja; *idam* — to; *mayā* — mnou; *pramādāt* — z hlúposti; *praṇayena* — z lásky; *vā api* — buď; *yat* — čokoľvek; *ca* — tiež; *avahāsa-artham* — ako žart; *asat-kṛtaḥ* — potupa; *asi* — bol si; *vihāra* — zábava; *śayyā* — ležiac; *āsana* — sediac; *bhojaneṣu* — za jedným stolom; *ekaḥ* — sám; *atha vā* — alebo; *api* — tiež; *acyuta* — ó, neomylný; *tat-samakṣam* — v spoločnosti; *tat* — všetky tieto; *kṣāmaye* — prepáč; *tvām* — Ty; *aham* — ja; *aprameyam* — bezmedzný.

Považoval som Ťa za svojho priateľa, zavše som Ťa ľahkovážne oslovil „ó, Kṛṣṇa", „ó, Yādava", „môj priateľ", nepoznajúc Tvoju skutočnú slávu. Prosím, odpusť mi všetko, čoho som sa voči Tebe dopustil

z hlúposti alebo z lásky. Zavše som bol k Tebe nezdvorilý, keď sme spolu žartovali počas odpočinku, keď sme ležali na jednej posteli, sedeli či jedli, či už osamote alebo v spoločnosti priateľov. Odpusť mi, prosím, všetky moje priestupky, ó, neomylný.

VÝZNAM: Aj keď sa Kṛṣṇa pred Arjunom zjavil vo Svojej vesmírnej podobe, Arjuna si pamätal na svoj priateľský vzťah k Nemu a prosil Ho, aby mu odpustil všetky nezdvorilosti. Arjuna uznal svoju nevedomosť, nakoľko neveril, že by Kṛṣṇa mohol nadobudnúť takú gigantickú vesmírnu podobu, hoci mu už Kṛṣṇa ako Svojmu priateľovi jasne povedal, kto je. Arjuna nevedel, koľkokrát ponížil Kṛṣṇu, keď Ho nevdojak oslovil slovami „ó, môj priateľ", „ó, Kṛṣṇa", „ó, Yādava" a podobne, nepoznajúc Jeho božskú vznešenosť. Kṛṣṇa je však taký láskavý a zhovievavý, že navzdory Svojej zvrchovanosti mal k Arjunovi priateľský vzťah. Taký je vzájomný transcendentálny láskyplný vzťah medzi Kṛṣṇom a Jeho oddaným. Tento vzťah medzi živou bytosťou a Kṛṣṇom je večný a nemožno naň zabudnúť. To môžeme vidieť na Arjunovom postoji. Hoci zakúsil vznešenosť vesmírnej podoby, nemohol zabudnúť na svoj priateľský vzťah ku Kṛṣṇovi.

VERŠ 43

पितासि लोकस्य चराचरस्य
त्वमस्य पूज्यश्च गुरुर्गरीयान् ।
न त्वत्समोऽस्त्यभ्यधिकः कुतोऽन्यो
लोकत्रयेऽप्यप्रतिमप्रभाव ॥ ४३ ॥

pitāsi lokasya carācarasya
tvam asya pūjyaś ca gurur garīyān
na tvat-samo 'sty abhyadhikaḥ kuto 'nyo
loka-traye 'py apratima-prabhāva

pitā — otec; *asi* — si; *lokasya* — celého sveta; *cara* — pohyblivého; *acarasya* — nehybného; *tvam* — si; *asya* — z toho; *pūjyaḥ* — hodný úcty; *ca* — a; *guruḥ* — učiteľ; *garīyān* — slávny; *na* — nikdy; *tvat-samaḥ* — roven Tebe; *asti* — je; *abhyadhikaḥ* — väčší; *kutaḥ* — ako je možné; *anyaḥ* — iní;

loka-traye — v troch planetárnych sústavách; *api* — tiež; *apratima-prabhāva* — nezmerateľná moc.

Si otcom celého vesmírneho stvorenia, pohyblivého i nehybného. Si jeho úctyhodným Pánom a najväčším duchovným učiteľom. Nikto sa Ti nevyrovná a nik nemôže byť ako Ty. Ako by Ťa potom niekto v týchto troch svetoch mohol prekonať, ó, Pane s nesmiernou mocou?

VÝZNAM: Śrī Kṛṣṇa, Najvyššia Božská Osobnosť, je hodný toho, aby Ho uctievali všetky živé bytosti, tak ako je otec hodný úcty svojich synov. Kṛṣṇa je prvotným duchovným učiteľom, pretože pôvodne odovzdal *vedske* poznanie Brahmovi a teraz zvestuje múdrosť *Bhagavad-gīty* Arjunovi. V súčasnosti musí byť každý pravý duchovný učiteľ článkom duchovnej postupnosti, pochádzajúcej od Kṛṣṇu. Ak človek nie je Kṛṣṇovym predstaviteľom, nemôže byť učiteľom a duchovným majstrom v transcendentálnych záležitostiach.

Najvyšší Pán je velebený mnohorakými spôsobmi. Jeho veľkosť je nezmerateľná. Nikto nemôže byť väčší než Najvyššia Božská Osobnosť, Kṛṣṇa, lebo nik v celom vesmíre, či už v hmotnom alebo duchovnom, Mu nie je roven, ani Ho neprevyšuje. Všetci sú Mu podriadení a nik sa Mu nevyrovná. To je potvrdené vo *Śvetāśvatara Upaniṣade* (6.8):

na tasya kāryaṁ karaṇaṁ ca vidyate
na tat-samaś cābhyadhikaś ca dṛśyate

Śrī Kṛṣṇa má zmysly a telo ako obyčajný človek, no medzi Jeho zmyslami, Jeho mysľou a Ním samotným niet rozdielu. Hlupáci, ktorí nemajú dokonalé poznanie, hovoria, že Kṛṣṇa sa líši od Svojej duše, mysle, srdca atď. Kṛṣṇa je absolútny, a preto sú Jeho činnosti a možnosti rovnako absolútne ako On sám. Aj keď nemá zmysly ako my, môže vykonávať všetky zmyslové aktivity. To znamená, že Jeho zmysly nie sú nedokonalé alebo obmedzené. Nik nemôže byť väčší než Kṛṣṇa, nik Mu nemôže byť roven a všetci sú Mu podriadení.

Všetky činnosti, vedomosti a moc Najvyššej Božskej Osobnosti sú transcendentálne. V *Bhagavad-gīte* (4.9) sa píše:

janma karma ca me divyam evaṁ yo vetti tattvataḥ
tyaktvā dehaṁ punar janma naiti mām eti so 'rjuna

Každý, kto má poznanie o Kṛṣṇovom transcendentálnom tele, Jeho činnostiach a dokonalosti, sa po opustení tela navráti k Nemu a nikdy viac sa nevráti do tohoto strastiplného sveta. Preto by sme mali pamätať na to, že Kṛṣṇove činnosti sú celkom iné než činnosti ostatných. Najlepšie je riadiť sa Kṛṣṇovými pokynmi, ktoré nás privedú k dokonalosti. Je tu tiež potvrdené, že nejestvuje nikto, kto by bol pánom Kṛṣṇu, všetci sú Jeho služobníkmi. V *Caitanya-caritāmṛte* (*Ādi* 5.142) sa uvádza: *ekale īśvara kṛṣṇa, āra saba bhṛtya.* Iba Kṛṣṇa je Boh a všetci ostatní sú Jeho služobníkmi, všetci poslúchajú Jeho pokyny, nik sa nemôže protiviť Jeho vôli. Každý musí konať podľa Jeho pokynov, pretože každý je pod Jeho dohľadom. V *Brahma-saṁhite* sa píše, že Kṛṣṇa je príčinou všetkých príčin.

VERŠ 44

तस्मात्प्रणम्य प्रणिधाय कायं
प्रसादये त्वामहमीशमीड्यम् ।
पितेव पुत्रस्य सखेव सख्युः
प्रियः प्रियायार्हसि देव सोढुम् ॥ ४४ ॥

tasmāt praṇamya praṇidhāya kāyaṁ
prasādaye tvām aham īśam īḍyam
piteva putrasya sakheva sakhyuḥ
priyaḥ priyāyārhasi deva soḍhum

tasmāt — preto; *praṇamya* — prejavy úcty; *praṇidhāya* — padajúc; *kāyam* — telo; *prasādaye* — prosiť o milosť; *tvām* — Tebe; *aham* — ja; *īśam* — Najvyššieho Pána; *īḍyam* — hodný úcty; *pitā iva* — ako otec; *putrasya* — so synom; *sakhā iva* — ako priateľ; *sakhyuḥ* — s priateľom; *priyaḥ* — milý; *priyāyāḥ* — s milým; *arhasi* — mal by si; *deva* — môj Pane; *soḍhum* — zhovievavý.

Si Najvyšší Pán, ktorého má každá živá bytosť uctievať. Padám pred Tebou na zem, aby som Ti vyjadril svoju hlbokú úctu a požiadal Ťa o milosť. Prosím, odpusť mi všetko, čoho som sa voči Tebe dopustil

a buď ku mne zhovievavý, tak ako je zhovievavý otec k nehanebnému synovi, priateľ k bezočivosti priateľa, či žena k dôvernosti svojho muža.

VÝZNAM: Oddaní majú ku Kṛṣṇovi rôzne vzťahy, niekto s Ním jedná ako so svojím synom, iný sa k Nemu chová ako k svojmu manželovi, priateľovi alebo pánovi. Vzťah medzi Kṛṣṇom a Arjunom je priateľský. Tak ako býva zhovievavý otec, manžel alebo pán, tak je zhovievavý aj Kṛṣṇa.

VERŠ 45

अदृष्टपूर्वं हृषितोऽस्मि दृष्ट्वा
भयेन च प्रव्यथितं मनो मे ।
तदेव मे दर्शय देव रूपं
प्रसीद देवेश जगन्निवास ॥ ४५ ॥

adṛṣṭa-pūrvaṁ hṛṣito 'smi dṛṣṭvā
bhayena ca pravyathitaṁ mano me
tad eva me darśaya deva rūpaṁ
prasīda deveśa jagan-nivāsa

adṛṣṭa-pūrvam — nikto predtým nevidel; *hṛṣitaḥ* — potešený; *asmi* — som; *dṛṣṭvā* — vidieť; *bhayena* — z bázne; *ca* — tiež; *pravyathitam* — rozrušený; *manaḥ* — myseľ; *me* — moja; *tat* — preto; *eva* — určite; *me* — mne; *darśaya* — ukázať; *deva* — ó, Pane; *rūpam* — podoba; *prasīda* — zľutuj sa; *deva-īśa* — ó, Pane pánov; *jagat-nivāsa* — útočisko vesmíru.

Pociťujem radosť pri pohľade na túto vesmírnu podobu, ktorú som nikdy predtým nevidel, no moja myseľ sa chveje bázňou. Preto Ťa prosím, zľutuj sa nado mnou a ukáž sa mi znovu vo Svojej podobe ako Najvyššia Božská Osobnosť, ó, Pane pánov, ó, útočisko vesmíru.

VÝZNAM: Arjuna vždy dôveruje Kṛṣṇovi, pretože Kṛṣṇa je jeho dobrý priateľ. Tak ako sa niekto raduje z bohatstva svojho priateľa, tak sa Arjuna radoval, že jeho priateľ Kṛṣṇa je Najvyššia Božská Osobnosť a že môže vyjaviť takú úžasnú vesmírnu podobu. Len čo ju však uzrel, dostal strach, že sa zo svojho vrúcneho priateľstva dopustil voči Kṛṣṇovi mnohých priestupkov. Jeho myseľ bola teda rozrušená strachom, hoci sa nemal čoho obávať. Preto Arjuna prosí Kṛṣṇu, aby opäť prijal podobu Nārāyaṇa, pretože Kṛṣṇa sa môže zjaviť v akejkoľvek podobe. Vesmírna podoba je hmotná a dočasná, práve tak ako hmotný svet. Avšak na duchovných planétach, Vaikuṇṭhách, má Kṛṣṇa transcendentálne telo so štyrmi rukami a nazýva sa Nārāyaṇa. V duchovnom svete je nekonečné množstvo planét a na každej planéte je Kṛṣṇa prítomný prostredníctvom Svojich duchovným podôb, ktoré majú rozličné mená. Arjuna si želá vidieť jednu z nich. Na každej duchovnej planéte sídli štvorruký Nārāyaṇa a v každej ruke drží jeden symbol — lastúru, lotosový kvet, disk a kyj. Podľa toho, aký symbol v ktorej ruke drží, majú podoby Najvyššieho Pána rôzne mená. Všetky tieto podoby sú totožné s Kṛṣṇom, a preto sa Arjuna modlil, aby mohol uzrieť jeho štvorrukú podobu.

VERŠ 46

किरीटिनं गदिनं चक्रहस्त-
मिच्छामि त्वां द्रष्टुमहं तथैव ।
तेनैव रूपेण चतुर्भुजेन
सहस्रबाहो भव विश्वमूर्ते ॥ ४६ ॥

kirīṭinaṁ gadinaṁ cakra-hastam
icchāmi tvāṁ draṣṭum ahaṁ tathaiva
tenaiva rūpeṇa catur-bhujena
sahasra-bāho bhava viśva-mūrte

kirīṭinam — s helmicou; *gadinam* — s kyjom; *cakra-hastam* — s diskom v ruke; *icchāmi* — želám si; *tvām* — Teba; *draṣṭum* — uzrieť; *aham* — ja; *tathā eva* — v tomto postavení; *tena eva* — týmto; *rūpeṇa* — podoba; *catuḥ-bhujena* — štvorruká; *sahasra-bāho* — ó, tisícruký; *bhava* — staň sa; *viśva-mūrte* — ó, vesmírna podoba.

Ó, vesmírna podoba, ó, tisícruký Pane, zjav sa mi, prosím, s korunou na hlave, s kyjom, diskom, lastúrou a lotosovým kvetom vo Svojich rukách. Túžim uzrieť túto Tvoju štvorrukú podobu.

VÝZNAM: V *Brahma-saṁhite* (5.39) sa uvádza: *rāmādi-mūrtiṣu kalā-niyamena tiṣṭhan.* Boh má státisíce večných podôb, z ktorých najvýznamnejšie sú Rāma, Nṛsiṁha a Nārāyaṇa. Existuje nekonečné množstvo týchto podôb, no Arjuna vedel, že Kṛṣṇa je Najvyššia Božská Osobnosť a že na Seba prijal dočasnú vesmírnu podobu. Želá si teraz uzrieť Kṛṣṇu v Jeho duchovnej podobe Nārāyaṇa. Tento verš nesporne potvrdzuje výpoveď zo *Śrīmad-Bhāgavatamu*, že Kṛṣṇa je pôvodná Božská Osobnosť a že všetky ostatné podoby pochádzajú z Neho. Od Svojich úplných expanzií sa nelíši a zostáva Najvyšším Pánom vo všetkých Svojich podobách. Vo všetkých týchto podobách je večným mladíkom. To je večná nemenná vlastnosť Najvyššej Božskej Osobnosti. Kto pozná Kṛṣṇu, ten sa ihneď zbaví všetkých nečistôt hmotného sveta.

VERŠ 47

श्रीभगवानुवाच
मया प्रसन्नेन तवार्जुनेदं
रूपं परं दर्शितमात्मयोगात् ।
तेजोमयं विश्वमनन्तमाद्यं
यन्मे त्वदन्येन न दृष्टपूर्वम् ॥ ४७ ॥

śrī-bhagavān uvāca
mayā prasannena tavārjunedaṁ
rūpaṁ paraṁ darśitam ātma-yogāt
tejo-mayaṁ viśvam anantam ādyaṁ
yan me tvad anyena na dṛṣṭa-pūrvam

śrī-bhagavān uvāca — Kṛṣṇa, Najvyššia Božská Osobnosť, riekol; *mayā* — Mnou; *prasannena* — z milosti; *tava* — tebe; *arjuna* — Arjuna; *idam* — túto; *rūpam* — podobu; *param* — transcendentálny; *darśitam* — ukázal; *ātma-yogāt* — Mojou vnútornou silou; *tejaḥ-mayam* — žiarivý; *viśvam* — celý vesmír; *anantam* — nekonečný; *ādyam* — pôvodný; *yat* — to, čo; *me* — Moja; *tvat anyena* — okrem teba; *na dṛṣṭa-pūrvam* — nikto predtým nevidel.

Kṛṣṇa, Najvyššia Božská Osobnosť, riekol: Môj milý Arjuna, s radosťou som ti Svojou vnútornou energiou zjavil najvyššiu vesmírnu

podobu v hmotnom svete, prvotnú, neobmedzenú a žiarivú, ktorú okrem teba nikto pred tebou nevidel.

VÝZNAM: Arjuna si želal uzrieť vesmírnu podobu Najvyššieho Pána a tak Pán Kṛṣṇa zo Svojej milosti k Arjunovi, Svojmu oddanému, zjavil Svoju vesmírnu podobu plnú božského jasu a majestátu. Táto podoba žiarila ako Slnko a jej tváre sa rýchlo menili. Vymykala sa ľudskému chápaniu a Kṛṣṇa ju zjavil preto, aby splnil želanie Svojmu priateľovi Arjunovi. Učinil tak pomocou Svojej vnútornej energie. Nikto predtým Kṛṣṇovu vesmírnu podobu neuzrel, no len čo bola zjavená Arjunovi, mohli ju odrazu vidieť aj ostatní oddaní na nebeských a iných planétach v okolitom vesmíre. Vesmírnu podobu ešte nikdy predtým nevideli, ale teraz im to bolo umožnené vďaka Arjunovi. Inými slovami, teraz mohli všetci oddaní vidieť vesmírnu podobu, ktorú Kṛṣṇa milostivo zjavil Arjunovi. Niektorí ľudia hovoria, že Kṛṣṇa túto podobu ukázal i Duryodhanovi, keď k nemu prišiel, aby uzavrel mier. Aj keď Duryodhana mierovú ponuku neprijal, Kṛṣṇa mu ukázal niektoré zo Svojich vesmírnych podôb. Tieto podoby sa však líšia od tej, ktorú ukázal Arjunovi. V tomto verši sa jasne hovorí, že túto podobu dovtedy nikto nikdy neuzrel.

VERŠ 48

न वेदयज्ञाध्ययनैर्न दानै-
र्न च क्रियाभिर्न तपोभिरुग्रैः ।
एवंरूपः शक्य अहं नृलोके
द्रष्टुं त्वदन्येन कुरुप्रवीर ॥ ४८ ॥

na veda-yajñādhyayanair na dānair
na ca kriyābhir na tapobhir ugraiḥ
evaṁ-rūpaḥ śakya ahaṁ nṛ-loke
draṣṭuṁ tvad anyena kuru-pravīra

na — nikdy; *veda-yajña* — obetí; *adhyayanaiḥ* — alebo štúdiom *Ved*; *na* — nie; *dānaiḥ* — dobročinností; *na* — nikdy; *ca* — tiež; *kriyābhiḥ* — zbožnými skutkami; *na* — nikdy; *tapobhiḥ* — tvrdým pokáním; *ugraiḥ* — prísnym; *evam-rūpaḥ* — v tejto podobe; *śakyaḥ* — môžu; *aham* — Ja; *nṛ-*

-loke — v hmotnom svete; *draṣṭum* — byť videný; *tvat* — než ty; *anyena* — iným; *kuru-pravīra* — ó, najlepší z Kuruovských bojovníkov.

Ó, najlepší z Kuruovských bojovníkov, pred tebou túto Moju vesmírnu podobu ešte nikto nikdy neuzrel. V hmotnom svete ju nikto nemôže uzrieť štúdiom Ved, dobročinnosťou, vykonávaním obetí, zbožných skutkov ani pokáním.

VÝZNAM: Musíme si uvedomiť, čo sa v tejto súvislosti myslí slovami božský zrak. Kto ho môže mať? Božský znamená patriaci Bohu. Kým človek nedosiahol božskosť poloboha, nemôže získať božský zrak. A kto je poloboh? Vo *Vedach* sa píše, že polobohovia sú oddaní Pána Viṣṇua (*viṣṇu-bhaktāḥ smṛtā devāḥ*). Ateisti alebo tí, ktorí vo Viṣṇua neveria a tvrdia, že iba neosobný aspekt Kṛṣṇu je tým Najvyšším, nemôžu získať božský zrak. Nie je možné znevažovať Kṛṣṇu a zároveň mať božský zrak. Božský zrak možno získať iba oddanosťou. Inými slovami, tí, ktorí majú božský zrak, môžu vidieť všetko ako Arjuna.

V *Bhagavad-gīte* je popis vesmírnej podoby, ktorú pred Arjunom ešte nikto nikdy neuzrel. Skúsme si teraz predstaviť, ako asi *viśva-rūpa* vyzerala. Tí, ktorí majú vskutku božské vlastnosti môžu Kṛṣṇovu vesmírnu podobu uzrieť. Nikto však nemôže mať božské vlastnosti ak nie je čistým oddaným Kṛṣṇu. Napriek tomu oddaní s božskou povahou a božským zrakom nemajú veľký záujem o zhliadnutie Kṛṣṇovej vesmírnej podoby. V predchádzajúcom verši sa píše, že Arjuna túžil, aby sa Kṛṣṇa zjavil vo Svojej štvorrukej podobe ako Viṣṇu, a že z vesmírnej podoby mal v skutočnosti strach.

V tomto verši je niekoľko dôležitých slov, ako napríklad *veda-yajñādhyayanaiḥ*, poukazujúcich na štúdium *Ved* a obetné pravidlá. Pod slovom *veda* sa rozumie akákoľvek *vedska* literatúra — štyri *Vedy* (*Ṛg*, *Yajur*, *Sāma* a *Atharva*), osemnásť *Purāṇ*, *Upaniṣady* a *Vedānta-sūtra*. Všetky môžeme študovať, buď doma alebo kdekoľvek inde. Podobne sú *sūtry* — *Kalpa-sūtry* a *Mīmāṁsa-sūtry* — určené na štúdium obetných metód. Slovo *dānaiḥ* znamená „dary, ktoré sú darované vhodným osobám", napríklad *brāhmaṇom* a *vaiṣṇavom* zapojeným do oddanej služby Pánovi. Zbožné činnosti poukazujú na obeť *agni-hotra* a na predpísané povinnosti pre rôzne kasty. A dobrovolné prijatie telesného pokánia sa nazýva *tapasya*. Niekto dokáže robiť všetko — činiť pokánie, dávať milodary, študovať *Vedy* atď. — no pokiaľ nie je oddaný ako Arjuna, nie je preňho možné uzrieť túto vesmírnu podobu. Impersonalisti sa tiež domnievajú že vidia vesmírnu podobu, no z *Bhagavad-gīty* jasne plynie, že nie sú oddaní a preto nemôžu uzrieť vesmírnu podobu Pána.

Mnohí ľudia sa snažia vymýšľať nové inkarnácie. Niekedy mylne považujú obyčajného človeka za inkarnáciu, ale to je holý nezmysel. Musíme nasledovať pokyny *Bhagavad-gīty*, aby sme mali možnosť dosiahnuť dokonalé duchovné poznanie. Aj keď je *Bhagavad-gītā* považovaná za prípravné štúdium vedy o Bohu, je dokonalá a prostredníctvom nej môžeme rozlíšiť, čo je čo. Stúpenci nejakej pseudoinkarnácie sa môžu domnievať, že videli transcendentálnu inkarnáciu Boha alebo vesmírnu podobu, no to je neprijateľné, lebo v tomto verši sa jasne hovorí, že nikto nemôže uzrieť vesmírnu podobu Boha, ak nie je oddaným Kṛṣṇu. Najprv sa teda človek musí stať čistým oddaným Kṛṣṇu; až potom môže tvrdiť, že to čo videl, bola vesmírna podoba. Kṛṣṇov oddaný neprijíma falošné inkarnácie, ani ich stúpencov.

VERŠ 49

मा ते व्यथा मा च विमूढभावो
दृष्ट्वा रूपं घोरमीदृङ्ममेदम् ।
व्यपेतभीः प्रीतमनाः पुनस्त्वं
तदेव मे रूपमिदं प्रपश्य ॥ ४९ ॥

mā te vyathā mā ca vimūḍha-bhāvo
dṛṣṭvā rūpaṁ ghoram īdṛṅ mamedam
vyapeta-bhīḥ prīta-manāḥ punas tvaṁ
tad eva me rūpam idaṁ prapaśya

mā—nech prestane; *te*—tebe; *vyathā*—úzkosť; *mā*—zanechaj; *ca*—tiež; *vimūḍha-bhāvaḥ*—zmätení; *dṛṣṭvā*—z pohľadu; *rūpam*—podobu; *ghoram*—desivá; *īdṛk*—aká je; *mama*—Moje; *idam*—táto; *vyapeta-bhīḥ*—zbavený všetkého strachu; *prīta-manāḥ*—buď veselej mysle; *punaḥ*—znovu; *tvam*—ty; *tat*—to; *eva*—tak; *me*—Moje; *rūpam*—podoba; *idam*—táto; *prapaśya*—pohľaď.

Nenechám ťa viac znepokojovať a rozrušovať sa pohľadom na túto Moju desivú podobu. Ó, môj oddaný, nedaj sa viac ničím zmiasť.

S pokojnou mysľou sa teraz môžeš pozrieť na podobu, po ktorej túžiš.

VÝZNAM: Na začiatku *Bhagavad-gīty* sa Arjuna obával, že bude musieť zabiť svojho úctyhodného praotca Bhīṣmu a učiteľa Droṇu. No Kṛṣṇa mu povedal, že sa nemusí báť zabiť svojho starého otca. Keď sa Dhṛtarāṣṭrovi synovia pokúsili obnažiť Draupadī na zhromaždení Kuruovcov, Bhīṣma ani Droṇa voči tomu nič nenamietali a za také zanedbanie povinnosti by mali byť zabití. Kṛṣṇa ukázal Arjunovi Svoju vesmírnu podobu len preto, aby ho uistil, že títo ľudia boli za svoje nezákonné konanie už dávno zabití. Ukázal mu túto scénu i z toho dôvodu, že oddaní sú vždy mierumilovní a nemôžu konať takým ohavným spôsobom. Keď teda vyšiel najavo zmysel prejavenia vesmírnej podoby, Arjuna si želal uzrieť štvorrukú podobu Pána a Kṛṣṇa mu vyhovel. Oddaný však nejaví nijaký zvláštny záujem o vesmírnu podobu, pretože na tejto úrovni nejestvuje láskyplná výmena citov. Oddaný si praje buď pokorne vzdávať úctu alebo túži uzrieť Kṛṣṇovu dvojrukú podobu, aby mohol s láskou slúžiť Najvyššej Božskej Osobnosti.

VERŠ 50

सञ्जय उवाच
इत्यर्जुनं वासुदेवस्तथोक्त्वा
स्वकं रूपं दर्शयामास भूयः ।
आश्वासयामास च भीतमेनं
भूत्वा पुनः सौम्यवपुर्महात्मा ॥ ५० ॥

sañjaya uvāca
ity arjunaṁ vāsudevas tathoktvā
svakaṁ rūpaṁ darśayām āsa bhūyaḥ
āśvāsayām āsa ca bhītam enaṁ
bhūtvā punaḥ saumya-vapur mahātmā

sañjayaḥ uvāca — Sañjaya riekol; *iti* — tak; *arjunam* — Arjunovi; *vāsudevaḥ* — Kṛṣṇa; *tathā* — týmto spôsobom; *uktvā* — hovoriac; *svakam* — Svoju vlastnú; *rūpam* — podobu; *darśayām āsa* — ukázal; *bhūyaḥ* — znovu; *āśvāsayām āsa* — povzbudil ho; *ca* — tiež; *bhītam* — zdesený; *enam* — jeho; *bhūtvā* — bude; *punaḥ* — opäť; *saumya-vapuḥ* — krásna podoba; *mahā-ātmā* — mocný.

Sañjaya riekol Dhṛtarāṣṭrovi: Keď Kṛṣṇa, Najvyššia Božská Osobnosť, takto prehovoril k Arjunovi, opäť prijal Svoju skutočnú štvorrukú podobu a aby uspokojil zmäteného Arjunu, ukázal sa mu nakoniec vo Svojej dvojrukej podobe.

VÝZNAM: Keď sa Kṛṣṇa zjavil ako syn Vasudevu a Devakī, zjavil sa najskôr ako štvorruký Nārāyaṇa. Na prosbu svojich rodičov sa neskôr premenil na obyčajné dieťa. Vedel, že Arjuna nijak obzvlášť netúži po uzretí Jeho štvorrukej podoby, no keďže ho o to žiadal, Kṛṣṇa mu ukázal aj túto Svoju podobu. Potom sa opäť zjavil vo Svojej dvojrukej podobe. Slová *saumya-vapuḥ* (veľmi krásna podoba) sú veľmi dôležité a myslí sa nimi najkrajšia zo všetkým podôb. Keď bol Kṛṣṇa prítomný tu na Zemi, všetci boli uchvátení Jeho prekrásnou podobou, a pretože Kṛṣṇa je vládca vesmíru, zahnal jednoducho strach Svojho oddaného, Arjunu a ukázal sa mu znovu vo Svojej krásnej podobe Kṛṣṇu. V *Brahma-saṁhite* (5.38) sa uvádza: *premāñjana-cchurita-bhakti-vilocanena*. Iba tí, ktorých oči sú potreté balzámom lásky, môžu uzrieť krásnu podobu Śrī Kṛṣṇu.

VERŠ 51

अर्जुन उवाच
दृष्ट्वेदं मानुषं रूपं तव सौम्यं जनार्दन ।
इदानीमस्मि संवृत्तः सचेताः प्रकृतिं गतः ॥ ५१ ॥

arjuna uvāca
dṛṣṭvedaṁ mānuṣaṁ rūpaṁ tava saumyaṁ janārdana
idānīm asmi saṁvṛttaḥ sa-cetāḥ prakṛtiṁ gataḥ

arjunaḥ uvāca — Arjuna riekol; *dṛṣṭvā* — keď vidím; *idam* — túto; *mānuṣam* — ľudskú; *rūpam* — podobu; *tava* — Tvoju; *saumyam* — veľmi krásnu; *janārdana* — ó, hubiteľ nepriateľov; *idānīm* — práve teraz; *asmi* —

som; *saṁvṛttaḥ* — uspokojený; *sa-cetāḥ* — v mojom vedomí; *prakṛtim* — do mojej vlastnej prirodzenosti; *gataḥ* — navrátený.

Keď Arjuna uzrel Kṛṣṇu v Jeho pôvodnej podobe riekol: Ó, Janārdana, pri pohľade na Tvoju prekrásnu akoby ľudskú podobu sa moja myseľ opäť upokojila a vraciam sa do svojej pôvodnej prirodzenosti.

VÝZNAM: Zo slov *mānuṣaṁ rūpam* je zrejmé, že Najvyššia Božská Osobnosť má pôvodne dve ruky. Ľudia, ktorí Kṛṣṇu hania tým, že Ho považujú za obyčajného človeka, si nie sú vedomí Jeho Božskej podstaty. Keby bol Kṛṣṇa obyčajný človek, ako by mohol ukázať Svoju vesmírnu podobu a hneď nato sa zjaviť v štvorrukej podobe Nārāyaṇa? V *Bhagavad-gīte* sa jasne hovorí, že ten, kto považuje Kṛṣṇu za obyčajného človeka a zvádza čitateľov tvrdením, že z Kṛṣṇu prehovára neosobný Brahman, sa dopúšťa najväčšej neprávosti. Kṛṣṇa neukázal iba Svoju vesmírnu podobu, ale aj štvorrukú podobu Viṣṇua. Ako Ho teda môže niekto považovať za obyčajného človeka? Čistý oddaný sa však nedá oklamať falošnými komentármi k *Bhagavad-gīte*, vie totiž ako sa veci majú. Pôvodné verše *Bhagavad-gīty* sú nad Slnko jasné a nepotrebujú výklady hlúpych komentátorov.

VERŠ 52

श्रीभगवानुवाच
सुदुर्दर्शमिदं रूपं दृष्टवानसि यन्मम ।
देवा अप्यस्य रूपस्य नित्यं दर्शनकाङ्क्षिणः ॥ ५२ ॥

śrī-bhagavān uvāca
su-durdarśam idaṁ rūpaṁ dṛṣṭavān asi yan mama
devā apy asya rūpasya nityaṁ darśana-kāṅkṣiṇaḥ

śrī-bhagavān uvāca — Kṛṣṇa, Najvyššia Božská Osobnosť, riekol; *su-durdarśam* — veľmi ťažké uzrieť; *idam* — túto; *rūpam* — podobu; *dṛṣṭavān asi* — ako vidíš; *yat* — ktorú; *mama* — Môj; *devāḥ* — polobohovia; *api* — tiež; *asya* — túto; *rūpasya* — podoba; *nityam* — večne; *darśana-kāṅkṣiṇaḥ* — túži uzrieť.

Kṛṣṇa, Najvyššia Božská Osobnosť, riekol: Môj drahý Arjuna, je veľmi ťažké uzrieť podobu, na ktorú sa práve pozeráš. Dokonca aj polobohovia neustále túžia uzrieť túto tak drahú podobu.

VÝZNAM: V štyridsiatom ôsmom verši tejto kapitoly hovorí Kṛṣṇa Arjunovi, že uzrieť Jeho vesmírnu podobu nie je možné dokonca ani po vykonaní mnohých zbožných skutkov, obetí atď. Použitím slov *su-durdarśam* sa v tomto verši naznačuje, že Kṛṣṇova dvojruká podoba je ešte dôvernejšia. Človek by snáď mohol uzrieť vesmírnu podobu, keby ku všetkým aktivitám ako je pokánie, štúdium *Ved* a filozofické špekulovanie pridal trochu oddanej služby. Snáď by to bolo možné, no ako sme už povedali, ani túto podobu nemôže človek uzrieť bez *bhakti*. Nad vesmírnou podobou však jestvuje Kṛṣṇova dvojruká podoba, ktorú uzrieť je ešte ťažšie, a to aj pre polobohov ako je Brahmā a Śiva, ktorí túžia práve po tejto Kṛṣṇove podobe. V *Śrīmad-Bhagavatame* sa hovorí, že keď sa o Kṛṣṇovi predpokladalo, že je v lone Devakī, zostúpili z neba všetci polobohovia, aby uzreli zázračného Kṛṣṇu a predniesli Mu krásne modlitby, hoci Ho v tom čase ešte nevideli. Čakali na chvíľu, kedy Ho budú môcť uzrieť. Hlupáci môžu zosmiešňovať Kṛṣṇu a považovať Ho za obyčajného človeka alebo vzdávať úctu niečomu „neosobnému v Kṛṣṇovi" a nie Jemu samotnému, ale taký postoj je nezmyselný. Polobohovia ako Brahmā a Śiva v skutočnosti túžia po uzretí Kṛṣṇovej dvojrukej podoby.

V *Bhagavad-gīte* (9.11) sa ďalej píše: *avajānanti māṁ mūḍhā mānuṣīṁ tanum āśritaḥ*. Kṛṣṇu nemôžu vidieť hlupáci, ktorí Ho hania. Kṛṣṇovo telo je dokonale duchovné, plné večnosti a blaženosti. To je potvrdené v *Brahma-saṁhite*, a v *Bhagavad-gīte* to potvrdzuje samotný Kṛṣṇa. Jeho telo sa nikdy neponáša na hmotné telo. Preto tí, ktorí chcú poznať Kṛṣṇu štúdiom *Bhagavad-gīty*, alebo inej *vedskej* literatúry, narazia na problém. Ak používajú hmotnú metódu na to, aby pochopili Kṛṣṇu, považujú Ho za mocnú historickú osobnosť alebo veľmi učeného filozofa — za obyčajného človeka, ktorý bol nútený prijať hmotné telo navzdory Svojej nezvyčajnej moci. Absolútnu Pravdu považujú definitívne za neosobnú, a to zvádza k názoru, že z neosobného aspektu sa prejavil osobný, ktorý je pútaný k hmotnej prírode. To je materialistické poňatie Najvyššieho Pána. Ďalšie poňatie nie je o nič menej špekulatívne. Tí, ktorí chcú spoznať Kṛṣṇu, špekulujú a myslia si, že je menej dôležitý ako Jeho vesmírna podoba. Tým pádom tvrdia, že vesmírna podoba, ktorú zjavil Kṛṣṇa Arjunovi, je dôležitejšia než Jeho osobná podoba. Podľa nich je osobná podoba Najvyššieho výplodom predstavivosti. Veria, že Absolútna Pravda je neosobná.

Transcendentálny proces ako pochopiť Kṛṣṇu, je opísaný v štvrtej kapitole *Bhagavad-gīty* — načúvať o Kṛṣṇovi od autorít. To je skutočná *vedska* metóda získavania poznania a tí, ktorí patria k *vedskej* postupnosti, načúvajú o Kṛṣṇovi od autorít. Neustálym načúvaním o Ňom znova a znova, im Kṛṣṇa začne byť veľmi drahý. Ako sme už niekoľkokrát spomenuli, Kṛṣṇa je zahalený Svojou energiou, zvanou *yoga-māyā*. Nezjavuje sa komukoľvek. Môžu Ho uzrieť iba tí, ktorým sa zjavil. To je potvrdené vo *Vedach*: iba plne odovzdaná duša môže pochopiť Absolútnu Pravdu. Transcendentalistovi sa môžu otvoriť duchovné oči neustálym vedomím Kṛṣṇu a neustálou oddanou láskyplnou službou a Kṛṣṇa sa mu môže zjaviť. Takéto zjavenie nie je možné dokonca ani pre polobohov, preto nemôžu pochopiť Kṛṣṇu. Poprední polobohovia neustále dúfajú, že uzrú Kṛṣṇovu dvojrukú podobu. Z toho vyplýva, že je veľmi ťažké uzrieť Kṛṣṇovu vesmírnu podobu a nepodarí sa to všetkým. Ešte ťažšie je však pochopiť Jeho osobnú podobu Śyāmasundaru.

VERŠ 53

नाहं वेदैर्न तपसा न दानेन न चेज्यया ।
शक्य एवंविधो द्रष्टुं दृष्टवानसि मां यथा ॥ ५३ ॥

nāhaṁ vedair na tapasā na dānena na cejyayā
śakya evaṁ-vidho draṣṭuṁ dṛṣṭavān asi māṁ yathā

na — nikdy; *aham* — Ja; *vedaiḥ* — štúdiom *Ved*; *na* — nikdy; *tapasā* — prísnym pokáním; *na* — nikdy; *dānena* — dobročinnosťou; *na* — nikdy; *ca* — i; *ijyayā* — uctievaním; *śakyaḥ* — je možné; *evam-vidhaḥ* — takto; *draṣṭum* — uzrieť; *dṛṣṭavān* — vidiaci; *asi* — si; *mām* — Mňa; *yathā* — ako.

Táto podoba, ktorú vidíš svojimi transcendentálnymi očami, nemôže byť pochopená prostým štúdiom Ved, tvrdým pokáním, dobročinnosťou ba ani uctievaním. Týmito spôsobmi ma nikto nemôže uzrieť takého, aký Som.

VÝZNAM: Kṛṣṇa sa najprv zjavil Svojím rodičom Vasudevovi a Devakī v štvorrukej podobe, ktorú potom zmenil na dvojrukú. Tento zázrak veľmi ťažko pochopia ateisti alebo tí, ktorí nenasledujú zásady oddanej služby. Učenci, ktorí preštudovali *Vedy*, nemôžu poznať Kṛṣṇu na základe svojich lingvistických vedomostí alebo akademických kvalifikácií. Práve tak Ho nemôžu poznať ľudia, ktorí sa občas chodia pomodliť do kostola, mešity alebo chrámu. Títo ľudia síce navštevujú chrámy, no v skutočnosti nemôžu pochopiť Kṛṣṇu takého, aký je. Kṛṣṇa môže byť poznaný jedine prostredníctvom oddanej služby, čo bude vysvetlené Ním samotným v nasledujúcom verši.

VERŠ 54

भक्त्या त्वनन्यया शक्य अहमेवंविधोऽर्जुन ।
ज्ञातुं द्रष्टुं च तत्त्वेन प्रवेष्टुं च परन्तप ॥ ५४ ॥

bhaktyā tv ananyayā śakya aham evaṁ-vidho 'rjuna
jñātuṁ draṣṭuṁ ca tattvena praveṣṭuṁ ca parantapa

bhaktyā — čistou oddanou službou; *tu* — ale; *ananyayā* — bez toho, aby bol zapletený v plodonosných činnostiach alebo špekulatívnom poznaní; *śakyaḥ* — možné; *aham* — Ja; *evam-vidhaḥ* — takto; *arjuna* — ó, Arjuna; *jñātum* — vedieť; *draṣṭum* — vidieť; *ca* — a; *tattvena* — pravdivo; *praveṣṭum* — vstúpiť; *ca* — i; *parantapa* — ó, bojovník mocných paží.

Môj milý Arjuna, jedine čistou oddanou službou môžem byť priamo videný a poznaný tak, ako tu pred tebou stojím. Len tak môžeš vniknúť do záhady ako Ma pochopiť.

VÝZNAM: Kṛṣṇu môžeme pochopiť jedine čistou oddanou službou a nijak inak. V tomto verši Kṛṣṇa dôrazne varuje, aby si neoprávnený komentátori, ktorí sa snažia porozumieť *Bhagavad-gīte* špekulatívnou metódou, uvedomili, že zbytočne maria čas. Nik nemôže pochopiť Kṛṣṇu, alebo to, ako sa zjavil Svojím rodičom v štvorrukej podobe a v zápätí ju zmenil na dvojrukú podobu. Týmto veciam je veľmi ťažké porozumieť štúdiom *Ved* alebo filozofickou špekuláciou. Preto sa v tomto verši jasne hovorí, že nikto Ho nemôže uzrieť alebo porozumieť týmto záležitostiam. Skúsení študenti *vedskych* písiem ho však môžu z *Ved* poznávať mnohými spôsobmi. Jestvuje toľko pravidiel a pokynov, a ak chce niekto poznať Kṛṣṇu, musí dodržiavať zásady popísané v autoritatívnych písmach. Jednou z týchto zásad je napríklad konať určité pokánie. Dodržiavanie pôstu na Janmāṣṭamī, deň Kṛṣṇovych narodenín a Ekādaśī (jedenásty deň po splne a nove) je súčasťou takéhoto odriekania. Čo sa týka dobročinnosti, je zrejmé, že má byť venovaná Kṛṣṇovym oddaným, ktorí sú zapojení do oddanej služby, aby šírili filozofiu o Kṛṣṇovi po celom svete. To je skutočný dar ľudstvu. Ak niekto daruje časť svojho zárobku ľuďom, ktorí sa snažia rozširovať vedu o Kṛṣṇovi, potom je taký dar najväčším dobrodením na svete. Rūpa Gosvāmī velebil Śrī Caitanyu Mahāprabhua ako najštedrejšiu osobnosť, pretože slobodne rozdával lásku ku Kṛṣṇovi, ktorú získať nie je vôbec ľahké. Človek sa môže stať úspešným, ak nasleduje zásady určené pre bohoslužby v chrámoch (v indických chrámoch môžeme nájsť vždy nejaké Božstvo Viṣṇua alebo Kṛṣṇu). Je to možnosť ako dosiahnuť pokrok jednoducho tým, že sa klaniame Najvyššiemu Pánovi. Pre začiatočníkov v oddanej službe je uctievanie v chrámoch veľmi dôležité. To je potvrdené vo *vedskych* písmach (*Śvetāśvatara Upaniṣad* 6.23):

yasya deve parā bhaktir yathā deve tathā gurau
tasyaite kathitā hy arthāḥ prakāśante mahātmanaḥ

Tomu, kto je plne odovzdaný Najvyššiemu Pánovi a vedený duchovným učiteľom, sa Najvyššia Božská Osobnosť čoskoro zjaví. Nik nemôže poznať Kṛṣṇu mentálnou špekuláciou. Človek, ktorý nie je osobne vedený a zdokonaľovaný pravým duchovným učiteľom, nemôže ani len začať chápať kto je Kṛṣṇa. Slovo *tu* slúži špeciálne na zdôraznenie toho, že nijaká iná metóda nemôže byť odporúčaná, použiteľná alebo mať úspech vo vedomí Kṛṣṇu.

Kṛṣṇove osobné podoby s dvoma alebo štyrmi rukami sa zjavne líšia od dočasnej vesmírnej podoby, ktorú zjavil Arjunovi. Podoba Kṛṣṇu s dvoma rukami a štvorruká podoba Nārāyaṇa sú večné a transcendentálne, zatiaľ čo vesmírna podoba, ktorú videl Arjuna, je dočasná. Slová *su-durdarśam* (ťažko viditeľný) poukazujú na to, že doposiaľ nebol dôvod túto podobu oddanému zjavovať. Kṛṣṇa ju manifestoval pred Arjunom na jeho vlastné prianie, aby ľudia v budúcnosti mohli požiadať každého, kto sa bude vydávať za inkarnáciu Boha, o prejavenie jeho vesmírnej podoby.

Opätovné použitie slova *na* v predchádzajúcom verši naznačuje, že nik by nemal byť príliš pyšný na svoje prednosti, napríklad na akademické vzdelanie v odbore *vedskej* literatúry. Musí začať oddane slúžiť Kṛṣṇovi. Až potom sa môže pokúsiť napísať komentár k *Bhagavad-gīte*.

Kṛṣṇa sa premenil z vesmírnej podoby do štvorrukej podoby Nārāyaṇa a nakoniec do Svojej pôvodnej dvojrukej podoby. To znamená, že ako štvorruká podoba, tak aj ostatné, o ktorých pojednáva *vedska* literatúra, pochádzajú z pôvodného dvojrukého Kṛṣṇu. On je pôvodcom všetkých emanácií. Štvorruké podoby sú Kṛṣṇovi najviac podobné, no napriek tomu sa od nich líši, nehovoriac už o Jeho neosobnom aspekte. Čo sa týka štvorrukých podôb Kṛṣṇu, jasne sa hovorí, že aj Kṛṣṇova štvorruká podoba, známa ako Mahā-Viṣṇu (ktorý leží v kozmickom oceáne a vydychuje nespočetné vesmíry), je expanziou Najvyššieho Pána. V *Brahma-saṁhite* (5.48) sa píše:

yasyaika-niśvasita-kālam athāvalambya
jīvanti loma-vila-jā jagad-aṇḍa-nāthāḥ
viṣṇur mahān sa iha yasya kalā-viśeṣo
govindam ādi-puruṣaṁ tam ahaṁ bhajāmi

„Mahā-Viṣṇu, do ktorého vstupujú a z ktorého opäť emanujú všetky nekonečné vesmíry, jednoducho skrze Jeho dych, je úplnou expanziou Kṛṣṇu. Preto uctievam Govindu, Kṛṣṇu, príčinu všetkých príčin." Mali by sme teda uctievať iba Kṛṣṇovu osobnú podobu — Najvyššiu Božskú Osobnosť, ktorá je večná, plná poznania a blaženosti. Kṛṣṇa je zdrojom všetkých foriem Viṣṇua a všetkých inkarnácií a je prvotnou Najvyššou Osobou, čo je potvrdené aj v *Bhagavad-gīte*.

Vo *vedskej* literatúre (*Gopāla-tāpanī Upaniṣad* 1.1) môžeme nájsť nasledovný verš:

sac-cid-ānanda-rūpāya kṛṣṇāyākliṣṭa-kāriṇe
namo vedānta-vedyāya gurave buddhi-sākṣiṇe

„Úctivo sa klaniam Kṛṣṇovi, ktorý má transcendentálnu podobu plnú poznania, večnosti a blaženosti. Vzdávam Mu svoju úctu, pretože poznať Kṛṣṇu znamená poznať *Vedy*. Preto Je najvyšším duchovným učiteľom." Ďalej sa hovorí: *kṛṣṇo vai paramaṁ daivatam*: „Kṛṣṇa je Najvyššia Božská Osobnosť." (*Gopāla-tāpanī* 1.3) *Eko vaśī sarva-gaḥ kṛṣṇa īḍyaḥ*: „Táto podoba, Kṛṣṇa je Najvyššia Božská Osobnosť a preto je hodný úcty.“ *Eko 'pi san bahudhā yo 'vabhāti*: „Existuje iba jeden Kṛṣṇa, no prejavuje sa v nekonečne mnohých podobách a inkarnáciách.“ (*Gopāla-tāpanī* 1.21)

V *Brahma-saṁhite* (5.1) sa hovorí:

īśvaraḥ paramaḥ kṛṣṇaḥ sac-cid-ānanda-vigrahaḥ
anādir ādir govindaḥ sarva-kāraṇa-kāraṇam

„Najvyššia Božská Osobnosť je Kṛṣṇa, Govinda. Jeho telo je plné večnosti, poznania a blaženosti. Nemá počiatok, pretože On je počiatkom všetkého. Je príčinou všetkých príčin.“

Na inom mieste sa zas hovorí: *yatrāvatīrṇaṁ kṛṣṇākhyaṁ paraṁ brahma narākṛti*: „Najvyššia Absolútna Pravda je osoba, nazýva sa Kṛṣṇa a niekedy zostupuje na Zem.“ V *Śrīmad-Bhāgavatame* takisto nájdeme popis rôznych inkarnácií Boha, medzi nimi nájdeme aj meno Kṛṣṇa. O kúsok ďalej sa však hovorí, že Kṛṣṇa nie je inkarnácia, ale pôvodná Najvyššia Božská Osobnosť (*ete cāṁśa-kalāḥ puṁsaḥ kṛṣṇas tu bhagavān svayam*).

V *Bhagavad-gīte* (7.7) Śrī Kṛṣṇa hovorí: *mattaḥ parataraṁ nānyat*: „Nie je nič vyššie než Moja podoba Kṛṣṇu, Najvyššej Božskej Osobnosti.“ Na inom mieste v *Bhagavad-gīte* sa hovorí: *aham ādir hi devānām*: „Som prapríčinou všetkých polobohov.“ Akonáhle Arjuna pochopil *Bhagavad-gītu*, potvrdil Kṛṣṇove slová výrokom: *paraṁ brahma paraṁ dhāma pavitraṁ paramaṁ bhavān*: „Teraz som plne pochopil, že si Najvyššia Božská Osobnosť, Absolútna Pravda a najvyššie útočisko.“ Vesmírna podoba, ktorú Kṛṣṇa ukázal Arjunovi, nie je pôvodnou podobou Boha. Pôvodnou podobou je podoba Kṛṣṇu. Vesmírna podoba s tisícimi hlavami a rukami má upútať pozornosť tých, ktorí necítia nijakú lásku k Bohu. Nie je to Jeho pôvodná podoba.

Čistých oddaných vesmírna podoba neláka, svoju lásku k Bohu prejavujú v rôznych transcendentálnych vzťahoch. Najvyšší Boh opláca transcendentálnu lásku láskou vo Svojej pôvodnej podobe Kṛṣṇu. Arjunu, ktorý mal ku Kṛṣṇovi veľmi dôverný, priateľský vzťah, vesmírna podoba nepriťahovala, skôr v ňom vzbudzovala strach. Arjuna, Kṛṣṇov večný spoločník, musel mať transcendentálny zrak, nebol to obyčajný človek. Neuchvacovala ho vesmírna podoba, ktorá nesporne udivuje tých, ktorý sa chcú povýšiť prostredníctvom plodonosných činností, pretože osobám zapojeným do oddanej služby je zo všetkého najdrahšia Kṛṣṇova dvojruká podoba.

VERŠ 55

मत्कर्मकृन्मत्परमो मद्भक्तः सङ्गवर्जितः ।
निर्वैरः सर्वभूतेषु यः स मामेति पाण्डव ॥ ५५ ॥

mat-karma-kṛn mat-paramo mad-bhaktaḥ saṅga-varjitaḥ
nirvairaḥ sarva-bhūteṣu yaḥ sa mām eti pāṇḍava

mat-karma-kṛt — jedná pre Mňa; *mat-paramaḥ* — považuje Ma za Najvyššieho; *mat-bhaktaḥ* — zapojený do Mojej oddanej služby; *saṅga-varjitaḥ* — zbavený nečistôt z minulých činov; *nirvairaḥ* — bez nepriateľov; *sarva-bhūteṣu* — medzi všetkými živými bytosťami; *yaḥ* — kto; *saḥ* — on; *mām* — ku Mne; *eti* — príde; *pāṇḍava* — ó, Pāṇḍava.

Môj milý Arjuna, kto Mi slúži s čistou oddanosťou, kto je zbavený mentálnych špekulácií a nečistoty plodonosných činov, kto pre Mňa jedná, považuje Ma za svoj najvyšší cieľ a je priateľský ku všetkým živým tvorom, ten ku Mne určite dospeje.

VÝZNAM: Ten, kto chce dospieť do duchovného sveta, k Najvyššej zo všetkých Božských Osobností, ku Kṛṣṇovi, na Jeho planétu Kṛṣṇaloku a byť s Ním v dôvernom styku, musí sa riadiť týmto veršom, tak ako ho predložil samotný Najvyšší Pán. Tento verš sa pokladá za jadro *Bhagavad-gīty. Bhagavad-gītā* je kniha určená podmieneným dušiam, ktoré sa snažia ovládnuť prírodu, bez toho, aby poznali povahu pravého duchovného života. Zmyslom *Bhagavad-gīty* je ukázať, ako môže človek porozumieť duchovnej podstate, svojmu večnému vzťahu k Najvyššej Duchovnej Osobnosti a vrátiť sa domov, späť k Bohu. Tento verš jasne popisuje spôsob, ktorým môžeme pokročiť v duchovnom živote. Touto metódou je oddaná služba.

To znamená, že všetku svoju energiu by sme mali vynaložiť na činnosti s mysľou upretou na Kṛṣṇu a pre Jeho potešenie. To je potvrdené v *Bhakti-rasāmṛta-sindhu* (2.255):

anāsaktasya viṣayān yathārham upayuñjataḥ
nirbandhaḥ kṛṣṇa-sambandhe yuktaṁ vairāgyam ucyate

Nikto by nemal vykonávať činnosť, ktorá nemá nijakú spojitosť s Kṛṣṇom. Tomu sa hovorí *kṛṣṇa-karma*. Človek sa môže venovať rôznym činnostiam, no nemal by byť pútaný k ich výsledkom. Obchodník musí napríklad obchodovať, ale aby svoje zamestnanie premenil na duchovný život, v strede ktorého je Kṛṣṇa, musí obchodovať pre Kṛṣṇu. Ak je Kṛṣṇa majiteľom obchodu, potom Mu patrí aj celý zisk. Obchodník môže mať veľa peňazí, no všetky by ich mal dať Kṛṣṇovi. Tomu sa hovorí pracovať pre Kṛṣṇu. Namiesto veľkého paláca pre svoj vlastný zmyslový pôžitok by mal postaviť krásny chrám pre Kṛṣṇu, v ktorom umiestni Božstvo Kṛṣṇu a postará sa o Jeho uctievanie tak, ako to predpisujú autorizované písma pojednávajúce o oddanej službe. To všetko je *kṛṣṇa-karma*. Nemali by sme byť teda pripútaní k výsledkom svojej práce, tie by mali byť venované Kṛṣṇovi a človek by mal prijímať iba zbytky po obeti — *prasādam*. Ak niekto postaví veľkú budovu pre Kṛṣṇu, v ktorej umiestni Božstvo Kṛṣṇu, neznamená to, že v nej nemôže bývať. Musíme si však uvedomiť, že majiteľom budovy je Kṛṣṇa — to sa nazýva vedomie Kṛṣṇu. Ak nemôžeme Kṛṣṇovi postaviť chrám, môžeme sa zamestnať čistením Jeho svätyne, to je tiež *kṛṣṇa-karma*. Alebo sa môžeme starať o záhradu. Každý vlastník pôdy — v Indii vlastnia malý kúsok zeme aj chudobní ľudia — môže pestovať kvety, ktoré by mal obetovať Kṛṣṇovi. Môže pestovať kríčky *tulasī*, pretože lístky *tulasī* sú pri uctievaní veľmi dôležité. Kṛṣṇa o tom hovorí v *Bhagavad-gīte* (9.26): *Patraṁ puṣpaṁ phalaṁ toyam*. Kṛṣṇa si praje, aby sme Mu obetovali list, kvet, ovocie alebo trošku vody, pretože taká obeť Ho poteší. Listom sa myslí najmä lístok *tulasī*. Človek môže pestovať *tulasī*, zalievať ju a starať sa o ňu. Aj tí najchudobnejší ľudia teda môžu slúžiť Kṛṣṇovi. To je niekoľko príkladov, ako môžeme slúžiť Kṛṣṇovi.

Slová *mat-paramaḥ* poukazujú na toho, kto považuje vzťah s Kṛṣṇom v Jeho zvrchovanom sídle za životnú dokonalosť. Taký človek si nepraje byť povýšený na vyššie planéty ako je Mesiac, Slnko a iné nebeské planéty, ani na Brahmaloku, najvyššiu planétu tohoto vesmíru. Nič také ho neláka. Jeho jediným prianím je dostať sa do duchovného sveta, a dokonca ani v duchovnom nebi netúži po splynutí s *brahmajyoti*, ale si praje vstúpiť na najvyššiu duchovnú planétu Kṛṣṇaloku, Goloku Vṛndāvanu. O tejto planéte má dokonalé poznanie a preto ho iné planéty nelákajú. Slová *mad-bhaktaḥ* naznačujú, že taký človek je plne pohrúžený do oddanej služby, ktorá pozostáva z deviatich základných činností: načúvania, ospevovania, spomínania, uctievania, slúženia lotosovým nohám Kṛṣṇu, modlenia sa, plnenia Kṛṣṇových pokynov, priatelenia sa s Kṛṣṇom a odovzdania všetkého Kṛṣṇovi. Človek môže vykonávať všetkých deväť, osem, sedem či dokonca len jednu z týchto metód oddanosti, a tým sa z neho stane dokonalý človek. O tom niet pochýb.

Výraz *saṅga-varjitaḥ* je v tomto verši veľmi dôležitý. Človek by sa nemal stýkať s ľuďmi nevraživými voči Kṛṣṇovi. Nie sú to iba ateisti, ktorí k Nemu chovajú nenávisť, no aj tí, ktorí lipnú na plodonosných činnostiach a mentálnom špekulovaní. Čistá podoba oddanej služby je popísaná v *Bhakti-rasāmṛta-sindhu* (1.1.11) slovami:

anyābhilāṣitā-śūnyaṁ jñāna-karmādy-anāvṛtam
ānukūlyena kṛṣṇānu- śīlanaṁ bhaktir uttamā

Śrīla Rūpa Gosvāmī v tomto verši jasne hovorí, že ak chce človek vykonávať oddanú službu, musí byť zbavený všetkých hmotných nečistôt. Nesmie sa stýkať s ľuďmi, ktorý lipnú na plodonosných činnostiach a mentálnej špekulácii. Ak je človek nepoškvrnený hmotnou žiadostivosťou, zbavený nežiadúcej spoločnosti a ak úspešne rozvíja vedomie Kṛṣṇu, hovorí sa, že vykonáva oddanú službu. *Ānu-kūlasya saṅkalpaḥ prātikūlasya varjanam* (*Hari-bhakti-vilāsa* 11.676). Človek musí myslieť na Kṛṣṇu v pozitívnom zmysle, nie v zlom. Kaṁsa bol Kṛṣṇov nepriateľ. Od samého začiatku Kṛṣṇovho života plánoval, ako Ho zabiť, a pretože sa mu to nikdy nepodarilo, neustále na Neho myslel. Myslel na Neho pri práci, pri jedle, počas spánku. No také vedomie Kṛṣṇu nebolo pozitívne, a preto si získal povesť démona. Nakoniec Ho Kṛṣṇa zabil, hoci Kaṁsa na Neho myslel dvadsaťštyri hodín denne. Ten, koho Kṛṣṇa zabije, je pochopiteľne ihneď oslobodený, ale to zaiste nie je cieľom čistých oddaných. Čistý oddaný netúži po spáse, ani po odchode na najvyššiu planétu, Goloku Vṛndāvanu. Jeho jediným cieľom je slúžiť Kṛṣṇovi — kdekoľvek a kedykoľvek.

Kṛṣṇov oddaný je priateľský ku všetkým. Preto sa hovorí, že nemá nepriateľov (*nirvairaḥ*). Ako je to možné? Oddaný, vedomý si Kṛṣṇu vie, že iba oddaná služba Kṛṣṇovi môže človeka zbaviť všetkých životných problémov. Pozná to z vlastnej skúsenosti a preto chce tento proces vedomia Kṛṣṇu zaviesť do ľudskej spoločnosti. Zo svetových dejín poznáme veľa príkladov, kedy oddaní riskovali svoje životy kvôli šíreniu vedomia Boha. Známym vzorom je Ježiš Kristus. Neoddaní ho ukrižovali, ale on svoj život obetoval tomu, aby šíril vedomie Boha. Bolo samozrejme povrchné si myslieť, že ho skutočne zabili. Z Indie poznáme veľa podobných príkladov, ako napríklad Haridāsa Ṭhākura a Prahlāda Mahārāja. Prečo vlastne niekto takto riskuje? Pretože chce šíriť vedomie Kṛṣṇu a to nie je vôbec ľahké. Človek vedomý si Kṛṣṇu vie, že ľudia sa trápia len preto, že zabudli na svoj večný vzťah ku Kṛṣṇovi. Preto najväčším dobrodením, ktoré môžme preukázať ľudskej spoločnosti, je zbaviť ľudí všetkých hmotných problémov. Preto sa čistý oddaný zapája do služby Pánovi. Len si predstavme, aký milostivý je Kṛṣṇa k tým, ktorí Mu slúžia a sú ochotní pre Neho riskovať. Takí ľudia po opustení tela zaručene dospejú na najvyššiu planétu.

Záverom môžme povedať, že Kṛṣṇa vyjavil Svoju vesmírnu podobu, ktorá je iba dočasným prejavom, všepohlcujúci čas a dokonca sa zjavil v podobe štvorrukého Viṣṇua. Kṛṣṇa je teda zdrojom týchto manifestácií. Nesmieme si myslieť, že pôvodom Kṛṣṇu je *viśva-rūpa*, alebo Viṣṇu. Kṛṣṇa je pôvodným zdrojom všetkých týchto podôb. Jestvujú státisíce Viṣṇuov, no pre oddaného nie je nijaká z Viṣṇuových podôb taká vzácna ako Jeho dvojruká podoba Śyāmasundaru. V *Brahma-saṁhite* sa píše, že tí, ktorí sú s láskou a oddanosťou pripútaní k Śyāmasundarovi, Kṛṣṇovi, môžu vo svojich srdciach neustále vidieť iba Jeho. Preto by sme si mali uvedomiť zmysel tejto jedenástej kapitoly, ktorým bolo ukázať, že podoba Kṛṣṇu je pôvodná a najvyššia.

Takto končia Bhaktivedantove výklady k jedenástej kapitole *Śrīmad Bhagavad-gīty*, pojednávajúcej o vesmírnej podobe.

KAPITOLA DVANÁSTA

Oddaná služba

VERŠ 1

अर्जुन उवाच
एवं सततयुक्ता ये भक्तास्त्वां पर्युपासते ।
ये चाप्यक्षरमव्यक्तं तेषां के योगवित्तमाः ॥ १ ॥

arjuna uvāca
evaṁ satata-yuktā ye bhaktās tvāṁ paryupāsate
ye cāpy akṣaram avyaktaṁ teṣāṁ ke yoga-vittamāḥ

arjunaḥ uvāca — Arjuna riekol; *evam* — takto; *satata* — vždy; *yuktāḥ* — zamestnaní; *ye* — tí, ktorí; *bhaktāḥ* — oddaní; *tvām* — Teba; *paryupāsate* — náležite uctievajú; *ye* — tí, ktorí; *ca* — aj; *api* — opäť; *akṣaram* — nadzmyselné; *avyaktam* — neprejavené; *teṣām* — z nich; *ke* — kto; *yoga-vittamāḥ* — najdokonalejší v poznaní *yogy*.

Arjuna sa spýtal: Považuješ za dokonalejších tých, ktorí Ti oddane a svedomite slúžia, alebo tých, ktorí uctievajú neprejavené (neosobný Brahman)?

VÝZNAM: Śrī Kṛṣṇa teraz vysvetlil osobné, neosobné a vesmírne rysy a popísal všetky druhy oddaných a *yogīnov*. Transcendentalisti sa v podstate môžu rozdeliť do dvoch skupín. Prvú skupinu tvoria personalisti a druhú impersonalisti. Personalista alebo oddaný, venuje všetku svoju energiu službe Najvyššiemu Pánovi, zatiaľ čo impersonalista slúži Kṛṣṇovi nepriamo tým, že medituje o neosobnom Brahmane, o neprejavenom.

V tejto kapitole sa dozvieme, že zo všetkých metód určených na realizáciu Absolútnej Pravdy je *bhakti-yoga* alebo oddaná služba tou najvyššou. Ak človek túži nadviazať vzťah s Najvyššou Božskou Osobnosťou, musí vykonávať oddanú službu. Tí, ktorí uctievajú Najvyššieho Pána priamou oddanou službou, sa nazývajú personalisti a tí, ktorí meditujú o neosobnom Brahmane, sa nazývajú impersonalisti. Arjuna sa pýta, kto z nich je lepší. Existujú rôzne spôsoby realizácie Absolútnej Pravdy, no Kṛṣṇa v tejto kapitole vysvetľuje, že *bhakti-yoga*, alebo oddaná služba je najvyššou zo všetkých. Je to najpriamejší a najľahší spôsob ako nadviazať vzťah s Bohom.

Śrī Kṛṣṇa v druhej kapitole vysvetľuje, že živá bytosť nie je hmotné telo, ale duchovná iskra, čiastočka Absolútnej Pravdy čiže duchovného celku. V siedmej kapitole živej bytosti radí, aby svoju pozornosť uprela na absolútny celok, ktorého je súčasťou. V ôsmej kapitole Kṛṣṇa hovorí, že ten, kto na Neho myslí v okamihu smrti, sa ihneď premiestni do duchovného neba, Kṛṣṇovho sídla. A na konci šiestej kapitoly hovorí, že zo všetkých *yogīnov* je najdokonalejší ten, kto na Neho neustále myslí. Záverom prakticky každej kapitoly je, že človek by mal byť pripútaný ku Kṛṣṇovej osobnej podobe, pretože to je známkou najvyššej duchovnej realizácie.

Napriek tomu jestvujú ľudia, ktorých osobná podoba Kṛṣṇu nepriťahuje. Sú natoľko zaujatí, že už v úvode svojich komentárov k *Bhagavad-gīte* chcú odviesť pozornosť ostatných ľudí od Kṛṣṇu a všetku ich oddanosť upriamiť k *brahmajyoti*. Uprednostňujú meditáciu o neosobnej podobe Absolútnej Pravdy, ktorá leží mimo dosah zmyslov a je neprejavená.

V skutočnosti jestvujú dve skupiny transcendentalistov. Teraz Arjuna očakáva odpoveď na otázku, ktorý z týchto procesov je ľahší, a ktorí zo spomínaných transcendentalistov sú dokonalejší. Inými slovami, objasňuje svoje vlastné postavenie, pretože ho priťahuje Kṛṣṇova osobná podoba. Neosobný Brahman ho neláka, a preto chce vedieť, či je jeho postavenie isté. Meditovať nad neosobným rysom Najvyššieho Pána je obtiažne ako v hmotnom, tak aj v duchovnom svete. Človek si vlastne ani nedokáže predstaviť neosobný aspekt Absolútnej Pravdy, a preto sa Arjuna pýta: „Načo je dobré také mrhanie časom?" V jedenástej kapitole sa Arjuna presvedčil, že najlepšie je byť pripútaný ku Kṛṣṇovi. Táto dôležitá otázka, ktorú Arjuna položil Kṛṣṇovi, objasní rozdiel medzi osobným a neosobným poňatím Absolútnej Pravdy.

VERŠ 2

श्रीभगवानुवाच
मय्यावेश्य मनो ये मां नित्ययुक्ता उपासते ।
श्रद्धया परयोपेतास्ते मे युक्ततमा मताः ॥ २ ॥

śrī-bhagavān uvāca
mayy āveśya mano ye māṁ nitya-yuktā upāsate
śraddhayā parayopetās te me yuktatamā matāḥ

śrī-bhagavān uvāca — Kṛṣṇa, Najvyššia Božská Osobnosť, riekol; *mayi* — na Mňa; *āveśya* — upnutá; *manaḥ* — myseľ; *ye* — tí, ktorí; *mām* — Mňa; *nitya* — vždy; *yuktāḥ* — venovať sa; *upāsate* — uctieva; *śraddhayā* — s vierou; *parayā* — transcendentálna; *upetāḥ* — zaoberá sa; *te* — oni; *me* — Môj; *yukta-tamāḥ* — najdokonalejší v *yoge*; *matāḥ* — považujem.

Kṛṣṇa, Najvyššia Božská Osobnosť, riekol: Za najdokonalejších považujem tých, ktorí Ma neustále uctievajú s veľkou a transcendentálnou vierou a ktorých myseľ je upretá na Moju osobnú podobu.

VÝZNAM: Kṛṣṇa odpovedá na Arjunovu otázku veľmi jasne: ten, kto upriamuje pozornosť na Jeho osobnú podobu a uctieva Ho s vierou a oddanosťou, je považovaný za najdokonalejšieho v *yoge*. Pre človeka, ktorý má takéto vedomie Kṛṣṇu, nejestvujú hmotné činnosti, lebo všetko vykonáva pre Kṛṣṇu. Čistý oddaný je neustále zamestnaný. Niekedy spieva, inokedy číta alebo načúva príbehom o Kṛṣṇovi, pripravuje *prasādam*, alebo ide na trh, aby Kṛṣṇovi niečo kúpil. Inokedy zase upratuje chrám, alebo umýva riad. Nech koná čokoľvek, nikdy nepremárni ani okamih bez oddanej služby, určenej pre potešenie Kṛṣṇu. Také konanie je dokonalé *samādhi*.

VERŠ 3–4

ये त्वक्षरमनिर्देश्यमव्यक्तं पर्युपासते ।
सर्वत्रगमचिन्त्यं च कूटस्थमचलं ध्रुवम् ॥ ३ ॥
सन्नियम्येन्द्रियग्रामं सर्वत्र समबुद्धयः ।
ते प्राप्नुवन्ति मामेव सर्वभूतहिते रताः ॥ ४ ॥

ye tv akṣaram anirdeśyam avyaktaṁ paryupāsate
sarvatra-gam acintyaṁ ca kūṭa-stham acalaṁ dhruvam

sanniyamyendriya-grāmaṁ sarvatra sama-buddhayaḥ
te prāpnuvanti mām eva sarva-bhūta-hite ratāḥ

ye — tí, ktorí; *tu* — ale; *akṣaram* — nevnímateľné zmyslami; *anirdeśyam* — neurčité; *avyaktam* — neprejavené; *paryupāsate* — plne sa venovať uctievaniu; *sarvatra-gam* — všadeprítomné; *acintyam* — nepochopiteľné; *ca* — tiež; *kūṭa-stham* — nemenné; *acalam* — nehybné; *dhruvam* — pevné; *sanniyamya* — ovládajúci; *indriya-grāmam* — všetky zmysly; *sarvatra* — všade; *sama-buddhayaḥ* — konať rovnako; *te* — oni; *prāpnuvanti* — dosiahnu; *mām* — Mňa; *eva* — zaiste; *sarva-bhūta-hite* — pre blaho všetkých živých tvorov; *ratāḥ* — zapojení.

No aj tí, ktorí uctievajú neprejavené, zmyslami nepostihnuteľné, všeprestupujúce, nepochopiteľné, nemenné, pevné, nehybné — neosobné poňatie Absolútnej Pravdy — ovládaním zmyslov a tým, že s každým konajú rovnako, pracujúc pre blaho všetkých, Ma nakoniec dosiahnu.

VÝZNAM: Ľudia, ktorí neuctievajú Najvyššieho Pána priamo, ale snažia sa dosiahnuť ten istý cieľ nepriamou cestou, dospejú nakoniec tiež k najvyššiemu cieľu, Śrī Kṛṣṇovi. „Po mnohých narodeniach taký múdry človek vyhľadá útočisko u Mňa, pretože zistí, že Vāsudeva je všetko." Keď po mnohých narodeniach získa človek úplné poznanie, odovzdá sa Kṛṣṇovi. Ak sa chce priblížiť k Bohu metódou, o ktorej sa hovorilo v tomto verši, musí ovládať svoje zmysly, slúžiť všetkým a starať sa o blaho všetkých živých bytostí. Z toho vyplýva, že sa človek musí obrátiť na Kṛṣṇu, inak nedosiahne úplnú realizáciu. Často musí prejsť ťažkým odriekaním, než sa mu odovzdá úplne.

Aby sme mohli vnímať Nadušu v individuálnej duši, musíme skoncovať so všetkými zmyslovými aktivitami, ako je načúvanie, pozeranie sa, ochutnávanie, práca a pod., a tak dospejeme k poznaniu, že Najvyššia Duša je všadeprítomná. Akonáhle si to človek uvedomí, nezávidí nijakej živej bytosti a nerobí rozdiely medzi človekom a zvieraťom, pretože vidí iba dušu, a nie vonkajší obal. No pre obyčajného človeka je táto metóda neosobnej realizácie veľmi ťažká.

VERŠ 5

क्लेशोऽधिकतरस्तेषामव्यक्तासक्तचेतसाम् ।
अव्यक्ता हि गतिर्दुःखं देहवद्भिरवाप्यते ॥ ५ ॥

kleśo 'dhikataras teṣām avyaktāsakta-cetasām
avyaktā hi gatir duḥkhaṁ dehavadbhir avāpyate

kleśaḥ — ťažkosti; *adhika-taraḥ* — veľmi; *teṣām* — tých; *avyakta* — neprejavenom; *āsakta* — lipne; *cetasām* — tých, ktorých myseľ; *avyaktā* — na neprejavenom; *hi* — zaiste; *gatiḥ* — pokrok; *duḥkham* — s ťažkosťami; *deha-vadbhiḥ* — pre vtelených; *avāpyate* — dosiahnuť.

Robiť pokroky je veľmi ťažké pre tých, ktorých myseľ lipne na neprejavenom, neosobnom aspekte Najvyššieho. Táto cesta je vždy neľahká pre tých, čo sú v zajatí tela.

VÝZNAM: Skupina transcendentalistov, ktorí rozjímajú o nepostihnuteľnom, neprejavenom, neosobnom ryse Najvyššieho Pána, sa nazýva *jñāna-yogīni*, zatiaľ čo tí, ktorí sú si plne vedomí Kṛṣṇu a oddane Mu slúžia, sa nazývajú *bhakti-yogīni*. V tomto verši môžeme vidieť jasný rozdiel medzi *jñāna-yogou* a *bhakti-yogou*. Hoci *jñāna-yoga* nakoniec vedie k najvyššiemu cieľu, je to veľmi zložitá cesta, zatiaľ čo priama cesta *bhakti-yogy*, teda oddanej služby Najvyššej Božskej Osobnosti, je pre vtelenú dušu jednoduchšia a prirodzenejšia. Individuálna duša je vtelená už odnepamäti a je pre ňu veľmi ťažké teoreticky pochopiť, že nie je hmotné telo. Preto *bhakti-yogīn* uctieva Božstvo Kṛṣṇu, pretože tak môže použiť rôzne telesné poňatia, zakorenené v mysli. Uctievanie podoby Najvyššieho Božstva v chráme nie je modlárstvo. Vo *Vedach* sa píše, že Boha možno uctievať dvoma spôsobmi: uctievaním s Jeho atribútmi (*saguṇa*), alebo bez nich (*nirguṇa*). Uctievanie Božstva v chráme patrí do skupiny *saguṇa*, pretože Pán je v ňom zastúpený hmotnými kvalitami. Pánova podoba však nie je hmotná, hoci je reprezentovaná hmotnými prvkami, ako je kameň, drevo alebo olejové farby. To je absolútna povaha Najvyššieho Pána.

Môžeme to objasniť na hrubom príklade. Keď vhodíme listy do poštových schránok na ulici, dostanú sa bez problémov k adresátovi. No akákoľvek stará škatuľa alebo napodobenina poštovej schránky, ktorú sme niekde našli a ktorá nebola schválená poštovým úradom, nemôže poslúžiť rovnakému účelu. Podobne je i Boh spoľahlivo zastúpený Božstvom, ktoré sa nazýva *arcā-vigraha*. Táto *arcā-vigraha* je inkarnácia Najvyššieho Pána. Boh je všemohúci, a preto môže v tejto podobe prijímať služby oddaného, aby mu uľahčil cestu z podmieneného života.

Oddanému nerobí problémy okamžite a priamo sa priblížiť k Najvyššiemu, no tí, ktorí nasledujú neosobnú cestu duchovnej sebarealizácie, to majú ťažké. Musia porozumieť neprejavenému zastúpeniu Najvyššieho štúdiom *vedskej* literatúry, ako napr. *Upaniṣad*, musia sa naučiť jazyk písiem, pochopiť nevnímateľné city a zároveň musia všetko aj zrealizovať. Pre obyčajného človeka to nie je nič ľahké. Oddaný, ktorý neustále myslí na Kṛṣṇu a oddane Mu slúži pod vedením duchovného učiteľa, ľahko zrealizuje Najvyššiu Božskú Osobnosť tak, že sa Božstvu pravidelne klania, načúva príbehom o Božej sláve a prijíma jedlo obetované Božstvu. Niet pochybností o tom, že impersonalisti si volia zbytočne komplikovanú cestu, čím navyše riskujú, že Absolútnu Pravdu napokon nezrealizujú. Personalisti sa k Najvyššej Božskej Osobnosti približujú priamo, bez rizika, problémov alebo ťažkostí. V *Śrīmad-Bhāgavatame* sa o tom píše podobne. Človek si len sťažuje život snahou porozumieť tomu, čo je a čo nie je Brahman, pretože zmyslom života je nakoniec sa odovzdať Najvyššej Božskej Osobnosti. Proces oddanosti sa nazýva *bhakti*. V tomto verši *Bhagavad-gīty* sa teda nikomu neodporúča, aby sa za sebarealizáciou vydal zložitou cestou, pretože konečný výsledok je neistý.

Živá bytosť je večná individuálna duša, no ak chce splynúť s duchovným celkom, bude môcť zrealizovať iba večný a vševedúci aspekt svojej pôvodnej prirodzenosti, aspekt blaženosti jej unikne. Transcendentalista, ktorý je dobre oboznámený s procesom *jñāna-yogy*, môže začať s *bhakti-yogou* alebo s oddanou službou, ak získa milosť oddaného. V tej chvíli mu však bude jeho dlhodobý tréning neosobnej filozofie iba na ťarchu, pretože sa nebude chcieť zbaviť svojich starých predstáv. Vtelenej duši pripadá zaťažko nasledovať a realizovať neosobnú filozofiu. Každá živá bytosť je do istej miery nezávislá a môžeme si byť istí, že realizácia neprejaveného je v rozpore s blaženou prirodzenosťou duše. Touto cestou by sme sa nemali uberať. Pre živé bytosti je vedomie Kṛṣṇu, ktoré zahrňuje všetky s oddanosťou vykonávané činnosti, tou najlepšou cestou. Ak sa chce človek oddanej službe vyhnúť, hrozí mu, že sa obráti k ateizmu. Postup, pri ktorom sa človek sústredí na neprejavené, nepredstaviteľné a zmyslami nepostihnuteľné tak, ako bol opísaný v tomto verši, by nemal byť nikdy podporovaný a obzvlášť nie v tomto veku. Kṛṣṇa nám to neodporúča.

VERŠ 6-7

ये तु सर्वाणि कर्माणि मयि सन्न्यस्य मत्पराः ।
अनन्येनैव योगेन मां ध्यायन्त उपासते ॥ ६ ॥
तेषामहं समुद्धर्ता मृत्युसंसारसागरात् ।
भवामि न चिरात्पार्थ मय्यावेशितचेतसाम् ॥ ७ ॥

ye tu sarvāṇi karmāṇi mayi sannyasya mat-parāḥ
ananyenaiva yogena māṁ dhyāyanta upāsate

teṣām ahaṁ samuddhartā mṛtyu-saṁsāra-sāgarāt
bhavāmi na cirāt pārtha mayy āveśita-cetasām

ye—tí, ktorí; *tu*—ale; *sarvāṇi*—všetky; *karmāṇi*—činnosti; *mayi*—Mne; *sannyasya*—zriekajú sa; *mat-parāḥ*—byť ku Mne priťahovaný; *ananyena*—bez rozdielu; *eva*—zaiste; *yogena*—vykonávaním *bhakti-yogy*; *mām*—u Mne; *dhyāyantaḥ*—rozjímajú; *upāsate*—uctievajú; *teṣām*—ich; *aham*—Ja; *samuddhartā*—záchranca; *mṛtyu*—smrť; *saṁsāra*—hmotná existencia; *sāgarāt*—z oceánu; *bhavāmi*—stanem sa; *na*—nie; *cirāt*—za dlhú dobu; *pārtha*—ó, syn Pṛthy; *mayi*—na Mňa; *āveśita*—upretú; *cetasām*—tých, ktorých myseľ.

No tých, ktorí Ma uctievajú a zasvätili Mi všetky svoje činy, ktorí sa Mi bez odchýlenia odovzdávajú, vždy o Mne rozjímajú a oddane Mi slúžia s mysľou na Mňa upretou, ó, syn Pṛthy, čoskoro oslobodím z oceánu zrodenia a smrti.

VÝZNAM: Tu je jasne povedané, že oddaní majú veľké šťastie, pretože Pán ich môže veľmi rýchlo oslobodiť z hmotnej existencie. Čistou oddanou službou dosiahneme poznanie, že Boh je všemocný a že individuálna duša je Mu podriadená. Povinnosťou duše je slúžiť Pánovi, a ak tak neurobí, slúži *māyi.*

Ako sme už spomenuli, veľkosť Najvyššieho Pána môžeme oceniť len vtedy, ak sa plne odovzdáme oddanej službe. Preto by sme sa mali odovzdať úplne. Aby sme sa mohli vrátiť ku Kṛṣṇovi, musíme pracovať iba pre Neho a neustále na Neho myslieť. Úroveň oddanej služby nezávisí od toho, akú prácu vykonávame, ale od toho, či ju robíme výlučne pre Kṛṣṇu. To je skutočné meradlo oddanej služby. Oddaný si neželá nič iné, než potešiť Najvyššiu Božskú Osobnosť. Jeho životným cieľom je robiť radosť Kṛṣṇovi a tomu je ochotný podriadiť všetko, tak ako to urobil Arjuna na Kurukṣetre. Je to veľmi jednoduché: môžeme pokračovať vo svojej práci a pritom spievať *Hare Kṛṣṇa, Hare Kṛṣṇa, Kṛṣṇa Kṛṣṇa, Hare Hare/ Hare Rāma, Hare Rāma, Rāma Rāma, Hare Hare*; to spôsobí, že budeme priťahovaní ku Kṛṣṇovi.

V tomto verši Śrī Kṛṣṇa sľubuje, že čistého oddaného, ktorý Mu takto slúži, ihneď oslobodí z oceánu hmotnej existencie. Pokročilí adepti *yogy* sa môžu pomocou nej a silou vôle premiestniť na ktorúkoľvek planétu. Ostatní používajú iné metódy, no pokiaľ ide o oddaného, v tomto verši sa jasne hovorí, že sa o neho Kṛṣṇa osobne postará. Oddaný nemusí čakať, až sa dostavia skúsenosti, pomocou ktorých sa môže premiestniť do duchovného neba.

nayāmi paramaṁ sthānam arcir-ādi-gatiṁ vinā
garuḍa-skandham āropya yatheccham anivāritaḥ

V tomto verši z *Varāha Purāṇy* sa hovorí, že oddaný nemusí vykonávať *aṣṭāṅga-yogu* na to, aby sa mohol premiestniť na duchovné planéty. Najvyšší Pán na Seba berie zodpovednosť a v tomto verši *Bhagavad-gīty* tvrdí, že prichádza osobne ako záchranca. Dieťa sa cíti bezpečne, lebo sa oň po všetkých stránkach starajú rodičia. Oddaný sa podobne nemusí snažiť o to, aby sa pomocou *yogy* premiestnil na iné planéty. Najvyšší Pán okamžite priletí na Svojom dopravnom prostriedku, Garuḍovi a oddaného milostivo vyslobodí z hmotnej existencie. Človek topiaci sa v mori sa sám zachrániť nemôže, hoci udatne bojuje a je dobrým plavcom. No môže byť rýchlo zachránený niekým, kto príde a z vody ho vytiahne. Podobne zachráni Kṛṣṇa oddaného z oceánu hmotného bytia. Jediné, čo musíme urobiť je, že budeme oddane slúžiť Kṛṣṇovi a neustále na Neho myslieť. Každý inteligentný človek by mal dať prednosť oddanej službe pred všetkými ostatnými metódami. V *Nārāyaṇīya* je to potvrdené slovami:

yā vai sādhana-sampattiḥ puruṣārtha-catuṣṭaye
tayā vinā tad āpnoti naro nārāyaṇāśrayaḥ

Nikto by nemal strácať čas vykonávaním všemožných plodonosných činností alebo kultiváciou poznania mentálnymi špekuláciami. Keď sa odovzdáme Najvyššej Božskej Osobnosti, získame všetky výhody, ktoré môže človek dosiahnuť *yogovými* metódami, špekuláciou, obradnými obeťami, dobročinnosťou a tak ďalej. To je blahodárna sila oddanej služby.

Nijakou inou náboženskou metódou sa nemôžeme tak ľahko a šťastne priblížiť k najvyššiemu cieľu, ako jednoduchým spievaním svätých mien Kṛṣṇu — *Hare Kṛṣṇa, Hare Kṛṣṇa, Kṛṣṇa Kṛṣṇa, Hare Hare/ Hare Rāma, Hare Rāma, Rāma Rāma, Hare Hare.*

Záver *Bhagavad-gīty* je predložený v šesťdesiatom šiestom verši osemnástej kapitoly:

sarva-dharmān parityajya māṁ ekaṁ śaraṇaṁ vraja
ahaṁ tvāṁ sarva-pāpebhyo mokṣayiṣyāmi mā śucaḥ

Človek by mal zanechať všetky ostatné spôsoby sebarealizácie a jednoducho sa zamestnať v oddanej službe vo vedomí Kṛṣṇu, čo mu umožní dosiahnuť najvyššej životnej dokonalosti. Nemusí brať ohľad na následky hriešnych činov svojich predchádzajúcich životov, pretože Najvyšší Pán sa oňho vo všetkom postará. Preto by sme sa nemali naivne pokúšať o duchovnú realizáciu na vlastnú päsť. Každý by mal vyhľadať útočisko u všemocnej Božskej Osobnosti, Kṛṣṇu. To je najvyššia dokonalosť života.

VERŠ 8

मय्येव मन आधत्स्व मयि बुद्धिं निवेशय ।
निवसिष्यसि मय्येव अत ऊर्ध्वं न संशयः ॥ ८ ॥

mayy eva mana ādhatsva mayi buddhiṁ niveśaya
nivasiṣyasi mayy eva ata ūrdhvaṁ na saṁśayaḥ

mayi — na Mňa; *eva* — zaiste; *manaḥ* — myseľ; *ādhatsva* — sústreď; *mayi* — o Mne; *buddhim* — inteligenciu; *niveśaya* — použi; *nivasiṣyasi* — budeš žiť; *mayi* — vo Mne; *eva* — zaiste; *ataḥ ūrdhvam* — potom; *na* — nikdy; *saṁśayaḥ* — pochybnosť.

Upriam svoju myseľ na Mňa, Najvyššiu Božskú Osobnosť, a zamestnaj celú svoju inteligenciu vo Mne. Tak budeš bez pochyby stále žiť so Mnou.

VÝZNAM: Človek, ktorý oddane slúži Kṛṣṇovi, žije v bezprostrednom vzťahu s Najvyšším Pánom, a preto niet pochybností o tom, že jeho postavenie je transcendentálne už od samého počiatku. Oddaný nežije na materiálnej úrovni, žije v Kṛṣṇovi. Sväté mená Pána a Pán samotný sa od seba nelíšia; preto keď oddaný spieva Hare Kṛṣṇa, Kṛṣṇa a Jeho vnútorná sila tancujú na jazyku oddaného. Keď obetujeme Kṛṣṇovi jedlo, Kṛṣṇa ho osobne prijme a oddaný sa ochutnávaním takého jedla stáva „skṛṣṇovaný". Ten, kto nie je zapojený do oddanej služby, nemôže pochopiť, ako je to možné. Je to však metóda, ktorá sa odporúča v *Bhagavad-gīte* i v iných *vedskych* písmach.

VERŠ 9

अथ चित्तं समाधातुं न शक्नोषि मयि स्थिरम् ।
अभ्यासयोगेन ततो मामिच्छाप्तुं धनञ्जय ॥ ९ ॥

atha cittaṁ samādhātuṁ na śaknoṣi mayi sthiram
abhyāsa-yogena tato mām icchāptuṁ dhanañjaya

atha — ak; *cittam* — myseľ; *samādhātum* — upnúť; *na* — nie; *śaknoṣi* — schopný; *mayi* — na Mňa; *sthiram* — plne; *abhyāsa-yogena* — vykonávaním oddanej služby; *tataḥ* — potom; *mām* — Mňa; *icchā* — túžba; *āptum* — získať; *dhanam-jaya* — ó, dobyvateľ bohatstva, Arjuna.

Môj milý Arjuna, ó, dobyvateľ bohatstva, ak na Mňa nedokážeš upnúť svoju myseľ bez odchýlenia, dodržiavaj regulatívne zásady bhakti-yogy. Takto rozviň túžbu Ma dosiahnuť.

VÝZNAM: V tomto verši sa hovorí o dvoch spôsoboch *bhakti-yogy*. Prvá metóda je pre tých, ktorí už vyvinuli transcendentálnu lásku ku Kṛṣṇovi, Najvyššej Božskej Osobnosti a sú k Nemu pripútaní. A druhá metóda je pre tých, ktorí toto láskyplné puto k Najvyššej Osobe nevyvinuli. Pre oddaných, ktorí patria do tejto skupiny, existuje mnoho pravidiel a predpisov, a ak sa podľa nich riadia, povznesú sa na úroveň, na ktorej budú priťahovaní ku Kṛṣṇovi.

Bhakti-yoga očisťuje zmysly. Naše zmysly sú v súčasnej hmotnej existencii nečisté, pretože sú pohrúžené do zmyslového pôžitku. Vykonávaním *bhakti-yogy* sa však zmysly môžu očistiť a vo svojej čistej podobe môžu nadviazať bezprostredný vzťah s Najvyšším Pánom. V tomto hmotnom svete niekomu slúžime len preto, aby sme dostali zaplatené; nerobíme to z lásky. Ani zamestnávateľ nás nemá príliš v láske, prijíma našu službu a platí nám za ňu. Nie je to teda otázka lásky. V duchovnom živote sa však musíme povzniesť do stavu čistej lásky, ktorý môžeme dosiahnuť oddanou službou konanou našimi súčasnými zmyslami.

Láska k Bohu drieme v srdciach všetkých živých bytostí a prejavuje sa rôzne, ale je znečistená stykom s hmotnou spoločnosťou. Človek sa musí zbaviť tejto nečistoty a prebudiť driemajúcu prirodzenú lásku ku Kṛṣṇovi. V tom spočíva celá metóda *bhakti-yogy*.

Nasledovať usmerňujúce zásady *bhakti-yogy* znamená, že sa pod vedením kvalifikovaného duchovného učiteľa riadime určitými pravidlami. Musíme vstávať zavčas ráno, umyť sa a ísť do chrámu, aby sme vzdali úctu Božstvu a mohli spievať Hare Kṛṣṇa, nazbierame kvety pre Božstvá, pripravíme pre Ne jedlo, prijmeme *prasādam* atď. Takisto by sme mali neustále načúvať slovám *Bhagavad-gīty* a *Śrīmad Bhāgavatamu* z úst čistých oddaných. Tieto činnosti môžu pomôcť každému až k najvyššej úrovni lásky k Bohu a zaručiť mu tak vstup do duchovného kráľovstva Boha. Takéto činnosti, vykonávané pod priamym vedením duchovného učiteľa a podľa zásad a predpisov *bhakti-yogy*, zaručene umiestnia oddaného v láske k Bohu.

VERŠ 10

अभ्यासेऽप्यसमर्थोऽसि मत्कर्मपरमो भव ।
मदर्थमपि कर्माणि कुर्वन्सिद्धिमवाप्स्यसि ॥ १० ॥

abhyāse 'py asamartho 'si mat-karma-paramo bhava
mad-artham api karmāṇi kurvan siddhim avāpsyasi

abhyāse — dodržiavať; *api* — dokonca aj keď; *asamarthaḥ* — neschopný; *asi* — si; *mat-karma* — služba Mne; *paramaḥ* — odovzdaj; *bhava* — budeš; *mat-artham* — pre Mňa; *api* — napriek tomu; *karmāṇi* — pracuj; *kurvan* — konanie; *siddhim* — dokonalosti; *avāpsyasi* — dosiahneš.

Ak nedokážeš dodržiavať zásady bhakti-yogy, pokús sa pre Mňa aspoň pracovať, pretože takým konaním pre Mňa, dosiahneš dokonalosti.

VÝZNAM: Aj ten, kto nedokáže dodržiavať usmerňujúce zásady *bhakti-yogy* pod vedením duchovného učiteľa, môže dosiahnuť dokonalosti, ak pracuje pre Najvyššieho Pána. Ako má túto prácu vykonávať, bolo vysvetlené už v 55. verši jedenástej kapitoly. Človek musí mať kladný vzťah k šíreniu vedomia Kṛṣṇu. Jestvuje mnoho oddaných, ktorí šíria vedomie Kṛṣṇu a ktorí potrebujú pomoc. Takže, ak človek nie je schopný priamo sa riadiť regulatívnymi zásadami *bhakti-yogy*, môže aspoň podporovať túto činnosť. Každé podobné úsilie si vyžaduje miesto, peniaze, pracovnú silu a organizáciu. Tak ako sú na rozvoj komerčných programov potrebné pracovné miesto, určitý kapitál, pracovná sila a organizácia, tak sú tieto veci potrebné aj v službe Kṛṣṇovi. Jediný rozdiel spočíva v tom, že v hmotnom svete je cieľom práce zmyslový pôžitok. Tá istá práca však môže byť vykonaná pre potešenie Kṛṣṇu a stáva sa tak duchovnou činnosťou. Ak má človek dostatok peňazí, môže pomôcť pri výstavbe kancelárií alebo chrámov slúžiacich na šírenie náuky o Kṛṣṇovi, alebo môže pomáhať pri vydávaní kníh o Kṛṣṇovi. Mali by sme sa zaujímať o to, akými spôsobmi môžeme pomôcť. Ak sa niekto nedokáže odhodlať k takýmto činnostiam, môže aspoň obetovať určité percento svojho zárobku na propagáciu vedomia Kṛṣṇu. Táto dobrovoľná služba pomôže každému dospieť na vyššiu úroveň lásky k Bohu, kde dosiahne dokonalosť.

VERŠ 11

अथैतदप्यशक्तोऽसि कर्तुं मद्योगमाश्रितः ।
सर्वकर्मफलत्यागं ततः कुरु यतात्मवान् ॥ ११ ॥

athaitad apy aśakto 'si kartuṁ mad-yogam āśritaḥ
sarva-karma-phala-tyāgaṁ tataḥ kuru yatātmavān

atha — hoci; *etat* — toto; *api* — tiež; *aśaktaḥ* — neschopný; *asi* — si; *kartum* — konať; *mat* — pre Mňa; *yogam* — oddaná služba; *āśritaḥ* — útočisko; *sarva-karma* — všetkých činností; *phala* — výsledkov; *tyāgam* — odriekanie; *tataḥ* — potom; *kuru* — praktikuj; *yata-ātma-vān* — istý sám sebou.

A ak nedokážeš konať s týmto vedomím, snaž sa jednať a zriekať sa výsledkov svojej práce a byť si istý sám sebou.

VÝZNAM: Môže sa stať, že človek nedokáže sympatizovať s činnosťami určenými pre potešenie Kṛṣṇu kvôli sociálnym, rodinným, náboženským či iným okolnostiam. Ak sa niekto začne priamo venovať činnostiam, ktorých cieľom je pripomenúť ľuďom nutnosť vedomia Kṛṣṇu, môžu sa okrem protestov ostatných členov rodiny dostaviť aj rôzne iné ťažkosti. Preto sa tým, ktorí majú podobné problémy odporúča, aby plody svojej práce venovali na nejaké dobročinné účely. Vo *Vedach* sú popísané rôzne obete a zvláštne činnosti (*puṇya*), v ktorých človek uplatňuje výsledky svojich minulých skutkov. Tak postupne zušľachťuje svoje poznanie. Môže sa stať, že stretneme niekoho, kto sa vôbec nezaujíma o duchovný život alebo o oddanú službu Kṛṣṇovi, no prispieva na nemocnice alebo na iné sociálne inštitúcie. Tým sa vlastne zrieka plodov svojej práce, pre ktoré tak ťažko drel. Kṛṣṇa tento postup prijíma v tomto verši, pretože zrieknutím sa plodov svojej práce postupne očisťujeme svoju myseľ a s čistou mysľou môžeme porozumieť duchovnej vede o Kṛṣṇovi. Vedomie Kṛṣṇu pochopiteľne nie je závislé na nijakých zvláštnych skúsenostiach, pretože vedomie Kṛṣṇu je spôsob, ako si očistiť myseľ. Ak na tejto duchovnej ceste narazíme na nejaké prekážky, môžeme sa pokúsiť vzdať sa výsledkov svojich činností. Za týchto okolností môže byť sociálna služba, služba spoločnosti alebo nesebecká práca pre blaho zeme postačujúca na to, aby sa človek skôr či neskôr mohol venovať čistej oddanej službe Najvyššiemu Pánovi. V *Bhagavad-gīte* (18.48) sa hovorí: *yataḥ pravṛttir bhūtānām.* Keď sa človek rozhodne uctievať najvyššiu príčinu, dôjde nakoniec k poznaniu, že tou najvyššou príčinou je Kṛṣṇa, hoci o tom spočiatku nemal ani len potuchy.

VERŠ 12

श्रेयो हि ज्ञानमभ्यासाज्ज्ञानाद्ध्यानं विशिष्यते ।
ध्यानात्कर्मफलत्यागस्त्यागाच्छान्तिरनन्तरम् ॥ १२ ॥

śreyo hi jñānam abhyāsāj jñānād dhyānaṁ viśiṣyate
dhyānāt karma-phala-tyāgas tyāgāc chāntir anantaram

śreyaḥ — lepší; *hi* — zaiste; *jñānam* — poznanie; *abhyāsāt* — vykonávanie; *jñānāt* — než poznanie; *dhyānam* — meditácia; *viśiṣyate* — považované za lepšie; *dhyānāt* — než meditácia; *karma-phala-tyāgaḥ* — zrieknutie sa výsledkov plodonosných činov; *tyāgāt* — takým odriekaním; *śāntiḥ* — mier; *anantaram* — potom.

Ak ani tak nedokážeš konať, zamestnaj sa rozvíjaním poznania. Lepšia než poznanie je však meditácia a ešte lepšie ako meditácia je zrieknutie sa plodov práce, pretože takým odriekaním môžeš dosiahnuť pokoj mysle.

VÝZNAM: Ako už bolo povedané v predchádzajúcich veršoch, jestvujú dva druhy oddanej služby. Buď sa riadime regulatívnymi zásadami, alebo sa uberáme cestou čistej lásky k Najvyššej Božskej Osobnosti. Pre tých, ktorí nemôžu nasledovať pravidlá *bhakti-yogy*, je lepšie pestovať poznanie, pretože prostredníctvom poznania môžu pochopiť svoje skutočné postavenie. Poznanie sa časom vyvinie a nahradí ho meditácia, pomocou ktorej môžeme postupne pochopiť Najvyššiu Božskú Osobnosť. Existujú metódy, ktoré nám pomáhajú pochopiť, že sme kvalitatívne totožní s Najvyšším a ľudia, ktorí sa môžu zamestnať v oddanej službe, dávajú prednosť tomuto typu meditácie. Tomu, kto takto meditovať nedokáže, ukladajú *Vedy* isté predpísané povinnosti pre *brāhmaṇov, kṣatriyov, vai-*

śyov a *śūdrov*. O tom bude pojednávať posledná kapitola *Bhagavad-gīty*. V každom prípade by sme sa mali zriecť plodov svojej práce, čo znamená, že výsledky svojej *karmy* použijeme na dobré účely.

Na záver môžeme povedať, že k dosiahnutiu najvyššieho cieľa, Najvyššej Božskej Osobnosti, vedú dve cesty. Prvá z nich je cesta postupného vývoja, kým druhá vedie priamo. Oddaná služba vykonávaná s mysľou upretou na Kṛṣṇu je priama metóda. Nepriama metóda znamená zrieknutie sa plodov práce a vedie najprv k meditácii, neskôr k pochopeniu Nadduše a napokon k dosiahnutiu Najvyššej Božskej Osobnosti. Človek sa môže zdokonaľovať buď krok za krokom, alebo si môže zvoliť priamu cestu, čo však nedokáže každý. Preto je aj nepriama metóda dobrá. Musíme si však uvedomiť, že Arjunovi táto cesta odporučená nebola, pretože už predtým slúžil s láskou a oddanosťou Kṛṣṇovi. Postupné odriekanie, poznanie, meditácia a realizácia Brahmanu a Nadduše sú vhodné pre tých, ktorí nie sú na tej istej úrovni ako Arjuna. *Bhagavad-gītā* však kladie veľký dôraz na priamu metódu a všetkým sa odporúča odovzdať sa priamo Najvyššej Božskej Osobnosti, Kṛṣṇovi.

VERŠ 13–14

अद्वेष्टा सर्वभूतानां मैत्रः करुण एव च ।
निर्ममो निरहङ्कारः समदुःखसुखः क्षमी ॥ १३ ॥
सन्तुष्टः सततं योगी यतात्मा दृढनिश्चयः ।
मय्यर्पितमनोबुद्धिर्यो मद्भक्तः स मे प्रियः ॥ १४ ॥

adveṣṭā sarva-bhūtānāṁ maitraḥ karuṇa eva ca
nirmamo nirahaṅkāraḥ sama-duḥkha-sukhaḥ kṣamī

santuṣṭaḥ satataṁ yogī yatātmā dṛḍha-niścayaḥ
mayy arpita-mano-buddhir yo mad-bhaktaḥ sa me priyaḥ

adveṣṭā — zbavený závisti; *sarva-bhūtānām* — všetkým živým tvorom; *maitraḥ* — priateľský; *karuṇaḥ* — láskavý; *eva* — zaiste; *ca* — tiež; *nirmamaḥ* — bez vlastníckeho pocitu; *nirahaṅkāraḥ* — bez falošného ega; *sama* — rovnako; *duḥkha* — nešťastie; *sukhaḥ* — šťastie; *kṣamī* — odpustené; *santuṣṭaḥ* — spokojný; *satatam* — vždy; *yogī* — oddaný; *yata-ātmā* — ovládajúci sa; *dṛḍha-niścayaḥ* — s odhodlanosťou; *mayi* — Mne; *arpita* — venuje sa; *manaḥ* — myseľ; *buddhiḥ* — inteligencia; *yaḥ* — ten, kto; *mat-bhaktaḥ* — Môj oddaný; *saḥ* — on; *me* — Mne; *priyaḥ* — drahý.

Kto je zbavený závisti a je láskavým priateľom všetkých živých tvorov, kto sa nepovažuje za vlastníka a je zbavený falošného ega, kto zachováva pokoj ako v šťastí, tak aj v nešťastí, kto je znášanlivý, vždy spokojný, sebaovládnutý a s odhodlanosťou sa venuje oddanej službe s mysľou a inteligenciou na Mňa upretou, taký Môj oddaný je Mi veľmi drahý.

VÝZNAM: Śrī Kṛṣṇa sa v týchto dvoch veršoch opäť vracia k čistej oddanej službe opisom transcendentálnych vlastností čistého oddaného. Čistý oddaný sa za žiadnych okolností neznepokojuje a nikomu nezávidí. Nie je nepriateľský ani voči svojmu nepriateľovi, nepriateľstvo považuje za dôsledok svojich zlých skutkov v predchádzajúcich životoch. Preto je lepšie trpieť ako protestovať. V *Śrīmad-Bhāgavatame* (10.14.8) sa uvádza: *tat te 'nukampāṁ su-samīkṣamāṇo bhuñjāna evātma-kṛtaṁ vipākam.* Kedykoľvek sa oddaný dostane do ťažkostí a má starosti, považuje to za Božiu milosť. Oddaný uvažuje: „Za moje minulé skutky by som mal trpieť omnoho viac, ako trpím. Je to teda vďaka Božej milosti, že nie som potrestaný podľa zásluh a že trpím tak málo." Navzdory rôznym ťažkým okolnostiam zostáva oddaný vždy spokojný, mlčanlivý a trpezlivý. K všetkým, i k svojím nepriateľom, sa chová priateľsky. *Nirmama* znamená, že oddaný nepripisuje veľký význam bolestiam a telesným ťažkostiam, pretože si je dobre vedomý, že nie je toto telo. Nestotožňuje sa s telom, a preto je zbavený falošného ega a zachováva pokoj ako v šťastí, tak aj v nešťastí. Oddaný je znášanlivý a spokojný so všetkým, čo sa mu dostáva milosťou Boha. Je vždy veselý, nakoľko sa nesnaží o nič ťažko dosiahnuteľné. Oddaný je dokonalý mystik, lebo dokonale nasleduje pokyny svojho duchovného učiteľa, a pretože ovláda svoje zmysly, je rozhodný. Nedá sa oklamať falošnými argumentami, pretože ho nikto nemôže prinútiť, aby upustil od svojho odhodlania vykonávať oddanú službu. Je si plne vedomý skutočnosti, že Kṛṣṇa je večný Boh, a preto ho nik nemôže rozrušiť. Všetky tieto vlastnosti mu umožňujú nachádzať útechu v Bohu. Taká oddaná služba sa vyskytuje samozrejme zriedka a vzácne, no oddaný sa na túto úroveň môže dostať, ak sa riadi regulatívnymi zásadami. Kṛṣṇa ďalej hovorí, že taký oddaný je Mu veľmi drahý, pretože Ho vždy teší svojimi činmi vykonávanými s čistou oddanosťou.

VERŠ 15

यस्मान्नोद्विजते लोको लोकान्नोद्विजते च यः ।
हर्षामर्षभयोद्वेगैर्मुक्तो यः स च मे प्रियः ॥ १५ ॥

yasmān nodvijate loko lokān nodvijate ca yaḥ
harṣāmarṣa-bhayodvegair mukto yaḥ sa ca me priyaḥ

yasmāt — pre ktorého; *na* — nikdy; *udvijate* — znepokojené; *lokaḥ* — ľudia; *lokāt* — ľudia; *na* — nikdy; *udvijate* — rozrušený; *ca* — tiež; *yaḥ* — tí, ktorí; *harṣa* — nešťastie; *amarṣa* — šťastie; *bhaya* — strach; *udvegaiḥ* — úzkosť; *muktaḥ* — vyslobodenie; *yaḥ* — tí, ktorí; *saḥ* — ktokoľvek; *ca* — tiež; *me* — Mne; *priyaḥ* — drahý.

Ten, kto nikoho neprivádza do ťažkostí, koho nikto nerozruší a kto zachováva pokoj ako v šťastí, tak i v nešťastí, strachu i úzkosti, je Mi veľmi drahý.

VÝZNAM: V tomto verši sa uvádzajú niektoré z ďalších vlastností oddaného. Oddaný nikoho neznepokojuje, neohrozuje a nikoho neprivádza do ťažkostí. Nikoho neznepokojuje, pretože je ku všetkým láskavý. Aj keby sa ho niekto snažil vyprovokovať, nerozruší ho to. Kṛṣṇovou milosťou sa dostane na takú úroveň, že ho vonkajšie popudy viac nedokážu znepokojiť. Žiadne hmotné okolnosti ho v skutočnosti nemôžu ovplyvniť, pretože je neustále zamestnaný v oddanej službe s mysľou upretou na Kṛṣṇu. Zato materialistu obyčajne potešia veci, ktoré uspokojujú jeho zmysly a telo, no len čo zistí, že druhí majú lepšie podmienky na zmyslový pôžitok než on, je nešťastný a závistivý. Má strach, keď očakáva pomstu od svojho nepriateľa, a je skľúčený, ak sa mu nedarí v práci. Oddaný sa však zachováva transcendentálne vo všetkých podobných situáciách, a preto je Kṛṣṇovi veľmi drahý.

VERŠ 16

अनपेक्षः शुचिर्दक्ष उदासीनो गतव्यथः ।
सर्वारम्भपरित्यागी यो मद्भक्तः स मे प्रियः ॥ १६ ॥

anapekṣaḥ śucir dakṣa udāsīno gata-vyathaḥ
sarvārambha-parityāgī yo mad-bhaktaḥ sa me priyaḥ

anapekṣaḥ — nestranný, *śuciḥ* — čistý; *dakṣaḥ* — odborník; *udāsīnaḥ* — bezstarostný; *gata-vyathaḥ* — zbavený útrap; *sarva-ārambha* — podnikania; *parityāgī* — kto sa zrieka; *yaḥ* — každý, kto; *mat-bhaktaḥ* — Môj oddaný; *saḥ* — on; *me* — Mne; *priyaḥ* — veľmi drahý.

Môj oddaný je Mi veľmi drahý, pretože nezávisí od bežných udalostí, je čistý, skúsený, zbavený útrap a bolesti a netúži po plodoch svojej práce.

VÝZNAM: Oddaný by sa nemal snažiť o získanie peňazí, no nie je nijak ovplyvnený, keď mu ich Božou milosťou niekto ponúkne. Je preňho prirodzené kúpať sa najmenej dvakrát denne a vstávať skoro ráno, aby mohol vykonávať oddanú službu. Je teda čistý navonok aj vo vnútri. Oddaný je skúsený, pretože veľmi dobre pozná zmysel všetkých činností a je presvedčený o pravosti autorizovaných písiem. Nikdy sa nepridáva k nejakej strane a preto je zbavený starostí. Nikdy sa netrápi, pretože sa nestotožňuje s nijakými označeniami, vie, že jeho telo je len hmotná schránka a telesné bolesti na neho nemajú vplyv. Čistý oddaný nikdy netúži po niečom, čo je v rozpore so zásadami oddanej služby. Napríklad stavba domu si vyžaduje mnoho energie, ale oddaný by nikdy nezačal s niečím, čo nevedie k pokroku v oddanej službe. Ak by sa konalo o stavbu Kṛṣṇovho chrámu, je ochotný vziať na seba všetky ťažkosti, no nikdy by nepostavil veľký dom pre svoj osobný pôžitok.

VERŠ 17

यो न हृष्यति न द्वेष्टि न शोचति न काङ्‌क्षति ।
शुभाशुभपरित्यागी भक्तिमान्यः स मे प्रियः ॥ १७ ॥

yo na hṛṣyati na dveṣṭi na śocati na kāṅkṣati
śubhāśubha-parityāgī bhaktimān yaḥ sa me priyaḥ

yaḥ — ten, kto; *na* — nikdy; *hṛṣyati* — teší sa; *na* — nikdy; *dveṣṭi* — trápi sa; *na* — nikdy; *śocati* — narieka; *na* — nikdy; *kāṅkṣati* — túži; *śubha* —

priaznivý; *aśubha* — nepriaznivý; *parityāgī* — ten, kto sa zrieka; *bhakti-mān* — oddaný; *yaḥ* — ten, kto; *saḥ* — on je; *me* — Mne; *priyaḥ* — drahý.

Kto sa neuchyľuje k radosti ani k smútku, kto nenarieka a po ničom netúži a kto sa zrieka priaznivých i nepriaznivých vecí, taký oddaný je Mi veľmi drahý.

VÝZNAM: Čistý oddaný sa neraduje ani nenarieka nad hmotnou stratou alebo ziskom. Ani netúži po synovi alebo nasledovníkoch, a keď ich nezíska, necíti sklamanie. Nermúti sa, ak nedosiahne to, po čom túži. Je transcendentálny voči všetkým priaznivým, nepriaznivým a hriešnym činnostiam. Pre potešenie Pána je ochotný vystaviť sa akémukoľvek nebezpečenstvu. Nič mu nemôže zabrániť vykonávať oddanú službu. Taký oddaný je Kṛṣṇovi veľmi drahý.

VERŠ 18-19

समः शत्रौ च मित्रे च तथा मानापमानयोः ।
शीतोष्णसुखदुःखेषु समः सङ्गविवर्जितः ॥ १८ ॥
तुल्यनिन्दास्तुतिर्मौनी सन्तुष्टो येन केनचित् ।
अनिकेतः स्थिरमतिर्भक्तिमान्मे प्रियो नरः ॥ १९ ॥

samaḥ śatrau ca mitre ca tathā mānāpamānayoḥ
śītoṣṇa-sukha-duḥkheṣu samaḥ saṅga-vivarjitaḥ

tulya-nindā-stutir maunī santuṣṭo yena kenacit
aniketaḥ sthira-matir bhaktimān me priyo naraḥ

samaḥ — rovnaký; *śatrau* — k nepriateľovi; *ca* — i; *mitre* — k priateľovi; *ca* — tiež; *tathā* — tak; *māna* — pocta; *apamānayoḥ* — potupa; *śīta* — chlad; *uṣṇa* — páľava; *sukha* — šťastie; *duḥkheṣu* — nešťastie; *samaḥ* — rovnaký; *saṅga-vivarjitaḥ* — bez akejkoľvek spoločnosti; *tulya* — rovnaký; *nindā* — hanba; *stutiḥ* — dobrá povesť; *maunī* — mlčanie; *santuṣṭaḥ* — spokojný; *yena kenacit* — akokoľvek; *aniketaḥ* — bez domova; *sthira* — pevne; *matiḥ* — odhodlaný; *bhakti-mān* — zapojený v oddanej službe; *me* — Mne; *priyaḥ* — drahý; *naraḥ* — človek.

Veľmi drahý je Mi ten, kto sa chová rovnako k priateľovi i nepriateľovi, koho sa nedotkne pocta ani potupa, páľava či chlad, šťastie či nešťastie, sláva či hanba, kto sa nestýka so zlou spoločnosťou, je vždy mlčanlivý, so všetkým spokojný, kto sa nestará o strechu nad hlavou a je pevný v poznaní a zamestnaný oddanou službou.

VÝZNAM: Oddaný sa vždy vyhýba zlej spoločnosti. Ľudia majú niekedy vo zvyku jedného raz vychvaľovať a inokedy zas haniť, to je prirodzená vlastnosť ľudskej spoločnosti. Oddaný však nie je ovplyvnený vyumelkovanou chválou či pohanou, šťastím či nešťastím. Je veľmi trpezlivý. Nehovorí o ničom inom než o Kṛṣṇovi, a preto sa hovorí, že je mlčanlivý. Mlčať však neznamená prestať hovoriť, ale prestať hovoriť o nezmysloch. Človek by mal hovoriť o Kṛṣṇovi. Oddaný je za každých okolností šťastný, niekedy dostane dobré jedlo, inokedy nie, no v oboch prípadoch je spokojný. Neláme si hlavu nad tým, ako a kde bývať. Raz môže žiť pod stromom a inokedy v paláci, no neláka ho ani jedno, ani druhé. Hovorí sa, že má neochvejnú myseľ, pretože je pevný vo svojej odhodlanosti a poznaní. Možno sa v tomto verši niektoré vlastnosti opakovali, ale to len poslúžilo na zdôraznenie toho, že oddaný musí tieto vlastnosti získať. Bez dobrých vlastností sa nikto nemôže stať čistým oddaným. *Harāv abhaktasya kuto mahad-guṇāḥ*: človek, ktorý nie je oddaný Bohu, nemá žiadne dobré vlastnosti. Ak chce byť niekto považovaný za oddaného, musí v sebe tieto dobré vlastnosti vypestovať. Oddaná služba s vedomím Kṛṣṇu mu ich sama pomôže vyvinúť a pritom nemusí vynakladať nejaké ďalšie úsilie na ich dosiahnutie.

VERŠ 20

ये तु धर्मामृतमिदं यथोक्तं पर्युपासते ।
श्रद्दधाना मत्परमा भक्तास्तेऽतीव मे प्रियाः ॥ २० ॥

ye tu dharmāmṛtam idaṁ yathoktaṁ paryupāsate
śraddadhānā mat-paramā bhaktās te 'tīva me priyāḥ

ye — tí, ktorí; *tu* — ale; *dharma* — náboženstvo; *amṛtam* — nektár; *idam* — túto; *yathā* — tak; *uktam* — hovorí; *paryupāsate* — plne zapojený; *śraddadhānāḥ* — s vierou; *mat-paramāḥ* — považuje Mňa, Najvyššieho Pána, za všetko na svete; *bhaktāḥ* — oddaní; *te* — oni; *atīva* — obzvlášť; *me* — Mne; *priyāḥ* — drahí.

Nadovšetko sú Mi milí tí, ktorí naplnení vierou kráčajú nepominuteľnou cestou oddanej služby a Mňa si zvolili za svoj najvyšší cieľ.

VÝZNAM: Počnúc druhým veršom *mayy āveśya mano ye mām* — „upni svoju myseľ na Mňa," až po *ye tu dharmāmṛtam idam* — „toto náboženstvo večnej činnosti," Najvyšší Pán vysvetľuje cestu večnej transcendentálnej oddanej služby, ktorou Ho možno dosiahnuť. Táto cesta je Kṛṣṇovi veľmi milá a Kṛṣṇa prijíma všetkých, ktorí sa ňou uberajú. Arjuna sa pýtal, kto je lepší — či ten, kto sa uberá cestou neosobného Brahmanu, alebo ten, kto osobne slúži Najvyššej Božskej Osobnosti. Śrī Kṛṣṇa mu dal podrobnú odpoveď. Nesporne niet lepšej cesty vedúcej k sebarealizácii, než je oddaná služba. Inými slovami, v tejto kapitole je potvrdené, že v dobrej spoločnosti sa v človeku vyvíja túžba oddane a láskyplne slúžiť Pánovi, prijať pravého duchovného učiteľa a pod jeho vedením načúvať a ospevovať Najvyššieho Pána a dodržiavať základné pravidlá oddanej služby s vierou a oddanosťou, a tak sa zapojiť do transcendentálnej služby Pánovi. Táto cesta je v tejto kapitole odporúčaná a niet pochybností o tom, že oddaná služba je jedinou absolútnou cestou vedúcou k sebarealizácii a k Najvyššej Božskej Osobnosti. Inými slovami, neosobné poňatie nám môže vyhovovať dovtedy, kým sa nám nenaskytne príležitosť styku s čistým oddaným. Ten, kto chápe Najvyššiu Absolútnu Pravdu neosobne, by mal pracovať bez túžby po plodoch, meditovať a rozvíjať poznanie, aby pochopil rozdiel medzi hmotnou a duchovnou energiou. Je to potrebné len dovtedy, kým sa človek nestretne s čistým oddaným. Ak v sebe prebudíme túžbu slúžiť priamo Kṛṣṇovi, s láskou a oddanosťou, nemusíme sa viac trápiť na ceste postupnej duchovnej realizácie, pretože oddaná služba, tak ako je popísaná v prostredných šiestich kapitolách *Bhagavad-gīty*, je oveľa príjemnejšia. Nemusíme sa starať o to, ako udržať telo a dušu pohromade, pretože všetko sa vyrieši automaticky milosťou Boha.

Takto končia Bhaktivedantove výklady k dvanástej kapitole *Śrīmad Bhagavad-gīty*, pojednávajúcej o oddanej službe.

KAPITOLA TRINÁSTA

Príroda, požívateľ a vedomie

VERŠ 1–2

अर्जुन उवाच
प्रकृतिं पुरुषं चैव क्षेत्रं क्षेत्रज्ञमेव च ।
एतद्वेदितुमिच्छामि ज्ञानं ज्ञेयं च केशव ॥ १ ॥

श्रीभगवानुवाच
इदं शरीरं कौन्तेय क्षेत्रमित्यभिधीयते ।
एतद्यो वेत्ति तं प्राहुः क्षेत्रज्ञ इति तद्विदः ॥ २ ॥

arjuna uvāca
prakṛtiṁ puruṣaṁ caiva kṣetraṁ kṣetra-jñam eva ca
etad veditum icchāmi jñānaṁ jñeyaṁ ca keśava

śrī-bhagavān uvāca
idaṁ śarīraṁ kaunteya kṣetram ity abhidhīyate
etad yo vetti taṁ prāhuḥ kṣetra-jña iti tad-vidaḥ

arjunaḥ uvāca — Arjuna riekol; *prakṛtim* — príroda; *puruṣam* — požívateľ; *ca* — tiež; *eva* — iste; *kṣetram* — telo; *kṣetra-jñam* — znalec tela; *eva* — iste; *ca* — tiež; *etat* — toto všetko; *veditum* — vedieť; *icchāmi* — prajem si; *jñānam* — poznanie; *jñeyam* — predmet poznania; *ca* — tiež; *keśava* — ó, Kṛṣṇa; *śrī-bhagavān uvāca* — Kṛṣṇa, Najvyššia Božská Osobnosť, riekol; *idam* — toto; *śarīram* — telo; *kaunteya* — ó, syn Kuntī; *kṣetram* — pole; *iti* — tak; *abhidhīyate* — nazýva sa; *etat* — toto; *yaḥ* — ten, kto; *vetti* — pozná; *tam* — on; *prāhuḥ* — nazýva sa; *kṣetra-jñaḥ* — znalec poľa; *iti* — tak; *tat-vidaḥ* — tými, ktorí vedia.

Arjuna riekol: Ó, môj milý Kṛṣṇa, chcel by som vedieť, čo je prakṛti (príroda), puruṣa (požívateľ), pole, znalec poľa, poznanie a predmet poznania.

Kṛṣṇa, Najvyššia Božská Osobnosť, riekol: Ó, syn Kuntī, toto telo sa nazýva pole a ten, kto toto telo pozná, sa nazýva znalec poľa.

VÝZNAM: Arjuna chcel vedieť, čo je *prakṛti* (príroda), *puruṣa* (požívateľ), *kṣetra* (pole) a *kṣetra-jña* (znalec poľa). Ďalej chcel vedieť, čo je poznanie a predmet poznania. Kṛṣṇa mu odpovedá, že poľom sa myslí telo a že ten, kto toto telo pozná, sa nazýva znalec poľa. Pre podmienenú dušu je telo poľom pôsobnosti. Podmienená duša je v zajatí hmotnej existencie a pokúša sa ovládnuť hmotnú prírodu. A tak vzhľadom na svoju schopnosť vládnuť hmotnej prírode získa pole pôsobnosti. Týmto poľom pôsobnosti je telo. A čo je to telo? Telo tvoria zmysly. Podmienená duša si chce užívať zmysly a podľa druhu pôžitku, o ktorý má záujem, dostane telo. Telo sa teda nazýva *kṣetra*, alebo pole pôsobnosti podmienenej duše. Ten, kto sa mylne stotožňuje s telom, sa nazýva *kṣetra-jña*, alebo znalec poľa. Nie je ťažké pochopiť rozdiel medzi poľom a znalcom poľa, alebo medzi telom a jeho znalcom. Každý vidí, že detstvom počnúc a starobou končiac, prechádza telo mnohými zmenami, aj keď človek zostáva tou istou osobou. Rozdiel je teda medzi znalcom poľa a poľom samotným. Týmto spôsobom môže podmienená duša pochopiť, že sa líši od tela. Na začiatku *Bhagavad-gīty* (2.13) sa píše, že živá bytosť pobýva v tele a že toto telo sa mení z detstva do mladosti a z dospelosti do staroby: *dehino 'smin*. Vlastník teda vie, že je znalcom poľa, pretože telo sa mení. Vlastník je teda nepochybne *kṣetra-jña*. Niekedy si myslíme „som šťastný", „som muž", „som žena", „som pes", „som mačka" a podobne.

To všetko sú telesné označenia znalca poľa. Znalec však nie je totožný so svojím telom. Podobne môžeme vlastniť veľa rôznych vecí, ako napríklad odev atď., no vieme, že sa líšime od týchto vecí. Takýmto spôsobom môžeme s trochou inteligencie pochopiť aj rozdiel medzi nami a telom. Ja, vy alebo hocikto iný, kto vlastní telo, sa nazýva *kṣetra-jña*, znalec poľa pôsobnosti, a telo sa nazýva *kṣetra*, pole aktivít vlastného ja.

V prvých šiestich kapitolách *Bhagavad-gīty* je opísaný znalec poľa (živá bytosť) a pozícia, z ktorej môže porozumieť Najvyššiemu Pánovi. V prostredných šiestich kapitolách *Bhagavad-gīty* je opísaná Najvyššia Božská Osobnosť a vzťah medzi individuálnou dušou a Naddušou v rámci oddanej služby. V týchto kapitolách je predložená konečná definícia nadradeného postavenia Najvyššej Božskej Osobnosti a podriadeného postavenia individuálnej duše. Živé bytosti sú za všetkých okolností nižšie postavené, ale pretože na to zabúdajú, trpia. Keď sa prostredníctvom zbožných skutkov osvietia, snažia sa priblížiť k Najvyššiemu Pánovi za rôznych okolností — buď ako trpiaci, alebo ako ľudia bažiaci po bohatstve, zvedaví, či túžiaci po poznaní. O tom všetkom sme už hovorili. A teraz, na začiatku trinástej kapitoly Pán vysvetľuje, ako živá bytosť prichádza do styku s hmotnou prírodou a ako jej Najvyšší Pán pomáha vyslobodiť sa pomocou rôznych metód — vykonávaním plodonosných činností, pestovaním poznania a oddanou službou. Aj keď sa živá bytosť podstatne líši od hmotného tela, je s ním istým spôsobom spojená. To všetko už bolo vysvetlené.

VERŠ 3

क्षेत्रज्ञं चापि मां विद्धि सर्वक्षेत्रेषु भारत ।
क्षेत्रक्षेत्रज्ञयोर्ज्ञानं यत्तज्ज्ञानं मतं मम ॥ ३ ॥

kṣetra-jñaṁ cāpi māṁ viddhi sarva-kṣetreṣu bhārata
kṣetra-kṣetrajñayor jñānaṁ yat taj jñānaṁ mataṁ mama

kṣetra-jñam — znalec poľa; *ca* — tiež; *api* — iste; *mām* — Ja; *viddhi* — vedz; *sarva* — všetkých; *kṣetreṣu* — poliach; *bhārata* — ó, potomok Bharatov; *kṣetra* — pole pôsobnosti; *kṣetra-jñayoḥ* — znalec poľa; *jñānam* — poznanie; *yat* — to; *tat* — čo; *jñānam* — poznanie; *matam* — mienka; *mama* — Moje.

Ó, potomok Bharatov, mal by si vedieť, že Ja som tiež znalcom, a to vo všetkých telách. Porozumenie tomuto telu a jeho znalcovi je skutočným poznaním. To je môj názor.

VÝZNAM: Keď diskutujeme o veciach týkajúcich sa tela a znalca tela, duše a Nadduše, nachádzame tri predmety štúdia: Najvyššieho Pána, živú bytosť a hmotu. V každom tele, poli pôsobnosti, sídlia dve duše — individuálna duša a Nadduša. Keďže Nadduša je plnou expanziou Najvyššej Božskej Osobnosti, Śrī Kṛṣṇu, Kṛṣṇa hovorí: „Aj Ja som znalcom tela, no nie takým ako individuálna duša. Som najvyšším znalcom. Sídlim vo všetkých telách ako Paramātma, Nadduša."

Ten, kto vo svetle *Bhagavad-gīty* s veľkým odhodlaním študuje predmet poľa pôsobnosti a znalca poľa, môže dôjsť k poznaniu.

Pán hovorí: „Som znalcom poľa pôsobnosti v každom individuálnom tele." Individuálna duša si môže byť vedomá vlastného tela, no nevie, čo sa odohráva v telách druhých. Najvyšší Pán, sídliaci v srdci každého, vie všetko o všetkých telách. Má poznanie o telách všetkých životných druhov. Radový občan môže vedieť všetko o svojom malom kúsku pôdy, no kráľ nepozná iba svoj vlastný palác, ale tiež majetok všetkých občanov. Podobne i my môžeme byť individuálnymi vlastníkmi určitého tela, zatiaľ čo Najvyšší Pán je vlastníkom všetkých tiel. Pôvodným majiteľom kráľovstva je kráľ. Občania sú až druhoradými vlastníkmi. Analogicky je Najvyšší Pán zvrchovaným vlastníkom všetkých tiel.

Telo pozostáva zo zmyslov. Najvyšší Pán sa nazýva Hṛṣīkeśa, Vládca zmyslov. Je pôvodným Vládcom zmyslov, podobne ako je kráľ zvrchovaným vládcom kráľovstva. Občania sú až druhotnými ovládateľmi. Pán hovorí: „Som tiež znalcom." To znamená, že je najvyšším znalcom, zatiaľ čo individuálna duša pozná iba svoje vlastné telo. Vo *Vedach* sa píše:

kṣetrāṇi hi śarīrāṇi bījaṁ cāpi śubhāśubhe
tāni vetti sa yogātmā tataḥ kṣetra-jña ucyate

Telo sa nazýva *kṣetra*, a v ňom sídli jeho majiteľ a Najvyšší Pán, ktorý pozná ako telo, tak i majiteľa. Preto sa nazýva znalcom všetkých polí. Rozdiely medzi poľom pôsobnosti, znalcom poľa pôsobnosti a najvyšším znalcom budú opísané nasledovne. Dokonalá znalosť tela, individuálnej duše a Nadduše sa vo *vedskej* literatúre označuje slovom *jñāna*. To je Kṛṣṇov názor. Pochopiť, že duša a Nadduša sú totožné a predsa sa líšia, sa nazýva poznanie. Ten, kto nepochopí rozdiel medzi poľom pôsobnosti a jeho znalcom, nemá dokonalé poznanie. Mali by sme pochopiť pozíciu *prakṛti* (prírody), *puruṣu* (užívateľa prírody) a *īśvaru* (vládcu, ktorý je znalcom ako prírody, tak individuálnej duše). Nemali by sme si zamieňať tieto tri pojmy, podobne ako si nezamieňame maliara, obraz a maliarsky stojan. Prírodou sa myslí tento hmotný svet, čiže pole pôsobnosti, užívateľom prírody je živá bytosť a nad obidvoma stojí Najvyšší Vládca, Najvyššia Božská Osobnosť. Vo *Vedach* (*Śvetāśvatara Upaniṣad* 1.12) je to opísané nasledovne: *bhoktā bhogyaṁ preritāraṁ ca matvā/ sarvaṁ proktaṁ tri-vidhaṁ brahmam etat.* Brahman má tri aspekty: *prakṛti* je Brahman ako pole pôsobnosti, *jīva* (individuálna duša), ktorá sa snaží ovládať hmotnú prírodu, je takisto Brahman a Najvyšší Pán, ktorý nad obidvoma vládne, je Brahman, ktorý je skutočným vládcom.

V tejto kapitole bude ďalej vysvetlené, že jeden zo znalcov je chybujúci a druhý neomylný. Jeden je nadriadený a druhý podriadený. Kto by si snáď myslel, že obidvaja znalci sú totožní, odporoval by Najvyššiemu Pánovi, ktorý jasne hovorí: „Ja som tiež znalcom poľa pôsobnosti". Ten, kto si pletie povraz s hadom, je hlupák. Jestvuje mnoho rôznych druhov tiel a mnoho ich znalcov. Toto množstvo tiel jestvuje preto, že každá individuálna duša má svoju zvláštnu schopnosť vládnuť hmotnej prírode. Najvyšší Pán je však prítomný ako vládca v tele každého. Slovo *ca* je významné, pretože poukazuje na všetky telá. Podľa Śrīlu Baladevu Vidyābhūṣaṇu je Kṛṣṇa Naddušou, ktorá spolu s individuálnou dušou sídli v srdci každého. Kṛṣṇa v tomto verši jasne hovorí, že Nadduša vládne ako poľu pôsobnosti, tak aj obmedzenému užívateľovi.

VERŠ 4

तत्क्षेत्रं यच्च यादृक्च यद्विकारि यतश्च यत् ।
स च यो यत्प्रभावश्च तत्समासेन मे शृणु ॥ ४ ॥

tat kṣetraṁ yac ca yādṛk ca yad-vikāri yataś ca yat
sa ca yo yat-prabhāvaś ca tat samāsena me śṛṇu

tat — to; *kṣetram* — pole pôsobnosti; *yat* — ktoré; *ca* — tiež; *yādṛk* — také, aké je; *ca* — aj; *yat* — čo má; *vikāri* — zmeny; *yataḥ* — odkiaľ; *ca* — a; *yat* — kto; *saḥ* — on; *ca* — aj; *yaḥ* — kto; *yat* — má; *prabhāvaḥ* — vplyv; *ca* — a; *tat* — to; *samāsena* — v krátkosti; *me* — odo Mňa; *śṛṇu* — čuj.

Vypočuj si teraz prosím, čo ti v krátkosti poviem o poli pôsobnosti, o jeho povahe, o tom, ako sa mení, odkiaľ pochádza, kto je jeho znalcom a aký má vplyv.

VÝZNAM: V tejto *śloke* Pán popisuje povahu poľa pôsobnosti a jeho znalca. Človek by mal vedieť, čo je telo, z akých látok sa skladá, kto ho ovláda, akými zmenami prechádza, odkiaľ tieto zmeny pochádzajú, aké sú ich príčiny, aký je najvyšší cieľ individuálnej duše a aká je jej skutočná povaha. Každý by mal poznať rozdiel medzi individuálnou dušou a Naddušou, ich odlišný potenciál a vplyv apod. Všetko nám bude jasné, ak pochopíme *Bhagavad-gītu* priamo z opisu Najvyššej Božskej Osobnosti. Musíme si však dávať pozor, aby sme si neplietli Najvyššiu Božskú Osobnosť sídliacu v tele každého s *jīvou*, individuálnou dušou. Bolo by to to isté, ako keby sme chceli postaviť na jednu úroveň mocného s bezmocným.

VERŠ 5

ऋषिभिर्बहुधा गीतं छन्दोभिर्विविधैः पृथक् ।
ब्रह्मसूत्रपदैश्चैव हेतुमद्भिर्विनिश्चितैः ॥ ५ ॥

ṛṣibhir bahudhā gītaṁ chandobhir vividhaiḥ pṛthak
brahma-sūtra-padaiś caiva hetumadbhir viniścitaiḥ

ṛṣibhiḥ — mudrci; *bahudhā* — rôznymi spôsobmi; *gītam* — opisujú; *chandobhiḥ* — *vedskymi* hymnami; *vividhaiḥ* — v rôznych; *pṛthak* — rôzne; *brahma-sūtra* — vo *Vedānte*; *padaiḥ* — aforizmom; *ca* — tiež; *eva* — iste; *hetu-madbhiḥ* — s príčinou a následkom; *viniścitaiḥ* — istý.

Toto poznanie o poli pôsobnosti a znalcovi poľa opísali už rôzni mudrci v rôznych vedskych písmach. Najmä vo Vedānta-sūtre, kde je to predložené formou podrobnej úvahy o príčine a účinku.

VÝZNAM: Najvyššia Božská Osobnosť, Śrī Kṛṣṇa, je najvyššou autoritou pre výklad tohoto poznania. Všeobecne platí, že učenci i uznávané autority sa vždy dovolávajú predošlých autorít. Kṛṣṇa vysvetľuje túto kontraverznú otázku súčasnej jednoty a odlišnosti duše s Naddušou odkazom na *Vedāntu*, ktorá je považovaná za autoritatívne písmo. Najprv hovorí: „Mnohí učenci sa v tejto otázke zhodujú.“ Napríklad Vyāsadeva, veľký mudrc, je autorom *Vedānta-sūtry* a vo *Vedānta-sūtre* je otázka duality dokonale vysvetlená. A Vyāsadevov otec, Parāśara, ktorý bol tiež veľkým mudrcom, píše vo svojich náboženských spisoch: *ahaṁ tvaṁ ca tathānye...* „My všetci — ja, vy, ako aj všetky živé bytosti — sme transcendentálni, hoci žijeme v hmotných telách. Naše postavenie je v súčasnosti určované tromi kvalitami hmotnej prírody v súlade s našou *karmou*. Preto sa niekto nachádza na vyššej úrovni, zatiaľ čo iný stojí nižšie. Vyššie a nižšie postavenie jestvuje vďaka nevedomosti a je manifestované v nespočetnom množstve živých tvorov. Avšak Nadduša, ktorá je neomylná, nie je znečistená kvalitami hmotnej prírody a je transcendentálna.“ Podobne vo *Vedach*, špeciálne v *Kaṭha Upaniṣade*, sa duša, Nadduša a telo zásadne rozlišujú. Je mnoho veľkých mudrcov, ktorí to vysvetlili a spomedzi nich je Parāśara najvýznamnejší.

Slovo *chandobhiḥ* sa vzťahuje na rôzne *vedske* písma. Napríklad *Taittirīya Upaniṣad*, ktorá je súčasťou *Yajur Vedy*, popisuje prírodu, živé bytosti a Najvyššiu Božskú Osobnosť.

Ako sme už uviedli, *kṣetra* je pole pôsobnosti a jestvujú dva druhy *kṣetra-jñu*, znalca poľa: individuálna živá bytosť a najvyššia živá bytosť. V *Taittirīya Upaniṣade* (2.9) sa píše: *brahma pucchaṁ pratiṣṭhā. Anna-maya* je manifestácia energie Najvyššieho Pána a znamená závislosť životnej existencie od jedla. To je materialistické poňatie Najvyššieho. Po realizácii, že Najvyššia Absolútna Pravda spočíva v jedle, nasleduje *prāṇa-maya*, realizácia Absolútnej Pravdy v životných príznakoch všetkých životných foriem. Realizácia *jñāna-maya* siaha až za príznaky života k činnostiam myslenia, cítenia a chcenia. Potom prichádza realizácia Brahmanu, ktorá sa nazýva *vijñāna-maya* — odlíšenie mysle a životných príznakov od živej bytosti samotnej. A potom nasleduje najvyššia úroveň — *ānanda-maya*, realizácia všeblaženej podstaty. Existuje teda päť stupňov Brahmanu, zvaných *brahma-puccham*, z ktorých prvé tri — *anna-maya, prāṇa-maya* a *jñāna-maya* — sa týkajú poľa činností živých tvorov. Najvyšší Pán je transcendentálny voči všetkým týmto poliam činnosti a nazýva sa *ānanda-maya. Vedānta-sūtra* popisuje Najvyššieho takto: *ānanda-mayo 'bhyāsāt.* „Najvyššia Božská Osobnosť je vo Svojej podstate plná blaženosti.“ A aby si Najvyšší Pán mohol užívať transcendentálnu blaženosť, expanduje sa do *vijñāna-maya, jñāna-maya, prāṇa-maya* a *anna-maya.* Na poli svojich činností sa živá bytosť považuje za užívateľa, ale *ānanda-maya* sa od nej líši. To znamená, že živá bytosť dosiahne dokonalosť, iba ak sa rozhodne pre pôžitok na úrovni *ānanda-maya*. To je správne pochopenie Najvyššieho Pána ako najvyššieho znalca poľa pôsobnosti, živej bytosti ako podriadeného znalca a povahy poľa činností. Človek by mal hľadať túto pravdu vo *Vedānta-sūtre* čiže v *Brahma-sūtre*.

Je tu uvedené, že kódexy *Brahma-sūtry* sú veľmi dobre usporiadané podľa príčiny a účinku. Niektoré zo *sūtier* alebo aforizmov sú: *na viyad aśruteḥ* (2.3.2), *nātmā śruteḥ* (2.3.18) a *parāt tu tac-chruteḥ* (2.3.40). Prvý aforizmus označuje pole pôsobnosti, druhý živú bytosť a tretí označuje Najvyššieho Pána, *summum bonum* medzi všetkými manifestáciami živých bytostí.

VERŠ 6–7

महाभूतान्यहङ्कारो बुद्धिरव्यक्तमेव च ।
इन्द्रियाणि दशैकं च पञ्च चेन्द्रियगोचराः ॥ ६ ॥
इच्छा द्वेषः सुखं दुःखं सङ्घातश्चेतना धृतिः ।
एतत्क्षेत्रं समासेन सविकारमुदाहृतम् ॥ ७ ॥

mahā-bhūtāny ahaṅkāro buddhir avyaktam eva ca
indriyāṇi daśaikaṁ ca pañca cendriya-gocarāḥ

icchā dveṣaḥ sukhaṁ duḥkhaṁ saṅghātaś cetanā dhṛtiḥ
etat kṣetraṁ samāsena sa-vikāram udāhṛtam

mahā-bhūtāni — hrubé prvky; *ahaṅkāraḥ* — falošné ego; *buddhiḥ* — inteligencia; *avyaktam* — neprejavené; *eva* — určite; *ca* — tiež; *indriyāṇi* — zmysly; *daśa-ekam* — jedenásť; *ca* — tiež; *pañca* — päť; *ca* — tiež; *indriya-go-carāḥ* — zmyslové predmety; *icchā* — túžba; *dveṣaḥ* — nenávisť; *sukham* — šťastie; *duḥkham* — nešťastie; *saṅghātaḥ* — súhrn; *cetanā* — príznaky života; *dhṛtiḥ* — presvedčenie; *etat* — to všetko; *kṣetram* — pole pôsobnosti; *samāsena* — v krátkosti; *sa-vikāram* — vzájomné pôsobenie; *udāhṛtam* — príklad.

Päť hrubohmotných prvkov, falošné ego, inteligencia, neprejavené súcno, desať zmyslov a myseľ, päť zmyslových predmetov, túžba, nenávisť, šťastie, nešťastie, celok, príznaky života a presvedčenie —

to všetko sa v krátkosti považuje za pole činností a jeho vzájomné pôsobenie.

VÝZNAM: Podľa autorizovaných výpovedí mudrcov, *vedskych* hymnov a aforizmov *Vedānta-sūtry*, pozostáva tento svet z piatich hrubohmotných prvkov (*mahā-bhūta*): zeme, vody, ohňa, vzduchu a éteru. Potom nasledujú falošné ego, inteligencia a neprejavený stav troch kvalít hmotnej prírody. Ďalej je tu päť poznávajúcich zmyslov: oči, uši, nos, jazyk a pokožka, a päť činných zmyslov: ruky, nohy, hlasivky, konečník a pohlavný orgán. Nad zmyslami stojí myseľ, ktorá je vo vnútri a možno ju nazvať vnútorným zmyslom. Spolu s mysľou je teda jedenásť zmyslov. Okrem toho jestvuje päť zmyslových predmetov: vôňa, chuť, tvar, dotyk a zvuk. Súhrn týchto dvadsiatich štyroch prvkov sa nazýva pole pôsobnosti. Ak analyticky preštudujeme týchto dvadsaťštyri prvkov, môžeme veľmi dobre porozumieť poľu pôsobnosti. Túžba, nenávisť, šťastie a bolesť povstávajú z piatich prvkov hrubohmotného tela a ich príčinou je ich vzájomná interakcia. Životné príznaky, reprezentované vedomím a presvedčením, sú prejavy jemnohmotného tela — mysle, falošného ega a inteligencie. Tieto jemnohmotné prvky takisto spadajú pod pole pôsobnosti.

Päť hrubohmotných prvkov je hrubým prejavom falošného ega. Toto falošné ego reprezentuje prvotné štádium falošného ega, ktoré sa odborne nazýva hmotné poňatie alebo *tāmasa-buddhi*, inteligencia v nevedomosti, a ktoré reprezentuje neprejavené štádium troch kvalít hmotnej prírody. Neprejavené kvality hmotnej prírody sa nazývajú *pradhāna*.

Kto by chcel získať podrobnejšie vedomosti o týchto dvadsiatich štyroch kategóriách a ich vzájomnom pôsobení, mal by hlbšie študovať túto filozofiu. V *Bhagavad-gīte* je popísaná iba stručne.

Telo je prejavom všetkých týchto činiteľov a prechádza šiestimi zmenami: narodí sa, rastie, nejaký čas trvá, splodí potomstvo, chradne a nakoniec umrie. Pole je teda dočasná hmotná vec, zatiaľ čo znalec poľa, *kṣetra-jña* alebo jeho majiteľ, sa od neho líši.

VERŠ 8-12

अमानित्वमदम्भित्वमहिंसा क्षान्तिरार्जवम् ।
आचार्योपासनं शौचं स्थैर्यमात्मविनिग्रहः ॥ ८ ॥

इन्द्रियार्थेषु वैराग्यमनहङ्कार एव च ।
जन्ममृत्युजराव्याधिदुःखदोषानुदर्शनम् ॥ ९ ॥
असक्तिरनभिष्वङ्गः पुत्रदारगृहादिषु ।
नित्यं च समचित्तत्वमिष्टानिष्टोपपत्तिषु ॥ १० ॥
मयि चानन्ययोगेन भक्तिरव्यभिचारिणी ।
विविक्तदेशसेवित्वमरतिर्जनसंसदि ॥ ११ ॥
अध्यात्मज्ञाननित्यत्वं तत्त्वज्ञानार्थदर्शनम् ।
एतज्ज्ञानमिति प्रोक्तमज्ञानं यदतोऽन्यथा ॥ १२ ॥

amānitvam adambhitvam ahiṁsā kṣāntir ārjavam
ācāryopāsanaṁ śaucaṁ sthairyam ātma-vinigrahaḥ

indriyārtheṣu vairāgyam anahaṅkāra eva ca
janma-mṛtyu-jarā-vyādhi- duḥkha-doṣānudarśanam

asaktir anabhiṣvaṅgaḥ putra-dāra-gṛhādiṣu
nityaṁ ca sama-cittatvam iṣṭāniṣṭopapattiṣu

mayi cānanya-yogena bhaktir avyabhicāriṇī
vivikta-deśa-sevitvam aratir jana-saṁsadi

adhyātma-jñāna-nityatvaṁ tattva-jñānārtha-darśanam
etaj jñānam iti proktam ajñānaṁ yad ato 'nyathā

amānitvam — pokora; *adambhitvam* — skromnosť; *ahiṁsā* — nenásilie; *kṣāntiḥ* — znášanlivosť; *ārjavam* — jednoduchosť, prostota; *ācārya-upāsanam* — vyhľadanie pravého duchovného učiteľa; *śaucam* — čistotnosť; *sthairyam* — stálosť; *ātma-vinigrahaḥ* — sebaovládanie; *indriya-artheṣu* — čo sa týka zmyslov; *vairāgyam* — odriekanie; *anahaṅkāraḥ* — bez falošného ega; *eva* — iste; *ca* — aj; *janma* — narodenie; *mṛtyu* — smrť; *jarā* — staroba; *vyādhi* — choroba; *duḥkha* — strasť; *doṣa* — chyba; *anudarśanam* — pozorovanie; *asaktiḥ* — nepripútanosť; *anabhiṣvaṅgaḥ* — nepripútanosť; *putra* — k synovi; *dāra* — k manželke; *gṛha-ādiṣu* — k domovu a podobne; *nityam* — trvalý; *ca* — aj; *sama-cittatvam* — vyrovnanosť, *iṣṭa* — vytúžené; *aniṣṭa* — nežiadúci; *upapattiṣu* — nadobudnutie; *mayi* — ku Mne; *ca* — tiež; *ananya-yogena* — oddanú službu; *bhaktiḥ* — oddanosť; *avyabhicāriṇī* — stála; *vivikta* — v osamelosti; *deśa* — miesto; *sevit-*

vam — túžiaci; *aratiḥ* — nepripútaný; *jana-saṁsadi* — k ľuďom všeobecne; *adhyātma* — týkajúci sa vlastného ja; *jñāna* — poznanie; *nityatvam* — vytrvalosť; *tattva-jñāna* — poznanie pravdy; *artha* — predmet štúdia; *darśanam* — filozofie; *etat* — to všetko; *jñānam* — poznanie; *iti* — tak; *proktam* — prehlasujem; *ajñānam* — nevedomosť; *yat* — to, čo; *ataḥ* — od toho; *anyathā* — iné.

Pokora, skromnosť, nenásilie, znášanlivosť, jednoduchosť, vyhľadanie pravého duchovného učiteľa, čistotnosť, stálosť, sebaovládanie, zrieknutie sa objektov zmyslového pôžitku, zbavenie sa falošného ega, schopnosť chápať narodenie, smrť, starobu a chorobu ako zlo, odpútanosť, nepripútanosť k deťom, manželke, domovu a podobnému, trvalá vyrovnanosť mysle za príjemných aj nepríjemných okolností, stála a rýdza oddanosť Mne, prebývanie na osamelých miestach a vyhýbanie sa ľudským masám, pochopenie dôležitosti sebarealizácie a filozofické hľadanie Absolútnej Pravdy — to všetko tu prehlasujem za poznanie a všetko, čo sa od toho líši, je nevedomosť.

VÝZNAM: Niektorí menej inteligentní ľudia tieto princípy poznania mylne zaraďujú do oblasti poľa pôsobnosti. No toto je v skutočnosti pravý proces poznania. Ten, kto tento proces príjme, sa môže priblížiť k Absolútnej Pravde. Nejde teda o vzájomné pôsobenie dvadsiatich štyroch hmotných prvkov, o ktorých sme už hovorili vyššie, ale o spôsob, akým sa človek môže vymaniť spod ich nadvlády. Vtelená duša je umiestnená v tele, ktoré je pokryvom z dvadsiatich štyroch prvkov, a vyššie uvedené zásady poznania umožňujú sa oslobodiť od neho. Zo všetkých metód poznania je najdôležitejšia tá, ktorá je opísaná v prvom riadku jedenásteho verša. *Mayi cānanya-yogena bhaktir avyabhicāriṇī*: cesta poznania vrcholí v čistej oddanej službe Kṛṣṇovi. Ak neprídeme do styku s oddanou službou, alebo ak nie sme pripravení oddane slúžiť, potom je zvyšných devätnásť bodov takmer zbytočných. Keď začneme Kṛṣṇovi slúžiť s oddanosťou a láskou, automaticky získame aj ostatných devätnásť vlastností. V *Śrīmad-Bhāgavatame* (5.18.12) sa píše: *yasyāsti bhaktir bhagavaty akiñcanā sarvair guṇais tatra samāsate surāḥ*. Všetky dobré vlastnosti človek vyvinie, ak začne oddane slúžiť Najvyššiemu Pánovi. Zásada prijatia duchovného učiteľa, o ktorej sa zmieňuje ôsmy verš, je nevyhnutná. Aj pre toho, kto Kṛṣṇovi oddane slúži, je táto zásada najdôležitejšia zo všetkých. Transcendentálny život začína prijatím duchovného učiteľa. Najvyššia Božská Osobnosť, Śrī Kṛṣṇa, v tomto verši jasne hovorí, že toto je skutočný proces poznania. Akékoľvek iné špekulácie sú holé nezmysly.

Čo sa týka poznania, ktoré je opísané v týchto veršoch, každý bod môžeme rozobrať nasledovne: pokora znamená, že človek by sa nemal snažiť byť uznávaný či chválený inými. Následkom hmotného životného poňatia si zakladáme na poctách od druhých. Avšak pre človeka, ktorý má dokonalé poznanie, ktorý vie, že nie je toto telo, nemá pocta, potupa ani čokoľvek, čo sa vzťahuje k tomuto telu, žiaden význam. Nikto by nemal túžiť po takej hmotnej fantasmagórii. Ľudia bažia po sláve v rámci svojho náboženstva, a preto sa niekedy stáva, že človek neznalý princípov náboženstva vstúpi do nejakej náboženskej skupiny, ktorá sa v skutočnosti neriadi náboženskými zásadami, a potom sa chce všade vydávať za náboženského poradcu. Kvôli skutočnému pokroku v duchovnej vede by mal každý vyskúšať svoju pokročilosť zvážením uvedených vlastností.

Nenásilím sa obyčajne myslí nezabíjanie alebo neubližovanie telu, no jeho podstata spočíva v nespôsobovaní bolesti druhým. Väčšina ľudí je v hmotnom poňatí života spútaná nevedomosťou a zažíva ustavičnú strasť. Ak sa ich nesnažíme povýšiť na úroveň duchovného poznania, dopúšťame sa násilia. Mali by sme sa preto snažiť rozdávať ľuďom skutočné poznanie, aby zmúdreli a opustili tento hmotný labyrint. To je nenásilie.

Znášanlivosť znamená, že sa máme naučiť znášať urážky a potupy od ostatných. Ten, kto sa snaží o rozvoj duchovného poznania, je spravidla vystavený pohane a mnohým urážkam. To sa dá očakávať, pretože taká je povaha hmotnej prírody. Dokonca aj chlapec Prahlāda, ktorý už v piatich rokoch začal pestovať duchovné poznanie, sa dostal do úzkych, keď sa jeho otec nepriateľsky postavil proti jeho oddanosti. Snažil sa ho zabiť najrôznejšími spôsobmi, ale Prahlāda jeho útoky toleroval. Na ceste k duchovnému poznaniu sa teda môže objaviť mnoho prekážok, no človek musí byť znášanlivý a s odhodlanosťou na ceste zotrvať.

Jednoduchosť znamená, že človek má byť taký otvorený, aby bez postranných úmyslov dokázal vyjaviť skutočnú pravdu aj nepriateľovi.

Prijatie duchovného učiteľa je nevyhnutné, pretože bez inštrukcií pravého duchovného učiteľa nemôže nikto pokročiť v duchovnej vede. Človek sa má obrátiť na duchovného učiteľa so všetkou pokorou a ponúknuť mu svoje služby tak, aby svojmu žiakovi s radosťou požehnal. Keďže pravý duchovný učiteľ je Kṛṣṇovým predstaviteľom, milosťou jeho požehnania dosiahne žiak rýchly pokrok, dokonca aj keď sa neriadi podľa regulatívnych zásad. Alebo sa nasledovanie regulatívnych princípov stane omnoho jednoduchšie pre toho, kto bez výhrad slúži duchovnému učiteľovi.

Čistotnosť je nevyhnutná pre pokrok v duchovnom živote. Čistota je dvojaká: vonkajšia a vnútorná. Vonkajšou čistotou sa myslí čistota tela, zatiaľ čo vnútorná čistota znamená neustále myslieť na Kṛṣṇu a spievať *Hare Kṛṣṇa, Hare Kṛṣṇa, Kṛṣṇa Kṛṣṇa, Hare Hare / Hare Rāma, Hare Rāma, Rāma Rāma, Hare Hare.* Tento proces očisťuje myseľ od prachu nazhromaždenej *karmy*.

Stálosť znamená, že človek by mal byť vytrvalý v snahe pokročiť v duchovnom živote. Bez takej odhodlanosti nemôže nikto urobiť nijaký viditeľný pokrok.

Sebaovládanie znamená, že človek nesmie prijímať nič, čo by mohlo uškodiť jeho duchovnému pokroku. Musí sa naučiť vyhýbať sa všetkému, čo je v rozpore s cestou duchovného rozvoja. To je skutočné odriekanie. Zmysly sú také mocné, že sa neustále domáhajú zmyslového pôžitku. Týmto márnivým žiadostiam nesmieme podľahnúť. Zmysly sa majú uspokojovať takým spôsobom, aby udržali telo v kondícii, aby si človek mohol plniť svoje povinnosti a pokročiť v duchovnom živote. Najdôležitejší a najťažšie ovládnuteľný zmysel je jazyk. Ak dokážeme ovládnuť jazyk, je celkom pravdepodobné, že dokážeme ovládnuť aj ostatné zmysly. Funkciou jazyka je ochutnávať a hovoriť. Mali by sme teda zamestnať jazyk tým, že ochutnávame jedlo obetované Kṛṣṇovi a spievame Hare Kṛṣṇa. Čo sa týka očí, nikdy by sme im nemali dovoliť, aby sa dívali na niečo iné, ako na prekrásnu podobu Kṛṣṇu. Takto ovládneme zrak. Uši by sme mali používať len na počúvanie príbehov o Kṛṣṇovi a nos by mal privoniavať k vôni kvetov obetovaných Kṛṣṇovi. To je cesta oddanej služby a na základe tejto *śloky* môžeme pochopiť, že *Bhagavad-gītā* je jednoducho určená na šírenie vedy o oddanej službe. Oddaná služba je hlavným a jediným cieľom. Menej inteligentní komentátori *Bhagavad-gīty* sa snažia odlákať čitateľovu pozornosť na iné námety, no v *Bhagavad-gīte* je iba jedna téma, a tou je oddaná služba.

Falošné ego znamená, že sa stotožňujeme s telom. Ak niekto pochopí, že nie je toto telo, ale čistá duša, dospel k skutočnému egu. Ego jestvuje. Falošné ego sa zavrhuje, ale pravé zostáva. Vo *vedskych* písmach sa píše: *ahaṁ brahmāsmi*. „Som Brahman, som duša." (*Bṛhad-āraṇyaka Upaniṣad* 1.4.10). Toto „ja som", toto vedomie vlastného ja, existuje aj v štádiu sebarealizácie, na úrovni oslobodenia. Ego znamená „ja som", no len čo sa toto „ja som" aplikuje na hmotné telo, vzniká falošné ego. Ak toto cítenie vlastného ja zodpovedá realite, potom je to pravé ego. Niektorí filozofi tvrdia, že človek sa musí vzdať svojho ega, avšak svojho *ja* sa nikdy nemôžeme zbaviť, pretože ego znamená totožnosť. V skutočnosti by sme sa mali zriecť svojho falošného stotožňovania sa s telom.

Mali by sme sa snažiť pochopiť, že narodenie, choroba, staroba a smrť znamenajú utrpenie. Narodenie je opísané v mnohých *vedskych* písmach. V *Śrīmad-Bhāgavatame* je veľmi názorne popísaný život pred narodením — pobyt dieťaťa v matkinom lone, jeho utrpenie a podobne. Musíme si dobre uvedomiť, že narodenie je bolestné. Keďže sme zabudli, aké veľké utrpenie sme zažívali v matkinom lone, nestaráme sa o vyriešenie problémov opätovného rodenia sa a smrti. Aj v okamihu smrti sa dostavujú najrôznejšie útrapy, ktoré sú takisto popísané v autoritatívnych písmach. O týchto veciach by sa malo živo diskutovať. S chorobami a starobou máme praktické skúsenosti. Nikto nechce byť chorý a nikto nechce zostarnúť, nikto sa však týmto veciam nedokáže vyhnúť. Ak človek nie je pesimista vo veciach materialistického života — narodenia, chorôb, staroby a smrti, nemôže mať motiváciu pre pokrok v duchovnom živote.

Nepripútanosť k deťom, žene a domovu neznamená, že by k nim človek nič necítil. Je prirodzené pociťovať k nim náklonnosť, no ak nám nepomáhajú v duchovnom pokroku, nemali by sme na nich lipnúť. Najlepšou metódou, ako vytvoriť príjemný domov, je vedomie Kṛṣṇu. Ak si je človek plne vedomý Kṛṣṇu, môže vytvoriť šťastný domov, pretože tento proces vedomia Kṛṣṇu je veľmi jednoduchý. Stačí spievať *Hare Kṛṣṇa, Hare Kṛṣṇa, Kṛṣṇa Kṛṣṇa, Hare Hare / Hare Rāma, Hare Rāma, Rāma Rāma, Hare Hare*, jesť jedlo obetované Kṛṣṇovi, čítať a rozprávať sa o knihách, ako je *Bhagavad-gītā* a *Śrīmad-Bhāgavatam*, a uctievať Božstvá. Tieto štyri veci nám môžu priniesť šťastie. Každý by mal podľa tohoto vzoru viesť všetkých členov rodiny. Celá rodina môže každé ráno a každý večer sedieť spolu a spievať *Hare Kṛṣṇa, Hare Kṛṣṇa, Kṛṣṇa Kṛṣṇa, Hare Hare / Hare Rāma, Hare Rāma, Rāma Rāma, Hare Hare*. Ak si človek dokáže takto zariadiť svoj rodinný život a rozvíjať vedomie Kṛṣṇu nasledovaním týchto štyroch zásad, potom nemusí zameniť rodinný život za život v odriekaní. No ak rodinný život neprospieva duchovnému pokroku, mali by sme ho zanechať. Človek musí obetovať všetko, aby mohol porozumieť Kṛṣṇovi a aby Mu mohol slúžiť, tak ako Arjuna. Arjuna nechcel zabiť svojich príbuzných, ale keď pochopil, že stoja v ceste jeho duchovného pokroku, prijal Kṛṣṇove pokyny, bojoval proti nim a zabil ich. Človek by mal za každých okolností zostať nespútaný šťastím a nešťastím rodinného života, pretože na tomto svete nemôže byť nikto dokonale šťastný alebo nešťastný.

Šťastie a nešťastie sú sprievodnými javmi hmotného života. *Bhagavad-gītā* nám radí, aby sme sa učili byť znášanliví. Nikdy by sme nemali byť rozrušení príchodmi a odchodmi šťastia a utrpenia. Mali by sme byť odpútaní od materialistického spôsobu života a tak byť automaticky pripravení na obidve situácie. Obyčajne sa stáva, že keď získame niečo vytúžené, radujeme sa, a keď sa dostaví niečo nežiadúce, sme nešťastní. No ak sme skutočne na duchovnej úrovni, potom nás také veci nemôžu rozrušiť. Aby sme mohli dospieť na túto úroveň, musíme byť ustavične zapojení v oddanej službe. Oddane slúžiť Kṛṣṇovi bez akýchkoľvek odchýlok znamená zamestnať sa deviatimi metódami oddanej služby — ospevovaním, načúvaním, uctievaním, klaňaním sa atď., opísanými v poslednom verši deviatej kapitoly. Týmito metódami by sa mal každý riadiť.

Len čo si človek privykne na duchovný spôsob života, prirodzene stráca záujem o spoločnosť materialistov. Bolo by to proti jeho prirodzenosti. Človek môže sám vyskúšať, nakoľko inklinuje k životu na osamelom mieste bez nežiadúcej spoločnosti. Oddaný netrávi čas zbytočným športovaním alebo návštevou kín a nejaví záujem o takzvané zábavy či večierky, pretože si je dobre vedomý, že je to obyčajné mrhanie časom. Existuje mnoho učencov a filozofov, ktorí študujú pohlavný život a iné predmety, no podľa *Bhagavad-gīty* sú takéto snahy a filozofické špekulácie celkom bezcenné. Je to viac menej bezvýznamná záležitosť. Podľa *Bhagavad-gīty* sa má s filozofickým uvážením bádať o povahe duše. Mali by sme sa snažiť poznať vlastné ja. Táto *śloka* nám to vrelo odporúča.

Čo sa týka sebarealizácie, jasne sa tu hovorí, že *bhakti-yoga* je mimoriadne praktická. Akonáhle začneme hovoriť o oddanosti, musíme brať na zreteľ vzťah medzi dušou a Naddušou. Individuálna duša a Nadduša nemôžu byť totožné, aspoň nie podľa filozofie *bhakti*, filozofie oddanosti. Dôrazne sa tu hovorí, že služba individuálnej duše Nadduši je večná, *nityam*. Čiže *bhakti* alebo oddaná služba je večná. O tom by sme mali byť pevne presvedčení.

To je vysvetlené v *Śrīmad-Bhāgavatame* (1.2.11): *vadanti tat tattva-vidas tattvaṁ yaj jñānam advayam.* „Skutoční znalci Absolútnej Pravdy vedia, že Najvyšší sa realizuje v troch štádiách ako Brahman, Paramātma a Bhagavān.“ Bhagavān je konečné štádium realizácie Absolútnej Pravdy. Preto by mal každý dosiahnuť toto štádium poznania Najvyššej Božskej

Osobnosti a zapojiť sa do oddanej služby Pánovi. To je dokonalosť poznania.

Táto cesta je ako schodisko; prvý stupienok znamená výcvik v pokore a posledný predstavuje realizáciu Najvyššej Pravdy, Absolútnej Božskej Osobnosti. Na tomto schodisku postáva veľa ľudí, niektorí sa dostali na prvé, iní na druhé alebo tretie poschodie, no ak nedosiahli najvyššie poschodie čiže vedomie Kṛṣṇu, nachádzajú sa na nižšej úrovni poznania. Sklamania sa dočká ten, kto chce súťažiť s Bohom, a zároveň robiť pokroky v duchovnom poznaní. V tomto verši sa jasne hovorí, že bez pokory sa poznania nedočkáme. Pokladať sa za Boha je ten najpyšnejší postoj. Hoci je živá bytosť v zovretí prísnych prírodných zákonov len obyčajnou hračkou, z nevedomosti sa vydáva za Boha. Poznanie teda začína pokorou, *amānitva.* Človek má byť pokorný a vedieť, že je podriadený Najvyššiemu Pánovi. Kvôli našej vzbure proti Najvyššiemu Pánovi sa stávame otrokmi hmotnej prírody. Každý by mal túto pravdu poznať a byť o nej presvedčený.

VERŠ 13

ज्ञेयं यत्तत्प्रवक्ष्यामि यज्ज्ञात्वामृतमश्नुते ।
अनादिमत्परं ब्रह्म न सत्तन्नासदुच्यते ॥ १३ ॥

jñeyaṁ yat tat pravakṣyāmi yaj jñātvāmṛtam aśnute
anādi mat-paraṁ brahma na sat tan nāsad ucyate

jñeyam — poznateľné; *yat* — to; *tat* — čo; *pravakṣyāmi* — teraz vysvetlím; *yat* — ktoré; *jñātvā* — znalý; *amṛtam* — nektár; *aśnute* — ochutnať; *anādi* — bez počiatku; *mat-param* — podriadené Mne; *brahma* — duchovno; *na* — nie; *sat* — príčina; *tat* — to; *na* — ani; *asat* — následok; *ucyate* — nazýva sa.

Teraz ti vysvetlím, čo je treba poznať, aby si mohol okúsiť večné. Brahman, duchovno, nemá počiatok a je Mi podriadené, spočívajúc mimo príčinu a účinok tohoto hmotného sveta.

VÝZNAM: Śrī Kṛṣṇa už vysvetlil, čo je pole pôsobnosti a kto je jeho znalcom. Vysvetlil aj to, ako môžeme znalca poľa pôsobnosti poznať. Teraz objasňuje, čo je treba poznať; predovšetkým povahu duše a Nadduše. Človek, ktorý pochopí znalca tela čiže dušu a Naddušu, sa môže tešiť z nektáru života. Živá bytosť je večná, ako bolo vysvetlené v druhej kapitole, a tu je to tiež potvrdené. *Jīva* nemá nijaký špecifický dátum narodenia. Nikto v dejinách nemôže zistiť, kedy Najvyšší Pán manifestoval *jīvātmu*. Preto nemá počiatok. *Vedy* to potvrdzujú slovami: *na jāyate mriyate vā vipaścit* (*Kaṭha Upaniṣad* 1.2.18). Znalec tela je nezrodený, nesmrteľný a plný poznania.

Vo *Vedach* je Najvyšší Pán ako Nadduša opísaný slovami *pradhāna-kṣetrajña-patir guṇeśaḥ* — najvyšší znalec tela a Pán troch kvalít hmotnej prírody (*Śvetāśvatara Upaniṣad* 6.16). Vo *vedskych smṛti* sa píše: *dāsa-bhuto harer eva nānyasvaiva kadācana*. Živé bytosti neustále slúžia Najvyššiemu Pánovi. To potvrdzuje aj Pán Caitanya vo svojom učení. Popis Brahmanu v tomto verši sa teda vzťahuje na individuálnu dušu, a keď sa slovo Brahman použije na označenie živej bytosti, myslí sa ním *vijñāna-brahma*, a nie *ānanda-brahma*. *Ānanda-brahma* je Najvyššia Božská Osobnosť.

VERŠ 14

सर्वतः पाणिपादं तत्सर्वतोऽक्षिशिरोमुखम् ।
सर्वतः श्रुतिमल्लोके सर्वमावृत्य तिष्ठति ॥ १४ ॥

sarvataḥ pāṇi-pādaṁ tat sarvato 'kṣi-śiro-mukham
sarvataḥ śrutimal loke sarvam āvṛtya tiṣṭhati

sarvataḥ — všade; *pāṇi* — ruky; *pādam* — nohy; *tat* — ktoré; *sarvataḥ* — všade; *akṣi* — oči; *śiraḥ* — hlavy; *mukham* — tváre; *sarvataḥ* — všade; *śruti-mat* — majúci uši; *loke* — na svete; *sarvam* — všetko; *āvṛtya* — pokrývajúci; *tiṣṭhati* — jestvuje.

Nadduša preniká všetkým. Všade sú Jej ruky a nohy, Jej oči, Jej hlavy a tváre a všade má uši.

VÝZNAM: Nadduša býva prirovnávaná k Slnku, ktoré vyžaruje svoje nekonečné lúče na všetky strany. Jej podoba je všeprenikajúca a jestvujú v Nej všetky živé bytosti, počnúc prvým veľkým učiteľom Brahmom a končiac malilinkým mravcom. Jestvuje nespočetné množstvo hláv, nôh, rúk a očí a nespočetné množstvo živých bytostí. Všetci jestvujú v Nadduši a vďaka nej. Preto je všeprenikajúca. Individuálna duša však nemôže povedať, že má svoje ruky, nohy a oči všade. To je nemožné. Ak zastávame názor, že duša si nie je vedomá pod vplyvom nevedomosti toho, že má svoje ruky a nohy všade, ale že dospeje na túto úroveň potom, keď dosiahne správne poznanie, tak si protirečíme. Znamená to, že individuálna duša nemôže byť zvrchovaná, ak je podmienená hmotnou prírodou. Najvyšší sa od individuálnej duše líši. Najvyšší Pán môže Svojou rukou dosiahnuť kamkoľvek, individuálna duša to nedokáže. Kṛṣṇa hovorí v *Bhagavad-gīte*, že ak Mu niekto obetuje kvet, ovocie alebo trochu vody, prijme to. Keď je Kṛṣṇa tak ďaleko, ako je to možné? To je Pánova všemohúca sila. Aj keď sa nachádza vo Svojom sídle, ktoré je od tejto planéty nesmierne vzdialené, môže natiahnuť ruku a prijať, čo Mu bolo obetované. V *Brahma-saṁhite* (5.37) sa uvádza: *goloka eva nivasaty akhilātma-bhūtaḥ*. „Najvyšší Pán je neustále pohrúžený do Svojich zábav na Svojej transcendentálnej planéte, a predsa je všadeprítomný." Individuálna duša nemôže tvrdiť, že je všadeprítomná. Tento verš preto neopisuje individuálnu dušu, ale Najvyššiu Dušu, Božskú Osobnosť.

VERŠ 15

सर्वेन्द्रियगुणाभासं सर्वेन्द्रियविवर्जितम् ।
असक्तं सर्वभृच्चैव निर्गुणं गुणभोक्तृ च ॥ १५ ॥

sarvendriya-guṇābhāsaṁ sarvendriya-vivarjitam
asaktaṁ sarva-bhṛc caiva nirguṇaṁ guṇa-bhoktṛ ca

sarva — všetkých; *indriya* — zmyslov; *guṇa* — kvalít; *ābhāsam* — pôvodný zdroj; *sarva* — všetky; *indriya* — zmysly; *vivarjitam* — bez; *asaktam* — bez pripútanosti, *sarva-bhṛt* — udržovateľ všetkého; *ca* — tiež; *eva* — zaiste; *nirguṇam* — bez hmotných kvalít; *guṇa-bhoktṛ* — pán hmotných kvalít; *ca* — tiež.

Nadduša je pôvodným zdrojom všetkých zmyslov, avšak sama zmysly nemá. Nie je pútaná, aj keď udržiava všetky živé bytosti. Je tran-

scendentálna voči kvalitám hmotnej prírody a zároveň je ich pánom.

VÝZNAM: Najvyšší Pán nemá hmotné zmysly ako živé bytosti, a predsa je zdrojom všetkých zmyslov. Individuálne duše majú v skutočnosti duchovné zmysly, ktoré sú v podmienenom stave zahalené hmotnými látkami a preto svoju činnosť prejavujú prostredníctvom hmoty. Zmysly Najvyššieho Pána takto pokryté nie sú. Jeho zmysly sú transcendentálne, a preto sa nazývajú *nirguṇa*. Slovo *guṇa* označuje hmotnú kvalitu, no Jeho zmysly nie sú zahalené hmotou. Musíme si uvedomiť, že Jeho zmysly sa ani v náznaku nepodobajú našim. Hoci Je zdrojom všetkých zmyslových aktivít, Má transcendentálne zmysly, ktoré sú nepoškvrnené. To je veľmi pekne vysvetlené vo *Śvetāśvatara Upaniṣade* (3.19): *apāṇi-pādo javano grahītā*. Najvyšší Pán nemá hmotné ruky, ale má Svoje ruky a prijíma nimi obete, ktoré Mu boli obetované. To je rozdiel medzi podmienenou dušou a Naddušou. Nemá hmotné oči, ale má Svoje oči; ako by inak mohol vidieť? Vidí všetko — minulosť, prítomnosť i budúcnosť. Sídli v srdci všetkých živých tvorov a vie, čo sme vykonali v minulosti, čo robíme teraz a čo nás čaká v budúcnosti. To je potvrdené v *Bhagavad-gīte*. Najvyšší Pán vie všetko, no Jeho nepozná nik. Hovorí sa, že Najvyšší Pán nemá nohy ako my, a predsa sa môže pohybovať v priestore, pretože má duchovné nohy. Inými slovami, Boh nie je neosobný — má oči, nohy, ruky a všetko ostatné, a keďže sme Jeho čiastočkami, máme ich aj my. Jeho ruky, nohy, oči a zmysly však nie sú znečistené hmotnou prírodou.

Bhagavad-gītā potvrdzuje, že keď sa Boh zjavuje, zjavuje sa taký, aký je, vďaka Svojej vnútornej energii. Nie je znečistený hmotnou energiou, pretože je jej Pánom. Vo *Vedach* sa píše, že celé Jeho telo je duchovné. Má večnú podobu, zvanú *sac-cid-ānanda-vigraha*. Má všetky vznešené vlastnosti a patrí Mu všetko bohatstvo a všetka energia. Je najinteligentnejší a plný poznania. To sú niektoré z vlastností Najvyššieho Pána. Je udržovateľom všetkých živých bytostí a svedkom všetkých skutkov. Podľa toho, čo môžeme vyrozumieť z *Ved*, je Najvyšší Pán vždy transcendentálny. Pán má hlavu, tvár, ruky a nohy, hoci ich nemôžeme vidieť. Jeho podobu však môžeme uzrieť, keď sa povýšime na transcendentálnu úroveň. Momentálne sú naše zmysly znečistené hmotou, a preto Ho vidieť nemôžeme. Hmotne ovplyvnení impersonalisti nemôžu pochopiť Osobnosť Božstva.

VERŠ 16

बहिरन्तश्च भूतानामचरं चरमेव च ।
सूक्ष्मत्वात्तदविज्ञेयं दूरस्थं चान्तिके च तत् ॥ १६ ॥

bahir antaś ca bhūtānām acaraṁ caram eva ca
sūkṣmatvāt tad avijñeyaṁ dūra-sthaṁ cāntike ca tat

bahiḥ — vonku; *antaḥ* — vo vnútri; *ca* — tiež; *bhūtānām* — zo všetkých živých bytostí; *acaram* — nehybný; *caram* — pohyblivý; *eva* — tiež; *ca* — a; *sūkṣmatvāt* — pre svoju jemnosť; *tat* — to; *avijñeyam* — nepoznateľná; *dūra-stham* — veľmi vzdialená; *ca* — i; *antike* — blízko; *ca* — a; *tat* — to.

Najvyššia Pravda sa nachádza mimo i vo vnútri všetkých živých bytostí, vo všetkom pohyblivom i nehybnom. Hmotné zmysly ju nemôžu postrehnúť, ani poznať, pretože je veľmi jemná. Hoci je veľmi, veľmi ďaleko, je zároveň všetkým nablízku.

VÝZNAM: Z *vedskych* písiem sa môžeme dozvedieť, že Nārāyaṇa, Najvyššia Osoba, sídli vo vnútri i mimo všetkých živých bytostí. Existuje v duchovnom i hmotnom svete. Hoci je veľmi, veľmi ďaleko, je zároveň veľmi blízko. To sú závery *vedskych* písiem. *Āsino dūraṁ vrajati śayāno yāti sarvataḥ* (*Kaṭha Upaniṣad* 1.2.21). A keďže je neustále naplnený transcendentálnou blaženosťou, nemôžeme pochopiť, ako si užíva Svojho majestátu. Našimi hmotnými zmyslami Ho neuvidíme ani nepochopíme. Preto sa vo *vedskych* písmach hovorí, že Kṛṣṇu nemôžeme pochopiť týmito hmotnými zmyslami a mysľou. No ten, kto svoje myšlienky a zmysly očistil vedomím Kṛṣṇu a zapojil sa do oddanej služby, Ho môže vidieť neustále. To je potvrdené v *Brahma-saṁhite*. Oddaný, ktorý vyvinul lásku k Bohu, Ho môže vidieť v každom okamihu, neustále. Podobne v *Bhagavad-gīte* (11.54) sa píše, že Ho môžeme uzrieť a pochopiť jedine oddanou službou. *Bhaktyā tv ananyayā śakyaḥ*.

VERŠ 17

अविभक्तं च भूतेषु विभक्तमिव च स्थितम् ।
भूतभर्तृ च तज्ज्ञेयं ग्रसिष्णु प्रभविष्णु च ॥ १७ ॥

avibhaktaṁ ca bhūteṣu vibhaktam iva ca sthitam
bhūta-bhartṛ ca taj jñeyaṁ grasiṣṇu prabhaviṣṇu ca

avibhaktam — bez rozdelenia; *ca* — tiež; *bhūteṣu* — vo všetkých živých tvoroch; *vibhaktam* — rozdelená; *iva* — akoby; *ca* — tiež; *sthitam* — situovaný; *bhūta-bhartṛ* — udržovateľ všetkých živých tvorov; *ca* — tiež; *tat* — to; *jñeyam* — pochopiť; *grasiṣṇu* — pohlcuje; *prabhaviṣṇu* — vyvíja; *ca* — tiež.

Aj keď sa Nadduša zdá byť rozdelená vo všetkých živých tvoroch, nikdy rozdelená nie je. Je jedna jediná. Hoci je udržiavateľom všetkých živých bytostí, človek by mal vedieť, že ich všetky pohlcuje aj rozvíja.

VÝZNAM: Najvyšší Pán sídli v srdci každého ako Nadduša. Znamená to snáď, že sa rozdelil? Nie. V skutočnosti je jeden jediný. Môžme použiť príklad so Slnkom: keď je v zenite, nachádza sa na oblohe vysoko nad nami. Keď sa vyberieme na miesto vzdialené päťtisíc kilometrov a spýtame sa: „Kde je Slnko?", každý odpovie, že nám svieti rovno nad hlavou. Preto sa nám môže zdať, že jestvuje niekoľko slnc. Ale Slnko je iba jedno. Tento príklad sa uvádza vo *vedskych* písmach na ilustráciu toho, že hoci sa Najvyšší Pán zdá byť rozdelený, nikdy rozdelený nie je. Vo *Vedach* sa píše, že jeden Viṣṇu je prítomný vďaka Svojej všemohúcnosti všade, podobne ako sa jedno Slnko zjavuje rôznym ľuďom na rôznych miestach. Hoci je Najvyšší Pán udržovateľom všetkých živých tvorov, v čase zániku sám všetko zničí. To je potvrdené v jedenástej kapitole, kde Kṛṣṇa hovorí, že zostúpil, aby zabil všetkých bojovníkov na Kurukṣetre. Zmieňuje sa aj o tom, že vo Svojej podobe času všetko ničí. Je ničiteľom všetkého a všetkých. V okamihu stvorenia všetko stvorí a v čase zániku všetko zničí. *Vedske* hymny potvrdzujú skutočnosť, že je zdrojom a útočiskom všetkých živých tvorov. Po stvorení všetko spočíva v Jeho všemohúcnosti a v čase zániku sa do Neho všetko navráti. *Yato vā imāni bhūtāni jāyante yena jātāni jīvanti yat prayanty abhisaṁ-viśanti tad brahma tad vijijñāsasva* (*Taittirīya Upaniṣad* 3.1).

VERŠ 18

ज्योतिषामपि तज्ज्योतिस्तमसः परमुच्यते ।
ज्ञानं ज्ञेयं ज्ञानगम्यं हृदि सर्वस्य विष्ठितम् ॥ १८ ॥

jyotiṣām api taj jyotis tamasaḥ param ucyate
jñānaṁ jñeyaṁ jñāna-gamyaṁ hṛdi sarvasya viṣṭhitam

jyotiṣām — vo všetkom, čo svieti; *api* — tiež; *tat* — to; *jyotiḥ* — zdroj svetla; *tamasaḥ* — z temnoty; *param* — mimo; *ucyate* — povráva sa; *jñānam* — poznanie; *jñeyam* — vedieť; *jñāna-gamyam* — získaný poznaním; *hṛdi* — v srdci; *sarvasya* — všetkých; *viṣṭhitam* — situovaný.

Nadduša je zdrojom svetla vo všetkom, čo svieti. Je nad temnotou hmoty a je neprejavená. Je poznaním, predmetom poznania a cieľom poznania. Sídli v srdciach všetkých tvorov.

VÝZNAM: Nadduša, Najvyššia Božská Osobnosť, je zdrojom svetla v svetelných predmetoch, ako je Slnko, Mesiac, hviezdy atď. Vo *Vedach* sa píše, že v duchovnom svete nie sú potrebné Slnko ani Mesiac, pretože je naplnený jasom Najvyššieho Pána. V hmotnom svete túto *brahma-jyoti*, Pánovu duchovnú žiaru, pokrývajú hmotné prvky, *mahat-tattva*. Preto potrebujeme Slnko, Mesiac a elektrinu, aby sme mali svetlo. V duchovnom svete to však nie je nutné. Vo *Vedach* sa jasne hovorí, že Pánova žiara osvetľuje všetko. To je prirodzené, keďže Jeho sídlo sa nenachádza v tomto hmotnom svete. Nachádza sa v duchovnom svete, ďaleko v duchovnom nebi. To je potvrdené vo *vedskych* písmach. *Āditya-varṇaṁ tamasaḥ parastāt* (*Śvetāśvatara Upaniṣad* 3.8). Pán je ako večne žiariace Slnko, no sídli ďaleko, ďaleko za temnotou tohto hmotného sveta.

Pánovo poznanie je transcendentálne. *Vedske* písma potvrdzujú, že Brahman je sústredeným transcendentálnym poznaním. Tomu, kto sa chce premiestniť do duchovného sveta, dáva Najvyšší Pán, sídliaci v srdci každej živej bytosti, poznanie. Jedna *vedska mantra* hovorí: *taṁ ha devam ātma-budhi-prakāśaṁ mumukṣur vai śaraṇam ahaṁ prapadye* (*Śvetāśvatara Upaniṣad* 6.18). Ak človek túži po vyslobodení, musí sa odovzdať Najvyššej Božskej Osobnosti. Čo sa týka cieľa najvyššieho poznania, aj ten je predložený vo *vedskych* písmach: *tam eva viditvāti mṛtyum eti.* „Človek môže prekonať hranicu rodenia sa a smrti, iba ak pozná Boha.“ (*Śvetāśvatara Upaniṣad* 3.8).

Najvyšší Pán sídli v srdciach všetkých ako Najvyšší Vládca. Najvyšší má nohy a ruky, rozpínajúce sa do všetkých strán, čo sa nedá povedať o individuálnej duši. Musíme teda uznať, že sú dvaja znalci poľa pôsobnosti — individuálna duša a Nadduša. Naše ruky a nohy sú situované na jednom mieste, zatiaľ čo Kṛṣṇove ruky a nohy sú všade. To je potvrdené vo *Śvetāśvatara Upaniṣade* (3.17): *sarvasya prabhum īśānaṁ sarvasya śaraṇaṁ bṛhat*. Najvyššia Božská Osobnosť, Nadduša, je *prabhu*, pán všetkých živých bytostí, a preto je ich najvyšším útočiskom. Nemôžeme teda poprieť skutočnosť, že Najvyššia Duša a individuálna duša sa od seba vždy líšia.

VERŠ 19

इति क्षेत्रं तथा ज्ञानं ज्ञेयं चोक्तं समासतः ।
मद्भक्त एतद्विज्ञाय मद्भावायोपपद्यते ॥ १९ ॥

iti kṣetraṁ tathā jñānaṁ jñeyaṁ coktaṁ samāsataḥ
mad-bhakta etad vijñāya mad-bhāvāyopapadyate

iti — tak; *kṣetram* — pole pôsobnosti (telo); *tathā* — tiež; *jñānam* — poznanie; *jñeyam* — predmet poznania; *ca* — tiež; *uktam* — popísal; *samāsataḥ* — v krátkosti; *mat-bhaktaḥ* — Môj oddaný; *etat* — to všetko; *vijñāya* — keď porozumejú; *mat-bhāvāya* — Môjho stavu bytia ; *upapadyate* — dosiahne.

V krátkosti som ti opísal pole pôsobnosti (telo), poznanie a predmet poznania. Iba Moji oddaní môžu týmto záležitostiam dokonale porozumieť a dosiahnuť tak Môjho stavu bytia.

VÝZNAM: Pán v krátkosti opísal telo, poznanie a predmet poznania. Toto poznanie pozostáva z troch vecí: zo znalca, predmetu poznania a procesu poznania. Súhrnne sa nazývajú *vijñāna* čiže veda o poznaní. Dokonalému poznaniu môžu porozumieť iba Pánovi čistí oddaní. Ostatní tomu porozumieť nemôžu. Monisti hovoria, že v najvyššom štádiu tieto tri veci splývajú v jedno, no oddaní to nemôžu akceptovať. Poznanie a kultivácia poznania znamená poznať vlastné ja vo vedomí Kṛṣṇu. V súčasnosti nám vládne hmotné vedomie, no akonáhle zamestnáme celé naše vedomie v činnostiach pre Kṛṣṇu a zrealizujeme, že Kṛṣṇa je všetko, dosiahneme skutočné poznanie. Inými slovami, poznanie nie je nič iné ako predbežné štádium dokonalého pochopenia oddanej služby. To bude podrobnejšie vysvetlené v pätnástej kapitole.

Verš šesť a sedem, počnúc *mahā-bhutāni* cez *cetanā dhṛtiḥ*, analyzuje hmotné látky a určité prejavy životných symptómov. Tieto sa zlučujú a vytvárajú telo alebo pole činností. Verše osem až dvanásť, počnúc *amānitvam* až po *tattva-jñānārtha-darśanam*, opisujú spôsob poznania nevyhnutný pre pochopenie oboch znalcov poľa pôsobnosti, čiže duše a Nadduše. A verše trinásť až osemnásť, počnúc *anādi mat param* až po *hṛdi sarvasya viṣṭhitam*, opisujú dušu a Najvyššieho Pána, Naddušu.

Boli teda opísané tri veci: pole pôsobnosti (telo), proces poznania a duša s Naddušou. V tomto verši sa obzvlášť zdôrazňuje, že iba čistí oddaní môžu jasne pochopiť tieto tri veci. Čistí oddaní teda môžu *Bhagavad-gītu* plne využiť a dosiahnuť najvyšší cieľ, prirodzenosť Najvyššieho Pána, Kṛṣṇu. Inými slovami, okrem oddaných nemôže nikto porozumieť *Bhagavad-gīte* a získať vytúžené ovocie.

VERŠ 20

प्रकृतिं पुरुषं चैव विद्ध्यनादी उभावपि ।
विकारांश्च गुणांश्चैव विद्धि प्रकृतिसम्भवान् ॥ २० ॥

prakṛtiṁ puruṣaṁ caiva viddhy anādī ubhāv api
vikārāṁś ca guṇāṁś caiva viddhi prakṛti-sambhavān

prakṛtim — hmotná príroda; *puruṣam* — živé bytosti; *ca* — tiež; *eva* — iste; *viddhi* — musíš poznať; *anādī* — bez počiatku; *ubhau* — obe; *api* — tiež; *vikārān* — premeny; *ca* — tiež; *guṇān* — tri kvality hmotnej prírody; *ca* — tiež; *eva* — iste; *viddhi* — poznanie; *prakṛti* — hmotná príroda; *sambhavān* — stvorený.

Vedz, že hmotná príroda a živé bytosti nemajú počiatok. Ich premeny a hmotné kvality sú produktom hmotnej prírody.

VÝZNAM: Prostredníctvom poznania predloženého v tejto kapitole pochopíme, čo je telo (pole pôsobnosti) a kto je znalcom tela (individuálna duša a Nadduša). Telo je pole pôsobnosti a skladá sa z hmoty. Vtelená individuálna duša je *puruṣa* čiže živá bytosť, ktorá sa teší z telesných činností. Je jedným zo znalcov; tým druhým je Nadduša. Musíme si samozrejme uvedomiť, že ako Nadduša, tak aj individuálna duša sú rôznymi prejavmi Najvyššej Božskej Osobnosti. Živá bytosť je energiou Najvyššieho Pána a Nadduša je Jeho osobným aspektom.

Hmotná príroda i živá bytosť sú večné, čo znamená, že jestvovali už pred stvorením. Nielen hmotný prejav, ale aj živé bytosti patria do energie Najvyššieho Pána. Živé bytosti pritom predstavujú vyšší druh energie. Obe kategórie existovali už pred vznikom vesmíru. Hmotná príroda bola absorbovaná v tele Najvyššej Božskej Osobnosti, a keď si to okolnosti vyžadovali, opäť sa prejavila prostredníctvom *mahat-tattvy*. Aj živé bytosti sú v Najvyššom Pánovi, no keďže sú podmienené, stavajú sa proti oddanej službe Pánovi, následkom čoho nemôžu vstúpiť do duchovného neba. S postupným vývojom hmotnej prírody opäť dostanú možnosť konať v hmotnom svete, aby sa mohli pripraviť na vstup do duchovného sveta. To je tajomstvo hmotného stvorenia. Živé bytosti sú pôvodne duchovnými čiastočkami Najvyššieho Pána, no pre svoju vzdorovitú povahu sú podmienené hmotnou prírodou. Nie je dôležité, ako sa tieto živé bytosti alebo vyššie čiastočky Najvyššieho Pána dostali do styku s hmotnou prírodou. Najvyššia Božská Osobnosť však vie, ako a prečo sa to všetko stalo. Najvyšší Pán hovorí v písmach, že tí, ktorých priťahuje hmotná príroda, vedú ťažký boj o existenciu. Podľa popisu týchto pár veršov by malo byť jasné, že premeny a vplyvy hmotnej prírody a troch kvalít sú tiež produktom hmotnej prírody. Všetky premeny a rôznorodosti živých bytostí sa vzťahujú k telu. Na duchovnej úrovni sú všetky živé bytosti totožné.

VERŠ 21

कार्यकारणकर्तृत्वे हेतुः प्रकृतिरुच्यते ।
पुरुषः सुखदुःखानां भोक्तृत्वे हेतुरुच्यते ॥ २१ ॥

kārya-kāraṇa-kartṛtve hetuḥ prakṛtir ucyate
puruṣaḥ sukha-duḥkhānāṁ bhoktṛtve hetur ucyate

kārya — účinok; *kāraṇa* — príčina; *kartṛtve* — týkajúci sa stvorenia; *hetuḥ* — nástroj; *prakṛtiḥ* — hmotná príroda; *ucyate* — hovorí sa; *puruṣaḥ* — živá bytosť; *sukha* — šťastie; *duḥkhānām* — strasť; *bhoktṛtve* — v pôžitku; *hetuḥ* — nástroj; *ucyate* — hovorí sa.

Hovorí sa, že príroda je príčinou všetkých hmotných príčin a dôsledkov, zatiaľ čo živá bytosť je príčinou rôznych strastí a pôžitkov v tomto svete.

VÝZNAM: Najrôznejšie prejavy tiel a zmyslov živých bytostí pochádzajú z hmotnej prírody. Existuje 8 400 000 rôznych foriem života a táto rozmanitosť je výtvorom hmotnej prírody. Tieto životné druhy zodpovedajú rôznym konceptom zmyslového pôžitku živej bytosti, túžiacej v tom alebo onom tele. V tele, do ktorého bola umiestnená, neskôr prežíva rôzne druhy šťastia a utrpenia. Šťastie a strasť živej bytosti sa týkajú jej tela, a nie jej samotnej. Niet pochybností o tom, že vo svojom pôvodnom stave zažíva skutočné šťastie a že tento stav je jej pôvodnou povahou. Keďže si však živá bytosť priala vládnuť hmotnej prírode, nachádza sa v hmotnom svete. S ničím podobným sa v duchovnom svete nestretneme. Duchovný svet je čistý, kým v hmotnom svete každý ťažko zápasí, aby pre svoje telo obstaral rôzne druhy pôžitku. Jasnejšie to môžme pochopiť, ak uvážime, že telo je produktom zmyslov. Zmysly sú nástroje, určené na uspokojenie túžob. Telo a zmysly poskytuje hmotná príroda, a ako bude jasne vysvetlené v nasledujúcom verši, živá bytosť je požehnaná alebo zatratená podľa svojich minulých túžob a skutkov. Podľa svojich túžob a činností umiestni hmotná príroda dušu do rôznych podmienok. Živá bytosť si sama môže za svoje postavenie, ktoré so sebou prináša šťastie a nešťastie. Akonáhle sa živá bytosť inkarnuje, dostane sa pod nadvládu prírody, pretože telo je z hmoty a musí konať podľa prírodných zákonov. V tomto okamihu nemá živá bytosť nijakú možnosť tento zákon zmeniť. Povedzme, že nejaká bytosť sa vtelila do psa. Akonáhle dostane psie telo, musí sa správať ako pes. Inak sa chovať nemôže. Ak živá bytosť vstúpi do tela ošípanej, musí sa chovať ako prasa a žrať výkaly. A ak dostane telo poloboha, musí sa správať ako poloboh. Taký je zákon prírody. Za všetkých okolností však Nadduša sprevádza individuálnu dušu, čo je vysvetlené vo *Vedach*: *dvā suparṇā sayujā sakhāyaḥ* (*Muṇḍaka Upaniṣad* 3.1.1). Najvyšší Pán je k živej bytosti taký láskavý, že je večným spoločníkom individuálnej duše a za všetkých okolností prítomný ako Nadduša alebo Paramātmā.

VERŠ 22

पुरुषः प्रकृतिस्थो हि भुङ्क्ते प्रकृतिजान्गुणान् ।
कारणं गुणसङ्गोऽस्य सदसद्योनिजन्मसु ॥ २२ ॥

puruṣaḥ prakṛti-stho hi bhuṅkte prakṛti-jān guṇān
kāraṇaṁ guṇa-saṅgo 'sya sad-asad-yoni-janmasu

puruṣaḥ — živá bytosť; *prakṛti-sthaḥ* — umiestnená v hmotnej energii; *hi* — zaiste; *bhuṅkte* — teší sa; *prakṛti-jān* — stvorená hmotnou prírodou; *guṇān* — kvality prírody; *kāraṇam* — príčina; *guṇa-saṅgaḥ* — styk s hmotnými kvalitami; *asya* — živá bytosť; *sat-asat* — dobro a zlo; *yoni* — životné druhy; *janmasu* — narodenie.

Živá bytosť tak v hmotnej prírode kráča cestou života a užíva tri kvality tejto prírody. To je spôsobené jej stykom s touto prírodou. Tak sa stretáva s dobrom a zlom v rôznych životných druhoch.

VÝZNAM: Tento verš je veľmi dôležitý na pochopenie toho, ako sa živá bytosť sťahuje z jedného tela do druhého. V druhej kapitole bolo vysvetlené, že živá bytosť prechádza z tela do tela, ako pri zmene odevu. Táto výmena tiel závisí od jej pripútanosti k hmotnej existencii. Dovtedy, kým sme spútaní týmto falošným prejavom, musíme neustále prechádzať z jedného tela do druhého. Živá bytosť sa do tejto poľutovaniahodnej situácie dostala vďaka svojej túžbe ovládať hmotnú prírodu. Pod vplyvom hmotných túžob sa zavše narodí ako poloboh, zavše ako svätec a inokedy zas ako človek alebo zviera, vták, ryba, hmyz a podobne. V každom prípade si však o sebe myslí, že je pánom situácie, hoci je neustále pod vplyvom hmotnej prírody.

Tu je vysvetlené, ako sa živá bytosť do takých tiel dostane. Závisí to od styku s rôznymi kvalitami hmotnej prírody. Preto sa človek musí nad tieto tri kvality povzniesť a dospieť na transcendentálnu úroveň. To sa nazýva vedomie Kṛṣṇu. Ak si človek nie je vedomý Kṛṣṇu, jeho hmotné vedomie ho donúti transmigrovať z jedného tela do druhého, lebo zdieľa hmotné túžby už od nepamäti. To sa však musí zmeniť. Zmena nastane, ak začneme načúvať z autoritatívnych prameňov. Najlepší príklad dáva *Bhagavad-gītā* samotná: Arjuna načúval Kṛṣṇovi, ktorý mu vysvetľoval vedu o Bohu. Ak sa podvolíme a odovzdáme tomuto procesu načúvania, stratíme dlho pretrvávajúcu túžbu ovládať hmotnú prírodu a úmerne tomu, ako zmenšujeme našu túžbu vládnuť, zažívame duchovnú radosť. V jednej *vedskej mantre* sa hovorí, že čím viac vzrastá miera poznania stykom s Najvyšším Pánom, tým viac môžeme zažívať chuť večného blaženého života.

VERŠ 23

उपद्रष्टानुमन्ता च भर्ता भोक्ता महेश्वरः ।
परमात्मेति चाप्युक्तो देहेऽस्मिन्पुरुषः परः ॥ २३ ॥

upadraṣṭānumantā ca bhartā bhoktā maheśvaraḥ
paramātmeti cāpy ukto dehe 'smin puruṣaḥ paraḥ

upadraṣṭā — dohliadateľ; *anumantā* — schvaľovateľ; *ca* — tiež; *bhartā* — pán; *bhoktā* — najvyšší požívateľ; *mahā-īśvaraḥ* — Najvyšší Pán; *parama-ātmā* — Nadduša; *iti* — takto; *ca* — a; *api* — vskutku; *uktaḥ* — hovorí sa; *dehe* — v tele; *asmin* — tomto; *puruṣaḥ* — požívateľ; *paraḥ* — transcendentálny.

V tomto tele je však ešte iný, transcendentálny požívateľ, a to Najvyšší Pán, zvrchovaný vlastník, ktorý dohliada a dáva povolenie, známy ako Nadduša.

VÝZNAM: V tejto *śloke* sa hovorí, že Nadduša, ktorá neustále sprevádza individuálnu dušu, je predstaviteľom Najvyššieho Pána. Nie je to obyčajná živá bytosť. Monistickí filozofi zastávajú názor, že jestvuje iba jeden znalec tela, a preto veria, že nie je nijaký rozdiel medzi Naddušou a individuálnou dušou. Na vysvetlenie toho Pán hovorí, že Paramātmā Ho zastupuje v každom tele. Odlišuje sa od individuálnej duše, pretože je transcendentálna, *para*. Individuálna duša sa teší z činností v rámci určitého poľa pôsobnosti, no Nadduša je prítomná len ako svedok, dohliadateľ, schvaľovateľ a najvyšší požívateľ, ale telesných činností a obmedzených radovánok sa nezúčastňuje. Nazýva sa Paramātmā, nie *ātmā*, a je transcendentálna. Je jasné, že *ātmā* a Paramātmā sa od seba líšia. Nadduša, Paramātmā, má na rozdiel od individuálnej duše ruky a nohy všade.

A keďže je Najvyššia, sídli v tele, aby individuálnej duši schválila túžby po hmotnom pôžitku. Individuálna duša by bez súhlasu Najvyššej Duše nemohla urobiť nič, a preto sa nazýva *bhukta* čiže udržiavaná, zatiaľ čo Najvyšší Pán je *bhoktā* — udržiavateľ. Existuje nekonečné množstvo živých bytostí a Paramātmā udržiava každú z nich ako ich priateľ.

Skutočnosť je taká, že individuálne živé bytosti sú večnými čiastočkami Najvyššieho Pána a že medzi nimi a Ním jestvuje dôverný priateľský vzťah. Živé bytosti však majú sklon odmietať usmernenia Najvyššieho Pána a snažia sa konať nezávisle, aby mohli vládnuť prírode, a vzhľadom na túto tendenciu sa nazývajú okrajovou energiou Najvyššieho Pána. Živá bytosť môže byť umiestnená buď v duchovnej alebo hmotnej energii. Dokým je podmienená hmotnou energiou, zostáva s ňou Najvyšší Pán ako Paramātmā, priateľ, ktorý jej chce pomôcť na ceste späť do duchovnej energie. Pán si vždy veľmi želá, aby sa vrátila do duchovnej energie, ale živá bytosť stále odmieta príležitosť styku s duchovným svetlom vzhľadom na svoju maličkú nezávislosť. Toto zneužívanie nezávislosti je príčinou jej boja s hmotnou prírodou. Takže Najvyšší Pán nám dáva neustále pokyny zvnútra i zvonku. Zvonku nám dáva pokyny formou *Bhagavad-gīty* a z vnútra sa snaží každého jednotlivca presvedčiť, že jeho činnosti na hmotnej úrovni nie sú zárukou skutočného šťastia. Pán hovorí: „Zanechaj všetko a odovzdaj sa iba Mne. Potom budeš šťastný!" Inteligentný človek, ktorý vloží svoju dôveru v Nadušu alebo Najvyššiu Božskú Osobnosť, sa vydá úspešnou cestou k večnému životu plnému blaženosti a poznania.

VERŠ 24

य एवं वेत्ति पुरुषं प्रकृतिं च गुणैः सह ।
सर्वथा वर्तमानोऽपि न स भूयोऽभिजायते ॥ २४ ॥

ya evaṁ vetti puruṣaṁ prakṛtiṁ ca guṇaiḥ saha
sarvathā vartamāno 'pi na sa bhūyo 'bhijāyate

yaḥ — ten, kto; *evam* — tak; *vetti* — pochopí; *puruṣam* — živá bytosť; *prakṛtim* — hmotná príroda; *ca* — a; *guṇaiḥ* — kvality hmotnej prírody; *saha* — s; *sarvathā* — všemožné; *vartamānaḥ* — situovaný; *api* — hoci; *na* — nikdy; *saḥ* — on; *bhūyaḥ* — znovu; *abhijāyate* — narodí sa.

Ten, kto porozumie tejto filozofii o hmotnej prírode, živej bytosti a vzájomných účinkoch kvalít prírody, zaiste dosiahne oslobodenie. Nezávisle na svojom súčasnom postavení sa v tomto svete už nikdy nenarodí.

VÝZNAM: Jasné pochopenie hmotnej prírody, Nadduše a individuálnej duše a ich vzájomných vzťahov otvára živej bytosti cestu k oslobodeniu a návratu do duchovného neba s tým, že sa už nikdy nebude musieť vrátiť do tohoto hmotného sveta. To je ovocie poznania. Zmyslom poznania je jasne pochopiť, že živá bytosť náhodou poklesla do hmotného bytia. Svojím vlastným úsilím v spoločnosti autorít, svätcov a duchovného učiteľa, musí pochopiť svoje postavenie a obnoviť svoje duchovné vedomie alebo vedomie Kṛṣṇu pochopením *Bhagavad-gīty* tak, ako je vysvetlená Najvyššou Božskou Osobnosťou. Potom si môže byť istá, že sa nikdy nevráti do tohoto hmotného bytia. Premiestni sa do duchovného sveta, kde bude žiť večný a blažený život plný poznania.

VERŠ 25

ध्यानेनात्मनि पश्यन्ति केचिदात्मानमात्मना ।
अन्ये सांख्येन योगेन कर्मयोगेन चापरे ॥ २५ ॥

dhyānenātmani paśyanti kecid ātmānam ātmanā
anye sāṅkhyena yogena karma-yogena cāpare

dhyānena — rozjímaním; *ātmani* — v sebe; *paśyanti* — vidia; *kecit* — niektorí; *ātmānam* — Naddušu; *ātmanā* — myslou; *anye* — druhí; *sāṅkhyena* — filozofickou debatou; *yogena* — *yogovým* systémom; *karma-yogena* — činmi konanými bez túžby po plodoch; *ca* — tiež; *apare* — iní.

Jedni v sebe vnímajú Naddušu meditáciou, iní pestovaním poznania a ďalší konaním činov bez túžby po ich plodoch.

VÝZNAM: Śrī Kṛṣṇa poučuje Arjunu o tom, že podmienené duše usilujúce o sebarealizáciu, možno rozdeliť do dvoch skupín. Ateisti, agnostici a skeptici nie sú schopní pochopiť duchovné záležitosti. Sú však aj iní, ktorí s pevnou vierou porozumeli duchovnému životu, totiž oddaní skúmajúci svoje „ja", filozofi a tí, ktorí sa zriekajú plodov svojej práce.

K ateistom a agnostikom patria aj tí, ktorí sa snažia presadiť monistickú doktrínu. Môžeme teda vidieť, že iba oddaní Najvyššieho Pána sú správne umiestnení v duchovnom poznaní, pretože vedia že za touto hmotnou prírodou jestvuje duchovný svet a Najvyššia Božská Osobnosť, všeprenikajúci Boh, ktorý vstupuje ako Paramātmā, Nadduša, do všetkých živých tvorov. Sú samozrejme aj ľudia, ktorí sa snažia pochopiť Najvyššiu Absolútnu Pravdu kultiváciou poznania, a tých môžeme tiež zaradiť do skupiny veriacich. Podľa *sāṅkhya*-filozofov sa svet skladá z dvadsiatich štyroch prvkov a za dvadsiaty piaty sa počíta individuálna duša. Keď títo filozofi pochopia, že individuálna duša je vo svojej prirodzenosti transcendentálna vzhľadom k hmotným prvkom, budú môcť pochopiť aj to, že nad individuálnou dušou bdie Najvyššia Božská Osobnosť. To je dvadsiaty šiesty prvok. Potom sa môžu postupne povýšiť na úroveň oddanej služby vo vedomí Kṛṣṇu. Tí, ktorí pracujú bez pripútanosti k plodom svojej práce, majú tiež správny postoj a dostanú príležitosť povýšiť sa na úroveň oddanej služby. V tejto *śloke* sa píše o ľuďoch, ktorí majú čisté vedomie a ktorí sa snažia nájsť Nadd dušu pomocou meditácie. Keď Ju v sebe objavia, povýšia sa na transcendentálnu úroveň. Sú aj iní, ktorí sa snažia pochopiť Najvyššiu Dušu pestovaním poznania a iní praktikujú metódu *haṭha-yogy* a snažia sa uspokojiť Najvyššiu Božskú Osobnosť detinskou hrou.

VERŠ 26

अन्ये त्वेवमजानन्तः श्रुत्वान्येभ्य उपासते ।
तेऽपि चातितरन्त्येव मृत्युं श्रुतिपरायणाः ॥ २६ ॥

anye tv evam ajānantaḥ śrutvānyebhya upāsate
te 'pi cātitaranty eva mṛtyuṁ śruti-parāyaṇāḥ

anye — iní; *tu* — však; *evam* — to; *ajānantaḥ* — bez duchovného poznania; *śrutvā* — načúvanie; *anyebhyaḥ* — od iných; *upāsate* — začnú uctievať; *te* — oni; *api* — tiež; *ca* — a; *atitaranti* — prekonajú; *eva* — iste; *mṛtyum* — cestu smrti; *śruti-parāyaṇāḥ* — so sklonom k načúvaniu.

Ďalší síce nie sú oboznámení s duchovným poznaním, ale začínajú uctievať Pána, Najvyššiu Osobu, po tom, čo o Nej počuli od iných.

Vďaka svojmu sklonu načúvať autoritám, aj oni prekonajú cestu rodenia sa a smrti.

VÝZNAM: Tento verš je čiastočne aplikovateľný na súčasnú spoločnosť, nakoľko nejestvuje vzdelanie, ktoré by sa zaoberalo duchovnými záležitosťami. Niektorí ľudia sa môžu javiť ako ateisti, agnostici či špekulanti, ale to nie je skutočné filozofické poznanie. Obyčajný človek, ak je, pravda, dobrej povahy, má možnosť urobiť pokrok načúvaním. Načúvať je veľmi dôležité. Śrī Caitanya Mahāprabhu, ktorý kázal náuku o Kṛṣṇovi v modernom svete, kládol veľký dôraz na načúvanie, pretože jednoduchým načúvaním z autoritatívnych prameňov môže obyčajný človek urobiť pokrok, najmä ak počuje transcendentálnu vibráciu *Hare Kṛṣṇa, Hare Kṛṣṇa, Kṛṣṇa Kṛṣṇa, Hare Hare / Hare Rāma, Hare Rāma, Rāma Rāma, Hare Hare.* Preto by mali všetci načúvať slovám sebarealizovanej duše a získať tak postupne poznanie o všetkom. Uctievanie Najvyššieho Pána sa potom automaticky dostaví. Śrī Caitanya povedal, že v súčasnej dobe nemusí nikto meniť svoje postavenie, ale mal by skoncovať s pokusmi pochopiť Absolútnu Pravdu pomocou špekulatívnych úvah. Mali by sme sa naučiť slúžiť tým, ktorí poznajú Najvyššieho Pána. Ak má človek to šťastie a vyhľadá útočisko u čistého oddaného, učí sa od neho sebarealizácii a kráča v jeho šľapajách, môže sa postupne povýšiť na úroveň čistej oddanosti. V tomto verši sa obzvlášť odporúča proces načúvania, ktorý je veľmi praktický. Obyčajný človek nemusí mať také schopnosti ako takzvaní filozofi, no verným počúvaním autoritatívnej osoby sa môže povzniesť nad túto hmotnú existenciu a vrátiť sa späť domov, späť k Bohu.

VERŠ 27

यावत्सञ्जायते किञ्चित्सत्त्वं स्थावरजङ्गमम् ।
क्षेत्रक्षेत्रज्ञसंयोगात्तद्विद्धि भरतर्षभ ॥ २७ ॥

yāvat sañjāyate kiñcit sattvaṁ sthāvara-jaṅgamam
kṣetra-kṣetrajña-saṁyogāt tad viddhi bharatarṣabha

yāvat — čokoľvek; *sañjāyate* — deje sa; *kiñcit* — akokoľvek; *sattvam* — existencia; *sthāvara* — nehybne; *jaṅgamam* — pohyblivý; *kṣetra* — telo;

kṣetra-jña — a znalec tela; *saṁyogāt* — spojené s; *tat viddhi* — musíš to vedieť; *bharata-ṛṣabha* — ó, vodca Bharatovcov.

Ó, vodca Bharatovcov, vedz, že všetko, čo vôkol seba vidíš, pohyblivé i nehybné, je iba kombináciou poľa pôsobnosti a znalca poľa.

VÝZNAM: Tento verš hovorí ako o hmotnej prírode, tak aj o živých bytostiach, existujúcich ešte pred stvorením vesmíru. Všetko stvorené je kombináciou živej bytosti a hmotnej prírody. Mnohé výtvory, ako napr. stromy, hory a kopce, sú nehybné a mnohé iné sa pohybujú. No všetky sú kombináciami nižšej hmotnej energie a vyššej energie, živej bytosti. Bez dotyku vyššej energie — živej bytosti — by nič nemohlo rásť. Vzťah medzi hmotou a duchovnou energiou trvá večne a ich vzájomné pôsobenie sprostredkúva Najvyšší Pán. Pán je teda vládcom vyššej aj nižšej energie. Stvoril hmotnú prírodu, do ktorej umiestnil vyššiu energiu, a tak vznikli všetky druhy a všetky manifestácie.

VERŠ 28

समं सर्वेषु भूतेषु तिष्ठन्तं परमेश्वरम् ।
विनश्यत्स्वविनश्यन्तं यः पश्यति स पश्यति ॥ २८ ॥

samaṁ sarveṣu bhūteṣu tiṣṭhantaṁ parameśvaram
vinaśyatsv avinaśyantaṁ yaḥ paśyati sa paśyati

samam — rovnako; *sarveṣu* — vo všetkých; *bhūteṣu* — živých bytostiach; *tiṣṭhan-tam* — sídli; *parama-īśvaram* — Nadduša; *vinaśyatsu* — v zničiteľnom; *avinaśyantam* — nezničiteľný; *yaḥ* — ten, kto; *paśyati* — vidí; *saḥ* — on; *paśyati* — skutočne vidí.

Ten, kto vidí, že individuálnu dušu sprevádza vo všetkých telách Nadduša, a chápe, že ani duša, ani Nadduša, nemôžu zaniknúť spolu so zánikom tela, ten vpravde vidí.

VÝZNAM: Ten, kto vďaka dobrej spoločnosti dokáže vidieť tieto tri veci spojené dohromady — telo, vlastníka tela (individuálnu dušu) a priateľa individuálnej duše — má skutočné poznanie. Dovtedy, kým človek nie je v spoločnosti duchovne znalej osoby, nemôže poznať tieto tri veci. Tí, ktorí túto možnosť nemajú, sú nevedomí. Vidia iba svoje telo a myslia si, že so zánikom tela všetko skončí. Ale v skutočnosti tomu tak nie je. Duša i Nadduša jestvujú aj po zániku tela a spoločne a večne putujú rôznymi pohyblivými i nehybnými formami. Sanskṛtské slovo *parameśvara* sa niekedy prekladá ako individuálna duša, pretože duša je pánom tela a po jeho zániku dostáva ďalšie. V tomto zmysle je teda pánom. Iní interpretujú slovo *parameśvara* ako Nadduša. V každom prípade však individuálna duša a Nadduša jestvujú neustále. Nezanikajú. Ten, kto vidí veci v tomto svetle, vidí ich také aké sú.

VERŠ 29

समं पश्यन्हि सर्वत्र समवस्थितमीश्वरम् ।
न हिनस्त्यात्मनात्मानं ततो याति परां गतिम् ॥ २९ ॥

samaṁ paśyan hi sarvatra samavasthitam īśvaram
na hinasty ātmanātmānaṁ tato yāti parāṁ gatim

samam — rovnako; *paśyan* — vidí; *hi* — iste; *sarvatra* — všade; *samavasthitam* — jednako sídli; *īśvaram* — Nadduša; *na* — nie; *hinasti* — degraduje; *ātmanā* — myslou; *ātmānam* — duša; *tataḥ* — potom; *yāti* — prichádza; *parām* — transcendentálne; *gatim* — do miesta určenia.

Kto vidí Naddušu rovnocenne prítomnú všade, v každej živej bytosti, sa svojou mysľou nedegraduje. Tak prichádza do transcendentálneho miesta určenia.

VÝZNAM: Živá bytosť sa prijatím hmotnej existencie ocitla v situácii odlišnej od duchovného bytia. No len čo pochopí, že Najvyšší Pán v podobe Paramātmy prebýva všade a realizuje prítomnosť Najvyššej Božskej Osobnosti v každej živej bytosti, prestane degradovať kvôli svojej deštruktívnej mentalite a začne robiť pokroky na ceste do duchovného sveta. Myseľ býva obyčajne opojená zmyslovým pôžitkom, no len čo sa obráti k Nadduši, človek sa zdokonalí v duchovnom poznaní.

VERŠ 30

प्रकृत्यैव च कर्माणि क्रियमाणानि सर्वशः ।
यः पश्यति तथात्मानमकर्तारं स पश्यति ॥ ३० ॥

prakṛtyaiva ca karmāṇi kriyamāṇāni sarvaśaḥ
yaḥ paśyati tathātmānam akartāraṁ sa paśyati

prakṛtyā — hmotnou prírodou; *eva* — iste; *ca* — tiež; *karmāṇi* — skutky; *kriyamāṇāni* — vykonávať; *sarvaśaḥ* — za každých okolností; *yaḥ* — ten, kto; *paśyati* — vidí; *tathā* — tiež; *ātmānam* — on sám; *akartāram* — nečinný; *saḥ* — on; *paśyati* — dokonale vidí.

Kto chápe, že všetky činnosti vykonáva telo vytvorené hmotnou prírodou, a vidí, že vlastné ja nekoná nič, ten vpravde vidí.

VÝZNAM: Toto telo je stvorené hmotnou prírodou pod vedením Nadduše a fyzické činy nie sú činmi živej bytosti. Všetko, čo človek robí — či mu to už prináša šťastie alebo utrpenie — je nútený konať vzhľadom na vlastnosti svojho tela. Vlastné ja, duša, však s týmito telesnými činnosťami nemá nič spoločné. Toto telo sme dostali následkom našich minulých túžob. Aby sme mohli tieto túžby realizovať, dostali sme telo, s pomocou ktorého konáme v súlade s našimi túžbami. Inými slovami, telo je stroj umožňujúci splnenie túžob a naplánoval ho Najvyšší Pán. Kvôli hmotným túžbam sa človek dostáva do neprirodzených podmienok, aby sa trápil alebo radoval. Keď si živá bytosť osvojí túto transcendentálnu víziu, udržuje odstup od telesných činností. Kto má takýto pohľad, vidí veci také, aké sú.

VERŠ 31

यदा भूतपृथग्भावमेकस्थमनुपश्यति ।
तत एव च विस्तारं ब्रह्म सम्पद्यते तदा ॥ ३१ ॥

yadā bhūta-pṛthag-bhāvam eka-stham anupaśyati
tata eva ca vistāraṁ brahma sampadyate tadā

yadā—keď; *bhūta*—živá bytosť; *pṛthak-bhāvam*—oddelené identity; *eka-stham*—umiestnené v jedinom; *anupaśyati*—snažia sa vidieť veci očami autority; *tataḥ eva*—potom; *ca*—tiež; *vistāram*—expanzie; *brahma*—absolútno; *sampadyate*—dosiahne; *tadā*—v tom okamihu.

Ak rozumný človek prestane hľadieť na rôznorodé bytosti podľa ich hmotných tiel a uvidí, ako sa bytosti rozpínajú všade, dosiahne úroveň Brahmanu.

VÝZNAM: Keď človek pochopí, že rôzne telá živých bytostí majú svoj pôvod v rôznych túžbach duše a že v skutočnosti samotnej duši nepatria, znamená to, že vpravde vidí. V hmotnom poňatí života niekoho považujeme za poloboha, za človeka, mačku alebo psa. Tento materialistický pohľad na vec nie je správny. Materialistické rozlišovanie pochádza z hmotného poňatia života. Duša si zachováva svoju identitu aj po zániku hmotného tela, no v styku s hmotnou prírodou dostáva rôzne telá. Ten, kto takto vidí, má duchovný pohľad. To znamená, že nerobí rozdiely medzi človekom, zvieraťom, vysokým, nízkym atď., ale očistí svoje vedomie a vyvinie vedomie Kṛṣṇu vo svojej duchovnej totožnosti. V nasledujúcom verši bude vysvetlené, aký bude potom jeho pohľaď.

VERŠ 32

अनादित्वान्निर्गुणत्वात्परमात्मायमव्ययः ।
शरीरस्थोऽपि कौन्तेय न करोति न लिप्यते ॥ ३२ ॥

anāditvān nirguṇatvāt paramātmāyam avyayaḥ
śarīra-stho 'pi kaunteya na karoti na lipyate

anāditvāt—následkom večnosti; *nirguṇatvāt*—pretože je transcendentálna; *parama*—mimo hmotnej prírody; *ātmā*—duch; *ayam*—tento; *avyayaḥ*—nevyčerpateľný; *śarīra-sthaḥ*—bdie v tele; *api*—hoci; *kaunteya*—ó, syn Kuntī; *na karoti*—nikdy nič nekoná; *na lipyate*—ani nie je zapletená.

Tí, ktorí majú víziu večnosti, vidia, že nezničiteľná duša je transcendentálna, večná a mimo kvalít hmotnej prírody. Ó, Arjuna, napriek styku s hmotným telom, duša nič nekoná a ani nie je zapletená.

VÝZNAM: Na prvý pohľad sa zdá, akoby sa živá bytosť narodila, pretože sa narodilo hmotné telo, no v skutočnosti je večná. Nerodí sa, a aj keď sa nachádza v hmotnom tele, je večná a transcendentálna. Preto nemôže byť nikdy zničená a svojou povahou je plná blaženosti. Nezúčastňuje sa žiadneho hmotného jednania a preto jej činnosti prebiehajúce následkom jej styku s hmotnými telami nespôsobujú zapletenie.

VERŠ 33

यथा सर्वगतं सौक्ष्म्यादाकाशं नोपलिप्यते ।
सर्वत्रावस्थितो देहे तथात्मा नोपलिप्यते ॥ ३३ ॥

yathā sarva-gataṁ saukṣmyād ākāśaṁ nopalipyate
sarvatrāvasthito dehe tathātmā nopalipyate

yathā — ako; *sarva-gatam* — všeprenikajúci; *saukṣmyāt* — kvôli svojej jemnej povahe; *ākāśam* — nebo; *na* — nikdy; *upalipyate* — zmieša sa; *sarvatra* — všade; *avasthitaḥ* — umiestnená; *dehe* — v tele; *tathā* — taký; *ātmā* — vlastné ja; *na* — nikdy; *upalipyate* — nezmieša sa.

Tak, ako sa nebo vďaka svojej jemnosti s ničím nezmieša, hoci je všeprestupujúce, tak sa ani duša, ktorá zrealizovala Brahman, nezmieša s telom, v ktorom sídli.

VÝZNAM: Vzduch preniká vodou, hlinou, výkalmi a všetkým jestvujúcim a predsa sa s ničím nezmieša. Podobne je i živá bytosť pre svoju jemnosť nedotknuteľná hmotnými telami, v ktorých prebýva. Preto nie je nášmu hmotnému zraku súdené vidieť, ako je živá bytosť v styku s telom a akým spôsobom ho po smrti opúšťa. Nijaký vedec to nedokáže zistiť.

VERŠ 34

यथा प्रकाशयत्येकः कृत्स्नं लोकमिमं रविः ।
क्षेत्रं क्षेत्री तथा कृत्स्नं प्रकाशयति भारत ॥ ३४ ॥

yathā prakāśayaty ekaḥ kṛtsnaṁ lokam imaṁ raviḥ
kṣetraṁ kṣetrī tathā kṛtsnaṁ prakāśayati bhārata

yathā — ako; *prakāśayati* — osvetľuje; *ekaḥ* — jeden; *kṛtsnam* — celý; *lokam* — vesmír; *imam* — toto; *raviḥ* — Slnko; *kṣetram* — toto telo; *kṣetrī* — duša; *tathā* — práve tak; *kṛtsnam* — celý; *prakāśayati* — osvetľuje; *bhārata* — ó, potomok Bharatov.

Ó, potomok Bharatov, tak ako jediné Slnko osvetľuje celý vesmír, tak jediná živá bytosť v tele osvetľuje vedomím celé telo.

VÝZNAM: Sú rôzne teórie týkajúce sa vedomia. V *Bhagavad-gīte* je použitý príklad so Slnkom a slnečným svetlom. Aj keď je Slnko situované na jednom mieste, osvetľuje celý vesmír. Podobne maličká duša sídliaca v srdci osvetľuje vedomím celé telo. Vedomie je preto dôkazom prítomnosti duše, tak ako slnečná žiara a svetlo sú dôkazom prítomnosti Slnka. Ak je duša prítomná v tele, je vedomie rozšírené po celom tele, no akonáhle ho opustí, opustí ho aj vedomie. To môže ľahko pochopiť každý inteligentný človek. Vedomie nie je produktom hmoty, ale známkou existencie živej bytosti. Hoci je vedomie živej bytosti kvalitatívne totožné s najvyšším vedomím, nie je najvyššie, pretože sa nevzťahuje na iné telá. No Nadduša sídliaca v každom tele ako priateľ individuálnej duše, si je vedomá všetkých tiel. To je rozdiel medzi zvrchovaným a individuálnym vedomím.

VERŠ 35

क्षेत्रक्षेत्रज्ञयोरेवमन्तरं ज्ञानचक्षुषा ।
भूतप्रकृतिमोक्षं च ये विदुर्यान्ति ते परम् ॥ ३५ ॥

kṣetra-kṣetrajñayor evam antaraṁ jñāna-cakṣuṣā
bhūta-prakṛti-mokṣaṁ ca ye vidur yānti te param

kṣetra — telo; *kṣetra-jñayoḥ* — vlastník tela; *evam* — takto; *antaram* — rozdiel; *jñāna-cakṣuṣā* — vidieť zrakom poznania; *bhūta* — živá bytosť; *prakṛti* — z hmotnej prírody; *mokṣam* — oslobodenie; *ca* — tiež; *ye* — tí, ktorí; *viduḥ* — poznajú; *yānti* — priblížia sa; *te* — oni; *param* — Najvyšší.

Tí, ktorí zrakom poznania postrehnú rozdiel medzi telom a znalcom tela a pochopia proces oslobodenia sa zo zajatia hmotnej prírody, dospejú k najvyššiemu cieľu.

VÝZNAM: Odkazom tejto trinástej kapitoly je, že každý by mal poznať rozdiel medzi telom, znalcom tela a Nadušou. Ďalej by sme mali poznať spôsob, ako sa vyslobodiť, opísaný v ôsmom až dvanástom verši, a tak dospieť k najvyššiemu cieľu.

Veriaci človek by mal najprv vyhľadať správnu spoločnosť, v ktorej môže načúvať o Bohu a postupne sa očistiť. Ak prijme duchovného učiteľa, naučí sa rozlišovať medzi dušou a telom, a to sa stane základom jeho ďalšieho duchovného rozvoja. Duchovný učiteľ učí svojich žiakov, ako sa vyslobodiť z hmotného poňatia života. Napríklad Kṛṣṇa v *Bhagavad-gīte* poučuje Arjunu, aby ho vyslobodil z pút hmotných myšlienok a úvah.

Môžeme vidieť, že toto telo je hmota — dá sa rozložiť na dvadsaťštyri hmotných prvkov. Telo je hrubohmotný prejav. Jemnohmotný prejav zahŕňa myseľ a psychologické funkcie, a životné príznaky sú interakcie týchto prvkov. Okrem nich a nad nimi však jestvujú duša a Nadduša, majúce vlastnú a odlišnú identitu. Hmotný svet začne byť činný, len čo sa duša dostane do styku s dvadsiatimi štyrmi hmotnými prvkami. Človek, ktorý vidí, že celé hmotné stvorenie je kombináciou duše a hmoty a pozná postavenie Najvyššej Duše, si zaslúži, aby sa vrátil do duchovného sveta. Tieto veci sú určené k zamysleniu a realizácii, a každý by mal tejto kapitole dokonale porozumieť prostredníctvom duchovného učiteľa.

Takto končia Bhaktivedantove výklady k trinástej kapitole *Śrīmad Bhagavad-gīty*, pojednávajúcej o prírode, požívateľovi a vedomí.

KAPITOLA ŠTRNÁSTA

Tri kvality hmotnej prírody

VERŠ 1

श्रीभगवानुवाच
परं भूयः प्रवक्ष्यामि ज्ञानानां ज्ञानमुत्तमम् ।
यज्ज्ञात्वा मुनयः सर्वे परां सिद्धिमितो गताः ॥ १ ॥

śrī-bhagavān uvāca
paraṁ bhūyaḥ pravakṣyāmi jñānānāṁ jñānam uttamam
yaj jñātvā munayaḥ sarve parāṁ siddhim ito gatāḥ

śrī-bhagavān uvāca — Kṛṣṇa, Najvyššia Božská Osobnosť, riekol; *param* — transcendentálny; *bhūyaḥ* — znova; *pravakṣyāmi* — vyložím; *jñānānām* — zo všetkého poznania; *jñānam* — poznal; *uttamam* — najvyššie; *yat* — ktorý; *jñātvā* — vedieť; *munayaḥ* — mudrci; *sarve* — všetci; *parām* — transcendentálny; *siddhim* — dokonalosť; *itaḥ* — z tohoto sveta; *gatāḥ* — dosiahli.

Kṛṣṇa, Najvyššia Božská Osobnosť, riekol: Znovu ti vyložím túto najvyššiu múdrosť, najlepšie zo všetkých poznaní, pomocou ktorého dosiahli všetci mudrci najvyššej dokonalosti.

VÝZNAM: Od siedmej až po koniec dvanástej kapitoly vyjavil Kṛṣṇa podrobnosti o Absolútnej Pravde, Najvyššej Božskej Osobnosti. V tejto kapitole Pán Arjunovi osobne vysvetlí ďalšie dôležité veci. Ak porozumieme odkazu tejto kapitoly prostredníctvom filozofického hĺbania, postupne sa dopracujeme k chápaniu oddanej služby. V trinástej kapitole bolo jasne vysvetlené, že človek má možnosť vyslobodiť sa z hmotného zapletenia pokorným rozvíjaním poznania. Ďalej bolo jasne povedané, že práve kvôli styku s hmotnými kvalitami uviazla živá bytosť v hmotnom svete. Najvyššia Osobnosť v tejto kapitole vysvetľuje, čo tieto kvality znamenajú, ako pôsobia a spútavajú, a ako sa z nich živá bytosť môže vymaniť. Najvyšší Pán hovorí, že poznanie vyložené v tejto kapitole je vyššie než poznanie vysvetlené v predchádzajúcich kapitolách. Realizáciou tohoto poznania dosiahli mnohí mudrci dokonalosť a premiestnili sa do duchovného sveta. Śrī Kṛṣṇa teraz objasňuje to isté poznanie vyšším spôsobom. Toto poznanie je oveľa, oveľa vyššie ako všetky predchádzajúce, a mnohí prostredníctvom neho dosiahli dokonalosť. Preto aj ten, kto porozumie tejto štrnástej kapitole, dosiahne dokonalosť.

VERŠ 2

इदं ज्ञानमुपाश्रित्य मम साधर्म्यमागताः ।
सर्गेऽपि नोपजायन्ते प्रलये न व्यथन्ति च ॥ २ ॥

idaṁ jñānam upāśritya mama sādharmyam āgatāḥ
sarge 'pi nopajāyante pralaye na vyathanti ca

idam — toto; *jñānam* — poznanie; *upāśritya* — prijímať ochranu; *mama* — Moje; *sādharmyam* — rovnakej prirodzenosti; *āgatāḥ* — dosiahnuť; *sarge api* — i počas stvorenia; *na* — nikdy; *upajāyante* — narodí sa; *pralaye* — počas zániku; *na* — ani; *vyathanti* — nerozrušený; *ca* — tiež.

Ten, kto sa ustáli v tomto poznaní, môže dosiahnuť transcendentálnu prirodzenosť, podobnú Mojej. Takto upevnený, sa už viac nenarodí v čase nového stvorenia a ani nebude rozrušený v dobe zániku.

VÝZNAM: Po získaní dokonalého transcendentálneho poznania dosiahne človek kvalitatívnu rovnosť s Najvyššou Božskou Osobnosťou a oslobodí sa z kolobehu rodenia a smrti. Nestráca však svoju totožnosť ako individuálna duša. Z *vedskych* písiem sa dozvedáme, že oslobodené duše, ktoré dosiahli transcendentálne planéty v duchovnom svete, neustále vidia lotosové nohy Pána a oddane a láskyplne Mu slúžia. Oddaní teda nestrácajú svoju individualitu ani po oslobodení.

V hmotnom svete je každé poznanie znečistené tromi kvalitami hmotnej prírody. Poznanie, ktoré nie je týmito kvalitami znečistené, sa nazýva transcendentálne poznanie. Akonáhle sa človek umiestni v transcendentálnom poznaní, nachádza sa na tej istej úrovni ako Najvyšší Pán. Tí, ktorí nemajú poznanie o duchovnom svete, si myslia, že živá bytosť sa po oslobodení z hmotných činností a hmotných foriem stane beztvarou a nerozlíšenou. V duchovnom svete však jestvujú rozmanitosti, práve tak ako v hmotnom svete. Tí, ktorí to nevedia, si myslia, že duchovná existencia je negáciou hmotnej rôznorodosti. No v duchovnom svete, ktorý sa vyznačuje oddanou službou a duchovnými činnosťami, získavame v skutočnosti duchovnú podobu. Atmosféra duchovného sveta nie je znečistená a živá bytosť je kvalitatívne totožná s Najvyšším Pánom. Aby sme získali toto poznanie, musíme rozvíjať všetky duchovné vlastnosti. Ten, kto takto rozvíja duchovné vlastnosti, nie je ovplyvňovaný ani stvorením, ani zánikom hmotného sveta.

VERŠ 3

मम योनिर्महद्ब्रह्म तस्मिन्गर्भं दधाम्यहम् ।
सम्भवः सर्वभूतानां ततो भवति भारत ॥ ३ ॥

mama yonir mahad brahma tasmin garbhaṁ dadhāmy aham
sambhavaḥ sarva-bhūtānāṁ tato bhavati bhārata

mama — Môj; *yoniḥ* — pôvod zrodenia; *mahat* — totálna hmotná existencia; *brahma* — najvyšší; *tasmin* — v tom; *garbham* — počatie; *dadhāmi* — stvoriť; *aham* — Ja; *sambhavaḥ* — možnosť; *sarva-bhūtānām* — všetkým živým tvorom; *tataḥ* — potom; *bhavati* — bude; *bhārata* — ó, potomok Bharatov.

Totálna hmotná podstata nazývaná Brahman je pôvodom zrodenia, ó, potomok Bharatov. Keď oplodním tento Brahman, umožním zrodenie všetkým živým tvorom.

VÝZNAM: Toto je vysvetlenie podstaty sveta: všetko sa deje na základe spojenia tela a duše, *kṣetra* a *kṣetra-jña*. Toto spojenie hmotnej prírody a živej bytosti umožňuje Najvyšší Pán osobne. *Mahat-tattva* je úplnou príčinou celého kozmického prejavu a totálna substancia hmotnej prírody, v ktorej existujú kvalitatívne zložky hmotnej prírody, sa niekedy nazýva Brahman. Najvyššia Božská Osobnosť oplodní túto hmotnú substanciu, a dá tak vzniknúť nespočetným vesmírom. Totálna hmotná substancia, *mahat-tattva*, je vo *Vedach* popísaná ako Brahman: *tasmād etad brahma nāma-rūpam annaṁ ca jāyate* (*Muṇḍaka Upaniṣad* 1.1.9). Najvyššia Božská Osobnosť oplodní Brahman semenom živých bytostí. Všetkých dvadsaťštyri prvkov — zem, voda, oheň, vzduch atď. tvoria *mahad brahma* (veľký Brahman) alebo hmotnú prírodu. V siedmej kapitole je vysvetlené, že okrem tejto hmotnej prírody jestvuje ešte iná, vyššia podstata — živé bytosti — ktorá je zmiešaná s hmotnou prírodou z vôle Najvyššej Božskej Osobnosti. Všetky živé bytosti sa potom rodia z lona tejto hmotnej prírody.

Škorpión kladie svoje vajíčka do ryže a ľudia si niekedy myslia, že škorpióny sa rodia z ryže. Ale ryža nie je príčinou škorpióna. V skutočnosti vajíčka nakládla matka. Práve tak nie je hmotná príroda príčinou vzniku živých bytostí. Semeno pochádza od Najvyššej Božskej Osoby, a na prvý pohľad sa zdá, akoby živé bytosti vznikali z hmotnej prírody. Podľa svojich minulých činností získa živá bytosť telo stvorené hmotnou prírodou, aby sa mohla tešiť alebo trápiť v súlade so svojimi minulými činnosťami. Pán je príčinou zjavenia všetkých živých tvorov v tomto hmotnom svete.

VERŠ 4

सर्वयोनिषु कौन्तेय मूर्तयः सम्भवन्ति याः ।
तासां ब्रह्म महद्योनिरहं बीजप्रदः पिता ॥ ४ ॥

sarva-yoniṣu kaunteya mūrtayaḥ sambhavanti yāḥ
tāsāṁ brahma mahad yonir ahaṁ bīja-pradaḥ pitā

sarva-yoniṣu — všetkým životným druhom; *kaunteya* — ó, syn Kuntī; *mūrtayaḥ* — podoby; *sambhavanti* — zjavujú sa; *yāḥ* — ktoré; *tāsām* —

všetkým; *brahma* — najvyšší; *mahat yoniḥ* — pôvod zrodenia v hmotnej podstate; *aham* — Ja; *bīja-pradaḥ* — dávajúci semeno; *pitā* — otec.

Ó, syn Kuntī, človek by mal vedieť, že všetky životné druhy majú možnosť narodiť sa v tejto hmotnej prírode a Ja som otcom dávajúcim semeno.

VÝZNAM: V tomto verši je jasne vysvetlené, že Najvyššia Božská Osobnosť, Kṛṣṇa, je pôvodným otcom všetkých živých tvorov. V tomto svete vznikajú živé bytosti kombináciou hmotnej prírody a duchovnej prírody. Život však nejestvuje iba na tejto planéte, ale na všetkých planétach, dokonca i na najvyššej planéte, ktorá je sídlom Brahmu. Živé bytosti sú všade — v zemi, vo vode, a dokonca aj v ohni. Všetky tieto prejavy majú svoju príčinu v hmotnej prírode — matke — a v otcovskej funkcii oplodniteľa — v Kṛṣṇovi. To znamená, že Kṛṣṇa oplodní hmotnú prírodu živými bytosťami, ktoré v čase stvorenia prijímajú rôzne podoby podľa svojich minulých činností.

VERŠ 5

सत्त्वं रजस्तम इति गुणाः प्रकृतिसम्भवाः ।
निबध्नन्ति महाबाहो देहे देहिनमव्ययम् ॥ ५ ॥

sattvaṁ rajas tama iti guṇāḥ prakṛti-sambhavāḥ
nibadhnanti mahā-bāho dehe dehinam avyayam

sattvam — kvalita dobra; *rajaḥ* — kvalita vášne; *tamaḥ* — kvalita nevedomosti; *iti* — tak; *guṇāḥ* — kvality; *prakṛti* — hmotná príroda; *sambhavāḥ* — pozostáva z; *nibadhnanti* — podmienenú; *mahā-bāho* — ó, bojovník mocných paží; *dehe* — v tomto tele; *dehinam* — živá bytosť; *avyayam* — večný.

Hmotná príroda pozostáva z troch kvalít — dobra, vášne a nevedomosti. Keď večná živá bytosť príde do styku s hmotnou prírodou, ó, bojovník mocných paží, stane sa podmienenou týmito kvalitami.

VÝZNAM: Keďže živá bytosť je transcendentálna, nemá s týmto hmotným svetom nič spoločné. No vzhľadom na to, že je podmienená hmotnou energiou, koná pod vplyvom troch kvalít hmotnej prírody. Živé bytosti majú rôzne telá vzhľadom na rôzne aspekty prírody a podľa toho musia konať. To je príčina rôznych druhov šťastia a utrpenia.

VERŠ 6

तत्र सत्त्वं निर्मलत्वात्प्रकाशकमनामयम् ।
सुखसङ्गेन बध्नाति ज्ञानसङ्गेन चानघ ॥ ६ ॥

tatra sattvaṁ nirmalatvāt prakāśakam anāmayam
sukha-saṅgena badhnāti jñāna-saṅgena cānagha

tatra — tam; *sattvam* — kvalita dobra; *nirmalatvāt* — najčistejšia v hmotnom svete; *prakāśakam* — osvetľujúca; *anāmayam* — bez hriešnych reakcií; *sukha* — šťastie; *saṅgena* — styk; *badhnāti* — podmieňuje; *jñāna* — poznanie; *saṅgena* — stykom; *ca* — tiež; *anagha* — ó, bezhriešny.

Ó, bezhriešny, kvalita dobra, žiarivá a v čistote prevyšujúca ostatné, zbavuje človeka všetkých hriešnych reakcií. Tí, ktorí sú umiestnení v tejto kvalite, podliehajú pocitu šťastia a poznania.

VÝZNAM: Jestvujú rôzne druhy živých bytostí podmienené hmotnou prírodou. Jedny sú šťastné, iné nadmieru aktívne, zatiaľ čo ďalšie sú bezmocné. Všetky tieto psychologické príznaky sú príčinou rôznych podmienení živých bytostí hmotnou prírodou. V tejto časti *Bhagavad-gīty* Kṛṣṇa vysvetľuje spôsob, akým sú podmienené. Najprv opisuje kvalitu dobra. Výsledok kultivácie tejto kvality v hmotnom svete je, že človek sa stane múdrejší než ostatné podmienené osoby. Človeka v kvalite dobra natoľko neovplyvňujú hmotné útrapy a má pocit, že robí pokroky v hmotnom poznaní. Typickým príkladom je *brāhmaṇa*, o ktorom sa predpokladá, že sa nachádza v kvalite dobra. Pocit šťastia človeka umiestneného v kvalite dobra pramení z vedomia, že je viac-menej oslobodený od následkov hriešnych činností. Vo *vedskej* literatúre sa hovorí, že kvalita dobra prináša väčšie poznanie a väčší pocit šťastia.

Problém je však v tom, že akonáhle sa živá bytosť nachádza v kvalite dobra, ihneď si myslí, že je učenejšia a lepšia než ostatné, a tak sa stáva podmienenou. Najlepším príkladom sú vedci a filozofi, ktorí sú obyčajne pyšní na svoje vedomosti, a keďže si spravidla zlepšia svoje životné postavenie, prežívajú určitý druh hmotného šťastia, ktoré ich púta k hmotnému svetu v kvalite dobra. Radi konajú v kvalite dobra, a ak sa tohoto puta nezbavia, budú musieť prijať telo v tejto kvalite. Preto je nepravdepodobné, že sa oslobodia alebo premiestnia do duchovného sveta. Znovu a znovu sa budú musieť stávať filozofmi, vedcami alebo básnikmi a znovu budú donútení podstupovať utrpenia vo forme rodenia a smrti. Ilúzia hmotnej energie je však taká silná, že človek považuje takýto život za príjemný.

VERŠ 7

रजो रागात्मकं विद्धि तृष्णासङ्गसमुद्भवम् ।
तन्निबध्नाति कौन्तेय कर्मसङ्गेन देहिनम् ॥ ७ ॥

rajo rāgātmakaṁ viddhi tṛṣṇā-saṅga-samudbhavam
tan nibadhnāti kaunteya karma-saṅgena dehinam

rajaḥ — kvalita vášne; *rāga-ātmakam* — rodiaca sa z túžby; *viddhi* — vedz; *tṛṣṇā* — prahnutie; *saṅga* — stykom; *samudbhavam* — vzniká; *tat* — to; *nibadhnāti* — pútaný; *kaunteya* — ó, syn Kuntī; *karma-saṅgena* — spojené s plodonosnými činmi; *dehinam* — vtelený.

Kvalita vášne sa rodí z nekonečných žiadostí a túžob, ó, syn Kuntī, a preto je vtelená živá bytosť pútaná k hmotným plodonosným činnostiam.

VÝZNAM: Kvalita vášne je charakterizovaná príťažlivosťou medzi mužom a ženou. Žena je priťahovaná k mužovi a muž k žene. Tento vzťah náleží do kvality vášne. Keď sa táto kvalita zvýši, zvýši sa aj túžba po hmotnom pôžitku a uspokojovaní zmyslov. Človek v kvalite vášne nachádza uspokojenie v spoločenskom alebo národnom uznaní, v šťastnej rodine, dobrých deťoch, žene a domove. To všetko sú plody kvality vášne. Ten, kto túži po týchto veciach, musí ťažko pracovať. Preto tu Kṛṣṇa jasne hovorí, že akonáhle sa človek dostane do styku s plodmi svojich skutkov, je týmito činmi pútaný. Aby uspokojil svoju ženu, deti a spoločnosť a aby si zachoval svoju dobrú povesť, musí pracovať. Preto sa celý hmotný svet nachádza viac-menej v kvalite vášne. Moderná civilizácia sa považuje za pokrokovú v medziach kvality vášne. Kedysi sa však miera pokroku pohybovala v medziach kvality dobra. Ak ani tí, ktorí sa nachádzajú v kvalite dobra, nedosiahnu oslobodenie, čo potom povedať o ľuďoch v kvalite vášne?

VERŠ 8

तमस्त्वज्ञानजं विद्धि मोहनं सर्वदेहिनाम् ।
प्रमादालस्यनिद्राभिस्तन्निबध्नाति भारत ॥ ८ ॥

tamas tv ajñāna-jaṁ viddhi mohanaṁ sarva-dehinām
pramādālasya-nidrābhis tan nibadhnāti bhārata

tamaḥ — kvalita temnoty; *tu* — ale; *ajñāna-jam* — zrodená z nevedomosti; *viddhi* — vedz; *mohanam* — klam; *sarva-dehinām* — všetkých vtelených bytostí; *pramāda* — pomätenosť; *ālasya* — nezáujem; *nidrābhiḥ* — a spánok; *tat* — tá; *nibadhnāti* — púta; *bhārata* — ó, potomok Bharatov.

Vedz, ó, potomok Bharatov, že kvalita temnoty zrodená z nevedomosti je strojcom klamu všetkých vtelených živých bytostí. Jej výsledkami sú pomätenosť, lenivosť a spánok, pútajúce podmienenú dušu.

VÝZNAM: Slovo *tu* má v tomto verši zvláštny význam. Naznačuje, že kvalita nevedomosti je veľmi zvláštnou kvalifikáciou vtelenej duše. Kvalita nevedomosti je pravým opakom kvality dobra. V kvalite dobra môže človek pestovaním poznania pochopiť pravú podstatu vecí, zatiaľ čo v kvalite nevedomosti je to úplne nemožné. Všetci, ktorí sú v zajatí nevedomosti, zošalejú, a šialenci nemôžu vidieť veci také, aké sú. Namiesto toho, aby robili pokroky, klesajú. Definíciu kvality nevedomosti môžeme nájsť vo *Vedach. Vastu-yāthātmya-jñānāvarakaṁ viparyaya-jñana-janakaṁ tamaḥ*: V kvalite nevedomosti nemôžeme vidieť skutočnú podstatu vecí. Každý môže napríklad vidieť, že jeho otec zomrel, že každý umiera a že aj on raz zomrie. Aj jeho deti zomrú. Smrť je istá. A napriek tomu ľudia ťažko pracujú ako šialenci a zhromažďujú peniaze vo dne v noci, bez najmenšieho záujmu o večnú dušu. To je šialenstvo. Vo svojom šialenstve sa odmietajú zaujímať o duchovné poznanie. Takí ľudia sú leniví, a ak sa im naskytne príležitosť dozvedieť sa niečo o duchovnom poznaní, nejavia záujem. Nie sú tak činní ako ľudia spútaní kvalitou vášne. Iným znakom osoby situovanej v kvalite nevedomosti je, že spí viac než je nutné. Šesťhodinový spánok stačí, no človek v nevedomosti spí najmenej desať až dvanásť hodín denne. Taký človek prepadá omamným látkam a spánku a vždy je skľúčený. To sú príznaky osoby umiestnenej v kvalite nevedomosti.

VERŠ 9

सत्त्वं सुखे सञ्जयति रजः कर्मणि भारत ।
ज्ञानमावृत्य तु तमः प्रमादे सञ्जयत्युत ॥ ९ ॥

sattvaṁ sukhe sañjayati rajaḥ karmaṇi bhārata
jñānam āvṛtya tu tamaḥ pramāde sañjayaty uta

sattvam — kvalita dobra; *sukhe* — ku šťastiu; *sañjayati* — rozvíja; *rajaḥ* — kvalita vášne; *karmaṇi* — k plodom práce; *bhārata* — ó, potomok Bharatov; *jñānam* — poznanie; *āvṛtya* — zakrýva; *tu* — ale; *tamaḥ* — kvalita nevedomosti; *pramāde* — k šialenstvu; *sañjayati* — viaže; *uta* — hovorí sa.

Ó, potomok Bharatov, kvalita dobra púta k šťastiu, vášeň k plodonosnej činnosti a nevedomosť, ktorá zahaľuje poznanie, púta k pomätenosti.

VÝZNAM: Človek v kvalite dobra je spokojný so svojou prácou a intelektuálnym hĺbaním. Ako filozof, vedec alebo učiteľ sa môže zamestnať v určitom odvetví poznania a nájsť v ňom uspokojenie. Človek v kvalite vášne sa zaoberá plodonosnými činnosťami. Nazhromaždí čo najviac a istú časť venuje na dobročinné účely, napríklad na stavbu nemocníc, podporu charitatívnych inštitúcií atď. Toto sú charakteristické znaky ľudí v kvalite vášne. Činnosti v kvalite nevedomosti škodia ako človeku samotnému, tak aj druhým, pretože zahaľujú poznanie temnotou nevedomosti.

VERŠ 10

रजस्तमश्चाभिभूय सत्त्वं भवति भारत ।
रजः सत्त्वं तमश्चैव तमः सत्त्वं रजस्तथा ॥ १० ॥

rajas tamaś cābhibhūya sattvaṁ bhavati bhārata
rajaḥ sattvaṁ tamaś caiva tamaḥ sattvaṁ rajas tathā

rajaḥ — kvalita vášne; *tamaḥ* — kvalita nevedomosti; *ca* — tiež; *abhibhūya* — prekoná; *sattvam* — kvalita dobra; *bhavati* — prevládne; *bhārata* — ó, potomok Bharatov; *rajaḥ* — kvalita vášne; *sattvam* — kvalita dobra; *tamaḥ* — kvalita nevedomosti; *ca* — tiež; *eva* — tak; *tamaḥ* — kvalita nevedomosti; *sattvam* — kvalita dobra; *rajaḥ* — kvalita vášne; *tathā* — takto.

Niekedy prevláda kvalita dobra a prevýši kvality vášne a nevedomosti, ó, potomok Bharatov. Niekedy kvalita vášne zvíťazí nad kvalitami dobra a nevedomosti a inokedy zas nevedomosť prevýši kvality dobra a vášne. Takto medzi nimi prebieha neustály boj o nadvládu.

VÝZNAM: Ak prevláda kvalita vášne, kvality dobra a nevedomosti sú na ústupe. Ak prevláda kvalita dobra, ubúdajú kvality vášne a nevedomosti. A ak dominuje kvalita nevedomosti, znamená to, že ubúdajú kvality vášne a dobra. Toto súťaženie o nadvládu nikdy nekončí. Preto sa ten, kto chce pokročiť vo vedomí Kṛṣṇu, musí povzniesť nad tieto tri kvality. Nadvláda určitej kvality sa prejavuje v konkrétnych činnostiach, vo vystupovaní, jedení a podobne. Toto všetko bude vysvetlené v nasledujúcich kapitolách. Ak človek chce, môže vyvinúť kvalitu dobra a premôcť tak kvality vášne a nevedomosti. Tým istým spôsobom môže vyvinúť kvalitu vášne a premôcť ostatné dve kvality, alebo vyvinúť kvalitu nevedomosti a poraziť kvality dobra a vášne. Toto sú tri hmotné kvality, ale ak je človek rozhodný, môže byť obdarený kvalitou dobra a transcendovaním tejto kvality dosiahnuť stav čistého dobra. Na tejto úrovni, zvanej *vasudeva*, môžeme pochopiť vedu o Bohu. Podľa symptómov príslušných činností môžeme poznať, v akej kvalite prírody sa človek nachádza.

VERŠ 11

सर्वद्वारेषु देहेऽस्मिन्प्रकाश उपजायते ।
ज्ञानं यदा तदा विद्याद्विवृद्धं सत्त्वमित्युत ॥ ११ ॥

sarva-dvāreṣu dehe 'smin prakāśa upajāyate
jñānaṁ yadā tadā vidyād vivṛddhaṁ sattvam ity uta

sarva-dvāreṣu — všetky brány; *dehe asmin* — tohoto tela; *prakāśaḥ* — kvalita osvietenia; *upajāyate* — rozvine; *jñānam* — poznanie; *yadā* — keď; *tadā* — vtedy; *vidyāt* — vedieť; *vivṛddham* — vzrastá; *sattvam* — kvalita dobra; *iti uta* — tak povediac.

Prejav kvality dobra môže človek zakúsiť vtedy, keď sú všetky brány tela osvetlené poznaním.

VÝZNAM: Telo má deväť brán: dve oči, dve uši, dve nosné dierky, ústa, pohlavný orgán a konečník. Ak je každá brána osvietená príznakmi dobra, znamená to, že človek vyvinul kvalitu dobra. V tejto kvalite môže vidieť, počuť a cítiť veci v ich skutočnej podobe. Človek sa očisťuje zvnútra i zvonku a v každej bráne sa vyvíja charakteristický znak šťastia. To je pozícia dobra.

VERŠ 12

लोभः प्रवृत्तिरारम्भः कर्मणामशमः स्पृहा ।
रजस्येतानि जायन्ते विवृद्धे भरतर्षभ ॥ १२ ॥

lobhaḥ pravṛttir ārambhaḥ karmaṇām aśamaḥ spṛhā
rajasy etāni jāyante vivṛddhe bharatarṣabha

lobhaḥ — chamtivosť; *pravṛttiḥ* — činorodosť; *ārambhaḥ* — úsilie; *karmaṇām* — v činnostiach; *aśamaḥ* — neovládateľná; *spṛhā* — túžba; *rajasi* —

v kvalite vášne; *etāni* — toto všetko; *jāyante* — rozvinie sa; *vivṛddhe* — keď prevláda; *bharata-ṛṣabha* — ó, najlepší z Bharatových potomkov.

Ó, najlepší z Bharatovcov, keď vzrastá kvalita vášne, vyvíja sa veľká pripútanosť, plodonosná činorodosť, horlivé úsilie a neovládateľná túžba.

VÝZNAM: Človek v kvalite vášne nie je nikdy spokojný s postavením, ktoré dosiahol a snaží sa ho neustále vylepšiť. Ak sa rozhodne postaviť si dom, za každú cenu chce, aby sa podobal palácu, akoby v ňom mohol bývať navždy. Okrem toho sa vyznačuje veľkou túžbou po zmyslovom pôžitku, ktorý nikdy nekončí. Taký človek chce naveky zostať so svojou rodinou vo svojom dome a pokračovať v uspokojovaní zmyslov. Všetky tieto príznaky musíme chápať ako typické pre kvalitu vášne.

VERŠ 13

अप्रकाशोऽप्रवृत्तिश्च प्रमादो मोह एव च ।
तमस्येतानि जायन्ते विवृद्धे कुरुनन्दन ॥ १३ ॥

aprakāśo 'pravṛttiś ca pramādo moha eva ca
tamasy etāni jāyante vivṛddhe kuru-nandana

aprakāśaḥ — temnota; *apravṛttiḥ* — nečinnosť; *ca* — a; *pramādaḥ* — pomätenosť; *mohaḥ* — ilúzia; *eva* — iste; *ca* — tiež; *tamasi* — z kvality nevedomosti; *etāni* — tieto; *jāyante* — prejavujú sa; *vivṛddhe* — keď sa vzmáha; *kuru-nandana* — ó, potomok Kuruov.

Temnota, nečinnosť, pomätenosť a poblúznenie sa prejavujú, ak sa vzmáha kvalita nevedomosti, ó, potomok Kuruov.

VÝZNAM: Tam, kde niet osvietenia, niet ani poznania. Človek v kvalite nevedomosti nekoná podľa regulatívnych zásad, ale čisto náladovo a bezcieľne. Hoci je práceschopný, nechce sa mu robiť. Tomu sa hovorí ilúzia. Hoci je jeho vedomie činné, jeho život je nečinný. To sú príznaky osoby v kvalite nevedomosti.

VERŠ 14

यदा सत्त्वे प्रवृद्धे तु प्रलयं याति देहभृत् ।
तदोत्तमविदां लोकानमलान्प्रतिपद्यते ॥ १४ ॥

yadā sattve pravṛddhe tu pralayaṁ yāti deha-bhṛt
tadottama-vidāṁ lokān amalān pratipadyate

yadā — keď; *sattve* — kvalita dobra; *pravṛddhe* — rozvinutá; *tu* — ale; *pralayam* — zánik; *yāti* — ide; *deha-bhṛt* — vtelený; *tadā* — vtedy; *uttama-vidām* — veľkých mudrcov; *lokān* — planéty; *amalān* — čisté; *pratipadyate* — dosiahne.

Ak človek zomrie v kvalite dobra, dosiahne čisté vyššie planéty, sídla veľkých mudrcov.

VÝZNAM: Človek umiestnený v kvalite dobra dosiahne vyššie planéty, ako Brahmaloka alebo Janaloka, a tam si užíva božského šťastia. Slovo *amalān* je dôležité a znamená „zbavený vášne a nevedomosti". Hmotný svet je plný nečistôt, no kvalita dobra je najčistejšou formou existencie v hmotnom svete. Pre rôzne druhy živých bytostí sú určené rôzne druhy planét, a tí, ktorí zomrú v kvalite dobra, vstúpia na planéty, kde sídlia svätci a veľkí oddaní.

VERŠ 15

रजसि प्रलयं गत्वा कर्मसङ्गिषु जायते ।
तथा प्रलीनस्तमसि मूढयोनिषु जायते ॥ १५ ॥

rajasi pralayaṁ gatvā karma-saṅgiṣu jāyate
tathā pralīnas tamasi mūḍha-yoniṣu jāyate

rajasi — vo vášni; *pralayam* — smrť; *gatvā* — dosiahne; *karma-saṅgiṣu* — v spoločnosti tých, ktorí vykonávajú plodonosné činnosti; *jāyate* — narodí sa; *tathā* — podobne; *pralīnaḥ* — zanikajúci; *tamasi* — v nevedomosti; *mūḍha-yoniṣu* — v zvieracích druhoch; *jāyate* — narodí sa.

Ak človek zomrie v kvalite vášne, narodí sa medzi tými, ktorí vykonávajú plodonosné činnosti, a ak zomrie v kvalite nevedomosti, narodí sa v ríši zvierat.

VÝZNAM: Niektorí ľudia sa nazdávajú, že keď duša dospeje do ľudskej podoby, nemôže už nikdy poklesnúť. To je však omyl. Z tohto verša vyplýva, že ak u človeka prevláda kvalita nevedomosti, v okamihu smrti poklesne do zvieracej životnej formy. Odtiaľ sa musí evolučným cyklom opäť povýšiť na ľudskú úroveň. Tí, ktorí berú život vážne, by preto mali konať v kvalite dobra a v dobrej spoločnosti nakoniec transcendovať kvality hmotnej prírody a stať sa vedomými si Kṛṣṇu. To je cieľ ľudského života. V opačnom prípade tu nie je ani záruka, že človek znovu dosiahne ľudskú podobu.

VERŠ 16

कर्मणः सुकृतस्याहुः सात्त्विकं निर्मलं फलम् ।
रजसस्तु फलं दुःखमज्ञानं तमसः फलम् ॥ १६ ॥

karmaṇaḥ sukṛtasyāhuḥ sāttvikaṁ nirmalaṁ phalam
rajasas tu phalaṁ duḥkham ajñānaṁ tamasaḥ phalam

karmaṇaḥ — čin; *su-kṛtasya* — zbožný; *āhuḥ* — hovorí sa; *sāttvikam* — v kvalite dobra; *nirmalam* — očistený; *phalam* — výsledok; *rajasaḥ* — kvalitou vášne; *tu* — ale; *phalam* — výsledok; *duḥkham* — žiaľ; *ajñānam* — nezmysel; *tamasaḥ* — kvalita nevedomosti; *phalam* — výsledok.

Výsledok zbožného jednania je čistý a hovorí sa, že je na úrovni kvality dobra. Jednanie v kvalite vášne prináša utrpenie a jednanie v kvalite nevedomosti má za následok pomätenosť.

VÝZNAM: Výsledok zbožných činností na úrovni kvality dobra je čistý. Preto mudrci, ktorí sa zbavili akejkoľvek ilúzie, zažívajú neustále šťastie. Činy konané v kvalite vášne sú jednoducho plné utrpenia. Všetky činy zamerané na dosiahnutie hmotného šťastia sú vopred odsúdené na neúspech. Ak chce napríklad niekto postaviť mrakodrap, vyžaduje si to mnoho ľudského utrpenia. Finančník sa musí prebojovať rôznymi ťažkosťami, než sa mu podarí získať potrebné peniaze, a tí, ktorí pracujú na stavbe, musia fyzicky drieť ako otroci. To je utrpenie. V *Bhagavad-gīte* sa hovorí, že všetky činnosti sú pôvodne produkované kvalitou vášne; preto je v nich toľko utrpenia. Môže sa, pravda, vyskytnúť určité mentálne uspokojenie, ako napríklad „som majiteľom týchto peňazí alebo tohto domu" — ale to nie je skutočné šťastie.

Človek, ktorý koná v kvalite nevedomosti, nemá ani štipku poznania, a preto je výsledkom jeho konania utrpenie už v tomto živote a po smrti kráča v ústrety zvieraciemu životu. Zvierací život je úbohý, i keď si to zvieratá, zahalené ilužórnou energiou, *māyou*, neuvedomujú. Zabíjanie nevinných zvierat je takisto výsledok kvality nevedomosti. Mäsiari nevedia, že zviera dostane v budúcnosti telo, ktorým ich bude môcť zabiť. Taký je zákon prírody. V ľudskej spoločnosti musí byť človek popravený, ak zabije človeka. Taký je zákon štátu. Pre svoju nevedomosť nemôžeme pochopiť, že hmotný svet je dokonalý štát, ktorý je ovládaný Najvyšším Pánom. Každý živý tvor je synom Najvyššieho Pána, ktorý nestrpí ani zabitie maličkého mravca. Ak človek poruší tento zákon, musí byť potrestaný. Zabíjať zvieratá kvôli uspokojovaniu chuťových buniek je najhorší druh nevedomosti. Človek nemusí zabíjať zvieratá, pretože Najvyšší Pán mu dáva toľko dobrých vecí v podobe mlieka, zeleniny, ovocia atď. Ak sa však napriek tomu uchyľuje k jedeniu mäsa, znamená to, že koná v kvalite nevedomosti a že si pripravuje veľmi temnú budúcnosť. Zo všetkých druhov zabíjania zvierat je zabíjanie kráv najhoršie, lebo krava nám dáva toľko potešenia v podobe mlieka... Zabíjanie kráv je ten najhrubší prejav nevedomosti. Vo *Vedach* (*Ṛg Veda* 9.4.64) sa píše: *gobhiḥ prīṇita-matsaram*. Ten, kto je plne uspokojený kravským mliekom a pritom zabíja kravy, sa nachádza v najtemnejšej nevedomosti. Vo *Vedach* sa ďalej píše:

namo brahmaṇya-devāya go-brāhmaṇa-hitāya ca
jagad-dhitāya kṛṣṇāya govindāya namo namaḥ

„Môj Pane, si ochrancom kráv a *brāhmaṇov* a si dobrodincom celej ľudskej spoločnosti a sveta." (*Viṣṇu Purāṇa* 1.19.65)

V tomto verši sa obzvlášť zdôrazňuje ochrana *brāhmaṇov* a kráv. *Brāhmaṇi* sú symbolom duchovného vzdelania a krava symbolizuje najdôležitejšiu potravu, mlieko. Obom živým bytostiam - *brāhmaṇom* i kravám - musí byť venovaná najlepšia ochrana. To je skutočný pokrok civilizácie.

V modernej spoločnosti sa nedbá o duchovné poznanie a zabíjanie kráv sa podporuje. Z toho môžeme usúdiť, že ľudská spoločnosť je na zlej ceste, odsúdenej k zániku. Civilizácia, ktorá pomáha ľudom k tomu, aby sa z nich v budúcom živote stali zvieratá, nie je civilizáciou ľudí. Súčasná ľudská spoločnosť je samozrejme poblúznená kvalitami vášne a nevedomosti. Je to veľmi nebezpečný vek a všetky národy by sa mali postarať o to, aby zachránili ľudstvo pred najväčším nebezpečenstvom tým najjednoduchším spôsobom — vedomím Kṛṣṇu.

VERŠ 17

सत्त्वात्सञ्जायते ज्ञानं रजसो लोभ एव च ।
प्रमादमोहौ तमसो भवतोऽज्ञानमेव च ॥ १७ ॥

sattvāt sañjāyate jñānaṁ rajaso lobha eva ca
pramāda-mohau tamaso bhavato 'jñānam eva ca

sattvāt — z kvality dobra; *sañjāyate* — rozvinie sa; *jñānam* — poznanie; *rajasaḥ* — z kvality vášne; *lobhaḥ* — žiadostivosť; *eva* — zaiste; *ca* — tiež; *pramāda* — pomätenosť; *mohau* — klam; *tamasaḥ* — z kvality nevedomosti; *bhavataḥ* — vzniká; *ajñānam* — hlúposť; *eva* — zaiste; *ca* — tiež.

Z kvality dobra sa rodí pravé poznanie, z kvality vášne žiadostivosť a z kvality nevedomosti vzniká hlúposť, šialenstvo a klam.

VÝZNAM: Keďže dnešná spoločnosť nie je príliš naklonená živým tvorom, odporúča sa, aby sa ľudia začali venovať vedomiu Kṛṣṇu. Prostredníctvom vedomia Kṛṣṇu sa spoločnosť povznesie na úroveň kvality dobra. Potom budú môcť ľudia vidieť veci také, aké sú. Pod vplyvom kvality nevedomosti sa z ľudí stávajú zvieratá a strácajú schopnosť jasného pohľadu na vec. Za nič na svete nechcú pochopiť, že riskujú, že ich v ďalšom živote zabijú zvieratá, ktoré teraz zabíjajú oni. Pretože nemajú skutočné poznanie, stávajú sa nezodpovednými. Aby sme zabránili tejto nezodpovednosti, musíme zaviesť výchovu a vzdelanie vedúce k rozvoju kvality dobra. Ľudia vychovávaní v kvalite dobra sú rozvážni a vidia veci také, aké naozaj sú. Blahobyt a šťastie sa dostavia automaticky. Aj keď je väčšina ľudstva nešťastná a neúspešná — ak sa čo len jedno percento obyvateľstva začne venovať rozvíjaniu vedomia Kṛṣṇu a dospeje do kvality dobra, je možné, že zavládne mier a hojnosť na celom svete. Naopak, ak sa svet celkom oddá kvalite vášne a nevedomosti, nemôže nikdy existovať mier alebo blahobyt. Pod vplyvom kvality vášne sa z ľudí stávajú lakomci a ich chamtivosť nepozná hraníc. Môžeme vidieť, že aj keď má niekto dostatok peňazí a dostačujúce prostriedky na uspokojovanie zmyslov, necíti sa byť šťastný a jeho myseľ nenachádza pokoj. Nie je to možné, pretože je pod vplyvom kvality vášne. Ak vôbec túži po šťastí, jeho peniaze mu nepomôžu. Vedomím Kṛṣṇu sa musí povzniesť na úroveň kvality dobra. Človek v kvalite vášne nie je iba duševne nešťastný, ale aj jeho práca a zamestnanie sú pre neho záťažou. Musí veľa plánovať a podnikať, aby si udržal svoje status quo. To je veľmi chúlostivá situácia. V kvalite nevedomosti sa z ľudí stávajú blázni. Pod vplyvom nepriaznivých okolností sa uchyľujú k omamným látkam a klesajú do ešte hlbšej nevedomosti. Ich budúcnosť je veľmi temná.

VERŠ 18

ऊर्ध्वं गच्छन्ति सत्त्वस्था मध्ये तिष्ठन्ति राजसाः ।
जघन्यगुणवृत्तिस्था अधो गच्छन्ति तामसाः ॥ १८ ॥

ūrdhvaṁ gacchanti sattva-sthā madhye tiṣṭhanti rājasāḥ
jaghanya-guṇa-vṛtti-sthā adho gacchanti tāmasāḥ

ūrdhvam — hore; *gacchanti* — uberajú sa; *sattva-sthāḥ* — tí, ktorí sa nachádzajú v kvalite dobra; *madhye* — uprostred; *tiṣṭhanti* — spočíva; *rājasāḥ* — tí, ktorí sa nachádzajú v kvalite vášne; *jaghanya* — odporný; *guṇa* — kvalita; *vṛtti-sthāḥ* — povolanie; *adhaḥ* — dolu; *gacchanti* — spejú; *tāmasāḥ* — ľudia v kvalite nevedomosti.

Tí, ktorí sa nachádzajú v kvalite dobra, spejú hore, k vyšším planétam; na pozemských planétach zostávajú ľudia v kvalite vášne, a tí, ktorí sú v odpornej kvalite nevedomosti, klesajú do pekelných svetov.

VÝZNAM: V tomto verši sú jasne opísané výsledky činností v troch kvalitách prírody. Existuje vyšší planetárny systém pozostávajúci z nebeských planét, na ktorých žijú veľmi vyspelé bytosti. Na ktorú z týchto planét sa živá bytosť dostane, záleží od stupňa kvality dobra. Najvyššou planétou je Satyaloka alebo Brahmaloka, a na nej sídli Brahmā, prvá bytosť tohoto vesmíru. Nedokážeme si ani len predstaviť, aký nádherný môže byť život na Brahmaloke, ale najvyššia kvalita, kvalita dobra, nás tam môže doviesť.

Kvalita vášne je zmiešaná. Nachádza sa uprostred medzi kvalitou dobra a kvalitou nevedomosti. Človek sa nikdy nenachádza v nezmiešanej kvalite. Keby sa napríklad nachádzal iba v kvalite vášne, zostal by jednoducho na Zemi ako kráľ alebo boháč. Kvality sú však zmiešané, a preto môže človek aj poklesnúť. Ľudia z tejto planéty, ktorí sa nachádzajú prevažne v kvalite vášne a nevedomosti, nemôžu teda mechanickým spôsobom dosiahnuť vyššie planéty. V kvalite vášne môže dôjsť i k tomu, že v budúcom živote sa z človeka stane šialenec.

Najnižšia kvalita, kvalita nevedomosti, sa tu opisuje ako odporná. Zostávať v kvalite nevedomosti je veľmi riskantné. Je to najnižšia kvalita hmotnej prírody. Jestvuje osem miliónov živočíšnych druhov, ktoré sú na nižšom vývojovom stupni než človek, ako napríklad vtáky, cicavce, plazy, rastliny a pod. Stupeň nevedomosti, ktorý u človeka prevláda, určuje, v akom z týchto úbohých druhov sa narodí. Slovo *tāmasāḥ* je v tejto *śloke* veľmi dôležité. Poukazuje na tých, ktorí neustále viaznu v kvalite nevedomosti, bez toho, aby sa snažili povzniesť do vyšších kvalít. Ich budúcnosť je veľmi temná.

Ľudia v kvalite vášne a nevedomosti majú príležitosť povýšiť sa do kvality dobra, a to vedomím Kṛṣṇu. Tí však, ktorí túto príležitosť nevyužijú, zostanú i naďalej v nižších kvalitách.

VERŠ 19

नान्यं गुणेभ्यः कर्तारं यदा द्रष्टानुपश्यति ।
गुणेभ्यश्च परं वेत्ति मद्भावं सोऽधिगच्छति ॥ १९ ॥

nānyaṁ guṇebhyaḥ kartāraṁ yadā draṣṭānupaśyati
guṇebhyaś ca paraṁ vetti mad-bhāvaṁ so 'dhigacchati

na — žiadne; *anyam* — iné; *guṇebhyaḥ* — než kvality; *kartāram* — konateľ; *yadā* — keď; *draṣṭā* — ten, kto vidí; *anupaśyati* — v pravom svetle;

guṇebhyaḥ — z kvalít hmotnej prírody; *ca* — a; *param* — transcendentálne; *vetti* — pozná; *mat-bhāvam* — k Mojej duchovnej podstate; *saḥ* — on; *adhigacchati* — je povýšený.

Človek, ktorý vpravde vidí, že všetky činnosti sú vykonávané iba týmito kvalitami prírody a pozná Najvyššieho Pána, ktorý je transcendentálny voči všetkým týmto kvalitám, dosiahne Moju duchovnú prirodzenosť.

VÝZNAM: Tým, že sa od osvietených duší poučíme a správne porozumieme činnostiam kvalít hmotnej prírody, môžeme sa nad tieto kvality povzniesť. Prvým duchovným učiteľom je Kṛṣṇa, a On odovzdal toto duchovné poznanie Arjunovi. O tom, ako pôsobia kvality hmotnej prírody, sa môžeme naučiť iba od ľudí plne vedomých si Kṛṣṇu. Ak tak neučiníme, môže sa stať, že svoj život nevyužijeme správne. Z pokynov pravého duchovného učiteľa sa môžeme poučiť o našej duchovnej povahe, o našom tele, o zmysloch a o našom zajatí v kvalitách hmotnej prírody. Ak sme v zajatí týchto kvalít, sme bezmocní. Ak si však uvedomíme našu skutočnú povahu, môžeme dosiahnuť transcendentálnu úroveň a pokročiť v duchovnom živote. Nie je to živá bytosť, ktorá vykonáva rôzne činy. Duša je nútená konať, pretože sa nachádza v tele, ovládanom určitou kvalitou hmotnej prírody. Bez pomoci duchovnej autority nemôžeme pochopiť naše momentálne postavenie. Pod vedením pravého duchovného učiteľa pochopíme, aké je naše skutočné postavenie a upevníme sa v plnom vedomí Kṛṣṇu. Človeka vedomého si Kṛṣṇu neovplyvňujú kvality hmotnej prírody. V siedmej kapitole už bolo vysvetlené, že ten, kto sa odovzdá Kṛṣṇovi, je oslobodený od hmotných činov. Preto na toho, kto vidí veci také, aké sú, vplyv hmotnej prírody postupne prestáva pôsobiť.

VERŠ 20

गुणानेतानतीत्य त्रीन्देही देहसमुद्भवान् ।
जन्ममृत्युजरादुःखैर्विमुक्तोऽमृतमश्नुते ॥ २० ॥

guṇān etān atītya trīn dehī deha-samudbhavān
janma-mṛtyu-jarā-duḥkhair vimukto 'mṛtam aśnute

guṇān — kvality; *etān* — tieto; *atītya* — transcenduje; *trīn* — tri; *dehī* — vtelená bytosť; *deha* — telo; *samudbhavān* — pochádzajúci; *janma* — narodenie; *mṛtyu* — smrť; *jarā* — staroba; *duḥkhaiḥ* — strasti; *vimuktaḥ* — vyslobodená; *amṛtam* — nektár; *aśnute* — teší sa.

Ak sa vtelená živá bytosť povznesie nad tieto tri kvality spojené s telom, vyslobodí sa zo strastí rodenia, staroby a smrti a teší sa z nektáru už v tomto živote.

VÝZNAM: V tomto verši je vysvetlené, ako sa človek môže udržať na transcendentálnej úrovni a byť si plne vedomý Kṛṣṇu už v tomto tele. Sanskṛtské slovo *dehī* znamená „vtelený." Aj keď je duša v hmotnom tele, môže sa vyslobodiť spod vplyvu kvalít hmotnej prírody tým, že robí pokroky v duchovnom poznaní. Šťastie duchovného života môžeme prežívať aj v súčasnom tele a po opustení tohoto tela sa celkom iste dostaneme do duchovného sveta. Duchovné šťastie však môžeme prežívať už v tomto tele. To znamená, že ak vykonávame oddanú službu s mysľou upretou na Kṛṣṇu, sme oslobodení z hmotných pút. To bude vysvetlené v osemnástej kapitole. Ak je človek oslobodený spod vplyvu kvalít hmotnej prírody, zapojí sa do oddanej služby.

VERŠ 21

अर्जुन उवाच
कैर्लिङ्गैस्त्रीन्गुणानेतानतीतो भवति प्रभो ।
किमाचारः कथं चैतांस्त्रीन्गुणानतिवर्तते ॥ २१ ॥

arjuna uvāca
kair liṅgais trīn guṇān etān atīto bhavati prabho
kim ācāraḥ kathaṁ caitāṁs trīn guṇān ativartate

arjunaḥ uvāca — Arjuna riekol; *kaiḥ* — aké; *liṅgaiḥ* — znaky; *trīn* — tri; *guṇān* — kvality; *etān* — tieto; *atītaḥ* — prekročiť; *bhavati* — je; *prabho* — môj Pane; *kim* — aké; *ācāraḥ* — chovanie; *katham* — ako; *ca* — tiež; *etān* — tieto; *trīn* — tri; *guṇān* — kvality; *ativartate* — prekonáva.

Arjuna sa spýtal: Môj drahý Pane, podľa akých príznakov sa pozná ten, kto je transcendentálny voči týmto trom kvalitám? Ako sa správa a ako prekonáva tieto kvality hmotnej prírody?

VÝZNAM: V tomto verši kladie Arjuna veľmi dôležité otázky. Chce vedieť, aké sú vlastnosti človeka, ktorý prekonal kvality hmotnej prírody. Najprv sa pýta na symptómy takejto transcendentálnej osoby. Podľa čoho možno poznať, že sa taká osoba skutočne vymanila spod vplyvu kvalít hmotnej prírody. Ďalej sa pýta, ako taká osoba žije a koná. Riadi sa nejakými zásadami, alebo nie? A nakoniec sa Arjuna pýta, ako možno dosiahnuť transcendentálnu úroveň. Táto otázka je veľmi dôležitá, pretože ak človek nepozná spôsob, ako sa povýšiť na transcendentálnu úroveň, nemôže prejaviť príslušné príznaky. Všetky Arjunove otázky sú veľmi dôležité a Pán ich postupne zodpovie.

VERŠ 22–25

श्रीभगवानुवाच
प्रकाशं च प्रवृत्तिं च मोहमेव च पाण्डव ।
न द्वेष्टि सम्प्रवृत्तानि न निवृत्तानि काङ्‌क्षति ॥ २२ ॥
उदासीनवदासीनो गुणैर्यो न विचाल्यते ।
गुणा वर्तन्त इत्येवं योऽवतिष्ठति नेङ्गते ॥ २३ ॥
समदुःखसुखः स्वस्थः समलोष्टाश्मकाञ्चनः ।
तुल्यप्रियाप्रियो धीरस्तुल्यनिन्दात्मसंस्तुतिः ॥ २४ ॥
मानापमानयोस्तुल्यस्तुल्यो मित्रारिपक्षयोः ।
सर्वारम्भपरित्यागी गुणातीतः स उच्यते ॥ २५ ॥

śrī-bhagavān uvāca
prakāśaṁ ca pravṛttiṁ ca moham eva ca pāṇḍava
na dveṣṭi sampravṛttāni na nivṛttāni kāṅkṣati

udāsīna-vad āsīno guṇair yo na vicālyate
guṇā vartanta ity evaṁ yo 'vatiṣṭhati neṅgate

sama-duḥkha-sukhaḥ sva-sthaḥ sama-loṣṭāśma-kāñcanaḥ
tulya-priyāpriyo dhīras tulya-nindātma-saṁstutiḥ

mānāpamānayos tulyas tulyo mitrāri-pakṣayoḥ
sarvārambha-parityāgī guṇātītaḥ sa ucyate

śrī-bhagavān uvāca — Kṛṣṇa, Najvyššia Božská Osobnosť, riekol; *prakāśam* — osvietenie; *ca* — a; *pravṛttim* — lipnutie; *ca* — a; *moham* — klam; *eva ca* — tiež; *pāṇḍava* — ó, syn Pāṇḍuov; *na dveṣṭi* — nechovať odpor; *sampravṛttāni* — keď povstane; *na nivṛttāni* — ani keď ustane; *kāṅkṣati* — túži; *udāsīna-vat* — neutrálny; *āsīnaḥ* — spočíva; *guṇaiḥ* — kvalitami; *yaḥ* — kto; *na* — nikdy; *vicālyate* — rozrušený; *guṇāḥ* — kvality; *vartante* — konajú; *iti evam* — vedomý si toho; *yaḥ* — kto; *avatiṣṭhati* — zotrváva; *na* — nikdy; *iṅgate* — hýbať sa; *sama* — rovnaký; *duḥkha* — v nešťastí; *sukhaḥ* — v šťastí; *sva-sthaḥ* — spočíva v sebe; *sama* — rovnaký; *loṣṭa* — hrudu; *aśma* — kameň; *kāñcanaḥ* — zlato; *tulya* — vidieť rovnako; *priya* — milé; *apriyaḥ* — nemilé; *dhīraḥ* — pevne; *tulya* — rovnako; *nindā* — v pohane; *ātma-saṁstutiḥ* — chvála; *māna* — úcta; *apamānayoḥ* — potupa; *tulyaḥ* — rovnako; *tulyaḥ* — rovnako; *mitra* — priateľ; *ari* — nepriateľ; *pakṣayoḥ* — na strany; *sarva* — všetko; *ārambha* — snaha; *parityāgī* — kto zanechal; *guṇa-atītaḥ* — prekonať kvality hmotnej prírody; *saḥ* — on; *ucyate* — hovorí sa.

Kṛṣṇa, Najvyššia Božská Osobnosť, riekol: Ó, syn Pāṇḍuov, človek, ktorý nechová nenávisť k osvieteniu, pripútanosti ani klamu, ak povstanú, ani po nich netúži, ak ustanú; kto ostáva nepohnutý a nerozrušený všetkými týmito reakciami hmotných kvalít a vie, že jednajú iba kvality, a tak zostáva nezúčastnený a transcendentálny; kto spočíva sám v sebe a prijíma rovnako šťastie i nešťastie; kto hľadí rovnako na hrudu, kameň i na zlato; kto je stály a stavia sa rovnako ku všetkému milému i nemilému, chvále i pohane; koho sa nedotkne pocta ani opovrhnutie, kto je rovnaký k priateľom i nepriateľom a kto zanechal všetky materialistické činnosti — o tom sa hovorí, že sa povzniesol nad kvality hmotnej prírody.

VÝZNAM: Arjuna položil Kṛṣṇovi tri otázky a Kṛṣṇa mu na ne postupne odpovedá. Najprv naznačuje, že človek, ktorý prekonal hmotné kvality, nikomu nezávidí a ani po ničom netúži. Keď živá bytosť zostáva vtelená v tomto hmotnom tele, je pochopiteľné, že podlieha niektorej z hmotných kvalít. Až po opustení tela na ňu kvality hmotnej prírody nemôžu pôsobiť. No dokým má hmotné telo, nemala by sa nechať ovplyvniť. Človek by sa mal zapojiť do oddanej služby Pánovi, a tak sa automaticky prestane stotožňovať s telom. Ak má telesné vedomie, všetky jeho činnosti sú zamerané na uspokojenie zmyslov, no ak preorientuje svoje vedomie na Kṛṣṇu, túžba uspokojovať zmysly automaticky ustane. Živá bytosť nepotrebuje hmotné telo a nemusí konať podľa jeho impulzov. Sú to kvality hmotnej prírody, ktoré konajú v tele, pričom samotná duša je mimo týchto činností. Ako to realizovať prakticky? Oddaný si netúži užívať tela, a ani ho netúži opustiť. V tomto transcendentálnom postavení sa oddaný automaticky oslobodzuje. Nemusí sa starať o oslobodenie spod vplyvu kvalít hmotnej prírody.

Ďalšia otázka sa týkala transcendentálne situovanej osoby. Materialista je ovplyvňovaný takzvanou poctou a opovrhnutím, ktoré sa vzťahujú na jeho telo. Transcendentalistu sa falošná pocta, alebo opovrhnutie nikdy nedotknú, pretože si koná svoje povinnosti s vedomím Kṛṣṇu a nestará sa o to, či ho niekto chváli alebo haní. Používa veci priaznivé pre vykonávanie svojich povinností vo vedomí Kṛṣṇu a netúži po ničom hmotnom - po kameni, ani po zlate. Za svojich priateľov považuje všetkých, ktorí mu pomáhajú v povinnostiach vo vedomí Kṛṣṇu, a k svojím takzvaným nepriateľom nechová nenávisť. Ku všetkým a všetkému sa stavia rovnako a všetko vidí na tej istej úrovni, pretože si je dobre vedomý toho, že s hmotnou existenciou nemá nič spoločné. Sociálne a politické udalosti naňho nemajú vplyv, pretože veľmi dobre pozná povahu týchto dočasných prevratov a nepokojov. Človek vedomý si Kṛṣṇu nežiada nič pre seba, no pre Kṛṣṇu by urobil čokoľvek. Vyvinutím takéhoto postoja sa môže dostať na transcendentálnu úroveň.

VERŠ 26

मां च योऽव्यभिचारेण भक्तियोगेन सेवते ।
स गुणान्समतीत्यैतान्ब्रह्मभूयाय कल्पते ॥ २६ ॥

māṁ ca yo 'vyabhicāreṇa bhakti-yogena sevate
sa guṇān samatītyaitān brahma-bhūyāya kalpate

mām — Mne; *ca* — tiež; *yaḥ* — ten; *avyabhicāreṇa* — bez odchýlenia; *bhakti-yogena* — oddanou službou; *sevate* — slúži; *saḥ* — on; *guṇān* — kvality hmotnej prírody; *samatītya* — prekonáva; *etān* — tieto; *brahma-bhūyāya* — povznesený na úroveň Brahmanu; *kalpate* — stáva sa.

Kto Mi slúži s úplnou oddanosťou a za žiadnych okolností sa neodchýli, ten okamžite prekonáva kvality hmotnej prírody a tak sa dostáva na úroveň Brahmanu.

VÝZNAM: Tento verš je odpoveďou na tretiu Arjunovu otázku: Ako sa môže človek dostať na transcendentálnu úroveň. Už bolo vysvetlené, že v materiálnom svete sú všetky skutky konané pod vplyvom kvalít hmotnej prírody. Človek sa však nemá nechať rušiť aktivitami týchto hmotných kvalít. Namiesto toho, aby sme naše vedomie zamestnávali hmotnými činmi, mali by sme svoje vedomie nasmerovať na Kṛṣṇu. Činnosť vo vedomí Kṛṣṇu sa nazýva *bhakti-yoga*, neustála služba Kṛṣṇovi. Nezahŕňa však iba Kṛṣṇu, ale aj Jeho rôzne dokonalé expanzie, ako napríklad Rāmu, Nārāyaṇu apod. Kṛṣṇa má nekonečne mnoho expanzií. Ten, kto slúži ktorejkoľvek z Kṛṣṇových podôb alebo expanzií, je považovaný za človeka na transcendentálnej úrovni. Musíme si tiež uvedomiť, že všetky Kṛṣṇove podoby sú celkom transcendentálne, večné, blažené a plné poznania. Tieto Božské Osobnosti sú všemocné a vševedúce a majú všetky transcendentálne vlastnosti. Preto ak človek s neochvejným presvedčením slúži Kṛṣṇovi alebo Jeho dokonalým expanziám, ľahko môže premôcť kvality hmotnej prírody, ktoré sa inak premôcť nedajú. To bolo vysvetlené už v siedmej kapitole. Ten, kto sa odovzdá Kṛṣṇovi, je ihneď vyslobodený spod vplyvu kvalít hmotnej prírody. Byť si vedomý Kṛṣṇu alebo oddane slúžiť Kṛṣṇovi znamená tiež získať rovnakú prirodzenosť, akú má Kṛṣṇa. Pán hovorí, že je vo Svojej povahe večný, blažený a plný poznania a že živé bytosti sú Jeho čiastočkami, tak, ako je zlaté zrnko čiastočkou zlatej žily. Kvalitatívne je duchovná podstata živej bytosti totožná s Kṛṣṇom. Živá bytosť si však zachováva svoju individualitu, odlišnú od Kṛṣṇovej, inak by nemalo zmysel hovoriť o *bhakti-yoge*. *Bhakti-yoga* znamená, že je tu Najvyšší Pán, oddaný a výmena lásky medzi nimi. Dve bytosti — Najvyššia Božská Osobnosť a individuálna osoba — si stále zachovávajú svoju individualitu, inak by *bhakti-yoga* nemala žiadny zmysel. Ak sa živá bytosť nenachádza na tej istej transcendentálnej úrovni ako Pán, nemôže Mu slúžiť. Aby sa niekto mohol stať osobným služobníkom kráľa, musí sa najprv kvalifikovať. Kvalifikáciou sa v našom prípade rozumie dosiahnutie Brahmanu alebo zbavenie sa všetkého hmotného znečistenia. Vo *Vedach* sa píše: *brahmaiva san brahmāpy eti.* Človek môže dosiahnuť Najvyšší Brahman tak, že sa sám stane Brahmanom. To znamená, že musí dosiahnuť kvalitatívnu totožnosť s Brahmanom. Dosiahnutím Brahmanu však živá bytosť nestráca svoju večnú identitu ako individuálna duša.

VERŠ 27

ब्रह्मणो हि प्रतिष्ठाहममृतस्याव्ययस्य च ।
शाश्वतस्य च धर्मस्य सुखस्यैकान्तिकस्य च ॥ २७ ॥

brahmaṇo hi pratiṣṭhāham amṛtasyāvyayasya ca
śāśvatasya ca dharmasya sukhasyaikāntikasya ca

brahmaṇaḥ — neosobné *brahmajyoti; hi* — zaiste; *pratiṣṭhā* — základ; *aham* — Ja som; *amṛtasya* — nesmrteľného; *avyayasya* — nezanikajúceho; *ca* — tiež; *śāśvatasya* — odvekého; *ca* — a; *dharmasya* — prirodzeným stavom, *sukhasya* — šťastie; *aikāntikasya* — úplného; *ca* — tiež.

Som podstatou nesmrteľného, nezničiteľného a večného neosobného Brahmanu, ktorý je základom najvyššieho šťastia.

VÝZNAM: Neosobný Brahman sa vyznačuje nesmrteľnosťou, nezničiteľnosťou, večnosťou a šťastím. Brahman je prvým stupňom transcendentálnej realizácie. Druhým stupňom je realizácia Paramātmy, Nadduše, a Najvyššia Božská Osobnosť je konečnou realizáciou Absolútnej Pravdy. Neosobný Brahman a Paramātmā sú teda zahrnutí v Najvyššej Osobe. V siedmej kapitole bolo vysvetlené, že hmotná príroda je prejavom Pánovej nižšej energie. Pán naplní hmotnú prírodu čiastočkami vyššej povahy, a to sa nazýva duchovný dotyk v hmotnej prírode. Keď začne hmotne podmienená živá bytosť kultivovať duchovné poznanie, povznesie sa nad úroveň hmotnej existencie a postupne realizuje neosobný aspekt Najvyššieho, aspekt Brahmanu. Poňatie Brahmanu je prvým stupňom sebarealizácie. Osoba, ktorá zrealizovala Brahman, dosiahla transcendentálnu úroveň a stojí nad hmotnou existenciou. A predsa nie je duchovne dokonalá. Ak chce, môže sa povýšiť z realizácie neosobného Brahmanu a dosiahnuť realizáciu Paramātmy a nakoniec realizáciu Najvyššej Božskej

Osobnosti. *Vedska* literatúra uvádza mnoho podobných príkladov. Štyria Kumārovia boli pôvodne na neosobnej úrovni Brahmanu, ale neskôr sa povýšili na úroveň oddanej služby. Ten, kto sa nemôže povýšiť nad úroveň neosobného Brahmanu, riskuje, že poklesne. V *Śrīmad-Bhāgavatame* sa píše, že aj keď človek dosiahol úroveň neosobného Brahmanu, jeho poznanie zostane nejasné, ak sa neprehĺbi a nezíska poznanie o Najvyššej Osobe. Človek sa teda musí zapojiť do oddanej služby Pánovi, inak riskuje, že poklesne, hoci zrealizoval Brahman. Vo *Vedach* sa píše: *raso vai saḥ, rasaṁ hy evāyaṁ labdhvānandī bhavati.* „Až keď človek porozumie Kṛṣṇovi, Božskej Osobnosti, prameňu všetkých radostí, je skutočne transcendentálne šťastný." (*Taittirīya Upaniṣad* 2.7.1) Najvyšší Pán má šesť vznešených vlastností a oddaný, ktorý Mu slúži, ich tiež do určitej miery získa. Kráľovi služobníci si užívajú na takmer rovnakej úrovni ako sám kráľ. A tak nepomíňajúce šťastie a večný život sprevádzajú oddanú službu. Preto ten, kto oddane slúži Kṛṣṇovi, už zrealizoval večný a nezničiteľný Brahman.

Aj keď je živá bytosť svojou povahou Brahman, túži vládnuť nad hmotným svetom, následkom čoho klesá do hmotného sveta. Živá bytosť je vo svojom prirodzenom stave nadradená kvalitám hmotnej prírody, ale stykom s hmotnou prírodou sa zapletie v týchto troch kvalitách — dobre, vášni a nevedomosti. Z toho sa potom rodí túžba vládnuť hmotnej prírode. Prostredníctvom oddanej služby s plným vedomím Kṛṣṇu sa človek ihneď povýši na transcendentálnu úroveň a jeho neoprávnená túžba vládnuť hmotnej prírode ustane. Oddaná služba, začínajúca načúvaním, ospevovaním, spomínaním atď. (t.j. deväť predpísaných spôsobov vykonávania oddanej služby) by mala byť vykonávaná v spoločnosti oddaných. Ak sa človek stýka s oddanými, pod vplyvom duchovného učiteľa postupne stratí túžbu vládnuť a s pevnou odhodlanosťou a láskou začne slúžiť Bohu. Dvadsiatym druhým veršom tejto kapitoly počnúc a posledným končiac, bola táto skutočnosť podrobne opísaná. Oddaná služba Pánovi je veľmi jednoduchá: neustále slúžime Kṛṣṇovi, jeme iba jedlo, ktoré Mu bolo obetované, privoniavame ku kvetom, obetovaným Jeho lotosovým nohám, navštevujeme miesta, kde vyjavil Svoje transcendentálne zábavy, čítame o Jeho činnostiach a Jeho láskyplných vzťahoch so Svojimi oddanými, spievame alebo spevne prednášame transcendentálnu vibráciu *Hare Kṛṣṇa, Hare Kṛṣṇa, Kṛṣṇa Kṛṣṇa, Hare Hare / Hare Rāma, Hare Rāma, Rāma Rāma, Hare Hare* a postíme sa v dni osláv zjavenia Pána a Jeho oddaných, prípadne ich odchodu z tohoto sveta. Ak sa riadime touto metódou, nadobro sa odpútame od všetkých materiálnych činností. Ten, kto sa môže takto umiestniť v *brahmajyoti* alebo v rôznych koncepciách Brahmanu, je kvalitatívne totožný s Najvyššou Božskou Osobnosťou.

Takto končia Bhaktivedantove výklady k štrnástej kapitole *Śrīmad Bhagavad-gīty*, pojednávajúcej o troch kvalitách hmotnej prírody.

KAPITOLA PÄTNÁSTA

Yoga Najvyššej Osoby

VERŠ 1

श्रीभगवानुवाच
ऊर्ध्वमूलमधःशाखमश्वत्थं प्राहुरव्ययम् ।
छन्दांसि यस्य पर्णानि यस्तं वेद स वेदवित् ॥ १ ॥

śrī-bhagavān uvāca
ūrdhva-mūlam adhaḥ-śākham aśvatthaṁ prāhur avyayam
chandāṁsi yasya parṇāni yas taṁ veda sa veda-vit

śrī-bhagavān uvāca — Kṛṣṇa, Najvyššia Božská Osobnosť, riekol; *ūrdhva-mūlam* — s koreňmi hore; *adhaḥ* — dolu; *śākham* — vetvy; *aśvattham* — banyanovník; *prāhuḥ* — hovorí sa; *avyayam* — večný; *chandāṁsi* — vedske hymny; *yasya* — ktorého; *parṇāni* — listy; *yaḥ* — ktokoľvek; *tam* — ten; *veda* — pozná; *saḥ* — on; *veda-vit* — znalec *Ved.*

Kṛṣṇa, Najvyššia Božská Osobnosť, riekol: Hovorí sa, že existuje nezničiteľný banyanovník, ktorý má korene hore a vetvy dolu a ktorého listami sú vedske hymny. Kto pozná tento strom, je znalcom Ved.

VÝZNAM: Po rozhovore o dôležitosti *bhakti-yogy* môže vyvstať otázka: „Aký zmysel majú *Vedy*? V tejto kapitole sa vysvetľuje, že cieľom štúdia

Ved je pochopiť Kṛṣṇu. Preto každý, kto si je vedomý Kṛṣṇu, kto je zamestnaný v oddanej službe, pozná *Vedy*.

Labyrint hmotného sveta sa tu prirovnáva k banyanovníku. Pre toho, kto je zamestnaný plodonosnými činmi, banyanovník nekončí. Putuje donekonečna z vetvy na vetvu. Tento strom hmotného bytia nemá konca a každý, kto sa k nemu upol, sa nikdy nemôže vyslobodiť. *Vedske* hymny určené k povzneseniu sa človeka bývajú prirovnávané k listom tohoto banyanovníka. Jeho korene smerujú nahor, pretože začínajú na najvyššej planéte vesmíru, na ktorej sídli Brahmā. Kto pozná tento nezničiteľný strom ilúzie, môže sa vymaniť spod jeho jarma.

Je teda dôležité poznať proces oslobodenia. V predchádzajúcich kapitolách bolo povedané, že mnoho ciest vedie z hmotného labyrintu, a až do trinástej kapitoly sme mohli vidieť, že oddaná služba Najvyššiemu Pánovi je tou najlepšou cestou. Hlavnou zásadou oddanej služby je nebyť pripútaný k hmotným činnostiam a byť pripútaný k transcendentálnej službe Najvyššiemu Pánovi. Začiatok tejto kapitoly pojednáva o pretrhnutí pút k hmotnému svetu. Koreň tohoto hmotného bytia smeruje hore, a to znamená, že má svoj počiatok v úplnej hmotnej substancii na najvyššej planéte vesmíru. Odtiaľ sa rozpína celý vesmír so svojimi mnohými vetvami symbolizujúcimi planetárne sústavy. Plody predstavujú výsledky činností živých tvorov, čiže náboženstvo, hospodársky rozvoj, zmyslový pôžitok a spásu.

V tomto svete obyčajne nenájdeme strom, ktorého korene rastú nahor a vetvy nadol. No takýto strom jestvuje. Môžeme ho vidieť na hladine vodnej nádrže. Stromy rastúce na brehu rieky sa odrážajú na vodnej hladine a my vidíme, že ich odraz má korene hore a vetvy dolu. Inými slovami, strom symbolizujúci hmotný svet je zrkadlovým odrazom skutočného stromu duchovného sveta. Tak ako odraz stromu spočíva na vodnej hladine, tak i odraz duchovného sveta spočíva v túžbe. Túžba je príčinou toho, že veci existujú v tomto odrazenom hmotnom svetle. Kto sa chce oslobodiť z hmotnej existencie, musí tento strom dôkladne spoznať analytickým štúdiom a preťať putá, ktoré ho k nemu viažu.

Tento strom je dokonalým odrazom skutočného stromu. V duchovnom svete je všetko. Impersonalisti považujú za koreň tohto stromu Brahman a podľa sāṇkhyovej filozofie z koreňa vychádzajú najprv *prakṛti*, *puruṣa*, potom tri *guṇy*, päť hrubohmotných prvkov (*pañca-mahā-bhūta*), desať zmyslov (*daśendriya*), myseľ atď. Týmto spôsobom je rozdelený celý hmotný svet na dvadsaťštyri prvkov. Ak je Brahman stredom celého vesmírneho prejavu, potom hmotný svet predstavuje 180 stupňov a zostávajúcich 180 stupňov tvorí svet duchovný. Hmotný svet je zvráteným odrazom duchovného sveta. To znamená, že duchovný svet musí byť práve taký rozmanitý ako hmotný, až na to, že duchovná rozmanitosť je skutočná. *Bhagavad-gītā* vysvetľuje, že *prakṛti* je vonkajšou energiou Najvyššieho a *puruṣa* je Najvyšší Pán samotný. Tento prejav je hmotný, a preto je dočasný. Odraz je vždy nestály, pretože niekedy ho možno vidieť a inokedy nie. Pôvod tohoto odrazu je však večný. Hmotný odraz skutočného stromu musíme preťať. Ak sa o niekom tvrdí, že pozná *Vedy*, predpokladá sa, že vie, ako preťať putá tohoto hmotného sveta. Ten, kto to vie, je pravým znalcom *Ved*. Naopak ten, koho pútajú *vedske* rituály, je pripútaný ku krásnym zeleným listom tohoto stromu a nepozná skutočný zmysel *Ved*. Najvyšší Pán osobne prezrádza, že zmyslom *Ved* je preťať tento odraz stromu a dosiahnuť skutočný strom duchovného sveta.

VERŠ 2

अधश्चोर्ध्वं प्रसृतास्तस्य शाखा
गुणप्रवृद्धा विषयप्रवालाः ।
अधश्च मूलान्यनुसन्ततानि
कर्मानुबन्धीनि मनुष्यलोके ॥ २ ॥

adhaś cordhvaṁ prasṛtās tasya śākhā
guṇa-pravṛddhā viṣaya-pravālāḥ
adhaś ca mūlāny anusantatāni
karmānubandhīni manuṣya-loke

adhaḥ — dolu; *ca* — a; *ūrdhvam* — hore; *prasṛtāḥ* — rozbiehajú; *tasya* — jeho; *śākhāḥ* — konáre; *guṇa* — kvalitami hmotnej prírody; *pravṛddhāḥ* — vyrastené; *viṣaya* — zmyslové predmety; *pravālāḥ* — vetvičky; *adhaḥ* — dolu; *ca* — a; *mūlāni* — korene; *anusantatāni* — rozprestierajúci sa; *karma* — k činom; *anubandhīni* — pútané; *manuṣya-loke* — v ľudskej spoločnosti.

Jeho konáre sa rozbiehajú hore i dolu a sú vyživované tromi kvalitami hmotnej prírody. Ich výhonky sú zmyslové predmety. Tento

strom má tiež korene smerujúce nadol a tieto korene sa viažu k plodonosným činnostiam v ľudskej spoločnosti.

VÝZNAM: Tu pokračuje popis banyanovníku. Jeho konáre sa rozbiehajú na všetky strany. Na jeho spodných vetvách nájdeme rôzne živé bytosti — ľudí, kravy, kone, psy, mačky atď. Na vyšších vetvách sú živé bytosti vyšších foriem, ako napríklad polobohovia, Gandharvovia a mnoho vyšších životných druhov. Tak ako obyčajný strom vyživuje voda, tak tento strom živia tri kvality hmotnej prírody. Niekedy môžeme vidieť, že časť krajiny je úplne suchá, bez rastlinstva a iná časť sa teší hojnosti vegetácie. Podobne sa i rôzne druhy života prejavujú úmerne výskytu kvalít hmotnej prírody.

Vetvičky a výhonky tohto stromu sú prirovnávané k zmyslovým predmetom. Vývojom rôznych kvalít hmotnej prírody získame rôzne zmysly a pomocou týchto zmyslov sa tešíme z mnohorakých zmyslových predmetov. Konce vetví sa prirovnávajú k zmyslom ako sú uši, oči, nos atď, a sú uspôsobené k pôžitku v styku s rôznymi zmyslovými predmetmi. Výhonky predstavujú zmyslové predmety - zvuk, tvar, hmat atď. Postranné korene symbolizujú záľuby a averzie, ktoré sú produktami rôznych strastí a zmyslových pôžitkov. Hovorí sa, že i sklon k zbožnosti alebo ateizmu vzniká z týchto postranných koreňov, ktoré sa rozbiehajú na všetky strany. Hlavný koreň má svoj počiatok na Brahmaloke, zatiaľ čo vedľajšie korene na planetárnych sústavách ľudí. Za nejaký čas, keď človek vyčerpá plody svojich zbožných činov na vyšších hviezdnych sústavách, vráti sa späť na Zem a obnoví svoju *karmu* konaním plodonosných činov, aby sa mohol znovu povýšiť. Táto planéta obývaná ľuďmi sa pokladá za pole činností.

VERŠ 3-4

न रूपमस्येह तथोपलभ्यते
नान्तो न चादिर्न च सम्प्रतिष्ठा ।
अश्वत्थमेनं सुविरूढमूल-
मसङ्गशस्त्रेण दृढेन छित्त्वा ॥ ३ ॥
ततः पदं तत्परिमार्गितव्यं
यस्मिन्गता न निवर्तन्ति भूयः ।

तमेव चाद्यं पुरुषं प्रपद्ये
यतः प्रवृत्तिः प्रसृता पुराणी ॥ ४ ॥

na rūpam asyeha tathopalabhyate
nānto na cādir na ca sampratiṣṭhā
aśvattham enaṁ su-virūḍha-mūlam
asaṅga-śastreṇa dṛḍhena chittvā

tataḥ padaṁ tat parimārgitavyaṁ
yasmin gatā na nivartanti bhūyaḥ
tam eva cādyaṁ puruṣaṁ prapadye
yataḥ pravṛttiḥ prasṛtā purāṇī

na — nie; *rūpam* — podoba; *asya* — tohoto stromu; *iha* — v tomto svete; *tathā* — tiež; *upalabhyate* — možno postrehnúť; *na* — nikdy; *antaḥ* — koniec; *na* — nikdy; *ca* — tiež; *ādiḥ* — počiatok; *na* — nikdy; *ca* — tiež; *sampratiṣṭhā* — základ; *aśvattham* — banyanovník; *enam* — tento; *su-virūḍha* — pevne; *mūlam* — zakorenený; *asaṅga-śastreṇa* — zbraňou nepripútanosti; *dṛḍhena* — silný; *chittvā* — zoťať; *tataḥ* — potom; *padam* — miesto; *tat* — tento; *parimārgitavyam* — musí byť vyhľadaný; *yasmin* — kde; *gatāḥ* — ísť; *na* — nikdy; *nivartanti* — vrátiť sa; *bhūyaḥ* — znovu; *tam* — k nemu; *eva* — zaiste; *ca* — tiež; *ādyam* — pôvodný; *puruṣam* — Božská Osobnosť; *prapadye* — odovzdať; *yataḥ* — z ktorej; *pravṛttiḥ* — začiatok; *prasṛtā* — šíriť sa; *purāṇi* — odpradávna.

Na tomto svete nie je možné vnímať jeho pravú podobu. Nik nevie, kde začína, kde končí a kde má svoj základ. Tento pevne zakorenený banyanovník musí živá bytosť zoťať mocnou zbraňou nepripútanosti. Preto nech vyhľadá miesto, odkiaľ sa po jeho dosiahnutí už viackrát nevráti a kde sa odovzdá Najvyššej Božskej Osobnosti, v ktorom má všetko svoj začiatok a z ktorého sa už od nepamäti všetko šíri.

VÝZNAM: V tejto *śloke* sa jasne hovorí, že v hmotnom svete nemožno pochopiť skutočnú podobu banyanovníka. Korene má hore a skutočný strom je na opačnej strane. Keď je človek zapletený do materiálnej expanzie tohoto stromu, nemôže vidieť, odkiaľ vychádza a ako sa rozpína. Je však potrebné, aby sme našli jeho počiatok. Vidíme, že všetko má svoj pôvod. „Som synom svojho otca, môj otec je synom tej a tej osoby, ktorá je synom ďalšieho otca atď." Týmto spôsobom dôjdeme k prvotnému otcovi tohoto vesmíru, Brahmovi, ktorého stvoril Garbhodakaśāyī Viṣṇu. Nakoniec dospejeme k Najvyššej Božskej Osobnosti, ktorá je konečnou príčinou stromu. Najvyššiu Božskú Osobnosť môžeme poznať, ak sa stýkame s ľuďmi, ktorí už toto poznanie majú. Keď to človek pochopí, môže sa postupne odpútať od falošného odrazu reality a pomocou poznania môže preťať spojenie a umiestniť sa v skutočnom strome.

Slovo *asaṅga* má v tomto verši veľký význam, pretože naša pripútanosť k zmyslovému pôžitku a túžba vládnuť hmotnej prírode je veľmi silná. Preto sa musíme učiť nepripútanosti diskutovaním o duchovnej vede predloženej autoritatívnymi písmami a musíme počúvať tých, ktorí majú skutočné poznanie. Vďaka takým rozhovorom v spoločnosti oddaných dospeje človek k Najvyššej Božskej Osobnosti. Prvou vecou, ktorú musíme urobiť, je odovzdať sa Najvyššiemu Pánovi. Vo verši sa hovorí o mieste, dosiahnutím ktorého sa už viac človek nevráti k nepravého stromu, ktorý je iba odrazom. Kṛṣṇa, Najvyššia Božská Osobnosť, je pôvodný prameň všetkého jestvujúceho. Ak sa chceme uchádzať o Kṛṣṇovu priazeň, musíme sa Mu odovzdať. To môžeme docieliť oddanou službou, napríklad načúvaním, spievaním atď. Kṛṣṇa osobne vysvetlil, že je pôvodnou príčinou hmotného sveta: *ahaṁ sarvasya prabhavaḥ*: „Som prameňom všetkého." Ak sa túžime vyslobodiť z tohoto mocného banyanovníku hmotného života, musíme sa odovzdať Kṛṣṇovi. Akonáhle sa Mu odovzdáme, automaticky sa staneme odpútaní od hmotného sveta.

VERŠ 5

निर्मानमोहा जितसङ्गदोषा
अध्यात्मनित्या विनिवृत्तकामाः ।
द्वन्द्वैर्विमुक्ताः सुखदुःखसंज्ञै-
र्गच्छन्त्यमूढाः पदमव्ययं तत् ॥ ५ ॥

nirmāna-mohā jita-saṅga-doṣā
adhyātma-nityā vinivṛtta-kāmāḥ
dvandvair vimuktāḥ sukha-duḥkha-saṁjñair
gacchanty amūḍhāḥ padam avyayaṁ tat

niḥ — bez; *māna* — falošná pýcha; *mohāḥ* — ilúzia; *jita* — premôcť; *saṅga* — spoločnosti; *doṣāḥ* — chybné; *adhyātma* — duchovné poznanie; *nityāḥ* — večnosť; *vinivṛtta* — zanechať; *kāmāḥ* — žiadostivosť; *dvandvaiḥ* — od dualít; *vimuktāḥ* — oslobodený; *sukha-duḥkha* — šťastie a nešťastie; *saṁjñaiḥ* — zvaný; *gacchanti* — dosiahnuť; *amūḍhāḥ* — neoklamaný; *padam* — miesto; *avyayam* — večný; *tat* — ono.

Ten, kto sa zbavil falošnej pýchy, klamu a nevhodnej spoločnosti, kto spoznal večné, premohol hmotnú žiadostivosť, zbavil sa dualít šťastia a nešťastia a vie, ako sa odovzdať Najvyššej Osobe, dosiahne večného kráľovstva.

VÝZNAM: Táto *śloka* predkladá veľmi pekný opis procesu odovzdania sa. Človek by sa mal v prvom rade zbaviť pýchy. Ak je podmienená duša poblúznená pýchou a považuje sa za pána hmotnej prírody, je pre ňu veľmi ťažké odovzdať sa Najvyššej Božskej Osobnosti. Pestovaním skutočného poznania by sa mal človek naučiť, že nie je pánom hmotnej prírody. Pánom je Najvyššia Božská Osobnosť. Len čo sa zbaví tohoto bludu, pochádzajúceho z pýchy, môže začať s postupným procesom odovzdania sa. Ten, kto v tomto svete neustále očakáva pocty, sa nemôže odovzdať Najvyššej Božskej Osobnosti. Pýcha pochádza z ilúzie, pretože aj keď prichádzame na tento svet, aby sme tu pobudli určitý čas a potom zas odišli, hlúpo si namýšľame, že sme pánmi sveta. Všetko si komplikujeme a večne máme problémy. Celý svet je pod vplyvom tejto ilúzie. Ľudia sa domnievajú, že Zem patrí im, a s týmto falošným vlastníckym pocitom rozdelili Zem na malé kúsky. Musíme sa zbaviť falošnej predstavy „pánov sveta." Ak sa nám to podarí, zbavíme sa falošných pút k rodine, spoločnosti a národu, ktoré nás pútajú k hmotnému svetu. Ďalším krokom je rozvoj duchovného poznania. Musíme sa naučiť, čo nám patrí, a čo nie. A keď sa naučíme všetko správne chápať, zbavíme sa dualistického chápania šťastia a nešťastia, radosti a bolesti apod. Tak dosiahneme úroveň dokonalého poznania a budeme sa môcť odovzdať Najvyššej Božskej Osobnosti.

VERŠ 6

न तद्भासयते सूर्यो न शशाङ्को न पावकः ।
यद्गत्वा न निवर्तन्ते तद्धाम परमं मम ॥ ६ ॥

na tad bhāsayate sūryo na śaśāṅko na pāvakaḥ
yad gatvā na nivartante tad dhāma paramaṁ mama

na—nie; *tat*—to; *bhāsayate*—osvetľuje; *sūryaḥ*—Slnko; *na*—ani; *śaśāṅkaḥ*—Mesiac; *na*—ani; *pāvakaḥ*—oheň, elektrina; *yat*—kam; *gatvā*—kráčajúci; *na*—nikdy; *nivartante*—nevrátia sa; *tat dhāma*—ono sídlo; *paramam*—najvyššie; *mama*—Moje.

Moje zvrchované sídlo nie je osvetlené Slnkom alebo Mesiacom, ani ohňom či elektrinou. Tí, ktorí ho dosiahnu, sa nikdy nevrátia do tohoto hmotného sveta.

VÝZNAM: V tomto verši je opísaný duchovný svet, sídlo Najvyššej Božskej Osobnosti, Śrī Kṛṣṇu, zvané Kṛṣṇaloka alebo Goloka Vṛndāvana. Duchovný svet nie je závislý na Slnku, Mesiaci, ohni či elektrine, pretože všetky planéty tam svietia samy. V tomto vesmíre je iba jedna planéta, ktorá má vlastné svetlo, a tou je Slnko, zatiaľ čo v duchovnom nebi sú také všetky planéty. Jas Vaikuṇṭhských planét vytvára žiaru zvanú *brahmajyoti*, ktorá pôvodne vychádza z Kṛṣṇovej planéty Goloky Vṛndāvany. Časť tejto žiare je zahalená *mahat-tattvou* alebo hmotným svetom. Väčšia časť tohoto žiarivého neba je však plná duchovných planét zvaných Vaikuṇṭhy, z ktorých Goloka Vṛndāvana je najvyššia.

Dovtedy, kým sa živá bytosť nachádza v temnote hmotného sveta, je podmienená, no akonáhle pretne putá k falošnému stromu hmotného sveta a vstúpi do duchovného sveta, oslobodí sa. Potom sa už nikdy nevráti späť. Živá bytosť sa vo svojom podmienenom stave považuje za pána hmotného sveta, zatiaľ čo vo svojom oslobodenom stave vstúpi do duchovného kráľovstva a v spoločnosti Najvyššieho Pána sa teší z večného života, večného šťastia a dokonalého poznania.

Táto informácia by mala nadchnúť každého. Človek by mal túžiť vrátiť sa do večného sveta a vymotať sa z tohoto falošného odrazu skutočnosti. Preťať tieto putá je veľmi ťažké pre toho, kto je príliš pripútaný k hmotnému svetu, no prijatím vedomia Kṛṣṇu sa môžu postupne všetci oslobodiť z týchto pút. Človek sa musí stýkať s oddanými alebo s osobami vedomými si Kṛṣṇu, a od nich sa učiť umeniu oddanej služby. Tak sa môže zbaviť pút k hmotnému svetu. Nikto sa nemôže zbaviť pripútanosti k hmotnému svetu tým, že si oblečie šafránový odev; najprv musí nájsť záľubu v oddanej službe Kṛṣṇovi. Preto by sme mali brať vážne skutočnosť, že oddaná služba, tak, ako bola opísaná v dvanástej kapitole, je jediný spôsob, ako sa dostať z tejto falošnej imitácie skutočného stromu. V štrnástej kapitole sa opisuje spôsob znečistenia všetkých druhov činností hmotnou prírodou. Jedine oddaná služba je opísaná ako čisto transcendentálna.

Slová *paraṁ mama* sú veľmi dôležité. Každý kút zeme v skutočnosti patrí Najvyššiemu Pánovi, no duchovný svet je *paramam*, plný šiestich druhov bohatstva. Aj *Kaṭha Upaniṣad* (2.2.15) potvrdzuje, že v duchovnom svete nie je potrebné slnečné alebo mesačné svetlo, pretože celé duchovné nebo je osvetlené vnútornou energiou Najvyššieho Pána (*na tatra sūryo bhāti na candra-tārakam*). Toto najvyššie sídlo môžeme dosiahnuť len vtedy, ak sa odovzdáme Najvyššiemu Pánovi. Inej cesty niet.

VERŠ 7

ममैवांशो जीवलोके जीवभूतः सनातनः ।
मनःषष्ठानीन्द्रियाणि प्रकृतिस्थानि कर्षति ॥ ७ ॥

mamaivāṁśo jīva-loke jīva-bhūtaḥ sanātanaḥ
manaḥ-ṣaṣṭhānīndriyāṇi prakṛti-sthāni karṣati

mama — Moja; *eva* — iste; *aṁśaḥ* — fragmentárna čiastočka; *jīva-loke* — vo svete podmieneného života; *jīva-bhūtaḥ* — podmienená živá bytosť; *sanātanaḥ* — večná; *manaḥ* — s mysľou; *ṣaṣṭhāni* — šiestimi; *indriyāṇi* — zmyslami; *prakṛti* — hmotná príroda; *sthāni* — situovaný; *karṣati* — ťažko bojujú.

Živé bytosti v tomto podmienenom svete sú Mojimi večnými fragmentárnymi čiastočkami. Žijúc podmieneným životom, ťažko bojujú so šiestimi zmyslami, vrátane mysle.

VÝZNAM: V tomto verši sa jasne definuje identita živej bytosti. Živá bytosť je večná a fragmentárna časť Najvyššieho Pána. To však neznamená, že je individuálna iba vo svojom podmienenom stave a že po oslobodení splynie s Najvyšším Pánom. Zostáva večne čiastočkou Najvyššieho, čo jasne vysvetľuje slovo *sanātanaḥ*. Podľa *Ved* sa Najvyšší Pán prejavuje a expanduje v nekonečnom množstve rôznych podôb, z ktorých základné sa nazývajú *viṣṇu-tattva* a sekundárne *jīva-tattva*, živé bytosti. Inými slovami, *viṣṇu-tattva* sú Jeho osobné expanzie, zatiaľ čo živé bytosti sú Jeho oddelené expanzie. Vo svojich osobných expanziách sa Pán zjavuje napríklad ako Rāma, Nṛsiṁha, Viṣṇumūrti a všetky vládnúce Božstvá vaikhuṇṭhských planét. Oddelené expanzie, živé bytosti, sú večnými služobníkmi. Osobné expanzie Najvyššieho Pána existujú večne a majú svoju Božskú totožnosť. Aj oddelené expanzie, živé bytosti, majú svoju totožnosť. Ako malé čiastočky Pána majú malý zlomok Jeho vlastností, a nezávislosť je jednou z nich. Každá živá bytosť je individuálna duša a má svoju osobnú individualitu a istú mieru nezávislosti. Zneužitím tejto nezávislosti sa stane podmienenou a jej správnym využitím bude večne oslobodená. V každom prípade je však večná, rovnako ako Najvyšší Pán. V oslobodenom stave nie je hmotne podmienená a zapája sa do oddanej služby Pánovi. V podmienenom stave je pod vládou troch kvalít hmotnej prírody a na svoju láskyplnú službu Pánovi zabúda. Preto musí ťažko zápasiť v boji o existenciu.

Všetky živé bytosti, a to nielen ľudia, mačky a psy, ale aj mocní vládcovia hmotného sveta ako Brahmā, Śiva a dokonca i Viṣṇu, sú čiastočkami Najvyššieho Pána. Všetci sú večni; nie sú iba dočasnými prejavmi. Slovo *karṣati* (zápasiť) je veľmi dôležité. Podmienená duša je akoby spútaná železnými reťazami. Je spútaná falošným egom a myseľ ju vedie týmto hmotným svetom. Ak je myseľ v kvalite dobra, sú aj činy dobré, ak je v kvalite vášne, sú činy príčinou strasti, a ak je v kvalite nevedomosti, človek zostupuje do nižších živočíšnych druhov. Z tohoto verša jasne vyplýva, že podmienená duša je zahalená hmotným telom, mysľou a zmyslami, no tieto hmotné obaly prestanú jestvovať, akonáhle sa oslobodí. V oslobodenom stave sa však automaticky prejaví jej individuálne duchovné telo. V *Mādhyandināyana-śruti* sa píše: *sa vā eṣa brahma-niṣṭha idam śarīraṁ martyam atisṛjya brahmābhisampadya brahmaṇā paśyati brahmaṇā śṛṇoti brahmaṇaivedaṁ sarvam anubhavati*. Keď sa živá bytosť oslobodí zo svojho tela a vstúpi do duchovného sveta, opäť obnoví svoje duchovné telo a môže uzrieť Najvyššiu Božskú Osobnosť tvárou v tvár. Môže počuť Najvyššieho Pána, môže sa s Ním osobne rozprávať a poznať Ho takého, aký je. *Vedske smṛti* vysvetľujú: *vasanti yatra puruṣāḥ sarve vaikuṇṭha-mūrtayaḥ*. Všetci obyvatelia duchovných planét majú podobné telá ako Najvyššia Božská Osobnosť. Čo sa týka telesnej podoby, nie je nijaký rozdiel medzi živými bytosťami a expanziami *viṣṇu-mūrti*.

Inými slovami, po oslobodení dostane živá bytosť Pánovou milosťou duchovné telo.

Slovo *mamaivāṁśaḥ* (nepatrné čiastočky Najvyššieho Pána) je tiež veľmi dôležité. Fragmentárnu časť Pána nemôžeme prirovnávať k nejakému zlomku hmoty. V druhej kapitole sme sa mohli dozvedieť, že duša je nedeliteľná; preto túto čiastočku nemôžeme vnímať hmotne. Nie je to ako v prípade hmoty, ktorú môžeme rozdeliť na časti a opäť spojiť. Hmotné poňatie je neprijateľné, pretože vo verši bolo použité slovo *sanātana* (večný). Fragmentárna čiastočka je večná. Na začiatku druhej kapitoly sa píše, že fragmentárna čiastočka Najvyššieho Pána sídli v každom individuálnom tele (*dehino 'smin yathā dehe*). Len čo sa táto čiastočka vymaní z pút hmoty, získa duchovné telo a v duchovnom svete sa na duchovnej planéte teší v spoločnosti Najvyššieho Pána. Tým sa prirodzene myslí, že táto nepatrná čiastočka je s Najvyšším Pánom kvalitatívne totožná, práve tak, ako sú malé kúsky zlata tiež zlato.

VERŠ 8

शरीरं यदवाप्नोति यच्चाप्युत्क्रामतीश्वरः ।
गृहीत्वैतानि संयाति वायुर्गन्धानिवाशयात् ॥ ८ ॥

śarīraṁ yad avāpnoti yac cāpy utkrāmatīśvaraḥ
gṛhītvaitāni saṁyāti vāyur gandhān ivāśayāt

śarīram — telo; *yat* — tak, ako; *avāpnoti* — získava; *yat* — ako; *ca api* — tiež; *utkrāmati* — opúšťa; *īśvaraḥ* — pán tela; *gṛhītvā* — prijíma; *etāni* — tieto všetky; *saṁyāti* — odchádza; *vāyuḥ* — vietor; *gandhān* — vôňa; *iva* — podobne; *āśayāt* — z ich zdrojov.

V hmotnom svete prenáša živá bytosť svoje rôzne poňatia života z jedného tela do druhého, rovnako ako vietor prenáša vône. Takto prijíma jeden druh tela a znovu ho opúšťa, aby prijala ďalší.

VÝZNAM: V tejto *śloke* je živá bytosť označená slovom *īśvara*, pán vlastného tela. Ak chce, môže vymeniť svoje telo za vyššie, no práve tak ho môže vymeniť aj za nižšie. Je do istej miery nezávislá. Výmeny, ku ktorým dochádza, závisia od živej bytosti. V okamihu smrti ju vedomie, ktoré vyvinula, privedie do nového tela. Ak vyvinula vedomie podobné psiemu alebo mačaciemu, môže si byť istá, že v budúcom živote dostane telo mačky alebo psa. Ak svoje vedomie upevnila v božských kvalitách, dostane v budúcom živote telo poloboha. Ak si je vedomá Kṛṣṇu, dostane sa na Kṛṣṇaloku do duchovného sveta a môže sa stýkať s Kṛṣṇom. Je naivné myslieť si, že so zánikom tela všetko končí. Individuálna duša prechádza z jedného tela do druhého, a súčasné telo a skutky živej bytosti sú základom jej budúceho tela. Presne podľa svojej *karmy* dostane nové telo, ktoré bude musieť v určitom okamihu opustiť. Tu sa uvádza, že jemnohmotné telo, ktoré prenáša koncept budúceho tela, vyvinie nové telo v ďalšom živote. Proces transmigrácie duše z jedného tela do druhého a zápas v tele sa nazýva *karṣati*, boj o existenciu.

VERŠ 9

श्रोत्रं चक्षुः स्पर्शनं च रसनं घ्राणमेव च ।
अधिष्ठाय मनश्चायं विषयानुपसेवते ॥ ९ ॥

śrotraṁ cakṣuḥ sparśanaṁ ca rasanaṁ ghrāṇam eva ca
adhiṣṭhāya manaś cāyaṁ viṣayān upasevate

śrotram — uši; *cakṣuḥ* — oči; *sparśanam* — hmat; *ca* — tiež; *rasanam* — jazyk; *ghrāṇam* — čuch; *eva* — tiež; *ca* — a; *adhiṣṭhāya* — umiestnený v; *manaḥ* — mysli; *ca* — tiež; *ayam* — ona; *viṣayān* — zmyslové predmety; *upasevate* — užíva si.

Živá bytosť tak získava nové hrubé telo s určitým druhom uší, očí, jazyka, nosu a hmatu, centrom ktorých je myseľ. Takto si užíva určitú radu zmyslových predmetov.

VÝZNAM: Inými slovami, ak si živá bytosť znečisťuje vedomie tým, že kultivuje psie alebo mačacie vlastnosti, dostane vo svojom budúcom živote psie alebo mačacie telo. Vedomie je pôvodne čisté, podobne ako voda. Keď zmiešame vodu s farbou, voda sa zafarbí. Podobne aj vedomie je čisté, pretože duša je čistá, no stykom s hmotnými kvalitami sa vedomie zmení. Pravé vedomie je vedomie Kṛṣṇu. Ak si je človek vedomý Kṛṣṇu, dosiahol úroveň čistého života. Ak je však jeho vedomie znečistené nejakou hmotnou mentalitou, dostane v budúcom živote telo zodpovedajúce jeho mentalite. Nikde nie je povedané, že musí dostať opäť ľudské telo. Môže dostať telo psa, mačky, prasaťa, poloboha alebo ktorékoľvek z 8 400 000 druhov tiel.

VERŠ 10

उत्क्रामन्तं स्थितं वापि भुञ्जानं वा गुणान्वितम् ।
विमूढा नानुपश्यन्ति पश्यन्ति ज्ञानचक्षुषः ॥ १० ॥

utkrāmantaṁ sthitaṁ vāpi bhuñjānaṁ vā guṇānvitam
vimūḍhā nānupaśyanti paśyanti jñāna-cakṣuṣaḥ

utkrāmantam — opustenie tela; *sthitam* — zotrvávajúci v tele; *vā api* — ani; *bhuñjānam* — užíva si; *vā* — alebo; *guṇa-anvitam* — pod vplyvom kvalít hmotnej prírody; *vimūḍhāḥ* — hlupáci; *na* — nikdy; *anupaśyanti* — nevidia; *paśyanti* — môže vidieť; *jñāna-cakṣuṣaḥ* — tí, ktorí vidia zrakom poznania.

Hlupáci nemôžu pochopiť, ako živá bytosť opúšťa svoje telo a ako si užíva určitého tela pod vplyvom kvalít hmotnej prírody. Tí však, ktorých oči sú cvičené v poznaní, toto všetko vidia.

VÝZNAM: Slová *jñāna-cakṣuṣaḥ* sú veľmi dôležité. Bez poznania nemôžeme pochopiť, ako živá bytosť opúšťa svoje telo, aké telo dostane v budúcom živote alebo prečo teraz žije práve v tomto tele. Aby sme mohli všetkému porozumieť, musíme dobre poznať *Bhagavad-gītu* a podobné písma a musíme toto poznanie prijať od duchovného učiteľa. Človek, ktorý chápe všetky tieto veci, je šťastný. Živá bytosť žije, raduje sa a opúšťa svoje telo za určitých okolností, pod vplyvom kvalít hmotnej prírody. Následkom toho musí znášať rozkoše a bolesti, oklamaná ilúziou zmyslového pôžitku. Ľudia, ktorí sa nechávajú neustále unášať žiadostivosťou a pôžitkom, nedokážu pochopiť, ako duša prebýva v tele a ako ho opúšťa, aby prijala ďalšie. Nemôžu to pochopiť. Kto si však osvojil duchovné poznanie, môže pochopiť, že duša sa líši od tela, že telá mení a že si užíva rôznymi spôsobmi. Taký človek chápe, ako sa podmienená duša trápi v hmotnom bytí. Preto sa chcú tí, ktorí sú pokročilí vo vedomí Kṛṣṇu, čo najviac podeliť s ostatnými o toto poznanie, pretože podmienený život je plný útrap. Podmienené duše by sa mali vyslobodiť z podmieneného života a stať sa vedomými si Kṛṣṇu, aby sa mohli premiestniť do duchovného sveta.

VERŠ 11

यतन्तो योगिनश्चैनं पश्यन्त्यात्मन्यवस्थितम् ।
यतन्तोऽप्यकृतात्मानो नैनं पश्यन्त्यचेतसः ॥ ११ ॥

yatanto yoginaś cainaṁ paśyanty ātmany avasthitam
yatanto 'py akṛtātmāno nainaṁ paśyanty acetasaḥ

yatantaḥ — usilujúci sa; *yoginaḥ* — transcendentalisti; *ca* — tiež; *enam* — toto; *paśyanti* — vidieť; *ātmani* — vo svojom ja; *avasthitam* — umiestnený; *yatantaḥ* — napriek úsiliu; *api* — aj keď; *akṛta-ātmānaḥ* — ľudia bez sebarealizácie; *na* — nie; *enam* — toto; *paśyanti* — vidieť; *acetasaḥ* — ľudia chabej mysle.

Usilovní transcendentalisti, ktorí sú na úrovni sebarealizácie môžu toto všetko jasne vidieť. No ľudia chabej mysle a tí, ktorí nedosiahli sebarealizácie, nemôžu pochopiť, ako sa veci majú, aj keď sa snažia.

VÝZNAM: Je mnoho transcendentalistov na ceste duchovnej sebarealizácie, no tí, ktorí nie sú sebarealizovaní, nemôžu vidieť zmeny prebiehajúce v tele živej bytosti. V tejto súvislosti je veľmi dôležité slovo *yoginaḥ*. V súčasnosti je mnoho takzvaných *yogīnov* a *yogových* spolkov, ale v otázkach sebarealizácie sú v skutočnosti všetci nevedomí. Zaujímajú sa len o gymnastiku a k spokojnosti im stačia dobre stavané a zdravé telá. Nie sú oboznámení s ničím iným. To sa nazýva *yatanto 'py akṛtātmānaḥ*. Aj keď si myslia, že pestujú takzvanú *yogu*, nie sú sebarealizovaní. Nemôžu pochopiť, ako duša prechádza z jedného tela do druhého. Iba tí, ktorí pestujú skutočnú *yogu* a zrealizovali svoje ja, svoj vzťah k svetu a k Najvyššiemu Pánovi — inými slovami, *bhakti-yogīni*, zamestnaní v čistej oddanej službe vo vedomí Kṛṣṇu — môžu pochopiť, ako sa veci majú.

VERŠ 12

यदादित्यगतं तेजो जगद्भासयतेऽखिलम् ।
यच्चन्द्रमसि यच्चाग्नौ तत्तेजो विद्धि मामकम् ॥ १२ ॥

yad āditya-gataṁ tejo jagad bhāsayate 'khilam
yac candramasi yac cāgnau tat tejo viddhi māmakam

yat — ktorý; *āditya-gatam* — v slnečnom svetle; *tejaḥ* — jas; *jagat* — celý svet; *bhāsayate* — osvetľuje; *akhilam* — úplne; *yat* — ktorý; *candramasi* — v mesiaci; *yat* — ktorý; *ca* — i; *agnau* — ohňa; *tat* — tento; *tejaḥ* — jas; *viddhi* — vedz; *māmakam* — odo Mňa.

Vedz, že odo Mňa pochádza jas Slnka, ktorý rozptyľuje temnotu celého hmotného sveta, a tiež jas Mesiaca a ohňa.

VÝZNAM: Hlupáci nemôžu pochopiť prirodzený chod vecí. Prvým krokom na ceste k poznaniu môže byť pochopenie toho, čo Śrī Kṛṣṇa hovorí v tomto verši. Každý vidí Slnko, Mesiac, oheň či elektrinu. Každý by sa teda mal snažiť pochopiť, že ich žiara má svoj počiatok v Najvyššej Božskej Osobnosti, Śrī Kṛṣṇovi. Takéto chápanie tvorí začiatok vedomia Kṛṣṇu a znamená veľmi veľa pre duchovný pokrok podmienenej duše v hmotnom svete. Živé bytosti sú vo svojej podstate čiastočkami Najvyššieho Pána, ktorý tu nepriamo naznačuje, ako sa môžu vrátiť späť domov, späť k Bohu.

Z tohoto verša môžeme vyrozumieť, že Slnko ožaruje celú slnečnú sústavu. Existuje mnoho rôznych vesmírov, slnečných sústav, mesiacov a planét, ale v každom vesmíre je len jedno Slnko. V *Bhagavad-gīte* (10.21) sa píše, že Mesiac je jednou z hviezd (*nakṣatrāṇām ahaṁ śaśī*). Slnečná žiara pochádza z duchovnej žiare Najvyššieho Pána. Pri východe Slnka začínajú ľudia so svojimi činnosťami. Zapália oheň, aby pripravili jedlo, rozhýbali stroje v továrňach a podobne. Toľko vecí robíme s pomocou ohňa. Preto máme Slnko, oheň a mesačné svetlo tak radi. Nijaká živá bytosť by sa bez nich nezaobišla. Len čo pochopíme, že svetlo a jas Slnka, Mesiaca a ohňa emanujú z Najvyššej Božskej Osobnosti, začneme si byť vedomí Kṛṣṇu. Mesačné svetlo dodáva živiny zemi. Je také blahodárne, že každý môže ľahko pochopiť, že žije z milosti Najvyššieho Pána, Śrī Kṛṣṇu. Bez Jeho milosti by neexistovalo Slnko, Mesiac ani oheň. Nik by nedokázal žiť bez Slnka, Mesiaca alebo ohňa. Toto je zopár myšlienok, ktoré môžu v podmienených dušiach prebudiť vedomie Kṛṣṇu.

VERŠ 13

गामाविश्य च भूतानि धारयाम्यहमोजसा ।
पुष्णामि चौषधीः सर्वाः सोमो भूत्वा रसात्मकः ॥ १३ ॥

gām āviśya ca bhūtāni dhārayāmy aham ojasā
puṣṇāmi cauṣadhīḥ sarvāḥ somo bhūtvā rasātmakaḥ

gām — planéty; *āviśya* — vstupujem; *ca* — tiež; *bhūtāni* — živé bytosti; *dhārayāmi* — udržujem; *aham* — Ja; *ojasā* — Mojou energiou; *puṣṇāmi* — vyživujem; *ca* — a; *auṣadhīḥ* — zelenina; *sarvāḥ* — všetky; *somaḥ* — Mesiac; *bhūtvā* — budúci; *rasa-ātmakaḥ* — dodáva šťavu.

Vstupujem do všetkých planét a udržiavam ich Svojou energiou na ich obežných dráhach. Stávam sa Mesiacom a tak dodávam šťavu života všetkým rastlinám.

VÝZNAM: Môžme vyrozumieť, že planéty sa vznášajú vo vesmíre len vďaka Kṛṣṇovej energii. Pán vstupuje do každého atómu, do každej živej bytosti. V *Brahma-saṁhite* sa píše, že úplná expanzia Najvyššej Božskej Osobnosti, Paramātmā, vstupuje do všetkých planét, do živých bytostí a dokonca aj do atómov. Vďaka Jeho prítomnosti sa všetko náležite prejavuje. Ak je duša prítomná v tele, človek sa môže udržať na hladine, zatiaľ čo mŕtve telo, ktoré duša opustila, sa potopí. Pochopiteľne, aj telo v rozklade môže plávať na vode, podobne ako tráva alebo iné veci, no v okamihu smrti sa potopí. Na tom istom princípe sa zakladá aj pohyb planét, ktoré sa vznášajú vo vesmíre vďaka vyššej energii Najvyššieho Pána. Jeho energia udržiava každú planétu v priestore, akoby to bolo iba obyčajné zrnko prachu. Dokým držíme prach v ruke, nemôže spadnúť, no ak ho vyhodíme do vzduchu, začne padať smerom k zemi. Všetky planéty, ktoré sa vznášajú vo vesmíre, sú udržiavané rukami vesmírnej podoby Najvyššieho Pána. Vďaka Jeho sile a energii zostávajú všetky pohyblivé i nehybné predmety na svojich miestach. Vo *Vedach* sa píše, že Slnko svieti a planéty sa vznášajú na svojich orbitoch vďaka Najvyššej Božskej Osobnosti. Bez Neho by sa všetky planéty roztrúsili ako zrnká prachu vo vzduchu a zanikli by. Vďaka Najvyššej Božskej Osobnosti dodáva Mesiac živiny rastlinstvu a jeho pôsobením dostáva zelenina špecifickú chuť. Bez mesačného svitu by zelenina nemohla ani vyrásť, ani byť chutná či šťavnatá. Ľudia pracujú, nažívajú v hojnosti a tešia sa z jedla len vďaka tomu, že im Najvyšší Pán dodáva všetky nevyhnutné veci. Bez Jeho milosti by ľudské pokolenie vyhynulo. Slovo *rasātmakaḥ* je veľmi dôležité. Všetko získava chuť milosťou Najvyššieho Pána prostredníctvom vplyvu Mesiaca.

VERŠ 14

अहं वैश्वानरो भूत्वा प्राणिनां देहमाश्रितः ।
प्राणापानसमायुक्तः पचाम्यन्नं चतुर्विधम् ॥ १४ ॥

ahaṁ vaiśvānaro bhūtvā prāṇināṁ deham āśritaḥ
prāṇāpāna-samāyuktaḥ pacāmy annaṁ catur-vidham

aham — Ja; *vaiśvānaraḥ* — Moja úplná časť v podobe tráviaceho ohňa; *bhūtvā* — stáva sa; *prāṇinām* — všetkých živých tvorov; *deham* — v telách; *āśritaḥ* — umiestnený; *prāṇa* — vychádzajúci vzduch; *apāna* — vchádzajúci vzduch; *samāyuktaḥ* — udržovať rovnováhu; *pacāmi* — trávim; *annam* — potrava; *catuḥ-vidham* — štyri druhy.

Som tráviaci oheň v telách všetkých živých tvorov a spolu s vchádzajúcim a vychádzajúcim životným dychom spaľujem štyri druhy potravy.

VÝZNAM: Podľa *Āyur-vedskej śāstry* sa v žalúdku nachádza oheň, ktorý pomáha pri trávení tým, že spaľuje všetku potravu. Ak tento oheň nehorí, nemáme hlad, no len čo sa rozhorí, dostaví sa pocit hladu. Ak je tento oheň narušený, musíme sa liečiť. Tento oheň zastupuje Najvyššiu Božskú Osobnosť. *Vedske mantry* (*Bṛhad-āraṇyaka Upaniṣad* 5.9.1) potvrdzujú, že Najvyšší Pán alebo Brahman sídli v žalúdku v podobe ohňa, ktorý zažíva potravu (*ayam agnir vaiśvānaro yo 'yam antaḥ puruṣe yenedam annaṁ pacyate*). Keďže nám pomáha pri trávení, nie sme v prijímaní potravy nezávislí. Bez pomoci Najvyššieho Pána by sme nemohli ani jesť. On teda produkuje a zažíva potravu, a my sa môžeme tešiť zo života len Jeho milosťou. To potvrdzuje aj *Vedānta-sūtra* (1.2.27). "Pán je vo zvuku, vo vzduchu, v tele a dokonca aj v žalúdku ako spaľujúca sila (*śabdādibhyo 'ntaḥ pratiṣṭhānāc ca*)." Potrava sa delí na štyri druhy podľa toho, či sa prehĺta, žuje, líže alebo saje a Śrī Kṛṣṇa je zažívacou silou, ktorá ju všetku spaľuje.

VERŠ 15

सर्वस्य चाहं हृदि सन्निविष्टो
मत्तः स्मृतिर्ज्ञानमपोहनं च ।
वेदैश्च सर्वैरहमेव वेद्यो
वेदान्तकृद्वेदविदेव चाहम् ॥ १५ ॥

sarvasya cāhaṁ hṛdi sanniviṣṭo
mattaḥ smṛtir jñānam apohanaṁ ca
vedaiś ca sarvair aham eva vedyo
vedānta-kṛd veda-vid eva cāham

sarvasya — všetkých živých tvorov; *ca* — a; *aham* — Ja; *hṛdi* — v srdci; *sanniviṣṭaḥ* — umiestnený; *mattaḥ* — odo Mňa; *smṛtiḥ* — pamäť; *jñānam* — poznanie; *apohanam* — zábudlivosť; *ca* — a; *vedaiḥ* — Ved; *ca* — tiež; *sarvaiḥ* — všetkých; *aham* — som; *eva* — iste; *vedyaḥ* — poznateľné; *vedānta-kṛt* — autor *Vedānty*; *veda-vit* — znalec *Ved*; *eva* — iste; *ca* — a; *aham* — Ja.

Sídlim v srdciach všetkých živých tvorov a odo Mňa pochádza pamäť, poznanie a zábudlivosť. Zmyslom všetkých Ved je poznať Mňa, pretože Ja som zostavil Vedāntu a som znalcom Ved.

VÝZNAM: Najvyšší Pán sídli ako Paramātmā v srdciach všetkých živých tvorov a všetky činy v Ňom majú svoj počiatok. Aj keď živé bytosti zabúdajú všetko zo svojich predchádzajúcich životov, musia konať pod vedením Najvyššieho Pána, ktorý je svedkom ich činov. Preto začínajú konať podľa svojich minulých činností. Živé bytosti si teda zo svojich predchádzajúcich životov prinesú nielen potrebné vedomosti a pamäť, ale aj zabudnutie na svoj minulý život. Najvyšší Pán je nielen všeprenikajúci, ale zároveň sídli v srdciach všetkých živých tvorov a udeľuje im výsledky za ich minulé skutky. Nemal by byť uctievaný len ako neosobný Brahman, Paramātmā (lokalizovaný aspekt) a Najvyššia Božská Osobnosť, ale aj ako inkarnácia v podobe *Ved. Vedy* ukazujú človeku cestu, ako správne viesť svoj život a ako sa vrátiť domov, späť k Bohu. *Vedy* predkladajú ľuďom poznanie o Najvyššej Božskej Osobnosti, Kṛṣṇovi, ktorý vo Svojej inkarnácii Vyāsadevu zostavil *Vedānta-sūtru*. Vyāsadevov komentár k *Vedānta-sutre*, *Śrīmad-Bhāgavatam*, umožňuje skutočné pochopenie *Vedānta-sūtry*. Najvyšší Pán je taký mocný, že kvôli vyslobodeniu podmienených duší dodáva a stravuje potravu každého jednotlivca, je svedkom jeho činov, poskytuje múdrosť vo forme *Ved* a ako Najvyššia Božská Osobnosť, Śrī Kṛṣṇa, učí *Bhagavad-gītu*. Boh je všedobrý a všeláskavý a je hoden úcty všetkých podmienených duší.

Antaḥ-praviṣṭaḥ śāstā janānām: Len čo živá bytosť opustí telo, všetko zabudne. V novom živote však obnoví svoje činnosti na podnet Najvyššieho Pána. Hoci zabudne, Pán jej dá inteligenciu, aby mohla znovu pokračovať v činnostiach z predchádzajúceho života. Najvyšší Pán, sídliaci v srdciach všetkých živých tvorov, im nedáva iba možnosť k radovánkam, ale aj príležitosť k pochopeniu *Ved*. Ak chce človek skutočne porozumieť *vedskemu* učeniu, dostane od Kṛṣṇu potrebnú inteligenciu. Prečo nám Pán dáva túto *vedsku* múdrosť? Pretože je dôležité, aby každá živá bytosť poznala Kṛṣṇu. *Vedy* to potvrdzujú slovami: *yo 'sau sarvair vedair gīyate*. V celom *vedskom* písomníctve, počnúc štyrmi *Vedami*, *Vedānta-sūtrou*, *Upaniṣadami* a *Purāṇami*, sa velebí nádhera Najvyššieho Pána, ktorého môže človek dosiahnuť konaním *vedskych* rituálov, diskutovaním o *vedskej* filozofii a oddanou službou. Zmyslom *Ved* je teda pochopiť Kṛṣṇu a *Vedy* nám dávajú pokyny, ako Ho môžeme pochopiť a zrealizovať. Konečný cieľ je Najvyššia Božská Osobnosť. *Vedānta-sūtra* (1.1.4) to potvrdzuje slovami: *tat tu samanvayāt*. Dokonalosť môže človek realizovať v troch stupňoch. Porozumením *vedskej* literatúry môže pochopiť svoj vzťah k Najvyššej Božskej Osobnosti, vykonávaním rôznych činností sa k Nemu môže priblížiť a nakoniec môže dôjsť k najvyššiemu cieľu, ktorým nie je nič iné ako Najvyššia Božská Osobnosť. V tomto verši boli teda jasne definované: význam *Ved*, pochopenie *Ved* a konečný cieľ *Ved*.

VERŠ 16

द्वाविमौ पुरुषौ लोके क्षरश्चाक्षर एव च ।
क्षरः सर्वाणि भूतानि कूटस्थोऽक्षर उच्यते ॥ १६ ॥

dvāv imau puruṣau loke kṣaraś cākṣara eva ca
kṣaraḥ sarvāṇi bhūtāni kūṭa-stho 'kṣara ucyate

dvau — dva; *imau* — tieto; *puruṣau* — živé bytosti; *loke* — na svete; *kṣaraḥ* — omylné; *ca* — a; *akṣaraḥ* — neomylné; *eva* — zaiste; *ca* — a; *kṣaraḥ* — omylné; *sarvāṇi* — všetky; *bhūtāni* — živé bytosti; *kūṭa-sthaḥ* — v jednote; *akṣaraḥ* — neomylné; *ucyate* — hovorí sa.

Sú dva druhy bytostí: omylné a neomylné. V hmotnom svete sú všetky bytosti omylné a v duchovnom svete sú všetky neomylné.

VÝZNAM: Už sme vysvetlili, že Śrī Kṛṣṇa vo Svojej inkarnácii Vyāsadevu zostavil *Vedānta-sūtru*. Tu je v krátkosti jej obsah. Kṛṣṇa hovorí, že nespočetné množstvo živých bytostí môže byť rozdelené do dvoch skupín — na omylné a neomylné. Živé bytosti sú večne oddelené fragmentárne čiastočky Najvyššej Božskej Osobnosti. Keď sú v styku s hmotnou prírodou, nazývajú sa *jīva-bhūta*, a saṁskṛtské slová, použité v tejto *śloke kṣaraḥ sarvāṇi bhūtāni*, znamenajú, že sa zvyknú mýliť. Avšak živé bytosti, ktoré sa zjednotili s Najvyšším Pánom sú neomylné. Jednota však neznamená, že stratili svoju individualitu, ale že medzi nimi a Pánom vládne súlad, pretože sa neprotivia zmyslu Pánovho stvorenia. Prirodzene, duchovný svet nebol nikdy stvorený. Najvyšší Pán sa napriek tomu považuje za jeho stvoriteľa, pretože vo *Vedānta-sūtre* sa hovorí, že je zdrojom všetkých emanácií.

Śrī Kṛṣṇa hovorí, že jestvujú dva druhy bytostí, a keďže to potvrdzujú aj *Vedy*, niet o tom pochýb. Živé bytosti, ktoré v tomto svete zápasia so svojou mysľou a piatimi zmyslami, majú hmotné telá, podliehajúce zmene. Tak dlho, dokým je živá bytosť podmienená, mení svoje telo podľa styku s hmotou. Hmota podlieha zmenám a tak sa zdá, že živá bytosť sa mení. V duchovnom svete však telá nie sú hmotnej povahy, a preto sa nemenia. V hmotnom svete prechádza telo živej bytosti šiestimi zmenami: narodí sa, rastie, určitú dobu trvá, rozmnoží sa, postupne chradne a nakoniec úplne zanikne. To sú premeny, ktorými prechádza hmotné telo. V duchovnom svete sa však telo nemení; nejestvuje tam rodenie, staroba ani smrť. Preto tam panuje súlad. *Kṣaraḥ sarvāṇi bhūtāni*: Všetky bytosti, ktoré prišli do styku s hmotou - prvou stvorenou bytosťou, Brahmom, počnúc a najmenším mravcom končiac - menia svoje telá, a preto sú omylné. V duchovnom svete sú však od týchto nedostatkov navždy oslobodené.

VERŠ 17

उत्तमः पुरुषस्त्वन्यः परमात्मेत्युदाहृतः ।
यो लोकत्रयमाविश्य बिभर्त्यव्यय ईश्वरः ॥ १७ ॥

uttamaḥ puruṣas tv anyaḥ paramātmety udāhṛtaḥ
yo loka-trayam āviśya bibharty avyaya īśvaraḥ

uttamaḥ—najvyššia; *puruṣaḥ*—osobnosť; *tu*—ale; *anyaḥ*—iná; *parama*—najvyššia; *ātmā*—duša; *iti*—tak; *udāhṛtaḥ*—nazýva sa; *yaḥ*—kto; *loka*—vo vesmíre; *trayam*—tri rozdelenia; *āviśya*—vstup do; *bibharti*—udržuje; *avyayaḥ*—nezanikajúci; *īśvaraḥ*—Pán.

Okrem týchto dvoch jestvuje ešte najväčšia žijúca osobnosť, Najvyššia Duša, nezničiteľný Pán samotný, ktorý vstupuje do troch svetov a udržiava ich.

VÝZNAM: Táto myšlienka je veľmi pekne vysvetlená v *Kaṭha Upaniṣade* (2.2.13) a *Śvetāśvatara Upaniṣade* (6.13): *nityo nityānāṁ cetanaś cetanānām.* Okrem všetkých nespočetných živých tvorov, z ktorých niektorí sú podmienení a niektorí oslobodení, jestvuje ešte Najvyššia Osobnosť, Paramātmā. To znamená, že medzi všetkými podmienenými i oslobodenými bytosťami sa nachádza jedna zvrchovaná živá bytosť, Najvyššia Božská Osobnosť, ktorá ich všetky udržuje a dáva im možnosť užívať si podľa svojich minulých činov. Táto Najvyššia Božská Osobnosť sídli v srdci všetkých tvorov ako Paramātmā. Jedine inteligentný človek, ktorý dokáže pochopiť Najvyššieho Pána, môže dospieť k dokonalému mieru; nik iný.

VERŠ 18

यस्मात्क्षरमतीतोऽहमक्षरादपि चोत्तमः ।
अतोऽस्मि लोके वेदे च प्रथितः पुरुषोत्तमः ॥ १८ ॥

yasmāt kṣaram atīto 'ham akṣarād api cottamaḥ
ato 'smi loke vede ca prathitaḥ puruṣottamaḥ

yasmāt — pretože; *kṣaram* — nad omylným; *atītaḥ* — transcendentálny; *aham* — Ja som; *akṣarāt* — nad neomylným; *api* — tiež; *ca* — a; *uttamaḥ* — najlepší; *ataḥ* — preto; *asmi* — som; *loke* — vo svete; *vede* — vo *Vedach*; *ca* — a; *prathitaḥ* — velebený; *puruṣa-uttamaḥ* — ako Najvyššia Osobnosť.

Pretože som transcendentálny a stojím nad omylným aj neomylným, a pretože som najväčší, som velebený vo svete i vo Vedach ako Najvyššia Osobnosť.

VÝZNAM: Ani podmienená, ani oslobodená duša nemôže prekonať Najvyššiu Božskú Osobnosť, Śrī Kṛṣṇu. Kṛṣṇa je preto najmocnejšia zo všetkých osobností. Z tohoto verša jasne vyplýva, že ako živé bytosti, tak i Najvyššia Božská Osobnosť, sú individuálne osoby. Rozdiel medzi nimi je ten, že ani podmienená, ani oslobodená duša nemôže nikdy premôcť neuveriteľnú moc Najvyššej Božskej Osobnosti. Bolo by nesprávne považovať Najvyššieho Pána a živé bytosti za rovnocenných. V ich vzťahu neustále panuje nadradenosť a podriadenosť. Slovo *uttama* je veľmi dôležité. Nik nemôže prevýšiť Najvyššiu Božskú Osobnosť.

Slovo *loke* znamená „v *pauruṣa āgama* (písma, zvané *smṛti*)." Ako potvrdzuje slovník *Nirukti*: *lokyate vedārtho 'nena*: „Zmysel *Ved* vysvetľujú *smṛti*."

Paramātmā, lokalizovaný aspekt Najvyššieho Pána, je vo *Vedach* popísaný nasledovne: *tāvad eṣa samprasādo 'smāc charīrāt samutthāya paraṁ jyoti-rūpaṁ sampadya svena rūpeṇābhiniṣpadyate sa uttamaḥ puruṣaḥ* (*Chāndogya Upaniṣad* 8.12.3). „Keď Nadduša opustí telo, vstúpi do neosobného *brahmajyoti*, kde si ponechá Svoju duchovnú identitu a podobu. Táto zvrchovaná bytosť je Najvyššia Osoba." To znamená, že Najvyššia Božská Osobnosť prejavuje a šíri Svoju duchovnú žiaru, ktorá je pôvodným svetlom. Najvyššia Osobnosť má aj lokalizovaný aspekt, známy ako Paramātmā. Vo Svojej inkarnácii Vyāsadevu, syna Satyavatī a Parāśaru, vysvetľuje *vedske* poznanie.

VERŠ 19

यो मामेवमसम्मूढो जानाति पुरुषोत्तमम् ।
स सर्वविद्भजति मां सर्वभावेन भारत ॥ १९ ॥

yo mām evam asammūḍho jānāti puruṣottamam
sa sarva-vid bhajati māṁ sarva-bhāvena bhārata

yaḥ—kto; *mām*—Mňa; *evam*—tak; *asammūḍhaḥ*—bez pochybností; *jānāti*—pozná; *puruṣa-uttamam*—Najvyššia Božská Osobnosť; *saḥ*—ten; *sarva-vit*—pozná všetko; *bhajati*—oddane slúži; *mām*—Mne; *sarva-bhāvena*—celou svojou bytosťou; *bhārata*—ó, potomok Bharatov.

Ten, kto Ma pozná ako Najvyššiu Božskú Osobnosť bez toho, aby o tom pochyboval, vie všetko, a preto Mi celou svojou bytosťou oddane slúži, ó, potomok Bharatov.

VÝZNAM: O Najvyššej Absolútnej Pravde a o pravom postavení živých bytostí bolo napísaných veľa filozofických úvah. V tomto verši Kṛṣṇa vysvetľuje, že ten, kto Ho pozná ako Najvyššiu Božskú Osobnosť, vie všetko. Človek s nedokonalým poznaním môže o Absolútnej Pravde iba špekulovať, no ten, kto má dokonalé poznanie, sa priamo zapojí do vedomia Kṛṣṇu, oddanej služby Najvyššiemu Pánovi a nestráca zbytočne čas. To je v *Bhagavad-gīte* neustále zdôrazňované. Napriek tomu mnohí tvrdohlaví komentátori tvrdia, že Najvyššia Absolútna Pravda a živé bytosti sú totožné.

Vedske poznanie sa nazýva *śruti*, pretože je prijímané prostredníctvom sluchu. *Vedske* posolstvo by sme mali prijať od autorít, ako je Śrī Kṛṣṇa, ktorý všetko jasne vysvetľuje. Nestačí načúvať tak, ako načúvajú prasatá — mali by sme mu jasne porozumieť prostredníctvom autorít.

Akademické špekulovanie sa neodporúča. Človek musí pokorne načúvať posolstvu *Bhagavad-gīty*; musí pochopiť, že živé bytosti sú vždy v podmienenom postavení vo vzťahu k Najvyššej Božskej Osobnosti. Śrī Kṛṣṇa hovorí, že iba ten, kto to pochopí, pozná zmysel *Ved*; nikto iný.

Slovo *bhajati* je veľmi dôležité. Na mnohých miestach sa toto slovo používa v súvislosti s oddanou službou Najvyššiemu Pánovi. Ak je niekto zapojený vo vedomí Kṛṣṇu, v oddanej službe Pánovi, znamená to, že pochopil celú *vedsku* múdrosť. Podľa *vaiṣṇavskej paramparya*, ten, kto je zapojený do oddanej služby Kṛṣṇovi, nemusí praktikovať žiadnu inú duchovnú metódu, kvôli poznaniu Absolútnej Pravdy. Človek vedomý si Kṛṣṇu už dosiahol cieľ, pretože sa zamestnal v láskyplnej službe Pánovi. Zavrhol všetky predbežné metódy určené na získanie poznania. Napriek tomu, ak niekto ani po tisícoch životoch nedôjde k záveru, že Kṛṣṇa je Najvyššia Božská Osobnosť a že sa Mu má odovzdať, celé jeho úsilie počas toľkých rokov a životov bolo iba zbytočnou stratou času.

VERŠ 20

इति गुह्यतमं शास्त्रमिदमुक्तं मयानघ ।
एतद्बुद्ध्वा बुद्धिमान्स्यात्कृतकृत्यश्च भारत ॥ २० ॥

iti guhyatamaṁ śāstram idam uktaṁ mayānagha
etad buddhvā buddhimān syāt kṛta-kṛtyaś ca bhārata

iti — tak; *guhya-tamam* — najdôvernejší; *śāstram* — zjavené písma; *idam* — toto; *uktam* — vyjavil; *mayā* — Mnou; *anagha* — ó, nepoškvrnený; *etat* — toto; *buddhvā* — pochopenie; *buddhi-mān* — múdry; *syāt* — dosiahne; *kṛta-kṛtyaḥ* — dokonalosť vo svojom úsilí; *ca* — a; *bhārata* — ó, potomok Bharatov.

Ó, nepoškvrnený, vyjavil Som ti najdôvernejšiu časť Ved. Kto jej porozumie, ó, potomok Bharatov, stane sa múdrym a dosiahne dokonalosť.

VÝZNAM: Śrī Kṛṣṇa v tomto verši jasne vysvetľuje, že toto je jadro všetkých zjavených písiem. Človek by ho mal pochopiť tak, ak ho Najvyššia Božská Osobnosť predkladá. Zmúdrie a zdokonalí sa v transcendentálnom poznaní. Inými slovami, pochopením filozofie Najvyššej Božskej

Osobnosti a zapojením sa do transcendentálnej služby Najvyššiemu Pánovi sa človek môže očistiť od vplyvu kvalít hmotnej prírody. Oddaná služba je proces duchovného poznania. Kde sa oddane slúži Pánovi, tam sa nemôže vyskytnúť hmotné znečistenie. Oddaná služba pre potešenie Pána je totožná s Pánom samotným, pretože je duchovná a patrí do vnútornej energie Najvyššieho Pána. Boh býva prirovnávaný k Slnku a nevedomosť k temnote. Tam, kde je Slnko, nemôže byť temnota. Preto nenájdeme nevedomosť tam, kde sa oddane slúži pod vedením pravého duchovného učiteľa.

Každý by mal prijať toto vedomie Kṛṣṇu a zapojiť sa do oddanej služby, aby sa očistil a zmúdrel. Aj keď si ľudia o sebe obyčajne myslia, že sú múdri, nedá sa povedať, že by boli veľmi inteligentní, ak nepoznajú Kṛṣṇu a nezačnú Mu oddane slúžiť.

Slovo *anagha* (nepoškvrnený), ktorým Kṛṣṇa oslovil Arjunu, je významné. Je totiž veľmi ťažké poznať Kṛṣṇu, ak sa živá bytosť nezbavila všetkých reakcií za hriechy. Najprv sa musíme očistiť od všetkých znečistení, všetkých hriešnych činností. Potom Ho môžme pochopiť. Oddaná služba je však taká očisťujúca a mocná, že človek, ktorý ju vykonáva, sa automaticky dostane do postavenia, kedy prestane hrešiť.

Súčasne s vykonávaním oddanej služby v spoločnosti čistých oddaných a s plným vedomím Kṛṣṇu jestvujú určité veci, ktorých sa musíme zbaviť. Najdôležitejšie je prekonať slabosť v srdci. Prvý poklesok sa zrodil z túžby ovládať hmotnú prírodu, následkom čoho sa živá bytosť vzdala transcendentálnej služby Pánovi. Druhou slabosťou je čoraz väčšia pripútanosť k hmote a k hmotnému vlastníctvu, spôsobená vzrastajúcou túžbou ovládať hmotnú prírodu. Problémy hmotného bytia majú svoj pôvod v týchto slabostiach, zakorenených v srdci. Prvých päť veršov tejto pätnástej kapitoly pojednáva o prekonaní slabostí srdca a ostatné verše opisujú *puruṣottama-yogu*.

Takto končia Bhaktivedantove výklady k pätnástej kapitole *Śrīmad Bhagavad-gīty*, pojednávajúcej o *puruṣottama-yoge* alebo yoge Najvyššej Osoby.

KAPITOLA ŠESTNÁSTA

Božské a démonské povahy

VERŠ 1–3

श्रीभगवानुवाच
अभयं सत्त्वसंशुद्धिर्ज्ञानयोगव्यवस्थितिः ।
दानं दमश्च यज्ञश्च स्वाध्यायस्तप आर्जवम् ॥ १ ॥
अहिंसा सत्यमक्रोधस्त्यागः शान्तिरपैशुनम् ।
दया भूतेष्वलोलुप्त्वं मार्दवं ह्रीरचापलम् ॥ २ ॥
तेजः क्षमा धृतिः शौचमद्रोहो नातिमानिता ।
भवन्ति सम्पदं दैवीमभिजातस्य भारत ॥ ३ ॥

śrī-bhagavān uvāca
abhayaṁ sattva-saṁśuddhir jñāna-yoga-vyavasthitiḥ
dānaṁ damaś ca yajñaś ca svādhyāyas tapa ārjavam

ahiṁsā satyam akrodhas tyāgaḥ śāntir apaiśunam
dayā bhūteṣv aloluptvaṁ mārdavaṁ hrīr acāpalam

tejaḥ kṣamā dhṛtiḥ śaucam adroho nāti-mānitā
bhavanti sampadaṁ daivīm abhijātasya bhārata

śrī-bhagavān uvāca — Kṛṣṇa, Najvyššia Božská Osobnosť, riekol; *abhayam* — nebojácnosť; *sattva-saṁśuddhiḥ* — očista bytia; *jñāna* — v poznaní; *yoga* — spojenie s; *vyavasthitiḥ* — postavenie; *dānam* — dobročinnosť; *damaḥ* — ovládanie mysle; *ca* — a; *yajñaḥ* — konanie obetí; *ca* — a; *svādhyāyaḥ* — štúdium *vedskej* literatúry; *tapaḥ* — askézia; *ārjavam* — priamosť; *ahiṁsā* — nenásilie; *satyam* — vernosť pravde; *akrodhaḥ* — nepodliehanie hnevu; *tyāgaḥ* — odriekanie; *śāntiḥ* — kľud; *apaiśunam* — nechuť k vyhľadávaniu chýb; *dayā* — súcit; *bhūteṣu* — k všetkým živým tvorom; *aloluptvam* — nechamtivosť; *mārdavam* — miernosť; *hrīḥ* — zdržanlivosť; *acāpalam* — pevná odhodlanosť; *tejaḥ* — sila; *kṣamā* — schopnosť odpúšťať; *dhṛtiḥ* — odvaha; *śaucam* — čistota; *adrohaḥ* — oprostenie od závisti; *na* — nie; *ati-mānitā* — očakávanie úcty; *bhavanti* — sú; *sampadam* — vlastnosti; *daivīm* — transcendentálnej povahy; *abhijātasya* — toho, kto je zrodený; *bhārata* — ó, potomok Bharatov.

Kṛṣṇa, Najvyššia Božská Osobnosť, riekol: Nebojácnosť, očista bytia, pestovanie duchovného poznania, dobročinnosť, sebaovládanie, konanie obetí, štúdium Ved, askézia, priamosť, nenásilie, vernosť pravde, nepodliehanie hnevu, odriekanie, kľud, nechuť k vyhľadávaniu chýb, súcit so všetkými živými tvormi, nechamtivosť, miernosť, zdržanlivosť, pevná odhodlanosť, sila, schopnosť odpúšťať, odvaha, čistotnosť, oprostenie sa od závisti a od prahnutia po úcte — to sú transcendentálne vlastnosti, ktorými sa vyznačujú zbožní ľudia s božskou povahou, ó, potomok Bharatov.

VÝZNAM: Na začiatku pätnástej kapitoly bolo vysvetlené podobenstvo o posvätnom banyanovníku, ktorý symbolizuje tento materiálny svet. Jeho vedľajšie korene boli prirovnané k užitočným a škodlivým činom živých bytostí. V deviatej kapitole bolo vysvetlené kto je *deva*, zbožný človek, a kto je *asura*, bezbožný človek alebo démon. Podľa *Ved* sú činy v kvalite dobra prospešné pre pokrok na ceste oslobodenia. Nazývajú sa *daivī prakṛti* a sú svojou povahou transcendentálne. Tí, ktorí majú transcendentálnu povahu, robia pokrok na ceste oslobodenia. No pre tých, ktorí zostávajú v kvalite vášne a nevedomosti, to nie je možné. Buď sú nútení zostať ako ľudia v hmotnom svete, alebo zostupujú do ríše zvierat, ba dokonca aj do nižších životných foriem. V šestnástej kapitole popisuje Śrī Kṛṣṇa transcendentálne a démonské povahy, ich príslušné vlastnosti a ich klady a zápory.

Slovo *abhijātasya* sa vzťahuje na človeka zrodeného s transcendentálnymi alebo božskými vlastnosťami a je veľmi dôležité. Splodenie dieťaťa v zbožnej atmosfére sa vo *vedskych* písmach nazýva *garbhādhāna-saṁ-*

skāra. Ak chcú mať rodičia dieťa so zbožnými vlastnosťami, musia sa riadiť desiatimi zásadami určenými pre civilizovaný ľudský život. V *Bhagavad-gīte* bolo vysvetlené, že pohlavný život určený na plodenie dobrých detí je samotný Kṛṣṇa. Pohlavný styk sa sám o sebe nezavrhuje, ak je v súlade so zásadami vedomia Kṛṣṇu. Ľudia vedomí si Kṛṣṇu by nemali plodiť deti ako mačky a psy, ale tak, aby sa po narodení mohli venovať vedomiu Kṛṣṇu. To by malo byť výsadou detí, ktorých otec a matka sú Kṛṣṇovi oddaní.

Varṇāśrama-dharma je spoločenské zriadenie, ktoré delí spoločnosť na štyri životné štádia a na štyri triedy alebo kasty. Toto rozdelenie sa nezakladá na zrodení jednotlivca, ale na jeho vlastnostiach a vzdelaní a jeho cieľom je udržovať mier a blahobyt v spoločnosti. Vyššie uvedené vlastnosti sú transcendentálne, to znamená, že pomáhajú jednotlivcovi v pokroku v duchovnom chápaní, pomocou ktorého sa môže vyslobodiť z hmotného sveta.

Vo *varṇāśramskej* spoločnosti sa *sannyāsī* čiže človek v životnom štádiu odriekania považuje za duchovného učiteľa všetkých sociálnych tried a stavov. *Brāhmaṇa* je považovaný za duchovného učiteľa troch spoločenských tried, menovito *kṣatriyov*, *vaiśyov* a *śūdrov*, no *sannyāsī*, ktorý stojí na najvyššom stupienku v spoločnosti, je považovaný aj za duchovného učiteľa *brāhmaṇov*. Prvou vlastnosťou *sannyāsīna* je nebojácnosť. Keďže *sannyāsī* musí byť pripravený čeliť všetkému sám a nemôže sa spoliehať na pomoc alebo podporu druhých, musí závisieť iba na milosti Najvyššej Božskej Osobnosti. Ak má strach a myslí si: „Kto sa o mňa postará, keď sa vzdám všetkých záväzkov?“, potom by nemal prijímať životný stav odriekania, *sannyāsa*. Človek musí byť stopercentne presvedčený, že Kṛṣṇa alebo Najvyššia Božská Osobnosť v ňom neustále prebýva vo Svojej lokalizovanej podobe ako Paramātmā a že vidí a vie všetko, čo človek zamýšľa. Musí si byť teda istý, že Kṛṣṇa vo Svojej podobe Paramātmy sa dokonale postará o dušu, ktorá sa Mu odovzdá. Človek by si mal myslieť: „Nikdy nebudem sám. Aj keby som býval v tých najtemnejších končinách, Kṛṣṇa je neustále so mnou a vždy mi poskytne Svoju ochranu.“ Také presvedčenie sa nazýva *abhayam*, nebojácnosť, a pre človeka v stave odriekania je absolútne nevyhnutné.

Ďalším bodom je očista bytia. Existuje mnoho očistných zásad, predpisov a pravidiel, podľa ktorých sa musí *sannyāsī* riadiť. Najdôležitejším zo všetkých je pre *sannyāsīna* prísny zákaz dôverného kontaktu so ženami. Je mu dokonca zakázané čo i len hovoriť so ženou osamote.

Śrī Caitanya Mahāprabhu bol ideálny *sannyāsī*. Keď žil v Purī, nesmeli sa k Nemu Jeho žiačky ani len priblížiť. Poradili im, aby Mu prejavovali úctu poklonou zo vzdialenejšieho miesta. To nie je známka nejakej nenávisti voči ženám. Je to obmedzenie dané *sannyāsīnom*, aby sa vyvarovali dôverného styku so ženami. Je nevyhnutné, aby sa človek riadil zásadami, ktoré platia pre jeho životný rád, ak chce očistiť svoju existenciu. *Sannyāsī* má prísne zakázaný akýkoľvek bližší vzťah so ženami a práve tak má zakázané vlastniť akékoľvek bohatstvo pre svoj vlastný zmyslový pôžitok. Śrī Caitanya Mahāprabhu bol ideálny *sannyāsī* a z Jeho života sa dozvedáme, že čo sa týka vzťahu k ženám, bol neobyčajne prísny. Hoci je prijímaný ako najliberálnejšia inkarnácia Boha, ktorá prijíma aj tie najpokleslejšie duše, On sám sa dôsledne riadil pravidlami a predpismi určenými pre *sannyāsīna*. Choṭa Haridāsa, jeden z Caitanyových najbližších žiakov, sa raz žiadostivo obzrel za jednou ženou a Śrī Caitanya bol taký prísny, že ho ihneď vylúčil zo skupiny Svojich blízkych nasledovateľov. Pán Caitanya povedal: „Pre *sannyāsīna*, alebo pre toho, kto sa snaží oslobodiť z pút hmotnej prírody a povýšiť sa na duchovnú úroveň, vrátiť sa späť k Bohu, je pohľad na hmotné veci alebo na ženy s myšlienkou zmyslového pôžitku zavrhnutiahodný. Ten, kto pociťuje také nedovolené túžby, by urobil lepšie, keby spáchal samovraždu, než aby mal pôžitok zo zmyslových predmetov čo i len na úrovni svojej mysle, nehovoriac o priamom užívaní si.“ Toto je niekoľko očistných pravidiel.

Jñāna-yoga-vyavasthiti znamená kultiváciu poznania. Úlohou *sannyāsīna* je šíriť poznanie hospodárom a všetkým tým, ktorí zabudli, že zmyslom života je duchovný pokrok. *Sannyāsī* chodí pod zámienkou žobrania od dverí k dverám, ale to neznamená, že je žobrák. Skromnosť je ďalšou vlastnosťou pravých transcendentalistov, a práve zo skromnosti chodí *sannyāsī* od dverí k dverám. Nie aby dostával milodary, ale preto, aby sa stretával s hospodármi a prebudil ich vedomie Kṛṣṇu. To je povinnosťou *sannyāsīna*. Ak je dostatočne pokročilý a dostal pokyny od svojho duchovného učiteľa, mal by pomocou logických argumentov šíriť vedu o Kṛṣṇovi. Ale ak nie je natoľko pokročilý, nemal by vstúpiť do životného štádia odriekania. Ak sa stal niekto *sannyāsīnom* bez toho, aby mal dostatočné poznanie, mal by sa plne oddať načúvaniu slovám pravého duchovného učiteľa, aby ho získal. *Sannyāsī* alebo človek v stave odriekania musí mať tieto vlastnosti: *abhaya* — nebojácnosť, *sattva-saṁśuddhi* — čistota a *jñāna-yoga* — poznanie.

Dāna znamená štedrosť, dobročinnosť. Byť štedrý, sa vyžaduje od hospodárov. Hospodár si zarába na živobytie poctivou prácou a polovicu svojho zárobku by mal použiť na šírenie vedomia Kṛṣṇu po celom svete. Mal by teda podporovať organizácie, ktoré boli založené pre tento účel. Je dôležité, aby boli obdarovávané pravé osoby. Jestvujú totiž tri druhy dobročinnosti: dobročinnosť v kvalite dobra, vášne a nevedomosti. V písmach sa odporúča dobročinnosť v kvalite dobra, zatiaľ čo takzvaná „dobročinnosť" v kvalite vášne a nevedomosti sa neodporúča, pretože by to bolo iba zbytočné mrhanie peniazmi. Mali by sme byť štedrí k šíreniu vedomia Kṛṣṇu po celom svete — to je dobročinnosť v kvalite dobra.

Dama — sebaovládanie. Toto je dôležitá vlastnosť nielen pre všetky duchovné rády, ale zvlášť je určená pre hospodárov. Aj keď je hospodár ženatý, nemal by svoje zmysly zbytočne zamestnávať v pohlavnom živote. Usmernenia platia pre hospodárov aj v tejto oblasti. Jediným účelom pohlavného života je plodenie detí. Ak nechce mať človek deti, mal by sa pohlavného života zriecť. V dnešnej modernej spoločnosti sa používajú antikoncepčné prostriedky a ešte ďaleko horšie spôsoby, ako sa zbaviť zodpovednosti za dieťa. Také činy nie sú transcendentálne, ale démonské. Ak chce niekto pokročiť v duchovnom živote, musí sa ovládať v sexuálnom živote, aj keď je trebárs ženatý, a zrieknuť sa pohlavného života, ktorý nevedie k plodeniu detí vo vedomí Kṛṣṇu. Ak niekto dokáže plodiť deti, ktoré si budú vedomé Kṛṣṇu, môže ich mať hoci stovky, no nemal by holdovať sexu iba kvôli zmyslovému pôžitku.

Yajña — obeť si vyžaduje veľa peňazí, a preto ju majú vykonávať hospodári. Ostatné tri životné rády, menovito *brahmacārīni*, *vānaprasthovia* a *sannyāsīni*, peniaze nemajú a žijú z almužien. Vykonávanie rôznych obetí je preto úlohou *gṛhasthov*, hospodárov. Podľa *vedskych* písiem treba vykonávať obeť zvanú *agni-hotra*, no táto obeť je taká nákladná, že ju v dnešných časoch nemôže vykonávať nijaký hospodár. Najlepšia obeť predpísaná pre tento vek je *saṅkīrtana-yajña*, alebo spievanie *Hare Kṛṣṇa, Hare Kṛṣṇa, Kṛṣṇa Kṛṣṇa, Hare Hare / Hare Rāma, Hare Rāma, Rāma Rāma, Hare Hare*. To je najlepšia a najlacnejšia obeť, ktorú môže vykonávať každý a mať z nej prospech. Takže tieto tri činnosti — dobročinnosť, sebaovládanie a vykonávanie obetí — sú určené pre hospodárov.

Svādhyāya — štúdium *Ved* je určené pre rád *brahmacarya*, študentský život. *Brahmacārīni* sa nesmú stýkať so ženami, musia žiť v celibáte, plne sa venovať štúdiu *Ved* a pestovať duchovné poznanie. To sa nazýva *svādhyāya*.

Tapas — askézia. Je veľmi žiadúce pre *brahmacārīna* a obzvlášť pre človeka v životnom štádiu *vānaprastha*. Nikto by nemal zostať *gṛhasthom* naveky. Mali by sme si uvedomiť, že život má štyri štádiá: *brahmacarya, gṛhastha, vānaprastha* a *sannyāsa*. Na konci životného štádia *gṛhasthu* by mal človek odísť do ústrania. V živote trvajúcom sto rokov by sme mali dvadsaťpäť rokov stráviť ako študenti, dvadsaťpäť ako hospodári, dvadsaťpäť v ústraní a zvyšok v odriekaní. To sú náboženské predpisy *Ved*. Muž, ktorý sa na konci životného štádia hospodára uchýli do ústrania, musí ovládať svoje telo, myseľ a jazyk. To je *tapasya*. *Varṇāśramská* spoločnosť je určená pre *tapasyu*. Bez sebaovládania nemôže nijaká ľudská bytosť dosiahnuť oslobodenie. Teóriu, že odriekanie nie je nutné, že človek môže pokračovať v špekulovaní a všetko bude v poriadku, neodporúčajú ani *Vedy*, ani *Bhagavad-gītā*. Takéto teórie šíria iba senzáciechtiví spiritualisti, ktorí sa snažia získať mnoho prívržencov. Akonáhle totiž príde na príkazy, zákazy a pravidlá, strácajú ľudia záujem, a preto tí, čo pod rúškom náboženstva verbujú nových prívržencov, nevyžadujú zrieknutie sa zmyslového pôžitku a ani oni sami nebývajú dvakrát zdržanliví. *Vedy* také chovanie neschvaľujú.

Čo sa týka brāhmanskej vlastnosti prostoty, človek sa musí riadiť zásadou jednoduchého života vo všetkých životných stavoch, či už ako *brahmacārī, gṛhastha, vānaprastha* alebo *sannyāsī*. Mal by byť prostý a priamy vo svojom konaní.

Ahiṁsā znamená, že nik by nemal brániť v životnej ceste inej živej bytosti. Bolo by chybné myslieť si, že na zabíjaní zvierat nie je nič zlé, keďže duša neumiera spolu s telom. Ľudia majú dnes vo zvyku konzumovať zvieratá, hoci je dostatok obilia, ovocia a mlieka. Nie je nutné zabíjať zvieratá. To je príkaz pre všetkých. V prípade krajnej núdze môžeme zabiť zviera, ale predtým ho musíme obetovať. Tí však, ktorí chcú uspieť v duchovnom živote by za žiadnych okolností nemali páchať násilie na zvieratách. Existuje predsa toľko iných druhov potravy. Skutočné nenásilie znamená nebrániť nijakej bytosti v jej vývoji. Zvieratá prechádzajú vývojovým cyklom a transmigrujú z jednej živočíšnej formy do druhej. Ak je teda nejaké zviera predčasne zabité, jeho pokrok sa zastaví. Musí sa ešte raz vrátiť do tej istej životnej podoby, aby naplnilo zostávajúcu časť vymedzeného času, prv ako sa bude môcť povýšiť do iného životného druhu. Preto by sme nemali nikomu brániť vo vývoji len kvôli uspokojeniu našich chuťových buniek. Tomu sa hovorí *ahiṁsā*.

Satyam — pravdivosť znamená, že človek nemá z osobných dôvodov prekrúcať pravdu. Vo *vedskych* písmach je mnoho ťažko pochopiteľných pasáží a ich zmyslu sa preto musíme naučiť od pravého duchovného učiteľa. To je spôsob, akým sa chápu *Vedy*. *Śruti* znamená načúvať autorite. Nikto by si nemal vytvárať vlastný výklad, vyhovujúci jeho osobným zámerom. Existuje mnoho komentárov *Bhagavad-gīty*, ktoré zastierajú pôvodný text. Musí byť vyložený pravý zmysel slova a tomu sa môže človek naučiť od pravého duchovného učiteľa.

Akrodha znamená ovládnutie hnevu. Aj keď je človek vyprovokovaný, mal by to tolerovať, pretože hnev pôsobí nepriaznivo na celé telo. Hnev je produktom kvality vášne, a preto ho ten, kto je na transcendentálnej úrovni, musí vedieť ovládnuť.

Apaiśunam znamená nevyhľadávať chyby druhých alebo ich zbytočne nenapomínať. Nazývať zlodeja zlodejom nie je samozrejme vyhľadávaním chýb alebo ohováraním, no ten, kto chce pokročiť v duchovnom živote, by sa ťažko previnil, keby čestného človeka nazval zlodejom. *Hrī* znamená byť veľmi zdržanlivý a vyvarovať sa odporných skutkov. Nemal by sa rozčuľovať alebo strácať hlavu, ak mu nevyjde, čo si zaumienil. Ak v niečom neuspel, nesmie prepadať zúfalstvu, ale trpezlivo a odhodlane pokračovať ďalej. To sa nazýva *acāpalam* alebo pevná odhodlanosť.

Slovo *tejas* sa vzťahuje na *kṣatriyov*. *Kṣatriya* musí byť veľmi silný, aby mohol ochrániť slabých. Nesmie sa vydávať za pacifistu. Ak je násilie opodstatnené, musí ho použiť. No človek, ktorý si dokáže podrobiť nepriateľa, môže v určitých prípadoch druhému odpustiť a prepáčiť menšie priestupky.

Śaucam — čistotnosť znamená nielen čisté telo a myseľ, ale aj čisté spôsoby. To platí najmä pre obchodníkov, aby napríklad neobchodovali na čiernom trhu. *Nāti-mānitā* — nevyžadovanie pôct, platí najmä pre *śūdrov*, robotnícku triedu, ktorá je podľa *Ved* pokladaná za najnižšiu zo štyroch spoločenských tried. Zbytočná prestíž a pocta by im nikdy nemala stúpnuť do hlavy. Mali by zostať vo svojom spoločenskom postavení. Povinnosťou každého *śūdru* je preukazovať úctu vyšším triedam, aby mohol byť zachovaný spoločenský poriadok.

Všetkých dvadsaťšesť spomenutých vlastností je transcendentálnych a mali by sa rozvíjať v súlade s postavením jednotlivca vo *varṇāśramskej* spoločnosti. Zmyslom tohoto zriadenia je, aby sa každý jednotlivec v ktorejkoľvek spoločenskej triede a životnom štádiu mohol kultivovaním týchto vlastností napriek nepriaznivým materiálnym podmienkam povýšiť na najvyššiu úroveň transcendentálnej realizácie.

VERŠ 4

दम्भो दर्पोऽभिमानश्च क्रोधः पारुष्यमेव च ।
अज्ञानं चाभिजातस्य पार्थ सम्पदमासुरीम् ॥ ४ ॥

dambho darpo 'bhimānaś ca krodhaḥ pāruṣyam eva ca
ajñānaṁ cābhijātasya pārtha sampadam āsurīm

dambhaḥ — pýcha; *darpaḥ* — povýšenosť; *abhimānaḥ* — domýšľavosť; *ca* — a; *krodhaḥ* — hnev; *pāruṣyam* — hrubosť; *eva* — iste; *ca* — a; *ajñānam* — nevedomosť; *ca* — a; *abhijātasya* — tých, ktorí sa narodili; *pārtha* — ó, syn Pṛthy; *sampadam* — vlastnosti; *āsurīm* — s démonskou povahou.

Pýcha, povýšenosť, domýšľavosť, hnev, hrubosť a nevedomosť sú vlastnosti tých, ktorí sa narodili s démonskou povahou, ó syn Pṛthy.

VÝZNAM: V tomto verši sa popisuje kráľovská cesta do pekla. Démoni radi predstierajú zbožnosť a pokročilosť v duchovnej vede, a to aj napriek tomu, že sa samy neriadia náboženskými zásadami. Sú veľmi domýšľaví a pyšní na svoje vzdelanie a bohatstvo. Chcú byť uctievaní, hoci si to nezaslúžia. Rozčuľujú sa nad zbytočnosťami a hovoria hrubo, nikdy nie slušne. Nevedia, čo sa smie a čo nesmie. Jednajú vždy rozmarne podľa svojich prianí a neuznávajú nijakú autoritu. Tieto démonské vlastnosti získali už v matkinom lone, a časom ich začínajú jednu po druhej prejavovať.

VERŠ 5

दैवी सम्पद्विमोक्षाय निबन्धायासुरी मता ।
मा शुचः सम्पदं दैवीमभिजातोऽसि पाण्डव ॥ ५ ॥

daivī sampad vimokṣāya nibandhāyāsurī matā
mā śucaḥ sampadaṁ daivīm abhijāto 'si pāṇḍava

daivī — transcendentálne; *sampat* — vlastnosti; *vimokṣāya* — určené k oslobodeniu; *nibandhāya* — k pripútanosti; *āsurī* — démonské vlastnosti;

matā — sa považujú; *mā* — nemaj; *śucaḥ* — obavy; *sampadam* — s vlastnosťami; *daivīm* — transcendentálnymi; *abhijātaḥ* — zrodený; *asi* — si; *pāṇḍava* — ó, syn Pāṇḍua.

Transcendentálne vlastnosti vedú k oslobodeniu, zatiaľ čo démonské zotročujú. Ty sa však nemusíš báť, ó, syn Pāṇḍua, pretože si sa narodil s božskými vlastnosťami.

VÝZNAM: Śrī Kṛṣṇa dodal Arjunovi odvahu, keď mu povedal, že sa nenarodil s démonskými vlastnosťami. Arjunova účasť vo vojne nebola démonská, pretože dôkladne zvažoval všetky pre a proti. Zvažoval, či môže alebo nemôže zabiť také úctyhodné osobnosti ako Bhīṣma a Droṇa, a nekonal pod nátlakom hnevu, pýchy alebo hrubosti. Jeho povaha teda nebola démonská. Pre *kṣatriyu*, bojovníka, je vystrelenie šípu na nepriateľa transcendentálne, zatiaľ čo neuposlúchnutie tohoto príkazu je známkou démonskej povahy. Arjuna preto nemal najmenší dôvod žialiť. Kto sa riadi predpísanými povinnosťami, určenými pre jeho spoločenskú triedu, nachádza sa na transcendentálnej úrovni.

VERŠ 6

द्वौ भूतसर्गौ लोकेऽस्मिन्दैव आसुर एव च ।
दैवो विस्तरशः प्रोक्त आसुरं पार्थ मे शृणु ॥ ६ ॥

dvau bhūta-sargau loke 'smin daiva āsura eva ca
daivo vistaraśaḥ prokta āsuraṁ pārtha me śṛṇu

dvau — dva; *bhūta-sargau* — stvorené živé bytosti; *loke* — na svete; *asmin* — tomto; *daivaḥ* — božské; *āsuraḥ* — démonské; *eva* — iste; *ca* — a; *daivaḥ* — božské; *vistaraśaḥ* — zhruba; *proktaḥ* — povedal; *āsuram* — démonské; *pārtha* — ó, syn Pṛthy; *me* — odo Mňa; *śṛṇu* — vypočuj.

Ó, syn Pṛthy, na tomto svete sú dva druhy stvorených bytostí. Jedny sa nazývajú božské a druhé démonské. Božské vlastnosti som ti už obšírne popísal. Čuj teraz odo Mňa o démonských.

VÝZNAM: Krátko na to, ako Pán Kṛṣṇa uistil Arjunu o tom, že sa narodil s božskými vlastnosťami, začína opisovať vlastnosti démonské. V tomto svete sú dva druhy podmienených bytostí. Bytosti, ktoré sa narodili s božskými vlastnosťami žijú usmerneným životom, čiže dodržiavajú príkazy písiem a autorít. Každý by si mal konať svoje povinnosti vo svetle autoritatívnych písiem. Táto mentalita sa nazýva božská. Tí, ktorí sa týmito zásadami neriadia, ktorí nežijú podľa príkazov písiem a konajú podľa vlastných rozmarov, sa nazývajú démoni, alebo *asurovia*. Jediným kritériom je dodržiavanie príkazov písiem. *Vedy* hovoria, že polobohovia a démoni sú zrodení z Prajāpatiho. Odlišujú sa iba tým, že jedni nasledujú *vedske* zásady a druhí nie.

VERŠ 7

प्रवृत्तिं च निवृत्तिं च जना न विदुरासुराः ।
न शौचं नापि चाचारो न सत्यं तेषु विद्यते ॥ ७ ॥

pravṛttiṁ ca nivṛttiṁ ca janā na vidur āsurāḥ
na śaucaṁ nāpi cācāro na satyaṁ teṣu vidyate

pravṛttim — konať správne; *ca* — tiež; *nivṛttim* — konať nesprávne; *ca* — a; *janāḥ* — osoby; *na* — nikdy; *viduḥ* — vie; *āsurāḥ* — démonských vlastností; *na* — nikdy; *śaucam* — čistota; *na* — nikdy; *api* — tiež; *ca* — a; *ācāraḥ* — správanie; *na* — nikdy; *satyam* — pravda; *teṣu* — v nich; *vidyate* — je.

Démoni nevedia, ako majú konať a ako nie. Nepoznajú čistotu či správne chovanie a ani pravdy v nich niet.

VÝZNAM: V každej civilizovanej ľudskej spoločnosti jestvujú pravidlá a pokyny písiem, podľa ktorých sa ľudia odpradávna riadia. Tento zvyk pretrváva najmä medzi Āryami čiže tými, ktorí nasledujú *vedsku* civilizáciu, a ktorí sú známi ako najpokrokovejší civilizovaný národ. Tí, ktorí nenasledujú pokyny písiem, sa nazývajú démoni. Preto sa v tomto verši uvádza, že démoni nepoznajú príkazy písiem, a ani nemajú záujem nasledovať ich. Väčšina z nich vôbec nepozná písma, a aj keby ich poznali, nestáli by o ne. Démoni nemajú nijakú vieru a nie sú ochotní správať sa podľa *vedskych* pokynov. Nepoznajú čistotu — vonkajšiu ani vnútornú. Človek má byť veľmi prísny v udržiavaní čistoty tela, má sa denne kúpať, čistiť si zuby, holiť sa, meniť si odev apod. Čo sa týka vnútornej čistoty, musí neustále spomínať na sväté mená Boha a spievať *Hare Kṛṣṇa, Hare Kṛṣṇa, Kṛṣṇa Kṛṣṇa, Hare Hare / Hare Rāma, Hare Rāma, Rāma Rāma, Hare Hare.* Démoni sa podľa týchto pravidiel vnútornej a vonkajšej čistoty nesprávajú.

V *Manu-saṁhite*, zákonníku ľudského rodu, je veľa zásad a príkazov, ktoré usmerňujú konanie a správanie sa ľudí. Sú tam popísané zákony o dedičstve a iné zákony, ktorými sa *hindovia* riadia ešte aj dnes. V *Manu-saṁhite* sa výslovne hovorí, že žene by nemala byť daná sloboda. To samozrejme neznamená, že by mali byť väznené ako otroci, ale je to tak preto, že so ženami je to ako s deťmi. Malým deťom by sme nemali dovoliť, aby si robili, čo chcú, ale to neznamená, že sa s nimi zaobchádza ako s otrokmi. Démoni však ignorujú tieto prikázania a tvrdia, že žena má mať rovnakú slobodu ako muž. To však nezlepšilo sociálne pomery vo svete. Žena by mala byť v skutočnosti chránená v každom období svojho života. V detstve má byť chránená otcom, v mladosti svojím mužom a v starobe svojimi dospelými synmi. To je správne spoločenské chovanie podľa *Manu-saṁhity*. Moderná výchova však umelo vyvolala zveličenú predstavu o živote žien, a preto je manželstvo v súčasnej dobe iba bežnou formalitou. Ani morálka žien nie je najlepšia. Démoni sa teda neriadia pokynmi, ktoré sú prospešné pre celú spoločnosť, a keďže sa nechcú poučiť zo skúseností veľkých mudrcov a nasledovať ich pokyny a ustanovenia, ich sociálna úroveň je úbohá.

VERŠ 8

असत्यमप्रतिष्ठं ते जगदाहुरनीश्वरम् ।
अपरस्परसम्भूतं किमन्यत्कामहैतुकम् ॥ ८ ॥

asatyam apratiṣṭhaṁ te jagad āhur anīśvaram
aparaspara-sambhūtaṁ kim anyat kāma-haitukam

asatyam — neskutočný; *apratiṣṭham* — bez základu; *te* — oni; *jagat* — vesmírne stvorenie; *āhuḥ* — hovoria; *anīśvaram* — bez vládcu; *aparaspara* —

bez príčiny; *sambhūtam* — vznikol; *kim anyat* — inej príčiny niet; *kāma-haitukam* — ktorého príčinou je iba žiadostivosť.

Démoni hovoria, že tento svet je neskutočný, že nemá nijaký základ, že v ňom niet Boha — vládcu. Hovoria, že vznikol z pohlavnej túžby a nemá inej príčiny, než je žiadostivosť.

VÝZNAM: Démoni prichádzajú k záveru, že tento svet je iba prelud bez príčiny a následku, vládcu a zmyslu — že všetko je neskutočné. Hovoria, že fenomenálny svet vznikol náhodným pôsobením hmoty. Neveria, že ho za určitým účelom stvoril Boh. Majú svoju vlastnú teóriu: svet vznikol sám od seba a nemáme dôvod veriť, že za všetkým stojí Najvyšší Pán. Nevidia nijaký rozdiel medzi hmotou a duchom a neuznávajú Najvyššiu Dušu. Všetko je iba hmota a celý vesmír je iba hromadou nevedomosti. Podľa démonov je všetko prázdnota, a ak vôbec nejaký prejav jestvuje, tak len vďaka našej nevedomosti pri vnímaní. Sú presvedčení, že celá rozmanitosť je iba prejavom nevedomosti, podobne ako si vo sne môžeme predstaviť rôzne veci, ktoré v skutočnosti vôbec nejestvujú, takže keď sa prebudíme, zistíme, že všetko bol iba obyčajný sen. No aj keď démoni hlásajú, že život je iba sen, sami sú majstrami v tom, ako si v tomto sne užívať. Namiesto toho, aby sa snažili získať poznanie, zaplietajú sa stále viac a viac do svojej ríše snov. Dochádzajú k záveru, že svet sa zrodil bez duše, podobne ako sa dieťa narodí po pohlavnom styku medzi mužom a ženou. Súdia, že živé bytosti vznikli náhodným zlúčením hmotných prvkov a že existencia duše nepripadá do úvahy. Celá živá príroda vznikla hmotnými kombináciami kozmického prejavu, ako keď sa živé bytosti rodia z potu a vychádzajú z mŕtveho tela. Príčinou tohto stvorenia je hmotná príroda a nič iné. Neveria Kṛṣṇovi, keď v *Bhagavad-gīte* hovorí: *mayādhyakṣeṇa prakṛtiḥ sūyate sa-carācaram.* „Celý svet sa pohybuje pod Mojím dohľadom.“ Démoni teda nemajú dokonalé poznanie o stvorení tohoto sveta, každý z nich má svoju vlastnú teóriu. Nakoľko neveria, že by jestvovalo smerodajné pochopenie *vedskych* pokynov, považujú jeden výklad písma za rovnako dobrý ako hociktorý iný.

VERŠ 9

एतां दृष्टिमवष्टभ्य नष्टात्मानोऽल्पबुद्धयः ।
प्रभवन्त्युग्रकर्माणः क्षयाय जगतोऽहिताः ॥ ९ ॥

etāṁ dṛṣṭim avaṣṭabhya naṣṭātmāno 'lpa-buddhayaḥ
prabhavanty ugra-karmāṇaḥ kṣayāya jagato 'hitāḥ

etām — taký; *dṛṣṭim* — pohľad; *avaṣṭabhya* — prijímajú; *naṣṭa* — stratení; *ātmānaḥ* — seba; *alpa-buddhayaḥ* — menej inteligentní; *prabhavanti* — zamestnávajú sa; *ugra-karmāṇaḥ* — v ohavných činoch; *kṣayāya* — skaza; *jagataḥ* — sveta; *ahitāḥ* — neužitočný.

Vedení týmito závermi a stratení sami v sebe sa démonskí ľudia bez akejkoľvek inteligencie zamestnávajú v neužitočných, ohavných činnostiach, určených k zničeniu sveta.

VÝZNAM: Démoni si krátia čas činnosťami, ktoré ženú svet do záhuby. Śrī Kṛṣṇa v tomto verši hovorí, že nemajú rozum. Materialisti nemajú predstavu o Bohu a myslia si, že sú pokročilí. No podľa *Bhagavad-gīty* sú to hlupáci a osly. Pokúšajú sa užívať si čo najviac tento hmotný svet, a preto sa neustále snažia objavovať niečo nové, čo môže priniesť viac zmyslového pôžitku. Také materialistické objavy považujú za pokrok civilizácie, no jediným výsledkom je, že ľudia sa stávajú hrubšími a krutejšími ako ku zvieratám, tak ku sebe navzájom. Nemajú ani páru o tom, ako by sa mali k sebe chovať a vyznačujú sa tým, že zabíjajú zvieratá. Takí ľudia sú považovaní za nepriateľov sveta, pretože skôr či neskôr stvoria niečo, čo spôsobí skazu všetkým. Tento verš nepriamo predpovedá objav atómových zbraní, na ktoré je dnešný svet taký hrdý. Kedykoľvek môže vypuknúť vojna a atómové zbrane budú príčinou nepredstaviteľnej skazy. Také veci sú samozrejme zostrojované čisto za účelom zničenia sveta. To je potvrdené v tomto verši. Tieto zbrane sa vynaliezajú len preto, že dnešná spoločnosť je ateistická; nemajú priniesť svetu mier a blahobyt.

VERŠ 10

काममाश्रित्य दुष्पूरं दम्भमानमदान्विताः ।
मोहाद्गृहीत्वासद्ग्राहान्प्रवर्तन्तेऽशुचिव्रताः ॥ १० ॥

kāmam āśritya duṣpūraṁ dambha-māna-madānvitāḥ
mohād gṛhītvāsad-grāhān pravartante 'śuci-vratāḥ

kāmam — žiadostivosť; *āśritya* — uchyľujú sa; *duṣpūram* — nenásytnému; *dambha* — z pýchy; *māna* — a falošnej prestíže; *mada-anvitāḥ* — naplnené domýšľavosťou; *mohāt* — z ilúzie; *gṛhītvā* — uchopiť; *asat* — dočasné; *grāhān* — veci; *pravartante* — konajú; *aśuci* — nečistí; *vratāḥ* — predsavzatie.

Oddávajúc sa nenásytnej žiadostivosti a pohrúžení v samoľúbosti plynúcej z pýchy a falošnej slávy, takto ovplyvnení ilúziou, sú stále oddaní nečistej práci a priťahujú ich dočasné veci.

VÝZNAM: Tento verš opisuje mentalitu démonských ľudí. Ich nenásytnosť nemá konca a stále chcú zvyšovať štandard hmotného pôžitku. Hoci sú vždy plní úzkosti, pretože sú pútaní k dočasným veciam, pokračujú pod vplyvom ilúzie v tých istých činnostiach. Nemajú poznanie a nevidia, že sa uberajú nesprávnou cestou. Keďže prijímajú dočasné veci, vytvárajú si vlastného Boha a vlastné hymny, ktoré v prípade potreby spievajú. Následkom toho sú čoraz viac priťahovaní k dvom veciam, a to k pohlavnému pôžitku a k hromadeniu hmotného bohatstva. Slová *aśuci-vratāḥ* (predsavzatie nečisto konať) sú v tejto súvislosti veľmi dôležité. Démonských ľudí zaujímajú iba víno, ženy, hazardné hry a jedenie mäsa. To sú ich *aśuci*, nečisté návyky. Ich domýšľavosť a pýcha ich zavše núti vytvárať akési náboženské zásady, ktoré však *Vedy* neuznávajú. Títo démonskí ľudia sú falošne uctievaní po celom svete, napriek tomu, že sú jeho najohavnejšími obyvateľmi. Hoci klesajú priamo do pekla, považujú sa za veľmi pokročilých.

VERŠE 11 – 12

चिन्तामपरिमेयां च प्रलयान्तामुपाश्रिताः ।
कामोपभोगपरमा एतावदिति निश्चिताः ॥ ११ ॥

आशापाशशतैर्बद्धाः कामक्रोधपरायणाः ।
ईहन्ते कामभोगार्थमन्यायेनार्थसञ्चयान् ॥ १२ ॥

cintām aparimeyāṁ ca pralayāntām upāśritāḥ
kāmopabhoga-paramā etāvad iti niścitāḥ

āśā-pāśa-śatair baddhāḥ kāma-krodha-parāyaṇāḥ
īhante kāma-bhogārtham anyāyenārtha-sañcayān

cintām—starosti a obavy; *aparimeyām*—nesmierne; *ca*—a; *pralaya-antām*—až do konca života; *upāśritāḥ*—uchyľujú sa; *kāma-upabhoga*—zmyslový pôžitok; *paramāḥ*—najvyšší životný cieľ; *etāvat*—tak; *iti*—takto; *niścitāḥ*—presvedčení; *āśā-pāśa*—zapletení do siete túžob; *śa-taiḥ*—stovkami; *baddhāḥ*—spútaní; *kāma*—žiadostivosťou; *krodha*—hnevom; *parāyaṇāḥ*—vždy rovnakej kvality; *īhante*—túžia; *kāma*—žiadostivosť; *bhoga*—zmyslový pôžitok; *artham*—za týmto účelom; *anyā-yena*—nezákonne; *artha*—majetok; *sañcayān*—zhromažďovať.

Sú presvedčení, že uspokojovanie zmyslov je prvoradou potrebou ľudskej civilizácie. Až do poslednej chvíle prežívajú nesmiernu úzkosť. Spútaní sieťou storakých a tisícorakých túžob a posadnutí žiadostivosťou a hnevom si nezákonne obstarávajú peniaze pre zmyslový pôžitok.

VÝZNAM: Démoni sú presvedčení, že najvyšším cieľom života je zmyslový pôžitok, a tento názor zastávajú až do smrti. Neveria v posmrtný život, ani v to, že človek dostane nové telo podľa svojej *karmy*, t.j. podľa skutkov, ktoré vykonal v tomto živote. Ich plány sú nekonečné, neustále plánujú, ale nič nedokončia. Z vlastnej skúsenosti poznáme osoby s podobnou démonskou mentalitou, ktoré dokonca ešte aj v okamihu smrti prosili lekára, aby im predĺžil život o štyri roky, lebo ešte nedokončili svoje plány. Títo hlupáci nevedia, že nijaký lekár nemôže predĺžiť život ani o sekundu. Keď sa náš čas naplní, naše priania nič nezmôžu. Zákony prírody nedovolia, aby sme žili čo len o sekundu dlhšie, ako nám bolo súdené.

Démonský človek, neveriaci ani v Boha, ani v Naddušu v sebe, sa dopúšťa všemožných hriešnych skutkov jednoducho pre zmyslové uspokojenie. Nevie, že v jeho srdci žije svedok. Nadduša pozoruje činnosti individuálnej duše. V *Upaniṣadach* sa táto skutočnosť prirovnáva k dvom vtákom sediacim na jednom strome. Jeden z nich je činný, je ovocie rastúce na jeho vetvách a podľa toho si užíva alebo trpí, zatiaľ čo druhý vták ho pozoruje. Človek s démonskou povahou však o *Vedach* nič nevie a v nič neverí. Preto si myslí, že pre zmyslový pôžitok môže urobiť čokoľvek, nehľadiac na následky svojho jednania.

VERŠ 13-15

इदमद्य मया लब्धमिमं प्राप्स्ये मनोरथम् ।
इदमस्तीदमपि मे भविष्यति पुनर्धनम् ॥ १३ ॥
असौ मया हतः शत्रुर्हनिष्ये चापरानपि ।
ईश्वरोऽहमहं भोगी सिद्धोऽहं बलवान्सुखी ॥ १४ ॥
आढ्योऽभिजनवानस्मि कोऽन्योऽस्ति सदृशो मया ।
यक्ष्ये दास्यामि मोदिष्य इत्यज्ञानविमोहिताः ॥ १५ ॥

idam adya mayā labdham imaṁ prāpsye manoratham
idam astīdam api me bhaviṣyati punar dhanam

asau mayā hataḥ śatrur haniṣye cāparān api
īśvaro 'ham ahaṁ bhogī siddho 'haṁ balavān sukhī

āḍhyo 'bhijanavān asmi ko 'nyo 'sti sadṛśo mayā
yakṣye dāsyāmi modiṣya ity ajñāna-vimohitāḥ

idam — takto; *adya* — dnes; *mayā* — mojou zásluhou; *labdham* — som získal; *imam* — toto; *prāpsye* — ešte získam; *manaḥ-ratham* — podľa mojich túžob; *idam* — takto; *asti* — ono; *idam* — takto; *api* — tiež; *me* — moje; *bhaviṣyati* — v budúcnosti sa zväčší; *punaḥ* — znovu; *dhanam* — bohatstvo; *asau* — ono; *mayā* — mnou; *hataḥ* — bol zabitý; *śatruḥ* — nepriateľ; *haniṣye* — zabijem; *ca* — tiež; *aparān* — ostatní, *api* — iste; *īśvaraḥ* — pán; *aham* — som; *aham* — som; *bhogī* — požívateľ; *siddhaḥ* — dokonalý; *aham* — som; *bala-vān* — mocný; *sukhī* — šťastný; *āḍhyaḥ* — bohatý; *abhijana-vān* — obklopený aristokratickým príbuzenstvom; *asmi* — som; *kaḥ* — kto; *anyaḥ* — iný; *asti* — je; *sadṛśaḥ* — ako; *mayā* — ja; *yakṣye* — prinesiem obeť; *dāsyāmi* — dám milodary; *modiṣye* — budem sa radovať; *iti* — takto; *ajñāna* — nevedomosť; *vimohitāḥ* — oklamaný.

Démonský človek uvažuje takto: „Toto bohatstvo mám dnes a keď pôjde všetko podľa plánu, získam ešte viac. Dnes som bohatý a zajtra budem ešte bohatší. On bol mojím nepriateľom a ja som ho zabil; zabijem teda aj ostatných svojich nepriateľov. Som pánom všetkých a som požívateľom. Som dokonalý, mocný a šťastný. Som najbohatší a obklopený aristokratickým príbuzenstvom. Nik nie je taký moc-

ný a šťastný ako ja. Budem vykonávať obete, budem dávať milodary a budem sa radovať." Takto je démonský človek poblúznený nevedomosťou.

VERŠ 16

अनेकचित्तविभ्रान्ता मोहजालसमावृताः ।
प्रसक्ताः कामभोगेषु पतन्ति नरकेऽशुचौ ॥ १६ ॥

aneka-citta-vibhrāntā moha-jāla-samāvṛtāḥ
prasaktāḥ kāma-bhogeṣu patanti narake 'śucau

aneka — nespočetnými; *citta* — starosťami; *vibhrāntāḥ* — zmätení; *moha* — ilúziou; *jāla* — do siete; *samāvṛtāḥ* — obklopení; *prasaktāḥ* — pripútaní; *kāma-bhogeṣu* — zmyslovým pôžitkom; *patanti* — padajú; *narake* — do pekla; *aśucau* — nečistí.

Zmätení mnohými starosťami a zapletení do siete ilúzií, sú takí ľudia priveľmi pútaní k zmyslovému pôžitku a klesajú do pekla.

VÝZNAM: Túžba démonského človeka po peniazoch nepozná konca. Myslí len na množstvo svojho bohatstva a robí plány ako získať viac a viac. Nezdráha sa použiť tie najhriešnejšie prostriedky, len aby uskutočnil svoje ciele a obchoduje hoci aj načierno, len aby ukojil svoje zmyslové žiadosti. Je zaľúbený do majetku, ktorý vlastní, ako je napr. pozemok, rodina, dom, bankové konto, a neustále premýšľa, ako by ho zväčšil. Aj keď sa mu podarilo tieto veci nahonobiť, nevie, že to bolo možné len vďaka jeho minulým dobrým skutkom. Je presvedčený, že bohatstvo, ktoré získal, je výsledkom jeho vlastného úsilia. Démonský človek verí v moc svojej vlastnej práce, a nie v zákon *karmy*. Zákon *karmy* hovorí, že dobré skutky z predchádzajúceho života rozhodnú o tom, či sa človek narodí v dobrej rodine, či bude bohatý, či sa mu dostane riadneho vzdelania, alebo bude krásny a podobne. Človek s démonskými vlastnosťami si myslí, že všetky tieto veci sa dejú náhodou, alebo sú závislé od jeho schopností. Nevie, že za rozdielmi v kráse a učenosti rôznych ľudí jestvuje určitý zákon. Každý, kto začne súťažiť s démonskou osobou, sa stane jej nepriateľom. Existuje veľa démonských ľudí a všetci sa k sebe chovajú nepriateľsky. Táto nevraživosť sa vzmáha zo dňa na deň — medzi ľuďmi, rodinami, spoločnosťami, ba aj medzi národmi. Preto sú na celom svete veľké nezhody, vojny a nepriateľstvo.

Každý démonský človek si myslí, že môže žiť na úkor druhého. Démon sa obyčajne považuje za „Najvyššieho Boha" a démonskí kazatelia hovoria svojím stúpencom: „Prečo všade hľadáte Boha? Každý z vás je Boh! Môžete si robiť, čo sa vám zachce. Neverte v Boha! Preč s Bohom! Boh je mŕtvy!" Takto kážu démoni.

Aj keď démonský človek vidí, že ostatní sú rovnako bohatí ako on a že majú rovnaký alebo dokonca vyšší vplyv než on, aj naďalej si myslí, že je najbohatší a najvplyvnejší. Čo sa týka povýšenia na vyššie hviezdne sústavy, neverí na vykonávanie obetí. Démoni si myslia, že môžu vytvoriť vlastné obetné metódy a zostrojiť taký stroj, s pomocou ktorého sa budú môcť dostať na vyššie planéty. Najlepším príkladom takého démona bol Rāvaṇa, ktorý navrhol ľuďom, aby postavili schody, po ktorých sa budú môcť všetci dostať do neba, a to aj bez vykonávania obetí predpísaných vo *Vedach*. Aj v súčasnosti sa démoni snažia dostať na vyššie planetárne sústavy pomocou rôznych mechanických prístrojov. Výsledkom je, že spejú do pekla, bez toho aby to vedeli. V tomto verši sú veľmi dôležité saṁskṛtské slová *moha-jāla*. *Jāla* znamená sieť. Tak ako ryby, ktoré uviazli v sieti, nemajú ani démoni šancu vyviaznuť so zdravou kožou.

VERŠ 17

आत्मसम्भाविताः स्तब्धा धनमानमदान्विताः ।
यजन्ते नामयज्ञैस्ते दम्भेनाविधिपूर्वकम् ॥ १७ ॥

ātma-sambhāvitāḥ stabdhā dhana-māna-madānvitāḥ
yajante nāma-yajñais te dambhenāvidhi-pūrvakam

ātma-sambhāvitāḥ — samoľúbo; *stabdhāḥ* — pyšní; *dhana-māna* — bohatstvom a falošnou prestížou; *mada* — v ilúzii; *anvitāḥ* — posadnutí; *yajante* — vykonávajú obete; *nāma* — len pre meno; *yajñaiḥ* — obete; *te* — oni; *dambhena* — z pýchy; *avidhi-pūrvakam* — nehľadiac na pravidlá a príkazy.

Samoľúbi a večne nadutí, opojení bohatstvom a falošnou prestížou, nehľadiac na pravidlá a predpisy, vykonávajú z času na čas obete len pre dobrú povesť.

VÝZNAM: Démonskí ľudia, považujúc sa za všetko na svete, niekedy vykonávajú takzvané náboženské rituály, a to bez sebamenšieho ohľadu na autoritu alebo písma. Keďže neuznávajú nijakú autoritu, sú veľmi nadutí. Je to vďaka ilúzii, ktorá hrozí pri hromadení bohatstva a falošnej prestíže. Títo démoni sa niekedy vydávajú za kazateľov, zvedú ľudí a stanú sa známymi náboženskými reformátormi alebo „inkarnáciami Boha". Predstierajú vykonávanie obetí a uctievanie polobohov alebo si vytvoria vlastného „Boha". Obyčajní ľudia ich uznávajú ako Boha, uctievajú ich a s detinskou naivitou ich považujú za znalcov náboženských zásad a duchovného poznania. Obliekajú sa do rúcha človeka žijúceho životom odriekania a v tomto rúchu sa potom oddávajú všelijakým hlúpostiam. V skutočnosti však musí ten, kto sa zriekol sveta, konať podľa mnohých usmernení. O tie sa však démoni nestarajú. Sú presvedčení, že každá cesta, ktorú si človek zvolí, je rovnako dobrá. Neveria, že jestvuje predpísaná cesta, ktorou sa majú vydať. Slová *avidhi-pūrvakam* (opovrhovanie príkazmi a pravidlami) majú v tomto verši veľký význam. Opovrhovanie danými pravidlami pochádza z nevedomosti a ilúzie.

VERŠ 18

अहङ्कारं बलं दर्पं कामं क्रोधं च संश्रिताः ।
मामात्मपरदेहेषु प्रद्विषन्तोऽभ्यसूयकाः ॥ १८ ॥

ahaṅkāraṁ balaṁ darpaṁ kāmaṁ krodhaṁ ca saṁśritāḥ
māṁ ātma-para-deheṣu pradviṣanto 'bhyasūyakāḥ

ahaṅkāram — falošným egom; *balam* — silou; *darpam* — pýchou; *kāmam* — žiadostivosťou; *krodham* — hnevom; *ca* — tiež; *saṁśritāḥ* — ktorý sídli; *mām* — Mne; *ātma* — v ich vlastných; *para* — a v iných; *deheṣu* — telách; *pradviṣantaḥ* — rúhajú sa; *abhyasūyakāḥ* — závistiví.

Zmätení falošným egom, silou, pýchou, žiadostivosťou a hnevom, závidia démonskí ľudia Najvyššiemu Pánovi, ktorý sídli v ich vlastných telách i telách druhých, a rúhajú sa pravému náboženstvu.

VÝZNAM: Démonský človek, ktorý sa neustále stavia proti Božej autorite, nemá žiadnu vieru v písma. Je nevraživý voči písmam aj voči existencii Boha. Táto nenávisť je spôsobená takzvanou prestížou a hromadením bohatstva a moci. Nevie, že tento život je iba prípravou na ďalší život. Takto vlastne závidí sám sebe, aj druhým. Preto sa dopúšťa násilia na svojom vlastnom tele aj na telách druhých. Nemá poznanie, a preto sa nezaujíma o zvrchovanú moc Najvyššej Božskej Osobnosti. Pretože závidí písmam a Najvyššej Božskej Osobnosti, predkladá falošné argumenty proti existencii Boha a popiera autoritu písiem. Považuje sa za nezávislého a mocného v každej činnosti a súdi, že nakoľko sa mu v jeho sile, bohatstve a moci nikto nevyrovná, môže si robiť čo chce a nik ho nemôže zastaviť. Ak sa objaví nepriateľ, ktorý by mohol ohroziť úspešné uskutočnenie jeho úmyslov, plánuje, ako by ho svojou mocou mohol zničiť.

VERŠ 19

तानहं द्विषतः क्रूरान्संसारेषु नराधमान् ।
क्षिपाम्यजस्रमशुभानासुरीष्वेव योनिषु ॥ १९ ॥

tān ahaṁ dviṣataḥ krūrān saṁsāreṣu narādhamān
kṣipāmy ajasram aśubhān āsurīṣv eva yoniṣu

tān — títo; *aham* — Ja; *dviṣataḥ* — závistivých; *krūrān* — zlomyseľných; *saṁsāreṣu* — do oceánu hmotnej existencie; *nara-adhamān* — najnižších z ľudí; *kṣipāmi* — vrhám; *ajasram* — navždy; *aśubhān* — neprospešné; *āsurīṣu* — démonských; *eva* — iste; *yoniṣu* — do materských lôn.

Týchto najnižších z ľudí, závistivých a zlomyseľných, večne vrhám do oceánu hmotnej existencie, do rôznych démonských druhov života.

VÝZNAM: V tomto verši sa jasne hovorí, že umiestnenie určitej individuálnej duše do určitého tela je výhradným právom najvyššej vôle. Démonský človek nemusí uznávať zvrchovanosť Boha a môže konať podľa vlastného rozmaru, no jeho budúce narodenie nezávisí od neho, ale od Najvyššej Božskej Osobnosti. V treťom speve *Śrīmad-Bhāgavatamu* sa hovorí, že individuálna duša je po smrti umiestnená do lona niektorej matky, kde pod dohľadom vyššej moci obdrží určité telo. Preto v materiálnej existencii nachádzame toľko rôznych živočíšnych druhov — hmyz, zvieratá, ľudí atď. Všetky sú riadené vyššou mocou. Nevznikli náhodne. Čo sa týka démonských ľudí, jasne sa uvádza, že sú neustále uvrhovaní do lôn démonov, a tak zostávajú závistiví a najnižší z ľudí. Démonské životné druhy sú vždy závistivé, kruté, plné nenávisti a žiadostivosti a vždy nečisté. Lovci v džungli sa radia k démonským životným druhom.

VERŠ 20

आसुरीं योनिमापन्ना मूढा जन्मनिजन्मनि ।
मामप्राप्यैव कौन्तेय ततो यान्त्यधमां गतिम् ॥ २० ॥

āsurīṁ yonim āpannā mūḍhā janmani janmani
mām aprāpyaiva kaunteya tato yānty adhamāṁ gatim

āsurīm — démonské; *yonim* — druhy; *āpannāḥ* — získajú; *mūḍhāḥ* — hlupáci; *janmani janmani* — zrodenie za zrodením; *mām* — ku Mne; *aprāpya* — nedospejú; *eva* — iste; *kaunteya* — o, syn Kuntī; *tataḥ* — po tom; *yānti* — ide; *adhamām* — zavrhnutého; *gatim* — určenie.

Život za životom sa tieto osoby ocitajú v démonských životných druhoch a nikdy Ma nedosiahnu, ó, syn Kuntī. Postupne klesajú do najodpornejších druhov existencie.

VÝZNAM: Je známe, že Boh je milosrdný ku všetkým, no tu môžeme vidieť, že nie je milosrdný k démonským osobám. V tomto verši sa jasne uvádza, že démonskí ľudia sú život za životom uvrhovaní do démonských lôn a zbavení Božej milosti klesajú hlbšie a hlbšie, až sa nakoniec dostanú do tiel psov, mačiek a prasiat. V tomto verši sa jasne hovorí, že takí démoni nemajú prakticky nijakú šancu získať Božiu milosť v žiadnom štádiu svojich budúcich životov. Vo *Vedach* sa tiež píše, že také osoby postupne klesajú do tiel psov a prasiat. V tejto súvislosti by mohla byť vznesená námietka, že Boh by nemal byť považovaný za absolútne milosrdného, keď nedokáže byť milosrdný k démonom. Na túto námietku odpovedá *Vedānta-sūtra*: Boh k nikomu nechová nenávisť. Umiestnenie *asurov*, démonov, do najnižších životných druhov je iba inou formou Jeho milostivosti. Niekedy týchto *asurov* zabije sám Najvyšší Pán, no také zabitie je pre nich dobré, pretože z *Ved* sa môžeme dozvedieť, že každý, koho zabije Najvyšší Pán, dosiahne oslobodenie. V histórii môžeme nájsť veľa príkladov démonov (Rāvaṇa, Kaṁsa, Hiraṇyakaśipu), ktorým sa Pán zjavil v rôznych inkarnáciách, aby ich zabil, a tak *asurom*, ak majú šťastie, preukazuje Boh milosrdenstvo tým, že ich zabije.

VERŠ 21

त्रिविधं नरकस्येदं द्वारं नाशनमात्मनः ।
कामः क्रोधस्तथा लोभस्तस्मादेतत्त्रयं त्यजेत् ॥ २१ ॥

tri-vidhaṁ narakasyedaṁ dvāraṁ nāśanam ātmanaḥ
kāmaḥ krodhas tathā lobhas tasmād etat trayaṁ tyajet

tri-vidham — trojaký; *narakasya* — peklo; *idam* — toto; *dvāram* — brány; *nāśanam* — zahubí; *ātmanaḥ* — vlastné ja; *kāmaḥ* — žiadostivosť; *krodhaḥ* — hnev; *tathā* — tiež; *lobhaḥ* — chamtivosť, *tasmāt* — preto; *etat* — tieto; *trayam* — tri; *tyajet* — musí zanechať.

Tri brány vedú do pekiel — žiadostivosť, hnev a chamtivosť. Nech sa preto každý rozumný človek odvráti od týchto brán, pretože vedú k úpadku duše.

VÝZNAM: V tomto verši je popísaný počiatok démonského života. Ak sa človeku nepodarí uspokojiť jeho túžby, dostaví sa hnev a chamtivosť. Rozumný človek, ktorý nechce poklesnúť do démonských živočíšnych druhov, sa musí vyhnúť týmto trom nepriateľom, aby nezahubili jeho vlastné ja do tej miery, že by stratil šancu na vyslobodenie sa z hmotného otroctva.

VERŠ 22

एतैर्विमुक्तः कौन्तेय तमोद्वारैस्त्रिभिर्नरः ।
आचरत्यात्मनः श्रेयस्ततो याति परां गतिम् ॥ २२ ॥

etair vimuktaḥ kaunteya tamo-dvārais tribhir naraḥ
ācaraty ātmanaḥ śreyas tato yāti parāṁ gatim

etaiḥ—od týchto; *vimuktaḥ*—oslobodený; *kaunteya*—syn Kuntī; *tamaḥ-dvāraiḥ*—od brán nevedomosti; *tribhiḥ*—trojaký; *naraḥ*—človek; *ācarati*—koná; *ātmanaḥ*—vlastné ja; *śreyaḥ*—blaho; *tataḥ*—potom; *yāti*—ide; *parām*—k najvyššiemu; *gatim*—cieľu.

Kto sa vzdiali od týchto troch pekelných brán, ó, syn Kuntī, ten koná činy, ktoré prospievajú sebarealizácii, a postupne dosiahne najvyššieho cieľa.

VÝZNAM: Každý by si mal dávať pozor na týchto troch nepriateľov ľudského života: žiadostivosť, hnev a chamtivosť. Čím viac je od nich odpútaný, tým viac sa očisťuje jeho bytie a môže konať podľa príkazov a pravidiel *Ved*. Nasledovaním usmerňujúcich zásad ľudského života sa postupne povýši na úroveň duchovnej realizácie. Ak má človek šťastie a dosiahne pomocou tohto výcviku vedomie Kṛṣṇu, potom je jeho pokrok zaistený. Vo *Vedach* je funkcia zákona *karmy* alebo zákona príčiny a účinku opísaná tak, aby sa človek mohol postupne očistiť. Celý proces spočíva v oslobodení sa od žiadostivosti, chamtivosti a hnevu. Týmto postupným prehlbovaním poznania sa človek môže povýšiť na najvyšší stupeň sebarealizácie, ktorá sa zdokonaľuje oddanou službou. Oddaná služba potom zaručuje podmienenej duši oslobodenie sa. Za týmto účelom boli podľa *vedskeho* systému ustanovené štyri spoločenské triedy a štyri životné štádiá. Každá kasta alebo spoločenská trieda má svoje vlastné pravidlá a príkazy, ktoré automaticky dovedú každého, kto sa nimi riadi, na najvyššiu úroveň duchovnej realizácie. Taký človek bude nepochybne oslobodený.

VERŠ 23

यः शास्त्रविधिमुत्सृज्य वर्तते कामकारतः ।
न स सिद्धिमवाप्नोति न सुखं न परां गतिम् ॥ २३ ॥

yaḥ śāstra-vidhim utsṛjya vartate kāma-kārataḥ
na sa siddhim avāpnoti na sukhaṁ na parāṁ gatim

yaḥ—ten, kto; *śāstra-vidhim*—príkazy písiem; *utsṛjya*—zavrhne; *vartate*—zostáva; *kāma-kārataḥ*—koná rozmarne; *na*—nikdy; *saḥ*—on;

siddhim — dokonalosť; *avāpnoti* — dosiahne; *na* — nikdy; *sukham* — šťastie; *na* — nikdy; *parām* — najvyššiu; *gatim* — dokonalosť.

No ten, kto zavrhne príkazy písiem a koná z vlastného rozmaru, nedosiahne ani dokonalosť, ani šťastie, ani najvyšší cieľ.

VÝZNAM: Už bolo povedané, že pokyny *śāstier*, *śāstra-vidhi*, sú určené pre rôzne spoločenské kasty a životné rády. Od každého sa očakáva, že sa bude týmito pravidlami a pokynmi riadiť. Ak sa podľa nich neriadi a koná z rozmaru pod vplyvom žiadostivosti, chamtivosti a túžby, nedosiahne v tomto živote dokonalosť. Inými slovami, ak je mu to teoreticky jasné, no neprispôsobí tomu svoj život, je považovaný za najnižšieho z ľudí. Od človeka sa očakáva, že je inteligentný a nasleduje pokyny písiem určené k povýšeniu sa na najvyššiu úroveň, inak bude degradovaný. No i ak sa riadi všetkými pravidlami a morálnymi zásadami a jednako nepozná Najvyššieho Pána, stratia všetky jeho vedomosti cenu. A ak prijíma existenciu Boha, no oddane Mu neslúži, jeho úsilie je zbytočné. Preto by sa mal každý povýšiť na úroveň vedomia Kṛṣṇu a oddanej služby. Niet pochýb o tom, že tak dosiahne najvyššej dokonalosti.

Slová *kāma-kārataḥ* sú veľmi dôležité. Ten, kto vedome porušuje pravidlá, koná pod vplyvom žiadostivosti. Vie, že je to zakázané, a napriek tomu to robí. Tomu sa hovorí správať sa vrtošivo. Takisto vie, že má urobiť istú vec, a neurobí ju. O takom človeku sa hovorí, že koná z rozmaru. Takých ľudí Najvyšší Pán odsúdi a nedosiahnu dokonalosť ľudského života. Ten je určený v prvom rade na očistu ľudského bytia a ten, kto sa pravidlami a predpismi neriadi, nemôže sa očistiť a dosiahnuť pravého šťastia.

VERŠ 24

तस्माच्छास्त्रं प्रमाणं ते कार्याकार्यव्यवस्थितौ ।
ज्ञात्वा शास्त्रविधानोक्तं कर्म कर्तुमिहार्हसि ॥ २४ ॥

tasmāc chāstraṁ pramāṇaṁ te kāryākārya-vyavasthitau
jñātvā śāstra-vidhānoktaṁ karma kartum ihārhasi

tasmāt — preto; *śāstram* — písiem; *pramāṇam* — svedectvo; *te* — tebe; *kārya* — povinnosť; *akārya* — zakázané činy; *vyavasthitau* — rozhodnutý;

jñātvā — poznáš; *śāstra* — písiem; *vidhāna* — príkazy; *uktam* — ako vravím; *karma* — činy; *kartum* — konaj; *iha* — v tomto svete; *arhasi* — mal by si.

Je potreba pochopiť, čo je a čo nie je povinnosť, podľa pravidiel písiem. Keď ich niekto pozná, má konať tak, aby mohol byť postupne povýšený.

VÝZNAM: V pätnástej kapitole bolo povedané, že všetky *vedske* príkazy a zásady vedú k poznaniu Kṛṣṇu. Ak sa človek z *Bhagavad-gīty* poučil o Kṛṣṇovi, vyvinul vedomie Kṛṣṇu a zapojil sa do oddanej služby, dosiahol vrchol poznania, tak, ako ho predkladajú *vedske* písma. Śrī Caitanya Mahāprabhu nám tento proces veľmi uľahčil: požiadal ľudí, aby spievali *Hare Kṛṣṇa, Hare Kṛṣṇa, Kṛṣṇa Kṛṣṇa, Hare Hare / Hare Rāma, Hare Rāma, Rāma Rāma, Hare Hare*, aby oddane slúžili Kṛṣṇovi a jedli iba jedlo obetované Božstvu. Ak sa niekto priamo zamestnáva duchovnými činnosťami, znamená to, že už preštudoval všetky *vedske* knihy a vyvodil z nich správny záver. Ľuďom, ktorí nemajú vedomie Kṛṣṇu a ktorí Mu neslúžia s láskou a oddanosťou, prikazujú *vedske* písma, čo majú a čo nemajú robiť. Človek by ich mal nasledovať. To sa nazýva riadiť sa podľa *śāstier*, alebo písiem. *Śāstry* nemajú štyri základné nedostatky, ktoré sú bežné u podmienenej duše — nedokonalé zmysly, sklon k podvádzaniu, omylnosť a prepadanie ilúzii. Tieto štyri základné nedostatky podmieneného života robia človeka nespôsobilým predkladať pravidlá a predpisy. Preto všetci svätci, *ācāryovia* a zbožné duše prijímajú pravidlá a príkazy *śāstier*, lebo tie sú dokonalé.

V Indii je mnoho skupín s najrôznejším duchovným poňatím. Všeobecne sa delia na dve skupiny — personalistov a impersonalistov. Obe tieto školy sa však riadia pokynmi *Ved*. Nemôžeme dosiahnuť dokonalosť, ak nenasledujeme tieto zásady. Kto pochopil zmysel *śāstier*, je považovaný za šťastného.

Pre ľudskú spoločnosť je nechuť k zásadám vedúcim k poznaniu Najvyššej Božskej Osobnosti príčinou jej pádu. Táto nechuť je najväčším prečinom v ľudskom živote. Preto nám *māyā*, hmotná energia Najvyššej Božskej Osobnosti, prináša neustále starosti v podobe trojakého utrpenia. Hmotná príroda pozostáva z troch kvalít. Človek sa musí povzniesť aspoň do kvality dobra, predtým, než sa mu otvorí cesta k poznaniu Najvyššieho Pána. Ak sa nedostane na úroveň kvality dobra, zostane v hmotných kvalitách nevedomosti a vášne, ktoré sú príčinou démonského života. Tí, ktorí sa nachádzajú v kvalite vášne a v kvalite nevedomosti, zosmiešňujú písma, svätcov i správne pochopenie Najvyššej Božskej Osobnosti. Nenasledujú pokyny duchovného učiteľa a o príkazy písiem sa nestarajú. Aj keď počuli o sláve oddanej služby, nepriťahuje ich. Aby sa povýšili, vytvárajú si vlastnú cestu. Toto sú príklady niektorých nedostatkov v ľudskej spoločnosti, vedúcich k démonskému životu. Ak sa však človeku pošťastí a nechá sa viesť pravým duchovným učiteľom cestou povýšenia sa, jeho život bude úspešný.

Takto končia Bhaktivedantove výklady šestnástej kapitoly *Śrīmad Bhagavad-gīty*, pojednávajúcej o božských a démonských povahách.

KAPITOLA SEDEMNÁSTA

Druhy viery

VERŠ 1

अर्जुन उवाच
ये शास्त्रविधिमुत्सृज्य यजन्ते श्रद्धयान्विताः ।
तेषां निष्ठा तु का कृष्ण सत्त्वमाहो रजस्तमः ॥ १ ॥

arjuna uvāca
ye śāstra-vidhim utsṛjya yajante śraddhayānvitāḥ
teṣāṁ niṣṭhā tu kā kṛṣṇa sattvam āho rajas tamaḥ

arjunaḥ uvāca — Arjuna riekol; *ye* — tí, ktorí; *śāstra-vidhim* — príkazy písiem; *utsṛjya* — zriekajú sa; *yajante* — uctievajú; *śraddhayā* — plná viera; *anvitāḥ* — obdarení; *teṣām* — ktorých; *niṣṭhā* — viera; *tu* — ale; *kā* — čo; *kṛṣṇa* — ó, Kṛṣṇa; *sattvam* — v kvalite dobra; *āho* — alebo; *rajaḥ* — v kvalite vášne; *tamaḥ* — v kvalite nevedomosti.

Arjuna sa spýtal: Ó, Kṛṣṇa, aké je postavenie tých, ktorí sa neriadia príkazmi písiem, ale uctievajú podľa vlastných predstáv? Sú v kvalite dobra, vášne alebo nevedomosti?

VÝZNAM: V tridsiatom deviatom verši štvrtej kapitoly sa hovorí, že ten, kto pevne zotrváva pri jednom spôsobe uctievania sa postupne povýši na úroveň poznania a dosiahne najdokonalejšieho štádia mieru a úspechu.

V šestnástej kapitole sa uvádza, že ten, kto sa neriadi príkazmi písiem, sa nazýva *asura*, démon, a ten, kto sa nimi verne riadi, je *deva*, poloboh. Ak sa človek verne riadi určitými zásadami, ktoré v písmach nie sú, aké je jeho postavenie? Túto Arjunovu otázku teraz Kṛṣṇa zodpovie. Nachádzajú sa tí, ktorí si zvolia za Boha nejakého človeka, v ktorého veria a ktorého uctievajú, v kvalite dobra, vášne či nevedomosti? Dosiahnu títo ľudia životnej dokonalosti? Môžu dosiahnuť skutočné poznanie a povýšiť sa na najvyšší stupeň dokonalosti? Dosiahnu úspech vo svojom konaní tí, ktorí sa neriadia zásadami a pokynmi písiem, hoci majú svoju vieru a uctievajú polobohov alebo ľudí? Všetky tieto otázky kladie Arjuna Kṛṣṇovi.

VERŠ 2

श्रीभगवानुवाच
त्रिविधा भवति श्रद्धा देहिनां सा स्वभावजा ।
सात्त्विकी राजसी चैव तामसी चेति तां शृणु ॥ २ ॥

śrī-bhagavān uvāca
tri-vidhā bhavati śraddhā dehināṁ sā svabhāva-jā
sāttvikī rājasī caiva tāmasī ceti tāṁ śṛṇu

śrī-bhagavān uvāca — Kṛṣṇa, Najvyššia Božská Osobnosť, riekol; *tri-vidhā* — tri druhy; *bhavati* — býva; *śraddhā* — viera; *dehinām* — vtelená; *sā* — tá; *sva-bhāva-jā* — podľa jej hmotnej kvality; *sāttvikī* — v kvalite dobra; *rājasī* — v kvalite vášne; *ca* — a; *eva* — zaiste; *tāmasī* — v kvalite nevedomosti; *ca* — a; *iti* — tak; *tām* — to; *śṛṇu* — čuj odo Mňa.

Kṛṣṇa, Najvyššia Božská Osobnosť, riekol: Viera môže byť trojakého druhu — v kvalite dobra, vášne a nevedomosti — podľa kvality hmotnej prírody, v ktorej sa vtelená duša nachádza. Teraz si o tom vypočuj.

VÝZNAM: Tí, ktorí poznajú zásady a pokyny písiem, ale pre pohodlnosť alebo ľahostajnosť sa nimi prestali riadiť, sú ovládaní kvalitami hmotnej prírody. Podľa svojich minulých činov konaných v kvalite dobra, vášne či nevedomosti získajú povahu s určitými vlastnosťami. Kontakt živej bytosti s kvalitami hmotnej prírody prebieha neustále od okamihu, keď sa živá bytosť dostala do styku hmotnou prírodou. Stykom s hmotnými kvalitami získava určitú mentalitu, ktorá sa však môže zmeniť, ak človek vyhľadá spoločnosť pravého duchovného učiteľa a riadi sa jeho pokynmi a pokynmi písiem. Postupne sa tak môže povzniesť z kvality nevedomosti alebo vášne do kvality dobra. Z toho plynie záver, že slepá viera v ktorejkoľvek kvalite hmotnej prírody nemôže nikomu pomôcť dospieť k dokonalosti. Musíme teda k všetkému pristupovať s inteligenciou, v spoločnosti pravého duchovného učiteľa. Tak sa môžeme povzniesť do vyššej kvality hmotnej prírody.

VERŠ 3

सत्त्वानुरूपा सर्वस्य श्रद्धा भवति भारत ।
श्रद्धामयोऽयं पुरुषो यो यच्छ्रद्धः स एव सः ॥ ३ ॥

sattvānurūpā sarvasya śraddhā bhavati bhārata
śraddhā-mayo 'yaṁ puruṣo yo yac-chraddhaḥ sa eva saḥ

sattva-anurūpā—podľa existencie; *sarvasya*—každého; *śraddhā*—viera; *bhavati*—stane sa; *bhārata*—ó, potomok Bharatov; *śraddhā*—vieru; *mayaḥ*—plná; *ayam*—táto; *puruṣaḥ*—živá bytosť; *yaḥ*—ktokoľvek; *yat*—má; *śraddhaḥ*—vieru; *saḥ*—tak; *eva*—celkom iste; *saḥ*—on.

Ó, potomok Bharatov, človek si vytvára určitú vieru podľa kvality hmotnej prírody, v ktorej sa nachádza. Viera každej živej bytosti je primeraná jej umiestneniu v danej kvalite.

VÝZNAM: Každý má určitú vieru, nehľadiac na to, kým je. Jeho viera je však buď v kvalite dobra, vášne alebo nevedomosti, podľa povahy, ktorú vyvinul. V súlade so svojou vierou vyhľadáva určitú spoločnosť ľudí. V skutočnosti je každá živá bytosť čiastočkou Najvyššieho Pána, to bolo vysvetlené už v pätnástej kapitole. Preto je pôvodne transcendentálna voči všetkým kvalitám hmotnej prírody. Ak však zabudne na svoj vzťah k Najvyššej Božskej Osobnosti a v podmienenom živote sa dostane do styku s hmotnou prírodou, vytvorí si vlastnú existenciu stykom s rozmanitosťou hmotnej prírody. Výsledná falošná viera a existencia sú čisto materiálne. Aj keď sa človek môže nechať uniesť dojmami a istou životnou predstavou, jeho stále a pôvodné postavenie je *nirguṇa*, čiže transcendentálne. Preto sa musí najprv očistiť od hmotného znečistenia, aby mohol opäť nadviazať vzťah s Najvyšším Pánom. Vedomie Kṛṣṇu je jediná cesta späť, ktorá je zbavená strachu. Ak si je človek vedomý Kṛṣṇu, jeho pozícia mu zaručuje dosiahnutie dokonalosti. No ak sa nevydá touto cestou sebarealizácie, potom je celkom iste pod vplyvom kvalít hmotnej prírody.

Slovo *śraddhā* — viera, je v tomto verši veľmi významné. *Śraddhā* alebo viera pôvodne pochádza z kvality dobra. Môžeme veriť v nejakého poloboha alebo vymysleného boha či v nejaký výplod mysle. Silná viera je pokladaná za výsledok pôsobenia hmotného dobra. V hmotne podmienenom živote však nie sú žiadne vplyvy celkom čisté. Sú zmiešané. Nikdy sa nejedná o čisté dobro. Rýdze dobro je transcendentálne, v čistej kvalite môžme porozumieť skutočnej povahe Najvyššej Božskej Osobnosti. Dovtedy, kým nie je viera v čistej kvalite dobra, je vystavená znečisteniu niektorou z hmotných kvalít. Vplyv znečistených kvalít hmotnej prírody sa šíri do srdca. Preto sa naša viera utvára podľa stavu srdca, ktoré je v styku s určitou kvalitou hmotnej prírody. Mali by sme vedieť, že ak je naše srdce v kvalite dobra, je naša viera v tejto kvalite. Ak je srdce v kvalite vášne, naša viera je v kvalite vášne. A ak je naše srdce v kvalite nevedomosti, v ilúzii, naša viera je znečistená práve touto kvalitou. Preto sa v tomto svete vyskytuje toľko rôznych druhov vier a im prislúchajúcich náboženstiev. Skutočný princíp náboženskej viery tkvie v kvalite čistého dobra, ale pretože je naše srdce znečistené, nachádzame rôzne druhy náboženských zásad. Vzhľadom na rôzne typy vier jestvujú i rôzne druhy uctievania.

VERŠ 4

यजन्ते सात्त्विका देवान्यक्षरक्षांसि राजसाः ।
प्रेतान्भूतगणांश्चान्ये यजन्ते तामसा जनाः ॥ ४ ॥

yajante sāttvikā devān yakṣa-rakṣāṁsi rājasāḥ
pretān bhūta-gaṇāṁś cānye yajante tāmasā janāḥ

yajante — uctievanie; *sāttvikāḥ* — tí, ktorí sa nachádzajú v kvalite dobra; *devān* — polobohovia; *yakṣa-rakṣāṁsi* — démoni; *rājasāḥ* — tí, ktorí sú v kvalite vášne; *pretān* — duchovia zosnulých; *bhūta-gaṇān* — strašidlá; *ca* — a; *anye* — iní; *yajante* — uctievajú; *tāmasāḥ* — v kvalite nevedomosti; *janāḥ* — ľudia.

Ľudia v kvalite dobra uctievajú polobohov, ľudia v kvalite vášne démonov a ľudia v kvalite nevedomosti uctievajú strašidlá a duchov.

VÝZNAM: Najvyššia Božská Osobnosť opisuje v tomto verši rôzne druhy uctievačov podľa ich vonkajších činností. Podľa príkazov písiem je iba Najvyššia Božská Osobnosť hodná uctievania, no tí, ktorí s nimi nie sú dostatočne oboznámení, alebo nenasledujú príkazy písiem, uctievajú rôzne objekty primerané ich postaveniu v kvalitách hmotnej prírody. Ľudia v kvalite dobra obyčajne uctievajú rôznych polobohov. Medzi polobohov patrí Brahmā, Śiva a iní, ako napríklad Indra, Candra a boh Slnka. To sú rôzni polobohovia. V tejto kvalite sú polobohovia uctievaní za určitým účelom. Podobne tí, ktorí sú v kvalite vášne, uctievajú démonov. Spomínam si, ako jeden muž počas druhej svetovej vojny uctieval Hitlera, pretože vďaka vojne nahonobil na čiernom trhu v Kalkate veľký majetok. Ľudia v kvalite vášne a nevedomosti si väčšinou namiesto Boha zvolia mocného človeka. Myslia si, že ako Boha môžu uctievať kohokoľvek a výsledok bude rovnaký.

Tu sa jasne hovorí, že ľudia v kvalite vášne si vytvárajú a uctievajú takýchto bohov, a tí, ktorí sa nachádzajú v kvalite nevedomosti alebo temnoty uctievajú duchov zosnulých. Niekedy ľudia vykonávajú uctievanie pri hrobe nejakého mŕtveho človeka. Aj sexuálna služba náleží do kvality temnoty. V odľahlých indických dedinách žijú uctievači duchov a strašidiel. V Indii môžeme byť zavše svedkami toho, ako ľudia z nižších sociálnych vrstiev odchádzajú do lesa, a ak vedia, že v určitom strome sídli duch, uctievajú ho a prinášajú mu obete. Tieto rôzne druhy uctievania však v skutočnosti nie sú uctievaním Boha. Uctievaním Boha sa vyznačujú tí, ktorí sú transcendentálne umiestnení v čistom dobre. V *Śrīmad-Bhāgavatame* (4.3.23) sa píše: *sattvaṁ viśuddhaṁ vasudeva-śabditam.* „Ak je človek v kvalite čistého dobra, uctieva Vāsudevu." To znamená, že ten, kto je celkom očistený od kvalít hmotnej prírody a nachádza sa na transcendentálnej úrovni, môže uctievať Najvyššiu Božskú Osobnosť.

Impersonalisti, o ktorých sa predpokladá, že sú umiestnení v kvalite dobra, uctievajú päť druhov polobohov. Uctievajú neosobnú podobu

Viṣṇua v hmotnom svete, ktorá je známa ako filozofický Viṣṇu. Viṣṇu je expanziou Najvyššej Božskej Osobnosti, no keďže impersonalisti nemajú ani štipku viery v existenciu Najvyššej Božskej Osobnosti, predstavujú si, že podoba Viṣṇua je iba iným aspektom Brahmanu. Podľa ich predstáv je Pán Brahmā neosobnou podobou hmotnej kvality vášne. Tak niekedy opisujú päť druhov bohov, ktorí sú hodní úcty, ale pretože si myslia, že skutočnou pravdou je neosobný Brahman, zanechajú nakoniec všetky objekty uctievania. Na záver môžeme povedať, že rôzne kvality hmotnej prírody môžu byť očistené stykom s osobami, ktoré sú umiestnené na transcendentálnej úrovni.

VERŠ 5–6

अशास्त्रविहितं घोरं तप्यन्ते ये तपो जनाः ।
दम्भाहङ्कारसंयुक्ताः कामरागबलान्विताः ॥ ५ ॥
कर्षयन्तः शरीरस्थं भूतग्राममचेतसः ।
मां चैवान्तः शरीरस्थं तान्विद्ध्यासुरनिश्चयान् ॥ ६ ॥

aśāstra-vihitaṁ ghoraṁ tapyante ye tapo janāḥ
dambhāhaṅkāra-saṁyuktāḥ kāma-rāga-balānvitāḥ

karṣayantaḥ śarīra-sthaṁ bhūta-grāmam acetasaḥ
māṁ caivāntaḥ śarīra-sthaṁ tān viddhy āsura-niścayān

aśāstra — nie v písmach; *vihitam* — predpísané; *ghoram* — škodiaci druhým; *tapyante* — vykonávajú; *ye* — tí, ktorí; *tapaḥ* — pokánie; *janāḥ* — osoby; *dambha* — s pýchou; *ahaṅkāra* — sebectvo; *saṁyuktāḥ* — konajú; *kāma* — žiadostivosti; *rāga* — lipnutie; *bala* — sila; *anvitāḥ* — poháňaní; *karṣayantaḥ* — trýznia; *śarīra-stham* — umiestnenú v tele; *bhūta-grāmam* — kombinácia hmotných látok; *acetasaḥ* — s takou pomätenou mentalitou; *mām* — Mne; *ca* — tiež; *eva* — isto-iste; *antaḥ* — vo vnútri; *śarīra-stham* — umiestnený v tele; *tān* — oni; *viddhi* — vedz; *āsura-niścayān* — démoni.

Tí, ktorí sa z pýchy a egoizmu podrobujú tvrdému pokániu, ktoré nie je doporučené v písmach, ktorí sú poháňaní žiadostivosťou a

pripútanosťou, ktorí sú hlúpi a trýznia ako svoje telo, tak aj Nadđušu sídliacu v ňom, sú považovaní za démonov.

VÝZNAM: Existujú osoby, ktoré si vymýšľajú rôzne spôsoby odriekania a pokánia, o ktorých sa písma nezmieňujú. Napríklad pôst s nejakým skrytým motívom, ako je dosiahnutie čiste politického cieľa, sa v písmach neuvádza. Písma odporúčajú pôst za účelom duchovného pokroku, a nie z nejakého politického alebo sociálneho dôvodu. Osoby, ktoré sa takto trýznia, sú podľa *Bhagavad-gīty* zaručene démonské. Ich konanie je proti príkazom písiem a je všeobecne škodlivé. Činia tak vlastne z pýchy, falošného ega, žiadostivosti a lipnutia na hmotnom pôžitku. Tieto činnosti rozrušujú nielen kombináciu hmotných látok, z ktorých sa skladá telo, ale aj samotnú Najvyššiu Božskú Osobnosť, žijúcu v tele. Taký neautorizovaný pôst alebo odriekanie s politickým zámerom pôsobí zaiste rušivo aj na ostatných. *Vedska* literatúra sa o nich nezmieňuje. Démonská osoba si môže myslieť, že týmto spôsobom prinúti nepriateľa alebo ostatné strany, aby sa podriadili jej želaniam, no niekedy môžu následkom takého pôstu zomrieť. Najvyššia Božská Osobnosť s takými činmi nesúhlasí, a tých, ktorí sa im venujú, nazýva démonmi. Také konanie je urážkou Najvyššej Božskej Osobnosti, pretože jasne odporuje príkazom *vedskych* písiem. Slovo *acetasaḥ* je v tejto súvislosti veľmi dôležité — osoby v normálnom mentálnom stave sa musia riadiť príkazmi písiem. Tí, ktorí majú iný názor, ignorujú a porušujú príkazy písiem a vymýšľajú si vlastné spôsoby pokánia a odriekania. Musíme vždy pamätať na to, ako skončia démonskí ľudia, ako to bolo vysvetlené v predchádzajúcej kapitole. Najvyšší Pán ich prinúti znovu sa narodiť v lonách démonských matiek. Následkom toho budú žiť život za životom podľa démonských zásad bez toho, aby poznali svoj vzťah k Najvyššej Božskej Osobnosti. Ak sa však týmto ľuďom pošťastí, môžu sa z tohoto zapletenia dostať a nakoniec dosiahnuť najvyšší cieľ pod vedením duchovného učiteľa, ktorý im môže priamo ukázať cestu *vedskej* múdrosti.

VERŠ 7

आहारस्त्वपि सर्वस्य त्रिविधो भवति प्रियः ।
यज्ञस्तपस्तथा दानं तेषां भेदमिमं शृणु ॥ ७ ॥

āhāras tv api sarvasya tri-vidho bhavati priyaḥ
yajñas tapas tathā dānaṁ teṣāṁ bhedam imaṁ śṛṇu

āhāraḥ — potrava; *tu* — istotne; *api* — tiež; *sarvasya* — všetkých; *tri-vidhaḥ* — trojaká; *bhavati* — je; *priyaḥ* — milá; *yajñaḥ* — obeť; *tapaḥ* — pokánie; *tathā* — to isté; *dānam* — dobročinnosť; *teṣām* — ich; *bhedam* — rozdelenie; *imam* — toto; *śṛṇu* — čuj.

Podľa troch kvalít hmotnej prírody je i potrava, ktorú všetci jedia, trojakého druhu. To isté platí o obetiach, pokání a dobročinnosti. Vypočuj si teraz, čím sa od seba líšia.

VÝZNAM: Vzhľadom na rôzne situácie a kvality hmotnej prírody jestvujú rôzne druhy jedál, obetí, odriekaní a dobročinnosti. Nie všetky sú však vykonávané na tej istej úrovni. Ľudia, ktorí dokážu analytickým spôsobom porozumieť tomu, ako sa určité konanie radí do určitej kvality hmotnej prírody, sú skutočne múdri. Naopak tí, ktorí si myslia, že všetky druhy obetí, potravy a milodarov sú na tej istej úrovni, nemajú rozlišovaciu schopnosť a sú to hlupáci. Existujú takzvaní „profesionálni kazatelia", ktorí zastávajú názor, že človek môže robiť čokoľvek a jednako dosiahne dokonalosti. Takí blázniví vodcovia však nekonajú podľa pokynov písiem. Vytvárajú si vlastnú cestu a zvádzajú druhých.

VERŠ 8

आयुःसत्त्वबलारोग्यसुखप्रीतिविवर्धनाः ।
रस्याः स्निग्धाः स्थिरा हृद्या आहाराः सात्त्विकप्रियाः ॥ ८ ॥

āyuḥ-sattva-balārogya- sukha-prīti-vivardhanāḥ
rasyāḥ snigdhāḥ sthirā hṛdyā āhārāḥ sāttvika-priyāḥ

āyuḥ — dĺžka života; *sattva* — existencia; *bala* — sila; *ārogya* — zdravie; *sukha* — šťastie; *prīti* — a uspokojenie; *vivardhanāḥ* — predlžuje; *rasyāḥ* — šťavnatá; *snigdhāḥ* — tučná; *sthirāḥ* — trvanlivá; *hṛdyāḥ* — tešiaca srdce; *āhārāḥ* — potrava; *sāttvika* — človeka v kvalite dobra; *priyāḥ* — milá.

Potrava, ktorá je milá ľuďom v kvalite dobra predlžuje život, očisťuje existenciu a dodáva silu, zdravie, šťastie a uspokojenie. Taká výživná potrava je chutná, šťavnatá, tučná a teší srdce.

VERŠ 9

कट्वम्ललवणात्युष्णतीक्ष्णरूक्षविदाहिनः ।
आहारा राजसस्येष्टा दुःखशोकामयप्रदाः ॥ ९ ॥

kaṭv-amla-lavaṇāty-uṣṇa- tīkṣṇa-rūkṣa-vidāhinaḥ
āhārā rājasasyeṣṭā duḥkha-śokāmaya-pradāḥ

kaṭu — horká; *amla* — kyslá; *lavaṇa* — slaná; *ati-uṣṇa* — vrúca; *tīkṣṇa* — štipľavá; *rūkṣa* — suchá; *vidāhinaḥ* — pálčivá; *āhārāḥ* — potrava; *rājasasya* — ľuďmi v kvalite vášne; *iṣṭāḥ* — obľúbená; *duḥkha* — utrpenie; *śoka* — strasť; *āmaya* — choroba; *pradāḥ* — spôsobuje.

Potrava, ktorá je priveľmi horká, príliš kyslá, slaná, ostrá, suchá, pálčivá a horúca, je milá ľuďom v kvalite vášne. Taká potrava spôsobuje bolesť, utrpenie a chorobu.

VERŠ 10

यातयामं गतरसं पूति पर्युषितं च यत् ।
उच्छिष्टमपि चामेध्यं भोजनं तामसप्रियम् ॥ १० ॥

yāta-yāmaṁ gata-rasaṁ pūti paryuṣitaṁ ca yat
ucchiṣṭam api cāmedhyaṁ bhojanaṁ tāmasa-priyam

yāta-yāmam — potrava pripravená viac ako tri hodiny pred požitím; *gata-rasam* — bez chuti; *pūti* — páchnúca; *paryuṣitam* — v rozklade; *ca* — tiež; *yat* — to, čo; *ucchiṣṭam* — zbytky jedla po druhom; *api* — tiež; *ca* — a; *amedhyam* — nedotknuteľné; *bhojanam* — jedlo; *tāmasa* — ľuďom v kvalite temnoty; *priyam* — milé.

Zbytky jedla druhých, potrava pripravená viac ako tri hodiny pred požitím, potrava bez chuti, zatuchnutá, v rozklade a nečistá je milá ľuďom v kvalite nevedomosti.

VÝZNAM: Účelom potravy je predĺžiť si život, očisťovať myseľ a dodávať telu silu. To je jej jediný význam. Veľké autority v minulosti vybrali potravu, ktorá najviac prospieva zdraviu a predlžuje ľudský život, ako napríklad mliečne výrobky, cukor, ryža, pšenica, ovocie a zelenina. Iné druhy potravín ako napríklad pečená kukurica alebo melasa, ktoré samy o sebe nie sú obzvlášť chutné, môžu slúžiť ako pochutiny, ak k nim pridáme mlieko alebo iné potraviny, potom sú v kvalite dobra. Všetky tieto potraviny sú od prírody čisté. Dajú sa ľahko odlíšiť od nečistých požívatín, akými sú mäso a alkohol. Tučné jedlá, o ktorých bola zmienka v ôsmom verši, nemajú nič spoločného s tukom zo zabitých zvierat. Zvierací tuk je obsiahnutý v mlieku — najlepšom zo všetkých jedál. Mlieko, maslo, syr a podobné produkty obsahujú zvierací tuk vo forme, ktorá si nevyžaduje smrť nevinných zvierat. Iba krutá mentalita ľudí je príčinou toho, že toto zabíjanie pokračuje. Potrebný tuk môžeme získať civilizovaným spôsobom — z mlieka. Zabíjania zvierat sa dopúšťajú iba bytosti, ktoré sú na nižšom stupni ako ľudia. V lúpanom hrachu, *dāle*, celozrnnej múke a pod. je proteínov viac než dosť.

Jedlá v kvalite vášne, ktoré sú horúce, príliš slané a horké alebo nadmieru korenené štipľavou paprikou, spôsobujú utrpenie, pretože oslabujú hlien v žalúdku, čím de facto zapríčiňujú ochorenie. Jedlá v kvalite nevedomosti alebo temnoty sú predovšetkým tie, ktoré nie sú čerstvé. Akékoľvek jedlo, ktoré bolo pripravené pred viac než tromi hodinami pred požitím (okrem *prasādam*, jedla obetovaného Pánovi), patrí do kvality nevedomosti. Tieto jedlá zapáchajú, pretože sa už začali rozkladať. Ľuďom v tejto kvalite je však takýto zápach príjemný, zatiaľ čo ľuďom v kvalite dobra pripadá odporný.

Zbytky môžu byť zjedené len vtedy, ak bolo jedlo vopred obetované Najvyššiemu Pánovi, alebo ak sa jedná o zbytky, ktoré po sebe zanechali sväté osoby, najmä duchovný učiteľ. Inak patria do kvality nevedomosti a zvyšujú riziko infekcie a choroby. Hoci také jedlá vyhovujú ľuďom v kvalite nevedomosti, ľuďom v kvalite dobra sú nielen nepríjemné, ale nemôžu sa ich ani dotknúť. Najlepšie jedlo je to, ktoré bolo obetované Najvyššej Božskej Osobnosti. Śrī Kṛṣṇa hovorí v *Bhagavad-gīte* (9.26), že prijme jedlo zo zeleniny, múky a mlieka, ak Mu bolo obetované s láskou a oddanosťou. *Patraṁ puṣpaṁ phalaṁ toyam.* Samozrejme, najdôležitejšia pri obetovaní jedla Najvyššej Božskej Osobnosti je láska a oddanosť. Uvádza sa tiež, že *prasādam* musí byť pripravené určitým spôsobom. Každé jedlo, ktoré bolo pripravené podľa pokynov písiem a obetované Najvyššiemu Pánovi, môže byť prijaté, aj keď nie je úplne čerstvé, pretože také jedlo je transcendentálne. Aby bolo jedlo čisté, požívateľné a všetkým chutilo, malo by byť vždy obetované Najvyššej Božskej Osobnosti.

VERŠ 11

अफलाकाङ्क्षिभिर्यज्ञो विधिदृष्टो य इज्यते ।
यष्टव्यमेवेति मनः समाधाय स सात्त्विकः ॥ ११ ॥

aphalākāṅkṣibhir yajño vidhi-diṣṭo ya ijyate
yaṣṭavyam eveti manaḥ samādhāya sa sāttvikaḥ

aphala-ākāṅkṣibhiḥ—ľuďmi, ktorí netúžia po plodoch; *yajñaḥ*—obeť; *vidhi-diṣṭaḥ*—podľa príkazov písiem; *yaḥ*—ktorá; *ijyate*—konaná; *yaṣṭavyam*—musí sa vykonať; *eva*—zaiste; *iti*—takto; *manaḥ*—myseľ; *samādhāya*—sústredená; *saḥ*—tá; *sāttvikaḥ*—je v kvalite dobra.

Z obetí je v kvalite dobra tá, ktorá je konaná z povinnosti, podľa pokynov písiem a bez očakávania odmeny.

VÝZNAM: Obyčajne sa prinášajú obety s nejakým postranným úmyslom, no tu sa uvádza, že obeť musí byť vykonávaná nezištne. Musí byť konaná z povinnosti. Zoberme si napríklad obrady v chrámoch a kostoloch; väčšinou sú vykonávané s nádejou na hmotný zisk, no takýto postoj nenáleží do kvality dobra. Do chrámu alebo kostola by sme mali chodiť z povinnosti, úctivo sa skloniť pred Najvyššou Božskou Osobnosťou a obetovať Pánovi kvety a jedlo. Ľudia však väčšinou nevidia zmysel v návštevách chrámov, ktorých jediným cieľom je uctievanie Boha. Uctievať Boha z ekonomických dôvodov sa však v písmach neodporúča. Mali by sme prosto vzdať úctu Božstvu. Tak sa umiestnime v kvalite dobra. Povinnosťou každého civilizovaného človeka je riadiť sa pokynmi písiem a uctievať Najvyššiu Božskú Osobnosť.

VERŠ 12

अभिसन्धाय तु फलं दम्भार्थमपि चैव यत् ।
इज्यते भरतश्रेष्ठ तं यज्ञं विद्धि राजसम् ॥ १२ ॥

abhisandhāya tu phalaṁ dambhārtham api caiva yat
ijyate bharata-śreṣṭha taṁ yajñaṁ viddhi rājasam

abhisandhāya — túžiaci; *tu* — ale; *phalam* — výsledok; *dambha* — z pýchy; *artham* — kvôli; *api* — tiež; *ca* — a; *eva* — zaiste; *yat* — tá, ktorá; *ijyate* — konaná; *bharata-śreṣṭha* — o, najlepší z Bharatovcov; *tam* — to; *yajñam* — obeť; *viddhi* — vedz; *rājasam* — v kvalite vášne.

No obeť, ktorá je konaná pre nejaký hmotný zisk, pre uznanie alebo z pýchy, je v kvalite vášne, ó, najlepší z Bharatovcov.

VÝZNAM: Niekedy sa vykonávajú obete za účelom dosiahnutia nebeského kráľovstva alebo kvôli nejakým hmotným výhodám v tomto svete. Také obete a rituály sa nachádzajú v kvalite vášne.

VERŠ 13

विधिहीनमसृष्टान्नं मन्त्रहीनमदक्षिणम् ।
श्रद्धाविरहितं यज्ञं तामसं परिचक्षते ॥ १३ ॥

vidhi-hīnam asṛṣṭānnaṁ mantra-hīnam adakṣiṇam
śraddhā-virahitaṁ yajñaṁ tāmasaṁ paricakṣate

vidhi-hīnam — bez ohľadu na príkazy písiem; *asṛṣṭa-annam* — bez rozdávania prasādam; *mantra-hīnam* — bez recitovania *vedskych* hymien; *adakṣiṇam* — bez odmeny určenej kňazom; *śraddhā* — viera; *virahitam* — bez; *yajñam* — obeť; *tāmasam* — v kvalite nevedomosti; *paricakṣate* — je považovaná.

A obeť konaná bez ohľadu na pokyny písiem pri ktorej sa nerozdáva prasādam (duchovné jedlo) a nespievajú vedske hymny, obeť bez

viery a bez odmeny určenej kňazom — taká obeť je v kvalite nevedomosti.

VÝZNAM: Viera v kvalite temnoty alebo nevedomosti nie je vlastne nijakou vierou. Ľudia zavše uctievajú nejakého poloboha kvôli peniazom, ktoré potom utratia na zábavu, ignorujúc pokyny písiem. Také pseudonáboženské okázalosti nemôžu byť prijaté za skutočnú zbožnosť. Všetky sú v kvalite nevedomosti a vytvárajú démonskú mentalitu, ktorá neprospieva ľudskej spoločnosti.

VERŠ 14

देवद्विजगुरुप्राज्ञपूजनं शौचमार्जवम् ।
ब्रह्मचर्यमहिंसा च शारीरं तप उच्यते ॥ १४ ॥

deva-dvija-guru-prājña- pūjanaṁ śaucam ārjavam
brahmacaryam ahiṁsā ca śārīraṁ tapa ucyate

deva — Najvyššieho Pána; *dvija* — brāhmaṇov; *guru* — duchovného učiteľa; *prājña* — a osobnosti hodné uctievania; *pūjanam* — uctievanie; *śaucam* — čistota; *ārjavam* — prostota; *brahmacaryam* — pohlavná zdržanlivosť; *ahiṁsā* — nenásilie; *ca* — tiež; *śārīram* — týkajúca sa tela; *tapaḥ* — pokánie; *ucyate* — nazýva sa.

K telesnému pokániu patrí uctievanie Najvyššieho Pána, brāhmaṇov, duchovného učiteľa a nadriadených, ako sú otec a matka, ako aj čistota, prostota, celibát a nenásilie.

VÝZNAM: Najvyššia Božská Osobnosť popisuje v tomto verši rôzne druhy odriekania a pokánia. Najprv objasňuje odriekanie a pokánie vykonávané telom. Mali by sme si ctiť, alebo sa učiť ctiť Boha alebo polobohov, dokonale kvalifikovaných *brāhmaṇov* a duchovného učiteľa a nadriadených, ako sú otec a matka vrátane osôb, ktoré sú dobre oboznámené s *vedskym* poznaním. Im všetkým by sme mali preukazovať náležitú úctu. Mali by sme sa cvičiť v čistote — ako vonkajšej, tak aj vnútornej — a učiť sa jednoduchému životu. Nemali by sme robiť nič, čo nie je schválené v písmach. Nie je prípustný ani mimomanželský pohlavný styk, pretože pohlavný život je podľa písiem povolený iba v manželskom zväzku, a nie inak. Tomu sa hovorí celibát. Tieto pokánia a odriekania sa vzťahuje na telo.

VERŠ 15

अनुद्वेगकरं वाक्यं सत्यं प्रियहितं च यत् ।
स्वाध्यायाभ्यसनं चैव वाङ्मयं तप उच्यते ॥ १५ ॥

anudvega-karaṁ vākyaṁ satyaṁ priya-hitaṁ ca yat
svādhyāyābhyasanaṁ caiva vāṅ-mayaṁ tapa ucyate

anudvega-karam — neznepokojený; *vākyam* — slová; *satyam* — pravdivé; *priya* — milé; *hitam* — osožné; *ca* — tiež; *yat* — ktoré; *svādhyāya* — štúdium *Ved*; *abhyasanam* — pravidelné; *ca* — tiež; *eva* — zaiste; *vāk-mayam* — hlasu; *tapaḥ* — sebakázeň; *ucyate* — nazýva sa.

Hovoriť slová, ktoré sú pravdivé, príjemné, osožné a neznepokojujú ostatných, ako aj pravidelné prednášanie vedskych písiem sa nazýva odriekanie reči.

VÝZNAM: Mali by sme hovoriť tak, aby sme nerozrušovali myseľ druhých. Pochopiteľne, učiteľ môže povedať pravdu svojím žiakom, ale nemal by hovoriť k ostatným, ktorí nie sú jeho žiakmi, ak by ich tým mal rozrušiť v mysli. To sa nazýva ukáznenosť reči. Okrem toho človek nemá hovoriť hlúposti. Ak hovorí o duchovných záležitostiach, jeho slová musia byť podložené písmami. Aby podložil to, o čom hovorí, mal by vzápätí citovať autoritatívne písma. Zároveň by mal hovoriť tak, aby bolo veľmi príjemné načúvať jeho slovám. Takými diskusiami môže najviac prispieť k povzneseniu a prospechu ľudskej spoločnosti. Existuje nevyčerpateľná zásoba *vedskej* literatúry, ktorú by sme mali študovať. To sa nazýva ukáznenosť reči.

VERŠ 16

मनःप्रसादः सौम्यत्वं मौनमात्मविनिग्रहः ।
भावसंशुद्धिरित्येतत्तपो मानसमुच्यते ॥ १६ ॥

manaḥ-prasādaḥ saumyatvaṁ maunam ātma-vinigrahaḥ
bhāva-saṁśuddhir ity etat tapo mānasam ucyate

manaḥ-prasādaḥ — uspokojenie mysle; *saumyatvam* — bez neúprimnosti k druhým; *maunam* — vážnosť; *ātma* — seba; *vinigrahaḥ* — ovládanie; *bhāva* — povaha; *saṁśuddhiḥ* — očista; *iti* — tak; *etat* — toto; *tapaḥ* — odriekanie; *mānasam* — mysle; *ucyate* — hovorí sa.

A spokojnosť, jednoduchosť, vážnosť, sebaovládanie a očista vlastnej existencie je odriekaním mysle.

VÝZNAM: Ovládnuť myseľ znamená odpútať ju od zmyslového pôžitku. Myseľ musí byť cvičená tak, aby vždy myslela na dobro druhých. Najlepším tréningom pre myseľ je vážnosť v myslení. Človek by sa nemal nikdy odchýliť od vedomia Kṛṣṇu a mal by sa vyhýbať uspokojovaniu zmyslov. Očistiť svoju povahu znamená byť si vedomý Kṛṣṇu. Uspokojenie mysle môžme dosiahnuť iba tak, že prestaneme myslieť na zmyslový pôžitok. Čím viac myslíme na zmyslový pôžitok tým viac je naša myseľ nepokojná. V súčasnej dobe zbytočne zamestnávame myseľ mnohými plánmi za účelom zmyslového pôžitku, a preto naša myseľ nemôže nájsť pokoj. Najlepším riešením je obrátiť našu myseľ k *vedskej* literatúre, k *Purāṇam* a *Mahābhārate*, ktoré sú plné uspokojujúcich príbehov. Človek môže využiť poznanie a očistiť sa. Myseľ by nemala byť poškvrnená falošnosťou. Mali by sme myslieť na dobro všetkých. Mlčať znamená neustále myslieť na sebarealizáciu. V tomto zmysle, človek vedomý si Kṛṣṇu, zachováva dokonalú mlčanlivosť. Ovládnuť myseľ znamená odpútať ju od zmyslového pôžitku. Človek musí byť priamy vo svojom konaní, a tak očistí svoju existenciu. Všetky tieto vlastnosti dohromady predstavujú odriekanie mysli.

VERŠ 17

श्रद्धया परया तप्तं तपस्तत्त्रिविधं नरैः ।
अफलाकाङ्क्षिभिर्युक्तैः सात्त्विकं परिचक्षते ॥ १७ ॥

śraddhayā parayā taptaṁ tapas tat tri-vidhaṁ naraiḥ
aphalākāṅkṣibhir yuktaiḥ sāttvikaṁ paricakṣate

śraddhayā — s vierou; *parayā* — transcendentálny; *taptam* — vykonané; *tapaḥ* — odriekanie; *tat* — toto; *tri-vidham* — trojakého druhu; *naraiḥ* — ľuďmi; *aphala-ākāṅkṣibhiḥ* — ktorí netúžia po plodoch svojich činností; *yuktaiḥ* — zamestnaný; *sāttvikam* — kvalite dobra; *paricakṣate* — nazýva sa.

Toto trojaké odriekanie, vykonávané s transcendentálnou vierou tými, ktorým nejde o svoj vlastný hmotný zisk, ale čisto o uspokojenie Najvyššieho je odriekaním v kvalite dobra.

VERŠ 18

सत्कारमानपूजार्थं तपो दम्भेन चैव यत् ।
क्रियते तदिह प्रोक्तं राजसं चलमध्रुवम् ॥ १८ ॥

satkāra-māna-pūjārthaṁ tapo dambhena caiva yat
kriyate tad iha proktaṁ rājasaṁ calam adhruvam

sat-kāra — rešpekt; *māna* — pocta; *pūjā* — a uctievanie; *artham* — pre svoj prospech; *tapaḥ* — odriekanie; *dambhena* — s pýchou; *ca* — aj; *eva* — zaiste; *yat* — ktorá je; *kriyate* — konaná; *tat* — tak; *iha* — v tomto svete; *proktam* — hovorí sa; *rājasam* — v kvalite vášne; *calam* — nestála; *adhruvam* — dočasná.

O sebakázni konanej z pýchy, ktorej cieľom je získať rešpekt, pocty a uctievanie sa hovorí, že náleží do kvality vášne. Nie je ani stála ani trvalá.

*VÝZNAM:*Ľudia niekedy činia pokánie a odriekanie preto, aby na seba upútali pozornosť druhých, získali si ich rešpekt, poctu a uctievanie. Osoby v kvalite vášne si to zariadia tak, aby ich podriadení uctievali, umývali im nohy a obetúvali bohatstvo. Taká umelo navodená situácia dosiahnutá vykonávaním pokánia sa pripisuje kvalite vášne. Jej výsledky sú dočasné; môžu trvať nejaký čas, no nikdy nie večne.

VERŠ 19

मूढग्राहेणात्मनो यत्पीडया क्रियते तपः ।
परस्योत्सादनार्थं वा तत्तामसमुदाहृतम् ॥ १९ ॥

mūḍha-grāheṇātmano yat pīḍayā kriyate tapaḥ
parasyotsādanārthaṁ vā tat tāmasam udāhṛtam

mūḍha — pochabý; *grāheṇa* — s úsilím; *ātmanaḥ* — sám seba; *yat* — ktorá; *pīḍayā* — trýznením; *kriyate* — konané; *tapaḥ* — o pokání; *parasya* — druhým; *utsādana-artham* — aby priviedla do skazy; *vā* — alebo; *tat* — to; *tāmasam* — v kvalite nevedomosti; *udāhṛtam* — hovorí sa.

O pokání konanom z nerozumu, sebatrýznením alebo s úmyslom privodiť skazu či ublížiť druhým, sa hovorí, že náleží do kvality nevedomosti.

VÝZNAM: Sú prípady kedy démoni podstupujú prísne pokánia, aby sa stali nesmrteľnými a mohli zabíjať polobohov. Hiraṇyakaśipu sa napríklad modlil o tieto veci k Brahmovi, ale nakoniec bol zabitý Najvyššou Božskou Osobnosťou. Činiť pokánie kvôli niečomu nedosiahnuteľnému náleží zaiste do kvality nevedomosti.

VERŠ 20

दातव्यमिति यद्दानं दीयतेऽनुपकारिणे ।
देशे काले च पात्रे च तद्दानं सात्त्विकं स्मृतम् ॥ २० ॥

dātavyam iti yad dānaṁ dīyate 'nupakāriṇe
deśe kāle ca pātre ca tad dānaṁ sāttvikaṁ smṛtam

dātavyam — obdarovaniahodný; *iti* — tak; *yat* — ten, ktorí; *dānam* — milodar; *dīyate* — je daný; *anupakāriṇe* — nehľadiac na odmenu; *deśe* — na vhodnom mieste; *kāle* — v správny čas; *ca* — a; *pātre* — vhodnej osobe; *ca* — a; *tat* — tento; *dānam* — milodar; *sāttvikam* — v kvalite dobra; *smṛtam* — považuje sa.

Milodar daný z povinnosti, bez nároku na odmenu, v pravý čas, na správnom mieste a osobe, ktorá je ho hodná, patrí ku kvalite dobra.

VÝZNAM: Vo *vedskej* literatúre sa odporúča obdarúvať tých, ktorí sa venujú duchovným činnostiam. Neustále musíme mať na zreteli duchovnú dokonalosť. Preto sa odporúča dávať dary na pútnych miestach, pri zatmení Slnka, alebo Mesiaca, na konci mesiaca, kvalifikovanému *brāhmaṇovi*, *vaiṣṇavovi* (oddanému) alebo v chrámoch. Taká dobročinnosť musí byť vykonávaná bez sebamenšieho nároku na odmenu. Zo súcitu niekedy obdarúvame chudobných, no ak toho nie sú hodní, nerobíme nijaký duchovný pokrok. Inými slovami, nerozlišujúca dobročinnosť sa vo *vedskej* literatúre neodporúča.

VERŠ 21

यत्तु प्रत्युपकारार्थं फलमुद्दिश्य वा पुनः ।
दीयते च परिक्लिष्टं तद्दानं राजसं स्मृतम् ॥ २१ ॥

yat tu pratyupakārārthaṁ phalam uddiśya vā punaḥ
dīyate ca parikliṣṭaṁ tad dānaṁ rājasaṁ smṛtam

yat — ktorý; *tu* — ale; *prati-upakāra-artham* — aby získal niečo za odmenu; *phalam* — výsledok; *uddiśya* — túžiaci; *vā* — alebo; *punaḥ* — opäť; *dīyate* — darovaný; *ca* — tiež; *parikliṣṭam* — neprajúcne; *tat* — táto; *dānam* — štedrosť; *rājasam* — v kvalite vášne; *smṛtam* — rozumie sa.

No milodar, ktorý je darovaný s myšlienkou na odmenu, s túžbou po výsledkoch a zdráhavo patrí ku kvalite vášne.

VÝZNAM: Dobročinnosť je niekedy vykonávaná za účelom povýšenia sa do nebeského kráľovstva a inokedy s veľkou nechuťou alebo pochybnosťami: „Prečo som len daroval toľko peňazí?“ Niekedy je vykonávaná len kvôli záväzkom alebo na žiadosť nadriadeného. Tento druh dobročinnosti náleží do kvality vášne. Je mnoho dobročinných spolkov prispievajúcich na inštitúcie, v ktorých sa holduje zmyslovému pôžitku. Táto dobročinnosť sa vo *vedskej* literatúre neodporúča. Odporúča sa iba dobročinnosť v kvalite dobra.

VERŠ 22

अदेशकाले यद्दानमपात्रेभ्यश्च दीयते ।
असत्कृतमवज्ञातं तत्तामसमुदाहृतम् ॥ २२ ॥

adeśa-kāle yad dānam apātrebhyaś ca dīyate
asat-kṛtam avajñātaṁ tat tāmasam udāhṛtam

adeśa — na nevhodnom mieste; *kāle* — v nevhodný čas; *yat* — ktorý; *dānam* — milodar; *upātrebhyaḥ* — nevhodnej osobe; *ca* — tiež; *dīyate* — je darovaný; *asat-kṛtam* — neúctivo; *avajñātam* — bez riadnej pozornosti; *tat* — ten; *tāmasam* — v kvalite temnoty; *udāhṛtam* — hovorí sa, že je.

A milodar dávaný na nečistom mieste, v nevhodný čas a nevhodnej osobe, či bez náležitej úcty a pozornosti patrí ku kvalite nevedomosti.

VÝZNAM: Príspevky poskytované na opájanie sa omamnými látkami a podporu hazardných hier sú v tomto verši zamietnuté. Taký druh príspevku náleží do kvality nevedomosti. Taká dobročinnosť je nielenže neprospešná, ale aj podporuje hriešne osoby. Podobne, ak dá človek milodar vhodnej osobe, no bez úcty a pozornosti, patrí taký milodar do kvality temnoty.

VERŠ 23

ॐ तत्सदिति निर्देशो ब्रह्मणस्त्रिविधः स्मृतः ।
ब्राह्मणास्तेन वेदाश्च यज्ञाश्च विहिताः पुरा ॥ २३ ॥

oṁ tat sad iti nirdeśo brahmaṇas tri-vidhaḥ smṛtaḥ
brāhmaṇās tena vedāś ca yajñāś ca vihitāḥ purā

oṁ — označenie Najvyššieho; *tat* — to; *sat* — večný; *iti* — tak; *nirdeśaḥ* — označenie; *brahmaṇaḥ* — Najvyššieho; *tri-vidhaḥ* — trojaké; *smṛtaḥ* — je považovaná; *brāhmaṇāḥ* — brāhmaṇi; *tena* — s týmto; *vedāḥ* — *vedska* literatúra; *ca* — tiež; *yajñāḥ* — obeť; *ca* — tiež; *vihitāḥ* — používali; *purā* — prv.

Od počiatku stvorenia sa na označenie Najvyššej Absolútnej Pravdy používali tri slová — oṁ tat sat. Tieto tri symbolické zastúpenia odriekavali brāhmaṇi, keď spievali vedske hymny a konali obete určené na uspokojenie Najvyššieho.

VÝZNAM: Už bolo vysvetlené, že pokánie, obeť, dobročinnosť a jedlo sa rozdeľujú do troch kategórií: dobra, vášne a nevedomosti. Či už patria do prvej, druhej alebo tretej triedy, sú znečistené hmotnou prírodou. Ak sú však určené k potešeniu Najvyššieho — *oṁ tat sat*, večnej Najvyššej Božskej Osobnosti — stanú sa prostriedkom duchovného pokroku. Tento cieľ naznačujú pokyny písiem. Slová *oṁ tat sat* označujú Absolútnu Pravdu, Najvyššiu Božskú Osobnosť. Slovo *oṁ* nájdeme vo všetkých *vedskych* hymnách.

Ten, kto jedná bez ohľadu na príkazy písiem, Absolútnu Pravdu nedosiahne. Môže získať dočasné výsledky, no nedosiahne konečný zmysel života. Z toho plynie, že dobročinnosť, obeť a pokánie musia byť vykonávané v kvalite dobra. Ak sú vykonávané v kvalite vášne a nevedomosti, patria zaiste do nižšej triedy. Tieto tri slová, *oṁ tat sat*, sú recitované v spojení so svätým menom Najvyššieho Pána, napríklad *oṁ tad viṣṇoḥ*. Keď sa recitujú *vedske* hymny alebo odriekava sväté meno Najvyššieho Pána, pridáva sa *oṁ*. To je naznačené vo *vedskych* písmach. Tieto tri slová pochádzajú z *vedskych* hymien. *Oṁ ity etad brahmaṇo nediṣṭhaṁ nāma* (*Ṛg Veda*) naznačuje prvý cieľ. *Tat tvam asi* (*Chāndogya Upaniṣad* 6.8.7) naznačuje druhý cieľ a *sad eva saumya* (*Chāndogya Upaniṣad* 6.2.1) naznačuje cieľ tretí. Dovedna tvoria *oṁ tat sat*. Keď Brahmā, prvá stvorená živá bytosť ešte za pradávnych čias vykonával obete, oslovoval týmito troma slovami Najvyššiu Božskú Osobnosť. Ten istý princíp je stále nasledovaný postupnosťou duchovných učiteľov. Tento hymnus je teda veľmi dôležitý a významný. V *Bhagavad-gīte* sa preto hovorí, že každá práca by mala byť vykonávaná pre *oṁ tat sat* alebo Najvyššiu Božskú Osobnosť. Ak recitujeme tieto tri slová počas pokánia, dobročinnosti a obetí, jednáme v duchu vedomia Kṛṣṇu. Vedomie Kṛṣṇu je vedecký proces transcendentálnych činností, ktorý každému umožňuje vrátiť sa domov, späť k Bohu. Takým transcendentálnym konaním nevyjde nazmar ani to najmenšie úsilie.

VERŠ 24

तस्माद् ॐ इत्युदाहृत्य यज्ञदानतपःक्रियाः ।
प्रवर्तन्ते विधानोक्ताः सततं ब्रह्मवादिनाम् ॥ २४ ॥

tasmād oṁ ity udāhṛtya yajña-dāna-tapaḥ-kriyāḥ
pravartante vidhānoktāḥ satataṁ brahma-vādinām

tasmāt — preto; *oṁ* — počnúc oṁ; *iti* — tak; *udāhṛtya* — naznačujú; *yajña* — obetina; *dāna* — milodar; *tapaḥ* — pokánie; *kriyāḥ* — konanie; *pravartante* — začína; *vidhāna-uktāḥ* — podľa príkazov písiem; *satatam* — vždy; *brahma-vādinām* — transcendentalista.

Transcendentalisti preto začínajú vykonávať obete, dobročinnosti a pokánie, nasledujúc pokyny písiem, vždy recitovaním 'oṁ', aby tak dosiahli Najvyššieho.

VÝZNAM: Oṁ tad viṣṇoḥ paramaṁ padam (*Ṛg Veda* 1.22.20). Lotosové nohy Viṣṇua sú najvyššou úrovňou oddanosti. Ak človek všetky svoje činnosti zasvätí Najvyššej Božskej Osobnosti, môže si byť istý, že dosiahne dokonalosti vo všetkých svojich činnostiach.

VERŠ 25

तदित्यनभिसन्धाय फलं यज्ञतपःक्रियाः ।
दानक्रियाश्च विविधाः क्रियन्ते मोक्षकाङ्क्षिभिः ॥ २५ ॥

tad ity anabhisandhāya phalaṁ yajña-tapaḥ-kriyāḥ
dāna-kriyāś ca vividhāḥ kriyante mokṣa-kāṅkṣibhiḥ

tat — to; *iti* — tak; *anabhisandhāya* — bez túžby; *phalam* — plodonosný výsledok; *yajña* — obeť; *tapaḥ* — pokánie; *kriyāḥ* — činy; *dāna* — milodary; *kriyāḥ* — činy; *ca* — tiež; *vividhāḥ* — rôzne; *kriyante* — vykonávané; *mokṣa-kāṅkṣibhiḥ* — tí, ktorí naozaj túžia po vyslobodení.

So slovom 'tat' by mal človek vykonávať rôzne obete, pokánia a dobročinnosti, netúžiac po ich plodoch. Zmyslom takých transcendentálnych činností je vyslobodiť sa z hmotného zajatia.

VÝZNAM: Ak sa chce človek povýšiť na duchovnú úroveň, nemal by pracovať pre hmotný zisk. Činnosti by mali byť vykonávané za účelom dosiahnutia vrcholného úspechu — vrátiť sa do duchovného kráľovstva, späť domov, späť k Bohu.

VERŠ 26–27

सद्भावे साधुभावे च सदित्येतत्प्रयुज्यते ।
प्रशस्ते कर्मणि तथा सच्छब्दः पार्थ युज्यते ॥ २६ ॥
यज्ञे तपसि दाने च स्थितिः सदिति चोच्यते ।
कर्म चैव तदर्थीयं सदित्येवाभिधीयते ॥ २७ ॥

sad-bhāve sādhu-bhāve ca sad ity etat prayujyate
praśaste karmaṇi tathā sac-chabdaḥ pārtha yujyate

yajñe tapasi dāne ca sthitiḥ sad iti cocyate
karma caiva tad-arthīyaṁ sad ity evābhidhīyate

sat-bhāve — v zmysle povahy Najvyššieho; *sādhu-bhāve* — v zmysle povahy oddaného; *ca* — tiež; *sat* — slovo *sat*; *iti* — tak; *etat* — takto; *prayujyate* — používa sa; *praśaste* — pravých; *karmaṇi* — činnostiach; *tathā* — tiež; *sat-śabdaḥ* — zvuk *sat*; *pārtha* — ó, syn Pṛthy; *yujyate* — používa sa; *yajñe* — pri obeti; *tapasi* — pri pokání; *dāne* — pri dobročinnosti; *ca* — tiež; *sthitiḥ* — umiestnený; *sat* — Najvyšší; *iti* — tak; *ca* — a; *ucyate* — vyslovuje sa; *karma* — práca; *ca* — tiež; *eva* — zaiste; *tat* — pre ten; *arthīyam* — určené; *sat* — Najvyšší; *iti* — tak; *eva* — zaiste; *abhidhīyate* — je označený.

Absolútna Pravda je cieľom oddanej služby a je označovaná slovom 'sat'. Vykonávateľ takej obete, samotná obetná činnosť, pokánie a dobročinnosť sú svojou povahou absolútne 'sat' a vykonávajú sa pre potešenie Najvyššej Osoby, ó, syn Pṛthy.

VÝZNAM: Slová *praśaste karmaṇi* čiže predpísané povinnosti naznačujú, že vo *vedskych* písmach jestvuje mnoho predpísaných očistných procesov, počnúc časom rodičovskej opatery, až do posledných chvíľ tohoto života. Cieľom takých očistných procesov je konečné oslobodenie živej bytosti. Počas všetkých týchto činností je dobré recitovať *oṁ tat sat.* Slová *sad-bhāve* a *sādhu-bhāve* označujú transcendentálnu úroveň. Jednať vo vedomí Kṛṣṇu sa nazýva *sattva* a človek, ktorý si je plne vedomí povahy činov v tomto vedomí, sa nazýva *sādhu.* V *Śrīmad-Bhāgavatame* (3.25.25) sa píše, že transcendentálne námety môžeme jasne pochopiť v spoločnosti oddaných. Bez dobrej spoločnosti nemôžeme získať transcendentálne poznanie. To je potvrdené slovami *satāṁ prasaṅgāt.* Pri zasvätení, alebo keď sa niekomu dáva posvätná šnúra, prednášajú sa slová *oṁ tat sat.* Podobne je cieľom všetkých druhov obetí Najvyšší Pán, *oṁ tat sat.* Slová *tad-arthīyam* ďalej znamenajú slúžiť všetkému, čo predstavuje Najvyššieho, a zahŕňa tiež varenie a pomáhanie v chráme Pána alebo akékoľvek iné činnosti zamerané na šírenie posolstva o sláve Pána. Tieto najvyššie slová *oṁ tat sat* sa používajú rozmanitými spôsobmi a vedú k zdokonaleniu všetkých činností a dosiahnutiu konečnej úplnosti.

VERŠ 28

अश्रद्धया हुतं दत्तं तपस्तप्तं कृतं च यत् ।
असदित्युच्यते पार्थ न च तत्प्रेत्य नो इह ॥ २८ ॥

aśraddhayā hutaṁ dattaṁ tapas taptaṁ kṛtaṁ ca yat
asad ity ucyate pārtha na ca tat pretya no iha

aśraddhayā — bez viery; *hutam* — obetované v obetnom obrade; *dattam* — venovaný; *tapaḥ* — pokánie; *taptam* — konané; *kṛtam* — vykonané; *ca* — tiež; *yat* — to, ktoré; *asat* — nepravé; *iti* — takto; *ucyate* — nazýva sa; *pārtha* — ó, syn Pṛthy; *na* — nikdy; *ca* — tiež; *tat* — to; *pretya* — po smrti; *na u* — ani; *iha* — v tomto živote.

No obete, pokánia a dobročinnosti konané bez viery v Najvyššieho, ó, syn Pṛthy, sú dočasné. Nazývajú sa 'asat' a sú celkom bezcenné ako v tomto, tak aj v budúcom živote.

VÝZNAM: Všetko, čo je vykonávané bez transcendentálneho cieľa, či už sa jedná o obete, dobročinnosti alebo pokánia, je bezcenné. Tento verš preto hovorí, že také činy sú zavrhnutiahodné. Všetko musíme robiť v duchu vedomia Kṛṣṇu pre potešenie Najvyššieho. Bez takej viery a správneho vedenia nemôžeme nikdy získať nijaký výsledok. Vo všetkých *vedskych* písmach sa odporúča viera v Najvyššieho. Podľa *vedskeho* poznania je konečným cieľom poznať Kṛṣṇu. Kto sa neriadi touto zásadou nemôže uspieť. Pre toho, kto sa vydal cestou oddanosti, je preto najlepšie už od samého počiatku konať pod vedením pravého duchovného učiteľa. To je spôsob, ako dosiahnuť plný úspech.

Ľudia v podmienenom stave majú sklon uctievať polobohov, duchov alebo *Yakṣov*, ako je Kuvera. Kvalita dobra stojí vyššie ako kvalita vášne alebo nevedomosti, no ten, kto je priamo zapojený do oddanej služby, je voči týmto kvalitám hmotnej prírody transcendentálny. Aj keď jestvuje metóda, ako sa postupne povýšiť, najlepšie je priamo sa zapojiť do vedomia Kṛṣṇu v spoločnosti čistých oddaných. To je odkaz tejto kapitoly. Aby sme uspeli, musíme najprv vyhľadať pravého duchovného učiteľa a nechať sa ním viesť. Jedine vtedy môžme získať vieru v Najvyššieho. Keď táto viera časom dozreje, hovorí sa jej láska k Bohu. Táto láska je konečným cieľom všetkých živých tvorov. Preto treba priamo začať rozvíjať vedomie Kṛṣṇu. To je posolstvo tejto sedemnástej kapitoly.

Takto končia Bhaktivedantove výklady sedemnástej kapitoly *Śrīmad Bhagavad-gīty*, pojednávajúcej o druhoch viery.

KAPITOLA OSEMNÁSTA

Záver – Dokonalosť odriekania

VERŠ 1

अर्जुन उवाच
सन्न्यासस्य महाबाहो तत्त्वमिच्छामि वेदितुम् ।
त्यागस्य च हृषीकेश पृथक्केशिनिषूदन ॥ १ ॥

arjuna uvāca
sannyāsasya mahā-bāho   tattvam icchāmi veditum
tyāgasya ca hṛṣīkeśa   pṛthak keśi-niṣūdana

arjunaḥ uvāca — Arjuna riekol; *sannyāsasya* — odriekanie; *mahā-bāho* — ó, bojovník mocných paží; *tattvam* — pravda; *icchāmi* — želám si; *veditum* — porozumieť; *tyāgasya* — odriekanie; *ca* — tiež; *hṛṣīkeśa* — ó, vládca zmyslov; *pṛthak* — inak; *keśi-niṣūdana* — ó, hubiteľ démona Keśī.

Arjuna riekol: Ó, bojovník mocných paží, chcel by som vedieť, čo je zmyslom odriekania (tyāga) a čo znamená životné štádium odriekania (sannyāsa), ó, hubiteľ démona Keśī, ó, Pane zmyslov.

VÝZNAM: Bhagavad-gītā vlastne končí sedemnástou kapitolou. Osemnásta kapitola je doplnkovým zhrnutím vyššie prebratých tém. Vo všetkých kapitolách *Bhagavad-gīty* Pán Kṛṣṇa zdôrazňuje, že najvyšším životným cieľom je oddaná služba Najvyššej Božskej Osobnosti. To isté je zhrnuté v osemnástej kapitole ako najdôvernejšia cesta poznania. V prvých šiestich kapitolách sa zdôrazňuje oddaná služba: *yoginām api sarveṣām*... „Zo všetkých *yogīnov* a transcendentalistov je najlepší ten, kto neustále myslí na Mňa." (Bg.6.47). Nasledujúcich šesť kapitol pojednáva o čistej oddanej službe, jej podstate a činnostiach. V posledných šiestich kapitolách sa popisuje poznanie, odriekanie, činnosti hmotnej a transcendentálnej povahy a oddaná služba. Z toho sa ďalej vyvodzuje, že všetky skutky majú byť konané v spojení s Najvyšším Pánom, čo bolo zhrnuté slovami *oṁ tat sat*, poukazujúcimi na Viṣṇua, Najvyššiu Osobu. V tretej časti *Bhagavad-gīty* bola oddaná služba definovaná ako najvyšší životný cieľ, s odkazmi na predchádzajúcich *ācaryov* a *Brahma-sūtru*, *Vedānta-sūtru*. Podaktorí stúpenci neosobnej filozofie sa nazdávajú, že vlastnia monopol na poznanie *Vedānta-sūtry*, no zmyslom *Vedānta-sūtry* je dospieť k pochopeniu oddanej služby, pretože *Vedānta-sūtru* zostavil samotný Pán a je jej znalcom. To je opísané v pätnástej kapitole. Vo všetkých písmach, všetkých *Vedach* je cieľom oddaná služba. To je vysvetlené v *Bhagavad-gīte*.

V druhej kapitole sa nachádza prehľad obsahu *Bhagavad-gīty* a v osemnástej kapitole súhrn všetkých pokynov. Zmyslom života sa rozumie odriekanie a dosiahnutie transcendentálneho stavu, ktorý je nad tromi kvalitami hmotnej prírody. Arjuna si prial, aby Kṛṣṇa vysvetlil tieto dva odlišné odborné výrazy, ktoré majú v *Bhagavad-gīte* veľký význam, totiž *tyāga* (odriekanie) a *sannyāsa* (životné štádium odriekania). Preto sa pýtal na význam týchto slov.

Mená Hṛṣīkeśa a Keśi-niṣūdana, ktoré boli v tomto verši použité na oslovenie Najvyššieho Pána, sú rovnako významné. Hṛṣīkeśa je Kṛṣṇa, pán všetkých zmyslov, ktorý nám vždy môže pomôcť dosiahnuť vyrovnanosť mysle. Arjuna Ho prosil o také zhrnutie *Bhagavad-gīty*, pomocou ktorého si bude môcť zachovať duševnú rovnováhu. Napriek tomu ho trápia pochybnosti, a pochybnosti sa vždy prirovnávajú k démonom. Preto oslovil Kṛṣṇu Keśi-niṣūdana. Keśī bol hrozný démon, ktorého Pán zabil. Teraz Arjuna očakáva, že Kṛṣṇa zabije aj jeho démona pochybnosti.

VERŠ 2

श्रीभगवानुवाच
काम्यानां कर्मणां न्यासं सन्न्यासं कवयो विदुः ।
सर्वकर्मफलत्यागं प्राहुस्त्यागं विचक्षणाः ॥ २ ॥

śrī-bhagavān uvāca
kāmyānāṁ karmaṇāṁ nyāsaṁ sannyāsaṁ kavayo viduḥ
sarva-karma-phala-tyāgaṁ prāhus tyāgaṁ vicakṣaṇāḥ

śrī-bhagavān uvāca — Kṛṣṇa, Najvyššia Božská Osobnosť, riekol; *kāmyānām* — so žiadosťou; *karmaṇām* — činnosti; *nyāsam* — odriekanie; *sannyāsam* — životné štádium odriekania; *kavayaḥ* — učenie; *viduḥ* — vedia; *sarva* — všetko; *karma* — činy; *phala* — plodov; *tyāgam* — odriekanie; *prāhuḥ* — nazývajú; *tyāgam* — odriekanie; *vicakṣaṇāḥ* — skúsení.

Kṛṣṇa, Najvyššia Božská Osobnosť, riekol: Zanechanie činností, ktoré sa zakladajú na hmotných túžbach, nazývajú veľkí učenci životným štádiom odriekania (sannyāsa). A zrieknutie sa plodov všetkých činností sa podľa múdrych nazýva odriekanie (tyāga).

VÝZNAM: Človek musí skoncovať s činnosťami vykonávanými pre ich plody. To je pokyn *Bhagavad-gīty*. Nesmie sa však zriekať činností, ktoré vedú k pokroku v duchovnom poznaní. To bude jasne vysvetlené v nasledujúcom verši. Vo *vedskej* literatúre sú popísané mnohé metódy, určené na vykonávanie obetí, pomocou ktorých možno získať dobrého syna, alebo sa povzniesť na vyššie planéty, avšak obetné činy, ktoré sú hmotne motivované by sme mali zavrhnúť. Nesmieme však zanechať tie obetné činy, ktoré očisťujú srdce alebo vedú k pokroku v duchovnej vede.

VERŠ 3

त्याज्यं दोषवदित्येके कर्म प्राहुर्मनीषिणः ।
यज्ञदानतपःकर्म न त्याज्यमिति चापरे ॥ ३ ॥

tyājyaṁ doṣa-vad ity eke karma prāhur manīṣiṇaḥ
yajña-dāna-tapaḥ-karma na tyājyam iti cāpare

tyājyam—musí sa zriecť; *doṣa-vat*—ako zla; *iti*—takto; *eke*—niektorí; *karma*—činnosť; *prāhuḥ*—hovoria; *manīṣiṇaḥ*—veľkí myslitelia; *yajña*—obete; *dāna*—štedrosť; *tapaḥ*—pokánia; *karma*—činnosť; *na*—nikdy; *tyājyam*—zrieknuť sa; *iti*—tak; *ca*—a; *apare*—iní.

Niektorí učenci hlásajú, že človek by sa mal zrieknuť všetkých plodonosných činností ako zla, zatiaľ čo iní tvrdia, že obetí, pokání a dobročinností by sa nikto zriekať nemal.

VÝZNAM: Vedska literatúra popisuje mnohé činnosti, ktoré sú predmetom sporu. Píše sa tam napríklad, že zviera môže byť zabité pri obeti. Niektorí mudrci tvrdia, že zabíjanie zvierat je odporné v akejkoľvek podobe. Vo *Vedach* však stojí, že ak človek zabije zviera pri obetnom obrade, nepovažuje sa to za zabíjanie, pretože zviera získa nový život. Niekedy dostane nové zvieracie telo, a inokedy je ihneď povýšené do ľudskej podoby. Medzi mudrcmi však v tomto ohľade panujú rôzne názory. Jedni vravia, že je vždy nevyhnutné vyhnúť sa zabíjaniu zvierat a iní zas tvrdia, že pre zvláštne obete je to žiadúce. Śrī Kṛṣṇa teraz objasní tieto názory na obetné činy.

VERŠ 4

निश्चयं शृणु मे तत्र त्यागे भरतसत्तम ।
त्यागो हि पुरुषव्याघ्र त्रिविधः सम्प्रकीर्तितः ॥ ४ ॥

niścayaṁ śṛṇu me tatra tyāge bharata-sattama
tyāgo hi puruṣa-vyāghra tri-vidhaḥ samprakīrtitaḥ

niścayam—istotne; *śṛṇu*—počuj; *me*—odo Mňa; *tatra*—čo sa týka; *tyāge*—ohľadom odriekania; *bharata-sat-tama*—ó, najlepší z Bharatovcov; *tyāgaḥ*—odriekanie; *hi*—istotne; *puruṣa-vyāghra*—ó, tiger medzi mužmi; *tri-vidhaḥ*—trojaké; *samprakīrtitaḥ*—je ustanovené.

Ó, najlepší z Bharatovcov, vypočuj si teraz Moje rozhodnutie ohľadom odriekania. Ó, tiger medzi mužmi, v písmach sa rozlišuje trojaké odriekanie.

VÝZNAM: Hoci sa názory na odriekanie veľmi líšia, za konečné stanovisko musíme prijať to, ktoré nám predkladá Najvyššia Božská Osobnosť,

Śrī Kṛṣṇa. *Vedy* sú koniec koncov zákony dané Pánom. Na tomto mieste je Kṛṣṇa osobne prítomný a Jeho slová by sa mali považovať za konečné. Pán hovorí, že povaha odriekania sa musí posudzovať podľa toho, v akej z hmotných kvalít sa nachádza.

VERŠ 5

यज्ञदानतपःकर्म न त्याज्यं कार्यमेव तत् ।
यज्ञो दानं तपश्चैव पावनानि मनीषिणाम् ॥ ५ ॥

yajña-dāna-tapaḥ-karma na tyājyaṁ kāryam eva tat
yajño dānaṁ tapaś caiva pāvanāni manīṣiṇām

yajña — obete; *dāna* — milodary; *tapaḥ* — pokánie; *karma* — skutkov; *na* — nikdy; *tyājyam* — vzdávať sa; *kāryam* — musí konať; *eva* — istotne; *tat* — to; *yajñaḥ* — obeť; *dānam* — štedrosť; *tapaḥ* — pokánie; *ca* — aj; *eva* — istotne; *pāvanāni* — očistné; *manīṣiṇām* — pre veľké duše.

Obetných činov, dobročinnosti a pokánia sa človek nemá nikdy zriekať. Musí ich vykonávať. Obeť, dobročinnosť a pokánie sú vskutku očistné aj pre veľké duše.

VÝZNAM: Yogīni majú vykonávať činnosti, ktoré sú priaznivé pre pokrok ľudskej spoločnosti. Existuje mnoho očistných procesov, ktoré človeka povyšujú na duchovnú úroveň. Svadobný obrad sa nazýva *vivāha-yajña* a je považovaný za jednu z takýchto obetí. Mal by však *sannyāsī*, človek v životnom štádiu odriekania, ktorý pretrhal všetky rodinné putá, podporovať svadobné obrady? Śrī Kṛṣṇa hovorí, že by sme sa nikdy nemali zriekať obetí prospešných ľudstvu. Cieľom svadobného obradu *vivāha-yajña* je usmerniť myseľ človeka tak, aby našiel pokoj a mohol pokročiť v duchovnom živote. Vo väčšine prípadov by *vivāha-yajñu* mali podporovať aj osoby v životnom štádiu odriekania. *Sannyāsī* by sa nikdy nemal stýkať so ženami, ale to neznamená, že by sa mladý muž v nižšom životnom štádiu nesmel oženiť. Cieľom všetkých predpísaných obetných úkonov je dosiahnuť Najvyššieho Pána. Ak sa človek nachádza v nižšom životnom štádiu, nemal by sa týchto obetí zriekať. Dobročinnosť je tiež určená na očistu srdca. Ako bolo povedané — ak človek dáva milodary vhodným osobám, napreduje v duchovnom živote.

VERŠ 6

एतान्यपि तु कर्माणि सङ्गं त्यक्त्वा फलानि च ।
कर्तव्यानीति मे पार्थ निश्चितं मतमुत्तमम् ॥ ६ ॥

etāny api tu karmāṇi saṅgaṁ tyaktvā phalāni ca
kartavyānīti me pārtha niścitaṁ matam uttamam

etāni — všetky tieto; *api* — istotne; *tu* — ale; *karmāṇi* — činy; *saṅgam* — styk; *tyaktvā* — zrieknuť sa; *phalāni* — plodov; *ca* — tiež; *kartavyāni* — mali by byť konané z povinnosti; *iti* — tak; *me* — Môj; *pārtha* — ó, syn Pṛthy; *niścitam* — konečný; *matam* — názor; *uttamam* — najlepší.

Všetky tieto činy má človek konať bez lipnutia a bez očakávania odmeny. Mal by ich konať z povinnosti, ó, syn Pṛthy. To je Môj konečný názor.

VÝZNAM: Aj keď sú všetky obete očistné, nemali by sme za ne očakávať odmenu. Inými slovami, človek by sa mal zriecť obetných úkonov, cieľom ktorých je hmotný pokrok, zatiaľ čo obetí, ktoré očisťujú existenciu a vedú k povýšeniu sa na duchovnú úroveň, by sa nikdy nemal zriekať. Všetko, čo vedie k vedomiu Kṛṣṇu, treba podporovať. V *Śrīmad-Bhāgavatame* sa takisto píše, že všetky činy vedúce k oddanej službe Bohu by mali byť vítané. To je najvyššie meradlo náboženstva. Oddaný by mal prijať akýkoľvek druh činnosti, obete alebo dobročinnosti, ktorá mu pomôže vo vykonávaní oddanej služby Pánovi.

VERŠ 7

नियतस्य तु सन्न्यासः कर्मणो नोपपद्यते ।
मोहात्तस्य परित्यागस्तामसः परिकीर्तितः ॥ ७ ॥

niyatasya tu sannyāsaḥ karmaṇo nopapadyate
mohāt tasya parityāgas tāmasaḥ parikīrtitaḥ

niyatasya — predpísané; *tu* — ale; *sannyāsaḥ* — odriekanie; *karmaṇaḥ* — činy; *na* — nikdy; *upapadyate* — zaslúžia si; *mohāt* — z ilúzie; *tasya* —

z ktorých; *parityāgaḥ* — odriekanie; *tāmasaḥ* — v kvalite nevedomosti; *parikīrtitaḥ* — pripisuje sa.

Predpísaných povinností by sa nikto nemal zriekať. Ak sa niekto pod vplyvom ilúzie odchýli od svojich predpísaných povinností, pripisuje sa také odriekanie kvalite nevedomosti.

VÝZNAM: Človek sa musí zriecť činností, cieľom ktorých je hmotné uspokojenie. Namiesto toho sa mu odporúčajú činnosti, ktoré ho povýšia k duchovným aktivitám, ako napríklad príprava a obetovanie jedla Kṛṣṇovi a nakoniec prijímanie takéhoto jedla. Hovorí sa, že človek v životnom štádiu odriekania si nemá pripravovať jedlo sám pre seba. Varenie jedla pre vlastný pôžitok je zakázané, ale nie je zakázané pripravovať jedlo pre Pána. Podobne môže *sannyāsī* vykonať svadobný obrad, aby pomohol svojmu žiakovi v pokroku vo vedomí Kṛṣṇu. Ak sa niekto zrieka takých činností, mal by vedieť, že koná v kvalite nevedomosti.

VERŠ 8

दुःखमित्येव यत्कर्म कायक्लेशभयात्त्यजेत् ।
स कृत्वा राजसं त्यागं नैव त्यागफलं लभेत् ॥ ८ ॥

duḥkham ity eva yat karma kāya-kleśa-bhayāt tyajet
sa kṛtvā rājasaṁ tyāgaṁ naiva tyāga-phalaṁ labhet

duḥkham — nešťastný; *iti* — tak; *eva* — iste; *yat* — to, čo; *karma* — čin; *kāya* — pre telo; *kleśa* — nepríjemné; *bhayāt* — zo strachu; *tyajet* — opustiť; *saḥ* — on; *kṛtvā* — po vykonaní; *rājasam* — v kvalite vášne; *tyāgam* — odriekanie; *na* — nie; *eva* — zaiste; *tyāga* — odriekanie; *phalam* — výsledky; *labhet* — získa.

Ak sa niekto zrieka svojich povinností, pretože sa mu zdajú byť nepríjemné, alebo zo strachu pred telesným nepohodlím, hovorí sa, že jeho odriekanie je v kvalite vášne. Také skutky nikdy nevedú k rozvoju odriekania.

VÝZNAM: Človek vedomý si Kṛṣṇu by sa nemal zriekať zárobkovej činnosti zo strachu, že koná plodonosné činy. Ak môže za svoju prácu získať peniaze a potom ich použiť vo vedomí Kṛṣṇu, alebo môže skorým vstávaním pokročiť v transcendentálnom vedomí Kṛṣṇu, nemal by sa takýchto činností zriekať zo strachu, alebo preto, že sa mu zdajú byť ťažké. Také odriekanie je v kvalite vášne. Výsledky vášnivého konania prinášajú vždy bolesť. Ak človek zanechá prácu v tomto duchu, jeho odriekanie neprinesie žiadne ovocie.

VERŠ 9

कार्यमित्येव यत्कर्म नियतं क्रियतेऽर्जुन ।
सङ्गं त्यक्त्वा फलं चैव स त्यागः सात्त्विको मतः ॥ ९ ॥

kāryam ity eva yat karma niyataṁ kriyate 'rjuna
saṅgaṁ tyaktvā phalaṁ caiva sa tyāgaḥ sāttviko mataḥ

kāryam — musia byť vykonané; *iti* — tak; *eva* — v skutku; *yat* — ktoré; *karma* — čin; *niyatam* — predpísaný; *kriyate* — vykonaný; *arjuna* — ó, Arjuna; *saṅgam* — spoločnosť; *tyaktvā* — zrieknuť sa; *phalam* — výsledok; *ca* — tiež; *eva* — iste; *saḥ* — to; *tyāgaḥ* — zrieknuť sa; *sāttvikaḥ* — v kvalite dobra; *mataḥ* — Môj názor.

No ak niekto koná svoje predpísané povinnosti len preto, že majú byť vykonané, ak sa zrieka každej hmotnej spoločnosti a pripútanosti k plodom svojich činov, ó, Arjuna, o takom odriekaní sa hovorí, že náleží do kvality dobra.

VÝZNAM: Predpísané povinnosti sa musia vykonávať v tomto duchu. Človek má konať bez pripútanosti k plodom svojej práce a nemá sa s prácou stotožňovať. Ak človek vedomí si Kṛṣṇu pracuje v továrni, nestotožňuje sa ani s továrňou, ani s jej zamestnancami. Pracuje iba pre Kṛṣṇu, a keď svoje výsledky odovzdá Kṛṣṇovi, koná transcendentálne.

VERŠ 10

न द्वेष्ट्यकुशलं कर्म कुशले नानुषज्जते ।
त्यागी सत्त्वसमाविष्टो मेधावी छिन्नसंशयः ॥ १० ॥

na dveṣṭy akuśalaṁ karma kuśale nānuṣajjate
tyāgī sattva-samāviṣṭo medhāvī chinna-saṁśayaḥ

na — nikdy; *dveṣṭi* — nenávidí; *akuśalam* — nepriaznivý; *karma* — čin; *kuśale* — priaznivý; *na* — ani; *anuṣajjate* — pútaný; *tyāgī* — ten, kto sa zrieka; *sattva* — v kvalite dobra; *samāviṣṭaḥ* — nachádza sa; *medhāvī* — múdry; *chinna* — preťal; *saṁśayaḥ* — všetky pochybnosti.

Inteligentný odriekavý človek, umiestnený v kvalite dobra, ktorý necíti odpor k neprazniveému činu, ani pripútanosť k priaznivému činu, rozptýlil svoje pochybnosti ohľadom činu.

VÝZNAM: Človek vedomý si Kṛṣṇu, alebo ten, kto sa nachádza v kvalite dobra, nikdy nechová nenávisť k niekomu alebo k niečomu, čo spôsobuje ťažkosti jeho telu. Koná činy na správnom mieste a v pravý čas a neobáva sa ťažkostí, ktoré by mohli so sebou priniesť. Taká osoba umiestnená na transcendentálnej úrovni by mala byť prijatá za najinteligentnejšiu — neomylnú vo svojom konaní.

VERŠ 11

न हि देहभृता शक्यं त्यक्तुं कर्माण्यशेषतः ।
यस्तु कर्मफलत्यागी स त्यागीत्यभिधीयते ॥ ११ ॥

na hi deha-bhṛtā śakyaṁ tyaktuṁ karmāṇy aśeṣataḥ
yas tu karma-phala-tyāgī sa tyāgīty abhidhīyate

na — nikdy; *hi* — určite; *deha-bhṛtā* — pre vteleného; *śakyam* — snáď; *tyaktum* — zrieknuť sa; *karmāṇi* — činy; *aśeṣataḥ* — celkom; *yaḥ* — ten, kto; *tu* — ale; *karma* — činov; *phala* — plodov; *tyāgī* — ten, kto sa zrieka; *saḥ* — on; *tyāgī* — ten, kto si odrieka; *iti* — tak; *abhidhīyate* — hovorí sa.

Pre vtelenú bytosť je skutočne nemožné nadobro sa zrieknuť všetkých činností. O tom, kto sa zrieka plodov svojich činov, sa hovorí, že si vskutku odrieka.

VÝZNAM: V *Bhagavad-gīte* sa hovorí, že človek nikdy nemôže prestať konať. Preto ten, kto pracuje pre Kṛṣṇu, všetko Kṛṣṇovi obetuje a netúži po pôžitku v podobe plodov svojej práce, je skutočne tým, kto si odrieka. Mnoho členov Medzinárodnej spoločnosti pre vedomie Kṛṣṇu pracuje v kanceláriách, v továrňach a na iných miestach, a všetko, čo získajú, venujú tejto spoločnosti. Také vznešené duše sú v skutočnosti *sannyāsīni*, to znamená, že sa radia na úroveň životného štádia odriekania. Tu sa jasne uvádza, ako si má človek odriekať plody svojej práce a kvôli čomu sa má týchto plodov zriecť.

VERŠ 12

अनिष्टमिष्टं मिश्रं च त्रिविधं कर्मणः फलम् ।
भवत्यत्यागिनां प्रेत्य न तु सन्न्यासिनां क्वचित् ॥ १२ ॥

aniṣṭam iṣṭaṁ miśraṁ ca tri-vidhaṁ karmaṇaḥ phalam
bhavaty atyāgināṁ pretya na tu sannyāsināṁ kvacit

aniṣṭam — vedúce do pekla; *iṣṭam* — vedúce do neba; *miśram* — zmiešané; *ca* — a; *tri-vidham* — trojaké; *karmaṇaḥ* — činov; *phalam* — výsledok; *bhavati* — stane sa; *atyāginām* — ktorí sa nezriekli; *pretya* — po smrti; *na* — nie; *tu* — ale; *sannyāsinām* — pre životné štádium odriekania; *kvacit* — kedykoľvek.

Plody činov, ktoré po smrti dostanú tí, ktorí si neodriekajú, sú trojaké — vytúžené, nežiadúce a zmiešané. No tí, ktorí sú v životnom štádiu odriekania, nemajú plody, ktorých následkom by trpeli, alebo sa radovali.

VÝZNAM: Osoba vedomá si Kṛṣṇu, ktorá koná s vedomím skutočného vzťahu ku Kṛṣṇovi, je vždy slobodná. Preto sa po smrti nemusí ani radovať, ani trpieť kvôli plodom svojich činov.

VERŠ 13

पञ्चैतानि महाबाहो कारणानि निबोध मे ।
सांख्ये कृतान्ते प्रोक्तानि सिद्धये सर्वकर्मणाम् ॥ १३ ॥

pañcaitāni mahā-bāho kāraṇāni nibodha me
sāṅkhye kṛtānte proktāni siddhaye sarva-karmaṇām

pañca — päť; *etāni* — tieto; *mahā-bāho* — ó, bojovník mocných paží; *kāraṇāni* — spôsobené; *nibodha* — pouč sa; *me* — odo Mňa; *sāṅkhye* — podľa *Vedānty*; *kṛta-ante* — záver; *proktāni* — povedané; *siddhaye* — pre dokonalosť; *sarva* — všetkých; *karmaṇām* — činností.

Ó, Arjuna, bojovník mocných paží, podľa Vedānty má vykonávanie akýchkoľvek činnosí päť príčin. Teraz si ich odo Mňa nauč.

VÝZNAM: Keďže všetky vykonané skutky so sebou prinášajú svoje reakcie, môže vyvstať otázka, ako je možné, že človek vedomý si Kṛṣṇu netrpí za následky svojich činov a ani v nich nehľadá pôžitok. Śrī Kṛṣṇa preto cituje *vedāntskú* filozofiu, aby ukázal, ako je to možné. Hovorí, že všetky činnosti majú päť príčin, a aby bol niekto vo svojom jednaní úspešný, musí ich zobrať v úvahu. *Sāṅkhya* znamená kmeň poznania a *vedānta* znamená končiaci kmeň poznania, prijímané všetkými hlavnými *ācāryami.* Aj Śaṅkara prijal *Vedānta-sūtru* v tomto duchu. Preto sa človek musí poradiť s príslušnou autoritou.

Zvrchovanú vládu nad všetkými má Nadduša. V *Bhagavad-gīte* sa píše: *sarvasya cāhaṁ hṛdi sanniviṣṭaḥ.* Každého zamestnáva v určitých činnostiach tým, že mu pripomína jeho minulé skutky. Ale činnosti vo vedomí Kṛṣṇu, vykonávané pod priamym vedením Pána sídliaceho v srdci, nenesú nijaké následky ani v tomto, ani v budúcom živote.

VERŠ 14

अधिष्ठानं तथा कर्ता करणं च पृथग्विधम् ।
विविधाश्च पृथक्चेष्टा दैवं चैवात्र पञ्चमम् ॥ १४ ॥

adhiṣṭhānaṁ tathā kartā karaṇaṁ ca pṛthag-vidham
vividhāś ca pṛthak ceṣṭā daivaṁ caivātra pañcamam

adhiṣṭhānam — miesto; *tathā* — tiež; *kartā* — konateľ; *karaṇam* — nástroje; *ca* — a; *pṛthak-vidham* — rôzne druhy; *vividhāḥ* — rozmanitosť; *ca* — a;

pṛthak — oddelené; *ceṣṭāḥ* — úsilie; *daivam* — Najvyšší; *ca* — tiež; *eva* — iste; *atra* — tu; *pañcamam* — piaty.

Miesto činu (telo), konateľ, rôzne zmysly, rôzne druhy úsilia a napokon Nadduša — to je päť faktorov činu.

VÝZNAM: Slovom *adhiṣṭhānam* sa myslí telo. Duša v tele koná tak, aby svojím konaním priniesla výsledky činu a preto je označovaná ako *kartā*, „konateľ." V *śruti* sa uvádza, že duša je znalcom a konateľom. *Eṣa hi draṣṭā sraṣṭā* (*Praśna Upaniṣad* 4.9). To je potvrdené aj vo *Vedānta-sūtre*, vo veršoch *jño 'ta eva* (2.3.18) a *kartā śāstrārthavattvāt* (2.3.33). Zmysly sú nástrojmi činov, prostredníctvom ktorých duša koná. Každý čin vyžaduje isté úsilie, avšak všetky činy závisia od vôle Najvyššieho Pána, ktorý sídli v srdci všetkých tvorov ako ich priateľ. Najvyšší Pán je teda zvrchovanou príčinou. Za takých okolností nie je ten, kto oddane a láskyplne slúži Kṛṣṇovi pod vedením Nadduše umiestnenej v srdci, pútaný nijakými činmi. Tí, ktorí sú si plne vedomí Kṛṣṇu, nenesú s konečnou platnosťou zodpovednosť za svoje činy. Všetko závisí od najvyššej vôle, Nadduše, Najvyššej Božskej Osobnosti.

VERŠ 15

शरीरवाङ्मनोभिर्यत्कर्म प्रारभते नरः ।
न्याय्यं वा विपरीतं वा पञ्चैते तस्य हेतवः ॥ १५ ॥

śarīra-vāṅ-manobhir yat karma prārabhate naraḥ
nyāyyaṁ vā viparītaṁ vā pañcaite tasya hetavaḥ

śarīra — telom; *vāk* — rečou; *manobhiḥ* — a mysľou; *yat* — ktoré; *karma* — čin; *prārabhate* — začína; *naraḥ* — človek; *nyāyyam* — správne; *vā* — alebo; *viparītam* — naopak; *vā* — alebo; *pañca* — päť; *ete* — tieto všetky; *tasya* — ich; *hetavaḥ* — príčiny.

Týchto päť faktorov je príčinou každého činu — správneho či nesprávneho — ktorý človek koná telom, mysľou alebo rečou.

VÝZNAM: Slová „správny" a „nesprávny" sú v tomto verši veľmi dôležité. Správny čin je ten, ktorý je vykonaný podľa príkazov písiem, zatiaľ čo nesprávny čin sa príkazom písiem prieči. Avšak čokoľvek je vykonané závisí od týchto piatich faktorov.

VERŠ 16

तत्रैवं सति कर्तारमात्मानं केवलं तु यः ।
पश्यत्यकृतबुद्धित्वान्न स पश्यति दुर्मतिः ॥ १६ ॥

tatraivaṁ sati kartāram ātmānaṁ kevalaṁ tu yaḥ
paśyaty akṛta-buddhitvān na sa paśyati durmatiḥ

tatra — tam; *evam* — takto; *sati* — jestvujúci; *kartāram* — konateľa; *ātmānam* — seba; *kevalam* — jediného; *tu* — však; *yaḥ* — kto; *paśyati* — vidí; *akṛta-buddhitvāt* — vďaka nedostatočnej inteligencii; *na* — nikdy; *saḥ* — on; *paśyati* — vidí; *durmatiḥ* — hlúpy.

Preto ten, kto sa považuje za jediného konateľa, nezohľadňujúc oných päť príčin, iste neoplýva veľkou inteligenciou a nie je schopný vidieť veci také, aké sú.

VÝZNAM: Hlupák nemôže pochopiť, že v ňom prebýva Nadduša ako jeho priateľ a riadi všetky jeho činy. Aj keď hmotnými príčinami sú miesto, konateľ, zmysly a úsilie, konečnou príčinou je Najvyššia Božská Osobnosť. Preto nesmieme vidieť iba hmotné príčiny, ale aj najvyššiu príčinu. Človek, ktorý opomína Najvyššieho, považuje sám seba za konateľa.

VERŠ 17

यस्य नाहंकृतो भावो बुद्धिर्यस्य न लिप्यते ।
हत्वापि स इमाँल्लोकान्न हन्ति न निबध्यते ॥ १७ ॥

yasya nāhaṅkṛto bhāvo buddhir yasya na lipyate
hatvāpi sa imāl lokān na hanti na nibadhyate

yasya — ten, kto; *na* — nikdy; *ahaṅkṛtaḥ* — falošným egom; *bhāvaḥ* — povaha; *buddhiḥ* — inteligencia; *yasya* — ten, kto; *na* — nikdy; *lipyate* — pútaný; *hatvā* — zabíjajúci; *api* — aj; *saḥ* — on; *imān* — tento; *lokān* — svet; *na* — nikdy; *hanti* — zabíja; *na* — nikdy; *nibadhyate* — zapletie sa.

Kto nie je motivovaný falošným egom a jeho inteligencia nie je ovplyvnená hmotou, nezabíja, aj keby na tomto svete usmrtil človeka, a ani nie je pútaný svojimi činmi.

VÝZNAM: Śrī Kṛṣṇa v tomto verši Arjunovi vysvetľuje, že jeho želanie nebojovať pochádza z falošného ega. Arjuna sa považoval za konateľa činov, nezohľadňujúc súhlas Najvyššieho vonku aj vo vnútri. Prečo by mal človek, ktorý opomína súhlas Najvyššieho, vôbec konať? Kto pozná všetky faktory nevyhnutné na vykonanie činu, seba ako konateľa a Najvyššieho Pána ako toho, kto dáva konečný súhlas, ten je vo svojom konaní dokonalý, nech už robí čokoľvek. Taký človek nikdy nepodľahne ilúzii. Svojvoľné konanie, obnášajúce osobnú zodpovednosť, pochádza z falošného ega a bezbožnosti, alebo inými slovami, z nedostatku vedomia Kṛṣṇu. Človek vedomý si Kṛṣṇu, ktorý koná pod vedením Nadduše, alebo Najvyššej Božskej Osobnosti, nezabíja, aj keď sa to tak môže javiť. Jeho konanie nenesie nijaké následky. Ak vojak zabije na rozkaz veliteľa, nie je za svoj čin zodpovedný. Ak však zabije z vlastnej iniciatívy, je postavený pred súd.

VERŠ 18

ज्ञानं ज्ञेयं परिज्ञाता त्रिविधा कर्मचोदना ।
करणं कर्म कर्तेति त्रिविधः कर्मसङ्ग्रहः ॥ १८ ॥

jñānaṁ jñeyaṁ parijñātā tri-vidhā karma-codanā
karaṇaṁ karma karteti tri-vidhaḥ karma-saṅgrahaḥ

jñānam — poznanie; *jñeyam* — predmet poznania; *parijñātā* — poznávajúci; *tri-vidhā* — trojaký; *karma* — čin; *codanā* — pohnútka; *karaṇam* — zmysly; *karma* — čin; *kartā* — konateľ; *iti* — tak; *tri-vidhaḥ* — trojaký; *karma* — čin; *saṅgrahaḥ* — súčasti.

Poznanie, poznávaný predmet a poznávajúci sú tri faktory, ktoré dávajú podnet k činnosti. Zmysly, činnosť a konateľ sú tri súčasti činu.

VÝZNAM: Poznanie, predmet poznania a poznávajúci sú tri druhy pohnútok našich každodenných činností. Nástroje činu, čin samotný a konateľ sú zložkami činu. Každá ľudská práca pozostáva z týchto faktorov. Pohnútka, ktorá dáva podnet k činu, sa nazýva inšpirácia. Pred každým úkonom si v mysli vypracujeme model činnosti, ktorý je jemnou formou vedúcou k samotnému vykonaniu činu. Každá činnosť musí prejsť najprv psychickým procesom pozostávajúcim z myslenia, cítenia a nakoniec rozhodnutia konať, a to sa nazýva podnet. Inšpirácia k činnosti je rovnaká, ak vychádza z písiem alebo od duchovného učiteľa. Keď je prítomný konateľ i inšpirácia, dôjde k samotnému činu prostredníctvom zmyslových orgánov vrátane mysle, ktorá je stredobodom všetkých zmyslov. Súhrn všetkých týchto zložiek činnosti sa nazýva všeobecná činnosť.

VERŠ 19

ज्ञानं कर्म च कर्ता च त्रिधैव गुणभेदतः ।
प्रोच्यते गुणसंख्याने यथावच्छृणु तान्यपि ॥ १९ ॥

jñānaṁ karma ca kartā ca tridhaiva guṇa-bhedataḥ
procyate guṇa-saṅkhyāne yathāvac chṛṇu tāny api

jñānam — poznanie; *karma* — čin; *ca* — tiež; *kartā* — konateľ; *ca* — tiež; *tridhā* — trojaký; *eva* — iste; *guṇa-bhedataḥ* — podľa kvalít hmotnej prírody; *procyate* — hovorí sa; *guṇa-saṅkhyāne* — podľa jednotlivých kvalít; *yathā-vat* — ako sú; *śṛṇu* — počuj; *tāni* — o všetkých; *api* — aj.

Podľa troch kvalít hmotnej prírody jestvujú tri druhy poznania, činov a konateľov. Počuj teraz, ako ti ich opíšem.

VÝZNAM: V štrnástej kapitole boli podrobne opísané tri kvality hmotnej prírody. Kvalita dobra bola opísaná ako osvetľujúca, kvalita vášne ako materialistická a o kvalite nevedomosti bolo povedané, že vedie k lenivosti a ľahostajnosti. Všetky hmotné kvality nás pútajú k hmotnému svetu a ani jedna nevedie k oslobodeniu. Aj človek v kvalite dobra je podmienený. V sedemnástej kapitole boli opísané rôzne druhy uctievania ľuďmi podmienenými rôznymi kvalitami hmotnej prírody. Teraz chce Kṛṣṇa objasniť všetky druhy poznania, činov a konateľov podľa troch hmotných kvalít.

VERŠ 20

सर्वभूतेषु येनैकं भावमव्ययमीक्षते ।
अविभक्तं विभक्तेषु तज्ज्ञानं विद्धि सात्त्विकम् ॥ २० ॥

sarva-bhūteṣu yenaikaṁ bhāvam avyayam īkṣate
avibhaktaṁ vibhakteṣu taj jñānaṁ viddhi sāttvikam

sarva-bhūteṣu — vo všetkých živých tvoroch; *yena* — ktorými; *ekam* — jediná; *bhāvam* — podstata; *avyayam* — nepominuteľné; *īkṣate* — vidí; *avibhaktam* — nedeliteľné; *vibhakteṣu* — nespočetne rozdelené; *tat* — to; *jñānam* — poznanie; *viddhi* — vedz; *sāttvikam* — v kvalite dobra.

Vedz, že poznanie, vďaka ktorému človek vidí jedinú, nedeliteľnú duchovnú podstatu vo všetkých živých bytostiach, a predsa rozdelenú do nekonečných foriem, náleží do kvality dobra.

VÝZNAM: Človek, ktorý vidí jedinú dušu vo všetkých živých tvoroch — či už v polobohoch, ľuďoch, zvieratách, vtákoch, šelmách, rybách alebo rastlinách — má poznanie v kvalite dobra. Jediná duša prebýva vo všetkých živých tvoroch, hoci tie majú rôzne telá vzhľadom na svoje minulé činy. V siedmej kapitole bolo vysvetlené, že za prejavom živej sily v tele každého je treba vidieť vyššiu energiu Najvyššieho Pána. Ak človek vidí túto vyššiu podstatu, živú silu vo všetkých telách, potom má poznanie v kvalite dobra. Životná sila je nezničiteľná, aj keď telo je dočasné. Rozdiely jestvujú na telesnej úrovni. Keďže v podmienenom živote jestvuje toľko rozmanitých životných foriem, životná sila sa zdá byť rozdelená. Také neosobné poňatie je časťou sebarealizácie.

VERŠ 21

पृथक्त्वेन तु यज्ज्ञानं नानाभावान्पृथग्विधान् ।
वेत्ति सर्वेषु भूतेषु तज्ज्ञानं विद्धि राजसम् ॥ २१ ॥

pṛthaktvena tu yaj jñānaṁ nānā-bhāvān pṛthag-vidhān
vetti sarveṣu bhūteṣu taj jñānaṁ viddhi rājasam

pṛthaktvena — kvôli rozdeleniu; *tu* — ale; *yat* — ktoré; *jñānam* — poznanie; *nānā-bhāvān* — rôzne umiestnenia; *pṛthak-vidhān* — rôzne; *vetti* — ten, kto vie; *sarveṣu* — vo všetkých; *bhūteṣu* — živých bytostiach; *tat* — to; *jñānam* — poznanie; *viddhi* — vedz; *rājasam* — v kvalite vášne.

Poznanie, pomocou ktorého vidí človek rôzne druhy živých bytostí v rôznych druhoch tiel, je poznaním v kvalite vášne.

VÝZNAM: Predstava, že živá bytosť je s telom totožná a že vedomie zaniká súčasne so zánikom tela, patrí do kvality vášne. Podľa tohoto poznania by rozmanitosť tiel spočívala v tom, že každé vyvinulo iný druh vedomia, pričom duša, ktorá manifestuje vedomie, sama osebe nejestvuje. Telo je totožné s dušou a mimo tela nijakej duše niet. Podľa tohoto poznania je vedomie dočasné. Podľa inej teórie nejestvujú individuálne duše, ale iba jedna všeprenikajúca duša, ktorá je plná poznania, zatiaľ čo telo je iba dočasným prejavom nevedomosti. Alebo, že mimo tohoto tela nejestvuje ani individuálna duša, ani Nadduša. Všetky tieto poňatia sa považujú za výplody kvality vášne.

VERŠ 22

यत्तु कृत्स्नवदेकस्मिन्कार्ये सक्तमहैतुकम् ।
अतत्त्वार्थवदल्पं च तत्तामसमुदाहृतम् ॥ २२ ॥

yat tu kṛtsna-vad ekasmin kārye saktam ahaitukam
atattvārtha-vad alpaṁ ca tat tāmasam udāhṛtam

yat — ktoré; *tu* — ale; *kṛtsna-vat* — ako všetko; *ekasmin* — v jednom; *kārye* — činnosť; *saktam* — lipnúť; *ahaitukam* — bez príčiny; *atattva-artha-vat* — bez poznania skutočnosti; *alpam* — úplne ničotné; *ca* — a; *tat* — to; *tāmasam* — v kvalite temnoty; *udāhṛtam* — hovorí sa.

A poznanie, ktoré človeka púta k jedinému druhu činnosti, akoby to bolo všetkým, ktoré neobsahuje pravdu a je nepatrné, také poznanie náleží do kvality temnoty.

VÝZNAM: „Poznanie“ bežného človeka je vždy v kvalite temnoty alebo nevedomosti, pretože každá podmienená živá bytosť sa v tejto kvalite nevedomosti rodí. Ten, kto nerozvíja poznanie od autorít alebo zjavených písiem, zostane v poznaní obmedzený na svoje telo. Pre takých ľudí sú peniaze Bohom a poznanie znamená uspokojenie telesných potrieb. Ich poznanie nemá vonkoncom nič spoločné s Absolútnou Pravdou a je viac-menej na úrovni obyčajných zvierat: vedieť „ako sa najesť, vyspať, brániť sa a mať sex". Tento verš ho radí do kvality temnoty. Inými slovami, poznanie o duši existujúcej mimo tela je v kvalite dobra, poznanie podnecujúce rôzne teórie a doktríny založené na svetskej logike a mentálnej špekulácii je výplodom kvality vášne, a napokon poznanie, ktoré sa zaoberá iba telesným pohodlím, náleží do kvality nevedomosti.

VERŠ 23

नियतं सङ्गरहितमरागद्वेषतः कृतम् ।
अफलप्रेप्सुना कर्म यत्तत्सात्त्विकमुच्यते ॥ २३ ॥

niyataṁ saṅga-rahitam arāga-dveṣataḥ kṛtam
aphala-prepsunā karma yat tat sāttvikam ucyate

niyatam — podľa predpisov; *saṅga-rahitam* — bez lipnutia; *arāga-dveṣataḥ* — bez lásky a nenávisti; *kṛtam* — konaný; *aphala-prepsunā* — bez túžby po plodoch; *karma* — čin; *yat* — ktorý; *tat* — to; *sāttvikam* — v kvalite dobra; *ucyate* — hovorí sa.

O čine konanom podľa pokynov, bez lipnutia, lásky alebo nenávisti a bez túžby po plodoch sa hovorí, že náleží do kvality dobra.

VÝZNAM: Predpísané povinnosti, ktoré sú vykonávané podľa zásad písiem určených pre spoločenské triedy a rôzne životné štádiá, ktoré sú vykonávané bez pripútanosti a vlastníckych nárokov, bez lásky a nenávisti, s vedomím Kṛṣṇu, pre potešenie Najvyššieho Pána a bez túžby po sebauspokojení, také činnosti patria do kvality dobra.

VERŠ 24

यत्तु कामेप्सुना कर्म साहङ्कारेण वा पुनः ।
क्रियते बहुलायासं तद्राजसमुदाहृतम् ॥ २४ ॥

yat tu kāmepsunā karma sāhaṅkāreṇa vā punaḥ
kriyate bahulāyāsaṁ tad rājasam udāhṛtam

yat — ktorý; *tu* — ale; *kāma-īpsunā* — s túžbou po plodoch; *karma* — čin; *sa-ahaṅkāreṇa* — s egom; *vā* — alebo; *punaḥ* — znovu; *kriyate* — konaný; *bahula-āyāsam* — s veľkým úsilím; *tat* — ten; *rājasam* — v kvalite vášne; *udāhṛtam* — hovorí sa.

No čin, ktorý s veľkým úsilím koná človek túžiaci po uspokojení svojich túžob a ktorý je motivovaný falošným egom, taký čin náleží do kvality vášne.

VERŠ 25

अनुबन्धं क्षयं हिंसामनपेक्ष्य च पौरुषम् ।
मोहादारभ्यते कर्म यत्तत्तामसमुच्यते ॥ २५ ॥

anubandhaṁ kṣayaṁ hiṁsām anapekṣya ca pauruṣam
mohād ārabhyate karma yat tat tāmasam ucyate

anubandham — budúca pripútanosť; *kṣayam* — zničenie; *hiṁsām* — a ubližovanie druhým; *anapekṣya* — bez ohľadu na následky; *ca* — tiež; *pauruṣam* — samoľúby; *mohāt* — z ilúzie; *ārabhyate* — začal; *karma* — čin; *yat* — ktorý; *tat* — ten; *tāmasam* — v kvalite nevedomosti; *ucyate* — vraví sa.

A čin konaný pod vplyvom ilúzie, bez ohľadu na pokyny písiem, na následky či budúcu pripútanosť a spôsobujúci ujmu druhým, sa považuje za čin v kvalite nevedomosti.

VÝZNAM: Človek sa za všetky svoje skutky zodpovedá splnomocneným vyslancom Najvyššieho Pána, *Yamadūtom*. Nezodpovedná činnosť je deštruktívna, lebo odporuje predpísaným zásadám písiem. Taká činnosť sa často vyznačuje násilím a spôsobuje ujmu iným živým bytostiam. Pohnútkou k takému nezodpovednému činu je osobná skúsenosť. Tomu sa hovorí ilúzia. A každá taká iluzórna činnosť je výplodom kvality nevedomosti.

VERŠ 26

मुक्तसङ्गोऽनहंवादी धृत्युत्साहसमन्वितः ।
सिद्ध्यसिद्ध्योर्निर्विकारः कर्ता सात्त्विक उच्यते ॥ २६ ॥

mukta-saṅgo 'nahaṁ-vādī dhṛty-utsāha-samanvitaḥ
siddhy-asiddhyor nirvikāraḥ kartā sāttvika ucyate

mukta-saṅgaḥ — oslobodený od styku s každou hmotnou spoločnosťou; *anaham-vādī* — bez falošného ega; *dhṛti* — s veľkým odhodlaním; *utsāha* — a s veľkým nadšením; *samanvitaḥ* — spôsobilý; *siddhi* — v dokonalosti; *asiddhyoḥ* — neúspech; *nirvikāraḥ* — bez zmeny; *kartā* — konateľ; *sāttvikaḥ* — v kvalite dobra; *ucyate* — vraví sa.

Ten, kto si koná svoju povinnosť oslobodený od kvalít hmotnej prírody, kto koná bez falošného ega, s nadšením a rozhodnosťou a koho sa nedotkne ani úspech, ani neúspech, taký človek koná v kvalite dobra.

VÝZNAM: Človek vedomý si Kṛṣṇu je vždy transcendentálny kvalitám hmotnej prírody. Neočakáva výsledky za činnosti, ktorými bol poverený, pretože koná bez falošného ega a pýchy. Napriek tomu je neustále nadšený, zamestnaný prácou až do jej zavŕšenia. Prípadné ťažkosti ho nemôžu znepokojiť; je vždy plný entuziazmu. Nedotkne sa ho úspech ani neúspech a je rovnaký v šťastí i v nešťastí. Taký konateľ sa nachádza v kvalite dobra.

VERŠ 27

रागी कर्मफलप्रेप्सुर्लुब्धो हिंसात्मकोऽशुचिः ।
हर्षशोकान्वितः कर्ता राजसः परिकीर्तितः ॥ २७ ॥

rāgī karma-phala-prepsur lubdho hiṁsātmako 'śuciḥ
harṣa-śokānvitaḥ kartā rājasaḥ parikīrtitaḥ

rāgī — veľmi pripútaný; *karma-phala* — k plodom činov; *prepsuḥ* — túžiaci; *lubdhaḥ* — lačný; *hiṁsā-ātmakaḥ* — vždy závistlivý; *aśuciḥ* — nečistý;

harṣa-śoka-anvitaḥ—podliehajúci radosti a žiaľu; *kartā*—taký konateľ; *rājasaḥ*—v kvalite vášne; *parikīrtitaḥ*— hovorí sa.

O konateľovi, ktorý je pripútaný k práci a jej plodom a túži po ich užívaní, ktorý je chamtivý, závistlivý, nečistý a podlieha radosti a smútku, sa hovorí, že sa nachádza v kvalite vášne.

VÝZNAM: Človek priveľmi lipne na určitej práci alebo na jej plodoch, pretože je veľmi materialistický, alebo ho silne púta domáci krb, žena a deti. Taký človek netúži po zdokonalení svojho života. Jediné, čo ho zaujíma, je, ako si zadovážiť čo najviac hmotného pohodlia. Obyčajne býva veľmi chamtivý a je presvedčený, že všetko, čo dosiahol, je trvalé a nikdy o to nemôže prísť. Taký človek je závistlivý a pre zmyslový pôžitok je schopný všetkého. Preto je nečistý a neláme si hlavu nad tým, či prichádza k peniazom čestným alebo nečestným spôsobom. Ak jeho práca slávi úspech, je šťastný, a ak mu niečo nevyjde, je sklamaný. Taký človek sa nachádza v kvalite vášne.

VERŠ 28

अयुक्तः प्राकृतः स्तब्धः शठो नैष्कृतिकोऽलसः ।
विषादी दीर्घसूत्री च कर्ता तामस उच्यते ॥ २८ ॥

ayuktaḥ prākṛtaḥ stabdhaḥ śaṭho naiṣkṛtiko 'lasaḥ
viṣādī dīrgha-sūtrī ca kartā tāmasa ucyate

ayuktaḥ—nehľadiac na pokyny písiem; *prākṛtaḥ*—materialistický; *stabdhaḥ*—zanovitý; *śaṭhaḥ*—podvodnícky; *naiṣkṛtikaḥ*—uráža druhých; *alasaḥ*—lenivý; *viṣādī*—mrzutý; *dīrgha-sūtrī*—zaháľčivý; *ca*—tiež; *kartā*—konateľ; *tāmasaḥ*—v kvalite nevedomosti; *ucyate*—hovorí sa.

A o tom, kto vždy koná proti príkazom písiem, kto je materialistický, tvrdohlavý, podvodnícky, lenivý, kto je majstrom v urážaní druhých, vždy mrzutý a záhaľčivý, sa hovorí, že sa nachádza v kvalite nevedomosti.

VÝZNAM: V písmach nájdeme pokyny o tom, aké činy sa majú vykonávať a aké nie. Kto sa týmito zásadami neriadi, robí čo nemá, je obyčajne materialistickým človekom. Koná podľa kvalít prírody, a nie podľa pokynov písiem. Takí konatelia nie sú práve najslušnejší a obyčajne bývajú veľmi úskoční a šikovní v urážaní druhých. Sú veľmi leniví a svoju povinnosť si nikdy nekonajú riadne; radšej si ju odložia na inokedy. Preto sú veľmi mrzutí. Všetko im trvá dlho — čo sa dá urobiť za hodinu, robia celé roky. Takí ľudia sa nachádzajú v kvalite nevedomosti.

VERŠ 29

बुद्धेर्भेदं धृतेश्चैव गुणतस्त्रिविधं शृणु ।
प्रोच्यमानमशेषेण पृथक्त्वेन धनञ्जय ॥ २९ ॥

buddher bhedaṁ dhṛteś caiva guṇatas tri-vidhaṁ śṛṇu
procyamānam aśeṣeṇa pṛthaktvena dhanañjaya

buddheḥ — inteligencia; *bhedam* — rozdiely; *dhṛteḥ* — odhodlanie; *ca* — aj; *eva* — iste; *guṇataḥ* — z kvalít hmotnej prírody; *tri-vidham* — tri druhy; *śṛṇu* — počuj; *procyamānam* — ako ich vysvetlím; *aśeṣeṇa* — podrobne; *pṛthaktvena* — rôzne; *dhanañjaya* — ó, dobyvateľ bohatstva.

Ó, dobyvateľ bohatstva, vypočuj si teraz, prosím, ako ti podrobne vysvetlím tri druhy pochopenia a odhodlanosti vo vzťahu k trom kvalitám hmotnej prírody.

VÝZNAM: Po výklade poznania, poznávaného a poznávajúceho a ich rozdelenia do troch rôznych tried podľa kvalít hmotnej prírody, Pán rovnako vysvetľuje inteligenciu a odhodlanosť.

VERŠ 30

प्रवृत्तिं च निवृत्तिं च कार्याकार्ये भयाभये ।
बन्धं मोक्षं च या वेत्ति बुद्धिः सा पार्थ सात्त्विकी ॥ ३० ॥

pravṛttiṁ ca nivṛttiṁ ca kāryākārye bhayābhaye
bandhaṁ mokṣaṁ ca yā vetti buddhiḥ sā pārtha sāttvikī

pravṛttim — koná; *ca* — aj; *nivṛttim* — nekoná; *ca* — a; *kārya* — čo sa má robiť; *akārye* — čo sa nemá robiť; *bhaya* — strach; *abhaye* — nebojácnosť;

bandham—puto; *mokṣam*—vyslobodenie; *ca*—a; *yā*—ktorá; *vetti*—pozná; *buddhiḥ*—pochopenie; *sā*—to; *pārtha*—ó, syn Pṛthy; *sāttvikī*—v kvalite dobra.

Ó, syn Pṛthy, porozumenie, pomocou ktorého človek vie, čo sa smie a čo sa nesmie, čoho sa má báť a čoho nie, čo zväzuje a čo oslobodzuje, také pochopenie je v kvalite dobra.

VÝZNAM: Ten, kto nepozná pokyny písiem, zaplieta sa do následkov svojich činov. Činy vykonané podľa pokynov písiem, sa nazývajú *pravṛtti* alebo tie, ktoré majú byť vykonané. Opakom sú činy, ktoré by nemali byť vykonané, pretože nie sú schválené písmami. Pochopenie, ktoré rozlišuje pomocou inteligencie, sa nachádza v kvalite dobra.

VERŠ 31

यया धर्ममधर्मं च कार्यं चाकार्यमेव च ।
अयथावत्प्रजानाति बुद्धिः सा पार्थ राजसी ॥ ३१ ॥

yayā dharmam adharmaṁ ca kāryaṁ cākāryam eva ca
ayathāvat prajānāti buddhiḥ sā pārtha rājasī

yayā—ktorá; *dharmam*—náboženské zásady; *adharmam*—bezbožnosť; *ca*—a; *kāryam*—čo by malo byť vykonané; *ca*—aj; *akāryam*—čo by nemalo byť vykonané; *eva*—istotne; *ca*—aj; *ayathā-vat*—nedokonale; *prajānāti*—pozná; *buddhiḥ*—inteligencia; *sā*—tá; *pārtha*—ó, syn Pṛthy; *rājasī*—v kvalite vášne.

Ó, syn Pṛthy, porozumenie nerozlišujúce medzi náboženstvom a bezbožnosťou, medzi tým, čo sa má a čo sa nesmie, sa nachádza v kvalite vášne.

VERŠ 32

अधर्मं धर्ममिति या मन्यते तमसावृता ।
सर्वार्थान्विपरीतांश्च बुद्धिः सा पार्थ तामसी ॥ ३२ ॥

adharmaṁ dharmam iti yā manyate tamasāvṛtā
sarvārthān viparītāṁś ca buddhiḥ sā pārtha tāmasī

adharmam — bezbožnosť; *dharmam* — náboženstvo; *iti* — tak; *yā* — ktorá; *manyate* — myslí si; *tamasā* — z ilúzie; *āvṛtā* — zahalená; *sarva-arthān* — všetky veci; *viparītān* — nesprávny smer; *ca* — tiež; *buddhiḥ* — inteligencia; *sā* — tá; *pārtha* — ó, syn Pṛthy; *tāmasī* — v kvalite nevedomosti.

Porozumenie zahalené ilúziou a temnotou, pokladajúce bezbožnosť za náboženstvo a náboženstvo za bezbožnosť a vždy smerujúce nesprávnym smerom, ó, Pārtha, je porozumením v kvalite nevedomosti.

VÝZNAM: Inteligencia v kvalite nevedomosti si počína vždy naopak, než by mala. Zavrhuje pravé náboženstvo a namiesto toho prijíma to, čo náboženstvom vlastne nie je. Človek v kvalite nevedomosti považuje veľké duše za obyčajných ľudí a obyčajného človeka prijíma ako veľkú dušu. Pravdu vidí ako nepravdu a nepravdu ako pravdu. Vo všetkých svojich činnostiach sa uberá nesprávnym smerom; preto je jeho inteligencia v kvalite nevedomosti.

VERŠ 33

धृत्या यया धारयते मनःप्राणेन्द्रियक्रियाः ।
योगेनाव्यभिचारिण्या धृतिः सा पार्थ सात्त्विकी ॥ ३३ ॥

dhṛtyā yayā dhārayate manaḥ-prāṇendriya-kriyāḥ
yogenāvyabhicāriṇyā dhṛtiḥ sā pārtha sāttvikī

dhṛtyā — odhodlanie; *yayā* — ktorá; *dhārayate* — udržovaná; *manaḥ* — mysle; *prāṇa* — život; *indriya* — zmysly; *kriyāḥ* — činnosti; *yogena* — yogou; *avyabhicāriṇyā* — nepretržite; *dhṛtiḥ* — odhodlanie; *sā* — tá; *pārtha* — ó, syn Pṛthy; *sāttvikī* — v kvalite dobra.

Ó, syn Pṛthy, nezlomné odhodlanie, ktoré je udržiavané neochvejným vykonávaním yogy a ktorým človek ovláda činnosti mysle, života a zmyslov, je odhodlaním v kvalite dobra.

VÝZNAM: *Yoga* je prostriedkom k pochopeniu Najvyššej Duše. Ten, kto je s pevnou odhodlanosťou pohrúžený do myšlienok na Najvyššiu Dušu, kto upriamuje myseľ, zmysly a život na Najvyššieho, je zapojený vo vedomí Kṛṣṇu. Takéto odhodlanie náleží do kvality dobra. Slovo *avyabhicāriṇyā* je veľmi dôležité, pretože poukazuje na osoby, ktoré sa neustále zapájajú do vedomia Kṛṣṇu a nikdy sa neuchýlia k iným činnostiam.

VERŠ 34

यया तु धर्मकामार्थान्धृत्या धारयतेऽर्जुन ।
प्रसङ्गेन फलाकाङ्क्षी धृतिः सा पार्थ राजसी ॥ ३४ ॥

yayā tu dharma-kāmārthān dhṛtyā dhārayate 'rjuna
prasaṅgena phalākāṅkṣī dhṛtiḥ sā pārtha rājasī

yayā — ktorú; *tu* — ale; *dharma* — náboženstvo; *kāma* — zmyslového pôžitku; *arthān* — ekonomického rozvoja; *dhṛtyā* — s odhodlaním; *dhārayate* — držať sa; *arjuna* — ó, Arjuna; *prasaṅgena* — pretože lipne; *phala-ākāṅkṣī* — túžiac po plodoch; *dhṛtiḥ* — odhodlanie; *sā* — to; *pārtha* — ó, syn Pṛthy; *rājasī* — v kvalite vášne.

No odhodlanie, s ktorým sa človek usilovne pridržiava plodov náboženstva, ekonomického rozvoja a zmyslového pôžitku, ó, Arjuna, je v kvalite vášne.

VÝZNAM: Človek, ktorý neustále túži po plodoch ekonomického a náboženského rozvoja, ktorého jedinou túžbou je zmyslový pôžitok a ktorého myseľ, život a zmysly sa týmito vecami neustále zapodievajú, sa nachádza v kvalite vášne.

VERŠ 35

यया स्वप्नं भयं शोकं विषादं मदमेव च ।
न विमुञ्चति दुर्मेधा धृतिः सा पार्थ तामसी ॥ ३५ ॥

yayā svapnaṁ bhayaṁ śokaṁ viṣādaṁ madam eva ca
na vimuñcati durmedhā dhṛtiḥ sā pārtha tāmasī

yayā — ktorá; *svapnam* — snenia; *bhayam* — strachu; *śokam* — náreku; *viṣādam* — mrzutosti; *madam* — ilúzie; *eva* — iste; *ca* — aj; *na* — nikdy; *vimuñcati* — nezbavuje; *durmedhā* — neinteligentný; *dhṛtiḥ* — odhodlanie; *sā* — to; *pārtha* — ó, syn Pṛthy; *tāmasī* — v kvalite nevedomosti.

A odhodlanie, ktoré neprekonáva rámec snenia, strachu, žiaľu, mrzutosti a ilúzie, také neinteligentné odhodlanie, ó, syn Pṛthy, náleží do kvality nevedomosti.

VÝZNAM: Nemali by sme si teraz myslieť, že človek v kvalite dobra nesníva. „Snivosť" v tomto verši znamená príliš dlhý spánok. Snívanie je prirodzený stav, či sa už nachádza v kvalite dobra, vášne alebo v kvalite nevedomosti. No ten, kto spí viac, ako je nutné, a nič proti tomu nerobí, kto sa nemôže zbaviť hmotnej pýchy a pôžitku zo zmyslových predmetov, kto nemôže prestať snívať o panovaní nad týmto hmotným svetom a kto celý svoj život, svoju myseľ a svoje zmysly zamestnáva v tomto duchu, toho odhodlanosť je v kvalite nevedomosti.

VERŠ 36

सुखं त्विदानीं त्रिविधं शृणु मे भरतर्षभ ।
अभ्यासाद्रमते यत्र दुःखान्तं च निगच्छति ॥ ३६ ॥

sukhaṁ tv idānīṁ tri-vidhaṁ śṛṇu me bharatarṣabha
abhyāsād ramate yatra duḥkhāntaṁ ca nigacchati

sukham — šťastie; *tu* — ale; *idānīm* — teraz; *tri-vidham* — trojaké; *śṛṇu* — vypočuj si; *me* — odo Mňa; *bharata-ṛṣabha* — ó, najlepší z Bharatovcov; *abhyāsāt* — cvikom; *ramate* — teší sa; *yatra* — tam; *duḥkha* — starosti; *antam* — koniec; *ca* — aj; *nigacchati* — získava.

Ó, najlepší z Bharatovcov, vypočuj si teraz odo Mňa o trojakom šťastí, v ktorom podmienená duša nachádza svoje potešenie a ktoré niekedy ukončuje všetky jej strasti.

VÝZNAM: Podmienená duša neustále vyhľadáva hmotné šťastie. To sa obrazne nazýva „prežúvanie prežúvaného". Niekedy sa však vďaka spoločnosti veľkej duše z tohoto hmotného väzenia oslobodí. Inými slovami, podmienená duša sa neustále zamestnáva nejakým druhom zmyslového pôžitku, no len čo vďaka dobrej spoločnosti pochopí, že sa snaží stále o to isté a prebudí svoje skutočné vedomie Kṛṣṇu, môže sa oslobodiť z tohoto večne sa opakujúceho takzvaného šťastia.

VERŠ 37

यत्तदग्रे विषमिव परिणामेऽमृतोपमम् ।
तत्सुखं सात्त्विकं प्रोक्तमात्मबुद्धिप्रसादजम् ॥ ३७ ॥

yat tad agre viṣam iva pariṇāme 'mṛtopamam
tat sukhaṁ sāttvikaṁ proktam ātma-buddhi-prasāda-jam

yat — ktoré; *tat* — to; *agre* — spočiatku; *viṣam iva* — ako jed; *pariṇāme* — na konci; *amṛta* — nektár; *upamam* — v porovnaní; *tat* — to; *sukham* — šťastie; *sāttvikam* — v kvalite dobra; *proktam* — hovorí sa; *ātma* — svoje ja; *buddhi* — inteligenciou; *prasāda-jam* — uspokojujúce.

O šťastí, ktoré je spočiatku ako jed a na konci ako nektár a ktoré prebúdza k sebarealizácii, sa hovorí, že náleží do kvality dobra.

VÝZNAM: Ak sa usilujeme o sebarealizáciu, musíme sa riadiť mnohými zásadami a príkazmi, aby sme sa naučili ovládať myseľ a zmysly a aby sme svoju myseľ dokázali upriet na vlastné ja. To je veľmi ťažké, trpké ako jed, no ak človek uspeje nasledovaním týchto pravidiel a dosiahne tak transcendentálnu úroveň, ochutná skutočný nektár a začne sa tešiť z pravej radosti života.

VERŠ 38

विषयेन्द्रियसंयोगाद्यत्तदग्रेऽमृतोपमम् ।
परिणामे विषमिव तत्सुखं राजसं स्मृतम् ॥ ३८ ॥

viṣayendriya-saṁyogād yat tad agre 'mṛtopamam
pariṇāme viṣam iva tat sukhaṁ rājasaṁ smṛtam

viṣaya — zmyslových predmetov; *indriya* — a zmyslov; *saṁyogāt* — zo spojenia; *yat* — ktoré; *tat* — to; *agre* — spočiatku; *amṛta-upamam* — ako nektár; *pariṇāme* — na konci; *viṣam iva* — ako jed; *tat* — to; *sukham* — šťastie; *rājasam* — v kvalite vášne; *smṛtam* — považuje sa.

Šťastie, ktoré vzniká zo spojenia zmyslov a ich predmetov, ktoré je spočiatku ako nektár a na konci ako jed — také šťastie sa pripisuje kvalite vášne.

VÝZNAM: Keď sa mladý muž stretne s mladou ženou, zmysly ho začnú nútiť, aby sa na ženu díval, aby sa jej dotýkal a mal s ňou pohlavný styk. Zmysly na to môžu spočiatku reagovať veľmi príjemne a uspokojivo, no skôr či neskôr bude celá situácia pôsobiť ako jed. Rozídu sa alebo rozvedú a namiesto šťastia sa dostaví sklamanie. Také šťastie je vždy v kvalite vášne. Radosť pochádzajúca zo spojenia zmyslov a zmyslových predmetov je vždy príčinou bolesti a mali by sme sa jej za každú cenu vyvarovať.

VERŠ 39

यदग्रे चानुबन्धे च सुखं मोहनमात्मनः ।
निद्रालस्यप्रमादोत्थं तत्तामसमुदाहृतम् ॥ ३९ ॥

yad agre cānubandhe ca sukhaṁ mohanam ātmanaḥ
nidrālasya-pramādotthaṁ tat tāmasam udāhṛtam

yat — to, ktoré; *agre* — spočiatku; *ca* — aj; *anubandhe* — na konci; *ca* — aj; *sukham* — šťastie; *mohanam* — iluzórne; *ātmanaḥ* — vlastné ja; *nidrā* — spánok; *ālasya* — lenivosť; *pramāda* — a ilúzia; *uttham* — povstávajúce z; *tat* — to; *tāmasam* — v kvalite nevedomosti; *udāhṛtam* — hovorí sa.

A o šťastí, ktoré je slepé voči sebarealizácii, ktoré je od začiatku do konca klamom a pochádza zo spánku, lenivosti a ilúzie, sa hovorí, že náleží do kvality nevedomosti.

VÝZNAM: Ten, kto nachádza potešenie v lenivosti a spánku, sa iste nachádza v kvalite temnoty, nevedomosti. To isté platí o človeku, ktorý nikdy nevie, ako má a ako nemá konať. Pre tých, čo sa nachádzajú v tejto kvalite, je všetko ilúziou. Niet pre nich šťastia ani na začiatku, ani na konci. Človek v kvalite vášne môže spočiatku prežívať istý druh šťastia, z ktorého sa nakoniec vykľuje utrpenie, no človek v kvalite nevedomosti zažíva útrapy od začiatku do konca.

VERŠ 40

न तदस्ति पृथिव्यां वा दिवि देवेषु वा पुनः ।
सत्त्वं प्रकृतिजैर्मुक्तं यदेभिः स्यात्त्रिभिर्गुणैः ॥ ४० ॥

na tad asti pṛthivyāṁ vā divi deveṣu vā punaḥ
sattvaṁ prakṛti-jair muktaṁ yad ebhiḥ syāt tribhir guṇaiḥ

bona — nie; *tat* — ten; *asti* — je; *pṛthivyām* — na Zemi; *vā* — alebo; *divi* — na vyšších planetárnych sústavách; *deveṣu* — medzi polobohmi; *vā* — alebo; *punaḥ* — znovu; *sattvam* — existencia; *prakṛti-jaiḥ* — zrodený z materiálnej prírody; *muktam* — oslobodený; *yat* — ktorý; *ebhiḥ* — od vplyvu týchto; *syāt* — je; *tribhiḥ* — troch; *guṇaiḥ* — kvalít hmotnej prírody.

Tu, ani medzi polobohmi na vyšších planetárnych sústavách niet bytosti oslobodenej od vplyvu troch kvalít hmotnej prírody.

VÝZNAM: V tomto verši Pán zhŕňa totálny vplyv troch kvalít hmotnej prírody pôsobiacich v celom vesmíre.

VERŠ 41

ब्राह्मणक्षत्रियविशां शूद्राणां च परन्तप ।
कर्माणि प्रविभक्तानि स्वभावप्रभवैर्गुणैः ॥ ४१ ॥

brāhmaṇa-kṣatriya-viśāṁ śūdrāṇāṁ ca parantapa
karmāṇi pravibhaktāni svabhāva-prabhavair guṇaiḥ

brāhmaṇa — *brāhmaṇi; kṣatriya* — *kṣatriyovia; viśām* — *vaiśyovia; śūdrāṇām* — *śūdrovia; ca* — a; *parantapa* — ó, podmaniteľ nepriateľov; *karmā-*

ṇi — činy; *pravibhaktāni* — rozdeľujú sa; *svabhāva* — vlastnej prirodzenosti; *prabhavaiḥ* — zrodené; *guṇaiḥ* — z kvalít hmotnej prírody.

Brāhmaṇi, kṣatriyovia, vaiśyovia a śūdrovia sa navzájom odlišujú podľa vrodených vlastností, ktoré zodpovedajú rôznym hmotným kvalitám, ó, podmaniteľ nepriateľov.

VERŠ 42

शमो दमस्तपः शौचं क्षान्तिरार्जवमेव च ।
ज्ञानं विज्ञानमास्तिक्यं ब्रह्मकर्म स्वभावजम् ॥ ४२ ॥

śamo damas tapaḥ śaucaṁ kṣāntir ārjavam eva ca
jñānaṁ vijñānam āstikyaṁ brahma-karma svabhāva-jam

śamaḥ — mierumilovnosť; *damaḥ* — sebaovládanie; *tapaḥ* — odriekanie; *śaucam* — čistota; *kṣāntiḥ* — znášanlivosť; *ārjavam* — čestnosť; *eva* — celkom iste; *ca* — a; *jñānam* — poznanie; *vijñānam* — múdrosť; *āstikyam* — zbožnosť; *brahma* — *brāhmaṇov; karma* — povinnosť; *svabhāva-jam* — zrodené z ich vlastnej povahy.

Mierumilovnosť, sebaovládanie, odriekanie, čistota, znášanlivosť, čestnosť, poznanie, múdrosť a zbožnosť sú prirodzené vlastnosti, ktorými sa vyznačujú brāhmaṇi.

VERŠ 43

शौर्यं तेजो धृतिर्दाक्ष्यं युद्धे चाप्यपलायनम् ।
दानमीश्वरभावश्च क्षात्रं कर्म स्वभावजम् ॥ ४३ ॥

śauryaṁ tejo dhṛtir dākṣyaṁ yuddhe cāpy apalāyanam
dānam īśvara-bhāvaś ca kṣātraṁ karma svabhāva-jam

śauryam — hrdinskosť; *tejaḥ* — sila; *dhṛtiḥ* — odhodlanosť; *dākṣyam* — duchaprítomnosť; *yuddhe* — v boji; *ca* — a; *api* — aj; *apalāyanam* — nezlomnosť; *dānam* — veľkorysosť; *īśvara* — schopnosť viesť druhých;

bhāvaḥ — povaha; *ca* — a; *kṣātram* — *kṣatriyov; karma* — povinnosť; *svabhāva-jam* — zrodené z ich vlastnej povahy.

Hrdinskosť, sila, odhodlanosť, duchaprítomnosť, nezlomnosť v boji, veľkorysosť a schopnosť viesť druhých sú prirodzené vlastnosti kṣatriyov.

VERŠ 44

कृषिगोरक्ष्यवाणिज्यं वैश्यकर्म स्वभावजम् ।
परिचर्यात्मकं कर्म शूद्रस्यापि स्वभावजम् ॥ ४४ ॥

kṛṣi-go-rakṣya-vāṇijyaṁ vaiśya-karma svabhāva-jam
paricaryātmakaṁ karma śūdrasyāpi svabhāva-jam

kṛṣi — orba; *go* — kráv; *rakṣya* — ochrana; *vāṇijyam* — obchod; *vaiśya* — *vaiśyov; karma* — povinnosť; *svabhāva-jam* — zrodené z ich vlastnej povahy; *paricaryā* — služba; *ātmakam* — povaha; *karma* — povinnosť; *śūdrasya* — *śūdrov; api* — tiež; *svabhāva-jam* — zrodené z ich vlastnej povahy.

Poľnohospodárstvo, ochrana kráv a obchod sú prirodzené povinnosti vaiśyov, a povinnosťou śūdrov je pracovať a slúžiť ostatným.

VERŠ 45

स्वे स्वे कर्मण्यभिरतः संसिद्धिं लभते नरः ।
स्वकर्मनिरतः सिद्धिं यथा विन्दति तच्छृणु ॥ ४५ ॥

sve sve karmaṇy abhirataḥ saṁsiddhiṁ labhate naraḥ
sva-karma-nirataḥ siddhiṁ yathā vindati tac chṛṇu

sve sve — každý svoje vlastné; *karmaṇi* — konaním; *abhirataḥ* — nasledovanie; *saṁsiddhim* — dokonalosť; *labhate* — dosiahne; *naraḥ* — človek; *sva-karma* — svoje vlastné povinnosti; *nirataḥ* — zamestnaný; *siddhim* — dokonalosť; *yathā* — akú; *vindati* — získa; *tat* — ten; *śṛṇu* — počuj.

Vykonávaním svojich povinností môže každý dosiahnuť dokonalosť. Vypočuj si teraz odo Mňa, ako je to možné.

VERŠ 46

यतः प्रवृत्तिर्भूतानां येन सर्वमिदं ततम् ।
स्वकर्मणा तमभ्यर्च्य सिद्धिं विन्दति मानवः ॥ ४६ ॥

yataḥ pravṛttir bhūtānāṁ yena sarvam idaṁ tatam
sva-karmaṇā tam abhyarcya siddhiṁ vindati mānavaḥ

yataḥ — z ktorej; *pravṛttiḥ* — emanácie; *bhūtānām* — všetkých živých bytostí; *yena* — ktorý; *sarvam* — všetko; *idam* — toto; *tatam* — preniká; *sva-karmaṇā* — vlastné povinnosti; *tam* — Jeho; *abhyarcya* — uctievaním; *siddhim* — dokonalosť; *vindati* — dosiahne; *mānavaḥ* — človek.

Uctievaním Pána, ktorý je pôvodom všetkých tvorov a ktorý je všeprenikajúci, môže človek dosiahnuť dokonalosť, ak si plní svoje vlastné povinnosti.

VÝZNAM: Ako už bolo povedané v pätnástej kapitole, všetky živé bytosti sú malými čiastočkami Najvyššieho Pána a Najvyšší Pán je ich pôvodom. To je potvrdené aj vo *Vedānta-sūtre*: *janmādy asya yataḥ*. Najvyšší Pán je teda počiatkom života všetkých živých bytostí. A v siedmej kapitole *Bhagavad-gīty* sa píše, že prostredníctvom Svojich dvoch energií, vonkajšej a vnútornej, preniká všetkým jestvujúcim. Najvyššieho Pána preto musíme uctievať spolu s Jeho energiami. *Vaiṣṇavovia* obyčajne uctievajú Najvyššieho Pána spolu s Jeho vnútornou energiou. Vonkajšia energia je prevráteným odrazom vnútornej energie. Vonkajšia energia je pozadie, ale Najvyšší Pán vo Svojej podobe *Paramātmy* sa nachádza všade. Je Naddušou všetkých polobohov, ľudí i zvierat — všetkého. Musíme si preto uvedomiť, že ako čiastočky Najvyššieho Pána sme Mu povinní slúžiť. Všetci by sme sa mali zapojiť do oddanej služby Pánovi a byť si plne vedomí Kṛṣṇu. To je odkaz tohoto verša.

Každý by si mal myslieť, že ho Hṛṣīkeśa, Pán zmyslov, poveril určitým zamestnaním a plody tejto práce by mal použiť v uctievaní Najvyššej Božskej Osobnosti, Śrī Kṛṣṇu. Ak takto človek neustále zmýšľa a ak si je plne vedomý Kṛṣṇu, začne si Kṛṣṇovou milosťou všetko uvedomovať. To je dokonalosť života. Pán v *Bhagavad-gīte* (12.7) hovorí: *teṣām ahaṁ samuddhartā*. „Najvyšší Pán sa osobne postará o ochranu takého oddaného." To je najvyššia dokonalosť života. Nech je už naše zamestnanie akékoľvek, ak slúžime Najvyššiemu Pánovi, dosiahneme najvyššiu dokonalosť.

VERŠ 47

श्रेयान्स्वधर्मो विगुणः परधर्मात्स्वनुष्ठितात् ।
स्वभावनियतं कर्म कुर्वन्नाप्नोति किल्बिषम् ॥ ४७ ॥

śreyān sva-dharmo viguṇaḥ para-dharmāt sv-anuṣṭhitāt
svabhāva-niyataṁ karma kurvan nāpnoti kilbiṣam

śreyān — lepšie; *sva-dharmaḥ* — vlastnú povinnosť; *viguṇaḥ* — konanú nedokonale; *para-dharmāt* — povinnosť druhého; *su-anuṣṭhitāt* — konanú dokonale; *svabhāva-niyatam* — stanovené povinnosti podľa vlastnej povahy; *karma* — čin; *kurvan* — koná; *na* — nikdy; *āpnoti* — získa; *kilbiṣam* — hriešne následky.

Je lepšie sa venovať svojmu zamestnaniu, aj keď nedokonale, než zamestnaniu niekoho druhého dokonale. Vykonávanie povinností stanovených podľa vlastnej povahy nikdy nepostihnú následky za hriešne činy.

VÝZNAM: V *Bhagavad-gīte* sú opísané predpísané povinnosti každého. V predchádzajúcich veršoch bolo povedané, že povinnosti *brāhmaṇov*, *kṣatriyov*, *vaiśyov* a *śūdrov* sú určené tromi kvalitami hmotnej prírody. Vykonávať povinnosti druhých sa však neodporúča. Človek, pre ktorého je prirodzené vykonávať prácu *śūdru*, sa nemá vydávať za *brāhmaṇa*, aj keby sa narodil v *brāhmaṇskej* rodine. Mali by sme konať podľa vlastnej prirodzenosti; nijaká práca nie je opovrhnutiahodná, ak sa vykonáva v duchu oddanej služby Najvyššiemu Pánovi. Povinnosti *brāhmaṇov* sa iste nachádzajú v kvalite dobra, a ak niekto nie je v kvalite dobra, nemal by napodobňovať *brāhmaṇské* činnosti. *Kṣatriya*, vládca, má mnoho nepríjemných povinností; niekedy musí používať násilie, zabíjať nepriateľov a niekedy sa musí z diplomatických dôvodov uchýliť ku klamstvu. Násilie a hra na dve strany patria k politike; *kṣatriya* sa však nesmie zriekať svojho postavenia a snažiť sa vykonávať povinnosti *brāhmaṇov*.

Človek musí konať tak, aby uspokojil Najvyššieho Pána. Arjuna bol *kṣatriya*, a predsa váhal, keď mal bojovať proti nepriateľovi. Ak je však taký boj vedený pre Kṛṣṇu, Najvyššiu Božskú Osobnosť, potom sa človek nemusí obávať nijakého poklesku. Vo svete obchodu sa zavše prihodí, že obchodník musí zaklamať, aby mal vôbec nejaký zisk. Ak tak neurobí, nič nezíska. Obchodník niekedy hovorí: „Drahý zákazník, pre vás sa zrieknem všetkého", ale každý vie, že bez zisku by nemohol existovať. Ak obchodník hovorí, že nemá nijaký zisk, je jasné, že klame. Obchodník však nesmie opustiť svoje zamestnanie a prijať povinnosti *brāhmaṇa* len preto, že je vo svojom zamestnaní nútený klamať. To sa rozhodne neodporúča. Ak človek svojou prácou slúži Najvyššej Božskej Osobnosti, nie je dôležité, či je *kṣatriya*, *vaiśya* alebo *śūdra*. Aj *brāhmaṇi*, ktorí vykonávajú rôzne obete, musia niekedy zabiť zviera, pretože pri obetiach sa niekedy zabíjajú zvieratá. To však nie je hriech. Ak *kṣatriya* v boji zabije nepriateľa, ani to nie je hriech, pretože si koná svoju povinnosť. To už bolo podrobne vysvetlené v tretej kapitole. Všetci by sme mali pracovať pre Yajñu alebo Viṣṇua, Najvyššiu Božskú Osobnosť, pretože všetko, čo človek robí pre vlastné uspokojenie, zapríčiňuje jeho otroctvo. Na záver môžeme povedať, že každý má konať podľa toho, v akej hmotnej kvalite sa nachádza, a že má každopádne pracovať tak, aby jednoducho slúžil zvrchovanému záujmu Najvyššieho Pána.

VERŠ 48

सहजं कर्म कौन्तेय सदोषमपि न त्यजेत् ।
सर्वारम्भा हि दोषेण धूमेनाग्निरिवावृताः ॥ ४८ ॥

saha-jaṁ karma kaunteya sa-doṣam api na tyajet
sarvārambhā hi doṣeṇa dhūmenāgnir ivāvṛtāḥ

saha-jam — súčasne zrodený; *karma* — čin; *kaunteya* — ó, syn Kuntī; *sa-doṣam* — s chybou; *api* — aj keď; *na* — nikdy; *tyajet* — nemal by zanechať; *sarva-ārambhāḥ* — každý pokus; *hi* — iste; *doṣeṇa* — s chybou; *dhūmena* — dymom; *agniḥ* — oheň; *iva* — ako; *āvṛtāḥ* — zahalený.

Každý čin, ó, syn Kuntī, je zahalený nejakou vadou, tak ako je oheň zahalený dymom. Preto by človek nemal zanechať činnosť, ktorá prináleží jeho povahe, aj keby nebola bez chýb.

VÝZNAM: V podmienenom stave sú všetky činnosti znečistené hmotnými kvalitami. Aj *brāhmaṇa* musí vykonávať obete, pri ktorých sa zabíjajú zvieratá. Podobne *kṣatriya*, nech je akokoľvek zbožný, musí bojovať so svojím nepriateľom. Nemôže sa tomu vyhnúť. Veľmi zbožný obchodník musí niekedy zatajiť svoj zisk, aby mohol pokračovať v obchodovaní, a niekedy je dokonca nútený obchodovať na čiernom trhu. Je to nevyhnutné. To isté platí o *śūdrovi*, ktorý je sluhom zlého pána. Musí vykonávať jeho pokyny, hoci by po pravde nemali byť vykonané. Napriek týmto nedostatkom musí človek pokračovať v nasledovaní svojich predpísaných povinností, pretože sa rodí s určitou povahou.

V tomto verši je na ilustráciu použitý veľmi dobrý príklad. Aj keď je oheň čistý, je v ňom prítomný aj dym. Oheň sa však dymom neznečistí. Obsahuje ho, a predsa je považovaný za najčistejšiu látku. Ak sa chce *kṣatriya* zrieknuť svojich vojenských povinností a radšej prijať povinnosti *brāhmaṇa*, kto mu zaručí, že *brāhmaṇské* povinnosti so sebou neprinesú nijaké nepríjemnosti. Z toho plynie záver, že nikto v hmotnom svete nie je nadobro zbavený hmotného znečistenia. Vráťme sa k príkladu s dymom a ohňom, ktorý je v tejto súvislosti veľmi výstižný. Keď niekto v zimnom období kvôli využitiu tepla vezme kameň z ohňa, môže sa stať, že sa mu dostane dym do očí a začne slziť. Tak či onak, aj napriek týmto nepríjemným okolnostiam sa musí oheň kvôli teplu používať. Podobne sa nemá človek zriekať svojich prirodzených povinností kvôli nejakým nemilým okolnostiam. Naopak, prostredníctvom svojich predpísaných povinností má s vedomím Kṛṣṇu odhodlane slúžiť Najvyššiemu Pánovi, Śrī Kṛṣṇovi. To je jeho dokonalosť. Ak človek pracuje pre potešenie Najvyššieho Pána, jeho činy sa očistia od všetkých nedostatkov. Keď sú plody jeho práce očistené vykonávaním oddanej služby, môže dokonale uzrieť svoje vlastné ja, a to sa nazýva sebarealizácia.

VERŠ 49

असक्तबुद्धिः सर्वत्र जितात्मा विगतस्पृहः ।
नैष्कर्म्यसिद्धिं परमां सन्न्यासेनाधिगच्छति ॥ ४९ ॥

asakta-buddhiḥ sarvatra jitātmā vigata-spṛhaḥ
naiṣkarmya-siddhiṁ paramāṁ sannyāsenādhigacchati

asakta-buddhiḥ — s nepripútanou inteligenciou; *sarvatra* — všade; *jita-ātmā* — s ovládnutou mysľou; *vigata-spṛhaḥ* — bez hmotných túžob; *naiṣkarmya-siddhim* — dokonalosť zbavená reakcií; *paramām* — najvyšší; *sannyāsena* — životným štádiom odriekania; *adhigacchati* — dosiahne.

Kto na ničom nelipne, kto sa ovláda a je ľahostajný k všetkým hmotným pôžitkom, môže pomocou odriekania dosiahnuť najvyššiu dokonalosť v oslobodení sa od všetkých následkov.

VÝZNAM: Skutočné odriekanie znamená, že človek na seba hľadí ako na čiastočku Najvyššieho Pána a uvedomuje si, že nemá právo užívať si plody svojej práce. Ako čiastočky Najvyššieho Pána musíme obetovať výsledky našich činov pre uspokojenie Jeho zmyslov. To je skutočné vedomie Kṛṣṇu. Osoba konajúca vo vedomí Kṛṣṇu je pravý *sannyāsī*, človek v životnom štádiu odriekania. Človek s takýmto vedomím sa cíti byť spokojný, pretože všetko robí pre Najvyššieho Pána. Nie je pútaný k ničomu hmotnému. Naučí sa nevyhľadávať radosť v ničom inom, než v transcendentálnom šťastí, ktoré zažíva v službe Pánovi. *Sannyāsī* je človek oslobodený od následkov svojich minulých činov, avšak ten, kto koná vo vedomí Kṛṣṇu, dosiahne automaticky tieto vlastnosti a nemusí vstupovať do stavu odriekania. Tento stav sa nazýva *yogārūḍha* alebo najvyššie štádium *yogy*. To je potvrdené v tretej kapitole: *yas tv ātma-ratir eva syāt*. Kto je spokojný sám v sebe, sa nemusí obávať následkov svojich minulých činov.

VERŠ 50

सिद्धिं प्राप्तो यथा ब्रह्म तथाप्नोति निबोध मे ।
समासेनैव कौन्तेय निष्ठा ज्ञानस्य या परा ॥ ५० ॥

siddhiṁ prāpto yathā brahma tathāpnoti nibodha me
samāsenaiva kaunteya niṣṭhā jñānasya yā parā

siddhim — dokonalosť; *prāptaḥ* — dosiahne; *yathā* — ako; *brahma* — Najvyšší; *tathā* — tak; *āpnoti* — dosiahne; *nibodha* — snaž sa pochopiť; *me* —

odo Mňa; *samāsena*—stručne; *eva*—iste; *kaunteya*—ó, syn Kuntī; *niṣṭhā*—štádium; *jñānasya*—poznanie; *yā*—ktoré; *parā*—transcendentálne.

Ó, syn Kuntī, vypočuj si odo Mňa, ako ten, kto dosiahol túto dokonalosť, môže dospieť k najvyššiemu dokonalému stavu, ktorý je najvyšším poznaním — k Brahmanu, konaním, ktoré ti v krátkosti opíšem.

VÝZNAM: Śrī Kṛṣṇa vysvetľuje Arjunovi, ako dosiahnuť najvyššie dokonalé štádium jednoducho tým, že človek vykonáva svoje povinnosti pre Najvyššiu Božskú Osobnosť. Najvyššie štádium Brahmanu môžeme dosiahnuť tak, že sa zriekneme plodov svojich činov pre potešenie Najvyššieho Pána. To je cesta sebarealizácie. Skutočná dokonalosť poznania spočíva v dosiahnutí čistého vedomia Kṛṣṇu. To bude vysvetlené v nasledujúcich veršoch.

VERŠ 51-53

बुद्ध्या विशुद्धया युक्तो धृत्यात्मानं नियम्य च ।
शब्दादीन्विषयांस्त्यक्त्वा रागद्वेषौ व्युदस्य च ॥ ५१ ॥
विविक्तसेवी लघ्वाशी यतवाक्कायमानसः ।
ध्यानयोगपरो नित्यं वैराग्यं समुपाश्रितः ॥ ५२ ॥
अहङ्कारं बलं दर्पं कामं क्रोधं परिग्रहम् ।
विमुच्य निर्ममः शान्तो ब्रह्मभूयाय कल्पते ॥ ५३ ॥

buddhyā viśuddhayā yukto dhṛtyātmānaṁ niyamya ca
śabdādīn viṣayāṁs tyaktvā rāga-dveṣau vyudasya ca

vivikta-sevī laghv-āśī yata-vāk-kāya-mānasaḥ
dhyāna-yoga-paro nityaṁ vairāgyaṁ samupāśritaḥ

ahaṅkāraṁ balaṁ darpaṁ kāmaṁ krodhaṁ parigraham
vimucya nirmamaḥ śānto brahma-bhūyāya kalpate

buddhyā—inteligenciou; *viśuddhayā*—plne očistený; *yuktaḥ*—zamestnáva; *dhṛtyā*—s odhodlanosťou; *ātmānam*—sám; *niyamya*—usmernený; *ca* — tiež; *śabda-ādīn* — ako zvuk; *viṣayān* — zmyslové predmety; *tyaktvā* — zrieknuť sa; *rāga* — pripútanosť; *dveṣau* — nenávisť; *vyudasya* — zavrhnúť; *ca* — tiež; *vivikta-sevī* — žijúci v ústraní; *laghu-āśī* — málo je; *yata* — ovláda; *vāk* — reč; *kāya* — telo; *mānasaḥ* — a myseľ; *dhyāna-yoga-paraḥ* — v stave vnútorného vytrženia; *nityam* — dvadsaťštyri hodín denne; *vairāgyam* — odpútanosť; *samupāśritaḥ* — uchýliť sa; *ahaṅkāram* — falošné ego; *balam* — falošná moc; *darpam* — falošná pýcha; *kāmam* — žiadostivosť; *krodham* — hnev; *parigraham* — prijímanie hmotných vecí; *vimucya* — vyslobodený z; *nirmamaḥ* — bez vlastníckeho pocitu; *śāntaḥ* — mierumilovný; *brahma-bhūyāya* — pre sebarealizáciu; *kalpate* — je vhodný.

Kto sa očistil pomocou svojej inteligencie a vytrvalo ovláda myseľ, kto sa zriekol predmetov zmyslového pôžitku a zbavil pripútanosti i odporu, kto zotrváva v ústraní, málo je, ovláda reč, telo aj myseľ a je neustále v stave vnútorného vytrženia, kto je odpútaný, zbavený falošného ega, vlastníckeho pocitu, ilúzie moci, falošnej pýchy, žiadostivosti a hnevu, kto neprijíma hmotné veci a je mierumilovný, ten je určite hodný sebarealizácie.

VÝZNAM: Človek, ktorý sa očistil pomocou inteligencie, zotrváva v kvalite dobra. Takto získava kontrolu nad svojou mysľou a je neustále v tranze. Nelipne na predmetoch zmyslového pôžitku a koná bez náklonnosti a odporu. Dáva prednosť životu na osamelom mieste, neje viac, než potrebuje a ovláda činnosti tela a mysle. Nemá falošné ego, pretože sa nestotožňuje s telom. Netúži po telesnej kráse a sile a falošná pýcha je mu cudzia, pretože nemá falošné poňatie života. Je spokojný so všetkým, čo dostáva milosťou Pána a nehnevá sa, keď si nemôže užívať. Netúži po získaní zmyslových predmetov. Taký človek je úplne ľahostajný k hmotným veciam, pretože sa zbavil falošného ega. Tento stav sa nazýva *brahma-bhūta* čiže realizácia Brahmanu. Len čo človek zavrhne telesné poňatie života, stane sa mierumilovným a nikdy ho nič nerozruší. To je opísané v *Bhagavad-gīte* (2.70):

āpūryamāṇam acala-pratiṣṭhaṁ
samudram āpaḥ praviśanti yadvat
tadvat kāmā yaṁ praviśanti sarve
sa śāntim āpnoti na kāma-kāmī

„K mieru môže dospieť iba ten, kto sa nenechá rozrušovať nepretržitými žiadosťami, ktoré sa ako rieky vlievajú do oceánu — vo svojom základe vždy nehybného — a nie ten, kto sa snaží uspokojovať svoje žiadosti."

VERŠ 54

ब्रह्मभूतः प्रसन्नात्मा न शोचति न काङ्क्षति ।
समः सर्वेषु भूतेषु मद्भक्तिं लभते पराम् ॥ ५४ ॥

brahma-bhūtaḥ prasannātmā na śocati na kāṅkṣati
samaḥ sarveṣu bhūteṣu mad-bhaktiṁ labhate parām

brahma-bhūtaḥ — zjednotený s Absolútnym; *prasanna-ātmā* — dokonale šťastný; *na* — nikdy; *śocati* — narieka; *na* — nikdy; *kāṅkṣati* — túži; *samaḥ* — rovnaký; *sarveṣu* — všetky; *bhūteṣu* — živé bytosti; *mat-bhaktim* — oddaná služba Mne; *labhate* — dosiahne; *parām* — transcendentálny.

Kto zaujal toto transcendentálne postavenie, realizuje Najvyšší Brahman a je naplnený radosťou. Nikdy sa netrápi, ani po ničom netúži a k všetkým bytostiam je rovnaký. Za tohoto stavu dosiahne čistej oddanej služby Mne.

VÝZNAM: Pre impersonalistov je konečným cieľom štádium *brahma-bhūta* alebo dosiahnutie jednoty s Absolútnym. Aby sa však niekto stal personalistom, čistým oddaným, musí pokročiť ďalej a zapojiť sa do čistej oddanej služby. To znamená, že ten, kto slúži Najvyššiemu Pánovi s čistou oddanosťou, sa už oslobodil a dosiahol jednoty s Absolútnym, zvanej *brahma-bhūta*. Nik nemôže slúžiť Najvyššiemu, ak sa s Ním nezjednotil. Na absolútnej úrovni nejestvuje rozdiel medzi tým, kto slúži, a tým, kto je obsluhovaný, no z hľadiska vyššieho duchovného poňatia tu rozdiel je.

Utrpenie jestvuje v hmotnom poňatí života, keď človek pracuje pre zmyslový pôžitok, no ak je zapojený do čistej oddanej služby v absolútnom svete, nijaké utrpenie nezažíva. Oddaný, vedomý si Kṛṣṇu, sa nemá prečo trápiť a ani nemá nič, po čom by túžil. Keďže Boh je dokonalý, osoba, ktorá Mu oddane a láskyplne slúži, sa stane takisto dokonalou. Bude ako rieka, ktorá sa zbavila všetkej mútnej vody. Keďže oddaný nemyslí na nič iné ako na Kṛṣṇu, je vždy prirodzene veselý. Nad hmotnou stratou alebo ziskom nenarieka, ani nejasá, pretože je úplne spokojný so svojou službou Pánovi. Vie, že každý tvor je malou čiastočkou Najvyššieho Pána, a teda Jeho služobníkom, a preto netúži po hmotnom pôžitku. V hmotnom svete nevidí nikoho vyššie alebo nižšie, pretože také rozlíšenie je iba dočasné a oddaný nemá nič spoločné s dočasnými javmi. Kameň a zlato majú pre neho rovnakú hodnotu. To je štádium *brahma-bhūta* a oddaný ho môže ľahko dosiahnuť. Pomyslenie na splynutie s Najvyšším Brahmanom mu pripadá diabolské, pretože znamená zánik individuality. Podobne predstava života v nebeskom kráľovstve je pre neho obyčajnou fantazmagóriou. Zmysly sú preňho ako polámané zuby hada — tak, ako sa človek nemusí báť hada s polámanými zubami, tak sa nemusí báť ani ovládnutých zmyslov. Pre človeka nakazeného hmotou je život v hmotnom svete utrpením, no pre oddaného je celý svet Vaikuṇṭha, duchovné nebo. Najvyššia osobnosť tohoto hmotného vesmíru nemá pre oddaného väčší význam než obyčajný mravec. Na túto úroveň môže človek dospieť milosťou Śrī Caitanyu, ktorý v tomto veku kázal čistú oddanú službu.

VERŠ 55

भक्त्या मामभिजानाति यावान्यश्चास्मि तत्त्वतः ।
ततो मां तत्त्वतो ज्ञात्वा विशते तदनन्तरम् ॥ ५५ ॥

bhaktyā mām abhijānāti yāvān yaś cāsmi tattvataḥ
tato māṁ tattvato jñātvā viśate tad-anantaram

bhaktyā — čistou oddanou službou; *mām* — Mňa; *abhijānāti* — môže spoznať; *yāvān* — takého; *yaḥ ca asmi* — aký som; *tattvataḥ* — vpravde; *tataḥ* — potom; *mām* — Mňa; *tattvataḥ* — pravdivo; *jñātvā* — poznajúc; *viśate* — vstúpi; *tat-anantaram* — potom.

Jedine oddanou službou môžem byť pochopený taký, aký som, ako Najvyššia Božská Osobnosť. A keď si Ma niekto plne uvedomí na základe takej oddanosti, môže vstúpiť do Božieho kráľovstva.

VÝZNAM: Najvyššiu Božskú Osobnosť, Kṛṣṇu, a Jeho úplné časti nemožno pochopiť mentálnou špekuláciou a nemôžu ich pochopiť ani neoddaní. Ak chce niekto pochopiť Najvyššiu Božskú Osobnosť, musí začať vykonávať oddanú službu pod vedením čistého oddaného. Inak zostane pravda o Najvyššej Božskej Osobnosti skrytá. V *Bhagavad-gīte* (7.25) sa hovorí: *nāhaṁ prakāśaḥ sarvasya*. Śrī Kṛṣṇa sa nezjavuje všetkým. Nikto nemôže pochopiť Boha akademickými štúdiami alebo intelektuálnym hĺbaním. Jedine ten, kto si je vedomý Kṛṣṇu a oddane Mu slúži, môže pochopiť, kto je Kṛṣṇa. Akademické vzdelanie nám nepomôže.

Ten, kto plne realizuje vedu o Kṛṣṇovi, je kvalifikovaný na vstup do duchovného kráľovstva, Kṛṣṇovho sídla. Splynúť s Brahmanom neznamená stratiť svoju totožnosť. Oddaná služba je večná, a tam, kde je oddaná služba, tam je aj Pán a Jeho oddaní. Táto skutočnosť sa nikdy nezmení, ani po oslobodení. Vyslobodenie znamená zbaviť sa hmotného poňatia života. V duchovnom živote existuje rovnaké rozlíšenie, rovnaká individualita, ibaže s rýdzim vedomím Kṛṣṇu. Človek si nesmie mylne vykladať slovo *viśate*, "prídu ku Mne", a myslieť si, že slovo *viśate* potvrdzuje teóriu impersonalistov o splynutí s neosobným Brahmanom. Naopak, slovo *viśate* znamená, že človek môže vojsť ako jednotlivec do kráľovstva Najvyššieho Pána a v Jeho spoločnosti Mu oddane slúžiť. Na bližšiu ilustráciu môžeme uviesť príklad so zeleným vtákom, ktorý vletí do zeleného lesa nie preto, aby s ním splynul, ale aby sa tešil z plodov stromov. Impersonalisti zvyčajne používajú príklad s riekou, ktorá splynie s morom. Možno im toto splynutie prinesie šťastie, no personalista si ponecháva svoju individualitu, podobne ako vodný živočích v mori. V morských hlbinách žije nespočetné množstvo rozmanitých tvorov. Keď chceme spoznať more, nestačí sa pozerať iba na hladinu; musíme mať dokonalé poznanie o morskej faune, skrývajúcej sa v hlbinách.

Oddaný môže vďaka čistej oddanej službe vpravde pochopiť transcendentálne vlastnosti a atribúty Najvyššieho Pána. V jedenástej kapitole sa tiež hovorí, že iba oddanou službou môže človek pochopiť Kṛṣṇu. To je potvrdené aj v tomto verši; iba prostredníctvom oddanej služby môžeme pochopiť Najvyššiu Božskú Osobnosť, Kṛṣṇu, a vstúpiť do Jeho kráľovstva.

Po dosiahnutí štádia *brahma-bhūta* alebo po opustení hmotných predstáv začne človek oddane slúžiť formou načúvania o Pánovi. Keď človek načúva o Najvyššom Pánovi, automaticky sa povýši do štádia *brahma-bhūta* a všetko hmotné znečistenie, ako žiadostivosť a chamtivosť, sa nadobro stratí. Len čo zmyselnosť a žiadostivosť zmiznú zo srdca oddaného, upevní sa jeho túžba slúžiť Pánovi, a tým sa postupne zbaví všetkej hmotnej nečistoty. V tomto štádiu potom môže spoznať Najvyššieho Pána. To je potvrdené i v *Śrīmad-Bhāgavatame*. Transcendentálna služba Kṛṣṇovi alebo *bhakti* pokračuje aj po oslobodení. Vo *Vedānta-sūtre* (4.9.12) je to potvrdené slovami: *ā-prāyaṇāt tatrāpi hi dṛṣṭam*. To znamená, že oddaná služba pokračuje i po oslobodení. V *Śrīmad-Bhāgavatame* sa skutočné oslobodenie definuje ako znovuobnovenie vlastnej identity živej bytosti, jej prirodzeného postavenia. Čo toto prirodzené postavenie znamená, sme už vysvetlili — živé bytosti sú malé čiastočky Najvyššieho Pána. Prirodzené postavenie živej bytosti teda spočíva v službe. Táto služba nekončí vyslobodením. Skutočné vyslobodenie znamená zbaviť sa falošného poňatia života.

VERŠ 56

सर्वकर्माण्यपि सदा कुर्वाणो मद्व्यपाश्रयः ।
मत्प्रसादादवाप्नोति शाश्वतं पदमव्ययम् ॥ ५६ ॥

sarva-karmāṇy api sadā kurvāṇo mad-vyapāśrayaḥ
mat-prasādād avāpnoti śāśvataṁ padam avyayam

sarva — všetky; *karmāṇi* — činy; *api* — byť; *sadā* — vždy; *kurvāṇaḥ* — konať; *mat-vyapāśrayaḥ* — pod Mojou záštitou; *mat-prasādāt* — Mojou milosťou; *avāpnoti* — dosiahne; *śāśvatam* — večné; *padam* — sídlo; *avyayam* — nepominuteľné.

Môj čistý oddaný dosiahne pod Mojou ochranou a Mojou milosťou večné a nepominuteľné sídlo, hoci koná najrôznejšie činy.

VÝZNAM: Slová *mad-vyapāśrayaḥ* znamenajú "byť pod ochranou Najvyššieho Pána." Čistý oddaný koná pod vedením Najvyššieho Pána alebo Jeho zástupcu, duchovného učiteľa, s cieľom zbaviť sa hmotného znečistenia. Pre čistého oddaného nejestvuje časové obmedzenie; pod vedením Najvyššieho Pána je stopercentne zamestnaný v oddanej službe dvadsaťštyri hodín denne. K takému oddanému je Śrī Kṛṣṇa veľmi milostivý a napriek všetkým ťažkostiam dosiahne nakoniec Jeho transcendentálne sídlo, Kṛṣṇaloku. Vstup na Kṛṣṇaloku má zaručený. V tomto najvyššom príbytku nedochádza k žiadnym zmenám; všetko je večné, nepominuteľné a plné poznania.

VERŠ 57

चेतसा सर्वकर्माणि मयि सन्न्यस्य मत्परः ।
बुद्धियोगमुपाश्रित्य मच्चित्तः सततं भव ॥ ५७ ॥

cetasā sarva-karmāṇi mayi sannyasya mat-paraḥ
buddhi-yogam upāśritya mac-cittaḥ satataṁ bhava

cetasā — s inteligenciou; *sarva-karmāṇi* — všetky druhy činností; *mayi* — Mne; *sannyasya* — odriekanie; *mat-paraḥ* — pod Mojou záštitou; *buddhi-yogam* — činy konané s oddanosťou; *upāśritya* — vyhľadávať útočisko; *mat-cittaḥ* — vedomý si Mňa; *satatam* — dvadsaťštyri hodín denne; *bhava* — buď.

V každej činnosti buď závislý na Mne a konaj pod Mojou ochranou. Pri konaní takej oddanej služby si Ma buď plne vedomý.

VÝZNAM: Ak si je človek vedomý Kṛṣṇu, nechová sa ako vládca sveta. Mal by sa podriadiť Pánovmu vedeniu ako obyčajný služobník, ktorý nemá nijakú osobnú nezávislosť a vykonáva iba príkazy svojho pána. Ten, kto slúži Najvyššiemu Pánovi, nie je ovplyvnený ani ziskom, ani stratou. Verne si vykonáva svoje povinnosti podľa Pánových pokynov. Mohli by sme namietnuť, že Arjuna konal priamo pod Kṛṣṇovým vedením; no ak Kṛṣṇa prítomný nie je, ako máme konať? Ak budeme nasledovať Kṛṣṇove pokyny v tejto knihe, alebo pokyny Kṛṣṇovho predstaviteľa, výsledok bude ten istý. Slová *mat-paraḥ* majú v tomto verši veľký význam. Znamená to, že človek nemá mať iný životný cieľ, než oddane slúžiť Kṛṣṇovi pre Jeho potešenie. A pri takej práci má myslieť iba na Kṛṣṇu: „Kṛṣṇa chce, aby som urobil to a to.“ Ak človek takto koná, stane sa myslenie na Kṛṣṇu úplne prirodzené. To sa nazýva dokonalé vedomie Kṛṣṇu. Musíme však vedieť, že nie je prípustné obetovať Kṛṣṇovi výsledky práce, vykonanej z rozmaru, lebo taká práca nie je oddaná služba Kṛṣṇovi. Ak chceme dosiahnuť dokonalosť, musíme nasledovať Kṛṣṇove pokyny. To je veľmi dôležité. Kṛṣṇove pokyny prichádzajú prostredníctvom postupnosti pravých duchovných učiteľov. Vykonávanie pokynov, ktorými nás poveril duchovný učiteľ, musíme preto považovať za najvyššiu povinnosť. Ak sa nám pošťastí získať milosť duchovného učiteľa a ak konáme pod jeho vedením, dokonalý život vo vedomí Kṛṣṇu máme zaručený.

VERŠ 58

मच्चित्तः सर्वदुर्गाणि मत्प्रसादात्तरिष्यसि ।
अथ चेत्त्वमहङ्कारान्न श्रोष्यसि विनङ्क्ष्यसि ॥ ५८ ॥

mac-cittaḥ sarva-durgāṇi mat-prasādāt tariṣyasi
atha cet tvam ahaṅkārān na śroṣyasi vinaṅkṣyasi

mat—Mňa; *cittaḥ*—vedomý; *sarva*—všetky; *durgāṇi*—prekážky; *mat-prasādāt*—Mojou milosťou; *tariṣyasi*—zdoláš; *atha*—ale; *cet*—ak; *tvam*—ty; *ahaṅkārāt*—falošným egom; *na śroṣyasi*—nepočúvneš; *vinaṅkṣyasi*—budeš stratený.

Ak si Ma budeš vedomý, prekonáš Mojou milosťou všetky prekážky podmieneného života. No ak nebudeš konať s týmto vedomím, ale na základe falošného ega a neposlúchneš Ma, budeš stratený.

VÝZNAM: Človek, ktorý si dokonale uvedomuje Kṛṣṇu, sa nijak obzvlášť nesnaží pracovať pre udržanie svojej existencie. Hlupáci nemôžu pochopiť, čo zbavenie úzkosti znamená. Ak sa človek chová tak, aby potešil Kṛṣṇu, Kṛṣṇa sa stane jeho najdôvernejším priateľom. Kṛṣṇa sa vždy postará o to, aby sa mal Jeho oddaný dobre a sám sa odovzdá takému priateľovi, ktorý vo dne v noci pracuje pre Jeho uspokojenie. Nikto by sa preto nemal nechať oklamať telesným poňatím života, založeným na falošnom egu. Nemali by sme sa mylne považovať za nezávislých na zákonoch hmotnej prírody. No ak človek koná vo vedomí Kṛṣṇu, je oslobodený z hmotného zapletenia. Obzvlášť si musíme všimnúť, že ten, kto nekoná s vedomím Kṛṣṇu, tápe v hmotnom oceáne rodenia sa a smrti. Nijaká podmienená živá bytosť v skutočnosti nevie, ako má a ako nemá konať, zatiaľ čo osoba vedomá si Kṛṣṇu má voľnosť v konaní, pretože zvnútra je vedená Kṛṣṇom a zvonka duchovným učiteľom.

VERŠ 59

यदहङ्कारमाश्रित्य न योत्स्य इति मन्यसे ।
मिथ्यैष व्यवसायस्ते प्रकृतिस्त्वां नियोक्ष्यति ॥ ५९ ॥

yad ahaṅkāram āśritya na yotsya iti manyase
mithyaiṣa vyavasāyas te prakṛtis tvāṁ niyokṣyati

yat — ak; *ahaṅkāram* — falošné ego; *āśritya* — vyhľadávať útočište; *na yotsye* — nebudem bojovať; *iti* — takto; *manyase* — zmýšľaš; *mithyā eṣaḥ* — to všetko je márne; *vyavasāyaḥ* — odhodlanie; *te* — tvoje; *prakṛtiḥ* — hmotná príroda; *tvām* — teba; *niyokṣyati* — prinúti.

Ak nebudeš konať podľa Mojich pokynov a vzdáš sa boja, staneš sa obeťou falošného ega. Tvoja povaha ťa však nakoniec prinúti bojovať.

VÝZNAM: Arjuna bol *kṣatriya*; to znamená, že mal od narodenia povahu bojovníka. Bojovať bolo teda preňho prirodzenou povinnosťou. Pod vplyvom falošného ega sa však obával, že by sa dopustil hriechu, keby zabil svojho učiteľa, praotca a priateľov. V skutočnosti sa považoval za pána svojich skutkov, akoby to bol on, kto rozhoduje o dobrých a zlých následkoch činov. Arjuna zabudol na prítomnosť Najvyššieho Pána, ktorý mu prikázal bojovať. Táto zábudlivosť je príznačná pre podmienenú dušu. Najvyšší Pán nám radí, čo je dobré a čo zlé, a nám stačí konať podľa Jeho pokynov, aby sme dosiahli životnú dokonalosť. Nikto z nás nedokáže určiť svoj osud, tak ako to môže Najvyšší Pán, a preto je najlepšie konať pod Jeho vedením. Nikto by nemal zanedbávať pokyny Najvyššieho Pána a to isté platí o pokynoch duchovného učiteľa, ktorý je Jeho zástupcom. Mali by sme nasledovať Pánove pokyny bez váhania — tak budeme za všetkých okolností v bezpečí.

VERŠ 60

स्वभावजेन कौन्तेय निबद्धः स्वेन कर्मणा ।
कर्तुं नेच्छसि यन्मोहात्करिष्यस्यवशोऽपि तत् ॥ ६० ॥

svabhāva-jena kaunteya nibaddhaḥ svena karmaṇā
kartuṁ necchasi yan mohāt kariṣyasy avaśo 'pi tat

svabhāva-jena — zrodené z vlastnej povahy; *kaunteya* — ó, syn Kuntī; *nibaddhaḥ* — podmienený; *svena* — vlastná; *karmaṇā* — činy; *kartum* — konať; *na* — nie; *icchasi* — ako chceš; *yat* — to, čo; *mohāt* — z ilúzie; *kariṣyasi* — budeš konať; *avaśaḥ* — proti vôli; *api* — aj keď; *tat* — to.

Ó, syn Kuntī, pod vplyvom ilúzie odmietaš konať podľa Mojich pokynov, no činnosti odpovedajúce tvojej povahe ťa k jednaniu prinútia.

VÝZNAM: Ak človek odmieta konať podľa pokynov Najvyššieho Pána, je nútený konať podľa kvalít hmotnej prírody, v ktorých sa nachádza. Každý je v zajatí určitej kombinácie hmotných kvalít a podľa toho aj koná. No ten, kto sa dobrovoľne nechá viesť Najvyšším Pánom, sa preslávi.

VERŠ 61

ईश्वरः सर्वभूतानां हृद्देशेऽर्जुन तिष्ठति ।
भ्रामयन्सर्वभूतानि यन्त्रारूढानि मायया ॥ ६१ ॥

īśvaraḥ sarva-bhūtānāṁ hṛd-deśe 'rjuna tiṣṭhati
bhrāmayan sarva-bhūtāni yantrārūḍhāni māyayā

īśvaraḥ — Najvyšší Pán; *sarva-bhūtānām* — všetkých živých bytostí; *hṛt-deśe* — v srdci; *arjuna* — ó, Arjuna; *tiṣṭhati* — spočíva; *bhrāmayan* — príčina pohybu; *sarva-bhūtāni* — všetky živé bytosti; *yantra* — do stroja; *ārūḍhani* — vsadené; *māyayā* — pod vplyvom hmotnej energie.

Najvyšší Pán sídli v srdci každého, ó, Arjuna, a riadi putovanie všetkých živých bytostí, ktoré sú akoby vsadené do stroja zhotoveného z hmotnej energie.

VÝZNAM: Arjuna nie je vševedúci a jeho predsavzatie nebojovať bolo obmedzené vlastným úsudkom. Pán Śrī Kṛṣṇa hovorí, že nie jednotlivec, ale Najvyššia Božská Osobnosť je alfou a omegou všetkého. On sám sa v podobe lokalizovanej Nadduše nachádza v srdci každého, odkiaľ riadi všetky živé bytosti. Vo chvíli, keď živá bytosť získa nové telo, zabudne na svoje minulé činy, ale Nadduša, ktorá pozná minulosť, prítomnosť i budúcnosť, je svedkom všetkých jej činov. Takto vedie Nadduša všetky bytosti. Živá bytosť dostane, čo si zaslúži, a pod vedením Nadduše vstúpi do tela zhotoveného z hmotnej energie. Akonáhle živá bytosť dostane určité telo, je nútená konať v súlade s týmto telom. Človek v pretekárskom aute môže ísť rýchlejšie než človek v obyčajnom aute, aj keď vodiči, živé bytosti, sú si rovní. Podobne vytvára hmotná príroda na pokyn Nadduše rôzne telá, aby mohli rôzne bytosti konať podľa svojich osobitných túžob. Živá bytosť nie je nezávislá. Kto môže povedať, že je nezávislý na Najvyššom Pánovi? Všetci sme neustále pod Jeho dohľadom. Preto je povinnosťou každého človeka odovzdať sa Pánovi, k čomu nás osobne nabáda v nasledujúcom verši.

VERŠ 62

तमेव शरणं गच्छ सर्वभावेन भारत ।
तत्प्रसादात्परां शान्तिं स्थानं प्राप्स्यसि शाश्वतम् ॥ ६२ ॥

tam eva śaraṇaṁ gaccha sarva-bhāvena bhārata
tat-prasādāt parāṁ śāntiṁ sthānaṁ prāpsyasi śāśvatam

tam — Jemu; *eva* — iste; *śaraṇam gaccha* — odovzdať sa; *sarva-bhāvena* — v každom ohľade; *bhārata* — ó, potomok Bharatov; *tat-prasādāt* — Jeho milosťou; *parām* — transcendentálny; *śāntim* — mier; *sthānam* — sídlo; *prāpsyasi* — dosiahneš; *śāśvatam* — večné.

Odovzdaj sa Mu úplne, ó, potomok Bharatov. Jeho milosťou dosiahneš transcendentálneho mieru a najvyššieho večného sídla.

VÝZNAM: Živá bytosť by sa mala odovzdať Najvyššej Božskej Osobnosti sídliacej v srdci všetkých tvorov. Tak sa oslobodí od všetkých strastí hmotného bytia. Ak sa človek odovzdá úplne, nielen že sa oslobodí od všetkých útrap, ale nakoniec dospeje aj k Najvyššiemu Pánovi. Vo *Vedach* je transcendentálny svet opísaný ako *tad viṣṇoḥ paramaṁ padam* (*Ṛg Veda* 1.22.20). A keďže celé stvorenie je Božím kráľovstvom, všetko hmotné je v skutočnosti duchovné. *Paramaṁ padam* však poukazuje špeciálne na Pánove večné sídlo, zvané Vaikuṇṭha alebo duchovný svet.

V pätnástej kapitole *Bhagavad-gīty* sa píše: *sarvasya cāhaṁ hṛdi sanniviṣṭaḥ*. „Pán sídli v srdciach všetkých." Keď sa teda odporúča odovzdať sa Nadduši v srdci, znamená to odovzdať sa Najvyššej Božskej Osobnosti, Kṛṣṇovi. V desiatej kapitole prijal Arjuna Kṛṣṇu ako Najvyššieho: *paraṁ brahma paraṁ dhāma*. Prijal Kṛṣṇu ako Najvyššiu Božskú Osobnosť a ako útočisko celého tvorstva nielen z pozície vlastnej skúsenosti, ale aj na základe takých veľkých autorít, ako Nārada, Asita, Devala a Vyāsa.

VERŠ 63

इति ते ज्ञानमाख्यातं गुह्याद्गुह्यतरं मया ।
विमृश्यैतदशेषेण यथेच्छसि तथा कुरु ॥ ६३ ॥

iti te jñānam ākhyātaṁ guhyād guhyataraṁ mayā
vimṛśyaitad aśeṣeṇa yathecchasi tathā kuru

iti — tak; *te* — tebe; *jñānam* — poznanie; *ākhyātam* — vyjavil; *guhyāt* — dôverné; *guhya-taram* — ešte dôvernejšie; *mayā* — Mnou; *vimṛśya* — premysli si; *etat* — takto; *aśeṣeṇa* — dôkladne; *yathā* — ako; *icchasi* — želáš si; *tathā* — tak; *kuru* — konaj.

Vyjavil som ti tu ešte dôvernejšie poznanie. Dôkladne si ho premysli a potom konaj, ako uznáš za vhodné.

VÝZNAM: Śrī Kṛṣṇa už vysvetlil Arjunovi poznanie *brahma-bhūta*. Každý, kto je na úrovni *brahma-bhūta*, je veselý, nikdy nenarieka a po ničom netúži. To všetko vďaka dôvernému poznaniu. Kṛṣṇa ďalej vysvetlil poznanie o Nadduši. To je tiež poznanie Brahmanu, ale toto poznanie je vyššie.

Slová *yathecchasi tathā kuru*, čiže „konaj, ako sa ti žiada", naznačujú, že Kṛṣṇa neintervenuje do malej nezávislosti živej bytosti. V *Bhagavad-gīte* Kṛṣṇa jasne vysvetľuje, ako sa má človek povzniesť na vyššiu životnú úroveň. Najlepšia rada, ktorú Arjuna dostal, bola, aby sa odovzdal Nadduši v srdci. Správne rozlišovanie sa vyznačuje tým, že človek koná podľa pokynov Nadduše. To mu pomôže v ustálení sa vo vedomí Kṛṣṇu, ktoré je najvyššou dokonalosťou ľudského života. Arjuna dostal príkaz bojovať priamo od Najvyššej Božskej Osobnosti. Odovzdať sa Najvyššiemu Pánovi je v najvyššom záujme živej bytosti, nie v záujme Najvyššieho. Skôr, ako sa odovzdáme, máme všetci možnosť slobodne sa rozhodnúť a všetko dôkladne uvážiť v medziach našej inteligencie. To je najlepší spôsob, ako prijímať pokyny Najvyššej Božskej Osobnosti. Také inštrukcie môžeme získať aj od Kṛṣṇovho zástupcu, duchovného učiteľa.

VERŠ 64

सर्वगुह्यतमं भूयः शृणु मे परमं वचः ।
इष्टोऽसि मे दृढमिति ततो वक्ष्यामि ते हितम् ॥ ६४ ॥

sarva-guhyatamaṁ bhūyaḥ śṛṇu me paramaṁ vacaḥ
iṣṭo 'si me dṛḍham iti tato vakṣyāmi te hitam

sarva-guhya-tamam — najdôvernejší zo všetkých; *bhūyaḥ* — opäť; *śṛṇu* — vypočuj si; *me* — odo Mňa; *paramam* — najvyšší; *vacaḥ* — pokyn; *iṣṭaḥ asi* — si drahý; *me* — Mne; *dṛḍham* — veľmi; *iti* — tak; *tataḥ* — preto; *vakṣyāmi* — hovorím to; *te* — pre tvoj; *hitam* — prospech.

Pretože si Môj veľmi drahý priateľ, vyjavím ti najvyšší pokyn, najdôvernejšie poznanie zo všetkých. Vypočuj si ho odo Mňa, pretože ti je na tvoj vlastný prospech.

VÝZNAM: Śrī Kṛṣṇa vyjavil Arjunovi dôverné poznanie o neosobnom Brahmane, ešte dôvernejšie poznanie o Nadduši sídliacej v srdciach všetkých tvorov a teraz mu vyjaví najdôvernejšiu časť poznania — odovzdanie sa Najvyššej Božskej Osobnosti. Na konci deviatej kapitoly Kṛṣṇa hovorí: *man-manāḥ*, „neustále na Mňa mysli." Rovnaká výzva sa opakuje aj tu, aby sa zdôraznilo jadro učenia *Bhagavad-gīty*. Toto učenie nemôžu pochopiť obyčajní ľudia. Človek musí byť najprv Kṛṣṇovi veľmi drahý, musí byť Jeho čistým oddaným. To je najdôležitejší odkaz celej *vedskej* literatúry. To, čo tu Kṛṣṇa hovorí, tvorí najpodstatnejšiu časť poznania, a všetky živé bytosti, nielen Arjuna, by sa tým mali riadiť.

VERŠ 65

मन्मना भव मद्भक्तो मद्याजी मां नमस्कुरु ।
मामेवैष्यसि सत्यं ते प्रतिजाने प्रियोऽसि मे ॥ ६५ ॥

man-manā bhava mad-bhakto mad-yājī māṁ namaskuru
mām evaiṣyasi satyaṁ te pratijāne priyo 'si me

mat-manāḥ — mysli na Mňa; *bhava* — staň sa; *mat-bhaktaḥ* — Mojím oddaným; *mat-yājī* — Mojím uctievateľom; *mām* — Mne; *namaskuru* — preukazuj úctu; *mām* — ku Mne; *eva* — iste; *eṣyasi* — prídeš; *satyam* — naozaj; *te* — tebe; *pratijāne* — sľubujem; *priyaḥ* — drahý; *asi* — si; *me* — Mne.

Vždy na Mňa mysli a staň sa Mojím oddaným, uctievaj Ma a vzdávaj Mi svoje poklony. Takto určite ku Mne prídeš. Sľubujem ti to, pretože si Môj veľmi drahý priateľ.

VÝZNAM: Najdôvernejšou časťou poznania je, že človek sa má stať čistým Kṛṣṇovým oddaným, neustále na Neho myslieť a pre Neho konať. Byť nejakým moderným meditátorom nemá nijaký význam. Každý by si mal zariadiť život tak, aby mohol na Kṛṣṇu neustále myslieť a aby všetky jeho činy súviseli s Kṛṣṇom. Každodenný život by sme si mali zariadiť tak, aby sme celých dvadsaťštyri hodín mohli myslieť iba na Kṛṣṇu. A Pán sľubuje, že človek s takýmto čistým vedomím Kṛṣṇu, sa navráti do Jeho sídla a bude sa môcť stýkať s Kṛṣṇom tvárou v tvár. Kṛṣṇa túto najdôvernejšiu časť poznania vyjavuje Arjunovi, pretože Arjuna je Jeho veľmi dobrý priateľ. Tí, ktorí budú nasledovať Arjunov príklad, sa tiež môžu stať Kṛṣṇovými priateľmi a dosiahnuť rovnakej dokonalosti ako Arjuna.

Je dôležité, aby sme sústredili svoju myseľ na dvojrukú podobu Kṛṣṇu, na chlapca modrej pleti s nádhernou tvárou a pávím perom vo vlasoch, hrajúceho na Svoju flautu. Kṛṣṇov popis môžeme nájsť v *Brahma-saṁhite* a iných písmach. Mali by sme uprieť svoju myseľ na pôvodnú podobu

Boha, Kṛṣṇu, a nesústreďovať sa na iné Pánove podoby. Pán má mnoho podôb, ako napríklad Viṣṇu, Nārāyaṇa, Rāma a Vāraha, no oddaný by mal sústrediť svoju myseľ na tú podobu, ktorá stála pred Arjunom. Sústredenie mysle na Kṛṣṇovu podobu predstavuje najdôvernejšiu časť poznania a táto časť bola vyjavená Arjunovi, pretože bol Kṛṣṇovým najdrahším priateľom.

VERŠ 66

सर्वधर्मान्परित्यज्य मामेकं शरणं व्रज ।
अहं त्वां सर्वपापेभ्यो मोक्षयिष्यामि मा शुचः ॥ ६६ ॥

sarva-dharmān parityajya mām ekaṁ śaraṇaṁ vraja
ahaṁ tvāṁ sarva-pāpebhyo mokṣayiṣyāmi mā śucaḥ

sarva-dharmān — všetky druhy náboženstiev; *parityajya* — zanechaj; *mām* — Mne; *ekam* — iba; *śaraṇam* — odovzdaj sa; *vraja* — ísť k; *aham* — Ja; *tvām* — teba; *sarva* — všetky; *pāpebhyaḥ* — od všetkých následkov za hriešne činnosti; *mokṣayiṣyāmi* — oslobodím; *mā* — nie; *śucaḥ* — boj sa.

Zanechaj všetky druhy náboženstiev a odovzdaj sa Mne. Ja ťa oslobodím od všetkých následkov za hriešne činnosti. Neboj sa.

VÝZNAM: Śrī Kṛṣṇa opísal najrôznejšie druhy poznania, zahŕňajúce náboženstvo, poznanie o Najvyššom Brahmane, poznanie o Nadduši, o rôznych spoločenských triedach a životných štádiách, o životnom štádiu odriekania, poznaní a odpútanosti, o tom, ako ovládať myseľ a zmysly, o meditácii atď. Ďalej opísal rôzne druhy náboženstiev. Teraz, v závere *Bhagavad-gīty*, radí Arjunovi, aby zanechal všetky metódy, ktoré mu opísal, a odovzdal sa iba Jemu, pretože to ho ochráni pred všetkými následkami za hriešne činnosti, a tiež mu sľúbil osobnú ochranu.

V siedmej kapitole bolo povedané, že iba ten, kto sa zbavil všetkých následkov za hriešne činnosti, môže začať uctievať Kṛṣṇu. To by mohlo znamenať, že nikto nemôže začať uctievať Kṛṣṇu, ak sa pred tým nezbavil všetkých následkov za hriešne činnosti. Na margo takých pochybností tu Kṛṣṇa hovorí, že aj človek, ktorý sa úplne nezbavil následkov za minulé hriechy, sa ich automaticky zbaví, len čo sa Mu odovzdá. Na to, aby sme sa oslobodili od následkov hriešnych činností, nemusíme vynaložiť nijaké zvláštne úsilie. Musíme však bez váhania prijať Kṛṣṇu ako najvyššieho záchrancu všetkých živých bytostí a s vierou a láskou sa Mu odovzdať.

Spôsob odovzdania sa Kṛṣṇovi je opísaný v *Hari-bhakti-viläse* (11.676):

ānukūlyasya saṅkalpaḥ prātikūlyasya varjanam
rakṣiṣyatīti viśvāso goptṛtve varanaṁ tathā
ātma-nikṣepa-kārpaṇye ṣaḍ-vidhā śaraṇāgatiḥ

Podľa procesu oddanej služby by sme mali jednoducho prijať také náboženské zásady, ktoré nás nakoniec dovedú k oddanej službe Pánovi. Človek môže vykonávať svoje povinnosti podľa svojho sociálneho postavenia, no tieto činnosti sú zbytočné, ak ho nevedú k vedomiu Kṛṣṇu. Všetkému, čo nevedie k tomuto dokonalému vzťahu, sa musíme vyhýbať. Mali by sme byť presvedčení o tom, že nás Kṛṣṇa chráni pred všetkými ťažkosťami a za každých okolností. Nemusíme dumať nad tým, ako udržať telo a dušu pohromade. O to sa postará Kṛṣṇa. Mali by sme sa vždy považovať za bezmocných a na Kṛṣṇu hľadieť ako na základ svojho životného úspechu. Nečistôt hmotného sveta sa zbavíme, iba ak si plne uvedomíme Kṛṣṇu a s láskou a oddanosťou Mu začneme slúžiť. Existuje mnoho náboženstiev a mnoho očistných procesov, ako napríklad cesta kultivácie poznania, meditácie v mystickom *yogovom* systéme atď. Kto sa však odovzdá Kṛṣṇovi, nemusí vykonávať tieto očistné úkony. Prosté odovzdanie sa Kṛṣṇovi nás ušetrí zbytočnej straty času. Môžeme tak naraz urobiť pokrok a zbaviť sa všetkých následkov za hriešne činnosti.

Mali by sme byť pripútaní k prekrásnej podobe Kṛṣṇu. Kṛṣṇa znamená najpríťažlivejší. Človek, ktorého priťahuje krásna, vševedúca a všemocná podoba Kṛṣṇu, sa môže považovať za šťastného. Existuje mnoho druhov transcendentalistov. Jedných priťahuje neosobný Brahman, iných Nadduša, no ten, koho priťahuje osobná podoba Najvyššej Božskej Osobnosti, a predovšetkým podoba Kṛṣṇu, je najdokonalejší spomedzi všetkých transcendentalistov. Inými slovami, oddaná služba s plným vedomím Kṛṣṇu je najdôvernejšou časťou poznania a tiež podstatou celej *Bhagavad-gīty*. *Karma-yogīni*, empirickí filozofi, mystici a oddaní — tí všetci sú označovaní ako transcendentalisti, no čistí oddaní z nich stoja najvyššie. Veľmi dôležité slová, ktoré boli použité v tomto verši, sú *mā śucaḥ* alebo „neboj sa, neváhaj, nemaj strach". Človek by sa azda mohol cítiť zmätený z toho, že sa má zrieknuť všetkých druhov náboženstiev a jednoducho sa odovzdať Kṛṣṇovi, no také obavy sú celkom zbytočné.

VERŠ 67

इदं ते नातपस्काय नाभक्ताय कदाचन ।
न चाशुश्रूषवे वाच्यं न च मां योऽभ्यसूयति ॥ ६७ ॥

idaṁ te nātapaskāya nābhaktāya kadācana
na cāśuśrūṣave vācyaṁ na ca māṁ yo 'bhyasūyati

idam — toto; *te* — ty; *na* — nikdy; *atapaskāya* — kto sa nepodrobuje pokániu; *na* — nikdy; *abhaktāya* — neoddaný; *kadācana* — za žiadnych čias; *na* — nikdy; *ca* — tiež; *aśuśrūṣave* — tomu, kto oddane neslúži; *vācyam* — povedať; *na* — nikdy; *ca* — tiež; *mām* — Mi; *yaḥ* — kto; *abhyasūyati* — závidí.

Toto dôverné poznanie by nikdy nemalo byť vyjavené tým, ktorí si neodriekajú, ktorí nie sú oddaní alebo nie sú zapojení do oddanej služby, a ani tým, ktorí Mi závidia.

VÝZNAM: Ľuďom, ktorí nepodstupujú zbožné pokánia, ktorí sa nikdy nepokúsili oddane slúžiť Kṛṣṇovi, ktorí sa nikdy nesnažili potešiť čistého oddaného, a obzvlášť tým, ktorí považujú Kṛṣṇu iba za významnú historickú osobnosť alebo Mu závidia Jeho slávu, by táto najdôvernejšia časť poznania nikdy nemala byť vyjavená. Niekedy sa stane, že démonskí ľudia, ktorí Kṛṣṇovi závidia, uctievajú Pána rôznymi spôsobmi a vykladajú *Bhagavad-gītu,* aby si zarobili na živobytie. Kto sa však skutočne snaží pochopiť Kṛṣṇu, ten sa musí takým výkladom *Bhagavad-gīty* vyhýbať. *Bhagavad-gītu* nemôžu pochopiť materialisti. Dokonca ani človek, ktorý netúži po zmyslovom pôžitku a prísne dodržiava zásady predpísané vo *Vedach,* nemôže pochopiť Kṛṣṇu, ak nie je Kṛṣṇov oddaný. Ani ten, kto sa za oddaného vydáva, nepochopí Kṛṣṇu, ak sa nevenuje činnostiam určeným pre potešenie Kṛṣṇu. Je mnoho tých, ktorí Kṛṣṇovi závidia, pretože v *Bhagavad-gīte* hovorí, že je Najvyšší Pán, že sa Mu nikto nevyrovná a že nik nie je väčší než On. Takým závistlivým ľuďom by sme nemali vysvetľovať *Bhagavad-gītu,* pretože ju beztak nedokážu pochopiť. Neveriaci nemôžu porozumieť *Bhagavad-gīte* a Kṛṣṇovi. Nikto by sa nemal snažiť komentovať *Bhagavad-gītu*, ak neporozumel Kṛṣṇovi prostredníctvom autority čistého oddaného.

VERŠ 68

य इदं परमं गुह्यं मद्भक्तेष्वभिधास्यति ।
भक्तिं मयि परां कृत्वा मामेवैष्यत्यसंशयः ॥ ६८ ॥

ya idaṁ paramaṁ guhyaṁ mad-bhakteṣv abhidhāsyati
bhaktiṁ mayi parāṁ kṛtvā mām evaiṣyaty asaṁśayaḥ

yaḥ — každý, kto; *idam* — toto; *paramam* — nanajvýš; *guhyam* — dôverné tajomstvo; *mat* — Moje; *bhakteṣu* — medzi oddanými; *abhidhāsyati* — vysvetľuje; *bhaktim* — oddaná služba; *mayi* — Mne; *parām* — transcendentálny; *kṛtvā* — urobiť; *mām* — Mne; *eva* — iste; *eṣyati* — príde; *asaṁśayaḥ* — nepochybne.

Tomu, kto toto najvyššie tajomstvo vysvetľuje oddaným, je zaručená čistá oddaná služba a nakoniec nepochybne dospeje ku Mne.

VÝZNAM: Všeobecne sa prijíma názor, aby sa učenie *Bhagavad-gīty* preberalo len medzi oddanými, pretože neoddaní nepochopia ani Kṛṣṇu, ani *Bhagavad-gītu*. Ten, kto neprijíma Kṛṣṇu takého, aký je, a kto neprijíma *Bhagavad-gītu* takú, aká je, by sa nemal pokúšať o výklad *Bhagavad-gīty* podľa vlastných rozmarov a dopúšťať sa tak priestupku. *Bhagavad-gītā* sa má vysvetľovať tým, ktorí sú ochotní prijať Kṛṣṇu ako Najvyššiu Božskú Osobnosť. Je určená pre oddaných, a nie pre mentálnych špekulantov. No ten, kto sa úprimne snaží predložiť *Bhagavad-gītu* takú, aká je, pokročí v oddanej službe a dospeje do štádia čistej oddanosti. Vďaka takej čistej oddanosti sa nepochybne vráti späť domov, späť k Bohu.

VERŠ 69

न च तस्मान्मनुष्येषु कश्चिन्मे प्रियकृत्तमः ।
भविता न च मे तस्मादन्यः प्रियतरो भुवि ॥ ६९ ॥

na ca tasmān manuṣyeṣu kaścin me priya-kṛttamaḥ
bhavitā na ca me tasmād anyaḥ priyataro bhuvi

na—nikdy; *ca*—a; *tasmāt*—než on; *manuṣyeṣu*—medzi ľuďmi; *kaś-cit*—nikto; *me*—Mne; *priya-kṛt-tamaḥ*—drahší; *bhavitā*—bude; *na*—nie; *ca*—a; *me*—Mne; *tasmāt*—než on; *anyaḥ*—iný; *priya-taraḥ*—drahší; *bhuvi*—na tomto svete.

Na tomto svete niet služobníka, ktorý by Mi bol drahší než on, a ani Mi nikto nikdy drahší nebude.

VERŠ 70

अध्येष्यते च य इमं धर्म्यं संवादमावयोः ।
ज्ञानयज्ञेन तेनाहमिष्टः स्यामिति मे मतिः ॥ ७० ॥

adhyeṣyate ca ya imaṁ dharmyaṁ saṁvādam āvayoḥ
jñāna-yajñena tenāham iṣṭaḥ syām iti me matiḥ

adhyeṣyate—bude študovať; *ca*—aj; *yaḥ*—on; *imam*—tento; *dhar-myam*—posvätný; *saṁvādam*—rozhovor; *āvayoḥ*—náš; *jñāna*—pozna-nie; *yajñena*—obete; *tena*—ním; *aham*—Ja; *iṣṭaḥ*—uctievaný; *syām*—budem; *iti*—tak; *me*—Môj; *matiḥ*—názor.

A vyhlasujem, že ten, kto študuje tento náš posvätný rozhovor, Ma uctieva inteligenciou.

VERŠ 71

श्रद्धावाननसूयश्च शृणुयादपि यो नरः ।
सोऽपि मुक्तः शुभाँल्लोकान्प्राप्नुयात्पुण्यकर्मणाम् ॥ ७१ ॥

śraddhāvān anasūyaś ca śṛṇuyād api yo naraḥ
so 'pi muktaḥ śubhāl lokān prāpnuyāt puṇya-karmaṇām

śraddhā-vān—veriaci; *anasūyaḥ*—nezávistlivo; *ca*—a; *śṛṇuyāt*—načú-va; *api*—iste; *yaḥ*—ktokoľvek; *naraḥ*—človek; *saḥ*—on; *api*—tiež;

muktaḥ — bude oslobodený; *śubhān* — priaznivé; *lokān* — planéty; *prāpnuyāt* — dosiahne; *puṇya-karmaṇām* — zbožných.

A ten, kto mu načúva s vierou a bez závisti, bude oslobodený od hriešnych následkov a dosiahne vyšších planét, kde sídlia zbožní.

VÝZNAM: V šesťdesiatom siedmom verši tejto kapitoly Kṛṣṇa výslovne zakázal vykladať *Bhagavad-gītu* tým, ktorí k Nemu chovajú nenávisť. Inými slovami, *Bhagavad-gītā* je určená len pre oddaných. Zavše sa stane, že oddaný prednáša na verejnosti, a bolo by naivné myslieť si, že všetci poslucháči sú oddanými. Prečo teda Kṛṣṇov oddaný súhlasí s takými prednáškami? Tu je vysvetlené, že aj keď všetci nie sú oddanými, je mnoho tých, ktorí Kṛṣṇovi nezávidia. Veria v Neho ako v Najvyššiu Božskú Osobnosť. Ak potom takí ľudia počujú rozprávať čistého oddaného o Kṛṣṇovi, ihneď sa oslobodia od všetkých následkov hriešnych činností a neskôr sa povýšia na planéty zbožných. Preto aj človek, ktorý sa nesnaží stať čistým oddaným, môže získať výsledky zbožných činov prostým načúvaním *Bhagavad-gīte*. Tak čistí oddaní umožňujú všetkým oslobodiť sa od hriešnych reakcií a stať sa Pánovými oddanými.

Ľudia, ktorí sa oslobodili od následkov hriešnych činností a sú spravodliví a čestní, sa obyčajne ľahko zapoja do vedomia Kṛṣṇu. V tejto súvislosti sú obzvlášť významné slová *puṇya-karmāṇam*. Poukazujú na vykonávanie veľkých obetí, ako napríklad *aśvamedha-yajña*, o ktorých sa zmieňuje *vedska* literatúra. Tí, ktorí vykonávajú oddanú službu poctivo, ale nie sú celkom očistení, môžu dospieť na Polárku alebo Dhruvaloku, kde vládne Pánov veľký oddaný, Dhruva Mahārāja.

VERŠ 72

कच्चिदेतच्छ्रुतं पार्थ त्वयैकाग्रेण चेतसा ।
कच्चिदज्ञानसम्मोहः प्रनष्टस्ते धनञ्जय ॥ ७२ ॥

kaccid etac chrutaṁ pārtha tvayaikāgreṇa cetasā
kaccid ajñāna-sammohaḥ praṇaṣṭas te dhanañjaya

kaccit — či; *etat* — to; *śrutam* — vypočul; *pārtha* — ó, syn Pṛthy; *tvayā* — ty; *eka-agreṇa* — sústredenou; *cetasā* — mysľou; *kaccit* — či; *ajñāna* — nevedomosť; *sammohaḥ*—ilúzia; *praṇaṣṭaḥ*—rozptýlená; *te*—tvoja; *dhanañjaya*—ó, dobyvateľ bohatstva (Arjuna).

Ó, syn Pṛthy, dobyvateľ bohatstva, vypočul si si všetko so sústredenou mysľou? Rozptýlila sa už tvoja nevedomosť a ilúzia?

VÝZNAM: Śrī Kṛṣṇa vystupoval ako Arjunov duchovný učiteľ, a preto bolo Jeho povinnosťou spýtať sa Arjunu, či pochopil celú *Bhagavad-gītu* zo správnej perspektívy. Keby ju nepochopil, Kṛṣṇa bol ochotný znovu vyložiť akúkoľvek jej časť, alebo v prípade potreby celú *Bhagavad-gītu* aj zopakovať. V skutočnosti ten, kto načúva *Bhagavad-gīte* z úst pravého duchovného učiteľa, ako je Kṛṣṇa, alebo Jeho predstaviteľa, zistí, že celá jeho nevedomosť sa rozptýlila. *Bhagavad-gītā* nie je obyčajná kniha napísaná básnikom či mysticky naladeným spisovateľom; bola prednesená Najvyššou Božskou Osobnosťou. Každý, komu sa pošťastí vypočuť si toto učenie od Kṛṣṇu alebo od Jeho pravého duchovného zástupcu, si môže byť istý, že dosiahne vyslobodenie a vymaní sa z temnoty nevedomosti.

VERŠ 73

अर्जुन उवाच
नष्टो मोहः स्मृतिर्लब्धा त्वत्प्रसादान्मयाच्युत ।
स्थितोऽस्मि गतसन्देहः करिष्ये वचनं तव ॥ ७३ ॥

arjuna uvāca
naṣṭo mohaḥ smṛtir labdhā tvat-prasādān mayācyuta
sthito 'smi gata-sandehaḥ kariṣye vacanaṁ tava

arjunaḥ uvāca—Arjuna riekol; *naṣṭaḥ*—rozptýlená; *mohaḥ*—ilúzia; *smṛtiḥ*—pamäť; *labdhā*—získal; *tvat-prasādāt*—Tvojou milosťou; *mayā*—moja; *acyuta*—ó, neomylný Kṛṣṇa; *sthitaḥ*—stojaci; *asmi*—som; *gata*—odstránená; *sandehaḥ*—všetky pochybnosti; *kariṣye*—budem konať; *vacanam*—pokyny; *tava*—Tvoje.

Arjuna riekol: Môj milý Kṛṣṇa, ó, neomylný, rozptýlila sa moja ilúzia a vďaka Tvojej milosti sa mi vrátila pamäť. Zbavil si ma všetkých pochybností a teraz tu stojím pripravený konať podľa Tvojich pokynov.

VÝZNAM: Prirodzeným postavením živej bytosti, ktorú tu predstavuje Arjuna, je konať podľa pokynov Najvyššieho Pána. Má sa podriadiť sebekázni. Śrī Caitanya Mahāprabhu povedal, že skutočným postavením živej bytosti je večne slúžiť Najvyššiemu Pánovi. Keď na to živá bytosť zabudne, stane sa závislou na hmotnej prírode, ale ak začne opäť slúžiť Najvyššiemu Pánovi, stane sa oslobodeným služobníkom Boha. Prirodzeným postavením živej bytosti je teda slúžiť; buď slúži hmotnej, iluzórnej *māyi* alebo slúži Najvyššiemu Pánovi. Za normálnych okolností slúži Najvyššiemu Pánovi, no ak sa rozhodne pre službu vonkajšej iluzórnej energii, je ňou spútaná. V tomto hmotnom svete slúžime pod vplyvom ilúzie. Sme spútaní žiadostivosťou a túžbou, a napriek tomu sa považujeme za pánov sveta. Tomu sa hovorí ilúzia. Keď sa človek oslobodí a zbaví sa ilúzie, dobrovoľne sa odovzdá Najvyššiemu, aby mohol konať podľa Jeho želaní. Poslednou ilúziou, poslednou pascou *māyi* je predstava, že živá bytosť je Boh. Myslí si, že už nie je podmienená, že je Boh. Vo svojej hlúposti nemôže pochopiť, že keby bola Bohom, nemala by dôvod pochybovať. Nad tým sa nezamyslí. To je posledná nástraha iluzórnej energie. Dostať sa spod vplyvu iluzórnej energie v skutočnosti znamená pochopiť, kto je Kṛṣṇa, Najvyššia Božská Osobnosť, a riadiť sa podľa Jeho pokynov.

V tomto verši je veľmi dôležité slovo *moha*, ktoré sa vzťahuje na niečo, čo je opakom poznania. Pravé poznanie v skutočnosti znamená, že človek chápe, že každá živá bytosť je večným služobníkom Pána. No namiesto toho, aby sa považovala za Pánovho služobníka, myslí si, že je pánom sveta, pretože túži vládnuť hmotnej prírode. To je jej ilúzia. Túto ilúziu môže prekonať milosťou Pána alebo Jeho čistého oddaného. Len čo sa táto ilúzia rozplynie, človek získa túžbu s oddanosťou slúžiť Najvyššiemu Pánovi.

Vedomie Kṛṣṇu znamená riadiť sa podľa Kṛṣṇových pokynov. Podmienená duša, poblúznená vonkajšou energiou alebo hmotou, nevie, že Śrī Kṛṣṇa je pánom poznania a vlastníkom všetkého. Svojím oddaným môže dať všetko, čo len chce. Je priateľom všetkých živých tvorov a je obzvlášť naklonený Svojim oddaným. Je vládcom tejto hmotnej prírody a celého tvorstva. Ovláda aj nevyčerpateľný čas a je vlastníkom všetkých nesmierných síl a vznešených atribútov. Môže sa dokonca odovzdať Svojmu oddanému. Ten, kto Ho nepozná, je pod vplyvom ilúzie. Nestane sa z neho služobník Boha, ale služobník *māyi*. Len čo si Arjuna vypočul *Bhagavad-gītu* z úst Najvyššej Božskej Osobnosti, oslobodil sa od všetkých ilúzií. Pochopil, že Kṛṣṇa nie je iba jeho priateľ, ale je zároveň Najvyššia Božská Osobnosť. Spoznal Ho takého, aký je. Študovať *Bhagavad-gītu* teda znamená pochopiť Kṛṣṇu takého, aký je. Ak má človek dokonalé poznanie, potom sa prirodzene odovzdá Kṛṣṇovi. Keď Arjuna pochopil, že Kṛṣṇa má v úmysle znížiť nadbytok nežiadúceho obyvateľstva, prijal Jeho pokyny a bojoval podľa Jeho želaní. Znovu pozdvihol svoje zbrane — luk a šípy — pripravený bojovať na povel Najvyššej Božskej Osobnosti.

VERŠ 74

सञ्जय उवाच
इत्यहं वासुदेवस्य पार्थस्य च महात्मनः ।
संवादमिममश्रौषमद्भुतं रोमहर्षणम् ॥ ७४ ॥

sañjaya uvāca
ity ahaṁ vāsudevasya pārthasya ca mahātmanaḥ
saṁvādam imam aśrauṣam adbhutaṁ roma-harṣaṇam

sañjayaḥ uvāca — Sañjaya riekol; *iti* — takto; *aham* — ja; *vāsudevasya* — Kṛṣṇu; *pārthasya* — Arjunu; *ca* — tiež; *mahā-ātmanaḥ* — dvoch veľkých duší; *saṁvādam* — rozhovor; *imam* — tento; *aśrauṣam* — vypočul som si; *adbhutam* — obdivuhodný; *roma-harṣaṇam* — vstávajú vlasy na hlave.

Sañjaya riekol: Takto som si vypočul rozhovor dvoch veľkých duší, Kṛṣṇu a Arjunu. A toto posolstvo je také úžasné, že mi z toho vstávajú vlasy na hlave.

VÝZNAM: Na začiatku *Bhagavad-gīty* sa Dhṛtarāṣṭra spýtal svojho tajomníka Sañjayu: „Čo sa stalo na bojisku Kuruovcov?" Celý rozhovor medzi Kṛṣṇom a Arjunom sa preniesol do Sañjayovho srdca milosťou jeho duchovného učiteľa Vyāsu. Sañjaya potom opísal celú situáciu na bojisku. Rozhovor bol úžasný, pretože nikdy predtým nedošlo a už ani nedôjde k takému významnému rozhovoru medzi dvoma veľkými dušami. Bolo to úžasné, pretože Najvyšší Pán rozprával o Sebe a o Svojich energiách živej bytosti, Arjunovi, veľkému oddanému. Ak budeme kráčať v Arjunových šľapajách, pochopíme, kto je Kṛṣṇa, a náš život bude šťastný a úspešný. Sañjaya si to uvedomil, a preto začal tento rozhovor tlmočiť Dhṛtarāṣṭrovi. Na záver dodá, že víťazstvo je tam, kde je Kṛṣṇa a Arjuna.

VERŠ 75

व्यासप्रसादाच्छ्रुतवानेतद्गुह्यमहं परम् ।
योगं योगेश्वरात्कृष्णात्साक्षात्कथयतः स्वयम् ॥ ७५ ॥

vyāsa-prasādāc chrutavān etad guhyam ahaṁ param
yogaṁ yogeśvarāt kṛṣṇāt sākṣāt kathayataḥ svayam

vyāsa-prasādāt — Vyāsovou milosťou; *śrutavān* — vypočul som si; *etat* — toto; *guhyam* — dôverné; *aham* — ja; *param* — najvyšší; *yogam* — o mystike; *yoga-īśvarāt* — od pána mystiky; *kṛṣṇāt* — Kṛṣṇu; *sākṣāt* — priamo; *kathayataḥ* — hovoriť; *svayam* — osobne.

Vyāsovou milosťou som si vypočul tento najdôvernejší rozhovor priamo od pána mystiky, Kṛṣṇu, keď osobne prehováral k Arjunovi.

VÝZNAM: Vyāsa bol Sañjayov duchovný učiteľ a Sañjaya sám priznáva, že obdržal poznanie o Najvyššej Božskej Osobnosti Vyāsovou milosťou. To znamená, že Kṛṣṇu nemôžeme pochopiť priamo, ale prostredníctvom duchovného učiteľa. Duchovný učiteľ je sprostredkovateľ, no zážitok zostáva priamy. To je tajomstvo postupnosti duchovných učiteľov. Ak je duchovný učiteľ pravý, môžeme *Bhagavad-gītu* prijať priamo ako Arjuna. Na celom svete je veľa mystikov a *yogīnov*, no Kṛṣṇa je pánom všetkých *yogových* systémov. Jeho pokyn je priamo stanovený v *Bhagavad-gīte*: „Odovzdaj sa Mi!" Kto tak urobí, je najvyšším *yogīnom*. To je potvrdené v poslednom verši šiestej kapitoly. *Yoginām api sarveṣām*.

Vyāsadeva je Nāradovým žiakom a Nārada je priamy žiak Kṛṣṇu. Preto je Vyāsadeva práve taký oddaný ako Arjuna a náleží do postupnosti duchovných učiteľov. Ako priamy Vyāsov žiak mohol Sañjaya vidieť a počuť Kṛṣṇu priamo, pretože jeho zmysly boli Vyāsovou milosťou očistené. Kto počuje Kṛṣṇu priamo, môže pochopiť toto dôverné poznanie. Ten, kto nie je spojený s postupnosťou duchovných učiteľov, nemôže počuť Kṛṣṇu priamo, a preto je jeho poznanie vždy nedokonalé, aspoň čo sa týka pochopenia *Bhagavad-gīty*.

V *Bhagavad-gīte* sú vysvetlené všetky *yogové* systémy: *karma-yoga*, *jñāna-yoga* a *bhakti-yoga*. Kṛṣṇa je pánom všetkých týchto procesov. Arjuna mal to šťastie, že mohol počuť Kṛṣṇu priamo, a podobne Sañjaya mohol počuť Kṛṣṇu priamo, a to vďaka Vyāsovej milosti. V skutočnosti nie je rozdiel medzi priamym počúvaním Kṛṣṇu a počúvaním Kṛṣṇu prostredníctvom duchovného učiteľa, ako je Vyāsadeva. Duchovný učiteľ je tiež Vyāsadevovým predstaviteľom, a preto podľa *vedskeho* zvyku pripravujú žiaci na učiteľove narodeniny oslavu zvanú *Vyāsa-pūja*.

VERŠ 76

राजन्संस्मृत्य संस्मृत्य संवादमिममद्भुतम् ।
केशवार्जुनयोः पुण्यं हृष्यामि च मुहुर्मुहुः ॥ ७६ ॥

rājan saṁsmṛtya saṁsmṛtya saṁvādam imam adbhutam
keśavārjunayoḥ puṇyaṁ hṛṣyāmi ca muhur muhuḥ

rājan — ó, kráľ; *saṁsmṛtya* — spomínam si; *saṁsmṛtya* — spomínam si; *saṁvādam* — na rozhovor; *imam* — tento; *adbhutam* — úžasný; *keśava* — Śrī Kṛṣṇu; *arjunayoḥ* — a Arjunu; *puṇyam* — posvätný; *hṛṣyāmi* — radujem sa; *ca* — tiež; *muhuḥ muhuḥ* — znovu a znovu.

Ó, kráľ, vždy keď si spomeniem na tento úžasný a posvätný rozhovor medzi Kṛṣṇom a Arjunom, neustále sa znovu a znovu zachvievam radosťou.

VÝZNAM: Poznanie *Bhagavad-gīty* je také transcendentálne, že každý, kto sa oboznámi s predmetom Kṛṣṇovho a Arjunovho rozhovoru, sa stane riadnym človekom a na ich rozhovor nikdy nezabudne. Taká je transcendentálna povaha duchovného života. Inými slovami, kto si vypočuje *Bhagavad-gītu* z pravého zdroja, priamo od Kṛṣṇu, stane sa plne vedomým si Kṛṣṇu. Výsledkom takého vedomia je, že sa stane osvietený a s nadšením sa teší zo života, a to nielen občas, ale v každom okamihu.

VERŠ 77

तच्च संस्मृत्य संस्मृत्य रूपमत्यद्भुतं हरेः ।
विस्मयो मे महान्राजन्हृष्यामि च पुनः पुनः ॥ ७७ ॥

tac ca saṁsmṛtya saṁsmṛtya rūpam aty-adbhutaṁ hareḥ
vismayo me mahān rājan hṛṣyāmi ca punaḥ punaḥ

tat — onú; *ca* — tiež; *saṁsmṛtya* — spomeniem si; *saṁsmṛtya* — spomeniem si; *rūpam* — podobu; *ati* — veľmi; *adbhutam* — úžasnú; *hareḥ* — Śrī Kṛṣṇu; *vismayaḥ* — úžas; *me* — môj; *mahān* — veľký; *rājan* — ó, kráľ; *hṛṣyāmi* — radujem sa; *ca* — tiež; *punaḥ punaḥ* — znovu a znovu.

Ó, kráľ, kedykoľvek si spomeniem na úžasnú podobu Śrī Kṛṣṇu, zmocní sa ma ešte väčší úžas a znovu a znovu sa radujem.

VÝZNAM: Zdá sa, že Sañjaya mohol Vyāsovou milosťou uzrieť aj vesmírnu podobu, ktorú Kṛṣṇa vyjavil Arjunovi. Ako už bolo povedané, Kṛṣṇa nikdy predtým takúto podobu nezjavil. Mohol ju vidieť iba Arjuna, a napriek tomu ju mohlo uzrieť ešte niekoľko veľkých oddaných. Vyāsa bol jedným z nich. Je jedným z najväčších Kṛṣṇových oddaných a je uznávanou splnomocnenou inkarnáciou Kṛṣṇu. Umožnil túto podobu uzrieť svojmu žiakovi Sañjayovi, ktorý si ju teraz vybavuje vo svojej mysli a zažíva opätovnú radosť.

VERŠ 78

यत्र योगेश्वरः कृष्णो यत्र पार्थो धनुर्धरः ।
तत्र श्रीर्विजयो भूतिर्ध्रुवा नीतिर्मतिर्मम ॥ ७८ ॥

yatra yogeśvaraḥ kṛṣṇo yatra pārtho dhanur-dharaḥ
tatra śrīr vijayo bhūtir dhruvā nītir matir mama

yatra — kde; *yoga-īśvaraḥ* — pán mystiky; *kṛṣṇaḥ* — Kṛṣṇa; *yatra* — kde; *pārthaḥ* — syn Pṛthy; *dhanuḥ-dharaḥ* — ktorý drží luk a šíp; *tatra* — tam; *śrīḥ* — bohatstvo; *vijayaḥ* — víťazstvo; *bhūtiḥ* — neobyčajná moc; *dhruvā* — iste; *nītiḥ* — mravnosť; *matiḥ mama* — môj názor.

Kde je Kṛṣṇa, pán mystiky, a kde je najlepší lukostrelec Arjuna, tam je zaiste aj bohatstvo, víťazstvo, neobyčajná moc a mravnosť. To je môj názor.

VÝZNAM: Bhagavad-gītā začína Dhṛtarāṣṭrovými otázkami. Dhṛtarāṣṭra veril vo víťazstvo svojich synov, ktorí bojovali po boku takých mocných bojovníkov ako Bhīṣma, Droṇa a Karṇa. Veril, že šťastie bude stáť na ich strane. No po opísaní úvodnej scény na bojisku sa Sañjaya prihovoril kráľovi so slovami: „Veríš vo víťazstvo, no ja si myslím, že víťazstvo je všade tam, kde je Kṛṣṇa a Arjuna.“ Týmto spôsobom mu nepriamo naznačil, že by nemal očakávať víťazstvo svojich ľudí. To bolo jasne na strane Arjunovej, pretože s ním bol Kṛṣṇa. Śrī Kṛṣṇa vlastní všetky vznešené atribúty a jedným z nich je, že si dokáže najviac odriekať. Kṛṣṇa ho manifestoval tým, že prijal postavenie Arjunovho vozataja. Je mnoho príkladov, keď Kṛṣṇa predviedol Svoju schopnosť odriekať si, pretože je pánom odriekania.

Boj sa v skutočnosti odohrával medzi Duryodhanom a Yudhiṣṭhirom. Arjuna bojoval na strane svojho staršieho brata Yudhiṣṭhiru, a pretože Yudhiṣṭhira bojoval po boku Arjunu a Kṛṣṇu, víťazstvo mal zaručené. V boji sa malo rozhodnúť, kto bude vládnuť svetu a Sañjaya predpovedal, že vládu získa Yudhiṣṭhira. Predpovedal tiež, že Yudhiṣṭhirovo kráľovstvo bude po víťazstve v tomto boji prekvitať stále viac a viac, pretože Yudhiṣṭhira nebol iba zbožný a spravodlivý, ale aj človek prísnych mravov. Po celý život nevyriekol jedinú lož.

Mnoho neinteligentných osôb považuje *Bhagavad-gītu* za bežný rozhovor dvoch priateľov, ktorí na bojisku diskutujú o najrôznejších veciach. Taká kniha by však nemohla byť svätým písmom. Iní zas namietajú, že Kṛṣṇa nabádal Arjunu k boju, čo považujú za nemorálne. Skutočný význam je však nad slnko jasný: *Bhagavad-gītā* je najvyššou náukou o mravnosti. V tridsiatom štvrtom verši deviatej kapitoly je vyslovený najvyšší mravný princíp: *man-manā bhava mad-bhaktaḥ*. Človek sa musí stať čistým Kṛṣṇovým oddaným. Podstatou všetkých náboženských učení je odovzdať sa Kṛṣṇovi (*sarva-dharmān parityajya mām ekaṁ śaraṇaṁ vraja*). Pokyny *Bhagavad-gīty* konštituujú najvyšší princíp náboženstva a morality. Všetky ostatné metódy môžu byť očistné alebo viesť k rovnakému princípu, no posledný pokyn *Bhagavad-gīty* je posledným slovom o morálke a náboženstve: „Odovzdaj sa Kṛṣṇovi.“ To je konečný záver osemnástej kapitoly.

Z *Bhagavad-gīty* môžeme vyrozumieť, že meditácia a filozofické hĺbanie sú cestami vedúcimi k sebarealizácii, no najvyššia dokonalosť života spočíva v odovzdaní sa Kṛṣṇovi. To je jadro učenia *Bhagavad-gīty*. Usmerňujúce zásady pre príslušné obdobia života a náboženské činnosti sú nepochybne dôvernou cestou k poznaniu, no aj keď sú náboženské rituály dôverné, meditácia a rozvíjanie poznania sú dôvernejšie. Najdôležitejší pokyn je ten, ktorý nás nabáda odovzdať sa Kṛṣṇovi a oddane Mu slúžiť s plným vedomím Kṛṣṇu. To je esencia osemnástej kapitoly.

Ďalším dôležitým bodom *Bhagavad-gīty* je, že Najvyššia Absolútna Pravda je Najvyššia Božská Osobnosť, Śrī Kṛṣṇa. Absolútnu Pravdu možno realizovať v troch aspektoch: ako neosobný Brahman, lokalizovanú Paramātmu a Najvyššiu Božskú Osobnosť, Kṛṣṇu. Dokonalé poznanie Absolútnej Pravdy znamená dokonalé poznanie Śrī Kṛṣṇu, ktoré zahŕňa všetky ostatné aspekty poznania. Kṛṣṇa je transcendentálny, pretože sa vždy nachádza na úrovni Svojej vnútornej energie. Živé bytosti sa prejavujú prostredníctvom Jeho energií a delia sa na dve skupiny: večne podmienené a večne oslobodené. Je ich nespočetné množstvo a označujú sa ako základné čiastočky Kṛṣṇu. Hmotná energia sa prejavuje v dvadsiatich štyroch elementoch. Stvorenie je ovplyvňované večným časom a je prejavené a zničené pôsobením vonkajšej energie. Hmotný svet prechádza sústavne obdobiami, v ktorých je raz prejavený a raz neprejavený.

V *Bhagavad-gīte* sa hovorí o piatich základných námetoch: o Najvyššej Božskej Osobnosti, hmotnej prírode, živých bytostiach, večnom čase a rôznych druhoch činností. Všetko závisí od Najvyššej Božskej Osobnosti, Kṛṣṇu. Ak človek pochopil Kṛṣṇu, potom jeho poznanie zahŕňa aj poznanie o neosobnom Brahmane, lokalizovanej Paramātme a všetkých ostatných transcendentálnych aspektoch Absolútnej Pravdy. Na prvý pohľad sa môže zdať, že Najvyššia Božská Osobnosť, živé bytosti, hmotná príroda a čas sa od seba líšia, no v skutočnosti sa od Najvyššieho nič nelíši. A predsa sa Najvyšší Pán odlišuje od všetkého ostatného. To je filozofia Śrī Caitanyu Mahāprabhua o nepochopiteľnej súčasnej jednote a odlišnosti. Tento filozofický systém zakladá dokonalé poznanie Absolútnej Pravdy.

Živá bytosť je vo svojom pôvodnom postavení čistá duša, nepatrná čiastočka Najvyššej Duše. Kṛṣṇu možno prirovnať k Slnku a živé bytosti k slnečným lúčom. Keďže živé bytosti patria do okrajovej energie Pána, môžu sa spojiť buď s hmotnou alebo s duchovnou energiou. Inými slovami, živá bytosť je umiestnená medzi dvoma Pánovými energiami, a keďže náleží do Pánovej vyššej energie, má čiastočnú nezávislosť. Ak využije svoju nezávislosť správne, dostane sa pod priame vedenie Kṛṣṇu, a tak dosiahne svojho prirodzeného postavenia v energii prinášajúcej radosť.

Takto končia Bhaktivedantove výklady k osemnástej kapitole *Śrīmad Bhagavad-gīty*, pojednávajúcej o jej závere — dokonalosti odriekania.

O autorovi

Śrī Śrīmad A. C. Bhaktivedanta Swami Prabhupāda prišiel na tento svet 1.septembra 1896 v Kalkate v Indii. Svojho duchovného učiteľa Śrīlu Bhaktisiddhāntu Sarasvatīho Gosvāmīho stretol po prvý raz v roku 1922 v Kalkate. Bhaktisiddhānta Sarasvatī, významný predstaviteľ filozofie oddanosti a zakladateľ šesťdesiatich štyroch vedskych inštitútov Gauḍīya Maṭh, si vzdelaného mladého muža obľúbil a presvedčil ho, aby zasvätil svoj život rozširovaniu *vedskeho* poznania. Śrīla Prabhupāda sa stal jeho žiakom a o jedenásť rokov neskôr bol v Allahabade obradne zasvätený.

Už pri ich prvom stretnutí v roku 1922 požiadal Śrīla Bhaktisiddhānta Sarasvatī Ṭhākura svojho budúceho žiaka Śrīlu Prabhupādu, aby rozširoval *vedsku* múdrosť v anglickom jazyku. V nasledujúcich rokoch napísal Śrīla Prabhupāda komentár k *Bhagavad-gīte*, podporoval Gauḍīya Maṭh v jej práci a v roku 1944 začal svojpomocne vydávať anglicky písaný dvojtýždenník „Návrat k Bohu" (*Back to Godhead*). Sám prepisoval rukopisy, obstarával korektúry, osobne rozdával jednotlivé čísla a všemožne sa usiloval o udržanie časopisu. Tento časopis od svojho založenia nikdy neprestal vychádzať a teraz v jeho vydávaní pokračujú žiaci Śrīlu Prabhupādu.

V roku 1947 odmenila Gauḍīya-*vaiṣṇavská* spoločnosť Śrīlu Prabhupādu za jeho filozofickú učenosť a oddanosť titulom „Bhaktivedanta". V roku 1950, vo veku päťdesiat štyri rokov, opustil Śrīla Prabhupāda rodinný život a po štyroch rokoch vstúpil do stavu *vānaprastha* (život v ústraní), aby mohol venovať viac času štúdiu a písaniu. Śrīla Prabhupāda odišiel do posvätného mesta Vṛndāvanu, kde žil vo veľmi skromných podmienkach v historickom chráme Rādhā-Dāmodara. Tu sa niekoľko rokov venoval hlbokému štúdiu a písaniu. V roku 1959 vstúpil do stavu *sannyāsa*. V chráme Rādhā-Dāmodara začal pracovať na svojom celoživotnom diele, mnohozväzkovom preklade a výklade osemnástich tisícov veršov *Śrīmad-Bhāgavatamu* (*Bhāgavata Purāṇa*). Tu napísal tiež knižku „Ľahké cesty k iným planétam" (*Easy Journey to Other Planets*).

V roku 1965, po vydaní prvých troch zväzkov *Śrīmad-Bhāgavatamu*, odišiel do Ameriky, aby splnil prianie svojho duchovného učiteľa. Od toho roku napísal viac ako šesťdesiat kníh autorizovaných prekladov, komentárov a súhrnných štúdií klasických, filozofických a náboženských diel Indie. Keď v roku 1965 prvýkrát prišiel do New Yorku, bol prakticky bez peňazí. Až po ročnom úsilí sa mu v júli 1966 podarilo založiť Medzinárodnú spoločnosť pre vedomie Kṛṣṇu (*International Society for Krishna Consciousness*). Až do svojho odchodu z tohoto hmotného sveta (14. 11. 1977) osobne dohliadal na rast spoločnosti, ktorá sa rozrástla na celosvetové hnutie s viac ako sto *āśramami*, školami, chrámami, vedeckými ústavmi a poľnohospodárskymi farmami. V jeho práci duchovného učiteľa teraz pokračujú jeho duchovne najpokročilejší žiaci.

Śrīla Prabhupāda inšpiroval svojich žiakov, aby zakladali poľnohospodárske farmy po celom svete a vytvorili spoločenstvá založené na *vedskych* zásadách.

V roku 1972 založil Śrīla Prabhupāda v Dallase školu *gurukula*, a zaviedol tak do západného sveta *vedsky* systém základného a stredoškolského vzdelania. V čase zahájenia činnosti mala škola troch žiakov a na začiatku roka 1975 ich bolo viac ako sto päťdesiat. Na konci roku 1978 už bolo založených viac ako desať škôl na celom svete, so strediskom vo Vṛndāvane, v Indii.

Śrīla Prabhupāda dal tiež podnet k výstavbe rozsiahleho medzinárodného strediska v Śrīdhāme Māyāpure v západnom Bengálsku v Indii, kde je plánovaná výstavba mesta, ktoré sa bude zakladať na *vedskych* duchovných hodnotách. Podobnými projektami sú chrám Kṛṣṇu a Balarāmu a Medzinárodného domu pre hostí vo Vṛndāvane. Sú to strediská, kde ľudia z celého sveta môžu získať bezprostredné poznatky o *vedskej* kultúre.

Najvýznamnejším prínosom Śrīlu Prabhupādu sú však jeho knihy. Ich vierohodnosť, hĺbka a jasnosť sú vysoko oceňované akademickými kruhmi a na mnohých stredných a vysokých školách sa používajú ako učebnice. Knihy Śrīlu Prabhupādu boli doposiaľ preložené do štyridsiatich jazykov. V roku 1972 bolo pre vydávanie diel Śrīlu Prabhupādu založené nakladateľstvo *The Bhaktivedanta Book Trust* (*BBT*), ktoré je v súčasnosti najväčším vydavateľstvom kníh z oblasti indického náboženstva a filozofie.

Napriek svojmu vysokému veku usporiadal Śrīla Prabhupāda počas dvanástich rokov mnoho kazateľských ciest, ktoré ho zaviedli do šiestich svetadielov a na ktorých obišiel zemeguľu celkom štrnásťkrát. Napriek namáhavému programu neprestal písať. Jeho spisy tvoria celú knižnicu vedskej filozofie, náboženstva, literatúry a kultúry.

Vyšla tiež biografia Śrīlu Prabhupādu pod názvom *Prabhupāda, život čistého oddaného*, ktorú napísal jeden z jeho najbližších žiakov Satsvarūpa dāsa Goswami.

Citované písma

Výklady *Bhagavad-gīty* sú potvrdené *vedskymi* autoritami. Z nasledujúcich autentických písiem sa cituje a presný verš, v ktorého výklade je citát uvedený, môžete vyhľadať vo všeobecnom registri.

Amṛta-bindu Upaniṣad

Atharva Veda

Bhakti-rasāmṛta-sindhu

Brahma-saṁhitā

Brahma-sūtra

Bṛhad-āraṇyaka Upaniṣad

Bṛhad-viṣṇu-smṛti

Bṛhan-nāradīya Purāṇa

Caitanya-caritāmṛta

Chāndogya Upaniṣad

Gītā-māhātmya

Gopāla-tāpanī Upaniṣad

Hari-bhakti-vilāsa

Īśopaniṣad

Kaṭha Upaniṣad

Kauṣītakī Upaniṣad

Kūrma Purāṇa

Mādhyandināyana-śruti

Mahābhārata

Mahā Upaniṣad

Māṇḍūkya Upaniṣad

Mokṣa-dharma

Muṇḍaka Upaniṣad

Nārada-pañcarātra

Nārāyaṇa Upaniṣad

Nārāyaṇīya

Nirukti (slovník)

Nṛsiṁha Purāṇa

Padma Purāṇa

Parāśara-smṛti

Praśna Upaniṣad

Puruṣa-bodhinī Upaniṣad

Ṛg Veda

Sātvata-tantra

Śrīmad-Bhāgavatam

Stotra-ratna

Subala Upaniṣad

Śvetāśvatara Upaniṣad

Taittirīya Upaniṣad

Upadeśāmṛta

Varāha Purāṇa

Vedānta-sūtra

Viṣṇu Purāṇa

Yoga-sūtra

Výkladový slovník mien a vecných pojmov

Abhimanyu — syn Arjunu a Kṛṣṇovej sestry Subhadry. Jeho syn Parīkṣit Mahārāja sa stal kráľom po odchode Pāṇḍuovcov.

ācārya — duchovný učiteľ, ktorý učí vlastným príkladom.

acintya-bhedābheda-tattva — náuka Śrī Caitanyu o „nepochopiteľnej súčasnej jednotnosti a odlišnosti" Boha a Jeho energií.

Advaitācārya — jeden zo štyroch najbližších spoločníkov Śrī Caitanyu Mahāprabhua.

Agni — poloboh vládnúci ohňu.

agnihotra-yajña — obeť ohňa.

ahaṅkāra — falošné ego.

ahiṁsā — nenásilie.

akarma — „ne-činnosť", činnosť v duchu oddanosti, ktorá so sebou neprináša následky.

ānanda — duchovná blaženosť.

Ananta — meno hada s nekonečným počtom hláv, na ktorých odpočíva Viṣṇu.

aparā prakṛti — nižšia, hmotná energia Pána (hmota).

apauruṣeya — nepochádzajúce od človeka, zjavené Bohom.

arcana — uctievanie Božstva.

arcā-vigraha — Božstvo Najvyššieho Pána, podoba Boha prejavená prostredníctvom hmotných prvkov (napríklad v podobe obrazu alebo sochy), aby v tejto podobe prijal uctievanie od svojich oddaných.

āryan — civilizovaný nasledovník *vedskej* kultúry, ktorý pozná životné hodnoty a jeho cieľom je duchovný pokrok.

āsana — pozícia či poloha tela, najmä pri vykonávaní *hatha-yogy*.

asura — démonský človek, ktorý sa neriadi príkazmi písiem (*a* — nie; *sura* — zbožný).

āśrama — 1. miesto, kde sa združuje skupina ľudí venujúcich sa duchovnému životu; 2. označenie duchovných štádií v živote — prvé z nich predstavuje obdobie štúdia a pohlavnej zdržanlivosti (*brahmacarya*), druhé je spojené s rodinným životom (*gṛhastha*), v treťom sa človek odoberá do ústrania a zdokonaľuje v odriekaní (*vānaprastha*) a posledné štádium je zasvätené zrieknutiu sa hmotného sveta (*sannyāsa*).

aṣṭāṅga-yoga — Patañjaliho mystická *yoga*, pozostávajúca z ôsmich stupňov (*aṣṭa* — osem; *aṅga* — časť): *yama, niyama, āsana, praṇāyama, pratyāhāra, dhāraṇā, dhyāna* a *samādhi*.

ātmā — „ja", môže označovať telo, myseľ, inteligenciu, dušu alebo Najvyššie Ja. Väčšinou sa však používa vo vzťahu k individuálnej duši.

avatāra — dosl. ten, kto zostúpi; úplne alebo čiastočne splnomocnená inkarnácia alebo vtelenie Boha, zostupujúca z duchovného neba do hmotného vesmíru s určitým poslaním, opísaným v písmach.

avidyā — nevedomosť, (*a* — nie; *vidyā* — vedomosť).

āyurveda — dosl. veda o dlhom veku; *vedske* lekárstvo.

Baladeva Vidyābhūṣaṇa — veľmi vzdelaný *vaiṣṇavský ācārya*, autor *Govinda-bhāṣyi*.

Balarāma, Baladeva — prvá úplná expanzia Kṛṣṇu.

Bhagavān — Najvyšší Pán, vlastník všetkých vznešených atribútov, z ktorých hlavné sú: bohatstvo, sila, sláva, krása, múdrosť a schopnosť odriekania.

Bhāgavata Purāṇa — viď *Śrīmad-Bhāgavatam*.

bhakta — oddaný alebo ten, kto oddane slúži Pánovi.

bhakti — oddaná služba Najvyššiemu Pánovi.

Bhaktisiddhānta Sarasvatī Gosvāmī Mahārāja Prabhupāda (1874 – 1937) — duchovný učiteľ Jeho Božskej Milosti A. C. Bhaktivedantu Swamiho Prabhupādu. Jedno z desiatich detí Bhaktivinodu Ṭhākuru.

Bhaktivinoda Ṭhākura (1834 – 1914), znovuobnovil dobrú povesť *vaiṣṇavizmu* a zoznámil anglicky hovoriacu verejnosť s učením Śrī Caitanyu Mahāprabhua. Predpovedal, že Angličania, Francúzi, Rusi, Nemci a Američania a ľudia ostatných krajín sa jedného dňa spoločne zídu, aby mierumilovne s mṛdangami a kartālmi ospevovali Śrī Kṛṣṇu.

bhakti-yoga — čistá oddaná služba, nepoškvrnená zmyslovým uspokojovaním alebo filozofickou špekuláciou.

Bhakti-rasāmṛta-sindhu — písmo o oddanej službe, ktoré napísal Śrīla Rūpa Gosvāmī (Nektár oddanosti).

Bharata — jeden z veľkých kráľov indickej histórie, od mena ktorého sa odvodzuje aj dnešný názov Indie (Bhārata-varṣa).

bhāva — extáza, úroveň bhakti, ktorá tesne predchádza transcendentálnu lásku k Bohu.

Bhīma — jeden z piatich Pāṇḍuovcov.

Bhīṣma — jeden z hlavných hrdinov *Mahābhāraty*, vynikajúci svojou životnou múdrosťou a silou morálnych kvalít. Ctí sa ako „praotec" Kuruovskej dynastie.

Brahman — 1. nekonečne malá duša; 2. všeprenikajúci neosobný aspekt Kṛṣṇu; 3. celkový hmotný základ.

Brahman — Najvyššia Božská Osobnosť.

Brahmā — prvá stvorená živá bytosť. Poloboh tvoriaci hmotný svet pod vedením Najvyššieho Pána. Je polobohom vládnúcim kvalite vášne.

brahma-bhūta — úroveň, keď je človek oslobodený od hmotnej kontaminácie. Človek na tejto úrovni pociťuje transcendentálnu blaženosť a oddane slúži Najvyššiemu Pánovi.

brahmacārī — študent žijúci v celibáte a pod ochranou duchovného učiteľa.

brahmacarya — sľub prísnej pohlavnej zdržanlivosti.

brahma-jijñāsā — otázky duchovného charakteru, týkajúce sa skutočnej totožnosti živej bytosti.

brahmajyoti — neosobná žiara vychádzajúca z Kṛṣṇovho tela.

Brahmaloka — planéta, na ktorej sídli Brahmā.

brāhmaṇa — príslušník najinteligentnejšej triedy kňazov a učiteľov. Jeho hlavnou povinnosťou je viesť spoločnosť a jednotlivých členov spoločnosti k vyšším duchovným cieľom. Vo *varṇāśramskom* zriadení reprezentuje hlavu spoločnosti.

Brahma-saṁhitā — starodávny spis v *saṁskṛte,* ktorý objavil Śrī Caitanya v juhoindickom chráme; je to modlitba Brahmu ku Govindovi, Kṛṣṇovi.

Brahma-sūtra — viď *Vedānta-sūtra.*

Buddha Gautama — (500 p.n.l.) inkarnácia Kṛṣṇu; zjavil sa, aby zastavil zabíjanie zvierat, ktoré sa vykonávalo v mene obetí, popísaných vo *vedskych* písmach. Zavrhol *Vedy* a kázal morálnu zásadu neubližovať iným živým tvorom (*ahiṁsā*). Jeho učenie je vlastne ateizmus, pretože popiera existenciu osobného Boha, duše a posmrtného života. Jeho príchod a miesto zjavenia boli predpovedané v *Śrīmad Bhāgavatame* (1.3.24) 2 600 rokov pred Jeho zostúpením: „Najvyšší Pán zostúpi na začiatku Kali-yugy ako Buddha, v provincii Gayā (Bihar), ako Añjanin syn, aby oklamal závistlivých ateistov."

buddhi — inteligencia.

buddhi-yoga — iný termín pre *bhakti-yogu* (oddanú službu Kṛṣṇovi), naznačujúci najvyššie použitie inteligencie.

Caitanya-caritāmṛta — posvätná kniha o učení a živote Śrī Caitanyu Mahāprabhua. Napísal ju Kṛṣṇadāsa Kavirāja Gosvāmī.

Caitanya Mahāprabhu — inkarnácia Śrī Kṛṣṇu. Zjavil sa na konci 15. storočia (1486) v Navadvīpe v Bengálsku. Zaviedol skupinové spievanie *mahā-mantry* a Jeho život bol dokonalým príkladom toho, ako realizovať učenie *Bhagavad-gīty* v každodennom živote. Je to samotný Kṛṣṇa, ktorý na Seba vzal podobu oddaného, aby plne vychutnal transcendentálnu blaženosť láskyplnej oddanej služby.

caṇḍāla — pojedač psov, najnižšia sociálna vrstva.

Candra — poloboh Mesiaca.

cāturmāsya — podstúpenie prísneho odriekania počas štyroch mesiacov v daždivom období roka.

cintāmaṇi — zázračný kameň.

dakṣinā — dar *brāhmaṇovi*, príp. *guruovi*, ako prejav úcty za vedenie v duchovnom živote.

dāsa — služobník.

dāsī — služobníčka.

deva — poloboh alebo zbožný človek.

Devakī — matka Śrī Kṛṣṇu. Keď Kṛṣṇa zostúpi do hmotného sveta, pošle najprv niektorých zo Svojich oddaných, aby konali ako Jeho otec, matka atď.

devī — bohyňa.

dharma — 1. náboženské zásady; 2. prirodzené večné zamestnanie (oddaná služba Bohu).

dhyāna — premýšľanie, hĺbanie, hlboká meditácia.

dhīra — ten, kto nie je ovplyvnený hmotnou energiou.

Dhṛtarāṣṭra — syn Vyāsov, brat Pāṇḍuov a otec bratov Kuruovcov.

Draupadī — dcéra kráľa Drupadu, manželka Pāṇḍuovcov.

Dvāpara-yuga — tretí zo štyroch cyklov *mahā-yugy*; trvá 864 000 rokov. Inkarnácia Boha príznačná pre túto *yugu* má čiernu farbu. Sebarealizácie možno dosiahnuť uctievaním Božstiev v chrámoch.

Ekādaśī — jedenásty deň po splne alebo nove, určený najmä na zvýšenie duchovných aktivít. V tento deň sa oddaní sústreďujú na načúvanie a ospevovanie Kṛṣṇovej slávy; pôstny deň.

gāyatrī — transcendentálna vibrácia, prednášaná kvalifikovanými *brāhmaṇmi.*

Gandharva — nebeskí speváci a hudobníci.

Ganga — posvätná rieka, ktorá pramení pri Viṣṇových lotosových nohách a preteká celým vesmírom.

Garbhodakaśāyī Viṣṇu — expanzia Najvyššieho Pána, ktorý vstupuje do každého atómu; z Jeho brucha vyrastá lotosový kvet, na ktorom sa narodí Brahmā, prvá stvorená bytosť vo vesmíre.

Garuḍa — obrovský vták, na ktorom lieta Viṣṇu.

Gaura Kiśora dāsa Bābājī Mahārāja (1795 – 1915), duchovný učiteľ Bhaktisiddhāntu Sarasvatīho Gosvāmīho a blízky žiak Bhaktivinodu Ṭhākuru.

Goloka Vṛndāvana — Kṛṣṇova planéta.

Gopāla Bhatta Gosvāmī — jeden z blízkych oddaných Śrī Caitanyu.

gosvāmī — pán zmyslov, titul *sannyāsīna.*

Govinda — Kṛṣṇove meno; ten, kto teší zem, kravky a zmysly.

gṛhastha — hospodár. Ten, kto žije rodinným životom v súlade s náboženskými predpismi a vychováva rodinných príslušníkov v oddanosti Kṛṣṇovi.

guṇa-avatāra — tri inkarnácie, vládnuce trom kvalitatívnym zložkám hmotnej prírody. Brahmā ovláda vášeň, Viṣṇu dobro a Śiva nevedomosť.

guru — dosl. „ťažký"; kvalifikovaný duchovný učiteľ.

gurukula — dosl. „domov duchovného učiteľa"; pod dozorom duchovného učiteľa sa žiaci už od útleho detstva učia zmyslu života.

Hare Kṛṣṇa mahā-mantra — *Hare Kṛṣṇa, Hare Kṛṣṇa, Kṛṣṇa Kṛṣṇa, Hare Hare; Hare Rāma, Hare Rāma, Rāma Rāma, Hare Hare.* Veľký spev pre vyslobodenie sa z hmotnej existencie. *Kṛṣṇa* a *Rāma* sú mená Boha a *Hare* je oslovením Pánovej energie. Spievanie týchto mien sa obzvlášť odporúča pre tento vek.

Haridāsa Ṭhākura — veľký oddaný, ktorý spieval 300 000 svätých mien Boha denne a Śrī Caitanya ho vyhlásil za *nāmācāryu* (učiteľa spevného prednášania svätého mena Boha).

haṭha-yoga — pozície a cvičenia, pomáhajúce ovládať myseľ a zmysly.

Hṛṣīkeśa — Pán zmyslov; jedno z Kṛṣṇových mien.

Indra — mocný poloboh a kráľ nebeských planét.

Indraloka — sídlo poloboha Indru.

Íśvara — vládca; Kṛṣṇa je Parameśvara, Najvyšší Vládca.

Janaka — sebarealizovaný panovník a otec Sīty, manželky Śrī Rāmacandru.
Janmāṣṭamī — deň Kṛṣṇovho príchodu, kedy sa každoročne koná veľká slávnosť.
japa — spevné prednášanie a opakovanie svätých mien Boha, na ruženci so 108 guličkami.
jīva, jīvātmā — večne individuálna duša.
Jīva Gosvāmī — jeden z blízkych oddaných Śrī Caitanyu, veľký filozof a autor mnohých kníh pojednávajúcich o oddanej službe.
jñāna — transcendentálne poznanie.
jñāna-yoga — cesta duchovnej realizácie prostredníctvom špekulatívneho filozofického hľadania pravdy.
jñānī — človek nasledujúci cestu *jñāna-yogy*.
kāla — čas.
Kālī — polobohyňa, hrozivá podoba hmotnej prírody.
Kali-yuga — vek hádok, štvrté a posledné obdobie *mahā-yugy*, v ktorom sa nachádzame. Trvá 432 000 rokov, z ktorých 5 000 už uplynulo. Inkarnácia príznačná pre tento vek má zlatú farbu. Sebarealizácia je dosiahnuteľná prostredníctvom spievania Božích mien, ako to zaviedol Śrī Caitanya. „Ľudia, ktorí budú vo veku Kali obdarení dostatočnou inteligenciou, budú vykonávaním *saṅkīrtana-yajñi* uctievať Pána, doprevádzaného Svojimi spoločníkmi." (*Śrīmad-Bhāgavatam* 11.5.32)
Kāraṇodakaśāyī Viṣṇu, Mahā Viṣṇu — Viṣṇu-expanzia Kṛṣṇu; leží v Oceáne príčin a z Jeho výdychu emanujú hmotné vesmíry.
karma — 1. materialistická činnosť, za ktorú človek obdrží príslušné reakcie; 2. zákon o odplate činov.
karma-yoga — cesta k sebarealizácii odovzdaním plodov svojej práce Bohu.
karmī — človek, ktorý dodržuje pravidlá písiem kvôli odplate v podobe hmotného šťastia; materialista.
kṛpaṇa — lakomec, úbožiak, ktorý svoj život premrhá zmyslovým uspokojovaním, namiesto toho, aby sa usiloval o pokrok v duchovnom živote.
Kṛṣṇaloka — duchovné sídlo Śrī Kṛṣṇu.
kṣatriya — označenie druhej zo štyroch tried *varṇāśramskej* spoločnosti; trieda vládcov a armáda, ktorých úlohou je chrániť a riadiť obyvateľstvo. Predstavuje ruky spoločnosti.

Kṣīrodakaśāyī Viṣṇu — Viṣṇu, expanzia Najvyššieho Pána, ktorý vstupuje do srdca každej stvorenej bytosti a do každého atómu. Je nazývaný tiež Nadduša.
Kuntī — Pāṇḍuova manželka, matka Karnu a troch z piatich bratov Pāṇḍuovcov.
Kūrma — inkarnácia Kṛṣṇu v podobe obrovskej korytnačky; na jej pancier umiestnili polobohovia a démoni horu Mandara, okolo ktorej omotali hada Vāsukiho, keď chceli stĺkať mliečny oceán, aby získali nektár nesmrteľnosti.
Kuru — potomok Bharatov, spoločný prapredok Kuruovcov a Pāṇḍuovcov.
Kurukṣetra — posvätné pútne miesto neďaleko dnešnej Dillí v Indii.
Kuvera — pán pokladov, poloboh.
Lakśmī — Bohyňa šťastia, manželka Viṣṇuova.
līlā — transcendentálna „zábava", činnosti Najvyššieho Pána.
loka — planéta.
Madhva (1239 – 1319) — dôležitá osobnosť v učeníckej postupnosti začínajúcej Brahmom (*Brahma-madhva-gauḍīya-sampradāya*).
Mahābhārata — *vedske* písmo, ktoré zostavil Śrīla Vyāsadeva. *Bhagavad-gīta* je súčasťou šiestej kapitoly *Mahābhāraty*.
mahā-mantra — „veľká *mantra*", *Hare Kṛṣṇa, Hare Kṛṣṇa, Kṛṣṇa Kṛṣṇa, Hare Hare; Hare Rāma, Hare Rāma, Rāma Rāma, Hare Hare.*
mahārāja — veľký kráľ, cnostný panovník.
mahātmā — „veľká duša"; človek, ktorý vie, že Kṛṣṇa je všetko, a odovzdal sa Mu.
mahat-tattva — totálna hmotná energia.
Mahā-Viṣṇu — viď Kāraṇodakaśāyī Viṣṇu.
māyā — dosl. ilúzia, klam; Kṛṣṇova energia, pod vplyvom ktorej živé bytosti zabúdajú na svoju duchovnú totožnosť a na Najvyššieho Pána.
Māyāpura — posvätné miesto v Západnom Bengálsku, kde zostúpil Śrī Caitanya Mahāprabhu.
māyāvādī — impersonalista; stúpenec neosobnej filozofie, ktorá zastáva názor, že Boh je bez tvaru a je neosobný.
mantra — transcendentálna zvuková vibrácia, ktorá vyslobodí myseľ z hmotných sklonov; *vedske* hymny.
Manu — praotec ľudstva.
Manu-saṁhitā — Manuov zákonník; kniha, ktorá sa dodnes používa po celej Indii ako súbor pravidiel a zákonov ľudskej spoločnosti.

Mathurā — mesto neďaleko Vṛndāvanu; miesto Kṛṣṇových zábav.
Matsya — inkarnácia Kṛṣṇu ako obrovská zlatá ryba. Kṛṣṇa na Seba vzal túto podobu, aby zachránil *Vedy* v čase potopy.
mṛdaṅga — bubon zhotovený z hliny a kravskej kože.
mukti — spása, vyslobodenie sa z hmotného vedomia.
Mukunda — dosl. darca vyslobodenia, Kṛṣṇa.
muni — svätec, mudrc.
Nakula — štvrtý z piatich bratov Pāṇḍuovcov.
Nanda Mahārāja — Kṛṣṇov otec vo Vṛndāvane.
Nārada Muni — veľký oddaný Najvyššieho Pána, ktorý cestuje so svojou *vīnou* po duchovnom i hmotnom svete a ospevuje Kṛṣṇovu slávu.
Nārāyaṇa — štvorruká expanzia Najvyššieho Pána Kṛṣṇu.
nirguṇa — bez vlastností; ak sa tento pojem použije vo vzťahu k Najvyššej Božskej Osobnosti, znamená to, že nemá hmotné vlastnosti.
nirmama — vedomie, že „nič mi nepatrí“.
nirvāṇa — koniec hmotného života.
Nṛsiṁha — inkarnácia Kṛṣṇu s telom človeka a hlavou leva. Zjavil sa, aby potešil Svojho oddaného Prahlādu Mahārāju a zabil veľkého démona Hiraṇyakaṣipua.
Oṁ — *oṁkāra*; transcendentálna slabika, pozostávajúca z troch hlások *a u m*, ktorá reprezentuje Kṛṣṇu.
Pāṇḍuovci — päť synov kráľa Pāṇḍua: Yudhiṣṭhira, Bhīma, Arjuna, Nakula a Sahadeva.
Pañca-tattva mantra — *śrī kṛṣṇa caitanya prabhu nityānanda śrī advaita gadādhara śrīvāsādi-gaura-bhakta-vṛnda*. Aby sme získali čo najväčší úžitok zo spievania *mahā-mantry*, musíme požiadať o ochranu Śrī Caitanyu Mahāprabhua, naučiť sa Pañca-tattva *mantru* a potom spievať Hare Kṛṣṇa *mahā-mantru*. To bude veľmi účinné.
Pāṇḍu — syn mudrca Vyāsu, brat Dhṛtarāṣṭrov a otec Pāṇḍuovcov.
paramahaṁsa — najpokročilejší oddaný.
Paramātmā — Nadduša; lokalizovaný aspekt Najvyššieho Pána, sídliaceho v srdci všetkých živých bytostí.
paramparā — postupnosť učiteľov a žiakov, prostredníctvom ktorej sa zachováva a odovzdáva duchovné poznanie.
Parāśara Muni — veľký svätec a otec Vyāsadevu.
Paraśurāma — inkarnácia Kṛṣṇu; prišiel na tento svet preto, aby vyhubil *kṣatriyov*, ktorí zanedbávali svoje povinnosti.
prabhu — pán.

Prahlāda Mahārāja — svojou veľkou oddanosťou Kṛṣṇovi vyvolal v srdci svojho otca Hiraṇyakaśipua smrteľnú nenávisť, a keď démonský kráľ dovŕšil mieru svojich zločinov, vzal na seba Kṛṣṇa hrozivú podobu Nṛsiṁhu (levieho muža) a Prahlādovho otca zabil.

prakṛti — príroda, energia. Delí sa na dve skupiny: *aparā prakṛti* — hmotná energia a *parā prakṛti* — duchovná energia.

prāṇāyāma — sústava dychových cvikov v *yoge*.

prasādam — jedlo obetované Kṛṣṇovi, ktoré tak zduchovnelo a ktorého prijímanie očisťuje existenciu živej bytosti.

pratyāhāra — zanechanie zmyslových činností ako prostriedok slúžiaci k zdokonaleniu sa v *yoge*.

prema — čistá spontánna láska k Bohu, najvyššia dokonalosť.

Pṛthā — Kuntī, Pāṇḍuova manželka, matka troch z piatich bratov Pāṇḍuovcov.

Purāṇy — osemnásť dodatkov k *Vedam*, spisy historického charakteru.

Puruṣa — „užívateľ", individuálna duša alebo Najvyšší Pán.

Puruṣa-avatāra — tri expanzie Kṛṣṇu, ktoré sa podieľajú na stvorení, udržiavaní a zničení hmotného vesmíru (Kāraṇodakaśāyī Viṣṇu, Garbhodakaśāyī Viṣṇu a Kṣīrodakaśāyī Vīṣṇu).

rajo-guṇa — vášeň, jedna z kvalít hmotnej prírody.

Rākṣasa — démoni jediaci ľudské bytosti.

Rāma — 1. Absolútna Pravda, „zdroj všetkej blaženosti", 2. Śrī Rāmacandra, inkarnácia Kṛṣṇu v podobe dokonalého kráľa.

rasa — vzťah medzi Bohom a živými bytosťami; delí sa na päť hlavných skupín: neutrálny vzťah k Bohu (*śānta-rasa*), služobnícky vzťah k Bohu (*dāsya-rasa*), láska k Bohu ako k priateľovi (*sakhya-rasa*), láska k Bohu ako k dieťaťu (*vātsalya-rasa*) a láska k Bohu ako k milencovi (*mādhurya-rasa*).

ṛṣi — mudrc, mimoriadne múdry človek.

Rūpa Gosvāmī — najdôležitejší zo šiestich *gosvāmīov* z Vṛndāvanu, najoddanejších žiakov Śrī Caitanyu Mahāprabhua, ktorý ich poveril, aby osnovali základy *vaiṣṇavizmu* a rozširovali filozofiu oddanej služby. Napísal veľa kníh pojednávajúcich o láskyplnej oddanej službe, z ktorých je najznámejšia *Bhakti-rasāmṛta-sindhu* (Nektár oddanosti). *Upadeśāmṛta* (Nektár pokynov) obsahuje návody a pokyny pre začiatočníkov v duchovnom živote.

sac-cid-ānanda vigraha (*sat* — večnosť; *cit* — poznanie; *ānanda* — blaženosť; *vigraha* — tvar, podoba) — večná podoba Najvyššieho

Pána, ktorý je plný blaženosti a poznania; tiež večná transcendentálna povaha živej bytosti.

sādhu — svätý muž, oddaný.

saguṇa — „majúci vlastnosti"; vo vzťahu k Najvyššiemu Pánovi naznačuje, že má transcendentálne vlastnosti.

Sahadeva — najmladší z Pāṇḍuovcov.

samādhi — tranz, vnútorné vytrženie, pohrúženie mysle do osobnej podoby Boha.

sampradāya — postupnosť duchovných učiteľov a žiakov. Existujú štyri *vaiṣṇavské sampradāye*: Brahmā-sampradāya, Rudra-sampradāya, Śrī-sampradāya a Kumāra-sampradāya, začínajúce Brahmom, Śivom, Lakśmī a Sanat-kumārom.

saṁskṛt — prapôvodný spisovný jazyk, z ktorého pochádza väčšina dnešných jazykov. *Saṁskṛtom* sa hovorí na duchovných i nebeských planétach (viď poznámka k *saṁskṛtskej* výslovnosti).

saṁsāra — cyklus opätovného rodenia sa a smrti v hmotnom svete.

sanātana — večný.

sanātana-dhāma — večné sídlo, planéty v duchovnom svete.

sanātana-dharma — večné náboženstvo živých bytostí, oddaná služba Bohu.

sāṅkhya — 1. analytické štúdium duchovna a hmoty; 2. cesta oddanej služby, ktorú opísal Śrī Kapila, syn Devahūti.

saṅkīrtana — skupinové ospevovanie mien, slávy a zábav Najvyššej Božskej Osobnosti.

sannyāsa — životné štádium odriekania, posledné zo štyroch životných štádií.

Sarasvatī — bohyňa učenosti.

sattva-guṇa — kvalita dobra.

Satya-yuga — prvý zo štyroch cyklov *mahā-yugy*, ktorý trvá 1 728 000 rokov; ľudia tejto *yugy* sa vyznačujú múdrosťou a zbožnosťou. Inkarnácia Boha príznačná pre toto obdobie má bielu farbu a sebarealizáciu možno dosiahnuť meditáciou.

smaraṇa — neustále rozjímanie o Kṛṣṇovi; jeden z deviatich spôsobov oddanej služby.

smṛti — zjavené písma, dodatky k *vedskej* literatúre.

soma-rasa — nebeský nápoj nesmrteľnosti, ktorý je dostupný polobohom.

svāmī — ten, kto dokáže ovládať myseľ a zmysly; titul *sannyāsīna*.

Svarga-loka — nebeské planéty polobohov.
svarūpa (*sva* — vlastná; *rūpa* — podoba, povaha) — pôvodná duchovná podoba alebo prirodzené postavenie duše.
śakti — energia, sila.
śaktyaveṣa-avatāra — individuálna živá bytosť, splnomocnená niektorou zo síl Najvyššej Božskej Osobnosti (napr. Vyāsadeva, Nārada atď.).
Śaṅkarācārya — inkarnácia Śivu, ktorý sa zjavil v 8. storočí, aby učil neosobnú filozofiu. Potvrdzuje to *Padma Purāṇa*, kde Śiva hovorí svojej manželke: „Moja milá Pārvatī, neosobná filozofia je zakuklený *buddhizmus* a je bezbožná. V Kali-yuge budem ako *brāhmaṇa* učiť túto vymyslenú *māyāvādskú* filozofiu, aby som podviedol ateistov, a Najvyššieho Pána popíšem ako beztvarého a bez vlastností."
śāstra — zjavené písmo, patriace k *vedskej* literatúre.
Śiva — poloboh vládnuci kvalite nevedomosti, ničiteľ svetov.
Śyāmasundara (*śyāma* — čierny; *sundara* — prekrásny) — Kṛṣṇa vo Svojej pôvodnej podobe.
śravaṇam — načúvanie o Najvyššej Božskej Osobnosti od pravého duchovného učiteľa; najdôležitejší z deviatich spôsobov oddanej služby.
Śrīmad-Bhāgavatam — *vedske* písmo, ktorého autorom je Śrīla Vyāsadeva. *Śrīmad-Bhāgavatam* sa považuje za literárnu inkarnáciu Najvyššieho Pána a dáva informácie o Jeho božských zábavách. Nazýva sa tiež „nepoškvrnená *Purāṇa*" a je najdôležitejším písmom oddaných Śrī Kṛṣṇu, Najvyššej Božskej Osobnosti.
śruti — pôvodné *vedske* písma.
śūdra — označenie príslušníka štvrtej spoločenskej skupiny, triedy robotníkov, ktorých povinnosťou je pomáhať ostatným spoločenským triedam. Predstavujú nohy spoločnosti.
Śukadeva Gosvāmī — veľký oddaný, Vyāsadevov syn, ktorý predniesol *Śrīmad-Bhāgavatam* kráľovi Parīkṣitovi počas posledných siedmich dní jeho života.
tapasya — pokánie a odriekanie.
Tretā-yuga — druhý zo štyroch cyklov *mahā-yugy*, ktorý trvá 1 296 000 rokov. Inkarnácia Boha má červenú farbu. Sebarealizáciu možno dosiahnuť vykonávaním nákladných obetí.
tulasī — posvätná rastlina; jej lístky sa obetujú lotosovým nohám Pána.
Upaniṣady — filozofická časť *Ved*; dovedna je ich 108.

Vaikuṇṭha — dosl. miesto bez úzkosti, strachu; večné planéty v duchovnom nebi.

vaiśya — obchodníci a poľnohospodári vo *varṇāśramskej* spoločnosti.

vaiṣṇava — Pánov oddaný.

Vāmanadeva — inkarnácia Kṛṣṇu; prišiel ako trpaslík, aby požiadal kráľa Baliho o tri kroky zeme. Prvým krokom prekročil celú zemeguľu, druhým celý vesmír, a keď nemal kam položiť tretí krok, Bali Mahārāja sa poklonil a ponúkol Mu svoju hlavu.

vānaprastha — predposledné štádium v živote, kedy človek navštevuje pútne miesta a pripravuje sa na zrieknutie sa hmotného sveta.

Varāha — Kṛṣṇova inkarnácia v podobe diviaka, ktorý zostúpil, aby zachránil Zem z Oceánu príčin a zabil démona Hiraṇyakaśipua.

varṇa — označenie spoločenskej skupiny. Existujú štyri *varny* podľa prirodzených vlastností a schopností ľudí: *brāhmaṇi* — inteligencia; *kṣatriyovia* — vládci a vojvodcovia; *vaiśyovia* — poľnohospodári a obchodníci a *śūdrovia* — robotníci.

varṇāśrama — *vedsky* spoločenský systém, ktorý organizuje spoločnosť podľa štyroch *varien* a štyroch *āśramov*. Také rozdelenie umožňuje každému, kto sa do nej zapojí, očistiť sa a pokročiť v sebarealizácii.

Varuṇa — poloboh, vládca vôd, vodných tokov a oceánov.

Vasudeva — Kṛṣṇov otec.

Vāsudeva — Vasudevov syn, Kṛṣṇa.

Vedānta-sūtra, Brahma-sūtra — jadro *Ved* alebo Vyāsadevovo filozofické zhrnutie *Ved*.

Veda — štyri pôvodné písma: *Ṛg Veda, Yajur Veda, Sāma Veda* a *Atharva Veda.* Medzi vedske písma ďalej patria *Purāṇy, Upaniṣady, Mahābhārata, Vedānta-sūtra, Śrīmad-Bhāgavatam* a všetky písma, napísané v súlade so závermi *Ved*.

vidyā — vedomosť, poznanie.

vikarma — nedovolené alebo hriešne činnosti, ktoré sú v rozpore so zjavenými písmami.

virāṭ-rūpa — viď *viśva-rūpa*.

Viṣṇu — úplná expanzia Kṛṣṇu, Najvyššej Božskej Osobnosti.

viṣṇu-tattva — úplné alebo čiastočné expanzie Kṛṣṇu.

viśva-rūpa — vesmírna podoba Śrī Kṛṣṇu, ktorá je tiež opísaná v 11. kapitole *Bhagavad-gīty*.

Vivasvān — poloboh Slnka, ktorému Kṛṣṇa predniesol *Bhagavad-gītu* pred 120 400 000 rokmi.

Vyāsadeva — autor *Ved, Purāṇ, Mahābhāraty, Vedānta-sūtry* atď..
vyāsa-pūjā — oslava zjavenia duchovného učiteľa.
Vṛndāvana — transcendentálne sídlo Śrī Kṛṣṇu; nazýva sa tiež Goloka Vṛndāvana alebo Kṛṣṇa-loka; dedina v Indii neďaleko dnešného Dillí, kde sa pred 5 000 rokmi zjavil Śrī Kṛṣṇa, aby vyjavil svoje zábavy a prilákal podmienené duše späť do duchovného kráľovstva.
yajña — obeť.
Yajñeśvara — Kṛṣṇove meno; Pán obetí.
Yakṣa — duchovia a stúpenci poloboha Kuveru.
Yamarāja — poloboh; pán trestu po smrti; spravodlivý sudca všetkých živých bytostí.
Yamunā — posvätná rieka, tečúca Vṛndāvanom.
Yamunācārya — významný duchovný učiteľ, pochádzajúci zo *śrī-sampradāye.*
Yaśodā — Kṛṣṇova matka vo Vṛndāvane.
yoga — proces spojenia individuálnej duše s Najvyššou Bytosťou, Kṛṣṇom.
yogamāyā — vnútorná energia Pána.
Yogeśvara — Pán mystických síl, Kṛṣṇa.
yogī — prívrženec, stúpenec *yogy.*
Yudhiṣṭhira — najstarší z Pāṇḍuovcov. Preslávil sa ako stelesnenie pravdy, cnosti a spravodlivosti.
yuga — vek, obdobie vesmíru (viď Satya-yuga, Tretā-yuga, Dvāpara-yuga a Kali-yuga).
yuga-avatāra — inkarnácie Boha, ktoré zostupujú v každej *yuge*, aby zaviedli vhodný spôsob sebarealizácie.

Saṁskṛt a kľúč k výslovnosti

Po tisícročia sa sanskṛt písal rôznymi druhmi písma. Najviac rozšírené písmo sa nazýva *devanāgarī*, čo doslova znamená „mestské písmo bohov". Píše sa zľava doprava a *devanāgarská* abeceda pozostáva zo štyridsiatich ôsmich znakov vrátane trinástich samohlások a tridsiatich piatich spoluhlások. Dávni sanskṛtskí jazykovedci zoradili abecedu podľa praktických gramatických pravidiel a tento systém prijali učenci západných škôl. Sanskṛtske slová v tejto knihe sa väčšinou prepisujú tak, že každému písmenu *devanāgarskej* abecedy zodpovedá jedno či skupina písmen latinskej abecedy. Základom je medzinárodný systém, ktorý sa používa na prepis sanskṛtskych textov, a ktorý uznávajú profesori na všetkých univerzitách.

Samohlásky

अ a आ ā इ i ई ī उ u ऊ ū ऋ ṛ ॠ ṝ

ऌ ḷ ए e ऐ ai ओ o औ au

Spoluhlásky

Zadopodnebné:	क ka	ख kha	ग ga	घ gha	ङ ṅa
Predopodnebné:	च ca	छ cha	ज ja	झ jha	ञ ña
Zadoďasnové:	ट ṭa	ठ ṭha	ड ḍa	ढ ḍha	ण ṇa
Zubné:	त ta	थ tha	द da	ध dha	न na
Pernoperné:	प pa	फ pha	ब ba	भ bha	म ma
Polosamohlásky:	य ya	र ra	ल la	व va	

Sykavky: श śa ष ṣa स sa

Aspirāta: ह ha Anusvāra: ं ṁ Visarga: ः ḥ

Číslovky

०-0 १-1 २-2 ३-3 ४-4 ५-5 ६-6 ७-7 ८-8 ९-9

Písanie samohlások po spoluhláske:

ा ā ि i ी ī ु u ू ū ृ ṛ ॄ ṝ े e ै ai ो o ौ au

Napríklad: क ka का kā कि ki की kī कु ku कू kū

कृ kṛ कॄ kṝ के ke कै kai को ko कौ kau

Dve alebo viac spoluhlások sa spravidla píše dovedna vo zvláštnom tvare, ako napríklad: क्ष kṣa त्र tra

Samohláska „**a**" je po spoluhláske obsiahnutá bez svojho symbolu. Znamienko *virāma* (्) označuje neprítomnosť koncovej samohlásky: क्
' (*avagraha*) - apostrof: ऽ

Výslovnosť samohlások:

a — ako slovenské **a**, je spravidla krátke
ā — podobne ako slovenské **á**
ai — väčšinou ako polodlhé alebo dlhé **ái**
au — väčšinou ako polodlhé alebo dlhé **áú**
e — dlhá samohláska **é**
i — mierne otvorené **i**
ī — nosové **í**
ḷ — ako pri vyslovovaní **l***rí*
o — zavretejšie slovenské **ó**
ṛ — mäkké samohláskové **r**, zjednodušená výslovnosť je *ri*
u — mierne otvorené **u**
ū — dlhé alebo polodlhé **ú**

Výslovnosť spoluhlások:

Zadopodnebné: (vyslovujú sa hrdelne ako v slovenčine)
k — ako slovenské **k**
kh — ako **kh**aki
g — ako v slovenčine
gh — ako v **Gh**ana
ṅ — ako v Ga**n**ga

Predopodnebné: (vyslovujú sa s prostriedkom jazyka umiestneným oproti podnebiu)
c — ako slovenské **č**
ch — ako **čh**
j — ako slovenské **dž**
jh — ako **džh**
ñ — ako slovenské **ň**
jñ — vyslovuje sa ako **gj**

Zubné: t, th, d, dh, n (vyslovujú sa špičkou jazyka mierne pritlačenou oproti zubom, ako v slovenčine)

Pernoperné: p, ph, b, bh, m (vyslovujú sa pomocou pier, ako v slovenčine)

Zadoďasnové (vyslovujú sa so špičkou jazyka ohnutou mierne dozadu)

Polosamohlásky
y — ako slovenské **j**
r — ako slovenské **r**
l — ako slovenské **l**
v — ako slovenské **v**; ak mu v rovnakej slabike predchádza spoluhláska, vyslovuje sa ako **w**

Aspirāta
h — ako slovenské h, ale znelé aj na konci slova

Sykavky
ś — ako v nemeckom **s**_prechen_
ṣ — ako v slovenskom **š**umí
s — ako slovenské **s**

Anusvāra
ṁ — nosové **n** ako vo francúzskom _bo_**n**

Visarga
ḥ — s pozornou výslovnosťou ako **h**; na konci slova sa **aḥ** vyslovuje ako **aha**

Prízvuk v sanskṛte nie je silný a neprízvučná slabika nestráca svoju kvalitu. Za dlhú slabiku sa považuje tá, ktorá má dlhú samohlásku (**ā, ai, au, e, ī, o, ṝ, ū**) alebo tá, po dlhej samohláske ktorej nasleduje viac ako jedna spoluhláska (vrátane **ḥ** a **ṁ**). Každá aspirovaná spoluhláska (spoluhláska pred **h**) sa považuje za samostatnú spoluhlásku.

Register saṁskṛtských veršov

Tento register obsahuje vždy začiatok prvého a druhého riadku (pri dlhších veršoch prvého a tretieho riadku) každého verša. Sú zoradené podľa abecedy a pri každom je uvedená príslušná kapitola a číslo verša.

A

abhayaṁ sattva saṁśuddhir 16.1
abhisandhāya tu phalaṁ 17.12
abhito brahma nirvāṇaṁ 5.26
abhyāsa-yoga-yuktena 8.8
abhyāsa-yogena-tato 12.9
abhyāsād ramate yatra 18.36
abhyāse 'py asamartho 'si 12.10
abhyāsena tu kaunteya 6.35
abhyutthānam adharmasya 4.7
ā-brahma-bhuvanāl lokāḥ 8.16
ācaraty ātmanaḥ śreyas 16.22
ācāryāḥ pitaraḥ putrās 1.33
ācāryam upasaṅgamya 1.2
ācāryān mātulān bhrātṝn 1.26
ācāryopāsanaṁ śaucaṁ 13.8
acchedyo 'yam adāhyo 'yam 2.24
adeśa-kāle yad dānam 17.22
adharmābhibhavāt kṛṣṇa 1.40
adharmaṁ dharmam iti yā 18.32
adhaś ca mūlāny anusantatāni 15.2
adhaś cordhvaṁ prasṛtās tasya śākhā 15.2
adhibhūtaṁ ca kiṁ proktam 8.1
adhibhūtaṁ kṣaro bhāvaḥ 8.4
adhiṣṭhānaṁ tathā kartā 18.14
adhiṣṭhāya manaś cāyaṁ 15.9
adhiyajñaḥ kathaṁ ko 'tra 8.2
adhiyajño 'ham evātra 8.4
adhyātma-jñāna-nityatvaṁ 13.12
adhyātma-vidyā vidyānāṁ 10.32
adhyeṣyate ca ya imaṁ 18.70
āḍhyo 'bhijanavān asmi 16.15
ādityānām ahaṁ viṣṇur 10.21
adṛṣṭa-pūrvaṁ hṛṣito 'smi dṛṣṭvā 11.45
adveṣṭā sarva-bhūtānāṁ 12.13
ādy-antavantaḥ kaunteya 5.22
āgamāpāyino 'nityās 2.14
aghāyur indriyārāmo 3.16
agnir jyotir ahaḥ śuklaḥ 8.24
aham ādir hi devānāṁ 10.2
aham ādiś ca madhyaṁ ca 10.20
aham ātmā guḍākeśa 10.20
aham evākṣayaḥ kālo 10.33
ahaṁ hi sarva-yajñānāṁ 9.24
ahaṁ kratur ahaṁ yajñaḥ 9.16
ahaṁ kṛtsnasya jagataḥ 7.6
ahaṁ sarvasya prabhavo 10.8
ahaṁ tvāṁ sarva-pāpebhyo 18.66
ahaṁ vaiśvānaro bhūtvā 15.14
ahaṅkāra itīyaṁ me 7.4
ahaṅkāraṁ balaṁ darpaṁ 16.18
ahaṅkāraṁ balaṁ darpaṁ 18.53
ahaṅkāra-vimūḍhātmā 3.27
āhārā rājasasyeṣṭā 17.9
āhāras tv api sarvasya 17.7
ahiṁsā samatā tuṣṭis 10.5
ahiṁsā satyam akrodhas 16.2
aho bata mahat pāpaṁ 1.44
āhus tvām ṛṣayaḥ sarve 10.13
airāvataṁ gajendrāṇāṁ 10.27
ajānatā mahimānaṁ tavedaṁ 11.41
ajñānaṁ cābhijātasya 16.4
ajñānenāvṛtaṁ jñānaṁ 5.15
ajñaś cāśraddadhānaś ca 4.40
ajo nityaḥ śāśvato 'yaṁ purāṇo 2.20
ajo 'pi sann avyayātmā 4.6
akarmaṇaś ca boddhavyaṁ 4.17
ākhyāhi me ko bhavān ugra-rūpo 11.31
akīrtiṁ cāpi bhūtāni 2.34
akṣaraṁ brahma paramaṁ 8.3
akṣarāṇām a-kāro 'smi 10.33
amānitvam adambhitvam 13.8
amī ca tvāṁ dhṛtarāṣṭrasya putrāḥ 11.26
amī hi tvāṁ sura-saṅghā viśanti 11.21
amṛtaṁ caiva mṛtyuś ca 9.19
anādi mat-paraṁ brahma 13.13

anādi-madhyāntam ananta-vīryam 11.19
anāditvān nirguṇatvāt 13.32
ananta deveśa jagan-nivāsa 11.37
anantaś cāsmi nāgānāṁ 10.29
anantavijayaṁ rājā 1.16
ananta-vīryāmita-vikramas tvaṁ 11.40
ananya-cetāḥ satataṁ 8.14
ananyāś cintayanto māṁ 9.22
ananyenaiva yogena 12.6
anapekṣaḥ śucir dakṣa 12.16
anārya-juṣṭam asvargyam 2.2
anāśino 'prameyasya 2.18
anāśritaḥ karma-phalaṁ 6.1
anātmanas tu śatrutve 6.6
aneka-bāhūdara-vaktra-netraṁ 11.16
aneka-citta-vibhrāntā 16.16
aneka-divyābharaṇaṁ 11.10
aneka-janma-saṁsiddhas 6.45
aneka-vaktra-nayanam 11.10
anena prasaviṣyadhvam 3.10
anicchann api vārṣṇeya 3.36
aniketaḥ sthira-matir 12.19
aniṣṭam iṣṭaṁ miśraṁ ca 18.12
anityam asukhaṁ lokam 9.33
annād bhavanti bhūtāni 3.14
anta-kāle ca mām eva 8.5
antavanta ime dehā 2.18
antavat tu phalaṁ teṣāṁ 7.23
anubandhaṁ kṣayaṁ hiṁsām 18.25
anudvega-karaṁ vākyaṁ 17.15
anye ca bahavā śūrā 1.9
anye sāṅkhyena yogena 13.25
anye tv evam ajānantaḥ 13.26
apāne juhvati prāṇaṁ 4.29
aparaṁ bhavato janma 4.4
aparaspara-sambhūtaṁ 16.8
apare niyatāhārāḥ 4.29
apareyam itas tv anyāṁ 7.5
aparyāptaṁ tad asmākaṁ 1.10
apaśyad deva-devasya 11.13
aphalākāṅkṣibhir yajño 17.11
aphalākāṅkṣibhir yuktaiḥ 17.17
aphala-prepsunā karma 18.23
api ced asi pāpebhyaḥ 4.36
api cet su-durācāro 9.30
api trailokya-rājyasya 1.35
aprakāśo 'pravṛttiś ca 14.13
aprāpya māṁ nivartante 9.3
aprāpya yoga-saṁsiddhiṁ 6.37
apratiṣṭho mahā-bāho 6.38
āpūryamāṇam acala-pratiṣṭhaṁ 2.70
ārto jijñāsur arthārthī 7.16
ārurukṣor muner yogaṁ 6.3
asad ity ucyate pārtha 17.28
asakta-buddhiḥ sarvatra 18.49
asaktaṁ sarva-bhṛc caiva 13.15
asaktir anabhiṣvaṅgaḥ 13.10
asakto hy ācaran karma 3.19
asaṁśayaṁ mahā-bāho 6.35
asaṁśayaṁ samagraṁ māṁ 7.1
asaṁyatātmanā yogo 6.36
asat-kṛtam avajñātaṁ 17.22
asatyam apratiṣṭhaṁ te 16.8
asau mayā hataḥ śatrur 16.14
asito devalo vyāsaḥ 10.13
asmākaṁ tu viśiṣṭā ye 1.7
āsthitaḥ sa hi yuktātmā 7.18
āsurīṁ yonim āpannā 16.20
āśā-pāśa-śatair baddhāḥ 16.12
aśāstra-vihitaṁ ghoraṁ 17.5
āścarya-vac cainam anyaḥ śṛṇoti 2.29
āścarya-vat paśyati kaścid enam 2.29
aśocyān anvaśocas tvaṁ 2.11
aśraddadhānāḥ puruṣā 9.3
aśraddhayā hutaṁ dattaṁ 17.28
āśvāsayām āsa ca bhītam enaṁ 11.50
aśvatthaḥ sarva-vṛkṣāṇāṁ 10.26
aśvattham enaṁ su-virūḍha-mūlam 15.3
aśvatthāmā vikarṇaś ca 1.8
atattvārtha-vad alpaṁ ca 18.22
atha cainaṁ nitya-jātaṁ 2.26
atha cet tvam ahaṅkārān 18.58
atha cet tvam imaṁ dharmyaṁ 2.33
atha cittaṁ samādhātuṁ 12.9
atha kena prayukto 'yaṁ 3.36
atha vā bahunaitena 10.42
atha vā yoginām eva 6.42
atha vyavasthitān dṛṣṭvā 1.20
athaitad apy aśakto 'si 12.11
ātmaiva hy ātmano bandhur 6.5
ātmany eva ca santuṣṭas 3.17
ātmany evātmanā tuṣṭaḥ 2.55
ātma-sambhāvitāḥ stabdhā 16.17
ātma-saṁsthaṁ manaḥ kṛtvā 6.25
ātma-saṁyama-yogāgnau-4.27
ātmaupamyena sarvatra 6.32
ātmavantaṁ na karmāṇi 4.41
ātma-vaśyair vidheyātmā 2.64
ato 'smi loke vede ca 15.18
atra śūrā maheṣv-āsā 1.4
atyeti tat sarvam idaṁ viditvā 8.28
avācya-vādāṁś ca bahūn 2.36
avajānanti māṁ mūḍhā 9.11
avāpya bhūmāv asapatnam ṛddhaṁ 2.8
avibhaktaṁ ca bhūteṣu 13.17
avibhaktaṁ vibhakteṣu 18.20
avināśi tu tad viddhi 2.17
āvṛtaṁ jñānam etena 3.39
avyaktā hi gatir duḥkhaṁ 12.5
avyaktād vyaktayaḥ sarvāḥ 8.18
avyaktādīni bhūtāni 2.28
avyaktaṁ vyaktim āpannaṁ 7.24
avyakta-nidhanāny eva 2.28
avyakto 'kṣara ity uktas 8.21
avyakto 'yam acintyo 'yam 2.25
ayaneṣu ca sarveṣu 1.11
ayathāvat prajānāti 18.31
ayatiḥ śraddhayopeto 6.37

āyudhānām ahaṁ vajraṁ 10.28
āyuḥ-sattva-balārogya- 17.8
ayuktaḥ kāma-kāreṇa 5.12
ayuktaḥ prākṛtaḥ stabdhaḥ 18.28

B

bahavo jñāna-tapasā 4.10
bahir antaś ca bhūtānām 13.16
bahu-śākhā hy anantāś ca 2.41
bahūdaraṁ bahu-daṁṣṭrā-karālaṁ 11.23
bahūnāṁ janmanām ante 7.19
bahūni me vyatītāni 4.5
bahūny adṛṣṭa-pūrvāṇi 11.6
bāhya-sparśeṣv asaktātmā 5.21
balaṁ balavatāṁ cāhaṁ 7.11
bandhaṁ mokṣaṁ ca yā vetti 18.30
bandhur ātmātmanas tasya 6.6
bhajanty ananya-manaso 9.13
bhaktiṁ mayi parāṁ kṛtvā 18.68
bhakto 'si me sakhā ceti 4.3
bhaktyā mām abhijānāti 18.55
bhaktyā tv ananyayā śakya 11.54
bhavāmi na cirāt pārtha 12.7
bhavān bhīṣmaś ca karṇaś ca 1.8
bhavanti bhāvā bhūtānāṁ 10.5
bhavanti sampadaṁ daivīm 16.3
bhavāpyayau hi bhūtānāṁ 11.2
bhāva-saṁśuddhir ity etat 17.16
bhavaty atyāgināṁ pretya 18.12
bhaviṣyāṇi ca bhūtāni 7.26
bhavitā na ca me tasmād 18.69
bhayād raṇād uparataṁ 2.35
bhīṣmam evābhirakṣantu 1.11
bhīṣma-droṇa-pramukhataḥ 1.25
bhīṣmo droṇaḥ sūta-putras tathāsau 11.26
bhogaiśvarya-prasaktānāṁ 2.44
bhoktāraṁ yajña-tapasāṁ 5.29
bhrāmayan sarva-bhūtāni 18.61
bhruvor madhye prāṇam āveśya samyak 8.10
bhūmir āpo 'nalo vāyuḥ 7.4
bhuñjate te tv aghaṁ pāpā 3.13
bhūta-bhartṛ ca taj jñeyaṁ 13.17
bhūta-bhāvana bhūteśa 10.15
bhūta-bhāvodbhava-karo 8.3
bhūta-bhṛn na ca bhūta-stho 9.5
bhūta-grāmaḥ sa evāyaṁ 8.19
bhūta-grāmam imaṁ kṛtsnam 9.8
bhūta-prakṛti-mokṣaṁ ca 13.35
bhūtāni yānti bhūtejyā 9.25
bhūya eva mahā-bāho 10.1
bhūyaḥ kathaya tṛptir hi 10.18
bījaṁ māṁ sarva-bhūtānāṁ 7.10
brahmacaryam ahiṁsā ca 17.14
brahma-bhūtaḥ prasannātmā 18.54
brahmāgnāv apare yajñaṁ 4.25
brahmaiva tena gantavyaṁ 4.24
brāhmaṇa-kṣatriya-viśāṁ 18.41
brahmāṇam īśaṁ kamalāsana-stham 11.15
brāhmaṇās tena vedāś ca 17.23
brahmaṇo hi pratiṣṭhāham 14.27
brahmaṇy ādhāya karmāṇi 5.10
brahmārpaṇaṁ brahma havir 4.24
brahma-sūtra-padaiś caiva 13.5
bṛhat-sāma tathā sāmnāṁ 10.35
buddhau śaraṇam anviccha 2.49
buddher bhedaṁ dhṛteś caiva 18.29
buddhir buddhimatām asmi 7.10
buddhir jñānam asammohaḥ 10.4
buddhi-yogam upāśritya 18.57
buddhi-yukto jahātīha 2.50
buddhyā viśuddhayā yukto 18.51
buddhyā yukto yayā pārtha 2.39

C

cañcalaṁ hi manaḥ kṛṣṇa 6.34
cātur-varṇyaṁ mayā sṛṣṭaṁ 4.13
catur-vidhā bhajante māṁ 7.16
cetasā sarva-karmāṇi 18.57
chandāṁsi yasya parṇāni 15.1
chinna-dvaidhā yatātmānaḥ 5.25
chittvainaṁ saṁśayaṁ yogam 4.42
cintām aparimeyāṁ ca 16.11

D

dadāmi buddhi-yogaṁ taṁ 10.10
daivam evāpare yajñaṁ 4.25
daivī hy eṣā guṇa-mayī 7.14
daivī sampad vimokṣāya 16.5
daivo vistaraśaḥ prokta 16.6
dambhāhaṅkāra-saṁyuktāḥ 17.5
dambho darpo 'bhimānaś ca 16.4
daṁṣṭrā-karālāni ca te mukhāni 11.25
dāna-kriyāś ca vividhāḥ 17.25
dānaṁ damaś ca yajñaś ca 16.1
dānam īśvara-bhāvaś ca 18.43
daṇḍo damayatām asmi 10.38
darśayām āsa pārthāya 11.9
dātavyam iti yad dānaṁ 17.20
dayā bhūteṣv aloluptvaṁ 16.2
dehī nityam avadhyo 'yaṁ 2.30
dehino 'smin yathā dehe 2.13
deśe kāle ca pātre ca 17.20
devā apy asya rūpasya 11.52
deva-dvija-guru-prājña- 17.14
devān bhāvayatānena 3.11
devān deva-yajo yānti 7.23
dharma-kṣetre kuru-kṣetre 1.1
dharma-saṁsthāpanārthāya 4.8
dharmāviruddho bhūteṣu 7.11
dharme naṣṭe kulaṁ kṛtsnam 1.39
dharmyād dhi yuddhāc chreyo 'nyat 2.31
dhārtarāṣṭrā raṇe hanyus 1.45

dhārtarāṣṭrasya durbuddher 1.23
dhṛṣṭadyumno virāṭaś ca 1.17
dhṛṣṭaketuś cekitānaḥ 1.5
dhṛtyā yayā dhārayate 18.33
dhūmenāvriyate vahnir 3.38
dhūmo rātris tathā kṛṣṇaḥ 8.25
dhyānāt karma-phala-tyāgas 12.12
dhyāna-yoga-paro nityaṁ 18.52
dhyānenātmani paśyanti 13.25
dhyāyato viṣayān puṁsaḥ 2.62
diśo na jāne na labhe ca śarma 11.25
divi sūrya-sahasrasya 11.12
divyaṁ dadāmi te cakṣuḥ 11.8
divya-mālyāmbara-dharaṁ 11.11
dīyate ca parikliṣṭaṁ 17.21
doṣair etaiḥ kula-ghnānāṁ 1.42
draṣṭum icchāmi te rūpam 11.3
dravya-yajñās tapo-yajñā 4.28
droṇaṁ ca bhīṣmaṁ ca jayadrathaṁ ca 11.34
dṛṣṭvā hi tvāṁ pravyathitāntar-ātmā 11.24
dṛṣṭvā tu pāṇḍavānīkaṁ 1.2
dṛṣṭvādbhutaṁ rūpam ugraṁ tavedaṁ 11.20
dṛṣṭvedaṁ mānuṣaṁ rūpaṁ 11.51
dṛṣṭvemaṁ sva-janaṁ kṛṣṇa 1.28
drupado draupadeyāś ca 1.18
duḥkham ity eva yat karma 18.8
duḥkheṣv anudvigna-manāḥ 2.56
dūreṇa hy avaraṁ karma 2.49
dvandvair vimuktāḥ sukha-duḥkha-saṁjñair 15.5
dvau bhūta-sargau loke 'smin 16.6
dvāv imau puruṣau loke 15.16
dyāv ā-pṛthivyor idam antaraṁ hi 11.20
dyūtaṁ chalayatām asmi 10.36

E

ekākī yata-cittātmā 6.10
ekam apy āsthitaḥ samyag 5.4
ekaṁ sāṅkhyaṁ ca yogaṁ ca 5.5
ekatvena pṛthaktvena 9.15
ekayā yāty anāvṛttim 8.26
eko 'tha vāpy acyuta tat-samakṣaṁ 11.42
eṣā brāhmī sthitiḥ pārtha 2.72
eṣā te 'bhihitā sāṅkhye 2.39
eṣa tūddeśataḥ prokto 10.40
etac chrutvā vacanaṁ keśavasya 11.35
etad buddhvā buddhimān syāt 15.20
etad dhi durlabhataraṁ 6.42
etad veditum icchāmi 13.1
etad yo vetti taṁ prāhuḥ 13.2
etad-yonīni bhūtāni 7.6
etair vimohayaty eṣa 3.40
etair vimuktaḥ kaunteya 16.22
etaj jñānam iti proktam 13.12
etāṁ dṛṣṭim avaṣṭabhya 16.9
etāṁ vibhūtiṁ yogaṁ ca 10.7
etan me saṁśayaṁ kṛṣṇa 6.39
etān na hantum icchāmi 1.34
etāny api tu karmāṇi 18.6
etasyāhaṁ na paśyāmi 6.33
etat kṣetraṁ samāsena 13.7
evaṁ bahu-vidhā yajñā 4.32
evaṁ buddheḥ paraṁ buddhvā 3.43
evam etad yathāttha tvam 11.3
evaṁ jñātvā kṛtaṁ karma 4.15
evaṁ paramparā-prāptam 4.2
evaṁ pravartitaṁ cakraṁ 3.16
evaṁ satata-yuktā ye 12.1
evaṁ trayī-dharmam anuprapannā 9.21
evam ukto hṛṣīkeśo 1.24
evam uktvā hṛṣīkeśaṁ 2.9
evam uktvā tato rājan 11.9
evam uktvārjunaḥ saṅkhye 1.46
evaṁ-rūpaḥ śakya ahaṁ nṛ-loke 11.48

G

gacchanty apunar-āvṛttiṁ 5.17
gām āviśya ca bhūtāni 15.13
gandharvāṇāṁ citrarathaḥ 10.26
gandharva-yakṣāsura-siddha- 11.22
gāṇḍīvaṁ sraṁsate hastāt 1.29
gatāsūn agatāsūṁś ca 2.11
gata-saṅgasya muktasya 4.23
gatir bhartā prabhuḥ sākṣī 9.18
gṛhītvaitāni saṁyāti 15.8
guṇā guṇeṣu vartanta 3.28
guṇā vartanta ity evaṁ 14.23
guṇān etān atītya trīn 14.20
guṇebhyaś ca paraṁ vetti 14.19
gurūn ahatvā hi mahānubhāvān 2.5

H

hanta te kathayiṣyāmi 10.19
harṣa-śokānvitaḥ kartā 18.27
harṣāmarṣa-bhayodvegair 12.15
hato vā prāpsyasi svargaṁ 2.37
hatvāpi sa imāl lokān 18.17
hatvārtha-kāmāṁs tu gurūn ihaiva 2.5
hetunānena kaunteya 9.10
hṛṣīkeśaṁ tadā vākyam 1.20

I

icchā dveṣaḥ sukhaṁ duḥkhaṁ 13.7
icchā-dveṣa-samutthena 7.27
idam adya mayā labdham 16.13
idam astīdam api me 16.13
idaṁ jñānam upāśritya 14.2
idaṁ śarīraṁ kaunteya 13.2
idaṁ te nātapaskāya 18.67
idaṁ tu te guhyatamaṁ 9.1
idānīm asmi saṁvṛttaḥ 11.51

ihaika-sthaṁ jagat kṛtsnaṁ 11.7
ihaiva tair jitaḥ sargo 5.19
īhante kāma-bhogārtham 16.12
ijyate bharata-śreṣṭha 17.12
īkṣate yoga-yuktātmā 6.29
imaṁ vivasvate yogaṁ 4.1
indriyāṇāṁ hi caratāṁ 2.67
indriyāṇāṁ manaś cāsmi 10.22
indriyāṇi daśaikaṁ ca 13.6
indriyāṇi mano buddhir 3.40
indriyāṇi parāṇy āhur 3.42
indriyāṇi pramāthīni 2.60
indriyāṇīndriyārthebhyas 2.58
indriyāṇīndriyārthebhyas 2.68
indriyāṇīndriyārtheṣu 5.9
indriyārthān vimūḍhātmā 3.6
indriyārtheṣu vairāgyam 13.9
indriyasyendriyasyārthe 3.34
iṣṭān bhogān hi vo devā 3.12
iṣṭo 'si me dṛḍham iti 18.64
iṣubhiḥ pratiyotsyāmi 2.4
īśvaraḥ sarva-bhūtānāṁ 18.61
īśvaro 'ham ahaṁ bhogī 16.14
iti guhyatamaṁ śāstram 15.20
iti kṣetraṁ tathā jñānaṁ 13.19
iti māṁ yo 'bhijānāti 4.14
iti matvā bhajante māṁ 10.8
iti te jñānam ākhyātaṁ 18.63
ity ahaṁ vāsudevasya 18.74
ity arjunaṁ vāsudevas tathoktvā 11.50

J

jaghanya-guṇa-vṛtti-sthā 14.18
jahi śatruṁ mahā-bāho 3.43
janma-bandha-vinirmuktāḥ 2.51
janma karma ca me divyam 4.9
janma-mṛtyu-jarā-duḥkhair 14.20
janma-mṛtyu-jarā-vyādhi- 13.9
jarā-maraṇa-mokṣāya 7.29
jātasya hi dhruvo mṛtyur 2.27
jayo 'smi vyavasāyo 'smi 10.36
jhaṣāṇāṁ makaraś cāsmi 10.31
jijñāsur api yogasya 6.44
jitātmanaḥ praśāntasya 6.7
jīva-bhūtāṁ mahā-bāho 7.5
jīvanaṁ sarva-bhūteṣu 7.9
jñānāgni-dagdha-karmāṇaṁ 4.19
jñānāgniḥ sarva-karmāṇi 4.37
jñānam āvṛtya tu tamaḥ 14.9
jñānaṁ jñeyaṁ jñāna-gamyaṁ 13.18
jñānaṁ jñeyaṁ parijñātā 18.18
jñānaṁ karma ca kartā ca 18.19
jñānaṁ labdhvā parāṁ śāntim 4.39
jñānaṁ te 'haṁ sa-vijñānam 7.2
jñānaṁ vijñānam āstikyaṁ 18.42
jñānaṁ vijñāna-sahitaṁ 9.1
jñānaṁ yadā tadā vidyād 14.11
jñāna-vijñāna-tṛptātmā 6.8
jñāna-yajñena cāpy anye 9.15
jñāna-yajñena tenāham 18.70
jñāna-yogena sāṅkhyānāṁ 3.3
jñānena tu tad ajñānaṁ 5.16
jñātuṁ draṣṭuṁ ca tattvena 11.54
jñātvā śāstra-vidhānoktaṁ 16.24
jñeyaḥ sa nitya-sannyāsī 5.3
jñeyaṁ yat tat pravakṣyāmi 13.13
joṣayet sarva-karmāṇi 3.26
jyāyasī cet karmaṇas te 3.1
jyotiṣām api taj jyotis 13.18

K

kaccid ajñāna-sammohaḥ 18.72
kaccid etac chrutaṁ pārtha 18.72
kaccin nobhaya-vibhraṣṭaś 6.38
kair liṅgais trīn guṇān etān 14.21
kair mayā saha yoddhavyam 1.22
kālo 'smi loka-kṣaya-kṛt pravṛddho 11.32
kalpa-kṣaye punas tāni 9.7
kāma eṣa krodha eṣa 3.37
kāmaḥ krodhas tathā lobhas 16.21
kāmais tais tair hṛta-jñānāḥ 7.20
kāma-krodha-vimuktānāṁ 5.26
kāma-krodhodbhavaṁ vegaṁ 5.23
kāma-rūpeṇa kaunteya 3.39
kāmam āśritya duṣpūraṁ 16.10
kāmātmānaḥ svarga-parā 2.43
kāmopabhoga-paramā 16.11
kāmyānāṁ karmaṇāṁ nyāsaṁ 18.2
kāṅkṣantaḥ karmaṇāṁ siddhiṁ 4.12
kāraṇaṁ guṇa-saṅgo 'sya 13.22
karaṇaṁ karma karteti 18.18
karma brahmodbhavaṁ viddhi 3.15
karma caiva tad-arthīyaṁ 17.27
karma-jaṁ buddhi-yuktā hi 2.51
karma-jān viddhi tān sarvān 4.32
karmaṇaḥ sukṛtasyāhuḥ 14.16
karmaṇaiva hi saṁsiddhim 3.20
karmāṇi pravibhaktāni 18.41
karmaṇo hy api boddhavyaṁ 4.17
karmaṇy abhipravṛtto 'pi 4.20
karmaṇy akarma yaḥ paśyed 4.18
karmaṇy evādhikāras te 2.47
karmendriyaiḥ karma-yogam 3.7
karmendriyāṇi saṁyamya 3.6
karmibhyaś cādhiko yogī 6.46
kārpaṇya-doṣopahata-svabhāvaḥ 2.7
karṣayantaḥ śarīra-sthaṁ 17.6
kartavyānīti me pārtha 18.6
kartuṁ necchasi yan mohāt 18.60
kārya-kāraṇa-kartṛtve 13.21
kāryam ity eva yat karma 18.9
kāryate hy avaśaḥ karma 3.5
kasmāc ca te na nameran mahātman 11.37
kāśyaś ca parameṣv-āsaḥ 1.17

kathaṁ bhīṣmam ahaṁ saṅkhye 2.4
katham etad vijānīyāṁ 4.4
kathaṁ na jñeyam asmābhiḥ 1.38
kathaṁ sa puruṣaḥ pārtha 2.21
kathaṁ vidyām ahaṁ yogiṁs 10.17
kathayantaś ca māṁ nityaṁ 10.9
kaṭv-amla-lavaṇāty-uṣṇa- 17.9
kaunteya pratijānīhi 9.31
kaviṁ purāṇam anuśāsitāram 8.9
kāyena manasā buddhyā 5.11
kecid vilagnā daśanāntareṣu 11.27
keśavārjunayoḥ puṇyaṁ 18.76
keṣu keṣu ca bhāveṣu 10.17
kim ācāraḥ kathaṁ caitāṁs 14.21
kiṁ karma kim akarmeti 4.16
kiṁ no rājyena govinda 1.32
kiṁ punar brāhmaṇāḥ puṇyā 9.33
kiṁ tad brahma kim adhyātmaṁ 8.1
kirīṭinaṁ gadinaṁ cakra-hastam 11.46
kirīṭinaṁ gadinaṁ cakriṇaṁ ca 11.17
kīrtiḥ śrīr vāk ca nārīṇāṁ 10.34
klaibyaṁ mā sma gamaḥ pārtha 2.3
kleśo 'dhikataras teṣām 12.5
kriyate bahulāyāsaṁ 18.24
kriyate tad iha proktaṁ 17.18
kriyā-viśeṣa-bahulāṁ 2.43
krodhād bhavati sammohaḥ 2.63
kṛpayā parayāviṣṭo 1.27
kṛṣi-go-rakṣya-vāṇijyaṁ 18.44
kṣaraḥ sarvāṇi bhūtāni 15.16
kṣetra-jñaṁ cāpi māṁ viddhi 13.3
kṣetra-kṣetrajña-saṁyogāt 13.27
kṣetra-kṣetrajñayor evam 13.35
kṣetra-kṣetrajñayor jñānaṁ 13.3
kṣetraṁ kṣetrī tathā kṛtsnaṁ 13.34
kṣipāmy ajasram aśubhān 16.19
kṣipraṁ bhavati dharmātmā 9.31
kṣipraṁ hi mānuṣe loke 4.12
kṣudraṁ hṛdaya-daurbalyaṁ 2.3
kula-kṣaya-kṛtaṁ doṣaṁ 1.37
kula-kṣaya-kṛtaṁ doṣaṁ 1.38
kula-kṣaye praṇaśyanti 1.39
kuru karmaiva tasmāt tvaṁ 4.15
kuryād vidvāṁs tathāsaktaś 3.25
kutas tvā kaśmalam idaṁ 2.2

L

labhante brahma-nirvāṇam 5.25
labhate ca tataḥ kāmān 7.22
lelihyase grasamānaḥ samantāl 11.30
lipyate na sa pāpena 5.10
lobhaḥ pravṛttir ārambhaḥ 14.12
loka-saṅgraham evāpi 3.20
loke 'smin dvi-vidhā niṣṭhā 3.3

M

mā karma-phala-hetur bhūr 2.47
mā śucaḥ sampadaṁ daivīm 16.5
mā te vyathā mā ca vimūḍha-bhāvo 11.49
mac-cittā mad-gata-prāṇā 10.9
mac-cittaḥ sarva-durgāṇi 18.58
mad-anugrahāya paramaṁ 11.1
mad-artham api karmāṇi 12.10
mad-bhakta etad vijñāya 13.19
maharṣayaḥ sapta pūrve 10.6
mādhavaḥ pāṇḍavaś caiva 1.14
mad-bhāvā mānasā jātā 10.6
mahā-bhūtāny ahaṅkāro 13.6
maharṣīṇāṁ bhṛgur ahaṁ 10.25
mahāśano mahā-pāpmā 3.37
mahātmānas tu māṁ pārtha 9.13
mām aprāpyaiva kaunteya 16.20
mām ātma-para-deheṣu 16.18
māṁ ca yo 'vyabhicāreṇa 14.26
māṁ caivāntaḥ śarīra-sthaṁ 17.6
mām eva ye prapadyante 7.14
mām evaiṣyasi satyaṁ te 18.65
mām evaiṣyasi yuktvaivam 9.34
māṁ hi pārtha vyapāśritya 9.32
mām upetya punar janma 8.15
mām upetya tu kaunteya 8.16
mama dehe guḍākeśa 11.7
mama vartmānuvartante 3.23
mama vartmānuvartante 4.11
mama yonir mahad brahma 14.3
mamaivāṁśo jīva-loke 15.7
māmakāḥ pāṇḍavāś caiva 1.1
manaḥ saṁyamya mac-citto 6.14
manaḥ-prasādaḥ saumyatvaṁ 17.16
manaḥ-ṣaṣṭhānīndriyāṇi 15.7
mānāpamānayos tulyas 14.25
manasaivendriya-grāmaṁ 6.24
manasas tu parā buddhir 3.42
man-manā bhava mad-bhakto 9.34
man-manā bhava mad-bhakto 18.65
mantro 'ham aham evājyam 9.16
manuṣyāṇāṁ sahasreṣu 7.3
manyase yadi tac chakyaṁ 11.4
marīcir marutām asmi 10.21
māsānāṁ mārga-śīrṣo 'ham 10.35
mat-karma-kṛn mat-paramo 11.55
mat-prasādād avāpnoti 18.56
mātrā-sparśās tu kaunteya 2.14
mat-sthāni sarva-bhūtāni 9.4
matta eveti tān viddhi 7.12
mattaḥ parataraṁ nānyat 7.7
mātulāḥ śvaśurāḥ pautrāḥ 1.34
maunaṁ caivāsmi guhyānāṁ 10.38
mayā hatāṁs tvaṁ jahi mā vyathiṣṭhā 11.34
mayā prasannena tavārjunedaṁ 11.47
mayā tatam idaṁ sarvaṁ 9.4
mayādhyakṣeṇa prakṛtiḥ 9.10
mayaivaite nihatāḥ pūrvam eva 11.33

māyayāpahṛta-jñānā 7.15
mayi cānanya-yogena 13.11
mayi sarvam idaṁ protaṁ 7.7
mayi sarvāṇi karmāṇi 3.30
mayy arpita-mano-buddhir 8.7
mayy arpita-mano-buddhir 12.14
mayy āsakta-manāḥ pārtha 7.1
mayy āveśya mano ye māṁ 12.2
mayy eva mana ādhatsva 12.8
mithyaiṣa vyavasāyas te 18.59
moghāśā mogha-karmāṇo 9.12
mohād ārabhyate karma 18.25
mohād gṛhītvāsad-grāhān 16.10
mohāt tasya parityāgas 18.7
mohitaṁ nābhijānāti 7.13
mṛgāṇāṁ ca mṛgendro 'haṁ 10.30
mṛtyuḥ sarva-haraś cāham 10.34
mūḍha-grāheṇātmano yat 17.19
mūḍho 'yaṁ nābhijānāti 7.25
mukta-saṅgo 'nahaṁ-vādī 18.26
munīnām apy ahaṁ vyāsaḥ 10.37
mūrdhny ādhāyātmanaḥ prāṇam 8.12

N

na buddhi-bhedaṁ janayed 3.26
na ca māṁ tāni karmāṇi 9.9
na ca mat-sthāni bhūtāni 9.5
na ca śaknomy avasthātuṁ 1.30
na ca sannyasanād eva 3.4
na ca śreyo 'nupaśyāmi 1.31
na ca tasmān manuṣyeṣu 18.69
na cābhāvayataḥ śāntir 2.66
na cainaṁ kledayanty āpo 2.23
na caitad vidmaḥ kataran no garīyo 2.6
na caiva na bhaviṣyāmaḥ 2.12
na cāśuśrūṣave vācyaṁ 18.67
na cāsya sarva-bhūteṣu 3.18
na cāti-svapna-śīlasya 6.16
na dveṣṭi sampravṛttāni 14.22
na dveṣṭy akuśalaṁ karma 18.10
na hi deha-bhṛtā śakyaṁ 18.11
na hi jñānena sadṛśaṁ 4.38
na hi kalyāṇa-kṛt kaścid 6.40
na hi kaścit kṣaṇam api 3.5
na hi prapaśyāmi mamāpanudyād 2.8
na hi te bhagavan vyaktiṁ 10.14
na hinasty ātmanātmānaṁ 13.29
na hy asannyasta-saṅkalpo 6.2
na jāyate mriyate vā kadācin 2.20
na kāṅkṣe vijayaṁ kṛṣṇa 1.31
na karmaṇām anārambhān 3.4
na karma-phala-saṁyogaṁ 5.14
na kartṛtvaṁ na karmāṇi 5.14
na māṁ duṣkṛtino mūḍhāḥ 7.15
na māṁ karmāṇi limpanti 4.14
na me pārthāsti kartavyaṁ 3.22
na me viduḥ sura-gaṇāḥ 10.2
na prahṛṣyet priyaṁ prāpya 5.20
na rūpam asyeha tathopalabhyate 15.3
na sa siddhim avāpnoti 16.23
na śaucaṁ nāpi cācāro 16.7
na tad asti pṛthivyāṁ vā 18.40
na tad asti vinā yat syān 10.39
na tad bhāsayate sūryo 15.6
na tu māṁ abhijānanti 9.24
na tu māṁ śakyase draṣṭum 11.8
na tv evāhaṁ jātu nāsaṁ 2.12
na tvat-samo 'sty abhyadhikaḥ 11.43
na veda-yajñādhyayanair na dānair 11.48
na vimuñcati durmedhā 18.35
na yotsya iti govindam 2.9
nabhaḥ-spṛśaṁ dīptam aneka-varṇaṁ 11.24
nabhaś ca pṛthivīṁ caiva 1.19
nābhinandati na dveṣṭi 2.57
nādatte kasyacit pāpaṁ 5.15
nāhaṁ prakāśaḥ sarvasya 7.25
nāhaṁ vedair na tapasā 11.53
nainaṁ chindanti śastrāṇi 2.23
naiṣkarmya-siddhiṁ paramāṁ 18.49
naite sṛtī pārtha jānan 8.27
naiva kiñcit karomīti 5.8
naiva tasya kṛtenārtho 3.18
nakulaḥ sahadevaś ca 1.16
namaḥ purastād atha pṛṣṭhatas te 11.40
namaskṛtvā bhūya evāha kṛṣṇaṁ 11.35
namasyantaś ca māṁ bhaktyā 9.14
namo namas te 'stu sahasra-kṛtvaḥ 11.39
nānā-śastra-praharaṇāḥ 1.9
nānā-vidhāni divyāni 11.5
nānavāptam avāptavyaṁ 3.22
nāntaṁ na madhyaṁ na punas tavādiṁ 11.16
nānto 'sti mama divyānāṁ 10.40
nānyaṁ guṇebhyaḥ kartāraṁ 14.19
nāpnuvanti mahātmānaḥ 8.15
narake niyataṁ vāso 1.43
nāsato vidyate bhāvo 2.16
nāśayāmy ātma-bhāva-stho 10.11
nāsti buddhir ayuktasya 2.66
naṣṭo mohaḥ smṛtir labdhā 18.73
nāty-aśnatas tu yogo 'sti 6.16
nāty-ucchritaṁ nāti-nīcaṁ 6.11
nava-dvāre pure dehī 5.13
nāyakā mama sainyaya 1.7
nāyaṁ loko 'sti na paro 4.40
nāyaṁ loko 'sty ayajñasya 4.31
nehābhikrama-nāśo 'sti 2.40
nibadhnanti mahā-bāho 14.5
nidrālasya-pramādotthaṁ 18.39
nihatya dhārtarāṣṭrān naḥ 1.35
nimittāni ca paśyāmi 1.30
nindantas tava sāmarthyaṁ 2.36
nirāśīr nirmamo bhūtvā 3.30
nirāśīr yata-cittātmā 4.21
nirdoṣaṁ hi samaṁ brahma 5.19
nirdvandvo hi mahā-bāho 5.3
nirdvandvo nitya-sattva-stho 2.45

nirmamo nirahaṅkāraḥ 2.71
nirmamo nirahaṅkāraḥ 12.13
nirmāna-mohā jita-saṅga-doṣā 15.5
nirvairaḥ sarva-bhūteṣu 11.55
niścayaṁ śṛṇu me tatra 18.4
nispṛhaḥ sarva-kāmebhyo 6.18
nityaḥ sarva-gataḥ sthāṇur 2.24
nityaṁ ca sama-cittatvam 13.10
nivasiṣyasi mayy eva 12.8
niyataṁ kuru karma tvaṁ 3.8
niyataṁ saṅga-rahitam 18.23
niyatasya tu sannyāsaḥ 18.7
nyāyyaṁ vā viparītaṁ vā 18.15

O

oṁ ity ekākṣaraṁ brahma 8.13
oṁ tat sad iti nirdeśo 17.23

P

pañcaitāni mahā-bāho 18.13
pāñcajanyaṁ hṛṣīkeśo 1.15
pāpam evāśrayed asmān 1.36
pāpmānaṁ prajahi hy enaṁ 3.41
paraṁ bhāvam ajānanto 7.24
paraṁ bhāvam ajānanto 9.11
paraṁ bhūyaḥ pravakṣyāmi 14.1
paraṁ brahma paraṁ dhāma 10.12
paramaṁ puruṣaṁ divyaṁ 8.8
paramātmeti cāpy ukto 13.23
paras tasmāt tu bhāvo 'nyo 8.20
parasparaṁ bhāvayantaḥ 3.11
parasyotsādanārthaṁ vā 17.19
paricaryātmakaṁ karma 18.44
pariṇāme viṣam iva 18.38
paritrāṇāya sādhūnāṁ 4.8
pārtha naiveha nāmutra 6.40
paryāptaṁ tv idam eteṣāṁ 1.10
paśya me pārtha rūpāṇi 11.5
paśyādityān vasūn rudrān 11.6
paśyaitāṁ pāṇḍu-putrāṇāṁ 1.3
paśyāmi devāṁs tava deva dehe 11.15
paśyāmi tvāṁ dīpta-hutāśa- 11.19
paśyāmi tvāṁ durnirīkṣyaṁ 11.17
paśyañ śṛṇvan spṛśañ jighrann 5.8
paśyaty akṛta-buddhitvān 18.16
patanti pitaro hy eṣāṁ 1.41
patraṁ puṣpaṁ phalaṁ toyaṁ 9.26
pauṇḍraṁ dadhmau mahā-śaṅkhaṁ 1.15
pavanaḥ pavatām asmi 10.31
pitāham asya jagato 9.17
pitāsi lokasya carācarasya 11.43
piteva putrasya sakheva sakhyuḥ 11.44
pitṝṇām aryamā cāsmi 10.29
prabhavaḥ pralayaḥ sthānaṁ 9.18
prabhavanty ugra-karmāṇaḥ 16.9
prādhānyataḥ kuru-śreṣṭha 10.19
prahlādaś cāsmi daityānāṁ 10.30
prajahāti yadā kāmān 2.55
prajanaś cāsmi kandarpaḥ 10.28
prakāśaṁ ca pravṛttiṁ ca 14.22
prakṛteḥ kriyamāṇāni 3.27
prakṛter guṇa-sammūḍhāḥ 3.29
prakṛtiṁ puruṣaṁ caiva 13.1
prakṛtiṁ puruṣaṁ caiva 13.20
prakṛtiṁ svām adhiṣṭhāya 4.6
prakṛtiṁ svām avaṣṭabhya 9.8
prakṛtiṁ yānti bhūtāni 3.33
prakṛtyaiva ca karmāṇi 13.30
pralapan visṛjan gṛhṇann 5.9
pramādālasya-nidrābhis 14.8
pramāda-mohau tamaso 14.17
praṇamya śirasā devaṁ 11.14
prāṇāpana-gatī ruddhvā 4.29
prāṇāpāna-samāyuktaḥ 15.14
prāṇāpānau samau kṛtvā 5.27
praṇavaḥ sarva-vedeṣu 7.8
prāpya puṇya-kṛtāṁ lokān 6.41
prasāde sarva-duḥkhānāṁ 2.65
prasaktāḥ kāma-bhogeṣu 16.16
prasaṅgena phalākāṅkṣī 18.34
prasanna-cetaso hy āśu 2.65
praśāntātmā vigata-bhīr 6.14
praśānta-manasaṁ hy enaṁ 6.27
praśaste karmaṇi tathā 17.26
pratyakṣāvagamaṁ dharmyaṁ 9.2
pravartante vidhānoktāḥ 17.24
pravṛtte śastra-sampāte 1.20
pravṛttiṁ ca nivṛttiṁ ca 16.7
pravṛttiṁ ca nivṛttiṁ ca 18.30
prayāṇa-kāle 'pi ca māṁ 7.30
prayāṇa-kāle ca kathaṁ 8.2
prayāṇa-kāle manasācalena 8.10
prayātā yānti taṁ kālaṁ 8.23
prayatnād yatamānas tu 6.45
pretān bhūta-gaṇāṁś cānye 17.4
priyo hi jñānino 'tyartham 7.17
procyamānam aśeṣeṇa 18.29
procyate guṇa-saṅkhyāne 18.19
pṛthaktvena tu yaj jñānaṁ 18.21
puṇyo gandhaḥ pṛthivyāṁ ca 7.9
purodhasāṁ ca mukhyaṁ māṁ 10.24
purujit kuntibhojaś ca 1.5
puruṣaḥ prakṛti-stho hi 13.22
puruṣaḥ sa paraḥ pārtha 8.22
puruṣaḥ sukha-duḥkhānāṁ 13.21
puruṣaṁ śāśvataṁ divyam 10.12
pūrvābhyāsena tenaiva 6.44
puṣṇāmi cauṣadhīḥ sarvāḥ 15.13

R

rāga-dveṣa-vimuktais tu 2.64
rāgī karma-phala-prepsur 18.27

rajaḥ sattvaṁ tamaś caiva 14.10
rājan saṁsmṛtya saṁsmṛtya 18.76
rajas tamaś cābhibhūya 14.10
rajasas tu phalaṁ duḥkham 14.16
rajasi pralayaṁ gatvā 14.15
rajasy etāni jāyante 14.12
rāja-vidyā rāja-guhyaṁ 9.2
rajo rāgātmakaṁ viddhi 14.7
rakṣāṁsi bhītāni diśo dravanti 11.36
rākṣasīm āsurīṁ caiva 9.12
rasa-varjaṁ raso 'py asya 2.59
raso 'ham apsu kaunteya 7.8
rasyāḥ snigdhāḥ sthirā hṛdyā 17.8
rātriṁ yuga-sahasrāntāṁ 8.17
rātry-āgame pralīyante 8.18
rātry-āgame 'vaśaḥ pārtha 8.19
ṛṣibhir bahudhā gītaṁ 13.5
ṛte 'pi tvāṁ na bhaviṣyanti sarve 11.32
rudrādityā vasavo ye ca sādhyā 11.22
rudrāṇāṁ śaṅkaraś cāsmi 10.23
rūpaṁ mahat te bahu-vaktra-netraṁ 11.23

S

sa brahma-yoga-yuktātmā 5.21
sa buddhimān manuṣyeṣu 4.18
sa ca yo yat-prabhāvaś ca 13.4
sa evāyaṁ mayā te 'dya 4.3
sa ghoṣo dhārtarāṣṭrāṇāṁ 1.19
sa guṇān samatītyaitān 14.26
sa kāleneha mahatā 4.2
sa kṛtvā rājasaṁ tyāgaṁ 18.8
sa niścayena yoktavyo 6.24
sa sannyāsī ca yogī ca 6.1
sa sarva-vid bhajati māṁ 15.19
sa tayā śraddhayā yuktas 7.22
sa yat pramāṇaṁ kurute 3.21
sa yogī brahma-nirvāṇaṁ 5.24
śabdādīn viṣayāṁs tyaktvā 18.51
śabdādīn viṣayān anya 4.26
sad-bhāve sādhu-bhāve ca 17.26
sādhibhūtādhidaivaṁ māṁ 7.30
sādhur eva sa mantavyaḥ 9.30
sādhuṣv api ca pāpeṣu 6.9
sadṛśaṁ ceṣṭate svasyāḥ 3.33
saha-jaṁ karma kaunteya 18.48
sahasaivābhyahanyanta 1.13
sahasra-yuga-paryantam 8.17
saha-yajñāḥ prajāḥ sṛṣṭvā 3.10
sakheti matvā prasabhaṁ yad uktaṁ 11.41
śaknotīhaiva yaḥ soḍhuṁ 5.23
saktāḥ karmaṇy avidvāṁso 3.25
śakya evaṁ-vidho draṣṭuṁ 11.53
samaḥ sarveṣu bhūteṣu 18.54
samaḥ śatrau ca mitre ca 12.18
samaḥ siddhāv asiddhau ca 4.22
samādhāv acalā buddhis 2.53
sama-duḥkha-sukhaḥ sva-sthaḥ 14.24
sama-duḥkha-sukhaṁ dhīraṁ 2.15
samaṁ kāya-śiro-grīvaṁ 6.13
samaṁ paśyan hi sarvatra 13.29
samaṁ sarveṣu bhūteṣu 13.28
samāsenaiva kaunteya 18.50
sambhavaḥ sarva-bhūtānāṁ 14.3
sambhāvitasya cākīrtir 2.34
śamo damas tapaḥ śaucaṁ 18.42
samo 'haṁ sarva-bhūteṣu 9.29
samprekṣya nāsikāgraṁ svaṁ 6.13
saṁvādam imam aśrauṣam 18.74
śanaiḥ śanair uparamed 6.25
saṅgaṁ tyaktvā phalaṁ caiva 18.9
saṅgāt sañjāyate kāmaḥ 2.62
saṅkalpa-prabhavān kāmāṁs 6.24
saṅkarasya ca kartā syām 3.24
saṅkaro narakāyaiva 1.41
sāṅkhya-yogau pṛthag bālāḥ 5.4
sāṅkhye kṛtānte proktāni 18.13
sanniyamyendriya-grāmaṁ 12.4
sannyāsaḥ karma-yogaś ca 5.2
sannyāsaṁ karmaṇāṁ kṛṣṇa 5.1
sannyāsas tu mahā-bāho 5.6
sannyāsasya mahā-bāho 18.1
sannyāsa-yoga-yuktātmā 9.28
śāntiṁ nirvāṇa-paramāṁ 6.15
santuṣṭaḥ satataṁ yogī 12.14
sargāṇām ādir antaś ca 10.32
sarge 'pi nopajāyante 14.2
śārīraṁ kevalaṁ karma 4.21
śarīraṁ yad avāpnoti 15.8
śarīra-stho 'pi kaunteya 13.32
śarīra-vāṅ-manobhir yat 18.15
śarīra-yātrāpi ca te 3.8
sarva-bhūtāni kaunteya 9.7
sarva-bhūtāni sammohaṁ 7.27
sarva-bhūta-stham ātmānaṁ 6.29
sarva-bhūta-sthitaṁ yo māṁ 6.31
sarva-bhūtātma-bhūtātmā 5.7
sarva-bhūteṣu yenaikaṁ 18.20
sarva-dharmān parityajya 18.66
sarva-dvārāṇi saṁyamya 8.12
sarva-dvāreṣu dehe 'smin 14.11
sarva-guhyatamaṁ bhūyaḥ 18.64
sarva-jñāna-vimūḍhāṁs tān 3.32
sarva-karmāṇi manasā 5.13
sarva-karmāṇy api sadā 18.56
sarva-karma-phala-tyāgaṁ 12.11
sarva-karma-phala-tyāgaṁ 18.2
sarvam etad ṛtaṁ manye 10.14
sarvaṁ jñāna-plavenaiva 4.36
sarvaṁ karmākhilaṁ pārtha 4.33
sarvāṇīndriya-karmāṇi 4.27
sarvārambhā hi doṣeṇa 18.48
sarvārambha-parityāgī 12.16
sarvārambha-parityāgī 14.25
sarvārthān viparītāṁś ca 18.32
sarva-saṅkalpa-sannyāsī 6.4
sarvāścarya-mayaṁ devam 11.11

sarvasya cāhaṁ hṛdi sanniviṣṭo 15.15
sarvasya dhātāram acintya-rūpam 8.9
sarvataḥ pāṇi-pādaṁ tat 13.14
sarvataḥ śrutimal loke 13.14
sarvathā vartamāno 'pi 6.31
sarvathā vartamāno 'pi 13.24
sarvatra-gam acintyaṁ ca 12.3
sarvatrāvasthito dehe 13.33
sarva-yoniṣu kaunteya 14.4
sarve 'py ete yajña-vido 4.30
sarvendriya-guṇābhāsaṁ 13.15
śāśvatasya ca dharmasya 14.27
satataṁ kīrtayanto māṁ 9.14
satkāra-māna-pūjārthaṁ 17.18
sattvaṁ prakṛti-jair muktaṁ 18.40
sattvaṁ rajas tama iti 14.5
sattvaṁ sukhe sañjayati 14.9
sattvānurūpā sarvasya 17.3
sattvāt sañjāyate jñānaṁ 14.17
sāttvikī rājasī caiva 17.2
saubhadraś ca mahā-bāhuḥ 1.18
saubhadro draupadeyāś ca 1.6
śauryaṁ tejo dhṛtir dākṣyaṁ 18.43
senānīnām ahaṁ skandaḥ 10.24
senayor ubhayor madhye 1.24
senayor ubhayor madhye 2.10
senayor ubhayor madhye 1.21
sīdanti mama gātrāṇi 1.28
siddhiṁ prāpto yathā brahma 18.50
siddhy-asiddhyoḥ samo bhūtvā 2.48
siddhy-asiddhyor nirvikāraḥ 18.26
siṁha-nādaṁ vinadyoccaiḥ 1.12
śītoṣṇa-sukha-duḥkheṣu 12.18
śītoṣṇa-sukha-duḥkheṣu 6.7
smṛti-bhraṁśād buddhi-nāśo 2.63
so 'pi muktaḥ śubhāl lokān 18.71
so 'vikalpena yogena 10.7
sparśān kṛtvā bahir bāhyāṁś 5.27
śraddadhānā mat-paramā 12.20
śraddhā-mayo 'yaṁ puruṣo 17.3
śraddhāvāl labhate jñānaṁ 4.39
śraddhāvān anasūyaś ca 18.71
śraddhāvān bhajate yo māṁ 6.47
śraddhāvanto 'nasūyanto 3.31
śraddhā-virahitaṁ yajñaṁ 17.13
śraddhayā parayā taptaṁ 17.17
śraddhayā parayopetās 12.2
śreyān dravya-mayād yajñāj 4.33
śreyān sva-dharmo viguṇaḥ 18.47
śreyān sva-dharmo viguṇaḥ 3.35
śreyo hi jñānam abhyāsāj 12.12
śrotrādīnīndriyāṇy anye 4.26
śrotraṁ cakṣuḥ sparśanaṁ ca 15.9
śruti-vipratipannā te 2.53
sthāne hṛṣīkeśa tava prakīrtyā 11.36
sthira-buddhir asammūḍho 5.20
sthita-dhīḥ kiṁ prabhāṣeta 2.54
sthita-prajñasya kā bhāṣā 2.54
sthito 'smi gata-sandehaḥ 18.73
sthitvāsyām anta-kāle 'pi 2.72
strīṣu duṣṭāsu vārṣṇeya 1.40
striyo vaiśyās tathā śūdrās 9.32
śubhāśubha-parityāgī 12.17
śubhāśubha-phalair evaṁ 9.28
śucau deśe pratiṣṭhāpya 6.11
śucīnāṁ śrīmatāṁ gehe 6.41
su-durdarśam idaṁ rūpaṁ 11.52
suhṛdaṁ sarva-bhūtānāṁ 5.29
suhṛn-mitrāry-udāsīna- 6.9
sukha-duḥkhe same kṛtvā 2.38
sukham ātyantikaṁ yat tad 6.21
sukhaṁ duḥkhaṁ bhavo 'bhāvo 10.4
sukhaṁ tv idānīṁ tri-vidhaṁ 18.36
sukhaṁ vā yadi vā duḥkhaṁ 6.32
sukha-saṅgena badhnāti 14.6
sukhena brahma-saṁsparśam 6.28
sukhinaḥ kṣatriyāḥ pārtha 2.32
śukla-kṛṣṇe gatī hy ete 8.26
sūkṣmatvāt tad avijñeyaṁ 13.16
śuni caiva śva-pāke ca 5.18
svabhāva-jena kaunteya 18.60
svabhāva-niyataṁ karma 18.47
sva-dharmam api cāvekṣya 2.31
sva-dharme nidhanaṁ śreyaḥ 3.35
svādhyāyābhyasanaṁ caiva 17.15
svādhyāya-jñāna-yajñāś ca 4.28
sva-janaṁ hi kathaṁ hatvā 1.36
sva-karmaṇā tam abhyarcya 18.46
sva-karma-nirataḥ siddhiṁ 18.45
sv-alpam apy asya dharmasya 2.40
svastīty uktvā maharṣi-siddha-saṅghāḥ 11.21
śvaśurān suhṛdaś caiva 1.26
svayam evātmanātmānaṁ 10.15
sve sve karmaṇy abhirataḥ 18.45

T

ta ime 'vasthitā yuddhe 1.33
tac ca saṁsmṛtya saṁsmṛtya 18.77
tad ahaṁ bhakty-upahṛtam 9.26
tad asya harati prajñāṁ 2.67
tad-arthaṁ karma kaunteya 3.9
tad-buddhayas tad-ātmānas 5.17
tad ekaṁ vada niścitya 3.2
tad eva me darśaya deva rūpaṁ 11.45
tad ity anabhisandhāya 17.25
tad viddhi praṇipātena 4.34
tadā gantāsi nirvedaṁ 2.52
tadottama-vidāṁ lokān 14.14
tadvat kāmā yaṁ praviśanti sarve 2.70
tair dattān apradāyaibhyo 3.12
tam eva cādyaṁ puruṣaṁ prapadye 15.4
tam eva śaraṇaṁ gaccha 18.62
taṁ tam evaiti kaunteya 8.6
taṁ taṁ niyamam āsthāya 7.20
taṁ tathā kṛpayāviṣṭam 2.1
tam uvāca hṛṣīkeśaḥ 2.10

taṁ vidyād duḥkha-saṁyoga- 6.23
tamas tv ajñāna-jaṁ viddhi 14.8
tamasy etāni jāyante 14.13
tān ahaṁ dviṣataḥ krūrān 16.19
tān akṛtsna-vido mandān 3.29
tan nibadhnāti kaunteya 14.7
tān samīkṣya sa kaunteyaḥ 1.27
tāni sarvāṇi saṁyamya 2.61
tāny ahaṁ veda sarvāṇi 4.5
tapāmy aham ahaṁ varṣaṁ 9.19
tapasvibhyo 'dhiko yogī 6.46
tāsāṁ brahma mahad yonir 14.4
tasmāc chāstraṁ pramāṇaṁ te 16.24
tasmād ajñāna-sambhūtaṁ 4.42
tasmād aparihārye 'rthe 2.27
tasmād asaktaḥ satataṁ 3.19
tasmād evaṁ viditvainaṁ 2.25
tasmād oṁ ity udāhṛtya 17.24
tasmād uttiṣṭha kaunteya 2.37
tasmād yasya mahā-bāho 2.68
tasmād yogāya yujyasva 2.50
tasmān nārhā vayaṁ hantuṁ 1.36
tasmāt praṇamya praṇidhāya kāyaṁ 11.44
tasmāt sarvāṇi bhūtāni 2.30
tasmāt sarva-gataṁ brahma 3.15
tasmāt sarveṣu kāleṣu 8.7
tasmāt sarveṣu kāleṣu 8.27
tasmāt tvam indriyāṇy ādau 3.41
tasmāt tvam uttiṣṭha yaśo labhasva 11.33
tasya kartāram api māṁ 4.13
tasya sañjanayan harṣaṁ 1.12
tasya tasyācalāṁ śraddhāṁ 7.21
tasyāhaṁ na praṇaśyāmi 6.30
tasyāhaṁ nigrahaṁ manye 6.34
tasyāhaṁ sulabhaḥ pārtha 8.14
tat kiṁ karmaṇi ghore māṁ 3.1
tat kṣetraṁ yac ca yādṛk ca 13.4
tat-prasādāt parāṁ śāntiṁ 18.62
tat sukhaṁ sāttvikaṁ proktam 18.37
tat svayaṁ yoga-saṁsiddhaḥ 4.38
tat tad evāvagaccha tvaṁ 10.41
tat te karma pravakṣyāmi 4.16
tata eva ca vistāraṁ 13.31
tataḥ padaṁ tat parimārgitavyaṁ 15.4
tataḥ sa vismayāviṣṭo 11.14
tataḥ śaṅkhāś ca bheryaś ca 1.13
tataḥ sva-dharmaṁ kīrtiṁ ca 2.33
tataḥ śvetair hayair yukte 1.14
tatas tato niyamyaitad 6.26
tathā dehāntara-prāptir 2.13
tathā pralīnas tamasi 14.15
tathā śarīrāṇi vihāya jīrṇāny 2.22
tathā sarvāṇi bhūtāni 9.6
tathā tavāmī nara-loka-vīrā 11.28
tathaiva nāśāya viśanti lokās 11.29
tathāpi tvaṁ mahā-bāho 2.26
tato māṁ tattvato jñātvā 18.55
tato yuddhāya yujyasva 2.38
tatra cāndramasaṁ jyotir 8.25
tatra prayātā gacchanti 8.24
tatra sattvaṁ nirmalatvāt 14.6
tatra śrīr vijayo bhūtir 18.78
tatra taṁ buddhi-saṁyogaṁ 6.43
tatraikāgraṁ manaḥ kṛtvā 6.12
tatraika-sthaṁ jagat kṛtsnaṁ 11.13
tatraivaṁ sati kartāram 18.16
tatrāpaśyat sthitān pārthaḥ 1.26
tattva-vit tu mahā-bāho 3.28
tāvān sarveṣu vedeṣu 2.46
tayor na vaśam āgacchet 3.34
tayos tu karma-sannyāsāt 5.2
te 'pi cātitaranty eva 13.26
te 'pi mām eva kaunteya 9.23
te brahma tad viduḥ kṛtsnam 7.29
te dvandva-moha-nirmuktā 7.28
te prāpnuvanti mām eva 12.4
te puṇyam āsādya surendra-lokam 9.20
te taṁ bhuktvā svarga-lokaṁ viśālaṁ 9.21
tejaḥ kṣamā dhṛtiḥ śaucam 16.3
tejobhir āpūrya jagat samagraṁ 11.30
tejo-mayaṁ viśvam anantam ādyaṁ 11.47
tenaiva rūpeṇa catur-bhujena 11.46
teṣām āditya-vaj jñānaṁ 5.16
teṣām ahaṁ samuddhartā 12.7
teṣām evānukampārtham 10.11
teṣāṁ jñānī nitya-yukta 7.17
teṣāṁ niṣṭhā tu kā kṛṣṇa 17.1
teṣāṁ nityābhiyuktānāṁ 9.22
teṣāṁ satata-yuktānāṁ 10.10
trai-guṇya-viṣayā vedā 2.45
trai-vidyā māṁ soma-pāḥ pūta-pāpā 9.20
tribhir guṇa-mayair bhāvair 7.13
tri-vidhā bhavati śraddhā 17.2
tri-vidhaṁ narakasyedaṁ 16.21
tulya-nindā-stutir maunī 12.19
tulya-priyāpriyo dhīras 14.24
tvad-anyaḥ saṁśayasyāsya 6.39
tvam ādi-devaḥ puruṣaḥ purāṇas 11.38
tvam akṣaraṁ paramaṁ veditavyaṁ 11.18
tvam avyayaḥ śāśvata-dharma-goptā 11.18
tvattaḥ kamala-patrākṣa 11.2
tyāgasya ca hṛṣīkeśa 18.1
tyāgī sattva-samāviṣṭo 18.10
tyāgo hi puruṣa-vyāghra 18.4
tyājyaṁ doṣa-vad ity eke 18.3
tyaktvā dehaṁ punar janma 4.9
tyaktvā karma-phalāsaṅgaṁ 4.20

U

ubhau tau na vijānīto 2.19
ubhayor api dṛṣṭo 'ntas 2.16
uccaiḥśravasam aśvānāṁ 10.27
ucchiṣṭam api cāmedhyaṁ 17.10
udārāḥ sarva evaite 7.18
udāsīna-vad āsīnam 9.9
udāsīna-vad āsīno 14.23

uddhared ātmanātmānaṁ 6.5
upadekṣyanti te jñānaṁ 4.34
upadraṣṭānumantā ca 13.23
upaiti śānta-rajasaṁ 6.27
upaviśyāsane yuñjyād 6.12
ūrdhvaṁ gacchanti sattva-sthā 14.18
ūrdhva-mūlam adhaḥ-śākham 15.1
utkrāmantaṁ sthitaṁ vāpi 15.10
utsādyante jāti-dharmāḥ 1.42
utsanna-kula-dharmāṇāṁ 1.43
utsīdeyur ime lokā 3.24
uttamaḥ puruṣas tv anyaḥ 15.17
uvāca pārtha paśyaitān 1.25

V

vaktrāṇi te tvaramāṇā viśanti 11.27
vaktum arhasy aśeṣeṇa 10.16
vāsāṁsi jīrṇāni yathā vihāya 2.22
vāsudevaḥ sarvam iti 7.19
vasūnāṁ pāvakaś cāsmi 10.23
vaśe hi yasyendriyāṇi 2.61
vaśyātmanā tu yatatā 6.36
vāyur yamo 'gnir varuṇaḥ śaśāṅkaḥ 11.39
vedāhaṁ samatītāni 7.26
vedaiś ca sarvair aham eva vedyo 15.15
vedānāṁ sāma-vedo 'smi 10.22
vedāvināśinaṁ nityaṁ 2.21
veda-vāda-ratāḥ pārtha 2.42
vedeṣu yajñeṣu tapaḥsu caiva 8.28
vedyaṁ pavitram oṁkāra 9.17
vepathuś ca śarīre me 1.29
vettāsi vedyaṁ ca paraṁ ca dhāma 11.38
vetti sarveṣu bhūteṣu 18.21
vetti yatra na caivāyaṁ 6.21
vidhi-hīnam asṛṣṭānnaṁ 17.13
vidyā-vinaya-sampanne 5.18
vigatecchā-bhaya-krodho 5.28
vihāya kāmān yaḥ sarvān 2.71
vijñātum icchāmi bhavantam ādyaṁ 11.31
vikārāṁś ca guṇāṁś caiva 13.20
vimṛśyaitad aśeṣeṇa 18.63
vimucya nirmamaḥ śānto 18.53
vimūḍhā nānupaśyanti 15.10
vināśam avyayasyāsya 2.17
vinaśyatsv avinaśyantaṁ 13.28
viṣādī dīrgha-sūtrī ca 18.28
viṣayā vinivartante 2.59
viṣayendriya-saṁyogād 18.38
viṣīdantam idaṁ vākyam 2.1
vismayo me mahān rājan 18.77
visṛjya sa-śaraṁ cāpaṁ 1.46
vistareṇātmano yogaṁ 10.18
viṣṭabhyāham idaṁ kṛtsnam 10.42
vīta-rāga-bhaya-krodhaḥ 2.56
vīta-rāga-bhaya-krodhā 4.10
vivasvān manave prāha 4.1
vividhāś ca pṛthak ceṣṭā 18.14
vivikta-deśa-sevitvam 13.11
vivikta-sevī laghv-āśī 18.52
vṛṣṇīnāṁ vāsudevo 'smi 10.37
vyāmiśreṇeva vākyena 3.2
vyapeta-bhīḥ prīta-manāḥ punas 11.49
vyāsa-prasādāc chrutavān 18.75
vyavasāyātmikā buddhiḥ 2.44
vyavasāyātmikā buddhir 2.41
vyūḍhāṁ drupada-putreṇa 1.3

Y

ya enaṁ vetti hantāraṁ 2.19
ya evaṁ vetti puruṣaṁ 13.24
ya idaṁ paramaṁ guhyaṁ 18.68
yā niśā sarva-bhūtānāṁ 2.69
yābhir vibhūtibhir lokān 10.16
yac candramasi yac cāgnau 15.12
yac cāpi sarva-bhūtānāṁ 10.39
yac cāvahāsārtham asat-kṛto 'si 11.42
yac chreya etayor ekaṁ 5.1
yac chreyaḥ syān niścitaṁ brūhi 2.7
yad āditya-gataṁ tejo 15.12
yad agre cānubandhe ca 18.39
yad ahaṅkāram āśritya 18.59
yad akṣaraṁ veda-vido vadanti 8.11
yad gatvā na nivartante 15.6
yad icchanto brahmacaryaṁ caranti 8.11
yad rājya-sukha-lobhena 1.44
yad yad ācarati śreṣṭhas 3.21
yad yad vibhūtimat sattvaṁ 10.41
yadā bhūta-pṛthag-bhāvam 13.31
yadā hi nendriyārtheṣu 6.4
yadā saṁharate cāyaṁ 2.58
yadā sattve pravṛddhe tu 14.14
yadā te moha-kalilaṁ 2.52
yadā viniyataṁ cittam 6.18
yadā yadā hi dharmasya 4.7
yadi bhāḥ sadṛśī sā syād 11.12
yadi hy ahaṁ na varteyaṁ 3.23
yadi mām apratīkāram 1.45
yadṛcchayā copapannaṁ 2.32
yadṛcchā-lābha-santuṣṭo 4.22
yady apy ete na paśyanti 1.37
yaḥ paśyati tathātmānam 13.30
yaḥ prayāti sa mad-bhāvaṁ 8.5
yaḥ prayāti tyajan dehaṁ 8.13
yaḥ sa sarveṣu bhūteṣu 8.20
yaḥ sarvatrānabhisnehas 2.57
yaḥ śāstra-vidhim utsṛjya 16.23
yaj jñātvā munayaḥ sarve 14.1
yaj jñātvā na punar moham 4.35
yaj jñātvā neha bhūyo 'nyaj 7.2
yajante nāma-yajñais te 16.17
yajante sāttvikā devān 17.4
yajñād bhavati parjanyo 3.14
yajña-dāna-tapaḥ-karma 18.3
yajña-dāna-tapaḥ-karma 18.5

yajñānāṁ japa-yajño 'smi 10.25
yajñārthāt karmaṇo 'nyatra 3.9
yajñas tapas tathā dānaṁ 17.7
yahña-śiṣṭāmṛta-bhujo 4.30
yajña-śiṣṭāśinaḥ santo 3.13
yajñāyācarataḥ karma 4.23
yajñe tapasi dāne ca 17.27
yajño dānaṁ tapaś caiva 18.5
yakṣye dāsyāmi modiṣya 16.15
yaṁ hi na vyathayanty ete 2.15
yām imāṁ puṣpitāṁ vācaṁ 2.42
yaṁ labdhvā cāparaṁ lābhaṁ 6.22
yaṁ prāpya na nivartante 8.21
yaṁ sannyāsam iti prāhur 6.2
yaṁ yaṁ vāpi smaran bhāvaṁ 8.6
yān eva hatvā na jijīviṣāmas 2.6
yānti deva-vratā devān 9.25
yas tu karma-phala-tyāgī 18.11
yas tv ātma-ratir eva syād 3.17
yas tv indriyāṇi manasā 3.7
yasmān nodvijate loko 12.15
yasmāt kṣaram atīto 'ham 15.18
yasmin sthito na duḥkhena 6.22
yasya nāhaṅkṛto bhāvo 18.17
yasya sarve samārambhāḥ 4.19
yasyāṁ jāgrati bhūtāni 2.69
yasyāntaḥ-sthāni bhūtāni 8.22
yaṣṭavyam eveti manaḥ 17.11
yat karoṣi yad aśnāsi 9.27
yat sāṅkhyaiḥ prāpyate sthānaṁ 5.5
yat tad agre viṣam iva 18.37
yat tapasyasi kaunteya 9.27
yat te 'haṁ prīyamāṇāya 10.1
yat tu kāmepsunā karma 18.24
yat tu kṛtsna-vad ekasmin 18.22
yat tu pratyupakārārthaṁ 17.21
yat tvayoktaṁ vacas tena 11.1
yataḥ pravṛttir bhūtānāṁ 18.46
yatanto 'py akṛtātmāno 15.11
yatanto yoginaś cainaṁ 15.11
yatatām api siddhānāṁ 7.3
yatate ca tato bhūyaḥ 6.43
yatato hy api kaunteya 2.60
yāta-yāmaṁ gata-rasaṁ 17.10
yatendriya-mano-buddhir 5.28
yathā dīpo nivāta-stho 6.19
yathā nadīnāṁ bahavo 'mbu-vegāḥ 11.28
yathā pradīptaṁ jvalanaṁ pataṅgā 11.29
yathā prakāśayaty ekaḥ 13.34
yathā sarva-gataṁ saukṣmyād 13.33
yathaidhāṁsi samiddho 'gnir 4.37
yathākāśa-sthito nityaṁ 9.6
yatholbenāvṛto garbhas 3.38
yato yato niścalati 6.26
yatra caivātmanātmānaṁ 6.20
yatra kāle tv anāvṛttim 8.23
yatra yogeśvaraḥ kṛṣṇo 18.78
yatroparamate cittaṁ 6.20
yāvad etān nirīkṣe 'haṁ 1.21
yāvān artha udapāne 2.46
yāvat sañjāyate kiñcit 13.27
yayā dharmam adharmaṁ ca 18.31
yayā svapnaṁ bhayaṁ śokaṁ 18.35
yayā tu dharma-kāmārthān 18.34
ye 'py anya-devatā-bhaktā 9.23
ye bhajanti tu māṁ bhaktyā 9.29
ye caiva sāttvikā bhāvā 7.12
ye cāpy akṣaram avyaktaṁ 12.1
ye hi saṁsparśa-jā bhogā 5.22
ye me matam idaṁ nityam 3.31
ye śāstra-vidhim utsṛjya 17.1
ye tu dharmāmṛtam idaṁ 12.20
ye tu sarvāṇi karmāṇi 12.6
ye tv akṣaram anirdeśyam 12.3
ye tv etad abhyasūyanto 3.32
ye yathā māṁ prapadyante 4.11
yena bhūtāny aśeṣāṇi 4.35
yeṣām arthe kāṅkṣitaṁ no 1.32
yeṣāṁ ca tvaṁ bahu-mato 2.35
yeṣāṁ tv anta-gataṁ pāpaṁ 7.28
yo 'ntaḥ-sukho 'ntar-ārāmas 5.24
yo 'yaṁ yogas tvayā proktaḥ 6.33
yo loka-trayam āviśya 15.17
yo mām ajam anādiṁ ca 10.3
yo mām evam asammūḍho 15.19
yo māṁ paśyati sarvatra 6.30
yo na hṛṣyati na dveṣṭi 12.17
yo yo yāṁ yāṁ tanuṁ bhaktaḥ 7.21
yoga-sthaḥ kuru karmāṇi 2.48
yoga-sannyasta-karmāṇaṁ 4.41
yoga-yukto munir brahma 5.6
yoga-yukto viśuddhātmā 5.7
yogaṁ yogeśvarāt kṛṣṇāt 18.75
yogārūḍhasya tasyaiva 6.3
yogenāvyabhicāriṇyā 18.33
yogeśvara tato me tvaṁ 11.4
yogī yuñjīta satatam 6.10
yoginaḥ karma kurvanti 5.11
yoginām api sarveṣāṁ 6.47
yogino yata-cittasya 6.19
yotsyamānān avekṣe 'haṁ 1.23
yudhāmanyuś ca vikrānta 1.6
yukta ity ucyate yogī 6.8
yukta-svapnāvabodhasya 6.17
yuktaḥ karma-phalaṁ tyaktvā 5.12
yuktāhāra-vihārasya 6.17
yuñjann evaṁ sadātmānaṁ 6.15
yuñjann evaṁ sadātmānaṁ 6.28
yuyudhāno virāṭaś ca 1.4

Register citovaných veršov

Tento register obsahuje verše citované vo výkladoch *Bhagavad-gīty*. Čísla uvedené tučným písmom označujú verše, ktoré sú citované celé, a slabým písmom sú označené verše citované len čiastočne.

abhyāsa-yoga-yuktena **úv.**
ācāryavān puruṣo veda 9.2
ādau śraddhā tataḥ sādhu- **4.10**
āditya-varṇaṁ tamasaḥ parastāt 13.18
advaitam acyutam anādim ananta-rūpam **4.5,** 4.9
āgamāpāyino 'nityās 6.20
aham ādir hi devānām 11.54
aham bīja-pradaḥ pitā úv.
ahaṁ brahmāsmi 7.29, 13.8
ahaṁ kṛtsnasya jagataḥ 11.2
ahaṁ sarvasya prabhavaḥ 15.3
ahaṁ sarveṣu bhūteṣu 9.11
aham tvaṁ ca tathānye 13.5
ahaṁ tvāṁ sarva-pāpebhyo **úv., 12.6**
āhāra-śuddhau sattva-śuddhiḥ **3.11**
āhaveṣu mitho 'nyonyaṁ **2.31**
aho bata śva-paco 'to garīyān **2.46, 6.44**
āhus tvām ṛṣayaḥ sarve **úv.**
aikāntikī harer bhaktir **7.3**
aiśvaryād rūpam ekaṁ ca **6.31**
ajani ca yan-mayaṁ tad avimucya niyantṛ bhavet **7.5**
ajño jantur anīśo 'yam **5.15**
ajo nityaḥ śāśvato 'yaṁ purāṇo **2.20**
akāmaḥ sarva-kāmo vā **4.11, 7.20**
akṣayyaṁ ha vai cāturmasya-yājinaḥ 2.42
anādir ādir govindaḥ **úv., 2.2, 11.54**
ānanda-mayo 'bhyāsāt 6.20, 7.24, 13.5
ānanda-cinmaya-rasa 8.22
anāsaktasya viṣayān **6.10**, 8.27, **9.28, 11.55**
anāśritaḥ karma-phalam 10.3
anityam asukhaṁ lokam **úv.**, 9.33
aṇor aṇīyān mahato mahīyān **2.20**
antaḥ-praviṣṭaḥ śāstā janānām 15.15
anta-kāle ca mām eva **úv.**
antavanta ime dehāḥ 2.28, 9.2
ānukūlyasya saṅkalpaḥ 11.55, **18.66**
ānukūlyena kṛṣṇānu- **7.16, 11.55**
anyābhilāṣitā-śūnyaṁ **7.16, 11.55**
apāma somam amṛtā abhūma 2.42
apāṇi-pādo javano grahītā 13.15
apareyam itas tv anyām úv.
aparimitā dhruvās tanu-bhṛto yadi sarva--gatās **7.5**
aprārabdha-phalaṁ pāpaṁ **9.2**
ā-prāyaṇāt tatrāpi hi dṛṣṭam 18.55
āpūryamāṇam acala-pratiṣṭhaṁ **18.51 53**
arcanaṁ vandanaṁ dāsyam **úv.**
āścaryo vaktā kuśalo 'sya labdhā **2.29**
āsino dūraṁ vrajati 13.16
āsuraṁ bhāvam āśritaḥ 7.15
asito devalo vyāsaḥ **úv.**
asya mahato bhūtasya niśvasitam **3.15**
ataḥ śrī-kṛṣṇa-nāmādi **6.8, 7.3, 9.4**
ātatatvāc ca mātṛtvāc ca 6.29
atha puruṣo ha vai nārāyaṇo 'kāmayata **10.8**
athāpi te deva padāmbuja-dvaya- **7.24**
athāsaktis tato bhāvas **4.10**
athāto brahma-jijñāsā **úv.**, 2.45, 3.37
ati-martyāni bhagavān **9.11**
ātmā-nikṣepa-kārpaṇye **18.66**
ātmānaṁ rathinaṁ viddhi **6.34**
ātmārāmasya tasyāsti 9.9
ātmendriya-mano-yuktaṁ **6.34**
avaiṣṇavo gurur na syād **2.8**
avajānanti māṁ mūḍhā 6.47, 7.24, 11.52
avidyā-karma-saṁjñānyā **úv**
avyakto 'ksara ity uktas **úv**
avyartha-kālātvam 6.17
ayam agnir vaiśvānaro yo 'yam 15.14
babhūva prākṛtaḥ śiśuḥ 9.11
bahu syām 9.7
bahūnāṁ janmanām ante 5.16, 6.38

bālāgra-śata-bhāgasya **2.17**
bandhāya viṣayāsaṅgo **6.5**
bhagavati ca harāv ananya-cetā **9.30**
bhāgavat-tattva-vijñānaṁ **7.1**
bhagavaty uttama-śloke **7.1**
bhāgo jīvaḥ vijñeyaḥ **2.17**
bhaktir asya bhajanaṁ tad **6.47**
bhakto 'si me sakhā ceti **úv.**
bhaktyā tv ananyayā śakyaḥ 13.16
bharatāmṛta-sarvam **úv.**
bhava-mahā-dāvāgni-nirvāpaṇam 6.20
bhavāmbudhir vatsa-padaṁ paraṁ padaṁ **2.51**
bhayaṁ dvitīyābhiniveśataḥ syād 1.30, 6.13, 10.4
bhidyate hṛdaya-granthiś **7.1**
bhoktā bhogyaṁ preritāraṁ ca matvā 13.3
bhoktāraṁ yajña-tapasām 3.11
bhuñjate te tv aghaṁ pāpā 6.16
bhūtvā bhūtvā pralīyate 8.19
brahmaiva san brahmāpy eti 14.26
brahma jānātīti brāhmaṇaḥ 10.4
brahma pucchaṁ pratiṣṭhā 13.5
brahmaiva san brahmāpy eti 14.26
brahmaṇā saha te sarve **8.16**
brahmaṇo hi pratiṣṭhāham. úv., 5.17
brahmaṇyo devakī-putraḥ 10.8
brahma pucchaṁ pratiṣṭhā 13.5
brahmeti paramātmeti **2.2, 10.15**
buddhiṁ tu sārathiṁ viddhi **6.34**
cakṣur unmīlitaṁ yena **úv.**
ceta etair anāviddhaṁ **7.1**
ceto-darpaṇa-mārjanam 6.20
chandāṁsi yasya parṇāni **úv.**
dadāmi buddhi-yogaṁ tam 8.14
darśana-dhyāna-saṁsparśair **5.26**
dāsa-bhuto harer eva 13.13
dehā-dehi-vibhedo 'yaṁ 9.34
dehino 'smin yathā dehe 13.1, 15.7
devān deva-yajo yānti 7.24
devarṣi-bhūtāpta-nṛṇāṁ pitṝṇāṁ **1.41, 2.38**
dharmaṁ tu sākṣād bhagavat-praṇītam 4.7, 4.16, 4.34
dhyāyan stuvaṁs tasya yaśas tri-sandhyaṁ **2.41**
dik-kālādy-anavacchinne **6.31**
dvandvair vimuktāḥ sukha-duḥkha-samjñair **úv.**
dvā suparṇā sayujā sakhāyaḥ 13.21
eka eva paro viṣṇuḥ **6.31**
ekale īśvara kṛṣṇa, āra saba bhṛtya 7.20, 11.43
ekaṁ śāstraṁ devakī-putra-gītam **úv.**
ekāṁśena sthito jagat úv.
ekaṁ tu mahataḥ sraṣṭṛ **7.4**
eko 'pi san bahudhā yo 'vabhāti 6.31, 11.54
eko devo nitya-līlānurakto 4.9
eko mantras tasya nāmāni yāni **úv.**
eko vai nārāyaṇa āsīn na brahmā **10.8**
eko vaśī sarva-gaḥ kṛṣṇaḥ 8.22, 11.54
eṣa hi draṣṭā sraṣṭā 18.14
eṣa u hy eva sādhu karma kārayati **5.15**
eṣo 'ṇur ātmā cetasā veditavyo **2.17**
etasyāhaṁ na paśyāmi **úv.**
etasya vā akṣarasya praśāsane gārgi **9.6**
ete cāṁśa-kalāḥ puṁsaḥ **2.2**, 11.54
evaṁ manaḥ karma-vaśaṁ prayuṅkte **5.2**
evaṁ paramparā-prāptam **úv.**
evaṁ prasanna-manaso **7.1**, 9.2
evaṁ pravṛttasya viśuddha-cetasas **9.2**
ghrāṇaṁ ca tat-pāda-saroja-saurabhe **2.61, 6.18**
gītādhyāyana-śīlasya **úv.**
gītā-gaṅgodakaṁ pītvā **úv.**
gītā-śāstram idaṁ puṇyam úv.
gītā su-gītā kartavyā **úv.**
gobhiḥ prīṇita-matsaram 14.16
goloka eva nivasaty akhilātma-bhūtaḥ úv., 6.15, 6.26, 8.22, 13.14
gopeśa gopikā-kānta úv.
harāv abhaktasya kuto mahad-guṇāḥ **1.28**, 12.18
hare kṛṣṇa, hare kṛṣṇa 6.44, 7.24, 8.5-6, 8.11, 8.13-14, 8.19, 9.2, 9.30, 10.9, 10.11, 10.25, 12.6-7, 13.8-12, 13.26, 14.27, 16.1-3, 16.7, 16.24
harer nāma harer nāma **6.11 12**
he kṛṣṇa karuṇā-sindho úv.
harer nāmānukīrtanam 4.26
hiraṇmayena pātreṇa **7.25**
hṛdy antaḥ-stho hy abhadrāṇi **7.1**
īhā yasya harer dāsye **5.11**
ikṣvākuṇā ca kathito **4.1**
imaṁ vivasvate yogam **úv.**
indrāri-vyākulaṁ lokaṁ **2.2**
indriyāṇi hayān āhur **6.34**
īśāvāsyam idaṁ sarvam 2.71
īśvaraḥ paramaḥ kṛṣṇaḥ **úv.**, 2.2, 4.12, 7.3, 7.7, 9.11, 11.54

īśvaraḥ sarva-bhūtānām 6.29
īśvarāṇāṁ vacaḥ satyaṁ **3.24**
īśvara-prerito gacchet **5.15**
iti rāma-padenāsau **5.22**
itthaṁ satāṁ brahma-sukhānubhūtyā **11.8**
jagad-dhitāya kṛṣṇāya **14.16**
jānāti tattvaṁ bhagavan mahimno **7.24**
janma karma ca me divyam **11.43**
janmādy asya yataḥ 9.21, 18.46
janmādy asya yato 'nvayād itarataś ca 3.37
jayas tu pāṇḍu-putrāṇāṁ 1.14
jīvaḥ sūkṣma-svarūpo 'yaṁ **2.17**
jīvere kṛpāya kailā kṛṣṇa **úv.**
jñānāgniḥ sarva-karmāṇi 5.16
jñānaṁ parama-guhyaṁ me **3.41**
jño 'ta eva 18.14
juṣṭaṁ yadā paśyaty anyam īśam **2.22**
jyotīṁṣi viṣṇur bhuvanāni viṣṇuḥ 2.16
kaivalyam svarūpa-pratiṣṭhā vā citi-śaktir iti 6.20
kalau nāsty eva nāsty eva **6.11**
kāmais tais tair hṛta-jñānāḥ úv., 7.24
kāmaṁ ca dāsye na tu kāma-kāmyayā **2.61, 6.18**
karau harer mandira-mārjanādiṣu **2.61, 6.18**
kariṣye vacanaṁ tava úv.
karmaṇā manasā vācā **6.14**
kartā śāstrārthavattvāt 18.14
kasmin bhagavo vijñāte sarvam 7.2
keśāgra-śata-bhāgasya **2.17**
kibā vipra, kibā nyāsī **2.8**
kiṁ punar brāhmaṇāḥ puṇyā **úv.**
kīrtanīyaḥ sadā hariḥ úv.
krameṇaiva pralīyeta **9.2**
kṛṣṇa-varṇaṁ tviṣākṛṣṇaṁ **3.10**
kṛṣṇaḥ svayaṁ samabhavat paramaḥ pumān yo **4.5**
kṛṣṇas tu bhagavān svayam úv.
kṛṣṇe bhakti kaile sarva-karma kṛta haya **2.41**
kṛṣṇo vai paramaṁ daivatam 11.54
kṛtavān kila karmāṇi **9.11**
kṣaraḥ sarvāṇi bhūtāni 15.16
kṣatriyo hi prajā rakṣan **2.32**
kṣetrāṇi hi śarīrāṇi **13.3**
kṣīṇe puṇye martya-lokaṁ viśanti 2.8
kṣīyante cāsya karmāṇi **7.1**
lokyate vedārtho 'nena 15.18
mad-anyat te na jānanti **7.18**
mad-bhaktiṁ labhate parām 6.27
mad-bhakti-prabhāvena 2.61
mahat-sevāṁ dvaram āhur vimukteḥ 7.28
mā hiṁsyāt sarvā-bhūtāni 2.19
maline mocanaṁ puṁsāṁ **úv.**
māṁ ca yo 'vyabhicāreṇa **4.29**
māṁ hi pārtha vyapāśritya **úv.**
māṁ tu veda na kaścana 7.3
mama janmani janmanīśvare **6.1**
mama māyā duratyayā 9.11
mama yonir mahad brahma 5.10
mana eva manuṣyāṇāṁ **6.5**
man-manā bhava mad-bhaktaḥ 18.78
manuś ca loka-bhṛty-arthaṁ **4.1**
manuṣyāṇāṁ sahasreṣu 10.3
mat-sthāni sarva-bhūtāni 9.5
mattaḥ parataraṁ nānyat 5.17, 11.54
mayādhyakṣeṇa prakṛtiḥ sūyate sa--carācaram úv., 16.8
māyāṁ tu prakṛtiṁ vidyān **7.14**
māyā-mugdha jīvera nāhi **úv.**
māyāśritānāṁ nara-dārakeṇa **11.8**
māyātīta paravyome sabāra avasthāna **4.8**
mayi cānanya-yogena bhaktir 13.8
mayi sarvāṇi karmāṇi sannyasya. 5.10
mayy arpita-mano-buddhir **úv.**
mayy āveśya mano ye mām 12.20
mṛtyur yasyopasecanaṁ **11.32**
muhyanti yat sūrayaḥ 7.3
mukhaṁ tasyāvalokyāpi **9.12**
mukti-pradātā sarveṣāṁ 7.14
muktir hitvānyathā-rūpaṁ úv., 4.35
mukunda-liṅgālaya-darśane dṛśau **2.61, 6.18**
mumukṣubhiḥ parityāgo **2.63, 5.2, 6.10**
na bhajanty avajānanti **6.47**
na ca tasmān manuṣyeṣu kaścin 6.32
na cāsāv ṛṣir yasya mataṁ na bhinnam 2.56
na dhanaṁ na janaṁ na sundarīṁ **6.1**
na hi jñānena sadṛśam. 5.16
na hi śaśa-kaluṣa-cchabiḥ kadācit **9.30**
na hi te bhagavan vyaktim **úv.**
na jāyate mriyate vā vipaścin **2.20**, 13.13
na sādhu manye yata ātmano 'yam **5.2**
na tasya kāryaṁ karaṇaṁ ca vidyate **3.22**, 11.43
na tat-samaś cābhyadhikaś ca dṛśyate **11.43**

na tatra sūryo bhāti na candra-tārakam 15.6
na vai vāco na cakṣūṁṣi **7.19**
na viyad aśruteḥ 13.5
nāhaṁ prakāśaḥ sarvasya 18.55
naitat samācarej jātu **3.24**
naiva santi hi pāpāni **úv.**
nakṣatrāṇām ahaṁ śaśī 15.12
namo brahmaṇya-devāya **14.16**
namo vedānta-vedyāya **11.54**
nārāyaṇād brahmā jāyate **10.8**
nārāyaṇaḥ paro devas **10.8**
naṣṭa-prāyeṣv abhadreṣu **7.1**
nava-dvāre pure dehī **5.13**
nāyaṁ deho deha-bhājāṁ nṛ-loke **5.22**
nayāmi paramaṁ sthānam **12.6**
nikhilāsv apy avasthāsu jīvan-muktaḥ sa ucyate **5.11**, 6.31
nimitta-mātram evāsau **4.14**
nirjitya para-sainyādi **2.32**
nirmāna-mohā jita-saṅga-doṣā **úv.**
nityayoktāḥ śarīriṇaḥ 2.28
nityo nityānām. 4.12
nityo nityānāṁ cetanaś cetanānām úv.,**2.12**, 4.12, 7.6, **7.10**, 15.17
nūnaṁ pramattaḥ kurute vikarma **5.2**
oṁ ajñāna-timirāndhasya **úv.**
oṁ ity etad brahmaṇo nediṣṭhaṁ nāma 17.23
oṁ tad viṣṇoḥ paramaṁ padam 17.24
oṁ tat sat 17.23, 17.26, 18.1
pādau hareḥ kṣetra-padānusarpaṇe **2.61, 6.18**
parābhavas tāvad abodha-jāto **5.2**
paramaṁ puruṣaṅ divyam **úv.**
paraṁ brahma paraṁ dhāma **úv.**, 11.54
paraṁ dṛṣtvā nivartate 3.42
parāsya śaktir vividhaiva śrūyate úv., **3.22**, 8.22
parasyānte kṛtātmānaḥ **8.16**
parāt tu tac-chruteḥ 13.5
pārtho vastaḥ su-dhīr bhoktā **úv.**
patiṁ patīnāṁ paramaṁ parastād **3.22**
patiṁ viśvasyātmeśvaram 3.10
patir gatiś cāndhaka-vṛṣṇi-sātvatāṁ **3.10**
patitānām pāvanebhyo **úv.**
patraṁ puṣpaṁ phalaṁ toyam 9.2, 11.55, 17.10
pradhāna-kāraṇī-bhūtā **4.14**
pradhāna-kṣetrajña-patir guṇeśaḥ 13.13
prajāpatiṁ ca rudraṁ cāpy **10.8**
prakāśaś ca karmaṇy abhāsāt 9.2
prakhyāta-daiva-paramārtha-vidāṁ mataiś ca **7.24**
prakṛty-ādi-sarva-bhūtāntar-yāmī 10.20
prāṇaiś cittaṁ sarvam otaṁ prajānāṁ **2.17**
prāṇopahārāc ca yathendriyāṇāṁ **9.3**
prāpañcikatayā buddhyā **2.63, 5.2, 6.10**
praśānta-niḥśeṣa-mano-rathāntara 2.56
premāñjana-cchurita-bhakti-vilocanena 3.13, **6.30**, 9.4, 11.50
prītir na yāvan mayi vāsudeve **5.2**
puruṣa evedaṁ sarvaṁ **7.19**
puruṣān na paraṁ kiñcit sā kāṣṭhā paramā gatiḥ 8.21
puruṣārtha-śūnyānāṁ guṇānāṁ **6.20**
rakṣiṣyatīti viśvāso **18.66**
rāmādi-mūrtiṣu kalā-niyamena tiṣṭhan **4.5**, 11.46
ramante yogino 'nante **5.22**
rasa-varjaṁ raso 'py asya **6.14**
raso vai saḥ, rasaṁ hy evāyaṁ labdhvā 14.27
sa bhūmiṁ viśvato vṛtvā- **7.19**
sa guṇām samatītyaitān 2.72, **4.29**
sa kāleneha mahatā **úv.**
sa mahātmā sudurlabhaḥ. 7.3
sa-rahasyaṁ tad-aṅgaṁ ca **3.41**
sa sarvasmād bahiṣ-kāryaḥ **9.12**
sa tvam eva jagat-sraṣṭā **11.40**
sa vā eṣa brahma-niṣṭha idam śarīraṁ martyam 15.7
sa vai manaḥ kṛṣṇa-padāravindayor 2.60, **2.61**, 6.15, **6.18**, 6.27, 6.34
sa vai puṁsāṁ paro dharmo 9.2
śabdādibhyo 'ntaḥ pratiṣṭhānāc ca 15.14
sac-cid-ānanda-rūpāya kṛṣṇāya 9.11, **11.54**
sac-cid-ānanda-vigraha 9.11
sad eva saumya 17.23
sādhakānām ayaṁ premṇaḥ **4.10**
sādhavo hṛdayaṁ mahyaṁ **7.18**
sādvaitaṁ sāvadhūtam **úv.**
sa evāyaṁ mayā te 'dya **úv.**
sahasra-śīrṣā puruṣaḥ **7.19**
sakṛd gītāmṛta-snānam **úv.**
samaḥ sarveṣu bhūteṣu 9.2
samāne vṛkṣe puruṣo nimagno **2.22**
samāṣritā ye pada-pallava-plavaṁ **2.51**
saṁskṛtāḥ kila mantraiś ca **2.31**

samyag ādhīyate 'sminn ātma-tattva-
-yāthātmyam 2.44
sandhyā-vandana bhadram astu **2.52**
saṅga-tyāgāt sato vṛtteḥ **6.24**
saṅkhyā-yogau pṛthag bālāḥ 2.39
sarva-dharmān parityajya **úv.**, 12.6, 18.78
sarvam etad ṛtaṁ manye **úv.**
sarvaṁ hy etad brahma 5.10
sarvaṁ jñāna-plavena 5.16
sarvaṁ proktaṁ tri-vidhaṁ 13.3
sarvasya cāhaṁ hṛdi sanniviṣṭaḥ 18.13, 18.62
sarvasya prabhum īśānaṁ 13.18
sarvātmanā yaḥ śaraṇaṁ śaraṇyaṁ **1.41, 2.38**
sarvatra maithuna-tyāgo **6.14**
sarvopaniṣado gāvo **úv.**
ṣaṭ-karma-nipuṇo vipro **2.8**
sattvaṁ viśuddhaṁ vasudeva-śabditam 17.4
sei īśvara-mūrti 'avatāra' nāma dhare **4.8**
sevonmukhe hi jihvādau **6.8, 7.3, 9.4**
śiṣyas te 'haṁ śādhi māṁ tvāṁ prapannam 2.39
śiva-viriñci-nutam 4.12
'śradhā-śabde — viśvāsa kahe sudṛḍha niścaya **2.41**
śraddhāvān bhajate yo māṁ **úv.**
śravaṇaṁ kīrtanaṁ viṣṇoḥ úv.
śravaṇayāpi bahubhir yo na labhyaḥ **2.29**
śrīmad-bhāgavataṁ purāṇam amalam 10.9
śriyaḥ patir yajña-patiḥ prajā-patir **3.10**
śṛṇvatāṁ sva-kathāḥ kṛṣṇaḥ **7.1**
sṛṣṭi-hetu yei mūrti prapañce avatare **4.8**
śruti-smṛti-purāṇādi- **7.3**
striyo vaiśyās tathā śūdrās **úv.**
svābhāvikī jñāna-bala-kriyā ca 8.22
sv-alpam apy asya dharmasya 3.4
svāny apatyāni puṣṇanti **5.26**
svarūpeṇa vyavasthitiḥ 6.20
svayaṁ rūpaḥ kadā mahyam **úv.**
tad viṣṇoḥ paramaṁ padam 18.62
tad-avadhi bata nārī-saṅgame smaryamāne **2.60, 5.21**
tadā rajas-tamo-bhāvāḥ **7.1**
tadvan na rikta-matayo yatayo 'pi ruddha- **5.26**
tadvat kāmā yaṁ praviśanti sarve **18.51**
tad vijñānārthaṁ sa gurum úv.
tāḥ śraddhayā me 'nupadaṁ viśṛṇvataḥ **9.2**
tam akratuḥ paśyati vīta-śoko **2.20**
tam ātma-sthaṁ ye 'nupaśyanti dhīrās **2.12**
tam ekaṁ govindam 9.11
tam eva viditvāti mṛtyum eti **4.9**, 6.15, 13.18
tam eva vidvān ati mṛtyum eti **7.7**
taṁ ha devam ātma-budhi-prakāśaṁ 13.18
tam īśvarāṇāṁ paramaṁ maheśvaraṁ **3.22**, 5.29
tamo-dvāraṁ yoṣitāṁ saṅgi-saṅgam 7.28
tan-mayo bhavati kṣipraṁ **6.31**
taṁ tam evaiti kaunteya **úv.**
taṁ taṁ niyamam āsthāva **úv.**
tāni vetti sa yogātmā **13.3**
tāṅra vākya, kriyā, mudrā vijñeha nā bujhaya 9.28
tapo divyaṁ putrakā yena sattvaṁ **5.22**
tapta-kāñcana-gaurāṅgi **úv.**
taror iva sahiṣṇunā 8.5
tasmād etad brahma nāma-rūpam annaṁ ca jāyate 5.10, 14.3
tasmād rudro 'bhavad devaḥ **10.8**
tasmāt sarveṣu kāleṣu **úv.**
tasyaite kathitā hy arthāḥ **6.47, 11.54**
tato 'nartha-nivṛttiḥ syāt **4.10**
tato yad uttarataraṁ **7.7**
tatrānvahaṁ kṛṣṇa-kathāḥ pragāyatām **9.2**
tat te 'nukampāṁ susamīkṣamāṇo 12.14
tat tu samanvayāt 15.15
tat tvam asi 4.9, 17.23
tat tvaṁ pūṣann apāvṛṇu **7.25**
tau hi māṁ na vijānīto **10.8**
tāvad eṣa samprasādo 'smāc charīrāt **15.18**
tayā vinā tad āpnoti **12.6**
te dvandva-moha-nirmuktā **6.45**
tenaiva rūpeṇa catur-bhujena 9.11
tepus tapas te juhuvuḥ sasnur āryā **2.46, 6.44**
teṣām ahaṁ samuddhartā 18.46
teṣāṁ yat sva-vaco-yuktaṁ **3.24**
te santaḥ sarveśvarasya yajña-puruṣasya **3.14**
tīvreṇa bhakti-yogena **4.11, 7.20**
tretā-yugādau ca tato **4.1**
tṛtīyaṁ sarva-bhūta-sthaṁ **7.4**

tvāṁ śīla-rūpa-caritaiḥ parama-prakṛṣṭaiḥ **7.24**
tyaktvā dehaṁ punar janma **11.43**
tyaktvā sva-dharmaṁ caraṇāmbujaṁ harer **2.40, 3.5, 6.40**
ubhe uhaivaiṣa ete taraty amṛtaḥ sādhv--asādhūnī 4.37
ucchiṣṭa-lepān anumodito dvijaiḥ **9.2**
ūrdhva-mūlam adhaḥ-śākham **úv.**
utāmṛtatvasyeśāno **7.19**
utsāhān niścayād dhairyāt **6.24**
vadanti tat tattva-vidas **2.2, 10.15**, 13.8
vaiṣamya-nairghṛṇye na sāpekṣatvāt 4.14, **5.15**, 9.9
vāñchā-kalpatarubhyaś ca **úv.**
vande 'ham śrī-guroḥ **úv.**
varṇāśramācāravatā puruṣeṇa 3.9
vasanti yatra puruṣāḥ sarve vaikuṇṭha--mūrtayaḥ 15.7
vaśī sarvasya lokasya **5.13**
vastu-yāthātmya-jñānāvarakam 14.8
vāsudevaḥ arvam iti 2.41, 2.56
vayaṁ tu na vitṛpyāma **10.18**
vedāham etaṁ puruṣaṁ mahāntam **7.7**
vedaiś ca sarvair aham eva vedyaḥ 3.10, 3.26
vedeṣu durlabham adurlabham ātma--bhaktau **4.5**, 4.5
vedeṣu yajñeśu tapaḥsu caiva 9.2
veṇuṁ kvaṇantam 8.21
vinaśyaty ācaran mauḍhyād **3.24**
viṣayā vinivartante **6.13 14**
viṣṇos tu trīṇi rūpāṇi **7.4**, 10.20
viṣṇu-bhaktāḥ smṛtā devāḥ 11.48
viṣṇur mahān sa iha yasya kalā-viśeṣo **11.54**
viṣṇu-śaktiḥ parā proktā **úv.**
viṣṭabhyāham idaṁ kṛtsnam 9.4
vivasvān manave prāha **úv.**
viśve avatari' dhare 'avatāra' nāma **4.8**
vṛkṣa iva stabdho divi tiṣṭhaty ekas **7.7**
vṛṣabhānu-sute devi **úv.**
ya eṣāṁ puruṣaṁ sākṣād **6.47**
ya etad akṣaram gārgi viditvāsmāl 2.7
yā vai sādhana-sampattiḥ **12.6**
yā svayaṁ padmanābhasya **úv.**
yac-cakṣur eṣa savitā sakala-grahāṇāṁ **4.1, 9.6**
yac-chakti-leśāt suryādyā **10.42**
yac chṛṇvatāṁ rasa-jñānāṁ **10.18**
yad-aṁśena dhṛtaṁ viśvaṁ **10.42**
yad-avadhi mama cetaḥ kṛṣṇa-padāravinde **2.60, 5.21**
yad-bhīṣā vātaḥ pavate 9.6
yad gatvā na nivartate **úv.**
yaḥ kāraṇārṇava-jale bhajati sma yoga--nidrām 10.20
yaḥ prayāti sa mad-bhāvam **úv.**
yajñaiḥ saṅkīrtana-prāyair **3.10**
yajñeṣu paśavo brahman **2.31**
yajño vai viṣṇuḥ 3.9
yam evaiṣa vṛṇute tena labhyas 8.14
yaṁ prāpya na nivartante **úv.**
yaṁ śyāmasundaram acintya- **6.30**
yaṁ yaṁ vāpi smaran bhāvam **úv.**
yānti deva-vratā devān úv.
yas tv ātma-ratir eva syāt 18.49
yasmāt paraṁ nāparam asti kiñcid **7.7**
yasya brahma ca kṣatraṁ ca **11.32**
yasya deve parā bhaktir **6.47, 11.54**
yasya prasādād bhagavat-prasādo **2.41**
yasyaika-niśvasita-kālam **11.54**
yasyājñayā bhramati sambhṛta- **4.1, 9.6**
yasyāsti bhaktir bhagavaty **1.28**, 13.8-12
yasyātma-buddhiḥ kuṇape **3.40**
yataḥ pravṛttir bhūtānām 12.11
yatanto 'py akṛtātmānaḥ 15.11
yathā taror mūla-niṣecanena **9.3**
yato vā imāni bhūtāni jāyante **13.17**
yat-pāda-paṇkaja-palāśa-vilāsa- **5.26**
yatra kvāpi niṣadya yādava- **2.52**
yatra kva vābhadram abhūd **2.40, 3.5**
yatrāvatīrṇaṁ kṛṣṇākhyaṁ 11.54
yat-tīrtha-buddhiḥ salile na karhicij **3.40**
yat-pāda-paṅkaja-palāśa- **5.26, 6.40**
yāvat kriyās tāvad idaṁ mano vai **5.2**
yei kṛṣṇa-tattva-vettā, sei 'guru' haya **2.8**
ye indrādy-aṅgatayāvasthitaṁ **3.14**
ye tu dharmāmṛtam idam 12.20
ye yathā māṁ prapadyante 9.29
yeṣāṁ tv anta-gataṁ pāpaṁ **6.45**
yo 'sau sarvair vedair gīyate 15.15
yo 'yaṁ tavāgato deva **11.40**
yo 'yaṁ yogas tvayā proktaḥ **úv.**
yo brahmānaṁ vidadhāti pūrvaṁ **10.8**
yo vā etad akṣaraṁ gārgy aviditvāsmāl 2.7
yo vetti bhautikaṁ dehaṁ **9.12**
yogināṁ api sarveṣām **úv.**, 18.1, 18.75
yuddhamānāḥ paraṁ śaktyā **2.31**
yujyate 'nena durghaṭeṣu kāryeṣu 9.5

Všeobecný index

abhayam, viď nebojácnosť
Abhimanju (syn Subhadry), 1.6, 1.16-19
Absolútna Pravda
ako *ānanda-mayo bhyāsāt*, 7.24
ako *oṁ tat sat*, 17.23
ako Osoba, 10, 4.10, 7.7-8
Boh ako, 7.7
ako cieľ obetí, 17.26-27
ako dokonalý celok, úv.
filozofické hľadanie, 13.8-12
pýtanie sa, úv.
Kṛṣṇa ako, 2.2, 6.38, 7.4, 7.7-8, 9.34, 1O.3, 10.12-13, 11.54, 18.76
neosobné poňatie, 4.25, 7.7, 7.12, 11.52
podoby, úv.
poňatia (tri), 2.2, 5.17, 5.20, 7.1, 7.15, 7.24, 8.1, 13.12, 14.27, 18.78
prirovnané k Slnku a jeho aspektom, 2.2
špekulácie o, 15.19
študenti, 2.2
vo vedomí Kṛṣṇu, 3.3
zdroj všetkého, 7.10
znalec, vedomý si, 3.28-29
acintya, 8.9
acintya-bhedābheda-tattva, 7.8
ācārya, úv., 14, 3.21, 6.42
viď učenícka postupnosť
adhibhūta, 8.4
adhidaiva, 8.4
adhiyajña, 8.4
adhiyātma, viď duša
ādi devam, definícia, úv.
Advaitācārya, 8.14
Ajāmila, 2.40
Agni, 1.14
reprezentácia Kṛṣṇu, 10.23
ahaṅkāra, viď falošné ego
ahiṁsā, 10.4-5, viď nenásilie
Airāvata, reprezentácia Kṛṣṇu, 10.27
ajam, definícia, úv.
akarma, 4.18, 4,20
Amara-kośa, 10.19
Ambarīṣā Mahārāja, 2.60, 2.67
Amṛta-bindu Upaniṣad, citát o mysli, 6.5
analógie
auto & hmotné telo, 18.61
banyanovník & hmotný svet, 15.1-4, 16.1-3
brány mesta & zmysly, 5.13
bubliny v oceáne & Brahmovia, 8.17
bubliny v oceáne & materialisti, 4.10
cestujúci & živá bytosť, 6.34
chemická strata & smrť, 2.26
chlapec a dievča & oddaný a transcendentálna literatúra, 10.9
choroba & materialistický život, 4.24
chorý človek & materialista, 2.59
démoni & pochybnosti, 8.2
deti & ženy, 1.40
dezinfekcia & *prasādam*, 3.14
diamant & Boh, 9.29
dieťa & nevedomý človek, úv.
dieťa & oddaný, 12.7
dym & žiadostivosť, 3.38
hmotná príroda & vesmírna podoba, 11.5
húsenica & podmienená duša, 8.8
hviezdy & živé bytosti, 2.13
iskra & duša, 2.23
jed, ktorý sa zmení na nektár & šťastie v kvalite dobra, 18.37
jedenie & oddaná služba, 2.60, 4.19, 5.7, 9.3, 9.23
jedovaté hady & zmysly, 2.58
jedovaté rastliny & zmyslové predmety, 2.43
jogurt & žiadostivosť, 3.37
koreň banyanovníka & Śrī Kṛṣṇa, 15.3-4
koreň stromu & Boh, úv., 7.10
korytnačka & sebarealizovaný človek, 2.58
kráľ & Boh, 4.14, 7.12, 9.4, 13.3, 14.26
kvet & hmotný svet, 9.10
labuť & myseľ, 8.2
lampa & poznanie, 10.11
liek & inteligencia, 6.34
loď & inteligencia, 2.67
loď & Kṛṣṇove lotosové nohy, 2.51
loď & transcendentálne poznanie, 4.36
lotos & Kṛṣṇa, 8.2
lotosový kvet & Kṛṣṇove oči, 11.2
majiteľ zvierat & Kṛṣṇa, 4.21
manžel & Boh, úv.
manželka & príroda, 7
matematika & náboženstvo, 4.7
matka & *Vedy*, 2.25
mesto & telo, 5.13-14
mlieko & láska k Bohu, 3.37
motýľ & oslobodená duša, 8.8
mrak & Boh, 9.29
mrak & hmotná príroda, 7.8

mrak & *māyā*, 7.26
mrak & transcendentalista, 6.38
nádrž vody & *Vedy*, 2.46
obchod & oddaná služba, 12.10
občania & živé bytosti, 13.3
obloha (vzduch) & duša, 13.33
oceán & hmotný svet, 4.36, 12.6-7
oceán & transcendentalista, 2.70, 18.51-53
odev & telo, 2.1, 2.28
oheň & Boh, 2.23, 2.61
oheň & žiadostivosť, 3.39
oheň & duchovné poznanie, 4.19, 4.37
oheň & práca, 18.48
oheň & *yoga*, 6.36
oheň & živá bytosť, 3.38
osol & *karmī, mūdha*, 7.15
otec & Boh, 2.25, 11.43, 11.44
pastierik kráv & Kṛṣṇa, úv.
plavec & oddaný, 12.7
podplácanie úradníkov & uctievanie polobohov, 9.23
pohár s medom & *Bhagavad-gīta*, 2.12
pokladník & človek vedomý si Kṛṣṇu, 3.30
požiar v lese & labyrint života, 2.7
poštová schránka & Božstvá, 12.5
prejedanie sa mliekom & zmyslový pôžitok, 4.24
pretrhnutý mrak & pokleslý transcendentalista, 6.38
rast & transmigrácia duše, 2.13, 2.22
rastlina & oddaná služba, 10.9
rieka & oddaný, 18.54
rieky & hmotné otázky, 2.70, 18.51-53
ročné obdobie & šťastie a utrpenie, 2.14
ruka & živá bytosť, 4.21
ryba & oddaný, 5.26
ryba v sieti & démonský človek, 16.16
sen & hmotný život, 2.28
Slnko & Boh, 10, 2.2, 2.13, 2.17, 4.6, 6.31, 7.8, 7.26, 9.4, 13.17, 13.18, 18.78
Slnko & verše *Bhagavad-gīty*, 11.51
strom & hmotný a duchovný svet, úv.
strom & reakcie za hriešne činnosti, 9.2
strom prianí & Boh, 9.29
strom & telo, 2.22, 16.11-12
svetlo & vedomie, 9, 2.20
svitanie & Kṛṣṇov príchod, 4.6
škvrny na Mesiaci & chyby oddaného, 9.30
telesné údy & živé bytosti, 5.7, 7.23
telo & Boh, 15, 3.14, 4.21, 6.1, 7.23
telo & strom, 2.20
temnota & nevedomosť, 10.11
topiaci sa & pokleslá duša, 2.1
tvaroh & oddaná služba, 4.24
údy & polobohovia, 3.14
údy & živé bytosti, 6.1
vietor & myseľ, 6.34
voda v otlačku kopyta teliatka & hmotný svet, 2.51
vodič & živá bytosť, 18.61
vtáci & duša a Nadduša, 2.22, 16.11-12
výmena odevu & výmena tela, úv., 13.22, 2.22
záblesk & Brahmov život, 8.17
zalievanie koreňa & oddaná služba, 2.41, 5.4, 5.7, 9.3, 9.23
zapálený les & hmotný svet, 4.36
zárodok & živá bytosť, 3.38
zasadenie semienka & hriešne činnosti, 9.2
zbraň & poznanie, 4.42
zelený vták letiaci do zeleného lesa & oslobodenie, 18.55
zlato & Boh, 7
zločinec & materialista, 3.39
zviazaný človek & podmienená duša, 7.14
zviera & úbožiak, 2.7
žuvanie prežutého & hmotné radosti, 18.36

ānanda-maya, 7.24, 13.5
ananta, 11.34
Anantadeva, reprezentácia Śrī Kṛṣṇu, 10.29
Anantavijaya, lastúra, 1.16-18
Aniruddha, 8.22
anna-maya, 13.5
antikoncepcia, 16.3
aṇu-ātmā, definícia, 2.20
apāna, 2.17
arcanam, definícia, 6.18
arcā-vigraha, viď Božstvo Najvyššieho Pána
Arjuna, 1.4, 12.6-7
ako oddaný, 1.45-46, 2.6
bezhriešny, 3.3, 15.20
božské vlastnosti, 16.5-6
Dhanañjaya, 1.15, 2.49, 7.6-7, 10.37
Gudākeśa, 2.10
hospodár, 3.8
inkarnuje s Kṛṣṇom, 4.5
Kṛṣṇov večný oddaný, 1.20
Kṛṣṇov žiak, 1.1, 1.15, 2.13, 2.20, 2.22, 3.1-2, 4.16, 1.25, 11.3
kṣatriya, 22, 2.3, 2.26, 2.30, 2.48, 3.8, 18.47, 18.59
mahā-bāhu, 2.26
jeho milosť, 10.17
nárek, 1.26-2.9, 2.22, 2.25-30
neobyčajná osobnosť, 11.54
v „nevedomosti“, 2.32
oddaná služba pre, 12.12
otázky
o Brahmane, 8.1
o Kṛṣṇovom majestáte, 10.16-18
o neúspešnom transcendentalistovi, 6.37-39
o oddanej službe & impersonalizme, 12.1
o odriekaní, 18.1
o plodonosných činnostiach, 3.1-2, 8.1
o polobohoch, 8.1
o povinnosti, 2.7
o poznaní, 13.1
o príčine hriechu, 3.36-37
o prospechu druhých, 3.2, 4.4, 10.16-17
o transcendovaní hmotnej prírody, 14.21-25
otec, 2.33, 10.37

parantapa, 2.9
pochybnosti, 8.1-2, 18.1, 18.73
povinnosť, 22, 2.7, 2.15, 2.27, 2.31-33, 2.39, 2.47-48, 3.8
predstavuje živé bytosti, 18.73
Savyasācī, 11.33
sláva, 2.33-36
súcit, 1.27-28, 1.35, 1.45, 2.1-2, 2.36
vyjavenie Pánových podôb, 11.55
zbožnosť, 1.36
zmätený, 2.6-8, 3.2, 5.1
Ārya, definícia, 2.2
Aryamā, 10.29
Āryovia (Árijci), 2.2, 2.46, 16.7
Asita, úv., 7.15, 18.62
astrológia, 8.24-26
asurovia, 11.22, 16.20
aṣṭāṅga-yoga, 2.59, 5.27-29, 6.1, 6.47, 9.2, 12.6-7
Aśvatthāmā, 1.8, 1.26
Aśvinī-kumārovia, 11.6, 11.22
Atharva-Veda, 9.17, 10.8
Atlas, 9.5
ātma, definícia, 6.5, 8.1
atómové zbrane, 2.23, 16.9
avatāri, 4.7-8
avyakta, úv.
Bāhlīkovia, 1.8
Baladeva Vidyābhūṣaṇa, citáty, 2.61, 3.14, 8.23, 8.26, 10.11
Balarāma, 10.37
Bali Mahārāja, 4.16, 7.15
banyanovník, 10.26, 15.1-4, 16.1-3
Benares, 10.11
Bhagavad-gīta
autorita, 4.1-5, 4.40
cieľ a účel, úv., 13, 2.1, 3.30, 4.17, 4.35, 11.55, 13.12, 18.1, 18.67
história, 3-6, 4.1-5
jadro, úv., 1.1, 10.13, 11.55, 18.1, 18.64-66, 18.78
kázanie, 18.68-69, 18.71
komentáre, 2.7, 3.14, 3.31, 4.2-3, 7.3, 8.16, 9.1, 10.8, 10.14-15, 11.51, 11.54, 12.1, 16.3, 18.67
králi majú načúvať, 4.2
krátky súhrn, 13.3
kvalifikácia poslucháča, 18.67
materialista nepochopí, 4.5
najvyšší mravný princíp, 18.78
pre oddaných, 3, 2.12, 8.28, 13.19, 18.68, 18.71
oslobodenie prostredníctvom nej, úv.
písmo s všeobecnou platnosťou, 25, 1.1
„posledné slovo" v, 4.38
Śankarācāryov komentár, 7.3
ústredný bod, 5.17
pre všetkých, 2.10
záver, 9.3
Bhagavān, úv., definícia, 3, 10.1
& Brahman a Paramātmā, 2.2
Bhāgavatam, Bhāgavata-Purāṇa, viď *Śrīmad--Bhāgavatam*
bhajate, 6.47
bhakta, viď oddaný
bhakti-yoga, 5.29, 6.23, viď oddaná služba
Bhakti-rasāmṛta-sindhu, citáty
očistené duše poznajú Kṛṣṇu, 6.8
o oddanej službe, 7.3, 7.16, 9.4
Kṛṣṇa poznaný prostredníctvom, 7.3
neautorizované, 7.3
odriekanie &, 11.55
ako oslobodenie, 5.11
zbavená zlej spoločnosti, 11.55
oddaný je oslobodený, 6.31
odriekanie
najvyššie, 6.10
neúplné, 5.2
práca pre Kṛṣṇu &, 11.55
vo vedomí Kṛṣṇu, 2.63
o vedomí Kṛṣṇu, 2.63, 4.10, 6.31
Bhaktisiddhānta Sarasvatī Ṭhākura, 6.42
citát o Kṛṣṇovom tele, 9.34
Bhaktivedanta Swami Prabhupāda, viď Prabhupāda
Bhaktivinoda Ṭhākura, cituje Bg., 2.72
Bharata Mahārāja, 1.24, 2.30, 6.43, 8.6
Bhārata-varṣa, 6.43
bhāva, definícia, 4.10
Bhīma, 1.4, 1.10, 1.15
Bhīṣmadeva, 1.8, 1.25, 1.26, 2.4, 4.16, 18.75
& Draupadī, 11.49
& Duryodhana, 1.10-12, 2.5
& Kṛṣṇa, 7.25
& osud, 2.13, 2.30, 11.26-28, 11.34
vo vesmírnej podobe, 11.26-28
Bhṛgu Muni, 10.25
Bhūriśravā, 1.8, 1.26
Bhūta-bhāvana, Kṛṣṇa, 10.15
Bhūteśa, Kṛṣṇa, 10.15
Biblia, citát o hmotnom zisku
bitka na Kuruovskom bojisku, úv., 1.1-46, 12-6-7, 18.78
politické pozadie, 1.1-3, 1.11, 1.16-18, 1.23, 1.36-38, 18.78
polobohovia pozorovali, 11.36
príčina, význam, 1.18, 1.22-23, 18.78
Boh, viď Kṛṣṇa, Najvyšší Pán, Absolútna Pravda
bohatstvo
& dobročinnosť, 10.4-5, 16.1-3
& obete, 4.25, 4.28, 4.42, 16.1-3
krádež, 1.36
nestále, nie je zárukou šťastia, 2.8
odpútanosť, 4.21-23, 12.15-16
pán, Kuvera, 10.23
príčina, *karma*, 16.16
pripútanosť k, 1.35, 14.8, 16.16, 18.34
užitie, 2.49
v službe Kṛṣṇovi, 9.27, 11.54-55, 12.10, 18.8
Bohyňa šťastia, 1.14-15, 1.20, 1.36, 8.21
bohovia, viď polobohovia
Božstvá, podoby Najvyššieho Pána, 11.54, 12.5
uctievanie, 12.5, 12.9, 13.12, 14.27, 17.11
bohatstvo určené pre, 11.55

impersonalisti negatívni voči, 9.11
s motívom oslobodenia sa, 7.29
výhody, 6.18, 11.54, 12.5, 13.12
pre začínajúcich oddaných, 9.11
Brahmā, 2.2, 4.16, 8.2, 10.7, 10.42, 11.46, 11.52, 14.4, 15.16, 17.4
& *vedske* poznanie, úv.
jeho deň a noc, 8.17-19, 9.7
Kṛṣṇa
ako, 11.39
pôvodca, 7.15, 10.3, 10.8, 11.37
predstaviteľ, 10.33-34
uctievaný, 4.12
väčší než, 10.42
modlitby, viď *Brahma-saṁhitā*
narodenie, 11.37
najvyšší medzi živými bytosťami, 7.7
planéta, 16-17, 8.16, 14.44, 15.1-2
podobný bubline v oceáne, 8.17
prvá živá bytosť, 10.6, 10.8
stvoriteľ, 10.6, 10.32-33
synovia, 10.25
telo, 10.33
v žiackej postupnosti, 12, 2.29, 11.43
zložil *Gāyatrī-mantru*, 10.35
Brahman, definícia, 4.24
individualita zachovaná na úrovni, 14.26
Kṛṣṇa nadradený, 10, 2.12, 7.10, 7.15, 13.13, 14.27
oṁ totožné s, 8.11, 8.13
Pánova žiara, 4.35
povýšenie z, 14.27
prirovnaný
k slnečným lúčom, úv.
ku koreňu banyanovníka, 15.1
& Najvyšší Brahman, úv.
& Parabrahman, 7.10, 8.3
& Paramātmā a Bhagavān, 2.2
uctievanie v porovnaní s oddanou službou, 12.1-7
večný a bez počiatku, 13.13
zvuková inkarnácia, 10.35
životné poňatie, 7.29
brahma puccham, 13.5
brahma-bhūta, realizácia, 5.24, 6.27, 9.2, 18.51-55, 18.63
brahmacārī, 4.26-27, 6.13-14, 8.28, 16.3, viď *varṇāśrama*
brahmacarya, 6.15, 8.11, 8.28
brahma-jyoti, 9.14, 15.6
oslobodenie v, úv., 4.9, 8.13, 8.24
poklesnutie z, 4.9, 9.25
zdroj, úv.
zdroj svetla, 7.8
žiara tela Najvyššieho Pána, 7.25
brahma-jijñāsā, 2.45
Brahmaloka, úv., 8.16, 14.14, 15.1-2
brāhmaṇa
& *Gāyatrī-mantra*, 10.35
& duchovný učiteľ, 16.3
Kṛṣṇa ako ochranca, 14.6
milodary, 10.5, 17.20
nekvalifikovaný, 2.3
povinnosti, 3.35, 18.47-48
pôvod, 10.6
tri-vedī, učenci medzi, 9.20
vlastnosti, 2.7, 4.13, 9.20, 10.5, 18.42
zvieracie obete, 2.31
viď *varṇāśrama*
brahma-nirvāṇa, 2.72, 5.26, 5.29
brahma-saṁsparśa, 6.28
Brahma-saṁhitā, 3, 4.5
o Kṛṣṇovi, 4.5, 7.24, 8.21-22, 18.65
Brahma-saṁhitā, citáty
Goloka, úv.
Kāraṇodakaśāyī Viṣṇu, 10.20
Kṛṣṇa, 7.7
& Slnko, 4.1
ako Govinda, 6.30
láska oddaných ku, 3.13
podoba, 11.54
podoby a inkarnácie, 4.5, 4.9, 11.46
poznaný pomocou oddanej služby, 9.4
príčina všetkých príčin, 7.3
sídlo, 8.22
transcendentálne činnosti, 9.9
všeprenikajúci a zároveň lokalizovaný, 13.14
Brahma-sūtra, úv., 10, 13.5
Bṛhad-āraṇyaka Upaniṣad, citáty
o Najvyššom Pánovi
ako vládcovi, 9.6
ako zažívacom ohni, 15.14
o pôvode *Ved*, 3.16
o reakciách, 4.37
o skutočnom egu, 13.12
úbožiak & *brāhmaṇa*, 2.7
Bṛhad-Viṣṇu-smṛti, 9.12
Bṛhan-nāradīya Purāṇa, 6.13
Bṛhaspati, 10.24
Bṛhat-sāma, 10.35
Buddha, poslanie, 4.7
buddhi, definícia, 10.10
buddhi-yoga, 2.39, 2.49
buddhizmus, 2.26, 2.72
Caitanya, Mahāprabhu
& Choṭa Haridāsa, 16.3
& ako *ācārya*, úv.
citáty
o očistení srdca, 6.23
o neosobných komentároch, 2.12
o oddanom, 10.5
o odpútanosti a túžbe po oddanej službe, 6.1
o pravom duchovnom učiteľovi, 2.8
o prirodzenom postavení živej bytosti, úv.
o realizácii Boha v tomto veku, 13.26
o sláve, 10.5
o znášanlivosti, 8.5
filozofia, 7.8, 18.78
Haridāsa Ṭhākura &, 6.44
inkarnácia v Kali-yuge, predpoveď, 4.8
kázanie, príkladom oddanosti, 7.15
milosť, 11.54, 18.54

modlitby, 6.1
najveľkodušnejší, 11.54
odriekanie, 2.15
Prakāśānanda Sarasvatī &, 10.11
saṅkīrtana-yajña, 3.10, 3.12, 4.8
spasiteľ hriešnych, 4.8
spievanie Hare Kṛṣṇa, 2.46, 8.11, 10.11, 16.24
žiakom, 6.44
Caitanya-caritāmṛta, 9.34
citáty
o čistom oddanom, 9.28
o duchovnom učiteľovi, 2.8
o Kṛṣṇovi, 7.20, 11.43
o oddanej službe, 2.41, 7.22, 10.9
o viere, 9.3
Cānakya Pandita, citáty o ženách, 1.40
candālovia, 9.32
Candra, 3.14, 17.4
planéta, 8.16, 9.18
cāturmāsya, 2.43
Cekitāna, 1.5
celibát, 8.11, 17.14-15
obtiažnosť, 8.11
pre *brahmacārīnov*, pravidlá, 16.13-14
pre dokonalosť, 8.11
telesné odriekanie, 17.14
Chāndogya Upaniṣad, citáty
o Božom stvorení, 9.7
o Najvyššom Pánovi v troch aspektoch, 15.18
o obeti, 8.3, 8.16
o *sat tat*, 17.23
o smrti, dve cesty, 8.26
o živote ako centre činností, 7.19
chamtivosť, 14.17
Choṭa Haridāsa, 16.3
chrám, 11.54-55, 12.10, 17.11
& oddaná služba, 17.26-27
v Indii, 9.34
Kṛṣṇa ako vlastník, 11.55
postavený pre Kṛṣṇa, 12.16
cit-śakti, definícia, 6.23
Citraratha, 10.26
cnosti, dobré vlastnosti, 13.8-12, 16.1-3
brāhmaṇov, 18.42
Kṛṣṇa pôvodcom, 10.4-5
oddaný získa automaticky, 12.18-19
reprezentácia Kṛṣṇu medzi, 10.34
vedomie Kṛṣṇu zahŕňa všetky, 2.55
ženské, 1.40-41, 10.34
cudnosť, 1.40-41
žiadostivosť, 2.62, 3.37-41, 3.43, 16.8-12, 16.18, 16.21-22
& hnev a chamtivosť, 16.21-22
& zmysly, ovládanie zmyslov, 3.40-42
ako zvrátená láska k Bohu, 3.37
nebezpečenstvo, 3.40-41
očistená oddanou službou, 3.41
prekonaná vedomím Kṛṣṇu, 3.43
prirovnaná
k dymu, prachu a lonu, 3.38
k jogurtu, 3.37
k ohňu, 3.39
sídlo, 3.40
čas, 7, 18.10, 18.78
& čistý oddaný, neobmedzuje ho, 18.56
& *karma*, úv.
& miesto & dobročinnosť, 17.20-22
Brahmu, 9.7
Kṛṣṇa ako, 2.20, 10.33, 11.32, 11.55
ničiteľ všetkého, 11.32
pre oddaného, cenný, 6.17
sila, 10.30
vesmíru, rozdelenie, 8.17-19, 9.7
všepohlcujúci, 11.32, 11.55
čestnosť, 4.22, 18.42, 18.78
čierna mágia, 9.25
činnosti
autorizované a neautorizované, 18.30-32
cieľ, Boh ako, 17.28, 18.65
faktory motivujúce (tri), zložky, 18.18
faktory, príčiny (päť), 5.9, 18.13-16
falošné ego &, 18.24
hmotné, *karma*, 8.3
hodnotené Yamadūtami, 18.25
Kṛṣṇa ako skutočná príčina, 4.21
v Kṛṣṇovom záujme, 17.23-25, 18.1, 18.6
v kvalite dobra, vášne a nevedomosti, 14.15-16, 16.1-3, 17.2, 18.23-25
minulé, telo podľa, 13.21
Nadduša ako konečný faktor, 18.14
nečinnosť &, 4.16-42
nezodpovedné, 18.24-25
oddaný je transcendentálny, 5.13-14
odriekanie plodov, 18.2
ovládané telom, 13.21, 13.30
pole, 13.1-7, 13.18, 13.19-20, 13.27
povaha, 14.5
pravṛtti, 18.30
priaznivé a nepriaznivé, 10.3
spomínať si na Kṛṣṇu pri, 18.65
súhlas Nadduše, potrebný pre, 13.23
usmernené, bez lipnutia, 18.23
vo vedomí Kṛṣṇu, 4.15-42, 5.1-29
ako *buddhi-yoga*, 10.10
s vedomím Kṛṣṇu, 12.2
bez reakcií, 18.13-14
výsledky, 18.12
zbožné, 11.48
zodpovednosť (Boha), 18.14, 18.17
viď plodonosné činnosti, *karma*, hmotný život, duchovný život, práca
činorodosť, reprezentácia Kṛṣṇu, 10.36
čisté dobro, 14.10, 17.3-4
čistota, 9, 16.1-3, 18.42
čistotnosť, 16.1-3, 18.27
definícia, 13.12, 16.3, 16.7
druhy, 13.12, 16.7
ako telesné odriekanie, 17.14

čistý oddaný
& dobré vlastnosti, 1.28, 12.13-16, 12.19
& duchovný učiteľ, 12.13-14, 18.56
& jednota s Kṛṣṇom, 18.54
& kázanie, 11.55
& Kṛṣṇa, 2.64, 9.13
& sľuby, 12.6-7, 18.65-66
chce aby sme boli, 18.65
milostivý, 7.23, 11.7, 18.56
ochraňuje, 9.34
osvieti, 10.11
ovláda, 1.15
potešený, 1.22
prináša, čoho sa im nedostáva a zachováva, čo už majú, 9.22
uzrený iba, 11.48
spoločnosť, 4.9, 4.11
& ospevovanie Kṛṣṇu a načúvanie o Kṛṣṇovi, 10.19
& povinnosti, 3.17-19, 9.28
ako *adhyātma-cetas*, 3.30
bez úzkosti, 10.11, 12.15-17
bez závisti, 12.13-15
jemného srdca, 1.28
ako *mahātmā*, 9.13
jeho milosť, 2.29, 18.71, 18.73
načúvanie od, 7.1, 8.15
necíti utrpenie, 12.17
ako najvyšší transcendentalista, 18.66
nepoklesne, 9.22
nezávislosť, 12.16-17
nevyhnutný pre pochopenie Kṛṣṇu, 2.29
ako *niṣkāma*, 8.14
odborník, 12.16
jeho oddaná služba, 6.18, 12.2, 12.13-15
oslobodený, 9.28
plne zamestnaný, 18.56
porovnaný
s *yogīnmi*, 8.14, 8.16
s motivovanými oddanými, 7.16
prekážky nejestvujú pre, 8.14, 9.22, 12.17
pripútaný celkom k Bohu, 10.9
priateľ všetkých, 12.13-14
riskuje, 12.17
rovnaký v šťastí i nešťastí, 12.13-16
jeho šťastie, 10.9, 18.54
rozumie *Bhagavad-gīte*, 18.64
slúžiť mu, 18.67
spokojný, ovláda sa, 12.13-15
jeho spoločnosť, 6.8, 7.16-17, 7.28, 9.32, 12.20, 15.20
vzácnosť, 10.9
ťažko pochopiteľný, 9.28
transcendentálny voči
dualitám života, 12.17-19
hmotným povinnostiam, 3.17-19
označeniam, 12.16
pripútanosti a odpútanosti, 2.64
strachu a úzkosti, 12.15-16
na úrovni *brahma*, 7.29
jeho vedenie, 9.32, 18.55-56
jeho vlastnosti, 6.7-32, 7.17-18, 7.20, 7.22, 8.14, 9.11, 9.13, 9.22,"9.28, 10.9, 10.42, 12.2, 12.13-20, 18.54, 18.56
jeho vyrovnanosť, 12.18-19, 18.54
vzácny, 12.14
zbavený zlej spoločnosti, 12.18-19
Daityovia, viď démoni
dama, viď sebaovládanie
Dāmodara, 8.22
Darśa-paurnamāsī, 9.25
démoni, 4.3, 16.4-22, 16.24, 17.5-6
& oddaní a zbožní, 4.8, 16.5-6
& polobohovia, 17.1
činnosti, 16.7-12, 16.16-18, 16.24, 17.5-6
Kṛṣṇova milosť pre, 16.20
ohrozujú svet, 16.9
predstaviteľ Kṛṣṇu medzi, 10.30
uctievanie, v kvalite nevedomosti, 17.4-6
vlastnosti, 16.4-8, 16.19, 16.21, 16.23-24, 17.5-6
deti, 1.40-41, 2.20, 3.24, 3.38, 7.11, 7.15, 16.1-4
Devahūti, & Śrī Kapila, 2.39, 10.26
Devakī, 1.15, 4.4, 4.8, 7.24, 9.11, 10.3, 10.8, 11.52-53
Devakī-nandana, Kṛṣṇa, 11.37
Dhanañjaya, 1.15, 2.49, 7.6-7, 10.37
dharma-kṣetra, 1.1
dharma-śālā, 4.28
dhīra, 2.13
dhyāna-yoga, 6.14, 6.23, 6.47, 7.3
Dhṛṣṭadyumna, 1.3, 1.16-19
Dhṛṣṭaketu, 1.5
Dhṛtarāṣṭra, 1.1-3, 1.18, 1.23, 1.36, 2.9, 11.12, 18.74-78
Dhrūva Mahārāja, 18.71
Dhrūvaloka, 18.71
diplomacia, 18.47
Diti, 10.30
dobro, kvalita, úv.
& brāhmaṇi, 14.6, 18.47
dobročinnosť, 16.1-3
jedlo, 6.16-17, 17.7-10
konanie v, 14.16, 16.1—3, 18.23
myseľ, 15.7
odhodlanie, 18.33
odriekanie, 17.23, 18.9-11
povinnosti, 18.9-11
povýšenie do, 3.37
poznanie, 18.20, 18.22, 18.30
pôst, 10.4-5
práca, 2.47, 18.26
pripútanosť k, podmienenosť, 3.19, 14.6, 14.9
telo, 14.11
uctievanie, 13.12
viera, 17.2-3
výhody, úv., 14.6, 14.9, 14.14, 14.17-18, 16.24
výsledky, 14.6, 14.9-12, 14.14-18
dobročinnosť, viď milodary
dokonalé bytosti, 10.26, 11.21-23, 11.36
dokonalosť, dosiahnutie, 4.39, 15.20
Draupadī, 1.11, 11.49
synovia, 1.6, 1.18-19

dṛḍha-vrata, 7.30
Droṇācārya, 1.2-3, 1.8, 1.12, 1.25-26, 2.4-5, 2.13, 18.78
Drupada, 1.4, 1.18-19
duality, 2.45, 7.27
 odpútanosť, 12.17-19
 oslobodenie od, 2.57, 15.5
 vedomie Kṛṣṇu, transcendentálne, 2.41
 duchovia, 9.25, 17.4
 duchovné poznanie, viď poznanie
 duchovný svet
 & oddaná služba, 2.72, 14.2
 charakteristika, 14.2
 ako cieľ *Ved*, 15.1
 hmotný svet ako odraz, 15.1, 15.3-4
 individualita zachovaná v, 14.2
 Kṛṣṇa je prítomný tu a súčasne je všeprenikajúci, 9.11
 kvalifikácia na vstup, 2.51
 nezaniká, 8.20
 opis, úv.
 ako *paraṁ-padam*, 2.51
 planéty v, úv., 6.15, 8.13, 11.45
 & Nārāyaṇa, 11.45
  Božstvá, 8.22, 15.7
  Goloka Vṛndāvana, úv., 8.15, 8.28
  Kṛṣṇaloka, 8.15
  počet, úv.
  Vaikuṇṭha, 2.51, 8.13, 11.45, 15.6
 pokrytý, ako „hmotný" svet, 4.24
 porovnaný
  s hmotným svetom, úv., 9.33, 13.18, 13.21, 15.6
  s nebeskými planétami, 9.21
 povaha, 2.51, 15.6
 pôvod, Kṛṣṇa, 8.22, 10.8
 sebaožarujúci, 2.16, 6.15
 sídlo Boha, 18.62
duchovné telo, viď telo
duchovný učiteľ, 10.11, 12.10, 12.20, 13.24
 & *brahmacārī*, 6.14
 & čistý oddaný, 12.14, 18.56
 & *gurv-aṣṭaka*, Kṛṣṇa spokojný, keď je on spokojný, 2.41
 & *sannyāsī*, 16.1-3
 & zasvätenie, 4.10, 17.27
 & žiak, vzťah medzi, 2.7, 2.10, 4.34,
 Bhagavad-gīte musíme načúvať od, 16.1-3
 brāhmaṇa ako, 16.1-3
 definícia z *Caitanya-caritāmṛta*, 2.8
 falošný, nespôsobilosť, 2.5, 2.7-8, 2.12-13
 ako inkarnácia Nityānandu, 7.15
 Kṛṣṇa ako, 2.7, 11.43, 11.54
 Kṛṣṇa pošle, úv., 4.7
 Kṛṣṇove slová prostredníctvom, 10.3, 18.75
 Kṛṣṇov predstaviteľ, 2.20
 jeho milosť, 13.8-12
 jeho narodeniny, 18.75
 nie je podmienená duša, 2.12
 oslobodený, 7.14
 jeho plány, rovnako dobré ako Kṛṣṇove, 11.34
 jeho pokyny, 16.1-3
 poznanie prostredníctvom, 2.7, 4.34-35, 5.16, 10.8, 13.35, 15.20, 16.1-3, 18.75
 pravidlá, 8.28
 ako predstaviteľ Vyāsadevu, 18.75
 prijatie, dôležitosť, 2.7, 13.8-12
 pôvodný, 2.7, 4.34
  Kṛṣṇa ako, 11.43
 sebarealizovaný, 4.34-35
 služba určená pre, 4.34
 v súlade s písmami, 10.3
 ako spájajúci článok, 18.75
 jeho spoločnosť, 10.4-5
 Śrī Caitanya, 2.46
 test pravosti, 4.34
 transcendentálny voči kastám a životným štádiám, 2.8
 uctievanie, 17.14
 v učeníckej postupnosti, 11.43, 18.75
 vážny, 2.10
 jeho vedenie, 3.35, 18.58, 18.63
  nevyhnutnosť, 2.7-8, 2.41, 3.35, 4.10, 4.34-36, 9.34, 10.3, 11.54, 12.5, 13.8-12, 16.24, 17.28
  poslušnosť, 18.59
  ako povinnosť, 18.57
 viera v, nutnosť, 6.47
 vlastnosti a kvalifikácie, 2.8, 2.41, 4.34-35, 4.42, 5.16, 18.75
 výhody, 13.8-12, 13.35
 znalec vedy o Kṛṣṇovi, 2.8
 zvyšky po obetovaní, 17.10
duchovná veda, Kṛṣṇova reprezentácia, 10.32
duchovný život
 & celibát, 8.11
 & obeť, 4.24-33
 & odriekanie, 2.15, 13.8-12, 16.1-3
  ako začiatok, 3.42
 & smrť, 2.72, 6.41-45
 & uctievanie, druhy, 7.23-24
 cieľ, Kṛṣṇa, 4.11
 činnosti, 7.19, 18.2-10
 dokonalosť, vedomie Kṛṣṇu, 18.49-50
 druhy, 4.42, 6.40
 falošný, 3.6-8, 3.33, 16.1-3
 hmotné putá, 6.40
 najvyšší druh, 6.40, 18.78
 oslobodenie sa prostredníctvom, 8.28
 otázky o, príčina, 3.37
 pokrok, 2.2, test, 13.8-12
 prekážky, 4.10, 13.8-12
 priamy & nepriamy, 12.12
 zmyslový pôžitok prekážkou, 2.41-44
 úrovne, podľa schopností, 12.8-12
 utrpenie ako podnet, 13.8-12
 výhody
  dobré narodenie, 1.31
  konečný úspech, 6.40-45
  oslobodenie sa, 2.72
  zbavenie sa zmätku, 2.72

Duryodhana, 1.2-3, 1.10, 1.12, 1.23, 1.26, 2.35, 2.5, 11.47, 18.78
odmietol mier, 1.22-23, 11.47
vyzvaný, 1.38
Durvāsa Muni, 2.60-61
duša
& Nadduša, večne ju sprevádza, 13.28-29
& telo
jeho energia pochádza od, 2.22
ovládané, 3.5
porovnanie, 2.16-20, 2.30, 9.2
spôsobuje jeho premeny, 2.20
& vedomie
pochádza z, 2.17, 2.25
porovnané s Kṛṣṇovým, 2.20
ako príznak, 2.20, 13.34
& viera v, 2.26-28
ako *aṇu-ātmā*, 2.20
bez počiatku, 2.12, 2.20
čistá, 15.9
druhy, dva, 2.20
druhy, teórie, 18.21
jej dôkaz, 2.17, 2.20, 2.25, 13,34
jej energia, krv prenáša, 2.17
individuálna, 2.12, 2.24, 2.39, 15.7
inteligencia blízko, 3.40
ako *kūta-stha*, 2.20
ako *mahān*, 3.42
neoddeliteľná súčasť Najvyššej Duše, 2.13
neoddeliteľná súčasť Najvyššieho Pána, 2.20, 2.23-24
nemenná, 2.13, 2.16, 2.20-21, 2.24-25, 2.30
nepochopiteľná, 2.25
nepopierateľná, 2.17
neumiera, 2.11-13, 2.16-30
neviditeľná, 2.18, 2.25
nezávislá, 15.7
nezmerateľná, 2.17-18
nezničiteľná, 2.24, 2.17-25, 15.7
nezrodená, 2.20-21
ich počet, nekonečný, 2.17
podmienené, viď podmienená duša
jej poklesnutie, 2.23
porovnaná
s hmotným telom, 2.28
s Naddušou, 2.20, 6.29, 13.5, 13.13-15, 13.18, 13.20, 13.23, 13.34
s Najvyšším Pánom, 2.25
poznanie, ako príznak, 2.20
poznateľná prostredníctvom načúvania od autority, 2.25
prirovnaná
k iskrám, 2.23
k molekulám slnečného svetla, 2.17
k oblohe, 13.33
k vtáku, 16.11-12
k Slnku, 2.18, 13.33
jej prirodzené postavenie, 3.41-42
jej príznak, vedomie, 2.20, 13.34
jej pôvod, Kṛṣṇa, 7.6
sídlo, 2.20
úžasná, 2.29
večnosť, 2.12, 2.16-30, 10.4-5, 13.28, 13.32
nie je ospravedlnením násilia, 2.30, 16.1-3
jej veľkosť, 2.12, 2.18-20, 2.25, 2.29, 8.9
jej vlastnosti, 5.18
všadeprítomná, 2.24
vždy činná, 3.5, 9.2
ako živá bytosť, 2.12, 2.28, 2.30, 13.20, 15.7
duṣkṛtinaḥ, ateisti, 4.8, 7.15
Dvāparayuga, 4.1, 4.7, 8.17
dýchanie, ovládanie dychu, 4.27, 4.29, 5.27-28
ego, 13.8-12, viď falošné ego
Ekādaśī, 9.14, 11.54
elektrina, 15.12
energia
Boha, 10.40
ako Boh nepriamo, 9.4-10, 9.18
druhy, tri, úv., 4.13, 7.4
duchovný svet, 8.22
hmotná príroda, úv., 9.9-10
yogamāya, 10.17
ako slnečná žiara, 9.4
uctievaná s Ním, 18.46
večná, 7.14
vnútorná, 7.25, 15.20, 18.46
daivī prakṛti, 9.13
duchovná, 9.4
ochraňuje oddaných, 9.13
pokrytá, 4.24
príčina hmotného stvorenia, 7.6
živé bytosti ako, úv., 6.29, 7.5-6, 7.14, 14.27, 18.78
duša, 2.17-18, 2.22
hmotná, 9.4, 18.78
duch príčinou, 7.4, 7.6
počet, 7.4
zduchovnená vedomím Kṛṣṇu, 4.24
iluzórna, 7.14, viď *māyā*
mahat-tattva, 10.20
nižšia, 6.29, 9.4, 15.1, & 18.46
hmotná príroda, 7.14, 8.20, 14.27
okrajová, živé bytosti, 6.2, 6.29, 8.3, 9.13, 9.17, 13.23, 18.78
potrebná k stvoreniu, 9.10-11
tela, 2.22
expanzie Najvyššieho Pána, viď Najvyšší Pán
extatické príznaky, 1.29
falošné ego, 6.5, 18.17
& skutočné, 13.8-12
definícia, 13.8-12
neprítomnosť, 2.71, 5.11, 5,20, 12.13-14, 13.8-12, 18.26, 18.51-53
odriekanie &, 17.5-6
príčina, 3.40
farmári, viď *vaiśyovia*
filozofia
ateistická, 2.28, 7.4, 9.12
buddhistická, 2.26

cieľ, 5.4-5
Caitanyova, 7.8, 18.78
v dnešnej dobe, 2.26
dve triedy, 2.28
empirická, 3.4, 4.9
Kapilova, 2.39
lokāyata, 2.26
monistická, 13.23
nihilistická, 2.26
osobná porovnaná s neosobnou, 9.29
transcendentálna, 2.45
vaibhāśika, 2.26
vedāntská, 2.45-46
vedska, 2.25
Gāyatrī, 10.35-36
Gandharvovia, 10.26, 11.22
Gāndīva, luk, 1.29
Ganga, 25, 6.11-12, 10.31
garbhādhāna-saṁskāra, 16.1-3
Garbhodakaśāyī Viṣṇu, 7.4, 9.8, 11.15, 11.37, 15.3-4
Garuda, 6.24, 10.30, 12.7
Gīta-māhātmya, 24-25, 1.1
Gītopaniśad, úv., viď *Bhagavad-gīta*
go-dāsa, 6.26
Goloka Vṛndāvana, viď Vṛndāvana
Gopāla-tāpanī Upaniśad, citát
o Kṛṣṇovi, 6.31, 8.22, 9.11, 10.8, 11.54
o oddanej službe, 6.47
o *vedskom* poznaní, 10.8
gosvāmī, definícia, 6.26
rodiny, 6.42
šesť, 1, viď individuálne mená
vlastnosti, 5.23
Govardhana, kopec, 3.24
Govinda, úv., 1.15, 1.32-35, 2.2, 4.5, 6.30, 7.3, 8.21
gṛhamedhī, viď rodinný život
gṛhasta, viď rodinný život, *varnāśrama*
Gudākeśa, Arjuna, 1.24, 10.20
guna, viď kvality hmotnej prírody
guru, viď duchovný učiteľ
gurukula, 6.14
Gurv-aṣṭaka, citát, 2.41
hady, Kṛṣṇov predstaviteľ medzi, 10.28-29
Hanumān, 1.20, 3.37
Hardwar, 6.11-12
Hare Kṛṣṇa hnutie, viď ISKCON, hnutie pre vedomie Kṛṣṇu
Hare Kṛṣṇa *mantra*, úv., 6.44, 7.24, viď spievanie & uvedomovanie si Kṛṣṇu
Hari-bhakti-vilāsa, 11.55, 18.66
Haridāsa Choṭa, 16.1-3
Haridāsa Ṭhākura, 2.62, 6.17, 6.44, 11.55
haṭha-yoga, 2.17, 4.29, 6.23, 6.47, 8.14, 8.23, 13.25
hazard, 1.11, 1.38, 10.36
Hiḍimba, 1.15
Himalāye, 6.47, 10.25
Hiraṇyakaśipu, 4.8, 7.15, 16.20, 17.19
Hitler, 17.4
hlúposť, 14.16-17
hmota
i duchovno, rovnaké pre Kṛṣṇu, 9.19
ako pokryté duchovno, 4.24
porovnaná s duchovnom, 2.16-30
hmotná príroda
& živé bytosti, 7.13-14, 13.22
ako *adhibhūta*, 8.4
ako božská (duchovná), 7.14
impregnovaná živými bytosťami, 3.15, 9.10
Bohom, 2.39, 14.3, 14.27
Kṛṣṇa transcendentálny, 4.4, 9.13
ako Kṛṣṇova energia, úv., 20, 7.14, 9.9-10
nie je pôvodom živých bytostí, 14.3
ovládaná Kṛṣṇom, 3.27, 7.14
polobohovia ako jej vládci, 3.24, 4.25
jej putá, 3.33
ako *prakṛti*, 7, 2.39, 7.4, 13.1-3
premeny, 13.20
ako príčina
bezprostredná, 4.14
konania, 5.14
všetkých hmotných príčin a dôsledkov, 13.21-22
pôvod, 7.6
súčasti, 7.4-5, 13.6-7, viď prvky
jej stvorenie, 7.14
styk & poklesnutie, 3.37
telo ovládané, 5.14
účel, 3.37, 13.20
ako večná, 7-8, a bez počiatku, 13.20
ako vládca živej bytosti, 13.22
jej zákony, 13.21, 16.11-12
hmotný svet
& *pradhāna*, 5.10
analytické štúdium, 5.5
činnosti, sex v strede, 3.39
degradovaný zmyslovým pôžitkom, 16.9
démonský podhľad na, 16.8
duality, 4.22
Kṛṣṇa
jeho plán pre, 11.33
pôvodca, 10.8, 13.20, 15.3-4
transcendentálny voči, 4.14, 9.11, 11.37-38
udržovateľ, 9.18, 15.13
vládca, 9.8-10, 16.8
všeprenikajúci v, 8.22
ako *maithunya-āgāra*, 3.39
miesto opätovného rodenia sa a smrti, 9.21
„neobývateľný pre slušného džentlmena", 9.33
poklesnutie, 9.25, 13.24
porovnaný s duchovným svetom, 13, 16-19, 9.33, 13.18, 13.21, 15.1, 15.6, 15.16
prejavenie živých bytostí, 8.18
prirovnaný
k banyanovníku, 15.1-4, 16.1-3
ku kvetine, 9.10
k lesnému požiaru, 4.36
k oceánu, 4.36, 12.6-7
k odrazu, k púšti, úv.

k stromu s koreňmi rastúcimi nahor, úv., 15.1-4
k vode v otlačku teľacieho kopýtka, 2.51
skutočný, ale dočasný, 9.33
strastiplný, 8.15, 9.33, 11.43
šťastie, nedosiahnuteľné, 2.51
účel, možnosť vrátiť sa k Bohu, 11.33
ako Vaikuṇṭha pre oddaného, 18.54
veľkosť, úv.
zapletenie, 15.1, 15.3-4
žiadostivosť príčinou, 3.37
ako zvrátený obraz duchovného sveta, 15.1-4
život v, prirovnaný ku snu, 2.28
hmotný život
& označenie, 3.29
& zbožnosť, 3.16
hriešne reakcie spôsobujú, 4.31
ako hriešny, 3.16
možnosť pre, 4.14
oddaná služba môže vypadať ako, 9.30
pesimizmus ohľadne, 13.8-12
počiatok, 7.14
potreby
Kṛṣṇa dodáva, 2.70, 3.12, 3.16, 9.29, 12.20, 18.66
ovládané Kṛṣṇom, 3.28
polobohovia zásobujú, 3.11-12, 3.14, 3.16
prostredníctvom obete, 3.10-14, 4.31
usmernenie, 3.34
porovnanie s duchovným životom, 2.72, 6.40, 9.1, 9.20-21
putá, 5.12, 18.73
pripútanosť, 3.29, 6.11-12
ako príčina, 13.21-22
prirovnaný
k chorobe, 4.24
k práci, 12.9
trvanie, 4.29
utrpenie v, 2.51, 7.15, 7.29, 13.8-12
aj na Brahmaloke, 8.17
oslobodenie z, 14.20-21
vnímanie ako zla, 13.8-12
ako zápas, 15.7-8
o existenciu, prirovnaný k plávaniu, 4.36
sklamanie v, 3.37
viď materializmus, plodonosné činnosti, utrpenie
hnev
démonský, 16.4, 16.18
nepríjemnosti z, 3.37, 16.1-3, 16.21-22
oslobodenie sa od, 2.56, 16.1-3, 16.22, 18.51-53
zdroje, 2.62, 3.37, 16.1-3, 16.21
zduchovnený, 3.37
hnutie pre vedomie Kṛṣṇu, 9.27
hora
hýbajúca sa a nehybná, 10.25
Kṛṣṇova reprezentácia, 10.23
Hṛṣīkeś (miesto), 6.11-12
Hṛṣīkeśa, Kṛṣṇa, 1.15, 1.22, 1.24-25, 3.27, 6.26, 13.3, 18.1, 18.46
hriešne činnosti
amnézia nášho prirodzeného postavenia, 7.28
& odčinenie, 1.43
& rôzne veky, *yugy*, 8.17
hmotný život bez obety, 3.16
jedenie mäsa, 6.16, 14.16, 16.1-3
v jedle, 3.13-14, 9.26
Nadduša nie je príčinou, 3.36
nedodržiavanie zásad ľudskej spoločnosti, 1.42-43
oslobodenie sa od, prostredníctvom oddanej služby, 15.20
ponižovanie Kṛṣṇu, 6.47, 9.11-12
požívanie omamných látok, 3.24
predstieranie duchovného života, 3.6
príčina, žiadostivosť, 3.37-41
prirovnané k zasadeniu semena, 9.2
trest za, 1.43
stráca sa poznanie, 3.6
viď hriešne reakcie
vražda, 1.44
zabíjanie zvierat, úv., 14.16-17
zločinnosť ako, 1.36
hriešne reakcie
& Arjuna, 1.36-44, 2.26-27, 2.38, 18.58-59
nedotknutý, 2.19, 2.21, 2.38
& Yamarāja, jeho planéta, 10.29
& Najvyšší Pán
nie je zodpovedný za, 5.15
ochraňuje oddaných pred, 12.7
dozrievanie, 9.2
hmotný život zapríčinený, 4.31
oddaná služba transcendentálna voči, 2.21, 2.38, 2.50
oddaný vidí Kṛṣṇovu milosť v, 12.13-14
ohľadom jedla, 3.13-14, 6.16, 9.26, 14.16
oslobodenie sa od, prostredníctvom
jedenia *prasādam*, 3.13-14
kvality dobra, 14.6
obete, 3.16
odčinenia, 1.43
oddanej služby, 7.28, 9.2
odovzdania sa Kṛṣṇovi, 18.66
smrti v boji, 2.22
štúdia *Ved*, 9.20
trestu, 2.21
vedomia Kṛṣṇu, 10.3
spomínania na Kṛṣṇu, 2.52
pokračovanie hmotného bytia, 3.39
za ohováranie Najvyššieho Pána, 9.12
za požívanie omamných látok, 3.24
prekážka sebarealizácie, 3.14
prirovnané k stromu, 9.2
zmyslový pôžitok prináša, 2.38
stupne, 4.37, 9.2
zanedbanie povinností, 2.27, 2.33, 6.40
narodenie sa v zvieracej podobe, 14.15-16
hviezdy, 10.21, 13.18
choroba, 1.40, 13.8—12
Iksvāku, úv., 4.1, 4.16
Ilāvṛta-varša, 6.43

ilúzia
  & akademické poznanie, 6.8
  & Arjuna, úv., 11.1-2, 18.73
  ateistická, 7.15, 9.12
  Boh dovoľuje a ovláda, 7.14, 7.21
  impersonalistov, 2.63, 7.24, 7.27
  konanie, 18.25
  o Kṛṣṇovi, 4.4, 7.24, 9.11-12, 10.8, 10.42
  z omamných látok, 4.10
  polobohov, 4.12, 10.42
  príčiny, 1.31, 3.40, 7.5
  o pôvode života, 2.30
  šťastie v hmotnom svete, 1.31, 2.14, 2.51, 5.22
  telesných označení, úv., 18, 2.1, 2.12, 2.26-27, 2.30, 2.71, 3.29, 3.40, 5.2, 5.13, 5.19-20, 7.5, 8.3, 13.1-2, 13.31-32, 16.8, 18.21
  úrovne a vývoj, 2.63
  o vedomí Kṛṣṇu, 3.1
  vedomie Kṛṣṇu odstraňuje, 4.24
  narodenie v, 7.27
  živá bytosť si sama spôsobuje, 5.15
  živej bytosti, že je
    Bohom, 2.17, 2.39, 5.16, 9.12, 9.15, 13.8-12, 13.14, 16.16, 18.73
    konateľom, 3.27, 18.16-17
    pánom, 5.14, 13.22, 18.73
    vlastníkom, 5.14, 5.29, 7.27
impersonalizmus, 3.4
  & *buddhizmus*, 2.72
  & personalizmus, 2.12, 7.3, 7.24-27, 9.11, 9.29
  argumenty proti, 2.12-13, 5.3, 5.16, 7.24, 7.26, 9.11
  Boh nepoznateľný, 7.28
  ako duchovná samovražda, 4.11
  filozofia, 2.12-13, 2.23-24, 15.1
  oslobodenie, 6.15
  počiatočná úroveň duchovného života, 7.19
impersonalisti
  argumenty, 7.7, 9.11
  komentáre a štúdie, 2.7, 2.12, 5.6, 12.1, 18.1
  nebezpečenstvo načúvania od, 2.12
  najväčší, 7.3
  realizácia Boha pre, 4.11, 4.13, 18.54
  vodca, 4.12, 7.24
India, 3.20
  & *Manu-saṁhitā*, 16.7
  & rodiny transcendentalistov, 6.42
  chrámy, 9.34, 11.54
  súčasná, 6.42, 8.21
  zem, pôda, 11.55
individualita, 2.12-13, 2.23-24, 4.11, 4.35, 5.3, 7.24, 13.23
Indra, 3.14, 7.23, 8.2, 17.4
  & Arjuna, 2.33
  & Bṛhaspati, 10.24
  Kṛṣṇov predstaviteľ, 10.22
  planéta, 8.16, 9.18, 9.20
  pôvod, 10.8
inkarnácia, viď Kṛṣṇa, inkarnácia
inteligencia, 10.4-5
  & žiadostivosť, 3.40
  druhy. 13.6-7, 18.29-32
  duša nadradená, 3.42
  hmotná & duchovná, 2.69
  Kṛṣṇa ako, 7.10, 10.34-35
  Kṛṣṇa pôvodom, 10.4-5
  prirovnaná
    k lieku, 6.34
    k lodi, 2.67
  rozvetvená, 2.41
  riadi myseľ, 6.34
  unesená, 2.67
  vedľa duše, 3.40
  význam, 10.4-5, 10.34
  zbavená ilúzie, 2.52
  strata, 2.62-63
ISKCON, odriekanie v, 18.11
Īśopaniṣad, 2.71, 5.10, 7.25
īśvara, 6-8, 15,8
Jaḍa Bharata, 6.43
jadrové zbrane, 16.9
Jagāi & Mādhāi, 7.15
Jagatpati, Kṛṣṇa, 10.15
Jaipur, králi, 2.31
  citáty, 2.60, 5.21, 7.15, 7.24
Janaka, kráľ, 3.20, 4.16, 7.15
Janaloka, 9.20, 14.14
Janārdana, Kṛṣṇa, 1.38, 8.22
Janmāṣṭamī, 11.54
japa, 9.27, 10.25
jar, reprezentácia Kṛṣṇu, 10.35
Jayadratha, 1.9, 11.34
jedenie
  & Bhīma, 1.15
  & *brahmacārī*, 8.28
  & obetovanie Kṛṣṇovi, 9.26
  & odriekanie, 4.28
  & vedomie Kṛṣṇu, Kṛṣṇa, 2.63, 6.16, 9.26
  v *cāturmāsyi*, 4.28
  duchovné a hmotné, 2.63
  hriešne, 3.13-14, 6.16, 9.26
  v kvalitách prírody, 6.16, 17.7-10
  odpútanosť od, 18.51-53
  prílišné, snenie &, 6.16-17
  pôst, 6.16, 8.28, 9.14, 10.4-5, 11.54, 14.27, 17.5-6
jedenie mäsa
  ľudia majú sklon k, 4.26
  púta k, úv., 3.12, 16.1-3
  zakázané & zbytočné, 6.16, 14.16, 16.1-3
jedlo
  & obetovanie, 9.26
  & zdravotné dôsledky, 17.7-10
  druhy, štyri, 15.14
  druhy, podľa kvalít hmotnej prírody, 17.7-10
  obetované predkom, 1.41
  očisťujúce, 17.8
  viď *prasādam*
jednoduchosť, 13.8-12, 16.1-3
  ako odriekanie mysle, 17.16
  ako odriekanie tela, 17.14

jemnohmotné telo, viď telo
Ježiš Kristus, 11.55
Jīva Gosvāmī, 9.11
jīva, 6-10, viď živé bytosti
jīva-bhūtām, definícia, úv.
jīvātmā, 8.3, viď duša
jñāna, definícia, 3.41, 5.2, 13.3, viď poznanie, *yoga*
jñāna-kānda, definícia, 4.33
jñāna-maya, 13.5
jñānī, 3, 22
kāla, definícia, 6.8
Kālī, uctievanie, 3.12
Kali-yuga, 4.1-2, 8.17
& *Bhagavad-gīta*, 4.2
& falošní *yogīni*, 15.11
& India, 6.42
& *yoga*, 6.11-12, 6.23, 6.33, 8.12, 15.11
& *kṣatriyovia*, kráľovstvo, 2.31, 10.27
& *Manu-saṁhitā*, 16.7
& Rāmovo kráľovstvo, 1.36
& *saṅkīrtana*, 2.46, 3.10, 3.12-14, 4.8, 6.12, 16.1-3
& svadba, 16.7
& vedci, 11.33
charakteristika, 4.1, 6.33, 8.17
filozofia, 2.26
inkarnácia Boha v, 4.8
ľudská „civilizácia" v, 14.16
literatúra, 10.18
nebezpečenstvo vojny, 16.9
nechránené ženy, 16.7
poézia, 10.35
pokyny pre oddaných, 18.57
trvanie, 4.1, 8.17
ťažká pre stav *brahmacarya*, 8.11
vedske rituály a štúdiá, ťažké, 2.46
vlastnosti ľudí, 2.46, 7.15
Vṛndāvana &, 8.21
Kalki, 8.17
kalpa, definícia, 8.17
Kalpa-sūtry, 11.48
Kandarpa (Amor), 10.28
Kaṁsa, 4.8, 9.34, 11.55, 16.20
Kapila, Śrī Kapila, 4.16, 7.15
& ateistický Kapila, 2.39, 10.26
& matka, 2.39, 10.26
& sāṅkhyová filozofia, 2.39
citáty o prevtelovaní, 8.25
reprezentácia Kṛṣṇu, 10.26
Kāraṇodakaśāyī Viṣṇu, 10.20
karma
& *akarma*, 4.18, 4.20
& *vikarma*, 4.17, 4.20
definícia, 6-8, 8.3
dozrievanie reakcií, 9.2
oddaný vidí milosť Boha v, 12.13-14
oslobodenie od, 2.51, 3.31, 4.14
putá, 2.50
za zabíjanie, 14.16
narodenie podľa, 2.18, 2.27, 8.3, 13.5, 14.3, 15.8
karma-yoga, viď *yoga*
karma-kānda, 2.43, 2.46, 4.33
karmī, viď materialista
Karna, 1.8, 2.35, 11.26-28, 11.34, 18.78
Kārtikeya, 2.62, 10.24
Kāśī, kráľ (Kāśīrāja), 1.5, 1.16-18
Katha Upaniṣad, citáty o
duchovnom svete, 15.6
duši, 2.20, 2.29, 13.13
duši, mysli, zmysloch a zmyslových predmetoch, 3.42
Kṛṣṇovi
blízko i ďaleko, 13.16
najvyšší, večný, 7.10, 15.17
ako osoba, 10-11
poznaný odovzdaním sa, 8.14
príčina všetkých príčin, 7.6
sídlo, 8.21
udržovateľ všetkého, 2.12
všepohlcujúci, 11.32
mysli, 6.34
Nadduši & strome tela, 2.20
odovzdaní sa, 8.14
Kauśītakī Upaniṣad, citáty, 5.15
kavi, 8.9, 10.37
kázanie vedomia Kṛṣṇu, 3.13, 6.32, 9.2, 11.55, 15.10
& povinnosť, 13.8-12, 16.1-3
& riskovanie, 11.55
& *sannyāsī*, 4.1, 10.4-5, 16.1-3
& Śrī Caitanya, 7.15, 18.54
Bhagavad-gīty, 18.68-71
ako nenásilie, 13.8-12
nutné citovať autoritu pri, 17.15
otvorene, 18.71
podnet pre oddaného, 11.55
pomoc pri, potreby & bohatstvo, 12.10
teší Kṛṣṇu, 11.55
výhody, 18.68
v záujme trpiaceho ľudstva, 11.55
Keśava, 8.22
Keśī, 18.1
Keśī-niśūdana, Kṛṣṇa, 18.1
Khatvānga Mahārāja, 2.72
kīrtana, viď spievanie & vedomie Kṛṣṇu
kňaz, Kṛṣṇov predstaviteľ medzi, 10.24
kolobeh rodenia sa a smrti, 2.27, 2.39, 2.49, 8.3
kráľ, Kṛṣṇov predstaviteľ medzi, 10.27
kráľ, viď *kṣatriya*
kráľovstvo, *vedske*, 10.27
krása, reprezentácia Kṛṣṇu, 10.41
kravy
čisté, úv.
dôležitosť, Kṛṣṇa &, 1.15, 14.16
na Kṛṣṇaloke, predstaviteľ Kṛṣṇu medzi, 8.21, 10.28-29
ochrana, 14.16, 18.43
Kṛpācārya, 1.8, 1.26
kṛpana, definícia, 2.7

Kṛṣṇa
& pastieri, 11.8
& *tulasī*, 9.2, 11.55
& *Vedy*, 9.17
ako autor a znalec, 2.46, 4.7
ako ich cieľ, 2.46, 2.52, 3.26, 9.17, 9.20
ako absolútny, 4.5, 4.35, 12.5
ako Absolútna Pravda, 2.2, 6.38, 7.4, 7.7, 10.3, 10.12-13, 11.54, 18.78
ako *acintya*, 8.9
ako Acyuta, 8.3
ako *adhiyajña*, 8.4
ako *advaita*, 4.5
ako *ananta*, 11.37
ako *asamaurdhva*, 10.42
ako Bhūta-bhāvana, 10.15
ako Bhūteṣa, 10.15
ako Boh bohov, 11.37
ako chuť vody, 7.8
ako cieľ, 3.26, 4.11, 7.18, 9.18, 10.10, 11.18, 17.28
obete, 3.26
poznania, 9.17, 13.12
Ved, 2.46, 9.17, 9.20, 15.1, 17.28
ako čas, 10.33-34, 11.32, 11.55
ako Devadeva, 10.15
ako Devakī-nandana, 1.15
ako duchovný učiteľ, 2.7, 2.9, 11.43
ako duša vesmíru, 10.20
ako Jagatpati, 10.15
ako Janārdana, 1.38, 3.1, 10.18
Jeho expanzie
za hranicami Vṛndāvanu, 10.37
Mahāviṣṇu, 11.54
Nadduša, 6.31, 7.4, 7.15, 10.42, 13.3
Nārāyaṇa, 10.8, 11.45, 14.26
oddaná služba pre, 8.14, 14.26
prvý, Śrī Balarāma, 10.37
prvotné a druhotné, 15.7
príklady, 4.13, 8.8, 14.26, 15.7, 18.65
prirovnané k ovociu, kvetom a listom, 8.22
puruṣa, 7.4
transcendentálne a úplné, 14.26
za účelom stvorenia, 7.4, 9.8, 10.20
na Vaikuṇṭhách, 8.22, 15.7
viṣṇu-tattva, 15.7
živé bytosti ako, 4.35, 15.7
ako Govinda, 2.2, 7.3, 8.21
ako Hṛṣīkeśa, 1.22, 1.24, 2.10, 18.46
Jeho inkarnácie
doprevádzané oddanými, 4.5
ako Jeho expanzie, 4.35
v Kali-yuge, Kalki, 8.17
kvôli oddaným, 4.8
kvôli ochrane zvierat
nepravé, 3.24
písma opisujú zábavy, 10.18
počet, 4.8, 11.54
poslanie, 6, 13-14, 4.7-8, 16.20
príklady, 6.47
puruṣa, 7.4, 9.8, 10.20
za účelom stvorenia, 7.4, 9.8, 10.20
zdroj, Kṛṣṇa, 2.2, 4.5, 4.7, 11.1, 11.54
zmienky o, 4.7, 11.3, 11.54
ako inteligencia, 7.10
ako Jaśodā-nandana, 1.15
ako Yādava, 11.41-42
ako Yajñapati, 3.11
Jeho jedlo, 6.17, 9.2, 9.26, 13.14, 17.10
Jeho meno, definícia, úv.
absolútne, 12.8
príklady, 6.47
ako každý, 9.17
ako Keśava, 3.1
ako Keśī-niśūdana, 18.1
Jeho krása, 2.59, 6.47, 8.21, 11.50-51, 18.65-66
ako *kṣatriya*, 3.22
ako liečivá bylina, 9.16
ako matka, 9.17
ako Mesiac, mesačné svetlo, 7.8, 11.39, 15.12-13
Jeho milosť, 4.16, 7.19, 15.15
bezpríčinná, 7.14
démonom, 16.20
oddaným, 8.14, 9.22, 9.29, 10.10-11, 11.34, 11.55, 12.7, 12.13-14, 18.73
v podobe pokynov, 13.23, 15.15
poskytuje všetko potrebné živým bytostiam, 15.15
poznateľný iba prostredníctvom, 7.24, 11.4
sannyāsī závislý na, 16.1-3
utrpenie prijaté ako, 12.13-14
ako Mukunda, 1.41, 2.51, 3.13
Jeho mystická moc, 9.5, 10.7
ako Nadduša, 6.29-30, 6.31, 7.21-22, 7.26, 8.4, 9.11, 10.10-11, 10.20, 10.42, 13.3, 13.15-16, 14.27, 15.15, 18.61
ako najčistejší, 10.12-13
ako najmenší z najmenších, 8.9
najmocnejší, 11.40
najstarší, 8.9, 11.8, 11.38
ako Najvyššia Absolútna Pravda, 18.78
najvyššia autorita, 4.4, 8.1
ako Najvyššia Božská Osobnosť, úv., 10-11, 9.13-14, 10.1, 10.12-17, 11.8, 11.18, 11.32, 11.38-39, 11.43, 11.46, 11.54, 18.78
ako Najvyšší Pán, 4.3, 4.35, 5.17, 6.30, 6.47, 7.15, 7.24, 7.30, 9.11-12, 9.15-20, 10.2-3, 10.12-16, 11.1-3, 11.8, 11.18, 11.31, 11.37-38, 11.43-46, 15.18-19
ako najvyššia pravda, 5.17
ako najvyšší spasiteľ, 18.66
nanajvýš milostivý, 15.15
ako Nārāyaṇa, 4.6, 11.50, 11.54
Jeho narodenie, 10.34
ako nemenný, 4.13
ako neomylný, 1.22, 4.5, 7.24
ako nepochopiteľný 8.9
nepoznaný materialistami, 4.5
ako nesmrteľnosť, 9.19

ako nevyčerpateľný, 7.25, 11.18
ako nezávislý, 4.7, 7.7, 7.12-13
ako nezrodený, 4.6, 7.25, 10.3, 10.12-13
ako ničiteľ všetkého, 11.32
ako *nirguṇa*, 7.12
obete vhodné pre, 11.55
ako obetný oheň, 9.16
Jeho oči, 11.2
ako *oṁ* (*oṁkāra*), 7.8, 8.13, 9.17
Jeho pamäť, 4.5
Pán
mystiky, 11.4, 18.75
zmyslov, 3.27, 11.36, 18.1, 18.46
všetkých *yog*, 18.75
všetkých mystikov, 18.78
všetkých obetí, 9.24
všetkého, 7.20, 11.40
ako Parabrahma, 7.10, 10.13, 18.62
ako Pārtha-sārathi, 1.10
Jeho podoby
absolútnej povahy, 2.2, 2.7, 4.5-7, 4.9, 7.24-25, 9.5, 9.11-12, 11.54, 13.14-15
Caitanya, 3.10
štvorruké, 9.11, 11.46, 11.50, 11.53-55
dvojruká, 11.50-55
kvalifikácie na uzretie, 11.52-54
ako ľudské, 4.5-6, 9.11, 11.51-54
meditácia o, 9.22, 18.65
polobohovia túžia uzrieť, 11.52
opísané, 6.47, 8.21, 18.65
pôvodná, 4.6-7, 11.1, 11.50-51, 11.54-55, 18.65
sat-cit-ānanda, 4.5, 9.11, 11.54
saumya-vapuḥ, 11.50
Jeho pohľad, príčina stvorenia, 9.10
ako pokánie askétov, 7.9
poslušnosť Jemu, 2.48, 3.32
prirovnaná k imitácii, 3.24
ako Prapitāmaha, 10.6
Jeho predstaviteľ, *guru*, 13.8-12
Jeho príchod, 9.14, 8.21
& Devakī, 4.4, 10.3
časové obdobie, 4.6-7
kvôli náprave spoločnosti, 3.24
prirovnaný k východu Slnka, 4.6
účel, 15-16, 3.23, 4.7, 10.13
ako príčina všetkých príčin, 4.35, 7.2-3, 7.6, 7.19, 9.18, 10.2, 10.8, 10.13, 10.20, 10.39-40, 11.1, 11.37, 11.54
Jeho príklad, 3.23-24
prirovnaný, viď analógia
ako Puruṣottama, 8.1-2, 10.15, 11.3
ako pôvod, 6.30, 7.6-12, 9.4-10, 10.2, 10.8, 15.3-4
duchovných a hmotných svetov, 10.8
expanzií, 11.46
inkarnácií, 4.8, 11.1
kvalít prírody, 7.12
pamäte i zábudlivosti, 15.15
podôb Boha, 11.54-55
polobohov a svätcov, 10.2, 10.8, 10.42
radosti, 1.32-35
zmyslov, 13.15-16
stvorenia, 11.2
tepla a dažďa, 9.19
Ved, 15.15
vedskeho poznania, 10.8
vesmíru, 10.20
všetkého poznania, 7.1-2
všetkých vlastností živých bytostí, 10.4-5
všetkých živých bytostí, 10.6, 10.42, 11.2, 13.7, 18.46
všetkého, 2.2, 6.29, 6.30, 10.15, 10.20, 10.42, 13.17, 15.3-4
života, 7.9-10, 10.6
Jeho pôvod, neznámy, 10.2
ako pôvodný duchovný učiteľ, 11.43
ako pôvodná vôňa zeme, 7.9
ako Rāmacandra, 1.20
rovnaký ku všetkým, 9.29
Jeho rysy, tri, 6.15
ako schopnosť v ľuďoch, 7.8
Jeho sídlo, 17, 8.21-22, 9.11, 15.6, 18.56
niet návratu z, 4.9, 8.21, 11.43, 15.6
ako sila silných, 7.10-11, 10.36
ako smrť, 9.19, 10.34
Jeho zmysly, 1.15
absolútne, 9.26
porovnané s našimi, 11.43, 13.15
uspokojenie uspokojí naše, 1.35
sebestačný, 3.22
ako svetlo Slnka a Mesiaca, 7.8, 15.12
Jeho šaty, 6.47, 8.21
ako Śyāmasundara, 6.30, 6.47, 9.19, 12.52, 11.55
ako teplo ohňa, 7.9
Jeho teta, 1.25
ako učiteľ Brahmu, 2.28
ako udržovateľ, 8.9, 9.4-10, 13.15, 15.13, 15.17-18
večného náboženstva, 11.18
Jeho uspokojenie, 2.64, 2.71
cieľ *varṇāśrama-dharmy*, 2.48
iba oddanou službou, 10.11
prinesie spokojnosť všetkým, 2.41
uzrieť Ho, kvalifikácie, 11.48, 11.52-55, 15.7
ako Vāsudeva, 1.15, 2.56, 10.37
Jeho vek, mladík, 4.5-6
najstarší, 8.9
Jeho veľkosť, 10.12-14, 10.19, 10.40-42, 11.37, 11.43-44, 15.12-15, 15.18
Jeho vesmírna podoba, 9.19, 11.7-9, 11.31-32, 11.54, 18.78
ako všetko poznanie, 11.38
ako Viṣṇu, 6.31, 10.20, 11.24
ako víťazstvo, 10.36
vládca
māyi, 7.14
mysle, 1.24
Nadduša, 8.9
planét, 4.1, 9.6
zmyslov živých bytostí, 1.15, 1.24, 13.3

všetkého, 7.5, 7.21, 8.9, 9.4-10, 11.33, 11.43, 13.3, 13.27
živých bytostí, 13.3, 16.19-20, 18.61
Jeho vlastnosti, 2.56-57, 4.5
mystické, 9.5
neobmedzené a nepochopiteľné, 10.19
odriekanie ako, 18.78
počet, 7.3, 7.13
podrobne, 10.2-8, 10.12-42
poznajú iba oddaní, 7.3
poznanie o, 10.7
ukazuje, 10.1
ako voda, 11.39
ako vozataj, 1.15, 1.21-24, 18.78
ako všetko & nezávislý, 7.7, 7.12
všedobrý, 11.36, 15.15
všemocný, 10.39, 13.14
všeprenikajúci, 6.29-30, 8.22, 9.4-6, 9.11, 10.42, 11.2, 11.38, 11.40, 18.46
všepriťahujúci, 11.50
vševedúci, 11.38
ako vzduch, 11.39
vzťahy k Nemu, 4, 2.10, 4.11,
druhy, príklady, 6.47, 11.14
zodpovedajú Jeho menám, 1.15
Jeho zábavy, 7.24-25, 9.11, 10.18, 10.36, 11.36
základ všetkého, 9.4-10, 9.18
Jeho žiara, 4.35, 6.47, 15.18
ako zvuk v éteri, 7.8
ako život všetkých, 7.9, 18.20
ako Yogeśvara, 11.4
Kṛṣṇaloka, 16-17, 6.15, 10.28, 11.55
Kṛtavarmā, 1.9, 1.26
kṣamā, definícia, 10.4-5
kṣatriya, 2.31
& boj s tigrom, 2.31
& hazardovanie, 1.38
& nebeské planéty, zásluha za boj, 2.31-32, 2.37
& *sannyāsa*, 2.31
& smrť, 1.31, 2.22
& zabíjanie zvierat, 2.31
definícia, 2.30
Kṛṣṇa ako, 3.22
v kvalite vášne, 4.13, 7.13, 9.32
ako ochranca, 2.31-32
povinnosti, 1.36, 2.27, 2.31-33, 3.8, 3.22, 16.5, 18.47-48
pôvod, 10.6
sūrya-vaṁśa, 4.1
vlastnosti, 2.1, 2.31
zásady, 1.31, 1.38, 1.45, 2.3, 2.26
kṣetra, hmotné telo ako, 13.1-2
kṣetra-jña, 13.1-7
Kṣīrodakaśāyī Viṣṇu, 7.4, 9.8
Kulaṣekhara Mahārāja, modlitba, 8.2
Kumārovia, štyria, 4.16, 7.15, 10.6-7, 14.27
kumbhaka-yoga, 4.29
Kuntī, 1.8, 1.27
Kuntibhoja, 1.5
kôň, Kṛṣṇov predstaviteľ medzi, 10,27-28
Kūrma Purāṇa, citát, 9.34
Kurukśetra, Kuruovské bojisko, 1.1-29, 11.26-36, 11.49, 18.78
Kuruovci, 1.1-46
Draupadī urazená, 11.49
ich dvor, snem, 7.25
kūṭa-stha, ako duša, 2.20
Kuvera, 10.23, 17.28
kvality prírody
& banyanovník, analógia, 15.2
& inkarnácie Boha, 7.14
& povýšenie, 17.2
& *varṇāśrama*, 2.31, 3.35, 7.13, 9.32, 18.47
Arjuna ich má transcendovať, 2.45
charakteristika, 18.19-42
činy podľa, 14.15-16, 15.7, 18.23-25
ich výsledok, 17.2
druhy dobročinnosti podľa, 8.28, 16.1-3, 17.7-8, 17.20-23
druhy inteligencie podľa, 18.29-32
druhy jedla podľa, 17.7-10, 17.23
druhy ľudí podľa, 7.14
druhy odhodlania podľa, 18.29, 18.33
druhy odriekania podľa, 17.7, 17.17-19, 17.23, 18.4, 18.7-9
druhy pochopenia podľa, 18.29-32
druhy poznania podľa, 18.19-22
druhy šťastia podľa, 18.36-39
druhy viery podľa, 17.1-4
duša transcendentálna voči, 13.22
ako energia Kṛṣṇu, 7.14
Kṛṣṇa transcendentálny voči, 4.4, 7.12-13
myseľ podľa, 15.7
v neprejavenom stave, 13.6-7
obete podľa, 3.12, 17.11-13, 17.23
oklamú všetky, 7.13-14
oslobodenie od, 7.1, 7.14
ovládajú činnosti, 3.5, 3.27
ovládané, 3.33
podmienené podľa, 14.5-10
povinnosti podľa, 3.35
práca podľa, 3.5, 4.13
prevteľovanie podľa, 13.22, 14.14-16
prirovnané
k povrazom, 7.14
k zákonom, 7.12
pôvod, Kṛṣṇa ako, 7.12
styk s, 13.22
telo podľa, 7.13, 13.5
transcendovanie
správanie sa pri, symptómy, 14.21-25
prostredníctvom vedomia Kṛṣṇu, 3.33, 5.13-14, 14.19-20
aj počas pobytu v tele, 14.20
spôsob, 14.21, 14.26
uctievanie polobohov podľa, 3.12
ako vládca živých bytostí, 14.22-25, 18.60
vzájomný boj o nadvládu, 14.10
zapríčiňujú duality, 2.45

znečistenie, 17.3
Lakṣmana, 1.26
láska k Bohu, 4.20, 8.28
& žiadostivosť, premena, 3.37, 3.41
& oddaná služba, 9.2, 10.9, 10.10, 11.49, 12.9
driemajúca, 12.9
v nepoškvrnenej oddanosti, ako poznanie, 13.8-12
oddaných, 3.13, 8.28
opätovaná rovnako, 4.11
pastierov, 11.8
viera v Boha sa vyvinie v, 17.28
začína v akejkoľvek dobe, 3.41
liek, 9.16
lenivosť & kvalita nevedomosti, 14.8, 14.13, 18.28, 18.39
lev, Kṛṣṇov predstaviteľ medzi, 10.30
logický argument, 10.32
lokayatická filozofia, 2.25
ľudská spoločnosť, 1.42, 2.4, 2.21, 3.19-21
ľudské bytosti
charakteristika, 2.54
dobré vlastnosti, 10.5
dokonalosť, 4.26, 7.3, 18.45-46
druhy, triedy, 4.3, 4.15, 6.40, 7.13, 7.15, 9.32-33, 16.6, 16.19-20
dôležitosť reči, 2.54
Kṛṣṇa ako, úv., 10.26-27, 11.6, 11.51
Kṛṣṇa priaznivec, 14.16
narodenie ako, 2.40, 14.15
nechcené potomstvo, 3.24
poklesnutie, 4.40, 6.5, 6.23, 6.26, 7.28, 9.3, 9.12, 14.18, 16.1-3, 16.19-24
povýšenie, 4.28
prirovnané k zahalenému ohňu, 3.38
stvorenie, 9.8
svadba vhodná pre, 18.5
usmernenia pre, 2.64, 3.15, 6.40, 16.1-3, 16.7, 16.22-24, 17.5-6, 18.25, 18.78
veľký človek nasledovaný, 3.21
vlastnosti podľa
kvalít hmotnej prírody, 18.19-42
príznakov, 2.54
ľudský život
civilizovaný, 7.15
morálka, 1.40
očisťovanie, 3.35, 9.2, 18.5-6
počiatok, úv., 3.41
puruṣārtha, 6.20-23
pôvod, 10.6
účel, 2.2. 2.7, 3.12, 3.38, 4.26, 7.15, 9.27, 10.4-5, 14.15, 16.23, 18.1
usmernenia, 6.16-17, 16.6, 16.22-23
výhody a príležitosti, 2.7, 3.38, 4.31, 7.30, 14.15
Mādhava, 1.36, 8.22
Mādhavendra Purī, 2.52
Madhyandināyana-śruti, citát, 15.7
Madhu, démon, 1.15, 8.2
Madhusūdana, Kṛṣṇa, úv., 1.15, 2.1, 8.2
Madhvācārya, 2, 7.15
Mahā Upaniṣad, 10.8
Mahā-bāhu, Arjuna, 2.26
Mahābhārata, úv., 1.1, 2.56, 4.1, 4.8
mahad-brahma, 14.3
mahājana, 10.12-13
vymenovanie, 4.16
mahā-mantra, 8.5-7, viď spievanie
Mahārāja, viď *kśatriya*
Maharloka, 9.18, 9.20
mahātmā, definícia, 8.15
kvalifikácia, 9.13-14
význam, 11.37
viď čistý oddaný
mahat-tattva, 7.4, 9.8
& stvorenie, 13.20, 14.3
brahma-jyoti zakryté, 13.18
duša, Boh ako, 10.20
hmotný svet pod, 15.6
Mahāviṣṇu, 7.4, 11.1, 13.20
& *mahat-tattva*, 10.20
& stvorenie, 9.8
expanzia Kṛṣṇu, 11.54
v kozmickom oceáne, 10.20
vesmíry z, 11.54
māyā
& zábudlivosť, 7.15
definícia, 4.6, 4.35, 6.20-23, 10.39
ovláda živé bytosti, 3.5
jej posledná pasca, 2.39, 18.73
prirovnaná k mraku, 7.26
transcendentalista skúšaný, 6.37
jej vládca, Kṛṣṇa, 7.14
zahaľuje živé bytosti, 2.23, 7.26
živé bytosti jej slúžia, 18.73
Māyādévī & Haridāsa Ṭhākura, 2.62
māyāvādī, viď impersonalista
māyāvādska filozofia, viď impersonalizmus
Māṇḍūkya Upaniṣad, 5.10
Maṇipuṣpaka, lastúra, 1.16-18
Manu, 4.7
& *Bhagavad-gīta*, 4.1
ako duchovná autorita, 4.16
Kṛṣṇa jeho pôvodcom, 10.6
odovzdaný Bohu, 7.15
v učeníckej postupnosti, 3, 4.16
Manu-saṁhitā
& očistné procesy, 7.15
citáty
o žiadostivosti, 3.39
o treste za vraždu, 2.21
jeho pokyny pre ľudskú spoločnosť, 3.21
zákonník, 16.7
manželka, 1.36, 3.34, 7.21, 11.44, 16.7
Mārgaśīrṣa, Kṛṣṇa predstavovaný, 10.35
Marīci, Kṛṣṇov predstaviteľ, 10.21
marihuana, 3.24
Marutovia, 10.21, 11.22
materializmus
& ilúzia, 2.2
& zánik rodín, 1.39

ako *asat*, úv.
porovnaný s duchovným životom, 1.35
zmysly hľadajú, 2.62
spletitosti, 2.7
úzkosť z, úv.
materialista, materialisti, 9.12
& *Bhagavad-gītā*
komentáre, 4.2, 18.67
& Kṛṣṇa
hodný uctievania, 4.11
nechápu, 4.9-10, 7.4
ohováraný, 6.47, 9.11-12
Jeho črty, na ktoré spomínajú, 10.17, 19
zabúdaný, 3.27
zavrhuje ich spôsoby, 7.15
& oddaní, môžu vypadať ako, úv.
& pôžitky bez obetí, 3.12
& vesmírna podoba, považujú za najvyššiu, 4.10
& život bez cieľa, 3.12
deň a noc pre, 2.69
ich filozofia, 3.16
konanie a vlastnosti, 18.24-25
ich literatúra, úv.
nevedomí
ohľadom Boha, 4.10
ohľadom duše a reinkarnácie, 15.11
ohľadom oslobodenia, 2.2
ohľadom skutočnej činnosti & uctievania, 4.12
obete pre, 3.12, 4.25
oddaní ich nemajú rušiť, 3.26, 3.29
poklesnutie, 14.18
pokračujú v prevteľovaní, 8.24-26
pokrok, 3.6
porovnaní
s oddanými, 1.28, 2.72, 3.25, 3.27, 4.3, 4.8, 5.10, 5.12, 7.15, 12.15
so svätcom, 2.69
s transcendentalistami, 2.69, 6.38, 6.40
považujú sa za konateľov, 3.27
ich poznanie, vlastnosti, 18.21-22
predstierajú duchovný život, 3.6
priečia sa Bohu
prirovnaní
k pracovníkovi, 4.14
k prasaťu, 7.15
k somárovi, 3.39
k zločincovi, 3.39
sebectvo, 1.30
ich spoločnosť, 11.55
špekulujú o duchovných veciach, 4.10
túžby, 3.25
uctievajú polobohov a významných ľudí, 4.12
vlastnosti, v kvalite vášne a nevedomosti, 18.7-8, 18.21-22, 18.24-25, 18.27-28, 18.31-32, 18.34-35, 18.38-39
závidia Kṛṣṇovi, 18.67
ako zlodeji, 3.12-13
Mathurā, 6.11-12
matka, všetky ženy okrem svojej manželky považované za, 3.34
māyayāpahṛta-jñānāḥ, 7.15
meditácia, 6.19, 6.25-26
& realizácia Boha, 13.25
o Bohu v srdci, 6.14
o Brahmane, 12.1
o *cakrách*, šiestich, 8.10
falošná, 3.6
o Kṛṣṇovom bohatstve, 10.17
o Kṛṣṇovi, 21-23, 6.10, 7.28, 8.8, 18.65
o Nadduši, 6.31, 8.12,
neosobná, ťažká, 12.1
o podobách Boha, 9.22, 18.65
prostredníctvom spievania Hare Kṛṣṇa, 8.8
v súčasnom veku, 9.27
stálosť v, 6.19
s túžbou po oslobodení, 7.29
ako *yogová* metóda, 5.28
Menakā, & Viṣvāmitra, 2.60
Meru, hora, 10.23, 10.25
Mesiac, úv.
& vegetácia, 15.13
dôležitosť, 15.12
ako hviezda, 10.21, 15.12
Kṛṣṇa ako, 11.39, 15.13
poloboh, 7.23
jeho svetlo, 7.8, 13.18
živé bytosti závislé na, 15.12-14
život na, 8.25
mesiace, najlepší, predstavuje Kṛṣṇu, 10.35
Medzinárodná spoločnosť pre vedomie Kṛṣṇu, viď ISKCON, Hnutie pre vedomie Kṛṣṇu
milodary, dobročinnosť
bez viery, 17.28
brāhmaṇom, 10.5, 11.48
pre hospodárov, 8.28, 16.3
ako obeť, 4.28
očisťujúce, 12.11, 18.4-7
s odpútanosťou, 17.20, 17.25
päťdesiat percent svojich príjmov, 10.5
podľa kvalít prírody, 14.9, 16.3, 17.20-23
s pripútanosťou k výsledkom, 17.21
rozlišovanie, 8.28, 10.5, 11.48, 11.54, 17.20-21, 18.5
sannyāsīnom, 10.5
so *sat, tat*, účel, 17.25-28
milosť
čistého oddaného, 18.71
Kṛṣṇova, viď Kṛṣṇa
Vyāsadevova, 18.75
Mīmāṁsā-sūtry, 11.48
mierumilovnosť
& oddaní, 11.49
& sebarealizácia, 18.51-53
& zmyslový pôžitok, 2.70
& vedomie Kṛṣṇu, 2.71, 4.38, 5.12, 5.29
jediná záruka, 2.8
ako *brāhmaṇská* vlastnosť, 8.42
Kṛṣṇovou milosťou, 18.62

návod, 5.29
prostredníctvom oddanej služby, 9.31
prostredníctvom odovzdania sa Kṛṣṇovi, 5.12, 18.62
prostredníctvom odpútanosti, 2.70-71, 8.51-53
prostredníctvom poznania, 4.38-39, Kṛṣṇu, 15.17
prostredníctvom zrieknutia sa túžob, 2.70-71
šťastie, 2.66
základné pravidlo, 2.71
miesto pobytu, pripútanosť & odpútanosť, 12.18-19, 14.12
Mithila, 3.20
modlitby
Arjunove, 11.14-31
Brahmove, 4.5
dieťaťa v lone, 7.15
Kulaṣekharu Mahārāju, 8.2
Mādhavendru Purīho, 2.52
za ochranu kráv a brāhmaṇov, 14.16
oddaných za hmotný prospech, 7.18, 7.22
podnet k, 7.15
polobohov, 11.21
Śrī Caitanyu, 6.1
všeobecné, Hare Kṛṣṇa *mantra*, úv.
mokṣa, viď oslobodenie
Mokṣa-dharma, citát, 10.8
monizmus, viď impersonalizmus
múdrosť, 10.38, 18.42
Mount Everest, 6.47
mravnosť
dôležitá v spoločnosti, 1.38-43
podstata, najvyšší pokyn v *Bhagavad-gīte*, 18.78
predstavuje Kṛṣṇu, 10.38
mūdha, 7.15
mukti, definícia, úv., viď oslobodenie
Mukunda, Kṛṣṇa, 1.41, 2.51
Mundaka Upaniṣad, citát
o duši, 2.17
o duši & Nadduši, 2.22
o hmotnom svete ako prejave Brahmanu, 5.10
o Nadduši, 13.21
o poznaní od Boha, 7.2
o stvorení, 14.3
muni
definícia, druhy, 2.56
Vyāsadeva, najlepší, 10.37
myseľ
& žiadostivosť, 3.40
& cvičenie, 2.60, 6.25-26
& oddaný, 5.7
& odhodlanie, 6.35-36
& oslobodenie, 5.27-28, 6.5
& sebarealizácia, 18.51-53
pre *brahmacārīna*, 4.26
definícia, 10.4-5
inteligencia pre, 6.34
v *yoge*, 6.18-27
Kṛṣṇa pôvodom, 10.4-5
načúvaním *vedskej* literatúre, 17.16
najlepší spôsob, 17.16
nevyhnutnosť, 6.5, 6.26, 6.34, 6.36
obtiažnosť, 6.33-35
oddanou službou, 2.66-67, 6.36
odpútanosťou, 6.35
poteší všetkých, 5.7
príznaky, 6.7
zmysel, 10.4-5, 17.16
& zmyslový pôžitok, 3.40
& zmysly, 2.67, 3.42
boj s, 15.7
centrum zmyslov, 3.40
duchovné zamestnanie nutné pre, 2.60
dvojakosť, 17.16
inteligencia ako posila, nadradená, 3.42
Kṛṣṇa ovláda, 1.24
Kṛṣṇova, 9.34
Kṛṣṇova reprezentácia, 10.22
v Kṛṣṇovej službe, 2.60, 6.18, 6.27
v kvalitách prírody, 15.7
narušená hmotnými putami, 1.28-45
nečistá, 3.6
očista, 6.20-23
v oddanej službe, 3.42, 6.36
jej odriekanie, 17.16
posilnená oddanosťou, 3.42
povaha, 6.26
povýšenie prostredníctvom, 13.29
prirovnaná
k infekcii, ostrojom, vetru, 6.34
k labuti, 8.2
k zrkadlu, 3.38
ako priateľ alebo nepriateľ, 6.5-6
v *samādhi*, 2.44
spokojná sama v sebe, 2.55
stálosť, 5.19-20, 6.25-26
prostredníctvom vedomia Kṛṣṇu, 3.43
túžby sú jej výplody, 2.55
uspokojenie iba prostredníctvom vedomia Kṛṣṇu, 2.66
vážnosť, 17.16
vlastnosti, 6.34
vyššie zamestnanie, 2.59, 3.42
vždy činná, 3.42
zameraná na Kṛṣṇu, 8.5-10, 12.8
zameraná na sebarealizáciu, 2.53
mystická sila, Kṛṣṇa ako vládca, 10.17, 11.4, 11.5, 11.9
náboženstvo
& banyanovník, analógia, 15.1
& bezbožnosť, 18.32
& *Bhagavad-gīta*
posledné slovo, 18.78
vysvetľuje, 4.7
& filozofia, nutnosť obidvoch
& ochrana žien, 1.40
zásady
& boj, 2.31-33
& násilie, 2.21, 2.31-33
čistoty, 2.14

pre *kṣatriyov*, 1.31, 2.14
v *Manu-smṛti*, 7.15
nedostatočné bez Kṛṣṇu, 2.8
nutnosť dodržiavania, 1.38
pre obetovanie zvierat, 2.31
odpustenie, 1.36
odporúčané, 2.18
pohlavný život podľa, 7.11
povinnosti podľa, 2.31
pre povýšenie, 2.14
poznanie prostredníctvom, 2.14
v rodinnom živote, 1.39-42
starší zodpovední za, 1.39
varṇāśrama podporuje, 1.39-40
vláda podľa, 2.32
zabíjanie podľa, 2.19, 2.21
začínajú *varṇāśramou*, 4.7
zanedbanie, 7.15
zdroj, 4.16
ako *brāhmaṇská* vlastnosť, 18.42
cieľ, dokonalosť, oddaná služba, 9.2
falošné, 7.15, 16.1-3
démonov, 16.4, 16.10, 16.17
hmotné, 2.26, 13.8-12
v kvalite vášne, 18.34
porovnané s duchovným, 17.11
knihy, 10.32
Kṛṣṇa zostupuje kvôli ochrane, 4.7-8
Kṛṣṇov príklad ohľadom, 3.22-24
morálne zásady, 3.16
najvyššia zásada, 4.7
otec, 1.1
podľa kvalít hmotnej prírody, 17.4
porovnané so *sanātana-dharmou*, 14-15
prirovnané k matematike, 4.7
v rôznych *yugách*, 8.17
v súčasnom veku, 7.15
stupne, poznanie o, 4.7
účel, 7.15
večné, 14
videné ako bezbožnosť v kvalite nevedomosti, 18.32
všetkých, služba, úv., viď *sanātana-dharma*
zásady od Parāṣaru Muniho, 2.32
zavrhnuté v Kṛṣṇovom záujme, 18.66
strata, v rodinnom živote, 1.39-43
Nadduša, 2.20, 2.39, 4.11, 7.4, 9.11, 9.18, 18.78
& *yoga*, 6.6, 6.13-14, 8.12
& Kṛṣṇa, 2.20, 6.31, 7.15, 8.4, 9.11, 10.20, 10.42, 13.3, 14.27, 15.15, 17.21-22, 18.61
& oddaní, 10.10-11, 18.58
& polobohovia, 7.21-22
& stvorenie, 7.6, 10.20, 13.17
& telo & duša, spojenie, 13.1-7
& pripomínanie minulých túžob, 18.61
& živé bytosti, úv., 2.12-13, 6.29, 7.26, 10.42, 13.15, 13.17, 13.21, 13.23, 13.28-29, 15.17, 18.61-62
chrám, telo ako, 9.11
ako jedna expandovaná do mnohých, 6.31
ako Kṣīrodakaśāyī Viṣṇu, 7.4
neviditeľná hmotnými zmyslami, 13.16
ako Paramātma, 13.23
podoba (Viṣṇua), 9.8
porovnaná s dušou, 2.13, 2.20, 5.18, 6.29, 13.5, 13.13-15, 13.18, 13.20, 13.23, 13.28, 13.34, 15.13
prirovnaná
k ohňu, 2.61
k priateľovi, 2.22
k vtákovi, 2.22, 16.11-12
k Slnku, 13.17-18
ako priateľ, 13.23, 13.34, 18.14, 18.16
realizácia, úv., 6.10, 6.28-31, 10.15, 12.3-4, 18.78
rušená neautorizovaným odriekaním, 17.6
sannyāsī presvedčený o prítomnosti, 16.1-3
schvaľuje, 13.23
v srdciach všetkých, 2.20, 5.18, 10.20, 13.18, 15.15, 18.61
ako svedok, 2.22, 8.4, 13.23, 16.11-12, 18.61
veľkosť, 8.9
ako *vibhu-ātmā*, 2.20
vo vnútri i vonku, blízko i ďaleko, 13.16
vnímanie, tri metódy, 13.25
všeprenikajúca, 9.8, 10.42, 13.14, 15.13
vševedúca, 7.26
vypĺňa túžby, 2.22
zdroj svetla, 13.18
zdroj všetkých zmyslov, 13.15
Nāgovia, Kṛṣṇov predstaviteľ medzi, 10.29
Naimiśaranya, & svätci, 10.18
naiṣkarmya, 6.47
Nakula, 1.16-19
Nanda Mahārāja & uctievanie Indru, 15-16
Nandana-kānana, 2.43
Nārada Muni, 6, 7.24
ako autorita, 4.16, 18.62
citát, vedomie Kṛṣṇu sa nestráca, 6.40
duchovný učiteľ, 18.75
Kṛṣṇov predstaviteľ, 10.26
matka & predchádzajúci život & prasādam & služba oddaným, 9.2
Nārada-pañcarātra, 6.31, 7.3
narādhama, 7.15
Nārāyaṇa, 2.2, 14.26, 18.56
Kṛṣṇa pôvodcom, 10.8
Kṛṣṇa sa zjavil ako, 4.6
Jeho podoby, 11.45-46
stvoriteľ Brahmu, Śivu, polobohov a predkov, 10.8
Jeho symboly, 11.46
Nārāyaṇa Upaniṣad, citáty
o Nārāyaṇovi & polobohoch & živých bytostiach, 10.8
o stvorení, 10.8
Nārāyaṇīya, citát, 12.7
narodenie
v dobrej rodine, 6.41-43, 6.45
iba tela, 2.20, 13.32
povaha a príčina, 14.3
pôvod, Kṛṣṇa ako, 10.4-5, 10.33, 14.3-4

transcendovanie, 2.46, 6.44, 9.32
umieranie začína pri, 10.34
určené
karmou, 2.2, 2.18, 2.27
kvalitami prírody, 4.14-15, 4.18
myšlienkami v okamihu smrti, 18-20, 8.6
túžbou, 9.10, 13.22
utrpenie pri, 13.12
zvieracie, 3.14, 8.3, 13.21, 13.22, 14.15-16, 15.8-9, 16.1-3, 16.19-20, viď kolobeh prevteľovania, transmigrácia
násilie
& *kṣatriya*, 16.1-3, 18.47-48
& odriekanie, 17.19
autorizované & neautorizované, 2.19, 2.21, 18.17
démonov, voči sebe i voči druhým, 16.18
ako nevedomosť, 18.25
ako povinnosť, podľa pravidiel, 2.31-33
na zvieratách, 2.19, 16.1-3
načúvanie & vedomie Kṛṣṇu, 7.1, 18.55
od autority, 1.43, 13.26, 15.19
inšpiruje k uctievaniu Kṛṣṇu, 13.26
je možné porozumieť Kṛṣṇovi, 9.2, 10.2, 11.52
ako liek pre chorú myseľ, 6.35
prirovnané ku kúpeľu v Gange, úv.
radosť z, 10.9, 10.18
Śrī Caitanya odporúča, 7.15, 13.26
výhody, úv., 23-25, 2.22, 6.35, 9.1-2, 13.22, 13.26, 18.76
návrat k Bohu, úv., 23-24, 2.24
cieľ života, 3.7
na konci vesmíru, 8.16
Kṛṣṇa sľubuje oddaným, 18-65-66
metóda, 11.55, 15.5
prostredníctvom načúvania, 13.26
prostredníctvom oddanej služby, 2.51, 7.23-24, 7.29, 8.22, 10.9, 11.55, 18.55
prostredníctvom odovzdania sa, 9.28, 11.55, 15.3-6, 18.62-65
prostredníctvom poznania, 4.9-10, 11.43, 13.18, 15.15
prostredníctvom vedomia Kṛṣṇu, 2.72, 4.10, 4.24, 4.29, 5.26, 6.15, 8.13, 8.28, 9.25-26, 9.28-29, 10.4-5, 11.55, 15.8, 17.23, 18.65
prostredníctvom spomínania si na Boha, 7.30, 8.8, 8.10, 8.13
prostredníctvom spomínania si na Kṛṣṇu v okamihu smrti, 7.30, 8.8, 8.10, 8.13
umožnený stvorením hmotného sveta, 3.10, 11.33
nebeské planéty
kráľ, 10.24
oddaná služba na, 8.16
poklesnutie, 8.16, 8.19, 9.21
porovnané s duchovným svetom, 9.21
povýšenie sa na, 2.8, 2.31-32, 2.37, 8.16, 14.14, 14.18, 17.21,
prostredníctvom načúvania *Bhagavad-gīte*, 18.71
príklady, 9.20
rovnako nestále, s utrpením, 8.16-19
nebojácnosť, 2.55, 6.13-14, 10.4-5, 16.1-3
Najvyšší Brahman, úv.
Najvyššia Bytosť, viď Kṛṣṇa
najvyšší cieľ, 9.32-33
Najvyššia Božská Osobnosť, viď Kṛṣṇa
Najvyšší Pán, viď Kṛṣṇa
nenásilie, 16.1-3
& Buddha, 4.7
& *kṣatriyovia*, 2.31-32, 16.1-3
Kṛṣṇa zdrojom, 10.4-5
ako odriekanie pre telo, 17.14
význam, 10.4-5, 13.8-12, 16.1-3
nenávisť, 7.27
neoddaný, 1.28, 2.7, viď ateista, démon, impersonalista a materialista
nesmrteľnosť, Kṛṣṇa ako, 9.19
nevedomosť, definícia, 13.8-12
& uctievanie polobohov, 7.20-23, 9.23-24
& zabíjanie zvierat, 14.16
& žiadostivosť, 3.39
ohľadom činu, 16.7-8
ohľadom duše, 2.19-20, 2.23, 2.26, 2.29, 3.32, 4.35, 5.2, 9.2, 13.23, 13.33, 18.21
impersonalistov, 2.23, 7.4, 7.24, 9.26, 13.23
ohľadom Kṛṣṇu, 4.3-4, 4.10, 4.14, 7.8, 7.13, 7.24-25, 9.18, 10.8, 10.14-15
māyā spôsobuje, 7.26
ohľadom náboženstva, 4.16
odhalená rečou, 2.54
prirovnaná k mraku, 7.26
príznaky, 2.1
spánok, 1.24
telesné poňatie života kvôli, 3.29
„učencov" a vedcov, 2.23, 7.15, 11.33, 13.33
zmätenie, 5.15
ohľadom zmyslu života, 7, 7.15
nevedomosť, kvalita
& snenie, spánok, 6.16, 10.20, 14.8, 18.35
& Śrī Śiva, 7.14
dobročinnosť v, 16.1-3, 17.23
hnev, 3.37
inteligencia, 13.6-7, 18.32
jedlo, 6.16, 17.7, 17.10, 17.22
konanie, 14.16, 18.25
lenivosť, 14.8, 14.13
myseľ, 15.7
narodenie v, 14.15, 14.18
následky, 6.16, 14.5, 14.8-10, 14.13, 14.15-18, 18.28, 18.39
odriekanie v, 17.23, 18.7
omamné látky, 14.17
poznanie, 18.22
pôst, 10.5
šťastie, 18.39
viera, 17.2-3
nihilizmus, 2.26
Nimbārka Swāmi, úv.
nirguṇa a *saguṇa* uctievanie, 12.5
Nirukti, slovník, citáty

o energii a zábavách Boha, 9.5
o *samādhi*, 2.44
o *sāṅkhyi*, 2.39
o účele *Ved*, 15.18
nirvāna, 6.20-23
definícia, 2.72
Nityānanda & Jagāi a Mādhāi, 7.15
nitya-baddha, duša, 7.14
noc, pre svätca a obyčajného človeka, 2.69
Nṛsiṁha Purāṇa, citát, 9.30
Nṛsiṁhadeva, 4.5, 6.47, 8.14, 11.46, 15.7
obchodník, 18.47-48
obeť, 16.1-3
& *brahmacārī*, 4.26
& démoni, 16.16-17
& dážď, 3:14
& duchovný život, 4.24-33, 18.2
& hospodári, 4.26, 8.28, 16.1-3
& impersonalisti, 4.25
& jedlo, 3.13-14, 4.29, 9.26-27, 17.10
& oddaní, 3.13-14, 4.25-26, 4.29
& ovládanie dychu, 4.27, 4.29
& povýšenie na Mesiac, 8.25
& svadobný obrad, 18.5
& vedomie Kṛṣṇu, 4.24-26, 4.28-31, 4.33, 4.42, 12.10
môže vyústiť z, 3.11
prostredníctvom, 3.11
transcendentálna, 4.28, 8.3
agni-hotra, 11.48, 16.1-3
aśvamedha-yajña, 18.71
bez viery, 17.28
cieľ, ovládanie zmyslov, 4.30
druhy, 4.25-30, 4.42, 8.3
štyri, 4.28
dva, 4.25, 4.42
podľa viery, 4.33
hmotná a duchovná, 4.33, 4.42, 17.23, 18.2
Kṛṣṇa
ako, 9.16
ako objekt, 17.26-27
ako Pán, 8.2, 9.24
ako požívateľ, 2.66, 3.10-12, 9.24, 9.26-27
Jeho predstaviteľ medzi, 10.25
udeľuje výsledky, 3.14
ako vládnúci princíp, 7.30
v Kṛṣṇovej službe, 12.6-7
Kṛṣṇovi
Božstvám, 9.26
nevyhnutnosť, 9.26-27
prijíma, 13.14
vhodná, & *prasādam*, 11.55
ľahká
mahā-yajña, 9.16
neautorizovaná, 17.13
najlepšia, 10.25, 16.1-3
obetiny, päť druhov, 8.3
oddaná služba
ako, 4.23
rovnaký výsledok, 8.28
transcendentálna, 9.16
v oddanej službe, 3.10, 3.13-14, 9.26-27
odriekanie ako, 4.28
oheň pre
druhy, päť, 8.3
Kṛṣṇa ako, 9.16
odriekanie, 6.1
pañcāgni-vidyā, 8.16
pañca-mahā-yajña, 3.12
podľa kvalít prírody, 3.12, 17.7, 17.11-13, 17.23
v pohlavnom živote, 4.26
polobohom, 3.11-12, 4.25
pre povýšenie na nebeské planéty, 8.16, 17.12, 18.71
povýšenie prostredníctvom, 4.30
s poznaním, 4.33-34
prostredníctvom ovládania zmyslov, 4.26-27
rozvíjanie poznania, 9.15
saṅkīrtanaa-yajña, v súčasnom veku, 3.10, 3.12-14
štúdiom *Ved*, 4.28
šťastie prostredníctvom, 3.10-12, 4.31
tapomaya-yajña, 4.28
vedska, 2.43
Kṛṣṇa cieľom, 3.26
účel, 2.46
určené na uspokojenie Najvyššieho Pána, 9.24
vivāha-yajña, 18.5
vlastníctvo, 4.25, 4.28, 4.42
výhody, 3.10-15, 4.30-31
výsledkov práce, 12.10-11
vysvetlenie, 18.3
oslobodenie prostredníctvom, 3.10-11, 4.32
zduchovnie všetko, 4.24
zvieracia, 3.12, 4.7, 10.25
životného vzduchu, 4.27-29
objekty zmyslov, viď zmyslové predmety
oceán
Kṛṣṇova reprezentácia, 10.24
stĺkanie, 10.27
Oceán príčin (vesmírny oceán), 10.20, 11.54
očistenie, 16.1-3
& odriekanie, 3.8
& *sannyāsa*, 3.4, 16.1-3
& *varṇāśrama*, 1.40-42, 16.22
žiadostivosti v lásku, 3.37
od hmotných vzduchov, 2.17
metóda pre všetkých, 18.4-7
Naddušou, 2.61, 13.29
odčinenie pre, 1.43
ako odriekanie mysle, 17.16
postupné, 3.35, 16.22
dobročinnosti, 12.11, 18.5
haṭha-yogy, 2.17
inteligencie, 18.51-53
načúvania, 13.22, 18.55, 18.71
obete, 3.11-14, 3.26, 4.30-31, 18.2
oddanej služby, úv., 2,50-51, 2.61, 3.9, 9.28, 10.11, 14.27, 15.20, 18.66
odpútanosti od žiadostivosti, hnevu a chamtivosti, 16.22

ohňa, sterilizácia, 2.24
pokánia, 18.5-7
prasādam, 3.11, 3.14
pôstu, 17.6
smerníc a pravidiel písiem, 3.6, 16.23
smrti na bojisku, 2.22
spoločnosti oddaných, 14.27
spoločnosti transcendentalistov, 17.4
vedomia Kṛṣṇu, 3.38, 3.41, 17.3, 17.28
vykonávania povinností, 3.7-8, 17.26-27, 18.6-11
spievania Hare Kṛṣṇa, 9.31
predkom, 1.41
rodinné tradície pre, 1.38-44
stupne, 16.22
od túžby panovať, 13.22
odčinenie, 1.43, 9.31-32
oddaná služba, čistá, 2.39, 4.10, 9.20, 10.9, 11.8, 15.20
charakteristika, 6.7-32, 8.14, 10.9, 11.55
cieľ poznania, 13.8-12
činnosti, deväť, 9.1
definícia, 7.16
porovnaná s hmotne motivovanou službou, 7.16, 9.2
prostredníctvom kázania *Gīty*, 18.68
riskovanie pri, 12.17
úrovne, 18.51-56
viera prinesie, 10.7
oddaná služba Najvyššiemu Pánovi
& Ambarīṣa Mahārāja, 2.61, 6.18
& odriekanie, príklady, 12.16
& povinnosť, 1.41, 6.23, 6.47, 8.28, 10.3, 18.46, 18.57
absolútna, 2.72, 4.24
arcanam, 6.18, 9.27, viď Božstvá, uctievanie
buddhi-yoga, 2.39, 2.49, 2.51, 10.10
Boh pomáha v, 6.24
v chráme, 11.55, 17.26-27
činnosť v oslobodenom stave, 2.72, 3.9, 5.11-12
činnosti, 4.22-28, 9.1
činnosti očisťuje, 5.11
deväť druhov, 2.61, 9.1, 9.22, 11.55
druhy, 3.13, 8.14, 12.2
v duchovnom svete, 2,72, 14.2
dôležitá, 7.1
v hmotnom svete, 9.30
s hmotnou túžbou, 7.16-17, 7.20, 7.22, 7.29, 9.2-3
v akýchkoľvek životných podmienkach, 9.2, 9.14, 9.26, 9.32—33, 11.55
jediná cesta ku Kṛṣṇovi, 9.26
jednoduché vykonávanie, 12.5-7, 14.27
v Kali-yuge, 9.27
pre každého, 9.14, 11.55
Kṛṣṇa nás žiada, 9.33-34
ako Kṛṣṇova spoločnosť, 12.8-9
meditácia v, 7.28
motivácia, najvyššia, 7.17-19
mysli, úv., 3.42, 6.18, 6.34, 6.36
nadradená odriekaniu, 5.2
neautorizovaná, 7.3
ako najvyššia
činnosť, 6.47
duchovný proces, 7.30, 15.19, 18.78
yoga, 6.46, 9.2, 10.10, 12.5
realizácia, 12.1, 14.27
obtiažnosť, 7.3, 9.3
s odhodlaním, 2.41, 2.44, 6.24-25, 6.45-46, 7.30, 9.14, 9.30
písma ako návod, 10.3
podnety, 7.16-18
poklesnutie, 5.7, 9.3-4, 9.22, 9.30-31, 15.20
pokročilé stupne, 8.28
postupný proces, 4.10, 4.15, 4.24, 5.29, 10.10
prekážky, 8.5, 8.14
príklady, 12.9, 14.27
priama a nepriama, 12.20
prirovnaná, viď analógia
v rodinnom živote, 6.14, 13.8-12
sāṅkhya-yoga ako, 2.39
služba oddaným ako, 7.28, 9.2
smernice, zásady, 9.14, 12.9, 13.8-12
spojenie činností s, 3.28, 4.21, 5.11, 8.27
spontánna, 8.28
telom a zmyslami v podmienenom živote, 12.9
túžba po, príčina, 7.16-17
s túžbou po oslobodení, 7.29-30
učenícka postupnosť, 4.16
ako vojna s ilúzornou energiou
večná, 9.2, 13.8-12
viera v, 3.31, 6.24, 9.3
vrchol, 6.47, 8.16
výhody
dosiahnutie *brahma*, 14.26-27
dosiahnutie Kṛṣṇu, úv., 8.5-8, 8.14-15, 8.22, 9.26, 9.33-34, 12.8, 18.65
duchovné poznanie, 2.25, 2.39, 4.38, 6.8-9, 7.1, 7.3-4, 9.2, 10.10-11, 15.11, 15.20
láska k Bohu, 4.10, 10.9, 12.9
mier, 2.71, 9.31
nebojácnosť, 6.13-14
nikdy sa nestráca, 2.40, 9.30
ochrana, 2.21, 2.40-41, 3.4, 7.17
odpútanosť, 2.70, 3.28, 4.10, 6.13-14, 6.35-36, 14.27, 18.55
oslobodenie sa od telesného poňatia života, 14.22-25
oslobodenie sa od utrpenia, 5.26, 9.33
osvietenie, 9.1-2
potešenie Kṛṣṇu, 7.17-18, 11.55
pre predkov, 1.41
aj napriek nedostatkom, 7.20, 9.30-31
sebarealizácia, 3.3, 9.1-2, 13.8-12, 16.22
šťastie, úv., 2.39, 2.70, 4.18, 6.26, 6.35, 8.28, 9.2, 9.14, 12.7, 18.54
viera, 4.39, 8.28
vyliečenie hmotnej choroby, 4.24, 6.35
zbavuje reakcií, 2.21, 2.38, 2.50-51, 4.14, 4.18-22, 4.24, 5.7-14, 9.2
získanie dobrých vlastností, 10.5, 13.8-12

po oslobodení, 9.2, 18.55
začiatok, 9.20, 9.34, 18.55
základná zásada, 15.1
záver *Ved*, 16.24
zbožné činnosti predchádzajú, 6.45, 7.28
zduchovnie hmotu, 4.24
znamená Boh, oddaný & výmena lásky, 14.26
oddaný Najvyššieho Pána
& kázanie, 18.68
& Kṛṣṇa, 9.29
dosiahnutý, 7.23, 13.19-20
inkarnácie doprevádzané, 4.5
nikdy sa nestratí, 6.30-31
odovzdá sa, 18.73
ako On, 7.18
videný všade, 6.30-31
vzájomné vzťahy, úv., 1.22, 4.11, 6.30, 7.14, 7.18, 8.14, 9.29-30, 10.9, 11.8, 11.14, 11.36, 11.41-42, 11.44, 11.49, 11.54, 18.57-58
& *Śrīmad Bhāgavatam*, 10.9
& utrpenie, pochopené, 15.10
znížené na minimum, 2.56
bez úzkosti, 12.16-17, 18.58
budúcnosť zveruje Kṛṣṇovi, 12.6-7
chyby prirovnané k škvrnám na Mesiaci, 9.30
čistý, viď čistý oddaný
drahý Kṛṣṇovi, 12.13-20, 18.69
drahý všetkým, 5.7
druhy, päť, 8.14
druhy, podľa viery, 9.3
duchovný učiteľ, 2.8, 12.20
hmotne motivovaný, 7.16, 7.29
inkarnácia, 4.5
v ISKCONe, 18.11
jemného srdca, 1.45
v Kali-yuge, 18.57
má najlepšie poznanie, 7.17-18
má vlastnosti polobohov, 1.28
mahātmā, 9.13
mat-para, 2.61
mlčanlivý, 12.18-19
nadšený aj pri odpútanosti, 18.26
najlepší transcendentalista, 13.25, 18.
najväčší, Nārada Muni, 10.26
nemiestna kritika, 10.11
nepripútaný, viď odpútanosť
nerozrušený, 2.70, 3.28, 4.22-23
neustále spomína na Kṛṣṇu, 1.24
nezávistlivý, 4.22
ochraňovaný, Kṛṣṇom
odovzdaný, 4.11, 5.12, 9.28-29, 18.66
poklesnutie, 5.7, 9.3, 9.22, 9.30-31, 15.20
považuje čas za cenný, 6.17
povinnosti, 1.35, 6.23, 9.28, 18.57
prirovnaný, viď analógia
prirodzene mierny, 11.49
priateľ všetkých, 6.32
riskuje, 3.29, 11.55
rovnaký ku všetkým, 5.18-19, 6.29-30, 7.15
ako *sādhu*, 4.8, 17.26-27
spoločnosť
& Nārada Muni, 9.2
túžba po, 4.10
výhody, 2.29, 2.61, 4.17, 6.8, 6.18, 7.16, 7.28, 7.30, 8.28, 9.1, 9.32, 10.4-5, 13.24, 14.27, 15.3-4, 15.6, 17.26-27, 18.36
začiatok vedomia Kṛṣṇu, 7.30
svätý aj napriek nedostatkom, 9.30
śānta, 3.13, 8.14
túžby, 3.25, 5.7, 7.18, 7.22, 7.29
transcendentálny, úv., 1.35, 2.64, 4.13, 4.22-23, 5.7-14, 18.26
úprimný, 10.1, 10.10-11
vlastnosti, 2.54-61, 2.64-65, 2.68-72, 4.18-22
vytrvalý, 2.56, 4.22-23
vzácnosť, 10.3
ako *yukta*, 9.27
začiatočník, 2.52, 2.59, 3.42, 8.4, 9.11, 11.54
odovzdanie sa čistému oddanému, 13.26
odovzdanie (sa) Najvyššiemu Pánovi, 2.53, 6.8
& mentalita, 3.30, 9.28
& šťastie, 3.30
démoni a ateisti sa vyhýbajú, 7.15, 9.12
dieťa sľubuje, 7.15
dodá silu mysli, 3.42
Kṛṣṇa odmeňuje podľa, 4.11, 9.29
mier prostredníctvom, 5.12
„nezrodenému v Kṛṣṇovi", 2.7
ako poznanie, 18.64-66, 18.78
prostredníctvom duchovného učiteľa, 2.39, 2.41, 4.34, 13.8-12
prostredníctvom poznania, 5.16-17, 7.19, 10.7, 18.73
príznaky, 10.9
ako skutočná *yoga*, 2.48
všetkého pre Jeho uspokojenie, 2.48-54
výhody, zbavenie sa
dlhov a záväzkov, 2.38
nadvlády prírody, 9.13, 14.26
odpútanosť, 15.3-5
reakcií, 3.31, 18.66
strachu, 1.19
utrpenia, 18.62
úzkosti, 2.45
vzácnosť, 7.19
spôsob, 15.5, 10.4-5, 18.66
žiadna strata, 6.40
odpútanosť (od)
dualít, 2.45, 12.17-19, 13.12, 14.22-25, 15.5-6
falošného ega, 2.71, 4.21, 5.20, 12.13-14, 13.12, 18.51-53
falošných označení, 12.16
hnevu, 18.51-53
horúčavy a chladu, 12.18-19
jedla, 18.51-53
kritizovania, 13.12
miesta pobytu, 12.18-19
osobného povýšenia, 6.32

oslobodenia, 2.70, 8.14-15, 11.55
plodov práce, 2.1, 3.19-20, 3.30-31, 4.18-24, 5.12, 11.55, 18.7, 18.10-11, 18.26
pohlavného života, 5.21, 6.14
priaznivej a nepriaznivej práce, 18.10-11
rodinného života, 3.7, 6.23, 12.17, 13.8-12, 13.12
slávy a pohany, 12.18-19, 13.8-12, 14.22-25, 16.1-3
spánku, 1.24, 6.17
šťastia, 2.15, 2.38, 2.69, 13.12
tela, 4.21, 5.8-11, 5.13-14, 14.25
telesných potrieb, 6.23
utrpenia, 6.23
výsledkov odriekania a dobročinnosti, 17.11, 17.25
zlej spoločnosti, 13.12
zmyslových pôžitkov, 5.21-22, 17.16
žiadostivosti, hnevu a chamtivosti, 16.22, 18.51-53
& *bhakti-yoga*, 7.1
& oddaná služba, 2.60, 5.21
& vedomie Kṛṣṇu, 2.38, 2.56-71, 3.17, 4.18, 4.20-23, 5.7-14, 5.26, 6.1-4, 6.10, 6.13-26, 6.35-36, 7.1, 15.6
& Yamunācārya, 2.60, 5.21
cvičenie mysle &, 6.35
definícia, 2.56
extrémna, nepriaznivá, 10.5
v konaní, v kvalite dobra, 18.23
nutná na sebarealizáciu, 2.20
príznak transcendovania kvalít prírody, 14.22-25
príznaky, 2.55-61, 2.64-65, 2.68-72, 14.22-25
prvky, 18.51-53
umelá, 1.31
ako *vairāgya*, 6.35
výhody
dokonalosť, 18.49-50
mier, 2.70-71, 18.51-53
očista, 16.22
sebarealizácia, 18.51-53
šťastie, 6.7, 13.22
oslobodenie, 2.15, 4.29, 5.19-20, 5.26-28, 16.3
získaná načúvaním o Kṛṣṇovi, 6.35
získaná spoločnosťou, 15.3-4
odriekanie, definícia, 10.5
& *brāhmaṇa*, 10.4-5, 18.42
& dokonalosť, 3.4-9, 18.49-50
& očista, 3.8, 12.11
& oddaná služba, 5.6, 18.11
& oddaní, 2.63, 3.28, 5.12, 6.16-17
& potlačovanie, 3.33
& realizácia Nadduše, 12.3-4
& Rūpa Gosvāmī, 6.17, 8.27
& *sannyāsī*, 2.15, 18.2, 18.7
& Śrī Caitanya, 2.15
& šťastie, 5.6, 5.13
& *tapasya*, 16.1-3
& *varṇāśrama*, 16.1-3, 18.47-48
brahmacārīna, 4.26, 8.28
candrāyaṇa, v *cāturmāsyi*, 4.28
druhy, 10.5, 17.14-19
dôležitosť, 16.3
hmotného poňatia života, 2.41
hmotného zisku, 3.7-8
hmotných túžob, 6.2-3
v jedle, 2.63, 4.28-29, 6.16
Kṛṣṇova vlastnosť, 18.78
kvalifikácia na dôverné poznanie, 18.67
mysle, 17.16
napodobovanie, 16.17
neautorizované, 17.5-6
„nebezpečenstvo", 6.38, 6.40
ako nedostatočné pre očistu, 5.2
oddaná služba &, 8.28
plodonosných činností, 3.4, 5.2, 18.3
plodov práce, 2.39, 4.41, 12.10, 13.25, 18.11
podľa kvalít prírody, 18.4, 18.7-9
pohlavného života, 4.26
& *brahmacārī*, 6.13-14
& *yogīn*, 6.18
povinností, 3.43
v Kṛṣṇovom záujme, 2.38, 2.40
zakázané, 8.7, 18.7-10, 18.47-48
v poznaní, 5.1-3, 6.10
ako poznanie, 13.8-12
prostredníctvom vedomia Kṛṣṇu, 2.55-56, 6.2-3
ako príznak transcendovania kvalít, 14.22-25
pôst, 9.14, 10.5
realizácia Boha prostredníctvom, 12.3-4
kvôli realizácii Boha, 2.29
rodinného života, 2.15, 13.8-12
v rodinnom živote, 4.26, 6.13-14, 16.1-3
rôzne názory na, 18.3-4
reči, 17.15
skutočné, 2.58-64, 2.67-71, 6.1-2
oddaná služba ako, 10.3
práca pre Kṛṣṇu ako, 18.49
zlej spoločnosti, 11.55
zmyslového pôžitku, 4.26-27, 6.17
túžby po zmyslovom pôžitku, 6.2
umelé, 2.59, 2.62-67, 2.71, 3.4-8, 3.33, 4.15, 6.1, 6.18
úplné a neúplné, 5.2, 6.10
vo vedomí Kṛṣṇu, 2.41, 6.2-3, 6.40, 8.27, 9.28, 18.7-11, 18.49-50
výhody, 1.31, 5.13
výsledkov práce, 2.39, 4.41, 18.11
význam, 13.8-12, 18.2
yukta-vairāgya, 8.27, 9.28
pre začiatočníkov v duchovnom živote, 3.42
oheň
zažívací, 7.9, 15.14
okrajová energia, viď energia
oṁ tat sat, 17.23-27, 18.1
omamné látky, 3.24, 4.10, 4.26, 14.8, 14.17, 17.22
oṁ(kāra)
& obete a odriekanie, 17.24
Kṛṣṇa ako, 7.8, 8.13, 9.17
Kṛṣṇova reprezentácia, 10.25
opakovanie, hodnota, 11.19, 2.25
oslobodené duše
Arjuna ako, 1.20

Kṛṣṇový spoločníci, 4.5
porovnané s
Najvyššou Dušou, 5.19
podmienenými, 5.13-14, 5.19
prirovnané, viď analógia
príznaky, 5.16-28
šťastie, 5.22, 5.24
večne individuálne, 2.12
vtelené, 5.19-20
oslobodenie, viď vyslobodenie
otrávenie, trest za, 1.36
ovládanie zmyslov
& impersonalizmus, 12.3-4
& oddaní, 2.58-59, 5.8-11, 5.13
& *svāmī* a *gosvāmī*, 5.23, 6.26
& životný vzduch, 4.27, 4.29
ako cieľ obete, 4.30
definícia, 10.4-5
jazyka, 13.8-12
neprirodzené, 3.43
nevyhnutnosť, 3.34, 3.41, 4.29-30, 5.23, 6.24, 6.26
obtiažnosť, 2.60, 2.62-63, 2.67
odhodlanie pre, 6.24
odpútanosť prostredníctvom, 5.27-28
postupné, 6.25-26
poteší všetkých, 5.7
potreba k poznaniu a vyslobodeniu, 2.6
poznanie prostredníctvom, 4.39
pratyāhāra, 6.25, 8.12
prostredníctvom
aṣṭaṅga-yogy, 2.59
oddanej služby, 2.68, 3.42, 5.26
uctievania Božstiev, 13.8-12
usmerňujúcich zásad, 2.64
vedomia Kṛṣṇu, 2.61-63, 2.67-68
vyššej chuti, 2.59-64, 2.67-68
yogy, 2.48, 4.29, 5.27-28, 6.11-18, 6.28, 8.12
prekážky, 5.23
prirovnané k chovaniu korytnačky, 2.58
šťastie prostredníctvom, 5.23
usmernenie pre, 2.59, 3.34
uší, očí, 13.8-12
s vedomím Kṛṣṇu, 2.57-71, 6.2, 13.8-12
výhody, 4.39
vyslobodenie prostredníctvom, 5.27-28
Padma Purāṇa, 5.22, 9.2
Padmanābha, 8.22
pamäť, definícia, 10.34
Kṛṣṇova reprezentácia, 10.34
očistená, 3.11
pamäť a zábudlivosť, Kṛṣṇa zdrojom, 15.15
Pāṇḍu kráľ, 1.1-2, 1.8, 6.2, 10.37
Pāṇḍuovci
Kṛṣṇa, 1.14, 1.20, 7.25, 10.37
ich armáda, 1.3-6, 1.10-11, 1.14-20, 1.26-28
ich kráľovstvo, 1.18, 1.31-35
ich učiteľ, 1.3
Pañcajanya, lastúra, 1.14-15
pañcarātrikī, 5.6
Pañca-tattva, úv.
Parabrahma, 8.3
Paramātmā, viď Nadduša
Parameśvara, 13.28
paramparā, viď učenícka postupnosť
Parāṣara Muni, 2.32, 10.1
citát (*Parāṣara-smṛti*), 2.32, 13.5
otec Vyāsadevov, 2.2, 13.5
Paraṣurāma, 3.35
Parīkṣit Mahārāja, 10.27
párové kompozitum, reprezentácia Kṛṣṇu medzi, 10.33-34
Pārtha, viď Arjuna
Pārtha-sārathi, 1.15
Pārvatī & Śiva, 2.62
ich syn, 10.24
pastieri kráv, úv., 11.8
pāṣaṇḍī, 4.12
pāśupata-astra, 2.33
Patañjali Muni, 6.20-23
citát, 4.27, 6.20-23
jeho *yogový* systém, 4.27, 6.20-23
Paundra, lastúra, 1.15
pavitram, definícia, úv.
pekelné planéty, 1.43, 16.10, 16.16, 16.21-22
poklesnutie, 14.18
písma
& zásady a pravidlá, 16.24
& obete, milodary a pokánia, 17.13, 17.25
démoni nedodržujú, 16.7
nasledovanie nutné, 16.22-24, 17.6
nasledovníci, 6.40
pre pôst, 17.5-6
zanedbávané v kvalite nevedomosti, 18.28
zanedbávanie, 16.23, 17.1-3, 17.6
zničené nezodpovednou prácou, 18.25
viď usmerňujúce zásady
ako autority, 13.5
ohľadom povinností, 16.24
pre vodcov a učiteľov, 3.21
bezchybné, 16.24
Bhagavad-gīta najlepšie, 4.40
citovanie, 17.15
inkarnácie predpovedané, 4.7-8
Najvyšší Pán cituje, 18.4, 18.13
poznanie Boha prostredníctvom, 8.9, 10.7
príklady, 10.32
viď *Śrīmad Bhāgavatam*, *Vedy*
písmeno A, Kṛṣṇova reprezentácia, 10.33
Piśācovia, 9.25
Pitāmaha, Brahmā, 10.6
Pitovia, praotci
obete, 9.16
planéta, vládca, 10.29
planéta, planéty
& banyanovník, analógia, 15.2
& energia, 15.3
& Najvyšší Pán
Jeho, povýšenie na, 9.25

        pôvodca, 10.8
        vládca, 9.6
        vlastník, 10.3
    Brahmu, 17, 14.18
        povýšenie, obeť pre, 8.16
        utrpenie, 8.17
    duchov, 9.25
    hviezdy ako, 10.21
    ich žiara, svetlo, 13.18
    Kṛṣṇa pôvodom, 10.8
    miesto trestu, 10.29
    nebeské, viď nebeské planéty
    najvyššia, 14.18
    najvyššia hmotná, 8.17
    nižšie a vyššie & prevteľovanie, 8.19
    pekelné, 16.10, 16.16
    Polárka, 18.71
    polobohov, 8.16
        dosiahnuté pomocou uctievania, 7.23-24, 9.25
        ako Kṛṣṇova energia, 9.18
        poklesnutie, 8.16
    predkov, 10.29
    pri stvorení, 10.8
    prirovnané k plávajúcemu človeku, 15.13
    Slnko, kráľ planét, 4.1
    život na, 8.25, 10.4-5
        všetkých, 2.24, 14.4
        zdroj, 10.6
plodonosné činnosti
    & uctievanie polobohov, 4.12
    analógia, & banyanovník, 15.2
    ako činnosti tela, 8.3
    Kṛṣṇa ako transcendentálny, 4.14
    oddaný je transcendentálny voči, 5.7-14
    odriekanie, 3.4, 6.3-4, 18.3
    pre povýšenie sa na nebeské planéty, 2.42-43, 8.25
    pripútanosť, 3.26-27, 5.12, 7.15, 14.7, 18.27
    pútajúce, 2.39, 2.47, 2.49, 3.9, 4.20, 5.2, 14.7, 15.1
    reakcie, 3.9, 4.14, 4.37, 9.2
    Vedy odporúčajú, 2.42-47
    viď *karma*, hmotný život
    sprevádza utrpenie, 7.15
pochybnosti, 8.2, 10.4-5
počasie, Kṛṣṇa vládca, 9.19
podmienená duša, 18.78
    & Nadduša ako sprievodca a svedok, 8.4, 13.23
    Bhagavad-gīta určená pre, 11.55
    diéta pre, 6.35
    odporučená služba použitím zmyslov, 6.18
    nedostatky, 2.12, 16.24
    nepoznajúca zdroj šťastia, 1.31
    nitya-baddha, 7.14
    obmedzené vedomie, 7.14
    povznesenie, 3.10, 3.15, 4.24
    triedy, 16.6
    uctievanie Božstiev ako pomoc, 12.5
    ustrašená, 6.14
    vedomie Kṛṣṇu ako pomoc, 4.15, 4.24
    vždy činná, 3.5
    znečistená životnými vzduchmi, 2.17
    zneužitá nezávislosť, 15.7
    viď analógia
    žuvanie prežutého, 18.36
poézia, 10.35
pohlavný život
    & antikoncepcia, 16.1-3
    Yamunācāryov názor na, 5.21
    ako *maithunya-āgāra*, 3.39
    nedovolený, 3.34
        ochrana pred, 1.40
    ako nektár a potom ako jed, 18.38
    obete v, 4.26
    odpútanosť, 5.21
    ovládanie, 16.1-3
    podľa náboženských zásad, 10.28
        Kṛṣṇa ako, 7.11, 10.28
    poklesnutie, 2.60
    jeho putá, 3.39
    pripútanosť k, 10.28, 3.34
    v rodinnom živote, 3.34
        kvôli počatiu dobrého dieťaťa, 16.1-3
    ako stredobod činností, 3.39
    výskumy, 13.8-12
pokánie
    & Hiraṅyakaṣipu, 17.19
    & *vāṇaprastha*, 8.28
    bez viery bezcenné, 17.28
    hmotné a duchovné, 17.23
    Kṛṣṇa ako, 7.9
    Kṛṣṇa užívateľ, 2.66
    pre Kṛṣṇu, 17.23
    v kvalite vášne, 17.23
    neautorizované, 17.6
    očisťujúce, 5.22, 18.5-6
    s odpútanosťou, 17.25
    telesné, 17.14
    význam, 10.4-5
    zrieknutie sa, 18.3, 18.5-6
    viď odriekanie
poklesnutie, 9.25, 13.24
    & neovládnuté zmysly, 2.64
    Arjuna sa pýta, 6.37-38
    z duchovného sveta, 15.6
    oddaného, 5.7, 9.3, 9.22, 9.30-31, 15.20
    príčina, 13.20, 15.20
    stupne, 2.62-63
    žien, 1.40-41
poklony, Arjunove, 11.32, 11.35-44
pokora, 8.28, 10.34, 13.8-12, 16.1-3, 18.57
    & *sannyāsī*, 16.1-3
    definícia, 13.8-12
Polárka, 18.71
pole činností, 13.1-7, 13.19, 13.19, 13.27, 14.3
politické konanie, konflikt medzi Kuruovcami a Pāṇḍuovcami, 1.1-3, 1.11, 1.16-18, 1.23, 1.36-38
politik, 1.2, 2.8

polobohovia
dĺžka života na Mesiaci, 8.25
dva druhy, 8.2
Kṛṣṇov predstaviteľ medzi, 10.23, 10.26
kvality hmotnej prírody ovplyvňujú, 18.40
lásky, 10.28-29
Mesiaca, 7.23, 8.25
medzi vodnými živočíchmi, 10.29
najvyšší, 10.7
oddaná služba zbavuje povinností voči, 1.41
ako oddaní, 11.48
oddaní majú dobré vlastnosti p., 1.28
povinnosti voči, 2.38, 3.12-13
požehnanie od, 7.21-23
prizerali sa bitke na Kurukṣetre, 11.36
prirovnaní k telesným údom, 3.14
stvorení Kṛṣṇom, 10.2-3, 10.42
uctievajú Kṛṣṇu, 4.12, 11.52
uctievanie, 9.15, 9.20, 17.28
boha Slnka, 7.20-21
chyby, nevedomosť, 4.12, 7.20-24, 9.23-25
Darṣa-paurṇamāsī, 9.25
Kālī, 3.12
Kṛṣṇa neschvaľuje, 9.21, 9.23-25
v kvalite dobra, 17.4
ako materialistické, 17.13
podľa kvalít hmotnej prírody, 3.12
ako podplácanie úradníkov, 9.23
Sarasvatī, 7.21
pre zmyslový pôžitok, 4.12, 9.20-21
spolu s uctievaním Viṣṇua, 3.11
Umy, 7.21
pre uspokojenie hmotných túžob, 12, 4.12, 7.20-22, 7.24, 17.13
pre zdravie, 7.20-21
vládci prírody, 3.11-12, 3.24, 4.12, 4.25
vodca medzi, 8.2, 10.7
zmocnenci Pána, 3.11-12, 9.23
ako živé bytosti, nie Boh, 4.12
porozumenie, 18.29-32, viď poznanie
posvätné miesta, 1.1-2, 2.61, 3.40, 6.11-12, 8.14, 17.20
povinnosti, 2.31
& vedomie Kṛṣṇu, 3.22-24, 3.30-31, 4.20-21, 5.29
ako, 6.1
súbežné, 8.7
transcenduje, 2.38, 2.41, 2.52, 3.17-18, 3.43
& *varṇāśrama*, 2.30-31, 3.36-36, 8.28, 18.23, 18.47-48, 18.66
autorizované, 2.31-32
brahmacārī &, 8.28
brāhmaṇa &, 18.47-48
cieľ, 3.7
čiastočne splnené, 2.40
druhy, tri, 2.47
duchovný učiteľ &, 2.41, 3.35, 18.57
hmotné a duchovné, 2.2, 2.31, 2.38, 3.35
Janaka Mahārāja &, 3.20
je potrebný príklad, 3.20-26
kṣatriya &, 2.14-15, 2.27, 2.31-32, 3.22, 18.47-48
napriek ťažkostiam, 2.14
nižšie, pripútanosť k, 3.29
nutné pre podmienené duše, 3.35
oddaní & oddaná služba &, 1.41, 3.4, 6.23, 6.47, 8.28, 9.28, 10.3
porovnanie s vedomím Kṛṣṇu, 2.40, 3.5, 3.33
povýšenie sa prostredníctvom, očistenie, 2.31, 3.4
predpísané, 3.35, 8.7, 17.27, 18.6-9, 18.46-48
rešpektovať ostatných, 9.11
sannyāsī &, 16.1-3
pre sebarealizované duše, 3.17-19
telo &, 3.9
utvárané kvalitami, 2.47
pre *vaiśyu*, 18.47
vodcov vo vláde, 4.1
zanedbanie, 2.47, 18.7-8
Bhīṣma & Droṇa, 11.49
reakcie, 2.33-34, 6.40, 6.47
yajña pochádza z, 3.14
poznanie
dokonalosť, 13.12, 16.23
faktor činu, 18.18
hmotné, 9.2, 10.4-5
Kṛṣṇa cieľom, 9.17, 11.38, 13.18
Kṛṣṇa ako stvoriteľ, 10.4-5
Kṛṣṇovo, 2.20, 6.39, 7.26, 11.38-39
porovnané s poznaním živej bytosti, 5.15-16
v kvalite dobra, 14.11, 14.17, 18.20
minulosti, prítomnosti i budúcnosti, 6.39, 7.26, 8.9, 11.7, 18.61
nedostatočné bez Kṛṣṇu, 2.8
o pôvode hmotného sveta, 15.3-4
vedske, 3, 11-12, 2.45, 10.37, 15.1
Bhagavad-gīta jadrom, 11-13
Kṛṣṇa zdrojom, 10.8
oddaná služba transcendentálna voči, 9.2
učenci &, 9.20
vesmíru, 11.7
význam, 10.4-5, 13.19
zvieracie, iba tela, v nevedomosti, 18.22
poznanie, duchovné
& *brāhmaṇa*, 10.5, 18.42
& čas a okolnosti, 4.7
& obeť, 4.33
& oddaní, 13.19, 15.10
& vyslobodenie, 2.2, 3.33, 13.35, 18.30
Absolútnej Pravdy, úv., 5.20, 11.52
akademické, 6.8
autority, kvalifikácie, 2.7-8, 2.12-13, 13.5
brahma, 10.5, 18.64
cieľ, 4.33, 9.17-18, 13.8-12, 13.18
činu a nečinu, 4.16-21, 4.33-42
o čistom oddanom, 9.28
definícia, 2.11
dokonalosť náboženstva, 9.2
druhy, 4.42, 18.66
dôležitosť opakovania, 12.19
dôverné, 3.41, 9.1-2, 18.64, 18.67, 18.75, 18.78
kráľovské, 9.2

o Kṛṣṇovi
& polobohovia a svätci, 10.2
inšpiruje do oddanej služby, 10.7-8, 10.42, 15.19
yogamāyā zakrýva, 7.25, 10.17
kvalifikácie, 10.2-3, 18.67
nutná čistota, 6.8
On Sám musí vyjaviť, 11.4
z písiem, 10.7
pokora potrebná, 13.8-12
ako poznanie *Ved*, 2.46, 11.54, 17.28
ako poznanie všetkého, 15.19
prostredníctvom oddanej služby, 9.2
príchod, zjavenie, 4.9, 11.43
skryté neinteligentným, 7.24-26
usmerňujúce zásady nutné, 11.54
veľkosť, 10.19
Kṛṣṇove, 11.38
porovnané s poznaním živých bytostí, 5.15-16
o všetkých živých bytostiach, 7.26
v kvalitách hmotnej prírody, 18.19-22
ako milosť oddaným, 10.10-11
najdôvernejšie, 15.20, 18.64-66
najlepšie, 14.1-2
najvyššie, 7.16, 18.64-66
plné, príznaky, 4.19-23
o poli a znalcovi činností, 13.5, 13.19, 13.27, 14.3
potrebná odpútanosť, 2.20
pratyakṣa, 9.2
prostredníctvom kvality dobra, 14.11, 14.17
prirovnanie, 4.19, 4.36-37, 4.42, 5.16, 10.11
rozvíjanie, 12.12, 16.1-3
správnosti činu, 18.30-32
symptóm, vízia jednoty, 5.18, 7.15
ako tajomstvo, 9.2
úplné, definícia, 7.2
večné, 9.2
vijñāna, 13.19
vrcholí v odovzdaní sa, 18.66
výhody, 2.51, 8.28, 11.55, 15.10
mier, 4.38-39, 5.29, 15.17
návrat k Bohu, 4.9, 11.43, 13.35, 15.15
očista, 4.10
odpútanosť, 15.1, 15.3-4
osvietenie, 2.20
oslobodenie, 4.9, 4.14, 4.17, 4.36-39, 6.15, 7.4, 7.7, 13.24, 13.35, 14.2
oslobodenie od utrpenia, 2.45, 4.36-37, 9.1
realizácia Boha, 7.17, 13.25
šťastie, 9.2-3, 10.18
uspokojenie mysle, 17.16
zmení *karmu*, zbavenie sa reakcií, úv., 4.19, 10.3
vzácnosť, 2.29
zdroje
Bhagavad-gīta, 2.20, 2.29, 2.50, 3.2, 3.41, 4.42, 8.28, 10.2-3, 11.48, 11.55, 13.1-2, 15.10, 18.67, 18.70-71, 18.73
duchovný učiteľ, 2.7, 4.34-35, 5.16, 10.3, 10.8, 11.34, 11.54, 13.24, 13.35, 16.1-3, 18.75
Kṛṣṇa, 2.20, 2.39, 2.45, 3.2, 3.41, 4.4-9, 7.1-30, 9.1, 10.2, 10.4-9, 11.4, 11.7, 11.52, 15.15, 18.63-64, 18.74-77
Kṛṣṇova milosť, 7.24, 11.4, 11.52
načúvanie, 4.4-7, 7.1-30, 9.1, 10.2, 11.52, 15.3-4, 18.74-77
oddaná služba, 2.39, 4.38, 6.8, 7.1, 7.3, 7.24-25, 8.14, 9.2, 9.4, 10.2-3, 10.1O-11, 10.15, 10.17, 11.52-54, 15.11, 15.20, 18.55, 18.67
oddaný, spoločnosť oddaných, 4.34, 7.1-2, 7.30, 9.1, 13.24, 13.28, 15.3-4, 15.10, 17.26-27, 18.55
písma, 2.45, 7.15, 8.9, 10.3, 10.7, 10.32, 13.5, 15.15, 15.18
Śrīmad Bhāgavatam, 10.2-3, 10.9
tri, neprotirečiace si, 10.3
spôsob získania, 13.8-12
stráca sa kvôli
hriešnym túžbam, 3.6
žiadostivosti, 3.41
viď vzdelanie, realizácia Boha, nevedomosť, sāṅkhya
živé bytosti, 7.26, 13.3-4
o vzťahu k Bohu, 4.17, 4.35
pôst, 6.16, 8.28, 9.14, 11.54, 17.5-6
& vedomie Kṛṣṇu, 6.16, 10.4-5, 14.27
v rôznych kvalitách, 10.4-5
pôžitok, 2.42-43
Prabhupāda, Śrīla Prabhupāda, autor, 6.42
práca, čin
& uctievanie Najvyššieho Pána, 18.46
chybná, prirovnaná k ohňu zahalenému dymom, 18.48
dokonalosť prostredníctvom, 18.45-46
druhy, 4.32-33
druhy pre spoločenské triedy, 18.42-44
filozofia materialistov pre, 3.16
hriešna, 3.15, viď hriešne činnosti
ako *yoga* pre začiatočníkov, 6.3
pre Kṛṣṇu, 3.22-24, 9.27-28, 11.55, 12.6-7, 12.10, 18.8-11, 18.57-58
v kvalite nevedomosti, 18.22, 18.25
v kvalite vášne, 13.23, 14.12, 18.27
kvality &, 3.5, 4.13, 14.7, 14.16, 18.22-25
oddaná služba očisťuje, 5.11
v oddanej službe, 3.26, 4.19-23, 5.1
s odpútanosťou, 3.19, 4.18.24
jej plody, výsledky
& vedomie Kṛṣṇu, 3.25
v Kṛṣṇovom záujme, 3.26, 5.10, 18.46
odpútanosť, 3.30, 4.20-23, 5.3, 5.12, 6.40, 11.55, 17.25, 18.7-11
pripútanosť, 5.12, 6.40, 7.15
podľa svojej povahy, 18.46-48
podľa *Ved*, 3.15
podnet k, 18.18
potrebná, 3.4-9
pútajúca, 18.30
ako povinnosť, 3.18-20

s pripútanosťou k výsledkom, 18.27
prirovnaná k ohňu, 18.48
reakcie
Najvyšší Pán je transcendentálny voči, 4.14
oddaný je transcendentálny voči, 5.7-14
oslobodenie sa od, 4.14, 4.18-24
spálené ohňom poznania, 4.19
pre *sannyāsīna*, 5.6
pre sebarealizovaného človeka, 3.17-19
súčasti (činu), 18.18
udržuje telo, 3.8-9
umenie, 3.9
usmernená, 6.17
vo vedomí Kṛṣṇu, 4.15-42, 5.1-29, 6.1-4, 6.17, 6.20-23, 9.27-28, 12.2
spomínanie na Kṛṣṇu počas, 18.65
zbavenie sa reakcií, 4.18-24
zriekanie sa, 3.4-33, 3.43
porovnané s oddanou službou, 5.1-13
viď činnosti
pradhāna, 13.6-7
Pradyumna, 8.22
Prajāpati, 16.6
Prahlāda Mahārāja, 4.8
& odovzdanosť Najvyššiemu Pánovi, 7.15
ako autorita, 4.16
predstaviteľ Kṛṣṇu, 10.30
riskoval pre Kṛṣṇu, 11.55
tolerantný k otcovi, 13.8-12
Prayāg, 6.11-12
Prakāṣānanda Sarasvatī & Caitanya, 2.46, 10.11
prakṛti, 6-8, 2.39, 4.6, 7.4, 13.1-3, 15.1
prāṇa, viď životný vzduch
prāṇāyāma-yoga, 4.29
prāṇa-maya, 13.5
Prapitāmaha, Kṛṣṇa, 10.6
prasādam, 4.29, 6.17, 13.8-12, 17.10
& obeť, 17.13
& odriekanie, 2.63
& *tulasī*, 2.61, 9.2
definícia, 4.29
ako diéta, 6.35
dôležitosť, 3.13-14
jedenie, ako oddaná služba, 16.24
jedlá vhodné na obetovanie, 6.17, 9.2, 9.26, 13.14, 17.10
kvety ako, 2.61
Nārada Muni &, 9.2
nevyhnutnosť, 6.16
očistenie prostredníctvom, 3.11, 3.14, 12.8
odoberá hriešne reakcie, utrpenie, 1.41, 3.13-14
pre predkov, 1.41
prijímanie, 18.7
prirovnané k očkovaniu, 3.14
rozdávanie pri obeti, 17.13
Śrī Caitanya odporúča, 16.24
ako zvyšky po Kṛṣṇovi alebo po oddaných, 17.10
ako zvyšky po obeti, 11.55
Praṣna Upaniṣad, citát o duši, 18.14
pratyāhāra, 5.28, 6.25
pratyag-ātmā & *parāg-ātmā*, 4.27
pravda, 13.8-12, 16.1-3
& *kṣatriya*, 18.47
& obchodník, 18.47-48
definícia, 10.4-5, 16.1-3
hovoriť, ako odriekanie reči, 17.15
Kṛṣṇa ako pôvod, 10.4-5
reprezentácia Kṛṣṇu, 10.32
vnímanie v kvalite nevedomosti, 18.32
viď Absolútna Pravda
Yudhiṣṭhiru, 18.78
pravṛtti, 18.30
prāyaścitta, 1.43
predkovia, Kṛṣṇov predstaviteľ medzi, 10.29
obete, 9.16
prema, viď láska k Bohu
priestupky
& Bhīṣma a Droṇa, 11.49
& vyhľadávanie chýb, 16.1-3
Arjuna &, 11.41-42, 11.44-45
démonov proti skutočnému náboženstvu, 16.18
pri zanedbaní duchovných zásad, 16.24
proti Kṛṣṇovi, 9.11-12, 10.42, 18.67
proti Nadduši, neautorizované odriekanie ako, 17.5-6
najväčšie, 16.24
proti oddaným, 10.11
Kṛṣṇa neospravedlňuje, 1.35
Kṛṣṇa zakazuje, 9.30
proti Śrī Caitanyovi, 10.11
prevteľovanie duše, 2.13
& jemné telo, 15.8
& zábudlivosť, 7.26, 15.15, 18.61
na Brahmaloku, 8.17
do démonských podôb, 16.19-20
na Dhruvaloku, 18.71
do dobrej rodiny, 6.41-43, 6.45
duchovný pokrok pokračuje i napriek, 6.40, 6.43-45
do duchovného sveta, 15.8
do ľudskej životnej podoby, 2.40, 14.15
na nebeské planéty k polobohom, 6.41, 8.17, 8.25, 9.18, 9.25, 15.8-9, 16.16,18.71
podľa
behu času, 8.23-26
karmy, 15.8
kvalít prírody, 13.22, 14.14-16, 14.18
myšlienok v okamihu smrti, 8.6-7
Nadduše, 18.60-62
nezávislosti živej bytosti, 15.8
príkazu Najvyššieho Pána, 16.19-20
styku s hmotou, 15.16
túžby, 8.6-7, 13.22
vedomia, 15.8-9
príčiny, zábudlivosť na Najvyššieho Pána, 2.22
prirovnané viď analógia
sebarealizovaný neovplyvnený, 2.13

späť na Zem, 9.21
spôsob, 15.8-9, 16.19
uspokojovanie zmyslov pokračuje, 5.2
ako utrpenie, 2.8, 15.10
vrah & obeť, zámena, 4.16-17
zastavenie, 5.2, 5.19, 13.22, 8.15-16, viď vyslobodenie
do zvieracieho tela, 13.21-22, 15.8-9, 16.1-3
pripútanosť
definícia, 2.56
démonská, 16.11-17
k dobru, 3.19, 14.6
falošné ego &, 3.40
k hazardu, 16.10
hlúposť p., 4.12, 7.15
k hmotnému poznaniu, 6.8
ku Kṛṣṇovi, porovnávaná s hmotnou, 5.12, 6.35
medzi mužom a ženou, sex, 2.60, 3.34, 7.15, 10.28, 14.7, 16.10
k miestu pobytu, 14.12
oddaná služba narušená pripútanosťou, 2.44
odpor &, 2.47, 2.64, 3.34-35, 10.5
odpútanosť porovnávaná s, 2.56
odriekanie &, 17.5-6
k označeniam, úv., 3.29, 7.13
k plodonosným činnostiam, 3.9, 3.25-27, 5.12, 6.40, 7.15, 14.7, 18.27, 18.34
práca s, 6.1
rozrušuje myseľ, 1.30
sannyāsīna, 6.1
stupne, 2.62-63, 4.10
k telu, 2.25-30, 3.29
transcendovanie, 2.64
k úcte, 13.8-12, 15.5
k vlastníctvu, 2.47-48, 2.71, 5.29, 15.5
zmätenosť z, 1.30
k zvieracím sklonom, 6.40
príroda, viď hmotná príroda
Pṛthā, 1.25
prvky, hmotné
& *sāṅkhyová* filozofia, 13.25, 15.1
& zbrane, 2.23
hrubé & jemné, počet, 7.4-5
ako nižšia energia, 7.5
oheň, 2.24, 9.16
prejavené & neprejavené, 2.28
pôvod, 2.28, 7.4, 10.32
živé bytosti žijú vo všetkých, 2.24
Purāṇy, 3.21, 7.3, 10.18, 11.48
Purujit, 1.5
puruṣa, úv., 13.20, 15.1
puruṣa-avatārovia, 10.20
Puruṣa-bodhinī Upaniṣad, 4.9
puruṣārtha, definícia, 6.20-23
Puruṣottama, úv., 8.1, 8.22, 10.15, 11.3
puruṣottama-yoga, 15.20
pútne miesto, 8.14
& dobročinnosť, 17.20
Kurukṣetra, 1.1
porozumenie, nesprávne, 3.40
pre vykonávanie *yogy*, 6.11-12
pýcha, 18.35
& obete, 17.12
& odriekanie, 17.5-6
bráni odovzdaniu sa, 15.5
byť oslobodený od, 13.8-12
démonov, 16.4, 16.10, 16.13-18
odpútanosť, 18.51-53
vtáci, Kṛṣṇov predstaviteľ medzi, 10.30
Rādhārāṇī, úv.
rāja-yoga, 6.47
Raghuovská dynastia, 4.1
Rahūgana, kráľ & Jada Bharata, 6.43
Rākṣasovia, 9.25
Rāmacandra, 1.20, 4.13, 6.47, 8.14, 14.26, 15.7, 18.65
& Hanumān, 3.37
& Rāvana, 1.20, 1.36
Jeho manželka, 1.20
Jeho dynastia, 4.1
ako inkarnácia Kṛṣṇu, 4.5
predstaviteľ Kṛṣṇu, 10.31
spravodlivý kráľ, 10.27
Rāmānujācārya, úv., 14, 2.12, 7.15, 7.24
rāma-rājya, 1.36
rāsa, päť druhov, 8.14
viď Kṛṣṇa, vzťah ku
Rāvana, 1.20, 1.36, 3.37, 4.8, 7.15, 16.16, 16.20
realizácia Boha
& šťastie, 18.54
ānanda-maya, anna-maya, jñāna-maya, vijñāna--maya, prāṇa-maya, úroveň 13.5
Bhagavān, úroveň, 2.2, 13.12
brahma-bhūta, 18.63
čiastočná a úplná, 4.11, 7.1
možná pre všetkých, úv., 10.17
najvyššia, 7.24, 7.26, 13.12, 14.27, 18.78
neosobná úroveň, úv., 4.1, 4.13, 7.1, 7.3, 7.8, 7.13, 10.2, 12.5, 18.54
odporúčanie Śrī Caitanyu, 13.26
osobná a neosobná, 7.3, 7.8, 9.11, 10.2
Paramātma, úroveň, úv., 2.2, 7.26, 10.5, 14.27
priama a nepriama, 12.12
úrovne, úv., 4.11, 4.13, 5.17, 6.10, 6.15, 7.1, 7.17, 7.19, 7.24, 7.26, 10.15, 13.15, 13.12, 14.27, 15.15, 18.78
reinkarnácia, viď prevteľovanie
Ṛg Veda, 9.17
citáty
o *oṁ*, 17.23
o sídle Najvyššieho Pána, 18.62
o Śrī Viṣṇuovi, 17.24
o zabíjaní kráv, 14.16
rodinný život
& *bhakti-yoga*, 6.14
& dobročinnosť, 6.42
& obeť, 4.26, 8.28, 16.1-3
& odriekanie, 4.26, 6.13-14, 13.8-12, 16.1-3
& pohlavný život, 3.34, 6.13-14, 7.11, 16.1-3
& vedomie Kṛṣṇu, 3.7, 7.11, 13.8-12, 16.1-3
& *varṇāśrama*, 7.15

& ženy, 1.36, 1.40, 3.34, 7.21, 11.44, 16.7
dobročinnosť &, 8.28, 16.1-3
duchovný, 4.26, 6.42-43
ilúzia, 3.29
Kṛṣṇov, 3.23
odriekanie v, 4.26, 17.14
príjmy, 16.1-3
priaznivý a nepriaznivý, 13.8-12
rodičia, 7.15, 9.17, 11.43, 16.7
starší členovia rodiny, 1.38-43
uctievanie Božstiev, 13.8-12
zásady, 16.1-3
Rudra, 10.8, 10.23, 11.6
Rūpa Gosvāmī, úv.
& Śrī Caitanya, 11.54
citát
o čistej oddanej službe, 11.55
o oddanom ako oslobodenom, 6.31
o odpútanosti, 8.27
o odriekaní, 9.28
krátky spánok, 6.17
ryby, reprezentácie Kṛṣṇu medzi, 10.31
sac-cid-ānanda, úv., 4.5, 9.11
sādhaka, 2.68
Sādhyovia, 11.22
sādhu, 4.8, 17.26-27
Sahadeva, 1.18-19
Sāma Veda, 9.17, 10.22, 10.35
samādhi, 1.24, 2.57, 6.10, 6.20-23, 6.25
definícia, 2.44
druhy, dva, 6.20-23
prostredníctvom vedomia Kṛṣṇu, 2.57, 8.12
význam, 2.53
samāna, 2.17
samota pre sebarealizáciu, 18.51-53
sampradāya, viď učenícka postupnosť
samprajñāta-samādhi, 6.20-23
saṁsāra, viď prevteľovanie
saṁskāra, Garbhādhāna, 16.1-3
Sanaka-kumāra, 10.6
Sananda-kumāra, 10.6
sanātana, definícia, úv.
Sanātana Gosvāmī, úv.
sanātana-dharma, úv., 1.42
Sanātana-kumāra, 10.6
Sāndīpani Muni, 2.4
Saṅkarṣana, 8.22
saṅkīrtana, 4.8
& Śrī Caitanya, 3.10-12
yajña pre súčasný vek, 3.10, 3.12-14
učiť, nevyhnutnosť, 3.13
viď spievanie & vedomie Kṛṣṇu
sannyāsa
& odriekanie, 18.2
& Arjunov názor na, 5.1
cieľ, 3.5
definícia, 18.2
pre *kṣatriyu*, 2.31
očistenie nutné pred, 3.4
Śrī Caitanyu, 16.1-3
ťažkosti, 2.15
význam, 10.3, 18.2
sannyāsa-yoga, 6.2
sannyāsī
& odriekanie, 18.7
& svadba, 18.5, 18.7
& Śrī Caitanya, 16.1-3
& varenie, 18.7
činnosti, 5.6
duchovný učiteľ, 16.1-3
dva druhy, 5.6
hmotne pútaný, 6.1
kvalifikácie, 9.28
neosobný, 5.2, 5.6
porovnaný s *vaiṣṇavským*, 5.6
oddaný ako, 18.11, 18.49
predčasne, 3.4
príkazy pre, 16.1-3
viera, bez strachu, pokora, 16.1-3
závislý na Kṛṣṇovi, dôveruje Nadduši, 16.1-3
žobranie, milodary a kázanie, 10.4-5
saṁskṛt, 10.33-34
Sañjaya, 2.9
& Dhṛtarāṣṭra, 1.1-2, 1.18, 11.12, 18.74, 18.78
& vesmírna podoba, 11.12, 18.77
jeho duchovný učiteľ, 1.1, 11.12, 18.75, 18.78
ospevuje Kṛṣṇu a Arjunu, 18.73-78
jeho sily, 1.1
v učeníckej postupnosti, 18.75
Sarasvatī, bohyňa, 7.21
sarva-gata, duša ako, 2.24
sat, 17.26-27
ṣaṭ-cakra-yoga, 8.10-13
Satya-yuga, 8.17
Sātyaki, 1.16-19
Sātvata-tantra, 7.4, 10.20
satyam, 10.4-5
viď pravdovravnosť
Saumadatti, 1.8
saumya-vapuḥ, Kṛṣṇova podoba ako, 11.50
Savyasācī, Arjuna, 11.33
schopnosť odpúšťať, 1.35-36, 10.4-5, 16.1-3
sebaovládanie, 16.1—3
& čistý oddaný, 12.13-15
brāhmaṇská vlastnosť, 18.42
dokonalosť prostredníctvom, 18.49
pre hospodára, 16.1-3
nevyhnutnosť, 16.1-3
ako odriekanie mysle, 17.16
ako poznanie, 13.8-12
sebarealizácia, 2.28
& ego, 13.8-12
& oddaná služba, 3.3, 13.8-12, 16.22
& odpútanosť, 2.1, 16.22, 18.51-54
& poznanie, 5.16-17, 6.8-9, 15.11-12
& šťastie, 5.21-24, 16.20-23, 18.37
& vedomie Kṛṣṇu, 6.27, 6.30
brahma-bhūta, 5.24, 18.51-54

cvičenie vedie k, 4.42
definícia, 2.46, 2.71, 6.28
dokonalosť, odovzdanie sa Kṛṣṇovi, 18.78
druhy, dva, 3.3
tri, 3.16, 6.37
inteligencia na, 2.69
kvalifikácia, 1.46
ľudský život určený na, 10.4-5
metóda, 3.16, 6.37, 12.20
mier prostredníctvom, 18.51-53
najvyššia, 2.53
vedomie Kṛṣṇu ako, 6.10
spievanie svätých mien ako, 2.46
oslobodenie sa od utrpenia prostredníctvom, 6.20-23
ako oslobodenie, 5.19
ovládanie mysle potrebné na, 6.36
poklesnutie, 6.37-45
postupná, 12.20, 14.27
prostredníctvom
bhakti-yogy, 13.8-12
duchovného poznania, 9.2
yogy, 3.16
načúvania, 9.1-2
odriekania, 18.50
ovládania mysle, 6.36
ovládania zmyslov, 4.27
poznania, 2.1, 6.37
prekážky, 2.29, 3.14, 3.34, 3.41, 5.21, 6.36
prijatie dôležitosti, 13.8-12
priama a nepriama, 3.3, 12.20
prirovnaná k východu Slnka, 5.16
príznaky, 2.54-61, 2.64-66, 2.68-72, 5.16-26, 6.8, 6.20-23, 18.54
stupne, 7.19, 13.2-2, 14.27
test, 5.21
túžba po, 4.10
ustálenie mysle v, 2.53
vedomie v, 3.17
Vedy určené pre, 2.46
vlastnosti, 18.54
výhody, 16.20-23, 18.51-53
výskum, 15.3-4
zanedbanie, 2.7
zásady, šťastie z nich, 18.37
sebarealizované duše, viď oddaní, oslobodené duše
semeno, Kṛṣṇa ako, 7.10
siddhi, 6.23
Siddhovia, 11.36
sila, 16.18, 17.8, 18.51-53
reprezentácia Kṛṣṇu, 10.36
sila života, Kṛṣṇova reprezentácia, 10.22
Sītādevī, 1.20, 1.36, 3.20
Skanda, 10.24
sláva, 2.2
Kṛṣṇa predstavovaný, 10.34
slon, Kṛṣṇov predstaviteľ medzi, 10.27
Slnko, 16-17, 1.31, 2.24, 7.8, 7.20-21, 8.4, 9.6, 11.19, 13.18, 15.12
& Kṛṣṇa, 4.1, 9.6, 10.21, 10.42, 15.12
smrť
Bhīṣmadevu, 2.26, 2.30
v boji, 2.22
čas, astrologický aspekt, 8.24-26
dve cesty, 8.26
iba telo podlieha, 2.18-21
pre *yogīnov*, 8.23-26
Kṛṣṇa ako, 10.34
modlitba k, 8.2
myšlienky v čase, určujúce budúcnosť, 20, 2.72, 8.6-7, 15.8-9
od narodenia, 10.34
odčinenie pred, 1.43
pre oddaných, 8.23-24, 8.27, 12.6-7
povýšenie, 1.31, 2.8, 2.22, 2.31, 2.40, 6.41-43, 14.14
poznať Kṛṣṇu v okamihu, 7.30
ako premena tela, 2.20
prirovnaná k strate chemikálií, 2.26
transcendovaná oddanou službou, 8.27
utrpenie počas, 8.2, 8.23-24, 8.27, 13.12
zabúdanie na nevyhnutnosť, 14.8
zbytočný nárek v okamihu, 2.25-30
zosobnená, Kṛṣṇa ako, 9.19
Smṛti-śāstra, 6.31
snenie, 6.16, 18.35
Somadatta, 1.8, 1.26
soma-rasa, 2.43, 8.25, 9.20
spánok
& Arjuna, premožiteľ, 1.24
& kvalita nevedomosti, 1.24, 14.8, 18.35, 18.39
& šťastie, 18.39
v duchovnom živote, 6.16-17
usmernenia, 6.16-17
spokojnosť
čistého oddaného, 12.18-19
definícia, 10.4-5
odriekanie mysle, 17.16
pôvodca, Kṛṣṇa, 10.4-5
spievanie v duchovnom živote, spevné prednášanie *mantier*, 4.26, 4.39, 6.34, 6.44, 7.24, 8.5-8, 8.11-14, 9.20, 9.30, 13.12, 14.27
duchovná úroveň prejavená prostredníctvom, 2.46, 6.44
najlepšia obeť, 10.25
očisťujúci proces, 6.44, 9.31, 10.11, 13.12
v okamihu smrti, 8.2, 8.13
osamote, 3.1
na ovládanie mysle, 6.34
podľa Śrī Caitanyu, 2.46, 3.10, 3.12, 4.8, 10.11, 16.24
viera, 4.39
výhody, 6.34, 7.24, 8.8, 8.11, 8.14, 8.19, 9.2, 9.31, 10.11, 13.12, 16.7
spomínanie & vedomie Kṛṣṇu, 2.48, 6.3, 6.10, 6.19, 6.31, 7.28, 8.5-10
& meditácia, 2.61
dôležitosť, úv., 8.5-6, 8.8-9, 18.64
Kṛṣṇa radí a učí, úv., 12.8, 18.65
možno dosiahnuť Kṛṣṇu, úv., 8.5-8

metóda, 8.5-7, 8.9, 18.65
neustále, 8.14
v okamihu smrti, úv., 23, 8.2, 8.5-6
prostredníctvom spievania Hare Kṛṣṇa, úv., 8.5-8, 8.11-14, 9.27
s predpísanými povinnosťami, 8.7
v *samādhi*, 2.53, 6.10
s túžbou po vyslobodení, 7.29
výhody, úv., 23, 1.24, 2.52, 10.12-13
vyslobodenie prostredníctvom, úv., 8.8, 8.10, 8.13, 10.12-13
staroba, 13.8-12
statočnosť, 16.1-3
sthita-dhīr muni, 2.56
Stotra-ratna, 2.56, 7.24
strach, 1.29, 2.56, 10.4-5, 18.35, 18.66
strom prianí, *kalpa-vṛkṣa*, úv., 8.21
stromy, reprezentácie Kṛṣṇu medzi, 10.26
stvorenie
Brahmā &, 8.17, 10.6, 10.32
cykly, 8.17-19, 9.7-8
Kṛṣṇa ako, 9.18
počiatok, 10.8
podoby Viṣṇua &, 7.6, 10.22, 10.32
pohľadom Boha, 2.39, 9.10
prospešné pre živé bytosti, 3.10
príčina, 7.6-12
spôsob, 7.4, 10.20
túžba Najvyššieho Pána, 9.5
účel, 3.10, 3.37, 9.8
zložky, 7.4-5
živých bytostí, 3.15, 9.8, 9.10, 13.20, 14.3
súcit, 16.1-3, viď Arjuna
Subala Upaniṣad, 10.20
Subhadra, jej syn, 1.6, 1.16-19
sukham, definícia, 10.4-5
sukṛtinaḥ, štyri druhy, 7.16
surabhi, kravy, 8.21, 10.28
Sūryaloka, 9.18
Sūta Gosvāmī, 10.18
sva-dharma, 2.31, viď povinnosť
svāmī, 5.23, 6.26, viď gosvāmī
Svargaloka, úv.
svārtha-gati, 3.7
svarūpa, úv., 4.6
svarūpa-siddhi, úv.
svadba, 18.5
úloha *sannyāsīna* ohľadom, 18.5, 18.7
zanedbanie, 16.7
viď rodinný život
sviatky, 18.75
svätec, svätci
dosiahnutie dokonalosti prostredníctvom poznania, 14.1
Kṛṣṇov predstaviteľ medzi, 10.25-26, 10.37
noc a deň pre, 2.69
oddaní ako, 4.8, 17.26-27
najlepší medzi, 5.26
planéty, 14.14
ich poznanie, 13.5
príklady, 4, 13.5
radosť pre, 5.22
rôzne názory, 18.3
„ustálené mysle“, 2.56
veľkí, Kṛṣṇa pôvodcom, 10.6
viď oddaný
svetlo
Kṛṣṇa zdrojom, 13.18
Kṛṣṇov predstaviteľ, 10.21
slobodná voľba, nezávislosť, 4.14, 5.15, 7.21, 9.37, 13.23, 15.7-8, 18.63, 18.78
śabda-brahma, transcendentálny limit, 2.52
Śaibya, 1.5
Śakuni, 1.26
Śalya, 1.9, 1.26
Śaṅkara, 10.23, viď Śiva, Śankarācārya
Śaṅkarācārya, úv., 7.3
& komentár k *Bhagavad-gīte*, 7.3
citát, že Kṛṣṇa je Najvyšší Pán, 7.24
prijal *Vedānta-sūtru*, 18.13
Śarīraka-bhāśya, 5.6
śāstra, viď písma
śaucam, viď čistotnosť
Śaunaka, 10.18
Śikhaṇḍī, 1.16-19
Śikṣāṣṭaka, 6.20-23, 8.5
šialenstvo, produkt kvality nevedomosti, 14.8-9, 14.13, 14.17-18
Śiṣupāla, 7.25
Śiva, 2.2, 8.2, 10.7, 10.42, 11.52, 17.4
& Arjuna, 2.33
& Kṛṣṇa, Najvyšší Pán
jeho neoddeliteľná súčasť
jeho pôvodca, 10.3, 10.8
Jeho reprezentácia, 10.23
porovnaný s, 10.42
& Uma, jeho manželka, 7.21
ako autorita, 4.16
jeho imitátori, 3.24
neposkytne oslobodenie, 7.14
ako ničiteľ, 10.32
Pārvatī & Kārtikeya, 2.62
jeho syn, 10.24
vypitie jedu, 10.27
Śyāmasundara, 6.30, 9.19, 11.55
opis, 6.47, viď Kṛṣṇa
ťažké Ho uzrieť, 11.52
śraddhā, 17.3, viď viera
śravaṇam, viď načúvanie
Śrī Īśopaniṣad, viď *Īśopaniṣad*
Śrīdhara Svāmī, citát, 8.16
Śrīmad Bhāgavatam, 3, 4.8
& Kapilova filozofia, 2.39
& *Vedānta-sūtra*, úv., 15.15
citáty
o Absolútnej Pravde, 2.2, 10.15
o Ambarīśovi Mahārājovi, 2.61, 6.18
o duchovnej radosti, 5.22

o duchovnom svete, 2.51
o hmotnej spoločnosti, 7.28
o inkarnáciách, 2.2
o Kṛṣṇovi, 3.10, 3.23, 4.6, 7.5, 7.24-25, 9.11, 11.8, 11.54
o mysli, 6.15, 6.27, 6.34
o náboženstve, 4.7, 4.16, 4.34, 9.2
o nasledovaní alebo imitovaní Boha, 3.24
o načúvaní, 7.1, 9.1
o Najvyššom Brahma, 3.37
o oddanej službe, úv., 2.40, 2.61, 5.26, 6.27, 6.34, 6.47, 7.1, 9.2, 13.8-12
o oddaných, 1.28, 7.18, 12.13-14
o odpútanosti, 5.26
o plodonosnej práci, 5.2
o povinnosti, 2.38, 3.5, 6.47
o poznaní, 3.41, 7.1
o prirodzenom postavení živej bytosti, 6.20-23, 7.18
o realizácii Boha, úrovne, 10.15, 13.8-12
o *saṅkīrtana-yajñi*, 3.10
o spievaní Hare Kṛṣṇa, 2.46
o spoločnosti oddaných, 17.26-27
o strachu a nebojácnosti, 1.30, 6.14, 10.4-5
o *Śrīmad Bhāgavatame*, 10.9
o *tattva-vit*, 3,28
o telesnom poňatí života, 3.40
o uctievaní Najvyššieho Pána, 4.11, 17.4
o vedomí Kṛṣṇu, 2.66, 3.5, 6.14-15, 6.40
o *Vedach*, 2.46, 6.44
o vlastnostiach oddaných, 2.55
o vyslobodení, úv., 2.51, 4.35, 6.20-23, 7.28
o zmyslovom pôžitku, 5.2
o živých bytostiach, 7.5
drahý oddaným, 10.9
Kṛṣṇu možno poznať prostredníctvom, 10.2
ako veda o Kṛṣṇovi, 2.8
uvedenie inkarnácií, 11.54
śruti, viď načúvanie
šťastie
& nektár a jed, 18.37-38
& ročné obdobie, 2.14
brahma-bhūta, 18.63
čistého oddaného, 18.54
druhy podľa kvalít hmotnej prírody, 18.36-39
duchovné, 10.4-5
prostredníctvom oddanej služby, 6.25-26, 6.35, 8.28, 9.2, 10.9, 10.18-19, 11.36, 13.22
prostredníctvom sebarealizácie, 6.20-23
hmotné
ako nepriateľ, 3.39
príčina, 1.31-35, 10.4-5, 13.21-22
umožnené prevteľovaním, 2.13
žuvanie prežutého, 18.36
Kṛṣṇa pôvodom, 10.4-5
ako Kṛṣṇova milosť, 2.56
Kṛṣṇove, 1.22
v kvalite dobra, 14.6, 14.17, 18.37
na nebeských planétach, 2.42-43, 9.20
najvyššie, 4.31
oslobodené duše, 5.24
pareśānubhūti, 6.35
plodonosné činnosti nezaručujú, 2.51
prostredníctvom
obete, 3.10-12, 4.31
oddanej služby, 6.35, 7.30, 9.2
odpútanosti, 6.7
odriekania, 5.13, 5.22
príčina, 6.32
vo vnútri, 5.21, 5.24
na úrovni Brahma, 14.27
z vedomia Kṛṣṇu, 5.21, 6.20-23, 6.27, 6.32, 8.28, 9.33, 18.76
zo sexuálneho života, 18.38
zo spánku a lenivosti, 18.39
śūdra, 2.1, 4.13, 7.13, 9.32, 16.1-3, 18.44
Śukadeva Gosvāmī, 4.16
Śukrācārya, 10.37
Śvetāśvatara Upaniṣad, citáty
o Absolútnej Pravde, 7.7
o Brahmane, 13.3
o duši, 2.17
o Nadduši, 2.22
o Kṛṣṇovi, Najvyššom Pánovi, 3.22, 5.13, 5.29, 8.22, 11.43, 13.3, 13.13, 13.15, 13.18, 15.17
o *māyi*, 7.14
o oddanej službe, 6.47
o odovzdaní sa Kṛṣṇovi, 7.19
o transcendovaní hmotného tela, 5.13
o vedomí Kṛṣṇu, 6.15, 13.18
o viere v duchovného učiteľa, 11.54
o viere v poznanie, 6.47
Taittirīya Upaniṣad, 13.5
citácia 9.6, 13.5, 13.17, 14.27
tajomstvo, Kṛṣṇova reprezentácia, 10.38
tapasya, 10.4-5, 11.48, viď odriekanie
Tapoloka, 9.20
tat,17.23, 17.25
tat tvam asi, 4.9
tattva-vit, 3.28
telesné poňatie života, 1.29, 2.1, 2.26-27, 3.40, 13.1-2, 13.12
ilúzia, úv., 7.14
Kṛṣnna zavrhuje, 2.13
oslobodenie z, úv., 13.31-32, 14.25
prevteľovanie podľa, 13.21-22
reakcia za, 5.15
spôsobené žiadostivosťou, 3.40
spôsobené utrpením, 5.14
telo, duchovné
prostredníctvom oddanej služby, 8.6
porovnané s hmotným, 8.3, 15.16
po vyslobodení, 15.7
výhody, 7.29
telo, hmotné
& duša, 2.16-30, 3.5, 7.6, 10.20, 13.32-34, 15.8
& Nadduša, 5.18, 13.1-7, 18.61
& *varṇāśrama*, 2.31

brány, 5.13, 4.11
druhy, počet, 8.3, 13.21, 15.9
jemné
duchovia ako, 1.41
prvky, 13.6-7
prenášanie poňatia do ďalšieho tela, 15.8-9
jemné a hrubé, úrovne, 3.42
krv, energia duše prenášaná prostredníctvom, 2.17
Kṛṣṇovo vlastníctvo, 5.10-11
v kvalite dobra, 14.11
ľudské, účel, 10.5
ako mŕtve, 3.5
"neexistujúce", 2.16, 2.28
odpútanosť od, 4.21, 14.24, 6.25
odriekanie, 17.14-15
ovláda živú bytosť, 13.21
ovládané
Bohom, 3.27
hmotnou prírodou, 2.54, 5.14-15
živou bytosťou, 15.8
pole činnosti, *kśetra*, 13.1-7
potreby, telesné, 3.9, 4.21-22, 6.23, 12.20, 18.66
poznanie o, 2.1, 18.22
príčina utrpenia a pôžitku, 13.21
prirovnané viď analógia
srdce, energia zo, 2.22
sídlo duše, 2.17, 2.20
transcendované vedomím Kṛṣṇu, 5.13-14
trýznené pýchou a pripútanosťou, 17.5-6
vedomie v, 2.17, 13.34-35
na vyplňovanie túžob, 13.30
zložky, 13.6
zmeny, 2.16, 2.22, 13.1-2, 15.16
zrodenie, 2.20
zvierat, 3.38, 13.21
ženské, 9.32-33
Ṭhākura Haridāsa, 2.62, 6.17, 6.44, 11.55
tichosť
& čistý oddaný, 12.18-19
definícia, 12.19, 17.16
hodnota, 10.38
reprezentácia Kṛṣṇu, 10.38
transcendentalizmus, viď oddaná služba, vedomie Kṛṣṇu, sebarealizácia
transcendentalista (-ti)
& poklesnutie, 6.37-45, viď poklesnutie
druhy, úv., 19, 3.3, 12.1, 18.66
narodení v rodine, 6.42-43
nepraví, 3.6-8, 15.11
ako oddaní, 9.29, 18.1
prirovnaní, viď analógia
priťahovaní *yogou*, 6.44-45
príznaky & chovanie, 14.22-25
ich spoločnosť, 17.4
ich vlastnosti, 6.7-32, 16.1-3, 18.51-54
vzácnosť, 10.3
transcendentálne poznanie, viď poznanie
transmigrácia duše, viď prevteľovanie
tranz, viď *samādhi*
trest
& *Manu-saṁhitā*, 2.21
& Śrī Rāmacandra, 1.36
Kṛṣṇov predstaviteľ, 10.38
smrti, 2.21, 14.16
za vraždu, 2.19, 2.21
pre zločincov, 1.36
Tretā-yuga, 4.1, 8.17
tri-kāla-jñāna, 7.26
tri-vedī, 9.20
Trivikrama, 8.22
trpezlivosť, 10.34, 12.19
tulasī, 2.61, 6.18, 9.2, 11.55
tuṣṭi, definícia, 10.4-5
túžba
duchovné & hmotné, 2.71, 3.25
hmotné
& odriekanie, 17.5-6
definícia, 2.71
ako jemné podmienenie, 5.15
iba Kṛṣṇa môže vyplniť, 7.21-22
následky, 2.67, 2.70, 3.6, 3.37-41, 3.43, 5.23, 7.27, 8.6, 9.10, 13.21-22, 13.30, 15.5, 15.10, 15.20, 16.3, 16.21-22
ako nepriatelia, 3.43
oddaná služba &, 7.20, 7.29, 9.3
oddaní &, 2.55-64, 2.68-71
polobohov, 7.20-22, 7.24
pôvod v mysli, 2.55-56
prirovnané k riekam, 2.70, 18.53
zo spoločnosti, 3.34
telo odpovedajúce, 9.10, 13.21-22, 13.30
všetci ovplyvnení, 2.70, 3.8
Kṛṣṇa vyplňuje, 2.22, 5.15
oddaného, 5.7
vyhnúť sa hriechu, 3.36-37
vyslobodiť sa, definícia, 2.70-71
tyāga, 18.2
Uccaiḥśravā, reprezentácia Kṛṣṇu, 10.27
úcta, 14.22-25, 16.1-3, 17.18
uctievanie
& *arcā-vigraha*, viď Božstvá, uctievanie
& Kṛṣṇa, 18.65-66
v čistom dobre, 17.4
dôležitosť, 10.42
v akýchkoľvek životných podmienkach, 4.11
v lone, polobohov, 11.52
ako najvyššia forma, 12.2
nepriame, 9.20
nižšie druhy, 9.15
objektom, 9.34, 11.44, 11.54
ako odriekanie tela, 17.14
ako povinnosť, 18.46
v pôvodnej podobe, 18.65
prostredníctvom práce, 18.46
spolu s Jeho energiami, 18.46
pre všetkých, 11.44
zaslúži si, 10.42, 11.43
autorizované, 13.26

banyanovníka, 10.26
brāhmaṇov, 17.14
v chráme, 12.5, 11.54
definícia, 6.47
démonov, 16.10, 17.4
druhy, 6.47, 9.25
duchovného učiteľa, 17.14
duchov a strašidiel, 9.25, 17.4, 17.28
pre hmotný prospech, 17.11
impersonalistov, 9.15, 17.4
inteligenciou, načúvaním *Bhagavad-gīty*, 18.70
kto si zasluhuje, 17.14
Nāradu Muniho, 10.26
neosobného *brahma* & oddaná služba, 12.1-7
neprirodzené, 17.18
nestačí k poznaniu Kṛṣṇu, 11.53
obyčajného človeka, 17.4
v oddanej službe, 9.34
druhy, 9.15-16
s hmotnou túžbou, 7.20
inšpirované načúvaním, 13.26
ako najvyššie, 9.23-25
porovnávané s uctievaním polobohov, 7.23-24, 9.23-25
ako povinnosť, 17.11
s výlučnou oddanosťou, úv., 9.22
odriekanie za účelom obdržania, 17.18
podľa kvalít prírody, 17.1-4
v podmienenom stave, 17.28
polobohov, viď polobohovia
predkov, 9.25
saguṇa & nirguṇa, 12.5
seba samého, 9.15
vesmírnej podoby, 9.15-16
vymyslenej podoby, 9.15
výsledky, 9.25
význam, 6.47
uctievanie Božstiev, viď Božstvá
uctievanie polobohov, viď polobohovia
učenícka postupnosť, úv., 5, 12, 4.2, 4.16, 7.2, 18.75
& *Bhagavad-gītā*, 1.1, 4.1-5, 4.42, 7.15, 10.13-14, 11.43
Arjuna v, 10.14, 11.8
od Brahmu, 12, 11.43
Kṛṣṇa v & znovuobnovenie, 3, 4.2, 4.7
Manu, Ikṣvāku a Vivasvān v, 3,4.15-16, 7.26
nutnosť, 4.15-16, 4.34, 11.43, 18.75
Rāmānujācāryu, 7.24
tajomstvo, 18.75
Vyāsadeva, 18.75
učitelia, 2.5, viď duchovný učiteľ
udāna, 2.17
Ugrasena, 2.4
Uma, uctievanie, 7.21
únos, trest za, 1.36
Upadeśāmṛta, 6.24
Upaniṣady, 2.45, 2.52, 4.8, 4.28, 7.3, 7.24, 11.48
citácie, 3.15, 3.22
usmerňujúce zásady, 18.78
nutnosť, 16.22-24
očistenie prostredníctvom nich, 16.22
ako zásady slobody, 2.64
zničené nezodpovednosťou, 18.25
uspokojovanie zmyslov, viď zmyslový pôžitok
Uśanā, reprezentácia Kṛṣṇu, 10.37
útrapy života, úv., 2.56, 2.65
utrpenie
& frustrácia, 1.30, 3.37, 4.10
& hmotný svet, 2.51, 8.15, 9.33, 11.43
& choroba, 1.40, 13.8-12
& kvality vášne a nevedomosti, 14.16-17, 18.39
& oddaní, 2.56, 5.26, 11.55, 12.13-14
& smrť, 13.8-12
& strach, 1.29, 2.56, 10.4-5
& tolerancia, 2.14-15, 2.45
& úzkosť, úv., 16.11-16
dieťaťa & pôrod, 7.15, 13.8-12
ako milosť Najvyššieho Pána, 2.56, 3.28
podnet k duchovnému životu, 13.8-12
príčiny, 6.32
hmotné túžby, 1.30, 2.70
jedlo, 17.9-10
karmické reakcie, úv.
Kṛṣṇa, 10.4-5
nevedomosť, 13.8-12, 18.39
oddaný chápe, 15.10
príroda, 2.7-8
staroba, 13.8-12
telesné poňatie života, 5.14
telo, úv., 13.21
vášeň, 14.15, 14.17
zábudlivosť (na Najvyššieho Pána), 1.30, 5.25, 6.32, 11.55
zmyslový pôžitok, 5.22, 18.38
živá bytosť, 13.21-22
prirovnané k ročným obdobiam, 2.14
sprevádza hmotné šťastie, 14.16
vyslobodenie od prostredníctvom
dobrej spoločnosti, 18.36
duchovného poznania, 9.1
načúvania, 2.22, 9.1
oddanej služby, 1.41, 9.33, 11.55
odovzdania sa, 18.62
sebarealizácie, 6.20-23
transcendovania kvalít prírody, 14.20
usmerneného života, 6.17
vedomím Kṛṣṇu, 2.8, 5.29, 15.10, 18.54
trojaké, 16.24
na všetkých planétach, 8.16-17
zánik ako, 8.19
uttama, definícia, 9.2
Uttamaujā, 1.6
váhavosť, 18.28
vaibhāṣikovia, druh filozofov, 2.26
vaidūrya, kameň, 4.5
Vaikuṇṭha, úv., 15.6
vairāgya, 6.35, viď odriekanie

vaiśya, 18.44
& čistota, 16.1-3
& kvality prírody, 4.13, 7.13, 9.32
môže dosiahnuť dokonalosť, 24, 9.32
predpísané povinnosti, 18.47
viď *varṇāśrama*
vaiṣṇava, viď oddaný
vaiṣṇava-aparādha, viď priestupky
vaiṣṇavská filozofia, viď vedomie Kṛṣṇu, oddaná služba
Vāmana, 8.22
vānaprastha, viď *varṇāśrama*
vandanam, viď modlitby
Varāha, 4.13, 6.47, 18.65
Varāha Purāṇa, 2.23, 10.8, 12.6-7
varṇa-saṅkara, 1.40-42, 3.24
varṇāśrama-dharma, 9.32-33
& *brāhmaṇa*, 16.1-3
& dedičnosť, 2.3
& kvality prírody, 3.35, 7.13, 9.32
& *Manu-smṛti*, 7.15
& očistné obrady, 7.15
& rodinný život, 1.39-44
& ženy, 1.40
cieľ, 2.48, 3.7, 3.9
vedomie Kṛṣṇu ako, 18.66
duchovný učiteľ transcendentálny, 2.8
Kṛṣṇa transcendentálny, 4.13-14
náboženstvo začína s, 4.7
očista prostredníctvom, 1.40, 1.42, 16.22
ako potreba v ľudskej spoločnosti, 2.31
povinnosti, úv., 2.31, 8.28
pre Kṛṣṇu, 18.47-48
s odpútanosťou, 18.23
transcendované čistou oddanou službou, 3.35
vrcholí v oddanej službe, 18.66
pôvodca, Kṛṣṇa, 4.13
sannyāsī ako duchovný učiteľ v, 16.1-3
skupiny, úv., 4.26, 7.13
ľudia nižší ako, 9.32
podľa kvalít prírody, 7.13, 9.32, 18.41
podľa vlastností, 16.1-3
ako dočasné označenia, 7.13
ako *sva-dharma*, 2.31
účel, 1.40, 1.42, 4.13, 4.26
pre uspokojenie Viṣṇua, 9.24
vedomie Kṛṣṇu
doprevádza prácu v, 22-24
je možné prebudiť prostredníctvom, 4.42
transcenduje, 3.35
vodcovia spoločnosti zanedbávajú, 1.42
výhody, 1.42
Varuṇa, 3.14, 10.29
vasudeva, stav, 14.10
Vasudeva, Kṛṣṇov otec, 1.15, 2.3, 4.8, 7.24, 9.11, 10.3, 11.53
Vāsudeva, Kṛṣṇa, 1.15, 1.25, 2.56, 7.19, 8.22, 10.37, 12.3-4
Śrī Balarāma ako, 10.37
Vāsuki, 10.28, 11.15
Vasuovia,, 10.8, 10.23, 11.6, 11.22
vášeň, kvalita
& hmotné túžby, 14.7
& inteligencia, 18.31
& jedlo, 17.7, 17.9-10, 17.23
& konanie, 14.16, 18.24
& myseľ, 15.7
& obeť, 17.23
& odhodlanie, 18.34
& odriekanie, 17.23, 18.8
& plodonosné činnosti, 14.7, 14.9, 14.12, 18.34
& poznanie, 18.21-22, 18.31
& šťastie, 18.38
& utrpenie, 14.16-17
& *varṇāśrama*, 9.32
& vedomie, 18.21
& viera, 17.2-4
& zmyslový pôžitok, 18.34
jej následky, 14.5-19
oslobodenie prostredníctvom vedomia Kṛṣṇu, 6.27
podmienenie, 14.5, 14.7, 14.9
jej prejavy, 14.12
prevláda v súčasnom veku, 14.7, 14.10
pripútanosť a túžba, 14.12, 14.17
pútajúca, 14.7
reakcie nasledujú činnosti vo, 2.38
jej reprezentácia, príťažlivosť opačných pohlaví, 14.7
vlastnosti človeka vo, 18.27
vážnosť, odriekanie mysle, 17.16
Vedānta-sūtra, 4.28, 10.32, 11.48
& *Śrīmad-Bhāgavatam*, 15.15
& *vedska* literatúra, úv.
autor, Vyāsadeva, 13.5, 15.15-16
citáty, úv., 3.37, 4.14, 5.15, 6.20-23, 9.2, 9.21, 13.5, 15.14-15, 18.14, 18.46, 18.55
komentáre, 27, 5.6
Kṛṣṇa, 10.32, 18.1
Śaṅkarācārya prijal, 18.13
vedci
& pýcha, 14.6
ich poznanie
o duši, 2.17, 2.22, 2.25
o hmotnej prírode, 11.33
o vesmíre, 11.7
skúmajú pohlavný život, 13.8-12
vedomie
božské, 15.8
čisté zakryté žiadostivosťou, 3.39
definícia, 9-10
duchovné, 10.22
viď vedomie Kṛṣṇu
individuálne & najvyššie, 13.34
nirmama, 3.30
odovzdanej duše, 3.30
obmedzenia, 2.17
predstavuje Kṛṣṇu, 10.22
prirovnané k svetlu, úv., 2.20
príznak života, 13.6-7

rastlín, 3.38
v tele pochádza z duše, 2.17, 2.20, 2.25, 13.34-35
transcendentálne, 2.55-61, 2.64-66, 2.68-72, 3.17
úrovne znečistenia, 2.62-63
znalca Absolútnej Pravdy, 3.28-29
znečistenie, 3.38-40, 15.9
zrodenie podľa, 15.8-10
zvieracie, 2.20, 3.38, 15.8, 18.22
vedomie Kṛṣṇu
& autority, 4.15-17, 7.1, 12.9,
& činy, 4.15-42, 5.1-29
& *buddhi-yoga*, 10.10
bez reakcií, 18.13-14
potrebné, 4.15
zodpovednosť za, 18.14, 18.17
& extatické príznaky, 1.29
& filozofia, 10.11
& hnev, 2.56
& jedlo, 6.16
& odriekanie, 6.40, 8.27, 9.28, 12.9, 18.7-11
& poznanie, 6.2, 6.8
& pôst, 6.16
& spánok, 6.17
& spoločnosť oddaných, 6.8, 12.10
& sviatočné dni, 14.27
& viera, 3.31, 4.39-40
ako absolútne, 2.41
ako cieľ, 3.5, 16.23, 18.66
morálky, 3.16
obetí, 3.16
poznania, 4.33, 16.23
čiastočne ukončené, 2.40
čisté, charakteristika, 6.7-32
čistota, 6.45
dokonalosť v, 2.41, 2.71, 5.11
dokonalosť poznania, 16.23
v duchovnom svete, 2.72
pre Kṛṣṇove potešenie iba, 2.39-40
ako najvyššia cesta, 6.40
ako najvyššia *yoga*, 6.47, 7.1
neodchyľujúce sa, 8.8
nutnosť duchovného učiteľa pre, 2.68
odhalené rečou, 2.54
poklesnutie, 2.40-41, 2.67, 4.29
prospech sa nestráca aj napriek, 3.5
pokrok v, 3.19, 3.31
pokrok, test, 13.8-12
porovnané
s dobročinnosťou, 5.25
s filozofickou špekuláciou, 3.3
s hmotným vedomím, 5.9
s hmotnými túžbami, 3.37
s *yogou*, 6.1
s plodonosnou činnosťou, 2.41
postupný rozvoj, 3.26, 3.31, 3.43, 4.15, 4.24, 5.29, 7.30
ako povinnosť, 6.1, 9.27
pripútanosť k, 3.34, 5.5
prirovnané
k jedeniu, 2.60
k lodi, 4.36
prirodzené ovládanie zmyslov, 6.2
príznaky, 2.54-61, 2.64-65, 2.68-72, 4.19-23, 5.16-28
priaznivé a nepriaznivé, 11.55
ako pôvodné vedomie, 15.9
rozvíjanie, 3.26
ako skutočné odriekanie, 5.3, 6.2-3, 18.49
ako služba Kṛṣṇovi s očistenými zmyslami, 6.26
spoločnosť pre, 15.6, 16.1-3
stupne, 4.10, 5.11, 18.55
analógie, 3.38
„tajomstvo", 4.34, 5.12
transcendentálne voči
yogam, 4.28
náklonnosti a averzii, 2.64
oslobodeniu a sebarealizácii, 6.30
Vedam a *vedskym* obetiam, 2.52, 3.15-17, 4.28
všetkým ostatným duchovným procesom, 18.66
ťažkosti v, 12.11
úloha mysle v, 3.42, 6.5-6, 6.27
nad všetkými náboženstvami, 18.66
výhody
dosiahnutie kvality dobra, 14.17
duchovná radosť, 2.59-61, 5.21
inteligencia, 2.65
Kṛṣṇova milosť, 2.64
láska k Bohu, 3.41
mier, 2.8, 2.66, 2.71, 4.38, 5.12
návrat k Bohu, 2.72, 4.10, 4.24, 4.29, 5.26, 6.15, 8,13, 8.28, 9.25-26, 9.28, 10.4-5, 11.55, 15.8, 17.23, 18.65
nebojácnosť, 10.4-5
nezávislosť, 3.18
očistenie, 3.3, 3.17, 3.38, 3.41, 4.10, 5.2, 5.17, 8.5, 8.7-8, 12.9, 17.3, 17.28
odpútanosť, 2.48, 2.52-53, 2.55-71, 3.17, 3.34, 3.43, 4.18, 4.20-23, 5.21, 5.26, 6.1-4, 6.10, 6.18, 6.35-36, 7.1, 14.22-25, 15.6
odriekanie, 6.2
ovládanie zmyslov, 2.58-71, 3.3, 3.43, 4.29, 6.2
povýšenie, 3.33, 7.28, 14.17
poznanie, 5.16-18, 7.1, 7.24, 15.11
poznanie o Kṛṣṇovi, 5.28, 7.3
realizácia Boha, 2.53
sebarealizácia, 6.37, 18.50
spokojná myseľ, 2.66
spokojnosť, 2.55, 2.66, 2.70, 6.20-23, 6.27, 6.32, 8.28, 9.33, 18.54, 18.76
transcendovanie *karmy*, 4.14
ustálená myseľ, 3.43
viera, 7.30
vyslobodenie, 1.32-35, 2.68, 2.72, 3.30, 4.9-10, 4.16, 4.18-24, 4.29, 4.35, 5.2, 5.17-18, 6.15, 6.27, 6.31, 7.14, 8.8, 8.19, 10.3, 13.24, 8.12, 18.58
zduchovnenie hmoty, 4.24

získanie dobrých vlastností, 2.55
na vyšších planétach, 8.16
vzácnosť, 7.26
začiatočníci v, 4.15
začína vďaka spoločnosti, 7.30
záujem o, vzácny, 4.14
základná zásada, 6.30
ako zmysel ľudského života, 3.27-28, 7.30, 10.4-5, 11.34
zmysly zapojené v, 2.67-68
vedska literatúra
& duchovný učiteľ, nutný, 2.7
& obeť, 11.48
& štúdium a recitácia, 17.15
história, úv.
Kṛṣṇu môžeme poznať prostredníctvom, 15.15
príklady, 10.32, 11.48
rozdielnosť názorov na, 18.3
pre vyššie vzdelanie, 10.32
vedske písma, viď *Vedy*
vedske zásady, 3.15
pre kúpeľ, úv., 2.14
pre postupné povýšenie, 16.23-24
potrebné, 16.22-24, 17.6
Vedy, 10.32
& obrady a obete, 2.43, 2.46, 2.52-53, 3.12, 3.14-16, 4.31-32, 6.44, 9.16, 15.15
& *oṁ tat sat*, 17.23
& uctievanie polobohov, 3.14, 9.25
& zmyslový pôžitok, 3.15
& zvieracie obete, 4.7
autor, úv., 2.46
autority, 3, 4.1
cieľ, 2.52, 3.10
detailne, 15.15
duchovný svet, 15.1
Kṛṣṇa ako, 2.46, 3.26, 9.17-18, 9.20, 15.1, 17.28
oddaná služba ako, 16.24, 18.1
sebarealizácia ako, 2.46
citáty
o Bohu, jedinom, 4.12
o *cāturmāsyi*, 2.43
o duši, 2.25
o Kṛṣṇových podobách, 4.5
o Najvyššom Pánovi, 4.9, 4.14, 3.10, 13.3
o obeti, 3.9, 3.11
o zabíjaní, 2.19
doporučujú plodonosné činnosti, 2.42-46
hymny, 15.1
karma-kāṇḍa, časť, 2.43, 2.45-46, 9.16
Mahābhārata ako piata, 2.45
poznanie o, 8.11, 11.54
poznanie z, 2.25, 4.31, 15.15
ich pôvod, dych Najvyššieho Pána, 3.15
prirovnané
k matke, 2.25
k nádrži, 2.46
štúdium
& duchovný učiteľ, 8.28, 16.1-3
pre *brahmacārīnov*, 16.1-3
ako obeť, 4.28
oddaná služba prinesie rovnaký výsledok, 8.28
pre povýšenie sa na vyššie planéty, 9.20-21
ich účel, 2.46, 4.7, 15.15, 15.18
ako vodítko v práci, 3.15
vymenované
štyri, 3.15, 9.17, 11.48
tri, 9.17, 9.20
vyslobodenie prostredníctvom, 3.15
ich "vznešené slová", 2.42-43, 2.53
ako zákony Boha, 18.4
ich zásady
& odriekanie a pokánie, 10.4-5
ako skutočné náboženstvo, 4.7
živé bytosti potrebujú poznanie z, 15.15
vegetariánstvo, 6.16-17
veky, viď Dvāpara-yuga, Kali-yuga, Satya-yuga, Tretā-yuga
vesmírna podoba, 9.11
& Arjuna, 11.13, 11.25, 11.31, 11.41-42
chcel uzrieť, 11.1, 11.3-4
dôvody k zjaveniu, 11.1-3, 11.8
klania sa, 11.35-44
rozrušený pri pohľade na, 11.14, 11.24-25, 11.35, 11.45, 11.49
zmätený, 1.24-25
ako *adhidaiva*, 8.4
ako dôkaz božskosti, 11.3
dôkaz Kṛṣṇovej zvrchovanosti, 11.5-47
ako hmotná & dočasná, 11.45
Kṛṣṇa ako, 9.19
najvyššia pre materialistov, 4.10
obtiažne uzrieť, 11.8, 11.17, 11.24-25, 11.45, 11.49
pohlcujúca, 11.26-30, 11.32
polobohovia sa boja, 11.21
prirovnaná k hmotnej prírode, 11.5
účel zjavenia, 11.49, 11.54
zjavená
& Vyāsadeva a Sañjaya, 18.77
v celistvosti na jednom mieste, 11.7, 11.10-11, 11.15
iba Kṛṣṇovou milosťou, 11.4-5, 11.7-9
na vyšších planétach, 11.20, 11.23, 11.36, 11.47
pre začiatočníka, 8.4
záujem oddaných o, 11.8, 11.48-49, 11.54
vesmírny čas, 4.1, viď čas, yugy
vibhu, definícia, úv.
vibhu-ātmā, definícia, 2.20
vibhūti, definícia, 10.19
viera
& *Bhagavad-gītā*, 4.40-41
definícia, 2.41, 4.39
v duchovného učiteľa, 6.47, 11.54
v kvalitách prírody, 17.1-4
v načúvaní duchovným autoritám, 13.26
v Najvyššieho Pána, úv., 1.28, 8.23, 17.17, 18.68
& *bhakti-yoga*, 6.24
& oddaní, 4.4, 9.3, 9.12, 18.66

& sannyāsī, 16.1-3
čistých oddaných, 9.11
dokonalosť prostredníctvom, 4.9
ḍrḍha-vrata, 7.30
duchovné poznanie prostredníctvom, 6.47
duchovný učiteľ, 11.54, 17.28
nedostatok, 3.31, 4.3-4, 4.40, 9.3, 9.12, 16.11-12, 16.18, 17.13, 17.28, 18.67
prostredníctvom oddanej služby, 7.30, 8.28
prostredníctvom spievania Hare Kṛṣṇa, 4.39-42
prostredníctvom spoločnosti oddaných, 9.2-3
rozdelenie oddaných podľa, vývoj, 9.3
v oddanú službu, 9.3
v pokyny Boha, 3.31
povýšenie, 17.2-3
prostredníctvom poznania, 4.40
porovnávaná so sanātana-dharmou, úv.
viď náboženstvo
vijñāna-maya, 13.5
vikarma, 3.15, 4.17, 4.20
Vikarṇa, 1.8
Virāṭa, 1.4, 1.16-20
Viṣṇu, Najvyšší Pán, 11.55, 15.7, 18.65
& Kṛṣṇa, 4.23, 6.31, 10.20, 11.24
Jeho predstaviteľ, 10.21
& stvorenie, 7.4, 10.20, 10.32, 11.54, 13.20
Garbhodakaśāyī, 7.4, 9.8, 11.15, 11.37, 15.4
impersonalisti uctievajú, 17.4
ako koreň a duša hmotného sveta, 5.4
Kṣīrodakaśāyī, 7.4, 9.8
Mahāviṣṇu, 7.4, 9.8, 11.1, 11.54, 13.20
ako neoddeliteľná súčasť Kṛṣṇu, 15.7
Pán *māyi*, 7.14
ako Pán obete, udeľujúci výsledky, 8.2, 3.9-12, 3.14
ako Prajāpati, 3.10
v srdciach všetkých, 6.31
Jeho symboly, 6.31
ako *yajña-puruṣa*, 3.15
viď Najvyšší Pán
Viṣṇu Purāṇa, citáty, úv., 2.16, 2.48, 3.9, 11.40, 14.16
Viṣṇumūrti, 15.7
viṣṇu-tattva, 2.17
viśva-kośa, 4.6
Viśvāmitra, 3.35, 2.60
Viśvanātha Cakravartī Ṭhākura, 2.41, 9.11
viśva-rūpa, viď vesmírna podoba
víťazstvo, 18.74, 18.78
reprezentácia Kṛṣṇu, 10.36
vietor, Kṛṣṇa ako vládca, 9.6
reprezentácia Kṛṣṇu, 10.31
Vivasvān, 4.1
& *Bhagavad-gīta*, 4.1-2, 4.4-5
Kṛṣṇa pripomína, 7.26
Kṛṣṇov žiak, 4.15
uctievanie, 7.20-21
v učeníckej postupnosti, 3, 4.15-16, 7.26
Vyāsadeva, úv., 2.32, 7.24
& Sañjaya, 1.1, 11.12, 18.75, 18.77
& *Vedy*, úv., 10.37, 15.18
autor *Vedānta-sūtry*, 13.5, 15.15-16
ako autorita, 18.62
duchovný učiteľ predstavuje, 18.75
ako inkarnácia Kṛṣṇu, 10.37, 15.15-16, 15.18, 18.77
najlepší muni, 10.37
ako odovzdaný Kṛṣṇovi, 7.15
jeho otec, rodičia, 13.5, 15.18
predstaviteľ Kṛṣṇu, 10.37
v učeníckej postupnosti, 18.75
Vyāsa-pūja, 18.75
vyavasāyātmická inteligencia, 2.41
vláda
& Śrī Rāmacandra, 1.36
& zákon, 2.21, 2.27, 16.7, 18.17
pod dobrým kráľom, 10.27
Kṛṣṇova, polobohovia, 9.23
planét, 4.1-2
trestá za vraždu, 14.16
vodcovia, 1.36, 1.42, 3.21, 4.1, 4.12, 6.43, 7.15, 10.4-5
vlastné ja
definícia, 8.1, 8.3
porovnané s falošným, 13.8-12
vlastníctvo, falošné
bráni odovzdaniu sa, 15.5
ako ilúzia, 7.27
odpútanosť od, 3.30, 4.21-23
pre sebarealizáciu, 18.51-53
voda, Kṛṣṇa ako, 11.39
jej chuť, 7.8
vodcovia, 3.20-22, viď vláda, *kṣatriya*, duchovný učiteľ
voidizmus, viď impersonalizmus
vojna, 1.40
& *kṣatriya*, 2.31-32
nukleárna, nebezpečie v dnešnej dobe, 16.9
pravidlá, *kṣatriyské*, 1.45
schválená Najvyšším Pánom, 2.30
spravodlivá, 2.21, 2.27
zbytočná, 2.27
vôňa, pôvodná, 7.9
vrah, 2.19, 2.21
reinkarnácia nepodporuje, 2.27
trest pre, 1.36
Vṛkodara, Bhīma, 1.15
Vṛndāvana, 6.11-12, 8.21, 9.19
Goloka, úv., 6.15, 8.21, 8.28, 9.11, 10.9, 11.55, 15.6
replika na Zemi, 8.21
Kṛṣṇa nikdy neopúšťa, 10.37
Vṛṣṇiovci, Kṛṣṇov predstaviteľ medzi, 10.37
vyāna, 2.17
vyhľadávanie chýb, 16.1-3
vyrovnanosť, 16.1-3
vyslobodenie
& banyanovník, analógia, 15.1
& čistý oddaný, 9.28, 12.6-7
& odpútanosť, 2.15, 2.47, 5.19-21, 5.24-29, 16.1-3
& *sādhaka*, 2.68
& sebarealizácia, 5.19
& šťastie, 5.24, 18.63

pre Arjunu, 2.6, 2.23
v *brahma*, 2.24, 8.11
brahma-bhūta, 6.27, 9.2, 18.55
v *brahma-jyoti*, 4.9, 8.13, 8.24
brahma-nirvāṇa, 2.72, 5.29
Brahmu, 8.17
buddhistický pohľad na, 2.72
budúcnosť duše po, 2.23-24
Boh túži pre nás, 13.23
žiadostivosť, hnev, chamtivosť ničí možnosť, 16.21
činnosti, 5.24-26
definícia, úv., 7.5
od dualít, 5.3
individualita po, 2.13, 2.23-24, 2.39, 5.16, 14.2, 15.7, 18.55
kaivalyam, 6.20-23
od *karmy*, 3.31
ako najvyššie pre impersonalistov, 3.19
neosobné, 2.24, 6.15, 6.20-23, 8.11, 8.13, 9.2, 9.12, 11.55
obtiažnosť, 4.9
pohľad oddaného na, 18.54
nirvāṇa, 2.72, 6.20-23
oddaná služba ako, 2.72, 3.9, 5.11-12
oddaná služba po, 9.2, 18.55
pre oddaných, 2.24, 9.28, 18.12
porovnané s impersonalistickým, 4.9
oddaný túži po, 7.29
odporučené pre ukončenie života v utrpení, 15.10
odpútanosť od, 2.70, 8.14-15
poznanie nezaručuje, 3.33
prostredníctvom
buddhi-yogy, 10.10
duchovného poznania, 2.14, 2.23, 2.50, 4.14, 4.17, 4.35-39, 13.8-12.13.24, 13.35, 14.2
načúvania autoritám, 13.26
oddanej služby, 18.20, 24, 2.39, 2.51, 2.72, 4.35, 4.41, 5.2, 5.26, 7.14, 7.29, 8.6, 8.8, 8.10, 8.13, 8.27, 10.12-13, 12.6-7, 13.22, 14.26, 15.1
oslobodené duše iba, 7.14
poznania Kṛṣṇu, 4.9-10, 4.14, 6.15, 7.4, 7.7, 10.3
príkazov *Ved*, 3.15
smrti v príhodný okamih, 8.23-26
spievania svätých mien, 6.12
spoločnosti oddaných, 7.28
transcendentálnych vlastností, 16.5
varṇāśrama-dharmy, 1.42
vernej služby, 3.31
vody z Gangy, úv.
vykonávania povinností s odpútanosťou, 2.47
aj napriek vteleniu, 5.24-25
prirovnanie, 12.7, 18.55
sārūpya, 8.8
do sídla Boha, úv., 4.29, 8.13, 8.19, 8.21, 8.28, 9.25, 9.28, 18.62
z telesného poňatia života, úv., 14.22-25
túžba po, 2.70, 7.29
úloha mysle, 5.27-28, 6.5
úrovne, 9.28
vedomie Kṛṣṇu
ako, 2.72, 4.35, 5.3, 6.27
nad, 6.30
samotné stačí na, úv., 6.15, 9.28, 12.6-7, 18.46
zmysel života, 3.7
vývoj, životných druhov, 9.8, 14.15, 16.1-3
vzdelanie
& *brahmacārī*, 6.14, 8.11, 8.28, 16.1-3
& *gurukula*, 6.14
duchovné, 11.43, 13.26, 14.17
od duchovného učiteľa, 2.20, 6.14, 8.28
hmotné, Kṛṣṇa nepoznaný pomocou, 10.4-5, 11.53-54, 18.50
oddaná služba nezávisí od, 9.2, 10.11
skutočné, reči, 7.15, 17.15
uctievanie pre, 7.21
z *Ved*, 8.28, 10.32
vzduch
Kṛṣṇa ako, 11.39
viď prvky, životný vzduch
Yādava, Kṛṣṇa, 11.41-42
yajña
Śrī Viṣṇu, 3.9, 9.24
dravyamaya-yajña, 4.28
Kṛṣṇa užívateľom, 3.10
pañca-mahā-yajña, 3.12
saṅkīrtana-yajña, 3.12
tapomaya-yajña, 4.28
Yajña, Śrī Viṣṇu, 9.24
Yajña-pati, Kṛṣṇa, 3.11
Yajña-puruṣa, Najvyšší Pán, 3.14-15
Yajñavalkya, citát, 6.13-14
Yajur-Veda, 9.17, 13.5
Yakṣasovia, 9.25, 10.23, 11.22, 17.28
Yamadūtovia, 18.25
Yamarāja, 4.16, 10.29
Yamunā, rieka, 6.11-12
Yamunācārya, 2.62
Yaśodā-nandana, Kṛṣṇa, 1.15
yoga
& *cakry*, 8.10
& jedlo, 6.16-17
& odhodlanie, 6.24-26, 18.33
& odpútanosť, 4.27, 5.27-28, 6.1-4, 6.13-26, 8.12, 18.33
& odriekanie, 6.3-4, 6.14
& ovládanie zmyslov, 2.48, 4.29, 5.27-28, 6.11-18, 8.12
& ovládanie životného vzduchu, 4.27, 4.29, 8.10-12
& Patañjali, 4.27, 6.20-23
& poklesnutie z, 6.23, 6.26, 6.37
& *siddhi*, 6.23
& zmyslový pôžitok, 6.23, 6.36
& spánok, 6.16-17
& tranz, 6.20-23, 6.25
& vedomie Kṛṣṇu, 5.28-29, 6.3-4, 6.36, 6.40, 7.1, 9.22
ako, 2.48

ako najlepšie, 6.20-23
porovnanie, 6.1
transcendentálne, 4.28
& viera, 6.24
bhakti-yoga, 2.39, 3.16, 5.5, 5.29, 6.20-23, 8.10, 8.14
brahma-yoga, 5.21
buddhi-yoga, 2.39, 2.49, 2.51, 3.1-4, 5.1, 10.10
cieľ, 2.61, 3.3, 6.5-6, 6.13-15, 6.20-23, 6.45
cvičenie, 3.43, 5.2, 6.3
definícia, 2.48, 6.3, 10.10
dhyāna-yoga, 6.14, 6.23, 6.47, 7.3
dokonalosť, 6.26, 18.49
druhy, 2.39, 3.16, 6.47
jñāna-yoga, 3.16, 5.29, 6.14, 6.46-47, 7.3, 8.14, 8.23, 9.2-3, 10.10, 12.5
haṭha-yoga, 4.29, 6.23, 6.47, 8.14, 8.23, 13.25
hmotné putá v, 8.14
v Kali-yuge, 6.12, 6.23, 6.33, 6.35, 6.37, 15.11
karma-yoga, 2.39, 2.51, 3.1-43, 5.4, 5.29, 6.1, 6.23, 6.46-47, 8.14, 8.23, 9.2-3, 10.10
Kṛṣṇa jej pánom, 18.75
kumbhaka-yoga, 4.29
meditačný proces, 5.28
mentálna disciplína, 6.18-27, 6.36
návrat k Bohu prostredníctvom, 6.15
najvyššia, 6.3, 6.6-7, 6.47, 7.1, 10.10
nepravá, 6.12, 6.23, 6.33, 6.36, 15.11
ako obeť, 4.28
obtiažna, 6.33-44, 6.37
v okamihu smrti, 8.10
osemstupňová, 5.28-29, 6.1, 6.37, 6.40, 6.47
oslobodenie prostredníctvom, 6.27-29, 8.14
ovládanie mysle nevyhnutné, 6.26
pokračuje život za životom, 6.41-45
polohy, 4.29, 6.3
potrebná doba, 8.10
povýšenie prostredníctvom, 4.28
prāṇāyāma-yoga, 4.29
proces, 6.11-18, 8.14
prirovnaná
k ohňu, 6.36
k rebríku, 6.3
puruṣottama-yoga, 15.20
rāja-yoga, 6.47
samočinný sklon k, 6.44-45
sanātana-yoga, 4.42
sāṅkhya-yoga, úv., 2.1, 2.39, 2.66, 3.3, 4.28, 5.4-5, 7.4, 13.25, 15.1
sannyāsa-yoga, 6.2
sebarealizácia prostredníctvom, 3.16
skutočná, 6.13-14, 6.15, 6.6
spojenie Najvyššieho Pána a živých bytostí, 6.47
ṣaṭ-cakra-yoga, 8.10-13
šťastie prostredníctvom, 6.4, 6.20-23, 6.27-28
tri časti, 6.3
ako umenie činu, 2.50
usmernenie, 6.16-17, 6.33, 6.35
výhody, 6.27-29
vysoké úrovne, 6.3-4
yogārūḍha úroveň, 6.3, 18.49
yogārurukṣu úroveň, 6.3
viď *aṣṭāṅga-yoga*
yogamāyā, 7.25, 10.17, 11.52
Yoga-sūtry, citát, 2.61, 4.27, 6.20-23
Yogeśvara, Kṛṣṇa, 11.4
yogīni
& mystické sily, 2.70
& odpútanosť, 5.11, 6.2
& odriekanie, 6.18
& okamih smrti, 8.23-26
bhakti-yogīni, 8.14, viď oddaný
čistí & nemotivovaní, 8.14
dnešní imitátori, 2.61, 15.11
dokonalí, 6.32
druhy, 6.47
nepraví, 3.6, 3.33, 6.15, 6.23
nešťastní, 2.70
neúspešní, 6.37-45
oddaní ako, 4.25, 6.15, 9.27, 10.3
najlepší, 6.32, 18.1, 18.75
porovnanie, 2.61, 6.32, 8.23-24
oslobodenie pre, 6.27-29
ovládajú prevteľovanie, 12.6-7
prirovnaní
ku korytnačke, 2.58
k mraku, 6.38
k zaklínačovi hadov, 2.58
vlastnosti, 6.8
závislí na Bohu, 4.11
Yudhiṣṭhira Mahārāja, 1.1, 1.15-20, 10,27, 18.78
yugy, 4.1, 8.17
Yuyudhāmanyu, 1.6
Yuyudhāna, 1.4
zabíjanie
& Arjuna, 2.19, 2.21
& *kṣatriya*, 2.31, 18.47
autorizované, 18.17
démonov, 16.20
karmická reakcia, 14.16
niekedy nevyhnutné, 2.21
starších zakázané, 1.39
zamestnanie
je lepšie robiť vlastné, hoci nedokonale, 18.46-48
vedomie Kṛṣṇu, 18.48-50
závisť
démonov, 16.18-19
Kṛṣṇovi, 18.67
zažívanie, 7.9, 7.15, 15.14
zbožné činnosti
v kvalite dobra, 14.16
výsledky nestále, 2.8
zbožní ľudia, štyri druhy, 7.16-18, 8.14
zbožnosť, 3.16, 15.2
zdravie
jedlo &, 17.8-10
uctievanie polobohov pre, 7.20-21

Zem, úv., 15.2
dosiahnutie prostredníctvom kvality vášne, 14.18
kráľovia, 1.16-18, 4.1, 6.43
poklesnutie na, 9.21
zločinci (šesť druhov), 1.36
zmyslové predmety, 2.43, 2.62, 15.2
vymenované, päť, 13.6-7
zmyslový pôžitok
& banyanovník, analógia, 15.1-2
& inteligencia, 2.67, 2.69
& jedlo, 3.13-14, 6.16
& materialisti, 13.16, 16.9
& myseľ, myšlienky na, 2.62, 3.40
degradácia prostredníctvom, 16.9
démoni pripútaní k, 16.11-12
dočasný, 4.12
dosiahnutie, prostredníctvom plodonosných činností a obetí, 2.42-43
hlúposť, 5.22
hranice, 1.35
Kṛṣṇa nie je pre náš, 1.35
Kṛṣṇa nie je zodpovedný za, 4.14
mier, nemožné dosiahnuť, 2,70
na nebeských planétach, 8.25, 9.20-21
ako nepriateľ, 3.43
odpútanosť od, 5.21, 17.16, 18.51-53
prostredníctvom vedomia Kṛṣṇu, 14.22-25
odriekanie, 6.4, 6.17
obmedzuje sebarealizáciu, 2.29, 3.34, 6.36
poklesnutie prostredníctvom, 2.67
polobohovia uctievaní kvôli, 4.12, 17.13
pútajúci, 5.2
príčina, 2.62
ako príčina hmotného stvorenia, 4.30
pripútanosť úv.
kvalita vášne spôsobuje, 14.7
v kvalite vášne, 14.12, 18.31, 18.34
prirovnaný, viď analógia
reakcie, utrpenie z, 2.38, 5.22, 18.38
v rodinnom živote, 4.31
spôsobuje ilúziu, 3.27
zmysly žiadajú, 2.70
šťastie z, 3.39
ako nektár a jed, 18.38
telo pre, 13.1-2
usmernený, 3.34
žiadostivosť ovládaná prostredníctvom, 3.41
vedsky, 2.42-43, 2.58, 3.15-16
všeobecne žiadaný, 3.8
vyhýbať sa, nevyhnutné, 17.16
zabíjanie zvierat pre, 16.1-3
zmätenosť kvôli, 3.27
zvierací, 5.22
ako žuvanie prežutého, 18.36
zmysly
& žiadostivosť, 3.40, 3.42
& Govinda, teší, 1.15
& Hṛṣīkeśa, ovládané Kṛṣṇom, 1.15
& myseľ, 2.67, 3.42
& odpútanosť, 5.8-11, 5.13
& životný vzduch, 4.27
boj s, 15.7
chcú pôžitok, 2.70
duša má, 13.15
Kṛṣṇa nepoznaný prostredníctvom, 7.3
Kṛṣṇove, absolútne, 9.26
v kvalite dobra, 14.11
nadradené telu, hmote, 3.42
najdôležitejší, 13.8-12
použitie v oddanej službe, 2.58, 2.64, 5.8-11, 6.18, 6.26
očistenie prostredníctvom, 12.9
príklady, 13.8-12
prirovnané, viď analógia
stredisko, myseľ, 3.40
uspokojenie, prostredníctvom uspokojenia Kṛṣṇových, 1.35
vymenované, jedenásť, 13.6-7
zdroj, Kṛṣṇa ako, 13.15
znalec poľa, 13.1-3, 13.5, 13.27, 14.13
faktor činu, 18.18
znášanlivosť, 2.14-15, 8.5, 10.4-5, 11.44, 13.8-12, 16.1-3
& čistý oddaný, 12.13-15
ako *brāhmaṇská* vlastnosť, 18.42
nadriadených, 11.44
zničenie vesmíru, úv., 7.6, 8.16, 8.20, 9.7-8, 9.18, 10.32-33, 11.32
zvieratá
Boh v srdci, 5.18, 6.29
ovládané telom, 13.21
počet druhov, 14.18
predstavitelia Kṛṣṇu medzi, 10.27-31
sklony, 66.40, 7.3, 18.22
stvorenie, 9.8
žiaci, 2.41, 4.34, 18.75
žena, ženy
& inteligencia, 1.40
& Śrī Caitanya, 16.1-3
ako matka, 3.34
môžu dosiahnuť najvyšší cieľ, 9.32
ochrana, 16.7
pripútanosť k, 2.60, 3.34, 14.7, 16.10
prirovnané k deťom, 16.7
reprezentácia Kṛṣṇu medzi, 10.34
sloboda pre, 16.7
ich spoločnosť & človek v stave odriekania, 16.1-3
spoľahlivosť, dôveryhodnosť, 1.40
vydatá, 11.44
živá bytosť, živé bytosti
& banyanovník, analógia, 15.1
& Kṛṣṇa
ako, 9.17
jednota, úv., 2.20, 2.22-23, 5.3, 13.3, 15.7, 15.16
ako Pán, 3.10, 6.30, 9.18, 10.15
priaznivec, 1.36
porovnaný, 4.6, 5.29, 6.39, 7.5-6, 7.26, 7.28, 8.3,

8.8, 9.5, 10.3, 10.42, 11.37, 11.43-44, 13.3, 13.13-15, 13.18, 13.20, 15.18
ako ich pôvod, 2.16, 3.15, 3.37, 6.29, 7.10, 10.6, 10.15, 10.42, 11.2, 13.17, 18.46
udržuje, 2.12, 10.42, 13.15, 13.17, 15.17
vo večnom vzťahu, 3.27, 11.42, 11.55
vzájomný vzťah, 4, 2.51, 4.17, 6.28, 7.14, 9.8, 10.42, 13.1-2, 13.23
ako ich život, 7.9
& láska k Bohu, driemajúca v, 12.9
bez počiatku, nezrodená, 2.12, 2.20, 13.13, 13.32
bezmocná, 3.5
ako *Brahma*, úv., 8.1, 8.3, 13.13
druhy
božské a démonské, 16.6
omylné a neomylné, 15.16
počet, 7.10, 7.15, 8.3, 13.21
podmienené a oslobodené, 18.78
stvorenie, 9.8, 9.10
ako energie Boha, 2.16, 5.14, 6.2, 6.29, 8.3, 9.13, 9.17, 13.23, 18.78
impregnované do prírody, 9.10, 9.23, 14.27
ako *īśvara*, úv., 15.8
jīva-bhūta, 15.16
ako *jīvātmā*, 8.3
ako Kṛṣṇa, 9.17
ako Kṛṣṇove neoddeliteľné súčasti, úv., 1.15, 2.13, 2.16, 2.18, 2.23, 2.46, 3.28, 3.36-37, 3.41, 4.12, 4.21, 4.35, 5.3, 5.5, 5.29, 6.1, 6.28, 6.47, 9.17, 13.20, 13.23, 15.7, 15.16, 17.3, 18.46, 18.55, 18.78
neovláda svoje budúce zrodenie, 16.19
jej nepriateľ, žiadostivosť, 3.37
nerovná Kṛṣṇovi, 10.42, 11.43
nevlastní nič, 3.30
objavenie a zmiznutie, 11.2
ako okrajová energia, 8.3, 9.13, 9.17, 13.21
ovláda svoje telo, 15.8
ovládaná
hmotnou prírodou, 13.22
Kṛṣṇom, 3.22, 3.27, 11.43
kvalitami hmotnej prírody, 18.60
Naddušou, 18.60-62
telom, 13.21, 14.5
jej pamäť, porovnaná s Kṛṣṇovou, 4.6
v podobe semena, 14.3
ako *prakṛti*, úv.
prejavené a neprejavené, 2.28, 8.18, 13.20
jej premeny, šesť, 2.20, 10.34
prvá, úv., 2.29, 10.6
ako príčina utrpenia a pôžitku, 13.21-22
priamo či nepriamo vždy služobníkom Kṛṣṇu, 6.29
prirovnané, viď analógia
jej prirodzené postavenie, úv., 2.49, 2.51, 2.71, 3.30, 3.36-37, 3.41-43, 4.19, 4.35, 5.3, 5.5, 5.15, 6.6-7, 6.20-23, 6.28-29, 6.47, 7.15, 8.3, 13.23, 18.73
detailne, 15.7, 18.73
dôležitosť, 7.28
konanie podľa, 5.29, 6.2, 9.30
poznanie o, 4.36-37, 7.30, 18.73
predstavované Arjunom, 18.73
zabúdanie na, 18.73
príznaky života, dva, 13.6-7
ako *puruṣa*, 13.20
pôvodne čistá, 3.36
rovnosť medzi, 5.18, 6.29, 6.32
rôzne povahy a telá, 13.3
schopnosti, život ako príčina, 7.19
ich sila & Kṛṣṇova, 7.19
ich slabosť srdca, 15.20
služobníkom Kṛṣṇu alebo *māyi*, 18.73
jej „stvorenie", 9.8, 9.10
jej slobodná voľba a nezávislosť, 3.37, 4.14, 5.15, 7.21, 13.23, 15.7-8, 18.63, 18.78
totožnosť, 5.7
jej túžby, 2.71, 18.61
ako užívaná, úv.
večná, úv., 2.13, 2.39, 6.39, 15.7, 15.16, 18.20
& bez počiatku, 2.12, 13.13, 13.20
jej veľkosť, 8.9
veľkosť porovnaná s Kṛṣṇovou, 11.37, 11.43
ako *vijñāna-brahma*, 13.21
ich vlastný záujem, 1.31
vlastnosti, zdroj, 10.4-5
„všeprenikajúci", všade prítomné, 2.24, 14.4
vývoj &, 9.8
ako synovia Kṛṣṇu, 7.14
vždy činné, 3.5
vždy individuálne, 2.12-13, 2.23, 2.39, 5.16, 6.39, 14.2, 14.26, 15.7, 18.78
zábudlivá, úv., 2.20, 4.5-6, 15.15
má záväzky voči polobohom, 3.12
závislá na Kṛṣṇovi, 4.11, 10.39, 15.12-14
zodpovedná za svoje činy, 4.14
ako znalec poľa, 13.1-7, 13.18, 13.20, 13.27, 14.3
ako znalec tela, 13.1-3
zničenie, 8.19
život z hmoty, 2.30
život, pôvod, 2.39, 7.9, 10.6
podľa materialistickej filozofie, 2.26
život rastlín, 3.38
životné druhy
počet, 15.9
prevteľovanie, 16.19
zvieracie, 14.18
životné vzduchy, 2.17, 4.27-29, 8.10-12, 15.14
žralok, predstaviteľ Kṛṣṇu medzi, 10.31